中华上下五千年

符文军◎主编

〔中卷〕

时事出版社
北京

농학 및 유구표

三国西东晋南北朝

败走麦城	1
七步诗	4
为二弟伐吴	7
闭门退敌	10
七擒孟获	13
挥泪斩马谡	16
孔明见信回师	18
孔明木像破魏军	21
卫温下夷州	25
魏国发明家马钧	28
司马懿夺权	31
《潜龙诗》惹祸	34
傻太子娶丑媳妇	37
石崇比富	40
武帝选美	42
傻太子即位	45
堕泪碑	48
晋宫内乱	51
义庆王周处	54
自食恶果的贾后	57

斗富大王之死	60
狗尾续貂	63
傻皇帝归天	65
谈玄之风	68
刘渊代晋	70
石勒纳贤	72
后赵中兴	75
刘娥以死保忠臣	79
刘曜灭西晋	81
东晋的创建	83
闻鸡起舞的祖逖	85
楷圣王羲之	87
扪虱谈天下的王猛	90
淝水之战	93
罗什传佛法	97
虎头捐款	98
恬淡自然的陶渊明	100
刘裕篡位	103
白衣素服的帝女	105
荒唐皇帝刘义符	108
小皇帝智斗三弄臣	111
智勇双全的拓跋焘	113
大夏国的覆灭	116
范晔遭贬修汉书	120
沈璞智斗拓跋焘	122
南朝宋灭	126
冯皇后设计除奸相	128
不同寻常的女性	130
拓跋宏迁都洛阳城	135
萧衍三筑堰	137
昭明太子蒙冤而死	139
杜洛周起义	142

胡太后作乱后宫	145
北魏的分裂	147
高洋篡位	150
侯景作乱	152
陈霸先灭梁建陈	155
荒淫皇帝失江山	157

隋唐五代十国

杨坚建隋统一天下	163
怕老婆的皇帝	166
高颎之死	169
杨广施计废太子	172
杨广篡位	175
"麻猴"唬小孩的来历	178
李春和赵州桥	180
隋末农民起义	183
杨玄感造反	185
李世民小试牛刀	189
李密投奔瓦岗军	192
李渊反隋	195
霍邑城之战	199
隋炀帝之死	203
瓦岗军的瓦解	206
李密之死	211
窦建德起义兵败	214
李世民大败宋金刚	217
尉迟恭救主报恩	220
李建成谋反	223
玄武门之变	228
文成公主出嫁	233

唐玄奘"西天取经"	236
诤臣魏征	241
唐王朝的对外用兵	244
为立后扼死亲生女	247
武则天篡权	251
生母弑亲子	256
则天治国	260
初唐四杰	264
韦后乱皇宫	267
情深意笃的明皇兄弟	272
鉴真东渡日本	275
玉环受幸华清池	278
唐代大诗人李白	283
安禄山叛唐	287
马嵬驿兵变	292
郭子仪单骑退回纥	298
段秀实不畏强暴	302
牛李党争	306
甘露之变	308
博大精深的唐文化	312
王仙芝黄巢起义	315
朱温称帝李唐亡	319
李存勖为父报仇	323
李存勖命丧优伶手	326
可耻的儿皇帝	329
钱镠睡警枕	332
周世宗伐汉	334

目 录

两宋辽金

陈桥驿兵变 …… 341
宋太祖治国 …… 344
辽国内乱 …… 348
宋太宗统一北汉 …… 351
杨令公屡建奇功 …… 355
幽州攻卫战 …… 359
契丹萧太后 …… 362
王小波、李顺起义 …… 366
澶渊之盟 …… 368
大宋宰相寇准 …… 372
守边宰相范仲淹 …… 376
欧阳修和他的"文学变革"运动 …… 380
包拯小传 …… 384
政见不同的王安石与司马光 …… 390
苏氏父子 …… 394
伟大的科学家沈括 …… 398
蒙冤而死的萧皇后 …… 400
女真英雄完颜阿骨打 …… 405
布衣发明家毕昇 …… 407
辽朝的覆亡 …… 410
靖康之耻 …… 415
李纲主持京都保卫战 …… 419
完颜亮篡夺皇帝位 …… 424
伐宋未成身先死 …… 428
大金国由盛转衰 …… 431
宋江起义 …… 434

败走麦城

关羽水淹曹军，杀了庞德，俘获了于禁、史胡修、傅芳等多员曹将。樊城也被大水围困了多日，曹仁心中有些惊慌，他知道关羽有勇有谋，十分难对付。而且眼下许多将士都已丧失了斗志，想弃城而逃。曹仁也想乘关羽还没有攻城，弃城而走，保存实力，等待时机，再与关羽决一死战。

满庞知道了曹仁的意思，便对曹仁说道："将军，千万不可弃城而逃啊，关羽虽用水围城，但他没有来攻城，说明他有所畏惧，他怕我军从后面袭击，如果我们一撤兵，关羽必然会轻而易举地占领了樊城，我军的处境十分危险，请将军三思。"曹仁一听，恍然大悟，说道："我意已决，愿与樊城共存亡！"立即召集队伍，对大家说："丞相待我们恩重如山，如今大水围城，我们不能撤兵，否则丞相所在地就有危险，我们必须同心协力，共渡难关。谁若扰乱军心，定斩不饶！"军心渐渐稳定了下来，曹仁亲自带领士兵巡城，士兵也大受感动，决心与樊城共存亡！

曹操早已知道关羽水淹七军，杀死庞德，活捉于禁，心中十分焦急，但也更加佩服关羽了。他心想：我若得此大将，必得天下，此人有勇有谋，而且十分重情义。正想着，司马懿求见。司马懿问曹操："丞相，如今水困樊城，不知有何打算？"曹操说："我正为此事而担忧，你可有妙计破敌？"

司马懿道："丞相，我们可以写信告诉孙权，关羽围攻樊城，荆州空虚，可以乘机夺回荆州。孙权虽与刘备是亲戚，但孙权对刘备恨之入骨，恨不得尽早消灭他，夺回荆州。所以孙权得知此消息，一定会立即出兵，到时候关羽就得撤兵守城，樊城之围不就解了吗？而且我们可以抓住战机，大败关羽。"

曹操大悦，连声说："妙！妙！"立即写了一封书信，派使者送给孙权。

孙权一看书信，立即召集文武群臣。大将吕蒙说道："主公，如今关羽水围樊城，必然派出大量人马，我们正可以借此机会，夺回荆州。这虽然也帮曹贼解了樊城之围，但只要我们占据了荆州，樊城我们也可以夺取啊！"孙权也觉得这是一个千载难逢的好机会，便命吕蒙领兵攻打荆州。

吕蒙带兵来到陆口，安营扎寨，派人去打探消息。吕蒙心想：关羽主力兵马已围攻樊城，荆州城内只有老弱残兵，用不了几日，我便可攻下荆州。哪知道探马来报：关羽已在荆州城外沿江建了许多烽火台，五步一岗，十步一哨，防守严密。吕蒙听后，心中暗暗吃惊，十分佩服关羽。吕蒙心想："攻城，很难攻下，荆州地势险要，易守难攻；不攻城，无脸面见主公，我已夸下海口，这可怎么办啊？"

这时有一个叫陆逊的人求见。陆逊足智多谋，21岁时就在孙权幕府中任事，不仅做事认真，而且头脑敏捷，深受孙权欣赏。孙权任命他为地方官，陆逊把地方治理得井井有条。后来孙权又把他调到自己身边，这次吕蒙出师攻打荆州，孙权便派陆逊辅助他。

陆逊见了吕蒙说道："将军，现在是否进退两难啊？我给你出个计策，你在陆口不要进军，称病辞职。关羽虽然有勇有谋，但此人有一个致命弱点，就是傲慢，他一向自恃英雄，我听说他被封为五虎大将之首，还有些不满意，他目中无人，瞧不起黄忠，后来费诗苦劝一番，才接受大印，可见此人有多骄傲。如今他又连连取胜，一定傲慢无比。如果将军辞职，他一定会放松警惕，撤走兵马去围攻樊城，到时候我们再出其不意，占领荆州。而曹操到时候也会乘机攻打关羽，他前后受敌，必然大败而逃。"

吕蒙心想：这是个好计策。第二天，便向孙权请求辞职，让陆逊顶替他。而且故意让关羽知道这个消息。

关羽这个人优点很多，不愧为一代英豪，但他却十分骄傲。他听说陆逊代替吕蒙，心想：陆逊是一个无名鼠辈，他会带兵打仗吗？我不如撤走荆州的人马去围攻樊城，等攻下樊城，再来收拾他。关羽把荆州的人马刚一撤走，陆逊就派人去告诉孙权。孙权得知后，立即给曹操写信，让曹操乘机攻打关羽。孙权任命吕蒙为大都督，带领1万精兵攻打荆州。吕蒙把将士们藏在船舱中，他带领几个人打扮成商人的模样，来到烽火台下。守城的士兵根本没有在意他们，问他们是干什么的？吕蒙边说边拿钱贿赂他们，士兵们毫无防备，就让他们进了城。

由于近期没有战争，烽火台的士兵十分松懈，到了半夜就睡觉了。吕蒙带领着几十人爬上烽火台，将士兵生擒活捉，对他们说："如果你们投降，骗开城门，我家主公一定会重重赏你们，如果你们不识抬举，只有死路一条！"这些士兵纷纷投降，带领着吴兵来到荆州城下，让守城的士兵开城门，守城的士兵一看是自己人，立即大开城门，吴兵迅速进城，占领了荆州，傅士仁和糜芳也投降了。

吕蒙知道关羽手下的将领十分英勇，便下令：不许扰乱关羽将领的家眷，违令者，定斩不饶！

曹操得知孙权出兵攻打荆州，立即派大将徐晃带领几万人马去解樊城之围。曹仁听说来了救兵，士气大涨，率曹军从城中迎战。关羽前后受敌，又听说荆州被吕蒙占领，气得大骂孙权、吕蒙。关羽一看很难攻下樊城，便下令撤兵。他重新整顿人马，想杀回荆州，再夺回来。

关羽带领众将士杀了回来，但将士们得知自己的家眷都很平安。心想：如果再与吕蒙交战，吕蒙气急败坏，很可能杀了家眷，不如一走了之。许多将士都纷纷逃离。军心大乱，毫无斗志可言。

刚走到半路上，关羽便遇到了吕蒙。关羽大骂道："你这个小人，违背盟约，真是卑鄙无耻！"吕蒙笑道："关将军息怒。我是奉我家主公之命前来索回荆州，不得已而为之啊！"关羽气得须发皆立，大刀一挥，与吕蒙战在了一起。关羽一看吴兵无边无沿，心想：不能久战。他带领着几百人马，逃到麦城。吕蒙率吴兵将麦城团团围住。关羽一看，很难战胜吴兵，便派人到上庸去求救，孟达知道自己不是吴兵的对手，便迟迟不发兵。关羽在城中大骂孟达。关羽心想：如果吴兵围城时间一长，城中无粮草，人马饿也得饿死，我必须突围出去，到西川去搬兵。

一天深夜，关羽带领关平由城北小路向西川驰去。谁知道，吕蒙早已在周围设下了重重埋伏，没走多远，伏兵四起，关羽、关平被围，二人带领着自己的人马不敢恋战，杀出一条血路，向北跑去。刚走二三里，又遇上伏兵，关羽大刀一砍就是一片，但是吴兵太多，倒下一批，又上来一批，关羽知道这样累也把自己累死，便带马向北跑，刚跑了几步，战马被吴兵绊倒，关羽跌落马下，立即被吴兵擒

· 3 ·

住。

关羽、关平被擒，二人宁死不降，被孙权杀掉，周仓听说关羽被杀，也拔剑自刎，麦城失守。

关羽因骄傲而败走麦城，却给了孙权一个大好时机。

七步诗

曹操带兵长年征战，到了老年，有些体力不支，特别是经常头痛，有时疼得厉害，夜不能眠。曹操四处派人去寻名医，可仍治不好他的病。后来曹操听说民间有一位名医，叫华佗，有妙手回春之术，便派人去请。

华佗给曹操诊治，通过望、闻、问、切，断定曹操是因为长期大脑处于紧张、惊慌之中，得不到休息而导致的神经头痛。华佗以针刺之法给曹操医治，没有想到很有效，没有几天，曹操头不疼了。曹操大悦，命人给华佗赏钱，华佗只拿了自己认为应该拿的一部分。曹操想留下华佗做自己的私人医生，但华佗治病救人，以天下人为己任，所以婉言拒绝。不料却惹怒了曹操，他命人将华佗关在狱中。公元208年，曹操找了一个理由将一代名医华佗杀害。

说来事情也怪，华佗刚死没有几天，曹操的头痛病又犯了，派人找别的医生来医治，就是治不好，曹操也有些后悔，叹了口气说道："我要是答应了华佗，让他离开，我现在还可以派人把他找来啊，悔不该杀了他呀！"

曹操的病越来越重，他知道自己活不了多久了，便招来曹洪、陈群等人，对他们说道："我自知命不久矣！我戎马一生，历经千难万险，终于有了这一方土地，我已知足了。但我担心后继之人啊！长子曹昂早逝，后面还有四个儿子，长子曹丕有平天下大志，而且熟读兵书，有治国之才，可以继承王位；次子曹彰，有勇无谋，难以成事；三子曹植才华横溢，老夫最喜欢他，但他狂傲不羁，所以我不准备让他继承王位；四子曹熊，生性胆小怕事。四个儿子，各有特点，我既然已决定让长子曹丕继承王位，你们就要忠心辅佐他。他虽有才华，但毕竟年轻气盛，有许多地方需要你们辅佐。我担心我一闭眼，次子曹彰会武力夺位，你们要做好准备，这是其一；其二我担心曹丕嫉妒曹植，我一生最喜欢他，曹丕心中十分不满，我怕他继位之后会难为他。你们要想方设法解决好，以免兄弟互相残杀啊！"

曹操不愧为一代伟大的军事家、政治家、诗人，他考虑事情十分周到，他怕自己死后，有人掘墓，便命人给他建了72座坟墓。

曹操挟天子以令诸侯，逐渐统一黄河以北地区，率领千军万马，官渡大败袁绍，消灭吕布、袁术、马腾，一生处处留下骄傲的足迹。建安二十五年，66岁的曹操去世了。

曹操在《三国演义》小说中被丑化了，但历史是客观公正的，曹操也是一位了不起的英雄人物。

曹操死后，曹军悲痛万分。一些跟随曹操出生入死的老将、谋士都痛哭不止。文武百官用金棺将曹操尸体入殓，抬往邺郡。然后派人火速报丧于曹操的四个儿子：曹丕、曹彰、曹植、曹熊。

曹丕在邺郡，一听说父亲去世，悲痛不已，放声痛哭。他虽然对父亲的位置盼望已久，但他希望曹操多活几年，如今父亲一死，千斤重担就落在自己一个人肩上。文武百官看到曹丕哭得如此伤心，都纷纷相劝。曹洪对曹丕说道："人死不能复生，不要如此伤心，丞相临终之前再三叮嘱，让你继承王位，你应该保重身体，治理好国家，才不辜负你逝去的父亲啊！"

曹丕继承了曹操的王位。曹彰听说父亲去世，也是一阵伤心。后来听说曹丕继位，心想：我与他同为兄弟，为什么偏偏是他继位呢？我手中有军队，我要把这个王位争回来，胜者为王！于是曹彰带领大队人马直奔邺郡，人马足足有10万，一路浩浩荡荡，气势汹汹。

曹丕继承了王位，自然很高兴，一听说曹彰带领10万大军直奔邺郡，十分害怕，心想：他一定是与我来争夺王位的，这可怎么办啊？于是他召集文武百官。曹丕说："我二弟曹彰率领10万大军直奔邺郡，一定是与我争夺王位的，他自幼好武，武艺十分高强，而我手下的人马不足5万，这可怎么办啊？"

谏议大夫贾逵道："主公，不必担惊，你二弟有勇无谋，我可以不费一兵一卒就让他离开邺郡，而且你兄弟二人不伤和气。"

曹丕没别的好办法，只好点头答应，但他心中仍没有底，不知道贾逵能否说服曹彰。

贾逵奉命到城外去迎接曹彰，曹彰刚一到，就问道："先王玺绶现在何处？"贾逵十分生气，说道："君侯，先王已逝。你不先问先王尸体在何处，却问玺绶，家中有长子，国中有太子，先王玺绶之事，你无权过问！"曹彰无话可说。心想：我直接带兵杀进去，夺回玺绶，不管它应该不应该，只要我能继承王位就行。

曹彰带领军队就想闯，贾逵立即拦住曹彰，曹彰大怒道："你好大的胆子，我为先王奔丧而来，你都敢挡住我的去路，你该当何罪！"

贾逵答道："既然君侯为先王奔丧而来，我当然不敢阻拦，但是奔丧没有带几十万大军的，请君侯把人马留在城外，否则臣宁可一死，也不让您进城。先王刚逝，我想您不应该动干戈！"

曹彰没有办法，只好把大队人马驻扎在城外，自己一人独自进城。曹丕早已迎接出来，兄弟俩抱头痛哭，哭罢多时，曹丕道："贤弟，我刚刚继位，有许多事情还需要你多多帮助。你从小武艺高强，要为我独挡一面啊！虽然我继承先王之位，但天下是我们兄弟的！"一席话说得曹彰很感动，说道："兄长，你放心，我一定会为先王所创大业而努力，我愿把这些人马留给兄长，我为你独守鄢陵。"曹丕赶忙再三推辞，最后收下了这几万精兵。

曹丕没有费一兵一卒就解除了曹彰的军队，但他最担心的是曹植。曹植很有才华，出口成章，而且很有威信，他便想除掉他。他一看曹植、曹熊没有来奔丧，心想：我就治你们蔑视礼法、不为先王奔丧之罪。

曹熊生性胆小，一听说曹丕要治罪，拔剑自杀了。曹植心想：我不为先王奔丧，也不致于死罪。曹丕派人将曹植抓来。顺便将他的两个亲信丁仪、丁广抓来，一同治罪。曹丕知道丁仪、丁广是曹植的左膀右臂，杀了他俩，曹植也就不敢作乱了。曹丕将二人打入大牢，严刑拷打二人，最后将二人活活打死。曹植听说后十分伤心，心想：曹丕太狠毒了，连我手下的人都不放过。

曹丕见到曹植，大怒道："先王已逝，你为何不来奔丧，该当何罪？"曹植答道："兄长，先王去世之时，我正在外边云游。听说父王去世了，立刻起程，但还是没有赶回来。"曹丕知道他在说谎，但也无法治他罪，便说道："你本有大罪，但我念及兄弟情义，让你在七步之内作出一首诗,以兄弟为题,但不许有兄弟两字。如果你作出来,我便放了你,如果作不出来,我要重罚你!"

曹植一听,心中大喜,心想:这并不难。他慢慢地走着,一步,两步,诗脱口而出:

煮豆燃豆萁,豆在釜中泣。
本是同根生,相煎何太急!

这首诗后来取名为《七步诗》,可见曹植的才华有多高,七步之内成诗,而且内容十分深刻,把曹丕的内心描绘得淋漓尽致。曹丕既已答应,也只好放了曹植。

曹植被贬为安乡侯,但他的七步诗却传到今日。

为二弟伐吴

关羽被杀之后,张昭对孙权说:"主公,关羽不该杀呀,那刘备与关羽桃园结义,情同手足,今日我们一杀关羽,他必然大怒,会来攻打我们的。关羽素来威望很高,将士们听说我们杀了关羽父子,士气也会大涨,必然会与我们决一死战。而且刘备现已占据益州,兵强马壮,他若攻打我们,我们很难抵抗啊!"

孙权一听,吃了一惊,他只想杀了关羽,可以解除后顾之忧,没想到刘备这一方,便问道:"孤没有想到此,如今事已至此,我们有何对策?"

张昭道:"我们可以把关羽的人头送给曹操,这样刘备一看,就知道我们与曹操是联合攻打关羽的,而且会认为是曹操指使我们杀的关羽。刘备自然会起兵攻打曹操,到时候我们就可以坐山观虎斗了。"

孙权一听,大悦,立即派人将关羽的人头送给曹操。曹操心想:你孙权想嫁祸于我,真是妄想,我何不将计就计,使你与刘备矛盾加深呢。于是曹操传下命令,用木头为关羽刻了一个身体,与关羽的头连在一起。自己又不顾身体虚弱,头痛得厉害,亲自去拜祭。

再说汉中得知关羽父子被杀,上下一片哭声,关羽不仅武艺高强,而且威望很高。刘备悲痛欲绝,他立即召集文武百官道:"我二弟被孙权所杀，我与他誓不两立，明日我要亲自率领人马去攻打孙权，割了他的人头，为我二弟报仇雪恨！"其他众将领也纷纷表示，一定要灭掉孙权，为关将军报仇！

只有诸葛亮、赵云等很少的人反对。诸葛亮道："主公，关将军的仇一定要报，但我们一定要沉住气。吴兵大获全胜，士气正旺，他杀了关将军，必然有所准备。孙权把关将军的首级送给曹操，说明他想嫁祸于曹操，而曹操却将关将军厚葬，可见二人面和心不和。孙权是想让我们攻打曹操，而曹操又希望我们与孙权争斗，无论我们和谁交战，都会有损兵力，到时候另一方就会坐收渔利。主公，这时候我们千万不可出兵，我们不如先为关将军发丧。魏、吴为了荆州、樊城之事还会大战，到时候我们再攻打他们，也不迟啊！"

赵云也劝道："主公，关将军之仇不报，难为好男儿，但我们要等待时机，千万不可中了魏、吴计策啊！"

刘备含泪道："好吧，先为我二弟发丧，全体将士为我二弟挂孝！"

关羽的首级在魏，尸体在吴，刘备只好把关羽的衣物葬在成都城外万里桥边。全城一片悲哀。

刘备为关羽发丧完毕后，便调查原因，原来关羽是中了吕蒙、陆逊的计策，后来又得知上庸守将孟达不支援关羽，才导致父子二人被拿。刘备大怒，派人去诛杀孟达，孟达知道刘备不会放过自己，便投降了曹丕，曹丕乘机占领了上庸、房陵。

曹操死后，曹丕继承王位。不久，他废掉汉献帝，自立为大魏皇帝，追谥曹操为太祖武皇帝。

诸葛亮一看曹丕称帝，联合百官共同上疏，请汉中王也称帝。刘备推辞再三，但在文武百官的劝说下，于公元221年，在成都称帝，国号为汉，刘备就是昭烈帝，他封长子刘禅为太子，诸葛亮为丞相，又封赏其他官员。

刘备做了皇帝，但并没有只图安逸，他刚一做皇帝，就想起了与自己出生入死的二弟关云长。他下定决心一定要伐吴，为二弟报仇雪恨。

张飞得知二哥关羽被吴国杀害，气得暴跳如雷，总和大哥刘备说要为二哥报仇，一定要举兵伐吴。可诸葛亮和赵云却劝阻他，他没办法。只好每日以酒为伴，喝多了就打手下的将士，渐渐地，手下的将士十分惧怕、讨厌张飞。有一次张飞喝多了，手下张达、范强又无缘无故挨了一顿打，他俩趁张飞熟睡之际，杀了张飞，带着他的首级投奔东吴去了。刘备扬言新仇旧仇一起报，下定决心伐吴，为二弟关羽报仇，为三弟张飞雪恨。

赵云得知刘备又要伐吴，便赶忙劝阻，说道："皇上，如今曹丕篡位，不得人心，我们应积蓄力量，攻打魏国。如果我们能够大败曹丕，控制黄河以北地区，我们就可以依据有利的形势，灭掉吴国。如果现在伐吴，即使取胜，也很难一统天下啊！"

刘备道："我二弟被斩，三弟又遭害，想当初我们桃园三结义，不求同年同月同日生，但求同年同月同日死，而如今二位贤弟都离我而去，纵然我得到天下，又有何用啊？"

刘备不听赵云、诸葛亮的劝阻，亲自率5万大军直奔江东。孙权虽然早有准备，但还是不敢应战，多次派人去求和。刘备这时报仇心切，都红了眼，根本不理孙权，大兵继续前进。

孙权一看议和无效，忙召集文武百官商议应敌对策。张昭说："主公，我们东吴的人马可以和刘备一搏，但是如果曹丕乘机而入，我们就力不从心了，不如我们向曹丕称臣，即使曹丕不出兵帮我们，也不会乘机攻打我们。"

孙权点头答应，派张昭前去曹营。曹丕一听孙权称臣，很高兴，封孙权为吴王。

孙权立即集合人马，准备大战，他派陆逊为大都督，迎战蜀军。

刘备的军队气势逼人，先头部队很快攻占了巫县，接着又向秭归进军，没多久，冯习占领秭归。蜀军很快打到彝陵，刘备率领大军进驻，在附近的山地上设置了几十座营寨，绵延几百里，声势浩大。

陆逊一看刘备来势凶猛，命全体将士只守不攻。一些老将军都认为陆逊胆小怕事，陆逊置之不理。

孙权的侄子孙恒被刘备围困在彝陵（今湖北宜昌市西），派人向陆逊求救，而陆逊却不派兵支援，反而说："孙将军威望很高，一定能守住城池。"

刘备在山中埋伏了8000精兵，故意派人向陆逊挑战，可陆逊却不出击。刘备只好撤伏兵，刚一撤兵，陆逊便带领人马向刘备进攻。

他知道刘备足智多谋,刚一出兵时处处小心,而撤兵之时则麻痹大意。那时正值盛暑天气,陆逊用火攻,大火漫天,刘备大败而归。

陆逊火烧连营,没有费多少兵力就大败刘备,而孙恒之围也早解了,东吴的将领都十分佩服他。孙权加封他为辅国将军。

闭门退敌

陆逊派人偷袭蜀营,蜀军毫无准备,借着风势,火烧连营,刘备损失了近半人马。在众将的保护下,刘备才逃到了白帝城。刘备觉得自己无脸回成都,便把成都之事托付给丞相诸葛亮,自己住在白帝城。

刘备心想:当初,我若听诸葛亮、赵云的相劝,何至于有今日呢?我只知与孙权有不共戴天之仇,只知道灭掉了东吴才能解心头之恨,却忘了以国仇为重。只顾为兄弟报仇,结果不但仇没报了,反而损兵折将。曹丕坐山观虎斗,东吴也乘机扩张了势力,我真是糊涂啊!

刘备在白帝城,每日吃不香、睡不好。他一是担心国家大事,二是想念关、张二弟,整天抑郁寡欢,时常梦见与关、张二弟相处的日子,而且在梦中听见关、张二弟呼唤自己。刘备知道自己的命已经不长了。那时候的人非常迷信,以为死去的人呼叫自己,说明自己不久也会逝去。他立即派人去请丞相诸葛亮、尚书李严,想把后事交待给二人。

丞相诸葛亮得知刘备病重,又急召自己,知道事情紧要。他让太子刘禅镇守成都,以免魏、吴乘机而入,又找到尚书李严。二人带着刘备的次子鲁王刘永、梁王刘理火速赶奔白帝城。一路之上,日夜兼行,风尘仆仆,不敢有丝毫怠慢,这一日终于来到白帝城。

君臣相见、父子相见,泪水打转。诸葛亮看到刘备病倒在床上,十分消瘦,心里一阵酸痛,想起刘备三顾茅庐请自己出山,对自己十分器重和尊敬,不禁老泪纵横。

刘备拉着诸葛亮的手,强打精神说道:"朕有幸得到丞相的辅佐,真是三生有幸啊！丞相用兵如神，帮助朕打天下，创下基业。没有丞相的辅佐，就没有我今日大汉的天下，但我才学疏浅，不听丞相良言相劝，报仇心切，结果惨败而归。我知道我活不了多久了，大汉的江山还要靠丞相啊！刘禅生性软弱，丞相一定要辅佐他，否则我们千辛万苦换来的天下会毁在他手里！"

诸葛亮听着刘备的叮嘱，泪水不断地流下，他劝道："陛下，不要胡思乱想，待龙体康复，我接您回蜀地，我们再重整河山。"李严也说道："陛下，安心调养龙体，不要多虑，我们一定会打败东吴的！"

从此诸葛亮等人便陪刘备待在宫中，有一天，刘备问诸葛亮："丞相，你认为赵云将军怎么样？"诸葛亮道："子龙，生性忠诚，直言直语，而且有勇有谋。"刘备道："朕与丞相看法相同，赵云可以委以重用，他有大将之风度，马谡这个人怎么样呢？"诸葛亮道："此人很有才华，熟读兵书，武艺也十分了得。"刘备摇了摇头，说道："丞相，此人喜吹嘘，有些言过其实，对他要慎用啊！"

刘备的病情一天比一天加重，但仍不忘朝中之事，每天与诸葛亮议论朝政，谈文武百官。这一日刘备召集群臣入殿，给太子刘禅写了遗诏。

诏书中说：朕领兵作战几十载，败于孙权之下而避居白帝城，偶患下痢，转而生杂病，不见好转，我如今已年过花甲，没有什么可遗憾的了。但我只是担心我们大汉江山，我和丞相及诸将历经千难万险，才创下基业，你们兄弟几个要齐心协力，为天下百姓着想。切记勿以恶小而为之，勿以善小而不为。治国安天下，不能仅靠武力，而应靠贤能和德行。丞相为大汉天下呕心沥血，你对待丞相要像对父亲一样，要尊敬丞相，凡事都要和丞相商议，不得怠慢！今后朝中之事，一定要向丞相多请教，千万切记！刘备把诏书交给诸葛亮，让他转交给太子刘禅。

刘备又对诸葛亮说："丞相，你劳苦而功高，威望极高，将领们的心中都十分钦佩你。如果刘禅听你辅佐，你就辅佐他，如果不听，就请丞相当益州之主。安邦定国，统一天下，我乃是诚心所言！"

诸葛亮听后，立即跪倒在地，说道："陛下，臣绝对不敢有妄想。陛下一生征战、礼贤下士，我朝百官一定会兢兢业业，共同治理天下的。臣一定尽忠臣之节，辅佐太子，请陛下放心！"说完给刘备叩了一个响头，额头都出血了。刘备看着丞相，十分满意地点了点头。

刘备又把两个儿子刘永、刘理叫来，说道："儿啊，你们要多帮助刘禅治理天下，不可互相残杀。遇到事情一定要和丞相商议，对待丞相就像对父亲我一样，千万切记！"诸葛亮再次热泪直流。

刘备对李严说道："朕即将离去，尚书要多费心血，辅佐太子和丞相共同治理天下。"李严跪倒在地，说道："陛下，臣愿以死报答您的恩德，我一定会尽职尽责！"

大将赵云那么刚强的汉子，如今也泪流满面，刘备说道："子龙，不必伤心，我已经60多了，我们共度患难，如今却要别离，希望你好好照顾朕的儿子！"赵云哭着说道："臣一定效犬马之劳，纵然肝脑涂地，也一定会照顾好太子！"

刘备在白帝城去世，时年63岁。尚书李严镇守永安，诸葛亮及百官把刘备的灵柩运回蜀地安葬。蜀地百姓沉浸于一片悲痛之中。

太子刘禅继位，改年号为建兴，尊称诸葛亮为相父。

曹丕得知刘备去世，心中大喜。他想刘禅软弱无能，我可以乘机占领蜀地，于是亲自率领五路大军进攻蜀地。刘禅一听吓坏了，他赶紧派人去找丞相，而诸葛亮却称病不见。刘禅有些不高兴，心想：先王让你辅佐我，可先王去世不久，大敌当前你就不来见我。于是刘禅亲自来到相府。

诸葛亮一看刘禅来到，赶忙起身下拜，刘禅将诸葛亮扶起，说道："相父，身体可曾康复？"诸葛亮道："臣身体近期一直不好，但我不敢休养，陛下前来是不是想问我退敌之计啊？"刘禅点头。诸葛亮接着说道："破敌之计，我已想好，但现在我们需要再派一人前去东吴，说服孙权和我们共同抗曹。"刘禅问道："相父，哪个人能胜任此事？"诸葛亮道："户部尚书邓芝博学多才，能言善辩，有胆有识，可以担当此任！"

刘禅派邓芝去联吴抗曹。邓芝领命而去。到了东吴那里，孙权却在殿前放了一口油锅，大火正在烧着。邓芝毫不畏惧，昂首进殿，对孙权说道："江东和蜀是唇亡齿寒的关系，如今曹丕来攻蜀，他野心不小，废掉汉献帝，想统一天下。如果占领了蜀地，凭借着这种地势，一定会攻打江东，到时候蜀地被灭，江东也不会久远了。"孙权被邓芝说服了，答应与刘禅联合共同抗曹。

曹丕听说吴、蜀已和好，大怒，派兵伐吴。无奈长江天堑两次狂风大作，将曹丕的人马挡了回去。

诸葛亮闭门府中，却在思考破敌之计，可谓兢兢业业、呕心沥血。诸葛亮闭门破敌，刘禅十分高兴，对诸葛亮说道："相父料事如神，我有相父辅佐，定能平定天下。"诸葛亮道："陛下，臣一定会为蜀汉基业效犬马之劳！"

七擒孟获

曹丕想乘刘备去世之际，攻打蜀国，但诸葛亮用兵如神，与孙权重新联合，曹丕始终没有机会。

诸葛亮辅佐刘禅发展蜀国经济，蜀都在今成都，素有"天府之国"的美名，所以农业发展迅速，粮食年年获得丰收，加之战事很少，百姓过上了安定的日子。蜀国百姓认为刘备仁慈宽厚、治国有方，刘备刚去世时，蜀国的人们好像失了顶梁柱。后来诸葛亮辅佐刘禅治国有道，百姓才安定下来。

蜀国实力日渐增强，可就在这时，南方传来了叛乱的消息：建宁太守雍闿勾结蛮王孟获想趁蜀国更换君主之际起兵谋反，而牂柯郡太守朱褒、越嶲郡太守高定也跟着兴风作浪。诸葛亮心想：不平定叛乱，一是会威胁到蜀国的安全；二是会扰乱民心，百姓刚刚过上安定的日子，很可能再度陷入战争的恐慌之中；三是担心魏、吴会趁机起兵。所以诸葛亮决定亲自带兵去平息叛乱。

诸葛亮派马忠攻打东南牂柯郡。马忠的大军所向无敌，将朱褒生擒活捉。后来报告诸葛亮，杀了朱褒。与此同时，诸葛亮的大军已经进驻越嶲郡，杀了高定。两军汇合，决定平定最后一支叛军：孟获的人马。孟获占据滇池一带（今云南省晋宁县），他是这次叛乱的头领。

诸葛亮知道孟获在西南部很有威望，所以打算收降他，让他在西南部驻守，这样既可以不派朝廷的官吏和军队，也可以稳定西南部的民心，从而可以安定南方。

孟获武艺高强，但有勇无谋。两军刚一交战，孟获的人马四处奔逃，蜀军也不追杀，而是将孟获团团围住，将其生擒活捉。

蜀军将孟获和他的士兵押到蜀营，诸葛亮命人给士兵松绑，说道："我知道你们都是好百姓，朝廷绝不会为难你们，我放你们回去，别再跟孟获叛乱就行，如果将来孟获归顺了，你们还可以保他。"这些人非常感激诸葛亮，都纷纷表示绝不再叛乱。

这时，诸葛亮又亲自为孟获松绑绳，问道："孟获，你服不服，如果不服，我现在就放你走，你准备好了之后，再来攻战！"孟获说道："你们大军刚来，我不知道你的虚实，当然不服，如果你下次再捉到我，我就归降你！"诸葛亮派人摆了一桌酒席，说道："你喝完酒，我就放你回去！"孟获也不管三七二十一，酒足饭饱之后，便离开了蜀营。

当天晚上，孟获心想：我何不偷袭蜀营呢？于是带领一支精兵杀了回来。诸葛亮用兵如神，早预料到孟获会杀回来，便布下了空营，孟获杀进营中，又被蜀军围住，将他生擒。诸葛亮问他："孟获你又被我捉住，你说要归降我，是吧？"孟获道："你使用计策，如果你不使用计策，还能捉到我，我就服你！"诸葛亮又让他吃饱喝足，放他走了。

孟获这一下知道了诸葛亮的厉害了，心想我的人马少，我不能和他们的军队交战，我可以和蜀将大战。于是开始和蜀将大战，又被活捉。诸葛亮问道："孟获，你的人马不是我的对手，你也打不过我手下的战将，你服不服？"孟获道："我没有用计策，而是和你们硬拼，才败了，如果你能把我的计策破了，我就服你。"诸葛亮又放了他。孟获知道自己打不过蜀将，便把军队退到泸水南岸，他想：凭借泸水，我可以和你一拼！诸葛亮一看孟获跑到河对岸，而且不再主动出兵，便派人去攻打孟获，但是渡水的蜀兵都中毒而亡。诸葛亮忙问当地的百姓，这才得知泸水之中有瘴气，白天在太阳照射下便蒸发，若有人渡水，必中毒，只有晚上才能渡过大河。诸葛亮便派人在晚间渡过泸水，结果又活捉了孟获。诸葛亮说："孟获，如果你服了，我可以启奏天子，封你为王，这个地方还由你统治。"孟获道："我服了，但我怕我的部下不服！"诸葛亮又把他放了。

长史费祎很不理解丞相的做法，便问道："丞相，孟获不识抬举，而您为什么非要他归降呢?"

诸葛亮笑道:"孟获其心已动摇,但他还有些不服气,如果他能心服口服,那么南方就可以交给他把守,他在这一带很有威望,他虽然屡战屡败,但他手下的将士仍是死心塌地地保他,如果我们得此将,必会得人心啊!"

孟获这样又被捉了三次,诸葛亮又放了他三次,而且每次都亲自为他松绑绳,还为他摆一桌酒席,为他压惊。第七次又被捉住时,诸葛亮问道:"孟获,你服不服?"孟获一下跪倒在地,说道:"丞相用兵如神,手下的将士也都能征善战,我被七擒七纵,这次是心服口服,如果我再不投降,恐怕就无脸见我的众位将士了。丞相放心,我明日一早便率领我的部下,共同归顺。"

孟获又走了,诸葛亮露出了笑容,心想:从此南方稳定了。第二天,孟获带领着人马来归顺,这些将士也十分佩服诸葛亮。诸葛亮用双手搀起孟获,说道:"我已启奏天子,封你为洞主,这蛮部仍是你的管辖地,而且可以世世代代永镇蛮邦。"孟获非常感动,说道:"丞相请放心,我们南人再也不造反了。"诸葛亮又把孟获及手下的大将请到营中,设宴款待。

孟获归顺,诸葛亮没有伤害蛮部的百姓,蛮部上下一片欢腾。

诸葛亮离开成都来南方平定叛乱已经有半年了,如今叛乱已平定,诸葛亮心系朝中大事,便决定即日班师回朝。

孟获率领众将士一直把诸葛亮送到泸水河边。诸葛亮问道:"现在已是9月,天气不热,不会再中毒了吧?"孟获道:"丞相,绝不会再中毒了,可是河水猛涨,需用七七四十九颗人头以祭拜河神,否则无法渡过!"

诸葛亮心想:长期战争,已死了不少将士和无辜的百姓,不能再杀人了。于是诸葛亮命人杀牛羊,又用面做成人头形,说道:"我们祭拜河神,心诚则灵!"祭拜之后泸水真的退了下去,诸葛亮率领大队人马回朝了。

刘禅得知丞相凯旋而归,亲自迎接,并给丞相及众位将士设宴庆功。刘禅看到诸葛亮脸上已有皱纹,心中一阵酸楚,心想:丞相真是呕心沥血啊!

挥泪斩马谡

诸葛亮七擒孟获，平定了南部叛乱，班师回朝。而这时魏帝曹丕已死，由太子曹叡继位。曹叡昏庸，魏国的大权落在曹休、曹真和司马懿手中。诸葛亮心想：曹丕刚死，魏国上下军心不稳，正是出师北伐的良机，我何不带兵去伐魏呢！于是，诸葛亮给后主刘禅写了一道《出师表》，于建兴五年春出师伐魏。

诸葛亮决定从西边攻打祁山（今甘肃省礼县），然后沿大路攻向长安。诸葛亮认为祁山地势险要，一旦攻下，便可以在此安营扎寨，进可攻长安，退可守祁山。

大将魏延对诸葛亮说道："丞相，我们从西边攻打祁山，路程远，道路艰难，会浪费好长时间。我们不如派一部分人马从小路攻打长安，长安守将夏侯楙，胆小怕事，一见我们大军压境，必然会弃城而逃。到时候丞相再从斜谷杀来，我们就可以乘胜攻打咸阳。咸阳失去了长安城的屏障，很容易攻破。"

诸葛亮道："将军的计策有些冒险，如果我们在长安久攻不下，必然会影响我们的士气！"诸葛亮用兵如神，而且十分谨慎，魏延一看自己的建议没被采纳，心中十分不满。

诸葛亮率大军从西边打来，一路之上，过关斩将。陇右的天水、南安、安定三个郡都归降了蜀国。蜀国实力大增，士气很旺。魏国大将姜维被诸葛亮设计活捉，诸葛亮很佩服姜维的才能，亲自为他松开绑绳，还设宴款待，为他压惊。诸葛亮说道："我久闻将军大名，今日一见，真是三生有幸。我希望将军能辅佐我朝天子攻打天下，如果将军不愿效劳，将军请便。"姜维不知是真是假，但是心理很佩服诸葛亮，一是他用兵如神，二是如此爱惜将才。姜维走出蜀军大营，一看没有人追击，心想："这样的丞相，实在难找，我何不归顺他！"于是又回来了。诸葛亮亲自迎接，从此大将姜维就跟着诸葛亮东征西战。

魏帝曹叡得知诸葛亮率领蜀军势如破竹，连续攻破三个郡，心中大惊,忙召集群臣商议对策。司马懿道:"陛下,诸葛亮来者不善,我们要火速派兵抵抗,如果他攻下长安,咸阳就难保了。我愿带领一部人马西进阻挡蜀军前进,同时争夺街亭。只要我军夺下街亭,蜀军就很难前进了。为了安全,您再派张郃将军带领一部分人马为先遣军队,杀一杀蜀军的锐气。"魏帝曹叡昏庸无能,对行军打仗之事一无所知,一见司马懿说得条条是道,便点头答应。

张郃为先锋,向西挺进,司马懿带领大队人马随后而上,直奔街亭。

司马懿也善于用兵,但诸葛亮计高一筹,他早料到司马懿会夺街亭,便问众将:"哪位将军愿意去守街亭,这里地方虽小,但是咽喉要道。如果街亭失守,我们的粮草就无法顺畅运到大营,那么我们就很难东进了。"话音未落,马谡就说:"未将愿意!"诸葛亮一看是马谡,想起先王刘备所说的话,认为马谡言过其实。但又一想:街亭,只要尽职尽责,很容易守住,便再三叮嘱:"将军,千万小心,司马懿擅长用兵,张郃也武艺高强。不可轻敌!"马谡道:"丞相,您就放心吧。我自幼熟读兵书,一个小小的街亭,我还守不住吗?我一定能守住街亭!"

诸葛亮怕马谡大意,便派王平为副将一同前往。王平也是历经百战,很有经验和谋略,深受诸葛亮喜欢。

马谡、王平带领2.5万精兵来到街亭。他看了看地形,对王平说道:"这是一座高山,我们若在山顶上安营扎寨,曹军一来,我们可以从高处杀下来,我们居高临下,势如破竹,一定会杀得曹军大败而归。"

王平仔细分析了一下地形,又想起丞相的话,便说道:"将军,万万不可在山顶扎寨,丞相再三叮嘱,一定要在道口处安营扎寨。这里是一座孤山,那司马懿擅长用兵,一看我们在山顶安营,一定会将此山团团围住,到时候我们的粮草被切断,曹军会不战而胜的啊!"

马谡一脸不高兴,说道:"我自幼熟读兵书,难道这一点还用你提醒吗?"二人意见不统一,王平只好带领5000人马在山的西边扎一小寨。王平知道马谡这样做,很可能失街亭,便立即画下地图,派人火速去见丞相。

诸葛亮知道街亭之地十分险要,日夜惦记。这一日,他接到王平派人送来的地图，展开一看，顿时惊呆了，一看马谡没有按自己的意图去做，而把军队驻扎在山顶之上，他仰天长叹："我怎么会用马谡这等庸才啊！他自视聪明，我军此次北伐必然失败啊！街亭失守，粮道被断，天水、南安、安定也难保啊！"诸葛亮非常焦急，又十分痛恨马谡，但事情已至此，只好另作打算。他紧急传令赵云、邓芝速速撤军。又命5000士兵去西城抢运粮草，以免被魏军夺取。

诸葛亮用错人，却给了魏军一个机会。司马懿一看街亭已有蜀兵把守，心想：都说诸葛亮用兵如神，看来果真如此！他带领大军继续前进，远远看到蜀兵在山顶上安营扎寨，大悦，仰头大笑，说道："想不到诸葛亮竟用此等庸才，街亭必属于我们！"于是下令围山。

司马懿将山团团包围，切断了蜀军的水源，蜀军一看到漫山遍野的魏军，都有些心惊胆颤，早已丧失了斗志，军心大乱。马谡一看街亭难以守住，便带领军队冲杀下来，但几次都被魏军打败。后来王平带领人马前去接应，马谡这才带领残兵败将冲杀了下来。司马懿占领了街亭，派大将军张郃守护。

司马懿率军去抢夺西城的粮草，但早已被蜀军运走。司马懿说道："诸葛亮确实料事如神，他知道街亭失守，我必然会带人马来抢夺粮草！"

诸葛亮北伐没有成功，他详细查问街亭失守的原因，得知是马谡把自己的叮嘱束之高阁，而且不听王平劝阻才造成的，十分生气，命人将马谡斩首。

马谡被斩后，诸葛亮放声大哭，边哭边说道："你在我面前夸下海口，可你不听劝告，不斩你怎能服众！"众人忙劝解，诸葛亮说道："我并不是为斩马谡而伤心，先王曾和我说过，'马谡言过其实'，而我却还重用他，我是恨我自己为何不听先王的劝告啊！"这就是诸葛亮挥泪斩马谡的故事。

孔明见信回师

诸葛亮第一次北伐，由于用错人，马谡失街亭而前功尽弃。回到汉中，自贬丞相之职。但诸葛亮仍为蜀汉日夜操劳，他听说陆逊在石亭大败曹休，曹军元气大伤，便立即出师进行第二次北伐，随后又进行了第三次北伐。这两次北伐使魏军损伤不少，杀死了魏国大将王双，乘机占领了武都、阴平两个郡，蜀国的势力又大增。而这时，孙权在武昌称帝。谥父孙坚为武烈显帝，兄长孙策为长沙桓王，封孙登为太子，任顾雍为丞相，陆逊为上将军。

顾雍对孙权说道："陛下，诸葛亮用兵如神，两次北伐，大败魏军，而上将军陆逊也大败曹休，魏国很可能会借大王称帝之时，联合蜀国攻打我江东，我们不如派去使臣，事先告之蜀国，这样我们蜀吴的关系就可以继续保持下去，魏国也不敢轻举妄动。"

孙权点头答应，他也想让他国承认自己的王位，便派使臣到成都。东吴的使臣见到后主刘禅说道："我家主公接手父兄的基业，如今江东百姓安居乐业，英雄贤士若水归川，纷纷请求我家主公称帝，我家主公推辞不下，在武昌称帝，但我国陛下希望与蜀国继续保持友好关系，特此派我来告之贵国陛下。"

刘禅一听说孙权称帝，不知如何是好，也不知道如何答复使臣，便召集文武百官商议此事。有的大臣说道："陛下，孙权如今称帝，野心不小，他想统一天下，我们不如斩了他的使臣，孙权一怒之下，就会出兵，我们趁他刚刚称帝，军心、民心都不稳，一举消灭他。"有的大臣反对这种说法，对刘禅说："陛下，蜀吴历来关系很好，如果我们与东吴关系破裂，魏国会乘机攻打我们。"

刘禅拿不定主意，只有征求诸葛亮的意见。诸葛亮自贬丞相之职后，便留在汉中，诸葛亮听说此事后，对刘禅派去的大臣说道："东吴称帝，三足鼎立，互相牵制，如果我们与东吴关系破裂，魏国必然会乘机攻打我们，我们一方面要抵抗魏国，一方面还要防备吴国，到时候，我们两面受敌，恐怕很难应敌。如果我们与吴国继续结好，魏国必然会嫉妒，而且必然对吴国不满，他必然会用一部分兵力防备吴国，而我们正要出师北伐，我们一定会乘机而取胜的！请转告陛下，多送些礼物祝贺孙权称帝，不要计较以前的恩怨，要从大局着想，只要蜀吴合好，我们北伐就一定能成功！"刘禅听大臣一说，立即决定和吴国修好，而且还派大臣到吴国去祝贺。孙权非常高兴，热情款待了蜀国使臣。

蜀吴关系很好，气坏了魏国。魏帝召集群臣，商议如何对付蜀、吴。魏军大帅曹真说："陛下，蜀、吴表面虽然联合，但实际上内心不合，如果我们派兵攻打蜀国，东吴也不一定会帮助蜀国，二者因此关系会破裂。我们可以杀一杀蜀国的锐气，他们三番五次来攻打我们，如果不消灭他们，必有后患！"

魏明帝觉得曹真的话很有道理，点头答应，任命曹真为征西大都督，司马懿为副都督，率领40万大军，直奔汉中。

诸葛亮早已在汉中做好了应敌准备。当魏军到了陈仓城时，天降大雨，而且几十天没有晴天，道路泥泞不堪不说，士兵也被淋得十分狼狈，有的士兵还生了病。诸葛亮听说之后，大悦，心想：魏军已毫无斗志，锐气消失，若再来攻城，也是自来送死。不过司马懿擅长用兵，他看到士兵叫苦连天、怨声载道，便下令：撤兵！曹真虽然不愿意撤退，但是看到将士军心已乱，便只好答应。

魏军刚一撤，诸葛亮便下令追杀，魏军长途行军，又加上阴雨天气，毫无准备，一下子就乱了阵形，士兵四处奔逃。司马懿一看形势不妙，便对曹真说："大都督，给我一支人马，我断后，你们先撤。否则我们的将士都会死在蜀军手中。"曹真又气又急，带领大军先撤去，途中抑郁成疾，没多久便死去。

这一仗曹真、司马懿不仅没有取胜，反而损失多员大将，人马也损失近半。诸葛亮认为这是天赐良机，回到汉中立即整顿人马，趁魏军还没恢复士气，继续挥师东进。

曹叡一听诸葛亮又出师伐魏，心中大惊，心想：刚吃了败仗，这可如何是好？于是召集群臣，商议如何破敌。司马懿说道："陛下，上次失利主要是天气造成，这次诸葛亮出兵，我等叫他有来无回。长安城是都城的大门，如果长安攻破，都城难保，我愿带领一批人马死守图城，图城守住，长安城则无险情，再派大将军张郃西进祁山，阻击蜀军。"于是司马懿带领大队人马进驻图城，张郃西进祁山。两军刚一交战，魏军便大败，蜀军士气很旺。司马懿一看蜀军气势汹汹，知道硬拼很难取胜，便下令紧闭城门，不许迎战。司马懿想用这种计策拖垮蜀军，他想：时间一长，蜀军必然士气下降，到时候我找机会一举消灭你。

诸葛亮一看司马懿的人马不出城，便让将士们在图城门周围埋伏好，又派几百人带着大鼓到图城门前，敲一阵鼓，辱骂一阵，骂一阵，再敲一阵鼓，晚上也不停。魏军忍无可忍，纷纷请求出战，司马懿知道这是诸葛亮的计谋，坚决不出兵，可后来实在咽不下这口气，便对魏军说："不杀了诸葛亮不撤兵，但要小心谨慎，诸葛亮用兵狡诈！"

魏军将领一听下令允许出城迎敌，都摩拳擦掌，他们早就恨透了蜀军。一个个如猛虎下山，拿着刀枪棍棒叫喊着杀出了图城。蜀军一看魏军杀了出来，也不上前迎战，魏军又追杀了一阵，一个蜀军也发现不了。正在这时，箭如雨发，魏军才知道上当。这种箭是诸葛亮发明的，取名叫"连弓弩"，一次可以射出10支箭。魏军大败，匆匆逃回城去，半路上又被蜀军截杀。

蜀军正在庆祝胜利时，却突然收到李严的一封信，信上只写着：请丞相即日班师。诸葛亮不知道出了什么事，他认为尚书李严做事很认真，一定发生了大事，诸葛亮立即回师。

司马懿也奇怪，为什么蜀军取胜了，还要撤兵呢？是不是诸葛亮的计策呢？他正在考虑之时，大将张郃说道："大帅，我愿带一支人马去截杀蜀军！"司马懿道："千万小心！"

张郃心想：大帅太多疑了，蜀军撤兵，还有什么计谋。刚追到半路上，大将魏延杀了过来，打了没多久，魏延便败下阵来，张郃紧追不舍。正在追杀之时，忽听一声炮响，山上乱箭齐发，大将张郃中了多箭，倒地而亡。

诸葛亮回到了汉中，见到李严，才知道李严粮草供应不上，怕受到责备，才让诸葛亮回师的。这可把诸葛亮气坏了，非要斩了他，后经大臣求情，才饶了他，将其贬为平民。

诸葛亮伐魏，只因戏剧性的一封信，就班师回朝，又失去了灭魏的良机！

孔明木像破魏军

第四次伐魏，只因李严的一封急信，失去了大好机会，诸葛亮念及众人情面，才没有杀他，而将其贬为平民。但诸葛亮奖罚分明，那时李严的儿子李平任江州太守，而且治理地方很有方法，政绩显赫，诸葛亮依然重用他，有的大臣说："丞相，李严之子李平有机会必然为父亲报仇。"诸葛亮道："你多虑了，李平生性忠厚，而且懂事理，不会反叛的！"李平继续留任江州太守，而且对待政事兢兢业业，把江州治理得井井有条。

诸葛亮几次伐魏，又平定南方叛乱，国家政事还都由他处理，没有一日可以休息。长期的辛苦操劳，使他显得有些力不从心。但他仍想在自己有生之年再次伐魏。为了第五次北伐，诸葛亮决定暂时休战，养精蓄锐，一旦时机成熟，立即出兵。诸葛亮在这一段时间里，整顿内政，加强军纪，严格训练军队，广积粮草。三年时间过去了，诸葛亮决定第五次出征伐魏。他总结了一下以前失败的原因，有一条就是没有联军，于是他派邓芝到吴国去联合东吴，共同伐魏。邓芝出色地完成了任务，东吴立即出兵响应。

公元234年，诸葛亮第五次北伐。一路之上，势如破竹，连败魏军。这可吓坏了魏明帝，只好任命司马懿为大帅，统帅大军抵抗蜀军。司马懿先前与诸葛亮几次交手，都损兵折将，这次也做好了充分的准备。

两军在五原展开了一场激战，蜀军虽远道而来，但一个个都英勇无比，如下山的猛虎，魏军根本不是对手。司马懿一看魏军损伤无数，忙鸣锣收兵，退回军营，派兵把守。诸葛亮派人到司马懿的军营前叫骂，但司马懿吸取了以前的教训，下令："紧守大营，任何人不得出营抵抗，违令者斩！"

诸葛亮知道司马懿很狡猾，不会再轻易出兵的，便下令在渭河岸上开垦荒地、扩充军粮，以便于同魏军长期对峙。司马懿得知后，心想：诸葛确实是位奇才，难怪天下人说得了他就得天下呢！如果他开垦的荒地有了收成，就可以和我长期作战，我要想方设法去毁了这耕地。但司马懿几次都没有得逞，反而又损伤了不少人马。于是再也不敢出兵了，只是死守军营，阻挡蜀军北进。

诸葛亮心想：长此以往也不是办法，已经持续了几个月，再这样下去，我军一定会人困马乏，到时候魏军突袭我们，我军很可能战败，我还是得气气司马懿。

于是诸葛亮派使者给司马懿送去了一个盒子,里边装着妇人穿的衣服,还有一封信,信中写道:"你,一个一国的统帅,都不敢出来迎敌,一定是胆小怕事,怕自己的性命丢了。我奇怪,难道魏国没有人了吗?派你这样一个人来迎战,你和妇道人家有何区别呢?不如穿上这件衣服到你家主人面前请罪,他一看你是妇道人家,一定会免你不死,你也可以回家享清福了。大帅,何乐而不为呢?"司马懿看信后气得脸红脖子粗。但司马懿不愧为大帅,马上镇定下来,他知道一定要克制自己,不能上了诸葛亮的当。他想:我何不借此机会,从使者口中套得蜀军虚实呢。于是他派人盛情招待使者,魏军将领轮流敬酒,使者很快就醉了。司马懿问道:"诸葛亮年纪已经不小了,身体怎么样啊?"使者毫不遮掩,说道:"丞相每日忙于军务,又整日行军打仗,日渐衰老,而且最近吃的饭很少。"司马懿心想:太好了,诸葛亮每日繁忙,而又吃不下去饭,用不了多长时间,他就得一命呜呼,只要他一死,我就可以乘机大败蜀军。

诸葛亮回来闻到使者身上有酒味,便知道司马懿一定热情招待他了,便问道:"那司马懿问你什么了?"使者知道自己酒后失言,但不敢说谎,只好如实讲了一遍。诸葛亮大怒道:"我再三叮嘱你,让你把东西一放就回来,可你不听我命令,那司马懿老贼必然不再出兵了!你该当何罪?"使者早已吓得魂飞魄散,众将求情,才将他看押起来,回到汉中再处置。

诸葛亮想:司马懿已探听到自己身体状况,一定会认为我不久就会去世,从而只守城而不出兵。那么我应该如何激怒他呢?正在诸葛亮左思右想时,忽然有人报:东吴三路大军被魏军打败,已撤回江东,而魏军也班师回朝。诸葛亮一听,呆呆地发愣,心想:如果魏军再来支援司马懿,我军就很难北进了。想着想着,诸葛亮竟昏迷过去,这一下可把大家吓坏了,忙找来医生,过了半天,诸葛亮才醒来。诸葛亮知道自己活不了多久了,便把姜维叫到身边,拉着他的手说:"我有一本兵书,还有一本我自己作战的体会,都给你,你要认真阅读,将来蜀国的军队还得靠将军指挥啊!"姜维非常感激,说道:"丞相,您安心休养,我愿随时听您调遣!"诸葛亮又上表给后主刘禅,告知近况。刘禅一听说诸葛亮病重,立时泪流满面,马上派李福前去慰问。诸葛亮一见到李福,拉着他的手说道:"我对不住陛下,我没有完成先帝的任务,我不在人世的时候,你们一定尽心尽力,辅佐皇上,把蜀汉天下治理好,我别无遗憾,只是没有消灭魏国,我心有不甘。我已经写好了遗表,这里边我推荐的大臣不要轻易弃用,他们都是国家栋梁之材!"李福拿过遗表,日夜兼程,又回到成都。刘禅一看遗表,更加伤心,忙问道:"丞相一生为国家日夜操劳,今日病重,丞相一没,谁来接替他的职位啊!"李福一听,又快马加鞭赶了回来。

诸葛亮拉着杨仪的手说:"我死之后,军中大事全交给你了,魏延对此次出兵很不满,他还可能叛乱,你要把马岱将军安排在他身边,如果他谋反,就让马岱杀掉他!还有,我死之后,千万不可发丧,要绝对封锁消息,否则司马懿会乘机出兵。如果他出兵,你们可把我的木像推到军前,司马懿以为又中了计策,必然会大败而归。"诸葛亮说完之后。已经奄奄一息,这时李福骑快马赶到,一见丞相已经昏迷过去,不禁泪流不止,边哭边说道:"我要是早来一步,就可以问一问丞相百年之后,谁来接替他。"过了一会儿,诸葛亮慢慢苏醒过来,李福立即走上前去,刚想问,诸葛亮便用十分细弱的声音说道:"不用问,我知道你的意思,我死之后可由蒋琬来担当此任。""那蒋琬之后呢?"李福赶紧问道。诸葛亮的声音越来越小,用尽全力,才勉强说出了两个字:"费祎。"说完,一代伟大的军事家、政治家、文学家与世长辞。

按照诸葛亮生前的嘱咐,由杨仪掌管大事。杨仪封锁了消息,派费祎去告诉魏延,让他撤兵,同时派去大将马岱,安排到魏延身边。魏延果然不满,说道:"杨仪乃无能之辈,怎能由他来掌管大权呢?我劳苦功高,又擅长用兵,为什么不让我来代理丞相呢?"费祎道:"将军,我们还是按丞相遗命,火速撤兵吧!"魏延道:"我不撤,我一定要消灭了魏军才回去!"说完带着自己的人马走了,马岱随他一起前去。

杨仪命姜维带领大军撤退。司马懿得知蜀军撤退,便对全体将士说道:"蜀军退兵,一定是诸葛亮已死。我们可以乘此良机,一举消灭蜀军!"魏军士气高涨,司马懿亲自率领大军直奔蜀军。姜维一看魏军快追上了,立刻停止退兵,让军队扎住阵脚,让士兵手执大旗"汉丞相武乡侯诸葛亮",大旗下面有一辆四轮车,车上端坐一人,羽扇纶巾,神情自若,正是诸葛亮。司马懿大叫一声:"我们又上当了,诸葛亮没死,快撤!"魏军也远远看见了诸葛亮,也都知道诸葛亮的厉害,一听主帅让撤兵,立时四处奔逃,互相拥挤,互相践踏,扔掉大旗和武器,一口气跑出五六十里。蜀兵追杀了一阵,便火速撤兵。

蜀军很安全地撤到了谷中,司马懿得知诸葛亮已死,两军阵前的只是一个木人,又气又恨,但也十分佩服诸葛亮,他仰天长叹道:"诸葛亮乃天下第一奇人,我能断其生却不能断其死也,我的才能无法和他相比啊!"司马懿知道已经无法追赶蜀军了,只好班师回朝。

姜维率领大军正在后退,却遇到魏延。两军展开战斗,不分胜负,各自收兵,当晚安排在魏延身边的马岱将其杀死。姜维、杨仪叹道:"丞相乃一神人也!"

诸葛亮的灵柩回到了成都,蜀国上下一片悲痛,后主刘禅亲自把灵车送到定军山。刘禅亲自挂孝,并下令全体将士挂孝。在蜀国人们的一片哀痛之中,诸葛亮被安葬于定军山脚下。

卫温下夷州

诸葛亮一死,蜀国不再轻易出兵攻打魏国了。魏国在与蜀国的几次交战中都是大败而归,也不敢出兵侵蜀。孙权治理江东有方,百姓安居乐业,想乘机扩张势力,但几次对魏用兵,结果都大败而归。孙权一想北有魏,侵犯没有成功,西有蜀,诸葛亮虽亡,但多员大将仍在,而且又有盟约,互不侵犯,所以只好向东南方向发展。

有一次,有几个渔民在海上遇险,被东吴的士兵救上岸来,孙权很热情地招待了他们。他们告诉孙权,海中有一个夷州(今台湾),环境幽美,四季如春,而且生长着许多奇花异草,传说那里还有长生不老的仙药。孙权心中一动,但那时正在和魏国交战,无法分心,便送给这些渔民好多财物,让他们离去。

战事停息,孙权便召集群臣,商议此事。将军卫温说:"陛下,我们北有魏,西有蜀,只有东和东南有发展的余地,如果我们发现了夷州,与南部国家处理好关系,我们的实力就会大增,到时候再向北扩展，不就可以灭魏国了吗？"

孙权道："将军所言极是，但是大海茫茫，谁能担当此任呢？"

卫温道："陛下，末将愿意前往，我自幼和父亲出海打鱼，海上航行有一些经验，只要陛下给我一批将士，我们便可启程！"孙权点头答应。

卫温开始准备出航远行，他先派人做了一艘大船。由于吴国四处临水，所以造船业十分发达，这也为卫温下夷州打下了良好基础。这只大船打造得非常结实，长约20余丈，可以载500人，而且这只大船抗海浪能力很强。一切准备就绪，士兵带上必备用品，在卫温的指挥下，在海上开始寻找夷州。

公元230年，卫温带领船队从章安（今浙江临海县）起航，东吴将领前来相送。他们按照渔民所说的路线开始南行，一路上，海浪滔天，有好几次大船都险些遇难。但卫温很有经验，指挥着大船行进到侯宫（今福建省福州市）。卫温开始下令东渡，这里水流湍急，海浪有十几丈高。有一日，他们正在一眼望不到边际的大海中航行，忽然有一个士兵大叫一声："前边有岛！"大家顺着方向看去，果然显出一座孤岛，众人一下兴奋起来，加快了航速，岛屿越来越清晰，人们欢呼了。岛上林木葱郁、花草繁茂，到处充满着生机。卫温将大船靠岸，自己带领几员大将登上岛屿。刚一登岸，土著高山族人以为他们是抢夺食物来的，立即用木棒、石块等攻击士兵。卫温知道一定是他们把自己这些人当成了敌人，所以下令，只能躲闪，绝不能还手。原来这里还过着氏族生活，男子靠捕鱼打猎为生，女子采集，然后共同分配。由于食物少，所以经常发生氏族间的战争，争抢食物。卫温在树林后的高山脚下安营扎寨，没事的时候，就带领士兵上山打猎，由于东吴的弓箭十分先进，所以打的猎物很多，卫温和士兵只留下很少一部分，大部分都给了土著高山族人。渐渐地，这些人对卫温等人也没有了敌意，他们发现卫温这些陌生人不攻击他们，还帮他们打猎，所以渐渐地开始了友好交流。卫温把先进弓箭的制造方法教给他们，他们非常高兴，打的猎物增多了，而且能很好地抵抗其他氏族的侵略。可后来，士兵水土不服，卫温只好返航，有许多高山族人一起和卫温来到东吴，还带了一些特产。

孙权亲自迎接卫温等将士，为他们举行了隆重的庆祝仪式。孙权心想：我以后可以向东南方向发展了。为了进一步了解东南各国，他又派聂友等人出航，这些人到达了珠崖（今广东省徐闻县）、儋耳（今海南岛）。这些地方的人们对东吴将士也非常友好，与他们互赠礼物，相互交流文化、科学技术。孙权又派人到了南海许多国家，与他们友好交往，建立了良好的关系。

孙权在东南方向不断发展，影响很大。这时辽东太守公孙康去世，他的弟弟继续掌握大权，但公孙康的儿子公孙渊十分狠毒，逼死了自己的叔叔，掌握了大权。公孙渊看到孙权势力日益扩大，便派使臣来见孙权，表达了想归顺的意思。孙权大悦，心想：我如今在东部、南部都有所发展，而在北部还没有立足之地，辽东正好位居江东北部，我可以凭借此地攻打魏国，这真是天赐良机。于是非常热情地招待使臣，正在饮酒之时，张昭入宫，跪倒在地，说道："陛下，公孙渊十分狠毒，而且此人反复无常，他逼死自己的叔父，不顾自己哥哥的性命（他的哥哥在魏国做人质），他一定不是真心归顺，请陛下三思！"孙权非常生气，心想：你张昭倚老卖老，当着辽东使臣，你竟敢如此评价公孙渊，他若一生气，还能归顺我吗？于是孙权生气地说道："朕意已决，你凭什么说公孙渊反复无常呢？我已经做好了安排，你退下吧！"事后，孙权派张弥、许晏为使臣去辽东，封公孙渊为燕王。

张昭得知消息后，又极力劝阻，可孙权仍不听，张昭一气之下回到家中。

公孙渊正如张昭所说是一个阴险的小人，他不甘心魏国的统治，才想借助孙权的力量抵抗魏国。但他又怕魏国来讨伐他，东吴离此地很远，远水解不了近渴。于是公孙渊杀掉东吴的两位使臣，提着张、许二人的人头去见魏明帝。对魏明帝说："我想忠诚于陛下，可孙权却挑拨我们的关系，让我对他称臣，还派来两个使者，送来许多金银财宝，我心不动摇，所以杀了二人来见陛下。"

魏明帝也知道他是什么样的人，一时没有了主意，司马懿对魏明帝悄悄地说："陛下，先封他为将军，待他归顺后，再收拾他不迟！"于是魏明帝说道："朕念你一片忠心，封你为扬烈将军。"

孙权得知自己的使臣被斩，又悔又恨，悔自己没有听张昭的苦苦相劝，恨公孙渊出尔反尔。他想出兵攻打公孙渊，于是便请张昭进殿共议此事。

张昭在家中一听说张、许二人被杀,气得直跺脚,这两位使臣都是自己的好友。他见孙权派人来请自己进宫,便说道:"回去转告陛下,我不会再倚老卖老,我重病在身,不能再为国家效力了。"

孙权一听,知道是老臣赌气在家,于是又派人去请,三番五次,张昭还是不给面子。孙权便带着百官亲自去请,本以为张昭会立即出来相迎,哪知张昭却不开门。孙权没办法,只好耐着性子,说道:"子布,我来看你了,身体怎么样了?"张昭在屋里答道:"臣已经老了,没有什么用了,请陛下回去吧!"

孙权一看没办法,命人放火烧房子,大火已起,张昭仍是不出屋。孙权只好假意离开,张昭这才出来,孙权赶忙承认错误。张昭也觉得太难为皇上了,便答应回宫共议此事。

张昭对孙权说:"陛下,魏帝虽无能,但有司马懿,他也深知公孙渊的人品,虽然封他为将军,实际是为了安抚他,一旦有机会,他们会除掉他的,即使不除掉,也会处处监视他的,所以我们不用出兵。"

孙权点头答应,没有出兵讨伐公孙渊,仍与东南部的国家发展友好关系。

魏国发明家马钧

马钧是魏国著名的机械制造家,一生发明制造了许多机械工具。曹叡也知道马钧这个人很有才华。

曹叡算得上是一位真正的昏君,对政事不闻不问,对饮酒作乐十分感兴趣,而且奢侈异常。他觉得自己的宫殿不豪华,便大兴土木,在许昌建了许多宫殿。这些建筑劳民伤财,遭到许多大臣的反对,但曹叡却执意要建。老百姓中许多壮丁都累死在这些宫殿中,因此百姓怨声载道,而曹叡却不顾百姓死活,只图自己快乐。

曹叡得知秦始皇建宫殿以求长生不老,于是便命人也建高台峻阁,他想站在高处与神仙交往。有溜须拍马的大臣对曹叡说:"陛下,要想与神仙交流，必须心诚，而且应该建一龙一凤，这样就意味着您是真龙天子，再派皇后陪着您，就可以与神仙交流了。"

曹叡一听，心里乐开了花，他知道马钧的大名，便立即派人去请马钧为他铸龙凤。

马钧领命，不敢怠慢，先用陶器做了一条巨龙的模型，形象十分逼真。然后派人用熔化了的钢水注入到陶器中去，等冷却后将陶器去掉，一条巨龙就铸成了。龙身有四丈多长，这条巨龙盘旋而上，好像云游四海，栩栩如生。马钧又用此法做了一只凤，凤身也有3丈高。这巨龙、巨凤立在殿前，马钧又命人用金粉将龙、凤之身涂刷一遍，在阳光下，龙凤闪闪发光。曹叡看后，非常满意，重重地赏了马钧。

马钧得了这些钱财，并没有乱花。他深知百姓生活十分困难，想把这些钱财用到百姓身上。他知道靠自己的钱财去救济百姓是杯水车薪，起不了什么作用。他看到百姓用水浇灌庄稼十分困难，有时候把百姓累得直不起腰来，也不能很好浇灌庄稼。他发明了"翻车"，用一根很长的木槽从高坡伸到水中，上面有一个大齿轮，只要用脚一踏，就可以把水从低处引到高处，不仅省力，而且水流量也很大，这给百姓带来了极大的好处，也促进了农业的发展。

曹叡看到马钧发明的翻车很感兴趣，觉得他很了不起，便命马钧为自己改造"木偶百戏"。木偶百戏是一种游戏，用刻刀刻成许多形态各异的小人，这些小人形象逼真，放在一块木板上，供人们观看。曹叡看到翻车只要用脚一踏，就可以把水从低处引到高处，便对马钧说："既然你可以制造翻车，就一定可以使我的木偶人动起来！"

马钧没有办法，只得奉命去做。他冥思苦想，终于想出了办法。他仿效翻车的原理，做了一个大木轮，木轮上面是各式各样的木偶，然后把木偶和木轮连在一起，用水流推动木轮，木轮一转，上面的木偶也动了起来。他根据木偶的形状，用不同的方式与木轮连结，木轮一转，木偶也千姿百态，动态各异。曹叡和许多大臣们看后非常高兴，曹叡把它取名为"水转百戏"，一时间许多人都玩这种游戏。

马钧发明翻车，没有受到多少奖赏，而这次发明"水转百戏"却受到了重赏，马钧摇了摇头，有所感悟。他想：蜀国连续几次征讨我们，我要发明一种机械帮助军队行军打仗。

那时候，在荒野之中行军打仗，很容易失去方向感，我国虽然早就有指南针的记载，但没有得到应用。他利用指南针的原理，发明了指南车，车上有一个木人，手臂指向南方，无论朝哪一个方向行军，木人手臂的方向也不变，人们很容易辨别出方向。这给魏军出征带来了极大的方便。

司马懿大败于诸葛亮的连弓弩下，他派人拿来了几架，马钧偶然得到了一架，非常感兴趣，他便开始研究。他先将连弓弩拆开，认真研究它的构造原理。他觉得威力还不够大，又进行了改进，不仅威力增加，而且连发的箭数增多。改造完连弓弩，马钧对兵器产生了兴趣，后来见到曹操当时在官渡之战时，对刘晔发明的发石车，也产生了兴趣。但是他觉得发石车有些笨拙，便进行了改造。改造之后的发石车很小巧，但威力却很大，他用一个大木轮子，轮边上有许多根绳子，绳上拴着石头，然后用力转动大木轮，轮子飞快地旋转，石头便被抛出去。这种发石车速度快、射程远，而且可以连发，杀伤力很大。但是马钧的这些发明改造却没有引起曹叡的重视，他整日只知道玩"流水百戏"。

马钧虽然有很多发明创造，但他为人谦虚，从不向别人炫耀自己。魏国人都知道马钧的大名，一些朝中大臣和一些富商都十分喜欢"流水百戏"。而老百姓一边用翻车灌溉，一边说马钧的故事。当时有一个叫裴秀的人，能言善辩，也小有名气，但无法和马钧相比。他有些不服气，心想：我一张嘴说遍天下，而马钧只不过有一双巧手，为什么我的名气不如他大，我找机会一定和他比试一下。裴秀扬言要和马钧比试一下，马钧不善言辞，便躲着裴秀。裴秀以为马钧怕他了，跟谁都说："马钧不如我有才华，他总躲着我，不敢和我比试！"老百姓对他自然有些不满，但没有人和他争论，一位老者听了他的话，觉得刺耳，说道："裴秀你确实有才华，你善长言辞，但人各有专长，马钧则善长技巧，你为什么总要和他比呢？"一席话，说得裴秀非常惭愧。后来又找到马钧，赔礼道歉，二人成了好友。

马钧一生发明创造很多，对魏国农业、军事的发展起到了推动作用。

司马懿夺权

曹叡荒淫无度，贪恋酒色，后来得了重病。而这时辽东公孙渊起兵谋反，司马懿对他早有准备，立时率领大军前去征讨。司马懿只使用了一个小计策，就将公孙渊打败。刚想回师，就收到了一封急信，司马懿知道事关重大，一定是皇帝病危，所以他日夜兼程，火速赶到洛阳。曹叡这时已经奄奄一息了，曹叡对司马懿和曹爽说："我命就要休矣，可太子曹芳只有8岁，你们二人要尽心尽力辅佐幼主，不可互相争权。"说完，36岁的曹叡去世。

幼子齐王曹芳继位，大将军曹爽、太尉司马懿共同辅政。

曹爽与魏明帝关系十分好，魏明帝先任命他为散骑侍郎，后提升为武卫将军，后又称为大将军。

司马懿是曹魏的元老重臣，善长行军打仗，深受将士拥护。由于他屡立战功，很快被提升为太尉，逐渐掌握了兵权。

曹芳年幼无知，大权落在了曹爽和司马懿手中，二人遇事虽然互相商议，但暗中深藏杀机，都在背地里勾心斗角、争夺大权。

司马懿无论在资历、才干、威望方面都远远超过曹爽，曹爽对司马懿早有戒心，但司马懿德高望重，朝中之事大多数由他做主。曹爽不甘心，他将自己的几个心腹人安排在朝中——何晏、邓飏、李胜、丁谧和毕轨。这些人都是官宦子弟，他们在朝中任职后，发现朝中大事都由司马懿作主，便对曹爽说："司马懿野心勃勃，手握军驭大权，一旦发生兵乱，我们没有办法与他抗衡。但他威望很高，我们又不能废掉他，不如让他升为太傅，太傅地位虽高，但没有实权，这样就无法与我们抗衡了。"曹爽便禀奏皇上，将司马懿升为了太傅。

司马懿当然心不甘，他知道曹爽是宗室贵族，自己尚没有能力与他抗衡，便称病在家。他老谋深算，在家养精蓄锐。

曹爽任命何晏、邓飏为尚书，毕轨为司隶校尉，李胜为河南尹。这些人上任之后，十分骄纵，他们看司马懿居家不出，认为心病已除，于是整日吃喝玩乐，不务正业，过着奢侈的日子。

但就在这时,忽然有人报:吴国大军分兵三路,气势汹汹,直奔京城而来。曹爽等人一听,傻了眼,他没有作战经验,而他的几个心腹也都是酒囊饭袋,只有请司马懿出师。于是曹爽立即派人去请司马懿,但司马懿称病重,不能前来。曹爽只好亲自去请。司马懿认为时机已到,便带领魏军去迎战吴兵。这时东吴的人马正在围困樊城。司马懿带大军直奔樊城。吴将一听说是司马懿亲自率领几十万大军而来,吓得立即撤兵。另一支由诸葛瑾率领,也不敢久留,立即带兵后撤。魏军大获全胜。司马懿的威望又提高了,曹爽等人没有办法,只好勉强为司马懿举行庆功宴。

司马懿一看兵权仍在曹爽手中,知道自己一时还很难对付,所以仍称病,继续在家中休养。

曹爽当然高兴了,心想:既然吴兵已撤,你回家休养最好,免得和我争夺兵权。后来有人劝他,不要沉迷于玩乐,司马懿虽然称病在家,但一直在暗中窥测时机,不可不防。曹爽一听吓了一跳,立即派李胜去探听一下。李胜正准备出任并州刺史,因此以辞行为由,来到司马懿的府上。

李胜一来,司马懿便知道他的来意了,心想:我将计就计,继续装病。于是他弄乱自己的头发,躺在床上,让两个婢女扶侍。李胜一进卧室,司马懿装做刚睡醒的样子,想起来,却坐不起来,两个婢女搀扶着他,才勉强坐了起来。他示意要穿衣服,可上衣刚一到手,便掉落在地上。司马懿又示意口渴,一个婢女端来一杯水,司马懿一边喝,水又顺着口角流下了许多。李胜心中大喜,表面上竟装模作样地哭了起来,边哭边说道:"太傅劳苦功高,一心为国家江山社稷着想,如今皇上年纪尚小,朝中大事还要太傅来决定,万万没有想到您病成这个样子。我要去并州做刺史,特来向太傅辞行。"

司马懿模模糊糊地说:"君去本州,本州离胡人近,凡事都要小心谨慎为妙!"李胜心想:这老东西真病糊涂了,忙解释道:"我是赴任并州,不是本州。"司马懿又说道:"到本州去,经过并州,是吗?"李胜又大声解释道:"是到并州去!"司马懿好像听明白了似的,说道:"原来你是从并州来的。"李胜没有办法,只好耐着性子继续解释道:"到并州去。"司马懿这才装做听懂,说道:"我耳聋得厉害,大脑反应也很迟钝,你不要生我的气,我久病在家,朝中无人来看望我，只有刺史你来看望，我太高兴了！"

正在这时，司马师、司马昭进来了，一是看望父亲，二是为父亲喂药。司马懿喝了药，又弄得洒了一身。司马懿装作十分激动的样子，继续说道："刺史，我命不远矣，但我放心不下这两个儿子，今后还要仰望你啊，多多提拔他们，照顾他们，看来只有你是我的好朋友啊！"说了一会儿，又昏迷了过去。

李胜起身告辞，立即来到曹爽的府上，见到曹爽，说道："这个老贼耳聋得厉害，而且反应迟钝，口不摄杯，他肯定活不了多久了，我们不用再担心这个老贼了。"

曹爽等人知道了司马懿的近况，心中大喜，心想：老贼一死，大权便牢牢控制在我手中，无人与我争夺了。于是又整天饮酒作乐，纵情享受。

司马懿一看李胜走出府门，仰天大笑，对两个儿子说："曹爽一定不会防备我们了，我们可以找机会灭掉他！"于是司马懿仍是闭门不出，但早已派密探去监视曹爽等人了。

有一天，密探报：曹爽及文武百官都到城外高平陵祭祀先帝去了。司马懿大喜，立即集合人马，占据了曹爽和曹羲兄弟俩的军营，又启奏郭太后："曹爽兄弟背弃顾命，奸邪乱国。应该革职！"郭太后一见司马懿领兵而至，早已吓坏了，便点头答应。

司马懿派人给曹爽送信，信中写道：先王让我辅佐幼主，我对先帝说"我一定尽心尽力，如果我做不到，我愿意一死"，如今大将军独揽大权，目中无君，群臣要职都是你曹爽的心腹，我看你有篡权夺位的意思，现在皇太后命你及你的兄弟自回家中，不得违令！

曹爽接到了司马懿的信，当时惊呆了，默默地说道："李胜不是说司马懿病重吗？怎么会突然兵变呢？"这时司马懿又派人来劝说曹爽，只要交出兵权，就可以从宽处理。这时大司农桓范从昌平门偷偷跑出来，说道："我们应以皇帝的名义调兵征讨司马懿，千万不能交出兵权，司马懿蓄谋已久，他不会放过您的。"曹爽道："你多虑了，司马懿只是夺我的兵权，他不会杀我的。"于是曹爽兄弟交出了兵权，回到家中。

司马懿夺得了兵权，将曹爽的心腹罢免，打入狱中，又对他们严刑拷打。不久，就以谋反之罪将曹爽兄弟及家人处决。司马懿靠装病在家，夺得了大权。

《潜龙诗》惹祸

司马懿装病夺取了政权，杀死了曹爽兄弟，但他知道朝中有许多大臣都是曹爽兄弟的人，所以开始排除异己。司马懿老谋深算，在装病休养时就已观察到谁是曹爽兄弟的近臣。所以他发动政变之后，立即将这些人除掉。司马懿知道朝中还会有一些大臣不服，他想：这些大臣有一部分是老功臣，一部分是曹氏官员。于是他又将朝中老臣都遣送回老家，有不服者，半路之上就将其杀掉。这还不罢休，他又将目标瞄准了曹氏家族，曹氏官员整日心神不安，就怕有把柄落在司马懿手中。几年过去了，司马懿牢牢地控制了魏国的军政大权。

司马懿为了控制大权，挖空心思，久而久之，心虑成疾，最后病死。文武百官为他挂孝，有一部分人表面上很悲伤，但心中却十分高兴，早就盼着老贼死去。曹芳也想乘机夺回大权，但是司马懿的儿子司马师接替了他的位置，他牢牢地控制着军政大权，朝中大臣有一多半都是司马懿的心腹，所以他只好继续忍气吞声。司马师动不动就杀曹氏官员，比他父亲有过之而无不及。

司马师的独断专行、乱杀无辜，激起了曹氏集团的极大愤怒，夏侯玄、张缉、李丰早就对司马懿的专权很不满。司马师接替后，他们更是看不惯。于是三人一起密谋，想杀了司马师，重新帮助曹芳夺回军政大权。曹芳自然很感激这三人，便决定借召司马师进宫之机，将其杀掉。但曹芳周围有许多司马师的心腹，一听说要谋杀司马师，立即将消息告诉了司马师。

司马师得知消息后大怒，心想：我没杀你们，你们反而想杀我，我今天就让你们脑袋搬家。于是立即召集人马包围夏侯玄、张缉、李丰的府邸，将三人及其家人都绑来。司马师一声令下，将这些人全部杀掉。他还想借此机会废了曹芳，但他的兄弟司马昭劝道："此时还太早，朝中必有一些大臣不服，我们再等待一下！"司马师这才住手，但他知道张缉的女儿还在，便亲自去捉拿。张缉的女儿是曹芳的皇后,但司马师不顾君臣之礼,直闯后宫。曹芳早已吓坏,便哆哆嗦嗦地说道:"将军,饶了皇后一命吧,她父虽有错,可皇后不知啊!"司马师心想:如果杀了皇后,必然会遭天下唾骂,一定会有许多人不满,不如先留下她一条小命,她一个妇道人家,能有什么本事呢?于是愤愤地说道:"饶她一死可以,不过她不能再做皇后了!"曹芳只好点头答应,废掉皇后,将其赶出皇宫。

又过了一段时间,司马师和司马昭哥俩商议,他们认为曹芳对他们极为不满,也在想方设法除掉他们。所以他们想将曹芳废掉。

司马师召集群臣,对大家说道:"当今皇上昏庸无能,上次夏侯玄、张缉、李丰等人作乱,就是皇上带的头,皇上上任以来,不理朝政,亲小人远忠臣。如果长期发展下去,魏国的江山恐怕难保啊!我等身为臣子,应为魏国的江山社稷着想啊,我等应另选贤君,治理天下啊!"

朝中大臣有一多半儿是司马氏的心腹,所以这些人都表示赞同;而其他的大臣深知司马师心狠手辣,虽然不满也不敢反对,便都一一签名。曹芳被废掉,司马师选了一个14岁的孩子曹髦继位,是曹叡的堂弟。朝中大权仍由司马师掌握。魏国皇帝在司马师的操纵下轻易换掉,引起了曹氏集团官员的强烈不满。那些人想利用这次机会除掉司马师。

镇东将军毋丘俭、扬州刺史文钦和他的儿子文鸯得知曹芳被废除,极为不满,三个人一商议,朝中大权落在司马师手中,而且朝中大臣也有大半是司马氏的人,只能起兵征讨司马师。于是三个人率领大队人马杀奔京城。

司马师一听说有人作乱,立即带领人马亲自去剿灭。两军展开了激战,毋丘俭和文钦的人马还是无法和司马师的人马相比。二人战死。文鸯一看父亲已死,立即带领着军队杀出一条血路投奔吴国去了。司马师没有费多少兵马便平息了叛乱。但在回师途中司马师病死,他的弟弟司马昭又接过了大权,继续独揽朝中军政大权。

镇东将军毋丘俭战死之后,镇东大将军诸葛诞也十分不满司马氏。诸葛诞也是一位老功臣,历经百战,为魏国的天下立下了赫赫战功,而且十分忠诚。他知道司马昭的力量很大,单凭自己的实力根本不是对手。所以他联合蜀军和吴兵,一起反对司马昭,气势浩大。大军直奔京城,但司马昭十分会用兵,一举将三路大军打败。从此再也没有人和司马氏作对了。司马昭比他的父兄更厉害,根本不把皇帝放在眼里,他自己俨然是一个皇帝。曹髦渐渐长大,自然有些不满和不甘心,他想有朝一日铲除司马氏夺回大权。

有一天,曹髦听说宁陵县的一户人家挖井,在井底发现了一条黄龙,曹髦压抑的心情一下迸发了,他随手写了一首《潜龙诗》:

井底龙,真可怜,
再不能,跃深渊。
下不能,临大池,
上不能,飞天宇。
蟠居在,井之底,
鳝鱼舞,泥鳅欢。
藏尖齿,伏利爪。
可怜我,也同然。

曹髦抒发了自己的抑郁心情,但他没有想到正是这首诗才惹出了一场大祸。

曹髦的诗很快被大臣得知,大臣立即将此事告知司马昭。司马昭读完,大怒,心想:你也太不自量力了,竟敢发泄对我的不满,我要让你知道一下我的厉害。司马昭扬言要质问曹髦。

曹髦心想:你司马昭目中无国君,也罢了。我写首诗,发泄一下,你还要质问我,真是让我无法忍受,我宁可鱼死网破,也要和你一拼。

曹髦找来几个自己比较信任的大臣说道:"司马昭独揽大权,目中无君,我想派你们几个去废掉他,只有这样,才能恢复我江山,否则,他迟早有一天会篡权夺位的!不过事关重大,你们千万不可泄露秘密,要是让司马昭知道了,他一定会杀了我们!"

这几个大臣之中,有两个是司马昭的心腹,他们一听曹髦想谋杀司马昭,立即将此事告诉司马昭。而另几个大臣虽不是司马昭的的心腹,但他们知道司马昭一定会知道此事的,如果让他知道了,自己的性命就难保了,于是都来到司马昭的府上,将此事告诉了他。司马昭一听,哈哈大笑,心想:曹髦啊曹髦,朝中都是我的人了,我要让你尝尝我的厉害。于是他召集人马,带领着几员大将将皇宫团团围住。

而这时曹髦还蒙在鼓中呢，他看到那些自己十分信任的大臣，刚要说话，却被他们按倒在地，司马昭命人将曹髦杀掉。

曹髦因为这首《潜龙诗》惨死在司马昭手下，但司马昭没有篡位，他怕难服天下，所以又选了燕王曹守的儿子曹奂来继位，但大权仍在司马昭手中。

傻太子娶丑媳妇

一看到这个标题，读者也许会问：这可能吗？太子乃未来储君，选妃子岂不是易如反掌？怎么可能娶个丑媳妇呢？

可是这却是真事，就出在晋朝。

公元265年，曹操的后代曹奂被迫让位于司马懿的后代司马炎。司马炎改国号为晋。

当了皇帝的司马炎纵情享乐，尝到了做皇帝的甜头，同时他也不忘自己的同宗弟兄，大大小小封了20多个王。此时的司马炎真可谓是春风得意。但一个人不可能事事如意。司马炎贵为天子也有不如意的事，那就是他的长子是个傻子，不能立为太子。于是他便暗中观察，想从剩下的几个儿子中选一个机灵的立为太子。他做这件事的时候小心翼翼，不敢走露半点消息。因为他怕皇后杨艳知道。

皇后杨艳就是司马炎的长子司马衷的亲生母亲。"子贵母荣"，谁不知道太子的母亲等太子登基坐殿了便是皇太后呢？谁不想让自己的儿子成为太子呢？尽管杨艳知道自己的儿子是个傻子，但她也不想轻易放弃机会，反而紧锣密鼓地行动起来。

一天，司马炎去皇后杨艳的寝宫，皇后和她表妹杨芷正摆了一桌酒席要吃，他也不等二人行礼请安，便嘻嘻地笑着入座道："难得二位美人凑在一处，陪朕吃几杯如何？"其实，这是杨艳精心布置好了的。她早通过皇上身边的小太监得知了皇上要另立太子一事，便慌忙去找表妹杨芷商量。二人商量来商量去便想出一计，买通皇帝身边太监，想法让皇上今晚来杨艳的寝宫，二人事先打扮好，给司马炎来了个美人计。

此时二人一听司马炎此言，正中下怀，慌忙让座，三人推杯换盏喝了起来。杨艳与杨芷你一杯、我一杯一会儿把司马炎灌得晕头转向。醉眼朦胧之中，司马炎见二人盛装的样子，不觉越看越爱。二人见他如此，越发劝他多饮。司马炎也不推辞，酒酣耳热，正喝到兴头上，杨艳忽然长叹一声，司马炎一愣忙问道："爱妃因何而叹？"

"皇上，今日你我三人坐在一处，何等快乐，且不提那伤心事也罢。"

杨艳欲擒故纵，本是一计。司马炎已喝得乱了方寸，哪能想到？见她如此，愈发着急，道："皇后你身为六宫之主，究竟有何伤心事？说出来，朕与你做主！"

"皇上，臣妾只是心疼您啊！知儿莫如母，司马衷有点实心眼，这在平常人也没什么，可是要做太子万万不成。可他又偏偏是长子。我知道，这让皇上您为难。皇上——"说着，杨艳深情地看了司马炎一眼，见司马炎正呆呆地看着自己，很显然已经被自己打动了，忙继续说下去："皇上，臣妾想，为了不让皇上您为难，不如赐臣妾与衷儿一处宅院，我们母子两个相依为命，对外就谎称病故。皇上您为了国家社稷就成全了我们母子，另选太子吧！"说到这儿，她竟"扑通"跪在地上，眼中泪光点点。

杨芷见状，忙也跪倒在地，哭道："皇上开恩，让臣妾也和皇后一起去吧！"

司马炎哪见过这阵势？听了皇后一番哭诉，竟是处处为自己着想，想起自己以前竟想瞒着皇后另立太子，不免惭愧。又见两个美人哭得梨花带雨，更显妩媚，忙把二人搀起，当即说道："古之先例，立长子为太子，怎可废衷儿另立他人？两位爱妃又怎能舍朕而去呢？就冲两位爱妃的贤德，也只能立衷儿为太子。否则我岂不被天下人耻笑？"就这样，杨艳终于让傻儿子司马衷登上了太子的宝座。

司马炎虽然日后也觉自己酒后冲动，但皇上的话就是金口玉言，怎好随便更改，也只得作罢。然而，他却不知道正是自己这一念之差，为晋朝惹来了滔天大祸。

转眼，太子司马衷到了选妃的年龄。哪知此时鲜卑族头领秃发树机能起来造反。司马炎只得将选太子妃一事暂且搁置，全力对付秃发树机能。而当务之急就是派谁担任征讨大元帅。有人建议贾充担当此任，司马炎便降旨，命令贾充率大军出兵平息叛乱。

贾充本是个酒囊饭袋，哪知领兵打仗的道理，而且他又害怕死在战场上，不肯带兵出征。无奈，皇上有旨，违抗君令，同样也要杀头，只得硬着头皮上。临行前，好友荀勖忽然来找他。他便将一腔苦水都倒了出来。荀勖微微一笑道："你不就是不想去打仗吗？这有什么难的？万岁正在选太子妃，你家南风不是正好出嫁吗？把她送进宫去……"

"这怎么行？"不等荀勖说完，贾充就嚷嚷道，"不行，不行，绝对不行！"

是他舍不得女儿吗？非也。要知道那贾南风是贾充的第三个女儿，长得又丑又凶，平常人家也未必愿意娶。贾充很有些自知之明，因此连说"不行"。可是，荀勖并不死心，而是附在他耳边，悄悄说出一计。贾充一听，立刻眉开眼笑，着手去办。

再说司马炎自派贾充去征讨鲜卑叛军后，免去了后顾之忧，便一门心思开始为自己的傻儿子挑一个好媳妇。本来他已选中了卫瓘的女儿。卫瓘一家世代忠良，女儿身材婀娜，貌如天仙，各方面都无可挑剔。可当他正要降旨时，杨皇后又来插手了。

"皇上，臣妾听说那贾充之女贤德淑惠，美貌非凡，这太子妃不如就选了她吧！"杨皇后将贾南风吹成了一朵鲜花。

可是这次司马炎却不肯听她的了，上次立太子事件，他就有些后悔。所以任杨皇后说什么，他也不同意选贾南风为太子妃。但杨皇后胸有成竹，她开始走出第二步棋，让武帝找几个大臣来帮忙出主意。武帝听她说得有道理，也不想再和她纠缠，便欣然同意。

第二天便宴请群臣，商量为太子选妃的事。没想到，武帝刚刚说明选太子妃一事，满朝文武便七嘴八舌地赞美贾充的女儿。武帝一听大家都称赞贾充之女，便也动了心。酒席之后，便降下圣旨，与贾充结亲，召贾充之女贾南风进宫。

贾南风又凶又丑，为什么满朝文武却还一律称赞她呢，甚至连精明的杨皇后也属意于她呢？原来这就是荀勖为贾充出的计策。他怂恿贾充之妻郭愧买通杨皇后身边的侍女，把贾南风说得像天仙一样。然后，他又四处活动，与大臣们串通好，欺瞒武帝。难道他们不怕犯欺君之罪吗？不怕。一则法不责众。武帝不可能把说贾南风好的人全杀掉，因为人太多。如果把人都杀了，朝中无人，司马炎还想坐稳他的江山吗？二则木已成舟，纵然有事，太子妃贾南风也会想办法进行庇护，武帝也不好怎样。

不久，贾南风便入宫与傻太子成亲。武帝这才见她长什么样，大呼上当，但为时已晚矣。司马衷傻，大概也分不出美丑，见给他说了个媳妇，高兴得手舞足蹈。

杨皇后看到贾南风，虽然也有些后悔，但一想立太子和选太子妃这两件事，皇上都依从了自己，又感到满足。

傻太子娶丑媳妇，实际上就是宫廷权力斗争的结果。但正是这个结果给晋朝带来了祸患。尤其令杨皇后想不到的是，正是自己费尽心思选的这位又凶又丑的太子妃害得她表妹杨芷被诛灭三族，死无葬身之地。

石崇比富

晋武帝司马炎荒淫无度，朝政腐败，甚至一度出现了卖官鬻爵的现象。他将各级官衔明码标价，按给钱多少决定封官大小。有的人为了当官，甚至拉着成车的金银财宝去贿赂武帝。而武帝也来者不拒，今天收了银子，明天就给送钱者封官。

朝中也不乏有识之士，对武帝的这种做法甚感担忧，屡屡相劝。武帝非但不听，有时甚至大发雷霆，将劝谏者大骂一通，然后治罪。众人见状，也都心灰意冷，无人再劝。

正是在这种情况下，大臣们渐渐也都安于享乐，搜刮民脂民膏。这还不算，朝廷中竟渐渐掀起了比富之风。今天看你家的车用5匹马拉着，明天我一定驾着10匹马拉的车出去。今天见你的大门用银子镀成，明天我家的大门就改为镀金的了。总之奢靡之风盛行，晋朝已呈现国将不国的颓势。

而在众多的大臣中，有一个名叫石崇的，是皇帝的顾问，钱财最多，连他自己也不知道自己到底有多少钱财。为了显示自己的财富，他每每寻找对手与之相比，参比者总是乘兴而去，败兴而归。石崇为此洋洋自得。

而石崇此举可激怒了一个人,那就是皇帝的舅舅王恺。贵为皇亲国戚,王恺家里也富豪无比。连他家的下人都穿的是绫罗绸缎,吃的是山珍海味。王恺心想:我身为皇亲国戚,不信就比不过他石崇。

石崇也听说了王恺有与他比富的意思,毫不示弱,两个人就暗暗较上了劲儿。为此石崇还专门派一个人去探听王恺家的情况。探听的人回来报告说,王恺家洗碗涮锅用糖水,石崇便立刻命令家人用蜡烛当柴烧;说王恺家用上好的胭脂粉墙,石崇便立刻要家人用金粉将门外的院墙再重新粉刷一遍……

如此这般,暗地里较量了几次,王恺便沉不住气了,他决定公开与石崇比试一番。这一天,王恺家张灯结彩,热闹异常。难道他家要娶媳妇吗?非也。只不过是王恺要出去游玩,借此机会炫耀一番,杀一杀石崇的锐气。他命家人把那马棚里的宝马牵出10匹,全给配上金络头,再将家里那顶用180颗珍珠串成轿帘的红顶轿子抬出来跟在身后。然后,在已用细黄土铺过的路两旁设了40里的紫丝布步障。一切准备就绪,他这才雄赳赳、气昂昂地上路了。他满以为这次一定可以比过石崇了,所以特意从石崇门口绕了一圈,岂知一看他便傻了眼。

原来,石崇早就得到了消息,早就命家人在马棚内牵出50匹宝马配上金鞍、金络头,又抬出10顶八抬大轿,那轿帘竟都是用两百颗大小相同、小拇指肚大小的珍珠串成。然后用净水浚街,再铺上一指厚的珍珠粉,路两旁设了50里长的锦锻步障。布置完毕,石崇便稳稳地坐在轿中,专等王恺来此了。

再说王恺,见石崇样样将自己比了下去,游玩的兴致也没有了。二话没说,掉转马头,便打道回府。身后传来石崇"哈哈"的笑声。

那王恺回到府中,越想越不是滋味,一气之下,竟病了。家人见了,都很着急。其中有一个机灵的家人,便附在王恺耳边,悄说一计,王恺闻听大喜。第二天病就好了,整理衣冠,匆匆奔皇宫而去。

原来,那个家人是叫王恺去宫中看看。皇上的东西一定是最好的,有谁能比得过呢?而且王恺是皇上的亲舅舅,向他借一两件,皇上没有不给的。果然,王恺向武帝诉说了比富惨败的事后,武帝不但不为他们的奢靡生气,反而也产生了浓厚的兴趣,立刻叫人取出一株域外的珊瑚树,送给王恺,让他再去与石崇一比高低。并且对他说道:"珊瑚树生于海底。本不易得到。况且这颗珊瑚树颜色鲜艳,长得又高,更是少之又少。你拿去和石崇比,定能将他比下去。"

王恺听了,满心高兴,立刻带着珊瑚树去了石崇家。落座片刻,王恺便说:"石兄,近来小弟得了一件稀世珍品,不敢一人独享,特送来与石兄共同赏玩一番。"说罢命人将珊瑚树小心翼翼地抬进来。石崇早知他来意。一见之后,毫不搭话,随手抄起茶几上的金如意一扔,居然将那珊瑚树砸碎了。王恺见状勃然变色,破口大骂道:"石崇老贼,你比不过俺,也不该将这稀世珍品砸碎……"

石崇微笑着等他骂完,也不辩解,命家人道:"去,将咱家后院摆的那几棵应景的珊瑚抬来,给王将军随便看看。"家人立刻下去,不一会儿,厅中便摆满了各种各样的珊瑚树,个个都比王恺带来的那棵不知要好多少倍。

石崇见王恺脸色忽青忽白,笑着说道:"王兄若喜欢,就请赏脸带回几棵去随便摆在院子里应个景吧!"王恺明知石崇在奚落自己,但又不好发作,只从鼻子里"哼"了一声,便起身回府了。

石崇跟王恺斗富,以王恺的惨败而告终。而石崇因此大出风头,但他也好景不长,不久就因与参与宫廷斗争的贾谧有牵连而丢了官。最终在西晋频仍的宫廷斗争中葬送了性命。

武帝选美

晋朝的皇帝司马炎刚刚即位时,很注意吸取前朝教训,励精图治,勤奋节俭,一心想治理好国家,做个好皇帝。可是渐渐地,他尝到了做皇帝的甜头,便开始为所欲为,特别是露出了好色的本性。

泰始九年,他下诏:公卿以下大臣凡是有达到婚配年龄的女儿,都必须入宫候选,不准在听选之前私自嫁人。这一诏令使忠良忧愤,奸佞兴奋。许多奸臣小人不管自己女儿意愿,将之送到皇宫那见不得人的地方,好以此作为向上爬的资本。

按理说,这个范围也已不小了。宫中已是美女如云,可是司马炎还不满足。不久,又下诏令:举国之内,凡有达到婚配年龄者,均送入宫中候选。而且更为荒唐的是:在选美期间,全国人不得婚配。

平民家的女儿,有几个想去那伴君如伴虎的地方呢?而且即使被选入宫中,十人倒有九人见不着皇帝,就老病而死。所以,凡有女儿的家庭都人心惶惶。许多人都不等女儿到婚配年龄便将女儿嫁出去,以防落入虎口。还有的人家,女儿本来长得很漂亮,但为了不入宫,也顾不得挑捡,随便找个人家便嫁了。因此也制造了不少家庭悲剧。而且那时,女多男少,一时之间,全国上下竟出现了抢女婿的风气。一家只要有个儿子,说媒者便踏破了门槛。

武帝的选美活动使老百姓怨声载道,许多忠良大臣都上书劝谏武帝,但武帝非但不听,反而更加我行我素。武帝此举也惹恼了一人,那就是皇后杨艳。

杨皇后是一个极有心计的人,从立傻儿子司马衷为太子一事便可见一斑。她深知,皇上选的美女越多,对自己就越冷淡,而对自己的威胁也就越大。但她又不敢明着阻拦,只好强装笑脸,装出一副贤德的模样,然后暗中使坏,千方百计加以阻拦。武帝每看上一个,只要她在旁边,都会动心眼给搅黄。

一天,武帝连看十几个美女,均不如意,非常气恼,便传诏将余者送回驿馆,明日再看,自己便坐在椅子上闭目养神。杨皇后急命小太监奉茶。也是阴差阳错,武帝端起茶碗正要喝的时候,忽然一眼瞥见门外闪过一个美妙的身影,险些魂儿都被勾走了。直呆呆愣了半晌,方传命:将刚才走过去的那个女子召回来。小太监去将那女子领了回来。司马炎一看,不禁心花怒放。只见这女子气质如兰,容貌出众,可不正是自己想要的人吗?想到此,他就想下诏,将这个女子留在宫中。但一旁的杨皇后见他如此,早已急了,忙阻止道:"皇上,选妃事关重大,不可草率行事;为了皇上的安全起见,我看还是询问她几句吧。"

司马炎一听有理,便道:"那就由爱妃对她考察一番吧!"

杨皇后一听大喜,因为她早已心生一计,于是又道:"皇上,为了以后皇上的龙子着想,臣妾还想对她的个人问题进行更全面的考察,还请皇上另赐臣妾一室为好。"

司马炎一听,哈哈大笑道:"还是爱妃想得周到,好,就依你。"

杨艳便带着那女子走了，且不说她如何盘查那女子，只说这司马炎左等也不见杨艳回来，右等也不见她回来，心中起疑，正要亲自去看看，忽见杨艳一脸惊慌，急急而来。

"皇后，何事惊慌？"司马炎忙问道。

"皇上——"杨艳忽然跪倒在地道，"皇上，刚才那女子姓卞，此女万不可选入宫中！"

"为什么？！"司马炎大声问道。

"那卞氏之女和魏室有亲戚关系，一旦入宫，对皇上会有不利。"杨皇后不愧为六宫之首，一语便击中要害。

司马炎这个皇位是从魏室手中抢来的，他怎么敢将同魏室有瓜葛的人选入宫中，这不是拿自己的性命当儿戏吗？所以他一听这个姓卞的女子与魏室有关系，纵然不舍，也只好忍痛割爱了。

其实这只不过是杨皇后妒火中烧使的一计罢了。但她尽管颇有心机，也不能控制住司马炎的好色之心。不久，司马炎又看中一个叫胡芳的女子。杨皇后也想不出什么好主意再反对，只得勉强同意。

自从胡芳入宫，武帝整日与之厮混在一起，不久就册封她为贵妃。这胡芳也非常能讨武帝欢心，因此武帝渐渐把杨皇后忘在一边。那杨皇后哪里受过这个？她抑郁成疾，竟一病不起。

杨皇后的病日益严重，她想自己可能不久于人世了，唯一牵挂的便是自己的傻儿子，她怕自己一死，皇上宠幸胡芳，将她扶为正宫皇后，那将来肯定要影响自己的儿子当皇帝。她想来想去，想出一个好主意。

这一日，司马炎正在胡芳寝宫与她厮混，忽然有个小太监急匆匆跑来，想说什么，但似乎又不敢。司马炎一眼瞥见，便问道："有什么事吗？"

"皇后她，她——"小太监一急之下，一时竟说不出话来。

司马炎早就听说皇后生病了，但想不过是小病，也没有看望。今见小太监如此，心里一惊，忙道："奴才，快说，皇后她怎么样了？"

小太监见皇上生气了，几乎吓破了胆。不过这一吓，说话倒痛快了："皇后病危。"

司马炎一听大惊，也顾不得和胡妃调笑了，急急奔皇后寝宫而来，一路走还一路想：皇后虽然有些爱吃醋，可她一心为朕着想，想不到她这么早就要舍朕而去。想到此,竟不禁掉下几滴泪来。

一进皇后寝宫,看皇后杨艳已是奄奄一息。看到皇上来了,她的眼睛忽然亮了一下。司马炎走到杨艳床前,不胜唏嘘道:"皇后,你还有什么未了的心愿吗?说出来,朕一定替你完成。"

"皇上,臣妾死不足惜。只是臣妾放心不下皇上,放心不下大晋江山。臣妾死后,不知皇上想扶哪位贵人为正宫皇后?"杨艳气喘吁吁问道。

司马炎本来想说胡芳,但一看杨艳的样子,便知她想让自己的表妹杨芷为正。再看杨艳那满眼的渴望,想起她平时的种种好处。良久,方开口道:"我看就立杨妃吧!"

杨艳点点头,仍挣扎着说道:"皇上圣明,杨妃贤德,众所周知,我大晋江山一定会千秋万代……"说完,慢慢闭上了眼睛,仿佛是睡着了。

宫廷就是这样,充满了欺诈和争夺。贵为皇后的杨艳临死还在这个漩涡中苦苦挣扎。

傻太子即位

晋武帝立长子司马衷为太子,皇后杨艳遂了心愿。满朝文武各怀心机,忠义之士为此唏嘘不已,奸佞小臣暗暗高兴。

那傻太子究竟有多傻呢?这样说吧,他除了吃喝玩乐,其余一概不懂。他的傻气不仅在宫中,甚至在全国百姓中传为笑谈。有一天,司马衷在众人簇拥之下到皇家猎场打猎,听到鸟叫便道:"这是官鸟,还是私鸟?"众人一听,均偷偷暗笑,又不敢笑出声来。其中一个反应快的忙答:"禀太子,这皇家猎场中的鸟就是官鸟,那外面的鸟就是私鸟。"傻太子一听,马上叮嘱一句:"那官鸟多喂点猪肉。"众人一听都撑不住了,忙捂上嘴,躲到一边,笑完了再若无其事地转出来。一行人继续前行,傻太子喜欢热闹,一边走,一边命人讲故事。其中一个人就讲了一个人穿越沙漠最终渴死的故事。故事刚一讲完,傻太子就一跺脚道:"这人怎么这么傻呀!喝点水他不就渴不死了吗?!"

就像这样一个傻子,如果他当了皇帝,岂不天下大乱吗?许多大臣为此忧心忡忡。偏偏武帝又由于整日围着美女转,纵欲过度,身体状况一天不如一天,终于大病一场,太子即位的事也就被迅速提到议事日程上来。

武帝的弟弟司马攸在朝中威信高,能力也很强。朝中许多大臣都暗中希望他能继承哥哥的皇位。特别是张华、卫瓘两位忠臣。武帝其实也知道太子呆傻,不适合做皇帝。但他毕竟是自己的儿子,兄弟再亲,也不如儿子亲呀。但他又怕文武大臣从中阻拦,所以便常常有意对大臣进行试探。

一天。他问大臣张华:"张爱卿,朕百年之后,你看谁可托付重任?"

"论贤,论成望,没有一个比得过齐王司马攸的。我看……"张华不知武帝是计,而且他是有名的忠臣,从不欺瞒皇上,见皇上问下话来,便脱口而出,保举齐王司马攸。谁知此话在武帝听来句句刺耳,没等他说完便拂袖而去,将张华晾在那里。

不久,几个太子派的人便趁机奏了张华一本,想治张华于死地。武帝念他劳苦功高,没有大过,免去死罪,调离京都。

卫瓘本来也想举荐齐王,但一看张华的下场,也不敢妄动。但他并不放弃,为了晋朝江山,他耐心地等待机会。机会终于来了。有一天,武帝与卫瓘等几位大臣在一起饮酒,有说有笑,气氛融洽。卫瓘觉得时机成熟,便佯装喝醉,跪在武帝面前,指着武帝的座位说道:"此座可惜、可惜呀……"武帝立刻明白他要说什么,恐怕他说出对太子不利的话,连忙说:"瓘公醉了,下去歇息吧。"

通过这件事,武帝更加明白,让傻太子顺利登基不是件容易的事,于是他整日冥思苦想,最后终于想出一计。

一天,武帝又召见卫瓘。先与他聊了几句闲话,忽然长叹一声道:"瓘公,太子忠厚,日后恐难当重任。但要废掉,也需有个名目。"

卫瓘闻听此言大喜,以为武帝终于转过弯来,激动得刚要跪地叩头,忽听武帝继续说道:"瓘公,我苦思几日,终于想出一个办法。那就是让你出一张考卷考考他。但他毕竟是太子,不能像平常人一样考试。这样吧,你出完考卷,派人密封送入宫中。我再派人严密监考,让他答完再密封送到你那审阅。如果答得还可以,就算他有造化,无论如何也要让他顺利登基,我想别人也没有什么可说的。如果答得不好,也罢,就废去太子,另立他人。"

一番话说得卫瓘忽喜忽悲,喜的是皇上终于明白过来。可听到后来,他才明白,皇帝根本不想废太子,只不过想借助自己在朝廷中的威望,要自己与他共同作弊、欺瞒众人。想到此,他闷闷不乐回到府中。有心不出考卷,但君令不可违,只好勉强应付了一张,派人送到宫中。

即使这样,那傻太子也是一道题答不上来,急得抓耳挠腮,不知如何是好。太子妃贾南风见状,气得火冒三丈。大骂道:"傻东西,这不是和尚头顶上的虱子——明摆着的事嘛?!皇上既让把考卷送入宫中,又根本不派人来监考,你还不知道是什么意思?!"

傻太子平时就怕贾南风,此时听她大骂他,也不敢吱声,半响才低声咕哝道:"我,我还是不知父皇是什么意思。你,你倒说说看。"

贾南风一听,气极而笑。一边冷笑一边恨恨地说道:"哼,怪不得人都说你傻,果真是上不了大台面的!"说完,一把抓过考卷扭头竟走了,只剩那个傻太子坐在那儿呆呆地发愣。

你道那贾南风去哪了?原来,她是找她爸贾充去了。贾充和贾南风当然希望傻太子继位。这样对他们可是大有好处。他们同荀勖等几个大奸臣都属于太子派的。谁反对傻太子继位,他们都怀恨在心,伺机报复。上次张华被调离京都就是他们暗中搞的鬼。贾南风找到他父亲将情况一说,贾充立刻就笑了,口中连称"好办,好办"。安慰了贾南风一通,便让她回宫静候佳音。

果然,没几天贾充便命人悄悄将答好的卷子送入宫中。贾南风大喜,忙命傻太子又抄了一遍,派人送给武帝。

武帝当然满意,交给卫瓘审看。卫瓘已知武帝之意,又有张华之事为警,不敢再有异意,只好违心地说:"太子果然进步了。"武帝又命人将卷子拿给大臣们看,大臣们也顺武帝之意纷纷称赞,武帝这才稍稍放了心。

但是,武帝对弟弟司马攸却很不放心。于是便找贾充、荀勖等几个人商量。这一帮人都是太子派,很快便给武帝出了一条毒计。

几天之后，武帝突然下诏，将齐王调离京都，去青州督军。司马攸为人聪明，早已看透了哥哥的心思：宁可让傻儿子当皇帝，也不会让于自己。这次突然下诏，一定是疑心到了自己。尽管他很有才华，又是皇上的亲弟弟，但是宫廷斗争丝毫不讲这些。古语道："君让臣死，臣不得不死。"只要皇上一句话，他就很有可能立刻死于非命。一想到这些，他就惊恐不安，心灰意冷。后来干脆向武帝辞去所有职务，自愿去守太后陵墓。

本来，这也是司马攸没有办法的办法了。以此向哥哥表明自己决无非分之想，唯求保命而已。但武帝却不这么认为，他觉得弟弟又在要花招。非但不批准他的奏请，反而将他叫到宫中，训斥了一通。警告他不要忘了手足之情，妄想得到皇位。司马攸见哥哥倒打一耙，又气又恼，回家后一病不起，没多久就吐血而死，年仅36岁。

害死了弟弟，武帝司马炎没有什么后顾之忧了，更加沉迷酒色，不久就因纵欲过度，一命呜呼了。

公元290年，傻太子司马衷终于登上了皇帝宝座，为晋惠帝，改年号为永熙。

堕泪碑

在岘山顶上有一座石碑，上书：晋故持节侍中太傅巨平侯羊公之碑。

这便是西晋时期有名的忠臣羊祜之碑。传说他死的时候，晋武帝司马炎放声大哭，并且一身素服，亲自参加葬礼。襄阳城里的百姓和士兵也都哭成一片。人们为了纪念他，在岘山顶上立了一座碑，并纷纷来此碑之下凭吊羊祜。镇南大将军杜预见状，便命此碑为"堕泪碑"。

羊祜到底是何许人也？为何获此殊荣呢？

原来，西晋皇帝司马炎从曹奂手中夺过皇位，刚开始的时候还知道吸取教训，勤俭治国。时间一长，尝到了做皇帝的甜头，便开始纵情享乐、奢靡无度。结果上行下效，满朝文武也逐渐形成了一股奢靡腐化之风，这下可苦了天下百姓，一时间怨声载道。

但是，即使是再腐化的朝廷，也有为官清正者。羊祜就是这样一位清正廉洁、受人爱戴的好官。

他在襄阳为官时，经常微服出巡，明察暗访。发现谁有才干，便向朝廷举荐。而且每次举荐完了，他都将奏章的底稿烧掉，为的是不让人知道。但时间久了，这个秘密便传了出来，人们便纷纷猜测羊祜为什么不想让被举荐人知道。但怎么猜也猜不透。正巧有一天羊祜的好友张华请他饮酒，酒席宴上，张华忍不住问羊祜道："素闻羊公举荐人才每每烧掉奏章底稿，不知可有此事？"羊祜一听，笑而不答。

"弟以为，羊公如此定是不愿让被举荐人知道是蒙兄之恩。但这却又是为何呢？"张华见羊祜的样子，知道此事是真的，便继续问道。

羊祜喝了一口酒，方慢慢答道："举荐贤能之人，本是你我的本分。而被举荐者若真能得到重用，那也是朝廷所为。要让他知道是我举荐，必对我存报恩之心，把那尽忠朝廷的心减去了几分。我烧掉奏章底稿，他不知是我举荐，必以为是皇上的圣明，定能全力报国。如若这样，不比报我之恩强上十倍、百倍吗？"

一席话，说得张华连连点头，从此更加敬重羊祜，并且以羊祜为榜样，忠言直谏，勤政爱民，也成为晋代有名的大忠臣。

羊祜不仅为官举贤颇得人们的称赞，而且深谙领兵征战之道。

司马炎从曹奂手中夺过皇位之后，三国鼎立的局面已不复存在。三国仅剩一国，即东吴。东吴当时是孙皓当权。孙皓昏庸无能，不善治国，吴国处于风雨飘摇之中。而司马炎刚刚即位不久，雄心尚存，便于他登基后的第五年，即公元269年，派大将羊祜镇守襄阳，做灭吴的准备。

当时吴国边境的领军主帅是大将陆抗。此人很会用兵，经常带兵在边境挑衅，以图入侵晋朝。而羊祜到了襄阳，发现军粮不足，军心不齐，虽然明知陆抗挑衅，却认为作战时机不成熟，不肯贸然出战，反以友好的态度对待陆抗和吴国边境的军民。

但是为了早日实现晋朝的统一大业，羊祜一到任就开始暗暗改善边境情况。首先他开始整顿军队，建立赏罚分明的制度；然后与军民一起开荒种地，供应部队给养；又趁机修筑要塞，以备战用。为了笼络人心，他还警告军士：不得侵犯吴境百姓。这一年，正赶上吴境大旱，颗粒无收。军士将这一消息报告给羊祜。羊祜听完，沉吟半响。忽然一挥手，命令道："开仓放粮，赈济灾民！"军士们都非常惊奇大帅为何如此对待敌国的人。但是大帅有令，不得违抗，只得依令去做。不久，就有许多曾得到过羊祜赈济的灾民前来军中效力，军士们这才暗赞大帅目光长远。

吴军主帅陆抗本来对羊祜怀有敌意，时时处于警备状态。但后来见羊祜并不侵扰吴境百姓，还帮助赈灾。特别是有一次自己生病，非常厉害。羊祜听说后，立刻送来好药，免去自己的疾病之苦。就是自己的国君也没有因为自己长年戍边而对自己这样好过。因此，逐渐受了感动。减去敌意，与羊祜的关系也缓和下来，甚至还经常回赠些礼物。

可是羊祜并不是真正要与吴国交好，他所做的一切，都是为了晋朝的统一大业。几年后，陆抗病死，他的四个儿子接替他领兵。这几个人不会带兵打仗，而吴主孙皓也不会治理国家，任意杀戮大臣、残害忠良，不管百姓死活。而此时襄阳的晋军兵强马壮，粮草丰足。羊祜认为出兵伐吴、统一晋朝的机会来了，便立刻上表武帝。

武帝雄心已减，朝廷又有贾充、荀勖等奸臣当道。羊祜的上表竟没有被批复。但武帝也深知羊祜忠心耿耿，一心为国，怕他寒心，便加封他为征南大将军，以示安慰。

羊祜受到加封并不高兴。他接到武帝"暂缓出兵"的诏书，心情异常沉重。他对手下众将说道："机不可失，时不再来。我们以后恐怕没有这么好的机会了！"

羊祜虽对武帝的答复感到失望，但他仍不气馁，而是接连上书要求出兵，但朝廷却是连理也不理了。

转眼，羊祜镇守襄阳已经八年了。他为国家鞠躬尽瘁，累出了一身的病。又想到自己年事已高，他估计自己的时间不会太长了，便进京面奏武帝，亲自分析敌我双方的情况，阐述现在出兵必胜的理由。

武帝终于被羊祜所感动，又加上张华等人的支持，武帝决定，出兵伐吴，只是要等羊祜病好之后。

但是，羊祜却等不到那一天了。他听到武帝出兵伐吴的命令又高兴，又遗憾，勉强支撑病体，写了一生中最后一道奏章。他在奏章中向武帝表达了自己盼望晋朝尽快统一的急切心情，同时举荐杜预接替自己的职位。武帝准奏，立刻封杜预为镇南大将军，都督荆州诸军事。

然而杜预还未来得及出征，羊祜便与世长辞了。想到羊祜一生为国操劳，弥留之际，尚不忘为国举贤，武帝禁不住泪流满面，恸哭失声……

不久，武帝按羊祜生前留下的战略战术，大举兴兵伐吴。被羊祜提拔重用的王濬将吴主孙皓生擒，立下头功。东吴宣告灭亡。

晋宫内乱

司马炎建立的晋朝，历史上称为西晋。西晋刚一建立政局就不稳定。

司马炎登基坐殿之后，为了使司马家族免遭同曹氏家族一样的厄运，他大封同姓宗族大大小小的同姓王，封了有20多个。这也就为以后的争权斗争埋下了种子。

自从剪除了傻太子司马衷顺利登基的隐患——司马攸之后，武帝司马炎免去了后顾之忧，更加纵情酒色、荒淫无度。太熙元年（公元290年）四月二十日晚，这位纵欲过度的皇帝终于走到了尽头。此时他反倒从久病的昏睡中清醒过来，命杨芷皇后的父亲杨骏传旨，留下太宰汝南王，在京同辅朝政。这杨骏在武帝病重期间就早已大权独揽。今见皇帝如此，知他是回光返照，哪里肯听他的。可怜武帝虽贵为万圣之尊，临死想见司马亮一面的心愿竟也未能实现。

武帝一死，杨骏便扶持司马衷继位，即晋惠帝，改年号为永熙。那司马衷本来就是个傻子，不仅不理朝政，反而任凭杨骏摆布。从此杨骏说一不二，俨然太上皇一般。这可惹恼了一个人，那就是晋惠帝的皇后贾南风。

这贾南风长得又凶又丑，但却颇有心计。她早就有心干预朝政，只等武帝一死她便要控制司马衷独揽大权。岂知被杨骏占了先，于是她便与同杨骏素来有仇的中郎将孟观、李肇两人密谋"杀杨骏，废太后"。

永平元年（公元291年），楚王司马玮和东安王司马繇突然接到惠帝密诏，让他二人火速进京帮助清除君侧逆贼杨骏。二人不疑有他，也因平素不满杨骏专权，便立即带人进京将杨府包围，然后不问青红皂白，见人就杀。一时之间，杨府之内尸体遍地、血流成河，但是唯独不见宰相杨骏。原来杨骏一听说有人杀进来，早就吓得屁滚尿流。他见官兵不问青红皂白，见人就杀，自己无处可藏，便一头钻进了马棚。正巧司马玮带人一路搜查过来，一眼瞥见了马棚中似乎有个人影在蠕动，便大喝一声："是谁？赶紧滚出来，饶你不死！"杨骏一听，立刻吓破了胆，哪里还敢出来，司马玮便一声令下，乱箭齐发。然后拖出尸体一看，正是杨骏，不禁大喜。命人割下首级，又在杨府点了一把大火，扬长而去。

杨骏死了，太后杨芷实际上只是徒有虚名了。但贾南风还不满足。她想，既然诛杀杨骏的计谋得逞，干脆一不做，二不休，把杨太后也废掉，以除后患。于是她便让惠帝下诏一封，将杨芷废为庶人，囚禁到金墉城。惠帝既傻又软弱，已任人摆布惯了，岂有不听之理？第二年，这位曾享受荣华富贵的杨太后就在金墉城冻饿而死。临死她还痛悔自己不该帮助表姐杨艳立傻子司马衷为太子，更不该为他选贾南风做太子妃，可是悔之晚矣。杨家被灭三族，连80岁的老母庞氏也惨遭厄运。

除掉了杨骏家族，皇后贾南风便让自己的侄儿贾谧与司马玮、司马繇共同参与朝政。但这些人却没有一个有真才实学，只能参政，却不懂治国之道。无奈，贾南风只好重新启用汝南王司马亮和元老卫瓘。

但是司马亮本来就是一个颇有心机的人。他见惠帝痴傻，早已心存专权之念，但苦于没有机会。这次贾南风重用他，他便趁机笼络人心，大肆封官。又见贾后专横，便暗暗剪除其羽翼。正巧东安王司马繇见贾后残暴，早已心生不满，便密谋废掉贾后。不料事发，被贾后知道，大惊，立刻命司马亮将其除掉。而司马繇本来曾帮贾后杀杨骏，司马亮早已将他归为贾后党羽。虽见司马繇与贾后等人行事颇有不同，但一想司马繇拥有兵权，不管怎样，对自己都是一个威胁。于是便顺水推舟，借贾后之命将其除掉。

渐渐地，司马亮将大权抓到了手里，便露出了本来面目，大事小情，一人说了算。司马衷又成了傀儡，而司马亮俨然就是第二个杨骏。贾后见此，心中又生不满，意欲除之而后快。

卫瓘为西晋老臣。他见朝廷重用自己，仍忠心耿耿，一心报效朝廷。他虽对司马亮专权也有些不满，无奈朝中只有他们两位辅政大臣，有事还是和他商量。他见楚王司马玮杀人成性，有所警惕，便和司马亮说："楚王自恃有功，日益骄纵，留在京城，恐为后患。"司马亮闻之，颇觉有理，便欲奏明惠帝，让楚王离京，到原来的襄阳为官。

不料，隔墙有耳。两位大臣的密谋被司马亮的家人听到了。这个人有一次因办事不力被司马亮狠狠教训了一番，从此他怀恨在心，伺机报复。一听二人此言，便立即跑到司马玮处告密。司马玮一听大怒，大骂司马亮和卫瓘。他的谋士公孙宏见状便上前相劝，要他先下手除掉二人，并且又为他献上一计。

公孙宏的计谋便是借贾后之手除掉二人，因为他早就看出司马亮专权，贾后不满。而卫瓘是个忠臣，多少阻碍了贾后干一些见不得人的勾当。并且卫瓘曾劝武帝废掉太子司马衷，武帝还曾因卫瓘的女儿貌美不愿选贾南风为太子妃。贾后是个妒忌成性、心胸狭窄的人，岂能忘掉这些呢？重新启用卫瓘，不过是权宜之计。此时新仇旧恨加在一起，她必先除之而后快。

果然，贾后一听心腹李肇代司马玮转述的意图，正合她的心意。立刻让傻皇帝发诏诛杀司马亮、卫瓘二人。

次日，司马亮吃过早饭，刚要上朝，李肇、公孙宏便带人杀来。一见司马亮便将其乱刀砍死。司马亮一家除小儿子逃脱外，无一生还。而卫瓘虽一世忠臣，却也落得个满门抄斩的悲惨下场。

满朝文武闻听大惊，整日战战兢兢，唯恐稍不留神便招来杀身大祸。而此时的楚王司马玮除掉司马亮、卫瓘之后，更加不可一世，甚至动了谋反之心。大臣张华闻听，便通过贾后的心腹董猛转奏惠帝和贾后说："司马玮手握重兵，且杀人成性。现在杀了司马亮和卫瓘，他又恃功自傲，恐将成祸害。皇上若不现在除之，等他渐渐成了气候，动了谋逆之心，皇上以什么自保呢？"贾后借司马玮之手除掉政敌之后，见楚王越来越骄横，本也有除掉他之意，只是不知如何下手。张华便献上一计。

这一天，楚王司马玮正率领部下杀人，忽然跑来一支举着驺虞幡的禁军。驺虞幡是皇帝独有的，是权威的标志。楚王见状，正在纳闷，忽见禁军首领带队向自己这边走来。司马玮尽管专横，但他此时毕竟还是个臣子，立刻下马跪在路旁，迎候皇上。但禁卫军来到近前，竟不由分说，先将司马玮捆了起来，缴了他部下的兵械。然后宣读诏书说司马玮打着皇帝的旗号私自行事，按律当斩，就地处决。就这样，杀人如麻、不可一世的魔头司马玮稀里糊涂地被贾后给杀了。从此，贾皇后便专断朝政，无人敢管。她对帮助自己铲除异党的有功之人大加封赏，然后对满朝文武严加监控。大臣们都唯求保全自己，不敢稍有放纵。这竟也使京都混乱的局势渐渐安定下来。

义庆王周处

周处是三国鼎立时期东吴名将周航之子。因少时无人管教，长大后虽武艺超群，却不通事理，只知我行我素，平时见谁不顺眼，抬手就打，张口就骂，横行乡里。老百姓敢怒不敢言，背后称他为一害。

一日，周处吃醉了酒，踉踉跄跄往家走。走到巷子拐角处，忽见一群人在那里议论什么，有的还不时摇头叹息，显然是在谈什么不愉快的事。周处虽然浑，本质上却是侠义之人。见众人如此，便乘着酒兴凑上前去喝道："喂，你们这帮人，碰到什么不开心的事啦？说给爷爷听听，爷爷帮你们出气就是！"岂知众人不见他便罢，一见他，竟一哄而散。周处更觉奇怪，一把拽住一个跑得稍慢的老人，问道："老头儿，你跑什么？！"

老人一见自己逃脱不开，脸色大变，忙闭上眼睛等着挨揍。谁知周处一见他的样子，竟哈哈大笑道："老头儿，你只要告诉我你们为什么摇头叹息，为什么见我就跑，我就不揍你。"老头闻听，只得战战兢兢地说："公子不知，现在乡里有三害，吵得百姓不宁。我们正在谈论这件事儿。"

"哪三害？"周处虽然醉酒，却还清醒，忙追问道。

"一是南山上有一只老虎，经常吃人；二是长桥下有一条巨蛟，经常伤人；这三么……"说到这里，老头偷眼看了看周处。见他醉得两眼通红，样子甚是吓人，便不敢再说。

周处正凝神听着，见老头说到第三害忽然不说了，便急了，非逼着他说，否则就要揍他。老头自知不说也得挨揍，索性豁出去，壮着胆子道："恕小老儿无礼，这第三害，就是公子您啊！"说完，又闭上眼等着挨揍。

不料周处闻听此言，脑袋"嗡"的一声。他平时只知任着自己的性子行事，但根本就没有想到乡里人这样看待自己。沉思半晌，他忽然哈哈大笑，对老头说道："多谢老丈指点。你不必担心，我周处誓为乡里除去这三害，不除去这三害，我周处誓不为人！"

果然，几天以后就传来消息：南山之虎和长桥之蛟均被人打死，而街面上也不见了周处的踪迹。

那周处到底去哪了呢？原来，周处本来就不是个坏人，只是从小到大缺少好人的指教。听了老头的一番话，知道老百姓将自己同虎蛟一样看待，心里又羞又愧，决心为民除去虎蛟，自己也投名师，重新做人。

由于有一股无形的力量支撑着，再加上周处本身武艺超群，他一口气跑到南山打死了害人的老虎，又去河里斩了巨蛟。自己也不声张，回家里简单地收拾了一下行装便拜访名师去了。

周处经人指点拜著名文学家陆机、陆云兄弟为师。这哥俩循循善诱，对周处耐心教导，最终为他指明了方向。周处从此努力学习，成为一个德才兼备、文武双全的人。

"学会文武艺，卖予帝王家。"晋统一后，周处被任命为广议太守、散骑常侍等职。他刚正不阿、秉公执法，为此不知得罪了多少人。许多人对他怀恨在心，梁王司马肜就是其中之一。有一次，司马肜犯了法。因为他是皇亲国戚，满朝文武也不敢吱声，唯有周处如实上奏皇帝。他也因此得罪梁王，为自己种下了祸根。

元康六年（公元296年），由于赵王司马伦任征西大将军时，在当地敲诈勒索，胡作非为，逼得匈奴部落造反，西北战事重开。而司马伦又是个酒囊饭袋，根本不会打仗，战局弄得难以收拾，只好向朝廷告急。朝廷派梁王司马肜接任赵王。司马肜到任后，比司马伦有过之而无不及，不久便激起少数民族更有力的反抗，场面难以支撑，立刻请求朝廷增援。

许多大臣闻知此事,立刻上书奏请皇上派建威将军周处率兵增援梁王。表面看来,他们是为国家社稷着想,实际上他们是嫉贤妒能,公报私仇,想借此机会除去周处。因为他们素闻梁王与周处有怨,想让周处此去,不死在乱军之中,便死在梁王刀下。这正应了那句古语:不怕没好事,就怕没好人。

周处为人在朝中虽遭众人忌恨,但有一个人却对他深为敬佩,这人就是中书令陈准。陈准闻听此事,立刻上朝,揭露内幕,与众大臣据理力争。他说:"梁王素与周处不和,周处此去如在梁王帐下,必遭迫害。周处为人忠勇,可执掌帅印。唯此才可平定西北战事,否则,不但西北战事难以预料,朝廷还要失去一位忠义之臣、善战武将!"

当时的辅政大臣张华一听陈准说得有理,有心不派周处。但众大臣坚决反对。又说梁王为了国家社稷不会公报私仇,还说即使梁王真有此心,周处足智多谋,也定能逃脱。而西北战事,事关紧急,唯有周处去方可平息叛乱。张华一时也动了心,加上不敢得罪多数人,于是奏明皇帝,最终还是派周处去了。陈准为此唏嘘不已,他知道周处此去定是凶多吉少了。

周处接到朝廷命令,立刻去了西北,而梁王早已得到消息,便暗生一条毒计。

梁王一见周处,满脸热情,先将周处吹捧了一番,还说了一通"共同抗敌、互敬互重"之类的话。周处也深知梁王怨恨自己,但一见他如此,也不好说别的。只好寒暄客套了几句,并向梁王表明了为国效力的决心。这正中梁王下怀,立刻便命他作为先头部队攻打匈奴齐万年。

第二天早晨天没亮,梁王便命令周处马上出发。周处和士兵们还都没有吃过早饭,有心不去,又恐违抗军令让梁王借机惩处,只好忍气吞声,下令开拔,唯求此一去,便将那匈奴首领齐万年活捉,然后得胜回朝。

可那齐万年又岂是善类?哪能轻易捉到呢?周处率兵深入敌境,齐万年早就得到消息。他也知道周处厉害,就调集了7万大军将周处围住。两军交战,周处寡不敌众,况且士兵们又都是饿着肚子,饶是英勇，也抵挡不住7万大军。那梁王早知周处被困，可就是不发兵增援。周处见状，知道梁王要置自己于死地，纵是逃出敌军围困，也会死在梁王刀下。与其那样，不如战死。于是命手下军兵能逃的便自己逃命，军兵们素来敬佩周处，宁愿战死也不愿苟且偷生。周处长叹一声，说道："也罢，今日我们就拼了这条性命，为国尽忠！"说完带领军兵杀入重围，奋战了几昼夜，最终又累又饿，死于敌军之中。

就这样，这位忠勇之将被奸臣陷害至死。

消息传到京都，张华、陈准等一干忠良之士为之伤心不已；而那些当道奸臣却为此暗自欢喜，终于除去了眼中钉、肉中刺。但他们却还故做样子，表现得很悲痛，并且纷纷上书，夸赞周处为国尽忠，天地可表，理应受到追封。反正封多大的官，周处也不会再活过来与他们作对了。

可怜这位除三害的英雄，被奸人害死，也没人为他伸冤。朝廷根本就没有追究梁王的责任，只不过把周处追封了事。

自食恶果的贾后

司马炎自立了傻子司马衷为太子，又选贾南风为太子妃，便为西晋埋下了无穷的隐患。再加上他为了保住司马氏江山，在建国之初便大肆加封同姓王。结果，这些王爷为了争权夺势，暗中互使毒计，使晋朝在司马炎死后内乱频仍，先后发生了"八王之乱""贾后之乱"，这也是司马炎所始料不及的。

那贾后便是贾南风，她又狠又刁。先设计除掉了那几个妄想逾越皇位的王爷和大臣，然后控制惠帝司马衷，大权独揽。论理她也该满足了，但她还有一桩心事，那就是她没有儿子。现在的太子司马通是惠帝后宫里的谢玫所生。

这司马通是惠帝的长子，从小就非常聪明，深得武帝司马炎的喜爱，对他严加教导，又夸他将来定能兴国安邦。同时，武帝见那贾南风又凶又狠，儿子又是个傻子，也唯恐将来出现什么不测，便很早就立司马通为太子了。贾南风见状，又恨又怒。但慑于武帝之威，不好发作，便暗中让侄子贾谧同司马通玩耍，把他教坏，日后再作打算。俗话说得好：学坏容易学好难。司马通毕竟年龄小，禁不住人挑唆。由于贾谧刻意带他学坏，时间一长，司马通开始不务正业，整日与贾谧混在一起，越来越坏。有一天，二人闲得无聊，便要寻点开心的事做。贾谧满肚子坏水，便给司马通出了一个主意，司马通听了大喜，忙命人去布置。

原来，司马通自从和贾谧混在一处，便开始讨厌读书，更加痛恨太子舍人杜锡。贾谧整日和他在一起，自然知道他的心意。于是出主意，让人在椅子上安放了许多针尖朝上的钢针，放在太子舍人杜锡常坐的地方。杜锡果然中计，往上一坐，立刻大叫一声跳了起来。但屁股上已被钢针扎出了许多血。司马通见状大笑。许多大臣闻知此事，忧心忡忡，唯有贾南风暗自高兴。

转眼司马通已经22岁，越来越接近登基的时候。而且他长大后已不如小时那般顽劣，渐渐也与贾谧疏远了。又有太子舍人杜锡不计前嫌从中教诲，循循善诱，竟将太子那善良的本性挖掘出来。太子从此苦读诗书，深谙治国之道。"八王之乱"后，贾南风以皇后之尊专权，大肆屠杀残害忠良。太子便渐露不满之意。岂知，早有人将这些禀告给贾后。贾后便想在他登基之前废掉他，以除后患。

不久，宫里就传出消息，贾后生下一个龙子。大臣们感到非常不可思议，因为贾后与司马衷婚后20年从未生育过子女，现在突然生了一个儿子，简直就是天方夜谭。但大臣们都知道她的厉害，都没人敢吱声。只有傻皇帝司马衷还在那里欢天喜地，手舞足蹈。其实这只不过是贾后周密计划中的第一步。那孩子哪里是她所生？而是她的妹妹贾午所生。只待废了司马通，便立此子为太子，从此后，司马氏的江山不就是贾家的了吗？

打好如意算盘，她开始实施第二步计划：废太子司马通。元康九年（公元299年），也就是宫中传出贾后生子消息的同年冬天，宫中又发生了一件大事。

这一天晚上，太子突然接到密诏，说他父亲晋惠帝病重，命他火速进宫探视。司马通不疑有诈，即刻赶往惠帝寝宫。刚到外厅，就见一宫女端着酒和枣拦住去路，说："太子殿下，皇上不过偶感风寒，只因病中甚是思念你，才佯称病重，命你火速前来。只是皇上等你不来，便先自睡下，叫你来时不必打扰。但又念你一路风寒赶来，特赐美酒御枣，以去风寒。享用完毕，即可回府。"司马遹本欲不喝，想要推辞，那宫女却又道："太子殿下，皇上说了，一定要奴婢亲自服侍您喝下美酒，吃下鲜枣。"司马遹无奈，只得把酒喝完。那酒足有一壶，他不胜酒力，喝完便不醒人事。

这时宫中又走出一宫女，把太子司马遹推醒。司马遹醉眼矇眬之中，听见那宫女说皇上让他抄写公文，他便拿起笔，也不细看，胡乱抄了一通，然后便被人送回府中。

次日早朝，大臣们分列两班。忽见惠帝司马衷怒气冲冲坐在龙椅上，将一卷白绫扔了下来，还不停地骂道："此等逆子，可杀不可留！"

大臣们捡起白绫一看，大惊失色。只见上面写道："陛下您如今难孚众望，希望您自己了结。如您不肯，我便进宫帮您了结……"那字体俨然就是太子司马遹的。但大臣们也不敢轻易相信，将信将疑，面面相觑。张华和裴頠两位辅政大臣，忙出班施礼道："皇上请息怒。依我二人之见，太子还不至于糊涂到这种地步。事关重大，先派人调查清楚再来处理不迟。"

不料此时皇后贾南风忽然从殿后绕出来说道："太子犯的是谋逆之罪，如若是真，现在不查办，恐怕将来会生祸患。我看还是先废掉太子身份，把他关起来为好。"司马衷见贾后绕到大殿上居然毫不生气，反而依他之言废掉司马遹的太子身份，送到金墉关押起来。张华等众大臣见此，便明白此事定与贾后有关，但慑于贾后之威也不敢说什么。

司马遹虽然被关了起来，可他的亲信还在。他们都知道太子是遭到了贾后的陷害，便密谋废贾后，迎立太子。但要废贾后，只能发动兵变。于是他们便联络赵王司马伦，一起铲除贾后。

司马伦本来是贾后的党羽，他手握军权，早已不想甘居人下。这次太子的人一来找他商量废贾后，他便想出一条一箭双雕的计策。

他先满口答应要迎立太子的人，将他们稳住，然后便去贾后处告密。贾后闻之大惊，不知如何是好。他便出谋让贾后先毒死太子，再将迎立他的人一网打尽，贾后依计而行。

公元300年3月20日，司马遹从金墉城被转到许昌监禁。贾后便命心腹孙虑带着毒酒来到司马遹面前,说是皇帝赐酒。司马遹已上过一次当,在监禁的这段时间以来,自己前思后想,知道是贾后派人害他。这次见贾后亲信孙虑前来,岂肯再喝那酒?非但不喝,反而跑出监舍,意欲逃命。那孙虑一看急了,凭着自己一身蛮力,随手抓起一个石杵追上去,不几步便追上太子司马遹,手起杵落,竟将这位东宫太子给砸死了。

赵王司马伦得到消息,立刻散布出去,说贾后逼死东宫太子司马遹。大臣们听了,将前后的事情联想起来便明白了是怎么回事,都觉太子死得冤枉,均愤恨不已。赵王认为时机成熟,就借口为太子报仇,伙同梁王、齐王等人用假诏书接管了禁军,劫持了晋惠帝,捕杀贾后及其党羽,夺得政权。

这位曾经叱咤风云、机关算尽的贾后,也终于在她一手操纵的宫廷斗争中结束了她罪恶的一生。

斗富大王之死

在诛杀贾后的过程中,有一个人起了至关重要的作用,那就是孙秀。孙秀本来是赵王的亲戚,一直跟在赵王身边,几乎参与了赵王所有的夺权斗争。而赵王司马伦的主意大部分也都是此人出的。

赵王司马伦杀了皇后贾南风,夺得政权,晋惠帝司马衷又成了他手中控制的傀儡。第二年,他索性废掉了惠帝,自己做起皇帝来。但是,张华和斐顾是朝中辅政大臣,也是晋朝的忠臣。他们岂容奸臣当道?于是便成为司马伦谋取大权的主要障碍。孙秀便给赵王出主意将二人给杀了。

张华、裴顾这两位大臣功不可没,曾起到过重要作用,而且两个都很博学多才。张华曾支持史学家陈寿完成重要史学著作《三国志》。裴顾曾写作《崇有论》,用唯物论的观点,批评空谈的陋习,在当时很有影响。

两人之死在朝野引起了不小的震动,许多正直之人摇头叹息。也有一些人想到他二人一生忠良都落得如此下场,便心灰意冷,从此不问政事。赵王、孙秀除掉两位辅政老臣后，见众人敢怒不敢言，便更加肆无忌惮，将凡是以前与他们有点怨恨的人全部杀掉。而孙秀很有穷人乍富的样子，他为人不仅贪财，而且好色，他发誓要拥有天下最漂亮的女子。而他首先想到的美女便是石崇的宠妾绿珠。

孙秀是在石崇修建的风景秀丽的金谷园中见到绿珠的。那时石崇是皇帝眼前的红人儿，又是京城的巨富。他跺一跺脚，地也要晃三晃，势力是非常大的。他在洛阳西南发现了风景怡人的金谷涧后，便投巨资修建了这个供自己和上流人士聚会玩耍的金谷园。绿珠本是一个普通人家的女儿，石崇见她貌美便纳为小妾。石崇非常宠爱她，每次宴乐都要她作陪。孙秀在一次聚会中见到绿珠，立刻被她的美色所迷住，一眼不眨地盯着她看，直到石崇发现了，生气地咳了一声，他才回过神来，羞愧地低下了头。可回家之后仍一心想着绿珠，但那时他的势力无法与石崇相比，只得作罢。

俗话说得好，十年河东，十年河西。现在的孙秀是朝中数一数二的人物，可谓今非昔比了。而石崇却是一介平民，他曾经的显赫皆因与贾后党羽贾谧有瓜葛，现在已一去不复返了。别说孙秀想要他一个小妾，就是要他石崇的性命，也是易如反掌。于是孙秀立刻派两个人去石崇府中要人。

石崇虽因与贾谧有瓜葛，曾为贾谧的"二十四友"之一而在贾谧被杀后丢了官职，但他却用自己的金钱打通关系，最终保住了性命。他对于丢官也不太在乎，因为他搜刮的大量钱财已经够他几辈子吃喝玩乐的了。

这一天，他正在府中宴乐，忽然听说辅国将军孙秀派人来了，他就知道不会有什么好事。果然，来人说奉将军之命要带走绿珠。石崇大怒，他想：孙秀啊孙秀，当年你"癞虾蟆想吃天鹅肉"，在我眼前就对绿珠就做出那副轻薄样儿。我一念之差，没有怪你，想不到今日引狼入室，你竟公然来抢绿珠。哼，我石崇也不是省油的灯。想到这些，他强压怒气，对来人虚与委蛇。因为他也知道现在孙秀可不好惹，于是招了招手，过来几十个年轻艳丽的女子，对来人说："请公人随意挑选吧！"

来人说道："这些美女都不错，但还是留给石公自己享用吧！孙将军点名要绿珠，我们做下人的可不能胡乱带一个回去混水摸鱼。孙将军一旦发觉，我们可得吃不了兜着走。"

石崇这下可真火了，变声变调地道："真是承蒙孙将军错爱，只是绿珠是我心上人，可不是一般歌妓，我怎能将自己的内人送给他人呢？""石公是明白人，希望你权衡利弊，三思而后行啊！不要为了一个女人……"

石崇哪受过这样的气，未待来人说完，便丢下他们，竟自回内室去了。

来人回去向孙秀添油加醋一说，孙秀大怒，从此怀恨在心，一定要将石崇置于死地。

可巧时间不长就发生了一件大事。淮南王司马允为了匡复皇室派兵攻打赵王司马伦，兵败被杀。孙秀就在赵王面前吹风，说石崇参与谋乱，赵王立刻派孙秀去金谷园捉拿石崇。孙秀暗喜，心想这下一定可以把绿珠弄到手了。

石崇此时正在金谷园的楼台上饮酒做乐，远远地便见一队人马过来，便命家人前去打探。一会儿，家人慌慌张张来报："老爷，大事不好，孙秀说您是乱党，前来诛杀。"石崇知道孙秀诬蔑自己是想趁机得到绿珠，便长叹一声对身边侍酒的绿珠说道："绿珠，我为了你得罪了孙秀，看来此番石崇性命难保。你逃命去吧！"

绿珠本是好人家的女儿，被迫无奈成为石崇手中玩物。不过石崇对她却也不错，又因她时常在石崇的聚会中侍坐，所以深知孙秀之淫乱好色，而又杀人成性。她想自己一旦落入孙秀手中也不会有什么好下场。听到石崇此时还让自己独自逃命，也颇有些感动，便说道："老爷，事已至此，我也不会让那孙秀遂了心愿。"说完趁石崇不备，一头跳下楼台，当场摔死。

石崇也没想到她竟如此刚烈，一时唏嘘不已。

那孙秀闻说绿珠死了，想到自己的精心谋划，竟"竹篮打水——一场空"，不由得大怒。他觉得是石崇为了不让自己得到绿珠而将她逼死。于是，一腔怨气全出在石崇身上，喝令军士将石崇一家老小一个不留，全部押赴刑场斩首示众，也给那些敢于和自己作对的人提个醒儿。

就这样，这个京城富豪，因为一个宠妾而被孙秀给杀了。他平时搜刮百姓，作威作福，这也算是罪有应得。但是与他一同赴刑的还有二人，一个是诗人潘岳，一个是写过《言尽意论》、具有文才武略的欧阳建，这二人都是孙秀为泄私愤而杀的。

　　孙秀小时候在潘岳家当过书童，因偷东西，遭到潘岳毒打而后被撵出去，从此怀恨在心。在将石崇押赴刑场的途中，他一眼瞥见潘岳，想起往事，便诬蔑潘岳为石崇同党，下令同斩。而欧阳建则是石崇的外甥，完全是由于受到舅舅的株连而被斩。可怜两位年青才士，一个性情旷达、才华横溢，一个文才武略，有定国安邦之能，却都死于非命，成了权力斗争的牺牲品。

狗尾续貂

　　"狗尾续貂"是个成语。它的表面意思就是拿狗的尾巴代替貂的尾巴，现在常用来比喻在好的文艺作品后面接续一个不如原作的结尾。其实，这个成语源于晋朝，其中还有一个典故。

　　西晋的赵王司马伦一石二鸟，害死了司马亮，毒死了贾南风之后，便控制了傀儡皇帝司马衷，从此大权独揽，说一不二。按理，他也该满足了。可他还有更大的野心。他和心腹孙秀密谋，要模仿司马炎当年逼迫曹奂让位的做法，逼惠帝让位给自己。

　　永康二年（公元 301 年），司马伦让孙秀派义阳王司马威去夺皇帝手中的玉玺，自己则带几万军兵在城外配合。惠帝呆傻而又软弱，乖乖地交出了玉玺。正月初九，司马伦宣布登基坐殿。把废帝司马衷尊为太上皇，但这只不过是表面文章，实际上却将其送至易名"永昌宫"的金墉城软禁。

　　篡位之后，司马伦开始滥封滥赏，其封赏程度，真可谓是空前绝后。比如：历朝历代都曾有过靠地方推荐而后又由朝廷选拔为官的事，但到了他这一朝，事情就简单了。只要地方推荐，朝廷无需再选拔就可为官；太守、县令这些原本卑微的小官现在也全部封侯；尤其是侍中、散骑常侍等一级高官，过去只设 4 人，而今竟设了 100 多人。这一级高官的帽子本该用貂尾装饰，可官多貂少，只好用狗尾巴代替，这便是成语狗尾续貂的来历。

皇帝狂封滥赏，为官的竭尽全力搜刮民脂民膏。此时朝廷内外，风气比武帝时期还要恶劣。由于遍地都是官，官位对人们已经没有太大吸引力，人们致力于聚敛钱财。南阳才子鲁褒曾写过著名的《钱神论》一文："……钱字孔方，相亲如兄……危可使安，死可使活，贵可使贱，生可使杀。无论何事，非钱不行……"可谓一针见血指出了当时唯钱是"尊"的极度丑恶腐化现象。

司马伦大肆封赏，本想笼络人心，没想到反而使朝中上下一片混乱。他不过是手握兵权的一个莽夫，根本没有治国安邦之道。朝中如此混乱，他也知道，但没有一点办法，只好听孙秀的。孙秀比他也强不到哪儿去，许多事朝令夕改，弄得满朝文武怨声载道。时间一长，积怨越来越多，便威胁到司马伦的皇位。

孙秀意识到：如果皇族宗室此时起兵，那司马伦的皇位定然不保，便建议司马伦派人去安慰最有实力的皇族三王：驻守邺城的成都王司马颖，驻守许昌的齐王司马冏，还有驻守长安的河间王司马颙。

但是齐王司马冏根本不买账，反而将司马伦加官进爵的诏书一把撕碎。他为什么这样呢？原来，齐王司马冏在帮司马伦夺权的过程中立过大功。可司马伦称帝后大肆封赏，唯独对他只封了个游击将军，将他排斥在京城之外。他便知司马伦是个"用人朝前，不用人朝后"的货色，发誓再也不帮他。又见司马伦朝政混乱，他便起了讨伐之心。

驻守邺城的成都王司马颖也收到司马伦加封进爵的官书。他深知司马伦之意，但他同时也收到了司马冏共同讨伐司马伦的檄文。他素来与司马伦没有什么大的矛盾，又不想得罪司马冏，左右为难。这时他的部下卢志说道："王爷，自古道'顺天者昌，逆天者亡'。司马伦谋权篡位，倒行逆施，必遭民怨。如今朝中又一片混乱，我看他维持不了多久。不如和齐王一起顺应民意，讨伐司马伦，定能取胜。那时王爷也是千秋万代的有功之臣啊！"司马颖平时很欣赏卢志，如今一听他这样说，也觉得颇有道理，当下发兵响应齐王。

齐王司马冏知道自己力量不足以对付司马伦，便同时联络了成都王司马颖和河间王司马颙。那司马颙是个反复无常的人物，刚开始他不想与齐王一起讨伐司马伦。听说安西将军夏侯奭要起兵响应齐王，就把他骗来杀了，又扣押了齐王派来的使臣，让部将张方押着去洛阳向司马伦请功。可张方走没多久,他就听说成都王司马颖和齐王司马冏联合起兵,全国各地还有许多人响应。他吓得又立刻派人快马追回张方,放了齐王使臣,然后宣布响应齐王起兵。

在洛阳的司马伦和孙秀,得知三王发兵,吓得魂飞魄散。又知道三王此番定然不会放过他二人,便急忙调兵死命抵抗。两军在洛阳城外激战两个月,不分胜负。此时,朝中大臣人心惶惶。坏消息一个接着一个,许多人便纷纷自寻退路。左卫将军王舆和尚书司马漼见司马伦、孙秀大势已去,便决定除掉他俩,与三王来个里应外合。司马伦、孙秀只顾与城外大军周旋,哪里料到城内有变,猝不及防,被他二人捉个正着。至此,曾经不可一世的司马伦、孙秀兵败被杀。

三王获胜,齐王司马冏迎回惠帝,惠帝重新登殿,这位被废不久的呆皇帝又恢复了帝位,神气起来。想起自己当初被逼的情景,仍心有余悸。想狠狠报复一下,无奈司马伦、孙秀二人已死,便将怒气发在曾帮司马伦从自己手中抢走传国玉玺的义阳王司马威身上。赐司马威禁食而死,而且下令将其满门抄斩、诛灭九族。

傻皇帝归天

几番沉浮,惠帝终于又重新登上了金銮宝殿,但这也并不意味着他从此就可以威仪天下,高枕无忧了,因为他的命运始终操纵在别人手中。

自从三王征讨司马伦,左卫将军王舆和尚书司马漼里应外合,将孙秀、司马伦二人杀死之后,齐王司马冏迎回惠帝司马衷,入朝辅政,从此说一不二。这就激怒了河间王司马颙。不久他就联络在洛阳的长沙王司马乂,对司马冏发动进攻。两军在京城展开激战。一时间洛阳火光冲天,箭飞如雨。混战几日,齐王司马冏兵败被杀。

司马颙想借此控制惠帝,但一转念又放弃了这个念头,反而低调行事,不以功臣自居。杀败司马冏的第二天便上书惠帝,要求封成都王司马颖为皇太弟,即皇帝的接班人。惠帝自己没有子嗣,唯一的太子司马遹已被贾后害死,司马颖本来就是自己同父异母的弟弟,又念他在司马伦谋逆时救驾有功,立刻就答应了。

司马颖闻之,只道司马颙是真心拥戴自己,心里非常得意。他把惠帝留在邺城,自己做起了皇帝梦。可是好景不长,守北将军王浚带领大军来攻,并且引来鲜卑、乌桓的头领,共10万大军。还有并州刺史司马腾前来助战。司马颖大惊,忙派人抵抗,但寡不敌众,仓皇而逃。

他想河间王司马颙一向敬重自己,便带着惠帝投奔司马颙。谁知此时司马颙的态度发生了根本性的变化。他原来敬重司马颖,还保荐他为皇太弟,是因为看到司马颖重兵在握,不敢轻易得罪他。这下见他惨败,只带着惠帝逃出来,哪里还把他放在眼里,立刻找个理由让惠帝废了司马颖。他有心自己当皇太弟,但一想自己和惠帝是远亲,恐难孚众望,于是又推荐惠帝的同父异母弟预章王司马炽为皇太弟。晋惠帝无处投奔,只有依靠司马颙,住在河间王的王府。人在屋檐下,不得不低头,只好听从司马颙摆布。从此,大权又落到了司马颙手里。但是,此时司马颙军中实际掌握兵权的人物是张方。他早就不把河间王司马颙放在眼里,又见成都王司马颖兵败,落架的凤凰不如鸡,就更不把他放在眼里。不管他们同意不同意,他就私自迁都长安,这样就引起了司马颙的不满,总想找机会除掉他。

再说东海王司马越,也是皇室宗族,因见朝廷内乱,早就生了谋逆之心。今见成都王败走洛阳,惠帝落到司马颙手中,便联络各方藩镇力量,共同密谋攻打。各地小头目纷纷响应,东海王实力越来越大。但他知道司马颙身边的张方拥有重兵,此人又能征善战,他不敢贸然出兵,而是先想了一计,要除掉张方。

一天,司马颙府中来了二人。他们是司马颙的亲戚缪胤和缪播。一见司马颙就声泪俱下地哭诉道:"王爷,您赶紧早做打算吧!"

司马颙知他二人是司马越的人,闻言大惊,忙追问是怎么回事。

缪播叹息一声道:"王爷,都是那张方害的,东海王司马越听说张方在洛阳洗劫财物,劫持惠帝,以为这都是受王爷您指使,马上就要派10万大军来攻打。正巧被我和缪胤偷听到他们的密谋,想到毕竟我们和王爷是亲戚,特此冒着生命危险前来告知,还希望王爷早做定夺。"

河间王一听吓破了胆,不知如何是好。良久,只听缪胤说道:

"王爷，我倒有一计，只是不知可不可行？"

"快说，快说！"

"我想那司马越并不是真要攻打王爷，他想打的人是张方。王爷不如派人将他杀了，然后带着他的首级去向司马越议和，司马越没有不退兵之礼。"

河间王虽然早想除掉张方，但也知他能征善战，不忍下手。况且如今大敌当前，又需大将，不想杀他。可想来想去，觉得缪胤的话也颇有道理。一时左右为难，不知如何是好。正在这时，他的参军毕垣说道："王爷，当断不断，必有后患。况且我听说张方与亲信督邺早有谋逆之心。殿下应尽早处置，否则定为张方所误！"

河间王一听，便下了决心。但他杀张方也要有理由，有证据，于是便命人到灞上秘密将督邺召到长安。毕垣先把督邺拉进密室，威胁他说："王爷已掌握张方谋反的证据。你要想活命，不管王爷问什么，你只回答'是'，我自然会救你。否则谁也没办法救你！"督邺一听吓坏了，立刻答应照办。

果然，河间王问他张方是不是想造反。督邺看了旁边的毕垣一眼，立刻回答："是。"河间王也不再问别的，就当即命令督邺回去，亲自杀掉张方。

督邺不敢不从，当晚回去，趁张方不备，杀了张方。

张方一死，司马颙立刻命人去告知司马越。不料司马越听了哈哈大笑，竟把司马颙的使者给杀了，然后立刻带10万大军攻打灞上和长安。司马颙一听，知道是中了离间计，几乎气炸了肺。立刻找缪播等人算账，可缪播甚至连毕垣早已踪迹皆无。只抓到了督邺，也不待他分辩，亲手一刀将他砍死。他自知打不过司马越，便扔下惠帝，自己仓皇出逃，带着自己的兵将去了糜晃。

司马越的先锋祁弘先进驻长安，在城内烧杀抢掠，无恶不做。烧够了，抢够了，才找了辆老牛车，将惠帝拉到洛阳。

回到洛阳，惠帝拜司马越为太傅，主持朝政。

东海王司马越终于达到了掌权的目的。但是他知道成都王司马颖、河间王司马颙二人未死，迟早会卷土重来。于是他又组织力量，于公元305年，再次起兵攻打逃到糜晃的司马颙。司马颙联合司马颖反抗，结果战败而逃。

时间不久,成都王被太守冯嵩抓住,送到邺城囚禁。参军刘舆等人假传圣旨,把成都王和他的两个儿子一起处死。

成都王死后不几天,一天晚上,惠帝吃了几个甜饼,突然肚子巨痛,大喊大叫几声,口鼻流血而死。终年48岁,在位16年。

惠帝死后,东海王司马越也不追查凶手,马上让皇太弟司马炽即位,是为晋怀帝,国号光熙。光熙元年(公元306年),司马越又让弟弟南阳王司马模杀了河间王司马颙和他的3个儿子。至此,历时16年,在西晋历史上有名的"八王之乱"终于宣告结束,晋朝也由此走向了灭亡的前夜。

不知当年武帝大封同姓王,千方百计立司马衷为太子的时候,可曾想过,自己此举会使晋朝如此动荡不安,而儿子做了皇帝也是担惊受怕,且正值壮年便被人毒死。如果他早知这样,恐怕就不会这么办,而天下百姓也会因此少遭些涂炭。

谈玄之风

"正始"是魏废帝曹芳的年号(公元240—248年),习惯上所说的"正始文学",包括"正始"以后直到西晋立国(公元265年)这一段时期的文学创作。

"正始"时期,玄学开始盛行。玄学中包涵着一种穷究事理的精神,导致了对于社会现象的富有现实性的清醒态度,破除了拘执、迷信的思想方法。同时,庄子所强调的精神自由,也为玄学家所表现。当时,有主张"越名教而任自然"的一派,即崇奉发自内心真诚的道德,而反对人为外在的行为准则;也有主张名教与自然相统一的一派,即要求个性自由不超越和破坏社会规范。但至少"自然"这个前提是被大家所公认的。

然而,这一时期的政治现实却极其残酷。从司马懿诛杀曹爽而实际控制政权,到其子司马师、司马昭相继执政的十多年间,酝酿着一场朝代更替的巨变。他们大肆杀戮异己,政治气氛极为恐怖。"天下名士,少有全者",许多著名文人死在这一场残酷的权力斗争中。另一方面，司马氏集团为了掩盖自己的残暴行为，并为夺取政权制造舆论，竭力提倡儒家礼法，造成严重的道德虚伪现象。

西晋时期玄学家的代表人物是向秀和郭象。向秀著有《庄子》，后来郭象又加以补充发挥。但二人此时所谈之玄与"正始"时期所谈之玄已有本质不同。他们的思想实际是代表了西晋门阀士族利益，是为现存的统治秩序辩护，是为司马氏政权歌功颂德。他们认为一切现存的事物，如政治机构、社会组织上下之分都是合理的；现存的"名教"是"自然"的最好表现，当权的"帝王"就是最理想的圣人等等。

但是，面对恐怖和虚伪的现实，知识分子阶层的痛苦又表现得尤为尖锐、深刻。他们以清醒和理智的思维，以昂扬的姿态追求个性解放。最具代表性的就是当时号称"竹林七贤"的阮籍、嵇康、山涛、王戎、向秀、刘伶、阮咸。他们具有音乐家和诗人的气质，而能融哲学、美学、音乐和诗赋为一体。于"正始"之后历史激烈动荡年代，开竹林风气与正始之青相媲美。既继承发扬正始玄学，又突破儒道思想，倡自然与名教不可调和。他们的思想更为倾向《庄子》，对西晋之后庄学大兴，以及进一步冲击礼法名教起到重要作用。总之，无论从文学史还是从哲学史来看，他们都在当时有显著地位，而又对后来产生深远影响。魏晋谈玄之风别开生面。《文心雕龙·时序》说："自中朝贵玄，江在称盛，因谈余气，流成文体。"此所指中朝，即惠帝以后时期。《诗品序》亦说："永嘉时，贵黄老，稍尚虚谈，于时篇什，现过其辞，谈乎寡味。"永嘉前后，为西晋清谈盛行时期。西晋谈玄中期，谈玄名士首推王衍和乐广。

王衍崇尚玄学"贵无"思想。《晋书·王衍传》记载："魏正始中，何晏、王弼等著述《老》《庄》，立论以为'天地万物皆以无为本。无也者，开物成务，无往不存者也。阴阳恃以无生，万物恃以成形，贤来恃以成德，不肖恃以免身。故无之为用，无爵而贵矣'。衍甚质之。"意思就是说王衍谈玄的理论依据是王弼、何晏玄学的核心思想，即"以无为本"。王衍还"常自比子贡……唯谈《老》《庄》之事"，具有调和玄、儒的倾向。

乐广谈玄，义理较王衍高。当时谈玄，要以简练的言辞表达深远的义理，所谓"清辞简旨""玄约旨远"，王衍与乐广谈玄，便觉已之烦，说明他义理尚有不畅。当时谈玄，放荡不羁已成风气，而乐广反对此风。他以"名教内自有乐地"加以非难，是调和自然和名教的主张，认为旷达而不必越礼。

玄学家们在当时的所谓谈玄之风，又被称为清谈之风。他们所谈内容大多是脱离现实的空洞议论。清谈时，一般分主宾两方，采用"主""客"问难方式。谈主首先摆出一项讨论的内容并叙述自己的见解，称为"竖义"或"立义"，然后一客或数客诘难。而且主与客，特别是"竖义"的"主"必须手持麈尾作道具，以助谈锋。

西晋这股清谈之风实际上是由当时残酷的争权斗争，恐怖的政治气氛造成的。文人才士没有言论自由，没有施展才能的机会，稍不留神，便有杀头之祸。他们只有以空洞的清谈聊以自慰。

刘渊代晋

晋朝的八王之乱，以东海王司马越的胜利而告终。但他倒行逆施，也没能坚持多久。

自从惠帝死后，东海王司马越让位于皇太弟司马炽，是为怀帝。那怀帝可与惠帝不同，他不但身体健全的人，而且有自己的头脑，颇懂治国安邦之道，又懂得汲取教训。虽然是司马越拥立他为皇帝，可他深知，自己只不过是司马越的傀儡，是他手中的一枚棋子。而要摆脱这种地位，便要培植自己的力量，伺机除掉司马越。

司马越根本没把怀帝放在眼里。他自封为丞相之后，便坐镇许昌，后来又移师荥阳，遥控身居洛阳的怀帝。他认为怀帝是自己掌中之物，还能有什么作为呢？不料怀帝趁他不在洛阳之机，培植了一大批心腹，主要有：散骑常侍王延、尚书何绥、太史令高堂冲、中书令缪播、太仆卿缪胤。他们见怀帝是个人物，便同心同德扶持他。有了他们的支持，怀帝的羽翼逐渐丰满，但是消息很快传到司马越耳中，这下可惹恼了他。永嘉三年三月的一天，东海王率大军气势汹汹回到洛阳，身佩利剑直闯皇宫，对怀帝说，缪播等人谋反，应当立即处死。怀帝极力否认此事，东海王见他如此，便火了，派部将王景统兵三千将皇宫团团围住，硬逼怀帝召集大臣上殿。怀帝无奈，只得照办。

缪播、缪胤等大臣刚一露面，东海王便命人将他们捆起来，然后让怀帝降旨处斩。怀帝一言不发，默默地反抗。一时相持不下，朝上气氛非常紧张。满朝文武大部分是东海王的党羽，有少数不是，但此刻唯求自保，哪里还敢吱声？良久，东海王突然大声吼道："王景听令！命你将这些乱臣押赴刑场处决，不得有误！"说完，离开金殿，扬长而去。

怀帝身为皇帝，却无力庇护自己的这几个忠心耿耿的大臣，只能听凭东海王摆布，一时气极，潸然泪下。他走到大臣们面前，一一抚摸手臂，君臣顿时哭成一片。那王景不管这些，遵东海王之令，将这些大臣押下殿去杀了。

这些被杀的大臣，大多都正直而又有才干，特别是缪播、缪胤还是对东海王有功之人。他们曾冒着生命危险到河间王司马颙那里巧使离间计，使河间王杀了统兵大将张方，东海王才得以不费吹灰之力取得胜利。而此刻他竟不念旧情，翻脸不认人，将二人诛杀。由于他一贯实行"顺我者昌，逆我者亡"的政策，看谁不顺眼，即刻杀之，凌驾于皇帝之上，致使满朝文武心怀不满。

而此时，有一股力量正在迅速崛起，时刻威胁着西晋的安全。那就是原在成都王部下为官的刘渊。永嘉二年十月三日，刘渊在蒲子城称帝，国号大汉。东海王司马越只顾在朝廷内部争权夺利，控制怀帝，丝毫没有注意到刘渊的动向。而刘渊却一直虎视眈眈窥视着司马越，窥视着西晋王朝。他听说司马越倒行逆施、滥杀无辜，致使上下怨声载道。心中窃喜，觉得晋朝离灭亡不远了。于是拜刘景为灭晋大将军，率领大军向洛阳逼近，又派大将石勒进攻巨鹿（今河北平乡西南地区）、常山（今河北正定南部地区）。

不料刘景非常残忍，所到之处奸淫烧杀，无恶不做。汉主刘渊是个有仁心的人，闻之大怒，立刻罢免了刘景的大将军之职，让儿子刘聪接任。

石勒大军则捷报频传，非常顺利，刘渊闻之大喜，但他最终也没有看到汉军灭了西晋。公元310年，这位做了4年汉王、3年皇帝的汉主突然患病，不治身亡。太子刘和继位，但不久便死于同室操戈。

重兵在握的灭晋大将军刘聪继位，改元光兴。

晋怀帝听说刘聪来伐，有心抵抗又苦于没有掌兵实权，便命人请东海王来商量。那东海王早就听说刘聪、石勒大军所向披靡，锐不可挡，他可不愿为了一个怀帝而丧失自己的实力。于是对怀帝说，自己要带大军出洛阳讨伐石勒、刘聪。怀帝知道他想带兵逃走，根本不想与晋朝江山共存亡，但仍苦苦挽留。东海王才不理他这一套，径自带着许多大臣和10万精兵走了，丢下了怀帝和一座空城。

东海王走后，晋廷乱成一片。有些奸佞小人乘机挟持怀帝，在皇宫里胡作非为，抢劫钱财，奸淫宫女，甚至连武帝的女儿广平公主也不放过。怀帝被人囚禁，手中无兵，敢怒不敢言。

石勒得知晋廷情况，加紧征讨步伐，先后攻下江夏、许昌，危及洛阳。晋廷一片恐慌。怀帝忙命河北诸镇援助洛阳。青明都督荀晞得知朝中情况，立即起兵，讨伐东海王。经过连日激战，杀掉了囚禁怀帝的东海王亲信刘曾、程廷，吓跑了潘滔。

永嘉五年三月，荀晞率兵直捣东海王的驻地项县。此时东海王已陷入绝境，一面是荀晞，一面是石勒，两支劲旅对他形成夹击之势。东海王看不到希望，又急又怕，忧虑成疾，竟一命呜呼了。

他的手下王衍派人送东海王的尸体回东海国，路遇石勒大军。石勒痛恨东海王，觉得晋廷大乱、生灵涂炭，都是此人过错，生不得活擒，死也要惩处。于是命人将东海王的尸体焚烧，然后将骨灰扬掉。以此恶人下场，惩诫后人。

至此，西晋八王之乱随着最后一个王——东海王司马越的覆灭宣告彻底结束。

石勒纳贤

石勒，羯族人，字世龙，上党武乡（今山西省榆社北）人。从小就善骑射，长大后虎背熊腰，身强体壮，武艺超群。

但是"金无足赤，人无完人"，石勒从小家境贫寒，无钱读书，因此便显得胆识有余、谋略不足。他身世坎坷，早期曾在洛阳等地当过小商贩。那时土匪路霸特别多，为了确保货物安全，同行的人都推举武艺超群的石勒为他们的头儿。

石勒斗得过那些土匪路霸，却斗不过官府。有一年，青州刺史司马腾派人抓苦力，石勒为了躲避官府，离开家乡，四处漂泊。但是身无分文的他要想活命，谈何容易？俗语说得好，一分钱难倒英雄汉。一个冬天的晚上，石勒又累又饿，昏倒在一户人家门口。也是他命不该绝，这家的主人心地善良，乐善好施，是那一带有名的郭敬大善人。他救起了石勒，又见石勒一表人才，非常喜爱，细心照顾，待他如亲人一般。石勒不过是又累又饿，身体虚弱，没几天身体就康复了。他非常感激这一家人，不愿他们因为自己受到连累，就在一个晚上偷偷走了，心想这大恩大德只好容日后再报了。不料，他走出没多远就被官军抓住，被卖给茌平一个富户。

这位富户见石勒不是等闲之辈，倒也不找他麻烦，还派给他比较轻的活干。石勒从小就在马背上长大，学会了相马之术，因此与专门养马的牧场头目汲桑一见如故。二人互为对方吸引，越谈越投机，最后索性拜了把兄弟。他二人都不甘为人下之人，不久，就组织了十多位羯族奴隶起义，杀富济贫，与官府作对。名气越来越大，渐为人知，被人们传颂为"十八骑"。当时的官府差员只要一听"十八骑"无不变脸变色。

但是光凭这散兵游勇的"十八骑"究竟成不了大气候。石勒便与汲桑商量去投奔公师藩。公师藩原是成都王司马颖的部下。后来成都王兵败邺城，他不忘旧主，收罗了几百骑兵，要去攻打占领邺城的王浚。石勒见状，想他日后与成都王会合，定成大事，便欣然前往。而他的名字也是在这时候改为石勒的。

公师藩的队伍不久就攻到平阳郡（今河北省大名）。郡守李志率人马拦住去路。公师藩深知李志厉害，正自思量让谁出马方能取胜，身边一匹枣红战马早已窜了出去，定眼一看正是石勒。公师藩知道石勒武艺高强，也不阻拦。不一会儿，石勒与李志便战在一起，打到一处，直杀了五十多个回合未分胜负。公师藩正自着急，忽见石勒败下阵来，心里一惊，便要派人去接应。但人还未派出，却听李志大叫一声，中箭身亡。原来石勒见久战不胜，便使了一个败中取胜的计策，假败逃走，引李志来追，趁他不备，射出一箭，正中咽喉。那李志果然中计，送了性命。公师藩见状大喜，命部队乘胜开拔。很快又占领了平阳、攻下汲郡（今河南汲县）。但在攻打邺城时腹背受敌，大败而归，回到鄃县休整。

不久，公师藩、石勒、汲桑再度发兵，企图与成都王相会。但被兖州刺史苟晞所阻，公师藩力战苟晞，不敌而亡。汲桑、石勒见状，只好率残部逃回牧场避难。但他们并没有就此罢手，而是在牧场招兵买马，不断扩充实力。

永嘉元年（公元307年）夏，新燕王司马腾坐镇邺城。司马腾在并州贩卖奴隶时，曾抓过石勒，由于石勒奋起反抗，便让人将其毒打一顿，然后戴上木枷卖到山东。石勒为此吃尽了苦，得知司马腾镇守邺城，便又与汲桑前来攻打。此时的石勒可不是以前的石勒了。现在他率几万精兵，锐不可挡，而且"仇人见面，分外眼红"，石勒就如一只下山的猛虎，将司马腾父子全杀死在战场上。

司马腾父子死后，石勒、汲桑占领邺城。但好景不长，很快他们就遭到苟晞"乞活军"的攻击，战败而逃。汲桑不想再打仗，回到牧场，却被乞活军抓住杀了。石勒说服乌桓部落张伏利度率两千多人一起投奔刘渊。

汉主刘渊早就听说石勒英勇善战，今日一见，果然是一表人才，暗中喜欢，便封他做辅汉将军。石勒不负众望，帮刘渊打了许多胜仗。

一天，石勒率大军驻扎在常山附近，有一个书生要求晋见。石勒自己没有文化，却对读书人非常敬重，忙命人请进来。石勒见来人双目有神、气质不凡，一看就是有学问的人，便施了一礼问道："不知先生光临，有何赐教？"来人也是一揖回道："晋室衰微，群雄竟相犯乱，而这群雄之中无一人能比将军，所以特来投奔。"

石勒闻言大喜，忙细问了姓名。来人姓张名宾，学富五车，才高八斗，能与兴汉室的张良相媲美。他这一来，对石勒这个老粗来讲可谓雪中送炭。此人足智多谋，没过几天，石勒就在他所出的妙计之下连连取胜。石勒对他更加刮目相看，也充分认识到读书人的作用。便下令在军队中设立"君子营"，让张宾负责，招揽文人墨客。消息传出，许多人前来投奔，还真为石勒招揽到不少贤士。

后赵中兴

再说前面提到的荀晞，自打败石勒后，自封为太子太傅，烧杀淫掠，无恶不做。人们都非常痛恨他，但都慑于他的淫威，不敢反抗。

而此时，石勒大军连战连捷，又有君子营辅佐，更是如日中天。听说荀晞作恶，也为报当初战败之辱，便亲率大军前来讨伐。那荀晞闻之，竟不慌不忙地说："不就是石勒吗？他是我手下败将，不值一提，来，喝酒，喝酒！"说完继续搂着他的侍妾喝酒取乐。他哪里知道，现在的石勒已今非昔比了。他糊涂，他手下的将领可不糊涂。他们早就听说石勒厉害，又是义勇之军。今见统帅如此，便纷纷弃他而去，投奔石勒去了。荀晞只顾饮酒作乐，竟不知自己早已是个光杆司令了。石勒大军赶到，轻而易举就捉到了喝得烂醉的荀晞。石勒把他和他的弟弟用铁链拴住脖子，像牵狗似的，牵到街上示众。百姓们见到，都朝他们吐口水、扔砖块，最后将他二人活活砸死。他二人坏事做绝，也算是罪有应得。

处死了荀晞兄弟，又杀了六州都督王弥，石勒接管了两处军队，力量又壮大了，便打算攻取建康。他率大军来到长江岸边的葛陂，准备渡江。不料，天气突变，阴雨绵绵，连续三个月不晴天。士兵疲累，又加上天气不好，瘟疫开始在军中流行，几乎天天有人病死。一时军心涣散，有人主张回去，也有人主张干脆投靠建康的琅邪王。石勒知道长久下去，大军必然溃散，便召诸将前来商议对策。

右长史刁膺率先发言，说出早已想好的话："末将以为，我军来到长江岸边，便遇三月阴雨，此时军中瘟疫流行，死伤无数，此乃天意。不如顺天而行，归顺琅邪王。"他话音刚落，立刻遭到众人的反对。

石勒听了，皱了皱眉。他知道军中有这种想法的人不只刁膺一个，要想制止归降的想法，必须找一个人充分陈述不降的理由。于是他将目光投向了"赛张良"张宾。张宾早已成竹在胸，见石勒用目光示意自己，便上前施礼道："眼下投降绝不可行，马上出兵也不是好办法。凡事应从长打算，灵活应变，琅邪王确实颇具声望，不易对付。但我们也并非只有归降这一条路可走。河北地域宽广，晋朝力量薄弱。依我之见，不若先回河北，一则稳定军心，二则稍作休整。之后再下江南，定能取胜。"

一番话说得众将口服心服，石勒当即令大军回师河北。众军士一听，欢呼雀跃，锐气大增。不久便顺利进入襄国（今河北邢台）。

石勒将襄国作为大本营，休整军队，严明军纪，又下令减轻百姓杂税，鼓励农耕。不久，军强马壮，粮草充足。张宾便建议他进攻幽州。谁知，石勒尚未出兵，坐镇幽州的王浚却让他的亲家鲜卑首领段疾六眷率5万骑兵前来攻打襄国。

石勒没想到鲜卑族部队会来攻打襄国，慌忙出城应战。哪知鲜卑族士兵个个骁勇善战，石勒大败，退回城中，避门不出。段疾六眷便命军兵将襄国团团围住，整日在城外叫骂。石勒知道，总是闭门不出也非长久之策，总有一天粮草用尽，大军会不战而亡。于是，他便招来将领，苦思退敌之计，但将士们面面相觑，谁也没有好的办法。最后，众将都道："将军，干脆我们出城去和他们拼了！"石勒一听，连连摇头苦笑，挥手命众将退下。

一天，他正在帅府为此事茶不思，饭不想，忽然侍卫来报，张宾求见。石勒一听，便豁然而起，鞋也顾不得穿，跑出来迎接。一见张宾就拉着他的手问："先生可是想出了好办法？"

张宾笑而不答，而是先帮石勒穿戴好，方附在石勒耳边，悄说一计，乐得石勒拍手大叫："好，好！"

再说鲜卑族大将段末，勇猛顽强。奉哥哥段疾六眷之命连日在城外叫骂。但是石勒自从一败之后，闭门不出。段末觉得石勒没有想象中的厉害，渐渐起了轻敌之意，放松了警惕。这一日，让几十名嗓门粗大的士兵骂完阵后，见城内毫无反应，大队人马也疲惫不堪，便令军士就地放松，自己也下马解甲休息。可正在此时，忽闻城内一声炮响，杀出一队人马。不由得一惊，定睛细看，更是魂飞魄散。原来，不知何时城门两侧突然开了许多突门，从中随着大队人马杀出成千上万的兵士，眨眼已到眼前。鲜卑军慌忙应战，措手不及，纷纷败退。

段末又惊又恼，狂吼一声，上马冲杀。段末是员猛将，临危不惧。石勒军将领孙苌见状，调转马头往城里跑，士兵也连忙跟着主将迅速往回撤，眨眼撤入城内。段末以为石勒军胆怯，不堪一击，催马急追，也不看身后有几人追随，就跟着冲入城中。他一入城，石勒军便拉起吊桥，紧闭城门。段末此时才回头一看，发现只有几个骑兵跟在身后，大部分人马并没跟着进城。这才知道上当了。但为时已晚，石勒军一拥而上。几个回合，便将其生擒活捉。

城外的鲜卑军本来被打得措手不及，纷纷溃逃，但后来见将军段末将敌人吓了回去，就都转回头来，向城内冲杀。正杀得起劲，却突然发现城门关上了。不一会儿，一个眼尖的就发现自己主将段末被绑上城楼。军无主帅，顿时又乱作一团，几乎同时，城门两侧的突门又同时大开，孙苌带着人马去而复回，此次可与上次不同，以排山倒海之势强压过来。鲜卑族军士，群龙无首，阵脚大乱，纷纷逃命，一时死伤无数。

石勒反败为胜，全凭张宾那天献的两条计策。原来张宾见大敌压境，石勒茶饭不想，自己一时也想不出什么妙计，就回到君子营，与众多谋士日夜研究，终于研究出两条妙计："突门巧战"，即在城墙里挖洞，只剩下最外面一层砖，洞内隐藏骑兵，到时战士突然破墙而出；"关门擒虎"就是把敌军主将诱进城内捉住，这两招果然灵验。

石勒本想将段末杀了，但又爱惜他是一员虎将，有些舍不得。又有张宾从旁劝阻道："将军是成就霸业之人，如今军力虽然强大，但从长远来讲，切不可树敌太多，还是以段末为人质，迫他哥哥段疾六眷讲和为好。"石勒点头称是。

段疾六眷见弟弟被擒，正着急，忽见石勒派人来讲和，怎不高兴？立即带厚礼见石勒求和。英雄惜英雄，两军交战，均已深知对方厉害，暗自为对方心折。这样，两伙兵戎相见的敌人，最终成为了朋友。

石勒在张宾等人的辅佐下，连打胜仗，心里非常高兴，决心像刘邦一样成就一番大业。张宾等见状，也纷纷表示要像张良辅佐刘邦一样辅佐他。

大军继续南征北战，惩贪官、杀污吏，深受百姓爱戴。有许多流民义军前来投奔，石勒也坦诚相待。只是有一点，不收"乞活军"，并且见"乞活军"必杀。因为一见他们，石勒就想起惨死的把兄弟汲桑，发誓杀尽"乞活军"为之报仇雪恨。这一天军兵又捉到一些"乞活军",打算晚上活埋。石勒突然心血来潮,想看看活埋人死前是什么样子。趁着朦胧的月色,他忽然看见"乞活军"中有一个人的相貌非常眼熟,那人似乎也觉得他面熟,两人互相看了一会儿。石勒忽然扑过去,抱住那人叫道:"郭先生,你还认得我吗?我就是当年您救过的人啊!"

那人果然就是曾救过石勒的郭敬,他也认出了石勒,只是不敢相信当年那个四处逃命的奴隶现在成了叱咤风云的大将军,也不敢贸然相认。今见石勒如此,便也抱住石勒热泪盈眶。两人抱头痛哭了一阵,石勒一把抹去眼泪道:"郭先生对我有再造之恩,今后就请留在军中,与我同享荣华。"

郭敬听了,竟不言语,而是低下头去。石勒不解,忙问:"郭先生有什么为难之事吗?"

他不问不要紧,他这一问,郭敬居然"通"一声跪在地上,泣不成声地哭道:"石将军,今日我和几个兄弟被将军擒到,还请将军念在往日的情份上,给我那几个生死患难的兄弟一条生路吧!"

石勒这才明白,郭敬不愿丢下兄弟自己偷生,更加感动。忙搀起郭敬,命令军兵道:"还不把人放了!给他们拿些盘缠,愿意回家的,不要难为;愿意留下的,就编入军中!"郭敬这才破涕为笑,从此留在石勒军中效力,石勒也将其奉为上宾。

再说幽州的王浚,整天想着当皇帝,不顾百姓死活。他的女婿更是只知搜刮民脂民膏,弄得怨声载道。一天,他忽然收到石勒的一封信,信中表示石勒愿意归顺他,并拥戴他当皇帝。王浚一看大喜,双方商定于建兴二年(公元314年)三月,石勒率大军到幽州归顺。

三月三日早晨,石勒率大军赶到幽州的蓟城,顺利进入城中,将王浚府第包围。王浚这才恍然大悟,知道中计,慌忙从后门逃走。但已经晚了,石勒早派人等候在那儿,见他出来,一起围上,将其活捉。然后带着王浚班师回襄国,割下他的首级,挂在竹竿上示众3日。

至此,黄河中下游地区的8个州中,石勒占了7个。

咸和五年(公元330年),石勒在众部将的强烈请求下称帝,改元建平。历史上称为后赵。而刘渊称汉王至刘熙被俘时计26年为前赵。

石勒在襄国称帝后，一心治国，鼓励农耕，发展经济，减轻赋税，爱护百姓，深得民心。他既听正言，亦纳逆语，君臣关系和睦融洽，成为历代皇帝的楷模。东方的高句丽、肃慎等国，西域各部落纷纷表示自愿称臣。

石勒能成此大业，主要是他善于用人，广纳贤才的结果。其中对他最有影响的便是张宾。不久，张宾故去，但君子营还在，继续辅佐石勒，使他的事业如日中天。

刘娥以死保忠臣

汉主刘渊做了3年的短命皇帝就患病而亡。其子刘和继位，但不久也死于宫廷夺权斗争。刘和死后，灭晋大将军刘聪即位，改元光兴。

刘聪本来是刘渊最喜欢的一个儿子，他从小就活泼聪颖，长大后又足智多谋。但他自从当了皇帝，却仿佛变了一个人。他觉得当了皇帝，天下就是他们家的了，从此可以高枕无忧，尽情享乐了。他命令大臣们把家里的美丽少女都送入宫中，供他玩乐。他整日纵情歌舞，不思进取，还嗜杀成性。谁要是稍有反抗，便会获罪赐死。有时甚至仅仅因为饭菜咸了、淡了，茶水沏的烫了，他便要杀人。而且他杀人时，如果有人从旁求情，也要一同处死。一时，满朝文武战战兢兢，唯恐稍不留神便惹恼了这位杀人狂。

而在满朝文武中，有一个叫陈元达的老臣，他不愿看到祖先的基业毁在刘聪手上，便想寻个机会劝劝他。正巧，一天刘聪下令要为皇后刘娥建造一座豪华的凤仪宫。这是一件劳民伤财的事，满朝大臣都心存反对之意，但又不敢直谏，恐怕惹祸上身。陈元达一看，却觉得这正是向皇上劝谏的好机会，于是冒死进谏。

他对刘聪说道："皇上，历代王朝凡是安于享乐、纵情酒色的都不免亡国；只有励精图治、勤政爱民者才会永昌。先帝（指刘聪父亲刘渊）在位时，爱民如子，自己平时只穿布衣，皇后、妃嫔也不着罗绮，所以才使我朝国势强盛，如日中天。可陛下登基后，仅仅3年时间，后宫佳丽已人满为患，现在却还在广选美女。富丽堂煌的宫殿、楼观大大小小已建了40座之多。眼下军费紧张，军粮不足，况且连年灾荒，百姓贫病交加，无以生计。陛下岂忍再大兴土木，修建凤仪宫？"

群臣一听，均大惊失色，为陈元达捏一把汗。果然刘聪大怒，他自登基之后，还未被人如此指责过。岂能放过陈元达？立刻命令武士把陈元达和妻子儿女一块儿押到刑场处死。

陈元达没等武士动手，忽然自己扭身向殿外跑。跑到殿外一棵粗壮的大树下，从怀里掏出事先准备好的铁链，把自己锁在树干上。武士们自然拉不动他。他却还昂着头冲着殿内的皇帝喊："老臣一番忠言，全是为了江山社稷，皇上若是想背负残害忠良的骂名，尽可以将臣杀了。但皇上日后可有脸面去见先帝吗?！皇上真的忍心江山社稷毁在自己手中吗?！"说罢声泪俱下。

刘聪隐隐约约听到他在殿外的喊声，更是火上浇油，怒不可遏。冲着满朝文武吼道："朕贵为天子，难道建一座宫殿这样的小事也做不了主，也不可以吗？"堂上大臣初时惧怕皇上，恐惹祸上身，见皇上要杀陈元达，也没人敢求情。可是现在都被陈元达的气魄和忠心所感动，又加之他们都想如果陈元达死了，以后恐怕没有第二人敢这样劝谏皇上。长此以往，还不亡国？于是纷纷跪下，为陈元达求情。刘聪正在气头上，虽见满朝文武均为陈元达求情，也还是一言不发，一时双方僵持不下。

正在这时，一名内侍匆匆走来，呈给皇上一张进表。刘聪有心不看，但一瞥见那进表上的字迹，忙拿了起来。

原来这进表是皇后刘娥呈给皇上刘聪的。皇后刘娥不仅年轻貌美，而且知书达礼。她早晨起来正在花园中散步，忽闻皇上大怒，便问所为何事。一听是由于皇上要为自己修建凤仪宫，老臣陈元达劝谏，皇上要杀他全家，不由得花容失色。她深知陈元达是有功之臣，如果因为此事被斩，自己岂不成了千古罪人？于是也顾不得多想，便匆匆写了一张谏表，命内侍无论如何立刻转呈皇上。

再说刘聪，他本来就非常宠爱皇后刘娥，那凤仪宫就是为她而建。今见皇后呈上一张谏表，不由得奇怪，忙展开细看。一看之后，不由得倒吸一口冷气，只见上面写道："老臣元达功不可没，今冒死劝谏，可见其为国之心，精忠可嘉。而皇上竟弃江山社稷于不顾，为区区一凤仪宫而枉杀忠良。若元达被斩，臣妾罪莫大焉！还望皇上网开一面，成全臣妾，也可使皇上免负骂名。自古以来，常有妇人误国之事，妾深以为恨。谁知如今臣妾竟也做了此等误国之人，故恳陛下赐妾一死，以补臣妾之过！如若皇上誓斩元达，又不肯赐臣妾死，臣妾只有自绝，以谢世人。"

刘聪一看慌了，忙下旨放了陈元达。自己又将皇后进表细看一遍，思量一番，也觉得自己做得有些不妥，便红着脸给陈元达道了歉。又降诏，将陈元达锁树的宫园改为"纳贤园"。一场风波终于平息了。众人得知陈元达被赦免的原委，也不由得为皇后刘娥的壮举所叹服。

刘聪当然不会将皇后杀了，反而更加宠爱和敬重她了。刘娥也因此成为后代贤德妃的榜样。

刘曜灭西晋

西晋从武帝司马炎建国时基础就没打好。特别是他的傻儿子司马衷当了皇帝之后，宫廷斗争更是愈演愈烈，到了第四代皇帝司马邺登基时，晋朝江山已是摇摇欲坠，内有各路诸侯作乱，外有匈奴兵进攻，这一切时刻威胁着愍帝司马邺的江山。

这一日，愍帝正在内宫饮酒，内侍来禀，曲允要求进见皇上。愍帝忙传他进来。只见曲允神色慌张，见了愍帝跪下磕头道："皇上，臣得闻消息，匈奴统帅刘曜率军前来攻打长安！"愍帝一听，如五雷轰顶，半晌才回过神来，说道："曲爱卿，想当初就是这个刘曜攻克洛阳，俘获怀帝，杀我西晋王公以下三万余人，此人甚是厉害。如今朝中无人，还请曲爱卿为朕分担些忧愁。"

曲允一听忙说："臣万死不辞，这就出城抗敌！"愍帝听罢，心下稍安。立即封曲允为大都督；又降旨封索为都督京城诸军事，帮助曲允守卫长安城。

但是愍帝也知道，光凭曲允、索，长安是守不住的。这一天，新任太守张寔忽然带 5000 兵马和钱粮来到长安，声言护驾。愍帝真是喜出望外，立刻封张寔为都督陕西诸军事。

建兴四年（公元316年）七月，刘曜大军逼近长安，包围了长安北地，大都督曲允忙率兵前去增援。远远便看见北地浓烟滚滚，曲允想：完了，北地肯定失守了。但又不甘心，心存侥幸地拦住几个人询问情况。几个人七嘴八舌地说，匈奴兵占领了北地郡，现在正放火烧城呢！要不是跑得快，他们也被烧死了。

曲允信以为真，慌忙带人马退回长安。

其实，这是刘曜的一计：他让人在野地里放火，又让兵士假扮百姓迷惑曲允，曲允果然上当。

没有援兵，北地郡很快就被刘曜攻占。不久，刘曜又来到离长安只有十几里远的池阳（今陕西泾阳西北）安营扎寨。晋廷君臣慌了手脚，急得上窜下跳，四处求援。虽有几小路人马出动，但一见刘曜军士威武，也不敢贸然交战，只是远远观望。

刘曜见此，便大胆包围了长安城。只几天时间，就攻下了外城。晋廷只好被迫退进内城。

此时长安城内，早已断粮，连草根树皮都被吃光了。黄金已不是值钱的东西了，因为一两黄金换不到几两米。天天有人饿死，甚至有些人开始吃人肉充饥。愍帝也已饿得奄奄一息。曲允见状，便挣扎着到仓库四处搜索，终于在墙角找到一点酿酒用的酒曲，碾碎了煮成粥，给愍帝吃。没想到愍帝见了，竟狼吞虎咽，吃得津津有味，还连夸"好吃"。曲允在旁边看着，想起皇上往日的奢华，今日如此，不由得暗暗垂泪。愍帝吃完了，对曲允说："曲爱卿，你将满朝文武召来，我们还是共同商议一个对策吧！"

曲允明知商量也没用，但还是硬撑着将群臣一个个召集到金銮殿上。此刻愍帝有了点精神，便对大臣们说："众位爱卿，现在刘曜大军压境，我们内无粮草，外无援兵，看来是天绝我也。唉——既然如此，我们还是让城中百姓少遭些涂炭，降了吧！"说到最后，他的声音已经很小，像是自言自语一般。但"降了吧"这三个字还是很清晰地传入众人耳中。一时之间，殿上传来唏嘘之声。不一会儿，有人率先哭出声来，愍帝也禁不住泪流满面。

最后，愍帝止住哭泣，命令宗敞起草降书。宗敞压抑住满腔悲痛，写了降书，心情沉重地走往宫门。遇见索向他要降书，宗敞表情木讷，呆呆地将降书给他，便转身回府。索看着他失魂落魄的身影，心里暗笑一声："蠢才，升官发财的好机会，还不知道把握。"

索回到家，立刻让儿子去刘曜军营。他儿子依计而行，见了刘曜说："刘将军，我是丞相索的长子。我父亲让我转告您，如果您愿意封我父亲为车骑将军并万户侯，他就帮你说服愍帝投降，否则，你是攻不破长安的。因为城中粮草至少可以再用一年，而且……"

"住嘴，你休要在此胡言乱语！"未等索的儿子说完，刘曜便道："素闻索狡诈，今日一见果然如此。长安城中早已饿殍满地，你还想骗谁？！来人，将这不义之臣的逆子给我推出去斩了！"索的儿子一听要杀自己，吓得大呼救命。刘曜一见，更加瞧不起，命人立刻行刑，然后将人头送入长安城索府中。

索一见儿子首级，心痛得大叫一声，昏了过去。许久，方醒转过来，知道自己的升官梦不但没有做成，反而枉送了儿子一条性命，只好乖乖交出降书，让宗敞出城送交刘曜。

史书上载，建兴四年（公元316年），汉国统帅刘曜攻克长安，俘晋愍帝，击灭西晋。

东晋的创建

晋建兴四年（公元316年）十一月十一日，晋愍帝司马邺走投无路，向汉国统帅刘曜纳了降书顺表。那一天，寒风凛冽，愍帝赤裸上身，反绑双臂，口中含着玉璧，坐着羊车，拉着棺材，带着满朝文武，出长安城去了汉军刘曜的大营。至此，西晋51年的历史宣告结束，这是一个短命的朝代，也成为后人的反面教材。

愍帝投降后，不到三年便被杀害。弘农太守宋哲带着愍帝的遗诏逃到建康见司马睿，遗诏上写着："朕被困，如有不测，你可继承帝位。"

司马睿是司马懿的曾孙。他父亲司马觐曾任琅邪王，死后由司马睿继任。从永嘉元年（公元307年）开始，司马睿做安东将军，一直坐镇建康城（今江苏南京市）。司马睿一见诏书，先是痛哭失声。哭罢多时方止住眼泪，召集群臣商议此事。大臣中有个叫严嵩的，极力反对司马睿称帝。他说现在虽有遗诏，但贼寇尚未荡平，长安也未收复，还没有到称帝的时机。但大部分大臣都极力怂恿司马睿称帝。特别是右将军王导与严嵩据理力争，最后他提高嗓音，大声说："大王功德盖世，今天降大任，万勿推辞。况国不可一日无主，大王如即位，我等方可唯大王马首是瞻，征讨夷虏，匡复大业，救万民于水火之中。请大王为国、为民着想，即刻登基吧！"说完跪地叩头。

众大臣见状也都纷纷跪倒，请求司马睿继位。司马睿正中下怀，不再推辞，换上朝服，登上宝殿，接受朝贺，正式当了皇帝。他就是东晋的第一位君主，改元建武元年（公元317年）。历史上称司马睿为晋元帝。元帝之子司马绍为太子，封王导为骠骑大将军，纪瞻为侍中。所有大臣都赐了官职，只有反对他称帝的严嵩，被排斥在朝廷之外，当新安太守这个地方小官。

司马睿也不是一个毫无建树的人，当了皇帝以后就常思救国之道。一日，他召集群臣，共商国事。他见群臣到齐，便开口说道："朕常闻'民以食为天'，民安才能国泰。朕要倡导农桑，兴举农业。众卿以为如何？"这是一件好事，众大臣岂有反对之理？都口呼："万岁圣明。"后军将军应詹还提出建议，趁着现在没有军事战争，兵士们也去垦荒种地，以屯积粮草、减轻国家和人民的负担。元帝一听更加高兴，立刻派他具体负责此事。

元帝今天特别高兴，又向大臣们征询治国之策。骠骑大将军王导一见皇上今天心情如此之好，便趁机奏道："皇上，自曹魏以来，官宦贵族豪奢之风日益盛行，致使国家困难，百姓贫病。纵观历朝历代，哪朝哪代不是由于奢糜无度而终致亡国呢？只有在全国上下倡导勤俭之风，国库才会充裕，百姓才能安宁。我大晋朝也才可保千秋万代矣！"元帝一听有理，又命王导督办此事，然后便退朝回宫了。

王导见皇帝龙颜大悦，又让自己负责此事，便决心以身作则，扭转腐化之风。

转眼，清明节又到了。大臣们像往年一样，穿着盛装，带着亲眷、随从来到他们在新亭搭建的临时官邸游玩作乐。然后，大臣们相互到他人的临时官邸敬酒，场面热闹非凡。不过因为年年如此，大家也都见怪不怪了。

来的人中王导官最大,所以大臣们都先去给他敬酒。不过找了半天竟未找到,众人都非常奇怪。每年王导的临时官邸都搭建得又宽敞又华丽,非常醒目,一眼就能看见。今年这是怎么了?难道王导将军病了没来?正在纷纷猜测的时候,忽听一个人喊道:"快看,王将军在那儿!"众人顺着他的手指一看,不禁愣住了。只见王导身穿布衣坐在一个非常简陋的棚里。再看桌上,也只有几个小碟子,一小壶酒。想来那碟中一定是什么天下少有之物,便一齐拥过去想见识见识。到近前一看,不由得傻了眼,哪里是什么天下少有之物,不过是农家的几样寻常小菜而已。

这时,吏部尚书周突然间领悟了王导这样做的一番深意,便道:"王将军的粗衣浊酒,令我想起江北的苦难深重的百姓。我们不能忘记沦落胡人铁蹄之下的中原父老啊!"

看到王导的粗布衣衫、一壶浊酒与自己的华衣锦服、丰盛宴席形成的鲜明对比,众人一时也觉得惭愧,再加上周的一席话,不禁又勾起了大家的思乡之情,有的人竟哭泣失声。王导觉得火候到了,这才起身语重心长地说:"现在朝廷无奈之下,屈居江东,要恢复中原怎奈国库虚空,如果众位能节俭办事,则匡复中原有望矣!"

众人一听,深受感动,纷纷表示,一定齐心协力,为国排忧。果然,不久,王公贵族也不再是动辄华衣锦服,平时非常注意节俭。江东的社会风气大有好转,元帝又将王导嘉奖了一番。这样一来,司马睿创建的东晋初期,国泰民安,出现了一片生机。

闻鸡起舞的祖逖

祖逖,晋朝范阳遒县(今河北涞水县)人,出生于公元265年。

祖逖年轻的时候就武艺超群,立志报效国家。他在司州做主簿的时候,和一个叫刘琨的是同仁。刘琨这个人也和祖逖一样,练就了一身的好武艺。他见祖逖为人正直,有勇有谋,就心存敬意。祖逖也觉得刘琨与自己脾气相投,很欣赏他。渐渐地,两人就成了好朋友,好得在一张床上睡觉。有一天早晨，天还没亮，公鸡就在外面打鸣。祖逖被吵醒了，就再也睡不着了，索性起来，在院子里舞剑，直舞到东方发白，才一个漂亮的收式，停了下来。这时，突然传来一声喝彩"好！"祖逖不用看也知道是刘琨，忙抱拳施礼道："惊扰刘兄的好梦了。不过，早晨这一阵舞剑，倒觉四体通畅，明天刘兄也一起来如何？"刘琨一听，立刻高兴地答应了。从此之后，二人一听到鸡叫，便起来舞剑，切磋技艺，立志为国家出力。这也就是我们现在使用的成语"闻鸡起舞"的由来。

东晋建国初期，以长安为中心的中原地区仍被匈奴人刘曜所占据。祖逖立志，定要收复中原。他几次向晋元帝司马睿请命出征，司马睿都没有应允。但他毫不气馁，又接连上书，以明收复失地之志，态度诚恳，言辞激烈。元帝本不予理睬，但禁不住他的软磨硬泡，就任命他为奋威将军、豫州刺史，只拨给他1000人的粮食和300匹布来敷衍他。但祖逖并不在乎，心想，只要你同意出征就行。

他回到京口，自己招兵买马。百姓们一听说他这样做是为了恢复中原，收复失地，便纷纷踊跃报名。有的人家没有男丁，便出钱出粮，祖逖一见，非常感动。不久，他就命人打造了10条战船。临出征之前，他站在船头，对送行的父老乡亲们说："如果我祖逖不能收复失地，便让我葬身江底！"士兵们听罢深受感动，群情激奋，也纷纷表示，誓死跟随祖逖，平定中原。

祖逖将队伍驻扎到淮阴（今江苏省淮安市），继续招兵买马，打造武器，训练士兵，很快发展成一支2000多人的精兵。但是祖逖深知，光凭这点儿力量是很难收复中原的，不能强攻，只能智取。此时的中原地区，许多地主设立了坞堡，组建了武装力量。祖逖就采取能联合就联合的策略，很快收编了4个坞堡的武装力量。

而对于没有联合余地的地主，祖逖则予以坚决打击。蓬陂（今安徽省涡阳西北）坞主陈川就是一个例子。他有较强实力，又与石勒交好，根本不把祖逖放在眼里。祖逖派人去联合他，他表面应承，实则背地里搞鬼，与祖逖作对。但陈川有一个部下名冯宠，本是西晋遗民，又与陈川素有怨隙，便带400多人投奔祖逖。陈川大怒，立即派人追杀，并且亲率人马去祖逖驻扎的豫州郡县抢夺车马财物。祖逖见此，对他毫不留情，率兵反击，将其杀得大败而逃。又将所劫财物等均送归原主,得到百姓交口称赞,从此祖逖的北伐军更是深得民心。

可那陈川狼狈逃回蓬陂,岂能善罢干休?他立即写信向石勒求救,石勒派石虎带5万人马援助。祖逖见此时力量对比是敌众我寡,便决定智取。

这一天,石虎正与陈川研究如何将祖逖一举歼灭。忽闻探马来报:"将军,祖逖派部将卫策率1000人马前来攻打!"石虎一听,不禁哈哈大笑,"1000人马?祖逖是不是吓糊涂了,只派了1000人马,这不是前来送死吗?!"说完,也不多想,翻身上马,带兵出城迎战。那卫策与石虎只打了五个回合,果然不是对手,拨转马头,率兵就往回跑。石虎岂肯放过?在后就追。一直追出10多里,进入一条狭长的山谷。眼看就要追上了,可那卫策忽然一转,不见了踪迹,他带的兵也连一个人影也没有了。石虎勒住马,察看地形,不禁大惊,暗叫"不好",调转马头,想要顺原路返回,可是太晚了。只听山上一声炮响,接着飞箭石锥,射向大军,又有滚木雷石从山上砸下,石虎大军一时死伤惨重。石虎也不愧为一员猛将,奋力厮杀,终于杀出一条血路,冲出山谷。可回头一清点人数,只有七八百人跟着跑了出来。

这一仗打得真是漂亮,祖逖之军士气大振。一些地主闻听也纷纷前来投奔。就是有那不服的,也不敢暗中搞鬼了。在此后的两年多时间,祖逖又收复了黄河以南大部分失地,使这些地区的百姓从胡人的统治中挣脱出来,不再做亡国奴,人心大快,更有人作诗称颂祖逖的功劳。从此,祖逖更是声名大振。

可是正当祖逖准备进军河北、扩大战果的时候,朝廷却突然派戴渊统领豫州军事。这戴渊是个酒囊饭袋,只知吃喝享受,哪有收复失地之志?祖逖心中郁闷成疾,久治不愈。就这样,这位具有雄心壮志的抗敌名将于大兴四年秋,怀着满腹遗恨离世而去,终年56岁。

楷圣王羲之

王羲之是晋朝鼎鼎有名的书法大家。他尤其擅长楷书、行书,被后代尊为"楷圣"。他的书法开启了我国书法史上新的篇章,创造了一个时代的辉煌,堪称中国书法史上的一座丰碑。

王羲之7岁就跟着叔叔王廙学习书法。又先后学习钟繇和卫夫人的楷体,收获非常大。也正是这一时期的苦练为他日后成为一代"楷圣"奠定了坚实的基础。王羲之的父亲王旷也是当时一位著名的书法家,他时常在书法理论方面对这个心爱的儿子进行指导,使王羲之获益匪浅。不幸的是,王羲之10岁时,父亲王旷不幸病故,家里无以为计。三年后,他只好去投奔京城的伯父王导。王导见他聪明好学,非常喜爱。发现他酷爱书法,便送给他一批有代表性的拓本让他练习,使他能够博采众长,书法水平得到很快的提高。

王羲之23岁出任临川(今江西临川县西)太守时,常常忙里偷闲到郊外新城山看书练字。他练字达到入迷的程度,很快将屋后小池塘里的水染成了黑色,成为"墨池"。据说,现在新城山还有墨池的遗迹。

王羲之不仅是一位书法大家,还是一个为官清正、体恤民情的人。永和七年(公元351年),王羲之被任命为右军将军,会稽内史。一天,他想体察一下民情,便微服出访,来到一个茶馆。这时,他看见一个破衣烂衫的老太太,抱着一捆竹扇在街对面叫卖,便付了茶钱,走过去询问。老太太告诉他,自己有两个儿子,大儿子服役去了,二儿子给人家扛活,老头子病在床上,家里吃了上顿没下顿,只好编几把扇子卖。可自己这扇子,大户人家看不上,小户人家又没闲钱买,连日来竟一把也没卖出去。

王羲之听了,心里难过,见老太太可怜,便有心帮她。便问:"你一把扇子卖多少钱?"老太太以为他要买,忙说:"不多,才5个钱。"王羲之也不答话,径自走到茶馆,借了笔墨,便在扇子上都题了字。老太太本来见他不买就有些不快,心想,这人真是,不买还问价钱干什么?又见他回来在自己的扇子上一通乱写,更加生气。刚要喝骂,忽听王羲之说:"好了,写完了,这下谁再问,你就说这字是王羲之写的,每把卖100钱!"说罢,转身走了。王羲之借笔墨时,早有一批人围了上来,见他字写得漂亮,早有人低声称赞,现在听他说自己是王羲之,便纷纷掏钱买扇。每把100钱,一会儿便被抢购一空,老太太乐颠颠地回家去了。回家和老头儿一说,老头儿却将她骂了一通:"蠢婆娘,王羲之题了字的扇子,你还卖,还不拿家来藏着!"老太太一听,也后悔不迭。但已经卖了,也只得作罢。

再说王羲之回到府中,并没有因为帮老太太卖了几把扇子而感到高兴。他想,百姓贫困,这与百姓苛捐杂税、徭役负担沉重有关,要从根本上解决问题,应该上奏皇上,减免百姓负担。想到此,他立刻铺开纸墨,表奏一张。皇上接到他的奏章,首先就被他的书法所吸引,细读一遍,见表奏言简意赅,阐述国泰民安之道,字字千斤。便立即采纳了他的建议,使百姓生活得到了改善。

这一年的三月三,正是草长莺飞的时节。好友谢安邀王羲之和其他几位志趣相投者共41位在兰亭聚会。兰亭四面环山,环境清幽,溪水长流,野花遍地,是个令人心旷神怡、如临仙境的好去处。众人饮酒作乐,诗兴大发,共作诗37首,请王羲之为之作序。王羲之正是酒酣身热之际,也不推辞,挥笔一气呵成。众人一看那字真是"飘若浮云,矫若惊龙",纷纷称赞不已。这便是书法作品中非常有名的《兰亭序》。《兰亭序》作品成就之高,古今罕有,连王羲之自己也承认,这样的作品他这一生中也仅此一幅。

虽然王羲之只写过一幅成就如此之高的《兰亭序》,但这并不说明王羲之只有这一幅好作品。王羲之的字天上人间罕有,笔力雄浑,入木三分。说到"入木三分"的传说,还有一个典故。

有一回,王羲之到他的一个门生家做客。看到新茶几非常漂亮,而且几面平滑,便心血来潮,拿起毛笔在茶几面上用楷书和草书各写了4个字。门生一见,视若珍宝。可是当他出门送客时,他父亲见新茶几上被人写上字,一气之下就将字给刷了,刷不掉的便用刀子往下刮。门生回来一看,不由得痛惜连声,又见茶几上坑坑洼洼的地方,最深的竟有三分之多,不禁由衷赞道:"王羲之的字,真是入木三分啊!"他老父一听这字是王羲之写的,后悔得直跺脚。

王羲之为人狂放不羁,关于他的故事可谓不胜枚举。传说王羲之20岁时,太尉郗鉴要为他的漂亮女儿选女婿。王导让儿子、侄子几位王室家族的年青公子做好准备,等待郗鉴家人来选。这些公子们早就闻知太尉郗鉴的女儿貌若天仙、知书达礼,便纷纷行动起来。有的换上新衣服,有的规规矩矩坐在床边等来人相看。只有王羲之像没事人一般,衣服也不换,扣子也不扣,卧在东边的床上,一边吃饼,一边用手指在床上练字。

郗府的家人回到府中，将那几个公子大夸一通，说他们个个仪表堂堂、明白事理。唯独说到王羲之，将他作为笑料，把他的滑稽样子对主人说了。不料郗鉴竟说："就是这个在东床上卧着吃饼的人，可以做我的女婿！"家人迷惑不解，郗鉴高兴之余便对他说道："那吃饼之人，依老夫推算，定是王羲之。此人非常有才，日后定成大器，老夫早已闻之。况且以今日之事论之，此人定不是那虚伪做作之人。小女许他，老夫也就放心了！"家人这才理解主人选婿透过表面看本质，眼光深远，实在高人一等。这也就是人们常说的"招东床"的来历。

扪虱谈天下的王猛

晋朝有一位能力赛过孔明的奇才怪人。说他怪，是因为他有定国安邦之道，却不守为人之礼，常常不拘小节，时常因此被人传为笑谈，此人就是王猛。

王猛祖居北海剧县（今山东省寿光县），以后搬到魏都（今河北省临漳）生活。他从小家境贫寒，以卖簸箕为生。但他酷爱读书，只要有一点零钱便攒起来买书，所以学问非常渊博。长大后他又去华阴山拜访名师学道，终成一代高人。

这一天，东晋征西大将军桓温为了收复中原失地，率军打到灞上，军士忽然来报，有人要求见。桓温也是一个很重视人才的人，心想一定是什么奇人高道，便命人传见。不料，来人一进来，桓温便微微有些失望。这人长得倒是身材魁梧、面目不凡，可是衣衫褴褛，举止随便，不等让座自己便坐在桌边。桓温问他姓名，他说叫王猛。桓温想，从未听说过这个名字，不会是个骗子，来军营里混饭吃的吧！我可不吃这套，待我问他几个问题，答不出来，就轰出去。想到此就提出几个难题，让王猛答。

不料王猛滔滔不绝、侃侃而谈，从国家大事、政治军事形势到普通百姓生活，谈得头头是道，最后甚至谈到了桓温此次收复中原之事。他指出，当前优势在晋朝而不在胡人，应趁此机会大举进攻，收复中原。桓温一听，大惊，这才知道遇到了高人，恳请他留在军中。

王猛此番来正是要找一个贤能之人打天下，改变晋廷动乱、民不聊生的局面。王猛见桓温挽留，也不推辞。

但王猛说话时，一只手伸进衣服里又摸又抓。原来他的破衣服里长满了虱子，他是在抓虱子呢！众部将见他行为怪异、不拘小节，均窃笑不止。王猛"扪虱谈天下"的事，由此传开了。

自此，王猛在桓温军中效力，但不久，他就发现桓温不是一个可以依托大任的人。他缺少雄才大略，难成大事。于是不辞而别，回华阴山隐居去了。

升平元年（公元357年），与东晋形成对立之势的前秦皇帝符生，滥杀无辜，荒淫无道。苻坚将其杀死，夺过前秦军政大权，自称大秦大王。此人是一个有雄才大略的大英雄，他很早就听说过"扪虱谈天下"的王猛，一心想得到此人，便派人到华阴山去盛邀王猛共举大事。王猛下山，见到苻坚，与之谈论天下大事，发觉甚是投机，相见恨晚，便有心辅佐。苻坚见王猛讲起打天下的理论，有根有据，头头是道，也由衷叹服，便把王猛当作诸葛亮对待。王猛终于得遇知音，便留在苻坚军中，决心竭尽全力辅佐苻坚创建大业。

当时苻坚统辖下的始平县秩序混乱，几任县令均因无力治理而罢官。王猛听说，自愿请求去治理始平县。苻坚正为此事发愁，见王猛如此，便欣然派他前往。王猛到任不久，就严明法治，将许多横行乡里的恶霸绳之以法，老百姓拍手称快。此后他又鼓励农桑，发展经济，凡事均要躬身亲事。很快始平县就一片生机盎然，井然有序。

王猛治理始平县有功，苻坚赏罚分明，立刻将他升为京兆尹。

京城有个出名的恶霸叫强德，是太后的弟弟。王猛早就听说此人的恶行，决心先拿此人开刀。他一上任就收集了强德的数条罪状，审问完了，一一属实，且均为死罪。数罪归一，立即处死。刚开始强德还自恃皇亲满不在乎，问什么都如实回答，他想王猛怎么也不敢杀他。最后一听王猛真要杀他，早吓得屁滚尿流。苻坚听闻要杀强德，忙派人来说情，但已经晚了。他派的人赶到时，强德早已人头落地。苻坚对强德平日作为也有所耳闻，只是碍于太后之面，不便追究。今见王猛如此，也除去了一块心病。所以对王猛把强德处死睁一只眼闭一只眼，并不怪罪。皇亲国戚见此，纷纷自检有无过失，恐怕被王猛查出来。一时之间，京城风气大好。苻坚更加欣赏王猛，一年之内居然连升他五次官。从京兆尹到吏部尚书,再到尚书左仆射、辅国将军,一直升到中书令。

苻坚一再提拔王猛,引起许多人不满,特别是一些开国老臣。樊世竟当着苻坚的面骂王猛:"老子打江山你做官,我们种地你白吃饭。真是会投机钻营!"王猛不说什么,苻坚却很生气,但念他是开国老臣,只是轰了出去,并不治罪。

樊世见苻坚不治他的罪,更加有恃无恐。没过几天,又当着苻坚的面大骂王猛,而且比上次还难听,王猛这次也忍无可忍,反唇相讥。一时之间,两人争执得不可开交。最后,樊世理论不过王猛,便要动手打人。苻坚在旁一看,几个老臣都趁劝架之机打了王猛几拳,踢了王猛几脚,不由大怒,心想:这还了得?!看来不给他们点儿颜色看看是不行了。当即命人将樊世推出去斩了,并且下令:谁要求情一并斩首。这下,那些老臣们才老实了,再也不敢对王猛说三道四了。

苻坚在王猛的辅佐下,凡事抓根本,从长计议。提出兴教育,办学校,并亲自到学校督察此事。他还在王猛的影响下,关心百姓疾苦,注意宫廷节俭,深得民心。

这一年,东晋征西大将军率军攻打前燕国。前燕国派人来向苻坚求救,并答应击退晋军之后,将虎牢关以西赠给秦国。苻坚一时难以定夺,便召君臣前来议事。朝上大多数人表示:当初我们秦国有难,向燕求助,他们坐视不管;现在他们自食恶果,我们宁可不要虎牢关以西的土地也不帮他们。但是,王猛却一言不发。

苻坚便将王猛叫到后庭,单独询问。王猛才说:"燕国肯定不是东晋对手,但是如果桓温打败燕国,侵占中原,他会更强大。这对我们秦国非常不利。到那时桓温要攻打我们,我们也恐难取胜。不如现在联合燕兵,共退晋军,再伺机灭燕,中原唾手可得,不知大王意下如何?"苻坚一听连连称是。

不久,秦国帮燕国打退了晋兵,可燕却违背前盟不想将虎牢关以西地区送给秦国。王猛立刻上奏苻坚:正可以此为借口,大举伐燕。苻坚大喜,立刻命王猛统帅,督统镇南将军杨安等十员大将率6万骑兵讨伐前燕。

王猛准备充分后,于太和五年六月出兵伐燕。一路上势不可挡,连战连捷。

但是杨安在晋阳却遇到麻烦。他率军攻城,死伤1000多人,仍久攻不下。王猛闻讯赶到,察看了一下地形,道:"晋阳城高池深,易守难攻。我们不可强攻,只可智取。"

当天夜里,王猛令三百士兵由城下挖地道进入城内,打开城门。秦军蜂涌而入,燕军猝不及防。晋阳眨眼之间被王猛占领。

燕主得知晋阳失守,大吃一惊,命太傅慕容评率40万大军抗击秦军。慕容评深知王猛厉害,便屯兵潞州(今山西潞城东北),不敢再前进。王猛就派游击将军郭敬带领5000人于深夜绕到燕营后,点着了他的军粮。

慕容评听到声音惊醒,看到漫山遍野的秦军拿着火把杀过来,以为王猛亲率军兵而来,吓得只带十几人夺路而逃,一口气跑回邺城。

王猛大军继续前进,很快包围邺城。同时将捷报传与秦王苻坚。苻坚大喜,亲率10万大军赶赴邺城,为王猛助阵。

燕主见大敌压境,朝中无将,邺城危在旦夕,只得长叹一声,弃城逃走。燕国的州郡牧守见国王都逃走了,也无心抵抗,纷纷降秦,前燕就此灭亡。前燕自公元317年慕容德封公算起,至公元370年亡国为止,共计53年。

前秦王苻坚在王猛的辅佐之下,力量由弱变强,地盘由小变大。吞并前燕之后,又先后使成汉国、前凉国臣服,攻占了晋兵掌握的襄阳等,统一了北方大部分地区,拥有了大半个中国的土地。大宛、肃慎、天竺等国和海东强国也都畏惧大秦的势力,纷纷贡献丰厚的礼品,以求和睦相处,免遭侵扰。

苻坚终于创立了自己强大的基业,这与怪人奇才王猛是分不开的。

淝水之战

苻坚所统治的大秦在王猛的辅佐之下越来越强大,很快超过东晋。苻坚的野心也随着国势的强盛而日益膨胀,现在他日思夜想的事就是怎样降服东晋，统一天下。

但是，此时王猛已去世多年，而大秦也再未得到一位像他这样的奇人。相比之下，东晋虽然兵力不如大秦，但有贤臣谢安当朝。此人颇具文韬武略，处变不惊。在本朝推行宽厚仁爱政策，深得民心。而朝廷君臣关系也甚是融洽，晋室在他的辅治之下渐呈兴旺的态势。

就是在这种情势下，苻坚仍然坚持要打东晋。一天苻坚又召集群臣，商讨伐晋之事，众大臣又是多数不赞成。尚书左仆射权翼说："晋廷虽弱，但君臣和睦。况且有谢安、恒冲等杰出之人，此时伐晋怕是不妥。"太子右卫率石卫也补充道："晋廷百姓也拥护朝廷，而且有长江天险可守，恐怕取胜不易。"

苻坚的弟弟苻融也反对伐晋，并且说了好几条理由，但苻坚就是听不进去。而且见大多数人都不赞成他伐晋，他有些生气，道："朕屯兵百万，粮草如山，以胜兵追穷寇岂有不胜之理？"苻融一听，不以为然，反驳道："大军一出，朝廷空虚，鲜卑、羌、羯各族乘机起事，大王将如之何？"

苻坚一听，哑口无言，但又不想就此罢兵，便坐在那里生闷气。朝中大臣中有一个叫朱彤的，最善于察颜观色、阿谀奉承。现在看到众大臣都反对出兵，大王生气了，便上前施礼道："陛下御驾亲征，所到之处，高山低头，河水退路，有征无战。晋朝上下定会或降或逃，陛下定能一战而胜，实现统一大业！"

苻坚一听正中下怀，不由得心花怒放。说道："还是朱爱卿说的是。我国现在兵强马壮，岂有不思进取之理？来人哪，赏朱爱卿布100匹，黄金50两！"说完又下令择日出兵伐晋。众人见状，也无法再劝。

太元八年（公元383年）八月十一日，苻坚亲自率军百万，出兵伐晋。东晋朝廷闻听苻坚率兵百万来犯，一时慌作一团，孝武帝急召群臣商议对策。大臣们有说降的，有说逃的，都拿不出一条好计策。此时宰相谢安出班说道："陛下不必惊慌。苻坚虽然强大，但他所率为不义之师。不义必失道，失道必败。我晋廷君臣和睦，百姓安居乐业，上下团结一心，定能克敌制胜……"一席话，说得众人方安下心来。

这宰相谢安可不是一般人物，他很有些来历，曾隐居东山。"东山再起"这个成语便是因他而来。

秦军大兵压境，晋朝百姓也都人心惶惶。但谢安自受孝武帝之命，负责统兵抗秦之事后，稳如泰山，不是游山玩水，就是欣赏歌舞，并且故意让百姓知道。百姓们见他如此镇定，也都渐渐平静下来。京城建康出现的混乱局面很快平息下来。

谢安这才连夜召开紧急军事会议，命龙骧将军胡彬率5000水军守寿阳，让谢石、谢玄带8万精兵北上阻止秦军。其他将领如辅国将军谢琰（谢安之子）、西中郎将桓尹、刘牢之等也都一一受命。众将见主将谢安神态自若，毫无惧色，也都信心大增，领命而去。

胡彬率军赶往寿阳，不料途中便听说寿阳失守。于是迅速率军驻扎到硖石这个军事要冲。

秦军自南下以来，打了几次小胜仗，便以为晋军不堪一击。派人到谢石处去劝降，想不费一兵一卒就使晋军归顺。

但是他派去的朱序是东晋降将，见了谢石非但不劝降，反而鼓励他抗击秦军，并向谢石透露军事情况。谢石见他态度诚恳，所说又与探马所报基本相符，心里就有了底，派刘牢之率5000精兵深夜去劫洛涧梁成的大营。

梁成本来就觉得晋军不值一提，又得知苻坚派人前去劝降，更加放松警惕。晚上睡得正香，便被人在梦中取走了脑袋。梁成大营一时乱成一团。许多士兵还没穿衣服就死于非命，而晋军愈战愈勇，直将秦军杀得大败，只有梁成的副将王显带着几个亲兵逃走。

王显跑到苻坚大营，告知情况。苻坚闻听梁成5万大军被人家5000军兵杀得全军覆没，盛怒之下，竟将王显也斩了。

可是坏消息一个接一个。刚杀了王显，就有人来报，围攻硖石的军队也被晋军大败。当天夜里，苻坚又听说秦军在淝水（东淝河，从合肥西北到八公山南汇入淮河）吃了败仗，不禁大惊失色，自言自语道："想不到晋军这等厉害！早知今日，何必当初呢？"显然他是后悔自己的伐晋之举了。可他现在已是骑虎难下，只有硬着头皮上。

第二天一早，秦军诸将在寿阳城头观察晋军动态。苻坚见淝水对岸晋军大营军旗飘扬，士兵们正在练习拼杀，喊声震天，斗志旺盛，不由得胆怯起来，问身边的苻融："贤弟，你说这晋军到底有多少人马？"苻融答道："大概有十几万吧！"苻坚闻听，又向远处的八公山上眺望，只见树林中影影绰绰似埋伏着许多晋兵，大惊失色，自语道："只这一处就10万兵马，山那边密林中还不定有多少人马呢！唉，这可如何是好？"

苻坚回头看见朱彤，当初就是他极力怂恿自己出兵伐晋。苻坚一见他，气就不从一处来，喝道："你不是说晋军兵微将寡，我率兵出师有征无战吗？现在又怎样解释?!"朱彤早吓得躲到一边，哪儿还敢吱声。

其实，晋军并没有苻坚想象中的那么强大。八公山上也没有一兵一卒。苻坚只因连吃败仗，心里恐慌，才把山上的草木都认为是晋兵。这也就是成语"草木皆兵"的来历。

秦军连吃败仗，伤亡惨重，只好按兵不动，等待援军。但是他们等待，谢石、谢玄可等不得。他们想，如果秦军一到，敌众我寡，我们岂不是要落败吗？于是谢玄便派人给苻坚送去一封信，信上说，将军率众前来，此时却又龟缩不前，真是让世人笑死。我晋军虽弱，但都勇猛无敌。如果秦军退后一箭之地，腾出一块交战之地，我军立即过河，与秦军交战，败了就俯首称臣。

苻坚看了，立刻有了主意。他想这下谢玄可要死在我手里了。他对苻融说："我们先答应他。等他带兵过河时，我们杀他个措手不及，把晋军全部歼灭在淝水之中。"苻融虽觉这个计策不妥，但也说不出个所以然来，也就答应了。

太元八年（公元383年）十一月的一天早晨，双方展开决战。谢玄一看秦军开始撤退，便立刻命晋军迅速渡河。胡彬率1万军兵乘船从深水处渡河。刘牢之率骑兵从浅水处渡河。军兵行动迅速而又井然有序。

再说秦军一听苻坚说"撤"，便如潮水般向后退去。他们被晋军打怕了，听主帅让撤，以为是要回国，满心欢喜，比赛似地往回跑。苻坚要想拦住他们，命他们杀回，截击正在渡河的晋军，那简直比登天还难。此时晋军已全部渡河追杀上来，又加之朱序夹在秦军中大喊："我们秦军败了，快逃命吧！"秦军见状，没命似地逃窜，一时被晋军杀死的，互相践踏致死的，不计其数。

苻坚见大势已去，只好骑马顺小路自己逃命。一路上听到风声和鹤群的叫声，他都胆战心惊，以为是晋军追上来了。这就是成语"风声鹤唳"的由来。

这一仗,晋军以少胜多,8万人战胜百万人,这就是历史上有名的"淝水之战"。

不久,苻坚一家被姚苌威逼自杀。死前他忽然想起王猛曾对他说过:"晋居江左,是为正统。且君臣和睦,百姓乐业。陛下切不可兴不义之师伐晋,而应谨防鲜卑、羌虏之患。"不由得痛悔不迭,但为时已晚。可怜苻坚一步走错,导致前功尽弃,枉自送了性命。

罗什传佛法

姚苌逼死苻坚,自己在长安登基做了皇帝。与此同时,苻坚的族孙苻登也在陇东宣布继承前秦王位。一国两秦,争战5年不相上下。后来姚苌病死,苻登便趁机发兵。不料被姚苌的孙子姚兴在交战时一刀斩于马下,至此前秦亡。从公元350年苻坚建国到公元394年苻登被杀,前秦历时四十四年。

姚兴杀了苻登,正式继任大秦皇位。做了皇帝的姚兴很注意治理国家,勤于纳谏,广开言路。

这一天,姚兴正在东堂与来自各地的儒士名流谈经论义,忽然有人来报:西域著名高僧鸠摩罗什前来传布佛法。姚兴忙命人快请高僧罗什进入东堂。众人一看,只见他身高过丈,相貌不凡,举止洒脱飘逸,一派佛家正气,不由得让人自然而然心生敬意。姚兴见身披百衲禅衣的罗什双手合十,立于堂下,忙命人安排他落座,然后又一一把众儒生向他介绍。儒生们都小声议论,不知这位气宇不凡的和尚到底有什么本领。

姚兴一见,恐对高僧不敬,便让人将罗什引到逍遥园休息。

罗什是天竺国(印度)人,7岁出家。他学习经义,过目不忘,通晓多种经言。20岁被奉为国师,经常到各国传经布道,因此声名远扬。

长安僧人得闻天竺国的鸠摩罗什前来讲经,蜂拥而至,来到逍遥园,一睹大师风采。姚兴也饶有兴味地跟在众僧之后听讲佛经义理。

罗什见大家聚精会神,讲解得更加认真。他说:"……众生本为佛,皆有佛梁觉体。只因被客尘烦恼蒙蔽,所以流转生死,未能成佛。只要拂除客尘,湛然客静,本有的觉体也就自然显现,自然成佛了……"

姚兴听到这里,暗想:既然众生本体都是佛,那皇帝就更是佛了。没成佛是因为被世尘烦恼所扰,只要消除烦恼,自然就成佛了。只不知如何才可消除烦恼?想到这里,他起身想走到前边听清楚一些。而罗什大师一见皇上起身走来,以为他有什么问题。于是就停下来,将他引到后堂。姚兴见此,便趁机询问,那罗什大师有问必答,耐心讲解,令姚兴茅塞顿开,豁然开朗。高兴之际,当即降旨封罗什为国师,并在逍遥园、西明园修建讲经殿、译经阁,以供罗什专用。

罗什从此在长安潜心研究,传经布法。在长安的日子里,他多次对长安流行经卷译本中的错误予以修改更正。还与弟子一起用了十几年的时间,译出70多部经籍,对佛教的传播做出了极大的贡献。长安的僧尼因之增加到一万之众,罗什的名字在中原也从此家喻户晓。

由于罗什的影响,姚兴开始崇尚佛法,不仅广修寺院,而且多次出版佛经典籍。一时关西信佛蔚然成风,十家中有九家是佛教信徒。也正是由于佛家讲究慈悲为怀,与人为善,因此使关西一带出现国泰民安的景象,社会秩序井然,很少有打架斗殴、杀人放火的不良现象。而与关西毗邻的关东一带连年征战,互相残杀,闹得民不聊生,怨声载道,不知与关东之民不信佛事有无直接联系。

这种一个时代、两种天下的局面至今仍是历史学家们所研究的一个热点。

虎头捐款

虎头,是晋朝无锡人顾恺之的小名。他出生于永和元年(公元345年),字长康。

顾恺之文章写得不错。小时候曾写过一篇《筝赋》,时人称其可与晋著名诗人嵇康的《琴赋》相媲美,但他最擅长的还是绘画,人称三绝画家，即画绝、才绝、痴绝。

顾恺之曾随晋朝著名的大画家卫协学画，很快就技压群雄，并超过了老师。而他真正声名远扬却是源于一次为佛寺捐款。

兴宁二年（公元363年），东晋京都建康修建了一座瓦宫寺。众僧在寺院落成当天请人施舍。达官显贵闻讯而来，这个捐3万，那个捐5万，最多的一个人捐了10万，还声言要拿个头捐。

此时，从寺外踱来一人。只见此人两手空空，进了寺院便向僧人要过化缘簿子，然后大笔一挥，写下"一百万"三个大字。众僧一看都唬得直了眼，半天才回过神来，都争着看落款，心想不定是哪门子皇亲国戚呢！谁知一看，竟谁都没听说过这个名字。原来顾恺之写的是自己的小名"虎头"。

如果顾恺之签上自己的大名，那人们就一定会知道他了。一来他在当时已小有名气，二来他父亲就是当朝的尚书左丞。尚书左丞公子的大名，京城有几人不知呢？但是顾恺之不想这么做，他想借此机会看看，自己的画技究竟达到了什么水平，于是故意签上不为人知的小名"虎头"。

众僧见他既然签了"一百万"，就让他立即拿出来。那些达官显贵，特别是那个想得头捐的人都觉得他如此年青，拿不出这100万，便也纷纷在旁起哄，催他掏钱。顾恺之见状，不慌不忙，对主持说："你先在后殿给我准备一面墙壁吧！"住持不知何意。顾恺之便附在他身边小声解释了一番。长老将信将疑，但那100万实在数额巨大，况且后殿正有一面空着的墙壁，所以也就由他。

顾恺之将自己关在后殿一个月，在后殿那面空墙上画了一幅巨大的佛像壁画。然后出来，对住持说："明天后殿可以开放了。不过前来观看佛像者必须捐款。第一天每人10万，第二天每人5万，第三天可随意布施。"那老住持早已暗中偷看过几次顾恺之所作之画，觉得他并不是在吹牛，立刻同意。

第二天，人们都来观看佛像。他们中有许多人都想看看这个说大话的年轻人这次怎样出丑，又如何收场。但是他们想错了，后殿大门一开，壁画中的佛像顿时光芒四射，仿佛整个寺院都被照亮了。众人不由得口服心服，二话不说，纷纷掏钱。不一会儿捐款就超出了100万。至此，人们才明白这个小伙子是凭自己的真本事捐出这100万

·99·

的,并非空口说白话。欣羡之余便纷纷询问这人到底是谁。住持其实也早想知道他是谁,便走到顾恺之面前,双手合十道:"施主为本寺捐资100万,老衲不胜感激,请施主赐告真实姓名。"顾恺之闻听,微微一笑,在壁上挥笔题上"顾恺之"三字,然后扬长而去。

自此,顾恺之的名气响誉全国,而瓦宫寺也因此声名大振。

顾恺之成名之后,大司马桓温和荆州刺史殷仲堪先后请他为参军。在为官期间,他仍刻苦钻研画技,尤善画人。画人时往往最后画眼睛。有时好几年也不画瞳仁,画则有神,活灵活现,真正是点睛之笔。而且他画像时,不是让人必须规规矩矩坐着、一动不动,而是可以随意走动,他照样画得非常传神,惟妙惟肖,令人心折。顾恺之还曾得到谢安的赞誉:"恺之之画,苍生以来从未有过啊!"

顾恺之的画不仅在晋朝,就是在他以后的历朝历代,直至今天都是有着深远影响的。这位三绝画师,为我国灿烂的文化宝库增添了绚丽的一笔,为世人所景仰。

恬淡自然的陶渊明

陶渊明,即陶潜,东晋著名诗人,柴桑(今江西省九江西南一带)人。

曾经声名显赫的都督、军事大司马、长沙郡公陶侃是陶渊明的曾祖父。而陶渊明的祖父、父亲也都做过高官,唯独陶渊明只做过参军,最后竟归隐田园过起了悠闲的农桑生活。是因为他的才德不足以胜任高官吗?非也。

陶渊明年轻的时候,正逢东晋乱世。桓玄篡位,民不聊生,怨声四起。农民起义此起彼伏,威胁着朝廷。大将刘裕、刘毅等伺机起兵,攻入建康,杀死桓玄,接回被其挟持而逃的安帝。但是安帝无能,大权很快又旁落到刘裕手中。

陶渊明为生活所迫,曾在刘裕麾下做过参军。但是不久,他便看清了官场的黑暗和腐败,自己的理想和抱负难以实现。攻入建康之后,又见刘裕等人不顾国家和百姓的死活,只知互相倾轧、争权夺利。一时万念俱灰，便在一次宴会上借酒吟道：

　　志意多所耻，不如归田园。
　　静念园林好，人间良可辞。

　　吟罢向刘裕辞官归隐。刘裕深知他是个不可多得的人才，但见他心有积怨，留在朝中不免多事，便让他到彭泽县（今江西湖口县）当县令。陶渊明心想，彭泽县远离朝廷，这样也可不闻朝内琐事，便也勉强答应，次日就走马上任。

　　陶渊明自此在彭泽县过起了饮酒做诗的自在生活。闲极了的时候，还时常去农家串门作客，指点农桑之事，当地百姓都十分喜爱他。但好景不长，一天，郡里派一名督邮巡视彭泽县。陶渊明闻听，心里很不自在，便故意穿便服去见督邮。属吏非常敬重陶渊明，生怕他此举惹怒了督邮，忙劝他道："大人万不可如此去见督邮，这是违反朝廷律令的！"陶渊明一听，反倒气极而笑，道："好，既然朝廷有律，我便不这样做。但我却也不肯为朝廷这五斗米的俸禄向那市井小人打躬作揖！二者难全，我还是辞官回家吧！"说罢，扔下督邮，扬长而去，彻底归隐去了。为此他还作了一首《归去来兮辞》呢！

　　陶渊明回家之后，不是荷锄种豆、侍弄菊花，便是纵情山水、饮酒作诗。一天，他又去独自游玩，忽然发现一条小溪，小溪两旁就是成片成片的桃林，此时桃花似开似败，微风吹来，落英缤纷。陶渊明为这美色所诱，不由得顺着溪水往上游走。走不多时，便发现一座山，山脚有个洞口，他便一头钻了进去，初时很狭窄，渐渐地越走越宽广，前面似乎还隐隐能看见亮光。他加快脚步朝前走，很快走到洞的尽头。居然看见一个大村庄。村庄座落在平坦的土地上，阡陌交通纵横，老人和孩子们来来往往，怡然自得，一派安居乐业的景象。陶渊明见了，不由得羡慕不已。

　　这村里的人见了陶渊明，却非常热情，纷纷邀请他作客。谈话之间，陶渊明才知道他们是为躲避战祸来此隐居的。经历了几朝几代已不得而知，外面现在都发生了什么也都一概不知，陶渊明不禁为之惊叹。过了许多天，陶渊明才依依不舍地离开那里。临行前，那里的人告诉他"不足为外人道也！"陶渊明满口答应。

　　回到家后，陶渊明又几次回去，想再看一看那世外桃源一般的地方，但却怎么也找不着了。他谅别人也难找到那里，便拟以渔人之口作了流传千古的《桃花源记》。传说,此文作成之后,便兴起了一股寻找桃花源之热,但所有的人均乘兴而去,败兴而归。后来,人们便把陶渊明所记的桃花源称为"世外桃源"。意思是说世间根本不存在这样的地方。

陶渊明是晋代有名的田园派诗人,他的诗闲适飘逸。一年秋天,陶渊明心里高兴,恰又逢他亲手侍弄的菊花盛开,便邀几位邻居饮酒赏菊。几杯酒落肚,陶渊明随口吟道:

结庐在人境,而无车马喧。
问君何能尔,心远地自偏。
采菊东篱下,悠然见南山。

诗吟到这儿,似乎意犹未尽,又吩咐书童将琴取出。众人一见,不由得面面相觑,都很纳闷儿:那琴竟无一根弦!

陶渊明自然知道他们在想什么,却并不解释,自顾自地喝了几口酒,然后很认真地以手抚琴。如痴如醉,旁若无人。

陶渊明此举并非哗众取宠,而是因为他本不通音律,但又想寻找诗韵相通的那种感觉,所以每每以抚这无弦琴抒发心中郁结的情感。这其中的奥秘也只有他本人能解。

一位年少邻居实在忍不住,便问他所吟之诗为何意。不等陶渊明回答,他身边一位常与陶渊明饮酒作乐的年长者道:"这诗是说陶先生自己呢!意思是说先生虽居闹市也同居住在偏远幽静的地方一样,这是因为先生心地清静的缘故。"陶渊明听了微微点头,继续吟道:

时复墟曲中,披草共来往。
相见无杂言,但道桑麻长。
桑麻日已长,我土日已广。
常恐霜霰至,零落同草莽。

邻居们这次似乎都听懂了,纷纷议论。说先生的意思是,与村人交往,不谈别的事,只说种桑麻之事。陶渊明听了不禁捋须大笑,连连称赞大家品诗水平大有长进。

陶渊明的诗在东晋时期就得到世人承认,影响非常大。许多达官显贵,都想与之结交。但陶渊明厌恶官场险恶而又腐败,往往避而不见。

当时江州有个叫王弘的刺史,非常想与陶渊明结交,但又知道他生性古怪，不愿与权贵相交，便求助于陶渊明的好友庞通。庞通见他态度诚恳，便答应给他创造一个机会，成与不成，全看他与陶渊明的缘份了。

这一天，陶渊明去庐山游玩。半路上却碰见好友庞通带着好酒好菜等候。陶渊明一见又惊又喜，兴奋异常，便停下与庞通对斟对饮。酒过三巡，菜过五味，庞通见时机差不多了，便让久已在石后等候的王弘出来相见。陶渊明这才明白庞通为何在此等候自己。他与庞通关系非同一般，当着王弘的面也不便说什么，灵机一动，便吟诗一首：

青松在东园，众草没其姿。
凝霜殄异类，卓然见高枝。
连枝人不觉，独树众乃奇。
提壶挂寒柯，远望时复为。
君生梦幻间，何事绁尘羁。

王弘也是读书人，岂能听不出这诗中含义？他明白陶渊明这是拿孤松自比，不愿与官宦搅在一起。他精心设计的这个与陶渊明结交的场面却没有起到任何作用。他自思与之无缘，再待下去也是无趣，便悻悻而归。

陶渊明的诗朴素而又意蕴深远。他一生创作的诗文流传至今的有120首诗、6篇散文、3篇辞赋。虽过去了1500多年，但仍是不可多得的、艺术价值极高的珍品。

陶渊明是一个具有雄才大略之人，只可惜生于乱世。他躲在乡间过着恬淡的田园隐居生活，也是不得已而为之。

刘裕篡位

在东晋王朝统治的一百多年中，战乱频繁，人民苦不堪言，纷纷起义。东晋统治风雨飘摇，大将刘裕带兵平定各地起义，为保东晋江山立下了汗马功劳。

但是刘裕却不是一个甘心久居人下之人。他居功自傲，迫使白痴皇帝——安帝司马德宗先后封他为太尉、中书监，逐步掌握了朝中实权。尔后又想伺机废掉安帝，谋权篡位。不久，刘裕听说后秦国主姚兴病故，其子同室操戈，朝中大乱，便心生一计：趁机伐秦，为篡位打下更坚实的基础。

义熙十二年（公元416年）八月，刘裕亲率8万大军，分兵五路伐秦。

秦朝廷内竟无准备，闻听晋军来伐一片混乱。没过多久，晋军前锋云伸德就攻占滑台（今河南省滑县东）；龙骧、冠军带步兵攻下洛阳城；王镇恶率军收复瀛关，又攻下后秦国都长安。至此，刘裕大军轻而易举就取得了胜利。

刘裕攻占长安不久，就留下儿子刘义真镇守，令王镇恶等人辅佐，自己回东晋都城建康去了。因为他唯恐久留秦人占领100多年的长安会影响自己夺取皇位。

回到建康不久，安帝就迫于他的威势封他为相国、宋公。刘裕从此亲自执掌朝政。但他是不会就此罢手的，因为他的目标是谋取皇位。

义熙十四年（公元418年）年末，刘裕与心腹中书侍郎王毅密谋害死安帝。王毅虽知这是大逆不道，但自恃有刘裕撑腰，便也有恃无恐，买通安帝内侍，在一天夜里，悄悄将安帝勒死。对外宣称安帝无疾而终。众臣虽觉内中蹊跷，但也无人敢问。

安帝死后，刘裕立刻挟持琅邪王司马德文继承皇位，即恭帝。当然这恭帝不过是聋子的耳朵——摆设而已，大权仍牢牢控制在刘裕手中。

恭帝继位不久的一天，刘裕举行宴会，宴请文武群臣。酒过三巡，菜过五味，刘裕突然放下酒杯，对众人说道："如今天下太平，朝中也无甚大事，老臣已年过六旬，也该告老还乡了。"

众人一听非常惊讶，不知他所说是真是假，又没有精神准备，一时大堂之上，鸦雀无声。继而议论纷纷，有人表示赞成，有人表示反对。其中只有一人一言不发，默默观察，他发现：当有人说赞成刘裕告老返乡时，刘裕便紧皱眉头；当有人反对时，他便喜笑颜开。此人就是中书令傅亮。他已知晓刘裕此番话只不过是在试探众大臣，于是他便在宴会散了之后，去拜见刘裕。

见了刘裕，他慷慨陈辞，陈述刘裕不仅不能还乡，反而应当君临天下、登基坐殿的种种理由。最后,甚至跪在地上,泪流满面道:"相国,为了天下苍生,您万万不可激流勇退!当今可无皇上,但不可无宋王。臣愿为民请命,请宋王万不可推辞!"刘裕一听,正中下怀。心中高兴,但表面却故做生气道:"傅中书,我为晋朝老臣,如做出这等事,岂不叫天下人耻笑?"沉吟半晌,复又添上一句道,"就算我有心,也是无可奈何之事啊!"

傅亮明白他的心意,立刻告退。第二天早朝,便当着刘裕和文武群臣的面对恭帝司马德文道:"臣夜观天象,发现出现长星,说明有贵人出现。此星当应在宋王身上,陛下应顺天意,以成美德。"

恭帝听罢,立即明白这是在逼自己退位,不由得大吃一惊,环视堂上众臣,都纷纷低头,一言不发。不禁悲从中来,心想,满朝文武都慑于刘裕威势,无人肯出头说半句话。可怜我大晋江山就要毁在我手里,心中悲戚,一时无言。

傅亮一见群臣无话,更加放肆,竟然当庭训斥起恭帝来:"皇上虽有皇帝之位,却未行过皇帝之事。朝中诸事哪件不是刘相国烦手。皇上既无此德,就应学那古时的尧舜,禅让皇位,如若不然……"恭帝何曾受过如此侮辱,气得浑身发抖,在座大臣也无一人替他讲话,不由得心寒至极。知道大势已去,无可挽回,伤心也无用,于是强装笑脸道:"刘相国功劳盖世,寡人自愧弗如,甘心禅位。"当即写了禅位诏书,又取出传国玉玺和皇帝印绶送给宋王刘裕,自己带着皇后妃嫔悄然出宫。

元熙二年六月,刘裕终于如愿登上了皇帝宝座,国号为宋。以此拉开了南北朝历史的帷幕。

东晋自元帝司马睿始(公元 316 年)至恭帝司马德文(公元 420 年)历时 104 年,加上西晋历时 52 年,司马氏家族共计统治 156 年。

白衣素服的帝女

刘裕做了南朝宋的开国皇帝,国都为建康,改晋元熙二年为永初元年。

　　刘裕觉得自己最终能登上皇帝宝座，傅亮功不可没，于是降诏将傅亮升为中书省专典诏命，任总国之权。傅亮满心欢喜，从此对刘裕更是尽心尽力。

　　刘裕登基后并没有心满意足，他总觉得晋恭帝司马德文虽然被废，但他还活着，活着就是一个祸患。司马德文不除，他寝食难安。

　　这一天，刘裕正在御花园苦思除掉晋废帝司马德文之计。傅亮忽然来到刘裕面前，提出要陪他到聚凤殿散散心。聚凤殿是原恭帝的妃嫔、宫女、美人待的地方，恭帝虽然出宫，但只有皇后和少数几个妃嫔和他同往，其余大部分人都被留在那里。刘裕一听傅亮要他去聚凤殿，低头思忖了一会儿，说道："好吧！"

　　刘裕和傅亮一同来到聚凤殿，嫔妃们一听说新皇帝来了，纷纷搔首弄姿，以期引起皇帝的注意。但是，有一位白衣素服的少女却与众不同，既不忸怩作态，也不露出一丝笑容。但她长得却是绝妙的冷艳，对皇帝也是视而不见。刘裕不禁被她吸引，驻足细瞅了一会儿，不停地捋须点头。傅亮最善察颜观色，忙介绍说："此女是恭帝……不，是陵零王司马德文的女儿，名叫海盐，今年16岁。"

　　刘裕一听是恭帝之女，心立刻凉了半截，转身离去，走了几步，忽又问道："当初，陵零王出宫时，为何不带走海盐公主？"傅亮忙道："臣见她长得颇有姿色，特意为皇上留下了。"刘裕听罢才微觉放心。

　　不一会儿，他们又来到后殿。这里的嫔妃均被恭帝宠幸过。两人发现庭院无人，堂上也无人，正自纳闷，忽听里间屋里传来男女的嬉笑之声。进去一看，刘裕不由大怒，原来，正有两男两女在干那苟且之事。

　　一见有人来，都吃了一惊。因为自晋恭帝走后，后宫混乱，自顾不暇，也就没有人管她们了，所以才敢如此放肆。

　　傅亮见他们如此情景，也明白是怎么回事，大声喝道："圣上驾到，你们这些混账东西……"四人一听，吓得魂飞魄散！也顾不得穿衣服，忙跪地求饶。刘裕冷笑一声："奸夫淫妇！这皇宫之内，岂容你们如此沾污！"说毕，命刑部割去两个男人的阳具，终生罚做苦役；两个女人赐白绫自杀。

那两个男的一个叫褚秀之，一个叫褚淡之，是原恭帝司马德文褚妃的弟弟。二人均是奸淫好色的无耻之徒，一听说要受酷刑，知道生不如死。情急之中，慌不择言，编造出一个天大的机密：恭帝令二人卧底宫中，一旦遇到良机便与恭帝里应外合，除掉刘裕。

刘裕一听大喜，他正愁想杀恭帝而没有理由呢，便示意傅亮逼审他们俩。傅亮会意，便向二人保证：只要他俩说出全部计划，并签字画押，留下证词，便保他二人不受酷刑，而且还可升官发财。二人一听更加胡编乱造，将一切罪全推到恭帝身上。

审完之后，刘裕立即下令让褚秀之、褚淡之兄弟俩去处死司马德文和褚妃等人，也就是他俩的亲姐夫和亲姐姐。

这兄弟俩为了活命，不顾廉耻，违背人伦，带着毒酒来到姐姐、姐夫面前。司马德文听他二人说明来意，似早有所料，毫不慌张，说道："这也是天意，当初我司马家族祖上逼曹氏家族让位，今日报应在我身上……"言罢，饮毒酒而亡。那褚妃刚生过孩子不久，身体虚弱。见恭帝饮酒身亡，勉强支撑着来到两位弟弟面前，嘱咐道："今日，我也随皇上而去。还望你们两个念骨肉之情，将我的孩子抚养成人，也不必告知他生身父亲是谁，只求他平平安安一生也罢！"说完，竟向弟弟施了一礼。两人相视一看，忙说："姐姐放心好了。"褚妃听他二人如此说，方从容举杯饮尽而亡。

二人立即放火焚尸，他们都已天良丧尽，哪里还记得姐姐临死前的嘱托，见那小太子嚎哭不已，干脆也一把丢进火海之中。然后返宫，向刘裕汇报情况。二人实指望刘裕一定会重赏他二人，最少也能封个一官半职的。岂料刘裕听他二人讲完，说道："你二人为了活命，竟不惜杀姐弑君，违背天理人伦，你这等无耻之徒，留着何用。来人，推出去斩了！"二人坏事做绝，被刘裕斩首也是罪有应得。

刘裕毒死恭帝，总算去了心腹之患。又想起了貌美的海盐公主，便立即降诏将其选为太子妃。海盐公主本欲一死了之，可是惊闻父王已死，悲痛无比。随之想道：倘若我死了，还有谁能为父王报仇呢？想到这里，她不动声色，隐忍下来，周旋于刘裕父子身边。

永初三年（公元422年）春，67岁的皇帝刘裕患病卧床不起。张皇后、太子义符、太子妃司马氏（海盐公主）等人轮流守护。这天夜里，只剩海盐公主，她见四周无人，觉得此时正是下手的机会。她嘴角带着一丝冷笑，一步步向刘裕逼近……

刘裕朦胧中感到呼吸困难，勉强睁开眼睛，不禁吓得魂飞魄散，因为他看见晋恭帝似乎正站在床前，掐住他的脖子，向他索命，大叫一声，昏死过去。

第二天，刘裕就精神错乱、神智昏迷，不时地胡喊乱叫。一时说这个向他索命，一时说那个向他追魂。一直折腾了十几天，才平静下来，直瞪瞪地望着太子义符，说了句"别做坏事"，便气绝身亡。

刘裕仅仅当了两年皇帝，尚未过足皇帝瘾，便撒手而去了。

荒唐皇帝刘义符

刘裕死了，尽管他临终前嘱咐太子刘义符"不要做坏事"，但是他永远也不可能知道刘义符会以怎样的行动去履行，而等待他的江山又将是什么了。

再说刘义符继位之后，整日不理朝政，朝政大事就渐渐把持到中书监尚书令傅亮、司空徐羡之和将军谢晦手中。他自己本身就是个不务正业、喜怒无常之人，这下做了皇帝更是唯我独尊，想干什么就干什么，行为举止荒唐至极。

刘义符自己觉得玩腻了，便从宫外找来一些少年来陪他玩。这些人都是些市井无赖，什么阴险的损招都使得出来。一天，一个恶少见刘义符闲暇无聊，便卑躬曲膝地走到他面前，小声说："皇上，我听人说商朝时候有个漂亮的美女叫妲己，纣王非常喜欢她。但她很不开心，纣王就命人给妲己设'蛋盆'玩，一下就把妲己逗笑了。我想这'蛋盆'一定非常有趣。要不然，我们也试试？"刘义符一听，小眼睛一转，立刻拍手道："好，我们今天就玩'蛋盆'！"

他们在紫云殿前设了一个巨大的铜缸，又令人捉来毒蛇、蝎子等五毒虫无数投入缸中，最后又从死囚牢里提出一个大汉，剥光衣服，丢进缸中。人哪受得了五种毒虫在身上乱咬乱爬呢？这大汉又痛又怕，悲痛欲绝，而这帮恶少却围在缸边又跳又笑，无比开心。不一会儿，这大汉就连惊带吓，加上身中巨毒，气绝身亡。刘义符便又命人丢进去一个老头儿。如此几次三番，弄得紫云殿上，鬼哭狼嚎，那声音无比凄厉，闻听之人无不动容变色！大臣们知道此事后，忧心忡忡。但均知小皇帝喜怒无常，也不敢相劝。

又一天中午，刘义符在紫云殿上假寐，忽然一块漆皮掉下来，正好落在他的眼皮上。他一下就蹦了起来，满肚子火儿无处可泄，便命内侍敲响了景阳钟。

这景阳钟可不是随便乱敲的，群臣一听景阳钟响，以为出了什么大事，异常惊慌，三步并作两步跑上金銮宝殿。到了金銮殿上一看，只见小皇帝刘义符正气定神闲地坐在龙椅上，不时还捏捏鼻子，挖挖耳朵。大臣们面面相觑，不知道这小皇帝又要耍什么新花样。

刘义符见大臣们都急急而来，那无名之火，早已泄了一半，此时便阴阳怪气地说道："掐指算来，朕登基已四月有余。可现如今仍住在破破烂烂的紫云殿里。"说到这儿，他环视了一下满朝文武，见无人搭话，忽然就生气地接着说道，"那哪是人住的地方?！朕现在住在紫云殿里整日寝食难安，恶梦连连。而你们却都住在华美的府院，只知自己享受，置朕的大宋江山于不顾，我今限你们三个月之内，拆掉紫云殿重建，至少要比现在的大四倍！"说毕，好像长出了一口恶气，靠在龙椅上闭目养神。

众大臣一听，皆知他不定又从哪儿冒出这么一个主意，此时一派胡言乱语，用不了多久又该改章程了。可是又不敢轻易出言相劝，正都犹疑不定，只见一人走出朝列，众人不禁都松了一口气。出来之人正是中书监尚书令傅亮。他对刘义符说道："现在国库空虚，北方战事不断，不如过几年，国库富足，再大兴土木不迟！"话音刚落，徐羡之、谢晦也站出来，支持傅亮的意见。

刘义符听罢，心里窝火。正在此时，不知是谁在这静悄悄的金銮殿上放了一个响屁，刘义符一听，气极而笑，道："谁如此大胆，在金銮殿上放狗屁！给我斩了！"

文武大臣一听这很不像话，但无可奈何，纷纷跪地，请皇上开恩。刘义符眼睛翻了翻，然后指着傅亮、徐羡之、谢晦三人说："留着你们的狗头也行，来人！脱下他们的裤子，用手绢将他们的屁眼给我堵上！"

众大臣一听，更不像话，又哭笑不得，只有跪在地上为三位大臣求情。刘义符见满朝文武替三人求情，自知不能做到了，便伸伸懒腰道："算了，饶你们这一回。但明天都得给我拆紫云殿去，不去还得斩！"

散朝以后，三位大臣憋了一肚子火，便聚集在傅亮家中，商量来商量去，最后商量出一条计策：干脆一不做二不休废了他！让刘裕的小儿子继位。

于是三人开始总结刘义符的罪状。这非常容易，俯拾皆是。他们把那罪大恶极的条目写清楚了，准备奏请张皇后。正在此时，家人送进一件公文，展开一看是庐陵王刘义真（刘裕的二儿子）写来的，内容大意是指责三位大臣擅权欺君，识相的就拨出重银修建庐陵王府，否则就要不客气。三位大臣看罢，肺都要气炸了，又恨又怒，一致决定，连刘义真一块废掉。

刘义符与刘义真哥俩矛盾极深，傅亮等人便欲假刘义符之手先废刘义真。第二天，他便来找刘义符，但是左找也找不见，右找也找不见。正当傅亮走到神武门不想再找，想先回府再做道理的时候，忽然看见前面宫门不远处的宫场府下非常热闹。他心里起疑，走到近前一看不由得大怒。只见眼前做买的做卖的，人来人往，俨然是一个集市。这还了得！是谁这么大胆，把集市搬到了皇宫之内了？！他正要发作，忽然被一个卖豆腐的拽住，还不停地嚷道："来呀，新鲜的豆腐，又热又嫩。来一碗喽！"傅亮听着声音耳熟，定睛一看，不禁气得浑身哆嗦，卖豆腐的主儿正是当今皇上刘义符。不过很快傅亮就平静下来，心想：这是天要灭你，你这皇帝还能当多久？！他也不问刘义符别的，递上"废庐陵王奏陈书"让刘义符过目。刘义符此时正在卖豆腐的兴头上，正沉迷在今天这个新游戏中，哪还管这事儿？不耐烦地对傅亮说："你没看我忙着吗？废就废吧，这事你负责办就行了！"

傅亮一听，也不搭话儿，到后宫找到刘义符最宠幸的司马皇后传了皇上口谕，要过传国玉玺，盖上玉印，当即派人去寿阳将刘义真废为庶人，押往新安（今江苏省万安西北）。途中又密令将其勒死，下一步就准备废刘义符。

机会很快就来了。一天傅亮听说皇上从华林园打猎回来去了天渊池边，登舟夜饮，并在舟中留宿。他立即于次日清晨带人将刘义符押回紫云殿,当堂宣读废帝诏书,然后解往吴郡(今江苏省苏州市)。途经金昌,刘义符这个年仅18岁,刚刚坐了一年金銮殿的皇帝,被傅亮事先布置下的人用箭射死。就这样,这位荒唐皇帝永远地退出了政治和人生舞台。

小皇帝智斗三弄臣

宋朝刘裕死后,大权旁落到傅亮、徐羡之和谢晦手中。三人密谋除掉了刘义真,废黜了荒唐皇帝刘义符,将15岁的刘义隆推上了政治舞台。他们万万没有想到,正是这个15岁的小皇帝使他们命丧黄泉。

公元424年秋,刘义隆正式登基,坐上皇帝宝座,改元嘉。

刘义隆可和他的两个哥哥不一样,从小聪明好学,饱读诗书。刘裕非常喜爱他,只是他不是长子,所以没能立为太子。刘义隆人小鬼大,他深知当今朝政大权都把持在傅亮、徐羡之和谢晦手中,自己只不过是个傀儡,而两位哥哥也均因没有实权被三人害死。他心里非常痛恨三人,但表面上却虚以委蛇,强装笑脸,与之周旋。他深知自己现在还不是他们的对手,稍不留神就会落得和哥哥同样下场。所以步步小心,处处留意,对三人表现得毕恭毕敬,大事小情都找他们三人商量。

三人本来做贼心虚,处处提防刘义隆。但见他凡事唯唯诺诺,不像个成大气候的人,而且他们早已商议好让谢晦坐镇荆州,一旦京城有变,立马出兵发难。所以渐渐地就放松了警惕。

一天早朝,傅亮又要求皇帝纳自己的女儿淑惠进宫为妃。刘义隆当即表示同意,还煞有介事地非要选个黄道吉日册封她为贵妃,以表重视。这样,傅亮与皇帝刘义隆就有了亲戚关系,他更没有后顾之忧了。

这刘义隆可不是等闲之辈,他见三大臣逐渐放了心,便立即积极行动,暗中调兵遣将,伺机除掉三人。他先把自己的亲信王华、王昙调任侍中(皇帝近侍官),又从襄阳调来亲信道彦之到京都任中领军

（掌管宫中禁军），并让道彦之设法与谢晦结成朋友。

谢晦的两个女儿分别嫁给了朝中两位高官，这样他在京城就有了耳目。小皇帝又将他的儿子封为秘书郎，留在宫中，他非常高兴。道彦之从襄阳来到京都，他不疑有它。道彦之又有意结交，他二人很快就成为朋友。

这一天，傅亮、徐羡之在早朝之上突然对小皇帝刘义隆声称年事已高，要求辞官归隐。刘义隆不知他二人之意是真是假，便极力挽留。傅亮、徐羡之闻之更加放心，况且他俩也果真因年事已高，没有精力掌管朝政，就再三上表，向小皇帝请准。小皇帝见他俩态度坚决，不像耍阴谋诡计，便答应了。

退了早朝，小皇帝可乐坏了，在紫云殿痛饮一场，连呼"天助我也"，开始了灭除三位重臣的行动。

次日清晨，宫中传来小皇帝请傅亮、徐羡之入宫议事的手谕。傅亮因昨夜睡梦之中恍惚听见有人在窗外对他说，如果皇帝明日请入宫不要去，他将信将疑，对内侍推说夫人病重，服完药再入宫。内侍走后，他思忖再三，心想：宁信其有，不信其无，派人告知徐羡之，自己骑马逃出城外。

傅亮逃出100多里，来到一座山前，下了马，见四周无人，便在马屁股上拍了一掌，让它跑走，自己则钻入树林，来到一座坟前，按动机关，挪动墓碑，自己钻入坟中。

原来这是几年前傅亮为二哥修建坟墓时设计的。他恐怕日后遭遇不测，便在修墓时巧设机关，而且藏匿了大量的衣食用品。

小皇帝刘义隆左等傅亮也不来，右等也不来，便知情况有变，立即命侍卫包围傅府。得知傅亮逃走，便向家人逼问去向，一位老家人受刑不过，说出了秘密。

刘义隆派郭泓带兵追到傅亮藏身之处，让士兵挪开墓碑，不料从墓中射出一箭，正中兵士胸部。郭泓知道墓中有机关，就心生一计，命人点草顺着墓口向内放烟。一时浓烟滚滚，傅亮本来年岁就大了，哪受得了这个，不一会儿就一边用手抹着被烟呛出的眼泪，一边咳嗽着从墓中乖乖走出，束手就擒。刘义隆即命处死，并暴尸三天。当初他见风使舵，逼恭帝让位于刘裕，没想到今日死在15岁的刘义隆手中。

再说徐羡之得到消息也匆忙逃命。但跑不多远，便见大批追兵越来越近。他自知难以活命，解下裤带，上吊死了。这位曾帮助刘裕打天下的开国元勋自以为机关算尽，却也死得这般可怜。

在江陵握有兵权的谢晦，得知傅亮、徐羡之均死于非命，惊怒之余，立即调兵要发难京都。同时给好友檀道济和道彦之传话，让他们配合起兵，二人立即复话表示同意。

谢晦非常满意，统帅战舰来到彭城洲（今湖南湘县西北长江南岸）时，就远远看见朝廷舰队迎了上来。而且那舰队浩浩荡荡，足有几十里。又惊闻朝廷大军的先锋就是自己的所谓好友道彦之和檀道济。这才明白自己中了小皇帝刘义隆之计。又气又怕，自知不是敌手，无奈之下，仓皇而逃。他手下的军兵见主帅逃走，也都各自逃命。几天后，已是孤家寡人的谢晦便被抓住处死，年仅37岁。临死，他也没弄明白，自己的老朋友檀道济怎会率军攻打自己。

原来，这檀道济曾经有过诛杀刘义符、刘义真的行动，可谓谢晦等人的死党。但是小皇帝刘义隆为了报仇、匡复社稷，不计前嫌，对檀道济恩宠有加，又委以重任，主管军事，很快便将其从谢晦身边拉拢过来。这一切又都在秘密之中进行，饶是谢晦耳目众多，又岂能料到一个15岁的少年能有如此心机？所以谢晦至死也没悟透其中的奥秘。

至此，三位当朝弄臣都死在一个15岁的小皇帝手中，得到了应有的下场。

智勇双全的拓跋焘

南北朝时期，与宋国并存的还有北朝的北魏。

北魏的江山是鲜卑族首领拓跋氏所创建。拓跋氏原居于嫩江流域大兴安岭一带，东汉初年，迁居到今内蒙古呼伦湖附近。

拓跋部落源于拓跋毛时期。公元424年，部落首领拓跋珪的儿子拓跋嗣病死，其孙拓跋焘继位登基，改元始光，是年16岁。

拓跋焘年龄虽小，志气却大。时刻牢记爷爷与父亲的训诲，以统一南北方作为自己的奋斗目标。

在拓跋焘的爷爷和父亲的时代，均修筑过长城，用以抵御外侮。一天，拓跋焘率群臣到离国都平城百里之遥的丰镇视察，看见成百上千的人在那里修筑长城。便下令停止修建，以后也不用再为此劳民伤财了。众大臣纷纷表示此乃先帝遗训，如若不修，又以何抵御外侮呢？拓跋焘闻言，不慌不忙道："先帝遗训，也要择其精要而行之。修筑小小长墙，就能保证国家平安吗？身为大将，为什么只想到消极防守，而不去考虑积极进攻呢？！"众人一听他小小年纪竟能说出此等话来，既惊讶又折服。

正在此时，一个骑兵来报："柔然国纥升盖可汗亲率6万大军来犯，已攻占故都盛乐城！"

柔然本是鲜卑族的一支，西晋末年，组成强大的部落，此时才称"柔然"。传至首领社仑时，柔然国的地盘东至大兴安岭，西逾阿尔泰山，北临贝加尔湖，南到大戈壁，势力可谓强大。到大檀（自封纥升盖可汗，意思是制胜之王）继位时，经常出兵骚扰北魏，抢夺财物。

拓跋焘对大檀早已心存不满，但迫于大檀的势力强大，没有贸然出兵征讨。今见他公然率兵来犯，不禁气往上冲。但他表面不露声色，立刻带领群臣回到京都商讨此事。岂料大部分人都面露畏惧之色，缄默不语。只有侍中崔浩、司空奚斤、司徒长孙嵩军少数几个人力主抗敌。

拓跋焘见状，不由得冷笑一声，当即给崔浩等人进爵一等，又对缄默不语者罚俸一年，并且警告胆小怯敌者：谁若心存降敌之心，定斩不饶。然后宣布，御驾亲征，收复故都盛乐城。

拓跋焘年少气盛，率2万骑兵，马不停蹄地赶到盛乐城下。看见城墙上挂着一排血淋淋的人头，还悬挂着一个小布人，上书"拓跋焘"三个字。拓跋焘见了并不生气，只是微微笑了笑。这时，又听城墙上有人喊道："拓跋焘，你这小兔崽子，还不赶快下马受降！否则，就是这个下场！"

这个人显然就是大檀。他话音刚落，就见柔然士兵拖过几个北魏国百姓按倒在墙头之上，后边又有几个早已等候的士兵举起手中石头，将这几个百姓的脑袋砸得脑浆迸裂，其状惨不忍睹。拓跋焘一见，血贯瞳仁，心潮起伏，他强压满腔悲愤，挥手命令士兵：后退30里安营扎寨！

第二天一早，拓跋焘就带兵来到城下骂阵。大檀岂能怕他？只听三声炮响，城门大开，大檀率领柔然骑兵冲杀出来。不料，拓跋焘并不抵抗，带领军队掉头就跑。大檀不由得"哈哈"大笑，道："这小兔崽子吓破了胆了，给我追！"

拓跋焘在前边跑，大檀带兵在后面紧追。不一会儿，来到一片黄沙地，北魏军突然纷纷弃马四散而逃。大檀大喜，对柔然军道："他们被吓昏了头了，弃了马还能跑多远？冲过这黄沙地就可以逮着拓跋焘那小子了！"柔然兵听首领这样说，个个纵马向前飞奔。谁知这是拓跋焘的一计，他早令人在黄沙地里埋上铁蒺藜，柔然兵此时踏马上去，个个人仰马翻。顿时惨叫声此起彼伏。

但是，柔然兵作战非常勇敢，前面的倒下了，后面的继续前冲，踩着同伴的尸体继续前进。

眼看他们领先的一人就要追上拓跋焘了，岂知拓跋焘并不惊慌，忽然不知从哪掏出一面小黄旗，随手一挥，便从四面八方涌出一群战马，冲入柔然军中。这些马的背上装着炸药、毒剂的铁雷，马尾上有硫磺粉。点燃之后，烧得马群在柔然军中乱窜，铁雷相接，爆炸声响彻云霄。柔然兵哪见过这个，乱作一团，连炸死再加上互相踩死的，不计其数。

大檀见自己军兵惨死无数，急红了眼，大吼一声，抢下上衣，赤膊上阵。众军士见主帅发怒，也增添了几分士气，纷纷效仿，光着膀子向魏军冲杀过去。

拓跋焘见柔然军光着膀子冲了上来，不但不慌，嘴角反倒浮现出一丝诡异的微笑。似乎早已料到一般，将手中小旗又连挥了三下。北魏军似乎商量好了一般，见小旗晃了三下，就纷纷从兜囊中掏出黑头套套上，只露出两只眼睛。

大檀生性粗莽，不明其意，只知奋力拼杀。打着打着，他一剑刺中了拓跋焘左肩。顿时，殷红的血浸染了拓跋焘的战袍，但他一声未吭，继续作战。拓跋焘虽然不是大檀的对手，但他小巧灵活，大檀想致他于死地也不容易。大檀见久战不胜，心里着急，便有些浮躁。拓跋焘见状，心中暗喜，瞧住机会，从怀中掏出一个小布袋，向大檀身上扬去。北魏军见主帅动了手，也纷纷效仿，扔出布袋，一时白粉飘飞，向大檀和他的柔然兵身上洒去。柔然兵此时已酣战两个时辰，个个汗流浃背，白粉落在身上，顿时感到痛痒难忍，无法战斗。大檀也耐不住痛痒，夺路而逃。

原来，拓跋焘知道柔然兵骁勇善战，不能硬拼，只能智取。又了解到柔然兵有光着膀子作战的习惯，便事先配好干药粉，使出此计，柔然兵果然大败。拓跋焘岂肯放过他们？带兵紧追，直追出100多里，见柔然兵渐渐跑得没了踪影，这才率军返回。

大檀率领的柔然兵死命跑了一阵，见北魏军没有追上来，这才松了口气。这一停下来立即感到口渴难耐，纷纷四处找水喝。忽见前方有一条清澈的小河，众人眼前一亮，不由得欢呼着跳进河中，一边猛劲儿向身上泼水以止身上奇痒，一边大口大口地猛灌河水。不料，没喝进肚中几口，便气绝身亡。

原来，拓跋焘知道这些柔然兵久战必渴，事先在这条小河的源头令人投了毒。在柔然兵战败后，又紧追不舍，将他们追赶到此地。这一仗，拓跋焘靠自己的智慧和勇气战胜了强大悍猛的柔然兵，在历史上传为佳话。

大夏国的覆灭

柔然国的大檀率军侵犯魏国，被拓跋焘施巧计大败而归，从此元气大伤，由强变弱。此时，能与北魏相抗衡的主要敌国就成了赫连勃勃所统治的大夏国。

大夏国很强大，国君赫连勃勃也是一个残暴成性的人。他不仅任意杀戮战将，对国内人民也动辄施以酷刑。比如造兵器这件事，如果弓箭射不穿铠甲，造弓箭的人便被乱箭穿心；如果弓箭射穿铠甲，造铠甲的人便被踩成肉酱。这样荒唐的做法自然使许多无辜的工匠死于非命，民愤极大。有一些忠义的大臣便进谏规劝，赫连勃勃非但不听，还将这样的大臣割掉舌头，然后处死。如此一来，连规劝的人也没有了，赫连勃勃更是任意妄为，嗜血成性。

拓跋焘得知这些情况，认为像赫连勃勃这样的暴君有几个就应该杀几个。但他听说赫连勃勃修建夏都统万城（今内蒙乌审旗南白城子一带）时，筑城用土都必须蒸过，如城墙能用铁锥刺入一寸，筑城人就得被杀掉，城墙坚硬得可以说是刀枪不入。而且这其中似乎还隐藏着什么秘密。因为当初南北二凉围困统万城二年，城中竟无一人饿死。拓跋焘百思不得其解，又觉其中实在蹊跷，所以不敢贸然发兵。

这一日，拓跋焘正与群臣商议征讨大夏国之事，忽闻外面一阵吵嚷，忙问发生了什么事，一会儿，便有几个军士抓着一个五花大绑的蒙面大汉走了进来。其中一个军士扯去他的面罩，众人仔细一看才发现他是一个夏国人。一个大臣便喝问道："大胆刺客，是谁派你来行刺我朝圣上？！"

刺客自知难以活命，也不跪地求饶，昂然说道："大夏国受辱之仇人人得以报之，没人指使我来，我是大夏子民，为大夏报仇而来！"

原来，拓跋焘的爷爷曾在一次战斗中杀死赫连勃勃的父亲及其5000兵士，赫连勃勃记恨在心，将此视为国耻，因此大夏子民也均知此事。拓跋焘见此人宁死不屈，谈吐不凡，心中已暗暗有些佩服。

北魏大臣均想趁此机会多问问大夏国的情况，但刺客就是不说，众大臣见状纷纷请求拓跋焘将此人斩首。

刺客想这下自己死定了，便突然跪地对拓跋焘说："大王要杀我，我死无怨言，但请大王成全我一桩心愿？"

拓跋焘一愣，问道："什么心愿，你且说出来，能成全我定成全。"

刺客让士兵从自己怀中掏出一封信，告诉拓跋焘将此信交与他的80岁老母手中，说罢还磕了一个头。

拓跋焘接过信，展开看了看，不由得颇为感动。只见那信中言辞恳切，流露出对老母的无限眷恋与怀顾，一看便知此人是个大孝子。而信中又似乎隐藏着一股无奈，拓跋焘心中明白，此人行刺并非出于自愿，而是被逼前来。于是决定放他回去。

刺客听说不杀他了，开始还不相信，直到拓跋焘笑着问道："怎么，难道你还非要取下我的人头再走吗？"他这才明白过来，脸红了一下，却不搭话，转身便走。走到殿外，忽又停下，似乎下定了决心一般，转身又回来，大声对拓跋焘说道："大王是个贤明的君主，今日我要告诉大王一个秘密，但是并非为今日不斩之恩。只因那大夏国君赫连勃勃残暴成性，屠戮无辜，人人得而诛之。只请大王如若真要攻下我大夏，万不可伤及无辜百姓……"言及此，竟然热泪盈眶。

拓跋焘一听此人此语，不由愈加佩服此人，忙道："我攻大夏，只为诛杀赫连勃勃，决不伤及无辜。不知你要说的秘密可是当年南凉、北凉围困统万城二年，城中却无一人饿死之事？"

刺客见拓跋焘答应了他，用手抹了一下湿润的眼眶道："正是此事，当年统万城被围，城中无一人饿死。许多人认为是有天神庇护，其实不然，事实上是由于当年赫连勃勃修筑统万城时，将米谷蒸熟打成黏糕，再做成米砖，以备断粮时用。"

拓跋焘及众大臣闻听此言才恍然大悟，刺客又告诉拓跋焘，赫连勃勃已死，赫连昌刚继位不久。说完这一切又向拓跋焘索要一物作纪念，拓跋焘便将腰间配带的一块玉佩送给他。

刺客一走，拓跋焘便决定立即发兵。

魏军兵分两路，一路由拓跋焘统领3万步兵骑兵进军统万城；一路由司空奚斤为帅带3万兵进攻长安。

拓跋焘率军刚一渡过黄河，便烧毁了所有船只，像当年的项羽一样破釜沉舟，断绝了退路，想一举攻破统万城。

但是事情远非他想象的那么简单。他在统万城下一连叫阵三天，赫连昌就是闭门不出。拓跋焘知道赫连昌这是和自己耗上了。长此下去，魏军粮草不足，定会不战自败。而赫连昌依靠"米砖城墙"却可以支撑几年时间。想到这些，他不由得感到一阵心浮气躁，在大帐中踱来踱去，苦思诱敌出城之策。正在此时，士兵从外推进一个夏兵，说是意欲行刺，请拓跋焘处置。

拓跋焘一看此人，觉得有点面熟，刚要问话，却见此人从怀中掏出一块玉佩，问他可识此物。拓跋焘一见，正是自己送给那个告之统万城秘密的刺客的。待要相认，却发现此人不是那人。正在纳闷的时候，这夏国士兵说："大王不要迷惑，这玉佩是我哥哥临死前给我的，还特意嘱咐我必须报大王不杀之恩。"

拓跋焘一听大惊道："你哥哥怎么死的？他走时还健壮如牛，怎么区区数日便死了呢？莫不是得了什么暴病？"

夏兵闻言长叹一声道："哪里是得什么暴病，都是那赫连昌见我哥哥没能提回大王首级，一怒之下将他杀了。"

拓跋焘不由得惋惜不已。半响方又问道："你今日来却又为何？"

三国西东晋南北朝

"哦,看我倒把正事忘了。"夏兵一听拓跋焘问他,忙答道:"大王,夏王赫连昌已派人向长安他弟弟赫连定处求救,赫连定也已回信,让赫连昌暂且闭门不出,坚守统万城,等他打败奚斤一伙,再来与哥哥前后夹击,全歼魏军。小人闻知此事,想起哥哥遗嘱,恐大王吃亏,故前来相告。"

拓跋焘听了夏兵一番话,灵机一动,有了主意。

这一天,拓跋焘又来到统万城下挑战,赫连昌依旧闭门不出。只是站在城墙上向下观望,忽然看见魏军后冲上来一大队夏军,很快,魏夏两军便交战在一处。此时又有一个夏兵跑到城下高喊:"长安大军已到,请夏主火速派兵助战!"

赫连昌一听大喜,只道是弟弟赫连定率军前来,不疑有他,率兵出城。

拓跋焘见赫连昌开门出城,仓皇而逃。赫连昌随后就追,也不知追了多远,忽然来到一个山谷之中。赫连昌发现拓跋焘不知何时不见了踪迹。正在惶惑之时,忽闻一声炮响,从四面的山头上冲下成千上万的魏军。

原来,在城下与魏军交战的夏兵都是拓跋焘命魏军假扮的,就是为了诱赫连昌出城。此时拓跋焘一马当先,冲在前面,口中大喊道:"请大家看看后面山头,我已命人将粮草烧毁,要想活命,就跟我一起冲,杀了赫连昌,攻占统万城!"魏军一听,向后一看,只见山头上浓烟滚滚,便纷纷与夏兵战在一起。

俗话说得好:横的怕愣的,愣的怕不要命的。魏军一见粮草没了,都玩儿了命,夏兵岂是对手?赫连昌见败势已定,夺路想逃回统万城。但已经晚了,魏将豆代田率兵攻占城门,挡住去路。赫连昌无奈,只得拨马向城外逃去。

就这样,大夏国由于国主不仁,残暴成性而覆灭。

魏国却因之扩大了地盘,成为北方最强大的国家。到公元439年,拓跋焘统一了北方,占领中原60%以上的土地,宋朝在南方占据30%的国土,南北朝对峙局面正式形成。

范晔遭贬修汉书

公元439年，拓跋焘统一北方，与南方的宋朝形成南北对峙局面，史称南北朝。

此时南朝宋的当朝皇帝为刘义隆。刘义隆少年有为，才智过人，然而现在却是今非昔比了。由于他沉溺于宫中嫔妃之间，几乎将身体完全弄垮掉了，连朝政也主持不了。只有把彭城王义康召进京都，维护朝纲。同时应召入京的还有刘湛、殷景仁，二人分别升任领军将军、尚书仆射。

彭城王义康在入京之前就了解到朝中最有才华的人当属秘书监谢灵运、中书侍郎裴松之和太子詹事范晔。于是，到京第二天便准备与他们见面，商议朝中大事。

但是，俗话说的好，不怕没好事，就怕没好人。与彭城王义康同时进京的领军将军刘湛本身就是一个鸡鸣狗盗的投机分子，他忌妒谢灵运等三人的才华，又怕他们提升后会阻碍自己仕途的发展。因此，他前一天就跑到彭城王义康那里，说此三人虽略有文才，但傲慢自负，平素连皇上都不放在眼里，更何况是你刚入京城的彭城王呢？

彭城王一听就有些犹疑不定，半响道："那依你之见呢？"

"这种人当然不能委以重任，最好是让他们去修纂史书，以免干预朝政！"刘湛似乎早有准备，转着他那双贼溜溜的小眼睛脱口而出。

第二天，谢灵运、裴松之、范晔三人来到议政殿，等待彭城王会见。但是左等不来，右等不来，正等得不耐烦，忽见刘湛来了。未待三人开口问话，刘湛就道："皇上圣谕，钦命三公修纂史书。"

三人一听大惊，他们觉得这根本不可能，皇上决不会把他们三人排斥在朝政之外。

刘湛见他三人满脸狐疑，接着说道："皇上命中书郎裴松之为《三国志》作注，命太子詹事范晔撰写《后汉书》，命秘书监谢灵运编纂《晋书》。"

三位大臣都是冰雪聪明，未等他说完便已明白个中蹊跷，知道此事一定是刘湛暗中搞鬼。他话音刚落，个性鲜明的谢灵运便立即揭穿刘湛为自己升官发财，将三人当绊脚石踢开的阴谋，同时声明：修纂史书自己胜任不了。言罢，扬长而去，刘湛只能咬牙暗自发恨。

虽然刘湛已假借皇上之口命他们去修纂史书，但他深知几位大臣均非等闲之辈，还有些不放心。过了些日子，他借皇帝之名，询问修史进度。裴松之、范晔都手中拿着一个画轴来了。但令刘湛惊讶的是那个声称自己胜任不了的谢灵运也来了，而且手中也拿着一个画轴。刘湛不由得心中暗自得意，心想：你谢灵运到底斗不过我！他也不看谢灵运一眼，径自对裴、范二人道："圣上交待之事，不知二公完成的怎样了？"

裴、范二人明知他做作，也不理他，只将所带画轴展开。刘湛凑上去细看，只见上面写着史书的题目、细则，心中十分满意。这时，谢灵运也忽然将自己的画轴展开对刘湛道："刘公，这像不像你的尊容？"刘湛一见大怒。原来，那画上一字皆无，却画着一条狗伸着舌头，在舔一个人的光屁股。

刘湛气得浑身发抖，去抢那画轴。谢灵运早料到他有此招，一缩手，将画藏到身后。刘湛见抢不着画，便将一口唾沫吐到谢灵运脸上。谢灵运也不生气，反而嬉皮笑脸地一把将裤子脱到膝盖以下，指着胯间之物道："刘将军，你跟此物差不多吧？哈哈……"

裴、范二人见谢灵运如此，早忍不住纵声大笑。这下，刘湛更加生气，指着他们三人道："好，你们串通一气，戏弄本官，欺瞒圣上，你们等着吧！有你们的好果子吃！"说罢，气冲冲地走了。

这刘湛最善使栽赃陷害的手段。谢灵运只图一时痛快，却不知已招来杀身大祸。刘湛跑到彭城王义康处，说谢灵运怎样瞧不起彭城王，称之为胯间之物。彭城王一听还了得？立即奏请皇帝。皇帝考虑他诗才出众，便发配广州，以观后效。刘湛岂肯甘休，到底寻个理由将他斩杀了，出了胸中这口恶气。

但是，在这场争权斗争中，刘湛也最终成为一个牺牲品。他想扳倒义隆皇帝，与义康一起谋划篡权。事情败露，被义隆皇帝满门抄斩，比谢灵运下场还惨。彭城王义康也被贬为江州（今江西九江）刺史。

再说范晔，自从得罪彭城王，被贬到宣城（今安徽省宣城县）任太守。上任之后，心绪不佳，不理政务，一心修纂《后汉书》。他在《东观政要》的基础上，参考诸多史籍，历经数年辛苦，最终编得流传百世的《后汉书》，为总结中国民族历史，做出了杰出贡献。

范晔修完《后汉书》，便将其送到义隆皇帝手中。由此得到重用，升任左卫将军兼太子詹事。不但有权参与朝政大事，而且逐步掌握实权。

但是范晔得到实权以后，便忘乎所以起来。不仅生活奢糜，大兴土木修建范府，而且广选美女姬妾。所谓乐极生悲，范晔所作所为很快便被人密报义隆皇帝。皇帝大怒，解除他所有官职，让他做没有什么职务的"放巡"到各地巡视。范晔接到圣旨，好似一下从云端跌到了地面。又后悔又沮丧，极不情愿地告别繁华京都，踏上了"放巡"之路。

如果他就此改邪归正，或许还能官复原职。毕竟皇帝也很赏识他的才华，至少可以保住一条性命。然而事实证明他越滑越远，很快就被遭贬的彭城王拉拢过去，和他一起阴谋策划谋反。但很快被义隆皇帝知道，范晔落了个与刘湛同样的下场。

范晔多年为官，也可谓宦海沉浮，却并未留下什么值得人称道的业绩。但遭贬时修纂的《后汉书》却作为一部很有价值的史书留传至今。

沈璞智斗拓跋焘

南北朝对峙局面形成之后，双方虎视眈眈，均想吞并对方。

公元450年春，战斗开始迅速升级。魏帝拓跋焘亲自率军10万进攻宋朝悬瓠城（今河南省上蔡县），围攻一个多月没有成功，只得退兵。

夏季，宋军对北魏展开报复性进攻。时值雨季，拓跋焘躲在城内，不肯出门应战。双方的拉锯战一直持续到冬季，才最终有了结果。

拓跋焘在这一年冬季，亲率百万大军大举侵宋。其势锐不可挡。

宋军节节败退，北魏军所到之处，一片刀光火海，生灵涂炭，许多宋朝臣民死于无辜。而朝中无将，无力抵抗。眼看难以支撑下去，义隆皇帝无奈，只得派侍中田奇带上美酒、珍宝前去求和。

田奇来到拓跋焘大帐之中，只见拓跋焘正专心致志地逗孙子："乖孙子听话，爷爷将宋朝皇帝的狗头割下来给你当球踢……"田奇闻听，强忍心中愤怒道："大王，你率北魏军士屡犯大宋，致使我宋朝军民生灵涂炭，为使天下黎民安居乐土，免受战乱之苦，我大宋国皇帝特派我向你表示讲和之意，还请你应允。"一番话说得不卑不亢。

拓跋焘可不管你话说得好坏，总而言之，你是求和来了，求和就相当于投降，还有什么好听不好听之分？不慌不忙傲慢地说道："求和？不就是投降嘛！"说着抱起小孙子，眼珠转了转接着说道："求和可以。不过，必须要你们皇帝的女儿嫁给我这孙子当媳妇……"

田奇快马回到都城建康，向宋帝义隆说明情况。义隆皇帝沉默不语，一时大殿之上寂静无声。许多人已被北魏军吓怕了，但要把皇帝女儿嫁给胡人也觉得未免太受污辱，所以谁还敢吱声？正在此时，忽一人出班喊道："皇上，臣愿拼死与魏军一决雌雄！想我堂堂大宋王朝，岂能受小小胡人如此侮辱？！"

义隆皇帝一看，正是吏部尚书江湛，不由微微点头。但还未等他开口，旁边的皇太子一把抓住江湛的衣襟骂道："老古董，我看还是把你女儿送给胡人当老婆吧，免得你把胡人引入京城！"义隆皇帝忙厉声喝止太子，皇太子的话突然使他灵机一动，计上心来。

第二天，义隆皇帝就选了一名漂亮迷人的宫女代替公主送给拓跋焘。拓跋焘一见不知真假，又见那女孩长得国色天香，非常高兴，色心大起，留下自己享用，尔后立即退兵。

魏军退兵途经盱眙，闻听城内盛产美酒，还屯积大量粮草，拓跋焘便想顺手牵羊，小捞一把。于是派人送信给盱眙城内太守沈璞，命他将粮草全献给魏军，外加美酒一桶，否则杀进城去，鸡犬不留。

很快，沈璞就派人送来一大桶美酒，并且说粮草明天就派车运来。拓跋焘闻听大喜，忙召来全部将领品尝美酒。待人揭开桶盖，就闻见一股腥骚之气，众将都纷纷掩住鼻子。拓跋焘也起了疑心，命一名军士先品尝了一口，军士刚喝进去又一口吐了出来，并大叫："皇上，这，这不是美酒，是马尿！"拓跋焘见沈璞如此戏弄自己，气得破口大骂，第二天便率大军包围了盱眙城，并发誓要踏平此城。

盱眙城上，沈璞亲自督战三军，见拓跋焘大军前来，并不畏惧。拓跋焘在城外叫阵，沈璞看得真切，举手射出一箭，正射中拓跋焘的头盔。拓跋焘吓得一缩脖子，恼羞成怒，下令攻城。沈璞早有准备，一声令下，城上顿时飞箭如蝗，魏军八次进攻，均遭失败，看着城下堆积如山的魏军尸体，拓跋焘只得收兵回营。

次日，拓跋焘身骑战马，又来到盱眙城下。他不下令攻城，却命人向城上射出一箭，箭上绑着一封信。沈璞接到信展开一看，只见上面写道："沈璞小儿你今日尽可以开弓放箭，射向军士。这些军士非我鲜卑人，而是胡人、丁零和羌人，射死他们，对我无害反而有益……"

沈璞看完信，冷笑一声，找了一个嗓门大的士兵，向拓跋焘的军士宣读此信。顿时，魏军一片哗然，议论纷纷，拓跋焘写信本来是想气气沈璞，不料弄巧成拙。见三军大乱，气得旋着马在原地兜圈子。

沈璞见状，又立时修书一封，命人射下城去。信中大意是：城中确实盛产美酒。但这美酒只给人喝，你枉自为人，只能算畜牲，所以以尿代酒，送给你喝；城中确实存有粮草，贵军如用，倒是可以。但需以一颗人头换一粒粮食，你贵为国君，特殊优待，你的人头可换一石粮食，何如？

拓跋焘一见大怒，喝令三军攻城。但是今天来的军兵果真大部分都是胡人、丁零、羌族等其他族人，他们刚才听见沈璞读了拓跋焘的信。伤心之余又都义愤填膺，哪里还会给他卖命。无论拓跋焘怎样命令攻城，他们就是不动。拓跋焘更加气昏了头，命令鲜卑族士兵杀戮了几个外族军士，这下可热闹了。那些外族军士正无处泄火，此刻见状，立即动手，与鲜卑族军兵拼起命来。拓跋焘无法控制，只得鸣锣收兵，士兵们这才逐渐停止厮杀，撤回大营。拓跋焘自知理亏，也不深究。

但是拓跋焘岂能咽下这口气？次日清晨又来攻城，而且还让士兵抬着一张上面排满刀尖的铁床，对着城上的沈璞喊："沈璞小儿，休得猖狂，待我攻破城后，就让你尝尝这'石刃穿心'的滋味！"沈璞见了略一思忖，便命人将一黑漆棺材抬上城楼，冲拓跋焘道："拓跋大王，此乃家奴重病而为其所备之物。不过闻听大王来此之前无暇备得此物，而我夜观天象，知你必死于我家奴之前。唉，我就发发善心，借你先用，不知这棺材大小盛你和幼孙是否可以？"

拓跋焘气得哇哇乱叫，下死命令攻城。谁知魏军向前一冲，城上便兜头盖脸地泼下一盆盆滚烫的开水和豆油。魏军哪见过这个，纷纷哭爹喊娘地向后退。但他们仗着人多，退下一批，又冲上一批。城上沈璞也不示弱，让士兵泼完油和开水，又投下用石灰和硫磺制成的霹雳炮，炸死许多魏军。

攻城一直持续了一个多月，魏军人多，粮草供应不上，很快就达到每天只能吃一顿的地步。

此时不用说攻城，就连走路都摇摇晃晃。而沈璞军士个个神采奕奕，显然城内确实粮草丰足。一日，宋军忽然从城上扔出数千个小布袋。魏军不知何物，纷纷跑去看，发现里面是炒好的黄豆。他们都饿极了，也不多想，都争抢着往嘴里填，可是吃下去不久，便口鼻流血而死。原来袋中黄豆都是浸过毒药的。

拓跋焘见状，又恨又怕，也不敢再战，只好收兵返回都城平城。在盱眙城大败而归，拓跋焘心绪不佳，偏偏又有奸人从中挑唆。中常侍（侍从皇帝，传达命令的官）宗爱向他密报：仲尼道盛与太子过从甚密，谋篡位之事。拓跋焘闻听大怒，不问青红皂白，便将仲尼道盛杀了。太子闻听，知道受了小人陷害，但却无可奈何，又怕父皇降罪，胆颤心惊，最后竟饮鸩自杀了。宗爱本与仲尼道盛有仇，想害死他，没想到太子也跟着死了，心里害怕，又听说太子留下了遗书，更急得像热锅上的蚂蚁。可巧，拓跋焘自战败以来终日饮酒，这一日又醉倒在龙榻之上。宗爱夜里悄悄溜进皇宫，见四周无人，干脆一不做、二不休，将拓跋焘给掐死了。可怜这位曾威震四方的皇帝，死都不知自己是怎么死的。

杀了拓跋焘，宗爱立他的小儿子拓跋余为皇帝，改元永平。他知道此子最好吃喝玩乐，不干正事，这样，就能把朝政大权牢牢控制在自己手中。但是他把持朝纲，引起了许多大臣的不满。而且拓跋余发现宗爱根本不把自己放在眼里，非常生气，便与一些大臣商议杀掉宗爱，不过消息走露，倒让宗爱给杀了。

但是宗爱也没风光多久，就被刘尼、贺源、陆立、长孙渴侯密谋给杀了。除掉了这个弑君篡国的宗爱，众朝臣拥立拓跋焘的孙子拓跋濬为帝，时年13岁，改年号为兴安元年（公元452年）。

南朝宋灭

公元473年夏，在位八年的南朝宋之皇帝刘彧在宠幸一名后宫嫔妃时突然驾崩，其10岁的儿子刘昱继位。

但是在这个新皇帝刘昱身上却隐藏着一段公开的秘密。原来，刘昱不是刘彧的亲生儿子。刘彧自己不能生育，便让自己的侍女李妙登与嬖臣李道儿秘密同居，生下男孩，作为自己的儿子，便是刘昱。

刘昱继位，实际上等于皇权到了李家手中。宫外大臣们大都知道这个秘密，岂能容忍？不久，江州刺史、桂阳王刘休范就带头起兵，想逼刘昱下台。叛军打到宫外，10岁的刘昱吓得哇哇大哭，皇太后王氏准备悬梁自尽，宫内一片混乱。此时，右卫将军萧道成挺身而出，平息了叛乱，使刘昱的皇位转危为安。萧道成也因此擢升为中领军。

可是这刘昱生性就不是什么好东西。当了两年皇帝，逐渐暴露出残暴的本性。刚刚12岁就经常对人动用酷刑。他的后宫准备了各种刑具，稍不顺心，就对人施刑，以此取乐。有一次，侍者侍宴时，有一道菜上的稍微早了一点，不合他的心意，他竟命人将之当场锯为两半。宫中诸人均深切体味到"伴君如伴虎"这句话的意思，每天战战兢兢，如履薄冰。

刘昱15岁时，更加为所欲为，朝中大臣几乎均被他戏弄过，就连曾经有功于他的萧道成也不放过。一天中午他信马游缰经过萧道成的府第，便想进去看看，也不待人通报，便径自来到萧道成床前。此时萧道成正袒胸露背地在床上大睡。刘昱站在旁边看了一会儿，发现萧道成的肚脐眼特别大，眼珠转了转，遂在他肚皮上拍了一掌，大笑道："哈，好一个箭靶子呀！"

萧道成睡梦中感觉有人拍他，醒来一看，发现皇上来了，吓得忙起身穿衣。刘昱却笑着说道："不用了，萧爱卿，朕正有一事和你商量。"

"皇上有何见教，请明言，还望恕臣不恭之罪。"萧道成一听忙答道:"恕你不恭可以,但是你可得依朕一件事。朕发现爱卿的肚脐眼很大,近来朕练箭一直找不到好箭靶。今日一见卿之肚脐眼儿,发现这竟是一个上好的箭靶,可否借朕一用?"说毕,刘昱用眼斜睨着萧道成。

萧道成闻听此言,哭笑不得。心想,这肚脐眼儿岂可借给别人做箭靶之用?一箭下去命岂不没了。有心说不,却又怕眼前这个皇帝发怒怪罪,正犹豫间,刘昱已等得不耐烦,早喝令两个侍从架着萧道成站到帐外。他取毛笔在萧道成肚脐上画了个圈,然后拉弓搭箭,眼看一箭射出,萧道成就必将中箭倒地,忽然萧道成的卫队长王天成急中生智,跪地说道:"启奏陛下,中领军腹大,确实是难得的好靶。但是臣想皇上神箭,定然一箭中的。那时,中领军死了,岂不是再难找这样的好箭靶了?"

"那你说怎么办?"刘昱听了,一想也对,便问他道。

"依臣之见,不如用包着皮的圆头箭,日后还可再射。"王天成急忙答道。

刘昱一听有道理,就换了箭,众人这才松了一口气。

刘昱搭箭拉弓,瞄准萧道成的大肚脐,大喊一声"着"。箭正中萧道成的肚脐眼儿,刘昱见状大笑,随口问道:"朕的箭法如何?"四周一片称赞。王天成又道:"皇上果然神箭。一箭便中,勿须再射。"

刘昱听罢,拍拍手道:"好吧,朕改日再来!"说完,率众人而去。

再说萧道成,哪里受过这种戏弄?捂着肚脐又痛又恨,后悔当初不该救这小子!当即暗暗打定主意:一定要寻机除掉这个小昏君,以报今日之辱!

第二天,萧道成便找到校尉王敬则,与他商议好收买宫中侍卫杨玉夫、杨万年,令他二人诛杀刘昱。刘昱在宫中的暴行早已激起民愤,二人当即表示同意。当夜就在刘昱熟睡之时,一刀结束了他的小命。

次日清晨早朝,萧道成宣布拥立11岁的安成王刘準为新帝,在位两年。刚刚13岁,便又被萧道成逼迫退位。

公元479年,萧道成自己登基坐殿,成了皇帝,改宋为齐。

冯皇后设计除奸相

北魏拓跋焘的孙子拓跋濬继位之后,丞相乙浑见他生性软弱,便愈加相欺。手握兵权,把持朝纲,说一不二,而且他见皇后冯氏年轻貌美,竟不顾君臣人伦大礼,几次三番前去调戏。拓跋濬敢怒不敢言,眼见自己心爱之人被人肆意欺侮,身为国君,却又无国君之权,抑郁成疾,病在龙榻之上。

公元465年的一天,在位13年、已经26岁的皇帝拓跋濬又被乙浑气得口吐鲜血,不多久便撇下后宫妃嫔、满朝文武,撒手而去。

拓跋濬死了,从此烦恼不知。可这却苦坏了冯皇后,她还年轻,便失君守寡。而且一想到乙浑色迷迷的双眼,就不寒而栗。在后宫哭罢多时,便想一死了之。不料,这一切早被后宫詹事(负责皇后、太子家事的官)李奕看在眼里。他早对冯皇后暗自倾慕,只是碍于君臣大礼,便将这一份感情藏在心底。今见冯皇后孤儿寡母、无所依靠,便欲拼死命暗中相护。此时见冯皇后欲寻短见,忙奔出相救。并对其晓以大义:"皇后,丞相乙浑图谋不轨,此刻已将后宫围了个水泄不通,你若随先君而去,皇帝怎么办?他才12岁呀!"

一番话说得冯皇后低头不语,良久,她才说道:"李将军,这朝中没有一个人敢得罪乙浑,你这样做是会受到乙浑加害的。你还是别管我孤儿寡母,让我们听天由命吧!"

李奕一听,不由得热血沸腾,道:"大丈夫岂是贪生怕死之辈?更何况,为了皇后,我就算是肝脑涂地也在所不惜!"

冯皇后闻听,心下一惊。她早就感觉到李奕在宫中做事,对自己照顾得非常周到,只不过她常想这本是他份内之事。今听此言,似有所悟,又抬起头,看见李奕正目光灼灼地盯着自己,不由得脸上升起一片红晕。但皇上刚死她也不便怎样表示,只是小声说道:"李将军,你不能死,我也不让你死。咱们一定要活下去……"说到这里,停了一会儿,似乎下了决心一般道:"今天晚上,你将乙浑引到太华殿,行吗?"

李奕听冯皇后说不让自己死，已明白她的心意，又从她坚毅的目光中似乎看出了什么，忙答应她，起身而去。

晚上掌灯时分，冯皇后正在太华殿，坐在镜前理妆，醉醺醺的乙浑不知何时竟像偷嘴的猫儿一样溜了进来。原来，他得到李奕通知，叫他今晚来太华殿见冯皇后，心中便兴奋不已。心想，这冯皇后新寡，定是寂寞难耐，约我今晚前去偷欢。又想到自己几次调戏，均未得手，不由得想趁机肆意报复，临来趁着兴奋劲儿又多喝了几杯。

冯皇后见乙浑进来，便强按住心头的慌张，示意侍女们下去。乙浑一见侍女们走了，立刻蹿到冯皇后身旁，搂住她便"心肝宝贝肉儿"的乱喊起来。冯皇后却一把推开他道："乙浑大人，知道我今晚为什么请你来吗？"

"莫不是皇后要赏我艳福吧？"看着眼前如一朵带雨梨花的冯皇后，乙浑早已把持不住，边脱衣服边嬉皮笑脸地随口答道。

"丞相大人，听说明天早朝你就要废掉新君，自己登基，不知可有此事？！"冯皇后一见他那一副丑态，早已恶心得作呕，蓦然厉声喝问道。

那乙浑饶是不把冯皇后和小皇帝放在眼中，今见冯皇后正言厉色的诘问，也是心头一跳，猝不及防，一时语塞。冯皇后也怕把事情弄僵，把握不住，又强压心中的怒火与鄙恶，忽然展颜一笑，柔气细声道："乙大人，你如想当皇帝，我劝新君禅让给你好不好？到那时，你我二人……"

乙浑一听此言，立刻又心花怒放，又加上他今晚也多喝了几杯，不及多想便连声应道："好，好，只是，只是我现在已等不及了！"言罢，上前便将冯皇后抱起放到床上，三下两下撕去冯皇后和自己的衣服。冯皇后也不挣扎，只是暗中流下两行清泪……

一会儿，乙浑心满意足地要水喝。冯皇后亲自侍奉他一杯水。乙浑依然色迷迷地瞅着冯皇后，将那杯水一饮而尽。冯皇后看着他喝完了，嘴角浮出一丝冷笑。

过不多时，乙浑便七窍流血，中毒身亡。

第二天早朝，12岁的皇帝拓跋弘身着龙袍，雄赳赳地出现在大臣们面前，冯皇后亲手将他扶上宝座。

环视一下众臣，冯皇后又与侍立一旁的李奕对望一眼，然后威仪万方地朗声说道:"来人,请出丞相乙浑!"

话音刚落,便见四名禁军抬着乙浑的尸体出现在大殿上。群臣一见,惊得目瞪口呆。

冯皇后厉声喝道:"众卿听着,乙浑谋权篡位,谁若仿效,这就是下场!"

大臣们多数早已对乙浑不满,只是敢怒不敢言。今见皇后竟能将其处死,不由得暗中钦佩,立即跪倒,齐呼:"吾皇万岁,万岁,万万岁!"

冯皇后又从容谈了一番治国安邦的道理,众臣闻听,更是佩服得五体投地,均觉得冯皇后不是一个平平之辈,从此均不敢心存侥幸,一心辅佐幼主新君。

北魏,就此避免了一场政治危机。

不同寻常的女性

冯皇后设计除掉奸相乙浑,又临朝听政一年,帮助12岁的小皇帝拓跋弘站稳了脚跟,便又退回后宫,把主要精力放在抚养太子拓跋宏身上。

此时冯皇后已是威不可侵的冯太后,但是她对当年的救命恩人李奕没齿难忘。两人朝夕相处,渐生情愫,可冯太后的身份又注定二人不能正式结为夫妻,因此二人只能暗中相聚。一晃10年过去,两人感情非但没有淡薄,反而如那陈年的美酒,愈酿愈淳。两人也都将对方引为知音,难舍难离。可时间一长,两个人的事也便成为公开的秘密。除了拓跋弘等少数人之外,多数人均已知道。

却说那拓跋弘,当了五年皇帝,到了17岁时便感到力不从心,把皇位传给了5岁的拓跋宏,自己去做逍遥自在的太上皇了。冯太后无奈,只得暗中多费些精力教导拓跋宏。

而魏朝的这种情况却被好战的柔然国探知,立即发兵侵犯,以报当年被拓跋焘大败之辱。此时魏朝之内,文武大臣竟无一人能领兵带队出征。情急之下,冯太后将拓跋弘训斥一顿,让他带队出征。

冯太后为了使拓跋弘安心战事,便再次临朝听政,而此时相州(今河北省临漳县邺镇)地区又忽然爆发了农民起义。冯太后大惊,真可谓内外交困。她忙命人调查原因,得知是相州刺史李欣贪赃枉法,大肆搜刮民脂民膏,民不聊生,这才造反。又闻李欣到任才两年,竟运回家里数十车金银财宝,而且相州有灾,也不赈济,致使饿殍遍地。

冯太后大怒,急令人将狗官李欣押回京都,关入死牢。

大部分人闻听太后此举,均拍手称快。可是令冯太后没有想到的是自己此举却葬送了情人李奕的性命。

原来,冯太后将李欣押入死牢后,他的女婿裴攸立即动手实施营救。此人阴险毒辣,想伺机报复冯太后,但冯太后贵为太后,一时无从下手。想来想去,想到了李奕身上。他跑到西征途中的拓跋弘面前,将冯太后与李奕之间的事情添油加醋地说了一通。

拓跋弘闻听大怒,心里怨恨母后糊涂,做出这种与人通奸的丑事。恰逢李奕正在西征途中效力,他不分青红皂白,将李奕推出去乱箭穿心处死。同时降旨:"裴攸告密有功,赦免其岳父李欣,并且官复原职。"

这一天,冯太后正在后宫给远在征途的李奕写信,以寄相思之情。忽有侍女匆匆进来,似有话要说。冯太后并不言语,她继续写下去。不料那侍女竟轻声啜泣起来,原来那侍女是从小就跟着冯太后的。冯太后非常疼爱她,像对自己的亲生女儿一样对她,而且她又是个感情细腻的女孩,非但不觉得冯太后与李奕之间是什么丑事,反而理解他们之间的真情。今见太后仍给李奕写信,而她却刚听说李奕已被太上皇命人乱箭射死,不由得又急又悲。

冯太后见她哭泣,以为她受了什么委屈。放下笔,拉过她的手道:"好孩子,谁欺负你了?说出来,我给你出气!"

"不是我受了欺负,是太后您——"女孩未等说完,忽然说不下去了,放声大哭起来。

冯太后心中一紧,忽然有一种不祥的预感,慌忙问道:"出了什么事,你快说!"

女孩强抑悲痛,说道:"李奕,李将军,他被太上皇命人乱箭射死了!"

她话音刚落,只见冯太后"哎哟"大叫一声,痛昏过去,侍女忙在一旁急切地呼唤,又是捶胸又是抚背。许久,冯太后才悠悠醒转过来,但却没有一滴眼泪,只是直呆呆地发愣。侍女见状,知道太后是伤心至极,欲哭无泪。但又无可奈何,只好在身旁相伴,以防出现什么不测。

李奕的死,可谓是一个晴天霹雳,对冯太后造成致命的打击。呆坐在后宫,她不禁想起这十年来,与李奕何等恩爱有加。无论有何国难,李奕都与她生死与共,成为她可以信赖的大树,可以停泊的港湾。想到这些,她终于流下了两行热泪,十年来,自从先君驾崩,这也是她第一次哭泣。哭够了,她想,这都是自己害了李奕,便下决心从此不理朝政,躲进后宫,专心事佛,以超渡李奕在天之灵。

冯太后想要归隐后宫,而李欣等人却不肯放过她,一心想要将其置于死地。于是又想出一条毒计。他们跑到已班师回平城的拓跋弘那里,向拓跋弘诉说冯太后闻听李奕被太上皇杀了,如何悲痛欲绝,又如何发誓一定要杀死太上皇给李奕报仇。

拓跋弘一听,信以为真,心想,母后竟如此狠心,为了奸夫居然要杀死亲生儿子。既然你无情,也就休怪我无义了。于是马上命人去后宫降旨,要冯太后自裁。李欣却又另献一计,说为了掩人耳目,不如献一盒毒点心让太后吃,然后就说太后无疾而终。拓跋弘一听,也就同意了。

可是要想人不知,除非己莫为。他们自以为做得很隐密,可却被李奕的好友李冲无意中听到。他一方面晓得好友死得悲惨,另一方面又钦佩冯太后治理朝纲非常有魄力,便将这个生死攸关的消息透露给冯太后。

果然,一天傍晚,太上皇命人给冯太后送来一盒宫点,说是以示孝心,过几天还要来太华殿问安。

来人走后,冯太后让人抱进一只猫,取出一块点心喂那猫。不一会儿,猫便死了。冯太后不由得惊怒交加,她想不到自己的亲生儿子居然不肯放过自己,非要置自己于死地。本来她不想再参与这场争斗,可是她想,儿子身边一定有坏人挑唆。自己还得出面,否则北魏的江山迟早要断送在这一帮人手中,便下定决心,再给拓跋弘一次机会,试探他一番。当下也不谈论,只命令宫女不准向外说出此事。

拓跋弘焦虑不安地等了两天，不见太华殿传出消息，更加忧心如焚，但他又不得不去请安。这一天晚上，他怀着忐忑不安的心情来见冯太后。冯太后见他来了，心里一阵心酸，但表面上还和往常一样有说有笑。拓跋弘见母后什么也没问，也稍稍放了心。唠了一会儿家常，冯太后忽然就说："儿啊，前几日你送来的点心我看了很喜欢，专门等你和我一起分享。"说完，命人取出点心。

拓跋弘一听吓得魂飞魄散，哪里肯吃，便假装礼让，心想，只要母后先吃了，我便万事大吉了。冯太后在旁察言观色，早知其意。不由得又悲又怒，心想，此等逆子留着何用？念及此，便不动声色道："既然如此，我就先品尝一块。来人，给太上皇看茶！"

宫女闻听，立即给冯太后和拓跋弘各斟一杯茶。拓跋弘刚才紧张得出了一身汗，此时正自口渴，端起茶杯就喝。刚喝几口，就脸色大变，腹痛弯腰，惨呼声声。冯太后厉声喝道："逆子，我吃了点心，恐怕也和你一样吧！"拓跋弘一听，只来得及喊了一声"母后"便气绝身亡，时年只有23岁。

次日早朝上，满朝文武朝拜之后，忽然惊奇地发现已退隐十年的冯太后神态威仪地出现在10岁的皇帝拓跋宏身边。别人还不觉什么，只是李欣吓得当场就尿湿了裤子。他本以为这次冯太后必死无疑，正做他的升官发财的美梦呢？今见冯太后忽然出现，料想事情败露，恨不得插翅飞出皇宫，但这是不可能的，只有暗自祷告，希望冯太后别发现他。

可是想什么有什么，正当李欣在默默祷告之时，冯太后的声音在大殿中响起："李欣李尚书何在？"

"臣在。"李欣极不情愿，哆哆嗦嗦地出班站列。

"念你在相州为官清廉，劳苦功高，太上皇特赏你一盒点心。拿去吃罢！"冯太后眼睛盯着他，一字一顿地说道。

李欣一见点心盒，吓得顿时脸色惨白，连连后退，双手乱摇道："不，不……"

"怎么，你不吃吗？"冯太后厉声喝问。

"太后饶命，我鬼迷心窍，意欲怂恿太上皇毒死太后，真是罪该万死。但还请太后网开一面，饶小臣一命……"李欣为求活命，在朝殿之上说出了自己犯上作乱的罪行，众臣一时哗然。

但冯太后岂肯放过这个害死自己情人,又使自己母子相争,导致儿子惨死的奸佞小人。见他求饶,也不搭话。那李欣见此情景,知道活命无望,便抓起一块点心,吞食下去,当即七窍流血而死。在场群臣,人人自危,不敢言语。

大殿上静悄悄的,冯太后忽又提高声调道:"我听说众位大臣中,还有不少人与李欣一样贪赃枉法、祸国殃民,是不是也想吃太上皇的点心呀?!"

大臣们吓得低头不语。冯太后见状道:"好!既然你们无心悔改,那我就点出几个人来尝尝这点心的滋味儿!"

话音未落,几个赃官忙跪地求饶。冯太后见人群中还有几个神情紧张的,厉声喝道:"还有!"虽然只有两个字,却无异于在赃官们头上打一个炸雷,个个不由自主地腿软,顿时跪倒一片。心中无愧,站立不动的大臣没有几个。

冯太后见状,义正辞严道:"想我魏朝江山,经历了几朝几代,哪里出过你们这些赃官?!个个贪赃枉法,不管百姓死活。祖制虽不可违,但今既如此,依我之见,只能锐意改革。从今之后。实行'班禄制'(俸禄制)。实行此制之后,谁若再搜刮百姓,定斩不饶!"

以前朝庭也曾想实施班禄制,但均遭大臣反对,没有实施成。今冯太后如此,谁还敢反对,不久,班禄制就实施下去,朝中风气果有好转。

此后,冯太后在中书令李冲的支持下,还先后实施了"均田制""三长制"等改革措施,均收到良好的效果,让百姓尝到了甜头,限制了贪官污吏,使北魏出现国泰民安的景象。

这位不同寻常的女性。为北魏太平盛世的出现做出了巨大的牺牲,也做出了巨大的贡献。

公元490年,49岁的冯太后心力憔悴,病死在太华殿内。消息传出,魏国举国悲哀。

拓跋宏迁都洛阳城

北魏冯太后死后,皇帝拓跋宏执掌朝政。拓跋宏5岁就开始接受冯太后的教导,颇有冯太后处变不惊、做事从容的遗风,加之他自幼聪明好学,因此深通治国安邦之道。

拓跋宏看到改革确实带来了许多好处,因此决心将冯太后的改革贯彻到底:接受汉人文化,笼络各族人民,实现统一大业。

拓跋宏还特别注意招揽人才。在当时的北魏,有一个从齐国投奔来的名叫王肃的人。此人满腹经纶,颇具文韬武略。拓跋宏很欣赏他,经常与之谈论治国安邦之道。王肃便向他提出:要想完成统一大业,必须迁都洛阳。他指出洛阳位居中心地带,地理环境优越,适合建都。

其实拓跋宏早有迁都洛阳之意,只是每次流露此意,便有许多大臣考虑到自己的势力范围、经济利益等多种因素坚决反对。特别是许多老臣,一听要迁都每每声泪俱下,甚至以撞死在祖宗灵堂前相威胁,使迁都计划流产。拓跋宏无奈只得将迁都计划暂且搁置。

此次王肃旧事重提,拓跋宏颇有感触,下决心此次一定要排除万难,一举成功。但洛阳乃中原中心,离平城甚远,硬迁不行,须用巧计,便与王肃商议好一计。

这一天,拓跋宏诏谕文武群臣上朝商议南下统一江山大业。众臣一听纷纷前来。未待拓跋宏开口,大臣穆泰率先说道:"陛下,挥师南下统一江山,实乃壮举。但仁义之师才可战胜,而仁义之师皆出兵有名。不知陛下以何名目发兵伐齐?"

拓跋宏早已料到有此一问,不慌不忙道:"齐君主昏庸无道,无故诛杀王肃父兄,即为明证。朕为仁义之师,现替天行道,率兵伐齐。"

"王肃乃一亡命之徒,为区区此人便大动干戈,陛下认为值得吗?"穆泰平素就看不起从齐国投奔而来的王肃,听拓跋宏以替王肃报仇为借口,便很不以为然地问道。

拓跋宏一听便生气了，反问他："如卿之父兄也被人诛杀，还会如此一派胡言吗？"

穆泰见拓跋宏生气了，便不再吱声，还有几个大臣提出质疑，也被拓跋宏针锋相对，一一驳回。其余众臣见拓跋宏主意已定，便也都不再言语。几天之后，拓跋宏亲率大军30万，行程2000多里，渡过黄河，到达洛阳城。

第二天清晨，士兵们还在睡梦之中，便被号角声催醒。这一路行军，历尽千辛万苦，军士们都已是疲惫至极，但军令难违，只得勉强拖着疲倦的身子集合起来。只见拓跋宏全副武装，骑着马来到将士们面前，一脸严肃地说道："昨夜，探马来报：齐知我大军前来讨伐，已经伏下十万大军要与我们决一雌雄。我军人数众多，不必怕他，但是平城方面又送来消息，柔然国趁我大举伐齐之际，也派十万军兵侵犯我边境。因此我们必须南进以最快的速度打败齐军，然后回师以救平城之急！"

众将士一听，一片哀怨之声。一些以穆泰为首的大臣提议先班师回平城，拓跋宏置之不理。此时，站在一旁的王肃将将士们极不情愿的表情看在眼里，突然跪地对拓跋宏道："皇上，如果我们先攻齐国，再班师抵挡柔然，将士们未免太过辛苦疲惫，对我军大为不利。可是我们既已发兵，又不可能退回。依臣之见，不如陛下诏谕天下，就称此次大军南下是为迁都洛阳做准备，然后我们就可班师回平城了。"

拓跋宏闻听，装模作样地思索了一下，道："这倒也不失为一个好主意。但君无戏言，如果诏谕全国，以后就一定得真迁都洛阳。好吧，谁同意迁都洛阳请站到朕的左侧，文武百官中有一个不同意的，我们就得继续前进！"众大臣一听，纷纷站到拓跋宏左侧。有几个人真愿意打仗呢？可是以穆泰为首的少数几个大臣就是不站过去，而且还纷纷跪下要求拓跋宏万不可迁都洛阳。拓跋宏见状，在马上将剑一挥，大喊一声"继续前进"！

众人看出拓跋宏这是动真格的了，纷纷起身站到他的左侧。穆泰见只剩自己一个，便也起身，极不情愿地走了过去。

拓跋宏与王肃此刻才相视一笑。原来柔然兵根本没有侵犯魏国，这都是他二人为迁都而定下的一计。但拓跋宏立刻收敛起笑容，大声说道："诏谕天下，朕此番率大军而行，均为迁都洛阳做准备，明天，我们就班师回平城。"

一年后，拓跋宏正式迁都洛阳。公元495年下令禁鲜卑语，通用汉语（洛阳话）。公元496年，拓跋宏下诏改拓跋姓为"元"。自称"元宏"。此后他还颁布过如鲜卑族与汉族通婚、改穿汉族服装等有利于民族融合的新政策，因此成为中国历史上一个锐意改革的皇帝。

萧衍三筑堰

公元479年，萧道成灭宋建立南齐政权。但是齐朝并未因此稳定发展起来，而是一直处于动荡不安之中。

公元502年，曾任齐雍州刺史的萧衍勾结内监杀死齐主萧宝卷，在襄阳起兵，夺权篡位。他登基之后，唯恐萧宝卷的后代们卷土重来，对其实行斩草除根的政策，几乎将萧宝卷满门杀绝。但鄱阳王萧宝夤虽然只有18岁，却机警过人，闻听皇兄被人谋杀，赶忙连夜出逃，投靠了北魏驻守寿阳的任城王元澄。从此也便成了萧衍的心腹之患。

萧宝夤自然不会放过萧衍，他凭借自己的才识很快便得到北魏当时的皇帝元恪的赏识。萧宝夤看准时机，便催元恪发兵，帮助诛杀萧衍。元恪早有吞并齐朝的野心。见萧宝夤若此，便顺水推舟，答应出兵，派萧宝夤亲率大军前去讨伐萧衍，并任命他为镇东将军，加封齐王。

萧宝夤满怀刻骨的仇恨前去攻打萧衍，而此时的萧衍却还沉溺于宴乐游猎之中。这一日，萧衍带着他新宠幸的一个爱妃到建康城外狩猎，被萧宝夤的几个心腹看见，几个人施计捉住了萧衍的爱妃，并送到寿阳见萧宝夤。萧宝夤一见便想起家仇国恨，顿时怒火中烧。便将那女子带到后帐欺侮一番，然后又交到几个士兵手中，让他们将其故意踩躏至死。又命人脱去衣服，悬挂在寿阳城头。

萧衍痛失爱妃正自懊恼不已，又闻听她在萧宝夤营中受辱至死，大发雷霆，誓报此仇。而且，寿阳是个膏腴之地，原是萧宝卷辖地，因他荒疏政务，被北魏占领。萧衍篡位后本已有心收回那座城。

天监五年（公元506年），萧衍亲自统率三军包围了寿阳。攻打了数日，突破外城。正当萧衍得意洋洋之际，却中了萧宝夤的瓮中捉鳖之计，幸亏有大将陈刚护驾才使他逃脱一命。至此两军形成对峙局势，各有攻守，不相上下。

天监十三年，魏将王足被萧衍捉住。但萧衍并不杀他，还对其施以厚待。王足受宠若惊，感恩戴德，便向萧衍献上一计："陛下，要想攻破寿阳，杀萧宝夤，臣有一计，只是不知可行不可行。"

萧衍一听他有破敌之计，忙命快讲。这王足在寿阳为官多年，对这里的地形了解得一清二楚。他所出之计，便是在寿阳城外40里的浮山和石山之间修筑一座拦河堤坝，拦住淮河之水。待水位升至山顶，便将堤坝炸开，水淹寿阳城。萧宝夤纵有千军万马，定也必死无疑。

萧衍听罢连称妙计，但有几位大臣却不同意，指出两山之上无石可采，修筑堤坝恐比登天还难，且又劳民伤财，得不偿失。

可萧衍已急红了眼，恨不能一下就将萧宝夤淹死，岂肯听他们的劝说？即命王足督办此事。

那王足为了在萧衍面前表一功，干得非常卖力。抓了许多农夫前去修坝，又亲自监工，命农夫们日夜不停地干。农夫们吃不好，睡不好，有许多人累饿致死。而且，由于无石头可采，王足便命农夫们先采柳枝，然后编成柳筐，装上土，再去筑坝。如此一来，河岸堤旁，墓地村庄，只要有柳枝的地方，便有人在砍伐，弄得鸡飞狗跳，民怨极大。

不过，在王足残暴的役使之下，农夫们终于一点点地将那堤坝修筑起来。眼看就要接近俘山山顶，不料，一天晚上，天降大雨。半夜时分，就听"轰隆"一声巨响，王足忙跑到坝前观看。一看傻了眼，哪里还有什么堤坝的影子，早被大水冲得无影无踪。他一心想立功受奖，可一夜之间，所有的希望都泡了汤，不禁坐在雨地里嚎啕大哭。

谁知萧衍闻听此事，并不怪罪他。反而派人送来许多粮食和布匹，命他不要气馁，再接再厉。王足感激涕零，决心以行动报答萧衍，又重新动工修筑堤坝。

但是，上次修筑堤坝已经损耗了不少人力，这次再修很难再找到足够的青壮劳工了。王足就把那些老的、小的拉来，甚至连一些健壮一些的少女也拉来。许多人还没等走到工地，就病累致死。

为了早日修完堤坝邀功请赏，王足还动辄杀人，开工仅一个月的时间，就杀了几百人。就是在这样的残酷监控下，堤坝终于在几个月后初步修成了。王足心满意足，坐在营帐中自斟自饮，心想，这次终于可以大功告成了。正自得意的时候，又听见"轰隆隆"一声巨响，不用看，堤坝又被冲得踪迹全无，王足吓得当场晕了过去。

王足垂头丧气走到萧衍帐中，请求治罪。萧衍微微一笑道："王爱卿何罪之有？不过是人少物力不足致使堤坝不坚固罢了。这次朕还命你去修此坝，并调兵30万，与你一同前去筑坝，如何？"

王足一听，感动得五体投地。暗中发誓，此次若再修不好堤坝，自己就投河而死。他吸取前两次教训，认为不宜再用柳筐装土筑坝。这次用铁铸成铁柱立于河中，再填上土，堤坝必成。向萧衍一说，萧衍连夸好主意，立刻命人收天下之铁。

这下老百姓更加遭殃，家里的铁锅、犁铧全被搜走了。

30万大军筑堤，速度很快。不久，一座高20多丈、上宽40余丈、长约9里多的浮山堰修成了。萧衍大喜，恨恨地说道："萧宝夤，3月之内，我萧衍定报夺妻辱妻之仇，让你死无葬身之地！"

然而，还没等到第三个月，那堤坝又"轰隆隆"一声被冲走了。数以百计的百姓被冲走，寿阳城却依然完好无损。萧衍顿足捶胸，后悔当初不该劳民伤财修筑此堰，如今落得个损兵折将，却还是竹篮打水——一场空。王足见状，实现了他的誓言——跳进河里喂王八去了。

昭明太子蒙冤而死

梁帝萧衍三筑堤坝想水淹寿阳城，除掉心腹之患萧宝夤。但是筑堰不成，无功而返。而此时从他们宫中又传出一件丑事：他的女儿与他的弟弟勾搭成奸，也就是侄女与叔叔乱伦。这还不算，两人还密谋毒死萧衍，篡夺帝位。事情败露，二人一个自杀，一个重病在身。正所谓前庭不顾，后院又起火。内外交困，使萧衍焦头烂额，萎靡不振。唯一能使他得到一些心灵安慰的便是太子萧统。但是这唯一的安慰，也因他听信谗言而最终失去了。

一天，萧衍身体有些不适，便在养心殿稍事休息。正在此时，忽然见一个小太监在养心殿外探头探脑。萧衍厉声喝道："你贼眉鼠眼地在看什么，难道要谋害朕不成？"岂料那小太监一下扑进来跪在萧衍面前道："不，不是我要害皇上，是，是有人要害皇上。"

萧衍闻言大惊，知道一定有什么情况，忙问道："是谁？是谁要害朕？！"

小太监哆哆嗦嗦道："是，是太子！"

"什么！你胡说，来人，将他推出去斩了！"萧衍怎么也不相信太子萧统要害自己。

萧统出生于齐中兴元年（公元501年），天监元年（公元502年）即萧衍称梁帝那年就被立为太子。只因萧统自幼贤德聪颖，幼读《孝经》《论语》，5岁习《诗经》，10岁通晓经义、吟诗赋词、出口成诵，15岁便可帮助萧衍管理朝政，可谓萧衍的得力助手。萧衍对他疼爱有加，喜爱异常。况且太子生性仁厚，竟至不食肉，怎么可能加害于萧衍呢。故此小太监一说萧统要害自己，萧衍大怒，要将其斩首。

小太监一听要斩自己，吓得乱喊乱叫道："我说的句句是实，不信陛下到紫云殿内的杨树下派人去挖，定能挖出证据。太子命人作法咒陛下早死，不信陛下想想，近几月是否身体感到不适？"

萧衍本不信，可这最后一句话正中他的心坎。他想："自己在养心殿养病没几个人知道，莫非——"这样转念一想便命人将小太监抓回细问。

小太监见萧衍不打算杀他了，松了一口气，眼珠转了转又对萧衍说道："陛下，宁信其有，不信其无。为了龙体您一定要保重。说出来您别生气。太子近几日常领一帮人在紫云殿聚会，鬼鬼祟祟，不知在干些什么。"

萧衍一听，竟有一半信了那小太监，顿时大怒，带上几个人就直奔紫云殿而去。到那一看，果然见太子与一帮人在那里聚会，显然是在商量什么，见自己到来还一脸的慌张。他不由得怒气冲冲地道："逆子，等我找到证据，决不与你善罢甘休。"

难道这萧统真的心存篡位吗？要不他怎么会与那么多人聚在紫云殿呢？原来，太子非常爱惜人才。一天他看到著名文学评论家刘勰写的《文心雕龙》手稿，爱不释手，惊叹此人才华，立即召见，二人一见如故，言语投机。从《文心雕龙》一直谈到太子主持编纂的《文选》。刘勰为之提了许多意见和建议，太子萧统非常高兴。第二天，他又请了许多文人雅士一一介绍给刘勰认识。大家畅所欲言，就像老朋友一般。以后就经常在一起谈论《诗》《书》，研究治国安邦之道。当时刘勰心里还想：宋朝有这样一位太子，将来一定会国泰民安。要说弑君篡位之心，太子萧统可一点也没有。今日相聚紫云殿，也不过是在商议为《文选》作序之事。几人正兴致勃勃地谈论，忽闻皇上来了，太子慌忙出迎。又见皇上怒气冲冲，还说什么与自己"决不善罢甘休"，一时愣在那里，不知发生了什么事。

正在这时，一个小太监手托一只蜡鹅慌慌张张跑进来，跪下对萧衍道："陛下，果然在构事府下发现了这个。"旁边的太子萧统一看，不由得魂飞魄散。他知道这是遭人诬陷。可心里越急越说不清，想到自己平时宽以待人，竟遭此暗算，就算跳进黄河也洗刷不清，不由得一阵天旋地转，昏厥过去。

那害太子萧统的人到底是谁呢？此人正是那个到皇帝萧衍面前告密的小太监。他原是太子身边亲近的人，太子母亲病故不久，正值其母生日，太子要给母亲做"生忌"，须在紫云殿捧觞庆寿，提前要一内监值宿一夜，太子便让这个小太监去。不料他竟不负责任，胡乱混到半夜便跑去和宫女鬼混，正巧被太子巡视时撞见。要是别人不杀也得严惩，太子宽厚，没有治他罪，只是不如从前亲近了。哪知这小太监不识好歹，不思图报，反而怀恨在心。探听得皇上身体不适，便跑去密告太子正请道士作法埋蜡鹅咒皇上早死，密谋夺权篡位。

萧衍哪知这些，见太子昏过去，还以为他是做贼心虚。也不理睬，拂袖而去。回到寝宫，越想越伤心，越想越生气，一怒之下，竟下令将太子身边所有道士均给杀了。

太子萧统闻听，连呼冤枉，从此一病不起。满朝文武均觉太子仁爱宽厚，忽然传出他要弑君篡位，便知内中有蹊跷，纷纷上奏，请皇上萧衍明察，以防铸成大错。萧衍一听有理，又闻太子病重，心中甚是不安，忙命人尽快查明此事。可是等真相终于大白，太子萧统也已病入膏肓，无药可治。

萧衍怀着悔恨的心情来到太子病榻前，眼含热泪，连呼："皇儿，皇儿，父皇错怪你了……"萧统听到呼声，似乎想挣扎着起来施礼，可他久病在床，竟已没有力气起来。萧衍见状，更是泪如泉涌。萧统睁开无神的双眼，看着他亲爱的父皇，似乎想要说什么。但一阵咳嗽，嘴角流出鲜血。萧衍亲自去为他擦血迹，太子忽然抓住萧衍的手，萧衍俯下身，他想听听儿子要说什么。但儿子只是嘴角露出一丝微笑，慢慢合上了那双曾经闪烁着智慧的双眼。

萧衍扑到儿子身上，失声痛哭……

讣告传出，举国震惊，全国百姓都为失去这样一位智信仁爱的太子而感到无限的悲痛。

当天夜里，萧衍翻阅太子萧统编纂的《文选》，含泪提笔，在扉页上写下《昭明文选》四字。并决定明天降旨，追封太子萧统为昭明太子。

第二天早朝，被太子一手由太末（今浙江衢县东北龙游镇）县令提升为东宫任通事舍人（皇帝及太子近亲属官）的刘勰向皇帝请求离开皇宫，并谢绝了皇帝萧衍的一再挽留，去定觉寺当了和尚。他觉得：他曾引为知己的太子萧统死得实在太冤枉。血浓于水的父子亲情尚不能避免这罪恶的宫廷权力斗争，那这红尘之中还有什么值得留恋的呢？

杜洛周起义

北魏孝文帝元宏在位 30 年，锐意改革，国势蒸蒸日上。而宣武帝元恪继位后，不思进取，国家每况愈下，及至到了孝明帝元诩继位，国家已处于风雨飘摇之中。朝中许多奸臣当道，特别是他们看到 6 岁的小皇帝元诩软弱可欺，便把持朝纲、争权夺势。而朝廷之外的官吏见朝内混乱，便也任意胡为、搜刮百姓、聚敛钱财。一时之间，苛捐杂税猛于虎，民不聊生，饿殍遍地。各地农民、僧侣纷纷揭竿而起，其中最著名的便是六镇农民起义。此次义军首领为破六韩拔陵。人马声势浩大，朝廷无奈之余，勾结柔然兵进行镇压。

义军失败后，朝廷为防止六镇农民再聚众闹事，便把他们迁移到人烟稀少、贫穷落后的荒凉古城（今河北怀来县）。在迁移途中，官兵任意欺负凌辱百姓，许多人都在途中病死、饿死或被处死。这其中有一个叫杜洛周的中年人，他70多岁的老父在迁移途中病饿而死，他的妻子被士兵欺凌而死。一气之下，他将不满周岁的儿子送人，发誓与魏军拼个你死我活。

到了上谷，人们发现这里也是不能让人生存。杜洛周便趁机再次联络起义，大家一想，起义总比等着饿死、病死强，便纷纷响应，并推举杜洛周为首领。杜洛周很快就了解到一个情况，官府要在几天之后的城隍庙会上处斩50名六镇兵民。他当即决定：趁天大旱，将城隍庙会改为求雨大会。这样，起义军便可假扮成求雨农民，再伺机动手救人，揭竿而起。大家一听，拍手称好，随即分头行动。

几天之后的城隍庙会，热闹异常。几万人众敲锣打鼓前来上谷求雨。中午时分，负责监斩犯人的提督骑马来到庙会之上，见人头攒动的热闹场面，也不由得有几分惊讶，因为上谷的城隍庙会已有许多年都是冷冷清清的了。但他看见众人都像模像样地跪地拜佛求雨，又一想这里多是六镇兵民，所以才会有这等壮观场面，便也不在意。喝令众人闪开路，押着死囚来到刑场，只等一声令下，斩了这些人的脑袋，便可回去交差了。这一场面都被在不远处装做举杯祭神的杜洛周看得清清楚楚。他看时候到了，突然将酒杯向地下一摔道："弟兄们，上啊！杀了赃官，救出六镇弟兄，我们起兵造反了！"

话音刚落，只见跪地求雨的人们纷纷起身，冲向官兵。官兵们事先毫无防备，人数又少，哪里是这些不要命的人的对手。一时之间，全被砍死、砸死。那个提督早吓得掉下马来，被马踩死。被救下的死囚们见状也异常兴奋，不由分说，也加入到义军队伍之中。

时值公元525年8月，此次杜洛周率众起义距破六韩拔陵领导的六镇兵起义失败仅仅两个月。杜洛周乘胜又冲进府衙，杀了县官，打开牢门，救出被关压的六镇兵民，一举攻占上古城，当天夜里，杜洛周被义军拥立为王。消息传出，各地又纷纷响应。各地起义队伍越来越多，但大多为人数较少的小股义军。人数最多的是解于修礼在左人域（今河北唐县西）率领的一支10万民众的义军。

解于修礼也曾是起义的六镇兵民，此人为丁零族人，原为六镇怀朔镇的镇兵，因不满朝廷而率兵起义。不料消息走露，被关进大牢，在牢中听说杜洛周起义后,率众凶徒砸牢反狱。再次造反,队伍很快壮大起来。

但是俗话说得好:林子大了,什么鸟都有。在解于修礼军中就有两个义军败类,一个叫元洪礼,一个叫葛荣。他二人害怕起义失败,一心要投靠朝廷,好升官发财,便密谋杀了解于修礼。第二天,两人召开义军大会,元洪礼宣布了投奔朝廷的决定。岂料,义军一片反对之声。葛荣见状,心生一计,挥刀砍了元洪礼的脑袋,并将解于修礼的死全部嫁祸到他身上,还说他杀元洪礼是为义军除掉败类。

众人不明真相,还以为葛荣是真正的大英雄,欢呼雀跃,拥立葛荣为王。

葛荣知道此时违背军意不行,便也假戏真做,率领义军东拼西杀。朝廷之军不堪一击,很快,他的队伍就壮大到100万人之多。在他的一个亲信部下的怂恿下,葛荣也就半推半就称了皇帝。

公元526年11月,杜洛周率领的起义军攻下重镇。此时他的手中也拥有30万人马,而且军队纪律严明,对百姓秋毫无犯,深受百姓爱戴。

葛荣见杜洛周连续打了几个漂亮仗,声势大振,便欲把他吞并过来。但他又知道杜洛周是农民出身,很瞧不起他。

一天,葛荣亲身来到杜洛周军中,趾高气扬,一副皇帝派头。他原以为杜洛周一见他便会俯首称臣,立即归服。岂料杜洛周一点不买他的账,连马都没下,只是淡淡相待。葛荣心中非常不痛快,心中骂道:"反贼,本来还想留你条狗命,既然你给脸不要,我还客气什么?"想罢,却不动声色,随杜洛周进了军帐。

杜洛周本来就不喜欢葛荣,但俗语说,君子不打上门之客,便将他迎进大帐,设宴款待。葛荣早有准备,执意让杜洛周和他的众将士尝尝自己带来的美酒。杜洛周心性耿直,不疑有他,与众将官痛饮美酒,喝完不多时,便迷迷糊糊,昏睡过去。葛荣见状,嘴角浮出一丝冷笑,咬牙恨恨说道:"杜洛周,休怪朕无情了!谁让你不识抬举呢!"说完挥手一剑,将杜洛周劈为两半。

杜洛周死后,葛荣吞并了他的30万人马,共拥有130万人马,自以为所向无敌了。但他本为无德之人,义军在此人的统率下,很快就崩溃瓦解。葛荣也被朝廷捕获斩杀了。

轰轰烈烈的农民起义，就这样毁在败类葛荣手中。

胡太后作乱后宫

魏孝明帝元诩6岁登基，其母胡氏从此执掌朝中大权。如若她仿效北魏历史上有名的贤后冯太后，也算是北魏的福气。但也许是北魏的气数真的快尽了，胡太后所作所为着实令人不齿。

胡太后为人水性杨花。自从先君驾崩之后，她在后宫荒淫无度，专门召来4个男宠轮流侍寝。不仅如此，她还把持大权，祸乱朝纲。

一天，元诩得到报告，广阳王元渊被葛荣杀死之后，域阳王元徽将其妻抓回府中，关在卧室，随意凌辱，以报元渊与自己的妻子通奸之辱。元诩大怒，决定降旨杀了这个乱伦的逆臣贼子。

但是，元诩身为皇帝，却没杀成元徽。因为胡太后与元徽有私情，故加以袒护。元诩随着年龄的增长，早已能够独立处理朝政。他对母亲仍然专权的做法，早有些不满。今见母亲如此，更觉以前自己将信将疑的那些风言风语是真的了，又羞又怒，决心查个水落石出。如老母亲真的如别人传言的那般淫乱，自己就不能再软弱下去，放任她胡为了。

元诩暗中抓来胡太后的宫女拷问。宫女一来受刑不过，二来也深为胡太后所为感到羞耻，便说出了全部实情。元诩闻知胡太后在宫中传闻不仅全是事实，而且有过之而无不及，有时甚至白天也和男宠轮流交欢淫乱，且一点不避讳宫女、太监。同时还和朝中一些大臣通奸。一时气得七窍生烟，深为有这样的母亲感到无地自容。他下定决心：一定要培植亲信，迫使胡太后交权，整顿朝纲。

胡太后对儿子采取的行动早有所察觉。为了把大权继续牢牢把握在自己手中，她加紧了防范，发现皇帝派来身边的人，立即伺机除掉，借以孤立皇帝。

元诩见母亲防范甚严，心中暗急。这一切被他的一个嫔妃看在眼里，便给他悄悄出了一计，元诩一听连声叫好。原来，这嫔妃是骠骑将军尔朱荣的女儿。此女姿色出众，生性放荡。尔朱荣本为安兆将

· 145 ·

军。他早听说元诩也是好色之人，便将女儿送入宫中。此女一入皇宫，便施展看家的本领，很快迷住了元诩。元诩一高兴，不仅册封她为嫔，而且封她父亲尔朱荣为骠骑将军，管六州军事。不久又晋升为光禄大夫。尔朱荣从此兵权在握。她女儿此时为元诩所出之计就是让父亲尔朱荣带兵进京，逼胡太后就范。元诩万万没有想到：自己错走了这一步，不仅葬送了自己的小命，还葬送了北魏江山。

　　胡太后早就在元诩身旁安插亲信宫女、太监。元诩和尔朱荣之女所商议的一切，尽管机密，也被胡太后知道了个一清二楚。她想，事到如今，皇上你也不能怪我不顾母子之情了。当天晚上，就与她的几个男宠设计将元诩鸩杀了。第二天，便扶自己过去的情夫清河王元怿之子元钊继位，并以新帝名义命尔朱荣返回。

　　尔朱荣岂肯听她的，尔朱荣等这个机会已经等了很久了。自从他手中兵权在握，就对这个混乱的朝廷起了二心，大肆搜罗谋士将才，意欲伺机而动。此次元诩诏他进京，他手下的谋士高欢便对他说，此乃天赐良机，说明魏朝气数已尽，应该以讨伐皇帝身边佞臣为由，发兵洛阳，霸业可成。尔朱荣一听，怦然心动，当即命高欢为前锋，率大军直奔洛阳而来。

　　尔朱荣在途中听说元诩被杀，胡太后命他返回。心想，机不可失，时不再来。于是拥立献文帝孙子长乐王元子攸在河阴称帝，与胡太后公开对抗。然后马不停蹄，继续前进。大军很快攻进洛阳，逼近皇宫。

　　胡太后的那些姘夫们得到消息，吓得四处奔逃，没一个去管胡太后。胡太后见大势已去，立即想到了死，但又没有勇气，又急又怕大哭了一通。哭完之后，找来剪刀，自己将头发剪掉，表示已经出家，妄图以此免死。

　　但是尔朱荣可不管这些，带兵冲进皇宫，将她和刚登基的小皇帝元钊拖到太极殿门前，然后捏着她的下巴，看着她那狼狈至极的样子哈哈大笑道："听说你作乱后宫，一刻也离不开男人。是吗？好！我就成全你，让你死后天天和河伯寻欢作乐！"言罢，命军士将她和小皇帝元钊扔进护城河淹死。胡太后荒淫无度，祸乱朝纲，罪有应得。只可惜娃娃小皇帝元钊才当了一天皇帝，便白搭上一条性命，成了宫廷斗争的牺牲品。

尔朱荣又命军士敲响景阳钟，召集魏室文武群臣，指着他们的鼻子骂道："胡太后淫乱，把持朝政。你们见元诩软弱可欺，便对她极尽阿谀奉承，见风使舵，贪赃枉法，白拿俸禄，全是一群不干实事的酒囊饭袋，留着何用?!"说完，一声令下，命军兵不管忠臣、奸臣，一通乱砍。一时，太极殿上，尸体遍地，血流成河，满朝文武都陪着胡太后去了……

北魏的分裂

　　尔朱荣攻进洛阳，杀死魏帝元钊，又放任士兵烧杀淫掠，很快引起了众怒，许多王室宗族、文臣武将要联合讨伐他。更要命的是，晋阳老窝被河北六镇流民起义军所攻，吓得他连忙返回晋阳，请求高欢帮助退兵。

　　这高欢可不是一个简单人物。他本是尔朱荣手下普通一兵，其貌不扬，只因有制服烈马的本领，又建议尔朱荣夺取帝位，受到重用。后来尔朱荣虽攻入洛阳，杀了胡太后、皇帝元钊和满朝文武，却没做成皇帝。他亲手拥立的魏帝子攸早已看出他的野心，怕日后受制于他，便设计将他杀了。尔朱荣被魏帝杀了之后，其弟尔朱兆进兵洛阳，约高欢同去。高欢看到尔朱荣的下场，心想，去洛阳杀皇帝肯定凶多吉少，就算杀了皇帝也不会有好果子吃，于是以河北六镇流民起义不得不防为由，留下镇守镇州。

　　此时尔朱兆求他帮助镇压流民起义，他满口答应。因为这本来就是他让姐姐、姐夫鼓动起来的。就等尔朱兆来求他，然后自己不费一兵一卒平息起义，好借以抬高自己的身份和地位，与尔朱兆相抗衡甚至取代他。

　　尔朱兆哪里知道这些？还以为自己有天大的本领，从此对他更是另眼相看，并在大摆庆功宴的当晚封高欢为六镇统帅。高欢见一计已成，又施一计。第二天向尔朱兆提出镇压山东流民去，以减轻河北负担。尔朱兆不知是计，欣然应允。

　　但是尔朱兆手下的长史慕容治看出高欢是想以此占据山东并扩大

自己的实力，急忙劝阻。但尔朱兆非但不听，反而说他和高欢是结拜兄弟，慕容治有挑拨他们之间的关系之嫌。

慕容治非常生气，心想：尔朱兆你今日不听我之言，他日非为高欢所取代。想罢，独自一人悄悄离开了尔朱兆的军营，从此不知去向。公元531年6月，高欢的势力超过了尔朱兆。他想，是动手的时候了，但反尔朱兆要有一个借口。于是他便对他所带领的六镇流民说，尔朱兆让他们三天三夜务必赶到并州（今山西太原）讨伐稽相人，否则就要斩杀。此地离并州路途遥远，莫说三天，就是三十天也赶不到。

两万兵士一听，群情激愤，纷纷道："尔朱兆分明想置我们于死地。我们与其等死，不如就此反了！"

高欢一听，正中下怀，道："既然如此，我高欢就和弟兄们一起反了！"

两万多人一齐欢呼，拥立高欢为他们的首领。高欢所用的"愤师必胜"之计果然奏效。仅仅几个月的时间，这些"走投无路"的义军便打败了尔朱兆的强大势力。

公元532年4月，高欢大军杀入洛阳，杀死皇帝元恭，立平阴王元脩为魏朝皇帝，自己为丞相。

不久，高欢又率10万大军攻入尔朱兆的老窝晋阳。尔朱兆见大势已去，自杀身亡。

根除了尔朱氏的势力，高欢又将自己的女儿给皇帝元脩当皇后。又让高乾任司空，高昂任司马，控制朝廷。自己镇守晋阳，掌握重兵。从此元脩皇帝被牢牢控制在高欢手中。

但元脩皇帝也不是一个等闲之辈，他自幼才智过人，生性耿直。当了两年傀儡皇帝，满腹抑郁之气，逐渐产生了摆脱高欢、亲理朝政的想法，可巧机会来了。高乾因父亲去世卸任回家。元脩趁此机会任命亲信斛斯椿为镇殿将军，掌握军事大权。并派密使与关西大都督宇文泰联络，联合起来对付高欢。

谁知高欢有所察觉，奏请元脩提前复职。元脩不敢不批，回到后宫唉声叹气。高皇后细问原由，他也不肯说。高皇后是个重情重义而又冰雪聪明的人，明白皇上因为自己是高欢之女不相信自己。她不再询问，而是从内衣中拿出一封密信交给元脩。元脩不明其意。接过一看不由得脸色大变。原来那是高欢写给高皇后的。信中大意是要高皇后严密监视元脩，一有风吹草动，父女二人里应外合，便将元脩诛杀。

元脩惊怨之余，便慢慢将手伸向高皇后，想一把掐死她。岂料高皇后一下扑到元脩怀中哭道："皇上，臣妾知道你因我是高欢之女不相信臣妾。可你我二人共度这么多日日夜夜，皇上难道真的看不出臣妾对皇上的一番心意吗？臣妾不想，也不能失去陛下……"

高皇后一番肺腑之言，令元脩无比的感动，从此更加疼爱她。第二天，二人便秘密召见将军斛斯椿，设计杀了高乾、高昂及其眷属多人。

高欢怎么也想不到自己派去监视元脩的亲女儿，会站到元脩的一边，走向与自己对抗的道路。他得知她与元脩设计杀高乾等人，勃然大怒，率20万大军，想杀元脩，自己当皇帝。

元脩手中无兵，走投无路，只得带着高皇后前去投奔关西的宇文泰。而宇文泰也不是什么好货色。他为了控制元脩皇帝，毒杀了高皇后，将自己的妹妹给元脩当皇后。元脩失去高皇后，想起她对自己情深义重，如今竟惨遭毒手，自己身为国君，居然无力保卫自己心爱之人，不由得悲痛欲绝。见宇文泰将自己的妹妹强加给自己，又气又恨，双手掐住她的脖子，眼看就要掐死，宇文泰忽然从外面闯进来，从后面用白绫将其勒死。

第二天，宇文泰声称元脩暴亡，拥立元宝炬为皇帝，自封为大丞相。

再说高欢，攻入洛阳，见元脩已走，便立文帝之孙、年仅11岁的元善见为帝，大权实际上还控制在高欢手中。高欢此举其实是为防止宇文泰挟天子以令诸侯。不久，他便闻听宇文泰要来攻打洛阳，知道自己不是对手，便建议小皇帝迁都邺城。小皇帝和群臣均无力反对，只好照办。公元539年，魏帝元善见迁都邺城。

北魏自公元385年建立，至公元534年止，历时149年。几代皇帝非但没有实现统一，反而使之分裂成两个部分：宇文泰在长安拥立元宝炬称帝为西魏；高欢在邺城拥立元善见称帝为东魏。

自此，东西两魏战争不断，双方都想吞并对方。战争持续了十几年，也未见胜负。双方争来夺去，而最终遭受苦难最严重的还是老百姓。

高洋篡位

公元546年10月，东魏高欢率10万大军围攻西魏的玉壁。久攻不下，便想一计，挖地道进入城中。不料被玉壁的守城大将韦孝宽识破。此公"哈哈"一笑，命军兵在城内四周挖了壕沟，每有东魏士兵挖通一条地道，他便命人点燃柴火向地道内放烟。东魏军许多人被熏死。

高欢一见，无计可施。正在进退两难之际，他家里又发生了丑事：其弟高深与高欢的爱妃大尔朱、小尔朱私通；其子高澄与高欢爱妃柔然公主勾搭成奸。

家门不幸，高欢气得口吐鲜血，立即下令撤兵晋阳。

高欢回到晋阳就将弟弟亲手打死，又命人去叫高澄来晋阳。

高澄一见父亲派人来叫，便知自己与柔然公主的奸情败露。又闻叔叔被父亲亲手打死，哪里还敢回去？但又想不出什么好主意。正一筹莫展，黄门侍郎崔季舒献上一计，那就是采取拖延战术。因为高欢从玉壁无功而返，又闻家中丑事，连憋气带窝火，竟一病不起。如果他一命呜呼了，高澄也就转危为安了。但高欢见高澄不去晋阳，更加生气，又派人来叫他。崔季舒又为他献上一计：这次一定要去。高欢若问上次为何不去，就说外出巡视不在邺城，并带上一本《齐民要术》作为出城巡视所获证物。高澄依计而行。

《齐民要术》是青州郡（今山东益都）的贾思勰所著。内中详细讲述了西周以来各个朝代农作物的栽培方法、畜牧家禽养殖、酒醋酿造等方法，对发展农业大有好处，是千金难换的好书。高欢一见大喜，竟不再追究高澄所为。

没过多久，高欢死了。东魏帝元善见任命高欢长子高澄为大丞相，坐镇晋阳；任命高欢次子高洋为京畿大都督，在邺城辅佐朝政。

高澄升任丞相，大权在握，可谓万事如意。可是他还有一个心腹之患，那就是河南道大行台（河南最高的官）侯景。此人拥兵10万，很有势力，除了高欢谁也不放在眼里。高澄怕他迟早会反叛，便想出一计，欲除之而后快。

高澄给侯景写了一封信，信中以高欢口气邀他去晋阳共商大事。侯景一看信，嘴角便浮现出一丝冷笑，心想高澄你个乳臭未干的毛小子，跟我耍阴谋诡计还太嫩。难道侯景能掐会算，否则他怎知高澄用计？原来，以前高欢与侯景通信均在信尾点上墨点儿以做暗号。高澄自然不知，以致弄巧成拙。

侯景识破高澄之计，便欲投降西魏，以图厚报。但高澄拦住去路不肯放过他，侯景只好辗转投降了南朝梁国。

侯景走了，高澄也安心了。他又迫元善见皇帝封自己为齐王，晋升相国。与弟弟高洋一个主外，一个主内。严密监视元善见，把持朝纲。

而此时元善见皇帝也已 24 岁。他不甘心再当傀儡皇帝，便欲对二人进行反抗。第一步便是将高澄安插在宫中的心腹崔季舒调出后宫。高澄闻知，同崔季舒一起前去问罪。元善见迫于二人的威势，只好在宫中设宴款待，赔礼道歉。二人还不解气，让他收回成命，还把他狠揍一顿，然后才怫然出宫。

元善见挨打，又羞又怒，便想了个蠢办法杀高澄。他命人挖地道，挖到高澄家，再动手杀他，但很快便被发觉。

高澄因此大怒，便与几个心腹商议废掉皇帝元善见。忽见兰京托着一盘糕点推门而入。高澄见状怒喝，让他出去。兰京不慌不忙走向桌边，边走边说："这是奴才亲手制作，丞相连夜商议国家大事，定然饥饿……"话未说完，已走到高澄身边，突然抽出一柄短刀，刺向高澄。高澄听他啰哩啰嗦，正要发作，毫无防备，正被刺中左胸，当场气绝身亡。

这兰京本是南宋徐州刺史兰钦的儿子，在一次战斗中被俘，做了宫中膳奴。兰京父亲几次要赎回儿子，高澄非但不许，还每次都将兰京毒打一顿。兰京怀恨在心，伺机报复。今天终于有了机会，才一刀将他刺死。

可是兰京也没能逃出去。高洋听说哥哥被杀，很快带人飞速前来，逮住了兰京。

高澄死了，高洋代替哥哥坐镇晋阳。高洋与高澄不一样，他性情温和，体察民情，实行新法，很快就使晋阳呈现一片欣欣向荣的景象。特别是他不像哥哥高澄那样专横霸道，对元善见以君臣之礼相待，深得元善见之心。

东魏皇帝元善见感觉高洋并没有野心，也就放了心，封他大丞相、都督中列清军等官职。

但元善见做梦也想不到，高洋受封第二天便开始了篡位计划。

不久，晋阳城流传起一首童谣：

一束篙，两头燃，河边飞上天。

大臣徐之才拿来给高洋看，高洋不解其意。徐之才道："第一句是指'高'字，第二句是说水边上的羊飞上天，是为龙飞之兆。看来大丞相即位是天意呀！"其实这哪是什么天意，都是徐之才知道高洋有篡位之意，便投其所好而编造出来的，以图日后升官发财。

但高洋故作不知，欣喜若狂地道："既是天意，我就不可违拗了。"

不久，高洋就率军开进京都邺城，逼元善见让位。元善见本来觉得高洋温文尔雅，不会像他哥哥高澄那样专权篡位。岂料，他比他哥哥做得更周密，更棋高一着、计高一筹，不动声色就带兵前来。大军包围皇宫，他也不敢说个"不"字，只得在禅位诏书上写下自己的名字"元善见"。

第二天，高洋即位，称天宝元年，国号齐。历史上称为北齐。

侯景作乱

东魏的侯景被高澄所逼，无奈之余投奔了南朝的皇帝萧衍。萧衍让他坐镇寿阳。

高澄仍然不肯放过侯景，就写信给萧衍，离间萧衍和侯景的关系。侯景得到消息，觉得萧衍也不可靠，便恩将仇报，扩充兵力，准备直取梁朝都城建康。

梁帝萧衍有一个侄子叫萧正德，曾过继给萧衍当儿子。但萧衍后来做了皇帝，有了自己的儿子，便又将萧正德还给他的父亲萧宏。萧正德从此怀恨在心，认为萧衍断了他做皇帝之路。侯景探知这一情况，便将其拉拢过来，以求攻取建康时里应外合，一举成功。萧正德刚开始不同意，但后来听侯景答应他事成之后让他做皇帝，便答应了下来。

公元548年8月10日，侯景在寿阳起兵，攻下历阳（今安徽和县），直杀到长江北岸横江。消息传到京都，满朝文武都如热锅上的蚂蚁，只有皇帝萧衍不着急。他认为侯景不敢过江，便任命萧正德为平兆将军，屯兵丹阳郡，阻遏侯景之军。

萧正德闻之大喜，连夜带兵赶到丹阳，将侯景大军引过长江。两军会合后，一同包围了台城。

萧衍哪里想到萧正德本是个逆臣贼子，与侯景早已串通一气。此时还正在诚心诚意地吃斋念佛呢！太子萧纲得知兵临城下，慌忙向父皇禀报。萧衍闻听并不慌张，一副事不关己的姿态。原来，自太子萧统含冤而死，萧衍就已心灰意冷，很少过问政事了。太子萧纲见状，只得去和尚书羊侃商议，也没有好办法，只有让羊侃带领士兵顽抗死守。侯景之流倒也没能顺利攻下城来。

那萧正德见攻城久攻不下，心里着了急，便要侯景当即拥立他为皇帝。还说只有这样才能使梁军自乱，那城也就不攻自破了。

侯景一听，心里暗骂："小兔崽子，你当皇帝的野心也太迫切了！"但他表面不动声色，还表示极力赞成。萧正德一听，非常高兴，当即拿出早已准备好的皇冠龙袍，穿戴好，举行了简单的仪式，草草了事，就是皇帝了。

京城守军奋战了将近半年，终因兵弱将寡粮草不足，被侯景攻破。城门一开，侯景带兵直冲皇宫而去。萧正德身穿龙袍，头戴龙冠，在他身后紧随，心里还在美滋滋地想：这下那龙宫宝座可是我的了！哼，不当你萧衍的儿子，我也照样可以当皇帝！他一路做着皇帝梦，不知不觉便已来到皇宫的正华门。侯景这时忽然回过头来，拔剑指着他道："大胆的萧正德，竟敢大逆不道，谋权篡位，该当何罪？"

萧正德闻听此言打了个冷颤，篡位之罪，自然是死。他望着翻脸无情的侯景，一时脸色煞白，说不出话来。

侯景见此，冷笑一声道："念你攻城有功，免去死罪，还不脱去黄袍，束手就擒！"

萧正德这才如大梦初醒一般，忽然明白自己上了侯景的当。有心不脱，但一见侯景手中寒光闪闪的宝剑，知道他说杀自己是真的，只得乖乖脱下龙袍，摘下皇冠。

再说侯景此时虽攻进皇宫，但他明白各地藩王势力还很大，也不敢贸然篡位称帝，便想了一条把持朝政大权的妙计。他要逼迫萧衍封他为丞相。于是，当他在亲德殿上见到萧衍，便跪地道："丞相侯景拜见皇上。"

不料萧衍一下就识破他的诡计，不仅不买他的账，反而喝骂道："什么丞相，犯上作乱的狗东西！"

侯景一听大怒，心想：给你甜枣你不吃，可别怪我侯景不客气！立即命人将萧衍软禁起来。萧衍哪受过这个？一气之下，卧病不起。两个月后，这个在位48年、享年86岁的老皇帝便驾鹤西去了。

逼死萧衍，侯景立太子萧纲为帝。但朝中一切都把持在他手中。盛气凌人，不可一世。这可惹恼了一人，那就是曾经和侯景沆瀣一气的萧正德。他在正华门受侯景免冠脱袍之辱，从此怀恨在心，加之他当皇帝的野心没死，便欲勾结萧范以清君侧的名义带兵来铲除侯景。不料，还没等他行动，便被侯景发现，将其杖毙在太极殿前。他也算是罪有应得。

杀了萧正德，侯景觉得起到了杀一儆百的作用，别人再不敢轻举妄动了。所以他更加有恃无恐、任意胡为。

皇帝萧纲有一爱女，长得貌美如花，真可称得上是沉鱼落雁、闭月羞花了。萧纲视若掌上明珠，万般疼爱。不料，一天不知怎么竟被这侯景瞧见，这老色鬼一下就动了淫心。但他想，皇上的女儿来暗的不行，得来明的。于是，第二天早朝便向萧纲要溧阿公主。萧纲哪舍得将自己花一样的小女儿给这个老色鬼？他百般不许。侯景便当即严辞进行威胁。萧纲知道，自己这个皇帝不仅是个虚位，连脑袋也掌握在侯景手中，只得忍痛割爱，答应下来。可怜那溧阿公主只有14岁，正是天真烂漫的年纪，便落入这个恶魔手中……

侯景的可耻行为首先激怒了萧纲的9个儿子。他们不甘心父皇被挟持，便商议除掉侯景。但是侯景同党众多，很快便得知消息。不等他们动手，便设一计，将他们全杀了。

杀了萧纲的儿子，侯景干脆一不做、二不休，逼迫萧纲退位，让萧栋继位。不久又命萧栋退位，自己做了皇帝，并改国号为汉。

这下，侯景可激起了众怒，各地藩王纷纷前来讨伐，其中最有实力的陈霸先、王僧辩两路大军胜利会师，同取建康。侯景闻听慌忙出逃。他的那些狐朋狗党全做鸟兽散，只有一个妾兄羊鹍陪同他逃亡。

羊鹍在路上问侯景要去哪，侯景说听天由命。羊鹍便去找了一条小船，在海上漂荡。侯景又困又累，不一会儿，便昏昏入睡。等他醒来，却发现自己浑身被捆，那羊鹍正悠闲地坐在他旁边。忙问："羊兄，这是为何？"

羊鹍冷笑一声道："陛下，我跟随您这十多年，也得从您身上学点手腕。实话告诉您吧，我们正在向建康城方向走。我想您明白我的意思了吧！"侯景一听，便知羊鹍要拿自己的性命去邀功请赏，换取功名富贵，又怒又怕，破口大骂。羊鹍听得烦了，手起剑落，割下他的首级。

几天以后，一具无头尸体被丢在皇宫前御街上，任人践踏、唾骂。

陈霸先灭梁建陈

公元534年，宇文泰立孝文帝之孙元宝炬为帝，西魏的历史从此开始。

元宝炬是个傀儡皇帝，大权实际上掌握在丞相宇文泰手中。公元551年，皇帝元宝炬病故，久有篡位之心的宇文泰想要登基坐殿，却又觉勇气不足，鬼使神差，又立元钦为帝。

为了牢牢把握元钦，宇文泰将自己的女儿宇文氏嫁给元钦。但元钦可不是这么好笼络的人。他不想像元宝炬那样当一辈子傀儡皇帝，便密谋杀掉宇文泰。不料事情败露，倒被宇文泰毒死。宇文氏想不到父亲如此狠毒，也喝下毒酒，随丈夫而去。宇文泰夫妇为这个独生女儿悲痛不已。

宇文泰此时若想当皇帝，易如反掌，但他心里有鬼，总觉不踏实。便找人掐算，说魏朝寿数未尽，尚不可逆天而行。他只好先立元廓为帝，自己耐心等待。不久，他突然患病，自知当皇帝无望，便将侄子宇文护找来面授机宜，移交大权，然后就一命呜呼了。

宇文泰死后，元氏宗族想趁机夺回皇权，密谋剪除宇文氏家族。不料，还没等他们动手，宇文护、于瑾便率兵冲进皇宫，逼元廓禅位。元廓无奈，只得含泪交出玉玺。

公元557年，宇文护拥立宇文泰长子宇文觉为帝，国号周，史称北周。至此，魏朝彻底覆亡。北魏从道武帝拓跋珪开始历11个皇帝，历时149年；北魏分裂为东西魏后，东魏只经历一任皇帝元善见，在位17年；西魏历任3个皇帝，共13年。

宇文氏篡权灭魏的消息传到南朝梁都建康，引起了丞相陈霸先的羡慕。

陈霸先本为梁朝藩王，侯景为祸朝纲，他与王僧辩率军前往京城讨伐。平息侯景之乱后，梁元帝萧绎封他为司空领扬州牧。不久，梁元帝被西魏于瑾处死，陈霸先与王僧辩拥立晋安王萧方智为帝。但是王僧辩在京都建康左右年仅13岁的小皇帝萧方智，引起陈霸先的不满。

正巧来了一个机会。北齐皇帝想让王僧辩废萧方智，立萧渊明为帝，以便于受他控制。王僧辩迫于高洋的势力不敢不听。陈霸先闻讯立即以忤逆之罪兴兵讨伐王僧辩。很快就攻入京城。王僧辩见陈霸先率军杀进来，跪地求饶。陈霸先岂肯放过他？一剑将他刺死。

萧方智重登帝位，陈霸先因功被封为丞相，从此大权在握。陈霸先不是等闲之辈，他一方面加紧权力的争夺，一方面又笼络人心，推行新政策。很快，朝廷上上下下均是一片对他的称赞之声。

但是，北齐皇帝高洋听说他推荐的皇帝萧渊明被陈霸先杀了，岂肯善罢甘休？当即派兵进攻梁朝；同时，王僧辩的女婿和弟弟也统率大军前来复仇。

陈霸先内外交困，情况危急。正在这个重要的时刻，京都百姓挺身而出，支持陈霸先。顿时士气大振，很快打退了北齐进攻，平定了为王僧辩复仇的叛乱大军。梁这才转危为安……

再说陈霸先把持朝纲之后，也渐渐萌生了篡位之心。看到宇文氏动手先灭了西魏，他也加紧了篡权的步伐。

他连夜召集心腹密谋。这些人早知他的心意，纷纷要求他尽快称帝。陈霸先一听正中下怀。第二天，便威胁小皇帝萧方智禅位。小皇帝不敢不听，交出玉玺，回到后宫。思来想去，知道自己性命也定然不保，便饮鸩身亡。梁也随之灭亡。

公元 557 年，陈霸先终于如愿登上皇帝宝座，国号为陈。

梁朝自萧衍称帝始至萧方智亡止，共历任 4 位皇帝，历时 55 年。

荒淫皇帝失江山

高洋建立北齐。称帝二年后亡故，其子高殷继位不久便被其弟高演逼下台。但高家似乎均为短命鬼，此后的高演、高湛均还未将龙椅坐热就病死了。

年龄大的死了，只好让年龄小的继位，这样，高湛的儿子高纬小小年纪便当了皇帝。

别看高纬年纪小，心肠却狠如蛇蝎。14 岁时便经常命宦官脱光衣服让蛇蝎咬死，而他在一旁悠闲地看热闹。更加令人不齿的是他 15 岁时便已达到荒淫无度的地步，仅后宫嫔妃就有近千名之多。此外，他还经常跑出宫外，寻花问柳。

就这样，高纬过了几年腐靡淫乱的生活，弄得后宫嫔妃互相争风吃醋，明争暗斗。这一天，高纬刚从一个嫔妃那里厮混过，又走入穆皇后寝宫。这穆皇后虽身为皇后，却难得与皇上在一起，一见高纬进来，立时喜笑颜开，亲自奉茶倒水，但是高纬却有些心不在焉。穆皇后见状，眼珠一转，对高纬说："皇上，臣妾既为后宫之主，就要统领后宫之事。臣妾见皇上身边佳丽虽多，却没一个能比得上我身边这一个！"

高纬一听，立刻来了精神。忙问："是谁？在哪？"

穆皇后听问，拍了两下手。此时从帷幕后转出一人。高纬一见，魂都给勾走了。此人正是自己日思夜想的冯小怜。这冯小怜其实只不过是穆皇后身边的一个奴婢。但她能歌善舞，冰肌玉骨，娇艳可人，而且又十分聪明有心计。她见皇上天天宠幸嫔妃，不理穆皇后，便主动提出以自己的身体献给皇上，以离间皇上与其他嫔妃的关系。穆皇后一听此计不错，便把冯小怜着意打扮一番去等皇上来。

而高纬来穆皇后寝宫，也见过几次冯小怜，早就心里痒痒，但碍于穆后之面，不便怎样。加上有后宫佳丽三千，也把想她的念头稍稍淡了。今见冯小怜打扮如此，美若天仙，早把一双眼睛都看直了，顺着嘴角流口水。穆皇后见状，很知趣地溜走了。高纬等穆皇后一走，一下便向冯小怜扑去……

从此之后，高纬昼夜不离穆皇后寝宫，但却不是因为穆皇后，而是因为冯小怜。二人出双入对，形影不离。高纬为讨冯小怜欢心，极尽各种之能事，甚至装扮戏子乞丐。冯小怜尝到甜头，每天与高纬厮混在一起，早把那离间嫔妃的使命抛到九霄云外了。穆皇后见她比那成百上千个嫔妃还厉害，后悔不迭。

高纬皇帝淫乱后宫，不理朝政，大臣仿效，倒霉的只有老百姓，一时怨气冲天。这些情况被云游至此的北周人士卫元嵩探知。他立刻回去告知北周当朝皇帝宇文邕，宇文邕大喜，立即亲率大军，兵伐北齐。

宇文邕是宇文泰的第四个儿子。他的大哥宇文觉、二哥宇文毓均因不满宇文护大权独揽，而被宇文护毒死。宇文邕自幼聪颖，长大后，饱读诗书，足智多谋。他吸取两位哥哥的教训，不与宇文护正面冲突。表面上装作不理朝政，躲在后宫玩乐，消除宇文护的警惕之心，暗中却积极筹划诛杀宇文护，夺回大权。

宇文护实际上也是一个极有心计的人。他知道杀宇文邕不能操之过急，否则会功败垂成。所以也暗中准备。这样，不知不觉，宇文邕已在位几年了。

这一天，宇文护要看望宇文邕的母亲。宇文邕一看机会来了，便拿出事先准备好的"酒浩"对宇文护说："皇太后嗜酒如命，朕每每相劝，她却不肯听。皇太后最喜欢见您，还请见皇太后时念念这'酒浩'，以劝她老人家注意贵体，少饮酒为妙。"

宇文护也知道皇太后爱饮酒，一听宇文邕此言，欣然应许。二人一同来到后宫，见了皇太后，宇文护便专心致志地给她念"酒浩"。宇文邕见他念得认真，便悄悄举起王珽（即大圭，有三尺长）向宇文护头上猛砸，宇文护来不及叫一声，便脑浆迸裂而死。

铲除了宇文护，宇文邕有了实权，安心治理国家，推行新政，消除贫富差距过大现象，演练士兵，增强兵力，仅两年时间，国内形势一片大好。

而那道士卫元嵩也不是等闲之辈，年轻时削发为僧，云游四方，对各国情况了如指掌，后来被宇文邕网罗到手下。他此次去齐国，就是为宇文邕攻打齐国探听情况，做战前准备。

再说齐国皇帝高纬，正陪冯小怜在天池（今山西省宁武县南管涔山上）狩猎玩耍。忽闻来报：周皇帝宇文邕亲率14万大军，离开长安城，现已攻下齐国的平阳（今山西省临汾市西南）等地，大为惊慌。但那冯小怜还没玩够，死缠着他要求再打几天猎。高纬不忍心拒绝她，只好陪同，又玩了十几日才回京都邺城。

北周大军，一再大捷。北齐集中力量在平阳与北周决战。大败后，高纬带着冯小怜东躲西藏，最后无处安身，无可投奔，只得又回到京都邺城。这时，随行的大臣、士兵都已各自逃命，高纬真正成了孤家寡人。

北周大军很快就打进邺城，包围了皇宫。高纬这个沉溺女色、荒淫无度的皇帝无力反抗，只好束手就擒。北齐的江山也就此葬送在他手中。

中华上下五千年
zhonghua shangxia wuqiannian

隋唐五代十国

◆隋朝（公元581年至618年）
◆唐朝（公元618年至907年）
◆五代十国（公元907年至960年）

杨坚建隋统一天下

公元578年，北周皇帝宇文邕再次率军攻打南朝陈国，想完成统一大业。不料途中身患重病，竟至不语。随行的大司马杨坚与王轨见此情景，唯恐皇帝不治身亡，忙拿来纸笔写下宇文赟和宇文宪两个名字。宇文邕此时心里还明白，他知道二人是让他选立太子。

这宇文宪是宇文邕之弟，具有文韬武略，在军中屡建奇功，不仅有统率军队之才，还有治国安邦之道；而宇文赟是宇文邕的儿子，此人道德败坏，不学无术，而且荒淫好色。宇文邕也深深了解这二人。但是，弟弟毕竟不如儿子亲，弥留之际，宇文邕最终选了儿子宇文赟。

这宇文赟早就垂涎父亲的后宫佳丽，只是碍于父亲的威慑，不敢轻举妄动。宇文邕一死，可遂了他的心愿。他竟高兴得手舞足蹈，甚至旁若无人地用木棍敲着宇文邕的棺材说道："你死得真是太晚了！"众大臣听了，无不愕然。但都知道他不是好惹的主儿，谁都不敢吱声。

宇文邕刚刚下葬，宇文赟就跑到后宫去鬼混，直到玩腻了，才出来亲理朝政。他上台后第一件事便是诛杀重臣，他将对他有威胁的人全部杀掉，甚至连宇文氏家族的人也不放过。然后又重新任命高官重臣，将自己的亲信耳目全部安插到朝中，并派杨皇后的父亲杨坚为他主持朝政。他以为这样就可以高枕无忧了，便过起了更加放荡，甚至违背人伦的生活。

一天，宇文赟在宫中宴请群臣及其家眷。席间，他发现西阳公宇文温的夫人尉迟氏颇有些姿色，便将其灌醉，留在宫中玩弄。这还不算，最后干脆将尉迟氏的丈夫西阳公宇文温全家抄斩，将尉迟氏封为第五个皇后。消息传出，朝野为之哗然。

那尉迟氏也不是什么好东西。丈夫一家因她而死，她非但不怨恨，反而一心一意做起了宇文赟的皇后，整日与他鬼混在一起。一天，她正与宇文赟在寝宫调乐，内侍匆匆来报："皇上，突厥来犯，群臣在等皇上去商议退兵之策。"尉迟氏闻听,一脸不高兴,对宇文赟要起了小性儿,故意不理他。宇文赟对她正处在迷恋时期,非但不生气,反而再三央求。尉迟氏见火候到了,趁机说道:"陛下,干脆您将皇位传给太子吧,咱们在后宫尽情享乐!"

宇文赟一听,是个好主意,立刻点头应许。从此,这个刚刚21岁的宇文赟便将皇位传给7岁的儿子宇文阐,自己做起了逍遥自在的太上皇。

宇文赟迷恋女色,沉溺后宫,可乐坏了一个人,那就是杨坚。杨坚趁此机会,将大权一步步抓到自己手中。但是他也见识过宇文赟诛杀人臣的残酷手段,所以一时还不敢轻举妄动。

一天,太上皇宇文赟又在后宫玩起了新花样。他将几位太后召集到一起,命她5人脱光衣服,一起躺到床上侍寝。这5个太后中,杨皇后为杨坚之女,知书达理,对宇文赟的行为早有所不满,只是一直遵守妇道,隐忍不发。今见宇文赟荒淫若此,气愤至极,非但不听他的话,反而以严辞相斥道:"陛下本乃一国之君,如今既尊为太上皇,更应自尊自爱。陛下如果一味做这等蝇营狗苟之事,臣妾也为此深感羞耻,宁愿受杖刑而死……"

一番话说得早已脱光衣服、正想进行淫乐的宇文赟脸色大变。他何曾听到过别人说他这个?立刻命内监将杨皇后拖出去杖刑,然后赐死。

杨坚在内宫早已安插耳目,消息立刻传入他耳中。杨坚闻听,马上就要动手杀了宇文赟,但有心腹将他劝住,说此时动手,为时尚早。若想救杨皇后,不如让独孤氏前去求情,还可以免去宇文赟疑心。

就这样,杨坚之妻独孤氏亲自去宫中叩头求情,才勉强救下早已奄奄一息的杨皇后。日后,杨坚去宫中探望女儿,看她身上的伤状悲惨,暗中咬牙,誓报此仇。

但是宇文赟没有等到杨坚向他复仇便淫乱而死,时年才22岁。

宇文赟一死,小皇帝宇文阐根本不被杨坚放在眼里。他篡位的野心便逐渐显露出来。一些藩王大臣看出端倪,便欲诛杀杨坚。但是非但没得手,反而全被杨坚给杀了。不仅如此,他还将周室宇文氏宗亲除小皇帝宇文阐外,一律斩尽杀绝。

他留着宇文阐是有原因的。原来杨坚很迷信，他通过占卜得知自己登基的最佳时间为来年（公元581年）二月初四，所以又让宇文阐多活了些时日。等到他准备登基的头天晚上，才用毒酒将宇文阐毒死。

公元581年二月初四，杨坚登基，国号隋。至此，北周从宇文觉始，至宇文阐止，共历5位皇帝，25年便告结束。

杨坚称帝后，可不像宇文赟那样荒淫无度，不理朝政，而是励精图治，富国强兵。为此他奋斗了八年，给大隋江山打下了坚实的基础，也向他"统一天下"的目标迈进了具有实质性的一大步。

而此时与隋相并存的陈，当朝者为贪嗜酒色的陈叔宝。陈叔宝自公元571年继位以来，大力推行的一条政策便是：广选秀女。每年他都要在全国范围内网罗大批秀女，然后进行严格筛选。现在，在他宫中艳压群芳、轮流侍寝的是龚、孔二位贵嫔。

而龚贵嫔入宫时，从家中带了一名贴身侍女，名叫张丽华。这张丽华长得千娇百媚，又善于扭怩作态，不久得到陈叔宝宠幸，15岁时便为陈叔宝生了一个儿子，这下陈叔宝更高兴了，当即封她为贵妃，居于龚、孔二嫔之上。

可张丽华还不满足，使出浑身解数取悦陈叔宝，使陈叔宝不仅不理其他嫔妃，连朝政也不理了，整日晕晕乎乎，围着她转。

一天，两人正在后宫取乐，内侍来报："杨坚派二儿子杨广率50万大军兵分八路来攻陈国！"陈叔宝闻听，竟不以为然道："来就来罢，当初齐兵三次来攻，周兵也来了两次，均无功而返。可见我陈国有天神护佑，还怕他杨广怎的？"张贵妃也连连说长江天堑，隋军插翅也难飞过来。于是二人也不理会，继续寻欢作乐。

第二天早朝之上，陈叔宝惊闻隋军已过长江，不久就将打到京城建康，这才慌了，忙向大臣们商讨退敌之计。岂料，这些大臣们也个个都是酒囊饭袋之辈，想不出个主意。大殿之上，一时寂无声息。陈叔宝一见，急得都快哭了。这时，老将萧摩河请求出战迎敌。陈叔宝转忧为喜，立即表示要对其封妻荫子。

萧摩河带兵出征后，陈叔宝果真让他的妻子、孩子入宫受赏。岂知，这个酒色皇帝见萧摩河的继妻年轻貌美，竟就此霸占宫中，萧妻一柔弱女子，也不敢不从。

此时萧摩河正统兵欲与隋军决一死战，忽闻家丁来报："夫人去宫中受赏，被皇上留在宫中，至今未回。"萧摩河一听，犹如晴天打了一个霹雳。他深知陈叔宝为人，心里顿时明白发生了什么，他大叫一声，昏死过去。众军士见主将倒下，也就无心再战，纷纷各自逃命。隋军轻而易举地攻进建康城。

陈叔宝闻听隋军杀入皇宫，吓得藏入景阳殿后的水井之中，被隋将发现押出皇宫。公元589年，陈朝随着陈叔宝的被捉而宣告灭亡。自陈霸先始，共历经陈蒨、陈伯宗、陈顼、陈叔宝这5位皇帝，共32年历史。

隋文帝杨坚至此统一天下，南北朝对峙的局面也就此结束，新的历史纪元开始了。

怕老婆的皇帝

隋文帝杨坚灭周建隋，随后又统一天下，结束南北朝对峙局面，开启了历史的新纪元。按理说，他也是一个叱咤风云的人物，但是生活中的他，却是有名的"怕老婆"。

杨坚位居高官时，生活便十分节俭，即使称帝之后，也依然保持着这个习惯。不管是吃饭，还是穿衣，从来不求奢华，更不要说在长安城之外为自己修建什么宫殿苑囿了，因此也深受百姓称道。但是，杨坚的皇后独孤氏却不是一个省油的灯。自从当了皇后，她觉得自己身价百倍，吃穿也颇为讲究起来。这一天，她闲暇无事，便来到杨坚的住处，对他说道："皇上，您看您住的这地方，哪像个天子住的地方啊！"

杨坚一见独孤氏来了，慌忙站起身。闻听此言，诧异地四周看了看道："我觉得不错呀，天子还能住什么地方呢？"

独孤氏见他不开窍，气得一跺脚，骂道："真是个榆木疙瘩！我是说你该在长安城外修一座专供休息的离宫。这样，你我二人也可放松放松，清静清静啊?！"

杨坚听了独孤氏的话，知道她又是忽然心血来潮。有心不答应，又怕她生气，不敢惹她，只好应承下来。

杨坚本来想独孤氏只是一时和自己使性子，敷衍她一下也就行了。不料独孤氏却是当真的，几次来催问离宫动工了没有。杨坚无奈，只得派仆射杨素督办此事。

杨素立刻让负责建筑的大臣宇文恺赶紧选址动工。宇文恺将殿址选在一处有高山、有沟谷就是没有平地的岐州（今陕西省凤翔北）。岐州山青水秀，环境倒也幽雅。但是没有平地，怎么建宫殿呢？杨素不在乎，立即招集了成千上万的民工，让他们日夜劳动，将高山推平，沟谷填满。不管严寒酷暑，负责监工的封德彝都让军士像对待犯人一样对待那些民工，有许多人累死，又有许多人饿死、病死。民工死后，杨素就命人将死人推入沟谷填平，然后继续修筑宫殿。终于，在牺牲了近万名民工后，宫殿建成了。

杨坚听宫殿建成，就赐名仁寿宫，并派元帅府长史高颎前去察看。

高颎到岐山一看，宫殿修得富丽堂皇，但听说死了近万人，回去如实禀告杨坚。

杨坚一听死了许多人，心里便有些埋怨杨素。但独孤皇后听说宫殿已修好，立刻要求杨坚和她一起去仁寿宫。杨坚只得陪同前往。

来到仁寿宫，只见大殿小宫，座座错落有致，风格各异，雕梁画栋，美不可言，独孤皇后不由得连声称赞。但杨坚却因建此宫死了近万人而落落寡欢，沉默不语。

这时，杨素请求拜见皇上、皇后。杨坚一见他，火往上冒，当即就要发作。独孤皇后早将一切看在眼里，瞪了杨坚一眼。杨坚只得又把想要治罪杨素的话咽了下去。独孤皇后见状，心中还算满意。转头对杨素说道："杨爱卿为建此宫，尽心尽力。皇上说了，杨爱卿忠心可嘉，赏银钱百万，绵绢百匹……"

杨坚一听，鼻子差点气歪了。但他有怕老婆的毛病，非但一点儿不敢违皇后之意，甚至连那几句训斥的话也省了。

其实，杨坚怕老婆由来已久，已不是一天两天的事了。早在杨坚刚刚称帝不久，独孤皇后就与他大闹过几场，也就是在那时她把杨坚制服了。

独孤皇后为人生性暴躁，而且特别爱"吃醋"，嫉妒心非常强。

她为了避免杨坚宠幸别人而疏远自己，就不允许杨坚再册立其他嫔妃。因此，隋朝一代开国君主杨坚偌大的后宫却只有独孤皇后一人。而且独孤皇后上朝与杨坚同乘一辇，散朝与之双回后宫，形影不离，严密监视，唯恐杨坚与宫女有染。

但是，俗话说得好，老虎也有打盹儿的时候。一天，独孤皇后患病卧床，杨坚独自出宫散步。他在后宫之内，七拐八拐来到一个花草繁茂、景色优美的地方。抬头发现一所别致的小楼，上书"珠玑楼"三字。杨坚知道珠玑楼是藏书楼，便想进去看看书。正在这时，从楼中走出一个宫女，一见皇上来了，忙跪倒施礼。杨坚一看，只见此女长得艳若桃花，肤如凝脂，比独孤皇后不知美上多少倍，但自己却从未见过，便将她叫过来细问其姓名身世。

原来，这个宫女叫尉迟珠儿。她本是尉迟迥的孙女。尉迟迥与杨坚在北周同朝为官，只因看出杨坚有篡位之意便兴兵讨伐，不料兵败被杀。杨坚称帝之后，便按例将其眷属收入宫中。当时尉迟珠儿刚刚出生，到现在已有 19 年了，这 19 年她是以奴隶的身份度过的。

杨坚听她断断续续讲完自己的身世，星眸转泪，梨花带雨，更显娇艳欲滴，不禁怦然心动，把持不住，当时就将她宠幸了。

杨坚除了独孤皇后，还从未有过第二个女人。今日宠幸了尉迟珠儿，心情无比舒畅，当即表示，要好好待她。第二天，又来和她相会，还给了许多珍珠。

可是，纸包不住火。这事儿很快就让那个"醋坛子"皇后独孤氏知道了。她怒不可遏，病也好了，精神也来了，率一帮人便来到珠玑楼。一见尉迟珠儿容貌俊美，更是气不打一处来，像泼妇一样地乱骂一通，撕拉着尉迟珠儿的头发打了几个嘴巴子。又吩咐太监，脱去尉迟珠儿的衣服，用竹杖狠狠地打。一边打她还在一边叉着腰骂，不时还踢上几脚。

尉迟珠儿一个柔弱女子哪受得了这通折腾？等杨坚闻讯赶来，她早已血肉模糊，奄奄一息。杨坚一见，心疼得要命。也顾不得自己是什么身份，抱起她"珠儿，珠儿"乱叫一通。可怜那尉迟珠儿听到喊声，只勉强睁开眼，看着杨坚，挣扎着说了一句："皇上，你……来晚了，奴婢……再也不能……侍奉皇上了……"说完便气绝身亡。杨坚一见，更加伤心。

独孤皇后见状，撒起了泼，披散了头发乱喊乱叫，寻死觅活。杨坚心里烦乱，又见她不成体统，强忍下这口气，一跺脚，骑马出了宫门。

独孤皇后一见他走了，立刻不闹了，也不去追他，只派人将尉迟珠儿的尸体扔到山谷喂狼，又在众宫女面前厉声厉色道："谁若再去勾引迷惑皇上，下场与尉迟珠儿一样！"这才解了气，偃旗息鼓，起驾回宫，继续养病去了。

再说杨坚，策马狂奔出百十余里，天渐渐黑下来，他才勒住马头，心里逐渐平息下来，不由得自言自语："我真是枉为天子，连一心爱的宫女也保护不了！"但转念一想，又道："大丈夫以事业为重，我岂能为区区一宫女与皇后吵翻，负心而走？"正胡思乱想，元帅府长史高颎从后面追了上来，气喘吁吁劝慰杨坚道："皇上乃万乘之尊，岂能为一妇人而不顾江山社稷呢？皇上，还是请起驾回宫吧！"

杨坚一听有理，便也顺势下坡，回到宫中，免不了又在独孤皇后面前赔礼道歉。独孤皇后见他回心转意，便也不再在这件事上闹下去。只是以后在杨坚面前更加趾高气扬，飞扬跋扈。不仅对杨坚这方面加紧防范，而且在其他事情上也开始左右杨坚，稍不如意，就大吵大闹。杨坚一为顾念大局，二是自觉理亏，有把柄握在她手中，只是一味忍让，不与之理论。长此以往，便落下了"怕老婆"的毛病。

高颎之死

隋文帝杨坚宠幸的宫女尉迟珠儿被狠毒泼辣的独孤皇后乱杖打死后，杨坚为此负气而走，被长史高颎劝回。按理说独孤氏对高颎应心存感激之念，而其不然，却因为高颎的一句话对其怀恨在心，伺机报复。

原来，高颎与独孤皇后两家是世交。那时，独孤皇后的父亲不如高颎的父亲官大。高颎家对独孤家却颇为照顾，后来独孤皇后的父亲见高颎长得一表人才，也是为了表示对高颎家的感激之情，便欲将女儿独孤氏许配高颎。但是，由于独孤氏小时候便经常去高家玩，那时候她对自己想要的东西便表现出一种强烈的独占欲，高颎就有些不喜欢她，不过碍于父亲的情面勉强忍耐罢了。如今听说要将独孤氏许给自己为妻，说什么也不答应。两家老人也只得作罢。而那独孤氏起初听闻父亲要将自己嫁给高颎，心中高兴，因为她从小就暗暗喜欢高颎。小时候强烈的独占欲，一是天性使之，二来也是想在高颎面前表现自己，却不想弄巧成拙。后来又听说高颎百般不同意，又羞又怒，心想我非嫁个人物让他瞧瞧。

独孤氏嫁给杨坚，后来当了皇后，虽然不允许杨坚拈花惹草，自己对高颎却有些旧情复燃，百般拉拢，想使高颎就范。无奈高颎只佯装不解其意，淡然处之，独孤氏便愈怀恨在心。

可巧，那日杨坚负心出走，高颎劝归时和杨坚说了句："皇上岂能为一妇人而不顾江山社稷？"这话不知怎么就传到独孤皇后耳中。其实高颎本来是指宫女尉迟珠儿，但独孤氏却偏偏认为高颎在暗指自己根本不值得杨坚放在眼里。心想：好个高颎，几次三番你偏与我作对。上次我说二皇子杨广聪明伶俐，想废太子杨勇而立杨广，你就对皇上说什么长幼有序，杨勇不可废，杨广不可立，如今你又在皇上面前直接诋毁我。好，咱们骑驴看唱本——走着瞧！

独孤氏已起杀高颎之心，可是高颎的妻子却突然死了。独孤氏灵机一动，又不想杀他了，毕竟有些旧情难忘。心想：不如我把一个亲戚的女儿嫁给他，套上亲戚关系，再着意拉拢，或许他便会回心转意了。

独孤皇后自己不能去说，便把想法给皇帝杨坚说了，当然只谈续娶之事，以示关心。杨坚自然同意。一天，见了高颎亲自对他说："高颎爱卿，皇后闻听你新近丧偶，欲给你提媒说亲，你看如何？"

高颎与妻子感情非常好，如今突然去世，非常伤心，从来也未曾考虑过续娶之事，便含泪推辞道："皇后垂爱，臣铭记在心。但臣已老矣，无心再娶，还望皇上体念。"皇帝杨坚一听，也就作罢。而独孤皇后一听却恨得了不得，杀机顿起，暗想：高颎，你也太不识抬举了，走着瞧！有你后悔的时候！

几天之后，高颎的妾生了个男孩。独孤皇后闻听，心想：机会来了。跑到皇帝杨坚身边，对他说："皇上前几天亲口为高颎提亲，他用一套好听的话来敷衍。现在明白了吧？他是钟爱小妾，所以用假话来欺骗皇上。按说这是欺君之罪,这样的人不治他的罪,但也不能信任他。"

皇帝杨坚素来怕老婆,而且他觉得独孤皇后说得也似乎有理。于是对高颎有了看法,对他也渐渐疏远冷淡起来。

开皇二十年(公元600年)凉州(今甘肃武威)总管王世积被人密告谋反,文帝杨坚杀了他。王世积曾是高颎部下,独孤皇后得知,又怂恿皇上杨坚杀高颎。杨坚不忍,只是撤去他的仆射职务,让他回家赋闲。可是独孤皇后却不肯放过他,暗中唆使人到皇上面前告他。那些奸佞小人见高颎落了难,又有皇后在后支持,纷纷前去揭发高颎,想在皇后面前表一功。

众口铄金,积毁销骨。杨坚信以为真,降旨:"将高颎押入大牢。交有司察办。"朝中却也有为官清正者。知道高颎为人正直忠心,是受人诬陷,便纷纷为高颎求情。加之有司察来察去,也没察出高颎有什么大罪,杨坚便又降旨:"免高颎一死,废为庶民。"

高颎出狱,高高兴兴搬出齐公府,没有半点怨言。因为他母亲曾对他说过:"孩子,你现在当上了仆射,可谓达到了富贵的顶端,再往前一步,就要杀头了,可千万小心呀!"高颎觉得母亲的意见就是虽然位居高官,但时刻都有杀头之祸,所以要得之淡然,失之泰然。如今,下了大狱,提着脑袋出来,岂不万幸?所以轻轻松松回乡下老家归隐去了。

仁寿年间,杨坚忽又想起高颎的许多好处。差人将他召进京,封为太常寺卿重用。独孤氏此时也上了年纪,不像以前那样争强好斗了,便也去了杀高颎之心。不过母亲放下了,儿子却动手了。独孤氏的二儿子杨广即位之后,在大业三年(公元607年),编了个罪名,把高颎杀害。

杨广杀高颎有两个原因:一是因为高颎曾在杨坚面前阻止过立自己为太子;另一个更重要的原因是因为杨广好色,早就闻听陈叔宝的妃子张丽华美貌无比。在隋军攻入南朝陈国时,捎信给高颎,不要杀张丽华。而高颎深感女色误国,又见张丽华是个妲己一样的人物,便一刀给杀了。杨广听说高颎把张丽华杀了,又气又恨,当时就跺脚咬牙道:"好,将来我一定会报复高颎的!"

登基之后,杨广开始逐渐暴露本性,经常乱杀无辜,自然不会放过早已记恨在心的高颎。

可怜高颎为大隋江山呕心沥血，忠心耿耿，不料却先遭独孤皇后暗算，后遇杨广毒杀，枉自送了性命。

杨广施计废太子

隋文帝杨坚自称帝之后，励精图治，勤奋节俭。灭掉陈国，一统天下之后，听忠言纳逆言，兢兢业业，治理国家。随着隋初的政治清明，经济繁荣，隋王朝呈现了蓬勃向上的发展势头，甚至出现了"开皇盛世"的政治局面。隋文帝杨坚堪称中国封建社会史上杰出的政治家。可他万万也没想到自己在立太子这个问题上一着不慎，满盘皆输。

按照长幼之序，杨坚的长子杨勇先被立为太子。也就是说，如果没有什么特殊变化，将来就由杨勇继任皇位，别人不能对此再有什么想法。

可是有一个人偏不，他就是杨坚的二儿子杨广。杨广与大哥杨勇继承父亲杨坚宽厚仁爱的性格不同，完全继承了母亲独孤氏狠毒、嫉妒的性格。他根本不容哥哥做太子，想方设法要改变这个事实。为此，他可谓费尽心思。

他深知，要想当上太子，首先要博得父母的宠爱，其次还要使父母越来越讨厌大哥。弄清了这一点，他开始加紧行动。

独孤皇后有嫉妒妾、妃的脾气，父皇杨坚崇尚节俭，杨广很了解这些，他就将自己伪装成一个清心寡欲、勤奋俭朴的人。他表面上只与王妃萧氏在一起，妾妃生了孩子就把孩子溺死，不让独孤皇后知道，家里藏着美女歌姬也从不让外人看见。

一天，杨广正在自己府中与一群歌姬饮酒取乐，家人忽然来报："皇上、皇后来了！"杨广一惊，忙命人撤去酒宴，让歌姬妾妃全藏起来。然后自己和萧妃换上极其朴素的衣服到书房等候。这书房其实是早已布置好了的。他和萧妃二人见独孤皇后与父皇杨坚走入书房，忙跪地请安。杨坚一见书房摆设，心里就很高兴。只见房内屏帐均为普通丝绢，桌子上放着一把琴，琴上满是灰尘，且琴弦已断了两根，显然久已不弹。杨坚心下高兴，微微点头，随口问道："皇儿，最近在干什么呢？"

"禀父皇，孩儿一直在专心读书。"杨广说罢，拿起书桌上早已摊开的一本书。

杨坚接过一看是《诗经》，心里更是乐开了花，不禁连连称赞杨广。独孤皇后觉得杨广很像自己，从小就对他宠爱有加，又见他长大后不近女色，身边只有朴素端庄的肖妃一人，正合自己心意，也非常高兴。帝、后二人对杨广夫妇鼓励一番便走了。

帝、后一走，杨广立即手舞足蹈，和妻妾歌姬们鬼混了一夜，以示庆祝。他知道，自己的第一步棋算赢了。他开始准备第二步棋，陷害大哥杨勇。

杨勇与杨广可不同。他为人忠厚，本来深得父皇杨坚的喜爱，可母后独孤氏却不喜欢他。因为太子妃元氏，是独孤皇后一手操办为儿子选定的，但其相貌平平，身体虚弱，所以太子杨勇非常不喜欢，便以其不能生育为名又娶了一个云昭氏。这云昭氏不仅长得如花似玉，而且能歌善舞。独孤皇后生性最恨漂亮女人，所以就有些生气。恰巧那元氏又突然发作心脏病死了。杨广闻知，便在独孤皇后耳边吹风说哥哥杨勇经常虐待元氏，那元氏是气病而死。独孤氏果然信以为真，更加恼恨大儿子杨勇。但这一切杨勇不知。元氏死后，还要求把云昭氏封为正妃。独孤皇后自然不同意，太子杨勇因为此事便与母后独孤氏各不相让，对峙起来。

独孤皇后见太子杨勇越来越不听话，便在皇帝杨坚耳边吹风，说杨勇的坏话。杨坚开始并不相信，他相信自己的眼力，认为杨勇既仁厚又有治国之才。在隋开皇六年（公元586年），北方边境战事频繁，人员锐减，杨坚便打算从流民较多的山东迁一部分人到北方去。但太子杨勇认为不妥。上书隋文帝说："儿臣认为恋土怀旧是人之常情，百姓只有实在活不下去才会逃亡。北方战事虽多，但只要加强防卫，便不会发生意外。还是请父皇不要随便迁徙民众，让百姓安居乐业吧！"文帝杨坚看了，便打消了原来的念头，从此更加器重杨勇。怎么会轻易就相信独孤氏的话呢？独孤氏见他不信，也不强求，但也决不放弃。心想，用不了几天我就降服了你！

再说杨勇太子虽然深得皇帝杨坚喜爱,但他却有一个致命弱点,那就是喜欢奢华。刚被立为太子的时候,他就大摆宴席庆祝一番。皇帝杨坚知道了,就很不高兴,但太子杨勇又不是一个善于察颜观色、投机钻营之人。他虽也有所察觉,但仍一意孤行。他的铠甲是蜀地的巧匠所做,本来已经很精美,但他不满意,又雕金缀银着意装饰一番。另外,他还喜好声色,他宠爱的娇妻美妾很多。太子妃元氏一死,他更是广纳姬妾,时常宴乐歌舞。独孤皇后便抓住他这一点,三天两头在皇帝杨坚耳边吹风。杨坚再怎么相信他,也禁不住独孤氏天天在背后向他诉说太子杨勇的坏话。再加上他对太子的所为也有所耳闻,渐渐地也改变了对他的看法。这样太子杨勇在父皇、母后心中的地位越来越低,而杨广的地位越来越高。

杨广将一切情况都掌握在手中,他心里暗暗高兴。但是,杨广任扬州总管,却长期待在京都。文帝杨坚心里不愿意,曾几次催他去扬州。他没有办法,就去独孤皇后面前哭诉,说太子杨勇几次三番加害于他,他怕父母伤心生气便一直未敢如实相告。现在父皇要他去扬州赴任,他不敢不去,但一想到前途吉凶未卜,便十分舍不得母后……

独孤皇后闻言大怒道:"我活着他就这样对你,我要是死了,你还不是他砧板上的肉啊!"

杨广听罢,心中暗自好笑,但表面上哭得更加伤心。独孤皇后恸哭一场,决定立即废掉那个人面兽心的东宫太子杨勇。于是买通了太子杨勇身边的侍臣姬妾,给太子捏造了许多罪名,告到杨坚那里。杨坚面对太子的这么多罪名,生气还来不及,哪还有心情细察?!又加之独孤皇后的怂恿,便于开皇二十年(公元600年)十月下诏废掉了杨勇,将其软禁起来。因此受到诛连的人,或杀或剐,不计其数。11月,杨广终于如愿以偿,当上了皇太子。

第二年,文帝杨坚觉得一年中死一个皇子,废了一个太子,很不吉利,便下令改元为仁寿元年(公元601年)。但即使这样,也没有给大隋江山带来好运。

杨广篡位

隋文帝杨坚的二儿子杨广为人诡诈多端。他先用两面三刀的伎俩博得杨坚夫妇的宠信，又用金银玉器收买了杨坚身边的宠臣杨素、杨约，怂恿文帝废掉太子杨勇，终于在开皇二十年十一月称心如意地当上了皇太子。杨广为此欣喜若狂，但大隋朝从此开始了国无宁日的局面。

杨坚只有独孤氏一位皇后，所以子嗣不多，只有杨勇、杨广、杨俊、杨秀、杨琼这5个儿子。而且杨俊已死，杨勇被废，只剩下杨广、杨秀、杨琼三人在朝为政。但是杨广心狠手辣，登上了太子宝位，还不放心，也怕其他两个兄弟像他一样争夺太子位，就想把自己这两个一奶同胞的亲兄弟除之而后快。他耳目众多，不久就有人来报说四弟杨秀对废立之事不满。于是他便在文帝杨坚面前设计陷害四弟杨秀。

一日，杨坚正在养心殿闭目养神，杨广悄悄走进来。杨坚似乎有所察觉，微睁开双眼。杨广见状，忙跪下叩头请安。但是杨坚让他起身后，他又不走，一副欲言又止的样子。杨坚心里纳闷，便随口问道："皇儿有什么事要对为父说吗？"

杨广听见父皇问他，不但不说话，反而突然泪光点点，做出一副泫然欲泣的样子。

杨坚一惊，追问道："皇儿可有什么伤心事，快与为父说来。"

杨广见父皇催问得紧，便带着哭腔诉道："儿臣今日来见父皇，是求父皇废了儿臣这个太子，以免我们兄弟不和，骨肉残杀。废去儿臣这个太子，儿臣也可留下一条小命，侍奉父皇、母后颐养天年……"

杨坚见杨广连鼻涕带眼泪的说出这样一番话来，不由得更加吃惊，半晌才道："你这话分明是说你弟兄中，有人对废立太子之事不满，欲加害于你？"

杨广偷眼观瞧，发现杨坚脸色铁青，知道他已上了圈套，心中暗喜，表面上却更加伤心地哭道："儿臣本无太子之能，还是让位给四弟吧！也免得他为此事再招兵买马，大动干戈，犯下杀身之罪……"

"什么？是杨秀?!"杨广隐隐约约说出这番话，杨坚岂有不懂的道理？立刻勃然大怒道："我早就看出他不安分，迟早是个忤逆之子。哼，我偏不让他趁心如意！你即刻就去办理此事，将他给我押回来，囚入后宫！"

杨广一听父亲让自己去办理治罪四弟之事，心中欣喜若狂，但表面上却做出一副骨肉不忍相残的样子，跪在地上苦苦为四弟求情。他知道自己越求情，父皇越恨四弟，越不饶他。果然杨坚不允，杨广便极不情愿地起身出宫。一出宫门，便手舞足蹈，乐颠颠地走了。

不久，杨秀便以莫须有的罪名被文帝废为庶人，关押在后宫一隅。这时就只剩下五弟杨琼了。杨琼为人聪明机灵，任并州总管，手握兵权，又有众多谋士相助。所以杨广一时也未敢轻举妄动。

隋文帝仁寿二年，独孤皇后病故，举国皆哀，杨广在人前哭得痛不欲生。回到自己府中就整日宴乐歌舞，寻欢作乐，也真让独孤氏白疼了他一场。而隋文帝见独孤氏一死，也松了一口气，他这一辈子可真是受尽了独孤氏的气。后宫不能无主，在满朝文武的请求下，杨坚择吉日又册封了两位妃子：一位陈氏，封为宣华夫人；一位蔡氏，封为容华夫人。此时杨坚去一得二，乐不可支，将朝政大事交由杨广，自己同两位新妃到仁寿宫享福去了。

但杨坚毕竟是60多岁的人了，突然由以前只守一位独孤皇后的清心寡欲式的生活到现在的纵情享乐，又加之二妃年轻貌美，正值当年，他便有些承受不了。没过多久，就病倒了。而且几月之后，病体更加沉重，几经太医调治也不见好转。

这一情况早被在杨坚身旁侍奉的左仆射杨素通报给杨广。杨广乐坏了，心想：父皇快点死了才好呢！那样我就可马上登基坐殿为皇帝了。可是他又不知道登基之后要干些什么，便迫不及待地给杨素写信询问。但是传信的宫女不知道他们暗中干的勾当呀，心想：杨大人是专门来仁寿宫侍奉皇上的，既是给杨大人的信，那一定是要杨大人转呈皇上的，不如我直接给皇上送去吧。想到此，便拿着信走入皇帝杨坚的寝宫。可巧杨坚今天精神有些好转，见有信送来，便随手抽出来看了看。一看之后，不由得大惊。心想：我还没死，杨广就忙着继位。看来他平时所为，以及在我病时所表现出来的悲戚样子均是假的了，说不定他心里还希望我早死呢！

杨坚看了信，正凝神思索，忽然见宣华夫人陈氏披头散发地跑了进来。杨坚吓了一跳，忙问发生了什么事。宣华夫人眼中盈满泪水，欲言又止。杨坚平日最宠爱这位南国美人，今见若此，忙将她拉至床边坐下细问。宣华夫人心中盛着莫大的委屈，刚一挨近杨坚便伏在他身上痛哭起来。杨坚更加着急，不由得拍床发怒，宣华夫人才止住悲声，道明原委。

原来，这宣华夫人本是陈后主的妹妹，杨广早就垂涎她的美色，几次三番趁无人之时，对宣华夫人进行挑逗。宣华夫人认为自己是亡国之女，如今虽为贵妃，但杨广身为太子，自己若把此事告知皇帝杨坚，定会招来离间他们父子之嫌，所以一直隐忍不发。不曾想到，今日她来探望杨坚，在走廊路遇杨广。他见四周无人，便一步上前，搂住宣华夫人，意欲强行非礼。宣华夫人拼命挣扎，所幸有脚步声传来，杨广才放开宣华夫人，匆匆溜走。宣华夫人对杨坚说完这一切，又羞又愤，低头不语。

杨坚未待听完早已气得浑身乱颤，此刻更是怒火上窜。又联想到刚才看到杨广急于继位的信，不由得悔恨交加，咬牙切齿道："此等逆子，禽兽不如，怎可成就大事！唉，都是独孤误我……"

杨坚也不愧为一代开国皇帝，当机立断，让宫女把兵部尚书柳述、黄门侍郎元岩找来，想要让他们立刻拟诏书废太子杨广。但他此时气怒交加，又加上本来就病体沉重，几乎说不成话，只用眼睛看着二人连说了两个"勇"字。二人也算聪明，立时也就明白，他要见已废太子杨勇。但杨勇现在是罪臣身份，要见他，必须先有皇帝的赦免书，二人便急忙匆匆赶着去写赦书了。

再说杨广，自从给杨素写了信，不知为什么，心里总觉不踏实，就亲自来仁寿宫察探消息。路遇宣华夫人，调戏未成，悻悻回府。此刻正在太子府中寻欢作乐呢！忽闻杨素派人送来消息：皇帝杨坚召见兵部尚书柳述、黄门侍郎元岩，恐怕是情况有变。杨广大惊，心想自己这一番心思决不能付之东流。一狠心，便带着侍卫去了仁寿宫。到了大雄宝殿，将宫女太监全部赶走，一不做，二不休，竟将亲生父亲杨坚掐死在病榻之上，然后传出皇帝杨坚因病而终的消息。

随后,他又假传文帝圣旨,处死大哥杨勇,并将他的几个儿子一同毒死。掩埋时,还令人将他们头朝下,他认为这样他们就不会变成怒鬼报仇了。

现在,只剩下五弟杨琼。杨琼始终是杨广的一块心病。他便以父亲的名义写信给他,让他进京。但杨琼一眼就看出破绽。因为杨琼早就为防不测,与父亲通信双方均有暗号。杨广不知,弄巧成拙。杨琼拒不去京,并积极准备兵变。不久,文帝死讯传遍全国。杨琼深知二哥为人,认为一定是他从中搞鬼,立刻兴兵讨伐。不料,兵败被捉。但杨广不知出于什么目的,却没有杀他,只是囚禁起来。不过杨琼也没活多久,气病交加,不治而亡。

公元604年,这个狠如蛇蝎的杨广,终于踩着父亲、兄长、弟弟的尸首登上帝位。

杨广继位的第一件事,便是全面接管了父亲的后宫妃嫔。登基当晚,他便去后宫代替他父亲,宠幸了垂涎已久的宣华夫人。之后索性又去容华夫人蔡氏处混了几日。二妃面对既是继子又是新帝的杨广,无力反抗,只得默默忍受屈从。

就这样玩乐了一年,杨广才开始理政,并定第二年为大业元年,即公元605年。

"麻猴"唬小孩的来历

杨广做皇帝的时候逆天虐民,因此唐朝开国皇帝李渊赐他的谥号为"炀"。杨广在历史上也就被称为"隋炀帝"。

话说隋炀帝杨广,登基一年,只知吃喝玩乐。这一日,闲来无事,忽然想起术士章仇太翼,便把他找来,让他掐算掐算,在哪里定都会稳坐天下,吉祥如意。章仇太翼是个会察颜观色的人,早知杨广的心思,装模作样掐算了一下,便道:"要说最吉祥的地儿,还得是晋家洛阳。"

杨广一听,心中大喜。因为杨广曾被杨坚封为晋王,而且洛阳是古都,他早就有心定居洛阳。于是当即传旨,定洛阳为东京都,长安改为西京都,并于大业元年开始修建东京都,此事交由杨素负责。

建都不是一件小事,杨广如此相信章仇太翼也是有典故的。

原来,仁寿四年,文帝要去长安200里外的仁寿宫时,章仇太翼就从旁劝阻,他对文帝杨坚说:"据臣卜测,陛下近日不宜出宫。否则,恐遭不测。"杨坚大怒,将其押入大牢。不料,果被章仇太翼说中,杨坚这一去就再也没能回来。杨坚病危之际,想起章仇太翼的话不假,便命人将他放了。从此章仇太翼名声大噪,杨广也因此对他推崇备至,深信不疑。

再说杨素督办修建东京都洛阳城一事,可真是尽心尽力,一丝不苟。在洛阳城西修建了一座比当年的仁寿宫还要奢华百倍的显仁宫,但杨广仍不甚满意,觉得宫殿不大。于是杨素又命人在显仁宫旁增建了方圆200多里的园林,名为西苑。

西苑之内,湖光山色,优美异常。而且又设16处宫院,每院均住有一佳丽。即使是冬天,这里也是花红柳绿。因为这些佳人为了吸引皇帝,命宫女做了好些鲜艳的绢花、绢叶,以假乱真,一院赛过一院。杨广一见,非常高兴,每天率近千名宫女在院中游玩。

但是,多么快乐的所在,也有玩腻了的时候。于是隋炀帝杨广便想去南方看看。据章仇太翼推算,皇帝此次出行,宜走水路。可是从洛阳到江都(今江苏省扬州市),水路无法直通。杨广一想,我身为皇帝,这有什么难的?当即下令征集200多万民夫到各地沟通小河旧渠,开挖大运河。

这下可苦了天下百姓。但有人辛苦有人乐,在开挖大运河的过程中就有一个人因此发了财。此人姓麻名叔谋。他负责开通黄河与淮河之间的通济渠。这麻叔谋长了满脸大胡子,为人生性凶狠,不论严寒酷暑还是夏雨冬雪,他从来不顾民夫死活,让他们夜以继日地干。稍有怠慢,轻则拳打脚踢,重则动用皮鞭私刑,甚至斩首。人们都恨他,背后叫他"麻胡子"。

这麻胡子不仅凶狠而且非常贪财。他趁修渠之机经常到百姓家敲诈勒索。他总是先骗人家说修河道要拆房子,人家求他帮忙,他拿了钱便说自己给求了情不拆房子了。时间长了,人们都识破了他的伎俩,但也都敢怒不敢言。

更可恨而又可怕的是:麻胡子爱吃小孩肉。谁家有小孩,他就或骗或抢，捉来吃掉。附近人家有小孩的便都送到外地抚养。一时传扬开来，周围府县便都知道了这件事。家里有不听话、任意哭闹的小孩，只要喊一声"麻胡子来了"，小孩便吓得立刻不哭了。

大人吓小孩，一辈传一辈，传了一千多年，现在我国农村各地还有用"麻胡子来了"唬小孩的现象。但是传得时间长了，范围广了，便都将"麻胡子"说白了，说成了"马猴子""麻猴子""妈猴子"等等。说法不一样，但意思都一样。有的后人不知道"麻猴子"的意思，还有人以为是指狼。其实不是，指的是"麻胡子"其人，但他是一只披着人皮的狼。这就是"麻猴子"唬小孩的来历。

大运河终于修完了，但它耗去了200万劳动人民的血汗和无数人的生命。隋炀帝杨广可不在乎这些，他只在乎他玩得是否开心，是否尽兴。河修好了，但还没有合适的船。杨广又命人设计制造了奢华无比的龙舟。皇上如此，臣下更会阿谀奉迎，同时给皇后建造了翔螭舟，以及嫔妃、宫女乘坐的大小船只千余艘。一切准备就绪，杨广要率众嫔妃出游了。

出发前要祭河，杨广便命人将麻胡子杀了。倒不是因为他勒索钱财，盗食婴儿，而是因为他擅改河道，所谓"破坏风水"而惹怒了杨广。

祭完了河，杨广便登上了龙舟，率领船队沿运河南下。船中坐着文武百官、嫔妃宫女，甚至有和尚、尼姑、老道；河岸上近十万名纤夫汗流浃背拉着绳索；还有禁军骑兵在两岸护卫，一路浩浩荡荡，倒也颇为壮观。

船行过处，500里之内都要奉献贡品，贪官污吏趁此机会更是大肆敲诈勒索，搜刮民脂民膏，更加苦了老百姓。一时怨气冲天，隋朝的气数看来快要尽了。

李春和赵州桥

有关赵州桥的神话非常多，民歌《小放牛》中有这样的唱词：

玉石栏杆王母娘娘留，

隋唐五代十国

张果老骑驴桥上走。

柴王爷推车压了一道沟……

这些不仅反映了赵州桥优美坚固，还使它充满了神秘的色彩，展示了中国古代劳动人民的聪明才智。

闻名世界的洨河赵州桥相传为隋朝李春指挥设计，历经1300多年的风吹日晒雨淋，至今仍屹立如初，创造了一个奇迹。要说起李春，还要从隋炀帝开挖大运河谈起。

开挖大运河时，其中通济渠一带由一个叫麻胡子的人负责。此人非常贪财，他听人说陈留（今河南开封）境内有一座西汉张良庙，庙内藏有一双玉璧，价值连城，就亲自带人去抢到手中。这一日，他正在对这双玉璧爱不释手地赏玩，他手下一个名叫钱松的小监工走了进来禀报："总管大人，外面有一个叫李春的，自称有修桥技术，要求见总管大人。"

麻胡子恼恨钱松扫了他的雅兴，便怒骂道："瞎了你的狗眼了，没见我忙着吗？况且当今圣上让挖河，你找个修桥的来干什么?! 滚！"

钱松被骂了一通，心里窝火，又发现麻胡子抢了张良庙中的宝物白玉璧，料定他没有好下场，跟着他怕日后受牵连，就动了跑回家的心思。一眼瞧见还在营外的李春，便对他说道："李师傅，麻胡子凶狠，不是个人，我早就想不再跟他一起欺压百姓了，你也别跟着他。正好我们村有一条河，水流很急，乡亲们几次修桥都没修上。你有修桥技术，不如去帮我们，也为百姓做件好事吧！"

李春心地善良，为人耿直，一听此言，当即表示同意。天黑以后，二人就偷了两匹马，骑着离开大营，向钱松的家乡——赵州（今河北赵县）逃去。

赵州的百姓听说钱松带回来一个会修桥的师傅，都十分高兴。原来赵州有一条河，名叫洨河。这洨河水流湍急，乘船过河，常因水急而翻船。当地百姓也修过许多次桥，但都因不坚固，被水冲垮了。

李春听乡亲们七嘴八舌介绍了情况，立刻到河边察看地形，又亲自选了石料场，连夜画出了桥的图纸。乡亲们听说图纸画好了，便都来观看。只见那桥身与众不同，一个大拱洞的两肩上还各有两个小拱洞。众人不明白，便纷纷向李春请教。李春耐心地解释："这桥身下

181

面的大拱洞，可以通过平时的河水；上面两侧各有两个小拱洞，一是美观，二是在汛期和山洪暴发水位增高的时候，起到泄洪的作用，同时减轻河水对桥身的冲击力，使石桥的寿命延长。"

众人一听，恍然大悟，连声称赞。这时，一个小孩突然扬起童声问道："那两个怪兽是什么呀？"

李春知道他指的是桥中央护栏板上画着的一对饕餮，便笑着将他抱在怀里说道："这呀，叫饕餮。传说这种怪兽非常贪吃，什么东西都可以吞下。我们修桥时，将它刻在桥中央的栏杆上，这样，洪水来了，它就吞进肚里，我们的桥就不会被冲垮，我们的村庄也会平安无事啦！"小孩闻听，信以为真，拍手叫道："噢，饕餮吞洪水喽，饕餮吞洪水喽……"众人见他顽皮的样子，也都笑了。

这时钱松在人群中喊道："乡亲们，我们别光看呀！我看我们还是赶紧在汛期之前动工建桥吧！"众人一听立即组织起来，开始了造桥工程。

李春当技术总指挥，但是他经常是和乡亲们一起起早贪黑，上山采石，下水挖河。钱松在挖运河时做监工，此刻和乡亲们一起干劲十足，还不时劝乡亲们多注意休息，别累坏了身体。百姓们为自己修桥，哪有不出力的？个个干劲十足，建桥的速度飞快。仅仅几个月，就架起了一座石拱桥。

远看这座石桥像一道长虹，横卧在洨河上。近看石块之间吻接得严丝合缝。桥栏板、桥柱上都雕刻了不同形状的秀丽图案。栏板上的蛟龙，形态各异，活灵活现；桥栏板上的小石柱上还蹲着形象逼真的石狮子。可以说，赵州桥不仅是一座普通的桥，而且是一件极具观赏价值的艺术珍品。不仅中国人喜欢它，外国友人来参观的也不计其数。

李春也因赵州桥而享誉世界。赵州人民为了纪念他，还特意为他雕塑了石像。

隋末农民起义

隋炀帝杨广杀兄弑父，终于如愿登上了皇帝宝座。但是他在执政期间荒淫无度、逆天虐民，与其父杨坚比起来可谓相去甚远。隋文帝杨坚关爱民众、提倡节俭、轻徭薄赋，社会安定、人口发展也很快，甚至出现了"开皇盛世"的局面。但是杨广继位后，根本不顾老百姓死活，只知自己享乐。刚刚即位便大修宫殿、广开运河、制造游船，工程用人多达200万，几乎用尽了全国的青壮劳力，而且强征百姓手中仅有的一点粮食屯积起来，百姓叫苦连天，难以生计。

本来，他耗费财力、人力、物力修完大运河，玩也玩了，乐也乐了，就该休养生息、发展农业生产、减轻百姓负担了。但是他为了显示其大隋朝的国力，又于大业七年（公元611年）开始征讨高丽，并在全国范围到处抓人拉夫抢夺物资，以备战用。

而此时山东正在闹水灾，许多灾民无家可归，无粮食可吃，正处在水深火热之中。隋炀帝由水路攻打高丽，这里是必经之路，看到那么多面黄肌瘦的灾民，他非但不设法赈灾，反而漫不经心地说道："饿就参军嘛！当了兵随朕一同去打高丽，不就有吃的了？""传令下去，继续征兵。不肯来的，就地斩决！"

皇帝发了话，谁敢不听？一时之间，到处都是妻离子别的惨哭之声。正所谓官逼民反，农民战争的烈火终于被一个人点燃了，他就是王簿。王簿是山东省邹平县人，他当时也被征兵，心想：家乡离辽东有数千里之遥，一路上难免还要挨打受苦，很难再活着回来了。左右都是死，不如起来造反算了。于是他写了一首《无向辽东浪死歌》，号召当地百姓不要为杨广去送死，大家起来反对战争，求一条活路。百姓们也早已受够了压迫，纷纷响应。山东有一座长白山（在今山东邹平县南），山势险要。起义民众在王簿的率领下占领了这座山，并以此作为反隋的根据地。他们经常在济南、济宁一带，给杨广征讨高丽的军事交通线以打击。

王簿起义的消息传开，其他不服兵役的农民也纷纷效仿，还带着小股义军上长白山前去投奔。在漳南（山东德州西南部地区）还爆发了影响较大的孙安祖起义。

孙安祖本是一个普通农民，非常爱惜土地。一日，他去察看家里被水冲毁的土地，想看看是否还可以修整好。谁知到地里一看，自家的地早被冲得沟沟壑壑，哪里还能再种田？蹲在地头，正自叹息，忽见隔壁家二牛一步三摇，气喘吁吁地走来，不禁惊奇地问道："二牛，你不在家里躺着，到这儿来干什么？"他知道二牛家也同自家一样因闹水灾已三日没揭开锅了，故这样问。

二牛喘口气，呜咽道："孙大伯，你快回家看看，大婶和小弟都——"

孙安祖心里一惊，脑门上立刻冒出了冷汗。村里这几日已饿死许多人，莫不是……他不敢再多想，跟跟跄跄向家奔去。到家一看，只见几个乡亲正帮着收殓妻子和儿子瘦弱的尸体。孙安祖这个七尺男儿见状，不由得大放悲声。这时，漳南县令忽然带着两个差丁来了。老远就冲孙安祖喊："孙安祖，皇上有旨，征兵去打仗。现在轮到你了，收拾收拾，今晚就动身！"

"大人，你看我妻子和儿子刚——"孙安祖说到这又有些哽咽，艰难地央求道："大人，您容我两日，我……"

"怎么？你敢抗旨不遵？"漳南县令扬着一副公鸭嗓叫道，"人死了，埋了不就完事了？还啰嗦什么？！"说完，看也不看孙安祖一眼，转身带着人走了。

孙安祖气得满眼喷火，心中暗想，这世道不造反是没活头了。狗官，你等着！我今晚一定按时到县衙。孙安祖想到这，横下一条心，匆匆办理了妻、儿的丧事，当晚暗藏一把菜刀潜入县衙，将那县令宰了，然后逃到老乡窦建德家躲藏。

窦建德在那一带可也算个人物。他一见孙安祖浑身是血跑进家里来，一时也吓了一跳。待问明原委，哈哈笑道："好，贤弟，你又为乡亲们做了一件大好事。你就在我家藏着，我在官面上还能混得开，他们一时也不会到我家来拿人，先避避风头再说。"就这样，孙安祖在窦建德家住了下来。

一天，窦建德从外面回来，愁眉紧锁。孙安祖在他家住了近一个月了，从未见他如此，心里一动便问道："窦大哥，莫不是官府发现我藏在你家了?"窦建德摇头道:"贤弟,要是为这事,我就不发愁了。今天我在外面碰见征兵官。他说上边有令任命我为一个管二百人的什么官。我也没在意听,但是我却知道是要我去打仗。"说到这,窦建德出去看了看,然后回来将门窗关上,小声对孙安祖说:"贤弟,我跟你说'官府发现你,我不发愁',是因为我想,万一有变,我们就揭竿造反。可现在还不是时候。况且,我家中还有老母,不忍她为我担惊受怕。所以我暂且和他们去,忍耐一时。贤弟你留在家中,多联合一些人,相机而动。我瞅准时机,便回来与你会合,你看如何?"

孙安祖其实早有此心,只是见窦建德家大业大,在官面上又混得开,一时不敢贸然出口。今见窦建德将这一片肺腑之言说出口,连声称好,道:"大哥,小弟听你的。你就先放心地去吧!"

窦建德一走,孙安祖便聚集了几百人造反。紧接着刘霸道、张金称、高士达等也在各地起义。义军们或打官府,或劫富济贫,搞得轰轰烈烈,受到老百姓的热烈欢迎。

义军们敬佩窦建德为人,从不惊扰窦家。官府认为窦家与义军有联络,便将其一家老小全给杀了。窦建德闻讯,率领他手下的二百多人杀回老家,公开加入了义军。

活跃在山东各地的农民义军,人数越来越多,农民革命战争的烈火越燃越旺。他们公开打出"反对隋朝统治"的口号,很快得到全国各地农民的响应。甘肃灵武、陕西岐州的农民也先后举起了反隋旗帜。河南的起义军也迅速壮大,其中最著名的就是滑县附近的瓦岗寨义军。这些都给隋朝杨广的残暴统治以有力的打击。

杨玄感造反

杨广为人两面三刀,诡计多端。无论是对奸臣,还是对忠臣,他都奉行一条原则:顺我者昌,逆我者亡。只要是对他稍有威胁者,他便毫不留情,将其杀死。

大业二年(公元606年),左仆射杨素功高盖主,杨广便起了杀他之念。由于杨素当初为杨广篡夺皇位,及至后来修建东京都、西苑等等,也算立下过汗马功劳。因此杨广知道此人不能明着杀,只能暗中下毒除掉。于是他便与太子杨昭设下一条计策。

一天,杨广宴请杨素,由太子坐陪。席间,君臣关系融洽,三人谈笑风生。其实,这其中暗藏杀机。杨广早就命人备下一杯毒酒,要毒死杨素。不料,不知情的宫女将酒杯弄错了,将毒酒给太子喝了。当时也没发觉。杨广既想掩人耳目,当然不会用烈性毒药让杨素死在皇宫之中。酒席一散,杨广与杨昭二人相视一笑,各自回宫等杨素的死讯。不料,三日后毒性发作的不是杨素,而是太子。太子临死前对后悔不迭的杨广说:"不想我倒替杨素死了,这也许是天意吧!"

不料,这话传入杨素耳中。杨素非常后怕,并因之得了病,但他连药也不肯吃。他对弟弟说:"我现在死了,恰到好处,若再活下去,难说要遭到什么厄运呀!"不久杨素病故。果然死得风光排场,家属和财产得以两全。

杨素死了,但他还有个儿子叫杨玄感。杨玄感认为父亲杨素虽未被杨广毒死,但也是杨广间接杀害的,就有了报仇的念头。而且他早已对杨广心生不满,有了取而代之的念头。虽然表面还和过去一样,暗中却在积极寻找机会。

大业九年(公元613年),隋炀帝杨广第二次率大军去辽东征讨高丽,命杨玄感去黎阳督运粮食。

当时如火如荼的隋末农民起义已在各地展开,杨玄感岂能放过这个绝好的机会。他当即同自己的几个弟弟和好友李密商议起兵,得到赞同。为了让那些士兵和运粮农夫死心塌地地同他一起干,他暗施一计。第二天天刚亮,他就将所有的兵士和农夫集合起来,对他们说道:"皇上降旨,让我们限期运粮,违期则斩。这里离辽东战场路途遥远,我们根本不可能在限期内赶到。当今皇帝无道,根本不顾百姓死活,像你们这样的兵士和运夫已不知有多少人死在战场上和运粮途中。我实在不忍心让你们白白送死,决定起兵造反。你们愿意随我一起干的,便发誓共讨暴君!"

杨玄感说完这一番话,人群开始是小声议论。后来,不知谁先喊了一声:"杨将军,反正我们也是一死,不如跟你一起造反,或许还有一条活路!"众人一听此人说得有理,便都高喊:"杨将军,我们和你一起干!"一时欢呼声响彻云霄。

杨玄感见状,也不由得感到振奋,又安抚了一下众人,便按事先与部下王仲伯、赵怀义商议好的编制整编队伍。附近农民听说这里有造反的队伍,也纷纷跑来加入。

杨玄感将队伍休整了一些时日,便想发兵攻打杨广。但先打哪里最好,他拿不定主意,于是便去找好友李密商议。

李密可不是个简单人物。他本是杨广的禁军左翊卫左亲侍,在大兴殿值班。杨广为人喜怒无常,不知怎么就看李密不顺眼,将他赶出大兴殿,也从此离开禁卫军。

但李密是一个胸怀大志,得之淡然、失之泰然的人,并不为此气恼,反而更加勤奋向上。一天,他坐在牛车上看书,牛角上还挂着一套书。正巧被路过的杨素看见,他发现李密气宇不凡,又发现他看的书为《汉书·项羽传》,便与之攀谈,又将其介绍给儿子杨玄感,两人后来成了亲密的朋友。

杨玄感来到李密的寝帐,发现他正在秉烛夜读。李密见杨玄感来了,忙站起身笑道:"杨兄可是为发兵一事而来?"

杨玄感先是一愣,继而赞道:"李兄果真料事如神!想必李兄早已想好制敌之计喽!"

李密连说"不敢当",言罢二人坐下。李密这才为杨玄感出了上、中、下三条计谋:

上策:隋炀帝远征高丽,南面为海,北面有突厥。只有一条归路。出兵占据临榆关(今河北秦皇岛以西的榆关),断绝隋兵退路,等于扼住其咽喉。高丽军闻讯,必在后面追击。用不了多少时日,东征大军粮草断绝,不战自败。

中策:率军直取长安,现在各地农民义军风起云涌,必会积极响应。我们网罗天下豪杰,以潼关天险固守,即使杨广率东征大军回来,也可与之周旋。

下策:进军洛阳,占领都地。但是洛阳守军闻讯必会加强防守,而杨广得到消息也会率东征军回来相助,两军夹击,结局可就难说了。

杨玄感却偏偏选择了李密的下策。他认为打下了东京都洛阳,大隋的江山即到手一半了。到那时,东征军必人心动摇,自己再乘胜追击,便可杀死杨广,号令天下了。李密见他执意要先攻洛阳,也不便再劝，只在心中叹息了一声，暗暗为自己做日后的打算。

次日清晨，杨玄感便让他的弟弟杨玄挺为先锋，亲率5万大军直逼洛阳。

但是，果不出李密所料，洛阳守军听到杨玄感前来攻打的消息，加强了防守。杨玄感久攻不下，两军陷入对峙。杨玄感见状没了主意，想了两天，又决定放弃洛阳，采取李密的中策，攻打长安。

在攻打长安的途中，经过弘农（今河南省灵宝）。弘农太守杨智积为了拖住杨玄感，不让他去攻打长安，便在城楼大骂杨玄感。杨玄感果然中计，下令攻打弘农。李密看出杨智积用的是缓兵之计，便劝杨玄感不要理他，迅速攻占长安，否则不能占领潼关，追兵来到，便无处可守。杨玄感哪里肯听，非要以10万大军踏平弘农，再打长安。

但是弘农城非常坚固，并不是说攻就能攻下来的。还没等杨玄感攻下弘农，铺天盖地的隋军已从身后杀过来。杨玄感的军队毕竟没有经过多少正规训练，人数又比隋军少，被隋军分割成小块，各个歼灭。杨玄感和他的弟弟见大势已去，拔马落荒而逃。跑了不知有多久，来到一个叫葭芦戍的地方。杨玄感回头一看，只有弟弟杨积善一人跟在自己身后。想到自己轰轰烈烈的起义就这样失败了，他不禁长叹一声："唉！悔不该不听李密之言。"又转身对弟弟说："我不能死在隋军手中，你杀了我吧！"

杨积善怎忍心对自己的亲哥哥下手？杨玄感见状大怒，痛斥他。杨积善无奈，上前一剑将哥哥刺死。自己正欲横剑自刎，追兵赶来，将其擒获。

隋炀帝从辽东返回后，即刻下令将杨氏兄弟全部杀光，一个不留。又命人将杨玄感的尸体焚毁。这还不解恨，又对御史大夫裴蕴说："杨玄感造反，竟有十万之众随从！看来天下人还是太多了，多杀些也无妨，还可惩诫后人！"

裴蕴等人按杨广的旨意，大开杀戒。凡是与杨玄感沾亲带故，甚至只是沾一点边的全部杀死，连得过杨玄感救济粮的老百姓也不放过。

这次杨玄感造反失败，战斗中死亡和受株连被杀的人数远远超过十万之巨，损失惨重。

杨玄感造反只不过是封建统治阶级内部的争权夺势，最终的受害者还是老百姓。但同时,他们这种斗争所造成的内部分裂也给农民起义军创造了有利的形势。

李世民小试牛刀

李世民是唐朝开国君主李渊的二儿子。他为人聪明,足智多谋,后来继承了皇位,在位期间既听忠言亦纳逆语,使大唐王朝出现了"贞观之治"的局面。李世民是中国封建社会一代杰出的政治家、军事家,他的军事才能青年时期便充分展露出来。

大业十年(公元614年),隋炀帝杨广率领几十万人马,浩浩荡荡,对高丽发动第三次东征。

前两次东征由于隋末农民起义风起云涌,动摇了隋朝内部统治,又加上高丽国国王率众英勇抗击,隋炀帝最终落了个劳民伤财、无功而返。而经过隋末农民战争、杨玄感造反失败之后的大肆屠戮,百姓们已经不肯为杨广卖命了。大队人马刚走到辽水两岸时,就已经有许多人开小差跑了,号称几十万的大军最多也就是十几万。虽然剩下的队伍已乘船登上平壤西海岸,准备对平壤发动进攻,但实际上此时的隋军将士已是心无斗志。如果高丽国军兵再像前两次那样进行顽强的抗击,隋军也一定会像前两次一样无功而返。但是,高丽国君臣一商议,认为高丽国小力衰,不足以再与大隋朝几十万大军相抗衡。而且连年战争损耗了大量的人力、财力、物力,现在应当让老百姓休养生息,发展农业经济。于是高丽国国王派人押解着以前逃到高丽的隋将兵部侍郎解斯政,过辽水去向炀帝表示求和。

这解斯政本是炀帝朝中的兵部侍郎。那他为何要逃到高丽国呢?原来,当年杨玄感造反的时候,他弟弟杨玄纵正在隋炀帝杨广的东征军中效力。杨玄感一起兵,当即秘密派人想将其弟弟召回。但是隋炀帝先他一步,将杨玄纵囚禁军中,而解斯政与杨玄感是好友,便悄悄放走杨玄纵。不料,东窗事发,解斯政只好亡命高丽国。

此时,隋炀帝杨广一见解斯政,火往上蹿,当即命人将他推出去斩了。又听高丽使臣表示要向大隋求和,心里乐开了花。此次东征虽然声势浩大，但杨广心里也没底。尤其是前两次都输了，更怕这第三次再打败仗。杨广是好面子的人，最怕脸上无光。高丽此次派人来求和，正合他的心意。他为了显示威风，命高丽使臣回去告诉高丽国王要他亲自到长安朝拜，然后就下令退兵了。

　　班师回朝的路上，杨广让士兵一路高唱凯歌，而他则乘坐一匹高头大马，耀武扬威。那态势在向世人宣称：怎么样？我杨广打了胜仗啦！不料，大军刚走到邯郸境内，便有一伙农民军迎面杀来。为首的一员猛将口中大喊："杨公卿今日定取你狗头！"随着喊声策马直扑杨广。杨广正坐在马上神采飞扬，美滋滋地炫耀，见一人手拿大刀向自己冲来。当时吓得脸色苍白，大喊："救命。"幸亏有众多的禁卫军在旁护驾。厮杀了一阵，杨公卿见不能取胜，率众人抢了几十匹好马，调转马头，扬长而去。受了如此惊吓，杨广再也不敢乘马，赶紧钻入车辇里，不敢露面了。

　　10月份，杨广终于率大军回到长安，但左等高丽国王也不来，右等也不来，显然没买他的账。杨广觉得丢了面子，不禁大怒，下令做好第四次东征的准备。群臣一听，纷纷劝阻。均说时值冬季，辽东寒冷，不宜作战，不如来年再做打算。杨广冷静下来，一想也对，便把第四次东征高丽的事搁下了。

　　这时期，农民起义在全国各地如火如荼。但大臣们谁也不敢向杨广这个喜怒无常的皇帝报告坏消息，都是报喜不报忧。杨广被蒙在鼓里，还以为天下太平无事，他正好可以尽情享乐，东都玩尽了西都玩。第二年夏天，他又以避暑为由带百官去了北方。

　　杨广一行人先来到太原郡晋阳宫，行宫中长年独守空闺的两位贵人慌忙出来迎接。杨广在全国各地设了不知多少个这样的行宫，没有见过皇帝的"贵人"也不知有多少呢！两位贵人自是使出浑身解数，极尽奉迎之事，才将杨广笼络住几日。小小晋阳宫哪里留得住这位长年在女人堆里混的隋炀帝。不久，他率众继续北走，来到汾阳宫（今山西阳曲）。这里气候凉爽，适合避暑。杨广在此乐哉陶哉。行宫狭小，住不下随从将士和文武百官，他们只好在野外山坡上搭草棚子住。但杨广可不管这些，只图自己舒服就行了。

　　转眼秋天到了，杨广突然心血来潮，不管大臣们怎样阻拦，执意要到边塞视察。

这一天，杨广一行过了雁门关（今山西省代县），走入牧区。正陶醉在一望无际的草原美景之中，忽见远处驰来一匹快马，眨眼来到众人面前。一个突厥打扮的人跳下马呈给杨广一封信。杨广一看，大吃一惊，急命快速返回雁门关。

原来，信是义成公主秘密写来的，义成公主是杨坚宗室女儿。当年，杨坚将其许配给突厥酋长启民可汗。大业五年启民可汗病故，按风俗，义成公主又成为他儿子始毕可汗的可贺敦（即妻子）。

按理说，杨广与始毕可汗也算亲戚，他本应充分利用这层关系搞好两族人民的关系。但杨广为人阴险狡诈，他竟怂恿始毕可汗的弟弟比吉没与哥哥搞分裂。人家毕竟是亲兄弟，比吉没非但没听杨广怂恿，反而将此事告知了哥哥。始毕可汗大怒，从此怀恨在心，伺机报复。正巧，探马来报杨广近日率众来到雁门关。始毕可汗又得知杨广所带军兵甚少，便亲率骑兵前来捉拿杨广。义成公主事先得到消息，怕隋军吃亏，故写来密信相告。

再说杨广急匆匆赶回雁门关，胆颤心惊地站在城楼上，极目远眺，他看见突厥骑兵烟尘滚滚而来，很快便将小小的雁门关包围了。他吓得六神无主，急召群臣商议退敌之策。大臣们最后一致认为最好的办法就是派人到雁门关附近寻求援兵，再派人向义成公主求救。

杨广一想，只能如此，命人去办。又亲自对守城军兵许诺，只要守住城，以后不再征辽，并且论功行赏。士兵们一时也增添了不少勇气，顽强抵抗突厥兵。

山西河东抚慰大使李渊接到皇帝救援诏，思索了半天，心想堪当此重任的也只有二子世民了。于是便让二儿子李世民带一千人马速去雁门关救驾。

李世民率军经过五台山时，发现屯卫将军云定兴带着两万救援部队驻扎在这里，等援军汇齐，一起对突厥大军发动进攻。

18岁的李世民非常有头脑。他对云定兴说："云将军，突厥始毕可汗就是因为我军大部队离雁门关遥远，救护不及，才敢发动进攻。如今我们要等援军汇齐再攻打始毕可汗，恐怕已经没有意义了。"

云定兴也是一个耿直的汉子，一听李世民言之有理，忙道："依李将军之见呢？"

"我看不如我们采取虚张声势、迷惑敌人之策，白天在几十里山林中插满旌旗,夜间击打钲(行军打仗时用的打击乐器)鼓,遥相呼应。突厥则误认为我援军汇齐,便自会撤兵。"李世民成竹在胸地回答道。

云定兴一听连称妙计,命部署下去。

不几日,五台山脚下的丛林中处处飘扬着隋军旌旗,夜里钲鼓声震天。始毕可汗果然中计,以为隋援军大部队赶到。心想,他们援军来得如此神速,打起仗来也一定万分骁勇,这倒如何是好?他正兀自心虚,义成公主又派人来报,说突厥境内有紧急战事。始毕可汗顺坡下驴——撤军而走。

李世民以两万军兵退走突厥大军,隋炀帝这才转危为安。敌军一撤,杨广又变得神气活现。他也不敢在此久留,率领文武百官离开雁门关,回到东京都洛阳,将对将士论功行赏的承诺,早已抛到九霄云外。对立了大功的李世民,也无半点封赏。甚至连是谁用了什么样的巧计逼退突厥大军也没问一声。

这李世民却也不是那种急功近利的人,见皇帝走了,也没说什么,带兵回去向父亲复命去了。

李密投奔瓦岗军

李密是李宽之子。李宽即为蒲山郡公,在隋朝官至柱国,是隋的名将。李密从小受到父亲影响,文韬武略,无所不通。开皇年中袭父亲的爵位,在宫中任禁军校卫,因杨广觉得他"眼神太贼"而被逐出禁卫军。这李密也真是个人物。大业九年(公元613年)与好友杨玄感起兵造反,公开抵抗隋朝的残暴统治。但由于杨玄感不听李密之计,遭致失败身亡。李密被捉,他同王仲伯等17人作为重犯押送京都交由杨广亲自处理。李密足智多谋,途中先以利诱之。后将押送的禁军灌醉,趁月黑风高与王仲伯二人逃走。

杨广最初也没把李密这号人物放在眼里,跑了就跑了,随意打了禁军头目几十板,也就将此事淡忘了。

不料,不久民间流传起一首童谣:

桃李子，皇后绕扬州，宛转花园里。
勿浪语，谁道许？

杨广对这首童谣思来想去，认为将来会有一位李姓的人夺取他的皇帝宝座。于是便将朝中李姓官位最高的李浑一家斩尽杀绝。第二位李姓高官就是李渊，当时正任山西河东抚慰大使，镇压母端儿起义军。

李渊一听皇上要追杀李姓高官，吓得心惊肉跳，心想：完了，这下我李氏家族定然不保。他的二儿子李世民为人机警，见父亲整日愁眉苦脸，便问其故。李渊平日素喜此子，也想让他拿个主意，便对其说明缘由。李世民闻听，心中也是一惊，不过思忖一会儿便为李渊出一条妙计。李渊一听，喜笑颜开。

不久，杨广果然想到李渊。便降旨宣他进京，伺机除掉。但皇帝使臣一见李渊，便觉得皇上太小题大作了。那李渊满面蜡黄，气息微弱，眼见大限已到，还能成什么气候？又见室内摆着药壶，满屋药味，不便久留，便回去向杨广复命。杨广闻知李渊状况，也觉得他活不了多久，便不再追究。其实这都是李世民给父亲出的主意。还亏了这个障眼法，使李渊一家逃过此劫。

可是杨广还是不肯罢休，他一门心思要揪出那个要侵夺自己皇帝宝位的李姓之人。这时便有人在他面前提起了李密。杨广细细一想，李密先和杨玄感造反，背叛朝廷，现在潜逃在外，不是他是谁？立即降旨：全国搜捕朝廷钦犯李密！

这下可苦了李密，本来就是逃犯，这下又升为朝廷钦犯，日子更加不好过。好在他长得又黑又小，其貌不扬，化装成农民，东躲西藏，虽没过一天安心日子，但也没被官兵抓住。李密心想，自己这样躲躲藏藏也不是长久之计，大丈夫须当找个安身立命之所啊！可巧经过河南境内，得知那里有一支首领翟让领导的一万之众的农民义军，便前去投奔。这翟让以瓦岗寨（今河南滑县南）为根据地拉起反隋大旗。此人生性豪爽，为人大度，很受人尊敬，他早就对李密同杨玄感反叛朝廷的举动感到佩服，今见李密前来投奔，由衷地表示欢迎。

李密初到瓦岗，便主动去附近游说小股义军参加翟让义军。也算他真有本事，又加上翟让在此地威信颇高，很快便有许多小股部队前来投奔，翟让自是高兴，举双手欢迎。但瓦岗军队伍虽然壮大了，可僧多粥少，粮食又不够吃了。翟让为此愁眉不展。李密早有想法，趁机对翟让说："杨广在荥阳（今河南荥阳）洛口仓囤积粮食百万石，我们不妨占领此仓。一来可解决吃饭问题，二来还可吸引天下英雄来此聚义。那时，何愁不成大事！"翟让一听连称好主意，立即行动。命王伯当、徐世绩为先锋，他率大部队随后接应。瓦岗大军气势汹汹直奔荥阳杀去。

荥阳太守杨庆闻听瓦岗大军前来攻打，自知不是敌手，慌忙派人向朝廷求援。又怕朝廷不来援兵，自己孤军难撑，又特意在信中提到李密。扬广一见，果然派张须陀带罗士信、秦叔宝二员猛将率大军前来救援。

此时瓦岗军先锋将领王伯当、徐世绩已占领荥阳城东的金关。翟让、李密率大部队攻下荥阳附近各县，对荥阳形成包围之势。但翟让曾吃过张须陀两次败仗，一听他来立刻下令要撤兵。

李密却觉得张须陀虽然厉害，但他有勇无谋，不必怕他。翟让一朝被蛇咬，十年怕草绳，坚持退兵。李密急道："退能退到哪儿？万一张须陀紧追不舍追到瓦岗，我们还能去哪儿？"

"瓦岗寨林密山高，易于防守。我们又熟悉地理环境，我只要苦守，他也奈何不得我们！"翟让还觉得自己有理，振振有词。

"只要围困数日，我营中军无粮草，必不战自败。明公，我李密本欲辅佐您号令天下群雄，推翻大隋，建立开明盛世。不料明公若此，如何成就大事？"李密说出这一番话，发出一声无奈的叹息，翟让闻听，面红耳赤，无言以对。

旁边的徐世绩等人赞成李密，不同意退兵。翟让也慢慢醒过味儿来。但他自忖没有退敌之计，便让李密主持军务。李密也不客气，当仁不让，立即着手布置。他让徐世绩带一千人在大海寺以北的树林里埋伏，单雄信、周文举带一千人在侧面设伏，又让翟让率军与张须陀正面交锋，引张须陀上钩。

张须陀率两万大军来到荥阳，听说瓦岗军首领翟让带军前来，不禁哈哈大笑道："翟让小儿乃本帅手下败将，还敢来此撒野？本帅今天一定要给他点厉害瞧瞧。"言罢带头冲向瓦岗阵营。

翟让也不与张须陀恋战，挥舞长槊与之打了几个回合，调头便跑。张须陀见状，也不细想，在后紧追。瓦岗军逃过大海寺，钻进树林。张须陀率领隋军眼看就要追上翟让，不由得心中暗喜。正在这时，一声炮响，从林中冲出一支队伍，为首的正是李密、王伯当和徐世绩。三人率军截住隋军，将其分割成两部分。此时，翟让也反身杀回。几乎同时，瓦岗军将领单雄信又从侧翼杀出。三路人马锐不可挡，冲向隋军。

张须陀没有料到会出现这种局面，毫无防备，一时隋军大乱，很快就被瓦岗军消灭殆尽。张须陀等人也被围困在瓦岗军中。他又悔又惊又气又恨，奋力冲杀，才算杀出重围。但回头一看，身边一个人也没有，又返身杀回来。远远看见罗士信、秦叔宝，便高喊让两人保护副将贾务本冲出重围，自己断后。此时，瓦岗军铺天盖地而来，隋兵已溃不成军。三人听他这么一喊，只得依言而行。单雄信也听到喊声，照张须陀就杀过来，口中还骂道："狗贼子，你还想跑吗？"张须陀与他交战在一起，一个不防备，被单雄信挑于马下，当场气绝身亡。

主帅一死，隋军更是纷纷败逃，两万人马没剩下几个。副帅贾务本回到营中，窝火带受伤，也一命呜呼了，只剩秦叔宝带着罗士信回去交差。朝廷闻听张须陀没捉到李密，反而大败而亡，非常震惊。杨广即命令裴仁基为河南讨捕大使，全力对付瓦岗军。

再说荥阳一仗，瓦岗军大胜，翟让从此对李密更是刮目相看，打心眼里佩服。他不想埋没人才，就说服王伯当、李公逸等各部义军全归李密领导，号称"蒲山公营"。

从此，瓦岗军开始形成严密的义军组织，声势更加浩大，大大动摇了隋王朝的统治。

李渊反隋

"冲啊——""杀呀——""别让李渊跑了！"随着一阵喊杀声，一群手持钢刀铁铩的义军向前面的隋军队伍冲去。

不远处的一个隋军将领心里一惊，下意识用手抖了抖马的缰绳。不料马却因此受惊，"咴"一声长嘶，前蹄高高扬起。那员隋将显然也是个酒囊饭袋，竟从马上摔落下来……

大业十三年（公元617年），隋朝政权已处于风雨飘摇之中，各地的农民起义此起彼伏，山西魏刀儿率领的两万民众便是其中较著名的一支。这一天，魏刀儿率领自己的部队前去攻打西河（今山西汾阳），太原留守李渊带兵抵挡。这李渊是个颇会用兵的大将。他见对方人多势众，便让副将王威率4000人马在正面与义军交战，自己和儿子李世民各率500骑兵隐蔽于阵后。

不料那王威胆小如鼠，见义军冲杀过来，竟吓得从马上掉下来。亏得周围军士眼疾手快，又将他扶上马去。魏刀儿看得真切，一马当先直冲王威而来。王威哪敢恋战，调头就跑。隋军一看主将跑了，跟在后面就撤，丢下了许多兵器、马匹。义军一见，大喜，也顾不得追杀敌军，都来抢夺战利品。正在这时，李渊父子分别带领骑兵冲杀过来，先射箭雨，对冲到眼前者则刀劈枪挑，一时义军死伤无数，乱作一团。魏刀儿指挥不灵，只好逃走。

这一仗的胜利，使李世民增添了夺取天下的勇气。第二天一大早，他就来见父亲李渊。父子俩谈得很投机，说到兴奋处，李世民起身施礼，对李渊道："孩儿有一句话，不知当讲不当讲？"

李渊平日非常喜爱二儿子李世民，今天又非常高兴，一边喝茶一边随口说道："哎，有什么话，但说无妨。"

"父亲，大隋皇帝杨广，昏庸残暴。天下黎民涂炭，各地起义军纷起讨伐。以父亲领兵之才，何不就此起兵，做个乱世枭雄呢？"李世民这一番话说得李渊脸都绿了。他知道传出去，这便是杀头之罪。深怪儿子鲁莽，斥道："小孩子懂得什么！休要再胡言乱语，下去休息吧！"李世民一听父亲此言，知道他动怒了，只得悻悻而去。

其实这李渊面对当时的形势，早就萌生了脱离朝廷、独闯一番事业之心。李世民是个聪明人，也正因看出了父亲这一番心思，才敢说出那一番话，不料却被父亲斥责了一顿。他虽有些失望，但还是不甘心，便去找自己的好友晋阳令刘文静商议此事。刘文静指出，李渊此刻不敢起兵是害怕失败遭到诛灭九族的下场，又有前一阵杨玄感造反，兵败被杀的前鉴，所以慎之又慎，犹豫不决。

李世民一听急道："机不可失，时不再来。此时不趁机起兵，将悔之晚矣！"

刘文静一听笑道:"二公子莫急。我早有一计,你不如如此这般,大计必然可成。"李世民一听果然是条妙计,便依计而行,去找晋阳宫监裴寂。

几天之后裴寂请李渊来晋阳宫喝酒。酒过三巡,菜过五味,两人都有点飘飘然,便谈起当今圣上昏庸,朝廷之内黑暗腐败。临了,裴寂说:"可惜,我是个文人。否则,早叱咤沙场,建功立业了!"

李渊听罢,正中他的心事,也不便再说下去,便闷头饮酒。不一会儿,便醉得一塌糊涂。他醉了,裴寂可没醉,见时候到了,便一挥手,招来两位华衣锦服的美女,自己却起身离去。两人一左一右陪侍在李渊身边。李渊迷迷糊糊中只觉一股香气扑入鼻中,因他早年丧妻,两位侧室又不在身边,一时控制不住,稀里糊涂便跟两位美人上了床。

午夜时分,李渊一觉醒来,发现自己夜宿晋阳宫,身旁还睡着两位美人,登时吓得魂飞魄散。心想夜宿晋阳宫,传出去好说不好听,且身边又有两位美人,假如是宫中贵人,岂不是杀头之罪。想到此,他穿上衣服,就向外逃。

刚一出门,正好遇到裴寂。李渊慌忙东张西望道:"我与裴公平素交好,你,你怎能如此害我……"

裴寂笑道:"如何是我害你?你一见尹、张二位贵人,就让人家陪宿。我百般阻拦不住,只好在外给你放哨。你此时怎么又怪起我来了?"

李渊被裴寂一顿抢白,一时语塞,讷讷地不知说什么好,只是一味摇头否认。但心中暗想:如此说来,我真是酒醉做出这等淫乱宫眷的丑事来了。杨广知道,我还能有性命在?

李渊不知,这其实就是二儿子李世民为迫他起兵而施的一个貂蝉之计。但这件事却使他在反与不反的抉择中,向反的一方倾斜。紧接着,又发生一事,终于使李渊不再犹疑不决。

原来,在李渊管辖的境内,马邑郡鹰扬校尉刘武周与郡守王仁恭的侍妾私通,又将王仁恭杀了。随后联合突厥兵,攻占汾阳宫。把宫女等送给始毕可汗,换回上百匹好马。随后攻占定襄(今山西省定襄),宣布自己是皇帝,还定了年号。

刘武周犯的是满门抄斩的死罪,而李渊作为太原留守也难逃死罪,与其坐以待毙,不如起兵造反。"

　　李渊虽决定起兵造反,但还有后顾之忧,他担心尚在河东的家眷和在长安的女儿的安全,不料二儿子李世民一听父亲要起事,高兴地说:"父亲您就放心地干吧,家里人我都派人接到晋阳来了,您不必担心。"

　　李渊才意识到,自己在晋阳宫"私淫宫女"一事说不定就是二儿子一手策划的。但事已至此,他不便再说什么,反而在心中暗暗赞叹儿子机警过人。

　　李渊虽然反隋之心已决,但为了扩充兵力、壮大力量,他还是没有公开提出反隋口号,反而以征讨刘武周为借口招募军队,很快就召募到一万多人。这引起了隋炀帝杨广安插在李渊身边的眼线副留守王威和高君雅的怀疑。开始二人也没察觉出什么。但李渊起用长孙顺德和刘弘基二人统率招募的万人军队,二人便起了疑心。因为长孙顺德、刘弘基二人在杨广东征高丽时不愿去,当了逃兵,跑到晋阳李渊处躲藏起来。王、高二人一见李渊做这样的人事安排,便怀疑其中有鬼。两人一合计,准备先把长孙顺德、刘弘基和李渊抓起来再说,便安排人去抓三人。人还未抓,李渊就派人来通知召开军事会议。二人此时不敢不去,只得前往。

　　到了议事大厅,大家刚一一落坐,晋阳府司马刘政说有紧急密报。李渊听罢,环视众人一眼道:"这里都是自己人,但说无妨。"不料刘政指着王威、高君雅二人道:"留守大人错了,这二人就不是自己人,现接到密报,状告二人勾结突厥入侵!"

　　原来,王、高二人用人不当,派武士和刘世龙去抓长孙顺德、刘弘基和李渊三人。而司铠参军武士、晋阳乡长刘世龙与李世民是好朋友,二人一听,便向李渊告了密。可巧探马来报:突厥兵来犯,李渊便巧施此计。

　　王、高二人一听,自然大怒,跳起来吼叫:"这是诬告!"在座都是李渊的人,谁肯听他二人申辩,马上让人将他二人押入大牢。

　　第二天,突厥兵果然来犯晋阳城。李渊兵力少,不足以抵抗突厥数万骑兵,便施空城计将其骗走。之后以勾结突厥兵的罪名杀了王威、高君雅。这才举起大旗,正式宣布反隋。

　　李渊觉得要想推倒大隋,仅仅依靠自己的力量是不够的。他想:

突厥兵骁勇善战，如能联合过来，那就再好不过了。于是写了一封措词谨慎谦恭的求援信，请求始毕可汗出兵相助，共同抗击杨广。始毕可汗早就对杨广怀恨在心，正找不到机会呢，一见李渊的信，立刻答应出兵。有了突厥骑兵相助，李渊如虎添翼，信心大增。又向各地散发讨隋檄文，网罗天下群雄。李渊为人也颇具威信，又加之杨广无道，一时天下云集响应，各路豪杰纷纷前来投奔，李渊的队伍越来越壮大。

李渊很有军事才能，治军有方，纪律严明，对百姓秋毫不犯，而且他深知天下人都拥护有道之人，所以从不滥杀无辜。西河郡丞高德儒是个见利忘义的小人，他怕兵败被杀，不愿意响应李渊起兵。此人最善阿谀逢迎。几年前，他指着孔雀说是鸾鸟，鸾鸟是神鸟。神鸟下凡说明皇帝江山牢固，圣上英明。杨广闻言大喜，重赏了他。李渊平生最恨这种人，派李世民攻下西河，将高德儒杀了，但对其他人一个不斩，还开仓放粮，赈济灾民，深受当地百姓欢迎。

李渊率领他们的大军南征北战，后又与瓦岗军联合，加上二儿子李世民及其众多谋士的辅佐，最终推翻了隋朝杨广的统治，成为唐朝的开国之君。

霍邑城之战

当隋朝的晋阳太守终于扯起反叛大旗对抗朝廷的时候，河南李密领导下的瓦岗军也正日益壮大起来。

荥阳大捷之后，翟让便将瓦岗领导权交给才智高己一筹的李密。李密也不推辞，调兵遣将，攻打附近州县，很快将人马发展到十几万。隋炀帝杨广派罗士信、秦叔宝随同裴仁基一同率军攻打瓦岗军。不料。三人见杨广昏庸无道，竟率部投靠了瓦岗军。杨广气得咬牙切齿，但却丝毫没有办法。李密见瓦岗军实力越来越雄厚，时机成熟，便命手下记事祖君彦向全国各地散发讨隋檄文。这祖君彦也颇有才华，在檄文中给杨广总结了十大罪状。其中有"罄南山之竹，书罪无穷"一句，意思就是说杨广的罪孽深重，把南山的竹子都写光了也写不完。这也就是成语"罄竹难书"的来历。

再说李渊,他反叛朝廷,本来就有一统天下、称王称帝之心。但是他手中只有三万人马,远远不是瓦岗军的对手,因此他决定联合瓦岗军。他字斟句酌,给李密写去一封言辞谦和、态度诚恳、要求共同对抗朝廷的信。

李密深知李渊人马虽少,但军兵精壮,谋士众多。而且李渊治军有方,在山西一带颇得人心。所以他虽也有心吞并李渊所带之兵,一时却也不敢轻举妄动。今见李渊写信来要求联合,心内大喜。当即回书一封,表示同意。但信中言语傲慢,充分流露出当皇帝的野心。

李渊手下见信,均感气愤,纷纷要求李渊不要与之联合,干脆率军攻打。可李渊却不以为然,对众将笑道:"李密妄自尊大,我们不妨顺其心愿,推他做盟主,为我所用。我们专事西征,平定关中之后,可据守险境,休养生息,静观瓦岗与朝廷相争,岂不妙哉?"众将一听有理,均佩服李渊的远见卓识。

李渊又给李密回了一封信,把他吹捧一番,夸他是大英雄,定能平定天下,成就一番大事。又表示自己愿意在他统领之下,将来做个唐王就行。李密一见,更是乐得找不到东南西北了,还大言不惭地对手下说道:"有唐公(指李渊)相助,夺取隋朝江山定如探囊取物一般。"

李渊见李密如此,便放下心来,开始实施他的第一步计划,攻打长安。然后以此为基础,向外拓展。

驻守长安的代王杨侑听李渊倾城而动,带领三万兵马前来攻打长安,忙派虎牙郎将宋老生率兵到霍邑(今山西省霍县)阻挡。又派左武侯大将军屈突通在河东切断李渊另一条进攻路线。

时值雨季,阴雨连绵,道路泥泞。李渊大军好不容易才走到霍邑附近的贾阳堡。探马又早已来报:宋老生率三万精兵在霍邑阻截。李渊只好下令安营扎寨。又连着下了十几天的雨,无法作战,军兵的士气有些低落。正在此时,又有消息传来,说刘武周勾结始毕可汗攻打太原,一时军中便产生了不小的骚动。因为军士都是太原或太原附近各州县的,父母亲眷都在太原,太原出现战事,自然担心亲人性命。李渊见状,忙连夜召开军事会议。李世民、李建成兄弟二人力主继续进兵长安,但大多数人反对,认为只有退兵太原方为上策。李渊也为鼓舞军兵士气采取了退兵的手段。

午后，雨忽然大了起来。但唐兵听说要退回太原，都异常兴奋，冒雨准备撤退。李世民脚步匆匆来到李渊帐前，要见李渊。但李渊决定退兵后，气定神闲，此时正在午睡。李世民站在雨中急得跺脚大哭。李渊在睡梦中隐隐约约听到哭声，问明因由，忙将李世民从雨中拉进帐内。李渊知道李世民不遇到万分紧急的事，决不会如此，便问道："你今日为何如此啼哭？"

李世民止住悲声道："我为三万唐兵而哭。"

"这又为何？"李渊追问。

"父亲，我们遇到一点小困难，应该积极想御敌之策，可是现在三万唐兵马上就要溃退，军无斗志。万一敌兵乘势追来，我们或降或逃，到时悔之晚矣……"说罢，李世民又恸极失声。

李渊一听，觉得李世民说的有理，想到可能出现的结果，不禁出了一身冷汗，紧急命令停止后撤。几天后，刘文静率着从突厥借来的500骑兵、200匹快马来到贾阳堡。太原被围困的谣言不攻自破，军士们心中顿时像此时的天气一样豁然开朗。不久，粮草运到，军兵士气大振，摩拳擦掌，准备开战。

但是宋老生却迟迟不与唐兵交战。李渊分析宋老生采取的是拖延战术，只待唐军粮草用尽，再一举歼灭。这对唐军确实不利。于是与李世民商议决定诱敌出战。

第二天，李世民带领100多名骑兵公然在霍邑城外集结演练。宋老生本来就是好斗之辈，一见李世民如此旁若无人，不由得动了气。一会儿，李世民又率骑兵飞奔城下，左顾右看，与军兵说说笑笑，口中还大肆辱骂宋老生，显然没把宋老生放在眼里，宋老生大怒，心想：小子太猖狂，老子今天定要给你点厉害瞧瞧，遂带兵策马出城想要全歼这一小股唐兵。

谁知，这是李氏父子用的计策。宋老生出城，李渊便带大队人马冲杀过来。宋老生知道上当，但再想回头已是不可能，只得硬着头皮应战。一时只见刀光剑影，烟尘滚滚，两军各三万人马，势均力敌，杀得不可开交。正在这时，忽然听见有人高喊："宋老生被杀了！宋将军死了……"隋军一听主帅已死，顿时大乱，扔下武器，各自逃命。宋老生并没有死，他知道这又是李氏父子的诡计，气得哇哇乱叫，大喊："我没死！"他也是气糊涂了，乱军之中，谁还能听出是他来。宋老生无奈，也只得败退。

宋老生气急败坏逃到城下，却发现东门、南门都紧闭，便大叫开城门。不料城上军兵喊道："将军，唐兵正有两队骑兵冲杀过来，开了城门，恐怕他们也会冲进来，您还是顺着绳子爬上来吧！"宋老生回头一看，可不是嘛，两队骑兵猛冲过来，为首的正是李建成和李世民。他连忙滚鞍下马，顺着守城军士扔下来的绳子就往上爬。也是急欲逃命，一会儿就爬了一丈来高。

而此时，李建成、李世民也率军来到近前，一员唐军小将见宋老生正顺着绳子往上爬，又好气又好笑，从马背上飞跃而起，一刀正砍在宋老生脑壳上。宋老生掉了下来，顿时气绝身亡。

守城军兵见主帅已死，无心守城，干脆打开城门，放入唐兵。城外隋军也死的死，降的降。傍晚时分，唐军终于攻下霍邑城，大获全胜。

李渊率军进城，当即张贴安民告示，又向军兵重申不得伤害百姓，不可滥杀无辜。就是官府小吏、隋朝军兵，也不可随意杀之，想留下的欢迎，不想留下的，赠送回家路费。这些举动，使隋军将士非常感动。到最后，竟有超半数的人都投靠了唐军，李渊的队伍又壮大了。

霍邑之战使李渊名声大噪，又有一些农民义军前来投奔。李世民的姐姐也率一些女兵前来助战，唐军很快达到十万之众。

休整三日，李渊又率十几万大军直扑隋朝西京都——长安。在河东的隋将屈突通闻讯前来救援，无奈途中先是被刘文静在新丰（今陕西省临潼境内）挡住去路，后又被唐兵另一路人马阻截，迟迟不能赶到长安。屈突通觉得此番救助长安不成必遭死罪，遂投降李渊。李渊非常高兴，热情相待。

不久，长安被李渊大军攻下，这更加增添了李渊推翻隋朝，夺取天下的信心。

隋炀帝之死

李渊处心积虑，想要一统天下，称王称帝。但是他知道只有"得道"才能得天下，只有让众人心服、口服，得天下之后才能坐得安稳。所以攻入长安之后，他并不急于称帝，而是按事先在众将前允诺好的拥立代王杨侑为皇帝，自己只做了个唐王。但是他也不愧是老谋深算，代王只有13岁，他又掌握兵权，并兼丞相等要职，所以实际权力仍然握在李渊手中。

李渊有了实权，首先进行必要的封赏以笼络人心。然后开始报复，先杀了曾经派人掘了李家祖坟的左翊卫将军阴世师和京兆郡丞骨仪，后又伺机杀马邑郡丞李靖。李世民闻讯赶来，对李渊说道："父亲，小不忍则乱大谋。该杀的我们不能手软，但不该杀的我们可不能乱杀无辜啊！"

"哼，我知道你是为李靖说情而来，但是李靖与我素来不和，难道还要留下他，养虎为患吗？"李渊未等李世民说完，便反驳道。

"父亲，那李靖乃名将韩擒虎的外甥，素有威望。且此人深谋远虑，明识大体，日后必能为我所用，还请父亲放过他吧！"李渊经不住儿子李世民苦苦哀求，最终没有杀掉李靖。李世民将李靖网罗到自己手下，以后果真起到十分重要的作用。

在李世民的劝谏下，李渊不但少杀了好多人，而且废除隋朝不合理的约法，颁布新法。长安百姓民心稳定，附近各州县的官员也纷纷前来表示愿意归附，长安城内一片欣欣向荣的景象。

与此相比，隋炀帝杨广可谓大失民心。

大业十二年，杨广巡幸江都。为此大兴土木，在江都建了100多座宫殿。在民间又广选美女，名为贵人，实则入住宫中，只不过成为杨广玩笑取乐的对象。杨广带着肖皇后和上百位嫔妃轮流到各宫中去，整日大排酒宴，沉湎于酒色歌舞之中，越发地不理朝政。

此时，各地义军风起云涌。东都洛阳和西都长安都处于危险之中，国家混乱，隋王朝大厦将倾，而隋炀帝杨广对此一无所知。因为他不理朝政,一切事务均交由虞世基管理。虞世基为了取悦杨广,报喜不报忧,致使杨广一直蒙在鼓里。

杨广其实也是个聪明人,时间久了,似乎对局势也有所察觉。表面上不动声色,内心却万分恐慌。一次他早晨起来照照镜子,半晌不语。旁边的肖皇后忙问皇上可有什么心事。杨广转身道:"朕觉得自己的脑袋长得实在是好,只可惜日后不知将被谁砍下来。"肖后闻言大吃一惊。她整日待在后宫,自然更不知外面已乱成一锅粥。但闻杨广此言又不像是玩笑,一时怔住,心慌意乱,不知如何答对。

杨广见肖皇后吓呆了,一时不忍,笑道:"人的命,天注定。苦辣酸甜,贵贱滋味,朕其实倒想都尝尝,不知爱妃是否肯终老相陪?"肖皇后听他说出这一番话,更是花容变色,"通"一声跪倒在地,哽咽半晌道:"皇上洪福齐天,定不会如此命运多舛。果真若此,臣妾也要与皇上生死与共。只求皇上今生对臣妾不离不弃,臣妾死也瞑目⋯⋯"杨广其实并不是特别宠爱肖皇后,只是"人之将死,其言也善"。他似乎预感自己大限已经不远,所以才对肖皇后说出什么"终老相陪"的话来。肖皇后受宠若惊,竟然声泪俱下表示要与杨广生死与共,令杨广也不免深为感动,将之抚慰一番,肖皇后才破涕为笑。

杨广嘴上虽说要尝尝苦辣滋味,其实心里怕得要命,不过以此自欺欺人罢了。不久,他果真闻听黄河一带的老百姓起兵造反的消息,吓得再也不敢回国都大兴(今陕西西安)去了。他觉得北方再也不能照原样统治下去了,便不思平定中原混乱局势,反而要再往南走,迁都丹阳(今南京),并下令派人修建丹阳宫。

被他带到江都的十几万军队大都是陕西、甘肃人。他们随杨广出来已有一年多,本来就思乡心切,听说杨广再也不回国都大兴而要迁都丹阳,都想私自逃回乡里。一天,一个叫窦贤的小头目率众人潜逃,被杨广知道,大怒,命人追回,全部处死。可是逃亡的事件还是不断发生。杨广身边的军兵越来越少,与他同心的人更是少之又少。

此时,几个隋军军官司马德戡、元礼、裴虔通几人在一起商量谋反。他们认为隋朝江山已支撑不了几天。与其同杨广一起坐以待毙,不如起来反抗,杀死暴君杨广,然后拥立右屯卫将军宇文化及为主帅响应各地义军,寻求一条生路。取得一致意见后,几人便开始分头准备,一天,司马德戡在军中散布消息说,皇帝得知大家都想回关中,非常恼怒,备下了毒酒,以准备犒赏禁军的名义,将大家全部毒死。他刚说完,裴虔通就带着几个人送来十几坛酒,这裴虔通在杨广称帝之前就是他的亲信。众人一见他来都寂声不语。斐虔通放下酒,说了句"这是皇上犒赏大家的,大家请随便用",转身便走了。众人想起司马德戡的话,直瞪瞪瞅着那十几坛酒,一时帐内鸦雀无声。

司马德戡见状,便从帐外找来一条狗,从酒坛中倒出点酒给那条狗喝了,那狗当时就七窍流血而死。众将不再怀疑,均义愤填膺,要将杨广得而诛之。司马德戡见火候到了,便又将众将劝住,说道:"杨广身边还有一些人,比如裴虔通等人,据我观察,此人对杨广也早心怀不满,只是迫于无奈才忍耐一时。为了确保万无一失,不如让我去说服他和咱们一起起事,再定一条计策,一举杀了杨广,大家看如何?"众人一听有理,都表示愿意听他安排。

其实这是司马德戡和裴虔通早就商量好的,众人哪里知道?第二天,司马德戡便来告诉众人,裴虔通已同意做内应,要大家今晚包围皇宫。

当晚,杨广在龙榻上翻来覆去睡不着,心中烦闷。忽听外边似有喊杀之声,又见外边火光冲天,不由得大惊,忙问值班的裴虔通外边发生了什么事,裴虔通答说:"没事,只不过是东城草场失火,众人在扑救。"杨广哪里想到自己这个亲信会反叛自己?听他如此一说,又翻身躺下。刚要迷迷糊糊睡去,忽然,元礼、宇文化及等人率禁军闯进来,不由分说,将杨广抓起来,押往前殿。

来到前殿,只见殿前禁卫军黑压压一片,而自己左右两旁站着的,正是裴虔通和元礼。杨广哪见过这阵势?战战兢兢地问:"你,你们要干什么……"

"干什么,我们要杀了你这昏庸无道、罪不可赦的暴君!"宇文化及厉声喝道。

"我,我有何罪?"杨广自知难免一死,但求生的欲望还是使他壮着胆子问道。

宇文化及一听,不慌不忙让禁军郎将马文举拿出早已准备好的告示,逐条列举了杨广的种种罪行:滥杀无辜、草菅人命、骚扰百姓、频繁对外征讨、劳民伤财、骄奢淫逸……

杨广早已明白眼前的阵势,又听马文举所列句句是实,叹口气道:"我是该有如此下场……"

宇文化及一听,拿剑便要上前,不料,杨广突然脸色惨白地说道:"我虽该一死,但也曾贵为天子,还是拿毒酒来吧!"宇文化及哪里肯再理他,一剑便要将他刺死。裴虔通却一把拦住,道:"宇文兄听我一言,还是依了他吧!"说着从怀中掏出一条早已准备好的练巾。杨广感激地看了一眼自己这个从前的亲信。裴虔通也不看他,将练巾绕在杨广脖颈之上,拉住一头。宇文化及见状,拉住练巾另一头,二人一齐用力,不一会儿,隋炀帝杨广便一命归西。至此,这个在位14年的暴君结束了他罪恶的一生。

杨广12岁的儿子杨果见父皇被人绞死,吓得大哭,裴虔通上前一刀结果了他。殿外众军士见杨广父子已死,欢呼雀跃,纷纷收拾行李准备回家。不料裴虔通道:"弟兄们,现在各地义军迭起,战事不断。弟兄们如若单身回家,恐遭不测,不如我们拥宇文化及将军为帅,扯起大旗,造反朝廷,一起杀回老家,成就一番大业!"众将本都是血性男儿,又听裴虔通此话有理,便纷纷表示愿和宇文化及一起成就大事。后来这支队伍也成为义军中较重要的一支。

再说李渊,闻听杨广父子被杀,心里还真有些不是滋味,甚至还滴了几滴眼泪。因为他与杨广是表兄弟。但转念一想,这样也好,早晚得除掉他们父子,这下还省得自己亲自动手了,不由得心中又一阵高兴。

不久,李渊觉得时机成熟,便逼小皇帝杨侑禅位。杨侑哪敢不听,只得依从。

大业十四年(公元618年)李渊登基坐殿,当了皇帝,立国号为唐,改元武德。从此,开始了盛唐之史。

瓦岗军的瓦解

当瓦岗军的原首领翟让将瓦岗军的领导权主动让给颇具军事才能的李密之后,瓦岗军杀富济贫,纵横千里,与腐败的朝廷对抗,一时之间发展得轰轰烈烈,如日中天。

但是，李密为人心胸狭窄，又颇具野心。他唯恐翟让再收回领导权，便派人暗中监视翟让。翟让的部下见翟让将军权拱手让人，也总想不通，特别是他哥哥翟弘对他说："将军打了天下，做皇帝的应该是你。这下可好，拱手让人了，你不做让给我也行啊！"翟让听了只是一笑了之。

可李密却知道了此事，暗中更加紧了对翟让的防范，还把翟让身边的人一一拉拢到自己这边来。翟让的亲信司马王儒信对此有所察觉，便对翟让说起此事，翟让非但不信，反而将王儒信斥责一顿。王儒信临走对翟让道："将军不听我言，迟早必遭人暗算。"说罢转身而去。翟让颇不以为然。

可是不幸被王儒信言中。不久，瓦岗军攻占汝南。左长史房彦藻系李密心腹，将战利品全搜起来，给李密送去。翟让看见开玩笑道："你将宝货全送给魏公（指李密）了，也不留一点儿给我。你难道忘了吗？魏公还是我立的呢！"

说者无心，听者有意。房彦藻当时不说什么，过后却立即将此事告知李密。李密闻言大惊，思来想去，认为翟让此话颇有深意，恐怕是要采取行动，收回军权。有心杀了翟让，又恐人心不服，以后无人再来投奔。部下房彦藻等人看出他的心思，便都劝他及早动手，否则被翟让先下手，悔之晚矣。李密这才下了决心。

不久，瓦岗军与王世充交战取得胜利，李密以开庆功宴为由将翟让、翟弘、单雄信、徐世绩、王儒信等请入帅营。

李密见众将落座，便让手下卫士下去喝酒。翟让一见，便也让自己所带卫士下去喝酒。众人这才谈笑风生，互相敬酒取乐。酒过三巡，菜过五味，李密忽命人取出自己新买的一张弓，让翟让欣赏。翟让拿在手中，双膀一用力，将弓拉至圆满，刚想赞一声好弓，旁边李密手下蔡建德忽然手起一刀，将其砍死。众将愕然。刚要起身抄家伙，李密埋伏在帐外的杀手一拥而入，将众人围住。李密下令杀了翟弘和王儒信等翟让之亲信，但对单雄信和徐世绩等人予以保留。

瓦岗军内部发生了这次流血事件后，表面上风平浪静，李密的统治似乎更牢固了，实际上，众将是从大局出发，一时不愿同他决裂，怕搞垮瓦岗军。但大家都心灰意冷，渐渐与李密离心离德，这极大地动摇了瓦岗军的基础。

再说禁军统领宇文化及，自杀了杨广父子之后掌握朝中大权，他将皇室宗亲老弱妇孺统统杀死，只留下一个萧皇后。然后又以萧皇后之名立杨浩为帝，自己任仆射。做完这些事后，他果然不食前言，带领文武百官及五万兵士奔赴长安。

一行人走到滑台（今河南省滑县），粮草殆尽，宇文化及愁眉不展。忽然得到消息，附近的黎阳有个粮仓，宇文化及大喜，又得闻黎阳被瓦岗军占领，当即率军前去攻打。

其实，附近的粮仓并不在黎阳，而是在仓城，由瓦岗大将徐世绩把守。宇文化及在黎阳扑了个空，率大军转赴洛阳。徐世绩得知宇文化及率大军来犯，考虑自己兵马不多，一方面主张全力保卫仓城，另一方面派人回瓦岗大寨，向李密求援。李密忙派秦琼（秦叔宝）、程咬金为先头部队，自己亲率两万人马赶来仓城救援。

宇文化及所率领的皇帝禁军个个武艺高强，作战勇敢，又加上知道军中无粮便会挨饿，所以攻打仓城时，都像玩命一样，很快便攻上城头。瓦岗军也训练有素，毫无惧色，顽强抵抗，又将扑到城头的禁军打下去。如此你来我往，正打得不可开交，远处杀来一支人马，在宇文化及的大军背后开战。宇文化及回头一看，正是手执长槊的秦琼和手舞双斧的程咬金，慌忙上前迎战。他一人抵挡二员猛将，杀了几十个回合便渐渐不支，幸亏禁军人多，赶来相助，才未吃大亏。天色渐晚，双方各自撤兵休息。

第二天，宇文化及又来攻城，不料，秦、程二将并未进城，又从身后杀来，宇文化及气得无奈，只得又与二人战在一起。李密大军此时已赶到浉水河边。眼看一场大战就要展开，但李密和宇文化及忽然均宣布鸣金收兵。众将正杀得兴起，但主帅有令，只好各自撤归本队。

两人为何都不敢恋战呢？原来是同一个原因：均怕被夹击。李密怕宇文化及和洛阳城内隋军的攻击；宇文化及自是怕李密和仓城之中的徐世绩夹击。

洛阳城由越王杨侗和王世充留守。王世充听说杨广父子被杀，立即拥立越王杨侗为帝，改元皇秦，自己充任郑国公。王世充几次与李密领导的瓦岗军交战，胜少负多。此刻听闻李密与宇文氏在仓城交战，也是忧心忡忡，原来他和李密、宇文化及的心事一样：怕他二人联合起来攻打洛阳。

王世充手底下有个叫盖宗的,见王世充愁眉不展,便给他出了一个主意:招降李密。于是,他们先稳住他,让他继续与宇文化及斗。而王世充则来个坐山观虎斗,等他们一方溃败,一方疲累之时,再伺机动手不迟。王世充一听是个好主意,立刻让皇帝杨侗写下招降书由盖宗带着去见李密。

李密果然中计,认为这样解除了后顾之忧,马上同意招降,专心对付宇文化及。他知道宇文化及所率禁军骁勇善战,不可力敌,只能智取。便派手下一员心腹之将去宇文化及营中表示愿意讲和,送宇文化及 4000 车粮食,双方就此停战。

宇文氏听说李密愿意赠送粮食,心想,瓦岗军果然厉害,我与之再战下去,恐怕也难以取胜,不如答应讲和。他又想马上就有粮食,以便让将士们吃一顿饱饭。将士们一听说让吃顿饱饭,都高兴坏了。他们军中粮食早已不多,尽管连日交战,却已好几天都未吃过一顿饱饭。这下听主帅一声令下,都甩开腮帮子将军中余粮一扫而光。

可是,宇文化及等来等去,都过了交粮时间,也未见李密有一粒粮食送来。他这才知道上当,率军与李密进行决战。

竟山脚下,李密的瓦岗军与宇文化及的禁军从早上一直杀到晚上,难分胜负。李密骑在马上,从容指挥。突然,一支冷箭正中李密右胸。李密大叫一声,伏在马背上。禁军见状冲杀过来,要捉拿李密。大将秦琼挥舞一支长槊,像无数长蛇,击败扑向李密身边的禁军,将昏迷的李密抢到自己马上,杀出重围。

这一仗果如盖宗所料,李密与宇文化及两败俱伤。宇文化及只剩下一万人马,逃往魏郡(今河南省安阳)。李密则率瓦岗军残部去归顺洛阳的皇帝杨侗。行至中途,传来洛阳兵变,杨侗被软禁的消息。李密知道,此时洛阳城中定是王世充把持大权,如果前去投奔,无异于送死。只得返回金镛城,准备稍事整顿再说。

但是,王世充闻听李密、宇文化及两败俱伤,暗自高兴。他决定趁李密的瓦岗军需要补充和休整之机,将其消灭。

李密一听王世充率大军来犯,连夜召开军事会议。先是裴仁基提出一条英明之策:将瓦岗军兵分两路,一路在王世充进军的重要通道进行阻截,另一路去攻打兵力空虚的洛阳。但是两军都采取迂回战术,避免与隋军正面冲突,一则可保瓦岗生力军,二则可使王世充疲于奔命。等他顾首不顾尾,全军疲惫之时,瓦岗军再全面出击,一举将其歼灭。

不料裴仁基话音刚落,众将便纷纷反对。特别是刚刚投奔瓦岗军的禁军陈智略、樊文超,为了表现一下,吵嚷着要去出战,单雄信等大将也积极请战。李密见众将士气高涨,便也一时冲动,决定亲率瓦岗军,与隋军正面决战。

次日,王世充便遭遇瓦岗军的先头部队单雄信。单雄信威武勇猛,与隋军战在一处。李密得到消息,便派秦琼、程咬金率众快速前去支援单雄信。秦琼、程咬金赶到之时,正巧看见瓦岗将领裴行俨被隋军一箭射落马下。二人忙策马过去。秦琼挥舞长槊杀散裴行俨周围的隋军。程咬金刚要翻身下马,抢救裴行俨,一名隋将追来,猛刺一槊,程咬金不慌不忙,躲过长槊,顺手一掠,抓住长槊,稍一用力,那长槊竟断为两截。不等隋将从惊愕中回过神来,早一斧子过去,将那隋将劈为两截。隋军见状,不敢近前,程咬金顺利救回裴行俨。这时,李密率大部队也已赶到。瓦岗大军与王世充带领的隋军霎时又展开一场混战。

李密以前和王世充交战,胜多负少,所以没将他放在眼里。俗话说:骄兵必败。又加之李密没有选择正确的战略战术,王世充在这方面又胜他一筹。

两军正杀得难解难分,忽然隋军中传出一声大喊:"李密被抓住了!"瓦岗众兵将心里都吃了一惊,放眼望去。可不是嘛,隋军大旗下,一人被捆在马背之上,不是李密是谁?见此情景,瓦岗军顿时群龙无首,慌乱起来。

其实,这是王世充巧施一计,找了一个酷似李密的人捆在马背上。此时他见瓦岗军都信以为真,阵脚大乱,心中大喜,命人放出信号。顷刻之间,隋军伏兵四起,进攻瓦岗军的后阵,并放火烧了李密大营。李密虽未被抓住,但已指挥不灵,只好率残部退到洛口。当时吵嚷着请战出兵的陈智略却俯首投降了。

洛口守将是瓦岗军将领邴元真,他早已对李密心怀不满。特别是见他杀了翟让,更是心灰意冷。此刻见李密兵败来到洛口,便秘密与王世充联络,欲里应外合,杀了李密,给翟让报仇。

瓦岗军将领单雄信没有和李密一同去洛口,他对李密杀翟让也深感愤愤不平。所以,当王世充渡过洛水与邴元真里应外合欲置李密于死地之时,他也袖手旁观,不去相救。李密这才后悔当初不该杀了翟让。

　　瓦岗军两年多时间,发展到十几万人,威震四方,轰轰烈烈,沉重打击了隋朝的统治。但李密一招不慎,满盘皆输。瓦岗军先从内部离心离德,开始瓦解,后北邙山一仗,彻底瓦解。李密还想重振旗鼓,但所剩将士心灰意冷,只好和两万军马一齐去投奔李渊。

　　从此,独立的瓦岗军已不复存在了。

李密之死

　　在长安的李渊早已得知李密兵败的消息。他对儿子李世民说:"果然不出我所料,此人妄自尊大,虽野心勃勃,但难免遭此下场!"但当李密率两万瓦岗军来投奔时,还是表示热烈欢迎,封他为荆国公,并且将表妹独孤氏嫁给他,但是却不给他兵权,只让他做三品的光禄卿。李密深知李渊此举是对自己进行防范,心中不满,却也无可奈何。又加之昔日副将皆去,独自一人,形影相吊,更觉孤凄。只有初时共同参与杨玄感起兵的王伯当还当他为知己,为他深感不平,这使他稍感安慰。

　　再说瓦岗军各部将和李密一起投奔李渊之后,都觉李渊为人与李密大大不同,是个光明磊落、成就大业之人,便尽心竭力,加以辅佐。其中有一个叫魏征的,他心怀坦荡,处处为公,后来成为唐朝有名的进谏贤臣。他刚到长安就向李渊上书,指出应该招抚仍守在黎阳的瓦岗大将徐世绩。李渊早知徐世绩其人,又深感魏征所说有理,便封他为秘书丞,派他带着诏书去招降徐世绩。

　　徐世绩早有投靠李渊之意,今见魏征前来招降,自然愿意。但徐世绩为人胸怀坦荡,他不愿拿黎阳的土地和百姓为自己铺就升官发财之路,便对部下郭孝恪道:"这黎阳的百姓和土地,本都是魏公所辖,我都已登记造册,你拿着去交给魏公,让他自己去献给唐公李渊吧!"

郭孝恪深知其意，便带着图册来到长安，交给李密。

李密也不敢据为己有，拿着图册和郭孝恪一起来见李渊。李渊得知事情原委，更加欣赏徐世绩，就封他为英国公，任命为黎阳总管，并赐"李"姓。此后，徐世绩就变成李世绩。郭孝恪也得到好处，被任命为京州（今河南省商丘市）刺史。唯独李密没有受到封赏。他觉得李渊没把自己放在眼里，越想越气，决定离开长安。但孤身一人离开，他又心有不甘，于是便心生一计。

一天，李密来到李渊寝宫，对李渊说："臣蒙恩宠，安坐京都。但臣觉得自己无法效力朝廷，深感不安。闻听山东臣旧日部下大多对王世充不满，臣愿率军前去招抚他们，共讨王世充。"

李渊一听，觉得是件好事，也没细想，便答应了，并派给他一万人马，这一万人马就是当初李密带到长安人马的一半。

离开长安，身边又有一万人马，李密心中松了一口气。他此番就是为了脱离李渊，图谋东山再起。今见第一步计划实施得非常顺利，认为是个吉兆，心中暗喜。与他一同出行的还有王伯当、贾闰甫，但二人并不知他心中的这一番想法。

大军刚行到稠桑（今河南灵宝以北），忽然有御史快马追来，传皇帝御旨，要求李密速回长安，说有要事相商，王伯当、贾闰甫先率军继续前行。李密一听，便知情况有变。但他心意已决，绝不再回去，便找来王伯当、贾闰甫商议对策。

原来，李密刚带兵出长安不久，李渊便得到密报说李密要倒反长安，图谋不轨。密报之人便是李密原来的部下，此人本是李密亲信，最了解李密为人。他知道李密一旦带人马离开长安，便再也不会回来。他不愿再和李密在一起，总觉得和他在一起迟早要掉脑袋，便悄悄向李渊密报：李密率一万人马此番去山东，是为了重新开辟地盘与李渊做对。李渊闻言大惊，忙降旨召回李密。

再说李密召来王伯当、贾闰甫二人，便对他们说："皇上突然中途变卦要我回去，定是有人说了我的不是，我此番回去必死无疑！"

王伯当不以为然道："你太多心了。皇上没召回大军，让你一人回去，定是真的有要事与你相商。"

"哼，我最了解李渊为人，两面三刀，最怕我掌握了兵权，不甘臣服。于是封我个有名无实的光禄卿，表面上还装得很热情。我再也不肯上他的当了。这里是桃林县（今河南灵宝县）境内，不如我们攻破桃林，夺到粮食，然后去黎阳，在山东重振旗鼓。二位意下如何？"李密不待王伯当说完，便义愤填膺，慷慨激昂地说出这一番话来。

贾闰甫一听，先是大吃一惊，他没想到李密真要反叛李渊，继而镇定下来，对李密道："明公此言差矣。当今皇上待人宽厚，决无害你之心。更何况一旦举事，朝廷必派人来追杀。区区一万人马，不堪一击。那时悔之晚矣！"

李密闻言竟然勃然大怒，道："李渊老贼给了你什么好处，值得你如此为他死心塌地？好！既然你今日与我做对，我便先一刀宰了你，日后再杀那李渊与你做伴！"言罢，举刀便向贾闰甫砍去。

王伯当见状，赶忙上前拉住。贾闰甫跟随李密多年，没想到他现在如此对待自己，当下心中虽然伤痛，但也不躲闪，仍流着泪劝道："眼下强者为王，败者为寇。现在明公尚处流亡之中，况且自从翟让被杀，天下人皆以为明公为忘恩负义之人。谁还肯来投奔？今恕属下直言相告，望明公三思。"

杀翟让之事，最是李密一件心病，今听贾闰甫再次提起，一时气恨交加，举刀又欲杀之。但见贾闰甫涕泪横流，一番话说得句句中肯，也只有真心相待之人才会说出此言，又不忍下手。半响方道："也罢，既然你不肯和我一起举事，姑且自己去罢。我心已决，不可阻拦。日后若战场相见，只当不识也就罢了！"

贾闰甫闻听此言，心下大痛。但自觉无趣，独自出营，骑马奔熊州而去。

王伯当为人义气，虽不赞成举事，但见李密鬼迷心窍，此事不可更改，只好道："我王伯当与你生死与共，只是日后因此事而死，太没有价值了！"

李密与王伯当商定，很快便带人攻下桃林县，杀死县令，夺得粮食。消息传到熊州，唐右翊将军史万宝怕他前来攻打，便与行军总管盛彦师商量对策。盛彦师成竹在胸地说道："您不必担心，李密志在山东，不会攻打熊州，况且，只要您肯给我5000人马，便可提李密人头来见。您又有什么可忧虑的呢？"

史万宝忙问是何良计。盛彦师只摇头微笑不语。史万宝知道此人脾气，他若不肯说，皇帝老子来了，他也不说，只得拨给他5000人马,静待佳音。

再说李密,果真没去攻打熊州,而是奔黎阳而去。但是去黎阳如果走大路必然要经过洛阳。洛阳此时为王世充所占,自然不会放李密过去。李密便决定先去襄城,然后绕道黎阳投奔李世绩。而去襄城必经熊耳山。熊耳山山高林密,中间一条峡谷便是唯一的通道。盛彦师的锦囊妙计便是埋伏在峡谷两侧的山头,居高临下,以逸待劳,战而胜之。

果不出盛彦师所料。他带5000精兵埋伏好的第二天,李密、王伯当便率众走入熊耳山峡谷。待他们全部进入埋伏圈,盛彦师一声令下,乱箭齐发。李密所带军兵猝不及防,无处躲藏,乱作一团,死的死,伤的伤,逃的逃。李密无力组织反抗,身中数箭而亡。可怜王伯当也随他同赴黄泉,但正如他自己所说,死得毫无价值。

在黎阳的李世绩虽归顺李渊,但此人注重情义,将二人盛殓葬在黎阳山上,并且亲自戴孝,为其举行了葬礼。

窦建德起义兵败

隋炀帝杨广在位期间,统治异常残暴。从大业七年(公元611年)开始,各地农民起义风起云涌,如火如荼,愈演愈烈。其中有个窦建德领导的农民义军,影响较大,深受百姓欢迎。

窦建德是漳南县(今山东省德州西南部)农民。他武艺高强,侠肝义胆,非常乐于助人,在当地本来就小有威望。他起义后,附近义军也都纷纷慕名前来。可以说,窦建德能成事是缘于他这种性格,但他最终的失败,却也是因为他这种性格。

窦建德起义时间不长,便凭借自己的号召力,将山东、河北一带零散的小股义军归顺到自己麾下,成为当时力量最强大的起义军。他将军队驻扎在乐寿(今河北省献县),并且以此为基地,向四周拓展。

一天,乐寿县境内突然飞来五只神奇的大鸟,后面跟着成千上万只小鸟。守城军士见此奇观,便前去禀报窦建德。窦建德闻听便率众部将出去观看。果见五只大鸟带着成千上万只小鸟在乐寿上空盘旋。

隋唐五代十国

见到窦建德一行人，非但不怕，反而向他们飞来，在窦建德头顶上空盘旋往复。众将一看，纷纷说这乃是天意，上天有意让窦建德称王，故出此吉兆相示。窦建德一听有理，便不推辞，当即在乐寿建立了夏国。年号就为"五凤"，定当年为五凤元年（唐武德元年）。

挟持肖后、百官、宫人逃到黄河以北魏县的宇文化及听到窦建德称王的消息，心想：连一个农夫都能称王称帝，我堂堂朝廷大将又有何不可呢？一咬牙，将傀儡皇帝杨浩杀了，自己当了皇帝，定国号为"许"。定当年为天寿元年。

宇文化及无道，所率禁军有许多私自弃他而去。但他此时手中有的是金银财宝，便用这些财宝收买了农民起义军首领王薄，然后借王薄之力占领了聊城（今山东省聊城）。

这样便对盘据在黄河以北的窦建德产生了威胁。窦建德亲率大军进攻聊城，攻打宇文化及。宇文化及虽然非常骁勇善战，但他却打不过窦建德，出城迎战，且战且退，连战连败，只好退回聊城固守。

但是王薄素来仰慕窦建德，又见宇文化及打不过窦建德，索性打开城门，迎进窦建德，活捉宇文化及。进城之后，窦建德将宇文化及及其死党斩首示众。但对城内居民，却丝毫不进行骚扰。剩下一万多禁军也一个不杀，去留随便。特别是对那些隋朝宫女，全部给足路费送回家。这种义举，立时得到禁军的交口称赞，有2/3的人当即表示留下，跟随夏王。

窦建德攻下聊城，也不久留，留下驻军把守，便回到乐寿。但还未休息整顿，便得到消息，易州（今河北省易县）的宋金刚来犯。窦建德真是厉害，虽然刚刚打完一仗，尚未休息，仍力战宋金刚并将其挫败。宋金刚不敌，率所余4000残兵狼狈逃窜到山西，去投奔刘武周。

在长安称帝的李渊早就闻得窦建德的厉害，心想：如今天下呈鼎足之势，我大唐占据关西，王世充占据河南，窦建德占据河北。王世充为人无道，我何不联络现在颇有实力与威望的窦建德，共同讨之？他的想法得到二儿子李世民的赞同。于是李渊修书一封，措辞谦和，态度诚恳，要求窦建德与他一同讨伐王世充。

窦建德也久闻李渊所率之军为有道之师。他为人又爽快，当即便答应了，并把在黎阳抓住的李渊的妹妹同安公主和堂弟李神通送至长安,以示诚意。

在此期间,李渊觉得已无后顾之忧,命李世民率军攻打王世充。李世民能征善战,颇具指挥才能,又有手底下网罗的众多谋士和大将相助,愈战愈勇,杀得王世充连连败退。

王世充退守洛阳,固守不出,眼看洛阳城就要不保,王世充万般无奈,只得向窦建德寻求援兵。

窦建德因与李渊修好,开始并未答应。但中书侍郎刘彬却一再怂恿道:"现在天下唐、郑、夏三足鼎立。现在唐军攻郑,连连得胜。如若唐兵灭郑,必会乘胜北进,夏国便会有亡覆的危险。不如我们现在答应与王世充联合,挫败唐军,再伺机灭郑……那时,天下就是大王您的了!"

窦建德觉得刘彬此话有理,也有些动心,便又答应出兵解王世充洛阳之围。

但是李世民可不是一般人物,窦建德几次与之交战,连战连败。窦开始怀疑自己与唐兵交战这步棋是否走错了,有心撤兵,又恐被人骂为不义不信。此时有谋士看出他的心思,便献出一计:不如绕道山西,进攻河东川郡。唐兵必来解救河东,我们到时再撤兵。这样既可避免与唐兵正面交锋,洛阳之围也可解。王世充也定会心存感激,不会骂我们为不义不信之师了。

窦建德认为这是一条三全其美的妙计,遂下令大军撤走,奔赴河东。但王世充派来的使臣见状,以为他不再解救洛阳之围,表现出愤懑之情。窦建德对他解释说要用调虎离山之计引开洛阳唐兵。他不信,恐怕窦建德一走了之,再也不会来解洛阳之围,便声泪俱下苦苦哀求道:"大王这一走,洛阳居民必遭涂炭。大王真的忍心看到洛阳居民惨遭唐兵屠戮吗?再者一说,大王说用调虎离山之计引走唐兵,如若唐兵不中计,或者另派别的军队前去相救,大王又能怎样呢?"

窦建德本就是一介武夫,闻他此言,一时语塞。又见他苦苦哀求,样子可怜,他那平日的侠义心肠又使将出来,心想:想我窦建德一生堂堂正正,今日见他人有难,怎能如此一走了之,让天下人辱骂于我?此番我定要留下解洛阳之围,就算战死,也不能自毁一生清誉。想到这里,他安慰王世充派来的使臣道:"你且莫啼哭,我不去河东便是。你也不必再留在我营中,回去告诉王将军,我窦建德拼着老命，也要保洛阳居民平安无事！"使臣一听高兴万分，叩谢了窦建德，乐颠颠地回洛阳城向王世充禀告好消息去了。

窦建德这一番不顾后果，义气用事，果然给自己招致了杀身大祸。不久，李世民便设计将夏军打败，窦建德也受伤被俘，被李渊下令斩了。

窦建德关键时候未把握住机会，不但未救得王世充，反搭进自己一条性命，但他仍是一位正直的农民义军领袖，曾带领农民义军南征北战，给隋统治者以沉重打击，功不可没。

李世民大败宋金刚

宋金刚是突厥傀儡政权刘武周手下的一员大将。刘武周地处北方，得到突厥的支持。又见李渊领地晋阳空虚，便派宋金刚前去攻打。

此时的晋阳由李渊的四子李元吉镇守。他与大哥建成、二哥世民可不一样，不懂领兵打仗之道，只知吃喝玩乐。平时他疏于练兵防范，直到宋金刚率军打到晋阳的门户——榆次（今山西榆次），他才慌忙派人前去抵挡。领兵将领张达抱怨拨调的军兵太少，李元吉不明形势，将之怒骂一通。张达也是个烈火性子，见李元吉若此，一怒之下，竟在到达榆次当晚打开城门迎进宋金刚，投降了宋军。

李元吉见榆次失守，心想晋阳也定然不保，也不做抵抗，带领姬妾溜之大吉，逃往长安去了。李渊闻听此事，大怒，但毕竟是亲儿子，也不肯把他怎样。李元吉回到长安更加如鱼得水，自由自在。李渊也只有摇头叹息的份儿。

宋金刚顺利占领晋阳，刘武周闻讯大喜，随后率大军赶到。两人合兵一处，一路南下，很快又攻占了绛州、龙门数城，直逼潼关。形势严峻，李渊也有些不知所措，便采取保守战略，决定放弃河东，固守黄河，但深谋远虑的二儿子李世民却表示坚决反对。他向李渊请命道："河东富庶，是京师的财源。太原是王业的基础，国家的根本。我们怎可轻言放弃呢？大丈夫立业当有持之以恒、不屈不挠的精神。

父皇若给儿臣三万精兵,儿臣前去攻打宋金刚,定能取胜,收复失地!"一番话说得慷慨激昂,李渊也受到了鼓舞。他也深信,这个二儿子确有领兵带队、行军打仗的能力。果真就拨给他三万人马,让他前去抵挡宋金刚的大军。

李世民此时手下已收罗了秦琼、程咬金等几员大将,如虎添翼。带领三万精兵,威风凛凛,杀气腾腾,渡过黄河,在柏壁山驻扎下来。李世民善用奇谋,他将军队分成多处在柏壁山驻扎,每处又并不独立,而与其他处遥相呼应,一有状况,必互通信息。宋兵几次偷袭,均未得逞。

李世民熟读孙子兵法,知道"知己知彼,百战不殆"这一作战精义,因此他经常亲自去探听宋营消息。一天他带领几十名骑兵去侦察宋营情况。来到一个山头之后,他命士兵分头行动,自己只和一个贴身侍卫在山头等候。士兵们走后,李世民先察看了一下附近地形,然后坐在一棵树下耐心等待众军士,久等不来,又加之连日行军劳乏,不由得酣然睡去。贴身侍卫在旁边守护了一会儿,也禁不住瞌睡虫的诱惑睡着了。这下可坏了,因为这里离宋营不远,经常有宋军巡逻兵出现。果然,过了一会,一队宋金刚的巡逻兵便从山下爬上来,发现李世民,惊喜万分,悄悄包抄过来,想抓个活的。

说来也巧,一条蛇追捕一只老鼠从躺在地上睡觉的贴身侍卫脸上蹿过。贴身侍卫惊醒之后,立刻发现了敌情,忙把李世民叫醒。李世民一睁眼,也看清了眼前形势。他也真不愧为领兵大将,不慌不忙,翻身上马,拉弓搭箭,"嗖""嗖"几声箭响,前面的宋兵应声倒下,然后打马迎着宋兵就冲过来,贴身侍卫紧随其后。二人也不恋战,抓起一个宋兵,便打马扬鞭,绝尘而去。宋军巡逻兵均为步兵,追又追不上,只能眼睁睁看着李世民安然逃脱回营。

回到大营,李世民当即审问虏来的宋军巡逻兵,得到的消息使他大吃一惊。原来李世民派李孝基率领一队唐兵去攻打夏县,宋金刚得到消息,已派尉迟敬德去救援夏县。这尉迟敬德智勇双全,李世民早已久闻其名,如果他去救援夏县,李孝基不就十分危险了吗?

众将闻听此事,也都心中焦急,唯恐李孝基吃亏。秦琼、殷开山二将自告奋勇,前去支援李孝基。李世民略一思忖,便道:"如此甚好。不过,如果万一李孝基失利,你二人一定要埋伏在途中,袭击宋军。"

　　二人得令而去。走到美良川便得到李孝基兵败被捉的消息。二人一合计，便决定埋伏在尉迟敬德回宋营所必经的美良川，袭击宋兵。

　　唐兵刚在美良川峡谷两侧的高山密林中隐藏好，尉迟敬德便率宋军押着李孝基进入峡谷。只听一卢号炮，漫山追野的唐兵唐将冲杀下来，将宋军截成数段。秦琼骑着黄骠马，手持双铜，一马当先，直冲尉迟敬德而去。尉迟敬德慌忙应战，二人旗鼓相当，将遇良才，杀得难解难分，天昏地暗。

　　但是由于唐军突然袭击，使宋军乱作一团，处于被动挨打的局面，被杀被斩，死伤无数。尉迟敬德见状，也不恋战，撇下秦琼，杀出一条血路，护着囚车，带领残余宋军而去。秦琼、殷开山见追赶不上，只得收兵。李世民闻听此事，心中更加喜欢这员猛将。

　　不久，李世民亲率大军迎战尉迟敬德。尉迟敬德果然厉害，手中钢鞭，呼呼作响，令唐军五员大将无法靠近，唐军一名校卫见状，拉弓搭箭，便要趁尉迟敬德不备，放冷箭将其射死。李世民见状，连忙拦住，并下令谁也不能放箭，要抓就抓活的尉迟敬德。他这是心中喜爱，想要收降尉迟敬德。

　　尉迟敬德虽然英勇，但手下宋军不是唐军对手。他见宋军越来越少，不得不杀出包围圈，逃回营寨去了。

　　一转眼，宋金刚与李世民在柏壁山就已相持了5个多月。宋金刚见李世民足智多谋，善于用兵，两军多次交战，自己胜少负多。又知军中余粮不多，便悄悄决定撤兵。

　　武德三年（公元620年）二月，宋金刚因军粮不济，只得撤退。李世民得到消息，便率唐军紧追不舍。追了一天一夜，走了200多里，到达高壁岭，遇到小股宋军抵抗。唐兵将之一扫而光。此时唐军将士，包括李世民在内，都未吃上一口饭。刘弘基劝李世民道："将士劳乏，不妨饱吃战饭，稍事休息，再追不迟。"

　　李世民闻听此言急道："兵贵神速，机不可失，时不再来，眼下正是歼灭宋军的绝好机会，岂能因一顿饭而轻易放过？"言罢下令唐军继续前行。

　　李世民率唐军忍饥疾驰，终于在雀谷追上了宋金刚主力部队。双方展开厮杀。宋金刚且战且退，先后与唐军8次交锋，均被击败。后来宋军各自为战,又被唐军各个击破。这一仗唐军斩杀、俘获宋军3万余人。宋金刚率残余的2万人马落荒逃至介休城。

但是,唐军虽然获胜,后备粮草却还未运上。当晚,两天没吃东西的李世民只好同将士们将仅有的一只羊熬了羊汤,每人喝一碗,第二天早上,又吃点野菜充饥,然后继续向介休城进军。

此时,宋金刚率两万宋军在介休城吃了两顿饱饭,睡了一宿好觉,早在城门外摆好阵势,准备迎战。

李世民一看唐军劳乏,不能与精气十足的宋军硬拼,只能智取。于是派李世绩打头阵。李世绩与宋金刚打了几个回合,依李世民所嘱,佯装不敌,返身败走。宋金刚见状,大喜。以为唐军果真饿得失去了战斗力,心想,此时不追,更待何时?率众猛追,渐渐地离开了介休城。岂知这是李世民一计,只听一声号炮,李世民从侧面杀入宋军之中,并且切断了宋金刚的退路。宋金刚想退回城中,已经不可能了,只得率几百骑兵逃走了。

打跑了宋金刚,李世民才与众将士在介休城附近的张难堡吃了一顿饱饭。将士们有了精神,摩拳擦掌要求攻打介休城,此时城内有尉迟敬德把守。李世民一心想收服他,便对众将士说:"介休城乃一座孤城,内无粮草,外无援兵。我们且先派人去说服尉迟敬德,如若不通,再做道理。"

任城王李道宗和记事宇文士自愿进介休城说服尉迟敬德。李世民欣然应允。二人进得城中,对尉迟敬德动之以情,晓之以理。尉迟敬德也久闻李世民之为人,深为敬慕,便归服了李世民。

刘武周见宋金刚兵败,知大势已去,就放弃太原,逃奔突厥。李世民一举收复河东诸郡。由于李世民的远见卓识和用兵得法,取得了对抗宋金刚、刘武周的重大胜利,解除了大唐朝所面临的一次严重的军事危机。

尉迟恭救主报恩

尉迟恭就是尉迟敬德。自从归服李世民之后,他就倍受李世民信任,还统领原属宋军的8000人马。

唐将见李世民对尉迟敬德这个宋军降将毫无防备,还令其统领原班人马,均心生不满。大将屈突通就找到李世民,对他说:"秦王做事一向英明,现在怎么遇见一个尉迟敬德就糊涂了呢?他本为降将,难免有二心。秦王怎能让他统领那么多人马,况且又是他们原班部下。属下甚觉不妥。依属下之见,还是将那8000人马编入我军之中吧!"

李世民为人宽厚,听了屈突通一番话直来直去,也不计较。微微笑道:"将军此言差矣。对于一个人,不仅要闻其言、观其行,更要察其心。我看尉迟将军不是那种出尔反尔的人,故此将重兵相授。更何况,我们不真心相待,人家又怎会坦诚相对呢?此事将军敬请放心,万不会出现什么差错的!"屈突通闻此,也不好再说别的,只得作罢。但暗中仍对尉迟敬德小心提防。

偏偏此时就发生一件对尉迟敬德极为不利的事。

原来,李世民打败刘武周、宋金刚之后,占据洛阳的王世充就成为主要的敌人。李渊又命李世民去讨伐王世充。

王世充为人狡诈,非常不得人心,部下将领纷纷弃他而去。此时李世民前来攻打,正是趁虚而入。况且李世民最善招贤纳士,有许多王世充部下前来投奔。洛阳附近各州县的官吏一想,和王世充在一起不会有什么好结果,也纷纷投降唐朝。王世充眼见自己周围的人越来越少,地盘越来越小,心下着急,想来想去,便想出一个歪主意:秘密收买唐军中的降将。像秦琼、程咬金这样的大将本就是看透王世充为人而走的,王世充自然不敢去收买他们,唯恐偷鸡不成蚀把米,被李世民知道事情越发不好办。他便从那些不知名的边将中网罗,纵使这样,响应的人也不多。但是原刘武周部下、与尉迟敬德一起投降唐朝的寻相却是个利欲熏心之辈,他见在唐军中自己无利可图,便带领几个人投靠了对他诱之以高官厚禄的王世充。

这件事很快就被唐军大将屈突通知晓。他气冲冲找到兵部尚书殷开山道:"我早提醒秦王防备尉迟敬德,秦王不听。现在尉迟敬德的好友寻相跑了,尉迟敬德还能再待得住吗?"

殷开山一听,也是一惊。心想,秦王待尉迟敬德天高地厚。我平日观察也颇觉他是一个心胸磊落、必会知恩图报之人,不想却是这等见利忘义的小人。越想越气,便与屈突通一合计,干脆将尉迟敬德抓了起来。然后对李世民说明原委,并劝其将尉迟敬德杀了。

李世民闻听二人所言,半响无言。好半天才道:"我没想到居然有这等事情发生,但我还是认为尉迟敬德不是那种人。他若真想跑,你们拦也拦不住的。这样吧,你们快将他的绑绳松了,请到我帐中来,我自有道理。"二人相视一眼,不明李世民是何用意。但也不敢违抗,只得依令而去。

二人将尉迟敬德领入李世民帐中。那尉迟敬德也是条汉子。他根本没有逃跑之意,甚至连寻相逃跑之事也不知道,平白遭此变故,他深以为辱。还道是李世民派人所为,故此来到李世民面前,屹然挺立,怒目而视。李世民见状,知道他心中误会了自己,忙深施一礼对他说明事情原委。最后道:"尉迟将军受惊了。此事我本不知,均是殷、屈二位将军一时意气用事所为,还请尉迟将军见谅。但我听二位将军讲尉迟将军在军中似有不如意,如若真是这样,将军敬请随意,我李世民决不勉强。"说完,还命人拿出50两黄金,给尉迟敬德做盘费。

尉迟敬德一见,知道自己因寻相受到牵连,而李世民也确实不知此事。又见李世民待自己如此,一时转怒为敬,倒头便拜:"敬德并无去意,今蒙厚爱,无以回报,愿随秦王鞍前马后,终生不变!"

李世民见状,心花怒放,便让尉迟敬德收下黄金,以此压惊。尉迟敬德执意不收。李世民只好说:"好吧,这50两黄金暂且存在本王这里,日后作为将军立功受赏之物吧!"旁边殷开山、屈突通二将也知道冤枉了尉迟敬德,忙过来赔礼道歉。尉迟敬德是个豪爽之人,忙表示二将不必为此事挂怀。从此三人消除误会,成了共战沙场的好朋友。

几天之后,又发生了一件事,更充分证明了尉迟敬德对李世民的忠心。那天,李世民率500骑兵和尉迟敬德一起去洛阳城外不远的地方侦察敌情。不料,行至北魏宣武帝陵墓附近,便被王世充的巡逻兵发现,忙回去报知王世充。王世充闻讯大喜,心道:"真乃天助我也!李世民胆大妄为,竟敢只率500骑兵来至洛阳城外。今日,我定叫他死无葬身之地!"当即点兵一万,直奔宣武帝陵墓冲杀过来。

李世民正率军在宣武帝陵墓附近的小山上仔细察看地形,忽闻喊杀声震天，举头一望，不由得大吃一惊。只见郑兵黑压压冲杀过来，很快便将自己所在的小山包围。为首一员大将正是瓦岗旧将单雄信，他此时已投降王世充。两军交战，各为其主。单雄信一马当先，手持长槊，直奔李世民而来。情况十分危急，他这一槊砍下来，李世民性命定然不保。正在这时，旁边一人狂吼一声，挥舞双鞭，迎住单雄信。李世民扭头一看，正是尉迟敬德，心中着实感动了一番，也趁机与尉迟敬德一起向外奋力冲杀。

尉迟敬德与单雄信来来回回打了几个回合，见李世民被几个郑兵包围，怕他吃亏，便想及早结果了单雄信，前去帮助李世民。只见他虚晃一招，然后用左手之鞭将单雄信的长槊挡住，右手一鞭正打在单雄信后胯之上。单雄信哪经得住这千斤重的一鞭？立时翻身落马。郑军见状，忙围上前去抢救。尉迟敬德趁此良机，在前杀出一条血路，带着李世民杀出重围。

两人打马扬鞭，猛跑了几十里，与得到消息赶来救援的屈突通大军相遇。两路军合为一路，李世民当即决定再杀回去。这次王世充可不是对手了，郑军死伤无数。最后，王世充只带100多骑兵狼狈逃回洛阳。

这一仗，唐军意外获胜，打败王世充主力。李世民有惊无险，多亏了忠心护主的尉迟敬德。李世民更加爱惜他，又将那50两黄金奖赏给他，尉迟敬德不善言辞，红着脸收下了。

李世民善于招贤纳士，招揽人才，又知人善任。尉迟敬德是员猛将，生性鲁莽，李世民几次保全了他的性命。以后尉迟敬德又屡立大功，为保卫大唐江山不余遗力。

李建成谋反

李建成是李渊的大儿子，按长幼次序被立为太子。此人也不是无能之辈，但比起二弟李世民来，可就差得远了。

李世民真可谓李渊的左膀右臂。他率自己手下众将先后战胜了刘武周、宋金刚、窦建德之后，又打败了王世充，将与李渊大唐王朝相抗衡的势力一一铲除。可以说，李世民为大唐江山立下了汗马功劳。

　　李建成这个东宫太子在父亲刚刚起兵之后还立过一些战功。可后来，渐渐与不学无术的四弟李元吉混在一起，整日吃喝玩乐，纵情歌舞。

　　而随着唐王朝的逐渐强大，李渊也越来越觉得二儿子李世民功不可没，大儿子李建成相形逊色，一事无成。便有心将建成废掉，改立世民为太子。李世民婉言谢绝，认为长幼有序，太子之位理应是大哥建成的，自己不能僭越夺之。

　　虽然李世民没有答应接受太子之位，但是李渊要废太子建成的消息却传了出去。这给李世民招来了杀身大祸。

　　俗话说得好，人上一百，形形色色。更何况偌大一个唐王朝呢！李世民为人再宽厚也不可能面面俱到，总会有意无意地得罪一些人。裴寂就是其中之一。

　　裴寂就是当初与李世民合谋迫李渊起兵之人。后来见李世民网罗到无数谋士大将，并与他们打得火热，而将自己冷落一边，心中就有些怨恨。所以当李渊同他商议废立太子之事时，他表面不露声色，暗中却为泄私愤向张、尹二妃透露消息。

　　张、尹二妃是谁？裴寂又为何向她二人透露消息呢？原来，这张、尹二妃便是当年李渊酒醉侍寝的两位隋宫贵人。李渊是个重情重义之人，叛隋以后，不忍抛下她二人，便一直带在军中。后来李渊做了皇帝，就封张氏为婕妤、尹氏为德妃。张氏、尹氏在李渊困难时期与之相识，以身相许，也算是患难之妻，因此李渊对二人颇为宠爱。

　　而张、尹二妃对李世民都颇有成见。事情起因是这样的：一次，张婕妤又在李渊面前撒娇，讨封要赏。李渊一则见了美人有些晕晕乎乎，二来可能也有些老糊涂，便给了张婕妤一纸手谕，将洛阳东郊的20顷良田赏赐给了她父亲。这些分封土地之事此时由李世民掌管。张婕妤便兴高采烈来找李世民。不料李世民细察封赏簿，发现这块地早已赏赐给淮安王李神通了，便婉言谢绝了张婕妤，事后又向父皇禀明此事。李渊见已封赏出去，也就作罢。可那张婕妤却不是个省油的灯，从此记恨在心。

　　而尹德妃呢，与李世民倒也没有什么正面冲突。不过尹德妃的父亲尹阿鼠却是个势利小人。他见女儿当了皇妃，便整日得意洋洋，颐指气使。为了显示自己的威风与身份，竟然私自在自家门前立了一块下马石。谁若不在他府门前下马，必会遭一顿毒打。他还派人在门口看着，一日，家人见一文士在尹府前骑马而过，立即进去禀报了尹阿鼠。尹阿鼠带人气势汹汹冲出来不由分说将那文士毒打一顿，竟打断了两根手指头。但不久他就知道自己闯了祸。原来，被打之人是李世民所设文学馆中著名的十八学士之一——杜如晦。尹阿鼠知道自己得罪了李世民，非但不反省思过，反而恶人先告状，跑到女儿尹德妃处诬告李世民仗势欺负他。尹德妃不明真相，见老父一把鼻涕一把泪地哭泣，非常心疼。自此也对李世民有些怨恨。

那裴寂知道这其中的过节，便从中进行挑拨。张、尹二妃一听李渊要废太子建成，欲立世民，果然跳出来反对。虽然后来得知李世民拒绝了做太子，但她二人唯恐事情有变，整日在李渊枕边吹风，说李世民坏话。天长日久，李渊竟也有些信了，以为李世民居功自傲，对他也产生了一点看法。

在此期间，窦建德余部刘黑闼起兵反唐。原因是窦建德为人行侠仗义，即使当了夏王，仍然衣食俭朴，爱民如子。而且他身为农民，非常重视农业生产，深受当地农民欢迎。夏国在他的统治下，也算得上是社会秩序稳定，人民安居乐业。但他兵败后却被李渊给杀了，这在他所统辖的乐寿县激起民愤。人们纷纷起来，要为窦建德报仇。窦建德的属下刘黑闼也以此为号召招募了许多人，半年之中，就占领了原来被唐军夺走的土地。

李渊得到消息，立刻派李世民前去剿杀。刘黑闼哪里是李世民的对手？经过数场血战，兵败逃入突厥。李世民认为穷寇不可再追，何况他逃入突厥，为避免与突厥骑兵产生冲突，就放他一条生路，让他去了，自己班师回朝。哪知他刚刚回到长安，就听说刘黑闼又从突厥回来，重新占领了自己收复的失地。他即向父皇李渊请命，要求二次征讨刘黑闼，但这次李渊却没让他去。

原来能臣魏征此时正任东宫司经局官员。他看出李世民处处强过李建成，恐怕要威胁李建成的太子位。便建议太子建成多立战功，以服众人，巩固太子之位。建成正为此事发愁，觉得他说得非常有理。可又一想，各地战乱基本上都被二弟李世民平定了，自己想立功，也没有机会呀！正自沮丧之时，刘黑闼从突厥又逃回来重新占领被李世民所收失地的消息传来，令建成精神为之一振，心想：立功的机会来了！

当即跑到父皇李渊面前，死磨硬泡非要出兵征讨刘黑闼。李渊有心再派李世民去，但转念一想，世民这孩子有些居功自傲，此番煞煞他的锐气也好。又见建成积极请战，心中高兴。觉得此子尚可栽培，便派他去了。又怕他吃亏，便拨给他数倍于刘黑闼的精兵强将。

出发的时候，李建成带上了魏征。他觉得魏征是个人才，自己身边太缺少这样的人了。魏征果然不辜负他的期望，一路上为他出谋划策，连连取得胜利。但刘黑闼也不是善辈，顽固不化。李建成虽率大军，一时却也不能将其剿灭。此时，魏征又献一计，那就是分化瓦解刘黑闼的部下，宣布宽待俘虏，只降罪刘黑闼一人。刘黑闼众部下跟着他东奔西跑，早已疲累，闻听此言，纷纷前来投奔唐军。不久，刘黑闼便成了孤家寡人，被抓入唐营处死。

太子建成此番剿杀刘黑闼可谓取得不小的胜利，但在魏征的运筹之下，他还借此次领兵出征之机策划着更大的阴谋。

由于太子建成自己心中也清楚：二弟世民各方面都比自己强。虽然有众嫔妃从中阻挠，父皇李渊已去了立二弟为太子的念头，但建成心中还不踏实，怕日久生变。想来想去，认为还是除掉李世民最为保险。于是，他听从魏征的建议，在出征的过程中，暗中招募2000名骁勇之士作为东宫卫士。还让东宫宿卫官杨文干在任庆州（今陕西庆阳）都督时私自招兵买马，组织私人军队。

即使这样，李建成还觉自己力量不够，又笼络四弟李元吉跟他一块对付李世民。心想，一旦事发，父皇也不会同时怪罪我们两人，三弟早逝，他定然不舍得同时再失二子。李元吉本来就深恨二哥李世民在父皇面前受宠，当即与大哥建成一拍即合。况且，李建成又对李元吉许诺：事成之后，如若自己将来登上皇位一定不设皇太子，而设皇太弟。自己百年之后，便让元吉登基。李元吉鬼迷心窍，也不想自己是否能比大哥活得长，便高兴得心花怒放，从此更加一心一意跟随大哥寻机迫害二哥。

武德七年（公元624年），李渊去风光秀丽、景色怡人而又气候凉爽的仁智宫消夏避暑。仁智宫在宜君（今陕西宜君县），距长安180里。李渊为防不测，让世民、元吉两位皇子陪同前往，留下太子建成镇守长安。

太子建成登基心切，认为此番父皇离开长安乃是天意，自己不能放过这个好机会，杀机顿起。决心先杀掉二弟李世民，再迫使父亲李渊让位。计议停当，他便写了一封信，派郎将尔朱焕、校尉桥公山带着书信前去通知杨文干起兵。

尔朱焕、桥公山二人早知太子建成心怀不轨。他们猜测信中内容定是谋反之事，担心事发受到牵连，便直接去了宜君，将信交给了高祖皇帝李渊。

李渊见信，先是大吃一惊，他想不到自己的儿子竟然要对自己的亲弟弟下毒手。继而大怒，心道：此子忤逆，登基心切，说不定哪天连我也一起杀了。想到此心里不由得一颤，当即下诏让李建成到仁智宫来。

为防万一，当晚，李渊带着二儿子李世民到南山露营。李世民也已听说此事，但他并不惊奇。他知道大哥建成早已将自己视为眼中钉、肉中刺，欲先除之而后快，这事迟早是要发生的。他怕父皇伤心，便陪李渊到帐外散步。趁机对李渊说道："父皇不必为此事伤心。儿臣决无与大哥争夺太子之位的心思。大哥想必也是一时糊涂。不久定会醒悟过来的。"

李渊见李世民明知大哥建成要加害自己，非但不怪，还为其开脱，深为感动。又想起大唐江山多亏有此子独挡一面，才得如此稳如泰山。便把平时别人在自己面前说他的坏话以及自己也怀疑他居功自傲的心思去了一半儿，甚至有些后悔当初自己心意不决，没有废太子建成，改立世民了。

再说李建成，得知事情败露，无可奈何，第二天，战战兢兢来到仁智宫向李渊叩头请罪。李渊一见他，怒火又蹿上了，废太子的心一下坚决起来，当即命人把他关押起来。

但是，大唐王朝的皇位之争并未就此罢休，而是愈演愈烈。

玄武门之变

当唐王朝实现统一之后,统治阶级内部的矛盾就逐渐激化起来。这个矛盾的焦点是以太子建成为一方、秦王世民为另一方的争夺皇位继承权的斗争。一方面是嫡长子继承皇位的传统,另一方面是秦王拥有最高功勋、最强实力这个不争的事实。双方表面虽然还表现得兄弟和睦,实质上互存猜忌之心。武德七年(公元624年),这种潜在的矛盾终于发展成为公开的争夺和激烈的较量。

且说太子建成,想趁李世民离开长安同父皇一同去宜君消夏之机除之。不料,偷鸡不成反蚀把米,被李渊知道,当即将他押了起来,并令司农卿宇文颖去庆州召回合谋的杨文干。宇文颖是李元吉的亲信。李元吉见大哥被押,忙告诉宇文颖:见了杨文干,告知实情,不要来仁智宫。

杨文干接到消息,一不做、二不休,竟然起兵造反。二皇子李世民当即向李渊请命前去征讨。李渊应允。李世民领兵而去,不久,就大败已攻下宁州(今陕西宁县)的杨文干。叛军兵士一看兵败,吓得一哄而散。杨文干的几个部下商议,寻机杀了杨文干,将人头送至唐营,向李世民报功。通风报信的宇文颖也被李世民捉住给杀了。这一仗打得真可谓干净利落。李世民的功劳簿上从此又多了一笔。

但就在李世民攻打宁州的期间,长安的形势又发生了变化。李渊本来下定决心废掉太子建成,改立世民。但一方面朝中大臣裴寂、封德彝为李建成讲情;另一方面四子元吉替太子建成苦苦哀求;特别是张、尹二妃轮番在李渊枕旁吹风,替太子建成说好话,数说李世民的不是,李渊有点招架不住了。到最后,非但没有废掉太子建成,反而将他释放,仍驻守京师。立世民为太子的事也渐渐淡忘了。

李世民回到长安,闻知消息,也不在意。只是从此小心谨慎,以防不测。果然那太子建成贼心不死,几次三番还想加害二弟世民。

一天,李渊外出狩猎,命三位皇子陪同前去。临行前,太子建成牵着一匹枣红马走到二弟世民面前,笑嘻嘻说道:"二弟,愚兄近日得了一匹好马，你来试试脚力如何？"

李世民不疑有他，深施一礼，道："那就多谢皇兄抬爱了。"说罢，跨上马背，纵马前行。太子建成看着二弟渐渐远去的背影，嘴角现出一丝冷笑，打马扬鞭，追随而去。

李世民骑着那匹枣红马初时还不觉怎样，但等到逐猎开始，才发现这匹马原来有一个致命的弱点：前腿软，在猛烈奔跑时，会突然跌倒。每当李世民追赶走兽的时候，这马刚开始跑得飞快，远远超过别的马。但当眼看快要追到猎物时，这马会突然马失前蹄。也多亏李世民武艺高强，虽然猝不及防，仍能灵活应变，凌空一个空翻，稳稳落在地上，转危为安。李世民顿时明白，大哥是想用这匹马暗害自己。但他不露声色，仍骑着这匹马打猎，只是更加小心罢了。待到打完猎，他将马交给身边的侍卫，对旁边的宇文化及道："想用马暗害我，只可惜生死有命，枉费心机！"其实此话是故意说给站在一旁的大哥建成听的。

李建成见李世民安然无恙，心中正在懊恼，又听他说出这一番话，分明是说给自己听的，不由恨得牙根痒痒。但他灵机一动，一计不成，又生一计。

第二天，李世民就被李渊召进宫。他一见父皇，就觉气氛不对。只见李渊脸色难看，来来回回在大殿只踱步。李世民心中纳闷，忙上前施礼问道："父皇可是有烦心之事吗？"

"哼哼，还用再有别的烦心事，光被你气也气死了！"李世民不料父皇竟说出这一番话来，正待相问，李渊又道："你想当天子，我现在还没死，你也太着急了吧？！"

李世民闻听此言，如五雷轰顶，慌忙跪下道："父皇此话从何而来？就是当天子，那也是大哥建成的事儿，儿臣从来没有此心。还望父皇明察。"

"那……说'自己有天子命，将来要当皇帝，不能随便就死了'这话可是你说的？"李渊见李世民言语恳切，也有些疑惑，便细问道。

李世民一听，顿时明白，肯定是大哥建成篡改了自己昨天说的话，在父皇面前告了自己一状。他也不辩解，摘下头冠对李渊道："父皇觉得儿臣是这样的人吗？如果你觉得是，就请马上派人去查。如若查出儿臣真的说过此话，儿臣甘愿受死！"说罢，眼中竟盈满了泪水。

　　李渊见平日叱咤沙场、从不落泪的二儿子，此时竟委屈得哭了。又想想平日世民为人，也觉得好像错怪了他，心下稍安。但想起大儿子建成几次三番想暗害二儿子，心中又有些难过。

　　李世民是个聪明人，一眼看出李渊心思，忙上前劝慰了一番，然后说道："如若父皇整日为儿臣的安危担忧，儿臣心下甚感不安。不如父皇派儿臣率部去洛阳，管理那里的州郡，岂不两全其美？"李渊一听有理，便答应明日早朝宣布此事。

　　但是，建成、元吉在宫中耳目众多，此事很快就被他俩知道了，他俩觉得让李世民去洛阳是放虎归山，就再也没有机会对他下毒手了，便暗中联络一些亲信大臣上书高祖李渊。说李世民处心积虑要去洛阳，他的左右部将一听去洛阳都非常高兴，肯定图谋不轨。非但不会再回来，还有分裂国家的危险。李渊耳根子软，听大臣们这样一说，便又出尔反尔，不提让李世民去洛阳之事。李世民也无可奈何，只好时时小心、处处留意，唯恐一着不慎，死于非命。

　　为了削弱李世民的势力，建成、元吉二人又采取了拉拢李世民部下大将的手段。李元吉平日最怕的人就是尉迟敬德，因此他就让大哥建成先去收买尉迟敬德。建成也深感尉迟敬德是一员难得的武将，如若成为自己的部下，定能助自己成就大事。于是他便派一心腹之人拿了许多金银财宝去了尉迟敬德府中。但是他哪里知道，尉迟敬德为人光明磊落，根本不屑于与他二人为伍，另外李世民待他天高地厚，几次保全他的性命。他要报恩还来不及，怎会背叛秦王李世民呢？！他派去的人很快就屁滚尿流地跑回来报告说："尉迟敬德没等我说明去意，便一把将那些财宝扔出府外。还大骂大皇子、四皇子一通，然后将小人痛打一顿。"

　　太子建成闻听此言，又看看满身满脸是伤的手下心腹，不由得怒火上冲。当即派刺客晚上去刺杀尉迟敬德。刺客晚上到了尉迟敬德家，却发现房门大开，灯火通明。人家显然早有防备，只好又灰溜溜地跑回太子府回命去了。

　　建成、元吉二人正在府中静候佳音呢，见刺客空手而回，甚觉奇怪。因为派去的这个刺客非同一般，乃是太子府中一流高手。待刺客说明情况，二人更是又惊又怕。他们想不到尉迟敬德不仅勇猛无敌，而且能掐会算。心中均想：这尉迟敬德甚是了得，料事如神，以后不能再加害于他了，但也决不能让他留在李世民身边。但他们一时也想不出什么好办法。只得先将此事搁下，以后再做打算。

难道尉迟敬德真的能掐会算吗？非也。这都是李世民对他面授的机宜。太子建成派人贿赂他的当天，他便跑到李世民面前禀告此事。李世民听罢，叹口气道："看来大哥、四弟必欲将我除之而后快，我且静观其变，以不变应万变。还是尉迟将军要多加留意才好。他们一计不成定会怀恨在心，恐怕会对将军不利啊！"说完又悄悄对尉迟敬德说出一计，尉迟敬德这才回府静候太子建成派出的刺客。

不久，太子建成向李渊进谗言诬告与李世民关系密切的临淄侯房玄龄和杜如晦。李渊不听李世民的一再劝谏，将二人撤了官。李世民越来越感觉到自身的危险，不免有些忧心忡忡，便找来属下部将商议。部将程知节说道："大王身边的人如果都被太子铲除掉，那大王自身性命也就难保了！"李世民妻子的哥哥长孙无忌也对他私下说道："太子建成现在要谋害于你，这恐怕会危及国家安危。不如废掉太子，还请大王早日定夺。"但李世民顾念兄弟之情，仍犹豫不决，不忍下手。

正巧，此时突厥来犯。李渊因太子建成一再在他面前进谗言，便也对李世民有了看法，遂将兵权交给了四子李元吉，派他去征讨突厥。建成、元吉闻讯大喜，认为正可趁此机会调走秦王府中的精兵强将，到时李世民孤家寡人一个，便可轻易将之剪除。李元吉首先想到的便是尉迟敬德，就派人手拿调令去调尉迟敬德。尉迟敬德得到消息，跑到秦王府，对李世民道："大王，李元吉调我去打突厥兵，这分明是一计，想将大王身边的人都调走，然后就对您下毒手啊！大王再不动手，恐怕就要死在他们手中了！"

李世民闻听也是一惊，但他长叹一声道："都是亲兄弟，让我怎么忍心诛杀他们呢！再说，就算真要动手，我也要等他们先动手，不能背负不义之名。"

尉迟敬德一听，急得直搓手跺脚。这时，长孙无忌和率更丞王祥来了。王祥是李世民安插在太子建成身边的亲信。他见屋中没有外人，便对李世民道："大王，太子建成和齐王元吉要对大王动手了。他们想让大王到昆明池给齐王元吉饯行，席间设下埋伏置大王于死地!"长孙无忌在旁接道:"大王如若再不动手,必会血溅昆明池,悔之晚矣!"尉迟敬德见李世民还在犹豫,便道:"大王如若还不动手,我请大王原谅属下不能陪大王一同就死,属下这就告辞远走他乡了!"屋中众人一听,也都纷纷表示:李世民再不动手,他们就都走了。李世民一见,无可奈何,狠了狠心,终于决定起事。

这一天晚上,李世民来到后宫拜见父皇李渊。他对李渊说太子建成、齐王元吉趁父皇不备,淫乱后宫,且时日已久。李渊开始将信将疑,后来李世民举出了早已准备好的大量人证物证,李渊这才相信,不由得勃然大怒,暗恨建成、元吉做出此等违背人伦常理之事。当即表示:明日早朝,当朝审讯二人。如若属实,定斩不饶。

第二天早晨,建成、元吉二人去上早朝。行至玄武门时,得到消息,父皇李渊要在早朝之上审问二人淫乱后宫之事。二人想不到此事败露,吓得魂飞魄散,掉头就往回跑。正在这时,只听一人在身后喊道:"建成、元吉哪里去,还不快上早朝!"回头一看,正是李世民骑马追来。二人也不搭话,拼命往回跑。但没跑多远,只听一声箭响,太子建成应声落马而亡。李元吉一见,吓得当时在马上就哭了。正哭着,一个人横冲过来,手起刀落,将他的人头砍了下来。此人正是李元吉平生最怕的尉迟敬德。

太子府和齐王府的人听说李世民追杀建成、元吉,便聚兵起来包围了秦王府,正乱作一团,远远见一匹黑马疾驰而来。到近前一看,正是尉迟敬德。只见他滚鞍下马,将两颗血淋淋的人头挑到秦王府门前的悬梁上,对众人喊道:"你们看看这两颗人头是谁的?"

众人定睛细看,两颗人头血肉模糊,不是建成、元吉二人是谁。当即不再吵闹,一窝蜂似地散去。原来尉迟敬德早料有此一变,杀了元吉,又将建成的头割下,这才赶到秦王府解围。

再说李世民,杀了大哥,又眼看着尉迟敬德宰了四弟,将二人头颅割下带来,心中不禁一片茫然。暗想:我兄弟之间为了一个皇位相残若此,到底值不值得?但这也只是一瞬间的想法。随即便想:大丈夫以事业为重,岂能为一时意气用事。从今而后,我李世民定要成就一番大事业,是非功过,还是任后人评说去罢。想到此,便意气风发,向父皇李渊报告去了。

李渊虽叫李世民去抓建成、元吉两个逆子,未曾想,李世民竟将他二人真的给杀了,心中也难免一阵伤感。但事已至此,如今只剩了一个儿子,他也不便再说什么。历史上著名的玄武门之变,就此以李世民的胜利而告终。

不久,李渊为安定社稷,将皇位禅让给李世民,自己做了逍遥自在的太上皇。李世民改元贞观,次年为贞观元年,从此唐朝开始了兴旺发达的历史。

文成公主出嫁

文成公主在中国可谓家喻户晓,她为发展汉藏两族人民的友谊做出了不朽的贡献。人们为了纪念她,为她雕塑了一座金像,至今仍供奉在西藏拉萨的大昭寺内。关于文成公主出嫁,在民间流传着一些优美动人的故事。

大唐贞观年间,唐太宗李世民励精图治,治国有方,国势蒸蒸日上,成为中国封建社会最兴盛富强的时期。当时周边一些小国纷纷俯首称臣。一些国家还通过联姻的形式,加强与大唐王朝的友好关系。

在青藏高原,当时有一个吐蕃国,吐蕃国王松赞干布也是一个日思进取之人。他听说大唐在生产、科技、文化诸方面都很发达,值得学习,便想进一步发展与大唐的友好关系。想来想去,想到了联姻的方式。贞观九年(公元635年),他派人到长安向李世民求婚未果。贞观十四年,为了表示诚意,他派宰相禄东赞亲到长安二次向唐王李世民表达求婚之意。唐太宗李世民很注意发展同少数民族的友好关系,又见松赞干布诚心如此,便表示同意联姻。

但是,这下李世民可为了难。为什么呢?因为吐蕃国地处高原,气候寒冷,离长安又万里之遥。那些公主们一听都纷纷摇头,表示不愿意去,即使有看到父皇为难,表示愿意去的,李世民一看,又觉得年龄太小,自己有些舍不得。

太宗李世民不愿强迫女儿出嫁到地处偏远的吐蕃国,但又答应了人家,无法反悔,一连几天为此事犯难。此事被他的族弟江夏王李道宗知道,回家闲谈中便与女儿说起此事,最后还叹息道:"唉,公主们哪里知道,这一桩婚姻抵得上十万雄兵呢!"他的女儿是个饱读诗书、知情达理之人。听父亲说出这一番话,低头思忖了一会儿,忽然说道:"父亲,既然这桩婚姻如此重要,女儿愿意代为出嫁,也算替父亲为国尽忠了。您看如何?"

李道宗一听先是心中大喜,高兴女儿如此贤德,为国着想。但一转念,心中又实在舍不得女儿去那天寒地冻、人烟稀少的去处。但他的女儿对其明之以大义,要父亲以国事为重。李道宗见此,便去禀报了太宗李世民。李世民闻听,更是高兴,当即夸奖了一番,并封李道宗女儿为文成公主。

其实文成公主心中也担心,倒不为别的,只怕吐蕃人粗鄙落后。但她是个非常聪明的女子,想出了一个主意。便向太宗奏明:要提三个问题,吐蕃使者都答对了,才肯出嫁入吐蕃。太宗李世民是个开明君主,见文成公主说得有理,便毫不犹豫地答应了。和吐蕃宰相禄东赞一说,他不仅答应,心中还暗自佩服文成公主有心计。

第二天早朝,当着满朝文武,文成公主给吐蕃国使者出了第一道题:她给了禄东赞一块绿松石和一条绸带。绿松石中有弯弯曲曲的小孔,要禄东赞将绸带穿过绿松石的小孔。题一出来,满朝文武面面相觑,均想:文成公主定是不想去吐蕃,故出此题难为吐蕃使者禄东赞。坐在龙书案前的唐太宗李世民闻听此题也不免微微皱眉。心道:你若果真不愿去,也就算了,何必如此刁难人家?一时之间,在场之人全将目光落到禄东赞身上。禄东赞也真不愧为一朝宰相。只见他略一思忖,不慌不忙走出大殿。众人以为他不会回答,就此走了。正在议论纷纷,只见禄东赞又转身回来了。原来他早已想出一个好办法。从殿外抓来一只大蚂蚁,拴上细丝,放到绿松石一端,然后在另一端放上有香味的食物,蚂蚁嗅觉灵敏,不一会儿,便循着味儿从另一端爬出来。禄东赞见状,又将被蚂蚁顺势拖出的丝线拴在绸带一头一拉,绸带便在绿松石中穿过去了。

在场众臣无不为之拍手叫好,唐太宗李世民在龙椅之上面带微笑。躲在幕后的文成公主心中也是暗喜,觉得这吐蕃人不但不笨,还很聪明。

紧接着文成公主又出了第二道难题:找来一根两头一样粗的木头,让吐蕃使者禄东赞说出哪头是根,哪头是梢。禄东赞成竹在胸,文成公主话音刚落，他便说道："只需将木头放进流水中，木头顺水漂流，前面的是根部，后面的是梢部。"文成公主又追问其故，禄东赞笑道："公主自当知道树木根部比梢部重，被水一冲，自然是重的一头在前，所以前面的必是根部。"文成公主一听，点头微笑不语。

禄东赞在答这两道题时，对文成公主是只闻其声，未见其人。而公主这第三道题便是自己混在300名美女之中，让禄东赞辨识出来。禄东赞来到长安，虽从未与公主谋面，但他颇为聪明，事先早已见过公主的画像一张，自己仔细观察了好多天。因此他很快便心平气静地在300名美女中指出了举止端庄、容貌秀美的文成公主。

既然人家三道题都答对了，文成公主就不食前言，答应了松赞干布的求婚，心中还颇为满意，只是不知未来的夫君是个什么样的人物。

太宗李世民闻听文成公主已同意出嫁，心中大喜，决心要把文成公主的婚嫁当做一件大事来办。首先在边境修筑了一座富丽堂皇的行宫，以便公主一行人休整之用。又为公主准备了丰厚的嫁妆，其中包含一尊赤金的释迦牟尼佛像。此外，像图书、作物种子、生活用品、各类工匠等等，应有尽有。一切准备就绪，即派礼部尚书李道宗（文成公主父亲）为送亲特使，于贞观十五年正月率3000羽林军护送文成公主离开长安，随吐蕃使者禄东赞直奔吐蕃国而去。消息传开，满朝文武皆来送行，交口赞誉文成公主此举，甚至连普通百姓也主动夹道相送，送亲的队伍蜿蜒几十里。

文成公主为人心地善良，经过百南巴（今青海省玉树县）时，发现当地居民不会种庄稼，便让随行的农民教他们种大麦、燕麦；又让所带石匠在河边安上水磨。看到当地居民安居乐业，这才率众离去。当地居民也深深感激文成公主，便给她立了一尊石像以做纪念。

一路上，文成公主走到哪里，就将栽桑养蚕、制作酥油的技术传播到哪里，深受沿途各族人民的欢迎。而文成公主所带给他们的恩惠也由祖辈流传下来。直到今天，一提起文成公主，人们还是赞不绝口。

吐蕃王松赞干布早就得到文成公主即将来到的消息，又闻听公主为人贤德善良，更是兴奋得几宿没睡好觉，率领军队到很远的地方迎接文成公主。一见公主举止文雅，貌若天仙，更是高兴得难以言表。

公主见松赞干布英勇潇洒、骠悍威武，心中也是暗自喜欢。两人可谓一见如故，天造地设的一段好姻缘。

松赞干布陪同文成公主进入国都逻些（今西藏拉萨）。吐蕃国民闻听此事，欢呼雀跃，净水泼街，夹道欢迎。松赞干布深感自豪，文成公主也颇为激动。从此之后，文成公主在吐蕃生活下来。她不仅和松赞干布恩爱非常，对待吐蕃国民也是关爱谦和，从不摆大国架子。还亲自教给吐蕃人民纺织、农业、牧业等各种适合他们的技术，吐蕃人民更加爱戴她。松赞干布为了表达自己以及吐蕃人民对文成公主的爱，还专门为她修建了大昭寺，并将文成公主带来的释迦牟尼佛像供奉其中。

至今，人们提起文成公主仍赞不绝口。她与同为发展民族友谊而做出卓越贡献的汉代王昭君被称为我国历史上的"双姐妹"。

唐玄奘"西天取经"

《西游记》是我国明代大作家吴承恩所著，此书老少皆宜，书中唐僧率悟空、八戒、沙僧三徒西天取经的故事至今仍为人们所津津乐道。书中悟空、八戒、沙僧均为虚构的人物。他们保护师父唐僧到西天取经经历了九九八十一难。而在我国唐代却真有一位僧人——唐玄奘，到当时的所谓西天佛国天竺国（今印度）求取佛经，为此他所经历的却不止八十一难。

唐玄奘原姓陈名祎，玄奘是他的法号。隋仁寿二年（公元602年）生于河南偃师。其父陈惠曾任江陵县令。其兄长陈捷在洛阳净土寺为僧。隋大业十年（公元614年），陈祎也在净土寺剃度为僧。

唐王朝建立后，玄奘与其兄辗转至成都定慧寺。武德元年（公元618年）至武德五年（公元623年）间，在此精研佛经。后游历至荆州天皇寺以及河南、河北、山东等地的名山宝刹访有道的高僧、研讨佛经、钻研各派学说。在多年苦心研读佛经的过程中，他发现国内佛经不仅残缺不全，而且错误纰漏颇多。为了了解经典真义，寻求佛法究竟，他决心亲自到佛教圣地天竺国求取真经。

但是，当朝皇帝唐太宗李世民那时对佛教采取一定的限制态度，玄奘法师向有关衙门申请的西行通行证没有得到批准。他只好再耐心等待，寻找机会。

贞观三年（公元629年）秋季，关中一带发生灾荒。唐太宗李世民降旨：允许百姓出关到各地谋生。27岁的玄奘认为机会来了，夹在灾民之中，出了长安城，开始了漫长的西行之路。

他途经秦州、兰州，到达凉州（今甘肃武威）。凉州是西域各国与内地联系的必经要道。玄奘就准备从这里通过西域到天竺国。但是他没有通行证，遭到凉州都督李太亮的严格盘查。非但不让过关，还要他即刻返回长安，否则就抓起来遣送回去。

这点困难吓不倒玄奘，明闯不行就来暗渡。他首先求助于凉州佛寺中的咸远法师。咸远法师与李太亮很有交情，他被玄奘的才华所折服，也为他求学的精神所感动。当晚，就设计亲自将玄奘护送出关。玄奘出了凉州，一路风餐露宿，到了瓜州（今安西）。

但是李太亮不知怎么知道了玄奘出关的消息，早派兵向瓜州送发了追捕玄奘的公文，幸亏瓜州刺史独孤达信仰佛教，尊重僧人，他没有捕抓玄奘，只是让他快些离开。

玄奘依令而行。来至瓜州寺庙门口处，一位西域来进香的老人见他气宇不凡，便上前攀谈。玄奘发现他是西域人，想借机了解一下沿途情况，便与之谈起西行之事。老人对他说："西去路途遥远，还要经历戈壁沙漠，几百里杳无人烟，几百里全是沙海。此去道路险峻，困难重重。法师独自一人，实在是太危险了！"

玄奘闻听，微微一笑，道："贫僧立誓西行，不到天竺国求取真经，决不后退一步。即便中途亡故，亦不后悔！"

老人对玄奘油然而生一种敬意。又见他如此坚决，叹口气道："也罢，世上像你这样的奇人也真是少见，老汉我深感佩服。这样吧，为了表达我的这一番心意，就将我这匹识途老马送给你吧！"言罢递过马的缰绳。

玄奘见自己与老人素不相识，老人竟将如此贵重的交通工具赠送自己，开始时坚决不收。老人见此，以为玄奘嫌马老了，便一边用手抚着马头，一边深情地说道："法师敬请收下吧。你别看这匹马已经很老了，但它脚力还行。更重要的是它曾十几次穿越戈壁大漠，为我可是立下了汗马功劳呢！如若不是您，我还真舍不得将它送人呢！"

玄奘一听老人的话，知道他误会了。但又一想，自己孤身穿越大漠，没有向导，有这样一匹老马，真是雪中送炭。便也不多做解释，千恩万谢地拜别老人，收下老马，西行而去。

玄奘离开瓜州，日夜兼程，很快便来到玉门关前。抬头远眺，高耸入云的玉门关朦胧可见。但是前面大河拦路，河上无桥，河岸无船。玄奘正在发愁，老马忽然昂首缓步向河中走去。玄奘一惊，以为马要喝水，可那马的意思分明是要过河。玄奘怕老马体力不支，被水冲走，死命向后拖。但老马执意前行，好似胸有成竹一样。玄奘只好紧紧拽住马的缰绳，没想到竟然被老马顺利驮过河去。上了岸，玄奘心中高兴，用手亲昵地抚了抚马头，以示感激。老马也用头拱了拱他，打了几个响鼻。然后，人、马又愉快地上路了。

这一天，玄奘来到玉门关外的第一座烽火台下，被校尉王祥发现。将他盘问一番，但并未为难他。因为王祥信仰佛教，深为玄奘求取真经的精神所感动。临别还告诉他一条可躲过两座烽火台的小路，并写了一封信让他交给第四座烽火台的守将王伯陇。

王祥所指小路，人迹罕至，灌木丛生，基本上没有路。玄奘不畏艰难，在荆棘中日夜穿行。只有太困乏的时候，才肯将行李铺在草地上休息一会儿。此时已是深秋，凉风习习。如若晚上休息，早晨起来一看，身上、行李上都是霜。玄奘只好晚上行路，白天休息。万幸的是，小路虽然荒僻难走，但确实比走大路要近得多。不久他就走到了第四座烽火台，将王祥的信交给了王伯陇。

王伯陇见信后，对玄奘热情相待。原来王伯陇是王祥的本家兄弟，王祥已在信中托他照顾玄奘。就这样，王伯陇又指给玄奘一条绕过第五座烽火台的小路，并在玄奘临走时送给他一只罗盘。

玄奘按王伯陇的指点顺利绕过了第五座烽火台，进入草贺延碛（安西至哈密间的沙漠）。

沙漠之中晚秋的气候温差特别大。当地有句俗谚称："早穿皮袄，午穿纱，围着火炉吃西瓜。"这是丝毫也不夸张的。玄奘白天顶着炎炎的烈日，晚上冒着凛冽的冷风，在沙漠中艰难行进了两天，又疲又累，到了第三天，他不小心竟将仅有的一皮囊水给洒光了。继续往前，至少还要七八天的时间才能走出沙漠，又何况沙漠之中酷热难耐，没有水怎么行呢？玄奘想折回去取水，但一想自己曾有"不取到真经，绝不退回一步"的誓言，便又继续前行。

玄奘又走了两天，终因饥渴疲累昏倒在地。老马不肯离去，守在他身旁，不时嘶鸣，似乎希望有经过的人来救救玄奘。可是茫茫大漠，哪有一个人影？午夜时分，凉风习习，玄奘被风一吹，似乎清醒了些，慢慢醒转过来，牵上老马，继续踽踽而行。

走了一程，老马突然一声长嘶，挣脱玄奘之手，向前飞奔。玄奘先是心里一惊，后又想起行李吃食均在马背上，心中暗道："我命休矣！"不过求生的欲望使他强打精神，跟在老马后边紧追不舍。当他气喘吁吁，精疲力尽地追上老马，惊喜地发现老马正站在一泓清泉旁边，似乎已喝饱了，正悠闲地打着响鼻。原来，这就是传说中的野马泉。玄奘顾不得多想，趴在泉边，咕咚，咕咚，先喝了个够，又装上满满一皮囊水，这才牵着老马上路了。

这下有了力气，又走了五天，玄奘终于走出戈壁大漠，来到伊吾（今新疆哈密）。伊吾西部不远处有个高昌国，国王曲文泰对佛教非常虔诚。听说伊吾来了一位唐朝僧人，忙命人盛情将玄奘接到国都交河（今新疆吐鲁番一带）。玄奘在高昌国讲了几天经，颇受欢迎。高昌国国王曲文泰非常欣赏他，送别之时，赠给玄奘许多衣物，几十匹好马，又派25人护送。同时还让玄奘带上他给沿途24个国王写的亲笔信，请求他们给玄奘方便。玄奘一路从未受此厚待，万分感动，更坚定了西去求取真经的决心。

玄奘一行人不久就走入天山支脉凌山。凌山地处高原，气候奇寒。山上长年积雪，时有雪崩发生。众人尽管一路小心，还是遇上了雪崩，有几人不幸身亡。还有一些人觉得此行触动了神明，吓得悄悄跑回去了。最后只剩下七八个人跟随玄奘。但玄奘矢志不渝，毫无退意，跋涉七天，翻过7000多米高的雪山，辗转许多国家，来到铁门关（今阿富汗巴达克山），把高昌国陪行的人打发回去，自己孤身前行。又历尽数不清的磨难，终于到达迦湿弥罗（今克什米尔），历时十几个月的时间。

在迦湿弥罗国，玄奘与当地名僧研讨佛经。其后，又先后到磔迦（今巴基斯坦旁遮普地方）、那仆府（今印度北境的罗兹普尔地方）等国学习经典。贞观五年（公元631年）十月初，玄奘到佛教最高圣地那烂陀寺（今印度北部比哈尔邦巴特那以东 55 英里的巴腊贡）潜心学习，师从戒贤法师。戒贤是非常著名的得道高僧。本因年老已久不讲学，但为了玄奘竟破例连续讲了 15 个月。玄奘在这里刻苦钻研了 5 年，不负众望，终于成为第一流的得道高僧。从此之后，有许多国家请他讲学。因此，他得以周游印度，增加了自己的阅历见闻，为他日后编述著作打下了基础。

传说摩揭陀国乌苌王朝国王戒日，请玄奘主持在曲女城召开研经辩论大会。18 国的国王和 5000—6000 名僧侣以及 5 万民众前来参加。玄奘届时主讲《制恶见论》，连讲 18 天，没有一人反驳他的观点，由此更是声名远扬。

贞观十六年（公元 642 年）春，玄奘携带自己所收集的 657 部佛经从那烂陀寺开始启程回返大唐。此外，还有热带、亚热带的树木和花草种子，以及戒日国王送他的大象、马匹和护送人员一同上路。

玄奘几乎每走到一个地方，都有人请他讲经。因此直到第二年秋才走到于阗（今新疆和田）。进入大唐境内之前，他特将自己这 17 年的情况写成简明的表文托人捎至长安呈送太宗李世民，以求赦免私自出国之罪。李世民看后又惊又喜，亲写敕文，要玄奘速来长安。

玄奘这才放心，满怀激情踏上故土。各地官员见到太宗皇帝的敕文自是热情迎送。贞观十九年（公元 645 年）正月二十四日，玄奘终于回到长安。

唐太宗李世民对玄奘西游所获见闻颇感兴趣。玄奘就把他所经历的 110 多个国家的地理情况、风俗人情、历史状况以及传说故事等一一口述，让徒弟们记录成一部《大唐西域记》呈送给李世民。

而玄奘自己则从贞观十九年五月开始及至以后的 19 年中，专心致志，坚持译经，从无间断。玄奘一生共译经论 74 部、1365 卷。在他逝世前一年冬，还坚持完成了我国佛教经典中卷帙最大的《大般若经》600 卷。

高宗麟德元年（公元 664 年），一代高僧玄奘法师在长安附近的玉华寺圆寂，终年 62 岁。但是，由于他对中国佛教文化做出了卓越的贡献，他的故事被永远地流传下来。

诤臣魏征

诤臣，就是指敢于"犯颜"直谏，向皇帝提出反面意见，指正皇帝过失的贤臣。唐代魏征就是这样一位在历史上非常有名的诤臣。

魏征原来是太子建成的重要谋士，每次太子建成采用他的计谋，总会给李世民不小的打击。所以那时李世民就很注意他，希望有朝一日能把他网罗到自己手下。玄武门之变，建成、元吉一败涂地，丢了性命。本来以为自己必死无疑的魏征却得到了唐太宗李世民的重用。

有些官员不服气，便跑到李世民面前说："魏征本是东宫手下，许多暗害陛下您的行动他都参与过。像这样的人，陛下理应杀掉，怎可委用呢？"

李世民听罢，严肃地回答道："治理国家，要任人唯贤才能搞好政务。我怎么能以一己私怨而不顾江山社稷呢？只要是有才华的人，不管是东宫的人，还是齐王的人，我都要重用！"

长孙无忌听了此话不以为然道："那魏征先是跟随李密，以后投奔窦建德，再后来在太子建成手下。三人都相继遭到失败的下场，由此可见，他也不见得有什么才华呀？！"

李世民一听，不怒反笑，道："长孙爱卿，他们三人之所以失败，不就是因为没听魏征的话吗？"长孙无忌和众人一琢磨，觉得皇上的话有道理，便也不再说别的了。

此事传到魏征耳中，从此更是尽心尽力地辅佐唐太宗李世民。不久他就带着太宗李世民的手敕去河北道宣安抚众官。

原来，河北道宣有许多官员都曾是太子建成和齐王李元吉手下。虽然李世民登基后曾明示天下对这些人既往不咎，但这些人仍惴惴不安，惶惶不可终日。魏征深知此事，便禀明了太宗李世民。李世民当即写了手敕让他前去安抚众人。

离开长安以后，魏征一行人在磁州（今河北磁县）遇见了被押在囚车之中的李志安和李思行。二人分别为故太子建成禁卫军官和齐王元吉的护卫军官。魏征见状便对副官道："皇上曾下诏，原东宫、齐王府的人一概不追究。今将二人抓起来，我再去安抚众官，人家怎能相信呢？我想现在就将他二人放了。"副官闻言大惊道："你以前曾是东宫手下，现在若放了二人，不怕有嫌疑吗？"魏征道："大丈夫行事光明磊落。更何况，皇上待我恩重如山，我怎能因为怕自己遭嫌疑而不顾国事，辜负了皇上对我的厚待呢？"言罢，策马上前，命押解官放了李志安、李思行二人。

押解官见有皇上手敕，也不敢怠慢，立即将二人放了。二人对魏征感激涕零。魏征对二人道："你们不必感激我，还是去感激当今皇上吧！"然后又写了一份材料给押解官向上级交差。李志安、李思行二人走后，此事很快在河北传开，当地的官员都安下心来，立即上书唐太宗表示效忠之意。李世民非常高兴，魏征从河北回来便封他做了尚书右丞，兼谏议大夫。

皇帝，是封建社会的最高统治者，拥有至高无上的权力，生杀予夺，随心所欲。大臣，对皇帝要言听计从，事事遵旨。"君前失言"便可招来杀身之祸。而魏征自从得到唐太宗的信任之后，为报"龙恩"，也可以说为了大唐江山，将生死置之度外，屡次犯颜直谏，向唐太宗李世民提出许多好的意见和建议。

尽管李世民也堪称一代开明君主，但面对魏征咄咄逼人的锋言利辞，有时也难免大发雷霆。

一天，右仆射封德彝建议将征兵年龄由18岁降至16岁，太宗李世民觉得现在兵丁不足便同意了，并让封德彝起草诏书。诏书要由封德彝与魏征二人签字。魏征认为诏书不妥，不肯签字。封德彝急道："这是皇上的旨意，你也不签吗？"

"皇上的旨意，只要是错的，我也反对。这字我是不能签的。大人一定要签，就请奏明皇上，撤了我的职，另任命一位尚书右丞吧！"魏征毫不示弱地反驳道。

封德彝见他如此，说了声："好，我这就去禀明皇上！"就怒气冲冲地走了。

太宗闻听此事大怒，心想：魏征你太过分了，这天下是你魏家的了不成？连我的旨意你也敢反对？但他知道，现在满朝文武都知道魏征是个忠臣，自己不能轻易降罪于他。于是便将心中的怒火向下压了压，等第二天早朝再与之理论。

不料，第二天早朝之上，魏征非但不认错，反而与太宗李世民针锋相对，据理力争。说什么"兵不在多而在精……强征幼男，必遭民怨……"李世民又不好当庭发作，气得罢朝回宫。

回到后宫还兀自咬牙切齿地说道："这魏征太可恶了，总有一天我要杀了他，他就作死罢！"

侍奉一旁的宫女们也都闻听过魏征是有名的贤臣，听说皇上要杀魏征，慌忙跑到皇后长孙氏那里禀报。长孙皇后非常贤淑，闻听此言大惊。忙换上朝服，来到庭院之中。太宗李世民见状，惊问何故。长孙皇后道："皇上，我听说，遇上昏庸的君主，臣子都不敢说真话；遇上了贤德的君主，臣子才敢直言进谏。如今，臣妾闻大臣魏征敢于当庭指正皇上的利弊得失，这不仅说明魏征是一位贤臣，还说明皇上是一位贤明的君主啊！故此，臣妾特来恭喜皇上！"

一番话说得李世民顿时醒悟过来，他知道贤德的长孙皇后是在婉言劝说自己不要杀魏征。他上前笑着拉住皇后的手道："爱妃，这魏征还真得感谢你，要不是你几次三番在关键时刻，挺身而出，救他性命，朕已不知杀了他几次了！"

唐太宗李世民也真不愧为一代明君，从此他非但不忌恨魏征，反而更器重他，甚至有点"怕"他。

不久，魏征启程回家乡扫墓，唐太宗想趁魏征不在之机去南山游玩。车都备好了，可他又犹豫起来，最后还是没去。魏征回朝听说此事，便问太宗："听说陛下要巡视南山，车马都已备好，又突然停止了，却又为何？"太宗笑道："怕你又要进谏，说我只顾玩乐，荒废朝政啊！"魏征听完，脸也一下子红了。

还有一次，太宗李世民得到一只佳鹞，正放在臂上，逗玩得非常开心。这时。魏征忽然前来奏事。慌忙之中，太宗将鹞子藏入怀中，专心倾听魏征奏事。由于时间很长，等魏征走了，太宗那只心爱的鹞子早闷死在怀中了。

唐太宗之所以如此，其实并非真的惧怕魏征，而是他深知魏征知无不言，言无不尽，敢于犯颜直谏的良苦用心。而他自己也认为，为避免亡国之患，一国之君就必须兼听则明，从谏如流。只要能保住天下，失掉天子的"尊严"也就只是小事一桩了。

魏征是个忠臣，这毋庸置疑。但魏征曾对唐太宗李世民明确表示过：自己宁愿做个贤臣，而不是忠臣。

贞观元年（公元627年），有人上书太宗说魏征包庇亲戚做坏事。太宗差人去办，结果查明此事与魏征无关。事后，太宗对魏征说："作为忠臣，不仅要尽心于国家，而且还要注意检点自己的行为。"

魏征听罢严肃地说道："如果为了避祸，光知道检点自己的行为，那也算不得忠臣。况且微臣也不愿做个忠臣，而愿做个贤臣。"

太宗诧异道："难道忠臣与贤臣还有何区别吗？"

"当然有。为国尽忠，但却未保国家昌盛的，是为忠臣，如比干等人。而善于向君主直谏，并使君主采纳，使国运无穷者，是为贤臣。忠臣一般均遭昏君杀戮，空有虚名；而贤臣却能辅佐贤君，千秋万代，子子孙孙传扬下去。所以臣愿做一个为陛下效忠的贤臣。"魏征侃侃而谈，阐述自己对于贤臣、忠臣的看法。

太宗听罢，点头赞同。又问："作为皇帝，又何为明君，何为昏君呢？"魏征不假思索地答道："兼听则明，偏信则暗。秦二世偏信赵高，梁武帝偏信诛异，结果均遭国破家亡的下场。如果他们当初能够兼听广纳，权臣便难以舞弊，下情必能上达，不会遭此厄运，自然也会成为流传千古的有道明君了！"

太宗李世民听了魏征的话，茅塞顿开，从此更加喜爱魏征。他曾对别的大臣说："许多人均言魏征言语粗俗率直，我倒觉得他这样非常可爱！"

贞观十七年正月，魏征病故。唐太宗李世民悲痛万分，亲自写了碑文让石匠刻了，立在魏征墓前，并且说了留传千古的名言："人以铜为镜，可以正衣冠；以古为镜，可以见兴替；以人为镜，可以知得失。魏征走了，朕失去了一面镜子。"

唐王朝的对外用兵

自唐太宗李世民即位以后，大唐国势蒸蒸日上，可谓国泰民安，兵强马壮。于是这位雄心勃勃的马上皇帝又动起了征讨周边小国的心思。

第一个征讨对象便是突厥。李世民当年领兵带队为大唐打江山的时候，曾经数次与突厥交战，他深知突厥兵骁勇善战，无比厉害，因此，没有十成的把握他也不肯轻举妄动。他一方面派人探听突厥方面的国情，一方面加紧训练一支足以与突厥骑兵相匹敌的马上队伍。

贞观三年冬，机会终于来了。唐太宗李世民得到探马来报：突厥内部发生纷争，此时国内大乱，人心惶惶。李世民大喜，认为这是天赐良机，遂派李靖、李世绩二人率10万大军，北讨突厥。

李靖本是隋朝名将韩擒虎的外甥，颇得他舅舅的衣钵，领兵打仗很有一套策略。又加之当年李渊为报私怨要杀他，被李世民救下，那时便有了要报答李世民的心思。所以此次出征抱定了必胜的信念。攻城防守，巧施计谋，骁勇非常。数次与突厥交战，均取得绝对的胜利。

贞观四年3月，李靖亲自率3000骑兵，趁着朦胧的月色偷袭定襄城（今内蒙古呼和浩特以南）。突厥首领颉利可汗毫无防备，慌忙应战。一时之间喊杀声震地，火光冲天。定襄城外，唐兵唐将个个奋勇当先。突厥兵虽然也勇猛无敌，但由于国内起了内讧，无心应战。很快，定襄城便被突破。颉利可汗见大势已去，只得率部仓皇出逃。

李靖在后紧追不舍，至阴山与突厥兵再次交锋。败兵难胜，颉利可汗与突厥兵勉强抵挡了一阵，继续逃窜，逃到碛口（今内蒙古二连浩特西南），遇到早已埋伏在那里的李世绩大军。后有追兵，前有堵截，颉利可汗只得硬着头皮上前应战。敌众我寡，突厥兵难以支撑，死伤无数，余下的兵士见状，纷纷缴械投降。颉利可汗不敢再战，像疯了一般杀出重围，只身逃往沙钵罗。

一路上，风声鹤唳，颉利可汗胆战心惊，唯恐被唐军追上。跑了不知有多久，他实在是太累了，看到后面没有追兵，便滚鞍下马稍事歇息。不料，连日的劳乏一齐袭上身来，他靠在一棵树下，不知不觉竟酣然睡去。睡梦中就听得身边人仰马嘶。睁眼一看，颉利可汗吓得魂飞魄散，一队唐军人马不知从何而至，将他团团围住，而且近在咫尺。他想抄家伙抵抗，已经来不及。早有几个强壮的唐兵上前，将他按住，捆绑起来。原来唐军副总管张宝相闻听大军在阴山已和突厥兵开战，特率兵前来接应。不想，路上正遇颉利可汗。张宝相与他在两军阵前见过，自然认得，当即命人将他绑了。

李靖、李世绩此次出征，果真大获全胜，高奏凯旋歌，班师回朝。随军押着突厥首领颉利可汗与上万名俘虏，到长安交由皇帝处理。太宗闻讯，亲自出城迎接，又重重奖赏了二人。对待俘虏也非常宽宏大度，将他们一个不杀，全部释放，甚至安置他们在长安定居下来，充分促进了民族之间的交往与融合。这也正是太宗李世民的英明之处。

唐军旗开得胜，大大刺激了太宗李世民君临天下的雄心。此后，又陆续攻克了吐谷浑、高昌、焉耆（今新疆焉耆）、龟兹诸国。余下的伊吾等国见大唐王朝国富力强，自知不是对手，又加之久慕大唐繁华，便纷纷前来归顺，表达亲近修好之心。太宗李世民龙颜大悦，一一予以安抚。

而此时的新罗、百济等国正面临着被攻打的危险。原来，与这两国相毗邻的高丽国有个酋长叫盖苏文。此人野心勃勃，阴险狡诈，很早就觊觎王位，只是无缘下手。便装做一副非常驯服的样子，渐渐取得了高丽国国王的信任。然后趁国王对他没有防备，突然起兵发动政变，杀了国王及其亲信官员 100 多人，篡夺了王位。此人生性好战，即位不久，便发动了对新罗、百济的侵略战争。

新罗、百济是两个小国，自知不是高丽的对手，但也不甘臣服。听说大唐天子李世民是一位贤明的君主，而且国势强盛，便派人到长安表示归顺之意，并请求大唐天子出兵相助。太宗李世民闻言便与群臣商议。连续打了胜仗的将士们群情激奋，均表示出兵征讨高丽相助新罗、百济是正义之战，理应出征，还纷纷向太宗请战。唐太宗李世民是个马上皇帝，见群臣如此，他也受到了鼓舞，不及细想，便答应了两国使者，并决定御驾亲征。

唐军兵分两路攻打高丽。一路由李世绩率领，从陆路进发；一路由张亮负责，从水路进发。唐朝大军锐不可挡，李世绩从陆路先后攻下盖军城（今辽宁盖县）、辽东城（今辽宁辽阳）、白名城（今沈阳以东）；张亮从水路一路经渤海，攻占卑沙城（今辽宁海城）。在战斗中，许多年轻将领脱颖而出，如薛仁贵，表现得英勇顽强，得到太宗的赞赏，后人还据此编写了戏剧《薛礼征东》。

但是唐军在进攻安市城（今盖县东北）时，遭遇高丽大军的顽强抵抗。双方相持 88 天，也未见结果。由于战线太长，唐军的粮草供应不上，又时值冬季，天气严寒，无法作战，唐太宗李世民只好无可奈何地下令撤军。

这一仗，从春季到冬季，消耗了大量的财力、物力、人力，最终却无功而返。李世民在班师途中甚感后悔，不禁仰天长叹道："如果魏爱卿（魏征）在，他定然会直言进谏，全力劝阻，我又何至于此。"可见，魏征在李世民心中占有多么重要的地位。众臣听罢，也深感事实如此，心中不是滋味，均低头无语。

为立后扼死亲生女

中国封建历史上，皇太后掌握政权的情况并不少见。然而，自称皇帝并且改换朝代的唯有武则天一人。她统治国家数十年，可以说创造了一个奇迹，为此她也付出了极为沉重的代价。

武则天，出生于一个木材商人的家庭，父亲叫武士彟。武士后来投靠至李渊手下，成为开国功臣。唐王朝建立后，他官至工部尚书、利州都督。但是以关陇、山东高级士族的眼光来看，门第仍属寒微一流。

武则天的姨娘杨氏，本为齐王李元吉之妃。玄武门之变，元吉丧命。李世民不久登基坐殿，当了皇帝。他在齐王府见过年轻貌美的杨氏，便纳杨氏为妃。贞观十一年（公元637年），贤德妃长孙皇后病故，李世民悲痛欲绝。杨氏为了安抚太宗李世民，从民间选了几位美女进宫，同时将外甥女武则天送入宫中，武则天当时才14岁。

14岁的武则天活泼可爱，又有才学，太宗比较喜欢，封她为才人，赐名"武媚"，人称"媚娘"。

李世民的儿子李治在武则天刚一入宫时，便对她一见钟情，念念不忘。无奈她是父皇的才人，不敢再存非分之想，只得作罢。

贞观二十三年（公元649年），唐太宗李世民驾崩归西。贞观二十二年，太白曾在白天出现，太史令李淳风说这是"女主昌盛"的预兆。李世民为防止大唐江山落入"女主"之手，遗诏将他名下的宫眷大多送至尼姑庵出家为尼。武则天是个才人，也被送到感业寺，时年

26岁。

　　武则天身在感业寺,心里却幻想有朝一日李治能接她重进皇宫。她在与李治的接触中,早已洞察李治的心思,与之眉目传情,而此时的李治早已是万人之上的大唐天子。他虽有权选尽天下美女,但让他魂牵梦绕的仍是那个在自己10岁时就已暗恋的女子武则天。

　　永徽二年(公元651年)五月二十六日,是太宗李世民两周年忌日。当朝皇上李治借进香之名到感业寺召见了武则天。

　　武则天竟有些不敢相信。她跪在李治面前,热泪止不住地从脸颊滑落。两年了,她终于盼到了这一天。在这人迹罕至的古寺,她度过了无数个不眠之夜。渐渐地,她失望了,绝望了,而这一天又忽然降临,她不知如何言说自己复杂的心情。

　　李治见了武则天也是激动不已。他将跪在地上的武则天扶起来,心疼地擦去她脸上的泪水,深情说道:"这两年来,朕时时记挂着你。只是要为父皇守孝三年,所以不能召你入宫。你且忍耐一时,待蓄起长发,朕便派人来接你……"

　　武则天一听李治要接自己入宫,顿时心花怒放。但又听说要等三年,心里又有些着急。但她知道朝中律制,不可违背,只好耐心等待。

　　永徽三年(公元652年)正月,年已29岁的武则天被王皇后提前召进宫。李治册封她为昭仪,地位仅次于当时非常得宠的萧淑妃。

　　王皇后提前将武则天召进宫,是有她自己的目的的。原来,王皇后没有生育能力,而当时已经很受李治宠爱的萧淑妃却生了一个皇子。这样一来,李治就更加偏爱萧淑妃。萧淑妃为人尖刻,与王皇后不和。王皇后怕日后萧淑妃的儿子被立为太子,会威胁到自己的皇后地位,她召武则天进宫是想利用她来挑拨李治与萧淑妃之间的关系。

　　武则天作为先帝的才人,二度进宫,受到当朝皇帝的宠幸,引起轩然大波,更多的人是鄙夷和嘲笑她。但她不惧怕,也不气馁,更不在李治面前哭闹,而是不动声色,默默忍耐。武则天是一个非常聪明的女人,她很快看出了萧淑妃与王皇后之间的矛盾,立刻明白了王皇后召自己进宫的用意所在。她投其所好,站在王皇后一边,并且经常向王皇后表达感激之情。王皇后见她乖巧,便也常在李治面前夸她,越发数说萧淑妃的不是。李治本来就喜欢武则天,这样一来,就渐渐把爱萧淑妃的心也全部转移到武则天身上。

萧淑妃很快就觉察到这种变化。这个女人也不简单，便处心积虑要加害武则天。但她却不是武则天的对手，很快便败下阵来。

一天，李治去武则天寝宫看她，却发现武则天病在床上，看来病势严重，不由得大惊。忙找太医来为她调治，不料，几名太医均摇头，不知武昭仪身患何病。李治气得直跺脚，大骂他们无用。正当他无可奈何、眼泪汪汪地守着心爱的武则天叹息之时，身旁一位宫女忽然跪倒在地，对李治说道："奴婢有话不知当讲不当讲？"李治以为她有救武则天之法，急命快说。

只听那位宫女说道："奴婢家乡有一种法术，只要请巫师做了这种法术，那被诅咒的人必死无疑。今见昭仪病体沉重，而太医又说不出个所以然来，莫非——"说到这，她忽然停住不敢说了。

李治顿时明白她的意思，说道："你是说有人咒武昭仪早死，是谁这样胆大妄为呢？！"

宫女开始不肯说，后来李治一再催问，才小声说道："奴婢闻听萧淑妃因昭仪受到皇上的宠爱，怀恨在心，已有加害之心，只不知这次——"说到这，她又不说了。

李治一听大怒，恨不得当即找萧淑妃算帐。但他知道，此事非同小可，没有证据是不能治萧淑妃罪的。便跑到王皇后寝宫，与她说了此事。王皇后一听，心中大喜，自告奋勇地带一帮人去萧淑妃住处搜查证据。果然搜出一个浑身扎满钢针的小木头人。萧淑妃刚开始不明所以，大喊大叫，要她们出去。但是当王皇后手拿小木人站在她面前冷笑的时候，她心里立时明白是怎么回事，脸色惨白，跪在李治面前，大喊冤枉。李治也不理她，一跺脚，转身离去。

第二天，李治便降诏将萧淑妃废为庶人。武则天的病也奇迹般地好了，王皇后也为拨去了萧淑妃这个眼中钉而暗自高兴。但她却不知道，这一切都是武则天暗施的一条毒计，她被武则天当了枪使，却还蒙在鼓里。

除掉了萧淑妃，武则天的下一个目标便是王皇后。但王皇后可不是萧淑妃，她身为一国之母，连李治也不能轻易给她治罪的。武则天也不着急，从长计议，等待时机。

永徽五年，武则天为李治生了一个公主。这个公主一出生，额头便有一朵鲜艳欲滴的五瓣梅花。满朝文武视为吉兆。这个小公主不仅长得漂亮,而且非常爱笑,逗人喜爱。两岁的时候,便伊呀学语,会赖在李治怀中撒娇卖乖了。高宗李治将她视为心肝宝贝,异常宠爱,每天都要看几次,否则就像缺了点什么。

一天,王皇后到太极宫有事找高宗,但高宗不在,她便向外走。此时,从侧室传来小公主"咯咯"的笑声。王皇后自己没有孩子,也非常喜欢这个小公主,便寻声走进侧室,亲昵地抱着小公主玩了一会儿才走。

王皇后刚走,武则天便从外面走了进来,看着王皇后远去的身影,她若有所思地点了点头。进了太极宫,她将乳母打发走,便一步步走向自己的女儿。小公主见母亲来了,高兴地向她扑来。看着女儿甜甜的笑容,武则天又将伸向女儿脖子的手缩了回来。将她抱在怀中,也禁不住泪如雨下。但她转念一想,机不可失,时不再来,现在不动手,恐怕就再也没有机会了,自己也就永无出头之日。于是她将女儿放入旁边的摇篮里,轻轻为女儿哼起了儿歌。小公主从未听到母亲为自己唱过这么温柔的歌,一会儿就带着甜蜜的微笑进入了梦乡。此时的武则天一旦下了决心,就变得异常平静。她顺手拿起身边的一个枕头捂在了小公主的头上,可怜的小公主在梦中都来不及挣扎一下便命丧黄泉了。见女儿死了,武则天慢慢站起身,怀着一种复杂的心情缓缓地向御花园走去……

高宗李治像往常一样来看望自己的心肝宝贝。可眼前的情景令他肝胆欲裂,嘶哑着喉咙喊道:"是谁,是谁害死了朕的公主?!乳母,谁刚才来过……"看到公主死了,乳母又心疼又害怕,她明知不是王皇后害死的公主,但她更不可能想到武则天——公主的亲生母亲身上。看到李治暴跳如雷的样子,她为了逃脱罪责只好小声道:"皇后来过。"高宗一听,怒火中烧,他固执地认为一定是王皇后自己不能生育,又见自己异常宠爱这个孩子,而下毒手杀了她。他想不到皇后如此狠毒,当即决定废了王皇后。

王皇后对武则天的所作所为已有所察觉,但一来她没有证据,二来人们也不相信是武则天害死了自己的亲生女儿。而且除了她之外,再也没有有作案嫌疑的人。所以尽管她赌咒发誓,也无济于事,李治乃至后宫嫔妃都认定是她杀了小公主。

宫中发生了如此之大的事，朝野之中为之哗然。许多大臣都怀疑皇后掐死公主的事，不同意废黜皇后。尤其是长孙无忌等重臣，认为事情不弄清楚不能废掉皇后。

但是皇帝李治哪里肯听？他一意孤行，于永徽六年（公元655年）十一月初一，降诏废王皇后为庶人，册封武则天为皇后。武则天终于以女儿的性命，换来了皇后宝座，迈出了走向更高权力的最关键的一步。

武则天篡权

武则天连施毒计铲除了后宫的两个劲敌：王皇后和萧淑妃，又使出浑身解数俘获住高宗李治的心。不久，高宗李治就不顾重臣反对册封武则天为皇后。在册封皇后的大典上，武则天望着肃义门楼之下跪倒的一大片文武官员，一种摄取权力的欲望在她心中慢慢升腾起来。

而现在最后悔莫及的当属已被废为庶人的王皇后。她当初召武则天进宫是为了对付萧淑妃，没想到，自己费尽心机打败了狼，却引进来一只虎，落了个和萧淑妃一样的下场。此时她与萧淑妃一起关在冷宫里。她深知自己的命运仍掌握在武则天手中，但也无可奈何，只得认命。以前她与萧淑妃是敌人，而萧淑妃见她如此，也不再记恨她。两人便这样在一起艰难度日，互相之间还稍有慰藉，只是绝口不提当初之事，以免揭开疮疤。

高宗李治是个软弱的人，很快便被武则天玩弄于股掌之中，武则天想干什么就干什么，李治拿她毫无办法。一天，武则天到她母亲荣国夫人府里去。李治闲来无事，忽然记起了萧淑妃和王皇后，便信步来到冷宫。他从宫门的小洞向里瞅，里面黑乎乎的，看不清楚，只隐隐约约能看见两个模糊的人影。便试探着问道："里面可是王皇后和萧淑妃吗？"

王皇后一听便知是高宗李治，刚要上前却又退了回来，甚至将脸背过去。因为她知道自己此时一定又丑又脏，不愿让皇上看见。可萧淑妃却知道活命的机会来了，忙扑过去，对李治喊道："皇上，臣妾是冤枉的，臣妾在皇上身边颇受宠爱，臣妾非常知足，怎可起害人之心。望皇上再详加明察。皇上，放臣妾出去吧！……"

李治当初将萧淑妃打入冷宫也是一时愤怒，过后想想，也有些不忍。今天又见萧淑妃蓬头垢面，脸颊消瘦，早已失去了往日的神采和高雅气质，心中更加不是滋味。李治也是一个很重感情的人，又想起以前与萧淑妃的恩爱日子，加之萧淑妃在他面前指天发誓，声泪俱下的哭诉，心中早有些后悔，也流着眼泪说道："爱妃，不必说了。朕知道你的心意，你且在这里再忍受些日子，朕一定想法救你出去。"

萧淑妃一听这话，心里凉了半截。女人的感觉是最灵敏的。萧淑妃已明显地感觉到："此时的李治已被武则天完全控制在手中。自己想要出去，恐怕要比登天还难。"但她不愿放弃这唯一的一次机会与最后一丝希望。她一再向李治表白自己的情意，表示只要皇上能救她出去，她愿来生做牛做马报答皇上。直到李治离去，她还对着李治的背影嘶喊："皇上，一定要救臣妾呀……"

李治听着萧淑妃凄厉的呼声，真有些肝肠寸断，后悔自己当初所为。心想：本来一个花容月貌的女子竟被折磨至此，我不能让她二人再在那个暗无天日的地方待下去了。一定要设法将二人救出来……但是，高宗李治想得太简单了，没等他动手救人，已经有人先他一步开始行动了。

此人就是武则天。原来，武则天刚从荣国夫人府回来，便有安插在宫中的耳目前来向她禀告高宗李治去冷宫看望萧淑妃、王皇后二人之事。武则天一听，心里就是一惊。心中想道：王皇后倒也没什么，只是那萧淑妃为人颇有心计，我不能不防备她。思来想去，便想出一条毒计。

这一天，武则天打扮得分外妖艳，来到高宗李治的寝宫。李治一见，心中高兴，忙命人置办酒宴，与则天对座而饮。酒至半酣，武则天忽然盈身下拜，对高宗道："皇上，如今我大唐王朝，国泰民安，臣妾觉得理应大赦天下。就算是王皇后与萧淑妃以前她们对臣妾有过不是，但为国家社稷着想，臣妾恳请皇上还是赦免她们二人吧！"说罢，眼睛一眨不眨地望着高宗李治。

李治此时已有些微醉，闻听此言，正中下怀，也不想武则天为何忽出此言，高兴得手舞足蹈，拉着武则天的手道："哎呀，朕也早有此意，只是唯恐爱妃心中不高兴，所以一时也未向你提及。既然爱妃今有此意，那朕立刻降诏将她二人放出来。"

武则天其实只是在试探高宗李治，不想他竟如此高兴，心中气愤。但她表面丝毫不露声色，站起身，挽着高宗坐下，娇笑道："皇上，就算要赦免二人，也不在这一时。况且也不能违背了国家律制呀！如果皇上信得过臣妾，就将此事交与臣妾去办吧！只是还请皇上先拟一纸诏书。"

高宗李治一听非常高兴，又让武则天连灌几杯，早就醉了，被武则天连哄带骗就写下了诏书，但酒醉之中却毫不知道自己写下了什么。武则天得到诏书，嘴上浮出一丝冷笑，命宫女服侍早已烂醉如泥的高宗睡下，自己匆匆出门而去。

不一会儿，在大内皇宫传出一个女人凄厉的惨叫声。她已被两个宫监打得昏死过去几次，但每次醒来，她都破口大骂："武则天，你这个狐狸精、妖精，下辈子你就是一个老鼠，我也要托生成猫，咬死你……"此人就是萧淑妃。

原来，武则天出了太极宫，便命两个宫监提着已准备好的食盒直奔囚禁萧淑妃、王皇后的冷宫而去。来到狭窄阴暗的冷宫内，她冷冰冰地对萧、王二人道："二位真是受苦了。我今日特向皇上讨了御旨，赐二位饮鸩而死。皇上还赏了御宴，请二位先将就着在此用过，快点上路吧！"说完命宫监将食盒打开，拿出酒和饭菜。

二人一听大惊，想起前几天皇上还来此说要放二人出去，怎么可能这么快就变了卦，要赐死二人呢？在昏暗的灯光下，王皇后茫然地睁着一双无神的双眼，她觉得自己的末日已经来临了。而萧淑妃则用一种恶毒的眼神盯着武则天，武则天见状冷冷一笑道："怎么，你们还不相信吗？如若不信可以看看皇上亲拟的诏书！"说罢，将从高宗处骗来的诏书扔到她二人脚下。

王皇后颤抖着手从地上捡起诏书一看，忽然纵声大笑。笑过之后喃喃道："想不到我身为皇后，今天落到这般下场。也许，也许这就是命运，这就是天意。只是……皇上，你好狠心呀……"说着，也不吃饭，拿起毒酒，一饮而尽，不一会儿就七窍流血而死。

萧淑妃刚一看到皇帝赐死她二人的诏书，也吓得脸色惨白，但她很快明白，这是武则天一手操纵安排的。一想到自己今天难逃活命，她反而镇静下来。慢慢走到王皇后身旁，蹲下身，为她合上仍大睁着的双眼道："姐姐，你莫怪皇上无情，不是他害了你，是宫中出了妖精。是她想要你的命。"

武则天闻听大怒，道："怎么，就是我要你死，你敢不死吗？"萧淑妃一听，轻笑道："武则天，你终于说了实话。那好，我也告诉你，你让我死，我偏不死。除了皇上没一个人能让我死！"说罢，竟一脚踢翻了食盒，猛扑过来，抓住武则天又抓又挠。

在宫监的拉扯下，武则天好不容易才从萧淑妃手中挣脱出来。她气急败坏，命两个宫监将她拖出去毒打100杖。她在旁边一边看着一边还狠狠地说道："好，既然今日你非要不得好死，我便成全了你！"

萧淑妃开始时还大喊："皇上，救我！"但是冷宫地处皇宫偏僻处，离太极宫甚远，她声音再大也传不出去。更何况此时的高宗正醉得一塌糊涂，呼呼大睡呢，就是做梦，也梦不见她的呼救声啊！渐渐地，她绝望了，开始大骂武则天。武则天初时并不在意，只是在一旁冷笑。但到后来，听到萧淑妃用阴惨惨的声音嚷道，死后要托生成一只猫咬死她的时候，她也不由得浑身一颤，只觉得后脊梁骨直冒冷气，便喝令宫监住手。宫监以为就此饶了萧淑妃，便将萧淑妃向冷宫的小监牢里拖。

不料，武则天狞笑道："这样歹毒的妇人，怎能饶她。来人，给我将她砍去手脚，割去舌头，然后泡入酒中，我要让她活不得，死不得！"两位宫监一听，都不由得倒吸一口凉气，从进宫以来，他们还从未听说过如此残酷的刑罚。但是，二人不敢违背武则天的旨意，只得硬着头皮照做。可怜一个曾经花容月貌、倍受皇帝宠爱的萧淑妃被折磨得人不人、鬼不鬼，受尽了痛苦，三个月后才咽下了最后一口气。

高宗李治酒醉后醒来，似乎还依稀记得赦免王、萧二人之事，便向武则天提起。武则天还故作悲凄地叹息道："二人等不及皇上赦免，寂寞难耐，臣妾赶去时，二人已自尽多时了。臣妾想起与她二人姐妹一场，哭了一场，然后按惯例将二人厚葬了。"李治闻听先吃了一惊，但转念一想，人死不能复生，也许这也是天意，掉了几滴眼泪，渐渐也就将此事淡忘了。

除去了王皇后、萧淑妃这两个心腹之患，武则天的下一个目标就是废太子。太子李忠并非王皇后所生。当初王皇后怕立萧淑妃的儿子为太子而威胁到自己的皇后之位,便让她的舅舅柳奭联合几位重臣,根据"无嫡立长"的原则,立燕王李忠为太子。现在武则天当了皇后,而且她从感业寺进宫第二年便为高宗李治生了个皇子,属于正宗。她几次背着李治在燕王面前流露出太子应是正宗皇子之意。李忠是个聪明人,他也隐约听到过一些有关武则天害死王皇后、萧淑妃的事。心想,自己若不让位,她肯定不会放过自己,于是禀明高宗辞去了太子之位。高宗也正为武则天终日缠着要他立自己的亲生儿子为太子而犯愁,所以也乐得同意此事。武则天见立了自己的儿子李弘为太子,又建议高宗改元。高宗李治丝毫没有主见,就依武则天定次年为显庆元年。

武则天完成了这几件事,心中对权力的欲望越来越膨胀,而朝中几位重臣对她对于权力的攫取形成了巨大的障碍。武则天毫不手软,或诛除或贬谪,一一除掉。大臣褚遂良因不同意废王皇后遭到武后忌恨,好歹寻个理由将之贬离京都。韩瑗上书为褚遂良说了几句公道话,武后也不能容忍,"顺我者生,逆我者亡",她指使亲信许敬宗、李义府诬告褚遂良、韩瑗等人谋反。高宗李治不明真相,而且此时他已被武后牢牢控制在手中,根本没有自主权,遂把褚遂良、韩瑗贬谪到更偏远的地方。就连高宗李治的亲舅舅长孙无忌,武后也不放过,设计将其贬谪,这位唐朝元老羞愤难当,怒而自尽。

与此形成鲜明对比的是武后的娘家人。她的母亲被封为荣国夫人,姐姐为韩国夫人,哥哥武元庆为宗正少卿、武元爽为少府少监,就连堂兄武惟良也为司卫少卿……不仅如此,武后还在宫廷内外广插耳目,稍有风吹草动,她立刻就会得到消息。她就是这样一步步剪除朝中重臣,逐渐形成自己庞大的关系网。从此之后,朝中大权基本上落入到武后之手。

武则天,尽管她对权力的攫取有些不择手段,但她确实创造了一个奇迹。她在那样一个时代里,高高凌驾于世人之上,堪称一位奇女子。但是,谁也不能预料,这个不同寻常的女人将来会给大唐王朝带来什么。

生母弑亲子

唐朝诗人孟郊曾写过一首至今仍流传很广的五言律诗《游子吟》：
慈母手中线，游子身上衣。
临行密密缝，意恐迟迟归。
谁言寸草心，报得三春晖。

全诗以细腻的笔触描述了母亲对孩子的爱，同时指出母爱的博大是做孩子的无论如何也报答不了的。俗话说的好："母子连心"，母亲和孩子之间的亲情是任何比拟都会黯然失色的。普天之下，均是如此。然而，唐代则天武后的孩子所享受到的"母爱"却是与众不同的。

则天武后共为高宗李治生过6个孩子。大女儿还未满3岁，便被武后扼杀在摇篮之中，成了她权力斗争的牺牲品。此外还剩下5个孩子，依次是李弘、李贤、李显（曾改名李哲）、李旦和小女儿太平公主。

武后为了巩固自己的皇后地位，施计废掉了原太子燕王李忠。然后按长幼次序立大儿子李弘为太子。她原以为李弘是自己的亲生儿子，定会对自己言听计从，可事实并非如此。

太子李弘从小饱读诗书，聪颖好学，尤其是他在性格方面继承了高宗宽厚仁爱的一面，无论是对待朝中大臣，还是对待宫女下人，他都不像母亲武后那样狠毒骄纵。因此他在朝中上下、宫廷内外都有很高的威信。而且与高宗李治的软弱无能相比，显得更有志气。武后大权独揽，他非常看不惯，经常背着武后做一些让武后不高兴的事，因此武后对他逐渐失去了信任，甚至于到最后完全失望了。

一天，太子李弘在御花园中散步，迎面走来两个女人，李弘一抬头，吃了一惊，心里说道：宫中怎么还会有这样的女子？面色苍白，身体瘦弱，莫非是宫外混进来的。他立时警惕起来，待走到近前仔细一看，才发现是同父异母的两个姐姐：义阳公主和宣城公主。忙施礼问候，但她二人一见是李弘，却二话不说，互相扶携着慌慌张张地跑开了。李弘心里纳闷儿,便向一个素日很熟悉的老宫监打听。老宫监开始不肯说,但经不住李弘再三追问,只好说道:"太子殿下,老奴对你说与此事,你可千万别对外人说是老奴说的,更不要做出傻事,惹皇后不高兴啊!"

李弘一听,便知此事与母亲有关。他忙答应了老奴不对外人说,催他快讲。

老宫监也是平日见太子仁厚,不似武后那般狠毒,又见他问得急切,这才叹了口气,缓缓开口道:"这都是天作孽呀!老奴是看着义阳公主和宣城公主长大的。她二人本是花一样的人物,如今都30岁了,仍待嫁宫中。沦落到如此地步,只因她们的娘是萧淑妃。"

萧淑妃死时,李弘还很小。而宫中对萧淑妃之死虽然都心里明镜似的,但谁也不敢在他面前提起,故此李弘只知父皇曾有一名宠妃,即萧淑妃,后来死了。原来只当是病死的,现在听老宫监如此说,心想其中定有蹊跷,便细问其故。老宫监既然开了口,便索性将武后当初如何从感业寺进宫,如何与王皇后、萧淑妃明争暗斗,及至最后如何将二人残害至死,原原本本给太子李弘讲了一通。

太子李弘听完,就仿佛做了恶梦一般。他虽知母后有时做事专横,但万万也想不到她如此狠毒。心中立即明白母后将二位姐姐囚禁宫中不准出嫁,一是想让她二人在宫中胆战心惊地过日子,倍受折磨,以此来解心头对萧淑妃的怨恨,二来也是想让她二人老死宫中,以防他日报杀母之仇。心念及此,李弘竟有些支持不住。心道:母后呀,杀人不过头点地。更何况,萧淑妃已死,您又何必如此呢?月圆则缺,水盈则溢,您就不怕苍天报应吗?他努力镇定了一下心神,下决心道:我一定想办法救出二位姐姐,也算为母后赎其罪过了。老宫监一看太子李弘脸上的表情,便知自己闯了祸。忙跪地叩头道:"太子殿下,为了老奴一条性命,您可千万别有什么别的想头儿啊!"李弘忙将他搀起道:"老公公,放心,我不会连累你的。"说罢,转身离去。

太子李弘离开老宫监,立时将这个情况禀明了高宗李治。李治至此方明白王皇后、萧淑妃的死因。听李弘述说完前情,泪流满面。后悔莫及,连道:"是我害了她二人,是我害了她们呀!"李弘忙上前劝慰:"事已至此,父皇也不必伤心了。还是想办法将两位姐姐解救出去,以赎此过吧!"

不料高宗李治虽然心疼女儿,但更害怕得罪则天武后。闻听李弘此言,半晌讷讷不语,拿不定主意。李弘急得跺脚道:"父皇如若又有何难处,只须降旨就行,一切由儿臣做主来办。"李治闻听,只得拟了一旨,交给李弘。

李弘拿到圣旨,一刻也不停留,先去后宫找二位姐姐。义阳公主和宣城公主见李弘来了以为大祸临头,吓得浑身乱颤。待到李弘说明来意,她二人初时不信,后来见李弘从怀中拿出圣旨,态度诚恳,方信了。一时不由得悲喜交加,二人相拥而泣,仿佛要将这三十年的委屈全在此时宣泄出来。李弘见状忙上前劝慰道:"两位姐姐休要哭泣。小弟如今要和二位商议你二人的终身大事,还请两位姐姐早拿主意。"义阳公主和宣城公主这才止住哭声,两人对望一眼齐声道:"此事全凭太子殿下决定,我二人至此已是感激不尽。"言罢,竟然一齐跪拜下去。李弘慌忙将二人拉住,说道:"如此,小弟便无礼了。"言罢转身出宫而去。

接下来的事情就好办了。李弘出宫找到禁军将领权毅、遂古,说明要把两位姐姐嫁给他俩。二人自然同意,一切安妥后,李弘才将此事告诉武后。

武后一听,气得七窍生烟,半天说不出话来。但事情已定,也无可奈何。只得将义阳公主和宣城公主草草嫁出宫,但是李弘也因此招来杀身大祸。

武则天既然肯为了坐上皇后宝座,亲手杀了自己的亲生女儿,那么,同样是为了权力,她又有什么可吝惜儿子的呢?两位公主出嫁不久,皇后武则天就对亲生长子李弘下了毒手。对外只说是暴病身亡,但具体死亡原因,谁也无法知道。只是那个对太子李弘诉说真情的老宫监知道太子死得冤枉,着实为他在御花园僻静处痛哭了一场。不料此事又被武后获悉,将之毒杀。

两个月后,则天武后立次子李贤为太子。李贤是年21岁,意气风发,精明强干而又处事公正,比起李弘有过之而无不及。他曾组织人注释了《后汉书》给父皇看,高宗李治看后赞叹不已。如果李贤真能继承皇位,那么大唐历史就要改写了,很可能会延续更长的时期。但是,他只因为一句话就遭到了母后的不满,因此也就注定了他永远不可能登上皇帝宝座。

原来，在当时有一个自称会求仙的道士明崇俨，很得武后赏识，封他为正义大夫（四品官）。有一天，武后让李贤陪她一起看明崇俨表演仙术。明崇俨将一粒瓜子种到地里。一瞬间，便生芽长叶结出能吃的大西瓜。武后看了非常高兴，而一旁的李贤却不以为然地说道："不过是一种骗人的幻术罢了，还妄谈什么仙术！"武则天听了便有些不高兴，心想，此子也是个不识抬举的。那明崇俨见李贤揭了他的老底，心中更是恼恨。他又最善察颜观色，见武后也有不善李贤之意，便灵机一动，计上心来。

不久，明崇俨便借机在武后身边搬弄是非，说李贤命薄相孬，非但难以继承皇位，还会克母。而三子李哲、四子李旦长相富态，定是子贵母荣。武后听罢，对太子李贤更加怀疑。就连李贤让人注释的《后汉书》，她也认为是针对自己的。于是赐给李贤要求讲究忠和孝的书，一本《孝子传》，一本《少阳正范》，以示警戒。太子李贤也自然明白母后是嫌自己不听话。他是个聪明人，从此稍事收敛，至少当着武后的面不再违拂其意。但即使如此，也不能让武后对他稍加信任。

不久，那个会幻术的明崇俨被人杀死。武后怀疑是李贤干的，于是决定除掉此子。她派人到东宫搜查，在李贤住处附近搜出几百件旧甲仗。又指使宫奴赵道生说此即为太子李贤杀明崇俨所用之物，然后以谋反之名定了李贤死罪。

高宗李治闻讯，慌忙跑去求情。武后将其怒斥一顿。不过，到最后还算给皇帝面子，免去李贤死罪，废为庶人，押到巴州（今四川省巴中）。

远在巴州的李贤，空有一身抱负，却无一点人身自由。不久又闻听父皇李治驾崩，三弟李哲继任不足两月，因稍违母后之意，便被废掉。如今最小的弟弟李旦继承皇位，整日也是战战兢兢，是个傀儡皇帝，下场也不会太妙。李贤反复思考，不明白亲生母亲为何这样凶狠，连自己的亲生儿子也不放过，越想越愤，挥笔写下一首《黄台曲》：

种瓜黄台下，瓜熟子离离。
一摘使瓜好，再摘使瓜稀。

三摘犹为可，四摘抱蔓归。

写完此诗，李贤心中忧愤稍平，遂转身出屋而去，诗稿也随风吹飘落至地上。

但是李贤万万没有想到，正是此诗给自己招来杀身大祸。不久，左金吾将军丘神绩到巴州逼杀李贤。李贤一见丘神绩手中的《黄台曲》，顿时明白母后安插在自己身边的亲信为了邀功请赏向母后报告了此事。他想，既然母后看了此诗仍然大怒，不思悔改，那自己迟早是死，何必要做徒劳的挣扎呢？遂拔剑自刎。

李贤死后，武后为掩人耳目，还苛责丘神绩，说自己派他去巴州只是让他责问李贤，并未让他逼杀李贤。遂将其贬官至置州刺史，恢复了李贤的雍王称号，在众人面前还哭了几声。

但不等丘神绩去置州上任，武后就又将其恢复原职。这充分证明，逼杀李贤是她的旨意，众人也都心知肚明，只是心照不宣罢了。

至此，武则天四个儿子，被她或杀或贬谪，只剩一个老四李旦，也是如履薄冰。作为一个女人，她因嫉生恨，毒杀王皇后和萧淑妃，这似乎还算一个理由。但作为一个母亲，她亲手弑杀亲子，那么，即使她称帝之后也曾一度将国家治理得井井有条，甚至出现盛世的局面，也永远无法得到世人的谅解。不知道武则天自己心中是否明白这一点。

则天治国

武则天一步步将大权牢牢把握到自己手中，但她的身份仍然是皇太后（此时高宗李治已死，中宗李显继位）。公元 690 年，已经 67 岁的武则天，终于不再满足于没有皇帝称号而代行皇帝职权的局面。为此她导演了一场数万人上表求她即位的闹剧。然后，理直气壮地在则天楼上宣布即皇帝位，改国号为周。年号为天授，自称"圣神皇帝"。自此，中国出现了历史上第一位也是唯一一位女皇帝。

武则天虽然当了皇帝，但她毕竟是个女人，是一个处于男尊女卑的封建社会中的女人。因此要想治理好国家，要付出比以往任何朝代的男性皇帝多得多的心血和精力。然而武则天并没有因此而退缩，而是义无返顾，迎难而上。

她刚刚即位，李氏宗族便兴兵讨伐，代表是唐太宗李世民的九儿子越王李贞。他最初与其他几个同姓王联络，要联合发动兵变。王族们都表示同意。可是到了起事那天，那些被联络的王爷们慑于武则天的权力和威势，个个按兵不动，只有李贞的儿子琅王李冲响应父亲号召，发了兵。但是很快就被武则天手下的大将军丘神绩打败。李贞及其全家被杀，连没有起事的李氏宗亲也受到株连，大人被杀，小孩发配岭南（今广东广西一带）。

李贞父子的叛乱平定之后，武则天以此为鉴，在各地设立告密的铜盒子，重用酷吏，以防有人再度谋反。

在这些酷吏中最有代表性的就是来俊臣和周兴。来俊臣原来就是一个无赖，因为冤枉好人有功，被武则天提拔为御史中丞；周兴也因制造冤狱有方被升为秋官侍郎。总之。二人是武则天监视朝中大臣乃至天下人，大肆屠杀异己的工具。二人抓人之多，杀人之多，简直可称之为屠夫了。

二人杀人成性，为此还曾写过一部《罗织经》，阐述他们诬陷别人的"心得"。他们把毫无罪过的人罗织成罪，然后再指派几个人进行诬告，最后动用酷刑。酷刑的名词种类繁多，有什么突地吼、死猪熟、求破家……听听名字就够瘆人的，还有什么"凤凰晒翅"（将受刑人手脚展开绑在车轮上，让车轮下转）、"仙人献梁"（受刑者戴着枷跪在地上，狱吏往枷上陆续加砖）、"玉女登梯"（受刑者被绑在高处，枷尾坠着重物，使人在半空中折来翻去）等听起来颇为文雅，实际上更加残酷的刑罚。

他们使用的酷刑名词繁多，花样翻新。被捕的人常常看了刑具，就愿意承认任何罪名，以求免刑。一时之间，屈打成招，被冤下狱者，比比皆是，以至于洛阳监狱都快放不下了。就连大唐名相狄仁杰、魏元忠都曾以谋反被诬下狱，险遭杀害。名将百济人黑齿常之、高丽人众献诚都与政局毫无干涉，也被周兴冤杀。

武则天重用酷吏，仅几年时间，杀戮皇室宗亲数百人之多，大臣几百家，刺史、郎将不计其数。她之所以大肆屠戮，只不过想防止有人谋反，以此巩固其统治地位。但杀到最后，连她自己也不相信有这么多人谋反了。特别是来俊臣、周兴二人杀上了瘾，甚至将主意打到武氏权贵身上。武则天这才对他二人有所警觉，欲设计将二人杀了。

一天，来俊臣请周兴到家中做客。两人一边喝酒，一边交流滥用酷刑害人的经验体会。正在这时，家人送来一份文件。来俊臣展开看过之后，对周兴道："周兄，小弟近日遇到一个不同寻常的囚犯。用遍了小弟手中刑具，他也不肯招供。不知周兄可否赐教一二？"

周兴一听，来了精神，喝了口酒，吃了口菜，这才摇头晃脑说道："贤弟这就不如愚兄了吧？我正好新发明了一种刑具，不妨说与贤弟。找来一只大瓮（缸），周围放好通红的炭火，把犯人放在瓮中烤，就算他是铁打的，恐怕也不敢不招供吧？！"说罢纵声长笑。

来俊臣嘴角浮出一丝冷笑，命家人依周兴所说就在屋中准备好此刑具。周兴一见，诧异地问道："怎么，贤弟要亲自拷问犯人么？"

来俊臣此时忽然一改往日对周兴的亲和态度，厉声喝道："周大人，刚刚有内状送来，要小弟速速审问你与丘神绩谋反有关一事。既然如此，就请兄先入瓮中吧！"

周兴顿时傻了眼，酒也醒了。他万万没有想到，自己设计的刑具会给自己用上。虽然后悔莫及，却又无可奈何，只得招认。这就是成语"请君入瓮"的来历。

周兴因谋反之罪被发配岭南，途中被仇人杀了。来俊臣的下场也不妙，被武则天寻个理由杀了。

武则天作为一个皇帝，还是比较有作为的。面对宗室、贵族以及部分将相大臣的挑战，采取任用酷吏严厉镇压的手段，但一旦发现出现严重弊端，立刻将其铲除。同时她还特别注意选拔人才，为己所用。玄宗开元年间的许多非常有名的大臣，如姚崇、张悦等人都是她在位的时候选拔出来的。为了培养大批能臣，她大胆地冲击门阀观念，大量提拔庶族地主做官。为了满足庶族地主做官的欲望，她进一步实行科举考试制度。天授元年，开创了"殿试"。她甚至派人到各地搜罗人才，有些本来很有才华，或因考场失意、或因无人举荐而湮没的能人被她提拔了许多。历史上非常有名的大唐名相狄仁杰，就是其中的一个。

狄仁杰出身寒微。尽管科举得意，考取功名，但也只做过县令、刺史等地方官。他在为官期间，清政廉洁，为百姓做了许多好事，特别是善于**断案**，渐渐地在地方上有了一些名气。

可是狄仁杰尽管很有才华，武则天身居高堂，如果没人引荐，也不可能知道他。但武则天善于用人，她任用的宰相娄师德非常重视人才。他经常明察暗访，向武则天举荐人才。狄仁杰很快便成为其中的一个。

武则天亲自考察之后，任命狄仁杰为宰相。起初，他以为自己很了不起，有些瞧不起办事谨慎的娄师德，经常在武则天面前数说他的不是。武则天爱惜他是个人才，听过之后也不说什么，只是笑笑。后来，有一次狄仁杰又在武则天面前说娄师德如何无能，武则天沉思了一会儿，道："你从一个地方小官被我重任为宰相，你知道是怎么回事吗？"

狄仁杰听了先是一愣，继而颇为自信地答道："自是皇上圣明，又加之微臣确实有一点功绩，才得到皇上如此厚爱。"

武则天看了看狄仁杰，好半天没说话，想了好一会儿，才缓缓说道："无论我如何英明，都不可能面面俱到。一个人的精力毕竟是有限的。我在提拔你为宰相之前，并不怎么了解你的过去。你如今至此，全是娄师德的功劳。"

狄仁杰刚开始还不信，武则天便将娄师德举荐狄仁杰的举荐书拿给他看。狄仁杰这才如梦方醒，满面通红，请求武则天处罚自己。但是武则天并未因此责怪他，只是语重心长地提醒他要明白自己如此做的一番心意。狄仁杰从此之后，自是更加尽心尽力地为武则天办事。也像娄师德那样，奖掖后进，举荐贤能之士，而且也不再像从前那样骄傲自大了。由此可见武则天是多么地"知人善任"。唐代后期的政治家用这个词来评价她，是非常公允的。

对待任何事物都要一分为二地来看待。武则天作为封建历史上一个比较特殊的皇帝，有许多应该批判的地方。比如，她曾大力推行酷刑滥杀的举措；还曾因自己信佛，便大兴寺庙，虚耗国库大量财帛，甚至曾将"断屠，禁捕鱼虾"的禁令实行了七八年，影响许多百姓的生计。特别是晚年，政局搞得比较混乱。但是，她也有许多值得肯定的地方。比如，她大量提拔庶族地主，冲击传统门阀观念；开创"殿试"，增设武举；重视人才，知人善任；特别是她非常关注地方行政，凡是耕地增加，家有余粮的地方，官吏便受奖赏，反之，便要受罚。

在她统治的末年，户口从贞观时的380万户上升到615万户。所以，尽管武则天在皇权斗争方面凶狠残忍，但在朝政方面，任人唯贤。特别是在她治国期间，社会安定，老百姓生活不错，因此得到当时许多人的拥护。这也正是越王李贞造反，天下百姓无人响应的真正原因。

总的来讲，武则天当权时期，唐帝国仍在继续向上发展。在我国漫长的封建社会发展史上，这也是一个较好的时期。后人曾总结，唐王朝共有两个半好皇帝。一个是唐太宗李世民，他统治期间出现了"贞观之治"的盛世，另一个是唐玄宗李隆基，在他统治期间出现了"开元盛世"的兴盛局面，那另外的半个，便是则天武后。可见，在后人看来，她的功大于过。

神龙元年（公元705年），武则天在太极殿与世长辞，死后在自己墓前立一无字碑，是非功过，由后人评说。

初唐四杰

唐代是我国历史上政治较稳定、少动荡的时代，所以当时的许多文人骚客都把诗歌作为点缀生平的风雅玩物。当然也有一些不屑于与这些所谓的"宫廷文士"为伍，而锐意变革的新进诗人。他们志同道合，互通声气，使诗歌重新担负起歌唱人生的使命。唐诗也由此获得了真正的转机。他们就是被称为初唐四杰的卢照邻、骆宾王、王勃、杨炯。

四杰活动于高宗、武后时期。以年辈论，卢、骆大约比王、杨年长20岁左右。四人均是英姿勃发的少年天才。骆宾王7岁即能作诗，被称为神童，流传下来的四言绝句《鹅》至今仍被世人广为吟诵。杨炯10岁即应童子举，翌年待制弘文馆。王勃16岁时，被太常伯刘祥道称为神童而表荐于上。卢照邻20岁即为邓王府典签，"王府书记，一以弈之。王有书12本，照邻总披览，略能记忆。"但是在仕途上，他们又都是坎坷的。四人中，仅杨炯官至县令。年少志大，才高位卑，这种人生经历深刻地影响了他们的思想性格和文学创作。

在四杰之中，王勃很有名气。他写过脍炙人口的《滕王阁序》，一直流传至今，诗云：
　　滕王高阁临江渚，佩玉鸣鸾罢歌舞，
　　画栋朝飞南浦云，珠帘暮卷西山雨。
　　闲云潭影日悠悠，物换星移几度秋。
　　阁中帝子今何在，槛外长江空自流。
　　此诗为王勃游洪州滕王阁时所作。不幸的是，这位少年诗才、人中之杰，在离开滕王阁乘船渡南海时，不幸落水身亡，年仅27岁。
　　王勃死后，四杰中的其余三人悲痛欲绝，尤以杨炯为甚，因为杨炯平素与王勃颇为亲近，二人时常互递诗篇，共同研讨。杨炯还曾亲自为王勃的诗集作序，由此可见二人关系并非一般。但他很快从失友的悲痛中解脱出来，以"开辟翰苑，扫荡文场"的气概向"绮错婉媚"的宫廷遗风发出挑战，以刚健大胆的追求，开始改变唐诗风貌。他流传给后人的诗作最后汇编成一本《盈川集》。
　　三杰还以拯时济世、建功立业的人生理想和热情，为诗歌注入了高情壮思和倜傥意气。卢照邻在《咏史四首》中，赞颂了"处身孤且直""唯唯何足荣"的季布，"诸侯不得友，天子不得臣"的郭泰，"愿得斩马剑，先断佞臣头"的朱云。同时，他还直接批判上流贵族社会，在长篇巨制《长安古意》中写道："……自言歌舞长千载，自谓骄奢凌五公。节物风光不相待，桑田碧海须臾改。昔日金阶白玉堂，即今惟见青松在。寂寂寥寥扬子居，年年岁岁一床书。独有南山桂花发，飞来飞去袭人裾……"诗中通过对帝京风物以及豪贵们骄奢淫逸的生活方式极尽铺张排比之能事，然后在此突然一转，指出在活动不已的宇宙中，荣华富贵不过如过眼烟云，终归幻灭。而这种穷奢极侈的生活也不过供后人感喟罢了，由此否定了贵族社会秩序的永恒价值。
　　在四杰之中，最富传奇色彩的，当属骆宾王。骆宾王7岁能诗，少年意气。成年后屡以建立英雄功勋自许。时有《咏怀古意上裴侍郎》中诗句为证："勒功思比宪，决略暗欺陈。若不犯霜雪，虚掷玉京春。"但是，他一生仕途不顺，最高的官职只做到长安主簿，后又至侍御史。不过，当时武则天掌权，任用酷吏，无中生有，大造谋反案。骆宾王很快被牵连下狱，蒙受不白之冤。直到高宗"调露"进行大赦，他才得以出狱。

至此，骆宾王对"女权祸国"的武则天异常痛恨。公元684年，李世绩的孙子徐敬业联合一些和武则天有仇的人对其进行讨伐。骆宾王当即挥笔写了"阮籍空长啸，刘琨独未欢"的诗句，以眼高一切的卓越气概赶到扬州，投入到徐敬业的大军之中，并且亲自写了《讨武檄》。

这篇檄文分三部分内容，第一部分中骆宾王以尖锐锋利的措辞指出：武则天出身低贱，本性不睦。趁杨妃之手混迹至太宗身边，骚姿作态，始骗得太宗宠幸，成为他身侧的低级妃嫔。又借更衣之机淫乱迷惑东宫，隐瞒私情得到高宗宠幸。嫉恨其他妃嫔，算尽机关，耍弄手腕，欺君惑主，窃据皇后之位。性情之狠如豹狼，心肠之毒胜蛇蝎。图谋篡夺皇位，杀亲子，灭良臣。人神共愤，天地同诛。

文中言之凿凿，情之切切，有理有据，气势磅礴，迅速流传开来。人们看过之后，纷纷称赞骆宾王的气概和胆魄。

《讨武檄》很快传到东部洛阳。此时的武则天因害死萧淑妃，经常做梦有猫来折磨她，所以吓得在此蜇居。武则天收到大臣呈奏上来的《讨武檄》，便让内侍读给她听。内侍读着读着，吓得声音发抖。武则天缓缓说道："又不是你写的，你害怕什么？"然后让内侍继续往下念。念过之后，竟不怒反笑，道："这文章是谁写的？"内侍回答说是骆宾王。武则天沉默了一会儿，仿佛在大脑中搜寻此人的名字，但最终也没想起自己何时听说过这个名字。遂叹了口气，说道："此等人才，不在朝中为高官，那定是宰相失职了！"由此可见骆宾王的檄文的气势、文采的动人之处，以至他所要讨伐的人都赞不绝口。

事后武则天召集文武群臣，商量如何对付徐敬业叛军。宰相裴炎建议武则天退居后宫，这样，徐敬业必师出无名，得不到天下人响应，就易于平息了。武则天权力欲极强，岂肯就此甘心？她气得不理睬裴炎，派大将李孝逸带领30万大军前去攻打徐敬业。但临行特别嘱咐：不要杀了骆宾王，要捉活的回来。

徐敬业只有几万人马，很快便兵败被杀。但李孝逸派人四下搜索，也未见骆宾王踪迹。有人说骆宾王死于乱军之中，有人说他出家当了和尚。骆宾王在起兵失败后究竟生死与否，身处何处，至今仍是个谜。

韦后乱皇宫

武则天晚年宠信张易之、张昌宗,以致朝政混乱,朝中大臣均有所不满。神龙元年,宰相张柬之等乘武则天病重,起兵杀二张,拥唐中宗李显复位。

李显刚登上帝位,即立夫人韦氏为后。这其中是有原因的。当年李显第一次做皇帝时,只在位两个月便被母亲武则天赶下台,贬为庐陵王。李显胆小怕事,住在庐州时,整天提心吊胆,一有风吹草动,便吓得要饮鸩自杀。幸亏夫人韦氏在一旁劝慰:"不就是个死吗?你着什么急呢?"

李显当时无所依托,完全凭韦氏在旁支撑。患难之情,李显既感激又感动,心情平静时,便悄悄在私下向韦后许诺:将来如能复位,定立你为后,你想干什么就干什么!

如今,李显复了位,韦后也终于如愿以偿当了皇后。但是,她可不是一个做了皇后就可以满足的人。她开始暗暗模仿当年武则天的作派,幻想着有朝一日能当上女皇。而韦后的女儿安乐公主也是一个极有权力欲的女人,她深得中宗李显的喜爱。有一次,她竟公然要求中宗立她为皇太女,将来好继位当女皇。中宗自然没有答应。韦后知道此事,便将其笼络到自己身边,并许诺如若自己能当女皇,便立安乐公主为皇太女。从此,母女二人沆瀣一气,开始铲除异己。

她们的第一个目标便是太子李重俊。韦后与李显只生有一子,还因前些年议论张易之、张昌宗为武后宠信一事被逼自杀。所以李显复位后,只好立不是韦后所生的李重俊为太子。韦后与安乐公主母女二人将其视为眼中钉、肉中刺。尤其是安乐公主,认为父皇不立自己为皇太女皆是李重俊之故,所以更欲除之而后快。于是她与韦后商量要先逼李显废太子,然后再寻个理由杀掉太子。

太子李重俊也非等闲之辈。他早已觉察出韦后与安乐公主对他忌恨在心。但是,为了图谋大计,他虽贵为太子,仍忍辱负重,处处对她母女二人陪着小心。安乐公主见状,以为他是个懦弱无能之辈,更加得寸进尺，肆无忌惮。

一日，安乐公主与其丈夫左卫将军武崇训一同进宫拜见中宗李显。半路上，正遇见太子李重俊骑马过来。安乐公主看见他，便决定羞辱一番。李重俊身为太子，也算得是金枝玉叶，平时走路也是趾高气扬，一时竟没看见前面过来的是安乐公主。安乐公主命人将车马横在路中央，专等李重俊过来。

太子李重俊走到近前才发现是安乐公主一行人。想躲已经来不及了，只好上前见过安乐公主。然后策马到路一旁，让安乐公主先过去。安乐公主见李重俊前来施礼，看也不看他一眼，只从鼻孔"哼"了一声，然后命仆人继续前行。边走边转脸对丈夫武崇训道："狐狸精（指李重俊母亲）婊子养的就是比不得正经主子出的。瞧他那尖嘴猴腮的样儿，真是糟踏了太子的名衔！"武崇训早知其意，和她一唱一和地道："是啊，太子将来是要继承皇位的。他心里要存了这个念头，可真是癞蛤蟆想吃天鹅肉——痴心妄想！"二人说说笑笑，讥讽了李重俊一番，扬长而去。

策马一旁的太子闻言，简直气得是七窍生烟。心道：我纵是万般忍让，他们也不会放过我。与其这样受他们侮辱，不如拼个鱼死网破！心念至此，便一刻也不停留，纵马回府筹划去了。

不久，太子李重俊联合了左御林大将军李多祚和将军李恩冲带领300名御林军造反。首先捉住了武三思和武崇训，将其二人乱刃分尸。安乐公主闻讯仓皇而逃，至玄武门城楼上，欲寻求中宗庇护。中宗和韦后得到消息，忙率宫廷卫士赶到玄武门。中宗亲自登上城楼，对楼下御林军喝道："你们都是朕的忠诚卫士，一定是听了李多祚的怂恿才和他一起作乱。谁要是把李多祚杀了，朕非但不怪罪你们，反而重重有赏！"

众士兵一见中宗来了，先有些害怕。又闻听他如此一说，纷纷掉转刀枪，将李多祚、李恩冲杀死。太子李重俊见状，忙带几个亲信逃往终南山。但是韦后和安乐公主岂能放过他？几次三番在中宗耳边吹风，说此等逆子，如今不杀，日后必成祸患。中宗本不忍心对亲子下手，心想，他跑了也就算了，由他去吧。但最后经不住韦后母女二人的怂恿，派人将李重俊捉回毒杀。

这下可称了韦后和安乐公主的心意。只是武崇训和武三思死了，又令二人感到有些失落。武崇训是安乐公主的丈夫，丈夫被杀，她当然不会高兴。那韦后又为什么闷闷不乐呢？原来，她是为失去武三思而惆怅。武三思是武则天的侄儿。李显复位后，为示大度，封他为德静王、司空，可谓身居高位。这武三思本就与武则天身边最宠信的女官上官婉儿有私情。李显复位后，这位才貌双全的上官婉儿仍留在宫中。所以武三思得以出入宫中。渐渐地，他又与韦后眉来眼去，越来越近乎。韦后便在中宗李显面前吹风，将安乐公主嫁给了武崇训。这样，她既可以拉拢住安乐公主，又可避人耳目，有了与武三思经常在一起的理由。二人刚开始也不过是常在一起下下棋，听听小曲儿。及至后来，均有些按捺不住，终于发展到私通。现在武三思死了，他的姘头韦皇后能不伤心吗！

但是韦后可不是一个痴情的女子，她不可能为武三思伤心一辈子，难过也只不过是几天的事儿。不久，她又勾搭上宰相宗楚客。中宗李显开始对韦后做出这样淫乱后宫的无耻之事，丝毫不知。直到中宗景龙四年，他才看到普通百姓邵岌和许州同兵参军燕钦融上书揭露韦后与宗楚客等人淫乱、危害大唐社稷之事。中宗大惊，忙暗中查证此事。不料，此事被韦后得到消息，先派人将邵岌与燕钦融二人害死。但是，她这样一做，也无异于向中宗承认了：确有此事。中宗开始不信任她，甚至冷落她。宰相宗楚客也因此不再受到重用。他急忙找到安乐公主。公主又和韦后商量，商议要害死中宗。中宗李显作为韦后的丈夫早已是有名无实，况且韦后一心要当女皇，听女儿如此建议，何乐而不为呢？二人便开始积极策划此事。

一天晚上，光禄少卿杨均忽然进宫拜见中宗李显，说自己得了一个厨艺非常好的厨师，自己不敢一个人独自享用，特让他进宫为皇上一展厨艺。中宗李显近来正自烦闷，一听此话，也乐得快活，便命杨均所带的厨师去御膳房准备一桌御宴，他要与杨均一醉方休。杨均忙叩头谢恩。一会儿，酒宴便准备好了。厨师的手艺果然不错，中宗吃得非常高兴，还喝了许多酒，不一会儿，便有些醉眼朦胧。这时，上来一道饼，杨均忙对中宗李显道："陛下，此饼可是与众不同，它内藏蹊跷。陛下适才饮酒不少，吃了此饼才不会伤胃。陛下请用。"说罢，亲自为中宗李显夹过一块，放在他面前的小碟子里。中宗李显听他说饼中有文章，产生强烈的好奇心，也不及细想，便将那饼三口两口吞入腹中。这下可坏了,只一会儿功夫,他便腹痛不已,冷汗也顺着脸流了下来。这时韦后和安乐公主忽然从殿外走进来,韦后笑吟吟地对他说道:"陛下,杨少卿没有骗您吧!"

李显顿时明白,杨均所说"饼中有蹊跷",是说饼中有毒。但此时后悔,已经晚了。又听韦后道:"陛下,臣妾与杨少卿情意深重。您既如此冷落厌嫌我,就快些西去,成全了我和杨少卿吧!"

李显痛楚之中闻听此言,更是肝胆欲裂。他此时方知,韦后与杨均也有奸情。气得他用手指点着他二人,但却颤抖着一句话也说不出来。此时,他已有些神志迷乱。恍惚间,又似看见爱女安乐公主的身影。求生的欲望使他急扑过去,但他刚刚抓住安乐公主的衣襟,便慢慢萎缩在地,七窍流血而死。安乐公主平静地注视着眼前的一切。他见父皇倒在地上,方冷冷说道:"父皇,别怨女儿不救你,不是女儿心狠,只是母后曾答应过女儿,要封女儿为皇太女。父皇,为了女儿能够大展鸿图,您就做一次牺牲吧!"说完,与韦后、杨均二人转身走出大殿……

中宗李显就这样死在自己的妻子和亲生女儿手上。这是他万万没有想到的,恐怕也是他不敢想和不愿想的。

第二天,宫中传出中宗李显暴病身亡的消息,但是韦后觉得她做皇帝的条件还不太成熟,便让16岁的温王李重茂继承了皇位,她以皇太后的身份听政。实际上,朝中大权掌握在她手中,李重茂不过是个傀儡皇帝。

韦后如此祸乱朝纲,很快引起了李氏宗族的不满。其中有一个文武全才、胆识过人的皇氏宗亲挺身而出,他就是李旦的三儿子李隆基。李隆基20岁以前生活在武则天掌权的时代。可以说,他与父亲以及众多的李氏宗亲均处于一种逆境之中。但与父亲李旦以及众位叔伯不同的是,他不甘心做一个弱者,而是在父亲李旦的严格教育下,勤读诗书,骑马习射,立志要在逆境中崛起,重振李氏皇威。

中宗李显突然暴亡,李隆基立即意识到其中定有见不得人的勾当。并且他对韦氏淫乱后宫之事也早有耳闻,特别是见她与骄纵的安乐公主搅在一起,便意识到自己和父亲的处境都很危险,韦后迟早要对他们下毒手,因此他早已做好了思想准备,暗中积极筹划。御林军武官葛福顺、陈玄礼二人与李隆基私交很好。一天,二人对李隆基说起御林军统领韦后之弟韦播经常殴打御林军将士之事，同时表现出强烈的不满。李隆基认为机会来了，便与二人密谋杀死韦播，整顿朝纲。二人早有此意，正苦于无一个合适的人领头起兵，一听李隆基此言，立时答应下来。

李隆基知道光凭他们三人的力量是不足以成就大计的。于是又联合了刘幽求、钟绍京等人，准备积极发动一场大的宫廷政变。在此期间，有人曾主张此次起事可以让在当时还颇有影响的被武则天废掉的皇帝李旦参加。李隆基深知父亲软弱忍让的性格，便慷慨激昂地对众人道："我们做此事，决非为了自己，而是为了大唐江山社稷，一旦成功，真是相王（指李旦）的福气；如让相王牵扯进来，万一失败，必受株连，而且，如若告知相王，他若不同意，岂不破坏了我们的行动？"众人一听有理，便都同意李隆基的计划。

一天夜里，葛福顺在御林军营将熟睡中的韦播一剑刺死。然后对众将士道："韦后毒死先帝，淫乱后宫，祸乱朝纲，违背君臣人伦大礼。为了大唐江山社稷，我们今晚入宫将姓韦的全部杀死，拥立相王，大家看如何？"军兵们平日早不堪忍受韦播，见此情况，纷纷欢呼以示响应。

此时的韦后正与她的几个情夫在后宫喝酒调笑。自从中宗被害，她更加肆无忌惮，每夜必引她的几个情夫轮流侍寝。甚至白天也当着众多宫女太监的面与她的情夫做那苟且之事，后宫中的诸多侍从深以为耻。而且韦后为人凶狠，动辄责备众人，因此宫中之人几乎没有不恨她的。今夜，正当她还沉浸在她的淫乱风情之中时，李隆基突然带兵杀入，口中还高喊着"杀韦后、立相王"的口号。宫中众人一听，也立时纷纷参加进去。韦后与她的情夫们听到喊声，吓得惊慌失措。几个男人穿衣戴帽，丢下韦后落荒而逃。韦后又急又气，也顾不得脸面，衣服不整，头发凌乱地向宫外跑去。她此时倒还清醒，知道该去投奔她那个统率御林军的弟弟。可她不知韦播早已先她一步而去了。她刚刚跑到御林军营门口，正好赶上御林军将士冲出来，要去与李隆基会合。为首的葛福顺，一眼看见狼狈不堪的韦后，口中喊了一声"贱人"，上前一步，手起刀落，砍下韦后人头，至此，韦后的女皇梦才彻底破灭了。

弑杀亲父的安乐公主也没能逃脱被杀的下场。韦后的几个情夫均被将士们揪出来乱剑刺死。那个宰相宗楚客侥幸逃脱。他化装成小商贩，企图在第二天混出城去。不料被城门守军认出，当场砍下头来。

韦氏宗族的人，被李隆基下令满门抄斩。平日仗着韦氏宗族的势力作威作福的人也被一并处死。

相王李旦知道李隆基发动这次宫廷政变后，半晌无语，却也并没有责怪他。几天之后，小皇帝李重茂主动让位给相王李旦。李旦这次也同李显一样，是第二次做皇帝。第一次是个傀儡，实权掌握在母后武则天手中，此时心中自是百感交集。

李旦继位不久，就立此次发动政变有功的李隆基为皇太子。时隔一年后的景云二年，传位给太子李隆基，他当上了太上皇。

情深意笃的明皇兄弟

封建王朝中皇家内部，为了争夺皇权，机关算尽，各施手腕，往往动辄诛兄弑父，对皇位的争夺达到白热化的程度。权欲使父子兄弟之间的亲情泯灭，完全笼罩在一种血雨腥风之中，让人看了不由得心惊胆战。

但是在这样一种恶性循环的封建社会发展史中，有一个人和他的同宗弟兄却能跳出这个怪圈。非但如此，还相处和睦，情深意笃，羡煞局外人。此人就是诛杀韦后，使大唐政权重新掌握到李氏宗族手中，关键时刻力挽狂澜的李隆基。

李隆基推翻韦氏集团之后，不居功，不自傲，从大局着想，拥立父王李旦为帝。一年后李旦让贤，李隆基这才继承皇位，是年27岁。历史上称其为"玄宗"或"唐明皇"。李隆基是先皇李旦的三儿子。睿宗李旦共有6个儿子，小儿子李隆悌儿时不幸夭折。其余5个儿子李成器、李成业、李隆基、李范、李业在朝不保夕的危险环境中成长起来，相互间非常团结，互亲互爱。故太子李贤之子李守礼，因其父之过一直受则天武后的虐待。李隆基兄弟五人对这位从兄非常同情，小的时候，经常偷偷给李守礼送衣服和吃的。长大之后，李守礼与这五兄弟感情极佳，犹如亲生兄弟一般。

李隆基从小就聪颖非常，再加上后天勤奋，做事周密果断，不仅深受父王李旦的喜爱，而且得到众兄弟的拥戴。他举事造反，发动宫廷政变，拥立相王李旦为帝之后，李旦在立太子的问题上颇为犯难。如尊祖制，应按长幼次序，立大儿子李成器为太子。如遵从事实，应按功劳和能力，立三儿子李隆基为太子。李旦自己深知，自古以来，历朝历代，为争夺太子之位，弄得兄弟不和，甚至反目成仇的事时有发生。太宗李世民兄弟所发动的"玄武门之变"便是典型的一例。他非常清楚其中的利害关系，一旦处理不好，不仅使他们兄弟自相残杀，还会影响国家社稷，甚至葬送了大唐江山。为此，他一筹莫展，茶饭不思。大儿子李成器生性宽厚，他看出了父皇的心事。一日，他主动找到李旦，对他说："父皇，拥立太子，应以国家社稷为重。在太平年间，理应遵从祖制，以嫡长为先；但若在困难之时，应以有功者为先，这样才不致使天下人失望，国家才会稳定。我恳请您立三弟隆基为太子。我兄弟几人素来亲睦，无论谁被立为太子，其余几人日后定会尽心辅佐，不会有什么嫌隙。"李旦闻听，连连点头，悬着的一颗心才放了下来。

第二天便与众臣商议立李隆基为太子，李隆基素来颇具威望，又加上宫廷政变获首功，因此无人反对。于是他顺利登上了太子宝位。不久，又继承了皇位。

李隆基为人生性谦和，精通书法、音律。因此他当了皇帝之后，也以其很高的艺术修养保持着极深厚的内涵，对待满朝文武、一般大臣尚且仁厚宽爱，更何况是对待与自己情同手足的亲兄弟呢？他特别珍惜兄弟情，特别是身为皇子的兄弟间这种弥足珍贵的情意。登基不久，就命人在皇宫外修建了五座王府，让两兄、两弟和从兄李守礼居住，并封大哥为宋王、二哥中王、三弟岐王、四弟薛王、李守礼为幽王，人称"五王府"。那种豪华气派丝毫不逊于皇宫。

他与兄弟们还经常聚在一起吃饭，下棋，研诵诗赋，兴致所至，还要一起舞弄管弦，合奏一曲。出外游玩之时，你追我赶，其乐融融，免去君臣之礼，令外人很羡慕。李隆基非常惦念几位兄弟，有什么外域贡品、新鲜什物，均在自己未曾享用之前，先差人送入五王府。他一日不见众兄弟便甚觉想念。就连每日上朝之前，也要先去侧门与之相会，诚挚问候。长此以往，兄弟间的情意越来越深厚。

李隆基对几位兄弟的惦记，不仅是表现在外在的形式上，而是出自一种真挚的自然性情。一天，他让四弟李业去找从兄李守礼一起出城狩猎。一会儿，四弟李业一个人回来对李隆基说："皇兄说'今天午后有雨'，让咱们别出城了。"李隆基抬头看看外边，只见晴空万里，阳光一片，不禁奇怪地问道："皇兄如何知道午后有雨？"李业见问才说出实情。原来，李守礼因是雍王李贤之子，所以颇不得武则天的欢心。武则天将对儿子李贤的一腔怒气完全发泄在孙子李守礼身上，动辄便寻由将其毒打。因此，李守礼身上留下了不少伤疤。伤疤一到要变天时，便又痛又痒，预报天气非常准。玄宗李隆基闻听，沉默不语。日后，差人到各地寻那种专治伤疤痒痛的灵丹妙药，私下里送到李守礼府中，令李守礼颇为感动。玄宗李隆基心思细腻，怕揭皇兄李守礼心中的伤疤，从不当众提及此事。直到一次二人共同沐浴之时，他才趁势察看李守礼身上的伤疤。只见他后背和屁股上伤疤成片，颜色深紫，不禁伤心流泪。李守礼感觉到李隆基的眼泪滴落到自己后背上，心中一热，也流下泪来。他从小失去父爱，又遭祖母嫌弃，受尽了别的同宗兄弟的冥落与嘲讽。今见李隆基对自己若此，心中一时苦辣酸甜，说不清是什么滋味。从此与李隆基的感情，更与别的兄弟不同。

　　李隆基之所以能得到兄弟的真爱，与他身为皇帝，却从不在兄弟面前摆皇帝的架子有关。李隆基做事细心周到，还在相王府时，众兄弟中哪一个有个头痛脑热的小病，都是他从旁照顾。做了皇帝之后，有了这样的事，他也从不推脱，还是尽心尽力，和从前一样。有一回，四弟李业生病，玄宗正在与大臣研究一件比较重要的政事，抽不开身，便一再差宫监前去问候，一上午居然命宫监探望送药10余次。这还不放心，下朝后又到薛王府，亲自给弟弟熬药，焦急之间，炭火烧了他平日特意蓄起的几缕长髯也不在乎。说来也怪，上午还烧得满脸通红、翻来覆去、直说胡话的薛王李业，自玄宗来了之后竟安稳地睡去。仿佛玄宗一来，他便安心了似的。众人提起此事，玄宗笑道："这可能是四弟习惯于病中接受我的照顾，因而产生了心灵感应之故。"

　　玄宗待兄弟们一片真心，兄弟们也非常体恤他做皇帝的难处，都安分守己，不搞特殊，更无仗势欺人的事情发生。特别是长兄李成器，颇有长兄风范，对待玄宗之外的众位弟弟严格约束，自己更是以身作则，成为玄宗李隆基坚强的后盾。

朝中大臣觉得五位王爷聚集京城没什么实权不大妥当，又见他兄弟六人甚为和睦，便上书玄宗，建议给五位王爷一些实权，也可为国效力。玄宗听后，当即征求五位兄弟同意后分封他们为外州刺史。兄弟几个自是尽心竭力地为大唐江山之昌盛而努力做事，兄弟间的感情也未因此而疏远。玄宗还经常召他们几个进京团聚，情谊反而更加深厚。

玄宗治国，从治家开始。兄弟和睦，其他皇室宗亲也纷纷仿效，自此兄弟团结，国泰民安，呈现一派祥和之气。在用人方面，玄宗采取任人唯贤的政策。他所任用的姚崇等宰相，素质颇高，做事干练，朝中诸事处理得井井有条。

在玄宗统治时期，大唐国势蒸蒸日上。人们把玄宗统治初期的20多年时间，称为"开元盛世"，认为"开元盛世"可与太宗李世民统治时期所出现的"贞观之治"相媲美。

鉴真东渡日本

鉴真（公元688—763年），俗姓淳于，扬州人，出生于一个信仰佛教的商人家庭。14岁在扬州大云寺出家，法号"鉴真"。先后随法师道岸在长安、洛阳等地从名师学习佛经，后返回扬州做龙兴寺、大明寺主持。

唐朝时期，中国既是世界文化中心，也是佛学中心之一。当时日本国经常派"遣唐使"到中国学习文化。公元742年，日本兴福寺的荣睿和大安寺的普照两位僧人来到扬州，邀请当时已颇有名气的鉴真大师去日本传播佛经。这荣睿、普照二僧本是日本人，随第九次遣唐使来中国学习佛学，到现在已在中国学了10年。因日本国主派他二人物色一位大唐国僧去日本弘扬佛法、传播文化，故此找到鉴真。当时去日本的海路十分艰险，但鉴真大师却毫不犹豫地答应下来，并且毅然说道："为了佛法，何惜生命。"

正当鉴真一行积极准备东渡之际，发生了一件意外的事情。一天，计划和鉴真一起赴日的鉴真之徒道航和尚在师徒间议论时说："我们这次去日本是为了弘扬佛法，传播文化。因而所去之人定要学习精深，德高望重，否则定让日本国小看我大唐王朝。像如海这样少学之辈，就不必同行了……"说者无心，听者有意。如海得闻此事，怀恨在心。竟跑到官府，诬告道航要出海与海盗勾结。官府县令听了，立即差人将道航拿去，并且搜走了许多东渡所用的船只。后来虽查清是如海诬告，但仍没收了出海船只。这次东渡计划只好落空了。

但是55岁的鉴真法师没有气馁。第二年，他又拿出自己的全部积蓄，再次筹划东渡之事。他除派人采买了必须的船只、粮食、药品等日用必需品外，还买了许多文物书籍。他考虑到日本建筑佛寺方面的需要，还招聘了几十名玉工、画师以及镂刻、铸写、修文、镌碑等方面的工匠。

唐天宝二年12月（公元743年），鉴真、荣睿、普照、恩托等100名僧众，由扬州登船，出大运河口，顺长江东下，不幸遇到飓风，船被击破。鉴真等人冒着12月的严寒，修好船只，继续前行。但是中途又触暗礁，船只沉没，所幸众多人员幸免于难。但船沉海底，粮、水、药品等所用之物均与船同沉。鉴真等人只好登上一座荒凉的小岛。一直在饥渴中等了三天三夜，才等来一批海上渔民，将他们救回。第二次东渡又就此失败。

第三次、第四次东渡，也皆因有人诬告鉴真一行人而未能成行。唐天宝七年（公元748年）春，鉴真此时已60岁。但他老而弥坚，又一次积极准备东渡。这次东渡，共计35人，在扬州的新河上船。可是没等出海就遇上风浪，被迫在一个小岛上避风，待了一个月才接着航行。走到署风山（今舟山群岛附近）又停了一个月。再次启航不久，又遇大风浪，船只无法控制，只能任凭风吹浪打，随风漂流。十几天之后，才漂到岸边，到了振州（今海南岛崖县）。

鉴真和尚在海南岛大幸寺逗留了一年时间。在此，他除了讲律、授戒之外，还把大云寺已经破败不堪的大殿修缮一新。后来他又一路经由雷州（今广东海康）、罗州（今广东庸江）、白州（今广西博白）和象州（今广西象县）至桂州（今广西桂林），途经各州县，无不受到热烈欢迎。鉴真大师又在桂州开元寺住了一年，授戒讲律，非常繁忙。

不久，鉴真又应邀去南海郡讲经。不料，途中荣睿不幸病逝，鉴真大师哀痛不已。在南海郡住了几月，他便率众启程北返。由于五次东渡失败，鉴真大师有些着急上火，又加上南方炎热，他的双眼不幸失明。他的徒弟僧众将他回护至扬州龙兴寺时，已是天宝十年，他已63岁了。

又过了两年，即唐天宝十二年（公元753年），日本派第十一位遣唐使来唐。日本留学生晁衡陪同日本使臣到扬州，再次盛情邀请鉴真东渡日本传经。晁衡当时在京都任四品秘书兼卫尉少卿之职，因此由他出面邀请，官方给予了高度重视，处处为鉴真行方便、开绿灯，使鉴真得以搭乘日本遣唐使的大船，第六次东渡，此次终于成功。

鉴真踏上日本国土，立即受到各界欢迎，还专门为他在奈良修建了一座唐招提寺，请鉴真做主持。

鉴真大师此去日本，带去并宣讲了天台经书，奠定了日本天台宗的基础。天台宗在日本平安时期迅速发展，对日本平安时代的文化起了很大的作用。

除了弘扬佛教，鉴真还把当时先进的唐文化大量介绍给日本人民，对日本建筑、医药、绘画、书法等方面做出了巨大贡献。

对日本人的生活方面，鉴真一行也很有影响。据说日本制做豆浆和豆腐的方法，就是鉴真传过去的。所以日本豆腐店的老板，都把鉴真看作开业祖师。直到现在，日本豆腐店老板仍以各种方式纪念鉴真。

鉴真和尚作为中日友好的使者，最后留在了日本。日本学者晁衡却留在了中国，肃宗任命他为左散骑常使。大历五年（公元770年），70岁的晁衡在中国病故。

而在此前七年（即公元763年，唐广德元年）的春天，由于长期积劳成疾，鉴真开始患病，5月6日，鉴真——这位为弘扬中国文化并且为中日友好关系做出巨大贡献的佛学大师，双腿盘坐，在唐招提寺圆寂了，享年76岁。鉴真不畏艰险，六次东渡日本的故事至今仍为后人所传颂。

玉环受幸华清池

杨玉环,就是与貂婵、西施、王昭君并称为四大美女之一的杨贵妃。唐代大诗人白居易曾在《长恨歌》中赞其美貌,曰:"回眸一笑百媚生,六宫粉黛无颜色。"玄宗李隆基对其也是"后宫佳丽三千人,三千宠爱在一身",爱她爱得刻骨铭心。关于两人的爱情故事,在民间有许许多多动人的传说。但是,杨玉环并非一开始就是玄宗李隆基的宠妃,而是寿王李瑁的王妃。至于杨玉环究竟如何进宫,又如何与玄宗刻骨相恋,这其中还有一段曲折的故事。

开元二十五年(公元738年),玄宗李隆基最宠爱的武惠妃去世,玄宗为此悲痛欲绝。不仅因为武惠妃长相俊美,后宫佳丽三千无一人能及,更是由于武惠妃善解人意,为人谦和温顺,且又精通诗画、韵律。平日她与玄宗下棋作诗,互相唱和,其乐融融。两人整日形影相随,感情甚笃。如今一人蓦然而去,怎不使余下的一人伤心?玄宗从此郁郁寡欢,茶饭不思。众皇子看到父皇如此,便聚在一起商议,给父皇精心筹划55岁生日,以解其心中烦闷。

开元二十八年(公元741年),玄宗55岁生日之时,众皇子、妃嫔乃至文武大臣均分批向他朝贺。本来,这项活动每年一次,玄宗司空见惯,也不以为意。尽管这次皇子们精心筹划,玄宗也稍感与往年不同,但由于他还未从失去武惠妃的悲伤中解脱出来,还是有些提不起兴致。

但是世界上的事总是千变万化,让人捉摸不定。朝贺完毕,众皇子、嫔妃,以及文武大臣在皇宫为玄宗祝酒之时,发现玄宗突然变得精神焕发,双目炯炯。众皇子们相视一笑,均认为是他们的精心安排使得父皇抛去了烦恼,变得如此开怀。其实,他们哪里知道玄宗的心理。玄宗所产生的这一系列变化,均因一个人而起,此人就是杨玉环。

原来,正当玄宗心不在焉地接受儿子、儿媳们的朝贺时,忽然发现十八皇子李瑁身旁有一位与众不同的女子。只见她肤如凝脂,体态丰满，笑脸如花，齿白唇红，简直是倾国倾城。特别是她那一双明眸，仿佛会说话一般。娇笑之时，又呈现出一副憨态。玄宗觉得她不仅迷人，还甚是可爱，不禁怦然心动，把一双眼睛都看呆了。

自从发现了这个女子，玄宗心里好像打开了一扇窗，忽然亮堂起来，所有的烦恼都一扫而光。酒席宴上，55岁的玄宗仿佛一下年轻了20岁，精力充沛，妙语连珠，不时逗引得众位嫔妃们消去矜持、展颜一笑。玄宗偷眼看去，那个令自己心仪的女子笑得比别人更开心。他似乎受到了某种鼓舞，索性命宫人取来管弦，亲自为起舞的歌姬们奏乐伴奏，不时还要向那个女子瞟去几眼，看那个女子笑靥如花，似有赞许之意，心中竟涌起一种莫名的兴奋与悸动。也许，这就是爱情的最初冲动罢。

不过，天下没有不散的筵席，酒席宴很快就散了。玄宗李隆基眼睁睁看着那位女子随寿王李瑁起身而去，不由得心里一阵惆怅。不料，正在此时，仿佛上天故意安排的一般，那女子忽然回眸一笑，她此时已微露醉态，在玄宗眼中更是别具风情。一时之间，他的魂魄也被勾走了。直到老宫奴高力士在他耳边轻唤了一声"皇上"，玄宗这才慢慢回过味来，自觉失态，干咳一声，起身回寝宫而去。但是，回寝宫之后，竟是一宿未曾成眠，翻来覆去，眼前总是那个女子娇憨的身影，心里似失落了什么一般。

第二天，玄宗早早召高力士来身边侍奉，似不经意般谈起昨日寿王身边的女子。那高力士是何等人物，他最善于察颜观色。昨日一切，他早已尽收眼底，心中早已揣摩透了玄宗的心意，当晚便将一切打探得清清楚楚。今见玄宗谈起，将所知一切告知玄宗。原来，那个令玄宗神魂颠倒的女子便是杨玉环，是玄宗与武惠妃于5年前为寿王李瑁选的妃子，今年22岁。

玄宗一听，心里凉了半截。儿子的媳妇，自己是做父亲的，怎好开口要过来呢？高力士在一旁见玄宗唉声叹气的样子，知道他已被寿王妃杨玉环迷住了。眼珠一转，上前道："皇上，老奴看出您是真心喜欢寿王妃。此事要想办得称人心意，的确要费一番周折。不过，老奴倒有一计——"说到这儿，他故意停住不说了，要看看玄宗的反应。

玄宗一听高力士说有办法，立时转忧为喜，急命高力士快说。高力士见玄宗确实急于想得到寿王妃，便附在玄宗耳边，悄说一计。玄宗闻听，不住地点头，忙催高力士快依此计去办。

次日，高力士来到寿王府，宣玄宗皇帝口谕，让寿王妃杨玉环到庙里"出家"当道姑。闻听此言，寿王李瑁夫妇如五雷轰顶。他二人自成亲以来和和美美，互敬互爱。如今，忽然叫杨玉环出家，不是让人生离死别吗？但是，皇命不可违，万般无奈之中杨玉环一步一回头地走上高力士等人带来的车辇。临走之前，她又叫过寿王李瑁，道："王爷，你与皇上毕竟是亲父子，我走之后，你去父皇面前苦苦哀求，求他老人家开恩，让我再回到你身边……"说到这里，早已是泣不成声。寿王李瑁也泪流满面，哭得说不出话来，只是拉着杨玉环的手，用力点着头……

杨玉环走了，寿王为此茶饭不想，几日之间，便憔悴得脱了人形。他百思不得其解，父皇此番用意何在。最后，终于鼓足勇气，直奔皇宫而去。

再说玄宗李隆基，闻听高力士将一切办妥，高兴得合不拢嘴。立即换上便服，带上贴身侍卫，悄悄赶往骊山华清池温泉。原来，高力上向玄宗献的计便是让杨玉环先"出家"，然后再度入宫，这样便可掩人些耳目，少些议论。可玄宗听说杨玉环已离开寿王府，便有些按捺不住。高力士劝阻不住，也只得任由他而去。此时，那杨玉环正在几个宫女的精心服侍之下。她觉得自己恍若在梦中一般，她不知出家应该去什么地方。但她有一种预感：自己所到之地必不是什么庙宇。仔细察看，倒有一点皇宫别苑的味道。但是烦乱之中，也来不及细想，只是听天由命，任由几个宫女摆布。一会儿，便有几个宫女进来，要她沐浴更衣。杨玉环糊糊涂涂坐上车辇，中途乘小轿，此时也确实感到身子劳乏，便依言而行。

杨玉环被引到一个富丽堂皇的温泉池旁。宫女放下换洗衣裳，退了出去。杨玉环轻轻褪去罗衫，缓缓步入温泉之中。顿时，她感觉一股暖流从脚底蕴升上来，四肢百骸，无比畅快。初时，她还有些害羞。但看了一下，周围全是高大的隔扇，偌大的房子中只有自己一个人，便放心地一个人嬉戏起来。也许这正是杨玉环的最可爱处：心无城府，娇憨幼稚。也许，玄宗之所以一生都对她非常迷恋，也是因为这一点。

杨玉环洗浴之处,正是骊山华清池。当然,她对此一无所知。而且她也万万想不到,在她洗浴之时,窗外有一双眼睛正在一眨不眨、温情脉脉地注视着她。此人正是大唐玄宗皇帝。他本想偷看一眼便走,他也知如此做法有失身份。但是,一见到杨玉环,他就再也不想离开了。杨玉环正在温泉池中一边闭目养神,一边用水向身上轻轻地撩水嬉戏,忽然觉得房中有了响动,睁眼一看,不禁花容失色,羞得满面通红。原来,她的公爹玄宗皇帝不知何时已赤裸裸地与她同处一池之中,而且正渐渐向她走来。她一想到自己的样子,说也不是,不说也不是,本能地向池边退去。玄宗皇帝再也忍耐不住了,猛地冲上前去,将体态丰满的儿媳妇杨玉环抱在怀中……

也不知过了多少时候,玄宗皇帝才轻轻放开杨玉环。他怕杨玉环害羞,自己起身先出去更衣。杨玉环见玄宗走了,一时心慌意乱,匆匆忙忙穿好衣衫,走了出来。一抬头,却见玄宗又早在外面等候了。想起刚才之事,杨玉环脸上一下子又胀得通红。还是玄宗洒脱,微笑着说道:"玉环,随朕去外面赏花望月如何?"杨玉环岂敢不从,忙点头应"是",迈动细碎的步子,跟在玄宗身后。说来也怪,杨玉环出来之前,还是月明星稀。她一出来,月亮竟躲到了云层后面。当她来到御花园,本来绽放的百花忽然慢慢合上了,还微微下垂,像害羞了一样。玄宗见此异状,甚感奇怪。略一思忖,笑道:"玉环,看来你的容貌真是可使鱼沉潜府,雁落大地,使月儿自闭,使花儿含羞啊!"杨玉环本来胸无城府,见皇上如此夸她,不由得展颜一笑。玄宗一时竟看呆了。这也就是后人用"沉鱼落雁,闭月羞花"来形容杨贵妃之美的来历。

玄宗皇帝是个聪明人,知道不能在华清池久留。在那儿与杨玉环缱绻了一宿,又将其安顿好,许诺不久定接她入宫,便于次日清晨匆匆赶回皇宫。刚一进宫,便有宫监传禀:寿王李瑁求见。玄宗心中自是一惊,他心里自知对不起儿子,也有些惭愧。但一想到杨玉环的种种好处,又镇定下来,决定和儿子李瑁摊牌,便传命下去,请寿王晋见。

寿王李瑁进来先向玄宗叩头问安。玄宗命他起身,不待他开口,便道:"瑁儿,朕有一事要与你说,只是不知如何开口。"寿王不知玄宗何出此言,惶恐不安地答道:"父皇,与儿臣您有何事不可开口呢?

您尽管开口,只要儿臣能办到的,儿臣一定去办;只要儿臣有的,儿臣一定毫不吝惜。就算父皇要了儿臣的性命,儿臣也在所不惜。"

玄宗等他的,就是他这一番话。特别是那一句"只要儿臣有的,儿臣一定毫不吝惜",让玄宗听了不由得心花怒放。当即道:"其实为父也不想要你什么,只想让玉环留在身边解解闷儿。朕已老了,也没有什么别的希求了。朕也知道,这样是有些委屈你。不过,朕一定会重重补偿你……"一番话,对于寿王李瑁不亚于当头一棒。他此次进宫,正是为杨玉环而来,想要求父皇将玉环放回寿王府。不想,父皇说出这样的话来。好半天,他才慢慢回过味儿来。此时方知,这一切都是父皇暗中操纵的,目的就是将玉环从自己身边夺走。他心中气愤,但也无可奈何。他知道,自己反抗不仅是徒劳的,而且弄不好会搭上一条性命。但又实在咽不下这口气,也不听玄宗后来说了些什么,跺了跺脚,愤然离去。

玄宗看着儿子离去的背影,叹了口气。他自知理亏,也不便责怪于他,但是更加坚定了得到杨玉环的决心。不久,他便命人将杨玉环接入宫中,那杨玉环开始还有些推托,但后来见玄宗皇帝琴棋书画,样样精通,比之寿王,要强出百倍、千倍,又加之玄宗对她宠爱有加,事事依从,她便半推半就了。及至后来,竟难舍难分,二人成为了真正的知音。

天宝四年(公元745年)八月,玄宗正式册立杨玉环为贵妃。贵妃的地位仅次于皇后,而当时没有立皇后,杨贵妃的地位实际上相当于皇后。

李隆基感到对不起儿子李瑁,便又给他选了一个王妃,算是补偿。可是不知他可曾想过,儿子失去妻子的悲伤,以及受尽世人奚落的内心伤痛,是任何东西也无法补偿得了的。

而玄宗李隆基自从有了杨贵妃,就失去了以往的精明干练、爱民勤政的作风。整日留恋床第懒得上朝,将朝中大事交由李林甫这样的奸臣去管理,唐朝开始走下坡路了。特别是在姚崇去世、宋璟告老还乡之后,唐王朝彻底失去了"开元盛世"的局面。

玄宗李隆基作为在位时间最长的一位大唐皇帝,不能不说他曾励精图治,为国家做出过巨大贡献。但他晚年所奉行的"爱江山更爱美人"的原则,也为唐朝的衰败埋下了伏笔。

唐代大诗人李白

在我国文学史上有"唐诗宋词"的说法。意思就是唐朝以诗闻名，宋代以词胜出。而在唐朝——这个诗歌发展的鼎盛时期，也确实涌现出了许多著名的诗人，如李白、杜甫、韩愈、柳宗元、李商隐、杜牧等等。其中李白、杜甫被称为"大李杜"。李商隐、杜牧被称为"小李杜"。此均是赞慕他们的诗才出众。而在这些佼佼者之中，大诗人李白又独占鳌头。他的诗中所饱含的热情，争取解放的蓬勃精神，积极乐观的理想展望，强烈的个性色彩，在中国古代诗史上格外富有朝气。

李白（公元701—762年），字太白，自称原籍陇西成纪（今甘肃静宁县西南）。出生于碎叶城（在今吉尔吉斯斯坦境内），约5岁时，随家迁居绵州昌隆（今四川江油）。其父李客（真名不详，"客"是对外来者的泛称）为一巨商。

李白自幼读书就广为涉猎，所谓"五岁诵六甲，十岁观百家"。年轻时仗义行侠，曾一人杀出五陵恶少重围。当时诗人崔宗之曾在《赠李十二白》诗中赞其"袖有匕首剑""双眸光照人"的游侠风度。他还曾隐居戴天大匡山，向往游仙问道的生活。当时著名道士司马承祯曾夸他"有仙风道骨，可与神游八极之表"。李白生性狂放不羁，喜好游山玩水，每到名山古刹，必先醉饮，后留佳作，为后人所传诵。

李白对大自然具有强烈的感受力。他善于把自己的个性融化到自然景物中去，使他笔下的山水丘壑无不具有理想化的色彩。如他笔下的黄河、长江，奔腾咆哮，一泻千里："黄河之水天上来，奔流到海不复回"（《将进酒》）；"海神来过恶风回，浪打天门石壁开。浙江八月何如此，涛似连天喷雪来"（《横江词》）。他笔下的山峰峥嵘奇峭、高耸峻拔："天姥连天向天横，势拔五岳掩赤城；天台四万八千丈，对此欲倒东南倾"（《梦吟天姥吟留别》）；"连峰去天不盈尺，枯松倒挂倚绝壁"（《蜀道难》）。这些都表现了他英气豪迈的豪情壮志。同时,他又写了许多晶莹剔透的意境优美的山水诗。如:"人游月边去,舟在空中行"(《送王屋山人魏万还王屋》);"人乘海上月,帆落湖中天"(《寻阳送弟昌鄱阳司马作》);"月随碧山转,水合青天流。杳如星河上,但觉云林幽"(《月夜江行寄崔员外宗之》)。这些秀丽的意境又表现出了诗人纤尘不染的天真情怀和追求单纯高洁的澄澈心境。

李白诗歌还充满了热烈的人生之恋。他的诗往往于狂放中洋溢着童真般的情趣,如:"两人对酌山花开,一杯一杯复一杯。我醉欲眠卿且去,明朝有意抱琴来"(《山中与幽人对酌》)。生活如香醇的美酒使诗人心醉,这并不意味着在他的生活中没有失意与惆怅,但诗人的乐观精神足以使他超越和战胜忧患意识。这一点在诗人的千古佳作《行路难》中体现得淋漓尽致。

金樽清酒斗十千,玉盘珍羞直万钱。停杯投箸不能食,拔剑四顾心茫然。欲渡黄河冰塞川,将登太行雪满山。闲来垂钓碧溪上,忽复乘舟梦日边。行路难,行路难,多歧路,今安在?长风破浪会有时,直挂云帆济沧海。

诗中即使写失意的忧愁,也没有丝毫寒促蹇涩的危苦词,诗中出现的黄河、太行、海上、日边等意象,以及拔剑四顾的雄姿,扬帆渡海的遐想,都有着壮美的情思。这也是他旷达胸襟的写照。

李白诗才狂放。但在他的诗中所体现最多的主题是把排难解纷的济世理想和放纵不羁的个性自由统一起来,以求得圆满的人生。他为自己所设计的人生道路就是首先建立奇功伟业,如:"苟无济代心,独善亦何益?"(《赠韦秘书于春》)而功成之后,却不贪恋功名富贵,而是退隐归居,如:"功成拂衣去,摇曳沧洲傍。"(《玉真公主别馆苦雨》)

李白的个性之活跃与解放,在中国古代诗人中是少有的。他一生不能功名显赫,却以布衣之身而藐视权贵,肆无忌惮地嘲笑以政治权力为中心的统治秩序,以大胆的姿态进行反抗。至今,在我国民间仍流传着李白智斗权贵的不少趣闻逸事。

天宝元年秋,在玉真公主的引荐下,唐玄宗李隆基下诏征李白入京,并给这位旷世奇才以隆重的礼遇:"降辇步迎,如见绮皓;以七宝床赐食,御手调羹以饭之。"从此之后,李白成为玄宗李隆基身边的宠臣。但是,仅仅限于写诗作对。在政治方面,这位具有豪气雄怀的大诗人丝毫不能施展他的抱负。诗人所特有的敏感使他很快觉察到当朝政治的腐败与黑暗,但是,孤高的个性使他丝毫不肯向这种恶势力低头。

一天,唐玄宗与他的宠妃杨玉环由高力士和杨国忠陪同去御花园的亭子中赏花。一阵微风吹来,湖中的荷花袅袅婷婷,娇艳无比。此时,杨贵妃轻启莲步,仪态万方地行至亭边的栏杆旁,回头向玄宗道:"皇上,今日荷花盛开,该找个好文笔的才士来与皇上作诗应对才是,否则岂不辜负了这大好的时光?"唐玄宗此时正望着那一湖碧荷出神,闻听杨贵妃此言,扭头看去,只见红花映衬着杨贵妃风情万种的面庞,分外妩媚动人。见此情景,他心血来潮,便命人去把李白找来现场作诗。

李白平日素喜豪饮。今日正与忘年交贺知章一边开怀畅饮,一边谈诗论词。忽听皇上召他晋见,忙胡乱穿上一双靴子便进得宫来。玄宗见李白来了,对他说道:"你看这御花园中的百花开得姹紫嫣红,争奇斗艳,你就趁着这美景佳人,快快给朕作几首好诗罢。"

李白生性豪放,在玄宗面前也多不拘礼。玄宗命他坐在亭内的石磴上,他便毫不客气地坐下,还悠闲地翘起二郎腿。玄宗一见,不由得哈哈大笑,道:"太白为人真是不拘小节,到我面前来,也敢穿这样一双靴子!"李白低头一看,本已因醉酒而通红的脸变得愈加地红了。原来,自己匆忙之中竟穿了一双露出脚趾头的靴子来见皇上。但既然已经如此,他索性收起小家子气,大胆回道:"禀皇上,您给微臣的金银俸禄都已被微臣换酒喝了,以至于如此寒酸,还请皇上恕罪。"

玄宗李隆基也知道李白以"酒仙"自居,又想起他所作《将进酒》中的诗句:"五花马,千金裘,呼儿将出换美酒。"觉得李白所说虽有些夸张,倒也是实情。便回头对高力士说道:"快去给这位穿破靴的大诗人拿一双新靴子来。"高力士不敢怠慢,忙取来一双新靴子放在李白面前。李白看到眼前的高力士,心中一动。心道:"这个老奴才,祸乱后宫,弄权朝纲。谁不讨好他,谁就会倒霉,连王公大臣也要惧他三分。今天,我倒要戏耍他一番。"想到此,李白抬起一只脚脱靴,可是却故意装出一幅酒醉无力的样子,怎么脱也脱不下来。忽然将腿一伸,伸到高力士面前道:"烦劳老总管帮帮忙,我可真是脱不下来了。"高力士丝毫没有料到李白会有这一手,一时竟不知如何是好,心道:"我怎么也算个内侍总管,当朝宰相也要敬我三分,这个李白竟这样不知天高地厚,让我在他面前弯腰屈膝替他脱靴子。真是岂有此理!"心里想着不给他脱,但偷眼看皇上,只见他正点头微笑地看着自己。显而易见,皇上正在兴致头上,要看看自己怎么给李白脱靴子。无奈,只得上前,拽住李白的一只靴子用力向后拉。岂知,李白暗中使坏,高力士怎么拉,怎么拽,李白的靴子就是脱不下来。一时之间,脸憋得像紫猪肝一样。一旁的杨贵妃见了,不由得笑道:"高总管可真是老了,连一只靴子也脱不下来!"高力士一听急了,极力想在贵妃娘娘面前表露一番,越发地用力。李白见了,心里一笑,将本来微翘的脚向前一伸,高力士更不防备李白此着,仰面朝天摔了一个大跟头,手中兀自还拿着李白那只破靴子。而这一跤使那只靴子正倒扣在他脸上,靴中的尘土和着一股难闻的气味扑面而来,呛得高力士直想呕吐。

一旁的玄宗李隆基早已看出李白的伎俩,但他知道李白为人促狭,便也不怪罪他。又见高力士滑稽的样子,也顾不得皇帝尊严,倒与旁边的杨贵妃笑成一团。高力士长得很胖,这一跤摔得不轻,在地上哼哼半天爬不起来。玄宗见状,笑指着李白道:"朕命你来作诗,你却演一出'力士脱靴'的笑剧给朕看,你再闹下去,朕可等不及你作诗了。"李白一听,忙收起嬉皮相,自己脱掉另一只靴子,将新靴穿上。然后躬身一礼道:"皇上,微臣这就拟新诗。"

李白走到小太监早已摆好的几案前,拿起笔,在墨盒里蘸了几下,觉得有些淡,忽一眼瞥见杨国忠站在一边,便道:"你把墨再给研浓一些。"李白生活豪放,从不趋炎附势。这杨国忠是贵妃杨玉环的哥哥,属于皇亲国戚,在朝中又位居高官,许多人都上赶着巴结他,李白却丝毫不因此而向他弯腰屈膝,只同一般人一样看待,故此很不在意地让杨国忠为其研墨。其实,李白也无贬低他的意思。可是,那杨国忠一直享受别人的阿谀奉承,在朝中又是一人之下,万人之上,哪里忍受得了这个呀?但是有玄宗在场,又不敢造次,只得先忍下这一口气,上前为李白研好墨。可他心里却暗暗发狠,恨不得把李白千刀万剐才解恨。

李白不知杨国忠此时心里想的什么,只顾自己低头构思新诗。不一会儿，便提笔在纸上一气呵成，写了三首著名的诗篇：

> 云想衣裳花想容，春风拂槛露华浓。
> 若非群玉山头见，会向瑶台月下逢。

> 一枝红艳露凝香，云雨巫山枉断肠。
> 借问汉宫谁得似？可怜飞燕倚新妆。

> 名花倾国两相欢，常得君王带笑看。
> 解释春风无限恨，沉香亭北倚阑干。

玄宗和杨贵妃看罢，俱是称赞不已。两人又与李白吟诗作对一番，方尽兴而归。赐李白折扇一把，命他自去。

次日，玄宗又亲自为李白前日所作诗词谱了曲子，与贵妃二人吹奏玩赏。愈发觉得李白是个难得的奇才，便想为他加官进爵，大加赏赐。这可急坏了两人，他们就是高力士和杨国忠。这二人因昨日"脱靴""研墨"之事对李白怀恨在心，伺机报复。一听玄宗要封赏李白，立刻跳出来反对。他们在玄宗面前进谗言，说李白为人骄纵，难成大事，不能重用。玄宗平日非常宠幸这二人，因此便打消了要提拔李白的念头。渐渐地，也就和李白疏远了。李白在长安待了一年，深深感觉到官场的黑暗与腐败。那个豪情满怀吟诵着"仰天出门长笑去，我辈岂是蓬蒿人"的李白已经不见了，取而代之的是一个官场失意、甚觉无聊的李白。不久，李白辞别玄宗皇帝李隆基，离开长安，浪迹全国各地。

安禄山叛唐

安禄山是个胡人，字轧荦山。父亲死后，随母改嫁给突厥人安延偃。当时突厥各部互相发生战争，他所在的部落被人打败，逐渐没落。他便逃入唐朝境内，易姓安氏，名禄山。

安禄山为人骁勇善战，入唐后被幽州节度使张守珪用为捉生将，很快又被提升为平卢兵马使。唐玄宗开元二十四年春，营州附近的契丹族、奚族起兵反叛。玄宗封安禄山为平卢讨击使、左骁卫将军带兵前去征讨。此时安禄山已深得玄宗宠信，又自恃骁勇，非常轻敌，深入敌军，结果被打得落花流水，几乎全军覆没。按大唐律法，这就是死罪。但玄宗只罢免他的官职。当时宰相张九龄早看出安禄山貌似憨直，心怀狡诈，恐有反心，所以竭力劝玄宗依法行事，将其斩首。玄宗却认为张九龄对安禄山有成见，坚持不杀，还说安禄山是一个大大的忠良。

玄宗之所以如此信任安禄山，是有其原因的，而且也不是一日之间便形成的。

天宝二年，安禄山入朝。玄宗见他长得肥头大耳，相貌憨厚，尤其是他的肚子非常大，都搭拉下来，垂到了膝盖上，立时觉得他非常可爱。而且安禄山性格狡黠，善于揣度人意，投其所好，说话又诙谐又中听。当时玄宗曾指着他的肚子问："这胡儿腹中有什么东西，竟如此之大？"安禄山恭恭敬敬地答道："一点儿多余的东西都没有，有的只是对皇上的一颗忠心。"玄宗听了，心里非常受用，对安禄山的喜爱又加添了一点儿。

退朝之后，玄宗又召安禄山入宫，与太子相见。不料，见了太子，安禄山毫不施礼。周围的侍从催他施礼，他便装傻弄痴道："陛下，这太子是个什么官？"玄宗耐心向他解释：太子就是皇帝死了继承皇位的人。安禄山便对玄宗说：自己非常愚昧，只听说过有皇帝，没听说过有太子。玄宗以为他所说都是实话，越发地喜欢他。当即便命太监叫来杨贵妃及其姐姐，毫不避讳地令她们与安禄山相见。两人见了安禄山也都觉其憨态可掬。玄宗心里一喜，又命人将杨贵妃的哥哥杨国忠叫来，要他与安禄山结拜成兄弟。安禄山闻听，做受宠若惊状，忙跪地叩头，连对玄宗说："不可。"玄宗诧异道："安卿难道觉得此事有何不妥吗？"安禄山口呼万岁道："正是，皇上与杨国相为兄弟之称，而我为皇上之臣子，怎能与杨国相拜为兄弟呢？"顿了一顿，又道："皇上，您若是真体爱微臣，就让微臣认贵妃娘娘为干娘吧！"

未等玄宗搭话，旁边的贵妃拍手笑道："好个大肚儿的干儿……"一语未了，机灵狡诈的安禄山当即给杨贵妃叩头，口称"干娘"。玄宗道："你好性急，贵妃娘娘并没答应你呀！况且就算答应了你，你也理应先认我这个干老子啊！"安禄山闻听，争辩道："刚才贵妃娘娘口中称'好个大肚儿的干儿'，她老人家金口玉言，岂有说话不算之理?至于皇上要求'先拜干老子'的礼数,那是你们汉家的。我们胡人'先母而后父'。"安禄山早知玄宗对杨贵妃娇宠无比,此次趁机拜贵妃为干娘以拉拢关系。一番话又说得滴水不漏,惹得玄宗皇帝哈哈大笑,当即加封他为范阳节度使。如此一来,安禄山已为平卢、范阳两地节度使。不久,他又向玄宗请求兼任河东节度使,玄宗慷慨应允。

安禄山身兼数职,三镇兵权在握,实际上已成为威胁大唐江山的一个隐患。但是玄宗对此丝毫没有觉察,反而比以前更加宠信安禄山。加封安禄山的官爵高至东平郡王,给他修建的府第比皇宫还要奢华。就连平日有一些什么好吃的东西或者猎获到一些新鲜的禽兽,也要差专人送往安禄山府第。

一天,安禄山过生日,因他是皇帝宠臣,所以来送礼拜寿的人络绎不绝。府中人满为患,热闹非凡。正在此时,忽有内侍太监喊:"皇上驾到——"原来,玄宗亲自来参加安禄山的生日宴会。当然皇帝亲临,带来的礼物定是不少,同时还有贵妃娘娘的厚礼一份。满朝文武,任是谁也没受过如此隆恩,羡慕不已,同时也更加敬畏安禄山。三日后,又有宫监传贵妃娘娘口谕:宣安禄山即刻进宫。安禄山既已拜杨贵妃为干娘,自是可以出入皇宫。他知道贵妃娘娘召他入宫必是有好事,便乐颠颠地去了。果然,一进杨贵妃寝宫,宫女们便用一个锦绣的大襁褓将安禄山包裹起来,然后以彩舆抬着他。自然,这一切都是杨贵妃精心布置的。看到安禄山悠然自得地躺在彩舆之中,她和众宫女们笑得花枝乱颤。玄宗听到后宫喧笑不绝,亲自来观看。一见之下,又诧异又可笑。问宫女这是在干什么,宫女告诉他,这是贵妃娘娘在给干儿子安禄山做三日洗。玄宗听了,当即赏赐给贵妃洗儿金银钱,又厚赏安禄山,方离去。

玄宗走后,杨贵妃命人放下安禄山,差散众人,然后,她与安禄山在早已准备好的酒席前对桌而食。两人推杯换盏,全无君臣母子之态。一会儿,杨贵妃就不胜酒力,微露醉态。这杨贵妃的美貌可是天上人间少有,堪称"沉鱼落雁,闭月羞花",特别是醉酒之后,丰满的体态,娇艳的笑脸,更是让人觉得风情万种。安禄山此时也略有醉意,也斜着一双醉眼,连眼都不眨地盯着如花似玉的杨贵妃。杨贵妃见状,已明白他的心意。轻启莲步,行至床边,回眸冲安禄山一笑。

安禄山的骨头都快酥了,一个箭步冲上去,将杨贵妃按在床上……

原来,安禄山自从认了杨贵妃为干娘,就可以自由出入皇宫。他早看到杨贵妃年轻貌美,便起了淫心,经常找各种理由去杨贵妃寝宫。由于玄宗年事已高,而杨贵妃正值壮年,一来二去,就与安禄山勾搭成奸。但是,玄宗对此却一无所知。一天,安禄山与杨贵妃在内宫厮混,一个不注意,将杨贵妃的前胸抓破。二人云雨过后,杨贵妃可犯了愁。虽然玄宗李隆基已不如初时那样天天宠幸她,但是几乎每晚还要来此安寝。万一玄宗皇帝问起,这可不是闹着玩的。想来想去,她让宫女找来一块能盖住前胸和肚皮的四方布,剪去一个角,在多出的两个角上用串成的珍珠链儿连上。又在依次向下的两个大角上缝上细丝带,然后贴身穿上。当晚,玄宗果然来了,他看见杨贵妃胸前一块描龙绣凤的布,觉得非常有趣,就问杨贵妃那是什么物,有何功用。杨贵妃随口扯道,是"兜肚儿",用来趋避邪物的。玄宗听了很高兴,便让杨贵妃给他也做一个。杨贵妃欣然应允,第二日便命宫中女侍依她的做法做了各种各样的"红兜肚儿"。玄宗穿都穿不过来,有时兴起,便将这宫中私物赏赐给身边宠幸的大臣。这样,兜肚儿便由宫中流落到民间。这也就是"兜肚儿"的来历。至今,我国广大农村仍有给小孩子穿"兜肚儿"以趋避邪物的风俗。殊不知,这东西本来却是杨贵妃用来遮羞避丑、掩玄宗皇帝之目的。

再说安禄山,虽倍受玄宗恩宠,仍不满足。他心道:如果我做了皇帝,这天下就是我的了,还用在别人面前乞恩求赏吗?就是与杨贵妃也用不着偷偷摸摸的了。此时他手中握有平卢、范阳、河东三镇精兵,十几万人马,自恃兵力雄厚,渐渐就有了谋反之心。但是人心也是肉长的,玄宗对他实在太好了,不仅在物质上充分满足他,而且充分信任他。有的朝中大臣觉得安禄山手握重兵,迟早要反,就向玄宗上书建议削弱安禄山兵权。玄宗非但不听,反而说:"你们不要因朕对他宠信就嫉妒他。安禄山不会反,朕可保他!"甚至由于安禄山长期与杨贵妃在内宫厮混,宫中尽人皆知,有时也难免传入玄宗耳中,他也只是笑笑,不以为意。面对这些,安禄山似乎又有些良心发现,不忍在玄宗生前谋反。于是,便下决心,在玄宗死后再起兵,推翻大唐江山,自己当皇帝。

虽然玄宗依然对安禄山宠信无比,可是,别的人可都看出了他有反心。尤其是太子李亨和相国杨国忠，他们屡次向玄宗奏报安禄山要反，可玄宗就是听不进去。安禄山耳目众多，很快便知道了这些事。他认为自己过去不拜太子，而玄宗年事已高，太子日后继位，恐对自己不利。又见唐朝戒备松弛，此时正是大好时机。便也顾不得玄宗情面，积极准备兵变。

天宝十四年11月，安禄山发动自己的部下同罗、奚、契丹、室韦兵共15万，号称20万，在范阳起兵叛唐。当时唐朝太平已久，国内百姓已久不闻战乱，突然听说有个叫安禄山的在范阳起兵造反，一时人心惶惶，无心农事，产生了不小的震荡。安禄山率叛军一路南下，势不可挡，很快攻破潼关，使大唐都城长安告急。玄宗皇帝初时还不相信安禄山造反，认为是有人故意造谣诽谤。直到大军兵临城下，才肯相信，后悔不已。又见守城军兵无力抵抗，忙带亲近嫔妃和重臣逃离长安。安禄山的先头部队孙孝哲顺利攻入长安。

安禄山在洛阳闻听孙孝哲已打下大唐京都，高兴得乐开了怀，命众将大摆宴筵。还将洛阳城中最好的乐师雷海青叫来，让他当众演奏当时非常著名的《霓裳羽衣曲》。雷海青为人正直，有骨气。他早就听说孙孝哲攻占长安后大肆屠戮，连幼小的婴儿也不放过，凡叛军所到之处必是烧杀抢掠，无恶不作。就在洛阳城，他对此也是耳亲闻、眼亲睹。故此，他见了安禄山，也不施礼。安禄山让他弹曲，他怒目而视，忽然用力，只听"嘣、嘣、嘣"一阵乱响，琵琶弦全断了。安禄山气得大怒，将身前几案一掌拍翻，道："我让你弹《霓裳羽衣曲》，你乱弹什么？"

"哼哼，"雷海青发出一声冷笑道，"你也配听《霓裳羽衣曲》，像你这样造反乱国、残害百姓的奸佞小人迟早会死无葬身之地！我看，你还是到阴间去听吧！"说罢纵声长笑。

安禄山气急败坏，命军士们上前将这位大义凛然的乐师残忍地杀害了。经过此事，安禄山更加残暴，每攻入一城，必大开杀戒。百姓们都恨透了他。

此时，逃亡在外的玄宗将皇位让给了太子李亨。李亨继位，史称肃宗。他率唐兵唐将顽强抵抗安禄山大军。安禄山一心想一鼓作气打败唐军，早日做上真正的皇帝，不料，事与愿违，两军竟然相持不下。他一上火，就患了一种比较严重的眼疾。偏偏又祸不单行，后背上又同时长了疮。这两种病使安禄山脾气更加暴躁，就是对身边的亲从也是动辄打骂。

安禄山身边有一个最受宠信的太监叫李猪儿，也渐渐不能忍受他，便想伺机杀掉他。正巧，安禄山想立新夫人段氏的一岁儿子为太子，这可惹恼了年已30、屡立战功的安禄山长子安庆绪。李猪儿见安庆绪为立太子之事也深恨安禄山，便与之商议杀掉安禄山，成功之后，让安庆绪做皇帝。安庆绪当即同意。

当晚，李猪儿便手持利刃悄悄来到安禄山寝宫。只见安禄山大睁着双眼，仿佛瞪视着自己。要换别人，早吓跑了。李猪儿可不怕，他服侍安禄山多年，早就知道他睡觉时总是睁着眼。李猪儿走至安禄山近前，牙一咬，心一横，举刀狠狠刺入安禄山大肚子中。安禄山大痛而醒，口中兀自在喊："李猪儿，快来，有刺客……"李猪儿一惊，又在他前胸猛扎几刀，其中一刀正扎中心脏，安禄山还没来得及看清眼前刺客是谁，便咽了气。至此，他仅仅当了一年所谓的皇帝，便被刺杀了。

安庆绪也没得到什么好下场。继位不久，便在与郭子仪的交战中大败，只好回范阳。不料范阳已被史思明占据，无奈之中去了邺城（今河南安阳北）。

史思明攻打邺城，杀了安庆绪，自己在范阳宣布继位大燕皇帝，改元顺天。

上元二年（公元761年），也因立太子之事，史思明惹恼长子史朝义。史朝义带兵杀入后宫，射死史思明，杀死史思明所立太子——自己的亲弟弟史铜清，自己继承皇位。但他也没能坚持多长时间，便于广德元年（公元763年）被逼自杀。

历史上将安禄山、史思明的叛乱称为安史之乱。它历时八年之久，使唐王朝由盛转衰。

马嵬驿兵变

马嵬驿兵变，世说皆因玄宗宠爱杨贵妃而起。

当年，杨贵妃初嫁寿王李瑁为妻，被玄宗看中，违背天伦常理，将这位自己的第十九个儿媳妇据为己有。

自从得到杨贵妃，玄宗心满意足。杨贵妃天生丽质，美貌动人。玄宗晚年得此娇妻，娇宠有加，真是"要星星不敢给月亮""捧在手中怕摔了，含在嘴里怕化了"。不但有求必应，而且对她平日生活中的饮食起居，细心照顾，体贴入微，真称得上"三千宠爱在一身"。

传说杨贵妃爱吃荔枝，但荔枝生长在南方，与京都长安相距很远。玄宗李隆基为了让杨贵妃吃到新鲜荔枝，在各地专门设交通驿站，命人快马传送荔枝。无论刮风下雨，日晒雨淋，都不能耽误。大诗人白居易在其诗《荔枝》中的一句"一骑红尘妃子笑，无人知是荔枝来"，充分证明了此事。

玄宗皇帝为了取悦杨贵妃，每年10月都要带她出游华清池，以志纪念（杨贵妃初受宠幸是在华清池）。每次出游，服侍杨贵妃的官员都达数千人之多。分工非常精细，有人管衣裙，有人管首饰，各司其职，有条不紊。而且让杨贵妃的哥哥、姐姐等杨家人相伴，每家穿一色衣服，自成一队。远远望去，色彩斑斓，灿如万花。遗弃于路的绣鞋珠玑，香闻十里。如此浩荡奢华的场面被大诗人杜甫在他的名篇《丽人行》中描绘得有声有色。

玄宗皇帝对杨贵妃的爱，真可谓达到了"爱屋及乌"的程度。杨贵妃有三位兄长：杨铦、杨锜和杨国忠，还有被封为韩国夫人、虢国夫人、秦国夫人的三姐妹。秦国夫人短命而死，其余五家连在一起，在玄宗皇帝的大力支持下，官府建造得富丽堂皇、气派宏伟，甚至可以和皇宫相媲美。三位哥哥均位居高官，特别是杨国忠，官至相国。

杨国忠本为杨贵妃的一个远房哥哥，他实际上是张易之的私生子。年轻时，行为放荡，为乡里所不齿。实在混不下去，便到四川投奔他的远房伯父杨玄琰。杨玄琰见他身材高大，相貌英俊，既巧言善辩，又精于账目，便让他代为主持家政。杨国忠表面上恭敬谨慎，暗中却早已瞄上杨家二女儿。后杨玄琰客死蜀中，杨国忠趁机便与其漂亮风骚的二女儿私通。

不久，杨玄琰的二女儿应妹妹杨贵妃之召入宫。表面上，她为新寡之妇，入宫与妹妹二人互解烦闷，实际上此女颇有心机。她想既然妹妹在宫中如此受宠，而自己长得也不比她差，说不定也会讨皇上欢心。抱着这种心态，她一入宫就积极地暗中寻找机会，以求接近玄宗皇帝。一日，她在御花园中游玩，正自顾盼间，忽见迎面过来一人，头戴金冠，身着龙袍，心想一定是皇上，便故意在来人面前一晃，却又转身向旁边的宫殿走去。来人正是玄宗李隆基，刚刚饮了一些酒，忽有外域使者送来10颗晶莹剔透、饱满硕大的珍珠。玄宗看了觉得宫中罕有，便揣在怀中，兴冲冲地要亲自给宠妃杨氏送去。走至御花园，忽见眼前一个标致的美人在眼前一闪就不见了，旁边只有一个偏殿，便信步找来。

此时，杨贵妃的姐姐——是个用尽心机、故意勾引皇上的人，正坐在偏殿内床榻之上默默垂泪。玄宗一进来，便看见她，径直向她走去。走近一看，却是一个从未见过的美人，一时竟看呆了。此女见玄宗死盯着自己看，不由得垂下了一张已然绯红的俏脸，只是脸上兀自挂着泪痕。玄宗见她粉面含春，含露欲泣，更是娇艳无比。一时按捺不住，也是借着三分酒意，竟将她宠幸了。那女子本就有意勾引，自是不曾稍加反抗。二人欢娱过后，均是心满意足。玄宗这才想起问她身世姓名，为何从不曾见。她连羞带怯地将自己的身世说了，最后说道："只因妾身新寡，贵妃娘娘说'怕与皇上不宜相见'，所以皇上未曾见过妾身。不想今日冲撞，还万望皇上恕罪。"玄宗听了道："这有何妨？你既是贵妃的姐姐，朕便封你为'虢国夫人'吧。"皇帝乃金口玉言，这样，这位巧用心机的女子此时便成为了虢国夫人。她可真不是简单人物，唯恐妹妹杨贵妃从中作梗，便娇嗔无比地要玄宗在杨贵妃面前光明正大地册封自己。玄宗当即答应了。

果然，第二天，玄宗便来到杨贵妃寝宫，说自己听闻贵妃之姐已到宫中，按理也应加封。杨贵妃岂知他二人之间的苟且之事，高高兴兴地让姐姐出来相见。那位早已受到皇帝加封的虢国夫人装作从未见过玄宗的样子，羞答答出来相见。玄宗皇帝也表现得若无其事，堂而皇之地在杨贵妃面前又重新加封她的姐姐为虢国夫人，并说留在宫中居住也可。杨贵妃一来不知他二人之事，二来独居皇宫也甚觉烦闷，便将这虢国夫人留在自己身边解闷。她却不知道，此举正好给二人提供了机会。从此，这位虢国夫人当着杨贵妃的面与玄宗为君臣关系，恪守大礼，背后却极尽挑逗之能事，很快得到风流皇帝的欢心。

但是，虢国夫人生性放荡，玄宗一个老皇帝，又时常去宠幸杨贵妃，哪里能满足她？正当她寂寞难耐之时，她的老情人——杨国忠入京而来。这杨国忠可不是专门为她而来。原来剑南节度使章仇兼琼与当朝宰相李林甫不和，想巴结颇受皇帝恩宠的杨贵妃为内援。但他与杨家素无瓜葛，要想打通这其中的关系，就需要一个与杨贵妃非常密切的人来办理此事。物色来，物色去，就通过富豪鲜于仲通找到了杨国忠。杨国忠一想自己也可借此机会升官发财，同时还可去会久在京城的老情人——听说如今已是虢国夫人，一举两得，何乐而不为呢？便欣然答应，带着章仇兼琼奉送的百万价值的四川特产入京行贿。

杨国忠入京后先上下打点，很快就进宫见到了杨贵妃与虢国夫人。杨贵妃也还罢了，不过是寒暄问暖，略表心意而已。可那虢国夫人见了杨国忠，恨不得立时就行那苟且之事，一双媚眼不时地向杨国忠瞟来瞟去，频送秋波。杨国忠是何等聪明之人，一切尽收眼底。心中暗道：看来，升任之事不可直求贵妃，倒是这虢国夫人说不定可以从中帮忙。当下打定主意，与杨贵妃稍坐片刻，便告退出宫。

那虢国夫人见杨国忠未曾表示什么，急得抓耳挠腮。不料，晚间便有一小宫监送进一封封好的信笺。打开一看，立即心花怒放，坐到梳妆台前精心打扮起来。原来，信是杨国忠派人送来的，约她今日晚间去一个隐密处私会。虢国夫人如约而至，杨国忠早已等候多时。二人调笑了几句，杨国忠便迫不及待地为她宽衣解带，与她共度巫山云雨。虢国夫人真是久旱逢春雨，四肢百骸，无比畅通，两腮桃红，如沐春风。杨国忠一见时候到了，便在这床榻之上与她说了帮忙之事。虢国夫人一想，他若得了高官，更可随意出入皇宫与自己相会，焉有不帮的道理？遂满口答应。一回皇宫，便在玄宗皇帝耳边吹风，说自己有个堂兄如何如何能干，有治国之道，要皇上多加栽培，令其为国效力。玄宗皇帝一开始一笑置之。但她并不死心，对玄宗曲意逢迎，使尽浑身解数，特别是在床上极力讨好他。玄宗皇帝龙颜大悦，也不好一再拂了这位美人之意，便召见杨国忠。一见之下，发现他果然仪表不俗，伶牙俐齿，当即便封其为御史。杨国忠善于察颜观色，颇得玄宗欢心，很快又数次得到提升。后来，李林甫死了，杨国忠便被提升为当朝宰相。他就是这样沿着虢国夫人这条石榴裙铺就的道路成为玄宗身边的宠臣。

杨国忠成为当朝宰相之后，可谓祸国殃民，欺上瞒下，他对玄宗报喜不报忧。一次天降大雨，玄宗皇帝看着外面的大雨道："这下百姓们可要受苦了。"杨国忠听闻，当即命人搜寻到全国最好的庄稼给玄宗看。玄宗放了心，就不再惦记此事。庄稼减产，百姓生活困顿，有的官员便要上疏奏明皇上。杨国忠知道后，立即将那人惩罚一番，降官免职。如此一来，无人再敢向皇上奏报实情。在玄宗看来，国内形势一片大好。而实际上是朝中混乱，百姓生活困苦，大唐王朝快速走上了下坡路。

而作为杨国忠举荐人的虢国夫人，以及贵妃娘娘杨玉环对这位祸国殃民宰相的滔天大罪似乎全无察觉，依然与玄宗皇帝在后宫纵情歌舞，悠然自得地演《霓裳羽衣曲》。她们丝毫也不知道，正是这位玩弄权术的杨国忠给她们带来了灾难。

天宝十四年，手握重兵的节度使安禄山起兵反唐。他令儿子安庆绪为先锋，进攻潼关。玄宗皇帝知道潼关失守，长安定然不保。但此时朝中无将，原来防守潼关的大将封常清和高仙芝又因遭到诬告被害。因此，他派重病在身的老将哥舒翰去据守潼关。

老将哥舒翰采取坚守不出的策略，使安庆绪屡攻不克。但是奸相杨国忠听说哥舒翰手下大将曾建议他回师杀杨家兄妹，以除安禄山兴兵讨杨清君侧的借口。而此时哥舒翰防守潼关有功，威望甚高。杨国忠便几进谗言，让皇上命令哥舒翰去攻打崔乾祐。哥舒翰知道，只要出击，潼关必失守，潼关一失守，大唐江山就完了。无奈，皇上有旨，只得大哭一场，冒险出击。果然，潼关失守，叛军直指长安。

消息传来，朝廷上下乱成一片。唐玄宗李隆基听从杨国忠的建议，仓皇出逃。几天之后，来到马嵬驿。一路上，将士们吃不好，睡不好。此时早已怨气冲天，他们认为这些祸事皆由奸臣杨国忠引起，便决心除掉他。当天晚上，玄宗住进驿馆之内，将士们只能露宿在野外。安顿停当之后，几个士兵忽见几个吐蕃使者围着杨国忠要吃的。悄悄一商议，便齐声大喊："杨国忠勾结胡房，要造反啦……"杨国忠闻言大惊，知道有人要陷害自己，也顾不得细想，便往玄宗住的驿馆中跑。还没跑出几步，便被四下的士兵围住，一刀将他的头砍下来。士兵又将韩国夫人、杨国忠的大儿子杨暄也杀了。玄宗听到外面喊杀声大作，还以为追兵到了，抖抖嗦嗦出来察看，见状不禁大惊失色。护驾将军陈玄礼趁机道："杨国忠谋反，已被臣等斩首。贵妃已不宜留在宫中侍君，乞望陛下割爱。"

玄宗李隆基对杨贵妃爱得死去活来，怎忍心杀她呢？便极力替她辩解："贵妃深居后宫，怎知杨国忠所为？"

将士们闻听，群情激愤，都不肯离去，看样子非要看皇上降旨杀了杨贵妃才肯罢休。高力士明白其中缘故，便对玄宗道："贵妃当然无罪，但杨国忠已死，贵妃仍留在皇上身边，将士们怎能放心。皇上，只有将士安心，才能保证您此行的安全。您不为自己着想，也要为大唐社稷想想啊！"

这最后一句正中玄宗皇帝的心坎上。一时之间，他不由得老泪纵横，深深责怪自己一没能保住大唐江山，二没有能力保护自己深爱着的杨贵妃。半响，这位72岁的老皇帝方下定决心，用颤抖的声音对身旁的高力士道："这事由你去办吧，只是不要用刀、剑才好……"

高力士应声而去。他服侍了杨贵妃一辈子，倒也有几分情谊。只在杨贵妃面前放了一条丝带，也不逼迫，便起身离去。杨贵妃早已闻知外面所发生之事，一时之间吓得花容失色。但死到临头，她反而镇静下来，对身旁的宫女道："从前皇上赏我的金银珠宝，无奇不有。今日所赐之物，却也是我今生所罕见之物。"言罢，苦笑了一声，又道："只是今日我却不能收下皇上此物！"宫女闻听，以为贵妃拒死，高力士出门时已悄悄嘱她一定要看好贵妃，别让她逃走。一时之间，宫女竟有些不知所措。不料，贵妃却并不逃走，只是从头上拔下一支金钗，放入嘴中，痛苦地吞下肚去，不一会儿便气绝身亡。这位自古少有的美人就此结束了她传奇般的一生，是年37岁。

杨贵妃的三姐虢国夫人见事不妙，与嫂子——杨国忠之妻、儿子和小侄儿仓皇而逃。先躲入草丛，蒙混过众将士，后又逃往陈仓（今陕西省宝鸡市）境内。四人因实在饥饿，忍耐不住，便提心吊胆去城中小饭店购买吃食。不料被人发觉行迹可疑，密报县令薛景仙。薛景仙派人追上四人，盘问出身份，将其杀死。

马嵬驿事件后不久，玄宗让位给太子李亨，自己当上了太上皇。但他日夜思念杨贵妃，尤其是夜晚听到窗外梧桐细雨，身旁再也没有佳人相伴，更觉凄凉。公元762年，太上皇李隆基终因过于思念杨贵妃，久久不能释怀，抑郁而终，是年77岁。

马嵬驿兵变虽说因杨国忠而起，但民间大多数人仍愿意相信此事与杨贵妃无关。她只不过是一个无辜的受害者。而唐玄宗李隆基与杨贵妃刻骨铭心的爱情故事，也广为人们所传颂。唐代大诗人白居易据此吟成了缠绵悱恻、一咏三叹的千古名篇——《长恨歌》。

郭子仪单骑退回纥

安禄山率20万大军从范阳起兵反唐，一路而下，过关斩将，很快攻下京城长安。玄宗李隆基在亡命途中，将皇位传与太子李亨，世称唐肃宗。肃宗年轻有为，顽强抵抗，誓死收复长安。怎奈朝中无将，正一筹莫展之时，出现了一位扭转乾坤的大将。他，就是为大唐王朝屡立战功的郭子仪。郭子仪很快得到肃宗的信任与重用，他也确实不负皇恩，顶住叛军，为风雨飘摇的大唐王朝收复了一片片沦落的失地。战斗很快就到了最后的时刻。长安收复战即将展开，郭子仪面对满含期待的肃宗道："陛下放心，臣若不能收复长安，誓死不还！"在这样的勇气与豪气之下，唐军奋起直冲，很快攻下长安，大唐江山又安稳如初了。

然而，郭子仪却没有受到应有的对待。肃宗宠信宦官鱼朝恩和程元振。二人进谗言，说郭子仪居功自傲，皇上万不可重用，否则还会出现第二次"安史之乱"。肃宗一听，心里就一哆嗦，认为他们说的不无道理。可是郭子仪确为有功之臣，又不能随便寻个理由治他的罪，只好先慢慢疏远他再做道理。郭子仪何等聪明，很快体会出肃宗的心思，便主动提出归隐。肃宗自然乐得答应。从此郭子仪回家过起了平静的生活。

公元762年，肃宗传位于太子李豫，是为代宗，定年号为广德。

代宗广德元年（公元763年），由吐蕃、吐谷浑、党项、氐、羌等族组成20万大军，进攻唐大震关（今陕西陇县以西）。当时大唐王朝人丁不旺，全国人口已由天宝年间的906万户锐减至290多万户，堪称兵不强、马不壮。又加之内监专权，握持朝政的太监程元振竟不向代宗禀报边关告急的信息，贻误战机，没有及时组军抵抗。

20万入侵大军很快攻破大震关，继续深入内地。泾州（今陕西泾州）刺史高晖见大军来犯，无力抵抗，便弃城投降。并一路做向导，引大军长驱直入长安。

代宗皇帝得到消息，大军已兵临城下。他急命各路节度使前来护驾。由于祸乱朝纲的太监程元振曾害死过淮西节度使，各路节度使均怕入京遭到同样的暗害，所以按兵不动。情况万分紧急，朝中大臣们便想起了因遭谗言解职在家的郭子仪。代宗忙拟诏任命郭子仪为大元帅负责组织抵抗。

而在此过程中，入侵联军也已攻破长安，代宗仓皇出逃。入侵联军便找了一个李姓之人立为名义上的皇帝，准备长期霸占中原。

天下兴亡，匹夫有责。老将郭子仪见国家有难，挺身而出，奉诏慷慨赴任。但是，此时朝中没有一兵一马，这其中的难处可以想见。但他并没有退缩，而是迎难而上。立刻召集自己从前旧部20余人，命他们到各地招兵买马。各府州县闻听是郭子仪将军复出带兵，纷纷响应支持。那些曾与入侵之军交过战的残兵败将也都自动结成组，投奔而来。大家觉得有郭子仪在，便有了主心骨。节度使白孝德也在殷秀实的说服下起兵抗敌。短短时间，郭子仪便组织起一支大军。

以吐蕃为首的各族入侵联军，久闻郭子仪大名，如雷贯耳。一听说是他为帅领兵作战，便有几族悄悄撤军了。其余各族见有人撤军，自觉更加不是郭子仪的对手，也吓得丢弃长安，退回青海去了。

郭子仪还未出兵，仅凭自己的声名威望便解了这次长安之危。因此代宗充分认识到了他的价值，不管郭子仪如何请求解官归隐，就是不放他走。命他率一万军兵去驻守泾阳（在长安以北），以防日后再遭不测，郭子仪只好答应。

广德二年（公元764年），大将仆固怀恩为泄私愤，纠集回纥、吐蕃10万联军，再次入侵大唐。很快打到长安附近，吐蕃、回纥兵分两路，包围了泾阳城。

郭子仪深知：凭自己区区1万人马万万难以抵挡敌军10万之众，便想对其动之以情，晓之以理，劝其退兵。他先命人打探清楚吐藩、回纥主帅，然后才派弓将李光瓒出城前往回纥大营中游说主帅药葛罗。原来，药葛罗与郭子仪曾共同作战，情非一般。故此，郭子仪才将李光瓒派往回纥大营。

李光瓒见到药葛罗对他说道："我家主帅郭令公派我来见大帅，

让我告诉您请不要忘记当年并肩作战的情谊，还是早日退兵为好。"药葛罗闻言吃了一惊，道："郭元帅早就逝去了，你休想骗我！"言罢眼中竟隐隐有两点泪水。

李光瓒见状知他必受人蛊惑。便道："我指天发誓，郭令公仍健在。若是骗你，天打五雷轰！"药葛罗见他如此，忽然异常激动地说道："如果郭元帅还在，可否让他与我相见一面？""这个……"李光瓒一时也分不清他是真情还是耍什么阴谋诡计，便表示回去请示再予以答复。

李光瓒打马回城，见到郭子仪后将事情原原本本地诉说了一遍。郭子仪将众将召集到一起商议对策，说道："现在敌众我寡，相差悬殊。如若硬拼，定会吃亏。我与药葛罗当年交情颇为深厚，现在去见见他也无大碍。如能说服他退兵，吐蕃也就不难对付了。"

诸将开始均强烈反对，说现在两军交战，这样做非常危险。但又确实想不出别的好办法，郭子仪又一再捻须微笑着连说"无妨"，便都建议：他若真去见药葛罗，就多带些亲兵。郭子仪摆手道："哎——如果药葛罗存心杀我，纵然我带上全城守军，也丝毫没有用处。不如只带几个随从而去。"众将一听有理，也不再阻拦。

郭子仪出门上马，正要出城，他的儿子郭晞闻讯赶来，拽住马的缰绳死活不让郭子仪出城。郭子仪怒斥道："逆子，大丈夫以国家兴亡为己任，岂可如你这般作小儿女状？！"郭晞双目噙泪问道："父亲大人，大丈夫是应以安天下为己任，正因如此，您才不可出城。回纥兵如狼似虎，您身为主帅，重任在肩，岂能冒生死之险深入虎狼之中？"

郭子仪长叹一声，缓声说道："如果两军交战，你我父子俩都将战死。我们死不足惜，可身后就是长安城。城中兵少将寡，那时我大唐江山就危险了。我去见药葛罗，以理服他。如能说服他，也算是我大唐百姓之福。如若事败身死，你定誓死捍卫此城！"言罢，也不再看儿子一眼，策马扬鞭而去。只剩郭晞愣在原地，回味着父亲的一番话。

郭子仪大义凛然纵马而入回纥大营。回纥兵以为是一般送信使者，不以为意，忽听来人中一人高声喊"大唐元帅郭令公求见回纥统帅药葛罗"，吓得浑身一哆嗦，忙拼命奔入大营前去禀报主帅药葛罗。

药葛罗得到消息，率众出来迎接。见为首是一员皓发银须，精神矍铄的老者。定睛细看，正是自己一生中最为敬佩的老将——郭子仪。他惊喜万状，声音颤抖地对身后众将道："果然是郭元帅！"言罢带头下马叩头行礼。

郭子仪也急忙下马相搀。二人寒暄了几句，便相携入帐。分宾主落了坐，郭子仪复又起身问候了回纥可汗叶护。然后对药葛罗抱拳施礼正色道："回纥素与大唐交好，几次助军平复叛乱，大唐对回纥也有厚报。此次却为何助叛臣、违前盟入侵，惊扰天下百姓呢？依老朽之见，这实在是不明智之举。今我挺身而出，前来相劝。如若您认为我违拗了你之意愿，我也再无话说，听凭你处置便了……"

药葛罗是个红脸汉子，闻听郭子仪此言，知道他是在责怪自己不顾前情，背信弃义，与吐蕃联军入侵大唐，也忙起身解释道："郭令公一番话说得极是。怪只怪那仆固怀恩骗我说郭令公已被害死，就连皇上也已晏驾。此番我等前来，非但不是不义之师，讨伐了小人奸佞，倒还算得是大唐功臣。如今，我才知道上了当。仆固怀恩已死，我还哪能与令公交战呢……"

郭子仪闻听，才知药葛罗是受了仆固怀恩的迷惑，心中暗暗松了一口气。又见药葛罗情真意切，非常眷念前情，便趁机说道："吐蕃不顾前朝之亲（即文成公主嫁松赞干布，金城公主嫁弃隶缩赞），屡犯大唐边境，烧杀抢掠无恶不作。现今，被他们抢走的金银成车，牛羊无数。大帅不如与我共同讨伐他们这不义之师。如若成功，所得财物、牛羊等物归你们所有。你看如何？"

药葛罗知道与郭子仪联军打吐蕃必胜，也不愿错过这个既得名又得利的好机会，便欣然应允。又让部下拿出酒来，与郭子仪开怀畅饮。众将也在一旁相陪。郭子仪恐他有变，酒酣耳热之际，当众发了个毒誓："……有负约者，身亡阵前，家族灭绝！"药葛罗知他心意，便也将誓言重复一遍。然后又道："我药葛罗受人之骗，已经对不住令公，明日我定鼎力助令公击退吐蕃以谢罪！"众人一听，也纷纷表示赞成。药葛罗还当即派酋长石野那等六人到长安朝见代宗皇帝，以示友好。

吐蕃军得到他们两军和好的消息，自知必不能敌，慌忙连夜撤军。

郭子仪见状，立刻派大将白元光率骑兵配合回纥药葛罗大军乘胜追击吐蕃军。追至灵台西原一带，两军展开激战，歼灭吐蕃军不计其数，夺回了全部被其掠走的女子，吐蕃残部拼命逃向境外。

仆固怀恩的部队也参与了此次吐蕃入侵，他本为郭子仪旧部，所以所率之兵也大多是从前跟随过老将郭子仪的。现在仆固怀恩死了，众兵士听说郭子仪又带兵当元帅了，便纷纷前来投奔。

就这样，郭子仪不仅凭自己的声威又一次将内外勾结的入侵平息下去，而且还壮大了队伍。

段秀实不畏强暴

郭子仪身为大将，可以说为大唐江山立下了赫赫战功。代宗皇帝论功行赏，封他为汾阳王。但是，代宗对郭子仪这样德高望重、功高盖主的老臣，又是感激、尊重，又是害怕，总是担心他拥兵自重，再起兵乱，阴谋篡位。为了表示亲善与拉拢，代宗还把女儿升平公主下嫁郭子仪的六儿子郭暧。

郭子仪自然明白代宗皇帝的一番心思，所以处处小心谨慎，唯恐一步不慎，便招来杀身之祸。当代宗要封他为尚书令时，郭子仪坚辞不受，以向代宗明示自己的心迹。

尽管郭子仪处处小心，但有时仍会出一点小事情，这回的问题出在郭子仪的儿子身上。郭子仪有6个儿子，毕竟年轻阅历浅，对官场利害体会不深，认为自己的父亲身在朝中位居高官，便有些倚仗权势，不拘小节。一日，负责军纪的都虞侯到军营中视察，正好撞见一名军士违反军令，在营中打马奔驰，显然他在驯服一匹烈马。这匹马性情异常火暴，三下两下便将那军士颠下马来，而它仍继续在营中狂奔，将军营搞得一塌糊涂。虞侯见状大怒，吩咐人将那驯马的军士拉出营外，按军令给斩了。这下可惹恼了一人，他就是郭子仪的小儿子郭映。郭映和那名被斩的军士非常要好。也正是因为这样，那军士才敢无视军令，公然在营中打马扬鞭。郭映一听说自己的好朋友死了，又怒又伤心。他知道父亲做事，从不纵容自己兄弟几个。但自恃最小,平日深得父亲欢心,便斗胆跑到郭子仪面前哭诉,说都虞侯瞧不起他,故意找碴杀了他的好朋友。郭子仪早就听说了事情的来龙去脉,不但不帮他处置都虞侯,反将他痛斥一顿道:"大丈夫行的正,做的端。明明是你的朋友公然违反军令,罪当斩首,你却诬告都虞侯,这岂是大丈夫行径?为人要光明磊落,更不可仗势欺人。今后你若再胡作非为,为父不但不加袒护,反而要亲自将你送到官府治罪!"说完又命郭映回自己屋中反省三日,方可出来。从此,郭映再也不敢心有侥幸之念了。后来,郭映老老实实做人,亲君子,远小人,品行甚佳,得到众人交口赞誉。

一波未平,一波又起。不久,郭子仪家中又出了点事儿。事情说大也不大,但说小也不小,真要处理不当,就有满门抄斩的危险。原来,升平公主自从与郭暖结婚后,夫妻二人倒也和和美美。只是升平公主自幼受代宗宠爱,便有些骄纵之态,每每在郭暖面前使刁弄性。那郭暖虽不似升平公主那般金枝玉叶,但也是将门之后,自小娇贵,哪里受过这气呀?开始时还勉强忍耐,日子久了,升平公主再与之斗嘴时,他也不免要回几句。一日,升平公主又与他吵起来。郭暖忍无可忍,道:"你不就仗着你父亲是皇上吗?我父亲还不稀罕当呢!"一句话,正中升平公主要害,她目瞪口呆,哑口无言,但又咽不下这口气,便不顾这其中的利害,跑到父亲面前告御状。

这样的话,无论是什么样的皇上都是不愿听到的,但代宗早已看出郭子仪忠心耿耿,并无二心。听了女儿的话,只是笑着对女儿说道:"你那莽撞的小夫婿其实也没说错。如果他父亲想当皇帝,这天下早不是咱们李家的了!"然后又将女儿抚慰一番,又派人把她送回郭家。郭子仪这才知道此事,不由得大惊,心想:如果皇上因此而多心,我这一世的英明岂不都毁在这逆子手中。想到此,亲自将儿子郭暖捆绑起来,到代宗皇帝面前请罪。不仅当面严厉指责儿子过错,还连连自责教子无方,请皇上重重责罚。代宗也不是心胸狭窄之人,当即拉着郭子仪的手笑道:"俗话说的好,'不痴不聋,不做家翁',小夫妻之间的话,何必认真呢?郭爱卿,你为本朝立下汗马功劳,并不居功自傲,朕深知你一片忠心,你也不必担心,朕不是糊涂之人,不会因此而对你产生嫌隙之情的。"

郭子仪这才将一颗悬着的心放下,带子回到家中,对儿子郭暖道:"皇上虽宽宏大度,饶你不死,但家法难容,今日不教训你一番,日后你必闯出天大的祸事来!"言罢,命家人将郭暧重责四十大板。这件事被后人编成戏剧《打金枝》,流传至今。

要说郭子仪最器重的儿子,还得说是三子郭晞。他曾随父南征北战,颇有乃父风度。但毕竟是年轻意气,在邠州(今陕西彬县)驻军时,对手下将士约束不严,经常出现他军中将士到街上骚扰百姓的事。而当地的节度使白孝德考虑到郭子仪的声望,也不好进行追究。这事儿很快被已升任泾州刺史的段秀实知道了,便提出兼任节度使署都虞侯,以解决此事。白孝德正为此事犯愁,见他主动提出出面调停,想必有锦囊妙计,便当即同意,让他尽快到邠州节度使衙上任。

段秀实上任不久,便有郭晞部下17人到酒肆抢酒的事儿发生。卖酒的老汉被他们刺伤,酒肆中的设施也被破坏不少。段秀实闻听大怒,立时差人将17人抓来,斩首示众。这下他可捅了马蜂窝。平日,郭晞营中的兵士都懒散惯了,今日忽听17个兄弟只因到酒肆抢了点儿酒喝便被处死,大惊之余又大怒,也不用商量,便顶盔挂甲,纷纷上马,要群起而攻打节度使署。白孝德闻听叫苦不迭,忙问段秀实如何处置。段秀实胸有成竹地说道:"大人请放宽心,此事交由我一人处置便可。"

白孝德见段秀实要一人独闯郭晞大营,怕他吃亏,便道:"那些将士都急红了眼,见到你非剐了你不可。你若一定要去,依我之见,还是多带些役吏,以防不测。"段秀实闻听此言一笑道:"大人,他们若真要杀我,就算带再多的兵,我恐也难活着回来。不过,我自有妙计,他们不会杀我,说不定还要谢我呢?"说完,自去马厩牵出一匹老马,自己骑上,又让一个瘸腿的老马夫牵着,向军营走去。

军营中的士兵正要冲出大营,看见段秀实迎面而来,一时之间倒有些不知所措。倒是段秀实捻须笑道:"怎么了?杀我这样一个糟老头子,还用得着这么兴师动众吗?"众将士闻听,面面相觑。没想到段秀实有如此胆量,明知是死,还敢独闯大营,说出这一番话更让人出乎意料。

正当众将士不知如何应对之时,段秀实翻身下了马,忽又严厉地问道:"常侍(指郭晞)难道有亏待你们的地方吗?郭元帅也有对不住你们的地方吗?"

众将士闻听越发摸不着头脑，一时竟都愣在那里。殷秀实见状，又继续喝道："你们要杀我必获杀官造反之罪，追查起来，必会诛连郭家。如若不是你们与郭家有仇，怎会做出如此陷害郭家之事呢?!"众将听他这一番话，这才恍然大悟，不由得惊出一身冷汗。他们平素最佩服的人便是郭子仪，怎么会存心害他呢？只是没想到今日之事，其中有这等利害关系。这些兵将均是生性豪爽之人，知道错了，便纷纷向殷秀实赔罪，再三言明此事与郭元帅无关，请殷秀实不要追究此事。

此时，郭晞也闻讯赶来，见眼前情状，心中已然明了。向殷秀实抱拳拱手，正要开口，殷秀实却抢先厉声说："郭元帅功高盖世，理应善始善终。不料有你这等逆子，先放纵属下侵扰百姓，如今又顶盔挂甲，要造反作乱。这些罪名要落到郭元帅身上，你郭家全家抄斩事小，只可惜，郭元帅一世的英名也毁了……"

郭晞站在一旁，额上早已渗出细密的汗珠，忙跪地叩头，道："都怪我疏于管教，险些酿成大祸。今多亏殷公明示，此等大恩大德，自当铭记在心。"然后急命将士解下盔甲，各自回营。

就这样，一场将要发生的流血事件，被殷秀实平息了。

大历十四年（公元779年），代宗李豫驾崩，太子李适继位，史称德宗皇帝，改元"建中"。

德宗久闻殷秀实才识过人，便提升他为掌管粮食仓储的司农卿。殷秀实奉诏入京。进京前，他对先他而去的家人再三叮嘱："如过岐州，节度使朱泚赠送礼物不要收。"但并未说明原因。他们家属路过岐州，节度使朱泚果然命人送来300匹大绫。家人左右推辞不掉，又想这点小事儿，也无甚大碍，便收下带入京城。殷秀实知道后，非常恼火，因为他早就预料朱泚日后必会反唐，自己不愿与他一起背负叛名，才不肯收他礼物。但事已至此，也没有好的办法，他便命家人将这300匹大绫放在司农寺大堂的房梁上。从此从未动过，以示自己清白。

德宗建中四年，岐州节度使朱泚果真起兵造反。他到长安后，将一些大臣强行聚到一起，要他们拥立自己为皇帝，其中就有殷秀实。不料他的话还未说完，殷秀实就骂道："你这个罪该万死的狂贼，休想让我和你一起造反!"同时将手中笏板向朱泚前额击去。朱泚血流满面,顿时恼羞成怒,令部下将殷秀实推出去残忍地杀害了。

牛李党争

从唐宪宗元和三年(公元808年)至唐宣宗大中初年,以牛僧孺、李宗闵为首的官僚集团与以李德裕为代表的官僚集团之间展开了尖锐的斗争,史称"牛李党争"。牛李党争是唐代后期政治生活中的重大事件,二党与其说是政见不同,不如说是权力之争。他们轮流专权,宪宗对此无可奈何,曾慨叹"去河北贼易,去此朋党实难!"

牛李党争起源于唐宪宗元和三年的策试贤良考试。伊阙县县尉牛僧孺大胆指摘时弊,成绩优异,被考官举荐给皇上。但宰相李吉甫却因为牛僧孺在考卷中指摘自己的过失而怀恨在心,在皇上面前极力阻止提升牛僧孺。这样,不但牛僧孺未得到升迁,就连考官也遭贬谪。

多年后,李吉甫之子翰林学士李德裕因深恨中书舍人李宗闵过去在对策时讥讽其文,而在穆宗面前进言,最终致使李宗闵的女婿黄巢在选拔进士的科考中落榜。李宗闵也因之受到牵连,被贬为剑州刺史。

从此之后,李宗闵、李德裕各分朋党,互相倾轧。李宗闵先后拉拢提拔了牛僧孺、李逢吉、杨虞卿、杨汝士、李仲言、杨嗣复、李钰、杜综、李固言形成牛党;而李德裕也与主要成员郑覃、李绅、陈夷行、元稹、薛元赏、薛元龟等结成李党。

牛李两党之争的焦点集中在地位和权力之上。在文宗大和年间,这种对地位与权力的争夺显得尤为激烈。唐朝皇帝具有至高无上的权力,而次居皇帝之下的第二号权力人物便是宰相。牛、李两党对此再清楚不过了,因此,他们用尽心思,各施手腕,竭力争夺宰相职位。文宗大和六年(公元832年),西川节度使李德裕奉调入京,文宗准备升任他为宰相。当时任宰相的李宗闵从中百般阻挠。李党内成员纷纷为其出谋划策。京北尹杜综献计说让李德裕当进士的主考官,因为他本身是经"门荫"做官,自己为此深以为憾,让他当主考官,他一定愿意。这样就可以防止他当上宰相。李宗闵又觉得李德裕无主考官之才德,不同意此举。杜综又道:"否则用为御史。"李宗闵这才同意。不料,事与愿违,在具体操作中出现纰漏。李德裕抓住他们的把柄,在文宗皇帝面前进言,反而将李宗闵撤去宰相之职,调出京城任江南西道节度使。李德裕自己如愿以偿当了宰相。

不过,李宗闵可不肯就此善罢干休。他与牛党成员商议后认为:翰林学士的地位日益重要,便极力使牛党成员进入翰林院。那李德裕虽不是进士出身,但多年混迹官场,早就观察出翰林学士不仅接近皇帝的机会多,而且对朝廷的决策起到重要作用,所以,力排异党进入。大和八年八月,文宗欲将曾受过贬罚离任的牛党成员李仲言置之翰林院为谏官,遭到李德裕的反对。他对皇上说:"李仲言过去犯过错误,陛下怎么能重用他呢?"文宗笑道:"人非圣贤,孰能无过?只要知错就改就好。朕怎么能因他犯过一点小过失就心存成见,永不录用呢?"李德裕闻言急道:"李仲言为人奸恶,心存不忠。他本性难改,陛下是否听信了别人的谗言而定要提升此等小人呢?"

文宗听罢一愣,半响道:"李逢吉向朕推荐了他,朕当时已答应他录用此人。你总不能让朕在臣子面前自食其言罢!"李德裕一听是李逢吉推荐,更不肯答应了。因为李逢吉也是牛党成员,这显然是他们谋划好了的。便向文宗步步紧逼道:"李逢吉身为宰相,竟向皇上推荐此等奸佞小人,他为己之私,贻误国家,也当治罪!"

文宗听了心中已有些不快,但仍忍住气说道:"那可否让李仲言另任一官呢?"李德裕此时一门心思要阻止李仲言进翰林院,也顾不得对文宗察颜观色,便毅然说道:"不可!"文宗见他如此,也不再言语,起身拂袖而去。李德裕尚不自觉,还满心欢喜,兴冲冲回到府中。

文宗回到后宫,越想越气。心道,李德裕如此霸道,看来不宜久留身边。遂下诏,令李德裕与江南西道节度使李宗闵对调。李德裕由于一时意气用事,引得龙颜大怒,丢掉了宰相职位。

但李德裕不愿外调,想留在京师,而且他在京师颇有势力,党羽众多。后经众人一再求情,文宗改任他为兵部尚书。而此时又身为宰相的李宗闵向文宗委婉地提出,皇上既已下诏调李德裕外任,他就不该再提出请求留在京师。如果皇上此番对他稍加纵容,日后他必会得寸进尺,不听调派。文宗觉得有理,便又下诏任李德裕为镇海节度使。

但是,牛李党争并未就此结束。两派均暗中谋划,伺机反击,置对方于死地。在以后的十几年中,两党轮番坐庄,把持朝纲,不分上下。唐武宗在位时将牛僧孺一贬再贬为循州(广东惠州)司马,李宗闵一贬再贬以至流放封州(广西梧州之东)。牛党的其他成员,如宰相杨珏、杨嗣复也受到罢黜。而李德裕则被调回京师复任宰相。唐宣宗即位后,因素恶李德裕之专,又罢免了他的宰相之职,同时贬李党中的薛元赏、薛元龟为远州刺史,而任命"与李德裕不协"的人为宰相。同时将曾任过宰相的牛党成员牛僧孺、崔珙、杨嗣复、李珏从远州北迁。牛僧孺在大中初年卒。李宗闵也于唐武宗会昌六年受诏后未离封州即死。大中三年(公元849年)李德裕也死于崖州。

牛、李党争至此才宣告结束。他们为争夺权力和地位的斗争给大唐江山、给黎民百姓带来的只有更多的灾难。

甘露之变

纵观我国封建历史,许多朝代,不少封建王朝的江山,均落在宦官之手。

宦官,就是宫中太监。他们是被净了身、没有生育能力的男人。身体的畸形往往也导致精神上的变态,而他们在这一点上最突出的表现就是强烈的权力欲。他们需要通过权力来表现他们还算是"男人"!所以悲剧往往就这样发生。由于他们离皇上最近,因此也就最能得到皇帝宠信。而他们中许多人正是借此机会控制皇帝,弄权朝纲的。

从唐朝来看,比较典型的就是玄宗宠信宫监高力士。玄宗对他可谓言听计从,大小事情几乎都是他一个人说了算。朝中宰相李林甫、杨国忠以至安禄山都是通过先取悦于他而窃取高官的。而才华横溢的大诗人李白只因让高力士脱了一回靴子,便被高力士进谗言失去受到重用、一展抱负的机会,使他英雄无用武之地,最后只好浪迹江湖,寄情山水。

此外,肃宗时期,重用宦官李辅国,终致其大权独揽,甚至弑杀张皇后，发动政变。代宗李豫虽被李辅国立为皇帝，但实为一个傀儡。到他忍无可忍杀李辅国后仍不吸取教训，又信任宦官鱼朝恩、程元振。二人进谗言诣害忠良郭子仪，造成吐蕃入侵、朝中无将的局面。德宗皇帝李适也不例外，他让太监窦文扬和霍仙鸣掌管禁卫军。二人有恃无恐，怂恿德宗实行"宫市"制度。借为皇宫采买什物之名，压低市价，从中渔利。就连他们身边的小太监也在长安城内横行霸道，危害百姓。

这些都是前朝的教训。因此，贞元二十一年，德宗晏驾后，继位的顺宗李诵不再重用宦官，而是重用有学识的王叔文、王伾二人。二人又把柳宗元、刘禹锡等才士安排到重要之职，以求实行革新，解决弊端。但是，他们解决宦官之祸的第一步措施：取消"宫市"，宫中太监便嗅出危险的味道，立即联合大官僚予以反击。他们趁顺宗患病说不出话，王叔文回家要守丧，王伾又中风不语之机，逼迫顺宗让位给太子李纯。然后要挟宪宗李纯将王伾、王叔文贬谪。王伾病死后，为防止王叔文东山再起，又逼宪宗下诏将王叔文赐死。参与此事的柳宗元、刘禹锡等人也受到株连，均被贬谪。这次革新运动不足5个月便夭折了，史称"二王八司马事件"。

无独有偶，到文宗时期，又发生了一场朝中文士与专权宦官之间发生斗争的"甘露之变"。要知其中缘由，还得从头说起。

长庆之后，唐王朝内部更加混乱。宦官们把持朝纲，互相争权，已达到白热化的程度。先是刘克明杀死敬宗，拥立宪宗之子李悟；王守澄不肯相让，又杀了李悟和刘克明，拥立敬宗弟文宗。

文宗虽坐朝金銮宝殿，但他知道，自己非但不能坐稳朝廷，反而随时都有生命危险。一方面是朝中牛、李党相争，轮流把持朝纲；一方面是宦官弄权，自己只是个傀儡。为了摆脱这种局面，他决定采取一些必要的措施，他所走的第一步棋就是铲除宫中宦官势力。

但是，当时朝中大臣多为牛、李两党中人物，他们不可能帮助文宗。文宗思来想去，只有寻觅机会提拔寒士以做助手。一次文宗得了一种怪病，久治不愈，宫中太医均束手无策。太监总管王守澄闻听京城之中有一个叫郑注的名医，精于医学，便命人将他找来，为文宗治病。在治病过程中，文宗发现此人堪称贤豪，便趁无人之时着意拉拢。郑注为人聪明，知道皇上如此必有隐情，便又借机将自己的好友李训介绍给文宗。

　　李训本为世家子弟,精通经学,又曾中过举人。文宗见后,觉得他是个人才,便不隐瞒,将自己目前处境,以及为何召他二人,均对他们讲述清楚。二人闻听,果然慨然应允,并表示定为皇上铲除宫中宦官恶势力,匡复大唐王朝。三人研讨这些事时,专找无人在的时候,做得非常隐秘。况且王守澄也从未怀疑过李、郑二人,所以他对此一无所知。

　　文宗此次采取行动与顺宗时期还有所不同,此时宦官的势力比那时更加强大。反宦官的斗士只能在宦官推荐的人中挑选,因为除此之外,寒士很难成为皇帝的亲信,所以这就更增加了斗争的难度。宦官推荐上来而又能效忠皇帝反击宦官的人毕竟是少数。文宗就密令李、郑二人去联络朝中大臣,但大多数人瞧不起二人,理都不理他们。他们最后只联络到舒元舆、王涯、贾餗等少数合作者。这就使他们的处境很孤立,斗争环境比王叔文时更加艰苦。

　　但是,他们毫不气馁,研究后决定利用宦官内部的派别矛盾,展开斗争。当时被宫中太监所控制的神策军左右两军斗争非常激烈。王守澄为右军中尉。李训、郑注二人便决定先收拾跟王守澄争权的宦官,把左神策军中尉韦元素等逐一贬逐处死。这令王守澄非常满意,因为他当初提携二人也有利用他二人对付左军之意。今见二人为己所用,自然高兴,还设宴款待二人。李、郑二人见状便乘机推荐仇士良做左神策军中尉。王守澄当仇士良为自己人,满口应允。这仇士良当初确与王守澄为一派,立文宗时,还出了不少力。但是后来王守澄不提拔他,心怀怨恨。李、郑二人通过几番调查试探,对此了如指掌,提拔他就是为了给王守澄制造对立面。王守澄哪知这其中内幕,还当他们是一片好心呢!李、郑这几着的确厉害,既有实效,又不动声色。他们又当着王守澄的面,请文宗任命他为左右神策军观察使。表面上将王守澄捧到天上,让文宗提拔他,实际上是剥夺他的实权。王守澄对他二人毫不设防,不疑有他,乐颠颠地接受了观察使之职。二人用釜底抽薪之计轻巧地解除了王守澄的兵权后,便不再顾忌。不久,就令一小太监为王守澄送去一杯毒酒,说是皇上御赐。王守澄这才知道上了二人的当,无奈大势已去,只得乖乖地饮鸩自尽。在此之前,他们还通过追查宪宗被害事件,轻而易举地杀了在外地当监军的王守澄的同党陈弘志。

这几件事办得可谓干净漂亮。大和九年秋,文宗封舒元舆、李训为当朝宰相,封郑注为凤翔节度使。周密策划,准备里应外合,推翻以仇士良为首的宦官集团。

但是,仇士良为人狡诈,颇有心机。特别是王守澄死后,他唯恐落下同样下场,处处小心防范,轻易不会落入圈套。文宗等人计议来计议去,决定合演一出戏。

大和九年(公元835年)十一月二十一日,文宗登临紫宸殿。坐不多时,左金吾卫大将军韩约忽来奏报:左金吾仗院内树上天降甘露。文宗闻听,忙率百官移至左金吾仗院附近的含元殿,然后命李训前去察看。宰相李训去了半晌,颇不以为然地奏道:"陛下,依臣之见,甘露未必是真的,不可马上宣布。否则,天下官吏均要来朝贺。"文宗听罢,不悦道:"李爱卿此言差矣,甘露还有什么真假之分?恐是你眼睛昏花,未看真切罢?!"言毕,也不再看李训,向侍立两旁的仇士良等宦官道:"仇爱卿,还是你带朕的这些贴身侍臣前去看验一番吧!"

仇士良闻听天降甘露,心中也甚为好奇,见文宗如此说,便领众宦官而去。

其实这一切都是李训早已布置好的。左金吾仗院内早已设下伏兵,只等宦官进去,便好动手。含元殿内,宦官刚一离开,李训便急令早已召集在丹凤门外的兵士进宫,准备接应。

再说仇士良刚进左仗,便发觉左金吾卫大将军韩约眼神惊恐,脸色苍白,鼻凹鬓角竟汗流不止,不由得心中一动。恰在此时,风吹幕动,隐隐看见内藏的伏兵。仇士良心知有变,连忙退出,奔回殿上。守门人见仇士良奔回来,慌忙关闭。但仇士良大喝一声,他一惊慌,竟来不及关上,就被仇士良将门撞开。

李训见了,忙与众卫士上前保驾。但是那些宦官早先他一步将文宗挟入软轿,抬起来就走。在仇士良的指挥下,借着在宫内地形熟悉,三转两转便将李训等人甩在身后。然后顺势一拐,进了宣政殿,将大门关上。仇士良长出了一口气,一屁股坐在地上,忽而又发出一声冷笑。

第二天,仇士良便积极准备反击。他手中拥有兵权,又控制着文宗皇帝，开始大肆屠杀。那些前门事变的卫士大多被杀，李训的同党舒元舆、王涯、贾𫗧也被当着文武百官的面腰斩，李训见事败，化装成小商贩，仓皇出逃，被守城军兵抓住，乱刀砍死。率军欲进京接应的郑注得到消息，退回凤翔，也被仇士良安插在他身边的监军设计杀死。至此，史称"甘露之变"的夺权斗争，以宦官的胜利、文宗的失败宣告结束。

文宗皇帝自此过起了囚禁的生活，成为一个任人摆布的皇帝。开成五年（公元840年），文宗抑郁忧愤而死。仇士良废掉不服从他的太子，立文宗之弟李炎为帝，是为武宗。

博大精深的唐文化

在我国漫长的封建社会发展史中，唐朝可谓处于鼎盛时期。这种繁荣昌盛不仅仅表现在政治、经济方面，还表现在文化、科技等方面。

唐朝自太宗始，就格外重视对外交流。到玄宗时期，唐代的经济、文化的发展蔚为壮观，极度繁荣。盛唐文化驰名国外，"声教所及，唯唐为大""万国欢心，四夷钦化"。玄宗时期有许多朝鲜和日本的人前来求学，其中最有成就的就是日本学者晁衡。

晁衡原名阿倍仲麻吕，到唐后取汉名为晁衡，字巨卿。他来到唐朝主要是来学习汉学。而汉学在唐朝的发展主要表现在诗歌方面。

诗仙李白堪称当时中国诗歌发展史上最浪漫、最飘逸的一位诗人。他以其杰出的"诗文创作"声名远播，代表作有《古风》19首、《梦游天姥吟留别》、《将进酒》、《行路难》等等，一千多年来一直为后人所传颂。他本人也因其雄奇的想象、飘逸的诗风以及豪放不羁的性格被后人称为"谪仙""诗仙"。而晁衡在长安时就结识了这位唐代最伟大的诗人，同时还与当时比较著名的诗人王维、赵晔、储光羲、包佶等人结下了深厚的友情。这几人都对晁衡的诗歌创作产生了积极的影响。晁衡之诗音律和谐，对仗工整，高度体现了中国文化修养。

而唐朝另外一位与李白齐名的大诗人就是现实主义诗人杜甫。杜甫一生流离坎坷，他的诗多为忧国忧民之作。比如"朱门酒肉臭，路有冻死骨"一句便深刻揭露了朝廷的腐败与百姓的疾苦。杜甫生活在唐王朝由盛转衰的时期，他亲身经历了安史之乱，据此吟下流传千古的现实主义佳作"三吏"、"三别"。在他的《茅屋为秋风所破歌》中通过"安得广厦千万间，大庇天下寒士俱欢颜"诗句，淋漓尽致地表现了自己渴望建功立业，解救天下百姓的强烈愿望。后来世人尊称这位怀才不遇的大诗人为"诗圣"。

而在李白、杜甫之后，还出现了自居易、李商隐、杜牧、李贺、孟浩然、王昌龄等许多著名诗人。其中李商隐、杜牧因诗才被称为"小李杜"。李贺因其才华横溢，作诗呕心沥血，不满27岁便与世长辞，被后人称为"诗鬼"。这些诗人又大都有佳作传世，特别是自居易的《长恨歌》，描述了玄宗皇帝李隆基与杨贵妃缠绵悱恻的爱情故事，读起来令人一咏三叹，感人至深，流传至今。

唐文化的繁荣不仅体现在诗歌方面，在医药方面也很突出。而在医药方面的代表人物，就是被人称为药王的孙思邈。

孙思邈是陕西耀县人。自幼体弱多病，为此耗尽家产，那时他便立志从医。青年时期的孙思邈便已因精湛的医术远近闻名。

传说他能起死回生。一天，孙思邈行医回来，路遇送殡队伍。他见棺材中有血流出，便上前追问哭得死去活来的一位老婆婆，棺中人因何而死，死去多长时间。老婆婆见他是医生，便告诉他，棺中是自己的女儿，因难产而死，已死去几个时辰。孙思邈忙命开棺，对产妇进行救治。没想到，经他扎过几针，推拿几下，那产妇不但醒转过来，还产下一个大胖小子。孙思邈又留下药，嘱咐服用方法，转身飘然而去。老婆婆一行人都喜得呆住了，半天才回过味儿来，望着孙思邈远去的背影，连称神医"下凡"。

孙思邈不但医术高明，而且善于钻研。通过长期的观察实践，他发现：羊靥治甲状腺特别有效；动物肝脏能治夜盲症；多吃粗粮能治脚气病。而中华医学史上第一个发明导尿术的人也是他——孙思邈。

孙思邈可以说集唐代医学之大成。他在自己70岁时，遍检历代医学典籍，并结合自己的行医经验，编撰成医学药典《千金要方》。这部医药奇书包括中医基础理论和临床各科的诊断、治疗、针灸、食治、预防、卫生等共30卷，编为232门。它以人体进行分类，已接近现代医学的分类方法。在他晚年时，还写成了《千金要方》的补充书目《千金翼方》。此书偏重于记载本草、伤寒、杂病、中风、疮痈等病的疗法，收载当时所用药物873种，详细记述了233种药物的采集和炮制方法。因此，孙思邈为我国唐代医药学家的卓越代表。

当时，日本遣唐使多次到唐朝，回国时就曾将《千金要方》带回日本。因此，可以说日本先进的现代医学技术的发展，与我国唐代先进的医学技术不无关联。

盛唐在艺术、绘画方面也在当时处于超前的地位。

大书法家颜真卿和柳公权，在当时被称为"颜筋柳骨"，他们的代表作分别为《多宝塔碑》《玄秘塔碑》。画家吴道子的画有"吴带当风"之称，与之齐名的画家还有顾恺之，他们的代表作品为《太宗步辇图》和《女史箴图》。

然而，这些艺术家们的作品不是早已失传，便是流传下来的为数甚少，颇让后人感到遗憾。但是，我们要想领略大唐文人雅士登峰造极的艺术作品也并非难事，只要我们去一个地方，便可一饱眼福。这个地方就是敦煌。

敦煌县座落在甘肃省的西北部，河西走廊的尽头，靠着沙漠的边缘。而著名世界的文物宝库——千佛洞莫高窟便在这里。这里曾藏有古籍两三万卷以及佛画、佛幡、丝绣品等。洞窟中的塑像2400余个，堪称稀世珍藏。

莫高窟可以说是一个古画陈列馆。在现存的壁画雕塑的洞窟中，唐朝的约占40%，所以唐代艺术是敦煌这座宝库中的主要部分。

我们谈唐代绘画，啧啧赞叹"吴带当风"。然而，吴道子的真迹已不可复见。但是，我们却可以从敦煌这座宝库的珍品中得到佐证。壁画中那些上下飞舞的飞天，忽上忽下，左右盘旋。她们身上并没有翅膀，只消几条飘带，一转一倒，便简明地画出了飞腾自如的姿态。想来"吴带当风"也即如此吧！

壁画中的菩萨应当是世俗女子的摹本。她们并未缠足，面如满月，身材丰腴健美，这正符合唐朝时人的审美标准。

供养人（奉佛的信徒）像中，以张议潮夫妇出图最为辉煌。骑者前导，大旗飘扬；舞女四人，长袖翩跹，乐队紧随，吹奏着笛笙、筚箜、琵琶等乐器，鼓手还打着大鼓；其余卫士、车骑、百戏、肩舆马车、骆驼之类，杂然并作，构成一幅复杂、豪华的场面，气魄甚为宏伟。唐无名画师把这一题材处理得井井有条，充分显示了高超的绘画创作才能。此画在敦煌156洞，具有极高的艺术价值。

敦煌宝库中还提供了大量的风俗画，宴会、生产、战争等场面应有尽有。而画中对西域、中亚，以及中原的帝王、贵族、大臣、侍从、贵妇、婢女等人神情态度的描绘，无不恰如其分。这些画也均为杰出的艺术品。

此外，莫高窟还存唐塑670个。无名的艺术大师，给一堆堆泥土茅草赋予了生命的气息。他们雕塑的佛像逼真，惟妙惟肖，庄严慈悲，兼而有之。衣服柔润圆和，使人一眼便能想到是绸缎做成。菩萨袒胸露臂，肌肤丰满，俨然是唐代美女的化身。天王力士，戴盔穿甲，刚猛威武，令人想象唐代武士跃马横戈的神情。这些作品无不优美动人，显示出唐代为我国雕塑艺术的高峰时期。

总而言之，大唐文化在当时是超前的，对我们后人也影响深远。

王仙芝黄巢起义

黄巢，曹州冤句（今山东菏泽西南）人，从小喜欢舞枪弄棒、骑马射箭，练就了一身好武艺。

俗话说的好，学会文武艺，货卖帝王家。黄巢也曾有一颗报效国家、建功立业的功名之心。有一年，他去长安参加武举考试。本来武艺高超的他可以中头名状元，但是由于他没有靠山，长得又黑又丑，最终名落孙山。黄巢回到旅店，心中郁愤，挥笔写下了一首《菊花》诗：

待到秋来九月八，我花开后百花杀。
冲天香阵透长安，满城尽带黄金甲。

他在诗中以菊花自喻，想象有一天，自己像菊花一样在百花凋零的季节，独自绽放，用冲天的香气，散遍长安。实际上他在诗中暗自抒发了自己不满黑暗的唐王朝统治，渴望创建自己功业的决心和气慨。

乱世出英雄。当时的唐王朝不能不说是乱世。经济上千疮百孔,政治上政局不稳,皇帝像走马灯似地换了数位。军阀割据混战,加紧了对农民的盘剥,老百姓对沉重的赋税难以承受,生活在水深火热之中。

在这种情况下,许多地区爆发了农民起义。唐懿宗继位当年,浙东地区便爆发了裘甫领导的农民起义。农民无以为计,见有人领头起来反抗,云集响应,很快就发展到三万多人,声势浩大。他们攻打州府,开仓放粮,很受百姓欢迎。朝廷派出军队,经过八九个月才算镇压下去。

经过这次农民起义,统治者本应吸取教训,寻找原因,减轻赋税,发展经济,采取休养生息的政策,以安抚农民。但是,懿宗死后,12岁的僖宗李儇继位。他是个小孩子,不懂朝政。太监田令孜趁机把持朝政,弄权朝纲。自古道:太监祸国。这话一点不假。田令孜加重对农民的压榨,重用酷吏。比如当时由官府专卖的咸盐,天宝年间每斗盐价为10钱,到后来官府竟卖到每斗300钱!老百姓根本买不起,但这东西又不可不吃,便有那脑筋灵活的人贩卖私盐。这下可招来大祸,田令孜下令对盐的销售控制得更加严格,一旦发现有人贩卖私盐,立即逮捕,投入大牢,施以酷刑,轻则杖背、发配,重则处以死刑。

但是,官府愈加逼迫,人民愈益反抗,正所谓"官逼民反"。咸通十四年(公元873年),河南、山东等地旱灾严重,但官府仍催逼租税,激起民变。次年底,濮州(今山东鄄城北)王仙芝,因生活无以为计,贩卖私盐。不料,被盐丁发现,王仙芝不肯束手就死,奋起反抗。他打死盐丁,在长垣举起农民起义大旗,宣布造反。几天时间,竟有数千人响应,参加义军。

王仙芝提出"天补均平"的口号,发出檄文,抨击朝廷腐败,揭露官吏罪行,得到百姓欢迎。公元875年6月,王仙芝率领农民起义大军一路攻下濮州、郓州(今山东东平西北)、曹州(今山东曹州县北)等地。

此时在冤句的黄巢闻讯惊喜万分。他曾与王仙芝一同贩卖私盐,亲眼目睹了唐统治者的黑暗腐朽和百姓生活的困苦,心中久郁不平之气。今见王仙芝率先起事，立即也带领众私盐贩子和兄弟子侄走上反唐的道路。十几天便发展到几千人，与王仙芝在曹州会师。两军合一，达到了几万人众。

此时又正值关中地区发生蝗灾，无人管理赈济。一时田地荒芜，饿殍遍地。而王仙芝、黄巢的义军转战河南，山东一带，诛杀赃官污吏，开仓放粮，得到穷苦百姓的热烈拥护。这样，起义队伍不断发展壮大，引起唐朝统治集团的恐慌，下令各地区官府组织兵力前去攻打。可是那些官员将领虽然平日作威作福，欺压百姓，但一动真格的，个个胆小如鼠，不敢轻举妄动，都采取观望态度。

唐朝廷见指挥不灵，也无可奈何，只得采取收买政策。他们派一名宦官去见王仙芝，对他许以高官厚禄，王仙芝渐为所动。又有降将王璙等人从旁劝说，他就犹犹豫豫，半推半就地答应了。黄巢得到消息，立即带兵连夜赶到蕲州，痛斥王仙芝："难道兄弟们起兵，出生入死，就为了给你求一个官当吗？"王仙芝喏嚅着答道："不是我一个人当官，兄弟们都有份！"黄巢闻听，火冒三丈，悲愤地说道："真想不到你王仙芝是如此贪图富贵之人！当初我们曾立下大誓，此次起事，定要拯救天下百姓，谁若叛悔，我与之誓不两立！"说罢，抄起桌上一只酒杯，向王仙芝砸去。酒杯正中其额头，顿时血流如注。

王仙芝自知理亏，又怕黄巢杀他，也不敢反击黄巢，但又忍不下心中这口恶气，一眼瞥见站在一旁，已抖成一团的那个劝降的宦官，便将一腔怒火全发泄在他身上，走上前"啪啪"扇了两个耳刮子，又冲他吼道："还不快滚！"一场闹剧就这样收场了。

但黄巢为人爽直，眼里揉不得沙子。他见王仙芝并非能共成大计之人，便毅然决然地与之分道扬镳，拉着自己的队伍走了。

王仙芝见黄巢走了，并不悔过，反而恼恨他使自己的官没当成。他并不死心，继续派人与朝廷联系。但朝廷此时见他势力已小，就又不怎么看重他了。王仙芝心中气恨，但仍没有放弃。他一方面与朝廷讨价还价，一方面又对朝廷进行打击，以施加压力。但是，他一心幻想被朝廷招安，哪能打好仗？又加之他的叛变行为，早已引起军中大多数将士的不满，导致军心涣散。最后，他率领的这支队伍在黄梅（今湖北）被唐军打败，他本人也死在乱军之中。

朝廷见王仙芝被消灭了，又使用同样的伎俩来对付黄巢。但黄巢根本不吃那一套，将前来劝降的浙东观察史崔璆痛骂一顿，轰了出去。

黄巢不仅为人正直、胸怀大志，而且颇有指挥作战的军事才能。他见自己率义军在北部活动一年时间，战果不大，便挥师南下，避开朝廷精锐部队，攻打其兵力薄弱地区。又采取灵活多样的战略战术，顺利地渡过淮河，跨过长江。一路上，连战连胜，所向披靡。黄巢与众将士们一起，逢山开路，遇水搭桥，经过一年多的长征，一直打到广州。

黄巢在广州稍作整顿，又调头北上。朝廷探得消息，慌了手脚。调几路大军在陆路所必经之地五岭层层设防，欲在此地将义军歼灭。

黄巢探知官兵这种企图，果断决定从水上进发。没有船，就砍伐两抱粗的原木扎成木排。官兵大军在五岭驻扎防守，岂料义军早已在湘江顺流而下，经过数州未遇抵抗。

等到官军得到消息，义军已来到潭州（今湖南长沙）。两军在江面上遭遇混战。官军的船为木板所制，义军抓住这点，用自己的木排猛撞官军船只。巨大的原木撞在上面，官军木船大多破成碎片，许多官兵落水而死。这一仗，两军激战一天，官军死伤大半，余下的纷纷投降。

第二年9月，义军回渡淮河。所经之地，不扰百姓，严惩恶霸，开仓放粮，许多农民都加入进来。不久，起义队伍已达百万之众。

起义军渡过淮河，继续向长安进发。黄巢一路上以"率土大将军"的名义向唐朝将领发出檄文。告知他们：我们只向皇帝问罪，进攻长安，请各位好自为之，不要触犯我们的锋芒！各地将领本来就害怕义军攻打他们，这下更乐得据守不出，保存实力。

公元880年，黄巢离开洛阳，率60万大军浩浩荡荡开往潼关。潼关守将还想顽抗，到城头察看义军情况。只见潼关周围漫山遍野飘扬着义军洁白的大旗，一眼望不到头。黄巢亲自到阵前督战，起义军见他们所崇敬的黄王来了，齐声欢呼，声音响彻山谷，震天动地。潼关守将见了，吓得两腿颤颤，慌忙率军弃城而逃。

消息传到长安，唐僖宗吓得只知面对大臣哭天抹泪，毫无主张。宦官田令孜也束手无策，只得率500名神策军护卫着皇帝王妃等人逃离长安，来不及逃跑的大臣都出城投降。

十二月初五，黄巢乘坐一匹高头大马，在将士们的簇拥和一片欢呼声中，八面威风地进入长安城。城中百姓夹道欢迎。

10天后，黄巢在长安大明宫登上皇帝宝座，取国号"大齐"。他宣布：凡唐朝四品以下的官员均可留任。同时任命大将军尚让为太尉兼中书令，赵璋为侍中，朱温为将军，诗人皮日休为翰林学士，等等。

黄巢认为，他领导农民起义征战7年，终于取得胜利，赶走唐朝皇帝，建立自己的政权，已经大功告成。作为一个农民出身的义军将领，他的思想确实太狭隘了。农民自身所具有的局限性，使他不可能取得彻底的胜利。

黄巢在长安建立大齐政权后，满足于既有的胜利。既没有乘胜追击，又没有建立和巩固自己的根据地。当时关中尚存唐朝禁军的主力部队以及周围颇有实力的藩镇势力。黄巢只在长安享受了4个月的安稳日子，唐朝节度使郑畋、程宗楚便纠集10万人马对其形成包围之势。黄巢无奈，撤出长安。官军入城，到处抢劫，一片混乱。黄巢又乘机杀入，官军大败。他进城后，也大肆屠杀了一批欢迎官军入城的居民，这使他在百姓中失去了威信。

中和元年（公元881年）六月，唐朝军队汇集了沙陀贵族李克用的骑兵，从四面八方包围长安。同时配合军事围剿采取分兵诱降政策，起义军将领朱温叛降。这就影响了义军的力量，又加上城中无粮，李克用骑兵骁勇，使黄巢不得不退出长安，开往蓝田。

公元884年，黄巢率军攻打陈州（今河南淮阳），损失人马大半，却久攻不下。唐王朝又调动大军围攻，黄巢只好率军败退，退至泰山下狼虎谷时，被唐王朝大军重重包围。黄巢见无法突出重围，拔剑自刎。

黄巢起义虽然最后失败了，但给唐王朝以沉重打击。唐王朝从此一蹶不振，直至灭亡。

朱温称帝李唐亡

朱温原为黄巢手下一员大将。唐军反扑围巢于长安之时，采取分兵诱降政策。朱温禁不住物质利诱，背叛义军，投降朝廷，严重影响义军力量。黄巢不得已退出长安，开往蓝田。而朱温却颇受僖宗礼遇，不仅封他为汴州（今河南开封）节度使，而且赐名"全忠"。

这一日，朱全忠正在府中闭目养神，做着他的升官发财梦。忽有军兵来报：雁门节度使李克用在城外要见将军。朱全忠闻听，慌忙起身，亲自出城迎接。

提起李克用，不可不提他的夫人刘氏。这刘氏有勇有谋，比骁勇善战的李克用还更胜一筹。而且，刘氏与其尖酸刻薄、心狠手辣的丈夫不同，她还有一颗贤善之心。这次与丈夫一起追剿农民军，到黄巢的家乡冤句时，截获了一万多名老百姓。依李克用之见，这些人在叛匪老窝，均与叛匪黄巢有关连，说不定还有其子女兄弟在内，不如一齐都杀了。刘氏低头不语，时值天降大雨，百姓们均淋在雨中。刘氏不经意间一抬头，看见最前面的一个小男孩，全身湿淋淋的，不知是冷的还是吓的，双唇乌紫，脸色苍白，全身还在瑟瑟发抖。刘氏一见，不由得想起了自己的小儿子。她走上前，解下自己的斗篷，裹在小男孩身上，回头对李克用道："将军，叛匪虽然可恶，这些百姓都是无辜的。我看还是将他们放了罢，我们也算积些阴德。"李克用平日最听刘氏的，略一思忖，便点头答应，将所有老百姓都放了。

李克用率大军继续前行。走了几日，天气放晴。监粮官前来禀报：军中粮草不多，望将军早做定夺。刘氏一见，大军恰行至朱全忠驻守的汴州城外，便向李克用建议道："将军，不必作难。如今我们已在汴州城外，不愁无粮。想那朱全忠本为叛军降将，将军前去筹借粮草，他必然不敢不给！"李克用一听有理，这才带亲兵"义儿军"来在汴州城外要见朱全忠。

朱全忠果被刘氏说中，他自认为降将之身万不可得罪朝中大臣，将李克用奉为上宾，设酒宴款待。李克用也不客气，放开肚量，大吃大喝。他本就有些瞧不起朱全忠，又加上性格使然，几杯酒下肚，口上便没了把门的，对朱全忠道："世事真是难料啊！一年前。尊兄还在黄巢手下当差，你我在战场上兵戎相见。不想今日，我们又这样亲热地在一起饮酒。谁能想得到呢？"

俗话说，打人不打脸，骂人不揭短。李克用如今变相说朱全忠是一位投降者，正戳中他的痛处，怎不叫他变脸变色呢？可李克用似乎丝毫没有注意到朱全忠的脸色，借着酒劲又故意问道："朱公不是名'温'吗？如今怎么又忽然改了名字呢？"朱全忠听了此言，才慢慢散去脸上的愠色，得意地说道："蒙皇上厚爱，特赐在下'全忠'之名。"

朱全忠本以为这下李克用必会高看他一眼，不料，李克用不以为然地说道："'全忠','全忠'，好名字，实在是个好名字。只是不知那黄巢听了，会有什么想法……"

朱全忠一听李克用如此挖苦自己，气得脸色紫如猪肝，一拍桌子，噌地站了起来。在场的监军陈景思见状不妙，忙打圆场。道："李将军醉了，李将军醉了……"然后，不待朱全忠说话，便将李克用拉到住处休息。

李克用一走，朱全忠在屋中踱来踱去，总觉胸中这口气难以下咽，"哗啦"一下将桌子掀翻在地，从墙上摘下宝剑，出屋要去找李克用拼命。正在此时，从外面奔入一人，正与他撞在一起。抬头一看，原来是手下大将杨彦洪。原来，杨彦洪听说李克用在酒席宴上对朱全忠极尽挖苦之能事，心中愤恨，便跑来与朱全忠商议给他点厉害。两人一拍即合，杨彦洪提议用火烧李克用所下榻的驿馆。这样，万一上边追查，还可逃脱罪责。朱全忠立即同意。

半夜时分，驿馆内火光一片。李克用的侍卫郭景心道"不好"，忙起身奔入李克用屋中，只见他四脚八叉地仰躺在床上。郭景上前呼唤："大帅，大帅……"无奈李克用喝酒太多，怎么招呼都毫无知觉。郭景看到外面火光冲天，把窗户都映红了，急中生智，端来一盆凉水，兜头盖脸地浇在李克用头上。李克用打了个冷颤，从睡梦中惊醒。一睁眼，看见侍卫郭景拎着个盆子站在床前，刚要发作，郭景抢上前说道："大帅，快起！那贼人朱全忠火烧驿馆，要害死大帅。"李克用闻听，大惊失色，又见窗外火光冲天，慌忙爬起身，想拿武器，无奈心有余而力不足，脚下无根，走路直打晃。郭景对李克用真是赤胆忠心，二话不说，背起他就向外跑。此时，李克用的亲兵李嗣源、薛志勒等人也纷纷赶来，两下合在一起，保护李克用，向外冲杀。正在这时，天气骤变，惊雷暴雨，浇灭了大火。火灭后，冒出浓烟，又形成了掩护李克用逃走的烟幕，而不时亮起的闪电，又给他们照清了道路。

此时，驿馆内的杨彦洪仍骑马跑来跑去指挥众军兵，搜捕李克用。朱全忠率另一队军兵找了半天没找着。正自沮丧间，忽见黑暗中有一个人骑着马乱窜。他想起刚才杨彦洪说过这样的话："李克用等人善骑马，如要突围，必会骑马而逃。将军只要见骑马者便命放箭，保证万无一失"，不由得心中大喜，料定必是李克用，亲自拉弓搭箭，向那人射去。在义军时，朱全忠便有神箭将军之称。这一箭射出，正中那人后胸。朱全忠跑过去一看，大惊失色，原来射死的不是别人，正是给他出主意，让他"见骑马者就射"的杨彦洪！朱全忠后悔不迭，但人死不能复生，也只得将其厚葬了事。他在驿馆折腾了一宿，不见李克用踪迹，料定他已逃走，只好垂头丧气地收兵回府。

再说李克用绝路逢生，幸遇大雨，被手下亲兵义儿军平安护送回大营。事后更加佩服夫人刘氏。他认为，皆因刘氏有好生之德，建议他放掉那一万百姓，感动苍天，才在自己遭遇火光之灾之时天降大雨，保下自己一条性命。从此后，他越发对刘氏言听计从，而且也对烧杀抢掠之事大大有所收敛，同时严格约束手下军兵，不可胡作非为，骚扰百姓。对朱全忠，他恼恨至极。二人也就此结下梁子。两人日后还有一战，这是后话，暂且不提。

再说大唐王朝，每况愈下。黄巢起义虽未颠覆其统治，但也动摇了它的根基。此时它已是千疮百孔，岌岌可危了。

文德元年（公元888年）春，僖宗驾崩。他的弟弟李晔继位，即昭宗，改元龙纪。这一时期，军阀混战，互相争夺歼灭。最后，只剩三支力量较强的队伍：一个是陕西李茂贞；一个是山西李克用；另一个就是河南朱全忠。三方势均力敌，谁都不敢轻举妄动，形成鼎足割据之势。这样一直相持了十几年的时间。

天复元年（公元901年），宦官给昭宗出主意，封李茂贞为岐王，进京辅佐，然后逐步铲除军阀势力。昭宗闻之有理，依计而行。因宰相崔胤依附于朱全忠，遂被昭宗贬谪出京。

李茂贞乐得将皇帝控制在自己手中，以更好保护昭宗为由，让昭宗起驾去他的大本营凤翔。昭宗不肯，李茂贞便勾结宦官韩全海逼迫其就范。昭宗这才明白，中了他们的圈套，但悔之晚矣，只得忍气吞声，待在凤翔。

而宰相崔胤被谪出京都后，立即去见朱全忠，怂恿他发兵将皇帝从李茂贞手中夺过来，先控制在自己手中，然后伺机除掉，自己当皇帝。朱全忠闻听，正中下怀。天复二年（公元902年），朱全忠率7万大军攻打凤翔。因城中断粮，无法支撑，李茂贞只得打开城门，将皇帝交给朱全忠。

朱全忠劫持昭宗回到长安。他又采纳了崔胤的建议，为防止宦官与别的军阀勾结，控制昭宗，一次将宦官杀了800余人。此举虽从客观上结束了唐王朝的宦官之祸，但同时也枉杀了许多无辜的人。其残暴程度，令人发指。

天祐元年（公元904年），野心勃勃的朱全忠基本上统一了黄河流域。他为实现其不可告人的目的，逼迫昭宗迁都洛阳。昭宗此时只是一个傀儡，手中无权，任人摆布，虽然心中不愿意，也只得在朱全忠的控制和监视之下来到洛阳。不久就遭到杀害，他九岁儿子李柷继位，年仅13岁，即哀帝。

完成了这一步，朱全忠开始大肆屠杀李氏宗亲和唐朝官员，并将他们的尸体丢入黄河。

公元907年3月，朱全忠逼迫小皇帝禅让，自己如愿以偿当上了皇帝。国号为梁，史称后梁，年号为开平。

不久，朱全忠又将唐朝最后一位小皇帝杀害。至此，唐王朝从公元618年李渊开国，到公元907年李柷禅位，共经历了23位皇帝，历时整整289年。

此后，中国开始了五代十国纷争的复杂局面。

李存勖为父报仇

公元907年，朱全忠灭唐建梁。从此，中国历史进入五代十国的时期。即梁、唐、晋、汉、周，合称"五代"，因前朝年号有与此相同的，后人在此五代前加一个"后"字以示区分。同时并存的十国分别为：前蜀、吴、闽、吴越、楚、南汉、南平、后蜀、南唐和北汉。五代十国时期，军阀割据混战，朝代更替频繁。朱全忠建立后梁之后，首先进行讨伐的，就是坐镇山西的李克用。

李克用带兵追剿农民义军路过朱全忠驻守的汴州时，粮草不足，前去相借。不料，言语冲犯了朱全忠，险些被他用大火烧死。从此二人结下了冤仇。李克用听说朱全忠当了皇帝，还因"全忠"之名为已故唐朝皇帝所赐，现在倍感耻辱。而原名"朱温"与"猪瘟"谐音不吉利，将名字改成朱晃，心中又急、又气、又恨、又可笑，便决定出兵讨伐，但又怕兵力不够，反弄巧成拙被朱晃吞掉。想来想去，就想到了北方契丹族首领耶律阿保机。契丹族属游牧民族，善骑射，骁勇善战。李克用觉得如与之联合，必能打败朱晃，灭了后梁。忙派人前去说服耶律阿保机。当时契丹族已经统一，耶律阿保机早有南犯之心。一听李克用要与自己联手攻打后梁，满心欢喜，当即表示同意，还亲自前往李克用处与之商谈此事。二人一见，甚为投机，结为兄弟，不久，约好一起进攻梁朝时间，各自回营准备。

　　令李克用意想不到的是，耶律阿保机回营后，朱晃便派人对其进行利诱。耶律阿保机一则被朱晃所送礼物引诱，二则细想之下觉得朱晃势力强大，即使自己与李克用联手也未必能胜，竟然背弃前盟，反与朱晃结成联盟。李克用得到消息后，急火攻心，卧床不起。

　　不久，李克用就觉得自己大限已到，不由得悲愤不已。李克用有一个儿子名叫李存勖。此子骁勇无比，又很有军事头脑。这一天，他来探望病中的父亲。李克用一看到威武强健的儿子，眼中闪了闪，心中升起一股希望，拉住儿子的手，语重心长地说道："孩子，为父之所以如此，全为三人所致。一个是朱晃，其中原因，我不讲你也清楚；一个是现在朱晃手下的刘仁恭；还有一个就是契丹首领耶律阿保机。刘仁恭我对他有恩，曾保举他做官，谁知这个狼心狗肺之辈居然投靠了朱晃，公然与我为敌；耶律阿保机曾与我结为兄弟，誓杀朱晃，不想此人也是见利忘义的小人，被朱晃所诱，投他而去。为父自知大限已到，不过，胸中这三口恶气不出，我死不瞑目啊！"

　　说到这，他停下来，咽了口粗气，命人取来三支利箭，亲手交给儿子。这才继续说道："儿啊！为父知你英勇善战，一定会给为父报仇。今日，为父给你这三支利箭，你一定牢牢记住那三个人便是你杀父的仇人，有朝一日，用这三支箭亲手射杀此三人！"

　　李存勖见到父亲说完这几句话，眼神都已散乱，早已泪流满面。他"扑通"一声跪倒床边，双手恭恭敬敬接过三支箭，哽咽着说道：

"父王，您放心，孩儿一定诛此三人。不报此仇，誓不为人！"李克用闻听，嘴角露出一丝微笑，慢慢闭上了眼睛。

李存勖见父亲死了，悲痛欲绝。身旁一个老家人流着泪劝道："少爷节哀，保重身体要紧。哭坏了身子，如何给老爷报仇啊！"李存勖闻听，心里一惊，想道：是啊，哭有什么用？又不能将父王哭转回来，又想起父亲临终遗言，忙擦干眼泪，暗下决心，一定要在最短的时间内除掉李家这三个不共戴天的大仇人，以慰父亲在天之灵。

料理完丧事，李存勖继承了父亲李克用的晋王位。为报父仇，他开始加紧操练人马。李克用本就很有指挥才能，给他打下了良好的基础。再加之李存勖青出于蓝而胜于蓝，既有乃父之风，又有自己领兵作战的一套。很快就把自己手下这支沙陀族骑兵训练得纪律严明，英勇无敌。

不久，李存勖便决定出兵。他第一个攻击的目标就是朱晃。出征前，李存勖前往家庙祭拜，祈祷父亲在天之灵保佑自己。同时他将供奉在家庙里父亲所赠的三支利箭恭恭敬敬地取出来，装进随身而带的丝套里，这才向朱晃的老巢进发。

朱晃率50万大军迎击，两军展开了惨烈无比的战斗，直杀得风云变色、天昏地暗。李存勖虽受伤不敌朱晃，但他的骑兵将士个个骁勇善战，以一顶十。又加上每次作战，李存勖都身先士卒，冲杀在前，这极大地鼓舞了士气。因此，朱晃军兵虽众，却屡战屡败，狼狈不堪。李存勖每次取胜，还刻意将朱晃羞辱一番。特别是揭穿他曾为农民军、出身低贱，且做过背叛投降、寡廉鲜耻之事。朱晃羞愧气恨交加，竟一病不起，呜呼哀哉了。

李存勖气死朱晃，又一鼓作气，攻破幽州。杀死了刘仁恭父子，报了第二个仇。之后回师休整。

李存勖知道，要杀耶律阿保机，与杀刘仁恭不一样，不能仅凭一时之气，要有足够的实力。他养精蓄锐，卧薪尝胆，九年之后，兵力大增。李存勖率军出击，大败南下的契丹兵，把耶律阿保机赶回老家。从此之后，李存勖雄霸中原。

但是，他还有一个心腹之患，那就是朱晃儿子朱瑱。朱瑱继位后，还想为父报仇，统一北方，李存勖成为他的劲敌。两人兵戎相见十年。到公元923年，朱瑱终因不敌李存勖，宣告失败。后梁从朱晃建国到朱瑱亡国,不足17年,在历史的长河中如昙花一现,流星一闪。

李存勖灭了梁朝之后,又率军统一了北方。自己登基称帝,国号为唐,史称后唐。李存勖则为庄宗皇帝。

李存勖命丧优伶手

李存勖征战沙场十余年,终于报了父仇。在沙场上,他不愧为一个顶天立地的男子汉。但是当他统一北方,做了皇帝之后,却失去了奋斗的目标,没能成为一个好皇帝。

做了皇帝的李存勖,见到自己大功告成,敌人死的死、逃的逃,已构不成威胁,便以为中原从此平安无事,他自己也应该享乐几天了。

第一件事应该干什么呢?他在后宫自己一人想了一整天,最后决定,组织一支全国最好的戏班子。原来,李存勖是个戏迷。他从小就特别喜欢看戏,也愿意演戏。他们晋王府,当时就有一个戏班子,专门给晋王府演戏。李存勖那时就经常与那些优伶混在一起,还时常混充其中,跑个龙套啥的。由于他看戏太入迷,经常忘记练武习武,对他管教颇严的父亲李克用为此还对他施用过家法。以后,他就只好专门练武习文,较少去看戏了。即使去,也要悄悄的,背着李克用。长大后,李克用不再管他,但他又忙于征战没有时间看戏。李存勖一直将此事引以为憾。现在自己当了皇帝,说干什么就干什么,第一件事当然是组织一个戏班子。

朝中大臣闻说此事,有那贤良之臣便出来反对,对李存勖进言道:"国家初建,百废待兴,还望陛下以国事为重。"李存勖听了很不高兴。有那善于察颜观色、阿谀逢迎的见状忙趋前上奏:"陛下为万圣之尊,这点小乐子也不能找吗?况且陛下南征北战十余年,现在也该歇歇,享乐一下了。"李存勖闻听非常高兴,立即派此人去办此事。

不久,戏班子就组建好了。李存勖把国家大事丢在一边,一心和戏班子混在一起,到后来甚至连早朝都不上了,整天涂脂抹粉,身着戏服，上台演出，与一帮优伶不分你我，称兄道弟，还给自己起了个艺名，叫"李天下"。这些优伶见李存勖迷戏若此，索性在他面前也无所顾忌，日渐放肆起来。

一日，众人在台上演戏。庄宗李存勖连喊两声艺名"李天下"。不料，一个优伶忽然走上前去，扇了他两个耳刮子，李存勖一时愣住了。旁边的人见状大惊失色，唯恐皇上怪罪。一个稍微机灵点儿的上前揪住那个优伶质问。那优伶不慌不忙，笑道："治理天下者，唯有皇上一人，你连喊两声'李天下'，那个人是谁呀？"

众人闻听这才舒了一口气。庄宗李存勖也知那人是与自己闹笑话，并不追究，继续演戏，但是这无异于纵容了这些优伶。他们在宫中受到庄宗李存勖的宠幸，在一起平等相处，便日益狂傲起来。他们不仅自由出入皇宫，甚至还控制朝中大事，欺侮重臣，许多官员对此敢怒不敢言。

在众多的优伶中，有一个人最善机巧，他叫景进。景进经常在庄宗李存勖面前耍乖弄巧，逐渐成为庄宗最宠信的人，将他当成心腹。景进颇有心机，经常去外边了解情况，然后根据自己的评判标准，在庄宗面前数说朝臣是非，以达到不可告人的目的。庄宗很听他的，他说谁好，谁就升官；他说谁不好，谁就遭贬、获罪。朝中大臣不敢惹景进，只好处处讨好景进。一个优伶使用这么简单的手腕，竟然达到了祸乱朝政的地步，真是让人感到荒唐可笑。

庄宗李存勖渐渐不满于与众伶人在后宫演戏了，他甚至要让这些伶人做官。不久，他就决定封两个优伶为刺史。消息传出，朝中重臣纷纷进谏相劝，都认为新朝刚刚建立，许多跟随李存勖南征北战、出生入死打下江山的有功之臣尚未封赏，如今却让优伶出任刺史，未免让众将心寒。

庄宗李存勖却颇不以为然。他心中道，就算他们不服，又能怎样呢？最终坚持让那两个伶人做了官，这下可给他带来了杀身大祸。

这两个伶人本就是无才无德之辈，一朝掌权，便作威作福，祸乱朝纲。他们自认为有皇上在后撑腰，有恃无恐。许多当年跟随李存勖征战的将士心中不平，觉得皇上不公。仅仅几年，后唐朝廷内乱频仍，大将郭崇韬被杀，李嗣源也险些被害。

李嗣源可不是一般人物。他武艺高强，胆识过人。当年，朱全忠火烧驿馆，谋害李克用，李嗣源正在李克用身边。那时，他只有17岁，但却临危不惧，挥舞一只长枪，左拼右杀，以一当十，最终保护李克用冲出重围，立下大功，被李克用收为养子。

李嗣源对李家可谓忠心耿耿，战功赫赫。就是李存勖连报三仇，直至统一北方，也多亏有他从旁辅佐。可是这样的有功之臣，并且也算是皇上的心腹，非但得不到重用，反遭猜忌迫害，让将士们的心都凉透了。他们纷纷跑到李嗣源府中，要求他起兵反唐。李嗣源也忍无可忍，又见有众将热烈拥护，便决定发兵，讨伐戏迷皇帝李存勖。他选择进攻的第一目标便是汴京。

庄宗皇帝在洛阳正排演新戏，闻听李嗣源起兵反叛，也不由得大吃一惊。他深知李嗣源厉害无比，决非等闲人物，便立即动身亲自赶往汴京督战，行至途中，就又得到消息，李嗣源已攻下汴京，而且各地将领纷起响应支持李嗣源。李存勖一屁股坐在地上，喃喃说道："朕此时处于孤立无援之境，除了我的戏班子，我是一无所有了……"

庄宗李存勖虽明知自己已经完蛋了，但还要负隅顽抗到底。他赶回洛阳，命令亲军指挥郭从谦组织兵力抵抗。

郭从谦原来也是个优伶，但此人与景进等人并非一流。他为人正直，好学上进，曾认大将郭崇韬为叔叔。郭崇韬被景进一伙进谗言，蒙冤而死。郭从谦恨透了这帮人，同时他觉得庄宗也是个昏庸之辈，早就有心除之，无奈兵力不足，只得忍耐一时，相机而动。此时见李嗣源率大军讨伐庄宗，便觉机会来了。他发动亲军造反，冲入皇宫。庄宗李存勖始料不及，他万万没想到自己连宫中优伶也没有完全笼络住。他纵有一身武艺，也抵挡不住强健勇猛的亲军一起围攻。而他身边那些伶人，特别是景进之流，早已各自逃命去了。这个只做了4年皇帝的李存勖最终死于非命。不知他到了阴间，还想不想唱戏。

庄宗死后，李嗣源继位做了后唐的第二位皇帝，即唐明宗，时值公元926年。

可耻的儿皇帝

在五代十国的历史上，有一位认贼作父、臭名昭著、可耻的"儿皇帝"，他就是后晋的开国皇帝——石敬瑭。

石敬瑭本为西部少数民族，其父为李克用部将，征伐有功，官拜洛州刺史。石敬瑭从小受到其父严格管教，精于骑射，骁勇善战。长大后，石敬瑭跟随李克用南征北战，屡立功勋。公元923年，后梁大将刘鄩急攻后唐辖地消平。后唐皇帝庄宗率大军前去解围。不料，刘鄩治军有方，未等后唐军摆好阵势，便杀了过来。后唐军溃不成军，庄宗李存勖被后梁军重重包围。正在力不能支之时，万马丛中杀过来一人。李存勖一看，正是石敬瑭。只见他纵马飞至李存勖身边，大喊一声："陛下，随我来！"挥舞一只长槊，左冲右杀，杀出一条血路，终于保护李存勖安全退出。

战斗结束后，庄宗李存勖对石敬瑭大加赞赏，表示感激之情。从此石敬瑭在后唐军中名声大振。

后来，庄宗李存勖将石敬瑭调拨到李嗣源手下任左射军。从此，石敬瑭跟随李嗣源左右，出生入死，冲锋陷阵，多次解救李嗣源于危难之中。李嗣源非常器重他，将自己的女儿许配给了他。

石敬瑭为人沉默寡言，但是颇有心计。刚开始时，他在李嗣源身边老老实实，即使立了大功也从不邀功争宠。后来庄宗李存勖死了，李嗣源继位，成为后唐明宗。他封石敬瑭为保义军节度使，兼六军诸位副使，此时石敬瑭手握兵权，权力已经不小。后来，明宗又几次提升他，他的权势越来越大。他也就日益骄纵，原形毕露。

明宗李嗣源的养子李从珂从中看出问题，又加之李从珂也是一名能征善战的武将，因此对石敬瑭颇不以为然。石敬瑭也与其针锋相对，毫不相让。两人矛盾很大。明宗在的时候，两人还有所收敛；明宗一死，二人的矛盾达到了公开化、白热化的程度。

明宗死后，明宗之子李从厚继位，史称愍帝。愍帝封石敬瑭为中书令，朝中大事的决策权实际上控制在手握重兵的石敬瑭手中。李从珂不服，起兵反叛。愍帝率众文武官员逃往石敬瑭处。石敬瑭反而杀掉文武百官，将愍帝废为鄂王。囚禁在卫州。

李从珂得到消息，即刻即位，史称末帝。末帝李从珂知道石敬瑭有野心，必会反叛，便先出兵攻打。

石敬瑭在他的大本营——晋阳城得到李从珂率几万人马来攻的消息，急得如热锅上的蚂蚁。因为此时他与李从珂之间的状态是敌众我寡，自己再骁勇善战也是力不能敌。更何况李从珂威武之程度、领兵带队之能力与自己不相上下呢？他的谋士桑维翰见状，给他出了一个主意：向契丹人求救。

此时的契丹首领为耶律阿保机之子耶律德光。当年耶律阿保机被庄宗李存勖赶回北方，元气大伤，但是他一刻也没有放弃南下的打算。生前未能完成的遗愿，死后嘱托给儿子耶律德光。耶律德光这些年时刻未忘父亲的遗嘱，时刻准备着大举南侵，只是还未找到一个合适的时机罢了。现在石敬瑭前来求救，认为这是一个绝好的机会，立刻答应出兵。

不久，耶律德光率5万骑兵前去晋阳助战。李从珂受到前后夹击，大败而逃。石敬瑭对耶律德光感激涕零，亲自出门迎接，一见面就行叩拜大礼，将耶律德光迎入大帐后，又跪拜一番，还当即表示要认耶律德光为父，允诺日后如能当上皇帝，他将向契丹年年进贡并割让土地。

耶律德光在晋阳城受到了石敬瑭儿子对待父亲、奴才对待主子般的礼遇，心中又惊又喜。连他自己都不敢相信，比自己大十多岁的石敬瑭会认自己做父亲，同时还主动提出割让土地。他本来就垂涎南方国土，如今有人送上门来，何乐而不为呢？但他还要装模作样一番，手捻胡须，沉吟半响方道："我此次奔走3000里前来救你，本就是为你的一片诚心所打动。今日亲见，也不枉我一片好心了。看你还像个皇帝样子，索性就封你为皇帝吧！不过，这也要看你日后的表现了！"

石敬瑭闻听大喜，他知道自己从此有了契丹人做靠山，就无人敢惹了，连忙叩头谢恩。不久，他就以为耶律德光祝寿为名，将雁门关以北以及幽州、涿州、云州等地（也称"幽云十六州"）割让给契丹，并答应每年纳贡帛30万，作为对耶律德光的报答。

石敬瑭手下大将刘知远曾竭力劝阻过此事，对他说："您向契丹求救,如果称臣也可,认耶律德光为父怕是不妥。给他们一些金银财宝也没什么,只是万不可割让国土!"石敬塘鬼迷心窍,一心想做皇帝,哪里听得进这些,不但颇不以为意,还将刘知远痛斥一番。从此刘知远对他又失望又怨恨。

而石敬塘得了契丹人的帮助,无所顾忌,率兵一路打到洛阳。末帝李从珂连吃败仗,自觉大势已去,在宫中大哭一场,然后燃起大火,命家人和自己一起投入大火中自焚。石敬塘很容易地开进洛阳,正式登基称帝,国号为晋,即为后晋。此后每年向契丹朝贡,他都正式把契丹国主称为"父皇帝",自己是"儿皇帝"。真是可笑、可耻,荒唐至极。

石敬塘以儿皇帝的身份,在契丹国的庇护下,过了九年后病死。他的养子石重贵继位,即为后晋出帝。出帝更加无能,朝政腐败。他梦想继续在契丹的庇护下过他醉生梦死的安逸生活。在给契丹的奏章中自称"孙儿"。但是契丹已不满足于仅仅占有幽云十六州,便以此称呼甚为不恭为由向中原大举进攻。不久,便打进汴京。后晋出帝石重贵出城投降,后晋灭亡,历时不足12年。

公元947年,耶律德光在汴京自称大辽皇帝。京城百姓本来为了向契丹纳帛,就生活困顿。今见契丹人攻占汴京后,烧杀抢掠,无所不为,便纷纷外逃。但也有那忠义之士,奋起反抗,而且反抗的烈火越烧越旺。耶律德光见再待下去十分危险,并且金银财宝搜刮得也已差不多,便决定退回老家。但儿皇帝石敬塘割给契丹的幽云十六州仍被他们所占领。

耶律德光借口"中原天气太热,不习惯"回辽国之时,也押上石重贵以及他的后宫嫔妃、子女和内官同行。石重贵一路上受尽侮辱。契丹人自己大吃大喝,山珍海味、美酒佳肴,应有尽有,却让石重贵一行人侍立一旁,忍饥挨饿。随从只好偷偷采些野果蔬菜给石重贵聊以充饥。契丹贵族见石重贵的宠姬和小女儿年轻貌美,虽经长途跋涉仍光鲜可人,便将二人抢走,轮番肆意凌辱至死。石重贵对此已经麻木了,竟然毫无知觉,如不关己事一般。

传中记载:"自古亡国之君者,无如帝(指石重贵)之甚也。"认"贼"作父,最后的下场是可耻而又可悲的。

在这一期间内,后晋大将刘知远东山再起,在晋阳称帝,国号为汉,即后汉。至此,开始了五代时期的第四个朝代。

钱镠睡警枕

钱镠是五代十国期间一个小国吴越国的国王。

他本是一个靠打渔种庄稼为生的农民,生活异常贫困,后来为生活所迫当了盐贩子。但是贩私盐弄不好是要掉脑袋的,他不愿再过这种提心吊胆的生活。一狠心,投到浙西镇将黄昌部下当了兵。由于他冲锋陷阵,屡立战功,而且为人又机变灵活,很快就提升为军中将领。不久,黄巢起义,率大军攻打临安(今杭州)。当时正值钱镠在临安驻守。他手下军兵虽然不多,但却被他训练得个个如下山猛虎,以一顶十。在敌众我寡的情况下,他率军顽强抵抗,保住临安城。唐王朝统治者因他守卫临安有功,遂封他为都指挥使,不久又提拔他为镇海节度使。

唐王朝节度使的权力非常大,钱镠可谓一步登天。这时他作为农民的小家子气也便显露出来。平日出行,卫士前呼后拥,趾高气扬,将一切人都不放在眼中。特别是他的脾气也随着他的升迁而长了起来。一日,有人为他献诗一首,诗中有一句为"一条江水槛前流"。其中"前流"与"钱镠"同音,钱镠听文书给他念完诗后大发雷霆,认为写诗人是有意讽刺他,竟然下令将那人给斩了。

从此,钱镠失去了民心,许多人见了他都绕着走。初时,他不觉得什么,依然在自己新建的豪宅中饮酒作乐,肆意胡为。时间久了,他逐渐觉出味道不对来了。因为他当节度使后,请父亲进城,他父亲以"一辈子当农民,习惯了与土地为伴"为由执意推托。钱镠便依从了老父,只是经常回家看看父亲,送些金银钱帛。开始几次,父亲还满心欢喜。但到后来,钱镠回家探父的排场越来越大,他的老父却对他越来越冷淡,及至后来,竟避而不见了。钱镠是个孝子,见父亲如此,心中难过。左思右想,知道其中必有缘故,决心探个究竟。

这一日,钱镠独自一人,抄小路步行回家,手中只拎了一只烧鸡和一壶清酒。到了家门口,略微踌躇了一下,但还是推门进去。柴堂之中，只见老父正坐在藤椅之上。忙上前恭恭敬敬喊了一声："父亲，儿回来看您了！"他父亲见他一人如此打扮回来，竟然非常高兴，起身将他让到屋中，还拿出家中的大枣、花生等乡间土产让儿子吃。钱镠看见父亲高兴，心里也踏实了些。父子俩闲聊了一会儿，钱镠忽然问父亲道："父亲，为什么儿子前几次回家，您却避而不见呢？"

他父亲见他有此一问，脸色忽然严肃起来，郑重说道："孩子，我们家世世代代穷苦百姓出身。如今你却做了大官，但是为父想这样一来，就一定会遭那些小人嫉恨。偏偏你又锋芒毕露，无所顾忌。长此下去，为父只怕咱们钱镠家要遭殃啊！"钱镠一听老父之言，激凌凌打个冷颤，心道：我这节度使可真是白当了，尚不如乡下老父有见识。成由勤俭，败由奢。我如今奢华无度，肆意玩乐，逞强示威，谁能保证会有什么好下场呢？从此之后，钱镠再也不似先时那般骄纵，而是牢记老父之言，处处小心，时时留意。口碑也逐渐好起来，慢慢又成了百姓爱戴之人。

朱温灭唐建梁之后，钱镠为了保存实力，牵制吴国，主动向朱温表示祝贺，甘愿称臣。朱温高兴之余封他为吴越王。

当了国王的钱镠丝毫没有改变自己以前的作风，依然爱民如子，做事小心认真。

他为了使自己能做到时时具有一颗警惕之心，特意让人做了一个圆木枕头，睡觉时不睡布枕头，而是枕着一段圆木头。人枕着圆木头睡觉，肯定睡不踏实，有点声响就会惊醒。他这样多年坚持睡圆木头，保持了极高的警惕。人们将这段圆木枕头称为"警枕"。

他不仅自己警惕性高，对自己手下的军士也要求如此。一天夜里，钱镠半夜起来到军中巡营。发现一个士兵过于困倦，靠在墙角睡着了。钱镠便找了一颗铜弹子，从墙内丢到墙外。那个士兵听到声响，立刻惊醒，四下察看了一回，虽没发现可疑处，却也不敢掉以轻心再打瞌睡了。事后，听说铜弹子是国王扔的，值班士兵们没有一个再敢有丝毫的马虎了。

钱镠治兵，纪律也非常严明。下达的命令，一定要严格遵守，不允许有丝毫的违背。手下的将士都谨遵国王的这条规定，没有一个敢有丝毫的疏忽。有一回，钱镠身着便服出城回家探望老父亲。父子俩聊得高兴，一直谈到半夜。钱镠忽然想起还有一件要紧的事未办，便不顾父亲再三挽留，执意回城。走到北城门口，守城军兵说城门已关，不放他进城。钱镠急了，冲上边喊道："我是大王派出城的，现在有急事要进去。"守城军兵不理他，但又禁不住他在下边不停地喊，最后说："国王有规定，夜深了不能开城门。别说你是大王派的，就是大王本人来了，现在也不能开城门。"

钱镠无论如何叫门，守城门士兵都不给他开。最后，他只好走了半宿，绕到南门。南门守将是钱镠手下亲信，见国王来了忙开门让他进去。

第二天，钱镠把负责北门的士兵找来。士兵们一见此人正是昨日叫城之人，不由得大惊。不料，钱镠却笑道："你昨日严守城门，未将我放进来，这说明你恪尽职守，无论战时还是太平之时都没有一点儿疏忽。所以理应封赏于你！"言罢，命人端出50两黄金送给那个士兵，并当众封他为守城大将军。消息传出，将士们对国王的指示、法令都不敢怠慢敷衍，致使政令畅通，上下军民团结一心，经济逐步繁荣发展起来。

钱镠还曾带领本国军民共同修建了钱塘江堤和海塘，有效地防止了水旱灾害的发生，并使几千顷良田得到灌溉，农业生产得到大发展。由于庄稼连年获得大丰收，米价便宜到每石只售50文钱。民间因此称钱镠为"海龙王"，称赞其兴修水利的功绩。

钱镠虽然是一个小国的君主，但是他谦虚谨慎，知错必改；睡警枕，严治军；发展农业，兴修水利；身为国王，事必躬亲。由一个农家子弟经过不懈努力成为一个历史上留名百世的贤明君主，他的许多故事为后人所称道传颂，他的某些精神值得后人学习借鉴。

周世宗伐汉

公元947年，契丹族首领耶律德光灭了后晋，他在汴京自称大辽皇帝。但是，他的统治没维持多久，便激起中原义士的奋勇反抗，吓得耶律德光率军北返。

与此同时，后晋大将刘知远在晋阳称帝，建立后汉，史称后汉高祖。后汉高祖刘知远得知耶律德光退出汴京,返回北国,觉得实现抱负、统一中原的机会来了,当即率大军南下。他治军有方,手下的将士训练有素,纪律严明,对百姓秋毫无犯,很得民心。他本人骁勇善战,颇有军事指挥才能。所到之处,战无不克,攻无不胜,很快收复汴京、洛阳等地。其他地方剩下的辽军守将,闻风丧胆,仓皇而逃。无奈英雄命短,正当刘知远想一鼓作气,乘胜追击,完成统一中原大业之时,突然病倒,不久便不幸去世了。

隐帝刘承祐继位之后,整日寻欢作乐,无心治理朝政。特别是他重用奸佞之臣,残害忠良。后汉国势日下,经济停滞不前,人民生活困苦,国家无以为计。在这种情况下,后汉大将郭威起而灭后汉,建立周国,即后周。郭威称太祖。周太祖郭威出身于贫苦农民,他对人民的疾苦深有感触。称帝之后,励精图治,赏罚分明。了解民情,重用人才。仅仅几年时间,就使国家政治稳定,经济发展,百废俱兴。

在后周建国之初,后汉高祖刘知远的弟弟刘崇盘踞晋阳,并建立一个小国,自称皇帝,国号为北汉(属五代十国时期的十国之一)。他痛恨郭威灭了他们刘家王朝,伺机报复,但一直苦于力量不足。后来见郭威治国有方,心中越觉没有希望,他身边的谋士就建议向辽国求救。刘崇也是个寡廉鲜耻之人,竟果真采纳建议,学着后晋石敬瑭的样子,投靠辽国,称辽国国主为"叔皇帝",自称"侄皇帝"。但是他还没有石敬瑭那样幸运——背了骂名,却得了实惠,辽国虽然出兵相助,刘崇还是被郭威打败。但他不死心,仍对后周虎视眈眈,意欲吞灭。

后汉高祖去世后,他的内侄柴荣继位,即周世宗。

刘崇终于等来了机会,他听说郭威已死,便毫无忌惮,立即向辽主借一万骑兵,再带上自己的三万人马,向潞州进发,讨伐后周。

周世宗柴荣在汴京听到北汉入侵的报告,并不惧怕,决定亲率兵马迎敌。众大臣均劝世宗不必御驾亲征,只派个将军挂帅迎战即可。世宗执意不肯,反驳众臣道:"刘崇趁先皇刚驾崩之机,派兵来犯,分明是欺我年轻新即位,瞧我不起。他既亲自来,我便亲自去,与他沙场上见分晓,看看到底谁厉害。况且他心存恶意,寡廉鲜耻,为达到侵吞中原的目的,竟不惜勾结外虏,身为中原之主,我辈岂能容这种小人猖狂?!"

众大臣见世宗柴荣一番话说得有理有据，铿锵有声，无可反驳，也都没话了，一时面面相觑，不知如何是好。这时朝班中走出一人，众人一看，心中乐了，料想此人必能劝住世宗。此人就是当朝太师冯道。

这冯道可不是一般人物。他是五代时期的"四朝元老"，从后唐明宗起，经历了后唐、后晋、后汉直至现在的后周四个朝代。这还不足为奇。令人称奇的是，他历经四朝，与四个完全不同的皇帝打交道，仍然能够照常当官，而且依然位居高官。甚至在辽国国主占据汴京时，他也颇能博得契丹首领的欢心。他的特长便是灵活机动，随机应变，而且不卑不亢。也许这就是我们现在所谈论的最热的话题——交际的艺术吧！不过，此次在周世宗面前，他几着似乎都不灵了，这个四朝元老，在这个年轻有为的皇帝面前栽了个大跟头。

世宗柴荣见太师冯道出班，料定他必是劝阻自己御驾亲征，便抢先说道："唐太宗李世民打天下都是自己带兵，我为什么不能呢？"不料，冯道手捻山羊胡，冷笑一声问道："陛下能与唐太宗相比吗？"

世宗柴荣闻听此言，惊怒交加。他心中暗道，这个冯道在前朝几代皇帝面前，毕恭毕敬，唯独对我，竟然出言相讥。难道他有二心吗？但转念一想，不，二心他不至于有。但是他分明是见我年轻，瞧不起我。想到此，他强压怒火，有些激动地说道："我们兵强马壮，有良好的经济做后盾，又有众多的领兵大将，对付刘崇，就像山压鸡蛋一样。难道我们还怕他不成？"冯道也许是老眼昏花，看不出眼前这个年轻的皇帝已动了真怒，兀自冷言讥道："臣不知陛下是否像一座山啊！"

这下世宗柴荣可真是忍无可忍了，怒道："我虽无唐太宗之才德，也不似一座大山般威猛，但我也不愿意妄自菲薄，做一个闭门不出的缩头乌龟。冯太师如若害怕，不如朕封你为修太祖陵墓的管事，倒也可避开刀枪剑戟、血光之灾。我这无能之辈却要和我的忠勇将士一起，叱咤疆场，捍卫我大周江山！"冯道闻听，羞得满脸通红，无地自容，只得躬身退下。众文武大臣见状，知道皇上心意已决。又见他一番话讲得英气豪发，也纷纷受到鼓舞，不再阻拦。

不久，世宗柴荣亲率大军赶到高平（今山西高平）与北汉刘崇军队相战。两军相遇，各自摆好阵势，准备开战。刘崇见周军人数不如自己一方人数多，便不屑一顾地说道："早知如此，就不去辽国忍气吞声借他那一万骑兵了。今日，我刘崇定然大胜周军，杀杀柴荣那小子的锐气，也让辽军知道知道我的厉害！"

言罢下令让北汉军向周军阵中猛冲。刘崇仗着自己人多，向周军强压过来。周军前锋果然不敌，纷纷向后败退。眼看即将溃不成军，从周军后面冲上一匹白马，马上一员大将，威风凛凛。只见他手起枪落，几个北汉军兵便命丧马前。周军将士定睛细看，正是世宗柴荣，士气立刻大振。此时，又有大将赵匡胤、张永德各带两千军兵从侧翼杀入敌阵。原来败退的周军趁势也纷纷杀了回来。场上局势顿时发生了变化。周军是越杀越勇，北汉军一时竟被周军气势吓住了，渐渐不敌，向后败退。

刘崇此时处于前有劲敌、后无援军的境地，这是他万万料想不到的。眼见大势已去，他只好带领几百骑兵拼命奔逃，才算回到晋阳城，捡了条性命。

高平一战，周军大获全胜，世宗柴荣威望大增。只是那冯道再也看不到了。因为在那次劝谏后不久，世宗柴荣果然派他去监管修筑太祖陵。冯道失去了实权，竟在世宗出兵高平前就抑郁而终了。如果他看到现在这个结局，想必定会对世宗柴荣刮目相看了。

周世宗柴荣不愧为一个具有宏图大志的皇帝。他回到汴京之后，没有满足于已取得的胜利，安于现状。而是励精图治，一面整训军队，一面发展经济，同时实行改革措施，减轻百姓负担，为统一全国做准备。

兵强国富之后，一切战斗准备就绪。周世宗柴荣先征讨了十国之一的南唐，随后攻下长江以北14个州，接着开始北伐，取得节节胜利。然而，就在此时，周世宗病倒，于公元959年去世。

周世宗死后，他的儿子柴宗训继承皇位。但是，他这个皇帝没做多久便禅让给了柴荣手下的大将赵匡胤。赵匡胤建立大宋，史称宋太祖。

中华上下五千年
zhonghua shangxia wuqiannian

两宋辽金

◆辽朝（公元907年至1125年）
◆宋朝（公元960年至1279年）
◆西夏（公元1038年至1227年）
◆金国（公元1115年至1234年）

陈桥驿兵变

赵匡胤,祖籍河北涿州,于公元 927 年出生于一个武官世家。他的高祖赵朓,在唐朝任过县令。曾祖赵珽,做过御史中丞。祖父赵敬,官至刺史。而他的父亲赵弘殷,为一骁勇善战的武官,跟随周世宗柴荣左右,官至检校司徒。

所谓将门出虎子。赵匡胤小的时候就受到母亲杜氏的严格教育,熟读诗书,从小练就十八般武艺。长大后,身材魁梧、器宇轩昂的赵匡胤称得上是文武双全,见识非凡。

赵匡胤的一生充满了传奇的色彩,许多故事脍炙人口。

传说他少年时期,一位朋友给他父亲送来一匹烈马。这马可真是好马,一身枣红,只有四个蹄子是白的。赵匡胤第一眼见到就喜欢上了。又听朋友说此马因日行千里、跑动如飞而被称之为"踏雪无痕",素善骑射的他一下子就动心了,立即去央求父亲将马赠给他。他父亲因是朋友刚送来的,颇有些为难。一旁的朋友见状道:"既是少公子喜欢,我自是愿意转赠于他。不过这马的性子烈,许多人都未曾驯服得了,反而因此受伤。可千万别伤着少公子。"赵匡胤父亲赵弘殷闻听,便道:"不妨,此子倒是有些制服烈马的蛮力。"赵弘殷平素极喜爱赵匡胤,对他又非常了解,故有此言。他说完看了看一旁的赵匡胤,笑道:"胤儿,如今你若驯服了这匹烈马,它就是你的啦!"

赵匡胤闻言大喜,也是少年意气,不等配上马鞍、缰绳,便翻身上马。这马的性情果然暴烈异常,见有人骑上,立刻又蹦又跳,想把赵匡胤摔下来。可赵匡胤紧紧攥住马鬃,贴在马背上,纹丝不动。那马见不能将赵匡胤摔下,便狂奔而去。不一会儿,竟奔上了城墙斜道。赵匡胤一抬头,额头撞到城楼门楣上,把持不住,摔了下来。观看的人都心里一惊,认为他不死即伤。想不到,他一个鹞子翻身,跳起来,安然无恙,众人无不欢声喝彩。后来,他与那匹"踏雪无痕"几度交锋,终于将之驯服。他父亲也果不食言,将马送他。在以后的沙场征战中,这匹马随他出生入死,也算立下了大功。

后汉初,赵匡胤到凤翔寻找已在后汉隐帝朝中升任都指挥使的父亲,中途走错了方向,天缘巧合,竟走入大将郭威大营。

郭威见赵匡胤身材魁梧,阔脸大耳,印象非常好。又经盘问得知他居然是赵都指挥使的公子,心中更是喜欢,将他留在军中。从此,赵匡胤跟随郭威南征北讨,立下赫赫战功,因此被升为禁军头领。

郭威登基三年病故,周世宗柴荣继位,赵匡胤又在柴荣帐下听令。高平一战,赵匡胤杀了北汉大将张无徽,转败为胜。世宗提升他为殿前都虞侯,领严州刺史。从此,赵匡胤随周世宗鞍前马后,在以后的历次战斗中,更加英勇无畏,总是冲锋在前,屡立功勋,逐渐升至忠义军节度使。

正当世宗想要大展宏图,一鼓作气,统一中原之际,忽然一病不起,他只好返回京都。在返京途中,他有一天深夜阅读四方文书,发现一个皮口袋里有一根长三尺有余的木片,上面写有"点检做天子"五个字。世宗大惊,料定其中定有阴谋。回到京都,便将现任点检张永德撤了,任命他的亲信大将赵匡胤为检校太尉、殿前都点检,掌握了精锐的中央部队——禁军的指挥大权。

不久,周世宗驾崩,他的儿子柴宗训继位。北汉刘崇见柴宗训年纪幼小,无力治理国家,便趁虚而入,勾结辽兵来犯。符太后接受宰相范质的建议,让赵匡胤率兵北征。

赵匡胤手下的将领,早就有心拥立他为皇帝,只因赵匡胤觉得世宗柴荣对自己不薄,不忍反叛周廷。非但不允,反而对手下将士千般叮嘱:万不可有此念头。将士们素来尊敬他,见他如此,不敢再加勉强。但是暗中却不肯放弃,积极筹划此事。

且说赵匡胤这一日率领大军走到陈桥驿(今河南开封东北陈桥镇)。一路劳乏,扎下大营。时至晚间,一个军中小校忽跑至主帅大帐前,对门吏楚昭辅说:"今天中午,我看见太阳下边还有一个太阳,而且有一道黑光来回荡漾了好长时间,这是天意,要出现真命天子啊!"

楚昭辅闻言大喜,忙跑向偏帐见赵匡胤的弟弟赵匡义和归德军掌书记赵普。二人听了相视而笑,原来此事就是他二人与一些军中将领策划好的。

这赵普可不是简单人物。显德三年(公元956年)春,赵匡胤随周世宗柴荣亲征淮南,不久,占领了南唐的滁州。在滁州,赵匡胤的部下捉到100多名老百姓。依赵匡胤之见,就将他们指认为盗匪杀了。但新来上任的滁州军事判定赵普却不同意此事。他说:"得民心者方能得天下。如今若肆意杀戮,我们岂不成了不义之师?况且,就算这其中有盗匪,也要审问清楚再杀呀!"赵匡胤无言争辩,只好说:"你若不怕辛苦,就烦你审理这些人吧!"

赵普果真将这100多个百姓一一审了,有罪的加以惩戒,无罪的全部释放,当地百姓非常高兴,都认为周朝统治比南唐要好,君主是非分明,不滥伤无辜,跟着这样的君主一定会过上好日子,便打消了先时对周军的敌对情绪,甚至还纷纷来到赵匡胤军中,要求参军。赵匡胤这才觉得赵普见识非凡,从此对他倍加信任,有什么大事均和他商量。

而赵普自世宗之子柴宗训继位之后,就忧心忡忡。他看出,幼主难以控制朝廷。如不推选明主,周朝就有亡国之乱。与其败在别国之手,不如拥立贤德英武的赵匡胤,还可免百姓离乱涂炭之苦。思谋日久,他便与赵匡胤之弟赵匡义以及众将士商议拥立赵匡胤为帝。但每次在赵匡胤面前提起此事,都遭到他严厉斥责。众人无法,只好暗设一计,迫赵匡胤即位。

当晚夜间,陈桥驿赵匡胤所率大军营中,士兵们骚动不安。将领们到处煽动,对军士们说:"如今,主上幼弱,我们在外拼死打仗,也不一定能保得住大周江山。不如先拥立点检为天子,再出征也不迟。"军士们一听有理,纷纷聚集在驿门前,不停地高喊:"点检做天子!"赵匡义和赵普见时机已成熟,忙派人骑快马连夜去京城,将殿前都指挥石守信和都虞侯王审琦这两个赵匡胤的心腹叫来,商量下一步计划。计议妥当,各自散去。

第二天早晨,赵匡义和赵普走入赵匡胤大帐,将他死拖活拽拉出大帐。早已等候在帐外的军士们不待赵匡胤开口说话,一下子围上去,将已准备好的一件皇帝所穿的龙袍披在他身上,并且同时跪在地上,向他行三拜九叩之大礼,口呼:"万岁,万岁,万万岁!"然后将他拥上马背,要他回汴京,荣登皇帝宝座。

赵匡胤无奈,只能接受。一行队伍三日后回到汴京。朝中文武百官闻听此事面面相觑,朝中并无可以与赵匡胤匹敌的大将,无力征讨，大家一时都没了主意。侍卫亲军副都指挥使韩通从闻听赵匡胤在陈桥驿黄袍加身，要背叛周廷，自己当皇帝，不由得火冒三丈。从朝中急返自己的府衙，要召集人马抵抗。消息传出，赵匡胤手下将士一涌而入韩通从府第，将他和他的全家尽数杀死。

朝中大臣得知此事，越发不敢反对赵匡胤。于是让范质等朝中大官为代表去见赵匡胤。赵匡胤一见他们，羞得无地自容，流着泪道："先帝对我恩重如山，今日我为六军所逼如此，真是天地难容，这可叫我怎么办啊！"范质、王博均没想到他会如此，一时竟不知如何是好。还是范质反应得快，忙退后几步，跪倒叩头道："此乃天意，赵将军被拥立为帝，也是我朝百姓之福，还请赵将军不必再行推托！"言罢，口呼"万岁，万岁，万万岁"。众官员见状，纷纷效仿。

如此一来，赵匡胤更不好再说别的，只好听从众人安排，到崇元殿接受封禅大典。不料，左等不见小皇帝柴宗训出来，右等不见出来，赵匡胤坐立不安，心中又欲打退堂鼓之时，翰林学士陶谷忽从袖中抽出一卷黄册，高喊道："禅位诏书在此！"言罢，朗声宣读。宣徽使引领赵匡胤来到龙墀南面，朝北跪拜，接受了禅位诏书，然后登上崇元殿，坐上龙椅，这就算正式登基当了皇帝。

赵匡胤即皇帝位后，正式定国号为大宋，年号为建隆。从他登基之日起即为建隆元年。

新皇帝即位，向天下发送诏书，实行大赦。从此之后中国历史开始了新的纪元。

宋太祖治国

公元960年，后周大将赵匡胤在陈桥驿发动兵变，黄袍加身，做了皇帝，史称宋太祖。

虽然赵匡胤做了皇帝，但他所面临的局面是非常复杂的。首先是后周最后一个皇帝柴宗训以及符太后的安置问题。此时，朝中大臣虽然慑于赵匡胤手中兵权在握，没有一个不老老实实，但实际上却有许多人心中不服。赵匡胤心中对此一清二楚。他知道，后周世宗柴荣治国有方,深得民心,就是对自己也是颇为厚待。如果自己对柴宗训一个处置不当,必会招来众怒。他思忖了几日,便想好了对策。降诏:封柴宗训为郑王,符太后为周太后,两人一同迁往西宫。又命令有关人等对他们细心照顾,饮食起居与先时一般无二。如果有人胆敢怠慢他二人,定斩不饶。赵匡胤此举颇得人心,后周老臣见状,也无话可说了。

但是赵匡胤并没有仅仅满足于他们无话可说,他还要让他们死心塌地为自己卖命。但是,这是相当不容易的。一是他们本身对赵匡胤就有抵触;二是赵匡胤手下将士又自恃拥立赵匡胤有功,对这些人冷眉冷眼,甚至恶言相激。这些人认为这都是赵匡胤暗中挑唆的,所以敌对情绪越来越大。赵匡胤对此采取了两手准备:一是对自己手下有功之人大加封赏,但是一旦发现有故意向后周留下的大臣挑衅滋事的,一律严惩不贷;二是对后周留下的大臣进行安抚笼络,特别是那些位居高官、有才有德之士,均留任原职。刚开始,后周遗老们还对赵匡胤此举颇不以为然,认为他不过是装装样子罢了。但是不久,发生了一件事,使他们都相信赵匡胤对他们是真心的了。

原来,赵匡胤手下有一员大将,叫王彦升。他曾在赵匡胤鞍前马后,冲锋陷阵,屡立战功。特别是陈桥驿为赵匡胤黄袍加身,拥立他为帝一事,王彦升也是参与策划的核心人物。赵匡胤当上皇帝后,对有功之人大加封赏,自然也没忘了王彦升,封他为京城巡检官。从此王彦升就有恃无恐起来。尤其是在后周遗臣面前,更是趾高气扬。这一日,他喝醉了酒,竟然三更半夜跑到宰相王溥家胡闹。王溥自忖,王彦升在皇上面前是个红人儿,自己就是到金銮宝殿上告他,也未必能赢,说不定还会自找苦吃,便忍气吞声,对王彦升好言相劝。岂料王彦升顺着竿子往上爬,见王溥不轰他,更加大耍酒疯,骂骂咧咧,又叫又跳地吵了一宿才走。王溥是后周老臣,在朝中一向德高望重。众人见他声望如此,还被一个王彦升如此欺侮,纷纷摇头叹息,暗自灰心,觉得赵匡胤果真是无才无德之辈,把一颗想要辅佐明主的心渐渐冷了下去。

不过,此事不久不知怎么被太祖赵匡胤知道了。他气得大发雷霆,命令军兵将王彦升从府中抓来,杖责八十,免去官职。从此,他手下的大将再也不敢任意胡为了。那些后周留下的大臣,才明白此事与赵匡胤无关。他们通过此事知道了赵匡胤的为人,深受感动,转变态度,开始从心里拥护这位宋朝开国皇帝。

这两件事都被赵匡胤轻而易举地解决了。但是,还有一件事一直令他茶饭不思,耿耿于怀。那就是当初他在陈桥驿被手下将士所逼,黄袍加身,夺了周朝的江山;他怕自己现在的朝臣也学自己的样子,有朝一日夺了他大宋的江山。但是他一时又想不出什么好办法,一连几日,闷闷不乐。

这一日,宰相赵普要求晋见。赵匡胤一听,忙令太监召他进来。赵普进来,行礼之后,直截了当地问太祖赵匡胤:"微臣见陛下这几日郁郁寡欢,不知是何缘故?"赵匡胤一向视赵普为心腹知己,见他如此一问,便也毫不隐瞒地说道:"自唐(后唐)以来,仅仅几十年间,帝王换了8姓、12人。战乱频仍,生灵涂炭。朕欲在我朝摆脱这种局面,将兵患平息在萌芽之中。卿以为可有长久治安之计?"

赵普是个绝顶聪明之人,他立刻明白了太祖所担心之事。其实此事他也早就想过,只是未曾寻机与太祖商讨而已。此时见太祖向自己征求意见,正是一个献策的好机会,便道:"陛下所言极是。自唐以来战乱不止的原因就是地方权力太大,君弱臣强。依臣之见,要想维系国家长治久安,就要削弱地方兵权,收归中央。而此举最好的办法便是……"说到这,赵普上前一步,凑到太祖赵匡胤的耳边悄悄说了一计。赵匡胤一听,连连点头。

第二天,太祖赵匡胤便命有司在偏殿大排宴席,款待石守信、王审琦、张令铎等几个结拜兄弟。酒过三巡,菜过五味。正当大家酒酣耳热、开怀畅饮之时,赵匡胤忽然叹了口气。石守信等人不由得一愣,纷纷起身离席,向赵匡胤施礼问道:"不知陛下因何事烦恼?可否说与臣下听听?"赵匡胤抬头扫了一眼众人,似乎想说,但最终还是咽了下去,挥手道:"不过一时感慨,不说也罢,你们还是快快喝酒罢!"

众人一听,面面相觑,越发觉得内中蹊跷,但一时又不知如何相问才好。还是大将石守信来得快,后退一步跪倒在地道:"陛下与臣等现在虽是君臣之称,但臣下斗胆冒昧地说一句,当初我们是结义的兄弟,曾发过誓'有福同享,有难同当'。如今陛下遇到不开心的事,不说与臣等,让臣等怎么能高兴得起来呢?"赵匡胤闻此,方道:"既是如此,朕就直说了吧。众爱卿别看朕做了皇帝,觉得一切都顺心如意了。其实朕这个皇帝做得非常不开心。朕知道众卿为朕立下了汗马功劳,丝毫没有二心。可是谁又能保证你们的部下没有二心呢?有朝一日,也像朕一样,黄袍加身,众卿又有何办法呢?不瞒众位爱卿,朕就是为此事茶饭不思啊!"

众将一听就明白了,皇上是怕他们将来谋反,心里不由得"咯噔"一下,个个吓得脸色苍白。就连随赵匡胤出生入死、叱咤沙场的大将石守信,额头上也滴下豆大的汗珠,连连叩头道:"如此说来还请陛下为臣明示一条道路。"

赵匡胤见状,忙上前搀起石守信道:"爱卿莫要多心,你我情同手足,朕绝无加害之意。朕只是怕日后你我兄弟反目成敌,故出此下策,还望众卿见谅。"顿了一顿,他又继续说道:"人生短暂,转瞬即过。众位兄弟不如释去兵权,各自回乡。朕一定多多赏赐田地金银,你们再多多置些田地房产,买些优伶歌姬,与儿孙后代共享天伦之乐如何?"

众人闻听,这才松了一口气,忙跪下叩头谢恩。赵匡胤一一将他们扶起,命其各自重新就坐,又亲自给他们斟酒劝菜。众人受宠若惊。酒宴最后在融洽的气氛中结束了。

第二天早朝,众将纷纷称病要求告老还乡。太祖赵匡胤一律批准,至此,以友好的方式收回了他们手中的兵权,这就是历史上有名的宋太祖"杯酒释兵权"的典故。

宋太祖赵匡胤不愧为一名武能安邦、文能治国的贤德君主。他施巧计释去朝中大将兵权后,又把禁卫军两司之一的侍卫司分成侍卫马军司和侍卫步军司两部分,与殿前司合称为"三衙"。为扫除历代禁卫军专横跋扈的风气,他又任命资历浅的低级军官为三衙使。

在走完这几步棋,稳定朝中的同时,太祖赵匡胤采取了重视文士的政策。他深深知道,没有知书有学问的人,国家是不能治理好的。为此,他实施了许多积极有效的措施。在建宋不久,他就设立儒馆,并把他的启蒙老师辛文悦请到朝廷办教育培养人才,还降旨增设国子监最高学舍,甚至经常到国子监看望学生,并赐酒菜。他在任用诸如宰相之类的高官时,都必须是读过书、非常有学问的人,如赵普、卢多逊等几个宰相都是上知天文、下晓地理、非常有学问的人。尤为值得一提的是，太祖赵匡胤对科举制度进行改革，规定不论出身贫富都可以应举；为杜绝舞弊和走后门的现象，他还设立了复试、殿试制度。宋朝经过改革后的科举制度深得人心。当时的《神童诗》中就有"天子重英豪，文章教尔曹。万般皆下品，惟有读书高"的诗句。这也是太祖赵匡胤重视教育的真实写照。

为了确保大宋江山千秋万代永不覆灭，太祖赵匡胤想尽办法提拔有才有德之士。他选择人才，不看资历重水平，只要有能力，就破格提拔。如李鹤、刘琪等人皆因有才由地方县令一步提升为朝中一品大员。即便是过去曾与赵匡胤有怨隙，甚至不止一次得罪过赵匡胤的，他也不随便加罪。只要对国家有用，对百姓有益，他照样提拔。如王彦超、董尊海等人都在赵匡胤不名之时奚落讥讽过他，但赵匡胤皆因二人之才，不计前嫌，将二人分别提为中书令和罗州刺史。

在太祖赵匡胤的治理之下，大宋朝越来越兴旺，可谓日新月异，国富民强。在此情况下，太祖赵匡胤开始实施他的第二步计划：一统中原，收回后晋割给辽国的幽云十六州。

乾德元年（公元963年），太祖赵匡胤从荆湖发兵，采取"先南后北"的方针，陆续灭掉了后蜀、南汉、南唐，吴越国名存实亡，对宋朝十分驯服，宋太祖只用一句话便削去了其年号。到公元976年，13年间，太祖赵匡胤平定了各地割据势力，结束了中原地区连年的战争，使农业生产得到恢复和发展。

正当宋朝国土日益扩大，国力日盛，中原也趋于统一，太祖赵匡胤要大展宏图、统一中原之际，却突然病倒。

开宝九年（公元976年）十月，太祖赵匡胤带着满腔的遗憾离开了人世，享年50岁。根据太祖遗愿，皇弟赵光义（即赵匡义）继承皇位，即宋太宗。改年号为太平兴国元年。

辽国内乱

在中原地区经历五代十国，朝代更替，战乱频繁的时候，北部的契丹族正在迅速崛起。

两宋辽金

契丹就是辽国的前身。契丹族本为鲜卑族宇文部的一个分支,北魏时在辽河以北地区居住。唐朝初年,契丹大贺氏朝分成八个部落,经过议会决定大贺氏朝最高首领可汗由八个部落头领每三年一推选。唐玄宗天宝四年(公元745年),遥辇氏替代大贺氏。在此之前,契丹一直隶属于大唐王朝。

唐天祐四年(公元907年)冬,遥辇氏第十任可汗耶律阿保机继契丹可汗位。耶律阿保机可不是个简单人物。他能征善战,智勇双全,特别是他有一统华夏的雄心壮志。耶律阿保机继汗位同年,中原地区进入了五代十国的纷争时期。耶律阿保机趁此机会多次率兵进攻幽州等地,房掠汉人和金银财宝。契丹地盘由此不断扩大,国家也日益富强。

由于耶律阿保机政绩突出,所以连坐五年可汗之位。这本来是部落大会决定过的,只要表现出色,即可连任。但是,这却引起了他的几个亲弟弟的不满,因为他们也有继承汗位的野心。于是几个人在二哥剌葛的鼓动下密谋造反。

不料,此事被剌葛的妻子粘睦姑知道后报告了耶律阿保机。阿保机夫妇大惊,命人将他的四个弟弟抓来审问。证据确凿,几个人无法抵赖,只得承认。依众人之意,就要将四人斩首,但阿保机念兄弟之谊,赦免了他们。四人千恩万谢,发下毒誓:若再有二心,天诛地灭。阿保机原谅了他们,也相信了他们。

一年之后,也就是阿保机第二任届满之时,他率军南征正欲班师回朝。谁曾想到,四个弟弟又起兵造反,率军阻住北归之路。阿保机找众臣商议此事,有人建议干脆废除现有的推举可汗的制度,效仿中原帝制;有人说此举不妥,莫若趁七部头领均在军中,令其再次推举阿保机连任,使剌葛处于孤立的地位,不战而退。

耶律阿保机采纳了第二种建议,与他的妻弟共同谋划一番,将七部首领召入大帐,说明情况。七部首领素来尊敬阿保机,均举双手赞成再次拥立阿保机为可汗。剌葛得到消息,自知处于孤立无援之地,必定不是阿保机的对手,再次低头向阿保机谢罪。但是阿保机见弟弟剌葛言而无信,不想再原谅他。阿保机率大军很快捉住了安瑞和迭剌两个弟弟。不久,又捉到了北逃的剌葛和寅底石。阿保机将参与叛乱的25个骨干分子车裂,但他对自己的亲兄弟却怎么也下不去手。最后，只对四人施以杖刑，然后释放。从此四人均老老实实，再也不敢包藏祸心了。

两年之后（公元916年），阿保机终于排除重重阻碍，登基做了皇帝。阿保机为大圣天明天皇帝，而他的妻子述律平为应天大明地皇后。年号为神册元年，立长子耶律倍为太子。

但是，皇后述律平对阿保机立长子耶律倍为太子非常不满，因为她最喜欢次子耶律德光，一心想让二儿子出人头地，只是在阿保机面前还不敢太过表露此意。但她决非一般女子，想做的事，决不轻易放弃。她暗下决心，一有机会，一定要让耶律德光继位当皇帝。

天赞五年（公元926年），耶律阿保机在灭掉东北地区的渤海国后，一病不起。不久，驾崩西归。皇后述律平认为拥立耶律德光的机会来了。她先以为阿保机陪葬之名诛杀了一大批反对派的大臣，然后迟迟不让太子耶律倍继承皇位。

耶律倍从小就不得母亲欢心，此次之事，他心里一清二楚，母亲是要让自己主动让出太子之位给二弟耶律德光。他有心不让，想起前几日朝上一幕，不由得心胆俱寒。那天母后让大臣赵忍温去给父皇陪葬。赵忍温百般不愿，反质问母后："若论与皇上最亲近之人莫过于皇后。请问皇后为何不随皇上去侍奉？"母后初时脸色大变，不过一会儿便镇定下来，长叹一声道："我何尝不想追随先君而去？只是军国大事不能忘啊！"说到这儿，竟然从一名侍卫身上抽出佩刀，猛的一刀将自己的右手腕砍下来，对众大臣道："就把这手腕代替我陪同先帝吧！"众大臣看着她那仍然流血不止的手腕，都吓得噤若寒蝉，无人再敢言语。

后来许多大臣都到太子府劝耶律倍，让他为保活命让出太子位。耶律倍每想起那天朝上的场面就心胆俱裂，最终没有办法，向母后述律平表示愿让太子位与二弟耶律德光。述律平自然同意，满心欢喜地让二儿子耶律德光于天显元年做了皇帝。但她仍不肯放过大儿子耶律倍，将他送到南京（今辽宁省辽阳市），变相软禁起来。耶律倍不甘忍受，最后只身一人逃到了中原后唐。

天显十一年（公元936年），石敬瑭以幽云十六州为条件要求耶律德光出兵相助。耶律德光欣然应允，率兵进入中原。石敬瑭死后，他的儿子石重贵即位。会同九年，耶律德光率军对后晋进行讨伐。不久攻至汴州，石重贵投降。耶律德光非常兴奋，不顾母后述律平"不要在中原称帝"的再三叮嘱，在汴京城崇元殿登基，并下诏建立大辽，改元大同。至此，契丹始称为辽。

消息传出，中原各地起兵抗辽。果然不出述律平所料：耶律德光在中原称帝，没能长久。耶律德光见势不妙，匆匆率文武百官离开汴京，回归故土。不料，中途行至滦城竟因病逝世。他的叔叔安瑞素来与之不睦，见状趁机拥立耶律倍之子兀欲为帝。皇太后述律平闻讯，开始时百般不允，但是爱子已失，也别无他法，又加上大臣屋质极力从中斡旋，述律平见拥立兀欲木已成舟，只得勉强同意。

兀欲当了皇帝，感谢安瑞拥立有功，封他为明王，封他的儿子察割为泰宁王。然而泰宁王一点都不泰宁，他为人狡诈，善于伪装。在兀欲面前毕恭毕敬，卑躬屈膝，实则早有篡位之野心。

不久，泰宁王察割就趁皇帝兀欲生日酒醉之机，联合素与兀欲有仇的寅底石之子耶律盆都将其杀死，连皇太后述律平也没有放过，一同刺死。他俩随即召集群臣，威逼利诱，让他们拥立察割为帝。

大臣屋质早已看出察割有谋逆之心，但几次在皇帝兀欲面前奏说此事，兀欲非但不听，反说他太多心。屋质无法，只得暗中防备。但是俗语说得好："不怕贼偷，就怕贼惦记着"，他一个不小心，就让察割钻了空子，后悔不迭。他知道，察割不是一个好货色，不想保他，便设计将察割与盆都都杀了，拥立寿安王耶律璟为帝。

谁知这耶律璟更是个作恶的，做了皇帝之后，越来越昏庸残暴。非但不理朝政，而且每天以杀人为乐事，动辄诛杀身边侍卫。后来，服侍他的人再也忍受不了他这种杀人比杀只鸡都容易的性格，趁他睡觉之机，将其刺死。

耶律璟死后，次子耶律贤即位，即辽景宗。从此辽国结束了内乱时期，特别是萧太后摄政后，辽国进入一个新时代。

宋太宗统一北汉

赵匡胤陈桥驿兵变，黄袍加身，取代周氏做了皇帝，史称宋太祖。在他统治期间，对内政局稳定，经济繁荣，对外灭掉一些割据小国，中原日趋统一。

但是正当他要大展宏图，统一全国之际，却病倒了，朝中大事只好交由弟弟赵光义来料理。赵光义是赵匡胤一奶同胞的亲兄弟，哥俩儿感情很好。当年陈桥驿兵谏的核心组织人物中便有赵光义。赵匡胤为了感谢弟弟拥立自己为帝，特向他许诺驾崩之时传位给他，而未立自己的长子德昭为太子。

也许，赵匡胤永远也不会想到，就是因为自己这一句承诺使自己死于非命。

其实，赵匡胤此次病发皆由赵光义而起。赵匡胤本来就有痼疾，太医屡次相告，少饮酒为宜，此事赵光义一清二楚，但他不知出于什么目的，多次借由要与赵匡胤共饮。赵匡胤不疑有它，每次总与弟弟开怀畅饮，直至酩酊大醉。这一次，赵光义又对赵匡胤说，自己新得了几坛百年陈酿，要献给哥哥。赵匡胤一听，非常高兴，当晚即在宫中设宴，与弟弟一同品酒。哥俩儿整喝了半宿。第二天，赵匡胤便病倒了，而且病体日渐沉重。这一日晚间，赵匡胤预感自己大限已到，急忙传诏让赵光义进宫。

赵光义站在赵匡胤的病榻前，看着不久前还雄壮威武的哥哥如今已瘦骨嶙峋，病得不成样子，心里不免有些伤心难过。但是这种感觉只是在他大脑中一闪而过，他很快就镇静下来，狠了狠心，对病床上的赵匡胤说道："陛下，依臣弟之见，是拟传位诏书的时候了！"

赵匡胤睁开无神的双眼，看了看自己的亲弟弟。他似乎想说什么，可是一时竟又什么都说不出来。赵光义见状，命内侍退下。屋中的人刚刚退出，他就一改往日的谦和姿态，两手撑住赵匡胤的床沿恶狠狠地道："怎么？你后悔了，不想传位给我？别在我面前装出这种样子！实话告诉你，我早等得不耐烦了。今天，你愿意不愿意传位都无所谓，因为这已经由不得你了！"说罢，从袖子里抽出一把早已藏好的明晃晃的匕首，狞笑着向赵匡胤刺去。赵匡胤没想到自己的亲弟弟竟会对自己下此毒手。亲情的泯灭使他彻底绝望了，根本就不想再做徒劳的挣扎，生命在这一刻完全崩溃了……

赵光义抹去迸溅在自己脸上的尚还残存着自己亲兄长的体热的几点血迹，心满意足地喘了口气。然后，将床上的锦被向赵匡胤身上拉了拉,让他看上去就像睡着了一样。他做完这一切,又看了哥哥最后一眼,从容地走出赵匡胤的寝宫,向众人沉痛地宣布:皇帝驾崩了。一时大殿里静悄悄的,众人像被魇住了一般,似乎都不相信这是真的。过了好久,不知谁率先哭出了声,众人这才一齐大哭了一通,然后各自帮着料理丧事去了。赵光义这才松了一口气,装模作样干嚎了几声,也回府休息去了。

不久,赵光义按照皇太后杜氏的遗嘱和皇帝赵匡胤的遗愿,光明正大地登上皇帝宝座,史称宋太宗。改年号为太平兴国元年。

公元978年,也就是宋太宗赵光义继位的第三年,吴越国国王钱椒为了继续讨好大宋,进京朝见新皇帝。赵光义一见正中下怀,寻个理由把钱椒扣留在京城,然后逼迫他交出所辖州县。钱椒无奈,只得将吴越国所辖州县拱手相让。据守泉州、漳州的陈洪进得到消息,自知赵光义的下一个目标就是自己,而自己的势力还不及小小的吴越国,于是也主动向大宋献出二州。至此,赵光义凭借大宋朝现有的威势轻易地统一了南方。

他的下一步计划就是统一中国。第二年,他便将矛头指向北方的北汉和辽。

太宗赵光义早年随哥哥南征北战,颇得赵匡胤真传,也称得上是一位马上皇帝,他为北伐做好了充分的准备,兵精粮足之时,便向北汉发起了大规模的进攻。他任命潘美为北路招讨使,带领崔彦进、李汉琼等人四路进兵,攻打太原;命令邢州(今河北邢台)判官郭进为太原石岭关都部署,阻截辽军援军。

赵光义在军事布署上可谓神机妙算。北汉主刘继元得知宋军大举来犯,果然向与之"素有渊源"的辽朝搬兵求救。辽朝国主知道大宋如若灭了北汉,必定会再犯大辽。唇亡齿寒,便积极派兵援助北汉。由辽太宗四子耶律敌烈协同大将耶律沙率军前往。

辽军走到白马岭附近,探马来报,白马岭已被宋军占领。白马岭地势险要,两面是山,中间夹一条狭窄的山谷,易守难攻。耶律沙深知此处地形,急命大军停止前进。但是耶律敌烈生性骄纵,此次前来,父皇没有封自己为大将军,而只是协助耶律沙,心中十分不满,一路上都不与耶律沙合作。这次见耶律沙命大军停止前进,他自恃为皇子身份,与耶律沙产生争执,说什么"救兵如救火,耶律沙如此行令,定会贻误战机"。耶律沙一路上都小心翼翼,尽量避免与之产生冲突。只是这次关系到上千军兵的性命,只得平心静气对其陈述其中利害关系。耶律敌烈对此岂有不懂之理?只是他心中赌着一口气,任由耶律沙怎么说,他就是不妥协,坚持要过白马岭,最后,竟对耶律沙道:"我大辽将士战无不胜,攻无不克,从未出现过败绩。不想今日,父皇却派你这么个胆小鬼来领兵打仗。既然如此,某家不奉陪了!"言罢,竟集合马队,要自己率兵去攻白马岭。

耶律沙万般无奈,只得和耶律敌烈一同继续向白马岭前进。宋军早已在白马岭设好埋伏,等候多时,只怕辽军不过白马岭,没想到他们正要失望之时,辽军出现了。众军士立即进入警备状态。大将郭进小声传下令去,命大家沉着应战,没有主帅命令,谁都不许轻举妄动。耶律敌烈为辽军先锋,率兵先冲进白马岭。进来之后,左顾右看,见四下无异,心中正洋洋得意,忽听一声炮响,两面山头上飞箭如蝗。不一会儿,所率辽军死伤大半。耶律敌烈心叫不好,欲回马冲出去,但是已经晚了,宋军早已从两面山头上漫山遍野地冲下来。一名宋军见耶律敌烈与别的辽兵打扮不同,料定他是个头儿,用手中长枪一枪就将他的战马刺倒。耶律敌烈惊慌失措之下没有防备,一头栽落马下。大将郭进见状,策马过去补上一刀。这位骄横的大辽皇子就这样被斩了。

耶律沙此时正组织残兵退至谷口,冲杀间不断搜寻耶律敌烈的身影,欲对其施以援手。耶律敌烈坠马身死的情形,他看了个一清二楚,无奈距离尚远,又有宋军阻缠,无法营救。他见耶律敌烈一死,辽军更乱,无奈之下,只得带着残兵败将杀出一条血路,仓皇而逃。

再说四路进攻太原的人马,更是取得节节胜利。尤其是听说郭进阻击辽军得胜,前来相助的消息后,更是群情激奋,愈战愈勇。不久,捉住北汉重臣范超,太宗赵光义见他对北汉死心塌地,便命斩首示众。同时宣布,以后凡有人如范超者皆与其一样下场。北汉兵将见宋军攻下的城池越来越多,而大辽救兵却迟迟不来,便知北汉坚持不了多长时日了。与其同范超一样就死,不如投明主获一条生路,于是推举首将郭万超出城与宋太宗密约投降之事。北汉主刘继元得到消息,知道自己此时已处于孤立无援的境地,再做抵抗也只能使自己死得更惨,万般无奈,只好同意投降。

第二天，北汉主刘继元率文武百官到北城外恭恭敬敬地迎候宋朝皇帝一行，听候发落。不料，正当受降仪式接近尾声之时，在太原城楼上传出一人的大喝："主子投降，我不投降！誓与宋朝贼兵战个你死我活！"众人闻声皆向城楼望去，宋太宗赵光义也不禁抬头相望。只见太原城楼上有一员金盔银甲的大将，威风凛凛，煞是雄武。旁边知情人立即告诉太宗赵光义，此人便是刘继业。赵光义一听，心里暗道，好一员猛将，果然名不虚传。

原来，这刘继业本姓杨，只因骁勇善战，足智多谋。屡立战功，被北汉主刘崇赐姓为刘。他现任北汉建雄节度使，名震南北。太宗赵光义对他早有耳闻，爱才心起，便不忍相伤，派朝中德高望重之人进城对其好言相劝，特别指出为保全城中百姓不要再战了。刘继业是忠义之士，这才抚城大哭一场，开门放宋军进城。

宋太宗见招降了刘继业这员大将，万分高兴。当即封其为右领军卫大将军，同时厚厚赏赐。从此，刘继业恢复原姓为杨。他就是世人传颂，颇具传奇色彩的杨令公。

宋太宗赵光义灭了北汉，并没有杀掉北汉主刘继元，而是放他一条生路，任由他自生自灭。

攻克了太原，太宗赵光义对军队稍事休整，便一鼓作气，陆续攻下被辽占领的易州、蓟州、顺州，然后又向幽州发起攻击。

杨令公屡建奇功

宋太宗灭掉北汉，收下一员大将，此人就是日后为大宋江山屡立战功的金刀令公杨继业。

宋太宗赵光义虽说也是一员马上皇帝，但他却犯了一个致命的错误，那就是不顾兵将劳乏，急于求成。攻下太原后，不做常规性的军事整顿，便继续北伐。虽然他凭着一时的士气又陆续攻下了几座城池，但是在攻打幽州时，却遇到辽将耶律学古的顽强抵抗。久攻不下，又得到辽朝宰相耶律沙率援兵来助耶律学古的消息，便决定退而迎战辽国援军，获胜后再来攻打幽州。

宋辽两军在高梁河附近遭遇相战，激战一个多时辰，辽军渐渐不敌。耶律沙一声令下，率众撤退。宋太宗心中暗喜，当即命令宋军乘胜追击。不料正中了耶律沙的圈套，他在途中早已设下埋伏。辽军猛将耶律休哥与耶律斜轸左右夹击。宋军只得应战。此时耶律沙又率军杀回。辽军三路合兵，与疲惫不堪的宋军相战，如入无人之境。大将耶律休哥直冲宋太宗赵光义杀来，赵光义见来人凶猛，忙呼唤左右将士护驾。无奈诸将应付辽将都已力不从心，无力抽身相救。赵光义只好仓皇而逃。

皇帝逃走，本已疲累不堪的宋军当即军心涣散，无心恋战，纷纷各自逃命。宋太宗赵光义拼命奔逃，耶律休哥紧追不舍。天色已晚，赵光义心中暗急，心想，自己情急之中竟连亲兵也未带上，如若再遇辽军大将，可如何是好？一边想一边不停挥鞭打马，那马一来累得够呛；二则心中也埋怨主人如此对它，一个不留神，竟陷入沼泽之中。赵光义连人带马越陷越深，难以自拔，连声大呼救命。但是前后左右，竟无一人。正当赵光义陷入绝望之时，远处影影绰绰跑来一队人马。他正要呼救，却又兀自停住，心道，看这队人马队伍整齐，我军现已溃败，必不似这般齐整。如若果真是辽军，我此番落在他们手中，倒不如死在这沼泽之中，且待他们走近些再做道理。

不一会儿，这队整齐的人马行至太宗赵光义近前，赵光义闪目细观，心中一阵狂喜。因为他看清旗上有一个大大的"杨"字，为首一人正是金刀令公杨继业。他连忙大喊："杨爱卿，快来救驾！"杨继业正率军前行，忽闻喊声，循声望去，不由大吃一惊。只见太宗赵光义已有半个身子陷入沼泽之中，忙打马奔过来，跃马进入泥坑，将太宗救起。

宋太宗赵光义绝路逢生，万分感激杨继业，拉住他的手，一时不知说什么好，半晌方问道："不知杨爱卿因何到此？"杨继业忙施礼答道："我与犬子奉命押运粮草，回来途中路过此地，恰遇皇上急难之时，故此相救。料想这必是苍天之意，冥冥之中让我父子护佑明主！"赵光义闻听又是一番感慨。正在此时，忽听背后喊声震天。原来，一股辽军追了上来。赵光义吓得体如筛糠，面无血色，颤声问杨继业道："杨爱卿，辽兵又率众追来，这可如何是好？"

杨继业异常沉着冷静地说道："陛下不要担惊受怕，您先乘微臣之坐骑先行,退敌之事交给我父子就行了。"赵光义见杨继业从容镇定的样子,一颗慌乱的心也逐渐平静下来。他坚持不肯乘杨继业的坐骑,对他道:"爱卿退敌,没有坐骑不行。朕看你这里有运粮的驴车,朕就坐着驴车先行罢!"杨继业一想,皇上说得有理,便让太宗赵光义坐上一辆驴车,由兵士护送着往回撤。

太宗刚走,潘美等几员大将随后赶来。杨继业先上前与众人见过,说清方才情况,大家这才松了一口气。潘美素来崇敬金刀令公杨继业,便谦逊地问道:"今后面尚有追兵,依令公之见,我们如何是好?"杨继业慨然答道:"我父子正要退敌,今诸将帅又来,难道还怕他们不成?"

众将闻听,群情激奋,纷纷表示唯杨令公马首是瞻。潘美也极力请他谋划良策。杨继业见众人如此,当仁不让,立即组织士兵设下埋伏。不一会儿,一队辽兵追到。为首的两员大将正是兀环奴、兀里奚。杨继业首当其冲,催马上前,挥刀力战二将。其子杨延昭怕父亲吃亏,也打马上前,挺枪相助,直逼兀里奚。杨继业对付兀环奴一人,倍感轻松。几个回合便将其斩落马下。兀环奴一死,兀里奚心中慌乱,一个不留神,被杨延昭一枪刺中后心,落马而死。

辽军一见主将战死,阵脚大乱。宋军兵将乘机冲杀。辽军死伤大半,纷纷逃走。宋军又追杀一阵,抢回许多军用物资,方才罢手收兵。

杨继业等人回至定州(今河北定县)后,向皇上禀明情况。太宗思忖半晌,决定自己带部分兵将返回国都汴京,积蓄力量,日后再报此仇。众将纷纷表示赞成,太宗又留下几位大臣驻守河北几个州镇,然后离去。

再说辽军获胜之后,辽主高兴万分。即命留守南京的韩匡嗣和耶律沙、耶律休哥率5万精兵南下攻宋。三将势如猛虎,很快攻到镇州(今河北正定)。宋军守将刘延翰等人得到消息,忙聚在一起商议御敌之计。崔彦军和李汉琼二将成竹在胸,不慌不忙献出一计,众人闻听连声叫好。刘延翰又依计布署了一番,大家各自回去准备。

第二日,刘延翰便命人去向韩匡嗣表示不做抵抗,归顺大辽。同时表示要献出城中粮饷,请韩将军进城查收。韩匡嗣知道高梁河一战,宋朝损失10万军兵,以为他们就此怕了大辽,因此对刘延翰的话不起任何疑心。但耶律休哥与宋军交过战，知道宋军厉害，怀疑其中有诈，劝韩匡嗣不要轻易进城。韩匡嗣笑道："耶律将军，我们此行就是为了攻城。现在有人拱手相送，为什么不能收呢？如果将军有所怀疑，那就在城外驻守，待我先去试探一番，若无性命之忧，将军方可入城。"耶律休哥听出韩匡嗣话中隐含讥讽，但他并未在意，依言在城外按兵不动。

韩匡嗣和耶律沙二人入城受降，果然中计。他们直到进了城门，尚未发现一人。这才觉得内中蹊跷，想要退回，为时已晚。一声炮响过后，刘延翰、李汉琼分别带兵从东西杀出，崔彦军也率军杀出，阻住辽军退路。韩匡嗣、耶律沙大惊，慌忙应战。两军混战，毫无防备的辽兵死伤大半。韩匡嗣和耶律沙二人见辽兵已乱作一团，指挥不灵，只得二人合力，杀出一条血路，冲出重围。出了城，正好遇到耶律休哥前来接应。韩匡嗣虽然暗自庆幸捡了一条性命，但一见耶律休哥，不由羞得满脸通红，后悔当初没有听从耶律休哥的劝告。

汴京的宋太宗得到捷报，非常高兴。但他又怕辽军不死心，再度南下，忙命金刀杨继业驻守重镇代州（今山西代县），阻止辽军南下。

太平兴国五年春，耶律沙、耶律斜轸再次领兵10万攻宋，很快攻至雁门关附近。雁门关可谓代州的门户，唇亡齿寒，杨继业不敢轻视，与两个儿子杨延玉、杨延昭商议对策。

六儿子杨延昭从小熟读兵书，又练得一身武艺，颇有其父之风。向父亲献计道："父亲大人，敌军有10万之众，而我军不足2万，若是硬拼，必然不敌。但若智取，就可给他个下马威，杀杀他的锐气。"杨继业闻听，以赞许的目光看着这个他最爱的六儿子，同时示意他继续说下去。杨延昭明白父亲心意，又说道："兵不在多而在精，我们绕道至辽兵背后，深夜伏击，出其不意定能取胜。"杨继业听完频频点头道："正合吾意，咱们这就动手准备。"

当天夜里，杨继业父子三人各率精兵3000，趁夜深人静，辽军酣睡之机，从三路杀入辽军大营。辽军根本没想到宋军会从后面杀出进行偷袭，来不及应战，死的死，逃的逃，乱成一锅粥。辽军大将肖咄李，还想玩命抵抗，被金刀令公一刀砍下脑袋。耶律沙、耶律斜轸见辽军死伤惨重，指挥不灵，杨家父子又无人能敌，只得落荒而逃。

此一战令杨家父子声名大震，辽军兵将一提起他们，无不谈虎色变。但是他们又十分敬佩杨继业这样的大英雄，私底下给杨继业起了个外号，叫"杨无敌"。但是，多年之后，杨继业也正因这个称号，葬送了自己的一条性命。

幽州攻卫战

高梁河之战惨败后，宋太宗赵光义仍念念不忘收复幽云十六州，决心报一箭之仇。辽乾亨四年（公元982年），辽朝景宗耶律贤驾崩，12岁的小皇帝耶律隆绪即位，是为圣宗。宋太宗赵光义闻讯大喜，觉得这真是天赐良机。他认为此时辽朝主要是由国母萧太后执政，萧太后一个年仅30岁的女人，能有什么本事？正好可以率大军对其进行征伐，收复幽云十六州，报高梁河惨败之仇。其实，他这个念头一动，就犯了兵家"不可轻敌"的大忌。

宋朝雍熙三年（公元986年），宋太宗赵光义备好精兵强将，大举犯辽。他命曹彬为主帅，崔彦进为副帅从南边攻打幽州；命米信率一路人马从雄州逼向幽州；田重进率一路人马从飞狐道进攻幽州；潘美、杨继业率一路人马从雁门关出兵进攻云州（辽朝西京）。这四路大军，气势汹汹，对幽云二州形成铁壁合围之势。

然而，辽朝萧太后并非一般的女子。大敌当前，她尚能做到从容镇定，临危不惧，积极布署进攻防御，颇能稳定军心。布署完毕，她又决定同小皇帝隆绪一同亲自出征，辽军士气大振，誓死捍卫幽、云二州。

宋将曹彬率大队人马神速前进，势如破竹，很快攻下涿州。但是他只顾冒进，而没有将粮草按时供应上。后续粮草运输队与大部队脱节，辽将耶律休哥发现此事，当机立断，命辽军夜晚偷袭，将宋军粮草抢的抢，烧的烧。宋军军中无粮，一时人心涣散。曹彬得知粮草被截，恼羞成怒，命大军后撤，要与辽军决一死战。但是，大战未开，他居然后撤，军兵一时斗志全无，士气大落。赵光义得到消息，知道情况不妙，当即派人快马传令曹彬停止后撤，率人马快速北进。曹彬接到命令，才幡然醒悟，觉得自己犯了一个无可弥补的错误，赶忙又下令掉头北进。宋军被主帅搅得心慌意乱，六神无主。

再说辽朝小皇帝隆绪得到宋朝举兵来犯，业已攻下一些城池的消息，心中害怕，忙去找母亲萧太后想办法。到了萧太后寝宫一看，发现母亲正气定神闲地下围棋，仿佛没有这回事一般。隆绪从小就敬佩母亲，今见母亲若此，不敢打扰，在一旁侍立等候。

萧太后明知隆绪所来何意，但仍然埋头下棋。直到赢了这一盘棋，方命内侍拿来一张军事地图，成竹在胸地对隆绪和身边大臣道："曹彬后撤雄州，走了一步错棋。此时他虽重新北进，但军心涣散，休哥定能败他！潘美、田重进二路进犯，我已派大将耶律斜轸率精兵前去抵挡，想来也不难对付。次日曹彬一败，潘美在云州就失去呼应，还能支撑多长时间呢？我大辽将士个个勇猛，我相信他们定能取胜……"一番话说得小皇帝隆绪这才放了心，周围大臣也纷纷口呼"太后圣明"。

果然不出萧太后所料，曹彬大败，潘美也被耶律斜轸攻破，全线崩溃。潘美急欲率兵逃回雁门关，不过，回雁门关走近路要经过寰州，而寰州已被辽军占领。杨继业便提议避开寰州，绕道碣石谷奔代州。这本是十分明智之举，不料一位姓王的护军嫉贤忌能，此时阴阳怪调地对杨继业道："杨君侯，你不是有'杨无敌'之称吗？怎么遇到敌人就裹足不前，心生畏惧了，难道你对主上有二心不成？"

杨继业闻听，双眸含泪，颤声道："王大人何出此言？！我杨继业承蒙主上不弃，愿以死报国。今提出绕道碣石谷是为了保存我军实力，但王大人今日既出此言，杨继业就是明知赴死，也要前去攻打寰州了！"言罢，向元帅潘美请命攻打寰州。潘美爱惜杨继业是个人才，欲待不允，又有护军从中作梗，只得让杨继业为先锋，自己率大军在后接应。

杨继业率军正要出发，潘美又从后面追上来，拉住杨继业的马缰道："杨将军此去一定多多保重，能胜则胜，不能胜，则迅速回兵，不必恋战。"停了一下，又道："杨将军可还有何要交待的吗？"

杨继业略一沉吟，对潘美道："元帅一番心意，末将尽知。只是末将此番定然凶多吉少，恐难生还。只望元帅在陈家谷谷口接应末将，还可保全众将性命。"言罢，也不多言，打马扬鞭，率军绝尘而去。

两宋辽金

杨继业行军至途中，便听得四处号炮连天，果然中了辽军埋伏。杨继业早就料到必有此劫，心中也不忙乱，挥舞金刀，沉着应战。无奈辽军人数超过宋军十数倍，杨继业从早杀到晚，才算冲出一条血路，带领余下的宋军逃至陈家谷谷口。但是，陈家谷谷口一个援兵的影子也没有。杨继业心中就升起一种不祥的预感。

原来，潘美率军在陈家谷谷口接应杨继业，而王护军阴险毒辣，欲置杨继业于死地，几次三番劝潘美撤兵。潘美等到黄昏仍不见杨继业来到，心想杨继业定是战死，非常失望，旁边又有护军逼迫，只得撤兵。这样就使杨继业失去了最后的机会。

杨继业本已疲惫至极，但想到身边尚有百余名将士，不忍让他们枉送了性命，便带他们继续前逃。来到一村，名曰"狼牙村"。杨继业心中一动，心道，狼吃羊，今番恐怕我命休矣。遂将身边将士召集到一起，对众人道："今番天要绝我，我不忍让你们枉自送了性命要，快快逃生去罢！"然而，这一百多将士素来敬佩杨继业，异口同声道："愿与将军一同战死报国！"杨继业闻听十分感动，翻身上马，对众将道："好，今日我与大家生死与共，咱们杀一个辽兵够本，杀俩赚一个！"众人听了，也不多言，抱着必死之心同杨继业一起杀向已追上来的辽兵。可怜金刀令公杨继业就这样死于奸人王护军之手。

宋太宗赵光义得到杨继业战死的消息，非常伤心。而此时，党项族首领李继迁起兵抗宋，辽朝萧太后不失时机地对其进行大力支持，利用他构成对宋西北边境的严重威胁。同时封李继迁为夏国王，着意进行拉拢。西夏力量逐步壮大，年年在宋朝边境挛扰生事。由此，辽夏两国对宋朝实际已形成夹击之势。太宗赵光义看到形势不利，攻打幽云十六州又损兵折将，无功而返，只得下令撤军，休养生息，日后再图大业。

但是，宋朝罢手，日益走向消极防御之时，辽朝却趁势转为主动，向宋朝发起了大规模的进攻。这又令太宗赵光义吃惊不已，暗恨自己当初真是小瞧了辽朝国母萧太后。

契丹萧太后

萧太后，姓萧名绰，小字燕燕，是契丹建辽后第五代国主景宗耶律贤的皇后，第六代国主圣宗耶律隆绪的母亲。

萧绰出身高贵，她本为辽朝重臣萧思温之女。萧思温是辽太祖皇后的族弟忽里没之子，后娶辽太宗长女燕国公主为妻。正因为萧氏家族与皇室有着如此密切的姻缘关系，所以萧绰本就算得上是皇亲国戚。后来，萧思温在拥立耶律贤为帝时立下大功，景宗耶律贤便封他为魏王，北院枢密使兼北府宰相，并且时常临幸萧家。一来二去，便得知萧思温的三女儿萧绰温惠贤良，才貌双全。于是宣她入宫，一见之下，更是无比爱慕，不久便册封为皇后。这一年萧燕燕17岁，两年后生下长子耶律隆绪。

萧绰在我国历史上说得上是一位不平凡的女性。她有极富传奇色彩的人生经历，称得上是一位政治家、军事家，而天性的使然，又使她不失为一位贤妻良母。

景宗耶律贤自幼身患痼疾，萧绰对其不厌不弃，在生活上给他以细心的照顾，在精神上给他以温柔的抚慰，景宗对她既爱慕又依赖。由于身体原因，景宗对朝政颇感力不从心。他发现萧绰与他论及军国大事，往往语中要害，便更加信任和宠幸她，诸多事宜均与萧绰商议而行，这也给她提供了锻炼的机会。辽北部部族几次发生叛乱，她都拿出稳妥的计划予以平息。朝中大臣闻知皇后英明若此，皆认为是国家之福，无人对萧绰干政提出异议。

景宗病体日益沉重，便干脆让萧绰临朝决事。皇后萧绰不负众望，施展她的雄才大略，一次次解救辽国于危难之中。公元979年，宋太宗赵光义率军大举侵辽，欲夺回幽云十六州。皇后萧绰周密布署，高梁河一役，将宋军打得落花流水。宋太宗赵光义身中流矢，乘坐驴车落荒而逃，此后5年不敢北进犯辽。

辽乾亨四年（公元982年），景宗驾崩，12岁的长子耶律隆绪继位，是为圣宗。萧绰正式临朝，被尊为"承天皇太后"。她对三个儿子疼爱至极，生活中亲自安排他们的饮食起居，在学业上又对他们要求得非常严格。尤其是对长子隆绪，她严令不许他奢华，制止他纵情游猎，让他反复研读《贞观政要》，把唐太宗当成学习的榜样。为了早日还政于隆绪，她还不失时机地为儿子培养心腹、亲信。

一天，小皇帝陪萧太后去赤山狩猎。路上，小皇帝见耶律斜轸的青花马和自己的银鬃马个头一样高，便道："你的马和我的马个头一样，不知脚力如何，我们比赛试试可好？"

耶律斜轸道："微臣怎敢与皇上赛马呢？如若万一胜出，岂不是太失礼了？"

小皇帝点点头，道："不过，如若在战场上或者打猎时，你我的马奔来驰去，可就谈不上什么失礼不失礼的了。"

萧太后从旁听到二人的谈话，心中一动，笑道："论国礼，你们是君臣。但若按咱们契丹的风俗，好朋友互换马、弓为盟，今日我为你们做见证，你二人就此互换马、弓，结为朋友吧！"

二人闻听，都非常高兴，互换马、弓，结为挚友。从此耶律斜轸对大辽朝更是忠贞不二，屡立战功。

萧太后不仅能够相夫教子，辅佐国事，同时她在感情方面还能做到张弛有度，敢爱敢恨，堪称一位奇女子。

萧太后自幼本许配给辽朝幽州留守汉将韩匡嗣之子韩德让为妻。景宗不知此事，选她入宫。她父亲萧思温便要与韩家撕毁婚约，韩德让闻讯以为萧思温贪慕高官厚禄，一时之间气冲斗牛，瞒着父亲手拿婚约前来退婚。平日他为萧府上娇客。萧绰入选皇宫之事，家人现在又无人知晓，因此韩德让直冲至中厅，也无人阻拦。但韩德让也并不是一个莽撞之人，行至中厅窗外，忽听里面有人说话，便停下脚步。只听里面一人道："父亲大人，您自幼将我许配韩将军，如今为送我入宫，又欲撕毁婚约，难道不怕天下人耻笑吗？"

韩德让心头一惊，因为他听出此人正是自己日思夜想的未婚妻燕燕的声音。他闻得此声暗道，罢了，就算萧思温无情无义，有燕燕这句话，我韩德让复又何求？想到此，刚要迈步而入，忽听屋内一个老者的声音长叹道："女儿啊！为父岂不知此事如此一办，天下人难容。特别是韩将军家定要与我萧思温势不两立。可是，为了国家社稷，为父只得违你心愿，拆散你与韩将军的美满姻缘了！"窗外的韩德让心中又是一惊,他听出此人正是萧思温,只是不知他何出此言。正疑惑间,只听萧思温继续说道:"当今圣上龙体欠佳,若无一个既温善又贤德的皇后从旁照料,恐难长久。我萧思温绝非贪慕虚荣,想我年事已高,又官至宰相,身居要职,再往上还能走到哪儿呢?在什么位置就要思谋什么事,这一阵我为选国母之事茶饭不想,思忖再三,全国上下只有我女儿一人堪当此重任,还望女儿以国事为重,不要因此怨恨为父。"

韩德让至此方明白自己错怪了萧思温,他是一个十分爽朗、心胸坦荡之人。当即迈步入厅,对萧思温施礼道:"伯父,我韩德让何德何能,蒙您如此厚待?以前,我错怪伯父,如今我明白了伯父的一片为国之心,自愧弗如。既然如此,我韩德让无话可说,特送来婚书,与燕燕解除婚约。"萧思温没料到韩德让突然进来,更没料到他会说出这一番话,一时竟不知说什么是好。

萧燕燕见韩德让进来,早绯红了一张俊脸,但她强自镇定对父亲道:"父亲大人,孩儿斗胆请求您让女儿与韩将军单独待一会儿。"萧思温明白女儿心意,转身退出。屋中只剩韩、萧二人,两人虽为家人所订婚姻,但均已久慕对方为人,只盼早日完婚,成就这一段美满姻缘。不料,中途生变,一切美好的愿望均成泡影。二人心中此时百感交集,却又相对无言。

良久,萧燕燕忽然把心一横,道:"韩将军,我燕燕既与韩将军已有婚约,那我生是韩家人,死是韩家鬼,任是谁也不能强我入宫,就此向韩将军表明心迹!"韩德让虽也早知燕燕对己之意,却不想她能为自己若此。一时心血翻涌,上前拉住燕燕的手道:"燕燕,你千万别这样。有你这句话,我韩德让死也心甘了。为了我大辽,你还是入宫去吧,我韩德让为你今生不娶就是。"

萧燕燕闻听,感动得双目含泪。又觉韩德让一双大手上似有无限暖流传过自己的全身,一时忘情,冲口而出道:"德让,既然你也非要我入宫,那,那我们现在就结为真正的夫妻,让我以自己清白的身子,偿还你这一片情意吧!"言罢,垂下羞红的俏脸。韩德让闻言怦然心动,一把将萧燕燕搂入怀中。良久,韩德让又似乎蓦然惊觉,推开怀中的萧燕燕,道:"燕燕,你把我想成什么人了,我韩德让绝非此等小人。"言罢,将婚书塞到萧燕燕手中,再不发一言,转身迈大步离开萧府。萧燕燕望着韩德让远去的背景,心中充满了敬佩与感激。

一晃数年过去了,萧燕燕由一个17岁的花季少女成为一个年届30的成熟少妇。她将她一生最宝贵的一段时光献给了辽景宗和他的大辽帝国。虽然她对韩德让仍念念不忘,但她只以国母身份与之相处,从未有半点逾礼。乾亨四年,景宗驾崩,青春貌美的萧燕燕这才向昔日恋人发动了爱情的攻势。她对韩德让说:"我本就许配给你,如今让我们破镜重圆,比翼齐飞。那么,我儿当国,也就是你儿了。"韩德让也在内心期盼着有朝一日能与萧燕燕重温旧梦,不想今日果然成真。从此与萧燕燕名为君臣,实为夫妻。小皇帝隆绪与他的两个弟弟隆庞、隆祐也像对待父亲一样对待韩德让。朝中大臣对此无一人心存异议。因为他们一方面敬重萧太后为国家操劳至今,深深理解她对韩德让的那份感情;二来韩德让也是朝中重臣,为大辽立下过汗马功劳,而且从不居功自傲。

萧太后与皇帝隆绪对韩德让宠信有加,为这位儒雅忠勇的大将提供施展才华之地。韩德让也不负他二人之重托,知无不言,勇于进谏。遇事顾全大局,主动与朝中大将耶律斜轸等人密切关系,结为好友,使辽朝最高统治集团内部出现前所未有的团结。应当说,萧太后所建功勋之中,也有他的一份在内。

萧太后在韩德让等人的辅佐之下,顺应契丹社会封建化的进程,仿效中原统治进行了一系列的改革。同时对内减轻赋税、鼓励生产,颁布禁止官吏贪赃枉法的法令;对外或交或攻,措置有方,进一步显示了其政治、军事才干。

公元1004年,萧太后亲自出马,扬鞭南下,一路攻城掠地,攻无不克,战无不胜。一直打到澶州城下,宋廷大震。宋朝能臣寇准力谏,请皇帝赵恒亲征,方召集援军几十万与之对抗。萧太后见状知道大宋是灭不掉的,与韩德让、隆绪权衡再三,决定撤兵。但是签订了历史上有名的"澶渊之盟",以宋朝称臣,每年进贡"岁币"为交换条件。从此,辽、宋正式形成对峙局面。萧太后充分利用这种和平的环境,完成了契丹辽国的封建化改革,实现了政治、经济的全方位发展。

公元1009年,萧太后还政于儿子隆绪,不久即患重病死去,终年 56 岁。她的情人韩德让遭受重大的感情创伤，不久，一缕忠魂也追随他的燕燕而去，享年 71 岁。

王小波、李顺起义

公元 993 年，宋太宗在皇宫之中心神不宁，坐立不安。原来，有消息传来，四川地区发生了声势浩大的农民起义，而且官府镇压无力，不时传来战败的消息。

从太祖赵匡胤建国，才短短 30 年时间，为什么大宋王朝会发生如此震撼朝廷的农民起义呢？

这是有其深刻的历史原因及现实原因的。四川素有"天府之国"的美称，这里地肥水美、物产丰富。而且入川的道路险峻，"蜀道难，难于上青天"，就是唐代大诗人对此条道路最真实客观的评价。因此，自唐宋以来，四川一直为地主官僚避难的地方。这里战乱少，地主势力非常大，而当地农民所受的剥削也就较其他地方严重。

特别是北宋建立政权后，蜀王王衍自恃有天险之路相阻，不惧宋兵来犯，整日饮酒作乐，不思朝政。臣子们见主上荒淫无度，纷纷仿效，个个奢华无比。这样就只能通过加重对农民的剥削来满足他们的私欲。农民生活日益困苦，贫富不均现象在当地非常严重。而宋太宗灭掉蜀国之后，不但未对其进行整顿改革，反而任由官兵将士肆意掳掠，激起蜀地农民的强烈不满。时常有一些蜀兵和蜀民自发组织起来反抗宋兵。而其中规模最大，对大宋朝打击最严重的就数此次王小波、李顺起义。

王小波是青城县（今四川灌县南部）农民。青城县盛产茶叶，许多农民以种茶为生。但是宋太宗时期推行"榷茶"法，禁止茶农自由买卖茶叶，而由国家统一进行收购。许多政府官员和地主商人趁机强买强卖，从中牟取暴利。农民稍有不从，轻则打骂，重则逮捕下狱。这样，贫富差距越来越大，农民越来越穷，生活无以为计，怨声载道。王小波有一次在交茶过程中与官吏产生争执，气愤不过，将官吏打死，于是索性号召当地茶农起义反抗朝廷。他对众人说："现在，穷的太穷，富的太富，而且富人是靠压榨我们才富起来的。他们大鱼大肉享用不尽之时，我们却连吃糠咽菜都难以维持。不如起来反抗，均贫富，消除不合理现象，求一条生路！"当地茶农都被逼得没有活路，见王小波说得慷慨激昂，纷纷响应，与他一起揭竿而起。短短几天时间，王小波率领的农民义军就发展到一万多人。

王小波首先率义军冲入青城县县衙，捉住县官，将其斩首示众。又打开粮仓放粮，得到更多人的拥护。义军队伍像滚雪球般迅速扩大，他们在王小波的带领下，先后攻下邛州、蜀州和眉州的彭山。彭山县令齐元振，曾被朝廷赐以清政廉洁之名。实际上他不仅残酷镇压农民，而且大肆搜刮钱财，当地农民对他恨之入骨。得知王小波率军来攻彭山县时，当地农民纷纷响应，与王小波里应外合，一举擒获齐元振。众人从他的府中搜出十几箱金银财宝，粮食布帛更是不计其数。起义军依当地农民之意，将齐元振和一些顽固不化的土豪劣绅处死。但是齐元振民怨太深，虽被处死，众人仍不解恨，又将其肚子割开，取出五脏，还有那不解气的，又拿来棍子抽打他的身体。由此可见人民对其痛恨程度之深。

可是，就在起义军取得节节胜利之时，他们的领袖王小波在攻打江原县（今重庆东南）时，身先士卒，杀死四川都巡检使，自己也不幸中箭身亡。起义军众将悲愤无比，但他们并未因此气馁，而是推举王小波的内弟李顺为首领，继续与宋廷对抗。不久，他们就在李顺的领导下相继攻克永康、双流、新津、温江、郫县等地，起义队伍也激增至几万人。

淳化五年（公元994年）初，李顺带领义军在两天内攻下汉州（今四川广汉）、彭州（今四川彭县），对成都构成威胁。随后，义军乘胜前进，攻下成都，在此建立政权，国号"大蜀"，年号"应运"，还发行了"应运通宝""应运元宝"等新货币。并逐步建立了由地方到中央的整套行政机构，以适应经济发展需要。大蜀最高军事长官为"枢密使"，行政最高长官为"中书令"。

李顺做了大蜀王后，没有贪图享受。他所领导的政权实践了王小波所提出的"均贫富"的口号。据沈括在《梦溪笔谈》中记载，义军每占一处，即召集当地的"乡里富人大姓，令具其家所有财粟，据其生齿足用外，一切调岁，大赈贫乞。"这堪称北宋初农民起义军的壮举。

　　李顺此举受到老百姓的热烈欢迎，使他颇得民心，无以为计的百姓又纷纷来投，义军队伍越来越壮大。农民军在李顺的带领下，又陆续攻下许多州县。农民军所占地盘越来越大，北至剑阁，南至巫峡，皆在义军统辖范围之内。

　　面对几十万之众的农民义军，宋太宗赵光义又恨又怕。任命亲信宦官王继恩为四川招讨使，率大军入川对其进行残酷镇压。

　　淳化五年五月，成都被围困。这都是义军只重进攻而忽略防守的结果。十几万义军同李顺一起坚守成都，最后城破。三万多将士壮烈牺牲，李顺也英勇就义。

　　李顺死后，人们非常怀念他。李顺部将张余仓仍领导余下义军在嘉州（今四川乐山）、戎州（今四川宜宾）、泸州、渝州（今重庆）等地与宋军周旋，并假托李顺尚活在人间。

　　宋太宗心下也十分怀疑，又命白继斌带兵入川对付义军。张余仓遭到王继恩、白继斌的前后夹击，损失惨重，退守嘉州。不料，大蜀嘉州知州王文操变节投降，与宋廷官军里应外合，攻破嘉州。两万义军全军覆没，张余仓也被捕就义。时值公元995年。

　　王小波、李顺领导的农民起义虽然最终失败了，但是他们给宋廷以沉重的打击。特别是起义军提出的"均贫富"的口号，是中国历史上农民义军第一次明确提出的口号，标志着我国农民反封建斗争进入了一个新的历史阶段。

澶渊之盟

　　辽、宋两国幽州攻卫战，以辽朝的获胜而告终。此后两朝打打停停，一直战事不断。到宋景德元年（公元1004年），两朝国势均发生了变化。宋朝太宗赵光义已死，真宗赵恒继位。真宗任用寇准、毕士安为宰相；而大辽国猛将耶律斜轸、耶律休哥均已去世，取而代之的是萧挞凛，萧太后封他为南京（幽州）统军使，又让自己的昔日恋人韩德让任大丞相，辅佐朝政。

这年秋天,女政治家、军事家萧太后为了结束与大宋朝这种互相对峙、各有攻守的局面,决定发动一次大规模的战争,迫使宋朝求和。出发之前,她与隆绪举行了传统的"射鬼箭"仪式。"射鬼箭"的做法是将一个人捆在树干上,用乱箭射死,以诅咒敌人。母子二人以这种方式表达一种必胜的决心。一切准备就绪,萧太后偕同耶律隆绪、韩德让率20万大军南下攻宋。一路上势如破竹,所向披靡,宋军难以抵挡。辽军很快攻克了唐州、瀛州、祁州。11月抵达洺州(今河北永年县),然后继续向澶州方向进逼。

宋真宗赵恒听到辽军大举进犯的消息,吓得六神无主,忙召集群臣商议退敌之策。大臣王钦若生性怯弱而又自私,只因他家在金陵,他便建议真宗迁都金陵。他这一建议可不得了。朝中大臣七嘴八舌,这个说迁都这里,那个说迁都那里,金銮殿上乱成了一锅粥。真宗听听这个,看看那个,更加没了主意。正在此时,宰相寇准出班站立,向真宗朗声喊道:"皇上,臣有本上奏!"宋真宗平日很欣赏这位颇有才干的朝中重臣,此时见他要奏本,料定必是有什么退敌妙策,忙道:"寇爱卿,请讲。"

大殿上这才安静下来,大家都看着寇准,想听听他的高见。寇准扫了一眼王钦若等人,厉声道:"依臣之见,应该把建议迁都的人都杀了,用他们的血祭鼓,然后击鼓出征,抵抗敌军。"此言一出,朝上之人无不为之动容变色。尤其是那些建议迁都的人,吓得心里都是一哆嗦,均不敢正眼再看寇准,但心里却恨透了他。

真宗闻言,也是一惊,问道:"爱卿何出此言?"寇准慷慨激昂地答道:"此次辽兵虽大举来犯,但我大宋也未必失败。如若陛下亲征,我军将士气大振,必会全力退敌,况且辽军孤军深入,难以坚持长久,我们只要固守,他们必会自行撤退;但是,如若陛下听信小人奸佞之言,贸然迁都,必使军心涣散,则我大宋江山社稷必难保也!"

宋真宗一听寇准说得句句在理,想到迁都的后果,不由得激凌凌打个冷颤,后脊梁骨直冒冷汗。呆坐半晌,方对寇准道:"就依爱卿之见,朕亲率大军,御驾亲征。不过,具体事宜,还望寇爱卿从中周旋。"

寇准当即向皇帝建议,应派兵守住天雄(今河北大名),以牵制辽军,阻止他们深入黄河岸边。真宗马上同意,并询问派何人去守为妙。寇准眼睛四下一看，一眼瞅见建议迁都的王钦若，便指着他对真宗道："我看驻守天雄之事，交由王将军去办最为稳妥，相信他为了皇上安全定会誓死捍卫天雄！"真宗闻听忙探身问询王钦若："王爱卿，你可愿意领兵把守天雄？"

王钦若心里恨透了寇准，但又不能发作。又见真宗有此一问，只得硬着头皮上前答道："臣万死不辞。"真宗这才放心，让王钦若领兵而去。但心中还觉不妥，又与寇准商议，是否再派人去找王继忠，与辽国商量议和。寇准本不同意议和，但见真宗一再坚持，也无办法，只得差人去办。

王继忠原为宋将，后战败降辽。辽朝仍然起用他，而宋朝有什么事也大多通过他与辽国联系。

再说萧太后，在逼近澶渊的途中便得到王继忠转达的大宋求和之意。她当即表示同意，但为了增加洽谈的筹码，她仍命令辽军继续前进。不久，兵临澶渊城下。

真宗闻讯，忙诏告天下，他要御驾亲征，望大宋子民大力援助澶渊。同时，派使臣曹利用到辽营谈和。

曹利用来到辽营，萧太后亲自与之谈判。二人各执己见，互不相让。这个说，辽军出师无名，纯属侵略行为；那个说，辽军所占城池本就为石敬瑭送给大辽的。争执了一个时辰，也无结果。最后萧太后用目光直逼着曹利用道："如此说来，大宋是没有议和之意，我们只有战场上见了？"曹利用心头一惊，心道，这个女人不简单，关键时候，拿话来压我。不过又想自己此来的使命是议和，而不是争论谁是谁非的问题，忙道："太后误会了，臣此来目的即是为和不为战。如果太后同意议和，财帛多少我们还可以再商量。"

萧太后也从他的话中听出大宋决不会让出关南数州，所应之事，也不过是财帛多少的问题。略一沉吟，便命曹利用先下去休息，自己去与隆绪商议此事。

正当她母子二人在商议议和之事时，前线传来消息，大将萧挞凛军前阵亡。二人心内均是一惊，继而是长久的沉默。好久，皇帝隆绪才问萧太后："母后，我们此行本为关南数州，依您看来，大宋恐怕不会答应。现在他们同意进贡财帛，我们可订和议吗？"萧太后看着儿子，意味深长地说道："此次南征，本为平息两国长期战乱，迫使大宋订立和盟，使百姓过上安定的生活。若为了那几个州，战争何时才是个尽头啊！更何况，先锋将军萧挞凛又阵亡了……"

萧太后说到这儿，竟然伤心落泪，说不下去了。隆绪从未见过母后若此，一时手足无措，竟不知如何是好。萧太后哽咽了一阵，方强自镇静下来，命人传令下去，让韩德让两天内务必攻下通利军城（今河南浚县），为大将萧挞凛报仇。又令大臣韩杞为议和使臣随曹利用去见大宋皇帝。

而此时的宋真宗赵恒，已在寇准的一再鼓励劝说之下，御驾亲征至澶渊。澶渊将士闻讯，果然士气大振。大宋子民得到消息，也纷纷自发组织起来，赶往澶渊救援。一时澶渊城内汇聚了各路豪杰数十万之众，真宗也士气大振。这一日，登临城头，想观察一下敌情。一见之下，不由得又灰心丧气，险些又提出迁都之事。因为他看见城下密密麻麻到处都是辽国的营帐和大旗，而且军容整齐。心道，我大宋子民来援助者虽也不少，但与训练有素的辽军作战，岂不是以卵击石，不堪一击吗？想到此面无人色。一旁的寇准见状，忙劝慰道："皇上不必担惊受怕。俗话说'鸟无头不飞，人无头不走'，辽贼的大将萧挞凛已被我军斩了，况且他们又不是正义之师，还能坚持多久呢？！"

真宗听了，心下稍宽。但仍叮嘱寇准，一定要尽快商议和谈之事，财帛数目可大大放宽，无论多少，都先答应下来再说。寇准勉强答应。

但是寇准在具体操作之时，却对负责具体洽谈的曹利用说："虽然皇上答应给辽财帛可以任意操纵，但是实际和谈时，你若超过30万财帛，我就先杀你！"曹利用知道寇准一心为国为民，素日也崇敬他的为人，遂领命而去。

宋辽最终达成协议：宋朝每年送给辽财帛20万匹、白银10万两，辽不再追索关南数州；辽宋约为兄弟，隆绪称赵恒为兄，赵恒称萧太后为叔母。这就是历史上有名的"澶渊之盟"。从此，辽、宋双方罢兵，各守盟誓。

大宋宰相寇准

寇准,为大宋朝一位颇具传奇色彩的宰相。他为人刚正不阿,在评书《杨家将》中,说书人将他描绘成一个护佑贤良、为官清正之人。事实上,寇准在他40年的为官生涯中,也是因为其为国为民、襟怀坦荡的性格,屡次得罪权贵,经历了数起数落的折腾。

公元961年,寇准出生在隼州下郑(今陕西华县),他从小就机灵聪明,表现出与众不同的才华。19岁即被录取为进士,在大名府成安县当官,开始步入仕途。

由于寇准政绩卓著,很快脱颖而出,跃升为京官。他决心在其位谋其政,多为百姓做好事。

淳化二年(公元991年)春,大宋朝境内发生前所未有的旱灾。一时饿殍遍地,百姓生活无以为计。政府虽也进行了放粮赈济,但于事无甚大补。太宗赵光义把朝中大臣找来了解情况,商讨解决办法。大臣们汇报了情况,但一时均想不出好的解决办法,便纷纷议论说,这是老天的安排,没有办法。太宗见人群中的寇准一言不发,似在思考什么重大的问题,便探身问道:"寇爱卿,你在想什么?可有减缓灾情的办法吗?"寇准见皇上问自己,出班站立奏道:"皇上,臣以为,天灾并非是老天安排,而是受人祸影响。如今天气大旱,是朝廷执法不公所致。"

太宗赵光义正连日为各地灾情困扰得焦头烂额,如今又遭寇准这当头棒喝,指责朝中执法不公,一时心浮气躁,看了看寇准,鼻孔里冷哼一声,竟然转身,拂袖而去。

朝中大臣面面相觑,心中均埋怨寇准多事,惹怒了皇上。大家正不知如何是好之时,太宗又忽然转身返回,对寇准道:"寇爱卿,朕思量,你所说或许有些道理。现在,你且说说朝中有哪些事执法不公?"

寇准一见太宗回来,心中有了底,忙跪地叩头道:"皇上,臣所言之事是实,但光凭我空口白牙,恐难服众。恳请皇上把管刑法的大臣叫来,与臣当堂对质,皇上自然明白是谁执法不公。"

太宗赵光义依言而行。命人将中书、枢密两府的大臣找到身边。寇准这才说道:"不知皇上是否记得,前些天朝中处死了一个人,叫王祖吉,他的罪名是贪污受贿。可是,与他一同下狱的王淮却只打了几下仍照常为官。臣私下已查明:实际上,大窝赃犯为王淮,王祖吉贪污数目比他少得多。但是只因王淮为当朝参知政事王沔的弟弟,因而受到从轻发落,那王祖吉却成了替罪羊。臣不知此事是否公平?"

太宗闻听,竟有此事,不由得龙颜大怒,转向王沔,阴沉着脸道:"王爱卿,可有此事?"王沔心知寇准既揭发此事,一定掌握了大量证据,抵赖也没有好处,只得叩头认罪。太宗狠狠苛责了他,并且贬职一级。同时,任寇准为右谏议大夫、枢密副使,以后改任枢密院事。

但是,自古道仕途险恶,尤其像寇准这样一心为国的好官,定然会遭到奸佞小人的嫉恨。寇准为此蒙受过许多不白之冤,几遭贬谪。

有一天,寇准和朝臣温仲舒并骑在街上,突然斜刺里冲出来一个疯子,跪地叩头,冲着二人的马头高呼"万岁"。二人也未在意,绕道而行,那疯子兀自在那里叩头叫喊"万岁"。这本是街头不经之谈,而这一情景恰被枢密院事张逊看见。他素来与寇准不和,怀恨在心。见此情景,便心怀鬼胎,借题发挥。向太宗皇帝告御状,说寇准想当皇上。寇准不做亏心事,不怕半夜鬼叫门,与其针锋相对,不仅揭穿了他的险恶用心,同时在皇上面前历数他的过失罪责。

可是凡做皇帝的人,都怕别人有谋篡自己皇位之心,因此在这个问题上极度敏感。虽然太宗明知寇准没有篡位之心,也不愿听到此类事情发生。一气之下,将二人都进行了处罚。把张逊降了职,把寇准贬到了青州(今山东益都)当知州。这也是寇准步入仕途后第一次遭贬。

寇准为人风趣幽默,而且指摘时弊,句句切中要害。他这一走,太宗皇帝又着实有些想念他。但金口玉言,不是说变就变的,只好不时向身边臣子暗示,要他们保举寇准回到京城。但朝中大臣几乎个个被寇准得罪过,他们怕寇准回来又要碍他们的事,让他们贪污腐化的生活曝光出来,于是,却假装不懂皇上之意。太宗又不好明说,只好暂且忍耐思念寇准之情。一年之后,他终于寻了个理由,将寇准又调回自己身边,任参知政事。

　　寇准并未因曾受到贬谪而心灰意冷,而是一如既往地为国为民着想。他从青州回来的第一件事,就是上书太宗皇帝,要求皇上立次子元侃(即赵恒)为太子。这并非寇准故意滋事,扰乱朝廷,而是因为太宗长子患着疾病,如若即位,必为大宋之祸。太宗赵光义明白寇准一片心意,当即采纳了他的建议,立次子元侃为太子。

　　一天,太子在街上行走,百姓们夹道欢呼"少年天子",以表拥戴之情。消息传到太宗耳中,他有些不悦。问寇准说:"百姓之心皆朝向太子,把朕置于何地?"寇准笑道:"皇上,这正是您的造化啊!百姓拥护太子,说明太子有才有德,颇具治国安邦之能,这才能使我大宋江山千秋万代永存下去啊!"

　　太宗一听,寇准所言有理,这才转怒为喜。当即在宫中设宴,与寇准对饮相庆。

　　宦海沉浮,世事总是难料。尽管太宗很喜欢寇准,但禁不住小人的挑拨,过了不多时日,又将寇准贬了官,贬到邓州(今河南邓县),这是寇准第二次遭贬。

　　公元997年,宋太宗赵光义驾鹤西归,真宗赵恒继位。赵恒在做太子时,就非常敬重寇准。因此,他继位后第一件事就是将寇准从邓州召回朝廷,升官至工部尚书郎。三年后,又调他到开封府任职。咸平六年(公元1003年),任三司使,主管财政、贡赋,职位仅次于宰相。

　　景德元年(公元1004年),寇准又升为集贤殿大学士,即皇帝的顾问。然而,就是在这一年的闰九月,辽朝举兵南下,对大宋朝发动了规模空前的军事行动。宋真宗吓得六神无主,召集群臣商议退敌之策。许多大臣坚持逃跑路线,主张迁都,而且还为迁都到哪争执不休,朝野上下,一片混乱。关键时刻,寇准挺身而出,坚决主张积极防御,并且有条不紊地为真宗赵恒分析利害得失,鼓励他御驾亲征,以鼓舞宋军士气。宋真宗依言而行,果然保住了大宋江山。后来,在寇准的斡旋之下,又顺利签订了澶渊之盟。辽宋双方就此罢战,百姓们过上了安定的生活。真宗皇帝对此非常满意,从此更加信赖寇准。不久,将寇准升至宰相之职,此时寇准的官可谓升到了顶峰。

　　俗语道,"树大招风""盈满则溢"。寇准越受到皇上的信任与重用,就越有人忌恨他。王钦若就是其中之一。

  王钦若在辽军南下之时极力主张迁都,遭到寇准的严厉斥责,并且他还对真宗说应该把主张迁都的人都杀了,用他们的血祭鼓,然后出征。最后,还点名要王钦若去守天雄,牵制辽军。王钦若表面上碍于在皇帝面前,唯唯诺诺,实际上他心里恨透了寇准,恨不得将他生吞活剥了才解气。

  澶渊之盟后,辽军退兵,王钦若也从天雄回到朝中。他见寇准的官越做越大,更加恼恨,寻机报复。但是他实在找不出寇准做过什么贪赃枉法的事,思来想去,想出一条陷害寇准的毒计。

  这一天晚上,王钦若溜进皇宫,说有要事向皇上禀报。真宗命人传他进见。他见了真宗却又顾左右而言他,只说了一些不关痛痒的小事。真宗颇觉纳闷,忍不住问道:"王爱卿不是有要事要说与朕吗?"

  王钦若小眼珠一转,故意装出一副为难的样子,道:"是啊,此事压在微臣心头已久。不说吧,关系到国家的得失荣辱;说了吧,又怕皇上怪罪……"说到这,用小眼睛瞟了一眼真宗,不再说了。

  真宗不明其意,更加想知道他所要说的事。便道:"古来臣子对主上应'知无不言,言无不尽',王爱卿有话便说,不必如此吞吞吐吐的,朕不怪你便是。"

  王钦若这才道:"臣以为,皇上皆因寇准在签订澶渊之盟立了功才对他格外尊重,不知是不是?"他见真宗微微点头,继续说道:"澶渊之盟,陛下不以为耻,反把寇准当功臣,臣着实有些不明白。"

  真宗皇帝闻言一愣,忙问其故。王钦若又说道:"城下之盟,春秋时人就皆以为耻。澶渊一仗,寇准极力鼓动陛下御驾亲征,而最后又积极与辽契合,签订盟约。让天下人觉得即使皇上亲征也不能制伏辽军,只能每年屈辱地贡奉岁币,这难道不是皇上的耻辱吗?而寇准却从中获名获利,以功臣自居。臣深为皇上身边有这样阴险歹毒之人而担忧啊!"

  真宗赵恒本来耳根子就软,今让王钦若一番夹枪带棒的措辞一说,竟觉得非常有理,颇有大上寇准之当的感觉,脸红一阵,白一阵,当下也不言语。只是日后居然真的渐渐冷淡了寇准。再后来,寻个理由,把寇准的宰相也给撤了,贬到陕州(今河南陕县)做官。

  亏得寇准心胸开阔,也不去想自己这是第几次遭贬,在陕州安心为官，大大地为民做了几件好事，得到当地百姓们爱戴。闲暇之余，他也不顾影自怜，哀风怨柳，而是研读《汉书》增加学识。

而朝中的王钦若自以为扳倒了寇准，从此目中无人，日益骄纵。一次酒后吐真言，说出自己如何陷害寇准一事。话传到真宗赵恒耳中，又悔又怒，遂将王钦若贬官查办。

天禧三年（公元1019年），寇准又重新受到朝廷重用，升为尚书右仆射、集贤殿大学士。但是，多年的升升沉沉，依然没有改变寇准刚正的性格。回朝之后，他见刘太后在真宗中风期间把持朝政，干预朝中大事，心中颇为不满，便上书提出让皇太子出来监督朝政。这下可惹恼了刘太后，没等寇准的官位坐热，又暗中操纵，将寇准贬为太子太傅。

不久，又一贬再贬，先降至雷州（今广东海康境内）司户参军，以后又降至徽州（今湖南徽阳）任司马。这期间，真宗一直在病中，一点不知此事，还一再地询问身边内侍："寇准寇爱卿呢？他怎么也不来探探朕呢？"但是直到死也没能再见他的寇爱卿一面。

天圣元年（公元1023年），寇准于徽州病故，终年62岁。

守边宰相范仲淹

范仲淹生地邠州（今陕西彬县），后来移居苏州吴县。他自幼丧父，与母亲相依为命。少年时代的他非常懂事。为了使母亲从悲苦的生活中得到一丝安慰，他独身一人到应天府发奋读书。范仲淹读书达到了古人"头悬梁，锥刺骨"的境界。甚至比之更甚，冬天为了提神，他用冷水洗脸，饿了就喝点粥将就。功夫不负有心人，他终于以优异的成绩考中进士，朝廷任命他为广德军司理参军。他当官的第一件事就是将含辛茹苦把他养大的母亲接到身边，以尽孝道。

范仲淹不仅才华横溢，而且为官清正廉洁，很快便脱颖而出，升任集庆军节度使推官。应天府（今河南商丘）知州晏殊非常欣赏他，不久，又推荐他为秘阁校理。范仲淹为官有一种大无畏的气魄，让一般文武大臣为之汗颜，他曾先后向皇上奏疏，建议如何选拔县令、郡守、安抚将帅以及废除不合理制度等等，深得仁宗赵祯的赏识。

但是，当时朝中大权掌握在章献太后手中。朝中诸多事务，仁宗均无能为力，还得表现出对太后的恭敬顺服之态。范仲淹看在眼中，深为大宋江山担忧。有一次，他趁仁宗赵祯欲带百官为章献太后拜寿之机，上奏道："孝敬老人本为家事，陛下带文武百官去向太后朝拜，岂不是将国事、家事混为一谈？"仁宗苦笑了一声，未予范仲淹任何答复。

范仲淹见状，更是心急如焚，心知长此下去，必生祸端。第二天，便面见章献太后，措辞恳切，要求她还政仁宗。

章献太后本来听到范仲淹劝阻仁宗带百官来向她祝寿的话就已非常生气，这下见范仲淹竟要自己放弃手中大权，更是怒火中烧。当即就大发雷霆，将范仲淹贬到陈州（今河南淮阳）。但范仲淹并未因此而心灰意冷，胸中所怀的仍是一颗拳拳报国之心。离京之前，他听说朝廷要到陕西购买木材大修宫院，又到仁宗面前力陈不要大兴土木，做这等劳民伤财之事，仁宗见他遭贬，依然如此为国，深受感动，采纳了他的建议。

章献太后去世后，仁宗掌权后的第一件事便是将范仲淹调回京都任右司谏。这时便有许多见风使舵的小人，纷纷来到他面前献媚，数说太后的不是。范仲淹闻听后，微微一笑道："太后受先帝之托，摄政十几年，即使没有功劳，也有苦劳。君臣之间是不应彼此猜忌、埋怨的。就算太后有过错，我们也不应逾礼，背后数说她的不是。这才是为臣之道。"众人听了，只好怏怏地走开了。

范仲淹是个做事认真、爱钻牛角尖的人。有一年，宋朝大部分地区遭遇大旱，同时发生严重的蝗灾。范仲淹当即建议皇上察看民情，开仓放粮。皇上没有采纳他的建议。他便逼问仁宗："请问皇上，您在宫廷之中，一天不吃饭行不行？"皇上答曰："不可。"范仲淹便道："这就是了。皇上一天不吃尚觉不可，您想想灾民几天，甚至十几天吃不到一粒粮食，他们能忍受得了吗？穷极之民，必生祸端。还望皇上三思啊！"仁宗一听有理，便命范仲淹去重灾区察看灾情，施行救济。范仲淹到了受害最严重的地方，尽职尽责，一方面放粮赈济灾民，一方面组织人力、物力抗旱，取得了显著的成效。

范仲淹为人刚直，不惧权贵。他在朝为官期间，发现宰相吕夷简荐官任人唯亲，心中气愤，便写了《百官图》一文，对其进行揭露讽刺。这下可惹恼了吕夷简，他就在仁宗面前说范仲淹的坏话。吕夷简当时是仁宗面前的红人，仁宗便相信了他，渐渐疏远了范仲淹，而范仲淹并未因此而退却。一天，在朝堂之上，当众揭露吕夷简。吕夷简老奸巨滑，毫不相让。两人针锋相对，争执起来。仁宗大怒，觉得范仲淹目无君主，当即将其贬至饶州（今江西波阳），以后又陆续贬到润州（今江苏镇江）、坛州（今浙江绍兴）。

公元1038年，党项族首领元昊称帝，国号大夏。大夏国虎视眈眈，欲与宋朝争夺地盘。

不久，夏主元昊就举兵伐宋，很快便攻至延州，形势严峻。范仲淹自告奋勇去守延州，仁宗准奏，命他为户部郎中兼延州知府。范仲淹上任后，与延州军民一起积极备战。同时废除了一些不合理的规定，充分调动了将士们的积极性，鼓舞了士气。夏主元昊得到消息，忧心忡忡。

可是，奸臣当道，忠良遭难。不久，范仲淹遭到奸佞小人吕夷简的诬陷，被贬至耀州（陕西耀县），又至庆州（今甘肃庆阳）。

庆州地处边疆，范仲淹到那里为官，没有丝毫怨言，而是欣然走马上任，在那里修筑边墙，安抚边民，搞好汉族与那里少数民族的关系，深受当地百姓拥戴。

公元1042年，大夏兵又进犯宋朝边界。宋军被其出其不意偷袭，损失大将16名，伤亡惨重。范仲淹闻讯，当即率6000骑兵前去援助。夏兵风闻范仲淹来了，未待主将发令，便纷纷潜逃。范仲淹所率军兵未待与夏兵交手，就取得了决定性胜利。

仁宗赵祯得到范仲淹吓退夏兵的消息，大喜过望，传诏范仲淹升任枢密直学士、右谏议大夫。但范仲淹却并不居功自傲，反而向仁宗上疏，说自己未与夏兵交手，不应得到升迁。但仁宗不允，执意将他升迁。

升迁后的范仲淹留守边疆。夏主元昊又几次率兵来犯，均在范仲淹手下大败。他不明白，为什么与其他宋将交战总是取胜，而与范仲淹交战总是大败，范仲淹简直成了他们的克星。由于屡战屡败，所以最后他只得停战求和。大宋边境方始安宁下来。

其实，范仲淹取胜的原因很简单，那就是他的才华加上他一颗为国为民的勤政之心。范仲淹此时在朝中已是响当当的人物，他以自己的才干和风范征服了众人。不久，欧阳修、晏殊等人联名上书，要求罢免当朝宰相王举正之职，改用范仲淹。仁宗赵祯也看出王举正实为酒囊饭袋之辈，而众人保举的范仲淹有足够的才气可充任宰相之职，当即表示同意。

但是这次，范仲淹却婉言拒受了这个为众多朝臣所觊觎的宰相之职。他不是认为自己不够资格，这决非故作姿态，以抬高身价，而是从为国为民的角度来考虑的。他认为朝中有欧阳修等有才有德的大臣主事，可确保朝政清廉。而在边疆只有一个范仲淹，如果自己一走，夏兵恐又来犯。与其入朝当一名"锦上添花"的宰相，不如在边疆做一名"雪中送炭"的大将。他将自己的心意奏明仁宗，仁宗不仅为其充分的理由所折服，而且愈加敬重范仲淹的人品，认为只有他这样的才称得上是真正的高风亮节。从此，更加器重他。

庆历三年（公元1043年），仁宗皇帝向范仲淹征求治理国家的建议。范仲淹毫不犹豫，挥笔写下十条：明黜陟、抑侥幸、精贡举、择官长、均公田、原农桑、修武备、减徭役、覃恩信、重命令。

仁宗皇帝见了，表示十分满意，传诏命令施行。可惜，由于保守势力的顽固抵制而最终流产了。

庆历五年（公元1045年），56岁的范仲淹因操劳过度，积劳成疾。主上体恤，调他到内地为官。第二年，有一位叫贾黯的新科状元，素敬范仲淹为人，前去拜望，请教为官为人之道。范仲淹送他"不欺"二字，即上不欺君，下不欺民，是为清廉之官，高洁之人。贾黯暗暗心折，将此奉为自己的座右铭。日后，果真成为一个受人尊敬的好官。

范仲淹不仅为官清正廉洁，而且文采斐然。他有许多名作传世，广为流传的《岳阳楼记》就是其中较为著名的一篇。而文中的"先天下之忧而忧，后天下之乐而乐"更是成为无数仁人志士的座右铭。

皇祐元年（公元1049年），范仲淹又到杭州任职三年，后任青州知府。皇祐四年，范仲淹这位守边名将在去颖州赴任的途中病故。许多边民闻听噩耗，悲痛万分，纷纷在家中供奉他的画像，以示纪念。

欧阳修和他的"文学变革"运动

欧阳修（公元1007—1072年），字永叔，吉水（今属江西）人，出身于低级官吏家庭。欧阳修幼时丧父，家中贫寒。但欧阳修从小聪明好学，他的母亲便用沙土当纸，以棍做笔，教儿子习字，对其进行启蒙教育。后来，家境实在贫困，无以为计，其母便带他投奔在随州任推官的叔父欧阳晔，方使欧阳修所受教育得以继续进行。从而也使北宋文坛最终出现了他这样一位散文大家。

欧阳修到了叔父家后，更加好学，看书达到了如醉如痴的程度。在他叔父家隔壁，有一大户人家，主人叫李尧辅。欧阳修见他家藏书很多，便经常去他家翻阅。每次一坐就是一天，真称得上是废寝忘食。李尧辅也很喜欢这个聪明好学的孩子。一天，欧阳修在李宅无意中发现一本非常破旧的《昌黎先生集》，便随手拿过来读，读着读着入了迷，直到天色晚了，还在那里读。叔父家派人来叫他回家，他用手摩娑着那本书，竟有些爱不释手。李尧辅见状，颇为这个勤奋的孩子所感动，便把这本书送给他。欧阳修大喜过望，连连称谢，将书精心放在怀中，这才回了家。

回了家，他细细研究韩愈的文章，越发觉得韩愈的散文写得既有气势，又极富变化，不愧为一代散文大家，便下决心向韩愈学习。

在叔父家的日子久了，欧阳修也结交了一些当地颇为知名的文人。特别是与黄茂宗、黄梦升兄弟相处得很好。有一年大考，文章写得非常好的黄氏兄弟均落榜，而一个叫王交的庸才却高中榜首，得了进士。黄茂宗非常不服气，便去找翰林学士胥偃说理。胥偃为官清正，当场令其作文，黄茂宗一挥而就。胥偃见他文采果然不错，便将其推荐给皇上。皇上很看重胥偃，见他推荐人来，料定此人必有才华，便令礼部对黄茂宗进行一次特殊的考试。黄茂宗凭自己的才华征服了众主考官，得中进士。

欧阳修、黄梦升得知消息，都为他感到高兴。黄梦升就对欧阳修道："看来胥偃大人是个惜才之士，你的文章写得比茂宗还要好，何不请翰林学士胥偃为你指点一二，以求更大发展？"欧阳修一听有理，便拿上自己所写的文章去向胥偃讨教。胥偃一见他的文章大惊，觉得欧阳修的文章既有唐代大散文家韩愈的恢宏气度，而又避免了他的奇崛险怪。他又细观欧阳修为人，见他风流儒雅，又不乏端庄稳重，料定此子前途必不可限量，便当即对其详加指点。欧阳修得到胥偃真传，茅塞顿开，又与之探讨了一番，高高兴兴回了家。谁知，第二天，胥偃就找人来欧阳晔家提媒，点名要欧阳修做女婿。原来，他不仅看上了欧阳修的文章，还看上他这个人。欧阳晔早就听说胥偃之女，才貌双全，忙去说与欧阳修，同时征询他自己的意见。欧阳修低头沉吟片刻，对欧阳晔道："侄儿自幼父亡，诸事全凭叔父做主。只是侄儿想先参加完考试再谈婚事。"欧阳晔知道这个侄子的脾气，也不相劝，便将原意委婉地告诉来人。

谁知，胥偃得知欧阳修如此一说，非但不生气，反而更加喜欢欧阳修这种不慕权贵，先立业后成家的志气。又差人将欧阳晔、欧阳修叔侄二人请到府中，当面表示，只要欧阳修愿意，他决定让自己的女儿等欧阳修考完试，得了状元，再与之完婚。欧阳晔不便多说，只用眼睛看着欧阳修。欧阳修素来敬佩胥偃为人，也曾闻知他的女儿才貌双全，先时婉拒，实则也有自愧不配之意，今见胥偃对自己如此，当即跪地叩头，口称"岳父"。在场之人，无不欢喜。大家均拭目以待，盼着大考临近。

天圣七年（公元1029年）春，22岁的欧阳修到京城参加"国子监"考试，高中榜首。次年春，参加礼部考试，又考了个第一。这下欧阳修是得了"洞房花烛夜，金榜题名时"两大人生喜事。从此他步入仕途，被派到西京（今河南洛阳）任留守推官，协助留守处理刑事案件。

洛阳留守钱惟演也很喜好文学，并且礼贤下士，爱惜人才。他很欣赏欧阳修，把他请到家中做客，同时邀请当地名士尹洙、谢绛、张尧夫等人与他认识。从此之后，欧阳修经常与这些人在一起切磋文章，探讨时政。他们逐渐发现北宋立国以来，由于受约束个性的儒家伦理观念的影响，在文学方面，以道代文，以道统文的理论盛行到空前的地步，便提出进行文学变革。但是，历朝历代，不论是政治变革还是文学变革都不是一朝一夕能够完成的。欧阳修为人稳健，便主张相时而动，循序渐进。众人皆表示赞同。

景祐初，欧阳修得到钱惟演的推荐，入京任馆阁校勘。不久，范仲淹遭到吕夷简的迫害被贬至饶州。欧阳修认为不该贬，就问司谏官高若讷对此事的态度。高若讷却说贬得好。欧阳修见奸臣当道，忠良遭陷，颇为愤慨，就写了一篇与《高司谏书》，对其严加痛斥。

高若讷为人奸诈，从此怀恨在心。后来与吕夷简合计诬陷欧阳修为范仲淹的"朋党"，到皇帝面前告御状。欧阳修遂被贬至夷陵（今湖北宜昌）。

庆历三年（公元1043年）春，欧阳修又被召回京师做谏官。他为官期间，敢说敢为，多次揭发贪官污吏的罪行，因此，颇受小人嫉恨。不久，他又再度积极参与范仲淹所主持的"庆历新政"。后因新政失败，小人借机陷害，他又长期遭贬在外。后来，欧阳修针对反对范仲淹的革新运动的保守派的谬论，写了《朋党论》一文呈送当今皇上。文章写得文思缜密，文采斐然，深得皇上赏识。欧阳修因此结束了遭贬的命运，并且升了官。至和年间，欧阳修又逐渐升至枢密副使、参政知事等权要职位。

欧阳修身居要职之位，充分利用他知员举的权力举荐人才。他在政治活动中表现出的人格修养既为重视道德节操的士大夫所尊重，同时他又喜扬人之美。当时几乎所有的著名文学家都曾得到过他的帮助。如梅尧臣、苏舜钦二人名位不显，但欧阳修却以诗坛宗主相视，使他们声誉大涨；曾巩落第，欧阳修为他写序饯行，令人刮目相看，后又在知员举时将他录为进士；对王安石，欧阳修不仅在赠诗中给予极高的评价，而且两次加以推荐；苏洵以一布衣身份，因受到欧阳修的赏识而名噪海内；而苏洵两位才华横溢的公子苏轼、苏辙也皆为欧阳修在知员举时发掘出来。因此，欧阳修在当时的文人群中，具有很强的号召力，在他周围形成了在文学方面具有集团性的力量，便于扩大影响。欧阳修本人具有相当高的文学修养，逐渐形成了一套比较合理的、富有调和性、包容性的文学主张。他以此为契机，提出推行自己早年和尹洙等人所提出的"文学变革"，很快便得到梅尧臣等人的响应。

而当时朝廷也曾几次下诏，从政治意义上提出改变文风的问题。如仁宗天圣年间就曾诏斥文人"竞为浮夸靡蔓之文"，要求学者

"务明先圣之道",并指令从朝廷文件入手"矫文章元弊"(《续资治通鉴长编》卷106、卷108)。领导这种文学的变革,既要有相当高的政治地位,又要有相当高的文学修养,在文人群中具有强大的号召力。在当时只有欧阳修具备这种资格,因此,主持这场具有文学政治双重意义的"文学革新"运动的重任,自然而然地落到了欧阳修身上。

嘉祐二年(公元1057年),欧阳修主管全国科考。他对以往的考试大胆改革,凡写华而不实文章者,一律不取;凡有革新朝政举措,而善为文者可录用。举子们以为他不过是虚张声势,仍像以往一样写一些华丽繁复或者尖酸拗涩而又无实用价值的文章交上去。欧阳修为了提倡一种朴素流畅的文风,同时也表示自己推行"文学变革"的决心,将举子刘几的文章用红笔从头到底一下抹倒。刘几为当时效仿韩愈怪僻险涩文风的代表人物。这激起举子哗变,聚集在一起议论纷纷,有的对欧阳修大力嘲骂,以发泄心中不满。到最后,他们甚至在街上拦住欧阳修的马头哄闹。但是欧阳修端坐在马上,不为所动。终于使这些举子怏怏而归。从此,"场屋之习,从是遂变"(《宋史》本传)。科举文章与士人一生前途相关,它对社会上文章风格的影响也不言而喻。

通过欧阳修为首的文学团体的努力,北宋文学风气终于得到扭转,文学革新运动取得了空前的成就。一方面它成为士大夫集团所倡导的思想文化变革的一部分,具有积极的政治意义,另一方面它有效地抵制了极端的道学家的主张,在时代的限定条件下,孕育了中国文学的一些新特色,丰富了中国文学的总体面貌。

欧阳修不仅是一位卓越的政治家、文学家,同时还是一位史学家。他曾与宋祁合修《新唐书》,自己撰写了《新五代史》,还搜集了三代至隋唐时期的金石文字,进行论证,书名为《集古录跋尾》。总之,无论从哪方面讲,欧阳修都堪称一代大家,是一位不可多得的人才。

包拯小传

在我国的历史人物中，提起包拯，可谓无人不知，无人不晓。他为官清正，不畏权贵。特别是他秉公断案，为民除害，人送绰号包青天。关于包拯的传说，不论是正史，还是野史，实在太多太多，三天三夜也讲不完，这里只对他略为介绍，以飨读者。

包拯，字希仁，北宋庐州（今安徽合肥）人。传说包拯父母五十岁时方得此子，但是他父亲见刚生下来的包拯小脸漆黑，如黑锅底一般，额上还有一个月牙，便认为此子不祥，将其弃置村外小树林中，任其自生自灭。但包拯的大嫂周氏为人心地善良，不忍让小包拯在树林中冻饿至死，就偷偷跑到树林中，将包拯抱回了家。不久，包拯的父母死去，大嫂周氏则含辛茹苦养育小包拯。包拯从小聪明机灵，称大嫂为"嫂娘"，周氏对他疼爱有加，胜过亲子。并且从并不宽裕的家庭生活中节省下钱来，让包拯读书习字。包拯非常懂事，勤奋刻苦，深得老师的喜爱。

时光如梭，岁月流逝。转眼到了宋仁宗天圣五年（公元1027年），全国科考又开始了。在老师的鼓励和嫂娘的支持之下，包拯踏上了上京赶考的路途。不久，榜文发下来，包拯高中榜首。考上了进士的他，被朝廷任命为天长县县令，从此包拯步入仕途。

在天长县为官期间，包拯爱民如子，专为百姓办事。他经常与家人包兴微服私访，探察民情。上任不久，他便发现天长县许多人为图暴利，将耕牛杀了卖肉。这严重影响了农业生产，包拯就让书吏写了一张告示，禁止宰杀耕牛，否则便视为犯法严惩不贷。

告示贴出的第二天，怪事就发生了。一个农人牵着满嘴是血的耕牛来县衙告状，说是有人将牛舌头割了去。包拯闻听，不由得双眉微皱，暗自思忖。一会儿，他突然若无其事地对这个农人说："牛舌头割掉再也长不出来了，你还是回去把牛杀了卖肉吧！"农人对他的答复非常不满意，赖着不走，非要让包拯为他讨个说法。包拯一拍惊堂木，道："刁民在此扰乱公堂，来人，将他轰了出去！"两班衙役从未见过包拯如此行事,一时愣在那里,竟不知如何是好。后来见包拯向他们频频使眼色,方会意,纷纷上前,将农人和牛连拉再拽撵出了大堂。

农人无法,只得愤愤而去。他前脚走,包拯后脚便换便装跟着他前去调查取证。很快查明事情真相,回衙门等着贼人上门。果然,不几天,便有一人前来告状,说某某人私自屠杀耕牛。包拯心中有数,待他话音刚落便把惊堂木一拍,厉声喝道:"大胆狂徒,你割掉人家牛舌头,今日又来诬告,所为何事,还不如实招来!"那人心里一哆嗦,不免有些做贼心虚,但仍强自镇定,口呼冤枉道:"大人说什么,小人一点也听不明白,怎么说小人诬告呢?"

包拯闻听,冷笑一声,扔下一物,道:"你听不明白本官的话,可曾认得这个么?"那人一见面前之物,吓得叩头如捣蒜,连喊饶命,不待包拯再问,如实承认了自己陷害农人的事实。退堂之后,那个曾牵牛告状的农人从后堂走出,对包拯千恩万谢。

原来,包拯那天跟农人出了县衙,一路行至一片小树林边。包拯便上前与农人攀谈,农人见是包拯,开始时不说什么。后来见包拯为人谦和,对自己又颇为关心,便将自己的一肚子苦水都倒了出来,说自己最近遇事非常不顺心。包拯心中一动,忙问其故。农人刚开始吞吞吐吐,后来在包拯一再追问下说出真相。原来,农人家中有一个貌美的妻子,但她不守本分,与隔村一个无赖暗中通奸。初时,农人不知道,后来无意中看见那个无赖腰间系着一个荷包,他一眼认出那是自家的。因为那个荷包是他母亲留给他的,上面坠着一颗其大无比的珍珠。农人将它当成传家宝,交给妻子收管。如今在这个无赖身上系着,他心知有异,奔回家质问妻子荷包的去处。他妻子自是交不出来,在他的再三追问之下,说出与那个无赖的奸情。农人火冒三丈,先将妻子毒打一顿,又找到那个无赖,将他一顿狠揍,拿回荷包。虽然拿回了荷包,但是自己被人戴了绿帽子,心中很是懊恼。包拯听完,心中便对此案推测得八九不离十,定是那个无赖挨了揍,心有不甘,便想对农人进行报复。想到此,包拯便对农人说:"你先将那荷包给我,过几天,割你牛舌头的人定会自投罗网,到时本官一定为你出气报仇。"农人本来将信将疑,但一听包拯要为自己报仇出气,便将荷包交到包拯手上。这才有了公堂之上那一幕。

这件案子虽然不大，但却迅速在百姓之中传播开来，包拯刚刚做官，就有了威望。以后，包拯又办了许多案子。他不仅秉公执法，而且断案如神，名气渐渐大了起来。

庆历元年，鉴于包拯的出色表现，朝廷将他升迁为端州（今广东高要县）做知州。端州是向朝廷贡奉端砚的地方，一些地方官员趁机向制砚工匠敲榨勒索，搜刮民脂民膏。包拯到任后，很快煞住了这股歪风。规定不管是平民百姓，还是官吏缙绅，购买端砚，一律交现钱，而且不许向制砚工匠额外进行摊派。从此，砚匠们减轻了负担，非常感激包拯。

包拯不仅为官清廉，而且很有主见。庆历年间，范仲淹担任参知政事，推行"庆历新政"。包拯从国家角度考虑，认为这能富国强民，铲除流弊，因此大力拥护这项改革。但是，当时大多数皇亲国戚、大官僚从自己的私利出发，反对改革。

一天，京东西路转运使王逵上奏皇帝，说陈州麦子今年收成不好，百姓便想以钱代粮，交纳官税。但知州任师中坚决不允，逼得陈州百姓纷纷向外逃亡。皇上见奏，非常生气。命宰相王拱宸以御史的名义去查办此事。

任师中是革新派人物，而且一向为官清正，王拱宸是反对"庆历新政"的头号腐败分子，当时也不调查便要给任师中定罪。包拯素闻任师中为官颇受百姓爱戴，觉得内中蹊跷，坚决反对王拱宸此举，并上奏保举任师中，要求皇上让自己去查办此事，皇上表示同意。

包拯与书吏微服进入陈州，一路走，一路向百姓打听情况。渐渐弄明白，事实恰恰相反。陈州今年麦子收成特别好，但王逵却不让交麦子让交钱。官价一斗麦子只有50文钱，而王逵为了从中获利，却让农民以150文钱顶一斗麦子。农民无力负担，只得外逃避难。

同时包拯还了解到：王逵为官不廉，压榨百姓，搜刮民脂民膏，陈州百姓要给他送"五大天地匾"，即王逵上任，金天银地；后堂享乐，花天酒地；坐堂审案，昏天黑地；百姓含冤，恨天怨地；等他滚蛋，谢天谢地！

包拯一听心中便有了数，又继续查访，了解到任师中一心为民，在陈州百姓心中，威望颇高。他安慰任师中好好做知府，抓了王逵身边的一些爪牙，又带上金银账册回到京城。

两宋辽金

王逵一见情况不妙，忙向包拯行贿，送去大批金银财宝。他觉得有钱能使鬼推磨。包拯果然收下，王逵心里乐开了花，觉得这下自己没事了，找个地方寻欢作乐去了。

不料，第二天包拯就上朝告了王逵的御状。不仅将他在陈州的罪行抖落得一清二楚，还将昨天王逵送自己的财和物交到皇上手中。皇上听完包拯的汇报，已是龙颜大怒，又见王逵居然还向包拯行贿，当即气得浑身发抖，马上传诏，将王逵抹去官职，交由刑部查处。王逵偷鸡不成，反蚀把米，真是自作自受，罪有应得。

包拯不惧权贵，不论是谁，凡是当官不廉者，他都要查处。即使是皇亲国戚，也不例外。

庆历五年（公元1045年），包拯升为三司户部判官，后来又升任三司户部副使。当时仁宗皇帝身边有一个宠妃张氏，她的叔叔张尧佐依仗着侄女在皇帝身边受宠，在外胡作非为，欺男霸女，欺压百姓。包拯得知后大怒，当即奏本要求皇上免去张尧佐三司使之职。仁宗皇帝顾及到张贵妃的面子，不曾采纳他的建议。包拯毫不气馁，联合几名大臣联名上书，指陈张尧佐的罪行过失。仁宗见证据确凿，张尧佐无可抵赖，只得罢免了他的官职。

包拯为官刚直不阿。虽然对待养育他的大嫂如同对待父母一般尊敬，嫂娘之言，他无话不听。但是面对情与理的选择，他还是选择了理和法。

原来，包拯有一个侄子，他也是大嫂唯一的亲子，所以从小娇生惯养。长大后，在街面上经常与一帮地痞无赖混在一起，不干正事。特别是包拯做了大官之后，他在乡里更是为非作歹，无恶不作。他娘一来年纪大了，管不了他；二来也不知他在外边干了那么多伤天害理的事，认为他不过是不务正业罢了。家中只有这一个独子，包拯每年奉给的钱物也够他折腾了，因此也就任他去了。但是，这个逆子在外面越闹越大。后来，为了霸占人家的新媳妇，竟把新郎官打死，闹出了人命。被害人家告到县衙，县令知道他是包拯的亲侄儿，尽管案子非常简单，一点争议都没有，但他们也不敢冒然断案。后来县令暗中找到被害人家属，对他们陈明其中的利害得失，让他们到包拯那儿告他的侄儿。被害人家属刚开始以为官官相护，县令不肯为他们做主，咬牙切齿地痛骂县令。最后见自己如此，县令非但不生气，还一再向他们解释，方相信县令，一狠心，真就到包拯那儿将他侄儿告了。

包拯得知此事大怒，立刻着手调查，发现事实果真如此。而且同时发现了他侄儿为害乡里的许多罪行，当即将其收监察审。刑堂之上，他的侄儿见叔叔包拯审他，心里的石头落了地，他觉得包拯就是看在母亲的面子上，也不会把自己怎么样，不待包拯用刑，把一切都招认了。包拯气得目眦欲裂，命人将他复又押入大牢。当晚，正当他的侄儿做着美梦的时候，包拯拎着一个大食盒来了。他侄儿一见他，高兴地问："叔叔，你什么时候放我出去见我娘？"包拯也不说话，将食盒中的好酒好菜往外端，只是在侄儿说道"去见我娘"的时候，包拯端酒的手微微颤抖了一下。但他很快平静下来，仔细看了看自己唯一的这个侄儿，这个嫂娘视为心肝肉的儿子，低沉着声音说了一句："好好吃一顿吧，明天叔叔送你上路。"他的侄儿闻听一愣，忽然明白过来，猛扑过来，跪在包拯身前哭道："叔叔，侄儿错了，侄儿不敢了。求您看在我娘的面子上，饶过我这一次！"包拯厉声喝道："畜生，杀人偿命，欠债还钱，早知今日，何必当初？你娘有你这么个逆子，只能生气早死。你还是从哪儿来的，回哪儿去吧。你娘，我会照顾，只当没生你这个逆子！"说完头也不回地转身走了，大牢里只剩他侄儿凄厉的哭声……

斩了自己的亲侄儿，包拯心中又轻松又沉重。他为自己又为人民除了一害感到轻松，但又为如何去见自己如同再生父母的嫂娘感到心情沉重。

周氏并不知包拯已斩了自己的儿子。这一日，包拯来到家中看望自己的嫂娘。两人先闲谈了一会儿，周氏忽然对包拯道："包拯啊！我想求你一件事。不知你可否答应？"包拯忙道："嫂娘有话尽管吩咐。"周氏点点头，沉吟了一会儿，方道："你的兄长只留下一子，也是我管教不严，如今在街面上行为不甚检点。我恐怕他日后做违法之事，玷污了你为官的清誉，又难免牢狱之灾，望你日后代我对他多多管教。"

包拯闻听，心如刀割一般，扑通一声，跪倒在地，对周氏说："嫂娘，您今后只当他没来世这一遭吧。他，他已被我斩了。"周氏闻听，当即昏了过去。包拯眼含热泪，在旁呼唤。良久，周氏方悠悠醒转，厉声喝问包拯："包黑子，人人都说你六亲不认，我只当耳旁风听。不想你今日竟然杀了自己的亲侄子。我真后悔自己瞎了眼,当初怎么就鬼迷心窍,顶风冒雪将你从树林子捡回来抚养成人。你真是一只披着人皮的狼!我且问你,我儿是如何被你杀了?"

包拯见嫂娘动怒,心中更是悲伤不已。连呼嫂娘"息怒",然后将侄儿的罪状一一指出,说到最后他欺男霸女,杀伤人命之时,不由得又双目欲裂,愤慨无比。跪行上前对周氏道:"嫂娘,当官不为民做主,不如回家卖红薯。当初您一心激励我上进为官,不就是为老百姓做事吗?如今,逆子如此行事,我包拯是该斩他不斩呢?"

周氏闻听包拯一番话,知道包拯并未错杀自己的儿子。但老年丧子,悲痛难免。她虽不是个无理取闹之人,一时却也不能做到平心静气。半晌,方对包拯道:"好好好,从此你为你的清官,我为我的草民,咱们井水不犯河水!"包拯闻听,心头大痛。但无论他怎么哀求,周氏就是不理他,最后索性走入内室,再也不出来了。

第二天,周氏起床出屋,看见包拯仍跪在厅堂之中。她与包拯名为叔嫂,实同母子,心中也不免有些心疼。但她还是狠狠心道:"包大人何必如此?我一个妇道人家又能拿你如何呢?"包拯一听,知道嫂娘还不原谅自己,缓缓说道:"嫂娘对我包拯恩重如山,如同再生父母一般,我对嫂娘也应如儿子对父母一般。如今,我惹嫂娘生气,心中难过,乞望嫂娘原谅。否则,我包拯情愿跪死在这厅堂之中,以还嫂娘养育之情。"周氏思量一宿,心中已有些转过弯来,现在又听到包拯如此一番话,句句碰到心坎上,遂缓步上前,老泪纵横地说道:"包拯,你起来吧,老身不怪你了就是,只盼你一生为官清正,为民做主,我儿之死,也算值了。"言罢,这才在得知儿子死后,第一次放声痛哭,包拯也不禁落下泪来⋯⋯

从此,包拯为官更加勤奋忠正。即使对朝廷重臣犯法,也不客气。嘉祐三年(公元1058年),他由右司郎中升迁为右谏议大夫,代理御史中丞,更加恪守职责。三司使岳祈不检点,包拯弹劾他,罢了官;张方平做三司使,以势欺人,巧取豪夺,包拯奏本,也被罢了官。

包拯一生对上尽忠尽责,对下不欺不压,爱民如子,既得君心,又得民心。特别是他在开封府期间,审理许多冤假错案、悬案、死案,老百姓称他为包青天。总之,他是我国历史上一个极富传奇色彩的人物,他的办案故事也一代代流传下来。

嘉祐六年(公元1061年),包拯因病辞职回老家合肥休养,第二年冬天病故。消息传出,不论是皇上,还是平民百姓,都悲痛不已。特别是老百姓,他们以各种方式表达对这位清官的哀悼与思念。

政见不同的王安石与司马光

说起王安石和司马光,可谓家喻户晓。他俩同为北宋时期的人。王安石不仅主持过北宋神宗时期的"熙宁变法",而且在当时的文坛上也很有地位。而司马光儿时"砸缸救人"的故事也是广为流传,与王安石不同的是,他在史学界影响较大,曾主持编写了《资治通鉴》。

俗话说英雄爱好汉。两人同为一个时代的佼佼者,本来惺惺相惜,是一对好朋友,但最终却因为政见不同而走上了相反的道路。

王安石(公元1021—1086年),字介甫,抚州临川(今江西抚州)人,他自幼喜好读书,有过目不忘之慧,下笔动辄万言。庆历三年考中进士,先在扬州韩琦手下任职。嘉祐三年(公元1058年)被仁宗召到京城为官,后又担任江宁(江苏南京)知府。司马光也是很早的时候便脱颖而出,22岁就中了进士甲科。但是他在仕途上刚刚起步,父母便先后病逝。依礼,他辞去官职,回家服丧。在服丧的几年时间内,司马光充分了解了下层社会生活的实际情况,读了许多史书。对其中的历史人物和事件进行认真的总结评论,为《资治通鉴》的编著工作奠定了基础。治平元年(公元1064),他还修成了《历年图》一书献给英宗皇帝,这实际上就是《资治通鉴》的雏形。两年后,他又修成《通志》献给爱好历史的英宗,深受皇帝赞赏。

治平四年(公元1067年),英宗赵曙驾崩。19岁的太子赵顼继位,即宋神宗。

熙宁元年(公元1068年),神宗将在江宁担任知府的王安石调到朝廷任翰林学士,成为皇帝身边大臣。从此,王安石与同为翰林学士的司马光关系日益密切。两人经常在一起饮酒作诗,谈论时政。在闲谈之中,二人也有过一些争执,但最终都一笑了之。

这年冬天，宋神宗率文武大臣到南部祭天。按祖制，皇帝祭天完毕，要遍赐金帛。当时，宋朝连年发生自然灾害，致使国家空虚，宰相曾公亮等人便建议免除赐金帛之举。司马光、王安石皆在场，司马光赞成宰相们的意见，说："救灾节用，应从主上和朝中贵官近臣做起。"王安石听了，说道："现在国家财力不足，并非奢靡而起，而是不善理财之故。只重节流不重开源，是于事无补的。"司马光在平时与王安石的闲谈之中，便知其有变法图强之意。别人不知他话中之意，他心中可是一清二楚。但司马光是个保守派，而且他精研史书，发现历朝变法，几乎无不以失败告终，特别是离他们很近的本朝范仲淹"庆历新政"也没施行几天便夭折了。他更加对王安石变法持反对态度。此时见王安石当众驳斥自己，便与他针锋相对，争执起来。后虽被神宗制止，但从此二人因政见不同，貌合神离，再也不似先前那般亲近了。

王安石在入朝为官之前，曾做过地方小官，深入地接触过中下层人民。尤其他在20岁之前曾随做县官的父亲到过许多地方，深刻了解到一些社会问题，看到了人民生活的艰苦。在朝中为官，他对当时社会上存在的阶级矛盾和民族矛盾也是深有感触。曾为此写过古诗《河北民》：

河北民，生近二边长辛苦。家家养子学耕织，输与官家事夷狄。

今年大旱千里赤，州县仍催给河役。老小相携来就南，南人丰年自无食。

悲愁白日天地昏，路旁过者无颜色。汝生不及贞观中，斗粟数钱无兵戎！

王安石认为这一切皆因祖制不当所致。因此，从很早的时候他就心存变法之心。与司马光发生争执不久，他便向神宗皇帝递上《本朝百年无事札子》，指出北宋王朝代代墨守陈规，不思新变，流弊十分严重。而农民之所以"坏于差役"，皆因"其于理财，大抵无法"。年轻的神宗皇帝也看到国家财库空虚，政治腐朽，军事力量不堪一击，早就忧心忡忡，很想振作一番，成就一番大业。正愁无人辅佐之际，突然看到王安石所递的札子，不禁欣喜若狂。当即召见王安石，商讨变法之事。王安石侃侃而谈，很合神宗心意。

熙宁二年（公元1069年），神宗任命王安石为参政知事（位同宰相），大力支持他变法。同年二月，王安石开始进行大刀阔斧的改革。首先成立了施行变法的总权力指挥部"制蜀三司条例司"。三司统筹国家财政方面的盐铁、户部和度支。王安石将重点放在理财方面，准备出一系列"省劳费、去重敛、宽农民"的新方针政策。

王安石要实行变法，很快便遭到顽固守旧势力的抵制。大臣吕海首先跳出来反对，他为了达到阻止王安石变法的目的，诬告王安石十大罪状。但是他又拿不出证据，神宗觉得他是无理取闹，一怒之下，将他罢官免职。

吕海虽被罢官，但翰林大学士司马光却又出来极力反对王安石变法了。他首先向神宗发起进攻，利用向神宗讲西汉历史的机会提出"祖宗之法不可变"的论调。然后又接二连三地写信劝说王安石放弃变法，指出必须"谨守祖宗之成法"，警诫王安石不要"生事"，不要"侵官"。但王安石深知北宋一百年来已发展到非变革无以图存的地步，所以他变法图强的信念非常坚定，丝毫不为司马光所动。神宗也坚定地站在王安石一边，没有采纳司马光的建议。

司马光见状，大失所望。他清楚地意识到自己在朝廷无法继续安身了。而他又确为一个正直的人，不想因政见不同而暗中加害王安石。于是，他向神宗请求离开京城。神宗应允，命他去西安任职。元丰四年（公元1071年），他又到洛阳任了一个闲官。这为他著书立说提供了一个绝好的条件。他上奏得到神宗允诺后，将书局也搬到洛阳，设在崇德寺。同时让范祖禹、刘恕、刘攽等人为其助手。又买了20亩地建造了一所"独乐园"，从此在其中一心一意撰写史书。

司马光是一个从小就对历史感兴趣的人，他本人又非常有才气。在以后的十余年中，他凭借自己强烈的事业心和顽强的毅力终于修完了《资治通鉴》全书。此时的司马光已是66岁高龄，他为此书共耗费了近30年的心血。在《进资治通鉴表》中说："臣之精力，尽于此书。"可见，司马光对此书的重视程度。而《资治通鉴》也的确不愧为我国历史文化宝库中的一颗明珠。它是一部浩大的编年体巨制。全书共294卷，上起周威烈王二十三年（公元前403年），下迄周世宗显德六年（公元959年），记载了1362年的历史。它博采众家之长，取材广泛。特别是文字朴实、生动，寓意深刻而又明了。既不愧为一部史书典范，又不失为历朝历代帝王治国的一面镜子。

而正当司马光在洛阳顶着社会上的流言蜚语,穷尽毕生精力著书立说的时候,王安石也在朝廷之中坚定地施行新法,顽强地与顽固守旧势力进行着艰苦的斗争。

王安石在助手苏辙、曾布、章惇、吕惠卿等人的共同努力帮助下,先后颁布了均输法、青苗法、免役法、市易法、方田均税法、强兵法和农田水利法。

王安石所施行的这些新法几乎条条对大地主大官僚有所触动。均输法规定由政府统一采购物资,防止富商大贾操纵货物;青苗法规定庄稼成熟前国家可借粮给余粮不足的农民,防止豪强大户放高利贷;免役法迫使原来可以免役的官宦富豪之家也必须出钱来代替服役;市易法规定国家设立市场,统一定价,又给那些包揽商业囤积居奇、操纵物价的大官僚、大商人以相当限制;方田均税法使大官僚、大地主被迫交出所隐瞒的土地。这一切引起了大官僚、大地主、大商人的强烈不满。大官僚贵族以及保守势力积极行动起来,开始诬蔑诽谤王安石,以求将他轰下台。但是,由于新法确实取得了显著成效,不仅对平民百姓有利,而且达到了"民不加赋而国用足",所以,神宗仍坚定地支持和帮助王安石。

熙宁三年(公元1070年),神宗任命王安石为宰相,以求将新法进行到底。这使得王安石遭到了更多人的嫉恨,他们想方设法陷害王安石。

熙宁六年(公元1073年),宋朝久旱不雨。这下顽固保守势力可有了说道,他们上蹿下跳,到处散播谣言,说天旱不雨全因王安石不守祖制,触怒苍天所致,只有"去安石,天乃雨"。他们还暗中指使人画了一幅《流民图》献给神宗,说百姓流离失所皆因王安石变法所致。另外,他们又发动一切力量,拉拢蛊惑皇亲国戚,皇帝身边近臣也在神宗面前中伤王安石。众口铄金,积毁销骨。一向支持王安石改革的神宗在强大的谣言攻势面前也开始动摇了。

在这种情况下,变法派内部又出现了分裂。曾与王安石一起进行变法革新的吕惠卿利欲熏心,为了向上爬,开始排斥异己,提拔亲信,甚至倒向反对王安石的一派。

王安石内外交困,无力再执行新法,被迫辞去宰相职位,黯然离京。但即便如此,保守势力也不肯放过他,依然对其进行迫害。幸亏有神宗从中护佑，尚未出现大问题。

熙宁八年二月，王安石在谢绛等人的保举之下，重回京师出任宰相。但又遭人诬告谋反，后虽经神宗亲自查明纯属子虚乌有，他的积极性却受到严重挫伤。

元丰八年（公元1085年），支持王安石变法的宋神宗驾崩。王安石失去了靠山，变法也随之破产。神宗死后，8岁的太子赵煦继任皇位，号哲宗，改年号元祐。高太后摄政，辅佐幼主。她反对新法，任用守旧派人物司马光为宰相。司马光上任后，当即废除一切新法。

王安石此时已身患重病，病中闻得新法被废除的消息，更是雪上加霜，从此卧床不起。元祐初年（公元1086年），这位壮志未酬的改革家带着满腹的遗憾走完了他的人生旅途，终年65岁。死后，王安石被哲宗追封为"太傅"。

苏氏父子

在北宋时期，苏洵和他的两个儿子苏轼、苏辙享有很高的盛誉。他们被时人称为"文坛三苏"。而在后人的评述之中，苏氏父子也以其文占据"唐宋八大家"之中的三家之位。像这样一门三父子，皆以文闻名的现象，堪称古今罕有。

而这苏氏三父子中，要说名气最大的，还得数苏轼。传说苏轼参加科举考试时，众考官以为他的文章应评为第一。但当时的主考官欧阳修误以为欲评第一的文章为弟子曾巩所做，恐遭人非议，于是将其改评第二。启封后，方知文章为苏轼所做，不由得对他刮目相看。苏轼小时候，也确曾摹仿过欧阳修的文章。但是，后来他的文章造诣超过了当时的文坛领袖欧阳修。如果说欧阳修是北宋文学革命的一个中枢人物，而苏轼则代表了当时的文学最高成就。这一点，连欧阳修本人也承认。他曾对自己的儿子说："你记住，30年后，将无人再提老夫文章。"他的话果然应验，在苏轼死后10年之内，无人谈论欧阳修，人们都在谈论苏轼。这也充分证明了苏轼文学成就之高。

在北宋这个具体的文化环境之中，苏轼可算是当时最浪漫和富有个性的人物。他的词文写得纵横开阔，意脉流畅。如《念奴娇·赤壁怀古》：

大江东去，浪淘尽，千古风流人物。故垒西边，人道是，三国周郎赤壁。乱石穿空，惊涛拍岸，卷起千堆雪。江山如画，一时多少豪杰！

遥想公瑾当年，小乔初嫁了，雄姿英发。羽扇纶巾，谈笑间，樯橹灰飞烟灭。故国神游，多情应笑我，早生华发。人生如梦，一樽还酹江月。

这首诗写出了自己面对自然、感怀今昔之际的带有哲理性的人生感受，表现了苏轼那种飘逸旷达的精神。词文一开始就在上下几千年，绵亘数千里的宏大境界上展开，在这样浩渺的时空框架中，发出人生短暂、功名虚幻的感叹，把人生挫折的懊丧引向高远之处。这种人生哲学虽然缺乏激烈抗争的力量，但是也反映了苏轼不甘沉沦的高傲性格。

然而，在当时的政治环境中，苏轼的这种"高傲"与其"锋芒毕露"的个性是非常不合时宜的。也皆因此，使这位恃才傲物的旷世才子不能施展才华，一生仕途不顺。

仁宗嘉祐二年，21岁的苏轼便以第一名的成绩得中进士。嘉祐六年，又由皇帝亲点为大理预事签书凤翔府节度制官厅公事，由此开始了他一生坎坷的仕宦生涯。

苏轼初入仕途，正是北宋王安石改革呼声日益高涨之时。苏轼赞成变法。但他对变法持冷静温和的态度，反对王安石的急躁冒进。后来王安石新法因其自身缺陷和外部阻力而失败，证明苏轼的政治观点是对的。但在当时他却为朝廷所不容。苏轼审时度势，主动要求外放，先在杭州做通判，后又先后在密州、徐州、湖州等地做知州。

元丰二年，正在湖州任职的苏轼突然被捕下狱，罪名为在诗文中攻击朝廷所行新法，这就是历史上有名的"乌台诗案"。后苏轼虽经营救出狱，但却被贬为黄州团练副使，他的精神因此遭受沉重打击。在黄州期间，好朋友马正卿送给他几十亩营地。苏轼将这片地称作"东坡"，自号为东坡居士，整日彷徨于山水之间，向老庄和佛禅寻求解脱。

神宗去世，高太后垂帘听政，废去新法，启用保守派司马光为宰相。苏轼也被召入京任起居舍人、中书舍人、翰林学士知制诰等职。但是，苏轼为人刚正不阿，黑白分明。他对新法中合理部分原本持肯定态度。入朝后，并不随波逐流，仍坚持己见，因而又与当权者发生分歧，矛盾愈来愈尖锐。他逐渐处于受人嫉恨、猜疑的境地。只好又一次自求调离京城，出任杭州知府。此后，苏轼在不断受到攻击与诬陷的情况下，辗转于颍州、扬州、定州等地为官。

高太后去世后，哲宗亲政，又宣称维护新法，打击旧党。而苏轼又被列入惩处之列，一贬再贬，最后贬到岭南、海南岛。幸喜苏轼经历了多年的宦海沉浮，已变得豁达大度，就算是在岭南期间，还曾写下"日啖荔枝三百颗，不辞长作岭南人"的诗句，表现其超然物外的旷达心境。但是，由于长期的流放生活，他的身体遭受到严重摧残。元符三年（公元1100年），徽宗即位，他受到大赦回到常州后，便一病不起。次年，这位百年难遇的文坛大才子就与世长辞了。他给后人留下了《东坡集》《东坡后集》以及《东坡乐府》等珍贵的文化遗产。

与苏轼比起来，弟弟苏辙文才稍逊，但也堪称文坛的佼佼者。他与哥哥同时被录为进士。当时的仁宗皇帝看了他二人的文章高兴地对皇后说："我为后代找到两个宰相之才了。"可见他的学问也是相当高的。苏辙为人沉稳，在很小的时候便显露出来。父亲苏洵非常了解自己的两个儿子，之所以给他二人起名"轼、辙"也是大有缘故的。轼为车前用为扶手的横木，是露在外面的。这暗示了苏轼性格过于外露不加掩饰，容易招致灾祸，以此警诫儿子。苏轼果然天性豪放不羁，他似乎也未将老父之训放在心上，终至一生遭贬，甚至差点掉了脑袋。而辙是车子碾过的印迹，给人以深沉厚重之感。果然苏辙一生怡和淡泊、深藏不露。虽然也多次遭人暗算，但每每有惊无险，平安度过。而且，他一生的官位都比才华超过自己的哥哥要高，还真做到过宰相的职位。

虽然苏辙官比哥哥大，但他一生都非常尊敬和爱戴自己的哥哥。二人从小一起读书，互相勉励。后来，一同中了进士，一同朝中为官，忧伤时互相抚慰，患难时相互携持。乌台诗案，苏轼被捕入狱，境况十分危急。苏辙为了救兄长出狱，四处奔走。甚至不惜向神宗上表请求罢免自己的官职，以求赎去大哥之罪。神宗大怒，将其调离高位，贬为小官。但即使如此，他仍不遗余力，拯救狱中的兄长。苏轼在狱中觉得自己生还无望,便给弟弟写了两首诀别诗。苏辙看后伤心欲绝,但他仍不放弃最后一丝希望。他见大哥的诗除了表达兄弟情深之意外,还表达了皇恩浩荡,而自己无法图报深为惭愧之情。认为皇上见了此诗,定能赦免大哥。但他此时官位太小,已不能向皇上直呈此诗。又恐中途生变,于是心生一计。这一天,他到监狱探望大哥,故意将诗放在案子上,而自己与大哥抱头痛哭。果然,不一会儿,便来了个狱卒将案上诗稿拿走了。因为当时有规定,必须将朝中重犯所写的片纸只字交由皇上查阅。神宗见了苏轼的诗,也颇为感动。苏辙凭借自己多年混迹官场的机智和老练救了大哥一命。这也是为什么虽然当时的御史施以强大压力,宰相王珪也极力迫害,而苏轼最终幸免于难,且被惩处较轻的缘故。

　　后来,苏轼的监禁终于被解除。苏辙去狱中接他,一见面,就用手捂住他的嘴。苏轼顿时明白弟弟是要自己今后三缄其口,不要乱说话。他深知弟弟为了自己丢官罢职,四方呼吁,心中大为感动,当即连连点头,兄弟二人这才相拥而归。

　　苏辙对苏轼情深意重,而苏轼也非常怜惜自己唯一的这个弟弟。杭州任满,他主动要求调任密州,就是为了能和弟弟见面。但他的愿望却未能如愿。熙宁九年(公元1076年)中秋,苏轼独身一人在超然台饮酒赏月,想起五年未见面的弟弟,思念之情溢于言表,当即举杯邀明月,吟了一阙词《水调歌头·丙辰中秋》:

　　明月几时有?把酒问青天。不知天上宫阙,今夕是何年。我欲乘风归去,又恐琼楼玉宇,高处不胜寒。起舞弄清影,何似在人间!

　　转朱阁,低绮户,照无眠。不应有恨,何事长向别时圆?人有悲欢离合,月有阴晴圆缺,此事古难全。但愿人长久,千里共婵娟。

　　词前有一小序:"丙辰中秋,欢饮达旦,大醉,作此篇,兼怀子由(作者注:苏辙字子由)。"苏辙后来看到这阙词,不仅对哥哥的文采词风大加赞赏,同时也为哥哥对自己的这一片兄弟之谊深深感动。

　　苏氏兄弟如此超然出众,一则与二人的天赋有关,二则是与他们的父亲苏洵后天的严格教管分不开的。苏洵对他兄弟二人要求非常严格。后来,二人同时中了进士,苏洵高兴之余将自己的文章也拿去给欧阳修看。欧阳修看后,觉得文章写得老辣成熟,当即呈送仁宗。仁宗看后十分赞赏。消息传出,举国轰动。苏门三父子从此声名大震,时有"苏氏文章擅天下"之誉。

伟大的科学家沈括

沈括,字存中,宋仁宗天圣九年(公元1031年),沈括出生于浙江钱塘(今杭州)。其父沈周酷爱藏书,家中所藏之书,包罗万象,数量之多,足可用"汗牛充栋"来形容。这也为沈括日后成才提供了一个有利的条件。沈括的母亲许氏出身于官宦大家,也是位饱读诗书、满腹经纶的才女,她对沈括进行了良好的启蒙教育。

沈括从小就有强烈的求知欲,且聪明绝伦。他在母亲的指导下,14岁时就几乎读尽了家中的藏书。此后,他又随为官的父亲到过泉州、润州(今镇江)、简州(今四川简阳)和京城开封,足迹几乎遍布全国,增多了阅历,开拓了视野,小小年纪,便被熟识的人称为"万事通"。

沈括24岁时便走上仕途。他曾在几个州县任知州或县令。由于他博学多才,见多识广,几乎干什么都能成功。在地方为县令时,他曾亲自带领农民兴修水利,由于科学开挖,引导合理,成功地完成70万亩水浇地的灌溉工程。治平三年(公元1066年),由于他政绩显赫,被推荐到京师昭文馆编校书籍。在此期间,神宗命其主持评定浑天仪。他发现旧的浑天仪有许多不合理之处,提出制造新仪。经过反复研究和查考资料,他终于制成了比旧仪有相当大改进的新仪。神宗闻讯大喜,于熙宁五年(公元1072年),让他兼任提举司天监。他从此一丝不苟地观测天象,精心推算历书。后与人合著,修成《奉元历》,比以往应用的几种天历、元历更加科学实用。不仅如此,沈括还通过自己的细心观察和推演最早发现了月亮本身不发光,主要靠反射太阳之光这个事实。他同时还推算出日食和月食发生的原因,这在当时是非常不容易的。熙宁六年(公元1073年),做了集贤院校理。沈括一生喜好读书,如今,更是利用职务之便,如饥似渴地研读皇家藏书。这使得他的学识进一步得到充实,成为一名博学多识的"通才"。

沈括不仅在天文方面成绩斐然,在军事方面也表现出非凡的才能。他在担任河北西路察访使和军器监期间,面对辽夏两国的侵犯,坚定地站在主战派一方。为了战胜外敌,他认真地读兵书,精心研究城防、阵法、野战、次域等战略战术。当时神宗为了对抗辽兵,下令征集全国的牛车充当战车。沈括闻知,认为不妥。他觉得牛车笨重,一天行不足30里,遇到雨雪天更是寸步难行,上战场打仗只能贻误战机。当即上书神宗请命,要求由他来主持研究新兵车,神宗当即应允。沈括为尽快研究出对付敌人的武器,昼夜不停,很快便研制出新的战车,同时还对现有的作战武器进行了较大改进,提高了部队的战斗力。在此期间,他还编著了《边州陈法》等极有军事参考价值的兵书。

在地理学方面,沈括通过反复的考察研究得出一系列卓越而富有见解的论断。他在西北地区担任守将时,对当地的地质、地貌、气候等进行了实地考察,发现了石油这种物质可以用来点灯照明,但他并未止于此,又对其进行详尽的研究,断言:日后此物必大行于世。八百年后的今天,果然被沈括言中,石油成为人类赖以生存的能源之一。此外,沈括还指出浙东雁荡山奇特风貌是水流侵蚀的结果;推断出河北太行山脉地区本为远古时代的海滨;而华北平原则为黄河、漳河、桑乾河等河流所携带的泥沙沉积而成;特别是他根据地下挖掘出的动植物化石准确推断出古代自然环境。明确指出那些化石即为古代动植物的遗体,这比西方文艺复兴时期达·芬奇对化石的论述要早400多年。

沈括是一位具有多种发现的科学家。在数学研究上,他从实际计算需要出发,创立了"隙积求"和"会圆术"。在物理学研究上,他的成果涉及力学、光学、磁学以及声学等各个领域。尤其是他指出存在磁偏角,是世界上关于这方面史料的最早记载。西方直到1492年哥伦布航行美洲时,才发现地磁偏角,比沈括晚了400多年。沈括对医药的研究也有自己独到的见解。他曾致力于医药的研究,搜集药方,去伪存真。还亲自动手,治愈过许多病人。他在医学方面著有医药学著作《良方》三种。哲宗元三年(公元1088年),沈括还亲自主持绘制了《天下州县图》集,共计20幅。最大的一幅竟然达到长1.2丈、宽1丈的规模,可谓水平空前。此外,沈括在文学、史学、音乐、绘画以及政治、经济等方面均有所建树。

元祐五年（公元1090年），58岁的沈括搬到竹林葱郁、景色怡人的润州郊区梦美园居住，在几乎与世隔绝的环境中著书立说。他呕心沥血，最终完成了科学巨著《梦溪笔谈》。

《梦溪笔谈》共30卷，17目，609条。内容不仅涉及到天文、地理、生物、化学、医药、历法、气象、数学、制图、建筑、冶金、史学、音乐、文学、美术等诸多方面，记载了沈括一生的研究创作和科学成就，同时，全书具有一种朴素的唯物主义思想，坚持用发展的眼光看问题，透过事物的表面而探求其本质。更难能可贵的是作者带着崇敬的态度记载了劳动人民的智慧结晶。其中平民毕昇发明活字印刷术，卫朴修撰历法，民间匠师喻皓著书《木经》以及河工商超用先进方法合龙堵口等劳动人民的业绩都是由于沈括的记载才得以为后人知晓的。

《梦溪笔谈》以其丰富的内容和巨大的科学性而为中外人士所称道，有"中国科学史上的笔标"之美誉。沈括也以其在科学史上的杰出贡献和顽强刻苦的钻研精神而为后人所崇敬。

蒙冤而死的萧皇后

这里所说的萧皇后可不是辽朝景宗的皇后萧绰，而是辽朝天祐皇帝耶律洪基的宠妃懿德皇后。

懿德皇后（公元1040—1075年），姓萧，小字观音。她不仅长得貌美无双，而且能诗擅书，爱好音乐。清宁元年（公元1055年），被册封为天祐帝耶律洪基的皇后。

天祐帝非常宠爱萧观音，只要散朝，便与她形影不离。两人或出外游猎，或吟诗作对，其乐融融。一日，天祐帝狩猎时打死一只老虎，便让皇后赋诗。萧观音脱口而出：

威风万里压南邦，东去能翻鸭绿江。
灵怪大千俱破胆，那教猛虎不投降。

天祐帝听罢连连称赞，并让人抄录此诗拿给大臣们传看，众人无

两宋辽金

不叹服。

　　清宁四年，萧观音为天祐帝生下长子耶律濬，天祐帝立其为太子。太子完全继承了母亲的聪明灵秀，从小又勤奋好学，很快便成长为一个威武雄健且又颇有治国之才的少年太子。

　　这让朝中许多奸佞小人忧心忡忡，唯恐将来太子继位对自己不利。其中，权臣耶律乙辛最为担心。因为太子耶律濬已看出他很有野心，恐其将来图谋不轨，暗中施计对其进行压制。耶律乙辛老奸巨滑，敏锐地感觉到太子已对自己构成严重威胁，便想对太子施以毒手，苦于没有机会，只得耐心等待，相机而动。

　　再说皇后萧观音得皇上无限宠爱，但她并非只顾自己，贪恋享乐之人。每每对天祐帝婉言相劝，不要迷恋宫帏生活，要以国事为重。天祐帝初时还听，次数多了，未免心觉厌烦，有些反感。特别是有一次，萧皇后在他游猎兴致正高之时劝他回朝勤政，天祐帝龙颜大怒，从此不理萧皇后。

　　萧观音自15岁册立皇后，陪伴天祐帝以来，从未见皇上如此对自己动怒过，心中也颇为后悔，便作了《回心院》十首词，又亲自谱上曲子，让人演奏弹唱。目的是感化皇上，渴盼恢复与天祐帝往日的情爱。她最初所选弹唱之人为宫中婢女单登，但是单登总是弹不好，她便换掉单登，让演奏水平颇高的伶人赵惟一弹唱。这下可惹恼了单登，单登本为皇叔耶律重元家的人，耶律重元因谋反罪被处死，她则入宫当了婢女。以前萧皇后怕她有行刺之心，不让她接近皇上。如今，又有此一变，她便怀恨在心，想要加害萧皇后。

　　单登演练《回心院》词曲时，发现这一组词热烈鲜明，毫无掩饰。其中竟有"香彻肤"、"待君娱"此类非常露骨之语。她便心生一计。虽明知此词是写给天祐帝的，却四处散播谣言，说皇后失宠，耐不住寂寞，作绮艳之词，勾引伶人赵惟一与之私通。

　　说者有心，听者有意。耶律乙辛那个老奸臣正愁没有机会陷害太子耶律，这下闻听此事，便心生毒计。他很快便找到单登，投其所好，要她与自己联手施计害死萧皇后。单登本有此心，当即与之一拍即合。

　　第二天上午，单登便手拿一张写满字的纸，装模作样向萧皇后前去请教。萧皇后见是10首艳情词，便道："这些词写得未免太过放

· 401 ·

荡，想来必不是出自名家之手。"单登故意说道："婢子才疏学浅，本不知其为何意。但闻是出自宋朝皇后之手，特来送给皇后观看。"萧皇后听罢，半信半疑。单登又趁机道："皇后陛下，婢子素慕您的为人与才华，如若你将这几首词抄录一遍送给婢子，婢子此生也就心满意足了。"萧皇后素来谦和，如今闻她如此一说，不疑有他，当即提笔为其抄录。

萧皇后抄完这10首艳词，见纸旁边还有空白，一时诗兴大发，便不假思索，赋诗一首，名为《怀古》：

宫中只数赵家妆，败雨残云误汉王。

惟有知情一片月，曾窥飞燕入昭阳。

单登拿到这张纸，欣喜若狂，将其交给北院枢密使耶律乙辛。耶律乙辛见到萧皇后娟秀的字体，也不由得暗暗心喜。但他知道，此时不是欣赏她的才华的时候，而是借此施行毒计，除掉太子之良机。他又将皇后的诗仔细研究了一遍，心中想好歪曲之词，便跑到天祐帝面前告御状，说皇后萧观音与伶人赵惟一通奸。

天祐帝虽有意冷落萧观音，但他对她还是有情有意的。初时对耶律乙辛的话颇为不信，还将他怒斥一番。但耶律乙辛成竹在胸，待皇上发完脾气方从容镇静地说道："臣对皇上之心，天地可表。否则，臣怎会冒着杀头的危险来揭露皇上的宠后之罪行呢？臣所言句句是实，现在人证、物证在此。为了大辽，为了皇上，臣就是死，也要揭发出皇后淫乱后宫的卑贱行为！"天祐帝耶律洪基听了耶律乙辛的这番话，心下也不由得惊疑不定。又听耶律乙辛说有证据，便让他拿出来。耶律乙辛将萧皇后所抄的词呈上，天祐帝看罢，气往上冲，当即脸色大变。耶律乙辛从旁察颜观色，又在一旁拱火道："皇上，您看皇后那首《怀古》诗，首句有一个'赵'字，第三句'惟有知情一片月'里有'惟'和'一'字，这不是明摆着与赵惟一暗中勾搭吗？且臣闻最近伶人赵惟一出入皇后寝宫，昼夜不归，两人公然在后宫狎昵淫乱之举多次被宫人撞见。皇上如若还不相信，可叫皇后身边侍奉的婢子单登来问便知。"

天祐帝强压胸中怒火，遣内监悄悄将单登叫来，进行追问。单登与耶律乙辛狼狈为奸，二人早已商量好了暗害萧皇后之毒计，岂有不添油加醋之理？她在天祐帝面前，巧舌如簧，子虚乌有，胡说一番。

将萧皇后所为说得非常令人不齿,还把自己美化成一个顾全大局的人物。在萧皇后与伶人赵惟一淫乱后宫,要求自己在旁侍寝之时,她怒斥二人,破坏了他们的好事,结果倍遭萧皇后嫉恨,因此从不让自己接近皇上。说到这儿,还滴下了几滴鳄鱼的眼泪。

这下,天祐帝对此事深信不疑。他无论如何也不能再忍耐下去了,当即令人将萧皇后找来质问。萧皇后不知皇上突然派人急急火火将自己找来所为何事,但一到皇帝寝宫,发现单登与耶律乙辛二人在此,便有一种不祥的预感。天祐帝一见到萧皇后,更是怒火万丈,不待她说话,便愤怒地指责道:"无耻的贱人,朕素日待你不薄。即使最近一段时日稍有冷落,你身为一国之母,也不该这般耐不住寂寞,做与人通奸、违背人伦大礼的事来!"萧皇后乍听皇上此言,眼前发黑,头脑发晕,强自镇定了一会儿,方颤声道:"皇上何出此言?想我萧观音虽非冰清玉洁,却也懂得自珍自爱。更何况皇上对我恩重如山,萧观音绝不会做半点对不起皇上之事。皇上且不要轻信他人之诳言,置臣妾于万劫不复之地!"

天祐帝冷笑一声,道:"事到如今,没想到你还敢抵赖!"言罢,将那张萧皇后所抄词之纸扔到她脚边。萧皇后一见,顿时明白这是单登与人合谋加害自己。她是一个极聪明的人物,在这种危急时刻,犹自镇定下来,暗中察言观色。她发现北院枢密使耶律乙辛自始至终不仅没替自己说一句话,反而面上微露冷笑,似有得意之色。心中不由得一惊,暗道:"看来,与单登合谋加害于我之人便是他了。我素日常闻太子数说他的不是,由此推测,他定怀不轨之心,被我儿察觉,加以辖制。而他又心有不甘,便欲假皇上之手除掉我母子二人。"想到此,她不禁花容失色,惊慌失措。这一切在天祐帝看来,是她做贼心虚所致,心中更是又气又恨。无论她再做任何解释也无济于事,命侍臣将她打入冷宫,又让耶律乙辛和张孝杰两人查处此案。这二人本来就是死党,很快便定案:伶人赵惟一与皇后萧观音通奸情况属实。于是,皇后萧观音被天祐帝赐死,年仅35岁。赵惟一也无辜含冤而死,且全族抄没。

太子耶律濬知道母后为耶律乙辛所害,发毒誓一定要报此杀母之仇。但是耶律乙辛先下手为强,又向天祐帝告密,说太子耶律濬恼恨皇上杀了母亲萧观音,欲篡位夺权,进行报复。天祐帝信以为真,竟将自己的亲儿子也杀了。

除掉了皇后和太子，耶律乙辛心满意足，也就渐渐地改变了以往在天祐帝面前卑躬屈膝的态度，日益骄纵起来。天祐帝并非无能之辈，渐渐地有所觉察，但也不愿对身边重臣胡乱猜疑。只是心中不知为何总想起皇后萧观音，但是因为是他亲自下令将萧皇后赐死，也不便在众人面前表露此情。也许是出于一种无可名状的歉疚之情，他悄悄将从前服侍萧皇后的一名贴身宫女叫到身前侍奉，并且加意宠幸，似乎想以此对前人有所弥补。

而天祐帝所宠幸的这名宫女从前曾得到萧皇后的万般疼爱，情如母女。萧皇后临死前她曾冒死悄悄前往探询，以尽主仆之情。而萧皇后自忖生还无望，便撕下衣襟，血书一封，交待她日后若有机会一定转呈皇上。此女发誓一定完成皇后此愿，二人这才洒泪相别。而且，这名宫女与耶律乙辛的宠婢蒙哥本为闺中密友。入宫之后，二人之间仍有来往。蒙哥对耶律乙辛暗害萧皇后之事知道得一清二楚。她虽为耶律乙辛身边宠婢，但行事与其大相径庭，为人很善良。只是迫于耶律乙辛之威，在他面前不敢稍有违抗。萧皇后死后，她深为惋惜，闲谈中曾与自己这个闺中密友谈起此事的前因后果，并且千叮咛，万嘱咐，万不可对人提及。这个宫女由此知道皇后果真沉冤似海，心下大痛，更加坚定了为其昭雪的决心。但表面上不动声色，一口答应蒙哥要保守秘密。

如今，皇上对此宫女宠爱有加，她觉得这是个绝好的机会，便向天祐帝献上萧皇后的血书，还将蒙哥所言详尽告知。天祐帝看过血书上的娟秀字体，如见萧皇后其人。书中所言无非是向皇上陈明自己并无对不起皇上之事。其中还特别指出，耶律乙辛日后必有反心。他如今加害于己是针对太子而行事，望皇上日后对其加以防备，不要轻信逸言，做出对太子不利之事。自己死不足惜，但国家社稷不可落入贼人之手……天祐帝看罢，又仔细思量这件事的前因后果，以及眼下耶律乙辛所为，心中便明白，自己冤枉了萧皇后，自己铸成杀子之大错，不由得涕泪滂沱，痛哭失声。遂暗下决心，一定要为皇后和太子报仇。

不久，耶律乙辛与张孝杰意欲谋反的事情便被天祐帝查获。他当即将耶律乙辛斩首示众，将张孝杰削去官职，押入大牢。并且为萧皇后沉冤昭雪,同时追封太子耶律濬为昭怀太子。然而,这一切都无法弥合他痛失爱妻和爱子的感情创伤。

寿昌七年(公元1101年),天祚帝在无尽的自责当中度过了70年的人生岁月。此时他已是病入膏肓,弥留之际,他将耶律濬的儿子,也就是他与萧皇后的孙子耶律延禧叫到床前,久久地注视着他,流露出无尽的关爱与留恋。良久,方用微弱的声音道:"孩子,朕要去找你的祖母了,以祈求她最后的谅解。朕现在将皇位传与你,望你近贤良,远奸佞,莫要学朕的样子,追悔一生……"言罢,这位老皇帝便飞天而去了。

女真英雄完颜阿骨打

完颜阿骨打(公元1068—1123年),汉名完颜旻,是乌古迺的孙子,他是女真族的一位杰出首领。

女真族归属辽朝多年。他们长期居住在长白山区、黑龙江流域。女真各部中,完颜部最为突出,逐渐发展壮大。公元1113年,阿骨打继任完颜部的首领。在契丹贵族长期残酷虐待下,女真族人民团结在阿骨打周围,积蓄力量,准备起义。

女真族本来归属辽朝多年,辽朝皇帝根本没把小小的女真族放在眼里,经常欺侮压榨女真人民。女真人每年不仅要向辽朝进贡明珠、貂皮、人参、药材等物品,还要向辽朝皇帝定期定量进贡一种帮助狩猎的鹰——海东青。而收取贡品的辽朝官员趁机对女真人进行大肆搜刮,女真族人忍无可忍,奋起反抗。

阿骨打是一个具有雄心壮志的人,他为了彻底摆脱辽朝统治,发动女真人民发展农业,积聚粮食,训练兵士,放牧马匹。公元1114年,阿骨打发动了对辽的自卫反击战。

战争开始时,辽朝的兵力远远超过女真人,但是阿骨打所率2500名女真骑兵英勇善战。而且女真人为自由和正义而战,深得人心,连连取得胜利,多次击退辽军反扑。特别是公元1114年冬,出河店(今吉林省扶余县境内),与辽军十万大军一战。阿骨打率众以少胜多，取得决定性胜利。然后，又乘胜追击，攻下宾州（今吉林德惠北）等几个城市，在辽朝的东北边境建立了据点。阿骨打又打破完颜部以前按血缘关系组成的部落组织，以户为计算单位，组成"谋克""猛安"，每300户为一谋克，每十谋克为一猛安。同时设立"百夫长""千夫长"，这样，形成了军事性质的行政管理组织。对内便于实行阶级统治，对外有利于发动军事战争的需要。

公元1115年，完颜阿骨打觉得时机成熟，便在汉族知识分子赵朴的谋划下，自称皇帝，建立了"金"，都城设在会宁（今黑龙江阿城县南白城）。完颜阿骨打就是历史上的金太祖。

称帝之后的阿骨打，更是锐意进取，继续领导女真人民进行抗辽斗争，队伍很快发展到10000人。同年9月，阿骨打率部直捣辽朝重镇黄龙府（今吉林农安）。而此时的辽朝皇帝耶律延禧昏溃无能，面对强敌来犯，毫无办法。开始的时候，他还下诏说要御驾亲征。但是，当前线不停传来战败的消息时，他便气馁了，得过且过，照常游猎巡幸，置国家江山于不顾，后来，有那忠义之臣冒死进谏，对其动之以情，晓之以理，详加劝导，他这才匆忙上阵，以10万乌合之众对抗女真人。这10万人由辽朝各部族组成，其中还有受奴役的汉人。他们不愿为耶律延禧卖命，到了战场上，便四散逃命，甚至反戈抗辽。结果，辽军大败，耶律延禧只身一人仓皇逃回京城。

公元1116年，阿骨打带领金兵攻下了辽的都城东京辽阳府，使东北地区的女真人摆脱了辽的残酷统治。

阿骨打不仅有领兵之能，还有治国之才。他向当时比较先进的汉族学习，采取了汉族的封建统治制度，设立了从地方到中央的一系列行政组织机构。同时加强对边境地区的统辖，将大批汉人迁往东北地区。此举使汉人遭受奴役，但是他们所带去的先进生产技术促进了边境地区的生产发展，同时又加速了民族融合。

他还强调女真（以黑水靺鞨为主）、渤海（以粟末靺鞨为主）本为一家，由此将这一地区的所有女真人都团结在一起，并且与汉、契丹族人民取得密切联系。

金朝在金太祖完颜阿骨打的统治下，国富民强，势力很快发展到今内蒙古地区。不久，又攻下辽朝的上京临潢府。女真人大批南行接受南方先进的生产技术，生产力又得到极大的提高。然而，由于女真曾长期在辽的统治之下，一直沿用契丹文字。金朝大臣完颜希尹便上书金太祖，指出：一个国家若无自己的文字，便不会永世长存下去。金太祖受到极大的触动，当即降旨，命完颜希尹主持创制女真文字的工作。完颜希尹为金朝有名的聪明人，他早就想为创制本族文字出力。如今，皇上既已下诏，他便当仁不让，网罗了一大批汉族和契丹族的有才之士，进行创制文字的繁复工作。他们模仿汉字的楷书和契丹文字，又结合女真人语言的特点，反复研究，终于创制出女真文字，使女真人有了自己的记录历史以及进行书面交往的符号。这既是完颜希尹的创举，但也不失为金太祖的一大功劳。因为，如果没有金太祖的支持，完颜希尹是不可能完成这项工程浩繁的工作的。

为了能使自己的子民安居乐业，金太祖完颜阿骨打还发布了解放奴隶的命令，提高农业生产。禁止军队对百姓进行骚扰和侵害。从历史角度来看。他不失为一位治国之明君。

为了永远使女真人摆脱辽朝统治，不再受他们的欺压，金太祖又于天辅六年（公元1122年），继续将兵力向南推进，陆续攻占了辽朝的中京大定府、西京大同府和南京析津府。辽军完全被金兵摧毁。辽朝天祚帝耶律延禧惶惶如丧家之犬，拼命向夹山（内蒙古自治区呼和浩特西北）方向逃窜。两年后，天祚帝被金朝追兵所获。而金太祖完颜阿骨打——这位女真族心目中的民族英雄，也在胜利完成民族自卫独立战争后死去，时值公元1123年。

布衣发明家毕昇

所谓"布衣"，就是平民、老百姓的意思。劳动人民是智慧的创造者。古往今来，许多文人才士皆为布衣出身，许多发明创造皆出自劳动人民之手。而北宋时期发明活字印刷术的毕昇，就是劳动人民出身，堪称"布衣发明家"。

在我国古代，东汉蔡伦发明纸之前，人们将文字刻在龟甲、兽骨以及木简、竹简之上，费时费力。纸张问世之后，人们将文字书写在纸上，简单方便多了。人们抄写文字，很大程度上就是为了交流、流传。实践的需要，促使我国智慧的劳动人民又开始发明比抄写快的印刷技术。

东汉末年的平熹年间，人们掌握了摹印和拓印石碑的方法。隋朝，人们又从刻制印章中得到启示，发明了最早的雕版印刷术。即在适合雕刻的木板上刻出凸形文字，成为印板，然后再涂上墨用纸付印。唐朝时，雕版印刷术已得到广泛应用，但是雕板印刷术需要刻出整板文字来，方能印书。而刻书版往往需要数年时间，且如若发现错字、漏字无法更改。据史料记载，唐天授三年，皇帝武则天命人着手付印《大藏经》，前后竟用了十几年的时间。面对雕版印刷术的弊病，人们急于发明一种新的印刷术，使印刷变得更简单易行，省时省力。而这一历史的重任落到了平民发明家毕昇身上。

毕昇生活于北宋仁宗庆历年间，出生在一个贫苦农民家庭。他自幼聪明好学，但因家贫无力供他上学读书，他就偷偷跑到私塾外边听老先生讲课。老先生发现了他，为他好学的精神所感动，于是让他免费旁听。毕昇非常高兴，每天起早贪黑，刻苦攻读。小小年纪便写得一手好字，作得一手好文章，深得老先生的喜爱。但是好景不长，毕昇12岁那年，天遇大旱，他的父母均被饿死，好在私塾先生谢清之心地善良，又觉得他非常有才气，便收留了他。但谢家也不富裕，也不过是勉强度日而已。小毕昇看在眼里，不忍连累老师，便到外边找工作，一来可以维持生存，二来还想补贴一下日益困窘的谢家。

毕昇年纪太小，想要找到一份工作谈何容易！不过，他的字写得非常漂亮，在当地已小有名气。"播文堂"雕板作坊老板也是一个乐善好施之人，便将他聘去当写字先生。从此，毕昇便开始了他的工作生涯，一干就是七八年。在这期间，毕昇已成长为一个清秀干练的小伙子。老师谢清之的女儿与毕昇可以说是青梅竹马，老先生对忠厚老实、颇具才气的毕昇越来越喜爱，便作主将女儿许配给毕昇。

婚后的毕昇，为了一家的生计，更加拼命地工作。一日，岳父谢清之将他叫到眼前，对他说："毕昇，我谢清之也就算半个文人，虽无治国安邦之才，但我想在自己有生之年为老百姓做点事。"说到此，他转身走入自己的卧室，不一会儿，又回身出来，但手上多了一大摞书稿，他用袖子轻抹去书稿上的浮尘，对毕昇道："我穷尽自己毕生之精力，写了这部《氾胜之农书纂补》。此书收录了农业方面的许多知识，我想将它流传开来，对百姓或许还有点用处。只是家徒四壁，无力出版，我年事已高，它出版的任务，只能交由你去办了。"

毕昇从 12 岁到谢家，谢清之对他可谓恩重如山。既教他读书习字，又教他做人的道理，又将女儿许配给他，但对他却从无所求。毕昇心中对既是自己的老师又是自己岳父的谢清之一直心存感激与敬重之情。如今，老师将如此重要的书稿托付给自己，他心中又非常感动。当即表示，一定全力将书稿尽快出版。

但是，毕昇的薪水也非常有限，养活了一家人之后，根本拿不出余钱来出版老师的书稿。毕昇一点儿也不气馁，他当即决定自己亲自刻印。这谈何容易！毕昇从此起早贪黑地刻字，他的一双握笔写字的手，被刻刀磨出一层又一层的老茧。这些他都不在乎，但有一件事，却令他烦恼。那就是每刻错一个字，就得刨光重刻，费时费力。毕昇想：我只刻印一本书，尚嫌费时费力，心烦意乱，刻字工人每天如此，不知要遇到多少次刻错的情况，又有多少次需要刨光重刻，看来这印刷工艺是需要改进了。于是，他先将刻印到中途的书稿暂时封存起来，研究起新的印刷技术来。

他的老师谢清之一连几天没见他刻印书稿，心中纳闷，便前来询问。毕昇如实相告，说自己要发明一种先进的印刷技术，将印刷工人从繁复的劳作中解脱出来。谢清之一听，非常赞同道："是啊，印刷技术是需要改进了。这样，我的书稿也可早日问世，让更多的人见到。"

得到老师的首肯，毕昇的干劲更大。他反复试验，不怕失败。一开始，毕昇用木板制成活字模，经过试验，发现木质刻板有两大缺点：一是刻字费力，二是木头一见水便容易膨胀，致使版面凹凸不平，不好印刷。后来，他又查考了历代关于雕版印刷术的资料，总结前人的丰富经验，多次试验，终于发明了胶泥活字，并且实现了排版印刷。他发明胶泥活字印刷术的时间为宋仁宗庆历年间（公元 1041—1048 年），比欧洲的古腾堡发明活字印刷整整早了 400 年！

胶泥活字的制作过程为：先将质地细腻的粘土制成一个个四四方方、大小一致的毛坯。将毛坯稍晾干后，再在一面刻上反体单字。字划突起，高度如铜钱薄厚。刻成一批后，放入火中焙烧，胶泥活字便制成了。

胶泥活字制好后,在一块铁板上涂松脂和蜡等物。铁板上面再放一个铁框,将活字模放进铁框中,用火将松脂和蜡烤化,此时用一平板一压字模,则非常平整,然后就可以涂墨进行印刷了。印刷完毕后,铁板上的活字一抖便落,非常简单。抖下的字模可回收藏好,以备下次再用。为了加快印刷速度,毕昇还研究出了双排版法。即用两块铁板,一块排版,一块印刷,两块交替使用。实践证明,速度果然大大加快了。他还将回收的活字按韵排好,收在木格子里,这样再用时非常好找。有时,一版之中要遇着几个甚至十几个相同的字,毕昇就一次多制几个常用字以备用。

毕昇所发明的活字印刷术,如果只印几册书,并不能显示出它的优势。但如果印的册数多了,它的优点便充分显示出来,速度比以前提高了成千上万倍。他发明出活字印刷术后的第一件事,便是将老师的书印了很多册,使之得以在民间广泛流传,然后他又将这项技术无偿送给当时的印刷工人,因此他的发明也被世代流传下来。

毕昇的活字印刷术发明出来之后,我国劳动人民又对其进行了不断改进。先后用锡、木头、铜、铅等代替胶泥活字,但原理还是一样的。直到我们今天所使用的激光胶印、电子全息照排等新技术,也是在毕昇活字印刷术的基础上发展而来。

毕昇的活字印刷术还先后传至朝鲜、波斯、埃及、日本等许多国家。可以说,毕昇为我国文化的发展,以及世界文化的交流,做出了巨大的贡献。

马克思曾经说过:印刷术、火药和指南针是"预告资产阶级社会到来的三大发明","印刷术却变成新教的工具,总的来说变成科学复兴的手段,变成对精神创造必要前提的最强大的杠杆"。可见毕昇发明活字印刷术的重要作用。

辽朝的覆亡

公元1118年,金太祖完颜阿骨打联宋抗辽。宋徽宗赵佶不顾群臣反对,欣然应允,同意发兵,拟夺回被辽久占的幽云十六州。

辽朝受到宋金两面夹击,力不能支。又赶上连年的自然灾害,天祚帝不思进取,得过且过。天灾人祸使辽国国库空虚,百姓生活无以为计。粮食吃光了,就以草根树皮充饥。后来,连草根树皮也没得吃了,甚至发生了人吃人的惨象。

天祚帝腐化堕落,根本不管百姓死活,但是他的文妃萧瑟瑟却是一个知书达礼的人。她见辽朝每况愈下,内忧外患,很快便有亡国的危险,便挺身而出,多次写诗对天祚帝加以劝谏。但是天祚帝非但不听,反而斥责她不要以女权祸国。文妃忍无可忍,为大辽的安危,为辽朝子民,她决心放手一搏。

文妃萧瑟瑟觉得要想拯救大辽,办法只有一个,那就是废掉昏庸的天祚帝,让太子继位。但此事光凭自己一个人的力量是难以办到的,便将大姐、三妹找来商量。三妹的丈夫为军中副都统耶律余,他早就对天祚皇帝心怀不满,认为应让皇太子继位,且多次向妻女表露过这种观点。当文妃一说,三妹当即表示同意。大姐也不反对,还表示回去一定说服丈夫耶律挞葛里共同举事。三人计议已定,各自分头行动。

但是,他们的所作所为,早被一人探听得一清二楚。此人就是皇后的弟弟——萧奉先。萧奉先在天祚帝面前可是个红人,他在朝中大权独揽,说一不二。但是,他也有一块心病,那就是自己的姐姐——天祚帝的皇后没有子女,现在的皇太子为文妃所生。他唯恐皇太子继位后,对自己不利,使自己失去现在这样显赫的地位。于是,他早就对文妃等人严密监视,一有风吹草动,便要采取行动。现在,他得知文妃等人密谋废掉皇帝,让皇太子继位,心中乐开了花。当即跑到天祚帝面前密告文妃联合耶律挞葛里、耶律余要造反。

天祚帝闻言又惊又怒,立刻命人将耶律挞葛里全家抄斩,赐文妃自尽。耶律余在军中得到消息,悲愤交加,誓报此仇,带领自己的亲信军兵1000多人投奔了金国。

金国皇帝完颜阿骨打见耶律余率军来投大喜过望,当即封他为征辽先锋。耶律余身负重仇,在战场上如一只下山猛虎,向大辽发起猛烈进攻。

有了耶律余这个智勇双全、又对辽军的布置一清二楚的大将相助,金军如虎添翼,很快攻下辽国大片土地。天祚帝得到前线传来的节节战败的消息,惊慌失措。为了缓和同金的关系,他封完颜阿骨打为"东怀国至圣至明皇帝",心存侥幸,希望阿骨打就此退兵。阿骨打此时声势大张,风头正盛,非但毫不领情,反而以没封他为"大金皇帝"为由亲率大军对辽发起更猛烈的进攻。不久,辽上京失陷,天祚帝慌忙逃窜,辗转流落至西京、南京等地。保大二年(公元1122年)正月,金兵攻下辽中京大定府。此时的天祚帝可是穷途末路,无可投奔了。

萧奉先在天祚帝的亡命途中一直紧紧相随。天祚帝依然对他言听计从,宠信有加。天祚帝此时毫无主张,不知如何是好,便向身边的萧奉先询问自己应投奔何方。萧奉先本是个酒囊饭袋,哪里知道应该去何地。但见天祚帝有此一问,又不好不答,只得顺口胡诌,让天祚帝返回西京,在那里积聚力量,以图反击金兵。天祚帝闻听当即连声说好。君臣一行人又返回西京。

到了鸳鸯泺(今河北张北县西北的安固里淖)时,天祚帝命随从众人停下。原来,以前他经常来这里打猎。如今故地重游,心中颇有一番感慨。正当他在那里感怀伤心之时,忽闻耶律余率兵杀往此处,不由得心胆俱寒,慌了手脚,口中连呼"奉先,奉先,这可如何是好?"萧奉先是个奸佞小人,不为国家安危着想,却想趁此机会除掉皇太子敖卢翰。听天祚帝喊他,便上前跪倒道:"皇上,臣有一言,不知当讲不当讲?"

天祚帝此时早已吓得七魂出窍,六神无主。一听萧奉先有话说,忙命快讲。萧奉先小眼骨碌碌一转,道:"皇上,依臣之见,耶律余此番率兵前来,无非是想拥立太子敖卢翰为帝。现在,皇上只要肯割爱赐死太子,耶律余绝了拥立之念,自然退兵。"他的话音刚落,立即遭到众大臣的强烈反对。特别是忠臣耶律撒八,他跪在地上,泪流满面向天祚帝道:"皇上,想我大辽遭此劫难,与萧奉先这等小人为祸朝纲大有干系。臣以为,应先斩此奸佞而后皇上传位于太子。耶律余此番意图非常明显,乃为报仇而来。如若得闻奸佞死讯,外甥又继位,或许就会退兵,我大辽社稷尚有一丝希望。"耶律撒八为大辽贤良之臣,但屡遭萧奉先谗言,因此在天祚帝面前颇不受宠。天祚帝闻听他一番话,还未言语,旁边的萧奉先就不干了,厉声喝道:"大胆的耶律撒八,你趁皇上危难之时,逼他传位太子,是何意图?"说完又转身向天祚帝道:"主上,臣如果能救皇上摆脱险境,情愿一死。臣死不足惜,但是臣死后,皇上又被迫退位,那时孤家寡人,耶律余等人必不放过您。又何谈大辽希望?耶律撒八纯粹一派胡言。特别是太子谋逆已久,皇上怎可把皇位传给此等逆子呢?!"

天祚帝不明是非,听完萧奉先的一番颠倒黑白的怪论,竟颇觉有理。不顾众臣苦苦相劝,竟真的将皇太子敖卢翰赐死,将耶律撒八也杀了。辽兵辽将见他如此残害忠良,连亲子也不放过,个个心灰意冷。

而耶律余闻得外甥又被天祚帝赐死,血贯瞳仁,率大军急速前进,要为他报仇。天祚帝吓得只好继续拼命向北逃窜,与南京也由此失去了最后的联系。他出逃时,将南京事务交由李处温管理,李处温也是一个大奸臣,他早有不轨之心。今见天祚帝亡命在外,便趁机以"主上蒙尘在外,国不可一日无君"为由拥秦晋国王耶律淳为帝,改元建福,耶律淳即为天赐皇帝。但是,朝中大权却掌握在李处温手中,他让耶律淳封自己为太尉,还令他将天祚帝降为淮阴王。

而当时宋为收复幽云等失地与金联合后,即派宦官童贯为宣抚使,率军自雄州北进。不久,徽宗又派蔡攸前去相助,他二人兵力充足,足以与辽军抗衡。但是,他二人妄自尊大,非常轻敌,不采取积极的战略战术,一味地急躁冒进。又加之辽与宋多年修好,此番宋违背前盟,乘危攻辽,引起辽国人的愤怒。他们在大将耶律大石和萧干的带领下,奋起反抗,结果将宋军打得落花流水,仓皇而逃。

打退宋兵后不久,天赐帝耶律淳就病倒了。他本就年近60,体弱多病,这一病竟至卧床不起。特别是得到天祚帝要发兵讨伐他的檄文之后,惊吓过度,病情加重,不久就一命呜呼了。耶律淳一死,李处温便没了主意。而耶律淳的妻子萧氏也是个权力欲旺盛的人,她当即参摄朝政,改元兴德,并且不再重用李处温。李处温心中气恼,便与儿子商量,与其等天祚帝杀回来等死,不如挟持萧太后降宋。谁知萧太后未待二人动手,便得到消息,当即命人将李处温父子捉来斩首示众。

再说此时的天祚帝耶律延禧被金兵一路追逼,惊慌失措,逃至桑乾河时竟把传国玉玺也弄丢了。他心中立即升起一种不祥的预感,经过一路的颠簸与思量,他渐渐明白,自己当初杀害太子是多么不明智之举。而且，毕竟骨肉相连，他心中也颇为后悔，但为时已晚。一腔怒火，无处发泄，恰在此时，军中起了骚乱，原来随从天祚帝的军兵早已不满萧奉先父子的恶行，只是碍于皇上的面子不便将他二人怎样。如今传国玉玺丢了，众将士便欲趁机除掉这祸国殃民的父子二人。他们向天祚帝上奏说，只因萧氏父子构陷忠良耶律撒八，又害死太子，激怒上天，才使玉玺丢失。天祚帝现在也对萧奉先颇为恼恨，但一时也下不了将他父子二人杀死的决心，便将二人赶走。萧奉先见激起众怒，知道赖着不走也没有好处，便与儿子匆匆逃走了。但是没走多远，就被金兵抓住，金兵杀了萧奉先的儿子，留下萧奉先准备交由金国皇帝阿骨打处理。而在押送途中，可巧又遇到出来追寻萧奉先的辽军，将他抢走。不过这群辽军可不是想救萧奉先，他们见天祚帝放走了萧奉先，恐他日后再回朝作乱，又在皇帝面前请命，希望皇上将其处死。天祚帝知道再护佑萧奉先，自己将失去人心，便同意他们将萧奉先寻回。辽军将萧奉先送至天祚帝面前。天祚帝果不食言，将其赐死。

萧奉先的死并未换来天祚帝境况的改观。金兵在后穷追不舍，西京又被占领，他只得继续亡命奔逃。保大二年12月，阿骨打率金兵攻占南京。大将耶律大石只得保护着萧太后去见天祚帝。天祚帝见耶律大石率军前来万分高兴，但他容不得萧太后，不久便将她杀了。天祚帝在逃命的过程中也多次与金兵交战，每每溃败，继续奔逃。最惨的一次是青冢的一场血战，不仅损兵折将，而且后宫嫔妃以及从臣均被金兵俘获。天祚帝走投无路，去投奔西夏国主李乾顺。李乾顺对他热烈欢迎，天祚帝这才有了一个栖身之所。

保大四年，天祚帝经四处活动，终于得到阴山宣韦部首领漠葛头的援助。他决定立即发兵收复失地，但遭到大将耶律大石的反对，他认为贸然出击，必然再次受挫，不如养精蓄锐伺机而动。天祚帝逞强好胜，急欲争回丢失的脸面，非但不听耶律大石的劝告，反而训斥他道："当初你在南京谋逆之事（指耶律大石曾保过耶律淳和萧太后），朕尚未追究，今日你又对朕强加阻拦，难道又有不轨之心吗？"耶律大石闻听，气愤交加，而且他也看出天祚帝为一庸才，根本无治国安邦之能，保他也无用。于是，干脆与自己的心腹商议离开天祚帝，去辽北大漠地区发展，以待东山再起，重整大辽江山。得到同意，当夜晚间，便率自己带来的200精骑，向西北进发。

天祚帝得知耶律大石率部出走，气得暴跳如雷。但一点办法也没有，只得恶狠狠地说："没有你耶律大石，我也能打败敌人，收复失地！"不久，他便出兵，倒也收复了一些失地，但他根本没有统兵才能，很快就败在金皇劲旅手下。保大五年（公元1125年），天祚帝与金兵在应州余谷交战，兵败被擒。最后，客死金国。

而耶律大石到漠北后，便自立为王，且充分发挥自己的聪明才干，不断扩充疆域，又建立了一整套的行政管理机构。公元1131年，耶律大石在他手下百官的拥立下，在守思干西的起儿漫称帝，号葛儿罕汗，尊号天祐皇帝，改元延庆。他将都城设于剌沙衮，此即为历史上的西辽。西辽在开明的天祐帝统治之下，国家安定，经济日益繁荣，疆域也逐渐扩大，西接西夏，东至阿姆河。天祐帝死后，西辽又先后有五位皇帝继任。

公元1218年，元太祖出兵灭了西辽。从此，辽作为一个国家的历史结束了。

靖康之耻

公元1118年，辽宋金并立。宋金联合攻辽，并且事先议定：灭辽之后，宋军如果攻下辽南境的州城，那所攻之城就归宋所有。

开战后，金军所向披靡，连连取胜。而宋朝却因妄自尊大、骄傲轻敌，败仗不断。后来，辽国内部发生叛乱。特别是耶律淳死后，萧太后参摄朝政，宋朝宰相王黼认为这是一个好机会，便决定发兵再次攻辽。朝中有识之士均上书指出此举不妥。辽宋本有前盟，宋如今乘人之危入侵定会激起民愤，且如若辽果然覆灭，虎视眈眈的金必对大宋江山不利。但王黼一心想收复幽州，根本不听，执意发兵。同时，他还对金许诺：如果灭了辽朝，宋便将给辽的岁币全部给金。遂派10万大军杀向幽州，其结果诚如朝中有识之士所料，宋军违盟，激怒辽民，奋起反抗，以少胜多，打得宋军大败而回。这次出兵宋军可谓损失惨重，但王黼仍不死心，继续在幽州一带布置兵力，只是不敢再贸然出击,而是相机而动。

而辽覆灭后,金主野心大涨。不久就以宋在幽州集结兵力,实则欲对金不利为由,大举发兵伐宋。当时金主为完颜阿骨打的四弟完颜吴乞买,他的汉名为完颜晟。他听从大臣完颜宗望的建议,兵分两路攻宋。一路由完颜宗翰为先锋,由西京大同南下出师太原;一路由挞懒、完颜宗望率军从南京出师。然后又由完颜杲为帅,坐镇京城指挥。这几个人均为金朝智勇双全的大将,如此布置,可谓万无一失。不久,宋的大片领土便被金攻占了,太原也被包围,形势危急。

宋徽宗赵佶见自己无力挽回颓势,干脆退位,将这个烂摊子扔给了儿子赵桓。赵桓即为宋钦宗,他登基后改元靖康。此时,金兵又一路攻下了汤阴、濬州,而后轻易渡过黄河直取滑州。

钦宗刚当上皇帝之时,似乎还有雄心壮志,要与金兵放手一搏。他诏告天下,要御驾亲征。大宋将士无不群情振奋,跃跃欲试,要与金兵决一死战。可是不久,钦宗连连接到前线打败仗的消息。特别是养在开封西北牟驼冈的两万多匹良马被盗,他便失去了抵御金兵的信心。而太上皇赵佶先一步离开,避难亳州,也使他失去精神上的支柱,更加动摇,甚至想尽快离开,去找赵佶。大臣李纲一再劝阻,他才勉强留在开封,但他实在担心开封能否守住。金军兵临城下,他没有一点主张,急得像热锅上的蚂蚁。赶忙将群臣召来商议对策。宰相李邦彦也是个无能之辈,他恨不得立时向金屈膝求和,但话还是说得冠冕堂皇:"金虏来势凶猛。依臣之见,为了陛下的安全还是前去讲和吧!"

他这句明显有投降之意的话激怒了大臣李纲。李纲向钦宗上奏道:"两军对阵,求和就等于投降。如果陛下御驾亲征,我大宋军民必同心协力共抗金虏,想也不致轻易落败。'投降'二字怎可轻易挂在嘴上呢?"李邦彦也不示弱,二人一个主战,一个主降,你一言,我一语,争执不休。钦宗瞅瞅这个,看看那个,觉得二人所说似乎都有一些道理,一时竟拿不定主意。正在此时,传来消息,完颜宗翰见久攻太原不下,便分兵两路,自己亲率一路,攻陷洋州,现已向河南逼近。钦宗闻听,吓得心惊胆颤,连连向二人摆手道:"两位爱卿不要再争了,既然事已至此,依朕看来,还是与金握手言和吧!"他让李邦彦负责言和之事,并对其万般叮嘱:只要金退兵,无论什么条件，都可答应下来。同时，他又命李纲去布置城防，防备金兵攻击。李纲见状，无可奈何，只得默默出宫布置去了。

　　李纲非常有军事指挥才能，虽然金军兵强马壮，人数众多，但最终没能突破他所布置的防守。完颜宗望又气又恨。这一日，正在帐中发愁，忽闻报宋使臣求见。他心中一阵狂喜，暗道，必是那无能的宋主遣人来讲和了，当即传令召见。

　　使臣果是李邦彦派来讲和之人。不过他为人生性怯弱，一进金军大营，早已吓得两腿颤颤，几欲转身抱头而归，还说什么和谈讲条件，事先准备了一遍的话也已忘到脑后。见了完颜宗望只顾跪地叩头请安，完颜宗望一见他那副德性，心中早已明了。对其怒喝道："帐前宋使，你前来所为何事，见了本帅，还不快讲，难道是想趁机探得我营中军情吗?!"他闻听吓得出了一头冷汗，叩头如捣蒜，急忙结结巴巴地辩解道："大……大帅，臣……臣决无此意。臣……臣是奉我王之命来，来与大帅议和。"听他颤声颤气地说完这几句话，完颜宗望心中冷笑道，如果宋朝君臣均是如此模样，那我大金灭宋指日可待呀！想到这儿，他又厉声道："求和不难，但需答应我以下几条：一、纳黄金500万两，银500万两，牛马万头，锦缎百万匹；二、将云、燕到宋地的百姓送回；三、割让河间、中山、太原三镇；四、你朝皇帝尊我主为伯父，并送亲王、宰相到金为人质！如若不答应，我大金军兵定要攻入开封，抓住你主碎尸万段！"这个使臣哪里敢说个不字，一一记下。待完颜宗望说了个"滚"字，便从地上爬起来，头也不回地跑回了开封。

　　见了宋钦宗，他一五一十地详细转述了完颜宗望所开出的条件，并且极尽夸张之能事，将金兵说得威武如天兵神将。宋钦宗听了，别无他言，当即答应完颜宗望的所有条件，并派李邦彦赶紧去差办此事，李邦彦领命去大肆搜刮民脂民膏。北宋人民这下可遭了难，从此年年背着沉重的赋税，苦不堪言。几天后，又由宰相张邦昌和康王赵构为人质，带着金银、三镇地图和议和书到了金营。议和之事就这样被无耻的皇帝和无耻的大臣操纵完成。

　　金军统帅完颜宗望见不费吹灰之力便使宋廷答应所有的条件，大喜之余心中又有一丝诧异。他深知中原多豪杰，也怕自己孤军作战万一遭到围攻，对自己不利，便见好就收，退过黄河。

金兵一退，宋朝君臣便以为天下从此太平，放松了警备。宋钦宗将李纲派往河南，太上皇赵佶也返回开封。不料，金兵得到消息很快便卷土重来。此时朝中已无可御敌之人，开封很快陷落。钦、徽二宗，即皇帝赵桓和太上皇赵佶均被金兵掳走，从此北宋结束了。因此事发生在宋靖康年间，所以历史上称之为"靖康之耻"。

宋康王赵构与张邦昌同为人质到金营，他装呆弄傻，完颜宗望信以为真，觉得留着他无用便将他放了回来。钦、徽二宗被掠走后，赵构从自己所在的桐州赶往南京应天府（今河南商丘），在诸路流兵将帅宗泽、刘老世、韩世忠的拥戴下做了皇帝，改元建炎。这就是历史上的南宋。

金兵南下后，对宋朝百姓烧杀抢掠，无恶不作。中原杰士纷纷率众揭竿而起。此时若有朝廷对其进行组织援助，定能解救宋廷于危难之中。而赵构称帝后，根本无心收复失地，非但不加以扶持，反而将他们解散，百姓们对这个朝廷失去了信心。

而与此相反，金帝完颜晟充分意识到光凭武力镇压根本不能使大宋子民臣服。他们是勇于反抗的。弄不好，自己便会前功尽弃。为了安定局面稳定民心，他给完颜宗望下了一道诏书，要求完颜宗望对宋朝百姓施行安抚政策，不得欺压，以免激起众愤。完颜宗望对此积极执行，不过，他年事已高，且已身患重病，不久，便死去了。与他同为元帅的完颜宗翰乘机夺权。他与完颜宗望不同，平日杀戮很重。金主完颜晟对此并不知晓，仍然委以重任，同时派完颜宗辅为右副元帅，与其一同统帅东路兵马。二人对宋进行大肆进攻，沿途奸淫掳掠，胡作非为，激起宋朝百姓的强烈反抗。然而，南宋皇帝赵构颓废无能，不事抵抗，不久，又跑到海上避难。

完颜宗翰随着攻宋取得的节节胜利，他的权欲也愈渐旺盛。金灭北宋后，曾立宋臣张邦昌为"大楚皇帝"，但后为赵构所杀。天会八年（公元1130年）秋，完颜宗翰为争权夺势，欲立宋降臣刘豫为帝以控制中原。为此，他派完颜希尹去说服金主加封刘豫。完颜希尹很有才华，回京不久，便说服金主完颜晟果真册封刘豫为大齐皇帝。刘豫称帝后，称金主完颜晟为伯父。他先定都大名，后迁到开封。

天会十三年（公元1135年），金主完颜晟驾崩，完颜宗翰立16岁的完颜亶为帝。完颜亶年纪虽小，却很有心计。他表面上对完颜宗翰非常尊敬，感谢他的拥戴之功，又对其委以重要官职。但是实际上，他对完颜宗翰早已心存戒心。他发现完颜宗翰不仅为人凶狠，残害百姓作恶多端，而且有极强的权力欲。如若不对其进行限制，自己的皇位必定朝不保夕。于是，他在登基第二年，便积极采取行动。先派完颜宗磐、完颜宗隽与完颜宗翰同事三省（尚书省、中书省、门下省），这样既培养了自已的羽翼，又削弱了完颜宗翰的势力。完颜宗翰见皇上一下将自己的权力削弱三分之二，心中非常恼恨，便欲联合一些不服完颜亶的旧臣谋反。但是他尚未采取行动，金主完颜亶又采取了进一步行动。他找了个理由将完颜宗翰的心腹高庆裔杀了，完颜宗翰急怒之下，竟至一命呜呼了。

完颜宗翰死后，完颜亶彻底清除其党羽。先废了齐帝刘豫，后又杀了密谋造反的挞懒等人。然后，命大将兀术出兵伐宋。兀术是员猛将，很快收复在挞懒一伙倡议下给了宋朝的河南、陕西等地。又率大军攻过淮河，赵构无心抵抗，便求议和。完颜亶命兀术见好就收，从此两国划淮为界，宋向金称臣，每年贡奉25万银两、25万匹丝绢。

金朝疆域至此确定了，其至高无上的地位也由此确定了。

李纲主持京都保卫战

李钢（公元1083—1140年），字伯纪，是两宋之际著名的主战派将领。他于政和二年（公元1112年）考中进士，政和七年升为太常少卿。他为人正直，很有才华。任太常少卿时，常常发表与众不同的见解，展露出非凡的才干。但是，由于当时朝中奸臣当道，李纲在朝中无法容身。很快遭人诬陷，被贬至沙县为一小官。

宣和七年（公元1125年）冬天，金朝大举攻宋。金将翰离不率金军长驱直入，将太原团团围住。宋将郭药师连连向朝廷请求救兵援助，但宋廷此时上下一片混乱，根本无可派之将，最终导致太原失守，郭药师降金。金兵充分利用郭药师熟悉大宋地形和军事布置的有利条件，直捣宋京都汴梁（今河南开封）。

京师告急，宋徽宗吓得六神无主，慌忙禅位于太子赵桓，自己逃命而去。赵桓即位，是为钦宗。钦宗听从大臣吴敏的建议，将李纲从沙县调回京城。李纲听说皇帝要为抗金之事召见他，当即用刀刺破胳膊，血书一封，要求皇帝御驾亲征。与钦宗皇帝见面后，更是慷慨陈词，说得钦宗赵桓也热血沸腾，决定采纳李纲的建议，亲自率军出征。

靖康元年（公元1126年）正月，钦宗任命李纲为兵部侍郎、亲征行使营，吴敏为亲征行使营副使。宋军将士一听皇帝御驾亲征，个个摩拳擦掌，表示誓死捍卫京城。但是，朝中却有一批大臣主张弃城逃跑，叫嚣得最厉害的便是宰相白时中、重臣李邦彦等人。他们本来是自己胆小怯弱，理由却摆得冠冕堂皇，口口声声说是为大宋江山着想，为钦宗安危着想。他们不断地在钦宗耳边吹风，强调如若与金兵对抗，会引来多大灾难；金兵如何英勇，宋军必不能敌等等。钦宗抗金态度本来就不甚坚定，御驾亲征完全是受李纲的鼓动感染所致。如今，听到白、李二人一番话，心中又有些动摇。到后来，白、李二人极力相劝，让钦宗去襄州、邓州避难，钦宗竟决定弃城而走。

李纲自受命以来，积极备战，斗志正高之时，忽闻钦宗要避难襄州，置京都于不顾，又急又怒，直奔金銮宝殿。到了大殿，见白、李二人在旁侍立，李纲心中明白，皇帝突然改变主意，定是这二人暗中搞的鬼。当下也不搭话，直接质问钦宗道："臣闻皇上忽然改变主意，要弃京都而走。不知可有此事？"钦宗见李纲前来，也有些心虚，但见他一问，也只得勉强答道："确有此事。"

李纲闻听，怒火万丈，大声问道："皇上乃一国之主，您若走了，朝中大事由谁来决定？臣希望陛下遇事三思而后行，不要轻信奸佞小人之言！"钦宗一时语塞，不知如何作答。而侍立一旁的白、李二人脸上更是红一阵、白一阵。白时中身为宰相哪里受过人如此揶揄？当下强词夺理，道："李大人，您说话也太黑白不分了吧？如今金将翰离不已率大军兵临城下，京都几近不保。你却在此阻挡皇上出京避难，倘或皇上有何差错，您担得了责任吗？想置皇上于死地的是谁？奸佞小人又是谁？李大人你还要说个清楚？"

面对白时中的一派胡言，李纲反倒平静下来，冷笑道："到底谁是奸佞小人，谁心里清楚。我大宋子民心中也最清楚！"言罢，也不再理他，转身向钦宗皇帝道："皇上，俗语道，家有千口，主事一人，京都的千万百姓与将士需要皇上在此主事啊！如今京城虽然危急，但我军将士斗志昂扬，皇上如与军民团结一心，共同抗敌，必能守住京城，打败金兵。但如若皇上匆忙离京，使军心涣散，京都不保，我大宋江山不保啊！皇上难道真的要置祖宗社稷于不顾吗？！皇上，您要慎思慎行啊！"言罢，李纲声泪俱下。

钦宗又一次被李纲的挚诚所感，道："李爱卿，朕不走便是。只是，这领兵之人——"李纲知钦宗之意，正待请缨，忽一眼瞥见白、李二人，就改变主意，向钦宗推举白、李二人。白时中闻听，胆子都要吓破了，颤声对钦宗道："皇，皇上，臣，臣实无领兵之能，还是请李大人带队出征罢！"

钦宗也确知白、李二人无治兵之能，便对李纲道："李爱卿，两位大人均为文臣，依朕看来，只有你能堪此重任了。"李纲见状，也不再推辞，欣然受命。钦宗封其为尚书右丞、东京留守，同时封李将军为其副手，领兵守城。

但是钦宗是个没主意的人，一会儿东，一会儿西。不久，又被白时中等人撺掇得动了心，要携后宫眷属逃离危险的京城。这天早晨，他命禁卫军整装以待，保护自己和皇后一行出逃。不料李纲又赶来相阻。李纲见了皇宫前的禁卫军，大声问："大家是真的愿意逃跑，还是愿意留下来保卫京城内的父老乡亲？"禁卫军亲属大多留在京城，而且他们个个血气方刚，又素敬李纲为人，便一齐大声回答："誓死保卫京都！"李纲闻听，非常满意。回转身跪在钦宗面前，却不搭话。钦宗无奈，只得上前相搀，表示这次一定留下来，李纲这才站起身。但他知道，有白时中在皇上身边，皇上的心思便不会用在抵御金兵之上，说不定什么时候，就又跑了。于是向皇上建议，罢免白时中的职务。3000禁卫军也声援李纲，钦宗只好听从，免去白时中宰相之职。同时让李纲见机行事，不必事事奏请皇帝。

李纲这才上任，由于他事前已做了大量准备工作，因此，他仅用三天时间便布置好城防。此时金兵也已攻到汴梁城下，开始攻城。

金将翰离不自攻宋以来，攻无不克，战无不胜。本以为攻打汴梁也定然不费吹灰之力，不曾想却遇到了重创。第一次，他命金兵乘小舟进攻宣泽门，就被李纲的2000精兵打回，损失100多人。当晚又遭偷袭，死伤将士百余名。翰离不大怒，命众军兵从北城的景阳门和通天门攻打汴梁。李纲早防他此着,事先已派1000多名神箭手支援北城守兵,攻城金兵又被射死无数。

翰离不还不死心,放弃北城,去攻陈桥门、卫州门。李纲闻讯,亲自登上城楼,为众将擂鼓助威,他远远望见金兵将一堆东西堆在城下,料为攻城所用的云梯等物。于是令几百精兵悄悄出城,将其毁烧一光。翰离不要发令攻城之时方才发现云梯等尽数被毁,气怒之余,他也不由得暗暗佩服李纲用兵之神。

翰离不见李纲守京都,自己久攻不下,便欲退兵。恰在此时,宋使来见,要求议和,翰离不既欢喜又惊诧。他不懂为什么自己没打胜仗,宋廷却还要投降。但既是送上嘴边的肥肉,岂有不吞之理,他当即表示同意,并开出了许多苛刻的条件。

原来,这一切又是白时中、李邦彦搞的鬼。白时中虽被贬职,但李邦彦尚在朝中,白时中便极力怂恿李邦彦去钦宗面前说李纲坏话。说什么别看他此时嚣张,其实,不过是逞一时之勇,汴梁城迟早会被金兵攻下,不如尽早议和。钦宗觉得也不如趁未败之际与金讲和,金或许尚能很痛快地答应。他吸取前两次教训,此事未让李纲知道,与白、李二人串通一气,悄悄遣人去向金乞和。

钦宗所派之人乃李纲副使李将军,他一进金营便吓得屁滚尿流,答应了金将翰离不的所有条件。纸里包不住火,此事很快被李纲知道。他上朝力谏,对钦宗说:"金朝勒索银币太多,就算是穷尽我大宋之财也未必足够;而且割地三镇,是以为辱,更不要说要向金屈膝称臣,尊其主为伯父了。而且就算我们答应他们的全部条件,他们也未必就此善罢甘休,势必还会寻机侵犯我朝,我们将太原、河间、中山三个可为都城屏障的重镇交给他们,不亚于自蹈死地……"但是钦宗这次死了一条心,定要讲和,对李纲的话不以为然。李纲无奈,只得下朝,但是为了国家和民族的利益,他冒死扣留割让三地诏书不发。

而后,李纲积极筹谋,到各地寻求援军。中原自古多杰士,更何况金兵惨无人道,所到之处烧杀淫掠,很快便有大批人众响应李纲,前来支持。李纲采取积极的防御战术,欲待金兵粮草断绝,兵力溃乏之时,一举歼灭。但是勤王师都统制姚平仲自恃兵力超过敌方,欲施偷袭。不料消息走露,金军早有防备,反将其打了个落花流水。幸有李纲及时率军赶到,才反败为胜,班师回城。

金将翰离不最怕李纲。便使用反间计,说李纲偷袭,破坏议和。如想议和,除非罢免李纲。钦宗为求乞和,不问青红皂白,免去李纲之职。

钦宗与投降派的恶行,激起京师人民的义愤。太学生陈东带领1000多名太学生一起上书钦宗,要求复用李纲,罢免李邦彦等人。京都百姓也纷纷响应,他们将大臣上奏急事之用的"登闻鼓"也给敲破了。而且,如若不给答复,就决不散去。翰离不一听李纲被罢免,心中大喜,自食前言,向汴梁发起新一轮的猛攻。在内外强大压力下,钦宗只得重新启用李纲。

李纲为了国家民族之大计,心中毫无怨言,一旦复职,即刻上任,身赴抗敌第一线,很快又取得京师保卫战的重大胜利。但钦宗是个扶不起来的主儿,胜利后不采取李纲所提出的防御策略,而是以此为资本再次向金乞和。为讨好金人,又将李纲罢免,远谪宁江。

宣和八年(公元1126年),金军又卷土重来。情况十分危急,钦宗没有一点办法,只得再次将李纲从宁江召回京师,但是路途遥远,李纲虽紧行急赶,在他抵达京师之时,那里也早已成为金人的天下。他们将宫中财宝洗劫一空,立宰相张邦昌为大齐皇帝,掳走钦、徽二宗北去。这就是历史上的"靖康之变"。

公元1127年,康王赵构称帝,史称高宗。登基后,他先杀了张邦昌,然后封李纲为宰相。但由于奸臣当道,不久,李纲又被罢官。李纲在任期间,曾向高宗上"十事"书,全面提出抗金的施政纲领。可惜,一条也未被采纳。

李纲被罢免后,太学生陈东、进士欧阳澈等人再次为民请愿,保举李纲。但是,由于奸相黄潜善的蛊惑,高宗赵构竟传旨将二人杀害,以残酷的武力镇压了这次太学生、老百姓反对投降派、支持主战派的群众斗争。李纲虽被罢官,但他一刻也不忘恢复大宋江山。当时正值河北、山东、太行山一带民众自发进行抗金活动,李纲倾家中之资相助。

完颜亮篡夺皇帝位

当大宋江山岌岌可危的时候,金国内部也几经变乱。到了第三代皇帝完颜亶继位后,金廷的夺权斗争已发展到白热化的程度。

完颜亶自幼接受汉族文化的熏陶,琴棋书画,无所不通,堪称新一代女真少年。而金国建立初始仍为奴隶社会,他们的生产方式落后,社会制度也不完备。完颜亶对女真旧俗深恶痛绝,决心变革,废除旧制,推行先进的汉族文化。继位后不久,他便进行了一系列的改变,如重新设立官制、制定礼仪,采取各种措施促进生产等等,这一切都加快了女真族的发展。

在完颜亶手下有一员智勇双全的大将,他就是兀术。完颜亶对他非常赏识,而兀术也一心效忠主上。不仅在沙场上立下了赫赫战功,在推行新政方面也给完颜亶以强有力的支持。在他的辅佐下,金国称得上是国泰民安。但是人总有死的时候,皇统八年(公元1148年),兀术离开了人世,完颜亶失掉了一个最得力的助手,痛哭失声。

兀术死后,完颜亶启用完颜亮为太保,统管三省之事。完颜亮也是一位相当有才华的人,只是他与兀术的坦荡大度不同,为人含而不露,城府很深,而且他这个人非常有野心。一年夏天,完颜亮府上的常客萧裕为讨好他送给他一把在当时很少见的折扇。完颜亮与萧裕甚为相熟,又见他所送折扇非常漂亮,一时兴起,行至案边,挥笔在折扇上题下了"大柄在手,清风满天"的诗句。萧裕也是一个颇为有才的人,见此八个大字,心中一惊,暗道,此人野心不小,这分明已流露出争皇位之意呀!想到此,便有意试探道:"要扇起满天下的清风,那可真是需要一把不小的大扇子呀!"完颜亮与之微微一笑,眼中满是傲然之色。萧裕当即会意,从此更是经常出入完颜亮府中,与之谈论天下大事,完颜亮也将其当成心腹。

不久,完颜亮升为左丞相,他顺势将萧裕提拔为兵部侍郎。完颜亮也称得上是才华横溢,博古通今,因此很得完颜亶赏识,他的官位也是一升再升。

两宋辽金

完颜亶对完颜亮可谓极尽恩宠。皇统九年,完颜亮过生日之时,完颜亶让侍臣给他送去许多金玉赏玩之宝物。侍臣正要出宫的时候,被皇后裴满氏传了过去,又赐了数倍于皇上所赐的礼物给完颜亮。不料,侍从刚出后宫门就被皇上完颜亶看到。完颜亶见侍从所携之物显然多了数倍,心下惊疑,便将其叫住责问。侍从不敢隐瞒,如实禀告。完颜亶一听,怒火万丈。原来,皇后裴满氏是一个权力欲很强的女人,她经常背着皇帝完颜亶私自降诏,干涉朝政。完颜亶对她的所作所为早有察觉,非常不满。但一直以她为皇后之尊,一国之母,很给她留面子,不予追究。如今见她竟如此行事,忍无可忍,当即将侍臣拉出去,杖责四十,然后怒气冲冲到后宫找裴满氏兴师问罪。

裴满氏也是个厉害角色,见皇上满脸怒意闯入后宫,心中知道不妙。但仍强自镇定,向完颜亶行礼问道:"皇上这是生谁的气呀?"完颜亶冷笑一声道:"你还有脸来问,自你当皇后以来,自恃专宠,收受贿赂,干涉朝政。弄得朕君不君、臣小臣,有你一人就足够了,朕还须生别人的气吗?"裴满氏也不甘示弱,强自辩解道:"皇上为万圣之尊,朝中一切事宜自当由您解决。臣妾身为皇后,为后宫之主,自当主持后宫事宜。为皇上分忧,怎敢干涉朝政,僭越妄为呢?"

完颜亶见她到此时还强词夺理,气得七窍生烟,索性撕掉面皮,对她怒道:"事到如今你还敢嘴硬!朕且问你,今天是不是你私自作主,免去了近侍高寿星率军去燕南屯田的事。你收受他多少贿赂,还不如实讲来!"裴满氏被完颜亶揭了老底,一时语塞。完颜亶见状继续追问道:"现在,你向完颜亮赠送如此贵重的礼品,怕也是居心不良吧!"一句话正中裴满氏心坎上。她此番行事,正是要借完颜亮生日之机,进行拉拢,以培植自己的亲信党羽。但见完颜亶将一切尽数说破,心中大惊,脸色大变,一时也不知如何是好。完颜亶见她如此光景,也不再与之理论,拂袖而去。

回到广仁殿,完颜亶的怒气尚未消尽,平章政事秉德前来奏问,对近侍高寿星该如何处置。完颜亶一听,刚要熄灭的火气一下又蹿了上来,看谁都不顺眼。先叫左右近卫将秉德拉出去杖责八十,又传旨杀高寿星和因皇后裴满氏弄权而升迁的左司郎中三合,心中恶气才稍稍出了一点儿,但是,他顺气了,秉德可受罪了,被打得皮开肉绽。秉德本无过错,如今无故挨打,从此记恨在心。

完颜亮得知宫中消息,心中大为惊恐。他本来心怀鬼胎,有篡位之意,只是时机未到不敢轻举妄动。如今听说皇上不许皇后赐礼于自己,又杖责秉德,杀了三合,便担心皇上是不是有所怀疑。正自惶恐间,皇上完颜亶又降旨将他贬出上京,去燕京做行台尚书。其实完颜亶此举并非针对他,只不过怕皇后拉拢重臣,为祸朝纲,如此加以限制而已。但完颜亮心中本来有鬼,现在又将前后事一联系,更加肯定皇上已对自己有所警惕,所以先一步采取了行动。他也不甘心就死,于是在中京秘密约见萧裕。二人密谋一番,完颜亮夺位之心更加坚定。

皇帝完颜亶将完颜亮贬出上京后,又觉完颜亮才能出众,朝中无人能比,自己将其贬逐,此举似有不妥。思谋再三,又让驸马唐括辩快马出京将完颜亮召回。唐括辩在古北口率安驿追上完颜亮,二人平日还有些交情。唐括辩传完皇上圣旨,便在完颜亮的邀请下,入席饮酒。完颜亮对皇上让自己去而复召的举动甚为疑惑。便向唐括辩试探道:"皇上才贬我出京,此番又召我回去,不知是何用意?"唐括辩随口道:"皇上近来疑心很重,谁也难猜透他的心思。"言语间,左顾右盼,一眼瞄见墙上有一首题诗,便提着灯上前细观。

这下可吓坏了完颜亮。原来,完颜亮到率安驿后,见天色晚了便住下来。率安驿虽小,景致却十分优雅。而完颜亮虽遭贬逐,但他已下定篡位之心,心情反倒轻松安闲了。于是走出驿馆,欣赏落日余辉,偶然发现驿馆前的台阶下竟生着一蓬翠竹。北方竹子本就不多见,又难得生得这样翠绿。完颜亮认为是吉兆,一时诗兴大发,托物言志,回屋在墙上题下一首七言律诗:

孤驿潇潇竹一丛,不同凡卉媚春风。
我心正与君相似,只待云梢拂碧空。

此诗暗含反意,如今唐括辩上前细看,完颜亮如何不怕?吓得出了一身冷汗。唐括辩也是个机灵的人,一眼看出是完颜亮写的,而且对诗中之意也是一目了然,他微微一笑道:"诗是好诗,只不知皇上知道——"完颜亮未待他说完,忙接口道:"不过是戏笔,还请唐将军从中——"唐括辩其实也不想得罪完颜亮,不过是点到为止,做个顺水人情。闻言拍了拍完颜亮的肩膀道:"王爷写了什么吗?我今日酒喝多了,似乎什么也没看见呀!"完颜亮这才如释重负,与唐括辩

两宋辽金

相视而笑。

回到京城后,完颜亮官复原职。但皇帝完颜亶同时提拔了完颜晟之子完颜宗本为太保领三省军,秉德为左丞相兼中书令。二人官职均超过了他。完颜亮怎肯屈居人下,想来想去,想出一计。一日,他进宫见完颜亶道:"皇上,臣尚有一事不知当讲不当讲?"完颜亶对他素为器重,今见他似有重要的事情要说,忙道:"爱卿但讲无妨。"完颜亮便悄悄对皇帝完颜亶说,完颜宗本为太宗完颜晟之子,太宗未传位于他,他必然心中不满。如今皇上给他的权势过大,恐多生祸患,此事正戳到完颜亶的心坎上。他就是怕宗本有反心,故此委以高官,着意拉拢。如今,见完颜亮提出此事,可见其对自己之忠心,从此,对他宠信有加,朝中大臣,无可与之相匹者。

完颜亮取得了皇上的信任,走出了第一步。他又开始大肆拉拢培植自己的亲信党羽。大理卿乌带与完颜亮本为旧交,而完颜亮人面兽心,竟暗中与其妻唐括氏勾搭成奸,大理卿乌带对此一无所知,照常与妻子无话不说。而听到有关朝中之事,唐括氏便密告完颜亮。不久,完颜亮在与唐括氏鬼混时从她口中得知,秉德与驸马唐括辩要谋反另立新君。他觉得这是一个绝好的夺位之机,便找到唐括辩探听消息。唐括辩在率安驿站便知完颜亮有反意,当下也不隐瞒,如实相告并让完颜亮与他们共同谋划此事。完颜亮正中下怀,当即表示同意。

完颜亮与唐括辩等人狼狈为奸,极力怂恿皇帝完颜亶大肆杀戮。完颜亶对他言听计从,先从皇室宗亲杀起。先杀了皇弟胙五常胜和查剌,又杀了邓王之子阿懒和挞愣,紧接着又杀了皇后裴满氏和众多嫔妃。满臣文武见皇上连杀重臣,连皇后、皇弟也杀了,心中害怕,唯恐一不小心便会杀到自己头上。朝野上下,人心不稳,一片混乱。完颜亮一看时机到了,便发动秉德、唐括辩等人发动兵变,杀了完颜亶。

完颜亮终于大权在握,登上了皇帝宝座。他登基后立志富国强民,下诏:减轻农民负担,减轻刑罚,鼓励农耕,奖励勤政廉洁的官吏等等,取得了很大的成效。但是同时他为了巩固新政权,也采取了一些暴力措施,如秉德、乌带、唐括辩等人均被他当作守旧派或后室宗亲给杀了,他的心腹萧裕也因策划谋反被他杀了。

在完颜亮一手广施仁政、一手暴力镇压的两手策略之下,金国逐渐发展得更加强盛。完颜亮是个野心勃勃的人，不久便出师伐宋。

伐宋未成身先死

完颜亮夺了金主完颜亶的皇帝位后，也算励精图治，国势日渐强盛，这助长了完颜亮的野心。贞元元年（公元1153年），他为了控制中原，一统天下，将都城由上京迁到燕京（今北京），并改名为中都，从此，更加积极筹划，伺机侵犯中原。

几年后，完颜亮觉得时机已经成熟，再也不能等待下去了，便召集群臣商议兴兵伐宋之事。朝中许多大臣表示反对，认为此举劳民伤财，不宜施行，完颜亮听后很不高兴。那些最善察言观色的狎臣见了，便忙奏道："我大金国如今国富兵强，小小宋廷，何足挂齿？皇上此番出征，必得中原而归！"完颜亮闻听大喜，当即下令打造战船，训练水师，为伐宋做准备。

正隆六年（公元1161年），完颜亮做好一切准备，便以打猎为名向南京进发。不料中途他所骑战马狂奔之时，忽然马失前蹄，将他摔落马下，摔成重伤。但他仍不放弃，养伤期间，仍调兵遣将，令各路人马齐聚河南。连宫中的太后、宫女及各衙部大臣也均召来随军。许多大臣见皇上如此违天行事，皆认为不妥，但又不敢贸然奏本，唯恐触怒龙颜，招来杀身之祸。太后徒单氏对完颜亮此举也颇为不满，但她也不敢相劝。因为她本为完颜亮父亲的正室，而完颜亮为其父侧室所生。完颜亮之母在世时，对徒单氏颇为尊重。完颜亮碍于母亲的面子，也不好将徒单氏如何。他母亲一死，他就变了一副面孔，经常在徒单氏面前表现出不肖之情。但徒单氏是个贤良之辈，为了国家社稷，便对常进宫拜见她的太尉忽土说："我主现在一心要伐宋，损耗财力、民力无数，弊多利少，恐要蹈辽国覆辙。望你从旁多多加以劝谏。"太尉忽土闻言大惊，忙向四周看了一下，然后小声对太后道："太后为民着想，臣心下感动。只是想太后今后休要再提此劝谏皇上之事。皇上如今一心伐宋，利令智昏，不但听不进臣下之言，反而将劝谏之人全部降职免官，弄不好还有杀头之祸呀！"徒单太后闻言也

两宋辽金

是一惊。心想自己非皇上亲母,纵使相劝,他也不听,说不定还会使他不满,便叹息一声,不再提及此事。

但是,他二人之言却被太后身边一个与完颜亮私通的宫女听了个一清二楚,她当即将此事说与完颜亮。完颜亮听太后说自己要"蹈辽国之覆辙",心中大怒。又加之他素对太后不满,便借机将太后徒单氏杀了。这还不算,还将太后的亲戚也通通杀掉,然后与太后的尸体放在一处焚烧,将骨灰扬于水中。

太尉忽土闻讯吓得心胆俱寒。恰逢此时契丹部谋反,各地百姓也因伐宋征用物资,负担过重而纷起反抗。他便主动请命前去平乱。完颜亮让他戴罪立功。忽土与萧怀中等将士把契丹部追到临潢,但未平灭。完颜亮大怒,把他们全杀了。完颜亮杀红了眼,稍有违他之意者,均杀无赦。他伐宋心切,每天操练兵马,不问其他朝政。他接到军粮官马匹粮草不足的奏本,便下令各州速备粮秣,有凑不齐数的,便令其割掉今秋的庄稼。这一系列的行为使完颜亮大失民心,未待伐宋,内部已起了变化。军心不稳,百姓怨声载道。

完颜亮对这一切都不管不顾,一心举兵侵宋。正隆六年九月,他让太子光英留守开封,自己亲率大军浩浩荡荡杀向淮水。

金军在行进途中,经常有逃跑的事件发生。完颜亮既生气又毫无办法,他百思不得其解,自己一心成就大业,为什么得不到军兵的支持。但是他一看到自己的战船和连绵不断的营帐,所有的不快也便烟消云散了。

金军渡过淮河后,完颜亮手下的一名士卒捕到一只白鹿,献给完颜亮,古代武王伐纣时,传说曾有白鱼跳上船来,如今伐宋,喜获白鹿。完颜亮认为这是一个好兆头。他亲自将白鹿放生,然后命大军全速前进。不久,果然捷报频传。金将轻取宋朝信阳、扬州、和州等地。大将徒单合喜也从陕西送来进驻散关的喜讯。11月初,完颜亮率军进驻长江北岸。

但尽管前线传来的都是好消息,完颜亮也雄心勃勃,金兵士气却并不高,他们已被完颜亮在国内的无道暴行伤透了心。士兵们经常三三两两聚在一起闲聊,聊来聊去,便聊起了家里的妻儿。这个说:"唉,为了皇上这次出征造战船,我家的房子也给拆了,我娘和我媳妇儿这下可苦了,大冬天的,也不知能不能挨过去。"那个说:"唉

· 429 ·

呦，兄弟，这你可得回去看看，我听说，前一阵，家里那边因为没房，冻死的人不少，还有饿死的呢！皇上这次伐宋将快成熟的庄稼也喂马了。我那未满10岁的儿子和他娘，不知怎么熬过这个大冬天呢？"一席话出口，众将士都低下头，各自想心事。突然，一个五大三粗的汉子"嚯"地站起来道："他娘的，老子不干了。老子要回家看我娘去！"他旁边的一个年纪大一点儿的忙站起身，一把捂住他的嘴，慌忙向四周瞧了瞧，压着嗓子道："三黑子，快别说了，小心你的脑袋！"那个叫三黑子的一下拨开那个年纪大的人的手，道："张五哥，咱们向前也是死，还不如回去和家人死在一块儿呢！"那个被称为张五哥的刚要再劝，周围的将士纷纷道："对，回家，与老婆、孩子死一块儿去！"张五哥其实也有此心，见大家如此，他也按捺不住了，和这些人一合计，当下就悄悄离开军营向家乡的方向跑了。

此时的完颜亮正在江岸上设坛祭天，祈求苍天保佑一胜再胜。回帐后，就得到又有一批军兵逃跑的消息，不由得大发雷霆。正生气的时候，左司侍郎兀不喝慌慌张张跑进大帐，对他道："皇上，大事不好了。曹国公完颜雍在东京称帝。"完颜亮闻言，一拳砸在桌案之上，骂道："这个乱臣贼子，我就知道他迟早要反，只后悔当初没杀了他！"

其实，完颜雍造反完全是完颜亮逼的。原来，完颜亮非常好色，宫中已有嫔妃上千，他还不满足。违背人伦天理的他常让一些大臣的娇妻美妾入宫侍寝，大臣们都敢怒不敢言。完颜雍在京外为官，正庆幸自己的妻妾得以保全。谁知完颜亮听身边的内侍讲完颜雍的妻子乌林答氏貌美如花，一时淫心大动，下诏让内侍送至完颜亮处，内容只有一事，宣乌林答氏入宫伴驾。夫妻二人本来感情非常融洽，这一恶噩传来，抱头痛哭。乌林答氏为了丈夫决定入宫，完颜雍枉为男儿，保不住自己的妻子，与她洒泪相别。岂知这乌林答氏生性刚烈，她对丈夫说入宫，只是不愿连累他。随内侍行至离京师不远的地方便为保妇节，寻机自尽而死。她一死，完颜亮非常恼恨完颜雍，认为这是完颜雍有意安排的，将其降官，到辽阳府任留守，并派高存福为副留守监视他的行动。

后来完颜亮兴兵伐宋之时，完颜雍正在居丧，所以未与之同行。但他对当时的形势了解得非常清楚：完颜亮兴无义之师，天下百姓怨声载道。特别是辽阳地区本为契丹旧地，百姓们为了不去伐宋，纷纷起义。于是，他便制造兵器，整训军队，以防不测，而监视他的高存福以为他要造反，便要向完颜亮报告。完颜雍知道后，干脆一不做、二不休，先将他杀了，然后果真举兵造反。不久，就在东京称帝，改正隆六年为大定元年，宣布大赦天下，许多不愿南征的兵将纷纷前来投奔，他手下很快聚集了十几万人马。

完颜亮得到完颜雍称帝的消息，却也无可奈何。事已至此，大军只能前进，不能后退，只有按原计划渡江。第二天，与宋军在水上展开激战。由于当时宋军的船只采用脚踏轮，比较先进，速度比金军快，又加上金兵不善水上作战，结果大败。完颜亮只得率部退回北岸，哀叹："此乃天绝我也！"但他不愿就此善罢甘休。几日后，又命大军集结到瓜洲渡准备在此渡江再度攻宋。但是宋军在此地早有防备。浙西道兵马统制完颜宜便建议完颜亮收回渡江命令，待宋军放松防守之时，再大举进攻。完颜亮非但听不进去，反而怒斥完颜宜道："你身为统制，临战时却畏首畏尾，动摇军心。来人，将他推出去，杖责八十！"

完颜宜一片好心，却换来一顿毒打，心中气恨难平，召来几个心腹之人，当夜晚间冲入完颜亮住处，将其杀死。然后率三军北归，杀死留守南京的太子光英后，向完颜雍称臣。

大金国由盛转衰

在金国历史上，完颜雍堪称一代有道的明君。他称帝后，首先下令把攻宋时征集的兵士全部放回原籍，恢复生产。同时对山东、河北的义军进行招抚，使社会逐渐安定下来。然后继承完颜亮的改革成果，鼓励农耕，发展生产。老百姓们生活安定了，有了粮食，无不对新皇帝交口称赞。

但是，大将纥石烈志宁原为完颜亮手下旧部，对其忠心耿耿，完颜雍称帝后多次对其进行招抚，都被其严辞拒绝。不仅如此，他还先后杀了完颜雍的9个招抚使。完颜雍无可奈何，只得兴兵讨伐。纥石烈志宁本想与完颜雍决一死战。但他手下将士风闻新皇帝勤政爱民，胜过完颜亮无数倍，都不愿与之交战，并且劝说纥石烈志宁归顺新皇帝。纥石烈志宁见大势所趋，也只得投降归顺。但他认为自己杀了完颜雍9个使者，他一定不会饶过自己，便抱了必死之心去见完颜雍。对他说道："我知道你是个有道的明君，故此归降。但我也知道自己杀了你9个招抚使，你饶不了我，现在就请杀了我罢！"完颜雍见他憨厚可爱，便道："朕多次派人对你进行招抚，你为何不降？"纥石烈志宁道："正隆皇帝对我恩重如山，我理应为其尽忠职守。"完颜雍闻言，不但不生气，反而很感动，当下免去其死罪，还不计前嫌，对他委以重任。纥石烈志宁见完颜雍如此宽宏大度，心甘情愿地臣服于他。消息传出，又有许多完颜亮的旧部前来投奔完颜雍。完颜雍以他的义举得到了人心，力量更加壮大。

而此时的南宋，以为金朝新主即位，政局不稳，便想趁机渔利，兴兵来伐。纥石烈志宁主动向金主完颜雍请命前去抵抗宋军。完颜雍给他一支人马。纥石烈志宁为报皇恩，在沙场上骁勇杀敌，很快将宋军击溃，使得南宋赔了夫人又折兵，再次割地求和。完颜雍主和不主战。他认为只有天下太平，天下百姓才可安居乐业。于是又积极与宋发展友好关系。这给北方经济的发展创造了更为有利的条件。

完颜雍还经常研读《贞观政要》，希望自己能做个唐太宗李世民那样的好皇帝。他以李世民为榜样，虚心纳谏，他常对臣子说："朕虽为一国之君，但不可能事无巨细都处理得样样周全。这就需要众位爱卿的辅佐，朕若有什么过失，能给朕指正出来的，才不失为国家社稷之贤良。众卿切不可为顺朕的心意而不敢直言进谏。"大臣们听了，心中对完颜雍更加敬服。同时也都暗下决心，追随明主，治理国家，完颜雍有何过失，他们都及时指出。金廷上下，形成了一种良好的氛围，上下团结一心，国家越来越繁荣。

完颜雍治国有方，对贪赃枉法的官吏毫不手软，一律罢官治罪。对各级官吏都要求严格执法，不徇私情。一次，完颜雍最宠爱的女儿曹国公主的家奴在外胡作非为，县令刘彦弼将其抓回县衙，依法打了50大棍。曹国公主闻讯十分生气，暗道：打狗也要看主人，你一个小小县令，竟然胆大妄为，打起本公主的家仆来，真是反了天了！于是，她仗势欺人，命人到宛平县衙将刘彦弼毒打一顿。刘彦弼生性耿

两宋辽金

直,心道:自己挨打事小,公主倚势乱了国家法纪事大。他毫不畏惧公主权势,将其告到省台。尚书省左录柯纥石烈良弼接到刘彦弼的诉状,深感为难。因为他知道,曹国公主最受主上宠爱,自己一着不慎便会招致罪责。他也知道刘彦弼实在是含冤受屈。一方是法,一方是私情、权势,他左思右想,举棋不定,不知如何是好,就去与参知政事敬嗣晖商量。敬嗣晖早就闻知此事,但一时也拿不出好主意。二人计议一番,决定先压下来,察看察看风头再说。

而刘彦弼官职虽小,但也算是久在官场,自己告到上边,迟迟不见回音,便知定是两位大人惧怕公主的威势,不敢审理此案。他一怒之下,又向更高一级的衙门——登闻栓院递了状子。这是专向皇上转奏表章的部门,办案人员不敢压下他的状纸,当即呈送金主完颜雍。完颜雍看完刘彦弼的状子,非常生气。立刻将良弼、敬嗣晖找来,询问此事,二人不敢隐瞒,如实作答。完颜雍斥责二人道:"朕一再强调,要秉公执法,你二人却如此行事,真是让朕失望。而那刘彦弼不畏权势,为民作主,真是可敬可佩!"又命人传刘彦弼与曹国公主进宫。二人来后,他当着刘彦弼的面将曹国公主狠狠训斥了一通,又命她向刘彦弼赔礼道歉。曹国公主见父皇一改平常温和之态,心中也有些害怕,忙依着向刘彦弼认错。从此后,也再不敢纵容家奴了。而刘彦弼见皇上如此,感动得五体投地,连呼"皇上圣明"。完颜雍又将其着实安抚一番,扣掉良弼、敬嗣晖两人各一月的俸禄赏给他,才命其回去。刘彦弼见完颜雍真正做到了赏罚分明,是位明主,从此更加尽忠职守。

完颜雍在位28年,在此期间,金朝的文化、经济等各方面均获得长足发展。他还逐渐废除了奴隶制,使金朝向更高一级的封建社会发展。

大定二十九年(公元1189年),金世宗完颜雍驾崩,享年66岁。精通汉族文化的完颜璟继承了皇位,完颜璟继续施以仁政,积极改革。金朝百业俱兴,达到了历史上的鼎盛时期。

泰和年间,金朝年景不好,天灾不断,素来不甘臣服的鞑靼部又趁机起兵反叛。南宋也借机对金发动猛攻。但金帝完颜璟凭借精兵强将和雄厚的经济实力,很快便改变了这种内忧外患的局面。先平定了鞑靼部叛乱,又打退了南宋的进攻,迫使南宋皇帝向金帝称叔,每年贡奉的岁币增加到 30 万，并送"犒军钱"300 万两白银，以作为对金的赔偿。

金虽然取得了战争的胜利，但是其内部矛盾却日益尖锐。这均由完颜璟的一位爱妃——李师儿引起。李师儿本为一名低级宫女，只因长相俊美，人又机灵，寻机俘获了皇帝之心，才一步步博得皇帝专宠，将其封为元妃。别看她出身微贱，心计却颇多。自恃受到皇帝宠幸，在后宫为所欲为，后来竟发展到干涉朝政、弄权朝纲的地步。宫中暗地里流传着这样一种说法：凤凰有四种飞法。向上飞能使风调雨顺，向下飞五谷丰登，向外飞四方来朝，向里飞（李妃）便加官进爵了。诚如所言，许多奸佞小人就是靠着巴结李师儿，在朝中得了要职。小人得势，朝政混乱。又加上连年自然灾害，老百姓生活困顿，阶级矛盾到了不可调和的地步，终于在山东爆发了大规模的农民起义。后虽被镇压下去，完颜璟却因此受到惊吓，卧床不起，不久便死去。

完颜璟死后，因其无子嗣，故传位给完颜永济。完颜永济继位后，可以说是没当过一天顺心的皇帝。大安二年，先是发生大灾荒，6 月又发生大地震。大安三年，蒙古的威杰忍汗率军来犯，朝中无可御敌者，居庸关很快沦陷，中都也告急。好不容易派出一支队伍前去抵挡，又被纥石烈执中夺去兵权。大安五年，纥石烈执中废了完颜永济，拥立完颜珣为帝。但是，拥立新帝又有什么用呢？连年的战争、灾情以及朝政的混乱已使金朝开始逐步走向衰败，谁也挽救不了它了。

宋江起义

我国古代大作家施耐庵曾塑造了一大批杀富济贫、反抗腐败朝廷的英雄好汉的形象。他们就是《水浒传》中的梁山好汉。梁山好汉共有一百单八将，他们聚集在首领宋江周围，干出了一番轰轰烈烈的事业。

在我国历史上，宋江真有其人。他曾在一个县衙里当小官，为人

两宋辽金

行侠仗义，人送绰号"及时雨"。宋徽宗赵佶继位后，对外扩张，对内残酷剥削。老百姓缺吃少穿，可朝中大臣却花天酒地，大兴土木，对百姓大肆搜刮。老百姓除了起来反抗，没有活路。宋江对百姓具有深深的同情心。他在聚集在自己周围的几十条重义气、甘为百姓谋利益的好汉的支持下，以郓州（今山东省东平）的梁山为根据地，向朝廷宣战。

梁山南面有几百里的水泊，因此称为梁山泊。梁山泊既产鱼虾，又长芦苇，当地百姓本来靠水泊吃饭，日子过得也还和顺。但朝廷不肯放过他们，不让他们过一天舒心日子。特别是北宋末年，赋税日益沉重，百姓们再也无力承受，干脆放下渔船农具，拿起刀枪，到梁山泊入伙，反抗宋廷。

宋江与其他几条好汉一商议，觉得光凭他们几千个人的力量，难以对抗宋廷。宋朝一旦派兵前来，恐难对付。于是，他们打出"劫富济贫"的旗号，招集人马。老百姓非常拥护他们，纷纷响应，前来投奔，梁山队伍迅速扩大。宋江又以八百里水泊为屏障，积极布置设防，宋廷即使来攻，也会无功而返。同时，他又领导梁山义军发展生产，自给自足，使梁山根据地得到巩固。

光巩固根据地也不行，宋江采纳其他将领的建议，积蓄一定的力量之后，便迅速出击，接连打了几次胜仗，均是以少胜多，梁山泊名声大震，吸引了更多的穷苦百姓前来投奔，力量又得到了进一步的壮大。

当时安徽一带已出现了方腊领导的农民义军，这已经够宋廷为之头疼的了。如今，又出了一个梁山泊的宋江，宋徽宗害怕极了，唯恐他的江山坐不稳，急忙派兵剿杀。但他所派出的将官无能，很快就败在宋江手下。宋江乘胜追击，继续同官兵作战，很快攻下青州城。消息传到宋徽宗耳中，他更是六神无主，没了主意，急召众臣上殿商讨对付宋江之策。

亳州（今安徽省亳县）知州侯蒙给皇帝上奏，出一个自以为一箭双雕的主意。他说，宋江在黄河以北所向披靡，数万军兵对他无可奈何，而安徽的方腊也骁勇难敌。宋江本为县吏出身，必定热心功名，皇上不如对他委以高官，进行招抚。而后利用他去对付方腊，让他们这帮穷寇自相残杀。宋徽宗赵佶闻听大喜，认为这真是一条妙计。当即任命侯蒙为东平府（今山东省东平）知府，负责前去招降宋江。可惜，侯蒙短命，未待上任便一命呜呼了，他们的美梦就此破灭了。

宋江很有军事指挥才能。他通过对敌我形势的正确分析，充分认识到敌强我弱，与官兵硬拼势必遭受失败，所以必须采取避实就虚的策略与之周旋。在这一原则的指导下，他先率义军攻打官兵力量薄弱的淮南地区，取得节节胜利。继而转向京东、江北的楚州（今江苏淮安）、海州，由于指挥得当，也是攻无不克，战无不胜。如此一来可急坏了朝廷中的宋徽宗，他整日如热锅上的蚂蚁团团转，不时地哀声叹气。

但是，宋江毕竟不是神仙，他不可能永远都以胜利者的姿态出现。当他率兵攻打沭阳县时，由于对敌人估计失误，遭受重创。宋徽宗闻讯大喜，心想，此正是对其招安的绝好机会。于是，旧梦重拾，派海州知州张叔夜为招抚使去招安宋江。

张叔夜为人狡诈多端，他深知，此时宋江虽遭失败，但他不会轻易放弃，接受招安。于是，他决定再给宋江点颜色看看，再相机行事。

宋江虽在沭阳县遭到官军重创，但他并未就此消沉气馁。而是休整队伍，继续与官军斗争周旋。这一天，他率义军与官军交战，夺其满载货物的大船10只，心中十分高兴，与众兄弟一起押运送往根据地。此情被张叔夜探知，他与随身谋士商议一番，暗施一计。当夜晚间，张叔夜派兵去烧宋江所押船只，正值当夜风大，火借风势，风助火威，眨眼之间，十几只满载货物的船只便成了火船。

当时梁山泊粮草紧缺，10只船中货物本是宋江准备救急之用。他一见大船失火，到手的粮草马上要泡汤，心中痛惜，急切之中，顾不得多想，只叫兄弟们奋力扑火，而忽视了防守。张叔夜见时机已到，下令早已埋伏的官兵即刻出击。义军立刻便处于四面围困的境地。尽管他们个个奋勇当先。无奈敌众我寡，几次突围不成，反而伤亡惨重。张叔夜见状，心中暗自得意，趁机大声喊道："宋江听着，你身为朝廷命官，竟然造反朝廷，罪不容诛。但是，皇恩浩荡，不予追究，只要你接受招安，还可加官进爵，福荫子孙。否则，只有死路一条。何去何从，你自己快点拿主意吧……"

张叔夜的话顺风传出很远，义军们闻听非常气愤，均表示战死也不投降。只是宋江见大势已去，反抗无益，不过是白白赔上几条性命。更何况，他的心中确实还残存有忠君思想。如今面临生死的选择，他的这种思想抬头，遂占了上风。思谋再三，他还是背弃义军，选择了接受招安。

宋江投降后，梁山好汉依然继续与宋廷对抗。徽宗见状，对宋江也就可有可无，不给以重用，甚至不屑一顾，还常因义军之事迁怒于他。宋江觉得自己在宋廷倍受排挤，无法立足，与当初想象相差甚远，失望之余，又揭竿而起，举行第二次起义。但是由于他曾投降过官军，义军对他失去了信心，他也因此失去了号召力。所率队伍力量薄弱，又由于无人再来投奔，他的队伍难以和官军相抗衡。不久，他的起义队伍就被官军镇压下去，他也在亡命途中被官军捕获。最终被朝廷杀害。

宋江所领导的农民起义，虽然由于其自身的局限性以及多方因素失败了，但它的影响深远，具有伟大的历史意义。

中华上下五千年

符文军◎主编

〔下卷〕

时事出版社
北京

目 录

两宋辽金

方腊起义 ……………………………………………… 1
老英雄宗泽抗金 ………………………………………… 5
赵构的下台与复位 ……………………………………… 9
金兀术被困黄天荡 ……………………………………… 12
一代才女李清照 ………………………………………… 15
精忠报国的岳飞 ………………………………………… 19
奸臣秦桧 ………………………………………………… 22
爱国诗人陆游 …………………………………………… 25
"人中之龙"陈亮 ……………………………………… 28
金国灭亡 ………………………………………………… 30

元 朝

草原始会亲 ……………………………………………… 37
雏鹰振翅 ………………………………………………… 39
劫难重重 ………………………………………………… 42
朋友反目 ………………………………………………… 45
一代天骄——成吉思汗 ………………………………… 47
烽烟滚滚 ………………………………………………… 49
绝地喋血 ………………………………………………… 52

· 1 ·

痛失爱将 …… 54
榻前诛天下 …… 57
祸起萧墙 …… 59
初露头角 …… 62
为父报仇 …… 64
纷争再起 …… 66
大理秋歌 …… 68
蒙哥汗归天 …… 70
争夺汗位 …… 72
大奸臣——贾似道 …… 73
留取丹心照汗青 …… 76
关汉卿与《窦娥冤》 …… 77
王实甫和《西厢记》 …… 81
在中国当官的外国人 …… 84
卓越的科学家郭守敬 …… 89
真金之死 …… 93
大元帝国的没落 …… 95
红巾大起义 …… 98

大明王朝

朱元璋出家 …… 105
朱元璋投义军 …… 107
朱元璋救主 …… 111
别开天地 …… 114
采石矶大战 …… 117
占集庆收民心 …… 119
金华山论天下 …… 122
陈友谅大败鄱阳湖 …… 125
挥师东进 …… 128
登基封王 …… 131
叔侄争皇位 …… 133

郑和七下西洋	137
土木堡之变	140
夺门之变	143
忠臣于谦被害	147
万贵妃害皇子	150
八太监误太子	153
道士专权	156
清官海瑞	160
戚继光摆阵大败倭寇	164
修定陵民众起义	168
利玛窦来华传教	171
阉党专政	174
大明文化	177
统一女真建立大清	181
农民起义大明亡	184

大清帝国

冲冠一怒为红颜	191
多尔衮安抚民心	193
史可法宁死不降	196
顺治治国有方	199
少帝智擒鳌拜	202
康熙削藩	205
清军进台湾	208
大败沙俄签条约	211
康熙亲征漠西	214
雍正夺位	217
治国明君	219
乾隆微服私访	224
白莲教起义	227
反封巨匠	230

和珅其人	232
鸦片入境	234
林则徐虎门销烟	236
鸦片战争	240
抗英将领	243
三元里抗英	245
为国除奸	248
洪秀全创拜上帝会	251
定都南京北伐西征	254
一分为二看曾国藩	258
太平天国失败	261
第二次鸦片战争	264
辛酉政变	267
小刀会反清反帝	270
左宗棠收复边疆	273
慈禧立太子	276
不败而败	279
平壤三战	283
黄海大战	286
卖国贼断送北洋水师	288
公车上书	292
百日维新	293
义和团起义	298
义和团大败西摩尔	302
八国联军进北京	306
慈禧西逃签辱约	309
精武英雄	312
兴中会的成立	317
清朝的假维新和"预备立宪"	320
唤起民志的革命先驱	323
资产阶级革命团体的成立	327
同盟会成立后的革命斗争	330

徐锡麟和秋瑾 ································· 333

中华民国

武昌起义 ····································· 339
临时大总统 ··································· 340
清朝灭亡 ····································· 342
袁世凯篡权 ··································· 344
反袁斗争 ····································· 346
新文化运动 ··································· 348
五四运动 ····································· 351
军阀混战 ····································· 354
中国共产党诞生 ······························· 358
第一次国共合作 ······························· 361
两次东征 ····································· 364
大革命中的一系列惨案 ························· 367
宁汉合流与"中美"合作 ······················· 370
南昌起义 ····································· 373
东北易帜 ····································· 376
日军入侵东北和上海 ··························· 379
五次反"围剿" ······························· 382
红军长征 ····································· 385
党的女儿赵一曼 ······························· 387
爱国七君子 ··································· 390
西安事变 ····································· 393
第二次国共合作 ······························· 398
马本斋 ······································· 400
国际主义战士白求恩 ··························· 402
百团大战 ····································· 404
皖南事变 ····································· 408
五壮士血战狼牙山 ····························· 411
大生产和整风运动 ····························· 414

重庆谈判 ·· 416
蒋介石破坏政协决议 ································ 419
三大战役 ·· 420

中华人民共和国

北平和平解放万众一心迎大典 ················ 427
开创未来 ·· 430
镇压反革命和土地改革 ··························· 434
抗美援朝战争 ··· 436
新中国成立初的外交活动 ······················· 441
建国初期的英模 ····································· 445

中华上下五千年历代缩影

中华上下五千年历代缩影 ······················· 451

方腊起义

北宋徽宗时期，政治腐败，任用贪官蔡京为相，百姓遭到更加残酷的剥削和压榨。偏偏又天灾不断，先是发生了严重的蝗灾，蝗虫遮天蔽日，眨眼间庄稼被一扫而空。不久，黄河决口，两岸百姓大多葬身洪水之中。百姓生活困苦不堪，甚至野菜、树叶、树皮等都被吃光了。而那些达官显贵依然歌舞升平，尽情享乐。不仅如此，他们不顾农民死活，依然大肆搜刮民脂民膏。在这种情况下，饥饿困顿的百姓愤怒了，纷纷揭竿而起，反抗宋廷。

当时在众多的起义军中，有一支队伍最为著名，那就是方腊领导的农民大军。

方腊出生在歙州（今安徽省境内）的一个小山村。他出生后不久，家乡就闹旱灾，庄稼颗粒无收。为求活命，方腊的父亲只好带着一家人背井离乡，去投奔妹妹。在妹妹的周济和一帮穷哥们儿的帮助下，他们勉强安下家来。一晃几年过去了，小方腊长成了一个英俊少年。他非常懂事，小小年纪便经常帮父亲干农活。后来，为了维系一家人的生计，他又去铁匠身边学箍桶。虽然他日夜劳作，非常辛苦，却挣不了几个钱，家里仍是饔飧不济。方腊那时便经常琢磨为什么穷人这么苦，而富人却可以尽情享乐。

方腊的爷爷非常疼爱这个有志气的孙子，经常在闲暇的时候给他讲故事。每当讲到历朝历代农民起义时，方腊就听得尤为认真，还不停地提出问题，幼小的心灵里从此埋下了一颗反抗的种子。

方腊长大成人后，时值宋廷无道，百姓生活更加困苦。方腊眼中看到的是：百姓吃糠咽菜，生活依然贫困；而官家粮食满仓却不给农民救济，还加重勒索盘剥。他心中愤恨不平，于是扯起大旗，组织农民和铁匠起义了。

百姓们早有造反之心，只是苦于无人领头，如今方腊挑起这副重担，人们纷纷响应。方腊觉得当前的首要问题就是解决百姓的口粮，帮大家渡过灾荒之年。他想来想去，终于想出一个办法。他请来一位教书先生写了一张以县衙名义放粮的告示，然后手拿告示率众人来到官家粮库前。守卫粮仓的衙役一见这么多人涌来，忙拿刀枪上前阻拦。方腊走在队伍的最前边，毫无惧色，厉声吼道："如今天遇大旱，知县大人发出告示放粮赈济灾民，难道你们这些小小的衙役还敢违抗吗？"说罢，高举手中告示。

与此同时，身后的百姓也举起手中的扁担齐声大喊："开仓，开仓！放粮，放粮！"守卫粮仓的衙役见他们声势浩大，一时也被镇住了，顾不得细看告示，慌忙打开仓门。方腊指挥众人，将粮食分发给百姓，帮大家渡过了难关。

歙县县令慑于群众的威势，对此事睁一只眼，闭一只眼。方腊由此认识到：只有将百姓团结起来，力量才会增大。从此，他便在心中琢磨一次更大规模的起义。

这一年春天，方腊所居住的村子人人都垂头丧气，原来去年收成本来就不好，县衙还催逼交租。谁交不上，就要被捕送到县衙大堂受罚。在那个地方，就算牛一样健壮的小伙子也要被折磨死，更何况是饿得皮包骨头的百姓呢？大家没办法，只得将留着今春播种的种子交了租税。但是，官府还不肯放过这些走投无路的百姓，又派官差衙役来抢粮抢钱，一时间四邻不安。这情景激怒了方腊。他找来一面铜锣，将百姓们聚集起来，大声说道："乡亲们，官家不给我们活路，我们拼了吧！"

方腊的话音刚落，就听得四下的乡亲们高喊："拼了，拼了！"于是他热血沸腾地率领众人去找那两个官差算账。行没多远，就看见前面一个官差正作势欲捉农家的一只老母鸡。方腊见此情景，怒火中烧，举起手中的铲刀急速上前，一铲就将那个差役脑浆迸裂，当即气绝身亡。另一名官差听到身后有动静，回头一看，吓得魂飞魄散，"妈呀"一声怪叫，撒腿就跑，回去报告了官府。

这下县太爷可不能睁一只眼，闭一只眼了。人命关天，更何况是官府中人呢！他心想，这帮穷鬼是反了天了，不给他们点颜色看看，长此以往，那还了得！想罢，便集结衙中差役，又向朝廷上表，请求调派军兵，一同血洗方村。结果方腊和他的母亲侥幸逃到青溪县万年镇揭村暂时住下。

为了养活老母亲，他在万年镇给大地主方有常当佣工。细算起来，这方有常还与方腊是同祖同宗。方腊的曾祖父与方有常的曾祖父本为亲兄弟，原本住在一起，后来因为逃荒分开了。方有常的曾祖父脑瓜灵活，善于投机钻营，后来发家成了地主；而方腊的曾祖父为人老实本分，故一直过着穷苦的日子。穷人和富人虽为亲兄弟，但渐渐地也断了来往。如今，方腊在方有常家当佣工，方有常丝毫不顾念同根之情，对待方腊就像骡子、马一样。倒是与方腊同为佣工的方胞、方土佛等人对方腊处处关照，有如亲兄弟一般。开始时三人经常在一起唠家常，渐渐混熟了，便无所不谈。后来，又有一个叫陈箍桶的加入进来，几个人的感情越来越深。方腊尽自己所能帮助其他人，其余几人也在接触中逐渐发现，方腊为人行侠仗义，颇有王者之风。陈箍桶曾读过私塾，有一定的文化知识，颇喜读《孙子兵法》等兵书。他对方腊说，如今百姓困苦，民不聊生，不如起兵造反，带领百姓共创新天地。此话正中方腊下怀，便问他有何妙计。他与方腊甚为投缘，娓娓而谈，建议方腊召集民众，组建队伍，先打歙州、睦州，然后攻打大安。方腊采纳了他的建议，积极谋划准备。

他们几人因经常在一起商讨起义之事，大地主方有常起了疑心，便暗中探查，得知他们要起兵造反，心中大骇。惊骇之余，遂起歹心。他将方腊骗至家中囚禁了起来，欲报官领赏。陈箍桶、方胞等人得到消息，当夜潜入方有常家中将方腊救出。方腊见方有常不仁不义，对他也不再客气，率100多人冲进他家要为民除害。谁知，方有常见方腊被人救走，料定他必会报复，早就带着全家40多人逃走了。方腊将他家的粮食、财产分给了当地农民，赢得了大家的拥护。

不久，有人向方腊报告说方有常逃到了七贤村方阴家。方腊听后立即与陈箍桶等人合计此事。陈箍桶道："我们不能放过他，一定要把他挖出来。如今，他跑到方阴家，正好将他们一网打尽。我的弟弟陈八桶在七贤村秘密组织了一批人，准备起事，我们可与之联合行动。"方腊非常赞成。计议已定，大家分头准备。第二天晚上，方腊率人与陈箍桶的弟弟陈八桶汇合一处，蜂拥冲进方阴家，将方阴、方有常两家80余口斩尽杀绝，为民除了一大害。方阴在七贤村也是恶贯满盈，方腊此举大快人心。他又将方阴搜刮的钱粮布帛分给穷人，烧毁方阴家地契。如此一来，更是深得民心，百姓纷纷前来投奔，很快就有1000多人跟随方腊造反。

方腊又听从陈箍桶的建议，一面加紧训练队伍，一面挖陷阱、搞战备，以防官军来犯。

朝廷得到方腊率众造反的消息，派兵前来镇压。双方一交手，官兵有的落人陷阱，有的被义军杀死，很快便溃败而逃。方腊由此看到了官军怯懦脆弱的本质，更加增强了必胜的信心。他乘胜攻下了万年镇，威信大增，仅仅一个月内就聚众10万人之多。

宣和二年十一月初一，方腊正式宣布建立政权，农民起义军拥戴他为"圣公"。他建元"永乐"，立其子方毫为太子，任方胞为丞相。义军从此以邦源为根据地，更加迅猛地向四周发展。

朝廷虽然一战即败，但岂肯善罢甘休？得到方腊建立政权的消息，宋徽宗更是寝食难安，当即命两路都监蔡遵和颜坦各率精兵强将前去围剿。方腊早就得到消息，在官兵必经之地息岭、云头一带布下天罗地网。官兵自恃兵强马壮，大意轻敌，息岭一战，全军覆没，蔡遵和颜坦也在乱军之中被马踩死。

方腊乘胜追击，先后攻占了青溪、睦州、寿昌、分水、桐庐、遂安等县城。不久，又攻下歙州，直逼江南重镇——杭州。

杭州城由宋将陈建、赵约把守，二人拼死抵抗，方腊率众久攻不下，便与众将商议智取。一天夜里，方腊率义军再次攻打杭州城，与上次攻城不同的是，所有的义军头上均藏着小铜镜，他们手持大刀，将铜镜照得闪闪反光。胆小的守城士兵以为来了天兵神将，吓得落荒而逃，只剩下少数官兵负隅顽抗。方腊的妹妹方百花，是一位巾帼英雄。她见敌人仍然死守，便向哥哥请命，率一支女兵爬云梯攻城。不料，攻城途中，她身中冷箭，壮烈牺牲。方腊见状，心中大痛，吼叫着冲向城楼。义军一见首领冲上去了，他们也紧紧相随。顽抗的官兵抵挡不住，陈建、赵约见大势已去，只好开城门投降，杭州城遂被义军占领。

宋徽宗得到消息，吓得惊慌失措，将在外对辽作战的15万精兵调回对付方腊领导的农民大军。方腊对官军兵力估计失误，很快就尝到了失败的滋味。

官兵对义军采用瞒骗、狠打、拉拢的策略，进行分化瓦解。义军中的缪二大王和洪载禁不住物质利诱，投降了官兵，成了可耻的叛徒。同时他们还拉走了一部分军队，导致义军力量削弱，更加难以与官兵硬拼抗衡，方腊只好采取退却保存实力的策略。尽管他的这一举措十分明智，但义军中大多为目不识丁的农民，难以理解方腊的作法，以为这是逃跑，意味着起义已经失败。在失败阴影的笼罩下，他们中许多人所固有的狭隘的小农思想抬头，为保活命，或降或悄悄离开，最后，方腊所率义军人数不足千人。无奈之下，方腊只得带领仅存的几百人进山与官兵周旋。后来，由于起义队伍中出现叛徒，方腊等人在邦源峒东北的山洞里被俘。

方腊被捕后，官府对其威逼利诱，要他归顺朝廷。方腊视死如归，最后与38位义军将士慷慨就义。

轰轰烈烈的方腊起义就这样失败了，但他们的经验教训却警醒了后人。

老英雄宗泽抗金

北宋末年直至南宋年间，宋廷几位皇帝均昏庸无能，为金所制，甘为人臣，但朝中却有几位大臣，力主抗金，成为众人敬仰的民族英雄，宗泽就是其中之一。

宗泽堪称是一位具有远见卓识的爱国英雄。他早在北宋末年就指出徽宗采取的"联金抗辽"策略，势必造成引狼入室的结局。由于奸臣当道，贤良受到压制，宗泽虽为有识之士，却也一直是地方小官。由于官微言轻，他的建议非但没被朝廷采纳反而受到奸人陷害，宗泽一气之下，辞官回家。

金灭辽之后，果然大举侵宋。钦宗无以为计，忽然想起宗泽，便下诏请他入朝。宗泽此时已68岁高龄，但国难当头，他毫不犹豫，立即奔赴抗敌前线。由于朝中奸佞小人为祸朝纲，力主议和，加之钦宗软弱无能，摇摆不定，宗泽虽全力以赴，但抗金成效不大。

靖康之耻，徽、钦二帝被金兵掳走。高宗赵构与一帮文臣武将苟安江南，他不仅不以靖康之变为耻，反而暗中庆幸自己趁机当了皇上，更不要说兴兵迎回徽、钦二帝了。当时的金朝国势日升，岂肯放过宋朝这块肥肉。宋朝的有识之士也早已觉察金对本朝的觊觎之心，因为早在礼部侍郎出使中都时,金主就曾对他说:"你家皇上对我大金多有不敬之处,回去转告他,若有背盟之举,休怪我翻脸!"这是很明显的挑衅行为。后来金使到临安,他本为宋臣,回故土后感慨万千。他深知金主伐宋之心,不愿故乡的百姓惨遭涂炭,希望宋廷有所准备。于是,在与宋朝大臣张焘谈话时,指着桌案上的笔说:"笔来,笔来",以暗示张焘"金主必来"。可昏庸无能的赵构竟然不信,也不布置兵力御敌。

然而人民的抗金呼声很高,高宗赵构为避免大失人心,只好启用抗金威望较高的李纲为宰相,同时让老将宗泽任东京留守兼开封府尹辅助李纲。

钦宗在位时,李纲遭奸臣诬陷被贬至离京城开封较远的河阳。待他听闻朝中有变受诏赶来时,开封已被金兵攻破,城池被洗劫一空,钦、徽二帝已被劫走。在这种情况下,他与宗泽担负起抗金重任,困难可想而知。金兵走后,当地的盗匪趁火打劫,老百姓白天都不敢出门。宗泽上任后,决定先安内后攘外。他带领一支队伍,暗中调查数日,掌握了盗匪的行踪,然后采取突袭的方式,将之一举歼灭。紧接着,宗泽又采取措施惩治奸商,整顿物价,使百姓生活有所改观,百姓们因此都非常拥护他。在他的治理下,河道疏通,生产恢复,开封城又逐渐有了生气。

开封府稳定后,老将宗泽又上奏朝廷,请求高宗皇帝整顿军队,做好讨伐金朝的准备。他在奏疏中写道:金朝对我大宋垂涎已久,吞并之心早已暴露无遗。金主野心勃勃,长久以来,我朝均向其屈膝求和,长此以往,国将不国!想我中原,才子众多,望皇上率我大宋子民,奋发图强,抵抗金贼。一篇奏疏写得慷慨激昂。

然而,高宗赵构软弱无能,惧怕金军势力,一再妥协退让。他甚至有些怀疑李纲、宗泽这些抗战派将领,依然重用黄潜善、汪伯彦这些投降派。黄潜善和汪伯彦二人,一个为中书侍郎,一个为同知枢密院事,掌握兵权,狼狈为奸。不久,由于听信小人谗言,高宗赵构授黄潜善以朝中实权,压制宰相李纲。投降派对宗泽要求备战伐金的奏疏置之不理,但是老将宗泽毫不气馁,接连向高宗上奏20余次,但是均被黄、汪二人扣押了下来。宗泽毫不泄气,见上奏无效,便直接下令在黄河沿岸建立防线,在京城建立24个战斗据点,还在农村组织民兵，训练水师，防止敌人乘船入侵。

　　宗泽的一系列举措得到了李纲的大力支持，他建议宗泽不但要布置好防守，还要多考虑进攻之策，并将自己珍藏已久的靖康年间张行中制造的战车图转赠给他，以资鼓励。宗泽素敬李纲为人，得到他的支持，干劲更大了。他拿回战车图，如获至宝，日夜研究，并找来能工巧匠，赶制出1000多辆用于攻击敌人的新型战车。百姓们为宗泽的精神所感动，自发组织形成无数的地方武装，和宗泽遥相呼应，与金兵周旋，令其头痛不已。

　　然而，朝廷中投降派占上风，他们掌握朝中实权，由于害怕地方武装得罪金廷，他们想出一条毒计，让主战的宗泽去河北围剿抗金的地方武装。

　　宗泽心中明白，这是黄潜善和汪伯彦二人的鬼主意，但想自己去一趟河北也好，可以趁机将地方武装联合起来对抗金兵，于是将计就计，准备去河北。临行前夜，他伏案疾书，向高宗上书，指出百姓组成的地方武装有其存在的重要意义，不应剿灭而应招抚。第二天，他将助手范讷叫来，对他叮嘱道："老夫此番去河北招安王善，军中之事，全托付将军了。"说到此，从袖中拿出写好的奏折，交到范讷手中，道："老夫连夜写了一张奏表，还请将军无论如何转呈皇上。"范讷非常敬重宗泽，今见他有此重托，忙施礼道："老将军请放心，末将一定不违此托。"但是，范讷同时又为宗泽担心，他深知河北地方武装力量强大，特别是一个叫王善的头目，号称手下军兵70万，宗泽此去，无异于身赴死地。于是他对老将军道："河北王善手下有70万军兵，将军不可只身奔赴险地，还请多带些兵马为妙。"宗泽捋须微微一笑道："老夫此去又不是去打仗，多带兵马又有何益？更何况，如果王善要杀老夫，就算我带再多的兵马，也难以活命回来，我只带一名随从足矣。"范讷听闻，深为老将的魄力所动，见他决心已定，也就不再相劝。

　　宗泽交待好军中事务，带上一个随从便上路而去。这一日，渡过黄河，刚行了一段路，便被几个彪形大汉拦住去路。为首一人喝问宗泽姓甚名谁，从哪来，到哪去。宗泽毫不慌张顺口答道："老夫姓王。从开封来，去串亲戚。"谁知大汉听罢，哈哈大笑，道："宗泽老将军，您何时成了我的本家？如今又来河北串亲戚，想必是来探望我吧!"

宗泽先闻他指出自己的身份,心中一惊,后又听他一番言语,料定此人必是王善,心里又一喜,脱口道:"你可就是抗金的地方将领王善么?"王善见问也不否认,在马上看着宗泽微笑不语。宗泽更加确定,也不绕弯子,开门见山,极力邀请王善到开封,共商抗金大计。老将军力数金兵罪行,宋廷过失,说到伤心处,不由得泪沾衣襟。王善也是一位爱国之士,深为他一番肺腑之言所感,当即跪倒在地,对宗泽道:"老将军年届70,仍为国家操劳若此,我王善何德何能,值得老将军亲临河北相邀?我本为一平民百姓,蒙老将军如此看重,虽肝脑涂地,愿随老将军共商抗金大计!"

宗泽忙上前相搀,感动万分。王善还表示,要说服其他武装力量,和宗泽一起奔赴抗金前线。宗泽听闻,老泪纵横,竟跪在王善面前道:"王将军此种义举,我大宋朝江山有望,我大汉民族有望啊!"王善见两鬓斑白的老将军跪在自己面前,哪里经受得起,也跪了下去。他身后的随从也随之跪了下去,场面颇为感人。

不久,在宗泽和王善的组织领导之下,仅黄河一带就有百万民众联合在一起,严阵以待,准备痛击入侵的金兵。

建炎二年(公元1128年)冬,金兀术率军直捣宋廷京师开封,老将宗泽运筹帷幄,做了周密的部署。兀术见无懈可击,只得无功而返。但是金主贼心不死,第二年春再次命大将兀术率军南下。此次,兀术先打郑州,再打白河(今河南中牟县西)。白河距离开封非常近,金兵攻打白河的消息引起了百姓的恐慌。为稳定民心,宗泽先贴出了安民告示,又派大将刘衍出城御敌。百姓见宗泽出面组织抵抗金兵,心中顿感安稳,纷纷响应配合。

是夜,宗泽又派出数千精兵绕到金兵后面埋伏起来。第二天,按照事先与刘衍约定好的时间,同时向金兵发起进攻。金兀术没料到自己腹背受敌,不敢恋战,慌忙撤退,逃出白河。

金兀术在逃跑过程中,不甘心再次无功而返,行至渭州时,将渭州包围,欲抢夺些财物再走。宗泽得到消息,立即派骁勇善战的大将张前去支援。张一马当先,杀入敌营。金军本为败兵,不堪一击,很快就离开了渭州,继续败逃。

兀术虽然逃走了,粘罕却从西面进兵,攻占洛阳。进驻洛阳城后,粘罕得意洋洋，竟派何仲祖和刚刚投降的宋将郭俊民去劝降宗泽。宗泽大怒，先斩了叛徒郭俊民，又割下金使何仲祖的一只耳朵，让他滚回去给粘罕通个信儿，趁早死了劝降之心。

宗泽抗金取得了实质性胜利后，又在开封加紧修筑坚固的防御工事，招募、训练精兵强将。而此时的高宗早在金兵入侵之前，就在投降派黄潜善、汪伯彦等人的撺掇下将都城迁到了扬州，以求保全性命。宗泽认为京中无主，军心不稳，在取得节节胜利，且京师开封又固若金汤的情况下，上书请求高宗重返东京，主持大局。昏庸的高宗不但不听，反而要将都城再向东迁移。

宗泽知道这都是因为有小人在高宗身边捣鬼。为使高宗对他的奏折给予足够的重视，宗泽派他的儿子宗颖亲自到应天府向高宗呈送奏疏。高宗看了，也确实感到应该返回东京开封，但又惧怕金兵攻破开封，不能保全性命，一时举棋不定。奸人黄潜善趁机挑拨，在高宗面前吹风，说宗泽与盗匪串通，意欲与朝廷作对；还暗示高宗，如宗泽迎回钦、徽二宗，高宗的皇位难保。赵构闻言，心中害怕，便决定不回开封，同时派郭仲苟为东京副留守，监视宗泽。

郭仲苟也是一位忠臣，他来到开封，便将事情经过全部告知宗泽，老将宗泽又急又气。这一气，宗泽背上便生了毒疽，病情来势凶猛，又加之年事已高，不久便与世长辞，终年68岁。

宗泽老将一缕忠魂虽悠悠而去，但他无私无畏的民族精神却永远活在人们心中。

赵构的下台与复位

老英雄宗泽的死，可乐坏了投降派。他们认为，宗泽一死，便少了一块降金的绊脚石，从此万事大吉。他们鼓动高宗赵构，派他们的死党杜充任东京留守。无能的赵构，一点主见也没有，完全被他们玩弄在股掌之中，当即表示同意。

杜充在黄、汪等奸臣的授意之下，推行与宗泽完全相反的政策，解散地方武装队伍，打击抗金将领，拆毁防御工事，将本已恢复生机的开封城重新推向死地。

建炎二年秋,已得到宗泽死讯的粘罕再次率兵伐宋,以报当年一败涂地之仇。

粘罕发兵濮州。濮州守将姚端为主战派将领,他不惧金兵淫威,在夜里率兵偷袭金营。当时金兵正在饮酒作乐,防备松懈,被姚端打了个措手不及。但是,金军人数众多,很快就卷土重来,向濮州发起猛攻。濮州军民在姚端的带领下奋起抵抗,但敌人攻势凌厉,濮州告急!姚端接连三次向开封的杜充求援,但前两次派出的人都被金兵拦截杀死,第三次派出的人才到开封。所去的宋将对杜充苦苦相劝,让他速派援军,但杜充以开封城需重兵把守为由,拒不发兵。姚端与濮州军民坚持了30天,因孤立无援,城池被金兵攻破。金兵侵入濮州城,烧杀抢掠,无恶不作。

濮州陷落后,开封便成为金兵的下一个进攻目标。得知金兵杀来,开封留守杜充又急又怕,不知如何是好。最后,他为了保住自己的一条狗命,竟丧心病狂,不顾百姓死活,下令掘开黄河大堤。堤坝一开,黄河水滚滚而下,成千上万猝不及防的百姓葬身在汹涌的洪水之中。

粘罕见杜充开决黄河大堤阻挡,便暂时放弃开封,改攻大名府,大名府很快就被金兵攻占。粘罕乘胜前进,不久中原地区落入金军手中。

御史中丞张浚知道此时朝中无将,扬州怕也难保,建议赵构速速离开。黄潜善、汪伯彦二人却百般阻挠,他们对赵构说,扬州有重兵把守,不会出现任何差错,金兵一时也打不过来。赵构对汪、黄二人言听计从,留在扬州不动,只派刘光世率兵到淮水堵截金兵。

刘光世是个投降派将领,行军至中途,听闻金兵杀来,便丢下队伍,自去逃命。士兵见主帅逃跑,也四下奔逃。金兵在淮水未遇任何抵抗,顺利过河,占领了天长(今安徽省天长市),离扬州城已非常近了。

消息很快传到扬州城,高宗赵构在睡梦中被宦官叫醒。他正做着春秋大梦,迷迷糊糊睁开双眼,见窗外还是一片漆黑,心中生气,正要发问,宦官急禀:"皇上,金兵已打下天长,马上要攻打扬州了!"一句话,如晴空霹雳,吓得高宗打了个冷颤,一下子就清醒了。高宗哆哆嗦嗦穿上衣服,往外就跑。御前都统制王渊和几个宦官保着他,连夜出城奔逃，黄潜善、汪伯彦二人也早已得到消息，在后紧紧相随。城中宦官缙绅、达官显贵见状也争相逃命，一时之间，扬州城内鸡飞狗跳，混乱不堪。

赵构在御前都统制王渊的护卫下，一口气逃到杭州。随行官员和杭州百姓认为这是黄、汪二人造成的，强烈要求杀了他们。赵构此时也对他们失去信任，颇为不满，便免去二人之职。御前都统制王渊自恃护驾有功，在人前耀武扬威，实际上他也是个投降派大奸臣。百姓对他恨之入骨，但赵构却非常宠信他。这惹恼了许多官员，尤其是护送高宗亲眷到杭州的苗傅、刘正彦二人为甚，他们暗中谋划举行兵谏。

建炎三年三月初五，苗傅和刘正彦率领部下举行暴动。他们先将奸臣王渊斩首示众，又派兵入宫杀死百余名宦官，最后逼至高宗赵构的居所。赵构吓成一团。暴动的官兵在门外高喊，要觐见皇上。赵构被逼无奈，最后只得哆哆嗦嗦地出来见众人。他看着门前黑鸦鸦的人群险些吓晕过去，强作镇定后，指着他们道："众位爱卿，这是为何？"众人一见赵构出来了，一时也安静下来。苗傅上前答道："皇上，臣等并非想谋反。只是皇上偏听偏信，忠奸不分，赏罚不明，我等心中不服。今天，三军将士在此，也并非想难为皇上，不过是想请皇上惩处王渊和康履等奸臣小人。王渊已被我们杀死，但康履还在皇上身边，希望皇上能将他交出来以正国法……"

康履平日为非作歹，鱼肉百姓，引起极大民愤。但他善于逢迎拍马，最受高宗赵构宠信。赵构不想杀他，对众人道："朕已将奸人黄潜善、汪伯彦免职，自然还要重重惩处康履。卿等速速回营去罢！"苗傅为人机警，知道赵构用的是缓兵之计，心中生气，怒道："此时此刻，想不到皇上还包庇恶人。今日，皇上若不将康履斩首，臣等决不回营！"

赵构闻言，倒吸一口凉气，又见将士们怒目圆睁，杀气逼人，不禁心惊胆战，心想如不交出康履，恐怕自己也性命难保。于是，命人将康履找来。康履早知苗傅和刘正彦发动兵谏，要求皇上杀了自己，正要骑马逃走，却被去捉拿他的禁卫军逮个正着，被五花大绑拖到众人面前。苗傅见状，上前一步，一刀便结果了这个恶人的性命。

赵构吓得浑身直哆嗦，颤声道："如此，众卿可否返回军营了？"刘正彦在一旁道："主上无德，便应让其位。今皇上面对金兵来犯，毫无主张，不如传位于太子，令贤德之臣从中辅佐？"赵构听闻傻了眼，因为他知道，刘正彦此言不过是迫己退位。因为太子赵旉还太小，根本不能主事。但是，事到如今，也无法反抗，只好退位，将皇位传于儿子赵旉。所幸皇位还在赵家手中。

苗傅、刘正彦所发动的兵变，确实杀了一批奸人，为民除了害，但是二人行伍出身，生性粗鲁，并不能提出治理国家的正确主张，对抵御金兵也无甚良策。朝野的混乱程度比以前有增无减，杭州百姓仍处于一片惊恐之中。

赵旉继位后，改年号为"明受"。平江留守张浚知道这是苗、刘二人挟制小皇子的结果，于是扣诏不发，还联合韩世忠、刘光世等人一起兴兵讨伐二人。苗、刘二人兵败被杀，张浚等人重新恢复了赵构的皇位。就这样，高宗下台不久又轻易复了位，但是张浚等人可能没有想到，他们尽心竭力帮其恢复帝位的皇帝赵构却在一心想着向金朝俯首称臣，并且迅速采取了行动……

南宋的爱国之臣，民族志士不胜枚举。他们为保祖国山河披肝沥胆，流尽鲜血，但在赵构这样一位昏庸无能的皇帝手下，他们做的任何努力都是徒劳的。南宋江山风雨飘摇，岌岌可危，坚持不了多久了……

金兀术被困黄天荡

兀术，为金朝四太子，其人骁勇无敌，又极善用兵打仗，历史上称其为金兀术。

建炎三年（公元1129年），金兀术统率千军万马，浩浩荡荡，气势汹汹，再次向建康（今江苏南京）杀来。

此时的赵构刚刚重新恢复了帝位，但仍不吸取教训，不思进取，反而是一心琢磨着如何才能讨得金朝皇帝欢心，使金兵不再进犯，以苟延残喘。为此，他采取了一系列投降举措，还在三、四个月的时间里，连续给金朝皇帝写乞降信。他在信中说，金国兵强马壮，他自知不是对手，三年中连续迁都三次，现在已到了走投无路的地步，万望

两宋辽金

金朝皇帝能够原谅和饶恕自己，给他一条活路，他将从心底不胜感激，自愿削去帝号，臣服大金……信中言辞苟且，令人不齿。金朝皇帝看到他的乞降信，对他甚为不屑，非但不撤兵，反而增强了攻宋的信心，令四太子兀术全力出击。金兀术更是气焰嚣张，率军冲锋而来。

赵构闻讯，吓得战战兢兢，根本无心抵抗，带着部分文武官员仓皇逃离建康，往杭州避难去了。

大敌当前，皇帝临阵脱逃，一些贪生怕死的宋将也随之逃命或者弃城投降。金兀术不费吹灰之力，便攻入建康城，不久，又顺利攻下杜充把守的开封。杜充本来就是投降派，这下如愿以偿，降了金兵。

但是，中土自古多豪杰，南宋的将领中，也不乏抗金英雄。他们不畏金兵淫威，英勇抗金，写下了一首首壮丽的诗篇。驻守建康的通判杨邦乂，见主将怯弱，非常气愤，便咬破手指，在衣襟上写下"宁做宋朝鬼，不做他邦臣"十个大字，以鼓舞士气。众将看见他身上的血书，一时气血翻涌，奋勇当先，与金兵进行了激战。无奈，敌众我寡，建康城最终陷落，杨邦乂也被金兵俘虏。

金兀术非常爱惜人才，尤其欣赏杨邦乂这种忠勇之士。他为了笼络杨邦乂，亲自给他松绑，并许以高官厚禄，欲将其劝降。杨邦乂闻言满面怒容，毫不为其所动，痛斥金兵南侵的罪行，直至后来大骂金兀术。兀术一怒之下将其斩首，杨邦乂慷慨就义。事后，金兀术还为杨邦乂的死深感惋惜。

金兀术杀了杨邦乂后，一路率军南下，烧杀抢掠，无恶不作。南宋百姓不堪忍受，自发组织起来抗金，其中最为著名的就是韩世忠、梁红玉夫妇。韩世忠是一员猛将，他妻子梁红玉虽为妇人，但自幼习武，十八般武艺样样精通，而且智勇双全，最喜排兵布阵。他夫妇二人，在长江岸边严阵以待，只等金兵来犯时予以迎头痛击。

建炎四年，金兀术一路追杀宋高宗赵构。赵构一路逃窜，先至杭州，再至越州（今浙江绍兴），后又辗转至明州（今浙江宁波）等地。再后来，他觉得陆地上哪都不安全，便接受宰相颐浩的建议，准备了20多条大船，装满生活必用品到海上避难。金兀术虽瞧不起赵构，见他竟逃到海上，也无可奈何，不再追杀，率军北返。

北返时，金兀术想得很美，拟从镇江渡江返回扬州，在长江沿岸还可再掳掠些金银财宝。但是，他想不到的是，韩世忠、梁红玉夫妇

· 13 ·

早已排兵布阵等候多时了。韩、梁夫妇二人闻得金兵要渡江的消息，连忙商议计策，以做到万无一失。韩世忠对妻子道："我军所在之地周围最高之处是金山，兀术与我军遭遇，必登此山观察军情。金山上有一座龙王庙，我派兵埋伏庙中，到时将其擒获。"梁红玉赞赏地看了夫君一眼，思忖片刻道："万一金兀术逃脱，我还有一计。"韩世忠闻言大喜，催她快说。梁红玉微徽一笑，道："金兀术号称10万精兵，而我军才不足万人，就算以一当十，也难以取胜。不过，我们可排兵布阵，智取金兀术。明日相战，若我军不能取胜，再战之时，我领中军专管防御，只用炮弩射击金兵，你可带两队兵将在江上等候。金军败逃时，我在船楼上竖旗击鼓，金兵向哪个方向退，我就向哪个方向挥舞大旗，你率兵向我所指方向痛击金兵，我军必胜。"韩世忠闻言，不由得暗暗佩服夫人足智多谋。夫妇二人计划妥当，便分头准备。

再说金兀术率军刚至镇江口岸，便遭到韩世忠所率军兵的袭击。由于他侵宋以来几乎没吃过败仗起初他根本没将韩世忠放在眼里。不料，韩世忠所率军兵与他以往碰到的那些宋朝兵将截然不同，他们个个训练有素，奋勇当先，兀术与之大战一天，也不能前进半步，只得收兵，明日再战。

金兀术想不到自己大风大浪都经过了，却在小河沟里翻了船，惊叹之余，不敢再轻敌。察看了一下周围地形，他便想登上此地最高处金山，探看宋兵军情。韩世忠早已派偏将苏德率200精兵健卒埋伏在金山上的龙王庙内，不多久，金兀术率领4名骑兵登上金山。韩世忠在船楼上将这一切看得清清楚楚，连忙击鼓为令，庙中埋伏的宋兵当即杀出。闻得鼓声，金兀术心知不好，忙调转马头，向山下猛冲。那金兀术也确是英雄，冲破宋军包围圈，回至自己的大营。不过他也着实吓了一大跳，对韩世忠更加刮目相看。

次日，他亲率船队与宋兵再次交战，欲报昨晚险些被俘之仇。但是，韩世忠早已依梁红玉之计布置妥当。两军一交战，夫妇二人一个船楼上指挥，一个率兵攻击，配合的相当默契。金兀术指挥船队向宋军船队进攻，梁红玉击鼓发令，兵士们顿时万箭齐发，金兵伤亡惨重。兀术见状，急命船队掉头后撤。梁红玉挥舞大旗，向丈夫发出号令。韩世忠顺旗指方向率军出击，挡住金兀术，两军又战在一处。宋军越战越勇，金兀术的女婿龙虎大王也被宋兵打入水中，韩世忠顺势一枪将他扎死。金兀术见爱婿已死，无心恋战，只好撤兵。

韩世忠乘胜追击，穷追不舍。金兀术无奈，只得派人送信给韩世忠，表示如若放他顺利回金朝，他定将奉送掠来的所有财物，并保证永不再犯宋廷。韩世忠对他恨之入骨，心中恨不得一口咬碎了他，同时也深知金兀术为人狡诈，放他回金朝，无异于放虎归山。因此，韩世忠严辞拒绝了他的要求，金兀术走投无路，率残部在德江逆流而上，最后进入死港黄天荡。

黄天荡只能进不能出，韩世忠非常熟悉这里的地形，得知金兀术进入黄天荡，欣喜万分。心想，这真是天助我也，我一定借此大好良机，将金兀术困死在黄天荡。他急命人送信给妻子梁红玉，告知这一情况。梁红玉也是大喜，率粮草兵马前来接应。夫妇二人把住港口。步步为营向黄天荡推进，想一举歼灭金兀术残部。

金兀术见情况越来越危急，心中也越来越焦虑。危难之中，他悬赏求计。或许他命不该绝，在他的军兵中，有一个投降不久的汉人。此人对黄天荡一带的地形颇为熟悉，他向金兀术献出一计：往北10余里有一条通往秦淮河的旧河道，如能开掘得通，便可绝路逢生。金兀术闻言大喜，重赏此人，又即刻命军士疏通此旧河道。时间不久，他还真打通了通往秦淮河的旧河道。

金兀术被围48天，终于侥幸逃脱。但是，黄天荡一战给金兵以重创，令金兵从此对中原有所忌惮，再也不敢肆意妄为。

一代才女李清照

南宋时期虽然战乱频繁，但文学艺术仍然在动荡的年代中向前发展，而此时词的艺术更是发展到了巅峰，战争飞扬的尘土也掩盖不了它那璀璨的光芒。著名女词人李清照是南宋词人中的杰出代表。

李清照生于一个官宦人家，齐州章丘（今山东章丘西北）人，父亲李格非是个学者，又是个散文家；母亲也是名门淑女，很有文学才华。在父母的熏陶下，李清照从小就多才多艺，才华出众，能诗善画，特别在作词方面，有很高的造诣。

李清照17岁时嫁给赵明诚。赵明诚也有很高的文学修养,爱好金石之学。夫妇经常一起唱和诗词,欣赏金石书画,过着美满安宁的生活。

因此,李清照前期的词,多体现出活泼开朗、无忧无虑的词风,也有一些描绘情窦初开女子的内心世界和对爱情特别是离别相思之情感受的词。直到今天她的许多词依然脍炙人口,为人们所喜爱。

在当时社会女子备受压抑的情况下,李清照对生活理想的更高追求不能实现,因此她前期的词中,也流露出一种惆怅的情感。这种情感,将温馨、喜悦相互交织,构成了她前期词风的基调。

她的词源于日常生活,刻画人物细致入微。如她写一少女初见生人的情景:"含羞走,倚门回首,却把青梅嗅",寥寥几笔,少女的羞涩、逼真的神态跃然纸上。再如她的《如梦令》:

常记溪亭日暮,沉醉不知归路。兴尽晚回舟,误入藕花深处。争渡,争渡,惊起一滩鸥鹭。

表现了她无忧无虑,活泼开朗的性格,体现了对美好生活的满足感。她的另一首《如梦令》:

昨夜雨疏风骤,浓睡不消残酒。试问卷帘人,却道海棠依旧。知否,知否?应是绿肥红瘦。

表达了对年华变迁的惆怅,对红颜易老、青春易逝的感伤。

李清照描写爱情,从女性的心理出发,联想女性悲愁惆怅时易想到的事物,以细腻的笔法,描绘女性内心世界,读来别具风味。如:

红藕香残玉簟秋。轻解罗裳,独上兰舟。云中谁寄锦书来?雁字回时,月满西楼。花自飘零水自流。一种相思,两处闲愁。此情无计可消除,才下眉头,却上心头。(《一剪梅》)

薄雾浓云愁永昼,瑞脑消金兽。佳节又重阳,玉枕纱厨。半夜凉初透。东篱把酒黄昏后,有暗香盈袖。莫道不消魂,帘卷西风,人比黄花瘦。(《醉花阴》)

词中"雁字回时,月满西楼"的凄清,"才下眉头,却上心头"的缠绵,"帘卷西风,人比黄花瘦"的相思之苦,令人读来不禁垂泪,这是许多男性作者所体验不到的。

但李清照恬静闲适的生活被战乱无情地打破了。金兵南下,汴京失守。赵构偏安东南,建立南宋,赵明诚被任湖州当知府。第二年赵明诚去世,金兵又南下,李清照四处流亡,颠沛流离,境况也越来越艰难,南渡后辗转流离、历尽坎坷。李清照开朗活泼的性格消失了,整日忧郁沉闷,郁郁寡欢,她在《永遇乐》中描述了两种不同的心情:

中州盛日,闺门多暇,记得偏重三五。铺翠冠儿,捻金雪柳,簇带争济楚。如今憔悴,风鬟雾鬓,怕见夜间出去。不如向、帘儿底下,听人笑话。

时局的变化,引起了个人命运的变化,从而性格也由之改变。满怀愁苦悲凉,诉诸于笔端,字里行间流露出词人的凄清苦闷,正是那个时代广大人民生活的写照。她在《武陵春》中写道:

风住尘香花已尽,日晚倦梳头。物是人非事事休,欲语泪先流。闻说双溪春尚好,也拟泛轻舟。只恐双溪舴艋舟,载不动许多愁。

词中描写了作者独自一人飘泊异乡的凄凉,尽管春光明媚、绚丽绮人,作者看来却是"风住尘香花已尽"。满眼的凄凉,物是人非,今非昔比,触景伤怀,越发愁苦,李清照写"愁"是有独到之处的。再看她一首《声声慢》:

寻寻觅觅,冷冷清清,凄凄惨惨戚戚。乍暖还寒时候,最难将息。三杯两盏淡酒,怎敌他晚来风急!雁过也,正伤心,却是旧时相识。满地黄花堆积,憔悴损,如今有谁堪摘?守着窗儿,独自怎生得黑!梧桐更兼细雨,到黄昏、点点滴滴。这次第,怎一个愁字了得!

李清照的词很少正面描写山河破碎、民族灾难,但正是战乱才造成了词人的个人遭遇,给词人心灵造成巨大的创伤,留下抹不去的伤痕。由小见大,可见当时局势动荡、民不聊生的疾苦。李清照的愁,不是前人无所事事、莫可名状的"闲愁",而是怀念故乡、感怀身世、丧亲之痛和国破之恨交织而成的"愁"。

这种国破家亡的"愁"还体现在她的诗里。李清照的诗作不多,留存下来的仅10余首,但大都写得豪迈悲壮,如《夏日绝句》:"生当作人杰,死亦为鬼雄。至今思项羽,不肯过江东。"诗中热情地赞颂了大义凛然、不畏死亡的英雄人物，透露出对南宋朝廷偏安东南、不思进取的不满。再如："欲将血泪寄山河，去洒东山一抔土"，"南渡衣冠少王导，北来消息欠刘琨"都是忧国忧民、救亡图存的悲愤慷慨之作。

  李清照的词具有鲜明的个人特色，具有相当高的艺术成就，这与她出众的才华和深厚的文化素养，以及复杂的人生经历所造成的复杂情感分不开。李清照的词，善于描写心理和情感活动，善于捕捉细小而生动的形象，善于描绘情感的微妙变化，极尽细腻委婉之能事。在语言的运用上，精心锤炼，字斟句酌，却又表现得自然浅易。如《声声慢》的开头，连用7个叠字，不但有音律之美，含意隽永，又承转自然，读来毫不生硬。又如《凤凰台上忆吹箫》中"多少事，欲说还休。新来瘦，非干病酒"，朴素平淡之中透出精巧雅致，用意巧妙，音韵和谐，浅显而不直白，含蓄而不隐晦，没有相当高的语言功底是很难做到的。

  李清照对词艺术的认识也有独到看法，她写过一篇《词论》，对唐特别是北宋以来的主要词人提出了批评。她认为柳永的词"虽协音律，而词语尘下"，意思是说柳永的词音律虽然和谐，但言语俚俗，带有市民情趣的倾向。她认为晏殊、欧阳修、苏轼等人的词"皆句读不葺之诗尔，又往不协音律"，说他们的词风格上和诗接近，而且音律不严格。李清照认为晏几道的词没有铺叙，直白浅露；贺铸的词，重于用典，秦观的词过分注重情致，少了实际的描写。她主张词要有铺叙，有承转，有情致，有内涵；认为词应该"别是一家"，与诗歌相区别；要符合声律；语言上既要典雅又要浑然天成，不能有雕琢的痕迹。

  李清照的词独成一家，别具一格，流传甚广，深得广大读者的喜爱。她的词是我国文学艺术中的瑰宝，在世界文学中也具有相当高的价值。

精忠报国的岳飞

岳飞是我国历史上一位伟大的民族英雄，出生于南宋时期的一个普通农家。岳飞字鹏举，这个字的由来，相传在他出生时，他的房屋脊上落了一只大鸟，这只大鸟在屋脊上盘旋飞翔并不停地大声鸣叫。村中有位学识渊博的白发老人听闻此事后，赶到岳飞家中，对岳飞的父亲说道："令郎刚一出生，即有大鹏飞来，此兆甚妙，令郎今后必成大器，成为一代名将啊！"岳飞的父亲听后十分高兴，因此给岳飞起名"鹏举"。

小岳飞出生未到满月，黄河决口，他的母亲怀抱着年幼的岳飞坐在一个大水盆中，顺流而下，母子二人方保住了性命。大凡能成就大业的伟人，小时候都曾历经磨难，岳飞也不例外，正所谓"穷人的孩子早当家"。

岳飞从小刻苦学习，他如饥似渴地学习知识，熟读《孙子兵法》《左氏春秋》《吴起兵法》等兵书战策。他记忆力超人，几乎达到过目不忘的程度。他还勤练武功，精通十八般武艺，刀枪剑戟等均能熟练运用。他膂力过人，相传能拉动300多斤的硬弓，并能百步穿杨，在当地被人们称为"神射手"。

岳飞生活的年代，正是南宋政府昏庸腐朽之时。赵构坐镇临安，建立南宋政权，女真族建立的金政权与其隔黄河对峙。

金朝统治者做着皇帝的美梦，早就想统一中原，统一黄河两岸，不断派兵南下骚扰南宋，准备灭掉南宋。

但是南宋的百姓不甘心忍受金的奴役，纷纷起义反抗，抵抗金的侵略，和金朝的军队进行殊死战斗，使金军只能抢掠些财帛牛羊等物，不得已退回北方。

在抗金的洪流中，年轻的岳飞也和村中的有志青年一样参了军。由于岳飞从小熟读兵书苦练武功，他的文韬武略很快就显露了出来。许多士兵都愿意和他一队，许多军官也向他当面请教领兵打仗的计谋，暗地里都纷纷议论："岳飞将来必成大事。"

岳飞参加指挥的几次战斗，南宋军队都大败金军取得了胜利。在战斗中，岳飞将兵书上所学的知识灵活运用到实践中，许多士兵军官都说："岳飞简直把兵书给用活了。"

岳飞在军队中的突出表现，引起了一位老将军的注意，他就是宗泽。

宗泽是南宋时期有名的抗金英雄，他为人耿直，爱兵如子，在军队中享有极高的威望。他一生参加了无数次的战斗，对军队的情况了如指掌，就连金军统帅部都知道南宋有位了不起的老将军——宗泽。

宗泽了解到岳飞的情况后，十分高兴，亲自到军营看望岳飞，并与他商谈抗金大事。在谈论中，宗泽从心底里喜欢上了这个血气方刚、赤胆忠心的爱国青年，十分赏识岳飞才能，任命岳飞做了东京留守司统制的官员。

虽然有像宗泽、岳飞这样的爱国人才拼死保卫南宋，但是南宋的最高统治者却对金政权的侵略行径奉行妥协、退让、姑息、纵容的方针，不顾广大百姓的死活，只想"苟安于世"。再加上有秦桧这样的大奸臣卖国，南宋军队总是被金军打得落花流水。

金朝当时的统治者金兀术看到南宋政府昏庸，于是亲率大军南下，大举进攻南宋。许多南宋军官畏惧金兀术的威名，不战自败，金兀术势如破竹地冲向黄河南岸，逼近临安。他沾沾自喜，认为灭南宋指日可待。

但是金兀术高兴得太早了，他忘记了南宋还有千千万万的百姓，还有像岳飞这样的爱国志士。

看到危机日益加剧，岳飞号召广大人民起来同金军决死一战。岳飞的母亲为了激励儿子，不让儿子挂念小家而顾大家，就在岳飞的背上刺上了"精忠报国"四个字，鞭策岳飞奋勇杀敌。

岳飞以"精忠报国"为信念，与金军展开作战的同时，还和朝中的投降派进行斗争。岳飞数次"上书数千言"，痛斥秦桧等人的卖国奸情，要求极力抗战。但由于宋高宗胆小怕事，对金朝一味妥协退让，对岳飞的请求不理不睬。相反，他怕岳飞可能会激怒金兀术，于是革去岳飞的官职，以免岳飞破坏了他和谈的美梦。

岳飞痛苦万分，迫切地希望能有机会再杀敌报国。老将宗泽也十分不满南宋统治者的妥协做法，举荐岳飞到东京留守杜充处谋职。

杜充为人胆小怕事，在金军的大军压境下，他弃城逃跑。在这紧要关头，岳飞担当起全城的防守职责，他一面派人加紧防备，修固城墙；一面派人联系另一抗金名将——韩世忠，双方约定对金军进行前后夹击。

韩世忠、梁红玉夫妇先是诱敌深入，将金兀术的军队引入了沼泽地黄天荡，迫使金兀术的军队互相践踏，死伤无数，而韩世忠则带人封锁黄天荡，围困金兀术。

也许是天意不该绝金兀术，韩世忠将金兀术围困在黄天荡约48天后，金兀术乘船侥幸逃离了黄天荡。

金兀术逃离黄天荡后，在牛头山下，又遭到岳飞所带人马的堵截。岳飞亲率大军，一路掩杀过来。只见岳元帅手舞长枪，所向无敌，直把金军杀的鬼哭狼嚎，哭爹喊娘。很多金军一听到"岳飞"的名字，就胆颤心惊，逃之夭夭。

岳飞一鼓作气，杀敌数万人，把金兀术赶回了黄河北岸。

公元1140年5月，金兀术再次大举入侵，率大军直杀到顺昌城下。当时顺昌城由刘豫统治，此人生性懦弱，军队斗志不强，让金军杀得大败。金兀术狂妄地说："我们只须用靴子尖就可以把顺昌城踢破，进城之后，谁都可以为所欲为，军法决不处罚。"看到顺昌城危在旦夕，守城将士拼死抵抗。

岳飞得知后，率领牛皋等大将与金军展开战斗。金兀术的士兵一听是岳家军来了，纷纷丢盔弃甲，夺路而逃。

金兀术节节败退，带领着约10多万残兵败将逃到临颖县。岳飞派大将杨再兴截杀金兀术，杨再兴奋起神勇，率300将士杀入10万敌军之中，杀死敌军无数。金军一面逃跑，一面回头放箭，可怜一代英雄杨再兴就这样被敌人乱箭穿身而死。

杨再兴死后，岳飞发誓要报仇，亲率大军杀至顺昌城外，与金军展开激战，从早晨一直杀到了中午，杀得天昏地暗，血流成河。最后，金兀术率少数人马逃出了顺昌城。

岳飞本想一鼓作气，会同其他几位抗金名将打败金兀术，收复失地，他激励部下说："我们要直抵黄龙府。到那时，我们再一醉方休。"就在岳飞要痛击金兀术之时，宋高宗却在奸相秦桧的挑拨离间下，连下12道金牌，要召回岳飞。岳飞得令后，痛心疾首，对将士们说:"十年功业毁于一旦。"

岳飞被召回后,奸相秦桧及万俟卨罗织罪名,诬蔑岳飞谋反,但岳飞大义凛然,不为刑讯逼供所迫。秦桧一看没办法,就以"莫须有"的罪名在风波亭秘密杀害了岳飞。

岳飞惨死风波亭,百姓十分气愤,后人把岳飞葬在美丽的西湖边,并在旁边铸了秦桧等4人的跪像永远跪在岳飞墓前。

奸臣秦桧

人们一提起"秦桧"这两个字,首先想到的就是"奸臣"这个字眼。中国历史上有过许多的奸臣,但是由于秦桧诬陷杀害岳飞,人们对秦桧的恨尤其强烈。

民间有许多故事及历史遗迹都反映出人们用各种方式表达对秦桧的痛恨和对岳飞的怀念。

在美丽的西子湖畔,在肃穆的鄂王墓前,人们可以看到四个被反缚双手跪在墓前的铁人,他们就是秦桧、王氏、万俟卨,张俊。这是人们在秦桧害死岳元帅后,自发筹钱,铸成铁跪像,让这四个人永世都受人唾骂。

另外,在我国民间炸油条都是两根合在一起炸,在过去这叫"油炸桧",人们用这种方式来发泄对合谋害死岳元帅的秦桧夫妻二人的痛恨之情。

秦桧是宋徽宗时的御史中丞,曾被金人掳到北国,与宋徽宗、宋钦宗一起沦为金人的人质。

但是,秦桧惯于见风使舵,看到宋徽宗和宋钦宗二帝都做了阶下囚,他就暗中投靠了金朝的一个大将挞懒,做了金人忠实的走狗。

有一年挞懒率领军队攻打宋朝,秦桧一路跟随,挞懒的军队一路烧杀抢劫,无恶不作,秦桧也为虎作伥。在金军攻打到楚州时,遭到了楚州人民的强烈反抗。

楚州守城将领鼓励军民说:"我们若不誓死保卫楚州城,等到了城破的那一天,我们就死无葬身之地了。"

楚州军民大为振奋，奋起打击金军，挞懒一时久攻不下楚州。秦桧看到这种情况，就向挞懒谄媚说："我以前是宋朝的大官，让我说服他们投降吧！"挞懒非常高兴，就同意了秦桧的要求。

秦桧以宋朝官吏的身份给楚州将领写信，要求他们投降，还厚颜无耻地对大金国歌功颂德，同时又威胁楚州将领若不投降，就会使徽、钦二帝丧命等。

在秦桧当时的假相蒙蔽及胁迫下，楚州失守了。

挞懒看到秦桧如此忠心耿耿地为金效力，就派秦桧潜回南宋，作为金朝日后侵略宋朝时的内应。

秦桧返回宋朝之初，许多大臣也纷纷议论，说："从金国到南宋距离好几千里，秦桧怎能如此顺利地逃回来呢？"

秦桧的死党范宗尹、李回为他辩解说，秦桧是装扮成老百姓才逃回来的，他历经磨难，不顾个人安危逃回大宋，说明他是爱国的，不应该再怀疑他了。秦桧由此躲过了众大臣的盘问。

秦桧返回宋朝后，先是拿钱打点了好几个大臣，了解到了宋高宗的想法，于是就想方设法讨宋高宗的欢心，以达到卖国的目的。

有一次，秦桧向赵构说："徽、钦二帝在金朝受到很好的待遇，他们二人都不想回来了，有些乐不思蜀了。"并且还虚构了很多自己是怎样照顾宋徽宗、宋钦宗的故事来蒙蔽赵构，赵构听了十分高兴，不久就任命秦桧做了参知政事。

秦桧见这一招很有效，就更加殷勤地陪伴在赵构的身边，不断地用甜言蜜语哄骗宋高宗，而宋高宗也渐渐地听惯了秦桧的谎言，对他逐步信任起来。

秦桧见时机成熟，就向赵构提出，说他有治国良方，但苦于官职太小，才能施展不出来。昏庸的赵构就任命秦桧为宰相，处理国家大事。

秦桧当上宰相后，加快了卖国的步伐。

绍兴九年（公元1139年），岳飞率岳家军节节胜利，打得金兀术连连败退，先是韩世忠在黄天荡围困金兀术达48天，接着在牛头山，岳飞率军队又重创金兀术。

金兀术的军队只要一听到"岳家军"三个字，便魂飞胆丧，谈"岳飞"色变。

就在岳飞要乘胜追击，打败金兀术，直捣金兵老巢时，秦桧一看形势不好，赶紧来为金国说话。

他先是代表赵构和金签订了投降合约，要南宋向金称臣，金把河南赐给南宋。岳飞闻知此事后，大为生气，发誓要打到黄龙府，但由于秦桧和赵构串通一气把岳飞召回临安，白白耽误了大好形势，加快了南宋灭亡步伐。

金兀术得知岳飞被召回后，十分高兴，想出了借刀杀人之计，在战场上打败不了岳飞，就用卑鄙诡计杀害岳飞。

于是，金兀术派人捎信给秦桧，让他设法除掉岳飞。秦桧得到主子的指示，便开始了陷害岳飞的罪恶行动。

秦桧的死党万俟卨得到消息后，诬告岳飞谋反。岳飞心里本来就因为被12道金牌召回而不平，如今又遭人诬告，心中更是气愤，一怒之下便要辞官回乡。

赵构一开始不同意，但是在秦桧的怂恿下，就同意了岳飞的辞官。

岳飞本想辞官之后不再理会官场的争争斗斗，但是残酷的敌人却不放过他。金兀术听说岳飞并没有死感到十分恼怒，又给秦桧下命令，让他务必杀死岳飞。

秦桧指使人诬告岳飞谋反，并模仿岳飞的笔迹写了一封给金兀术的信，以此为证诬告岳飞通敌卖国。

在审讯岳飞的时候，当问到岳飞为什么要谋反时，岳飞猛地将上衣脱掉，露出背上的"精忠报国"四个大字。在场的许多大臣都暗自落泪，他们都明白，岳飞是忠臣，但又畏于秦桧的权势不敢为岳飞鸣冤。

秦桧恐怕夜长梦多，就在除夕夜和王氏指使万俟卨捏造了岳飞谋反的罪证让岳飞画押，岳飞知道死期已到，在供状上写下"天日昭昭，天日昭昭"八个大字后，饮毒酒惨死在风波亭。

秦桧害死了岳飞，自己也没有得到好下场。

爱国诗人陆游

南宋王朝是一个外忧内患频繁、动荡不安的朝代。在山河破碎、民族危亡的年代，涌现出一批忧国忧民的诗人和词人，陆游就是其中杰出的代表之一。

陆游，字务观，号放翁，公元1125年生于山阴（今浙江绍兴）。幼时聪慧异常，见识过人，6岁就能写诗，乡里人都称赞他为奇才。陆游的祖父陆佃作过尚书右丞，是王安石的学生，父亲陆宰做过京西路转运副使。不久，北宋灭亡，亡国的耻辱深深地埋藏在他们心中。陆游很小的时候，长辈们就教导他不忘爱国，长大后要恢复山河，建功立业。在家人的教导下，陆游很小就有了远大的理想和抱负。通过坚持不懈地努力学习，他最后成为一个才华横溢、满腹经纶、文韬武略、天文地理无不通晓的才子。

陆游20岁时，与表妹唐婉结婚，但陆游的母亲不喜欢唐婉，活生生地拆散了他们，迫使陆游改娶王氏，唐婉也改嫁他人，陆游精神上受到很大打击，后来写了不少诗词怀念唐婉和他们这段短暂的婚姻，最著名的就是那首《钗头凤》：

红酥手，黄縢酒。满城春色宫墙柳。东风恶，欢情薄，一怀愁绪，几年离索。错！错！错！春如旧，人空瘦。泪痕红浥鲛绡透。桃花落，闲池阁。山盟虽在，锦书难托。莫！莫！莫！

词中感情真挚热切，愁苦无状，反映了陆游是一个重情重义的人。

绍兴二十三年（公元1153年），陆游到都城临安应考，名列第一，主考官对其大加赞赏，称为奇才。但在第二年复试中，因为他名次列于奸臣秦桧的孙子之前，又主张北伐、恢复旧都，于是被除了名，直到几年后秦桧死去，他才得到起用，任福州宁德县主簿。不久因为他官声好，才华高，调到临安任职。后做过枢密院编修，从事文字方面的工作。

这时，金国完颜亮率大军南侵，宋金发生激战，宋兵接连失利。

宋王朝屈辱求和，和金以淮水为界，达成和议。民族命运危急存亡激发了陆游的爱国热情和理想，写下了许多爱国诗篇。同时，他更加激烈地主张北伐，收复河山。不久，孝宗即位，主战派占了上风，张浚主持北伐。张浚对陆游十分赏识，调他为隆兴府通判。但是，北伐失利，张浚被解除职务，陆游也被扣上"鼓唱是非，力说张浚用兵"的罪名被罢官回乡。

乾道五年（公元1169年），朝廷又提陆游为夔州通判。两年后，四川宣抚使王炎竭力邀请陆游帮助他处理军务。那里是抗金的前线，陆游感到非常兴奋，他身着戎装，骑着骏马驰骋于抗金战场。置身金戈铁马之中，面对边关冷月，陆游激情振奋，斗志昂扬，写下不少慷慨激昂的诗词来抒发这种感情。但好景不长，王炎被调回临安，陆游也被调至成都任安抚司参议官，这是个闲职，无兵无权。陆游的抗击女真、收复失地的理想又一次破灭了，他既悲愤又失望，整日借酒消愁，排泄心中的苦闷。此后几次调动，陆游始终郁郁不得志，更加酒醉灯迷，放浪形骸，被人认为"颓放"又被罢去官职。陆游索性起号"放翁"，表达自己的反抗和内心对那些人的蔑视。陆游外表虽然放浪不羁，整日饮酒作乐，但内心始终忘不了山河破碎、国破家亡的耻辱，只好将壮志难酬、欲战不能的情感写到诗词里，以此抒发自己的愤懑。他在《关山月》中写道：

和戎诏下十五年，将军不战空临边。朱门沉沉按歌舞，厩马肥死弓断弦。戍楼刁斗催落月，三十从军今白发。笛里谁知壮士心，沙头空照征人骨。中原干戈古亦闻，岂有逆胡传子孙。遗民忍死望恢复。几处今宵垂泪痕。

诗中意思说朝廷和议的诏书已下达了15年。将军不打仗却又去边疆，宫廷王侯家依然歌舞升平。马厩中的马肥得都死了，弓弦久而不用也断了。边防松弛，刁斗都坏了。30岁就从军征战，而现在满头白发。古来中原打仗的事就有，却从来没有胡人能够安定下来的，亡国的人民通宵流泪，希望恢复中原，却直到死也未能看到。另外一首《金错刀行》：

黄金错刀白玉装，夜穿窗扉出光芒。丈夫五十功未立，提刀独立顾八荒。京华结交尽奇士，意气相期共生死。千年史册耻无名。一片丹心报天子。尔来从军天汉滨，南山晓雪玉嶙峋。呜呼！楚虽三户能亡秦，岂有堂堂中国空无人。

还有一首《书愤》：

早岁那知世事艰，中原北望气如山。楼船夜雪瓜洲渡，铁马秋风大散关。塞上长城空自许，镜中衰鬓已先斑。《出师》一表真名世，千载谁堪伯仲间。

陆游这个时期的诗词一方面体现了他渴望万里从军、以身许国的豪迈理想，另一方面也反映了他壮志难酬的悲愤心情。他的词《诉衷情》更是体现了这一点：

当年万里觅封侯。匹马戍梁州。关河梦断何处，尘暗旧貂裘。胡未灭，鬓先秋，泪空流。此生谁料，心在天山，身老沧州。

陆游在抗金前线一共住了9年，于淳熙5年离川东归，不久罢职回乡。此后30多年中过着比较清闲自在的乡野生活，和乡民亲切交往，深刻地了解农民的疾苦。在大自然的山水中排遣愁思，寄托情怀，但他抗金北伐的情怀依然没有被磨灭，经常在梦中打到北方，收复失地。基于这种情怀，他在70多岁高龄时又一次复出，参加了韩侂胄的北伐。可惜北伐再次失败，直到去世，他也未能看到北伐的胜利。公元1210年1月，陆游病逝，终年85岁。临终前，他写下了《示儿》：

死去元知万事空，但悲不见九州同。王师北定中原日，家祭无忘告乃翁。

陆游一生创作甚多，诗有85卷，共9000多首，收录于《剑南诗稿》，另有《渭南文集》50卷，包括词两卷。陆游的文学成就首先体现在诗歌方面，这在当时无人能及。陆游生活于局势动荡、战乱频仍的年代，强烈地要求国家统一，人民生活安定，他激烈地抨击那些苟且偷安之辈和朝廷的妥协求和政策，使他的理想一次又一次地破灭。"诸公尚守和亲策，志士虚捐少壮年"，使陆游仰天长叹"报国欲死无战场"。陆游的诗，将爱国思想和民族意识融为一体，反映了当时人们普遍的心声，他的诗作豪迈壮阔，恢宏博大，民族意识和奔放的情感构成了他的诗的主旋律。

陆游还有许多诗歌以描绘自然景物和日常生活为主，以细腻恬淡的笔法、闲适怡和的情调构成了另一种风格，反映了他报国无门状态下的一种无奈的寄托。在美好的理想屡遭残酷现实打击的情况下，他只能寄托于山水田园，寻求一时的解脱。他的这类诗也有很高的艺术水平，在平和朴素的韵味中透出深永隽逸的意境，令人在品味中感受到深刻的人生情趣、审美情趣。在《游山西村》中他写道：

莫笑农家腊酒浑，丰年留客足鸡豚。山重水复疑无路，柳暗花明又一村。箫鼓追随春社近，衣冠简朴古风存。从今若许闲乘月，拄杖无时夜叩门。

从对农家生活的礼赞中，诗人的心灵得到安慰，体现了诗人追求人生完美境界的情趣。正是这种追求，使他能保持心境的恬淡，让人体会到山水中美的韵味。

作为一位诗人，陆游以其热烈的爱国情感，深沉的民族情结，表达了生活在山河破碎、民族危亡年代人们的普遍心声，赢得了当时及后世人们的尊重。

"人中之龙"陈亮

在我国古代文学史上有"唐诗宋词"的说法，意思就是唐代以诗胜出，宋代以词闻名。事实确实如此，唐代涌现出了李白、杜甫这样伟大的诗人，留下了许许多多不朽的名篇；而宋代则涌现出李清照、辛弃疾等一大批才华横溢的词人，有一首首的丽词传世。

南宋时期，在辛弃疾周围形成了一个词风相近的文人集团，包括陈亮、刘过、韩元吉、杨炎正等人。其中陈亮不仅与辛弃疾交情甚厚，同时也有较好的创作，如他的名篇《水调歌头·送章德茂大卿使虏》：

不见南师久，漫说北群空。当场只手，毕竟还我万夫雄。自笑堂堂汉使，得似洋洋河水，依旧只流东？且复穹庐拜，曾向藁街逢！

尧之都，舜之壤，禹之封。於中应有，一个半个耻臣戎！万里腥膻如许，千古英灵安在，磅礴几时通？胡运何须问，赫日自当中！

词中充满了强烈的民族意识和豪情，与辛弃疾的词一样具有一种强烈的感情力度。但是，陈亮的词无论是在词风的流转多变，还是在词的语言技巧方面，却远不如辛弃疾。然而，在南宋时期，他却堪称一位杰出的思想家。

陈亮（公元1143—1194年），字同甫，号龙川，他是南宋著名的政治家和北伐中原的支持者。他从小就喜读兵书，研究军事，具有独到的见解。他还敢于坚持真理，尤其善于通过词来阐述深刻的哲理，如他的《水调歌头·和赵周锡》中有"安识鲲鹏变化，九万里风在下，如许上南溟。斥鷃旁边笑，河汉一头倾"的宏大诗句。

他具有强烈的政治信念，在他的词中得到明显体现。如他与辛弃疾唱和的词中，就有"离乱从头说，爱吾民、金缯不爱，蔓藤累葛"，"父老长安今余几，后死无仇可雪"等词句。

淳熙五年（公元1178年），陈亮写了《上孝宗皇帝书》，其中写道："朝廷自南渡以来，仍循祖宗旧法，赵鼎等人不懂变法之道理。朝中奸臣当道，秦桧等人，诬陷忠良，谄媚敌，死有余辜……"言辞犀利，慷慨激昂，孝宗皇帝大为欣赏，并将他的奏疏贴在朝堂之上，当着满朝文武对其大加赞赏，要求群臣向陈亮学习，更好地为朝廷做事。孝宗对陈亮表现出的欣赏之态，立即引起了一些奸佞小人的妒忌，他们表面附和孝宗，称赞陈亮，背地里却寻机要整倒陈亮。

陈亮为人快言快语，要寻他的不是，那可是不费吹灰之力。一天，他同几位朋友在家中饮酒，酒至兴处，他又大发感慨，对朋友们道："当今朝中，奸臣当道。许多人自命不凡，但一遇敌人来犯，立刻变得卑躬屈膝。还有许多人，在皇上面前极尽媚态，对百姓却横眉怒目敲诈勒索……"言者无心，听者有意。碰巧，这一日与陈亮饮酒的人中，有一人人品不好，与朝中小人暗中勾结。他如今听陈亮说出这一番话，当即跑到刑部告发，说陈亮辱骂朝廷。在封建社会，这是一个了不得的罪名，刑部马上派人将陈亮逮捕下狱。

陈亮对别人的诬陷极为气愤，在狱中虽被打得浑身是血，却仍慷慨陈词，拒不认罪，大理寺便以"图谋不轨"的罪名报送孝宗皇帝批复。孝宗皇帝看过陈亮上奏的许多奏疏，知道他是一个忠义爱国而又才华横溢的人，看了大理寺给他治的罪名，不仅不信，反而将奏折撕掉道："秀才喝醉酒，说点痴言妄语，也值得如此大惊小怪吗？"大理寺的官员见皇帝若此，谁还去追究此事呢？陈亮也就无罪获释。

陈亮出狱后，仍到处演说他的政治观点，这让当时南宋的道学家朱熹又气又怕。朱熹年轻时也赞同抗战，但中年后，他的政治观点发生变化，常以维护三纲五常为由反对抗战。为了阻止陈亮到处散播他的言论，朱熹让自己的门徒设法诬陷陈亮。

在此情势下，陈亮很快又被陷害入狱，但关押两个月后，苦于找不到证据，又被无罪释放。

陈亮出狱后，朱熹对其威逼利诱，要他放弃自己的政治观点，否则没有好下场。陈亮不买账，对此予以坚决反击。陈亮的所做所为得到大词人辛弃疾的赞赏和支持。淳熙十五年（公元1188年），陈亮、辛弃疾两位老友相见，相谈甚欢。后来，二人游鹅湖山，并邀朱熹前来面谈，要与其就学术和政治两方面的分歧进行辩论。可惜朱熹未敢应邀，二人对此唏嘘不已。

通过这一次推心置腹的交谈，两人加深了解。辛弃疾在一句词中将陈亮比作诸葛亮道："看渊明风流酷似，卧龙诸葛。"陈亮也写词回赠："二十五弦多少恨。算世间那有平分月……"

陈亮以其卓越的才华和见识，被时人誉为"人中之龙，文中之虎"。只可惜，出生在软弱无能、腐败透顶的南宋，英雄无用武之地，他根本无法实现自己的抱负。

金国灭亡

成吉思汗统一蒙古各部后，势力逐渐强大，吞并了西夏和周围几个小国后，形成了金、蒙古和南宋三足鼎立的局面。于是，蒙古把矛头指向了金。

蒙古派人和南宋联络，要南宋出兵，两面夹击，合取金国。

当时金朝统治比较腐朽，军纪松弛，军队战斗力下降，而蒙古新立国，部队纪律严明，军士勇敢善战，加上南边南宋的进攻，金国南北不能兼顾，战争开始后，金兵节节败退，丢失了大片国土。

金主完颜守绪连连接到前线告急的奏章，急得坐卧不安。这一天，他正在发愁，太监宋珪拿着几份奏折进来，跪下奏道："启禀皇上，前线又有奏报。"完颜守绪无心翻阅，便说道："念。"宋珪念道："枢密院奏：邓州节度使移剌瑗叛降宋兵，蒙古与宋联合，攻我唐州，唐州守臣乌古论黑战死，主帅薄察被部下兵卒所食，唐州失守，蒙兵已向我蔡州攻来。"完颜守绪大惊失色，问："岂有吃人肉之理？"宋珪说："回皇上，唐州被困已久，城中粒米皆无，士卒生变，所以……"完颜守绪心乱如麻，不愿再听，挥挥手说："好了。你下去吧！"

完颜守绪伏在桌案上，不禁潸然泪下，既哀叹国土沦陷，祖宗百年基业眼看就要断送；又悲伤良将战死，国家再无可用之臣；转而想到南宋，不禁哀叹一声，自言自语道："虎落平阳被犬欺呀，想当年宋朝对我大金百依百顺俯首称臣，今见我朝有难，竟趁火打劫、落井下石。宋主真是个糊涂蛋，蒙古灭了西夏，又打我大金，其意在统一天下，宋不助我，反而去帮蒙古，迟早会引火烧身。蒙古的下一个目标，便是大宋了。"

这年秋天，蒙古军一路夺城拔寨，前锋已逼近蔡州城下。金朝已经山穷水尽，到了生死存亡的紧要关头。完颜守绪还想最后一搏，召集众将商量如何守城。等众将一到齐，完颜守绪站起来，说："诸位将军，我大金朝建国已有多年，这其中有你们父辈、祖辈的汗马功劳，而你们也征战多年，实为国家柱石。如今危难之时，你们愿与我共患难，可谓忠良之臣。现在敌军攻城，此刻正是你们杀敌报国的好时机，我愿与你们同心协力，共抗敌兵！"众将齐声回答："臣等誓死报国，任凭陛下差遣。"完颜守绪一阵感动，当下分兵派将，总帅娄室、副帅完颜承麟驻守城东，副枢乌古论镐守城南，殿前都检点几林答胡土守城西，忠孝军元帅王山儿守城北。分兵已毕，完颜守绪大声喊道："来呀！赐酒。"众将举杯，还未来得及喝，只听外面杀声震耳，知是蒙古军攻城，于是放下酒杯，齐声道："我等先去杀敌，杀退敌兵后再饮此酒。"完颜守绪点头说道："愿诸将官旗开得胜，马到成功。"

金朝将士经过一番动员，受到极大鼓舞，他们率兵死战，杀退了蒙古军一次次的进攻。蒙古军主帅塔察尔原认为金军已毫无斗志，蔡州唾手可得，可没想到金兵士气如此旺盛，攻了几次都失败了，自己却伤亡惨重，于是下令筑土围城。

完颜守绪见金兵筑土围城，心中稍定，对将士说："蒙古兵远道来攻，粮草肯定接济不上，只要我们能坚持3个月，那时天寒地冻，蒙古军未带冬衣，必不战而退。"但完颜守绪没有料到，11月间，宋军派孟珙率兵1万，送来3万石粮食并到蔡州助战。蒙古军既得援军又有了粮草，坚定了拿下蔡州的信心，主帅塔察尔说："城中粮草最多够吃3个月，只要我们围困他们3个月，城将不攻自破。"因此加紧围城。

快到年底时，城中粮食已经吃完，士卒饿得站都站不起来，更别说守城打仗了。完颜守绪于是下令杀马，犒劳守城兵将，连他最喜爱的坐骑白雪骧也被他亲手杀掉。

完颜守绪忧心忡忡，亲自巡城，看到城外敌军又有攻城迹象，不禁焦虑万分，忽然间眉头一皱，计上心来。他召来守城将士，告诉他们：一到晚上，就用水从城墙上浇下。当时天气十分寒冷，滴水成冰，水在城墙上结了一层薄冰光滑异常，难以攀爬。又命军士支起一口口大锅，将水烧开。敌军攻城，就用热水往下倒。

这个办法果然有效，第二天，敌人攻城，几次都未攻下，反被烫伤不少军士。主帅塔察尔十分焦急，一个谋士对他说："大帅，我们不如挖掘地道至城墙下，安放炸药，将城墙炸开，则我军就可进入，城可破也！"塔察尔连说好计，于是便掘地道炸城。不久地道掘好，蒙古兵又开始攻城，随着轰隆一声巨响，西城墙被炸开，蒙古军想从缺口冲入，金兵奋力抵抗，蒙古兵的几次冲锋都被打退。蔡州城全城的百姓都来帮助修补城墙，许多女人都穿上男人的衣服，到城边来搬石、运土，守城军士深受感动，更加拼死守城。

但是寡不敌众，经过一番激战后，外城失守，金兵炮兵总帅王锐杀了元帅夹给合当骨，投降敌军。

转眼新年（公元1234年）到了，这时，全国只剩下小小的蔡州内城。完颜守绪无心过年，下诏免去一切朝贺之礼，一个人在后殿里，望着祖先的画像痛哭流涕："不肖子孙，有负祖宗重托，把大金基业丢了。"正哭时，宋珪来到后殿，说："陛下，张天纲求见。"完颜守绪擦干眼泪，来到前殿，张天纲上前叩见。完颜守绪说："免礼吧！

你可知道蔡州城有何灵验之神?"张天纲回答:"听说城外柴潭的水神很灵。"完颜守绪说:"那好,你立即给我写一篇祭文,封柴潭水神为护国灵应王,愿天神保佑我大金。"

但大金并没有得到神的保佑,蒙古军不断攻城,金兵损失惨重,守城的人已不足千人。完颜守绪见大势已去,考虑一番后召集群臣,宣诏:"传位于宗室、副帅完颜承麟。"大家非常吃惊,完颜承麟赶忙跪下说:"臣不敢奉诏,陛下你是个圣明的君主,现在国家正值危险之时,需您来支撑大局,我有何德何能取代陛下呢?"完颜守绪说:"你就不用推让了,朕不善骑马奔驰,而你久经沙场,又有大将之才,只盼你能杀出重围,待有机会重整大金江山。"说完便把玉玺交给了完颜承麟。完颜承麟见再也无法推辞,接过玉玺,匆匆即了皇位,便又急忙守城去了。

完颜守绪回到寝宫后,思绪万千,再也睡不着,心想:"大金百年基业就这样断送在我的手里,我有何面目去见列祖列宗。"正在胡思乱想,忽然听到一片喊杀声越来越近。他急忙走出寝宫,宋珪慌慌张张,连滚带爬地跑了进来:"陛下,敌军进城了。"完颜守绪一下子呆住了,他没想到敌军会这么快就攻破了城。他正在发愣,宋珪说:"陛下,别愣着啦。快跑吧!"完颜守绪说:"到处都是敌兵,往哪里跑。"宋珪说:"留得青山在,不怕没柴烧,我们逃出去,或许还有东山再起的机会。"说完,拉着完颜守绪就跑,但刚到城门,就被一小队蒙古兵捉住,蒙古兵将他押送到元帅面前。蒙古元帅要他投降,完颜守绪说:"我堂堂大金国皇帝,岂能投降与你!赶快把我杀了!"于是,蒙古人杀死了完颜守绪。

完颜承麟拼死力战,杀死数百人后,精疲力竭,被敌人乱箭射死,金国至此灭亡。

中华上下五千年
zhonghua shangxia wuqiannian

元　朝

◆元朝（公元1206年至1368年）

草原始会亲

在漠西北部的草原上,也速该称得上是一位英雄人物。他长得虎背熊腰,非常魁梧,一双豹眼,满腮的胡子,显得既野性又豪爽。

弘吉刺部是个地名,那里山青水秀,环境优美,商业活动频繁,类似中原小镇。一天,一个虎背熊腰、豹眼虬髯的大汉和一个十一二岁的黑衣少年骑马向弘吉刺部急驰而去。当两匹马接近弘吉刺部时,草丛中忽然蹿出一只大野兔,正撞在黑衣少年坐骑的前腿上,马儿受惊,仰天立蹄,咴咴乱叫,将那少年一把掀落马下。前行的大汉勒住马,回头冲着少年大声喊道:"铁木真,你摔伤了吗?"

被叫做铁木真的少年慢慢从草地上爬起来,脸色有些发白,捂着腰皱着眉头勉强说道:"没事的,我没有摔伤。"

大汉厉声喝道:"没有摔伤就快上马赶路!"

铁木真似乎很不情愿,双腿像是注了铅,行动迟缓,他正要上马,不远处一棵小树旁有个苍老的声音道:"这位骑士可是英雄也速该吗?"

大汉一愣,循声望去,看到一位满面沧桑的老者缓步走来。他连忙跳下马,抱拳施礼道:"不敢当,我正是也速该。请问您老人家是哪位?"

"我叫德薛禅,去尼仑部贩卖牛羊的时候曾见过您。所以冒昧打扰,请勿见怪。"

"原来您老人家就是智者德薛禅,久仰大名。"草原智者德薛禅也是一个声名远扬的人物,也速该早已心存仰慕,只是无缘相见。此次相见,真乃神意。忙拉过铁木真说:"这是我长子铁木真,此次来弘吉刺部是为了给他找一个好媳妇。"

"哦?"德薛禅已看到刚才铁木真摔落马的一幕,此时仔细打量这个少年,眼前不由一亮,若有所思地点了点头。许久,他才说:"二位赶路辛苦了,如果方便的话,请到我家休息片刻吧。"

铁木真显然一跤摔得不轻,德薛禅的建议正合他的心意,但他没敢吱声，只是抬头望着父亲。也速该也不好推辞，便随德薛禅来到山后一座大帐篷前，这便是德薛禅的家，德薛禅非常热情地招待他们父子。也速该本是极为豪爽之人，并不客气，大碗喝酒，大口吃肉，与德薛禅谈得十分投机。席间有位同铁木真年纪相仿的女孩不断地往帐篷内送酒和奶茶，她长得非常漂亮，像含苞欲放的花朵一般。也速该忍不住多看两眼，心想："要是铁木真能有这样一个媳妇，那多好啊！"只是初次来人家做客，不便太过鲁莽。谁知德薛禅早已将这一切看在眼里，吃完饭后，他微笑着对也速该道："也速该首领，刚才给您送酒的女孩是我的女儿，名叫孛儿帖，今年刚刚10岁，您看她配得上您的虎子吗？"

也速该听了，满心欢喜，忙起身道："精明的智者，您的女儿胜过天上的仙子。我……我的犬子若能娶到她，那就将成为尼仑族最大的荣幸啊。"

德薛禅听后哈哈大笑。就这样，两家约为亲家，都非常高兴。按照蒙古风俗，男女双方订婚后，男方要在女方家中留一段时间，以示求婚诚意，另外也可借机增进双方感情。也速该将随身携带的珠宝作为订亲聘礼送给德薛禅，留下铁木真便打马回程了。

作为草原上的英雄，也速该骑术精良，勇猛无比，为人豪爽，声名远扬，也因此被众人推举为尼仑族这个大部落的首领。按蒙古习俗，首领可以娶多个妻子，也速该也娶了两个妻子。第一个妻子诃额仑为他生下四子一女：长子便是铁木真，二子合撒儿，三子合赤温，四子贴木格，女儿贴木仑。第二个妻子为他生了两个儿子，分别叫别克贴儿和别勒古台。也速该很疼爱他的孩子，但对他们要求严格，尤其是长子铁木真，很小时就教他骑马射箭，铁木真做不好便会受到父亲的严厉斥责，这就是他明明摔得很疼也不愿说的原因。时间过得很快，转眼铁木真9岁了，按蒙古习俗该定亲了。看到长得威武英俊的铁木真，也速该真为怎样才能找到好儿媳发愁。妻子诃额仑是弘吉刺部人，她建议丈夫到弘吉刺部去走走看，说不准会碰上位好姑娘。没想到真叫妻子说中了，也速该欢欢喜喜离开弘吉刺部，飞马回家报告好消息去了。

铁木真留在了德薛禅家，但他毕竟是个只有9岁的孩子，父亲一走，他差点哭了。但他不愧为也速该的儿子，终于忍住了。德薛禅对他照顾得非常周到，更何况聪明美丽的孛儿帖常和他一起玩，没过多久，他就习惯了，像在自己家里一样。白天和孛儿帖到草原上放羊，晚上回来帮岳父干杂活，有时他还背着弓箭外出打猎，射些野兔鸟雀什么的。虽然他比孛儿帖小一岁，但他处处让着活泼好动的孛儿帖，俨然哥哥一般，孛儿帖也渐渐喜欢上了这个小自己一岁的"小哥哥"。德薛禅经过几回的暗中观察与试探，发现铁木真人小鬼大，而且比同龄的孩子举止稳重得多，成熟得多，有些深沉，并且骑射很棒，挺会办事。他在惊奇之余，也更加喜欢这个孩子，因此铁木真在德薛禅家生活得非常快乐。可是天有不测风云，人有旦夕祸福，没几天，铁木真所在的尼仑部忽然派来一个叫蒙力克的男子，说是主母想念儿子想得生病了，要铁木真速速回去。这种做法是很不礼貌的，德薛禅明知蒙力克所说并非实情，但他知道也速该这样做必定有特殊情况，他没有挑理，而是让铁木真跟蒙力克快回家。

铁木真看到蒙力克非常高兴，但听说母亲生病，情绪又有些低落，恨不得肋生双翅飞回尼仑部。正想马上与蒙力克回家，忽然又想起孛儿帖来，便匆忙跑到草原上，对正放羊的孛儿帖说："我要回家了，父亲派蒙力克来接我了。"

"那你什么时候回来?"孛儿帖焦急地问。

铁木真摇摇头，半天没说话。他们之间因为年龄关系虽无爱情可言，但几日相处却结下了深厚的友谊，两人都有些恋恋不舍。

人生自古伤别离，虽然铁木真舍不得德薛禅和孛儿帖，但是他也只能狠狠心，跟着蒙力克飞马往尼仑部的方向驰去。

等待铁木真的将会是什么呢?

雏鹰振翅

蒙古草原上的尼仑族部是由10多个民族联合起来的。蒙古族人悍勇善战，因此联合这10多个民族并不是件容易的事，草原英雄也速该正是以他的勇猛与才智才统率着这个鱼龙混杂的庞大部族。他深知自己责任大，不敢有丝毫的大意，因此将铁木真留在德薛禅家自己便匆匆往回赶。

也许是天意吧，这位草原英雄正是在归途中葬送了性命。原来，尼仑族部与一个叫塔塔儿的部落有着深仇大恨，世代为敌，不共戴天。也速该在归途中远远看见10几匹马迎面冲来，初时以为是自己部族的，正要打招呼，细看不对，却是塔塔儿族的，想要躲避已经来不及，只得打马直冲上去。此时塔塔儿族的人也发现了也速该，立即抽出钢刀，蜂拥而上，双方展开激战。"活捉也速该，活捉也速该！"塔塔儿族人怪叫着，也速该并不搭话，只是奋力拼杀。也速该砍倒几人后，冲出了包围，他正暗自庆幸逃脱魔掌之时，倏地，一支冷箭正中他的肩头，也速该险些摔下马。他疼得眼冒金星，拼命飞逃，总算挣扎着回到了尼仑族部。

回到家，也速该一头栽倒在帐前，妻子诃额仑大吃一惊，忙找人救治，可是已经晚了，箭头是涂过毒的，也速该中毒太深，已是难以救治。几日后，也速该深知自己再无生还之望，于是派家臣蒙力克去德薛禅家接铁木真回来。为避免战争，他要求严密封锁自己病危的消息。然而蒙力克刚走，也速该就气绝身亡，铁木真快马加鞭回到家仅仅见着父亲最后一面，他不由失声痛哭。

安葬了父亲，铁木真按照也速该的遗命继承了部落首领位，并认蒙力克为义父让其辅佐。但是由十几个民族联合起来的尼仑族部并不是人人都心甘情愿服从也速该的，只是慑于他的悍勇，无人敢轻举妄动。铁木真当首领后，许多人欺他年小，便蠢蠢欲动。因此部族内部矛盾重重，各种斗争相当激烈，其中泰赤乌氏族的强硬态度最为突出。到第二年春天，泰赤乌氏族就带领大队人马分裂出去了。有些人虽然不愿意分裂，但是因无力抵抗外敌，只得追随而去，或另谋出路。甚至连忠心耿耿的蒙力克也因生计困难含泪而去，但他们表示，等铁木真长大成人，一定帮他重打天下。

"母亲，部落的人都走了，我们依靠谁呢？"铁木真伤心地问母亲。

"孩子，我们谁都不靠，只靠自己。神不会抛弃我们的，是雄鹰总要飞上蓝天的。"诃额仑这个坚强的母亲用力按住儿子瘦小的肩膀语气坚定地说道。

树倒猢狲散，也速该这一死，偌大的一个尼仑族部只剩下诃额仑

元　朝

母子几人了。然而,祸不单行,一波未平,一波又起。父亲死后,铁木真几个人是早出晚归,勤俭度日,闲时便习武练功,以图重振尼仑族部,日子倒也过的和顺。只是也速该第二个妻子生的大儿子别克贴儿脾气很坏,经常欺侮弟弟妹妹,就连大他两岁的铁木真也不放在眼里,经常寻衅闹事。一天,他又欺侮妹妹贴木仑,贴木仑不敢惹他,只有哭泣。正巧铁木真赶来,顿时大怒,与他撕打起来。别克贴儿根本不是铁木真对手,急怒之下,摸起根断裂的帐篷杆子便朝铁木真抡去,铁木真"哎呀"一声跌倒在地,血流满面。贴木仑一看,吓坏了,嘴里喊着"大哥"奔过来扶铁木真。别克贴儿见状,又抡起一杆,将贴木仑打倒在地。这下铁木真可真火了,他气得脑袋嗡嗡乱响,反手从箭袋里抽出支利箭,大吼着飞扑上去,将别克贴儿猛地掀翻在草丛上。他双眼浸血,什么也看不清楚,只是将利箭向别克贴儿扎去,正好别克贴儿挣扎时将头一偏,这一箭便直扎在别克贴儿太阳穴上,登时脑浆飞迸,别克贴儿浑身抽搐,片刻便气绝身亡。

别克贴儿死了,铁木真抹了一把脸上的血,看到眼前情况,立时吓得魂飞魄散,瘫坐在地上,贴木仑吓得连哭都不会了。好久,她才回过神来,摇着铁木真的胳膊道:"大哥,你快逃走吧!妈妈会打死你的!"说罢泪流满面。铁木真被她一晃缓过神来,沉思半晌,他霍然起身,扛起别克贴儿的尸体大步向家走去。来到家中,跪在帐前,一语不发,任凭母亲惩罚。诃额仑见状大惊,听完女儿贴木仑的讲述气得浑身发抖,手指着铁木真,脸色苍白,竟说不出话来,半响方恨恨地从唇齿间迸出几句话来:"你,你这没人性的畜生,连亲兄弟你也下得去手,难道还能指望着你为父报仇吗?我今天就杀了你这狠毒心肠的逆子!"说完泪如雨下,拔出钢刀便要杀铁木真。贴木仑和其他几个孩子忙跪下抱住母亲求情。正在这时,别克贴儿的母亲带着别勒古台赶来了,她一看帐外儿子的尸体和铁木真,再一看帐内情形,立刻明白了是怎么回事。她走入帐内,跪在诃额仑的面前平静地说:"姐姐,别克贴儿已死,这是神的旨意。您就算杀死铁木真也不能挽回他的生命。况且。您若杀了铁木真,谁来重振咱们的尼仑族呢?"一番话情真意切,字字千斤。诃额仑听了,钢刀落地,扶起别克贴儿的母亲,两人抱头痛哭……

别克贴儿被安葬在山冈下的云松旁,为示忏悔,铁木真在山顶笔

· 41 ·

直地跪了整整一夜，向神和英雄的父亲祷告，祈求他们的原谅。

这件事对铁木真影响非常大，从此之后，他少言寡语，发疯般地练习武功，勤奋劳作。他对两位母亲恭恭敬敬，从不违背她们的旨意。而且他更加体谅别人，团结他人。可以说，别克贴儿之死使铁木真迅速成长起来。几年之后，铁木真长成一个强壮的青年汉子，他和他的兄弟们都像雏鹰振翅，羽翼渐丰，准备飞向蓝天了。与此同时，从前被迫离开的族人逐渐返回，归属铁木真，尼仑族部开始有了起色。

铁木真，他带给漠西北部草原的，究竟是福还是祸呢？

劫难重重

漠西北部草原上的铁木真和他的兄弟们迅速成长起来，尼仑族部也开始有了起色。这一切似乎都是好兆头，但许多事的发生都是始料不及的。

一天，铁木真带着几个弟弟和妹妹贴木仑出去打猎，正走在山涧，突然一队人马气势汹汹直冲过来，嘴里还喊着："活捉铁木真，活捉铁木真！"

铁木真闻声一惊，仔细一看，怒从心头起，原来来人正是先前尼仑部里分裂出去的泰赤乌人。他回头告诉弟妹们："大家小心，躲到石头后面，准备战斗！"弟妹们立刻策马躲到巨石后严阵以待。

"二弟，放箭！"铁木真看着敌兵将近，对神射手合撒儿道。合撒儿"嗖嗖"射出两箭，只听惨叫连天，两个泰赤乌人摔下了马。异母弟弟别勒古台也瞄准冲在前面的敌兵连放几箭，于是又有几人应声而倒。泰乌赤人大惊，都被镇住了。然而援兵却越来越多，他们似乎一定要活捉铁木真，情况十分危急。

"大哥，你先走，我和二哥在这里顶住。他们不会把我们怎样，他们要抓的是你！"别勒古台劝道。

但是以铁木真的脾气，他怎肯一人逃生，舍弃众弟妹呢？此时他正在思考自己怎样把敌人引开，好让弟弟妹妹脱险。须臾，他打定主意，交待几句后，纵马向山顶冲去。

"铁木真跑了,别放他走。"泰赤乌人果然一路呐喊着追铁木真而去。别勒古台兄妹几个趁机跑回家中,将情况告知母亲诃额仑。诃额仑怕泰赤乌人来偷袭,忙率尼仑族部的人躲到了一个偏僻的地方。之后,诃额仑又派人打听铁木真的消息,但却是泥牛入海,杳无音讯。

过了十几天,别勒古台慌慌张张从外面跑回来说:"母亲,母亲,有大哥的消息了。大哥在山中被困三日,突围之时,陷入泰赤乌人的陷马坑中,他们将大哥示众羞辱一番准备杀了大哥……"诃额仑闻此脸色大变,合撒儿急得嚷道:"那我们快去救大哥!"别勒古台接着说道:"你倒是听我说完呐!大哥后来打死看守,趁天黑,自己跳河逃走了。"诃额仑这才暗暗松了一口气,但是铁木真仍然下落不明,大家还是为他捏着一把汗。

诃额仑作为母亲,更是为儿担忧,几天就憔悴下来。她一方面派别勒古台四处探听消息,一方面虔诚地向神祈祷她的儿子平安无事。皇天不负有心人,两天后,别勒古台竟在泰赤乌人蓝俞岁哈玄处附近遇见了大哥,浑身是伤的铁木真终于回到了家。看到满身伤痕的爱子,诃额仑悲喜交加,连忙找人为铁木真精心医治。与此同时,她怕泰赤乌人再次偷袭,率众上山膜拜以感谢神的保佑之后,便带着族人迁徙到桑沽河畔居住下来。

两年转瞬即逝,铁木真兄弟也在这两年内喝着桑沽河水长大成人了。他们个个仪表堂堂,武艺高强。铁木真更是出众,魁梧非凡。但是,由于泰赤乌人分裂出去时带走了他们所有的牛羊,他们家很穷,唯一的财产也就是弟兄们养的几匹马。蒙古人爱马,铁木真兄弟将这8匹马视为命根子,精心饲养,个个喂得膘肥体壮。不料,在一个大雪纷飞的寒夜,铁木真家的马棚却闯入了一群盗马贼。铁木真听到马棚内有响声,便急忙穿上衣服去看,却发现8匹马已全被偷走。风中隐隐传来马的嘶叫声,表明强盗并未走远。铁木真抄近路去堵截,弟弟们起来看时他已跑得杳无踪迹。

铁木真在山弯处等不多时,便见那伙强盗高高兴兴地迎面走来。铁木真怒声喝道:"狗强盗,还我马来!"十几个强盗听到喊声先是一惊,后看清只有铁木真一人,便放下心来,立刻便有四五个人围上来,想把铁木真随便打发了事。哪知一交手,才发现这个青年大汉身手不凡。盗马贼被轻而易举打倒四个,剩下一个和铁木真滚在一起。其余人见状，一起将铁木真围住，好汉难敌四手。更何况铁木真一个人要对付十几个人呢，很快铁木真便处于劣势，被十几个强盗压在底下拳打脚踢。其中一个强盗嘴里一边喊着："臭小子，敢跟爷爷斗！"一面拔出匕首，一刀扎在铁木真脖子上，顿时血流如注。铁木真危在旦夕，正在这千钧一发的时刻，从山坡上冲下一匹快马，骑手很年轻，挥鞭便向强盗们抽去，打得强盗们抱头鼠窜，落荒而逃。这时别勒古台和合撒儿也赶来，马匹失而复得。哥俩抬着大哥，邀请那位年轻骑手一同回到了家中。

这次，铁木真伤得不轻，养了半个多月才养好。通过这件事使他懂得，一个人的力量毕竟是有限的，只有团结起来才能匡复大业，为父报仇。从此他宽怀待人，严于律己，广交朋友，名声大振，有不少人前来相投。救他的那个年轻人叫博尔术，浑身功夫，个性豪爽。铁木真与他脾气相投，结为好友，整日形影不离。尼仑族渐渐兴旺，诃额仑十分欣慰，但儿子的婚事又成为她的一件心事。

第二年春，铁木真奉母命，由弟弟别勒古台相陪，到弘吉刺部德薛禅家商议婚事。德薛禅老得须发皆白，背也驼了，但他一见到威猛堂堂的铁木真，顿时喜笑颜开，感慨地说："铁木真，我终于等到你了，你不再是孩子啦，长得真像你父亲。"

铁木真终于娶到了如花似玉的孛儿帖。新婚之夜，两人共同回忆着儿时的难忘时光，感受着这天神的恩赐。婚后，孛儿帖成为尼仑族部的一员，每天和丈夫一起日出而作，日落而息，一家人生活得非常幸福。然而幸福似乎永远都不是一种长久的享受，不多久，尼仑族部又祸从天降。

原来一个叫蔑儿乞族的部落悄悄出兵，蜂拥而至，闯入铁木真的驻地，大肆屠杀。蔑儿乞族与尼仑族有世仇，下手毫不留情，铁木真没有丝毫防备，被打得大败，只得率众逃入深山。到深山密林中，他仔细清点人数，竟不见新婚妻子孛儿帖。

一想到孛儿帖被掳，铁木真真是肝肠寸断，真想放声大哭一场。可是好男儿有泪不轻弹，他还是忍住悲痛，踏上了复仇的征程。

朋友反目

铁木真部落遭到蔑儿乞族的偷袭,大败而走,连他的妻子孛儿帖也失踪了。铁木真心急如焚,四处打听才知道孛儿帖被蔑儿乞族首领脱忍脱阿的弟弟赤勒格掳走了。蔑儿乞族是个大部落,而且兵强马壮。铁木真自知难以匹敌,要想救回妻子孛儿帖和尼仑族部的其他人就需要找人帮忙。铁木真立刻就想到了与父亲交情极深的克裂部首领王罕。王罕听完铁木真的诉说,火冒三丈,立刻答应帮忙,而且又联合札答阑部的酋长札木合。铁木真万分感激,告辞返家,与博尔术和兄弟别勒古台、合撒儿做好战斗准备。当晚,王罕居左,铁木真居右,札木合居中,分三路以迅雷不及掩耳之势扑向蔑儿乞族部落。

此时正是漫漫长夜,蔑儿乞族几百个佩刀挂剑的战士正在一座险峻的山峰下,坐在熊熊的篝火旁,吃肉喝酒,庆祝胜利呢!只见人群中一个虎背熊腰的粗壮汉子,他满脸横肉,须如乱草,醉眼朦胧,忽然一指树林边被捆绑的百十余人,高声命令道:"给我扒光他们的衣服!"几个正捧着酒袋喝酒的士兵闻令扔掉手中的酒袋,饿虎般扑向那群被绑的人群,一会儿就把他们扒了个精光。粗壮汉子一声令下:"给我煮!"这些人便被扔进几十口滚沸的开水锅中,他们徒劳地挣扎着,最终被活活煮死。其情景惨不忍睹,而那个大汉却哈哈大笑。只是他的笑声没持续多久,便被四处的喊杀声所淹没了。他怎么也没有想到,铁木真这么快就杀回来了,而且还带了这么多的援兵。蔑儿乞族人被打得哭爹喊娘,丢盔弃甲,铁木真终于把妻子救回家中。此次出战,大获全胜,所收缴的战利品分作三份,王罕、札木合、铁木真各一份。铁木真趁此良机进一步扩大了他的势力。

札木合与铁木真从小就是好朋友,现在两人都20多岁,都成了部落首领。札木合感念旧情,要铁木真与他合伙到一起,铁木真也是个性情忠厚的人,欣然前往。但是,铁木真这一步棋却走错了。札木合为人心胸狭窄,嫉贤妒能,看谁比他强都不顺眼。铁木真为人宽厚,豁达开朗,又广交朋友,赤老温、者勒蔑、木华黎等一批文武双全、足智多谋的有智之士纷纷投靠铁木真，使铁木真威名远扬，声振草原。札木合岂能容他？只在一起住了一年多时间，二人的矛盾便开始升级。铁木真对此有些反感，再加上妻子孛儿帖和母亲诃额仑也劝他离开札木合，避免出现更大的矛盾，铁木真便以母亲思念旧地为由向札木合提出分帮。这正合札木合的心思便没有挽留铁木真。

旧友翻脸，使铁木真憋了一肚子火，既伤感又苦闷，但他很快将烦恼抛到一边，致力于驻扎新营，发展队伍。一晃几年又过去了，铁木真的队伍更加浩大，他时常带兵外出作战，战无不胜，这又使札木合觉得铁木真会来侵犯自己，不如在他动手之前先动手。正在此时，他的弟弟塔合察儿又出事了。原来，塔合察儿在一次外出打猎时偶遇铁木真的部队，他无理挑衅，偏要抢人家的猎物，双方先是发生口角，最后发生冲突，不知谁放了一箭，塔合察儿当即被射死。札木合得知兄弟被射死，气得哇哇乱叫。他也正好找到一个发兵尼仑族部的借口。

次日，札木合便联合与铁木真有世仇的泰赤乌族和塔塔儿族，分三路杀向铁木真的部落。铁木真毫不畏惧，也将自己的大军分作三路抵挡。博尔术、别勒古台、合撒儿个个勇猛无敌，就连铁木真的母亲诃额仑也亲自上马，指挥战斗。双方伤亡都很惨重，铁木真一方虽然士气大振，最终因寡不敌众，败下阵来。铁木真只得率兵撤退。途中，突然一支冷箭飞来，铁木真的帽子被射飞了。铁木真一惊，忙率兵逃入一条狭窄的山谷中，并立即封锁了谷口。札木合穷追不舍，无奈博尔术顺地势挡住了谷口，而且又勇猛无敌，札木合只得退兵，待明日再战。得意忘形的札木合大肆庆祝，活煮战俘，手段残忍。扎木合手下有一个神射手名叫只儿豁阿歹，他见札木合性情残忍，便毅然上山投奔铁木真。其实他对铁木真早就心存敬意，射掉铁木真帽子的人就是他。本来，以他的箭法一箭就可以射死铁木真，但他没有，因为他觉得铁木真是一个令人佩服的英雄。

"我给你改个有意义的名字吧！"广收贤士的铁木真收留了他，说道："你看哲别这个名字怎么样？"铁木真话里有话地说。

"哲别"蒙古语意为"箭"。只儿豁阿歹听完微微一笑道："很好。我就叫哲别了。"神箭手哲别成为元史上著名的将领。

一代天骄——成吉思汗

铁木真被困山谷,三路大军围在谷外,使突围几乎成为神话。而且就算侥幸突围,也会伤亡惨重。铁木真一筹莫展,神箭手哲别给铁木真出了一个主意:先不突围,拖垮敌人,伺机反攻。铁木真依计而行。第二天,札木合领兵攻击,但是博尔术、合撒儿死死守住谷口,乱箭齐发,令联军尸横遍野,寸步难行。接连三天均是如此,联军伤亡惨重,士气大减,军心开始动摇。泰赤乌族与塔塔儿族为争夺猎物发生武装冲突,吵嚷声不绝于耳。札木合一见他们因为分赃不均而大打出手,气得眼珠子都差点掉出来。他大步上前怒骂道:"该死的家伙,你们不跟铁木真打跟自己人较什么劲?我看你们是不想活了……"话未说完,双方一齐向他骂来:"指挥无能的札木合,你也不是好东西!"札木合忍无可忍,挥刀便砍。三方便不管大敌当前,在谷口战为一团。此情此景被在谷口观望的铁木真看个正着,立刻率兵旋风般冲下山。狗咬狗的联军措手不及慌忙应战,但他们此时哪是铁木真的对手,很快便被杀得大败。札木合见大势已去,仓皇而逃,铁木真追出十几里后大胜而回,得了无数战利品,还捉到了许多俘虏。但铁木真并不像札木合那样残暴,他有勇又有谋,将众多的俘虏基本上都收为自己的部众,而且对他们没有一点儿歧视。这些人见铁木真如此相待,也便忠心耿耿地追随着他。铁木真的部落再次壮大,几乎成为草原上最强大的部落。可以说正是札木合给了他这个机会,使他"置之死地而后生"。而札木合却"竹篮打水——一场空",在草原上无可投奔,惶惶如丧家之犬,真是"恶有恶报",他害了别人,也害了自己。

此战之后的几年内,铁木真的部落越来越壮大,几乎是雄霸大漠,无人能敌。有一天,金国的密使完颜襄忽然亲自来到铁木真的部落。当时蒙古依附于金,铁木真接到禀报很是惊讶,但很快镇静下来出去迎接。一番客套之后,完颜襄终于说明来意:原来,塔塔儿部族不服金朝调派,还掠走金的大量财物。金朝皇帝大怒,派完颜襄讨伐,完颜襄深知塔塔儿部族与铁木真部有仇，便想让铁木真出兵。铁木真一想自己出兵一可以报仇，二可以名利双收，何乐而不为呢？于是欣然同意，还联合了克烈部族的王罕一同出兵。再加上完颜襄总共三路大军，以排山倒海之势杀向塔塔儿部。塔塔儿部顿时血流成河，无人存活。一个强大敌手的消失，大大地刺激了铁木真的野心，他想统一脚下这片广袤无垠的大漠。而此时能与他抗衡的就只有王罕了。但他不想征杀王罕，因为王罕待自己情深义重，他不想背负骂名。而且王罕年岁已高，他百年之后，蒙古难道还不是自己的掌中之物吗？于是他便想与王罕结亲，以笼络王罕。他想把自己的女儿豁真许给王罕的孙子秃撒合，请王罕将女儿察无别嫁给自己的儿子术赤。然而，不怕没好事，就怕没好人，札木合忽然来到王罕营中。

"狼是没有良心的，蛇的血是冷的，豺狼会吃掉自己的同类。"札木合对王罕说，"铁木真的心比豺狼还要狠，铁木真的血比蛇还要冷，您可要当心。"

王罕和铁木真关系一直很好，他本来并未轻信札木合的话，而且他也知道札木合被铁木真打败，一直怀恨在心，所以他便应允下铁木真的求婚。可是王罕的儿子桑昆却是铁木真的死对头。他从小争强好胜，却处处比不过铁木真，而且他知道父亲一直非常喜欢铁木真，因此更加恼恨铁木真，总想找机会除掉铁木真。正巧札木合来了，他与札木合臭味相投，便密谋要害死铁木真，以解二人心头之恨。于是他极力说服父亲："汉人有句话叫做'知人知面不知心'，您别看铁木真表面上对您毕恭毕敬的，实际上在背地里不定有多么觊觎咱们的部落呢！他们势力如此之大，万一发兵，我们怎么能保证一定能胜他呢？我看咱们不如先下手，打他个措手不及，以除后患！"王罕本来不同意，但桑昆毕竟是他的亲儿子，而且也禁不住他一再地吹耳边风。于是便狠狠心，答应了。这下可乐坏了桑昆和札木合，他们密谋以商议婚事为由将铁木真骗来，然后在席间把他杀死。他们自以为做得天衣无缝，这一次铁木真必死无疑。但是要想人不知，除非己莫为，他们的毒计恰巧被铁木真的义父蒙力克无意中听到。老人大惊失色，急忙去半路截住铁木真诉说实情。本来此次议亲，博尔术、哲别等几员大将都不同意铁木真无备而来，但是铁木真为了表示诚意及对王罕的尊敬，执意不带兵马。谁料到竟有此变故。闻讯，铁木真也暗吃一惊，急忙打马回部落准备战事。

　　这边王罕久等铁木真不来,更加相信了桑昆和札木合的鬼话,率领大军气势汹汹地杀来。铁木真早有准备,经过半个月的奋战,将王罕军杀得大败。王罕父子偷鸡不成,反蚀把米。只是蚀得本太多,几乎全军覆没,只得逃至异乡。此时悔之晚矣,最后落得个客死他乡的悲惨结局。札木合见势不妙,早已逃之夭夭。

　　荡平了克烈部族,铁木真部落成为草原上最强大的部落。两年后,他的势力得到进一步巩固。此时,他得知札木合投奔了乃蛮部族的太阿罕首领,于是便亲率大军,带领哲别、木华黎、赤老温、忽必烈、速不台等大将长驱直入乃蛮族,追杀札木合。3个月后,打败乃蛮族,杀死太阿罕,铁木真成为真正的大漠霸主。只是见风使舵的札木合见势不妙,又趁机逃走了。但是也该着他在劫难逃,札木合有几个部下,早有投靠铁木真之意,只是苦于没有机会。这一次看机会来了,便突然造反,将札木合五花大绑送到铁木真面前。本来他们以为铁木真会重重地奖赏他们,谁知铁木真最恨这种不忠不义之徒,一声令下,全给杀了。铁木真念及与札木合以前的情意,用不流血的方法处死了札木合。紧接着,他指挥军队将各个小部落剿灭,最终统一了整个蒙古。

　　公元1206年,在斡难河畔举行的全蒙古大会上,铁木真被推举为大汗,时年44岁,史称成吉思汗。"成吉思"意为"最强大的","汗"即为首领。

　　一代天骄——成吉思汗从此名扬天下!

烽烟滚滚

　　称霸草原的成吉思汗并不满足于已有的功业,他想以自己的雄心成就更大的辉煌。

　　时光飞逝,岁月如梭,转眼间铁木真已是一个须发皆白的老人,而他在斡难河畔称雄也已有十几个年头。在这十几年中,铁木真大封功臣,带领着自己膝下的4个儿子术赤、察合台、窝阔台和拖雷南征北战,大肆扩张领土。

成吉思汗首先以神箭将军哲别为先锋攻打西夏。攻破乌梁海城后,进攻围都只庆府外围,久攻不下,遇到重大挫折,成吉思汗被迫撤军。但是他并不就此收兵,稍做整顿后,发起更猛烈的进攻。最终西夏国无力抵抗,俯首称臣,送给蒙古金银珠宝无数,并将西夏公主嫁给成吉思汗为妾。

成吉思汗的第二个目标便是征服自己曾俯首称臣的金国。金国对蒙古族烧杀抢掠,无恶不作,成吉思汗早已非常不满,只是慑于其强大,不敢贸然出手。攻破西夏后,成吉思汗一方面验证了自己的实力,一方面又壮大了力量,因此他决定放手一搏。他以神箭将军哲别为先锋,除年幼的拖雷外,其余三位皇子均参加战斗。金皇完颜永济派40万大军抵挡,本以为对付蒙古军易如反掌,哪曾想,蒙古军不仅骠勇善战,而且哲别又很会用兵,他派人迂回到金营后方,劫走了粮草。没有粮草,40万大军便没有任何战斗力。哲别又派人火烧金兵大营,营内大乱,金兵大败,退往居庸关。居庸关可以说是完颜永济家的大门,金兵拼命死守。哲别又生一计,佯装兵力不济,匆忙败退。金兵果然上当,出关追杀。哲别马上让军队后队变前队,杀了个回马枪。金兵猝不及防,无法关上城门,蒙古军趁机占领居庸关。成吉思汗下令包围中都,将中都周围的90个小城一一攻占,以示威力。此时,金廷内部大乱,部将杀死完颜永济立完颜殉为帝,并向成吉思汗投降。成吉思汗接受他的投降后,带着许多财宝开始退兵。哪知,完颜殉被吓破了胆,立刻迁都汴梁。成吉思汗大怒,恨他既降还逃,言而无信,派大将木华黎二次打进中都,还在金朝皇帝的龙榻上睡了几宿。

两次出兵大胜更刺激了成吉思汗的野心,他开始把眼光投向地肥物美的中原,然而一次突发事件又使他暂时取消了发兵中原的计划。原来,他派出去的千名商人在路过花剌子模国边境的讹答剌城时,被守将亦纳勒赤黑令部杀死。成吉思汗大怒,派使者巴合剌前去交涉,不但交涉失败,巴合剌也被杀死。成吉思汗当即决定兴讨花剌子模国。当时,两国之间还有一个大国——西辽,但成吉思汗并不将它放在眼里,派神箭将军哲别率骑兵2万去攻西辽。西辽不堪一击,哲别很快打到西辽的都城虎思斡尔朵。西辽国的掌权者古出鲁克一听说哲别来了,立刻吓得魂飞魄散,原来他就是当年乃蛮族首领太阿罕的儿子,现在是西辽国国王的女婿。一听哲别打来,他不敢应战,带上几个亲信就逃走了。也活该他命短，没跑多远，就被部下杀了。蒙古铁骑很快就占领了西辽国都虎思斡尔朵城。

踏平了西辽，攻打花剌子模国已无障碍。公元1219年。成吉思汗率大军20万浩浩荡荡杀向花剌子模国。然而成吉思汗此次出征并非一点忧虑也没有。有一件事一直压在他心中，那就是立皇储。他一来想到自己的确年事已高，二来四个儿子也确实让他忧虑。本来，皇储本应是长子术赤，可是据他观察，术赤过于敦厚，二子察合台则性如烈火。他最喜欢四子拖雷，可他年幼尚小，恐怕难以服众。只有三儿子窝阔台深谋远虑，坚强果断，适合继位。于是，他在行军途中召见四个儿子，商量立皇储之事。四个皇子来到帐中，成吉思汗深沉而平静地对四人说道："我已年近60，此次西征，后事难料，因此召你们来商议立皇储的人选。"四人一听，都很吃惊，各怀心事，沉默无语。成吉思汗便问术赤："术赤，你的意见如何？"

术赤听父王忽然问自己，心想自己本是长子，理应继位，但父王如此相问，必有他意，一时之间，竟不知如何回答。二皇子察合台一听就火了，不及多想便对父王说："父王，您真的要把皇位传给外种吗？"术赤一听大怒，立刻拔剑要与察合台拼命。原来，孛儿帖被蔑儿乞族掠走时已身怀有孕，被救回不久便产下术赤，因此许多人背后讥笑术赤不是成吉思汗的亲生儿子。察合台尤其看不上术赤，经常取笑他，二人矛盾本来就深。今天，术赤见察合台当着父王的面讥笑自己，不由得怒火中烧；察合台也不甘示弱，拔剑相迎。成吉思汗见状大怒，气喘连连，用颤抖的手指着二人喝道："畜生，都给我住手！我已决定将皇位传给窝阔台，你们不用吵了！"二人见父王动了肝火，也不敢再动手。拖雷年小，无意于皇储，也不说什么。于是，皇储之位便由窝阔台来继承。然而，也是成吉思汗这一念之差，埋下了祸根。

再说花剌子模国听说蒙古军来犯，顿时乱作一团。按理说，花剌子模国有守军40万，再加上地理熟悉，与20万蒙古军抗战，也可说绰绰有余了。可是国王摩诃末懦弱无能，一心想逃跑，倒是他的儿子札兰丁还算个人物，誓死坚守国都。而讹答剌城则更苦了，守将亦纳勒赤黑一直在与蒙古军玩命。他深知成吉思汗为了那1000死去的商人不会放过自己，横竖是死，倒不如放手一搏。怎奈蒙古军勇猛顽强，朝廷又不派援军，他孤掌难鸣。他虽奋力抵御，讹答剌城最终还是被攻破。他虽后悔当初鲁莽，不该随便杀那1000商人和成吉思汗的使者，可是为时已晚了，他只得奋力拼杀，却最终失败，被蒙古骑兵活活踩死。

攻破讹答剌城后，成吉思汗兵分三路，闪电般扑向花剌子模京都与周围几座重城。

绝地喋血

成吉思汗在行军途中以其威仪震慑了四位皇子，以己之意立了皇储。之后，兵分三路直扑花剌子模国京都与几座重城。

蒙古军打到了花剌城，国王摩诃末早已弃城逃往阿姆河南岸。好战的皇子札兰丁十分孤立，但仍然顽强抵抗。只可惜，2万守军背着他突围，结果全军覆没，札兰丁只好逃走去追赶父亲。

札兰丁纵马奔逃在印度河畔一条狭窄的小路上，眼看追兵越来越近，"活捉札兰丁，别让他跑了"的喊杀声已经清晰可辨。札兰丁虽久经沙场，也不由得一阵吃惊，慌不择路中纵马向小路旁的山上冲去。只见山上怪石嶙峋，草深林密，道路曲折。札兰丁没头没脑地跑了一阵后，一看眼前情势，不由得暗暗叫苦。山上不但没有了路，而且前面竟是一面陡峭的悬崖，向后看，蒙古军已包围上来，领将赤老温向他高声喝道："札兰丁，你还不下马受降！"札兰丁一看，不禁哈哈大笑，朗声道："天败花剌子模，你回去告诉铁木真老儿，札兰丁宁死不降！"说完他又哈哈大笑，纵马跳下身后刀劈般的悬崖。赤老温一见，吃惊之余也不禁暗暗佩服他的勇气。这时，一名蒙古军突然惊叫："将军，将军，札兰丁逃走了！"赤老温一望，原来悬崖下便是滚滚的印度河，札兰丁跳下去后正好落入江心，而他那匹宝马良驹正在江心如枯叶似的驼着它的主人随波逐流，时隐时现，片刻功夫便游到对岸，从容地一溜小跑，脱险而去。赤老温长叹一声，也没再追赶，收兵撤退。

蒙古军攻入花剌城后，大肆屠杀。术赤也率左路军很快将锡尔河下游的各个城市占领，但右路阿剌黑那一队却进展缓慢，遭到了顽强

元　朝

的抵抗。中路成吉思汗和窝阔台、察合台非常顺利地打到花剌子模国的京都撒麻耳干城外围，4万守军投降，国王摩诃末仓惶而逃。成吉思汗派哲别和速不台全力追杀，决不放他生路。哲别与速不台均为沙场老将，经验丰富，配合默契，摩诃末被追得上天无路，入地无门，如丧家犬一般，最后连惊带吓，竟一命呜呼。临死前，他把皇位传给札兰丁。札兰丁可不像他父亲那么软弱，而是组织力量顽强反攻，有效地阻挡了蒙古铁蹄的入侵。然而，后母夺权，札兰丁险些遇害，被迫再次逃走。他越过印度河，从此不知去向。

札兰丁的后母夺得皇权，固守玉龙赤杰城。成吉思汗派术赤、察合台、窝阔台前去攻打。术赤虽然憨厚，但也有自己的想法，他知道自己不能继承皇位，便想留在花剌子模国称王。为避免更大的损失，他坚持用水攻。但察合台却一向与他不合，明知他的心思，却坚持改用火攻，二人争吵极其激烈。到底是窝阔台精明，谁也不得罪，扒开阿姆河，水淹玉龙赤杰城，将城池占领。

花剌子模国彻底臣服了。

蒙古军休整期间，哲别给成吉思汗传递信息：花剌子模已败，札兰丁亡命天涯，请大汗指示下步行动。

成吉思汗当即指示：整顿人马，向太和岭北边的钦察草原进军。继续扩张领土。

太和岭是当时高加索山脉的名称，它横越黑海和里海，连接着欧亚大陆。哲别和速不台几次讨论，为避免被敌人发现，只得放弃大路，翻过太和岭的重重群山进入钦察草原。

哲别从前听老人说过太和岭的凶险，他和速不台对太和岭所知甚少，但也只能硬着头皮上。

太和岭果然凶险无比。高耸的山峰或隐或现笼罩在云雾之中，密林中怪石嶙峋，不时发出几声野兽的吼叫，风呼啸着从脸上刮过，如刀割一般。羊肠小道仅容单骑通过，一面是峭壁，一面是深渊。此情此景，任是铁打的汉子见了也不由得毛骨悚然。

哲别打头，速不台压后，蒙军艰难地向前行进着。当快接近最高峰厄尔布鲁士峰时，人马已累得疲惫不堪。哲别忽然停下来，警觉地向四周观望着，猛听得战鼓骤响，哲别大惊，大声喝道："隐蔽，隐蔽！"话音未落，满天利箭已飞射而来。蒙军顿时死伤无数，乱作一

· 53 ·

团，四处隐藏。但是狭窄的羊肠小道上，又能向何处藏身呢？许多人被挤进深涧，摔得粉身碎骨。

原来，太和岭北面的钦察草原上有10多个小部落，以钦察族为首领组成联军，共同对付蒙古侵略者。虽然哲别他们行踪隐密，但联军早已探出他们的行军战线，于是在厄尔布鲁士峰上，以险要的地势为掩护，给了蒙古军当头一棒。

哲别虽久经沙场，但见己方伤亡惨重，不禁大怒，便想拼命，被速不台一把拦住，将队伍带到安全地带，速不台才悄悄与哲别说了一计。哲别一听，心里不由得暗暗佩服，还是速不台经验丰富。

几天过去了，蒙军毫无动静，而联军内部却起了内讧。阿兰族首先撤走队伍，闪开道路；其他小部落毫无反应，静观其变；钦察族被孤立了。他们哪里知道阿兰族收下了蒙军送去的大量珠宝，对速不台不侵犯的话信以为真，搞起分裂来动摇军心。哲别趁此良机发动强攻，杀得联军大败。倒霉的阿兰族也没能免此劫难，全军覆没。蒙古大军像饿狼一样，翻过太和岭，气势汹汹地扑向钦察草原深处。

痛失爱将

钦察族惨败后，拼命逃进阿斯塔拉干城，准备以死守卫。勇猛的蒙军很快攻破城池，杀死所有的钦察族人。这一战大大震惊了草原西部的俄罗斯族。

俄罗斯各公国迅速集结，组成联军，推举乞瓦大公罗曼诺维奇为联军盟主，准备与蒙古军决一死战。此时，蒙军已占据阿见吉河东岸，10万俄罗斯联军便在西岸摆开阵势，与之对峙。俄罗斯联军不敢轻敌，反复研究，最终决定把部队分为南北两大营。北大营由伽里赤大公密亦思老指挥，南大营由罗曼诺维奇指挥，打算从阿见吉河下游同时东渡，搅乱蒙军防线，左右包围，速战速决。

这本来是一条妙计，可是在行动时却出现了差错，北大营密亦思老在南大营尚未接到出兵消息之时抢先渡河。这样蒙军便集中兵力先对付密亦思老，刀光剑影，人喊马嘶，两军混战在一起，霎那间，草原上的死尸堆积如山。密亦思老没有南大营的援助，根本不是彪悍的蒙古骑手的对手，被杀得丢盔弃甲，夺舟逃走。密亦思老逃到西岸，还未喘过气来，蒙军已追杀过来。他吓得魂飞魄散，带领残兵败将扔下罗曼诺维奇逃之夭夭。乞瓦大公罗曼诺维奇慌忙组织抵抗，有效地挡住了蒙军潮水般的进攻，但伤亡惨重。

公元1223年5月，经过多次战斗，俄罗斯联军已有6位大将和7万军队阵亡，哲别和速不台率领的蒙军却愈战愈勇。罗曼诺维奇见大势已去，被迫放下武器，率众投降，以求保住剩下军士的性命。可是蒙古人并没有放过他们，而是将俘虏杀害，阿见吉河畔顿时血流成河，阿见吉河的水也被染成了红色。

哲别大胜俄罗斯联军，正准备一鼓作气拿下俄罗斯。正当他斗志昂扬，精心准备之时，突然收到成吉思汗的一封信，信上只写了四个字："班师东回。"这让哲别奇怪之余又有些失望。

成吉思汗为什么在这样一个紧要关头召回哲别和速不台呢？直接原因就是东方战争的失利。西征前成吉思汗留大将木华黎负责中原战事，木华黎开始干得很出色，蒙军迅速打进黄河流域，占领了黄河以北的大部分土地。但1223年，木华黎病死，山东红袄军首先起来反蒙，继尔西夏同金又联合反蒙，形势十分危急。成吉思汗痛失木华黎，又担心老家安全，急召各路大军东回。

公元1224年初冬。察合台、窝阔台、拖雷等各部都在今蒙古国境内的图拉河畔汇合，只有术赤留守花剌子模没回来。最后一路是速不台，他安置军队后独自来见成吉思汗，成吉思汗奇怪地问："速不台将军，哲别将军为什么不来见我？"速不台只是痛苦地摇着头，半晌说不出话来。

哲别究竟去哪了，为什么没有回来呢？原来，哲别收到成吉思汗的命令，虽感奇怪，但仍和速不台商量了一下，便整顿军队，离开钦察草原，踏上归途。

走了几天一切顺利。一天夜里，速不台正在帐内独自饮酒，哲别忽一挑帐帘走了进来。哲别没有事，不会这么晚来找速不台。速不台忙问："将军深夜来此，有什么事情？"哲别的回答却令速不台不解。哲别道："无事。多年交往，没陪将军私下饮过酒，甚憾，所以今晚特来陪将军喝几杯。"

速不台吃了一惊，感觉哲别今晚有些异样。仔细一看，发现哲别脸色苍白，神情憔悴。忙问道："哲别将军，你怎么了？"哲别苦笑道："没什么，我只是有点不舒服，浑身无力。大概是疲劳过度吧。"

速不台的心立刻提到嗓子眼。他与哲别东征西讨数年，从未见过哲别如此。他觉得哲别今晚言谈举止古怪，但也未及多想，忙命人切来牛肉，两人对饮。只是席间哲别话语极少，目光也有些呆滞。速不台怕他喝多了，劝道："将军少饮些，明天还要赶路，早点休息吧。"

哲别望着他，沉默片刻，方起身淡淡地笑道："好，我回去了。"说完起身离去。

速不台愣在那里，许久没有明白哲别笑中的含意。心想，哲别今晚到底怎么了？惴惴不安睡了一夜，天刚刚亮，他就起床，正准备探望哲别，忽见哲别的侍卫来报："哲别将军病重。"闻此言，速不台如五雷轰顶，踉踉跄跄跑到哲别帐中。一看，哲别安安静静躺在羊毛毯中，脸色蜡黄，嘴唇开裂，显然病情危险。两位军医正在调治，配药，全力抢救。速不台拉着哲别的手，哑声说道："将军，将军，你听到了吗？"

哲别毫无反应。速不台与他交情甚笃，见此情景，心头酸涩，忍不住热泪盈眶……

此时，成吉思汗问起哲别，怎不勾起速不台对亡友的思念？成吉思汗见速不台这般光景，心中已明白八九分。但他不愿相信这是真的，仍然颤声问道："速不台将军，哲别将军他是不是有事耽搁了？你说，你说呀！"

速不台见大汗如此，强忍悲痛说："大汗，哲别将军他永远都不能来见大汗了，神带他走了……"

成吉思汗连失两位爱将，许久说不出话来。半晌，他挥挥手说："你们退下吧。"众人一走，成吉思汗的泪水禁不住夺眶而出……

次日，蒙古军拔寨起营，越河东归。夕阳大漠，笼罩着成吉思汗饱经沧桑的身影。

榻前诛天下

成吉思汗的军队顺利回到首都和林。他把当时据有的土地分封给四个儿子：今巴尔喀什湖以西至咸海和黑海的广大地区封给术赤；今阿尔泰山以西、阿姆河以东的广大地区，外加上天山南北的西辽河地封给察合台；今巴尔喀什湖以东及鄂毕河上游的地区封给窝阔台；剩下的鄂尔浑河和克鲁伦河一带则留给小儿子拖雷。

休整了一年，成吉思汗于公元1225年准备进军西夏。他打算先灭西夏，再灭金和南宋，平定天下，成就大业。谁知人算不如天算，正当成吉思汗踌躇满志地带领军队刚离开和林，他的坐骑不知为何突然受惊，将成吉思汗摔下马来。成吉思汗此时已60多岁，被摔得头破血流，当晚就发高烧，说胡话，只得又退回和林。

但是他并不想就此收兵，而是命他的三儿子窝阔台立即派使者到西夏见西夏国王赵德旺，命其投降称臣。赵德旺虽然害怕，但他手下的将士却誓死不降。成吉思汗闻之大怒，带病出兵西夏，西夏大将阿沙敢钵也即刻前往贺兰山阻击。

成吉思汗深懂用兵之道，虽然病重，打起仗来却一点也不含糊。阿沙敢钵有勇无谋，几天时间便败下阵来，只好退守贺兰山寨。蒙古军围攻贺兰山寨，阿沙敢钵几次突围，均未成功。公元1227年成吉思汗拿下西凉府、灵叫等地，直取中兴府，同时又分别进攻金和宋。

赵德旺听说阿沙敢钵败守贺兰山寨急需救援时，连惊带吓，一病不起，没几天就呜呼哀哉了。皇位传于3岁的儿子赵睍。兵慌马乱之时，3岁的孩子哪能稳住阵势，中兴府矛盾重重，一片混乱。

正当征战节节胜利时，成吉思汗又从马上摔了下来，新伤添旧伤，比上次还厉害，摔伤未好，又中了暑气。面对疾病，这位草原巨人显得无能为力，只好把队伍开往六盘山，消避暑气，调治伤病。

无奈，成吉思汗本来已是上了年纪的人，加上新伤旧病，一起攻来，他渐渐失去了往日的风采。他深感自己恐怕不行了，忙派密使快马去召几位皇子。当时术赤已经病死，窝阔台正在花剌子模国处理大哥后事，察合台在中原作战，拖雷留守和林，都没在父王身边。听到消息，三位皇子都飞马赶来，成吉思汗在病榻上看到三个儿子，强打精神，嘴唇抖了抖，刚要说话，忽有人报："启禀大汗，西夏国派使者前来投降。"

成吉思汗听闻此言，猛地坐起，双目如电，病态一扫而光，仿佛变成另外一个人，他沉稳地说道："让他进来见我！"

西夏使者原是来探听虚实，进帐一看，成吉思汗戚然而坐，哪像有病的样子？他不敢直视成吉思汗，忙低下头，低声说道："我奉西夏王赵睍之命特来向大汗请……请降，请……请大汗收……收降书。"

成吉思汗冷笑一声，厉声喝道："你岂能代表赵睍？赶紧回去告诉赵睍，让他手捧传国玉玺亲自来六盘山请降。否则休怪本大汗无情，滚吧！"

西夏国使者吓得惊慌失措，二话不敢说，回去复命。使者一走，成吉思汗便昏倒在地。拖雷兄弟三人连忙扶他上床，连呼带喊，半晌成吉思汗方苏醒过来。也许他已预感到什么了吧，命拖雷备马随他到帐外看看。拖雷不敢违拗，只得依从。

荒凉大漠的落日下，成吉思汗望着万座军帐，感慨万千。他忽然勒马，回头问他这个最宠爱的小儿子拖雷："拖雷，什么人配称英雄？"

拖雷一怔，随后回答道："父王，当世除了您恐怕没有第二个人配称英雄了。"

成吉思汗听了苦笑着摇了摇头，长叹一声喃喃道："英雄，英雄……"

当晚，一代天骄——成吉思汗病死营中。临终前他嘱咐儿子们：他死后不要发丧，严密封锁消息，以提防西夏变卦。汗位由窝阔台继承，察合台和拖雷辅佐。先灭金，后灭宋，万不可同时并举。至于西夏，不可饶。设伏兵在中兴府外，赵睍出来便乘机杀人。切记鸡犬不留，蒙古战刀必诛天下各国矣。

公元1227年，草原巨人——成吉思汗死于六盘山中。临死，仍不忘霸业，指挥若定，威仪天下。

元朝

祸起萧墙

中国封建社会发展史当中,父子之间、兄弟之间为争夺皇位自相残杀的事件层出不穷,这个怪圈存在于历朝历代之中。一代天骄成吉思汗死了,其后代也没有逃脱这个怪圈。

成吉思汗有四个儿子,大儿子术赤已病死在花剌子模国,剩下的三个儿子中,他最喜欢的是小儿子拖雷,但也正是他对拖雷的喜爱给拖雷招来了杀身之祸。

话说皇子窝阔台趁赵昺出城时,冲入中兴府,大肆屠杀,灭了西夏,又联宋攻金,节节胜利。然后只派速不台带2万军士去追击残兵,自己却带着大部队班师回到了和林。究竟是什么原因让他如此呢?原来成吉思汗这三个儿子中就数窝阔台最为狡猾。他虽然继承了汗位,却迟迟不愿召开蒙古贵族大会,就是怕二哥察合台、四弟拖雷从中作梗。于是他一定要等到带大部队回到和林,作好周密的计划之后,才召开大会。如果察合台和拖雷稍有不从,便将他们铲除。

公元1229年,窝阔台在和林召开贵族大会。出乎意料的是,大会开得相当成功,强大的察合台和拖雷并没有反对自己,只不过拖雷态度比较暧昧而已。也正因如此,窝阔台便起了杀机。他将二哥察合台支走,派他去治理其封地,然后将四弟拖雷带在身边,伺机下手。

尽管拖雷聪慧,但他怎么也想不到,亲哥哥窝阔台竟忍心对自己下毒手。其实,拖雷并没有非分之想。当初,择定皇储之时,自己年纪尚幼,只知遵从父命。后来想起,也确曾后悔过。但他深爱着父亲,既然父亲如此决定,他便去掉非分之想,一心辅佐三哥,更何况上头还有二哥察合台呢。他也不想兄弟之间互相残杀,岂料三哥窝阔台还是不容他。窝阔台怎肯让手执重兵的拖雷留在自己身边呢?他想铲除拖雷,只是苦于没有机会,只好带着拖雷挥师南下攻金,伺机动手。

名将速不台的确厉害,连攻几座城池。金朝的风翔、长安相继失守,退至潼关黄河一带。拖雷深知潼关险要,非常难打,于是与速不台商议绕道而行,直取金国汴梁。汴梁孤城一座,窝阔台没把它放在心上。对拖雷说:"四弟,完颜守绪那小子是个废物,他坚持不了多久,咱们北回吧。"

拖雷点头同意,但出乎意料的是,战无不胜的速不台竟攻不下汴梁。窝阔台表现得很惊讶,连忙带着拖雷又往回返。完颜守绪得知蒙军增援,只得逃离了汴梁,留大将崔立留守。窝阔台闻讯,心放下了不少,一路上与四弟有说有笑,谁知,就在一天夜里,窝阔台忽然病重,蒙古大军只好就地扎营。手足情深,拖雷得知三哥病重,不疑有他,忙来探视。只见军医进进出出,似乎很忙碌,走进帐内,看见窝阔台脸色淡黄,神情有些憔悴,但两只眼睛却很明亮,除说话有气无力外,也看不出有什么病。善良的拖雷除了心疼三哥,丝毫也没有往别的地方想。半个月后,窝阔台病情仍不见好转,他非常生气,斥走军医,他以为自己是中了魔,找来一个神秘的巫师为他除邪。拖雷见了那个巫师心里很不舒服,但他也不敢说什么。

从此,那个巫师每天在窝阔台帐里蹦来跳去,疯疯颠颠,喊些谁也听不懂的话,有时还将窝阔台的大帐捂得严严实实,不知搞些什么鬼。拖雷虽然反感,也不便说什么。这一天,拖雷正在巡营,忽然有一士兵来报,说窝阔台请他到大帐前去议事。拖雷唯恐三哥有什么闪失,慌忙向三哥的大帐跑去。来到大帐,见四周异常的安静,只有那个巫师托着个酒瓶站在帐外。拖雷一惊,以为三哥出了什么事,一头钻进大帐。却见三哥端坐在榻上,病虽未大好,但气色比先前好了许多。拖雷施礼问道:"大汗,您有什么吩咐吗?"窝阔台看了拖雷一眼,脸上似有不忍之色,半晌方说道:"拖雷,你知道,我为何这几日身体一直不适吗?"拖雷以为三哥有了什么别的想头,忙安慰他道:"三哥,你可能是太累了,休息几天,就会好的。"

"唉——"窝阔台长叹一声,道:"四弟,你有所不知。这连日来,我一直与先皇在梦中相会。先皇一心惦记着我们的统一大业,见汴梁久攻不下,甚是担忧。指点我去天神那里请命。可是,军中又怎能离得开我呢?"

拖雷一听,心中一动,忙施礼道:"大汗,不如臣弟代您去请命。如果大汗信得过我,我即刻前往。"

"好!四弟,也只有你前去了,你是我最信得过的人。"窝阔台见自己不费吹灰之力,就让拖雷上钩,嘴角露出了一丝不易觉察的微笑。

但他立刻收敛起笑容,着重说道:"请法师进来。"

帐帘一挑,门口那个披头散发的巫师幽灵般闪了进来,手拿桃木剑在帐内念念有词。片刻之后,只见拖雷竟然脸色惨绿地走出大帐,谁也不知帐内发生了什么。

拖雷手下有个亲兵叫乌达,对拖雷忠心耿耿。一见拖雷进了窝阔台的大帐,便有些担心,这时见拖雷出来,忙迎上去。一看拖雷脸色惨绿,走路跟跟跄跄的样子,不由得大吃一惊,扶住拖雷失声道:"将军,你,你怎么了?"

拖雷软软地靠在他肩上,道:"快,快扶我回帐。"此刻他的神智还很清醒。

乌达将拖雷扶回大帐,见拖雷神情越来越古怪,急忙问道:"将军,你,你到底怎么了?"

"大汗让,让我喝——喝了一杯酒,代他到,到天神那里请命……"拖雷胸部起伏剧烈,呼吸粗重,已是十分无力。

"什么酒?"乌达神情紧张地问。

"不知道。是,是巫师给的……"话未说完,拖雷便沉沉睡去。任凭乌达怎么呼唤,他再也没睁开眼。此时乌达已明白八九分,但他却不明白,以拖雷的才智,窝阔台怎能如此轻易地就骗他喝下那杯酒呢?

其实,拖雷一听三哥向天神请命的话,已明白三哥窝阔台是什么意思,但他觉得三哥只不过是试探自己,所以当即表示愿代他去请命,以消除三哥对自己的疑心,哪知窝阔台竟如此狠毒,连自己的亲弟弟也不放过,待要反悔,已经晚了,拖雷为此葬送了自己的性命。

再说拖雷死后,那个巫师忽然神秘地失踪了,窝阔台的病也随后恢复。他自己认为做得神不知鬼不觉,却不想,要想人不知除非己莫为,虽然他做得周密,却还是走漏了风声。杀了拖雷,他自以为能稳坐大汗之位,却不知为自己的儿子树立了强大的敌人,在他死后,他的儿子很快就受到了同样的惩罚。

初露头角

拖雷不明不白地死了,这可激怒了一群小老虎。那就是拖雷的四个儿子,蒙哥、木哥、旭烈兀、忽必烈。四个孩子除四子忽必烈性格深沉外,个个性如烈火,又有武艺在身,经常打架生事。拖雷这一死,他们哪肯罢休?刚听到消息就要拔刀弄剑去与窝阔台理论。拖雷的妻子唆鲁禾贴尼却是一个很有心计的女子,她一下子挡在儿子们面前说:"都给我回去,不然就先杀了我,你们再去送死。"

四子一听,垂下头,乖乖回到帐内。唆鲁禾贴尼在帐外察看了一下,走入帐内,长叹一声,小声却无比严厉地斥道:"小不忍,则乱大谋。你们这样鲁莽,你们死去的父亲会放心跟神走吗?"说罢,流下泪来。

四个孩子见母亲如此,都老实了。

日子就这样看似平静的一天天过去。不久,窝阔台收到拔都的一封加急信,大意是钦察草原局势紧张,经常爆发起义,请叔叔出师西征。窝阔台见信大惊,赶忙调兵遣将,派经验丰富的速不台带领皇族长子们出征钦察草原。皇族长子即成吉思汗四个儿子的长子,术赤的长子叫邪尔达,但他终年重病,便让嗣位于弟弟拔都,拔都精明能干,因承袭父亲封地,算作长子;察合台长子拜答儿;窝阔台的长子贵由;拖雷的长子蒙哥。他们共带兵10万,前线指挥为速不台。

公元1235年,大军启程,从北面渡札牙黑河直接杀向钦察草原。15年前,名将速不台与神箭将军哲别率军从宽田吉思海以西翻越太和岭西征钦察草原。太和岭一战,至今想起仍令人心悸。神箭大将哲别已客死他乡,15年过去了,自己也已是一个两鬓斑白的老人,旧地重游,望着广袤无垠的青青草原,老将速不台不禁感慨万千。

但速不台并不是一个轻易服老的人。一路上的胜利,特别是在花剌子模城镇压马合木义军的漂亮仗,使蒙古军军威大振。速不台更是求胜心切,亲身冲锋在前。铁骑飞奔,蹄声如雷,蒙古军闯入钦察部落时,只见茅屋仍在,却不见一个人影,速不台以为钦察人都吓跑了,不禁哈哈大笑。他哪里知道自己此时的处境竟是十分的危险呢？

曾经历过15年前那场战争的钦察族老人十分恐惧蒙古大军的再次入侵，但年轻人却是不怕的。特别是钦察族首领八赤蛮武艺出众，有胆有识，机敏过人，年纪虽轻，却名望极高。闻蒙军来犯，早已集结大军10万准备与之拼死一搏。

而速不台所进入的无人之境，正是八赤蛮布置的一条计谋。此时他见速不台得意忘形，便瞅准时机，带领伏兵从路边杀出。速不台毫无防备，慌忙应战，结果大败而逃。从未如此惨败的速不台不愧为一名老将，很快扎住阵脚。但他又岂能饶过八赤蛮？这一战，他亲自拎刀与八赤蛮打在一处，但是直到天黑也没分出胜负。回到营中，速不台特别苦闷，心想难道自己真的老了吗？

恰好蒙哥带的第二队人马赶到，看到速不台闷闷不乐的样子，就给他出主意说："老将军，八赤蛮是员虎将，不要跟他硬拼，要用计谋。我们趁他筋疲力尽，今晚前去偷袭。全力以赴，必会胜利。"

速不台看着拖雷这个长子，不禁赞许地点点头。深夜，他们趁八赤蛮尚在熟睡之中，兵分四路，铺天盖地杀向钦察族大营。由于毫无防备，应战仓促，钦察族军队几乎全军覆没。八赤蛮光着脚，拼命杀出一条血路，一个人逃走了。但不久，他便在宽田吉思海边被俘，誓死不屈而英勇就义。蒙哥接到消息，与速不台商量，边围剿钦察族残部边挥师杀进俄罗斯境内。速不台欣然同意，同时也在心中暗暗佩服蒙哥的远大志向。

蒙军一路胜利，很快就杀入弗拉基米尔大公国，直扑北俄罗斯名城莫斯科。莫斯科守军头领是弗拉基米尔大公攸利第二的长孙，此人惯会用兵，风闻蒙军来犯，早已准备极多的守城器械。他亲自指挥，拼死作战。蒙军多次强攻，均遭失败。蒙哥与速不台一听大怒，奔到城下，看到蒙军的尸体堆积如山，血流成河，眼睛都红了，忙从士兵手中抢过绳子，亲自攻城，杀出一条血路，士兵们也顺势杀了上去。莫斯科沦陷，蒙军在城内大肆屠杀。蒙哥傲立在城头，望着远方，威严地说："好，稍作整顿就向俄罗斯首府弗拉基米尔城进军。"速不台听闻此言，再次向这位少年英雄投去赞赏的目光。

攸利第二听说莫斯科失守，孙子被擒，发誓一定要讨还血债。他准备前后夹击蒙军，谁料到，人算不如天算，他在弗拉基米尔死守，可援军却迟迟未到。七天七夜后，弗拉基米尔城被攻破，两军展开巷战。最后，守军无路可逃，退到一座大教堂内，负隅顽抗，宁死不降。速不台大怒，放火将敌人全部烧成灰烬。攸利第二非但没有报仇，反而死于乱军之中。蒙军攻克弗拉基米尔之后又是一番屠杀，鲜血染红了莫斯科的大地。

为父报仇

速不台带领四位皇族长子杀入钦察草原，正取得节节胜利之际，窝阔台忽然来信，要求三位皇族长子贵由、拜答儿、蒙哥速回国，拔都仍为西征统帅，速不台为前线总指挥。信中原因说的明白：只因四位皇子常私下闹矛盾各自为政，不共患难，十分担忧。速不台看罢，虽觉得三人一走，军中又少了几员虎将，但也不敢违命，只得让三人回去。

蒙哥、拜答儿、贵由三人早已不满拔都的傲气十足，看到大汗的信，也都吵着要回国。而拔都也怕三子争功，战后与他平分战果，反而希望他们越早走越好，留也没留，便高高兴兴地把他们送走了。

蒙哥三人走后，老将速不台带领大军继续西进，无往不胜，很快拿下了所有的城池。拔都大喜，于公元1219年来到亦的勒河，即今天的伏尔加河，以其下游的萨莱城为都，正式建立了钦察汗国。半年后，老将速不台病死，入土安葬时，手中仍握着神箭将军哲别的一支短箭，可见，二人在长年的南征北战、共同患难中结下了多么深厚的友谊。

再说窝阔台，他本来也是一个聪明人，做事坚决果断、勇敢，可是继承汗位后，他就逐渐变得纵情酒色，安于享乐。他非常能喝酒，每天都要喝上几十坛好酒；他又在和林大修宫殿，广选美女。由于纵欲过度，身体很快垮了下来，斗志也随之而减，每天只知吃喝玩乐，连政务也荒废下来。大臣们开始还劝劝，后来一劝他就暴跳如雷，大家也都不敢言了。公元1241年，窝阔台终因酒精中毒而死在他温暖如春的内帐中。

此时，他的儿子贵由尚处在西征归途中，他的妻子乃马真皇后暂时执政。乃马真皇后为了儿子能稳坐汗位，极力笼络人心。她最担心的便是拖雷的遗孀和儿子们，于是她送给拖雷之妻唆鲁禾贴尼一批极其贵重的礼物，想笼络住她。聪明的唆鲁禾贴尼自然明白她的意思，便与儿子们秘密商量对策。深沉而又精明的四子忽必烈劝母亲先收下礼物，稳住乃马真皇后。贵由还未回来，不可贸然行动，否则后患无穷。唆鲁禾贴尼见儿子说的有理，便依计而行。

乃马真皇后见唆鲁禾贴尼收下了礼物，悬着的一颗心才放了下来。公元1246年，乃马真皇后决定召开贵族大会，推举贵由为大汗但拔都称病没来。乃马真皇后知道，那一帮人均成不了气候，于是大会在唆鲁禾贴尼等人的支持下顺利举行，贵由如愿坐上了大汗的宝座。可是3个月后，他的母亲却因劳累过度，心力交瘁而死。

乃马真皇后死了，贵由失去了一个有力的帮手。唆鲁禾贴尼依然不动声色，因此也就没有引起贵由的警惕。倒是拔都不来参加贵族大会，让贵由怀恨在心。第二年，他便开始削减拔都的兵权，矛头直指钦察汗草原。拔都自然不服，抵触情绪很大。于是公元1248年，贵由便以怀念西征岁月，祭拜老将速不台为由，离开和林，率军西行，实际上是想伺机除掉拔都。

忽必烈一见贵由离开了和林，立刻对母亲说："母亲，时机已到，我们可以动手了。"

拖雷死得不明不白，蒙哥兄弟一直耿耿于怀。只是唆鲁禾贴尼唯恐再枉送了四个爱子的性命，便假装顺从，以转移贵由等人的注意力。现在贵由与拔都斗争激烈，正可利用。于是她写了一封亲笔信派心腹快马抄近路送到拔都的钦察汗国，提醒拔都准备应付意外情况。

拔都的弟弟昔班是个血性汉子，见信大怒。而拔都只是嘴角挂着一丝阴冷的笑，因为，他早已想好了一条毒计。他立刻调动人马，做了详细而周密的布置，然后派弟弟昔班前去迎接贵由。

昔班的队伍和贵由的队伍在今乌伦古河上游河曲处相遇了。昔班血气方刚，大老远就扯着嗓门大喊："哎哟，大汗哥哥，我在此等候您多时了，萨业城的子民热烈欢迎您。赶紧带着您的大军进城吧！哈哈哈。"

贵由见他对自己夹枪带棒，大呼小叫，丝毫不客气，不由得非常生气。但他知道昔班性子烈，不好惹，只好强忍怒气打着哈哈道：

"原来是昔班兄弟,好长时间没见,我真是想念你呀!怎么样,今晚陪我喝几杯吧。"

果然,当夜贵由请昔班喝酒,两人喝得大醉,同帐而眠。但是谁也没想到,天亮之后,侍从竟发现二人都死了,全蒙为之震惊。两人到底怎么死的?帐中究竟发生了什么事,恐怕永远也没人能回答了,此桩历史疑案至今仍没有弄清楚。

纷争再起

公元1248年,贵由大汗离奇诡秘地死于异乡。消息传到和林,蒙哥兄弟均知计谋得逞,迅速作出反应,着手争夺汗位。

拔都以长门长孙的身份邀集各部召开选汗大会,唆鲁禾贴尼抓住时机,让儿子们都去参加。而成吉思汗家族四个支系中的另外两个支系:察合台系和窝阔台系则以会议召开地点不在和林为由,拒绝参加大会,并且对大会推举蒙哥为汗不予承认。

公元1251年,蒙哥回到和林,再次召开族会。察合台系和窝阔台系仍然没有参加,原因只有他们自己最清楚,那就是他们觉得自己的实力不如另外两系。而术赤系和拖雷系也并不把他们放在眼里,在没有两系参加的情况下,强行通过蒙哥为汗,并且符合族法,即日生效。

察合台系和窝阔台系自知实力不济不去参加族会,并不意味着他们彻底臣服。而蒙哥一派虽不把他们放在眼里,却对他们此举甚为反感,矛盾逐渐升级。察合台、窝阔台两系知道来明的不行,便来暗的,意欲行刺蒙哥。

一天,失烈门、脑忽、也孙脱等一干人还在密谋怎样暗杀蒙哥,这时蒙哥的弟弟旭烈兀突然带人破门而入。原来蒙哥早已派人监视他们,发现情况,立刻派人前来捉拿,几个人还要反抗,早有七八个小伙子上来将他们按住捆绑起来。当晚,他们便被秘密处死。几天后,连支持他们的海迷失皇后也被旭烈兀装入布口袋,扔进大江。自古皇位争夺都是残酷而无情的,蒙哥也不例外。他很快就将反对自己的势力一一铲除掉,家族内部也死了许多人。就连自己的亲兄弟,他也不放心，怕手足间为此闹分裂，他便将四弟忽必烈派去攻打南宋，派三弟旭烈兀进军西南亚，以分解和林矛盾，巩固自己的政权。

单说蒙哥的三弟旭烈兀，他于公元1252年应蒙哥汗之命前去攻打西南亚。西南亚是指宽田吉思海以南的国家，旭烈兀深知那里地势险恶，城堡都建在半山腰，易守难攻。为确保胜利，他带了许多工匠和汉人发明的新武器——大炮，然后挥师进入西南亚。

公元1253年，旭烈兀率军进入宽田吉思海以南信仰宗教的木刺夷境内。他先派猛将怯的不花带领千人打先锋，刚开始的时候，还很顺利，火炮十分厉害，敌人闻风而逃。可是在攻打地势险要的吉儿都苦堡一战中却损伤惨重，久攻不下，一连打了九个月都无丝毫进展。

旭烈兀为此忧心忡忡，这时一位谋士向他悄说一计，旭烈兀听了不由得心花怒放。他立刻派人潜入木刺夷都城阿拉模城，全力了解其上层情况。暗地买通木刺夷朝内数名大臣进行挑拨，怂恿木刺夷王之子兀鲁兀发动政变，杀父夺位。旭烈兀趁其内乱之时发起进攻，连取16城。兀鲁兀迁都梅迭堡，旭烈兀久攻不下。或许是天意，兀鲁兀弑父难逃罪责，忽然天降大雪，旭烈兀雪后攻城，木刺夷全线崩溃。旭烈兀活捉兀鲁兀及其亲众，押往和林。

平定木刺夷之后，旭烈兀率军向西南方向推进，打入阿拔斯王朝都城报达。此国国王荒淫好色，但他手下却有两名大将，素里曼沙和宰相哀信克。素里曼沙善于作战，多次打退旭烈兀的进攻，后来旭烈兀截断其粮草才使他撤兵。突破素里曼沙所设防线，旭烈兀长驱直入，进军报达城，在底格里斯河东部遭到了宰相哀信克的反抗。旭烈兀派大将只住和怯的不花分上下游偷渡，自己从中路进军。只住偷渡成功，但是却打不过哀信克，只好暂且败退，伺机再攻。当夜，哀信克在低洼处扎营，只住扒开底格里斯河河堤，水淹报达兵，随后出战，大获全胜。怯的不花也偷渡成功，三路军会合后，包围报达城。阿拔斯王朝的君主胆小如鼠，吓的跑进教堂，请求上帝的庇护。旭烈兀将火炮架入战船中，炮轰城墙，那位荒淫的君主只好战兢兢下令投降。旭烈兀最瞧不起这种人，一进城就将他杀了。

木刺夷就是今天的伊朗，阿拔斯王朝报达城就是今天伊拉克的巴格达。蒙古大军已将这两个国家征服，不久又继续向西南推进，占据叙利亚，打到了埃及。

但是,令旭烈兀头疼的是:埃及国王马穆鲁克是个厉害人物,反倒将旭烈兀打得惨败,元气大伤,蒙古军只好暂时停止西征的步伐。

大理秋歌

蒙哥继承汗位后,派四弟忽必烈驻守漠南,伺机与南宋开战。忽必烈大肆操兵演练,专等蒙哥汗一声令下,便大举攻宋。

但是,蒙哥汗觉得要想征服南宋,最好的办法就是南北夹击,这就必须首先征服地理位置优越的大理国。大理国始建于唐代宗末年,都城在今云南大理县,是个少数民族国家,国土面积只有今云南省和四川西南大。大理国的国君段兴智是个傀儡,政权不在他手中,而是被高祥和高和兄弟俩把持。

忽必烈奉蒙哥汗之命从甘肃进入西藏,以闪电般的速度扑向大理,高氏兄弟对此不以为然,认为蒙军不过是一群乌合之众,没什么好怕的。忽必烈大军渡过大江曾派三位使者前去劝降,结果都被高氏兄弟杀害。忽必烈闻之大怒,于公元1253年农历十二月以猛虎下山之势带兵扑到大理都城下。

本来忽必烈以为,高氏兄弟如此狂妄,必有什么过人之处,哪知一见之下,不过是两个酒囊饭袋。仅仅半天功夫,就将高和斩首。高祥见兄弟死了,城池被打得摇摇欲坠,危在旦夕,便抱着脑袋趁着混乱,惊慌失措地逃往姚州。大理兵一见主帅逃走,退潮似地败下阵来。高祥一路快马加鞭,恨不得肋生双翅,边跑边想:"哼。我骑的是宝马良驹,蒙古人除非长了翅膀,否则甭想追上我。"跑出好几百里,马也累得遍体流汗,高祥便下马让马歇歇脚,自己也靠在路边的树下打个盹儿。谁知眼皮一合竟呼呼睡去,睡梦中只觉蹄声如雷,睁眼一看,蒙军已追到跟前。他吓得魂飞魄散,连挣扎也没挣扎一下就被俘虏了。忽必烈看着这个杀了自己三位使者的人,不禁冷笑一声,喝道:"来人,给我带回去!"高祥一听忽必烈那冰冷的声音,吓得不禁一哆嗦,一泡尿早尿在了裤档里。

第二天,高祥被带回大理遭酷刑而死。再说大理那个废物国君段

元　朝

兴智，本来就被高氏兄弟所左右，蒙军一来，攻克大理，高氏兄弟逃走，他更不敢稍作反抗，惶惶如丧家之犬逃往善阐，即现在的昆明。蒙军早已打探清楚禀告忽必烈。忽必烈派人去捉，谁知这个废物皇帝在逃跑这件事上倒是有一些手段。他化装成老百姓，混在其中，竟一时蒙过了蒙古军。他正暗自庆幸，忽见一路蒙古骑兵冲过来，忙向山上跑去，随人流一起躲入一个山洞。蒙古骑兵来到附近，仿佛已觉察到什么，开始仔细搜山。一个骑兵无意中发现了这个山洞。几个骑兵立即点起火把扔进山洞，随着一阵撕打声和惨叫声，几个老百姓模样的人被拖出洞来。

"将军，你看——"一个骑兵手指着那几个百姓中的一个中年人说："那个人太像大理皇帝段兴智了！我在他的皇宫中看到过他的画像。"

被称作将军的人是蒙军大将兀良合台。他听闻此言，顺着士兵手指的方向望去，一看之下，不禁哈哈大笑，道："大理皇帝段兴智，你，你怎么这副模样，可不让天下人笑煞吗？哈……"

兀良合台抓获了窝囊皇帝段兴智，忽必烈命人将他带往和林，送交蒙哥汗处理。段兴智一路哀叹，心想自己必死无疑。岂料到了和林，蒙哥汗只是让他缴了降书纳了顺表，却并不想杀他，而是让他继续回大理做他的皇帝。

蒙哥汗这样做也有他的道理。一来段兴智本来就是一个傀儡，杀了他也没用，与其杀了他，倒不如留着。二来大理国少数民族多，不易管制，留着段兴智没准能派上用场。况且，留着他总比大理再出一个大有作为的皇帝好。段兴智哪知道蒙哥汗想些什么，还以为蒙哥汗大发慈悲呢，不禁对他感恩戴德。

大理的皇帝虽是废物，大理人却不是好惹的。特别是那些彪悍的少数民族英勇地与蒙军展开战斗，忽必烈南征北战，整整用了两年的时间才在大理站住脚。

忽必烈是拖雷四个儿子中最小的一个，也是最像他父王的一个。他武艺高强，聪颖好学，不仅善于用兵打仗，而且深谙治国之道。在大理站住脚后，他就开始张榜安民，并不大肆屠杀，极受百姓拥护。也许正是由于他太出众了，所以遭到了与父亲拖雷同样的命运——受到哥哥的猜忌。

· 69 ·

蒙哥汗见忽必烈越来越有威信，深感不安。他疑心忽必烈有谋反之心，派亲王阿兰答儿一干人审查忽必烈手下的官员，甚至动用酷刑。忽必烈闻之大惊，忙赶回和林，把妻儿留下，以示诚心。蒙哥汗见他如此也不好再说什么。

半年后，蒙哥汗写信召忽必烈回和林，共谋攻宋大计。蒙宋之战不可避免了。

蒙哥汗归天

当年宋联金灭辽，企图依靠金朝夺回幽云十六州。谁料，金朝暗藏心机，将矛头指向宋朝，屡次派军南侵，北宋皇帝才知上了当。

吃一堑，长一智，这是中国的古话。南宋当权者却没有遵从这句古话，吸取教训。公元1233年，蒙古统治者提出与南宋联合抗金，南宋欣然应允。在两国夹击下，金亡。然而过没多久，蒙古兵就化友为敌，将矛头指向了南宋，很快攻到洛阳城下，想吞并大宋江山，使宋朝再次上当。

公元1258年，也就是在蒙哥汗平定了大理，为攻宋扫清障碍之后，便开始积极准备攻打南宋了。为了便于指挥，蒙哥汗在恒利滦水的卧龙山，即今内蒙多伦县北方一带，修建了一座豪华宫殿，不久成为正式的新都。

一切准备就绪。蒙哥汗兵分三路，向南宋大举进攻。第一路是兀良合台将军率领留在大理的蒙军由南向北；第二路由塔察儿将军带领5万骑兵东下直抵江淮；蒙哥汗亲率第三路军绕过关中，杀进四川，顺江与第二路军和兀良合台于襄阳城至长沙一线会师，再直捣南宋都城临安。

这次派兵，没有忽必烈什么事。他知道大汗是有意的，他仍在疑心自己。所以忽必烈闷闷不乐地回到帐中，谋士都来劝他，让他稍安勿躁，等候时机。果然第二路军在河南大胜关遭到宋军的顽强反抗，蒙军死伤惨重，连主将塔察儿将军也战死了。蒙哥汗率领第一路军快速攻下长沙，但是在合州却遇到南宋的一员名将。在此情况下。蒙哥汗只好派忽必烈去统领第二路军南下。

你道蒙哥汗在合州遇到的是谁？那就是历史上非常有名的王坚。王坚是一位有胆有识之士，蒙军刚刚攻入南京，理宗和部分大臣们有的准备逃走，有的准备投降，只有王坚誓死抵抗。他带领合州军民做了周密的计划，积极备战。他大义凛然地说："生是大宋人，死为大宋鬼。决不卖国求荣！"

果然，蒙哥汗很快便攻到合州城下。蒙军气势汹汹，杀气腾腾，但合州将军王坚却毫无惧色，只是站在城头，仔细观察着蒙军的情况。

"攻城！"蒙哥汗一声令下，蒙军如狼似虎扑向合州城。城上的王坚不慌不忙，看蒙军架着云梯，快要爬上来了，方大喊一声："泼热水！"几百桶滚烫的开水泼下去，纵是铁打的汉子，也禁不住。只听蒙军中一片哭爹喊娘之声，正在云梯上向上爬的士兵把持不住，摔了下去，登时脑浆迸裂。一时，蒙军死伤无数。蒙哥汗见状组织军士头顶硬牛皮甲继续冲锋。谁知，这次宋军不倒开水了，扔下滚木雷石，又砸死许多蒙军。蒙哥汗见状双眼喷火，令蒙军大将纽林亲自上阵督战。岂料宋军又改变了策略，改为放箭，纽林肩膀中箭，狼狈逃回。

蒙军自侵入大宋以来，从未遭此挫折，一时士气大落。蒙哥汗见群情低落，再战无益，急令收兵回营。更令他料想不到的是：当晚王坚竟率众劫营，一把火烧了蒙军无数营帐。蒙哥汗只好后撤10里，两军对峙。

不管蒙哥汗发动多么凌利的进攻，合州城就如同一只铁桶，纹丝不动。蒙哥汗见来硬的不行，便想来软的。恰好此时有个叫晋宝国的宋将投降了蒙军，而且听说他又与王坚关系不错，于是蒙哥汗便派晋宝国前去劝降王坚。晋宝国自恃与王坚交好，谅他也不能把自己怎么样，欣然前往，对其许以高官厚禄，以诱之。岂料王坚精忠报国，软硬不吃，而且痛恨晋宝国做了叛贼，竟一刀将他杀了，割下头颅挂在城楼上向蒙军示威。

蒙哥汗见晋宝国的头被挂在了城楼上，气极之余也就死了劝降的心，一门心思攻城。但是合州军民在王坚的指挥下，团结一致，共同御敌，使超过宋军兵力20倍的无敌蒙军整整6个月都未能前进半步。

数次强攻失败，使蒙哥汗失去了冷静。这一天，他率蒙军攻城又遇挫折，伤亡惨重，不禁大怒。他脱去袍帽，光着膀子亲自攻城。王坚在城上看得真切,见蒙哥汗亲自上阵,急令打开城门,意欲活捉蒙哥汗。不料,混乱之际不知从哪飞来一支冷箭,正中蒙哥汗左胸,蒙哥汗登时摔下马去。

蒙哥汗被抢救回营,终因伤势沉重,这位蒙古大汗一命归西了。

争夺汗位

蒙哥汗在攻打合州城时,中箭身亡,消息很快由蒙哥的弟弟木哥传给了忽必烈和旭烈兀。

忽必烈闻讯大惊失色,心知新一轮的汗位之争又将开始,而自己究竟何去何从呢?这一晚,他正在帐内沉思,他的老谋士姚枢走了进来,缓慢而又坚定地说道:"机不可失,时不再来,将军可要三思而后行啊!"

"你是说……让我争夺汗位?"忽必烈听闻此言,自己心头不免一跳。其实,忽必烈尽管文武双全,在军中颇有威望,又几次受到蒙哥汗的猜忌,但他一直忠心耿耿,从未想过要争夺汗位。这突然的变故,让他一时拿不定主意。但他也真不愧为一代英雄,一听姚枢要他争夺汗位,立刻下定了决心,并且迅速着手准备。

蒙哥汗离开和林时并没有确定继位人选,只是留下七弟阿里不哥负责和林安全。阿里不哥为人狡诈,他为拖雷之妻所生,早有不轨之心,只是表面上顺从蒙哥而已。此次接到蒙哥死讯,大喜过望,立刻蠢蠢欲动,也准备争夺汗位。他深知木哥和旭烈兀只是一介武夫,不值一提,只有忽必烈是一个难对付的主儿。于是他找来老亲王阿兰答儿商量,阿兰答儿知道阿里不哥没有主心骨,觉得与其让忽必烈继位不如让他继位,这样自己也可从中捞到些好处。于是给他出主意:趁忽必烈围困鄂州未归,派大军占领新都开平,迫使忽必烈称臣。如果他敢反抗,就杀他全家。

阿里不哥一听此计甚好,当即就调5万军队,派阿兰答儿去占领开平。这下,阿兰答儿可是骑虎难下了。他知道忽必烈的厉害,心里想要不去,可主意是他出的,只好硬着头皮上。窝阔台系与察合台系素来与拖雷系结怨很深,他们无力争夺汗位,但也不愿意看到强大而英明的忽必烈登上汗位,乐得看他们兄弟自相残杀,好取渔翁之利,因此竟对阿里不哥的反叛行为予以默认。

再说阿兰答儿行军至半路,便得知忽必烈之子真金已做好军事防御准备,而忽必烈也已从鄂州返回,正在归途中,吓得立刻就地扎营,不敢再去攻占开平。一个月后,灰溜溜地撤军回到和林。阿里不哥非常生气,但也没有办法。

公元1260年中旬,忽必烈回到开平,笼络王族,调集军队,没有召开贵族大会便登上了汗位。与此同时,阿里不哥在和林也宣布继位。两人集结军队,准备开战。

忽必烈为人精明,不仅会打仗,而且会治国,受到了许多人的拥护。他仿照中原封建社会的君主制,定立年号为中统。为了战胜阿里不哥,他将中原大队人马调往函谷关以西,设营于京兆。而阿里不哥为避免被忽必烈包围,将军队也派往函谷关,设营于六盘山。

阿里不哥哪里是忽必烈的对手。不久,兵败的消息传到了和林,阿里不哥大怒。但他除了大骂忽必烈,却没想出好的办法去对付他。骂着骂着,他一眼瞥见旁边的阿兰答儿眯着眼在那儿一副事不关己、高高挂起的样子,不禁生气地说:"本汗认为当务之急,就是挽回败局,老亲王德高望重,就替本汗去增援六盘山吧!"

老阿兰答儿本想推辞,却又想起上次自己攻打开平,中途收兵引起阿里不哥盛怒的样子,至今想来,仍心有余悸。于是硬着头皮带兵前往六盘山。军队还没到六盘山,前方的军队已退了下来。随着忽必烈的亲征和林与阿里不哥的逃亡,阿兰答儿的增援全线崩溃。阿兰答儿也落了个被俘身亡的悲惨下场。

公元1264年7月,在外逃亡3年的阿里不哥实在无处投奔,便回来向忽必烈投降。至此,忽必烈的霸主地位得到正式确立。

大奸臣——贾似道

蒙哥汗在攻打南京,进攻合州时,中箭身亡。他的弟弟忽必烈虽然决心争夺汗位,但并没有就此收兵,反而更加坚定了攻宋的决心。

公元1258年,忽必烈大军围困鄂州。鄂州情况危急,副将刘整匆忙走进帅府,想要报告前敌消息。不料刚说两句话,主帅贾似道便不耐烦地挥手道:"你先等会儿,我的蛐蛐儿还没分出胜负呢?!"大敌当前,他还如此悠闲,难道他有什么克敌之道吗?非也。

这贾似道是中国历史上有名的大奸臣。只因为有一个姐姐长得漂亮,入宫当了皇妃,他才一步登天,从此飞黄腾达起来。他本来就没本事,只知游山玩水,寻欢作乐,可偏偏碰上昏庸的宋理宗赵昀,竟派他到前线督战。刚到鄂州,他还满心欢喜,可是蒙古军一到他就吓破了胆。没多久,他便秘密以南宋右丞相之名来到忽必烈帐中,表明愿意屈膝求和,只要忽必烈退兵,他答应每年向蒙古进贡白银20万两,丝绢20万匹。忽必烈此时正忙于汗位争夺,也就顺水推舟,答应了他,这就是历史上有名的"鄂州之盟"。双方还约定以长江为界,分治天下。随后忽必烈就挥师北返,争夺汗位去了。

所以,贾似道一点也不着急。可是"鄂州之盟"是秘密议订的,副将刘整哪知其中的关系。虽见贾似道不理政务,一副无赖相,却也无可奈何,只好尽自己之全力,与蒙军作战。他见蒙军北返,必是因蒙哥已死,回去争夺汗位。他想趁此良机,正可一路追杀,于是便来向贾似道请令。贾似道不敢说出"鄂州之盟"之事,只得答应刘整,然后再伺机阻拦。

再说忽必烈北返后,长沙的兀良合台也随后回师开平,先头部队正在江上搭浮桥。刘整打算火烧浮桥,截住兀良合台的退路,杀他个人仰马翻。

3日后,兀良合台的大部队开始渡江,刘整率2万军士埋伏在岸边。正要动手,贾似道突然赶来,厉声喝道:"没我的命令,谁也不许出战,否则格杀勿论!"刘整听了,顿时目瞪口呆,眼睁睁看着蒙军顺利渡江。直到蒙军只剩了一个小尾巴,贾似道才摇头晃脑道:"刘将军,机不可失,时不再来,此时还不动手,更待何时?还不去给我捉些俘虏回来。"刘整听闻,哭笑不得,指挥2万军兵只捉回几名俘虏回来。兀良合台急着赶路,也没与之交战,扔下余部小卒,一走了之。

贾似道见捉住几十个俘虏,如获至宝,得意洋洋向理宗请功去了。

理宗还以为贾似道解了鄂州之围，重赏之下竟将朝中军权也给了他。从此贾似道弄权朝中，手握满朝文武的生杀大权。

公元1264年，理宗赵昀病故，太子赵禥即位，即度宗皇帝。度宗更是个无能之辈，整日陷于酒色之中，不理朝政。贾似道更受重用，如鱼得水。他自以为"鄂州之盟"无人晓。可他却不知道，同守鄂州的曹世雄、白士壁与刘整交情甚厚。一日三人喝酒，二人便对刘整说起了"鄂州之盟"。刘整听闻大怒，立刻就要去告发贾似道，被二人死命劝住。但他们的谈话又被一个小将听到，小将密报贾似道。贾似道大惊，但他不愧为弄权高手，很快就找理由发配了曹、白二人，刘整也被诬谋反，入狱等死。幸好刘整有一身好武艺，打死狱卒，逃了出来。可是戴着谋反的帽子又能逃到哪里呢？又想起皇帝昏庸无能，奸臣当道，刘整一气之下投奔了忽必烈。忽必烈爱惜他是一员虎将，不计前嫌，收留了他。

从此之后，贾似道更加得意忘形。他似乎从未想过，忽必烈会再次攻宋。公元1267年秋，贾似道正在自己府中与众妻妾寻欢作乐，军士忽然来报："蒙军已大举南侵，统帅阿术，刘整也参加了此次征讨……"没等听完，贾似道脑袋就嗡嗡直响。许久，方强自镇静下来，懊恼地想道："忽必烈怎么能出尔反尔呢？他没有理由再打过来呀?!"

"欲加之罪，何患无辞。"忽必烈此次征讨的理由很简单，那就是早在7年前他曾派使者求贾似道恪守条约，贾似道非但没履行条约，反而将使者秘密杀害。

其实，忽必烈征讨南宋之心从来就没有灭过，"鄂州之盟"只不过是他的缓兵之计罢了。公元1267年，蒙军打到襄阳城下，守将是南宋名将吕文焕。吕文焕率襄阳军民苦守襄阳，无奈最后外无援兵，内无粮草，5年后襄阳失守。

公元1274年，蒙军进军临安，贾似道力主求和。蒙军统帅伯颜要贾似道亲自来议和，贾似道哪里敢去？此时，度宗病亡，4岁的赵㬎当了皇帝，由谢太皇太后辅佐。此时"鄂州之盟"也已暴露，谢太皇太后又是个主战派，痛恨贾似道卖国求荣，满朝文武也纷纷指责他。谢太皇太后趁机免去贾似道之职，发配循州。

人人唾弃贾似道这个大奸臣，押解途中，被差官乱刀分尸。

留取丹心照汗青

辛苦遭逢起一经，干戈寥落四周星。
山河破碎风飘絮，身世浮沉雨打萍。
惶恐滩头说惶恐，零丁洋里叹零丁。
人生自古谁无死，留取丹心照汗青。

这便是抗元名将文天祥身陷囹圄之时，面对波涛翻滚的零丁洋，感慨万千，吟成的流传千古的《过零丁洋》。

公元 1271 年，蒙古迁都燕京，即今北京。忽必烈自封皇帝，建国号为元，模仿汉人建立封建君主制。

公元 1273 年，一切准备就绪，忽必烈下令，大举侵宋。度宗是个无能之辈，整日沉迷于酒色，不理政务。宋军无力应战，一溃千里。又有奸臣贾似道弄权，大宋江山处于风雨飘摇之中。第二年度宗纵欲而死，4 岁的赵㬎，即恭宗即位，由太皇太后辅佐。谢太皇太后是个主战派，杀了贾似道，命令各地派兵应战。但是各地方官大多按兵不动，只等元军来了便举手投降。

但是大宋也并非没有仁人志士，文天祥便是众多有识之士之一。文天祥受命于危难之中，立即以赣州知州的身份招募了 3 万名兵士前去保卫临安。只是在众多宋将纷纷投降的情况下，文天祥的抵抗显得太势单力薄了。他同另一位主战派将领张世杰保护太皇太后、太后、皇上等人去海上避难。此时朝中奸相陈宣为保活命偷偷写了降书顺表，连同玉玺一同派人送至元军大营，自己又做贼心虚，逃往温州，谢太皇太后只好派文天祥去和元军议降。

文天祥在元军统帅伯颜面前大义凛然，毫无惧色，与之据理力争。伯颜大怒，心想此人若要放回去，必为我之劲敌。遂不顾"两军交战，不斩来使"的礼节，将其扣押。文天祥为人机警，有勇有谋，在押解途中逃脱，随后积极抗元。

公元 1276 年，临安失守。谢太皇太后、太后、皇帝等人均被蒙军抓往北朝，此时宋朝等于亡了。但是不久，陈宣、张世杰等人在福州拥立9岁的赵昰为皇帝，重新恢复宋朝名号。他们把文天祥请到福州，那时文天祥已颇具影响力，一声号令，便有各地兵士群集响应。文天祥亲自领兵作战，与元军抗衡，取得了一些胜利。

元军自侵宋以来，每每一战即胜。这次在文天祥手中吃了败仗，气急败坏，便把他当作头号敌人。毕竟敌众我寡，相差悬殊，文天祥战败，只好逃离赣州。

公元1278年，赵昰病故。6岁的赵昺继位。陈宣见大势已去，再次偷偷逃走。文天祥继续与元军周旋，无奈孤军难撑，最终被捕。

元军统帅认为文天祥是个难得的人才，便想劝降他，遭到文天祥的严词拒绝。文遂被软禁在军船上，押往燕京。路过零丁洋，面对波涛汹涌的大海，文天祥不禁想起自己21岁参加进士考试，被录为第一名。为报龙恩，他勇敢地针砭时弊，慷慨陈词。在殿试时，写下"自强不息"四个大字，意思是说：大宋要自己强大起来，只有这样才能抵御外侮。主考官和皇上当场将文天祥定为状元。当时情景，至今仍历历在目。后来，元军来犯，自己力排众议，主张抗战，且多次舍身救护幼主。不想今日身陷囹圄，自己死不足惜，大宋江山风雨飘摇，岌岌可危，今后谁来护卫幼主，光复江山呢？感慨惆怅之余，挥笔而就千古名作《过零丁洋》。

公元1279年，南宋小皇帝赵昺绝望了，面对铺天盖地的元军，孱弱的南宋队伍已无力抵抗。这个7岁的小皇帝除了一死已无路可走，他选择了跳海。至此，统治近320年的宋朝彻底灭亡。

而忠烈爱国的文天祥由于宁死不降，也在被囚禁了3年多以后，被忽必烈下令杀害。

关汉卿与《窦娥冤》

关汉卿，号已斋叟，大都人。大约出生于公元1229—1234年间，卒于公元1297—1300年间。他精通音律，能吟诗，会琴箫。时人称他：生而倜傥，博学能文，滑稽多智，蕴藉风流，为一时之冠。

而据钟嗣的《录鬼簿》记载，他曾任太医院尹，这说明他是个医生。但邾经在为夏庭芝《青楼集》作的序中，又认为他为金朝遗民，按元朝律令，这是不允许走仕途经济之路的。总之，他当时的世俗身份还有待考证，但有一点无人能否，他是元朝伟大的杂剧作家。

关汉卿创作的剧目非常多。他一生写了66个剧本，几乎比同时代的英国剧作家莎士比亚多1倍。而且他的作品都为自己独立创作，而不像莎士比亚那样在前人创作的基础上改编而成。可惜的是，关汉卿所创作的66个剧本中保留下来的只有18个，而这18个中还包括科目残缺的3个。其主要作品有《单刀会》《救风尘》《望江亭》《拜月亭》等。

关汉卿的元杂剧创作在多方面取得成就。之所以如此，一方面缘于他本人的天赋，更重要的则缘于他对生活的切身体会和感悟。

关汉卿生性热情冲动。在大都，他带头组织了一个书会，即"玉京书会"，成员有王实甫、王和卿、杨星之等著名的剧作家。他们经常在一起讨论戏剧，然后公演。在他们的戏剧班子中有一个叫做珠帘秀的，不但表演出众，而且人长得非常漂亮，许多达官显贵都来听她唱戏，却因此而惹出了一段祸事。

原来南宋投降后，忽必烈统一了全国。他仿照中原的封建制度治理国家，并任用一个叫阿合马的人为他理财。阿合马生性残忍，对老百姓拼命盘剥，狠不得从骨头里都能榨出油来，是个凶狠的大贪官污吏。人们恨透了他，但是他为忽必烈聚敛了大量钱财，忽必烈很赏识他，破格提拔他做了中书平章政事。阿合马顿时一步登天，人们对他更是敢怒不敢言。

阿合马不仅残忍、贪财，而且好色。他听说关汉卿组织的玉京书会中有一个叫珠帘秀的容貌出众，便来到书会听戏。其实哪里是想听戏，只不过想趁机看看珠帘秀，一饱眼福。关汉卿与王实甫几人听闻此事，个个咬牙切齿。几个人一商量，就设一计，想戏弄他一番。

当晚阿合马便来到玉京书会。演出的剧目是《击鼓骂曹》。阿合马是花剌子模国人，哪里懂什么戏，只是一落座便见台上有个人横眉立目，一直瞪着自己，指手画脚骂个不停，但他知道是在唱戏，虽觉此人讨厌，也不便发作。过了好长时间，这个人才退到后场。这时，从后台转出一人，阿合马一见，眼睛都直了，出场的人正是珠帘秀。

本来关汉卿不想让珠帘秀出场，但他也知道，不让珠帘秀出场，阿合马不会善罢甘休，最后决定让珠帘秀出场敷衍几句便回去。那阿合马见珠帘秀容貌俏丽，如仙女一般，直愣愣盯着她看，直到珠帘秀退回后场，他才回过神来。

第二天，阿合马便派人到玉京书会，点名要珠帘秀去唱堂会。关汉卿等人心里明白，这哪是什么唱堂会，分明是想趁机霸占珠帘秀。珠帘秀也素闻阿合马恶名，知道自己此去如羊入虎口。可是她一个弱女子，又有什么办法呢？只有伤心哭泣。一时之间，玉京书会乱作一团。有人主张跑，有人主张拼，关汉卿也是一筹莫展。他忽然灵机一动，计上心来，与王实甫一商量，王实甫不由地拍手叫绝。

你道关汉卿出了什么主意？原来在临安有个"见官大一级"的塔克烈。为什么叫"见官大一级"呢？只因为他是忽必烈的远房叔父，只知打仗拼命，忽必烈无法让他做官，便修了一座馆驿，让他主持。他也乐得悠闲，平时非常喜欢看戏，更喜欢看珠帘秀的戏。关汉卿的计谋便是去找塔克烈。塔克烈一见珠帘秀来到自己的馆驿拜会，非常高兴。听关汉卿委婉地说明情况，立刻火冒三丈，一手揽下此事。至此，关汉卿、珠帘秀等人才暗暗松了一口气。

阿合马没有得到珠帘秀，自然不会放过关汉卿。这一天阿合马正在府中为此事气恼，一个亲兵走上前来，悄声问道："老爷是否还为珠帘秀的事耿耿于怀？"

"哼！"阿合马从鼻孔里恶狠狠地哼了一声，说道："我绝饶不了那个关汉卿。"

"老爷，您别生气，这事包在小的身上了。小的早已打探清楚了——"说到这，那个亲兵又向前凑了一步，附在阿合马的耳朵边如此这般说了一通。阿合马听了不由得喜笑颜开，忙催促道："马上给我办去！"

再说关汉卿自从帮珠帘秀逃脱色魔手掌之后，心情舒畅。连日来在玉京书会忙得团团转，写戏本，演戏，还要帮王实甫修改新作《西厢记》，连家人也摸不着他的踪影。忽然一天，得到消息说表妹赵小兰死了，他脑袋"嗡"的一声，不相信这是真的，撒腿就往姑父家跑。到那一看，赵家正在为小兰办丧事，关汉卿不由得眼前一黑，一头栽倒在地。良久，方渐渐苏醒过来，不禁伏在表妹的棺上大放悲声。

姑父见他如此,也老泪纵横,但他从小疼爱这个侄儿,便上来慢慢劝解。

发完了丧,关汉卿才从姑父、姑母那里得知原委。原来那阿合马得不到珠帘秀,便在亲兵的怂恿下,来赵家提亲,欲纳赵小兰为小妾。阿合马一方面是垂涎赵小兰貌美,另一方面也是以这条毒计陷害关汉卿。因为他已得知赵小兰便是关汉卿的未婚妻,两人从小青梅竹马,感情非常好。他想:你不让我得到珠帘秀,我便要你的赵小兰。赵老太爷自然不能把女儿往火坑里推,几次找关汉卿商量对策,都没有找到。而阿合马又催得紧,赵家怎敢得罪他?万般无奈之下,生离死别般将女儿送上花轿。那赵小兰初闻消息整日哭泣,后来知道事情已经无可挽回,索性不哭了,反而非常镇静。赵家老两口只道女儿认命了,谁知这赵小兰一方面钟情于表哥,另一方面竟也是个烈性的女子。洞房之夜,竟用一把剪刀自杀了。

关汉卿听到这里,又是一番痛哭。哭罢强忍悲痛安慰了姑父、姑母一番,失魂落魄地回到书会,整整三日,粒米未进。忽睡忽哭,胡言乱语,像丢了魂一般。在这三日里珠帘秀也不顾男女有别,无时无刻不守在关汉卿身边。其实珠帘秀垂慕这位风流才子已有好长时间了,只是她早就知道关汉卿与表妹赵小兰从小就有婚约,因此将自己的感情深藏起来。现在见赵小兰因为自己被阿合马害死,关汉卿又病成这样,心里又是内疚,又是心疼,病榻前对关汉卿就表达了自己的爱意。谁知道关汉卿虽然知道珠帘秀对自己的感情真挚,但一时之间,却也难以接受。

玉京书会的韩退之、王实甫等人均知关汉卿、珠帘秀关系不错,也深知他二人之间这一段感情瓜葛。现在,见他二人如此,纷纷来劝关汉卿。但是关汉卿面无表情,什么反应也没有,只是轻轻地摇头叹息,众人见状也不好再说什么。

只是王实甫心想,此人没救了。次日他便因事返乡,此一去,竟有大半年之久。这半年之内,竟与往日玉京书会中的朋友断了音讯。后来,在返回大都的途中竟意外遇见了关汉卿和珠帘秀。他见二人携手演出,关系不一般,不由深感意外,同时也深为感叹,他发现关汉卿已不是那个激动热情的关汉卿了,变得稳重沉静多了。

原来,关汉卿自表妹小兰死后,心情一直抑郁不振,朋友们就劝他四处走走，散散心。而珠帘秀也没有因为表露情意遭到关汉卿的拒绝而疏远他，反而更加欣赏他这份痴情。听说关汉卿要南行，执意相从。于是二人从大都，一路南行，不想居然在淮安遇到了王实甫。故人相见，分外高兴。三人相聚，开怀畅饮，几日后方依依而别。关汉卿与珠帘秀继续南行。

不久，他们就到了灭亡的南宋都城临安。临安城内，声色犬马，花天酒地，看上去人们丝毫没有亡国之感。关汉卿看到这些，又想起蒙古人在大都的所作所为以及表妹小兰的死，不禁悲从中来。在这种情况下，他创作了著名的剧本《窦娥冤》。

《窦娥冤》写的是一个孝顺的媳妇窦娥与婆婆相依为命、遭人陷害、蒙冤被斩的故事。《窦娥冤》完成之后，关汉卿就与珠帘秀回到大都，进行公演。公演当天，勾栏院里来了一个威武的汉子，看着看着，他忽然大声哭起来，边哭边嚷着："窦娥，你死得冤。我，我一定给你报仇！"众人闻之愕然，汉子见大家都一齐看着自己，也觉失态，便抹了一把眼泪，悻悻地走了。大家只觉这人有趣，也没当回事。

岂料，第二天，平章政事阿合马——也就是害死赵小兰的凶手便在太子府门前被杀。众人在拍手称快的同时也不免纳闷，谁这样大胆，竟敢在太子府门前杀人，而且杀的又是这样一个忽必烈眼前的红人呢？

忽必烈听说阿合马被杀，大怒，立刻派太子真金亲自办理此案。官府怀疑此案与关汉卿等人有关，便派人查抄了玉京书会，抓走了关汉卿和珠帘秀，对二人进行严刑拷打，但二人始终牙关紧咬，不说一句话。最后，狱卒竟弄瞎了珠帘秀的一只眼，但仍是什么也没问出来。

不久，曾在勾栏院看《窦娥冤》并大哭的汉子投案自首，承认杀阿合马的是他，但却没说是什么原因，便被处斩了。

官府找不到关汉卿与此案有关的证据，只好放他与珠帘秀出狱。但二人从此再也不能演戏了，便隐居乡下，过起了田园生活。

王实甫和《西厢记》

杂剧在元朝得到了充分的发展，而当时的一个著名剧作家为此作出了巨大的贡献，他，就是王实甫。

王实甫生性耿直。有一次，关汉卿看见王实甫又与一个米店伙计吵了起来，忙赶过去询问王实甫是怎么回事。王实甫正与人家吵的面红耳赤，见关汉卿来了，一把拉住他道："你来评评理，他们卖米分量不足，却又说我是无理取闹！"

"少了多少米？"关汉卿素知王实甫的脾气，忙问道。

"半两！"王实甫回答得理直气壮。

"那你买米的时候为什么不说？！"米店伙计插嘴问道。

"我？不是我买米。"

"不是你买米？是你家人买的？"

"不，不，是——"王实甫向后一指，却发现刚才那个买米后向他抱怨分量不足的老婆婆早已不知去向。

关汉卿见状，哭笑不得，一把拉了王实甫就走。其实，这类事已不是发生过一次。关汉卿和韩退之为此不知在背后议论过多少次，都觉得王实甫这个人不爱说话，又有点死心眼。但同时，他们也承认，王实甫个性正直，深沉文雅。虽然朋友们有时与其难沟通，但由于他心地善良，人缘极好，大家又都十分喜欢他。

王实甫生于大都，名德信，才华横溢，却一生不仕，只是像关汉卿一样做了个落拓文人，一生都在教坊勾栏中度过。

由于长期生活在社会底层，他对贫苦百姓十分同情，这对于他的创作产生了深刻影响。王实甫的杂剧现存的只有《四大王歌舞丽春堂》《吕蒙正风雪破窑记》《崔莺莺待月西厢记》，还有几部残存作品，如《苏小卿月夜贩茶船》《韩彩云丝竹芙蓉亭》等。

王实甫是一个注重文采的剧作家，他的作品语言非常优美，其中最有代表性的就是《西厢记》。

《西厢记》写得十分凄婉动人，叙述的是张生和崔莺莺的爱情故事。

崔相国死后，他的妻子和女儿崔莺莺护送灵柩，返回故乡。在途中，她们于普救寺稍作停留。在此期间，偶遇张生。张生一见莺莺貌美，萌生爱意，大胆表达。但莺莺贵为相国小姐，却不敢稍越雷池半步。

这时，叛军首领率兵包围普救寺，崔老夫人慌了神，许愿说，谁能退兵她就把女儿嫁给谁。张生一听,大喜,立刻对老夫人说他可以退兵。他请求朋友杜将军领兵解普救寺之围,杜将军果然相助。但老夫人出尔反尔,她本来就瞧不上张生,当时不过是情急之下所为,现在围兵既解,她背信弃义,只让莺莺与张生以兄妹相称。

其实莺莺也很爱慕张生,只是迫于礼法不敢流露出来。后来,张生解普救寺之围,母亲答应将自己许配张生,她心中暗喜。可是后来,母亲又反悔。她又急又气,但也不好说什么。但是张生却因为受到这个打击病倒了,很快便奄奄一息。临死,托红娘求莺莺与他相见一面。莺莺听闻,顾不得礼法,去见张生并大胆示爱。不想张生的病也因爱情的滋润,渐渐好了起来。后来,在红娘的帮助下,二人开始秘密约会,情深意重,私定终身。

不料,事情败露。老夫人察觉此事,拷打红娘,才知道真相,但木已成舟,没有办法。老夫人逼张生进京赶考,中了状元方可娶莺莺。

后来张生果然中了状元,又克服了情敌郑恒的纠缠,才与莺莺结成夫妻,有情人终成眷属。

《西厢记》的艺术成就很高,它是一部耐人寻味的爱情诗剧,它婉约细腻地表现人物的心理变化,借此表现人物性格成长的历史。

《西厢记》中人物形象刻画最成功的就是红娘。她聪明伶俐,被夹在老夫人、张生、莺莺之间激烈的矛盾斗争中,从容应付,十分关键。她的出场促醒崔、张二人,从而与老夫人进行抗争。她不断嘲笑张生,帮助小姐,构成请宴、听琴、闹简等喜剧场面。《拷红》一场最为精彩。

《西厢记》剧情长而不厌,起伏跌宕,动人心怀。

《西厢记》和关汉卿的《拜月亭》、白朴的《墙头马上》、郑光祖的《倩女离魂》被合称为元代四大爱情剧。

明代朱权在《太和正音谱》中这样评价王实甫的创作:其词如花间美人,铺叙委婉,深得骚人之趣。极有佳句,若玉环之出浴华清,绿珠之采莲洛浦。

《西厢记》不愧为我国古典文化宝库中一颗璀璨的明珠,而王实甫也因此独领一代风骚。

在中国当官的外国人

你听说过古代有外国人在中国当官的故事吗?你也许会说:"这不可能!那时候的国家怎么可能让一个外国人来到自己的朝中做官呢?"不过,在中国元代历史上还真有这么一个外国人,在中国当过官,他就是马可·波罗。

马可·波罗是意大利人,出生在水上城市威尼斯。他6岁的时候,父亲、叔叔就来东方经商了,直到公元1271年,马可·波罗才同他深爱的父亲再次见面,这时他刚满17岁。

从父亲对东方的描述中,他对这片神奇的沃土产生了强烈的好奇心,他三番五次央求父亲带他到东方看看。父亲语重心长地说:"孩子,从这里到东方,万里迢迢,困难重重,可不是说去就去的。"

马可一听父亲的话,立刻机灵而又倔强地反驳道:"父亲,您不是常说,'一个人只有经历磨难才能长大'吗?难道您不愿意您的儿子长大,不愿意您的儿子成为一个博学多闻的人吗?您不是答应我,等我长大了就带我到各处走走吗?我都17岁了,已经是大人了。为此我还每天坚持锻炼,有了一个强健的体魄,我一定要您带我去!"

看着倔强的儿子,老马可无可奈何地点了点头。

机会终于来了,教皇派老马可带十几个人传信给忽必烈,表达世代交好之意。老马可欣然前往,还带了许多贵重礼品,当然他也没忘记带上他那个倔强的儿子马可。

一行人离开威尼斯,准备由南驶进地中海,横渡黑海,再经过两河流域,到达中东古城巴格达,再从巴格达到波斯湾出海港霍尔木兹,大约骑马走五六十天,然后搭乘渔船便直达中国,即当时的元朝了。

他们的计划非常好,可人算不如天算,刚到巴格达,他们就出事了。因为时值春夏之交,晚上就露宿林边。半夜里睡得正香,一群强盗悄悄包围了他们。等他们醒来,已被人捆了个结结实实。但是马可见到父亲和叔叔神情自若的样子,也没怎么害怕。次日夜里,他们被关在一个烛光昏暗的小木屋里。比起他们所抢的那批财宝来,强盗们似乎不怎么在乎他们。机灵的马可用烛光烧断绳子，与父亲等人很快逃了出来。他们见强盗人多，自知不是对手，财宝也不要了，匆忙逃离贼窝。

他们跑了两天，终于到达波斯湾出海港霍尔木兹。老马可·尼柯拉决定在此等候去中国的渔船。可是一连两个月，都是大风天气，海上波涛汹涌，哪里还见一艘渔船的影子？无奈，尼柯拉只好带着一行人改走陆路。

从霍尔木兹往东走是伊朗的一个大沙漠，马可进入沙漠后被壮观的大漠景色惊呆了，他喃喃道："真神奇，真神奇……"

但是他的好奇心没有维持多久，就被焦渴所代替。由于他们对沙漠环境的生疏，所带的水不久就喝光了。马可渴得数次昏倒，之后又开始腹泻发高烧。随从中已有几人也出现同样症状，因支持不住而陆续死去。尼柯拉见状，只好接些马尿，让剩下的人每人喝点儿，然后又不停地鼓励大家。十几天之后，他们终于走出了这魔鬼般的沙漠，但随行的人只剩下十之一二。

他们休整了几天，待马可等人的病好后，开始向帕米尔高原进发。帕米尔高原在中国新疆以西，阿富汗以东，海拔超过5000米，终年积雪。而此时正是深秋，天气已经很冷。尽管他们都穿上了冬衣，仍然冷得迈不动步，随行的最后两个士兵也由于太冷想蹲下靠在一起暖和一会儿再走而被活活冻死在那儿。马可见了，再也不敢停下来，只好不停地迈动步子。

由于地势太高，空气稀薄，供氧不足，他们呼吸困难，产生了强烈的高原反应。而且高原上生火极不容易，即使火生着了，也很难将食物煮熟，他们只能吃半生不熟的东西。这样引起身体内的连锁反应，他们又相继生病。但他们不敢停下来，互相鼓励着坚持向前走。没有向导带路，他们就沿着猎人吃羊肉扔下的羊头角前进。

也不知究竟走了多长时间，他们总算来到了新疆西北部的喀什。"上帝保佑！"走出帕米尔高原，一行人只剩下马可、他的叔叔和父亲尼柯拉三人。三个人回想这一路行程不免心有余悸，研究下一步行程，他们发现塔克拉玛干沙漠是必经之路。这下他们吸取了上次教训，决定置备好给养再上路。穿越沙漠当务之急就是买骆驼，他们在当地人的指引下，到盛产美玉的和田镇顺利买下几匹骠肥体壮的骆驼。马可还被和田的美玉所吸引，顺手也买了几块藏在身上。

尽管叔侄三人做好了充分的准备，但穿越塔克拉玛干沙漠仍经历了重重磨难。就算没有风沙侵袭，夜间的严寒、白天的日晒也够他们受的，有几次他们差点被流动的沙丘所掩埋，幸好有那几匹健壮而又识途的骆驼才最终将他们带出了鬼门关。

三人走出塔克拉玛干大沙漠，行至古敦煌，进入玉门关。远远地，马可便看见群山顶上有一条长长的城墙，如巨龙一般蜿蜒盘旋在崇山峻岭之间。有人告诉他，那就是秦始皇命人修筑的万里长城。马可听了不禁惊叹中国人民的伟大。同时，他也十分激动，因为他听父亲讲，只要穿过河西走廊就可以到达元朝的上都了。

经过4年的长途跋涉，马可·波罗和他的叔叔以及父亲尼柯拉终于在1275年夏天到达元朝上都，得以拜见忽必烈。忽必烈曾见过马可的父亲和叔叔，再次相见，感到十分高兴。尼柯拉奉上罗马教皇的信，上面无非写着愿世代交好，派人传教之类的话。忽必烈看完信，若有所思地点点头，忽然一眼瞅见尼柯拉身旁还有一个从未见过的外国小伙子，忙问是谁。

"哦，这是我的儿子马可·波罗。"尼柯拉急忙上前毕恭毕敬地回答。

"他会讲我们的语言吗？"忽必烈好奇地问道。

"大汗，我进入你们的国家就开始学习你们的语言。只是现在我说得还不是太好。"马可一见忽必烈问话，抢着回答。

这可吓坏了老尼柯拉，他没想到儿子如此冒失，唯恐忽必烈生气怪罪。不料忽必烈非但不生气，反而好像还很喜欢马可·波罗。他一听马可这样说就微微笑着问道："既然如此，你就陪我玩几天，顺便再学学我们的语言，如何？"马可听了，自然十分欢喜。

从此他就跟着忽必烈忙前忙后，干这干那，不辞劳苦。再加上他年轻好学，办事认真，又经常待在忽必烈身边给他讲自己旅途中所见的奇闻趣事，常常逗得忽必烈开怀大笑。因此忽必烈更加喜欢他，几乎有求必应。

而马可作为一个外国人，通过自己的切身体会，也深深感到元朝的无比强大。元朝的政治、经济、文化、宗教以及社会制度也都深深吸引着他，他渴望更深入地接触这个国家，了解这个国家。正巧有一天，他听说忽必烈要派使团到云南考察，便立刻请求忽必烈允许他随使团一同前往。忽必烈虽然有点舍不得他，但看他一副非常踊跃的样子，也就同意了，只是叮嘱他一路小心。

马可的父亲知道儿子喜欢旅行，喜欢冒险，便也不阻拦他。这样，马可辞别了忽必烈和父亲便随着使团上路了。

几个月后，马可随使团经山西，入陕西，翻秦岭，再越过大巴山来到四川。四川有一片原始森林，此处不仅有野兽出没，而且经常有奇异的事情发生。他们为防止意外，结队前进。马可从未见过如此茂密的森林，非常好奇，左瞧右看，突然听到队伍前面一声惨叫，急忙赶过去一看，原来一位使者被蛇咬了一口，正好咬在手背上。而那条毒蛇早已不见踪影，众人急忙救治。但是这蛇毒似乎非常厉害，众人用尽办法也控制不了蛇毒向上蔓延。只一会儿工夫，那人的一条胳膊已又红又肿，被蛇咬的地方却又是青黑一片。豆大的汗珠从那人脸上流下来，但他也算坚强，竟不吭一声。使团的首领眼看这个人就保不住了，狠狠心，从腰间取下佩刀，咬了咬牙，手起刀落，那人惨叫一声。马可见那人的一条胳膊已被砍了下来，那人再也支持不住，昏死过去。随行的医生急忙上来为他包扎伤口，进行救治。此情此景，让马可不由得一阵心悸。从此他再也不敢粗心大意，一路小心跟在队伍后面，唯恐碰见什么毒蛇、毒虫之类。

使团终于胆战心惊地穿越那片森林，渡过金沙江，来到云南境地。云南是个风景宜人的地方，一路景色如画，马可为之深深陶醉。而且云南有许多奇花异草，当地人便采来配成各种具有奇效的药。马可一见欣喜若狂，他们一路不知为缺医少药吃了多少苦，如今看到这么多神奇的药，立刻掏钱买了许多，恨不得将整个小镇上的药全部买光。他还把药分成几份，一边分一边喃喃自语："这份送给大汗，这份给父亲，这份留给叔叔……"众人见了，不禁暗笑，都觉得他单纯有趣。

他们在云南逗留了大半年时间，充分领略了那里的风俗人情。虽然他们都想在云南多住一段时间，无奈大汗有令，不得久留，只得往回返。回到大都，忽必烈这位马上皇帝也刚刚从上都打猎返回大都。他与马可见面后，非常高兴，这对忘年交开始各自叙述自己一行的所见所闻，说到忘情处，便一起开怀大笑。就这样在一起讲了几天几夜，二人还互赠了带给对方的礼物。

在元朝的行政编制中,州里的正职叫州尹,副职叫同知。忽必烈与马可非常投机,虽然知道他是个外国人,却要封他做扬州同知。开始的时候,马可不肯接受,他对忽必烈说道:"大汗,我知道这是您对我的信任,但是我这个人非常喜欢旅行,对政治不十分感兴趣,恕我不能接受。"

"哎——"忽必烈听闻此言并不生气,依然微笑着说道:"我并不是真要你当官管什么政事,正是因为我知道你喜欢旅行才让你做这个不做什么具体工作的扬州同知的。有了这个官衔,你再去旅游,不仅不必为旅游费用发愁,而且还不用害怕地方官难为你了。"

马可一听,方知忽必烈一片苦心,忙磕头谢恩。不久,马可就走马上任,到东南地区旅游去了。他先后到过淮安、苏州、杭州、高邮、宝应、泰州、福州、泉州等地,还到过山西、陕西、山东、浙江、福建等地,足迹遍布大半个中国。每到一处马可总要细心考察当地的风土人情和物产情况,回来后便向忽必烈做详细的报告。忽必烈见他办事认真负责,甚至还派他出使过南洋、越南、苏门答腊等地。

就这样过了一段时间,马可又回到大都。正在这时,忽必烈的侄儿,也就是窝阔台的孙子海都忽然在漠北发动叛乱,忽必烈立刻派大军前去镇压,马可也随军前往。可不知为什么,马可到了和林之后竟非常想念自己的祖国。他写信向忽必烈表达了自己的想法,忽必烈非常理解他。毕竟,马可在中国已经待了整整17年。

正巧,波斯伊儿汗国派使者来到大都,请求赐婚。忽必烈选阔阔真公主出嫁伊儿汗国,并确定由海路前往波斯。他从前线召回马可·波罗,派他和他的父亲以及叔叔前往护送,并允许他们办完事后,可以回国。

公元1295年,41岁的马可终于回到阔别已久的祖国。中国之行整整花去了他24年的时间,也可以说花去了他一生最具有青春活力的那段时间,但他不后悔,他觉得中国就是他的第二个故乡。

3年以后,即公元1298年,意大利和热那亚之间爆发战争。马可负责造了一艘"东方号"战舰,并担任舰长参加战斗。但"东方号"在海战中被打败了,马可成为俘虏。在被关押的4年里,他与作家鲁思梯谦一同写出了《马可·波罗行记》一书。

后人们根据《马可·波罗行记》提供的线索,绘制出早期的"世界地图",从而为新航路的开辟,提供了很大帮助。同时,人们也通过这本书了解了中国。书中又记载了许多奇闻趣事、风俗民情,受到世界人民的喜爱。

卓越的科学家郭守敬

郭守敬,字若思,公元 1231 年出生于顺德邢台一个书香世家。

郭守敬从小就受到祖父郭荣的熏陶,对天文产生了极为浓厚的兴趣,并喜欢制作一些小型简易的测量仪器。他十五六岁的时候,在当地已小有名气。一天,他不知在哪儿得到一本《莲花漏图》,如获至宝,足不出户地研读起来。平时,家人们都喜欢和这个聪明而又有些木讷的小少爷逗着玩,突然一连几天都不见他,感到非常奇怪,忙让老家人前去探听探听,看他又在鼓捣什么新鲜玩意。老家人悄悄走到郭守敬的书房外,舔破窗户纸向里一看,心里乐开了花,想:我们小少爷终于肯读正经书了。高兴地出去告诉家人:"小少爷在温习功课,不要去打扰!"众家人吐了吐舌头,都走开了。时值仲夏,老家人恐怕小少爷热着累着,忙为郭守敬沏一壶香茶送去。然后,抓起一把蒲扇在他身后轻轻扇着。老家人年纪已经很大了,从小就在郭家,非常忠心,也非常疼爱郭守敬。只是他看不惯郭守敬整天瞎鼓捣,认为那是不务正业。早年跟着老太爷郭荣,所以也认得几个字,他总觉得只有孔孟之道才是正路,今见小少爷终于肯静下来读几本正经书了,心里十分高兴。

可是他为郭守敬扇着扇着,渐渐地觉得有点不对劲儿,小少爷不时地抓耳挠腮,哪有一点读正经书的样子?他不禁掂起脚尖,探头看小少爷到底在读什么书,一看之下,老家人傻了眼。那本书都是些图啊、画的,正经书哪有这些呀,小少爷想必是又在研究制造什么东西。想到这些,老家人扇子也不摇了,垂头丧气地走出了房门。但是他又实在心疼郭守敬,不时进屋去看看,发现郭守敬竟然一天水米未进,仍在那儿冥思苦想,不禁劝道:"少爷,歇会吧!实在不行,就别想了,去问问老太爷不就行了?"可是郭守敬正钻研得入迷,竟一点也没听见他讲话。就这样，郭守敬终于凭借自己的智慧和坚强的毅力，彻底弄通了《莲花漏图》的原理和作用。

事情传到老太爷郭荣那里，老爷子禁不住高兴地将孙子夸奖了一番。这郭老太爷可有些与众不同，他丝毫不觉得孙子这是不务正业，相反，还十分支持他。从小郭守敬就被送到当时非常著名的刘秉忠门下攻读，刘秉忠精通天文地理、音律算术。长期的刻苦攻读和耳濡目染为郭守敬日后成为一个伟大的天文、水利专家打下了良好的基础，并且他还在此期间结识了张文谦、王恂等学者，在与他们的交往中，受益匪浅。

公元1250年，19岁的郭守敬开始崭露头角，在水利方面初露锋芒。

在邢台城外有一条河，河泥长年淤积、河堤滑落，致使河道堵塞。此地原有的一座桥被洪水毁于一旦，桥身被冲走，桥墩淹没，呈现出一片汪洋之态，不仅交通不便，还水灾不断。由于弄不清桥址原来在哪儿，又找不到合适的建新桥之处，许多建桥高手都只能摇头兴叹。

郭守敬深为家乡的父老忧虑。也许是初生牛犊不怕虎吧，郭守敬毅然站出来，要为家乡父老将这桥重新架起来。尽管郭守敬在当地已小有名气，可许多人还是不敢轻易相信眼前这个年轻的后生小子。但是，郭守敬并不在意人们猜疑的目光，他不辞辛苦，冒生命危险在滚滚洪流中搜寻，在陡峭的两岸河堤上查找，终于找到了原有河道和桥墩遗址。之后，他立即组织邢台人民清除淤泥，疏通河道，修筑堤岸，然后反复勘测，精心设计，很快建成一座坚固而又美观的石桥。从此，郭守敬名扬天下。

当时的著名学者张文谦在郭守敬小的时候就非常喜欢他，后来见郭守敬才智超人，越发赏识他。公元1260年，这位当时的中书丞巡视大名、彰德等地。他深知这些地方的水利建设一直不好，经常洪水泛滥，弄得民不聊生，于是便邀请郭守敬一同前往。郭守敬是个闲不住的人，一路上认真勘查水域，细心观察地形，描绘图纸，整理资料，真可谓废寝忘食。张文谦看在眼里，赞在心上。一到上都，便向元世祖忽必烈举荐郭守敬。忽必烈一向比较赏识张文谦，而且也深为河南、河北的连年大水头痛，一听郭守敬对这方面颇有研究，立刻传令召见。

忽必烈与郭守敬一谈，不禁大为赞叹。郭守敬侃侃而谈，对答如流，为忽必烈提出6条治水建议。忽必烈龙颜大悦，立刻让他负责各路河渠的修整管理事务。郭守敬不负众望，着手主持修缮河南、河北的河道，其敬业精神都快赶上古代的大禹治水了。以后，他又曾主持整修了由于战乱破坏年久失修的西夏的古灌溉渠道，疏浚了400里的唐来渠和250里的汉延渠等80余条渠。《宁夏新志》评价说："迄今西坝桥梁，尚其遗制，工作甚精。"

公元1292年，天大旱，元大都饮水吃紧，不仅城内就连城外都很难找到好的水源。文武百官为此忧心忡忡，因为皇上已经两次为此事大发雷霆了。这一天早朝之上，忽必烈刚一坐上龙椅便问："众位爱卿，可曾为解决大都吃水紧张的事想出办法了吗？"

怕什么有什么，众位大臣正为此事担心，没想到忽必烈这就问下话来，一时面面相觑，无人敢搭话。

忽必烈见半晌无人回音，大怒，一拍龙书案喝道："你们吃国家的俸禄，难道就不知为国家效力办事吗？不能办事，我要你们这些蠢才有何用？！"

此时，有一人突然站列出班，跪倒磕头道："皇上息怒。"

忽必烈一看是张文谦，便问道："莫非张爱卿想出解决的办法了么？"

"非也。"忽必烈刚要发怒，却听张文谦继续说道："不过，臣保举一人，只要他一出马，保证大都再也不会出现吃水困难的事。"

"噢，你这一说，我倒也想起他了。我真是糊涂，怎么把他给忘了呢？好，就派他去吧！"说完，忽必烈便悠然地退朝回宫，众大臣这才暗暗松了一口气。

你道忽必烈与张文谦二人所说是谁？正是曾任过副河渠使、都水少监、都水监，直至工部郎中的郭守敬。郭守敬受命之后，二话没说，立即到大都周围的各州县进行勘察。他不辞辛劳，几乎走遍了大都周围的所有州县，最后终于找到了水源。他发现昌平县东南神山，也就是现在的凤凰山山麓的白浮泉，即现在的龙泉。此泉水清、量大，解决大都饮水应该没问题。假如是别人，一定会欣喜若狂，即刻将水以最近的渠道引到大都，以博得皇上的嘉奖。但是郭守敬不这样，他没有直接引水向东南，直入大都，而是将水引向西。大都之内，焦渴难耐，忽必烈听闻此事大怒。但是当他将郭守敬召入宫中，听完他的陈述，不禁暗暗心喜。

原来，沿西山一带还有许多分散的小泉。白浮泉之水虽可解大都一时之需，只怕难以维持千秋万代。郭守敬想，不管怎样这都是一项耗费人力、物力的大工程，何不一次就做得更好一些呢？于是他决定科学疏导，不把水引向东南，而是引水向西，将西山分散的小泉也聚集起来。然后折向南，沿西山东麓，注入瓮山泊，即今昆明湖前身，再接梁河，即今长河，引入大都，蓄积于积水潭，即今什刹海。工程并不就此完结，而是再将积水潭的水引向东南，接通州高丽庄，和大运河衔接，不仅抗旱而且防洪。

在郭守敬的带领下，大都军民只用一年时间就完成了这条长达160里的运河。大都人民再次喝到清凉的泉水，全城一片欢腾，都从心里感谢郭守敬。

郭守敬不仅是卓越的水利学家，而且还是杰出的天文学家。

公元1276年，元世祖忽必烈下令修订历法，由郭守敬实际负责。当时有人主张在历代历法的基础上修修补补也就可以了，但这决不符合郭守敬那种治学严谨的一贯作风。他不为别人的冷讽所动，潜入藏书阁，细心研究两汉以来70多种历法，决定有取舍地继承并发展其中有创建的13种。

由于原有的天文仪器早已陈旧不堪，测量数据非常不准，郭守敬便自己动手制做新的测量仪器。他亲自设计创制出的天文仪器有：简仪、仰仪、立运仪、证理仪、泻天象、窥几、星晷等。《元史》记载他创制的天文仪器："皆臻于精妙，卓见绝识，盖有古人所未及者。"

准备工作就绪之后，郭守敬就在大都城东修筑司天台，主持了一系列天文观察工作，取得两项重大成就，即对"黄赤大距"宿距度的测定和新历法"授时历"的编订。

作为13世纪我国杰出的科学家，郭守敬在机械工程、地理学、算术诸方面也有重要贡献。他的丰功伟绩人们是不会忘记的，1970年，国际天文学会把月球背面的一座环形山命名为"郭守敬山"，中国科学院南京紫金山天文台把他们发现的4颗行星中的一颗命名为"郭守敬星"。

郭守敬的故乡邢台人民更没有忘记这位伟大的科学家，如果你去邢台，就能看见邢台人民为纪念郭守敬而为他塑的铜像。

真金之死

元世祖忽必烈是一位马上皇帝,他的一生几乎都在战马上度过。早年随兄蒙哥汗南征北战,蒙哥汗死后,他打败了七弟阿里不哥,夺得汗位。在位的30多年里,他先后攻打过西夏、辽、金、宋,最终统一中国,应该说这是符合历史发展趋势的。但同时也弄得战火迭起,民不聊生。

因此,在统一中原之后,元世祖这位马上皇帝也曾模仿过汉人的封建制度建立君主制,任用有识之士,颁布一些休养生息的政策,使中原经济逐渐兴盛,甚至发展成中国历史上一个高峰时代。比如,经济方面,丝织业、制瓷业、造纸业等都得到充分的发展;在文化上,元杂剧到了鼎盛时代,涌现出大批剧作家,比较优秀的有王实甫、关汉卿、韩退之等人;在对外关系上,元代可以称得上是中国历史上一个比较开放的朝代,著名的旅行家马可·波罗还曾在元朝做过官呢!总之,这一段时期之内,忽必烈既听正言,亦纳逆语,以大都为代表的元代经济迅速繁荣起来。

但是这位马上皇帝似乎生性好斗,没过多久他就开始大肆向外扩张。先征服高丽,然后大举进攻日本。

公元1274年,忽必烈派元帅唆都率军2.5万人,乘战船900多艘,渡海侵日。不料,海上忽遇大风暴,全军覆没。

公元1281年夏天,忽必烈再次遣兵14万人进攻日本。但也许是天意,也许天神在向忽必烈暗示什么,海上又遇大风暴,14万人只剩4万返回。

但忽必烈还不死心,公元1283年,他再次下令征讨日本,但是国内江南的南宋遗民此时发动了反元起义。忽必烈一来觉得征讨日本开支太大,国内恐难应付;二来江南人民这一起义也打乱了他的征讨计划,因此他决定不再攻打日本。

同年,他册封比他小好多岁的南必为皇后。老夫少妻,忽必烈渐渐感觉有些体力不支,于是依赖皇后干预朝政,这引起诸多大臣的不满。一位不要命的大臣竟然上书忽必烈，希望他退位，将皇位禅让给太子真金。尽管玉史台都事玉昔贴木儿和中书右丞相安童商量将奏本压下，但此事到底让忽必烈知道了。他闻之大怒，立刻将那个大臣革职查办，但他却没有难为安童和玉昔贴木儿。

回到后宫，忽必烈思忖良久，下令召太子进宫。太子真金早就知道有人上书要父皇禅位给自己的事，他自幼学习儒家思想，十分忠君，从未起过非分之想。一听说此事，就已背上沉重的心理包袱，后来竟吓出病来。此时父皇召他入宫，他明知"是福不是祸，是祸躲不过"，但还是战战兢兢，如履薄冰。

看到眼前这个一表人才，随自己南征北战的爱子，忽必烈不知是一时冲动，还是出于真心，竟对真金说道："真金，父王已经老了，有些体力不支，今后就将这皇位禅让给你，如何？"

真金一听，双腿一软，跪在忽必烈面前，颤声说道："儿臣不敢有非分之想……"

"哎——"忽必烈不等他说完就插话道，"这怎么能算非分之想啊，这位子早晚还不是你的？我还能把它带到棺材里去？"

"儿臣从未这样想过。求父皇开恩，废掉儿臣这个太子吧？"真金听了忽必烈的话，更加大惊失色，口不择言，竟请求忽必烈废去自己的太子头衔。

忽必烈见他如此，良久，叹了口气，摇摇头道："你去吧——"

真金回到家里，怎么想，怎么觉得父王的意思是让自己死。人要一想到了死，那就谁也救不了他了。真金有了这个想法，再加上他心病加重，久治不愈，最后竟真死了，紧跟着右丞相安童也死了。

忽必烈痛失爱子，身边又少了安童这样的得力助手，非常苦闷，又加上已是78岁高龄，身体每况愈下。1293年，他的孙子铁穆尔出兵漠北的时候，他已经目光呆滞，说话吞吞吐吐，得了痴呆症。谁都能看出来，老皇帝恐怕要归天。

果然，公元1294年，这位倥偬一生的马上皇帝溘然长逝，终年80岁。

元朝

大元帝国的没落

"一代天骄成吉思汗"虽然"只识弯弓射大雕",但他毕竟是一代天之骄子,他有理想,有抱负,为我们这个多民族的国家统一作出了巨大贡献。他的孙子忽必烈完成了他的遗志,最终统一了华夏,促进了民族融合。

元朝盛极一时,是我国历史上领土面积最辽阔的时代。领土如此辽阔,如何加强中央集权呢?忽必烈很有治国之道,他实行了行省制度。在中央设置中书省,中书省是全国最高的行政机关,地方官吏都由中书省直接管理,这样就加强了皇帝的权力。为了便于管理地方,在地方设置了行中书省又称行省,由中书省派出的官吏管理。这些人都是忠诚于皇帝的,所以既可以有力地管理地方,又可以维护中央集权。由于当时佛教比较盛行,为了便于管理,中央设了一个宣政院,一方面管理全国佛教,另一方面负责藏族地区的行政事务。元朝各帝王都很重视对西藏的管理,在西藏成立了行省。西藏地区,宗教盛行,中央委派官吏驻扎军队,现在又由宣政院对其加强管理,既有利于民族团结,又很好地控制了藏族地区的行政权。

元朝的创立者是蒙古人,建立元朝后,他们推行了种族歧视政策。他们把民族分为四等:第一等自然是蒙古人,第二等是色目人,第三等是汉人,包括契丹、女真和其他一些少数民族,第四等是南人,即原南宋统治下的汉族人及其他各族人。南人的社会地位最低,生活十分困苦,受到多重压迫和歧视。虽然民族有等级划分,但都受到地主阶级的统治和剥削。汉人、南人的地主阶级也可以做官,但同样剥削贫民,而蒙古族的贫民也是被压迫的阶级。可见不管什么民族,都受到元朝统治者和地主阶级的压迫。

蒙古人建立元朝就是凭借武力,四处扩张领土还是凭借武力。所以这些人改不了野蛮凶悍的本质,非常残酷。在战争中,他们将掠夺的人口称作"驱口",对这些驱口任意打骂,强迫他们耕田服役,还可以对其进行自由买卖，根本不把他们当人看。这些被掳掠的人过着和奴隶一样的生活，命运非常悲惨。

统治者看到手工业是非常重要的行业，武器和盔甲的打制都离不了手工业，他们就把手工业户集中在一起，让他们昼夜劳作，但是政府却不给他们饷银，导致他们的生活无以为计。但这些手工业者想改行业，也是办不到的。因为政府有命令，这些人的子孙后代必须是匠人。近百万户的手工业者的日子非常难熬，而且没有出头之日。特别是一遇到战争，他们还被催着加班加点，有许多工匠被活活累死。

由于元朝的领土很大，必然有许多少数民族被征服，那时候有一个被称为"回回人"的民族也生活在元朝的统治之下。"回回人"就是现在回族人的祖先，他们由汉族、蒙古族、维吾尔族等民族长期杂居，相互通婚而形成。唐宋以来，一些信仰伊斯兰教的波斯人和阿拉伯人千里迢迢来到中国，长期定居，也成为回族中的一部分。此外，还有许多少数民族如契丹族和女真族也都被元朝征服。这些少数民族和汉族人民一起生活劳动，相互通婚，相互融合。在客观上，元朝的统一，大大促进了民族的融合。

元世祖忽必烈很重视农业的发展，他认识到如果农业发展了，粮库就充足，百姓有饭吃，畜牧业也会发展，因此他派农官到各地检查，把农业生产作为评定地方官政绩的一个依据。这条命令调动了地方官的积极性，他们也非常重视农业的发展。为了指导农民把握时令，他派人到民间搜集古今农书，结合有经验的老农的体会，编写成《农桑辑要》一书。这本书一颁发，在农民中间很受欢迎，很好地指导了农业生产。元世祖还命令大科学家郭守敬编写新历法。郭守敬经过几年的努力，编成新历，忽必烈亲自命名为《授时历》。郭守敬准确地推算出一年有365日5小时49分12秒，同地球绕太阳一周的时间相差无几。在那种科学条件下，这是非常伟大的，比现在国际上通行使用的《格里历》还早300多年。《授时历》很好地促进了农业发展，百姓根据《授时历》可以总结播种、收获的规律。元世祖还亲自指挥，兴修水利，这为保证农业生产良好发展也起到很大的作用。元朝农业快速发展,百姓暂时安定下来。

　　元时初期,松江地区的棉纺织业发展很迅速。在这里有一个人闻名天下,她就是黄道婆。黄道婆小时候随父亲外出逃荒,没有几年,父亲去世,剩下她一个小孩子。黄道婆漂泊在外,举目无亲,只好将自己卖身为奴,换了一点儿钱,将父亲草草埋葬。在做奴隶时,她学会了海南黎族纺织技术。黄道婆50多岁时,那家主人才将她放走。黄道婆回到家乡——乌泥泾镇(今上海华泾县),把自己所学的纺织技术教给家乡的人。她看到纺织的速度太慢,她以绳纺代替行纺,发明了纺织工具——纺车。纺车不仅加快了纺织的速度,而且提高了质量。黄道婆带领家乡渐渐富了起来,"乌泥泾镇"天下闻名,黄道婆的大名也从此无人不知,无人不晓。

　　元朝的政治统治井然有序,经济高速发展,但只是昙花一现。

　　忽必烈一死,元朝便开始了王位争夺,而且愈演愈烈。元朝也随着激烈的政治斗争开始走向没落。

　　忽必烈的三孙子铁穆尔很有心计,得到丞相伯颜和玉昔贴木儿的欣赏。忽必烈死后,大权落在伯颜和玉昔贴木儿二人手中,而二人的威望又很高,他们帮助铁穆尔抢夺了皇位。铁穆尔如愿以偿地做了皇帝,史称元成宗。元成宗本想有一番大作为,但大权仍掌握在丞相伯颜手中,他受到极大的限制,后来抑郁成疾,不到40岁就病死。

　　元成宗一死,海山立即起兵夺取了皇位。海山是元成宗二哥答剌麻八剌的长子,历史上称他为元武宗。可元武宗贪恋女色,每日泡在后宫中,不理朝政,只做了4年皇帝便死掉了,时年31岁。

　　元武帝一死,他的弟弟育黎拨力八达继承了王位,史称元仁宗。元仁宗和他哥哥不一样,他一心治国,而且治国有方,亲贤臣,远小人,元朝经济有所恢复,可正当元仁宗为国为民日夜操劳时,却突然病逝了,年仅36岁。

　　年仅18岁的太子硕德八剌继承了王位,史称元英宗,他和他父亲一样,兢兢业业,关心农业,体贴百姓。但对政权没有掌管好,被晋王也孙铁木儿钻了空子。他将元英宗杀掉,自己称帝,史称泰定皇帝。刚做了几年皇帝,也孙铁木儿便死了,终年36岁。他的儿子阿速吉八被一些大臣拥为皇帝，年仅9岁，改号为天顺。

与此同时，另一些大臣拥立元武宗的儿子图贴睦尔称帝，改号为天历，史称元文宗。这些人想夺回王位，为元英宗报仇。

双方都积极备战，终于爆发了"天历之战"。经过一场血战，天历皇帝杀了天顺皇帝，重新夺回了王位。但元朝的统治由此元气大伤，已现出衰败之象。

红巾大起义

元朝末年，皇权帝位争夺越来越激烈，皇帝的更换也十分频繁。最后帝位传给了妥欢贴睦尔，史称元顺帝，他继位时只有13岁。元顺帝也是元朝的末代皇帝。

元顺帝在位时，政治十分黑暗，朝中大臣和地方官吏都极力搜刮民财。中书省丞相脱脱手握大权，贪污得最厉害。他为了搜刮民财，主张变更钞法，结果物价上涨。脱脱虽然从中捞了不少油水，却遭到朝中大臣的反对和天下百姓的咒骂。

这一年，河南旧德府（今河南省商丘）白茅处黄河决口。大水泛滥，淹没了不少庄稼和村庄。

脱脱为了挽回自己的声誉，对元顺帝说："陛下，今黄河水泛滥成灾，百姓苦不堪言，纷纷落难而逃。我们应及时治理黄河，让百姓过上安宁的日子。"元顺帝没有说话。尚书成尊却说道："陛下，治理黄河工程浩大，而且一时很难有成效。目前我朝财政有些紧张，不宜大兴土木。况且治理黄河必然要集聚民夫，南阳一带盗贼成群，如果他们与农夫勾结，很可能酿成大乱啊！"

元顾帝没有主见，又不敢轻易惹恼丞相脱脱，便说道："关于治河之事，就全交给丞相了！"

脱脱本来就有实权，一听皇上答应此事由自己做主，立即撤了尚书成尊，任命贾鲁为尚书兼河防使，负责治理黄河。

贾鲁新官上任，立即要15万农夫，前去治理黄河。但是元朝末年，内乱不断，连年战争，壮丁都去服兵役了。没办法，没有壮丁，就抓来上了年纪的百姓,还有许多妇女也被抓来。为了防止聚集在一起的农夫谋反,贾鲁特意调集两万官兵前来看守。这些官兵无恶不做,看谁不顺眼,就是一阵毒打。农夫们只好忍气吞声,在烈日下,辛苦地挖土打坝,不敢有半点怠慢。农夫们心中自然十分不满,恨透了元朝的统治。

正在宣传白莲教、准备起义的韩山童听说有十几万农夫聚集在一起治理黄河,他非常高兴,心想:机会来了。白莲教在民间秘密流传,许多农民起义都打着白莲教的旗号。韩山童为了领导农民起义,也四处宣传白莲教。百姓终年生活在水深火热之中,他们恨透了元朝统治者,不少都加入了白莲教,白莲教声势日益扩大。但韩山童并不满足,因为这些教徒都很分散,他想找到一个集体,于是就把目标瞄准了治理黄河的农夫。

那时候,黄河南北一带流传着民谣:"石人一只眼,跳出黄河天下反。"韩山童悄悄地找人凿了个独眼石人,又在石眼后边刻上一句话:"莫道石人一只眼,此物显世天下反。"石人凿好之后,他带领几个人把石人悄悄地埋到了河道里。韩山童知道治理黄河,必然要挖那条河道。

不出韩山童所料,农夫们果然将石人挖出,又看到上面刻的字,都十分惊讶。心中本来对元朝就不满,一看到此物,反抗的情绪立刻强烈起来。那些士兵虽然蛮横,但他们看到独眼石人后,也吓坏了,忙将此事报告给贾鲁,贾鲁不敢怠慢,又告知脱脱。脱脱也大吃一惊,下令:严加看管农夫。

韩山童一看农夫都跃跃欲试,便想立时起兵谋反,但为了保险起见,又继续加大宣传力度。在柳沟,韩山童认识了刘福通。刘福通也恨透了元朝的统治者,一听韩山童想推翻元朝的统治,立即答应与他一起共谋大事。

韩山童召集各地白莲教首领参加会议,研究如何发动农夫起义。在颍州颍上县白鹿庄,有3000多名教徒首领参加了这次会议。他们达成一致意见:拥戴韩山童为明王,以红巾为号,并杀了白马黑牛祭天地,歃血为盟。就在这时,元朝政府官兵突然杀到。原来是由于组织不严密,走露了消息。

刘福通一看官兵包围了村庄,立即对韩山童说道:"明主,我们的秘密被泄露，你快跑。"韩山童听到外边高喊着："活捉韩山童!"他心想：我命休矣。眨眼间官兵已闯进村庄，见人就杀，顿时血流成河。韩山童见到如此惨状，对刘福通说："贤弟，你带领兄弟们赶快杀出一条血路，记住给我报仇雪恨!"

说话间，官兵已攻了进来，刘福通武艺高强，夺过一把大刀，杀出一条血路，带领着韩山童的妻儿和手下的兄弟逃了出来，但韩山童却被官军乱刀分尸。

韩山童的妻子杨氏带着儿子韩林儿一口气跑到武安山中，刘福通则带领着几百弟兄逃到家乡颍州柳沟村。

刘福通在家乡又重新组织教徒。他吸取上次失败的教训，组织得相当严密。刘福通和杜遵道、盛文郁等人决定于阴历五月初三举行起义。由于准备周密，五月初三这一天，白莲教的教徒们头上都扎着红头巾，悄悄地聚集在柳沟村。他们在刘福通等人的带领下，出其不意，攻占了附近地主家，将那些罪大恶极的地主处死，打开粮仓救济百姓，百姓热烈拥护红巾军。

颍州起义军声势浩大，百姓不断加入到队伍中来，这可吓坏了朝廷，忙派官兵镇压。刘福通带领红巾军和官兵展开了周旋，你大兵杀上来，我就跑，你准备退兵时，我再猛攻你。杀得官兵晕头转向，损伤无数，红巾军占领了颍州城。

到了城里，刘福通立即派人将粮库打开，救济受苦受难的百姓，又有许多人加入到队伍中来，刘福通又重新组编了队伍。朝廷一看义军不断壮大，又派来大队人马前来镇压，刘福通一看官兵太多，放弃颍州，迅速占领军事要地朱皋镇，然后发放官粮，又得到百姓的拥护和支持。由于义军头上缠着红头巾，所以被称为"红巾军"，这次起义被称为"红巾大起义"。

红巾军起义后，民间流传着《醉太平》小令：

堂堂大元，奸佞当权，
开河变钞祸根源，惹红巾万千。
官法滥，刑法重，黎民怨。
人吃人，钞买钞，何曾见？
贼作官，官作贼。

元 朝

混贤愚,衷哉可怜!

这首小令深刻揭露了元朝末年社会的黑暗统治。当时这首小令非常流行,大人小孩都会背。还有一首讽刺诗也十分流行,诗中写道:

丞相造假钞,
舍人做强盗。
贾鲁要开河,
惹得红巾闹。

颍州红巾军起义,全国的白莲教徒和受压迫的百姓也纷纷响应。李二攻克徐州,占领了安徽的宿州、虹州等地;彭莹玉和徐寿辉在湖北蕲州起义,声势也十分浩大;郭子兴在定远也举兵起义……短短时间,红巾军的战火燃烧到全国各地。元顺帝早已吓得魂飞魄散,慌忙派枢密院同知赫厮秃赤领阿速军8000人前去镇压。但赫厮骄纵轻敌,根本没有把刘福通放在眼里,而且在行军时贪恋酒色,被红巾军打败。

元顺帝得知阿速军大败而归,又气又怕,而这时又传来前去镇压汝宁(今河南汝南)红巾军的官兵也大败而归。元顺帝慌了手脚,不知如何是好。这时御史大夫也先贴木儿主动请缨:"陛下,不必惊慌,那贼民有何可怕,给我30万大军,我立即将其剿灭。"元顺帝一听,立即答应。

也先贴木儿率领30万大军直奔河南汝宁,刘福通的义军总部就设在汝宁。刘福通看到官兵众多,闭城不战。两军对峙,也先贴木儿以为红巾军害怕不敢应战,便骄纵起来。一天夜里,刘福通派几百红巾军打扮成官兵的样子,偷袭官兵的大营,见到官兵就杀,官兵从梦中惊醒,也拿起武器自相残杀。也先贴木儿一看打了起来,吓得弃寨而逃。红巾军乘机追杀,元军大败。刘福通又攻占了亳州、罗山、真阳等地,红巾军的队伍扩大到几十万人马。

刘福通声势越来越大,但他没有忘记韩山童,迎立韩山童的儿子韩林儿为皇帝,号小明王,国号大宋,建元龙凤。

刘福通带领大军向元都开进,一路势如破竹,夺取许多城镇。

丞相脱脱带领40万大军再次围剿红巾军,他看到刘福通的红巾军势气正旺,便出兵徐州。徐州的红巾军被打败,李二被杀害,但脱脱也被朝中政敌害死。

刘福通的大军长驱直入，就要到元都了，这时元顺帝调集所有的人马与刘福通的红巾军展开了决战。由于孤军远征，刘福通的红巾军被剿灭，小明王被淹死，龙凤政权结束。

红巾军虽然失败了，但声势浩大，为朱元璋建立明朝打下了坚实的基础。

中华上下五千年
zhonghua shangxia wuqiannian

大明王朝

◆大明王朝（公元1368年至1644年）

朱元璋出家

明朝开国皇帝朱元璋从小家境贫困，衣不遮体，但正是这种环境磨炼了他的意志。孟子云："天将降大任于斯人也，必先苦其心志，劳其筋骨，饿其体肤，行弗乱其所为。"朱元璋小时候就受到了这种考验。

朱元璋的父亲叫朱五四，母亲陈氏。他家祖祖辈辈都是农民，父母都不识字，靠给地主种田为生，家境自然很贫穷，但夫妻二人却很和睦，从未吵过架。朱元璋有两个哥哥，由于家里穷都没有上学，帮助父母干农活。后来有了小朱元璋，家里人都很疼爱他，因为是公元1328年阴历八月初八早晨八点多出生的，所以给他取名朱重八。当然那时并没有早晨八点这一说，只是因为他是八月初八出生，才叫他"重八"。"朱元璋"这个名是后来郭子兴给取的。

朱元璋虽然很受家人的疼爱，但家里穷，也没钱上学，很小的时候就给地主放牛。当时还有其他一些小伙伴，如汤和、徐达等人。

那时候地主家的小少爷瞧不起这些穷孩子，经常欺辱他们。有一天，一个地主家的孩子非要把徐达当"大马"来骑，徐达自然不愿意，但又不敢惹这个小地主。朱元璋一看徐达要受委屈，便对那个小地主说："咱们玩捉迷藏，谁找不见藏起来的人，谁就要当大马！"都是小孩，玩性难改，这个小地主便答应了。小地主先蒙上眼睛，其他的小伙伴们都藏了起来，朱元璋却一下爬到了树上。这个小地主把别的小伙伴都找到了，就是找不到朱元璋，只好认输。他一看朱元璋要拿他当马骑，委屈地哭了。朱元璋说道："我不会骑你的，我们一起玩，谁也不骑谁。"那个小地主高兴地乐了，从此经常在一起玩，小伙伴们都很佩服聪明的朱元璋。

但是不幸总和穷孩子们开玩笑。公元1344年，朱元璋家乡流行瘟疫，他的父母、大哥都不幸得病死去，嫂子带着侄儿回了娘家，比他大几岁的二哥也得了病。面对父母和哥哥的尸体，哥俩抱头痛哭。家里非常穷，根本没钱买棺材，向邻居借也借不来。那年月，各家都没有多少钱，又加上瘟疫流行，几乎每一家都有人死去。

虽然如此，但总得把父母的尸体掩埋了。哥俩没办法，只好用家里唯一的破席将父母尸体卷起来，用绳子捆好，然后用木棒抬着，准备去将父母掩埋。可是走到半路上，绳子突然断了，二哥让朱元璋在此守候，自己到村中借绳子。

二哥刚走，突然天空电闪雷鸣，大雨倾盆。朱元璋见状，赶紧逃到一棵大树下躲雨。就在他刚刚离开的时候，突然土崖被冲塌，将他父母尸体掩埋在下面，形成一个大坟茔。二哥回来后，哥俩都傻了眼，这么大的坟茔想挖开，实在太困难了。哥俩一商议，便找到这家地的主人刘继祖，哭着把事情讲了一遍。刘继祖心肠很好，见两个可怜的孩子死了父母，就答应将此地送给他们。哥俩千恩万谢。朱元璋做了皇帝之后，没有忘记刘继祖的恩德，不仅赏给他后代不少钱财，还追封他为义惠侯。那时的人们很迷信，朱元璋也一样，他做了皇帝后，便带领文武百官到家乡祭拜父母。朱元璋对刘伯温说："你擅长风水研究，看看这块地风水可否？"刘伯温看后说道："陛下，四周高山林立，而这里却独自凹进，风水必然汇聚于此，这里乃风水宝地，必生帝王将相。"朱元璋听后哈哈大笑，又命人将此地修整一番，此后这里就是朱家的凤阳祖皇陵。

再说朱元璋有病在身的二哥，回到家中，身体便更加不适，从此卧床不起。朱元璋四处讨饭，讨了一点稀粥，一口也没舍得吃，都给了二哥。二哥眼含热泪吃下去，但病未见好转，没有几天，也一命呜呼了。

朱元璋福大命大，没有染上病，但他孤苦伶仃，形影相吊。没有办法，只好给地主家放牛混口饭吃，但经常挨饿。后来地主觉得朱元璋可怜，便把他介绍给皇觉寺的长老高彬。从此，朱元璋出家做了小和尚。

当时朱元璋年纪还小，在皇觉寺扫地、打水，干点零活。朱元璋十分勤快，而且很聪明，早晚和师兄们练武功，白天有时间便跟长老读书识字。时间一长，寺院的和尚都很喜欢这个小师弟。

元朝末年，百姓处于水深火热之中，又逢淮西大旱，田产歉收，百姓的香火不多，请和尚作法事的人家也日渐稀少。皇觉寺僧多粥少，面临着挨饿的危险。没有办法，长老高彬只好把和尚打发出去，让他们去化缘以维持生活。朱元璋这一年已经17岁了，所以也被打发了出去。

那年月，兵荒马乱，百姓生活又贫困，化缘自然很辛苦。有时候，遇上心肠好的人家，可以饱吃一顿，有时候便要挨饿。在这种环境里，朱元璋的意志得到了磨练，同时他看到百姓受苦，而那些贪官污吏却过着奢侈的生活，心里十分不满。他想：有一天，我要是做了皇帝，一定先拯救天下的百姓，让他们都吃饱饭。历经四年化缘，朱元璋把淮西都走遍了。这四年中，他虽吃尽苦中苦，却从中学到好多知识，了解到百姓对朝廷的不满，这为他后来做皇帝时实行许多有利于百姓的举措打下了基础。

17岁的朱元璋，化缘回来之后，已成为21岁的青年男子，身材很高，长得虽有些丑陋，但却很威猛。传说朱元璋有七漏：额头之上一边一个小鼓包这是两漏，加上两个突出的颧骨，两个仰天鼻孔，还有一个翘着的下巴，共是七漏。

元朝末年，红巾军四处起义，反抗朝廷，元顺帝只好派大兵去镇压。那时候郭子兴在濠州城起义，元朝将军彻里不花率领大军前来镇压，但义军队容整齐，作战英勇，元军刚和红巾军交战就大败而归。但是元顺帝有命令，不消灭或是俘虏义军，就要提着自己的人头去见他。彻里不花想出一个妙招：他不敢惹红巾军，就到村庄中抓壮丁。官兵无恶不作，搜刮抢掠，到了皇觉寺，和尚都跑了，一个也没有抓到，一怒之下，放火将皇觉寺烧掉。

朱元璋回来之后，一看寺庙被烧，有一种失落感，毕竟在这里生活了几年，对皇觉寺有一定的感情。

皇觉寺被烧，将朱元璋推上了义军之路。

朱元璋投义军

朱元璋历经四年辗转后回到家乡，没想到皇觉寺被烧，自己无路可走，又看到家乡郭子兴的红巾军十分壮大，而且所到之处，放粮仓，救济百姓，深受百姓拥护和支持。在化缘生活中，他就有一种冲动，为什么贪官污吏为非作歹还可以纵情享受，而老百姓整日辛勤劳作却很难吃饱饭？朱元璋想：既然朝廷如此黑暗，百姓忍无可忍，我也不如反了，使自己和百姓过上好日子，和元军决一死战。

这一日，朱元璋来到父母坟前，已经四年没有来祭拜父母了，只见坟的周围长了一圈杂树，而坟上绿草青青。朱元璋想起父母死时，穷得连口薄棺都买不起，只得用一张破席将父母埋葬，心里十分难过。他想：我们穷得这个样，官府还搜刮我们，不造反是不行的了。他跪在坟前，心里默默地说道："父母在天之灵，保佑儿子吧，儿子决定参加义军，但我不是造反，我想让天下百姓都能过上好日子。"他又向村里人打听儿时的伙伴，得知有许多人都参加义军去了，这更加坚定了他参加义军的决心。

那时候，郭子兴在濠州起义，对百姓参加自己的队伍十分欢迎。朱元璋知道后，便决定投奔郭子兴。

郭子兴家中很有钱，因为外祖父是有名的大财主，郭子兴从小就仗义疏财，广交朋友，也很有同情心。他看到百姓处于水深火热之中，十分痛心，但自己身单力孤，只能救济几户人家。由于郭子兴爱交朋友，后来在朋友的介绍下加入了弥勒教。弥勒教也是佛教的一支，宣扬遇人行善，遇到暴政要推翻，其实这都是为了扩大影响，准备发动起义的宣传。郭子兴加入弥勒教后，很快就成为一个小头目。当时百姓生活十分困苦，便想通过佛教来寻找心灵安慰，于是纷纷加入弥勒教。就在这时，白莲教徒发动了红巾军起义，刘福通的义军越来越壮大，而且所到之处，杀官吏，发放粮食救济百姓。弥勒教首领一看时机已成熟，便也在各地成立红巾军。不久，刘福通派人与南方红巾军联系，欲共同举兵，推翻黑暗的元朝。南方红巾军不再犹豫，纷纷起义，声势十分浩大。郭子兴作为弥勒教的一个小头目，也于至正十二年在濠州城举兵起义。

郭子兴手下有几千名教徒，这些人都是受苦受难的老百姓，恨透了贪官污吏。郭子兴带领这些人冲进州衙，杀死州官，占领了濠州城。同时立即打开粮仓，救济苦难的百姓。郭子兴在濠州的威望陡然上升。

朱元璋连夜赶到濠州，郭子兴为了防止官兵前来镇压，在城门处设置卫士，严格把守城门。朱元璋来到城门前，刚想进去，就被卫士拦住，问道："干什么的？"

朱元璋一看卫士头上有红头巾，便说道："参加红巾军的！"

"那你从前干什么的？从哪儿来？"

朱元璋答道："我从前是和尚，在皇觉寺出家，由于官兵把寺庙烧了，我无处可去，所以前来投奔郭大帅的义军，让我进城吧！"

卫士一把拦住了他，说道："我看你不像好人，是不是官府的奸细？"

朱元璋一听就急了，气呼呼地说："我是出家的和尚，怎么不是好人呢？我看你还不是好人呢。"

二人正在争吵之际，郭子兴正带领士兵巡营，听到门前有争吵之声，便走了过来。一看是个和尚，虽然有些丑陋，但长得却很匀称，五官一搭配，倒显得有几分英雄气概，二目有神，眉宇之间透着一种杀气。郭子兴问道："你叫什么名字？"

"朱重八，我想投奔郭大帅，但他不让我进去，还说我不像好人！"朱元璋一见郭子兴身后跟着许多人，便知此人一定是个头领，所以把卫士告了一状。

郭子兴一见朱元璋很机灵，便很喜欢他，又问道："那你为什么投靠义军啊？"

朱元璋答道："我听说郭大帅率领的义军为天下百姓做事，杀贪官污吏，我也恨透了他们。我在化缘的几年里，看到天下百姓生活在水深火热之中，我也想尽一份力，帮助郭大帅共同拯救天下百姓！"

郭子兴很欣赏这个有理想而且又聪明的朱元璋，便对手下一个亲兵头目说："你把他带到亲兵队去。"

朱元璋和那个亲兵头目来到了亲兵队，那个人给他一身亲兵衣服。从此朱元璋便成了亲兵。那个人告诉他："刚才的人就是郭大帅，你以后就在这里保护帅府吧！你小子很幸运，一般要参加一两年义军之后。才让做亲兵的，你刚来就做了亲兵，要尽职尽责啊！"朱元璋心里非常高兴。

朱元璋参加义军后，刻苦训练，加上他在皇觉寺学过武艺，又和长老学过字，所以在义军中算得上文武都通的人才。而且朱元璋为人忠厚，又仗义疏财，所以到这里不久，帅府的人就都很喜欢他了。有一次，朱元璋随郭子兴去巡查，遇到了元军，朱元璋不慌不忙，手握大刀，一个元军刚冲上来，就一刀将其人头砍下，紧接着冲进敌军中，大刀抡起,上下翻飞,元军都吓跑了。郭子兴非常高兴,任命他为九夫长。

还有一次,郭子兴出城,刚一出来,元军的弓箭如雨点一样,向他射来,朱元璋一看大事不好,立即将身体挡在了郭子兴的前边,保护郭子兴退了回来。到了城中一看,朱元璋身上三处中箭,郭子兴非常感动,眼含热泪,说道:"我这条命多亏你啊!"朱元璋忍着痛说道:"大帅,您带领百姓攻打腐败的朝廷,我死也愿意!"

这一天,郭子兴的一位朋友前来看望他。这个人对周易有所研究,他看到郭子兴身边的贴身侍卫朱元璋后,便对郭子兴说:"大帅,那个侍卫脸上有七漏,将来必做帝王将相。"郭子兴也非常迷信,他本来就很欣赏朱元璋,一听朋友如此说,便和夫人商议,想把自己收养的女儿嫁给朱元璋。

郭子兴收养的这个女儿是自己的老朋友马公的骨肉,马公临死前将女儿托附给郭子兴。郭子兴夫妇把这个孩子当成自己的亲女儿看待。马姑娘也十分乖巧,深得郭子兴的疼爱。

这一天,郭子兴和夫人派人把朱元璋叫来,郭子兴说道:"你年纪也不小了,我想把我的养女许配给你。"话刚说完,朱元璋一下惊呆了,他万万没想到郭子兴会把自己的养女嫁给自己。他想:郭大帅虽然很喜欢我,但我只是个小卒而已,他怎么可能把养女嫁给我呢?不会吧!朱元璋正在胡思乱想时,夫人说道:"元璋,你不要惊慌,大帅早已和我商议过,他经常在我面前夸你精明强干,文武精通,而且说你仗义,好几次都舍身相救,所以我们才决定将养女嫁给你。不过你要好好待她,如果将来你有一天做了帝王将相,也不要嫌弃我的小女啊!"

朱元璋听完夫人的话,才缓过神来,跪倒在地,说道:"大帅、夫人,我乃一小士卒,承蒙厚爱,只是我不敢有非分之想。如果大帅、夫人愿意,我一定会好好照顾姑娘的。"

朱元璋娶了郭子兴的养女,成了郭子兴的女婿,郭子兴更加重用朱元璋了。

朱元璋救主

朱元璋成了郭子兴的女婿之后，对郭子兴忠心耿耿，时常为郭子兴出谋划策，郭子兴也很器重朱元璋。

这一天，郭子兴和朱元璋正在商议如何退敌，忽然有人报：彭大和赵均用带领人马前来。郭子兴问朱元璋："这二人一定是吃了败仗，我们是否收留他们呢？"

朱元璋道："大帅，彭大、赵均用二人在北方一带很有威信，而且我们都是为了同一个目的，推翻元朝的黑暗统治，我们应收留他们，这样不但可以壮大我们的队伍，也会得人心。"

郭子兴听后，立即出城迎接，而濠州的另一支红巾军的头领孙德崖也正带人出城迎接。原来濠州城的红巾军分为两派，为了抵抗官兵，郭子兴派人联合孙德崖的红巾军，从此两支红巾军合二为一，但仍由二人分别管理，因此，两支红巾军并没有彻底联合，仍分为两派。

郭子兴、孙德崖将彭大和赵均用接到城中，设宴款待，为他们压惊和接风。一打听才知道，原来是元朝丞相脱脱率大军38万，将徐州团团围住，对徐州城猛攻，红巾军不是对手。一天夜里，彭大和赵均用带兵杀出重圈跑了出来，贾鲁又乘机追杀，所以才逃到濠州。郭子兴说道："二位贤弟，天下兄弟是一家，你我都是红巾军，从此都是好兄弟，我希望我们团结一致，推翻无道的昏君，让天下的百姓都过上好日子。"彭大也十分慷慨地说道："郭大帅临危之际将我们收留，我等一定听从郭大帅的调遣。"

酒宴撤了，众人又谈了一会儿，才各自回房休息。郭子兴非常欣赏彭大，他早就听说彭大有勇有谋，今日一见果然是英雄气概，所以他又找彭大谈了很长时间，彭大也觉得郭子兴为人忠厚、仗义，很值得深交。孙德崖为了扩充自己的势力，也找赵均用长谈。他对赵均用说："贤弟，我虽然在郭子兴的手下做副帅，但我不甘心，一旦有机会，我就会拉走我的人马，另挑大旗，自己去干，到时候你要帮我一把啊！"赵均用一听先是吓了一跳，后来镇定下来说道："大帅，请放心，我一定会效犬马之劳。"

有一天，郭子兴和孙德崖商议如何退敌，二人产生了分歧，争得脸红脖子粗，不欢而散。

孙德崖自然心中不满，便把赵均用约来，对他说："郭子兴根本不把你我兄弟放在眼里，我想出兵和元军交战，郭子兴却坚决反对。他说你们一来，元军大队人马一定会杀到，如果我们迎战元军，必会腹背受敌。他这分明是嫌弃你们！"赵均用一听，十分生气，说道："他郭子兴也太目中无人了吧？"孙德崖一看赵均用生气了，便说道："贤弟，莫急，我们趁他不注意，将他绑架，逼他出兵，到时候，我们不就说话算数了吗？"

赵均用根本没想后果，立即带领自己的亲兵去找郭子兴。事也凑巧，刚一出门，就遇到郭子兴，赵均用立刻带着亲兵将郭子兴拿下。郭子兴毫无准备，还没明白怎么回事，已被绑了。

赵均用将郭子兴带到孙德崖府上，郭子兴一看就知道是怎么回事了，一定是孙德崖挑拨离间。郭子兴大骂道："孙德崖，你为什么如此做？"孙德崖一笑，说道："你交出兵权，我就放了你。元军离我们只有20里，在那里已经安营扎寨一个多月了，你却闭门不出，你是怕了吧？"郭子兴道："你真是目光短浅，如果元军大队人马杀到，而我们去与那批原来的官兵争战，新来的元军必然会乘机攻城，到时候我们悔之晚矣啊！"孙德崖根本不听他那一套，说道："既然你不听，那就别怪我了，我带领人马灭了那些元军，回来之后，再给你松绑。"其实孙德崖只是想借此机会提高自己的地位和威望，如果他带领义军灭了那些元军，他就有说辞了，也可以夺取主帅的大权。

郭子兴被赵均用绑走，手下的侍卫立刻逃到大帅府来报告。夫人一听就哭了，立刻派人去找朱元璋，朱元璋也正要找郭子兴，因为元军大队人马已杀到。朱元璋得知郭子兴被赵均用绑架了，又气又急。他想：大敌当前，我不能带兵到孙德崖府上，那样一定会互相残杀，元军可就坐山观虎斗了，我现在应团结他们。他想到了彭大，认为此人有勇有谋，和朱元璋又很投缘，所以带着300精兵去找彭大。把事情的经过一说，彭大是血气方刚的硬汉子，一听也气坏了，立即随着朱元璋来到孙德崖府上。这时孙德崖和赵均用正在府上边饮边谈，正在商议如何打败元军，夺得兵权。

二人正说着，朱元璋、彭大带领300精兵突然杀到。那几个卫士刚想拦，朱元璋一下将他们推到一边，冲进了孙德崖的大府。孙德崖刚一抬头，就见朱元璋手握宝刀怒气冲冲地进来了，二人都吓了一跳。说时迟，那时快，朱元璋一下就跳到了孙德崖面前，用宝刀抵住他的咽喉，孙德崖想抽刀早已经晚了。宫中的卫兵刚想上来，朱元璋大叫一声："把兵器给我放下，否则我宁愿与孙大帅同归于尽。"孙德崖没办法，只好示意他们放下武器，朱元璋又说道："孙大帅，你把我家大元帅藏到哪里去了？你和我家大帅本是兄弟，何必自相残杀呢？"

孙德崖被刀抵得根本说不出话来。这时彭大走到赵均用面前，十分生气地说道："兄弟，你怎么能办这种糊涂事呢？我们遇难而来，郭大帅把我们迎进城中，待如上宾，你怎么能忘恩负义呢？"赵均用辩解道："都是孙大帅让我这么做的！"

朱元璋忙说："孙大帅，如果你交出我家大帅，我们还是兄弟，否则后果可不堪设想啊！"孙德崖没办法，只好一摆手，让人把郭子兴带了过来。朱元璋把刀撤回来，给郭子兴松了绑。

彭大立刻走过来，说道："郭大帅，实在对不起，我兄弟是个粗人。希望你不要和他一般见识，我代他向你赔礼道歉。"郭子兴虽然生气，但彭大和自己很投缘，便说："都是自家兄弟，没什么。"彭大立刻招呼赵均用给郭子兴道歉。郭子兴气消了一半儿，又走到孙德崖面前，说道："孙大帅，我们曾发过誓，不求同年同月同日生，但愿同年同月同日死，而你却将我绑架，口口声声要兵权，我可以给你，但你不能拿兄弟的性命去开玩笑啊！元军众多，我们不能不认真准备啊，如果我们去攻打他们，朝廷再派元军来攻城，我们到时候只能全军覆没啊！"

孙德崖被郭子兴说得哑口无言，这时朱元璋说道："各位大帅，事情已经过去。我们还是先考虑一下应敌之策吧！元将贾鲁已率5万大军杀向濠州！"

众人一听都吃了一惊，只有郭子兴不以为怪："我早就有预料，这就是我为什么不和以前攻城的元军开战的原因，孙大帅你明白了吧？"孙德崖一看元军真杀了过来，只得说："都是小弟的错，大帅深谋远虑，小弟佩服，还请大帅原谅！"郭子兴为大局着想，就没有和他们计较。

几个人经过商议,终于想出了破敌之策。

别开天地

　　元军这一日已杀到濠州,与从前的人马汇合后,足有10万人。郭子兴仍采取以前的策略,只守不攻,等待时机。元军不断地攻城,义军则死守不出。渐渐地,元军的锐气消失大半,恰在这时,元军大将贾鲁因病而亡。郭子兴认为反击的时刻已到,立即带领人马杀出城去,元军立时大乱,不战而逃,义军则乘胜追击,就这样解了濠州城之围。

　　在这次战斗中,朱元璋又立了大功,活捉了元军几员大将,而且杀死不少元军。二人回到帅府后,郭子兴派人摆上一桌酒宴,和朱元璋边饮边谈。朱元璋说道:"大帅,濠州城小,却有好几派人马在这里,我看很难有新的发展。另外此地没有险要地势,如果元军几十万人马前来,即使不攻城,也会把我们困死在这座城中。孙德崖和赵均用表面上虽然已和大帅和好了,内心却隐藏着不满,我们不得不防啊。大帅,我想到外边去招兵买马,壮大我们的队伍,一旦兵精粮足之时,就可以扩大我们的地盘。"郭子兴一听,十分高兴地说:"这个办法非常好,我们明日就行动。"

　　第二天,朱元璋就辞别妻子和郭子兴夫妇,带领几名亲兵到外边去招兵了。朱元璋边走边想,到哪里去招兵呢? 想来想去,还是以自己的家乡为根据地最为有利:一因那里自己非常熟悉,化缘四年,曾走遍淮西各地;二因家乡比较穷,百姓度日如年,恨透了官府,一定会积极响应;三因郭子兴在那里影响很大,自己刚从家乡出来的时候,郭大帅的名字就如雷贯耳。

　　于是,朱元璋打起郭子兴的大旗,带领几个亲兵,来到定远。其实在定远,朱元璋本人也有一定的影响力,因家乡人都知道他参加了郭子兴的义军,而且娶了郭子兴的养女,深受郭大帅的赏识。一听说朱元璋到家乡招兵,儿时的伙伴汤和、徐达、周德兴等人都来加入。他们都是在别的义军当兵,因此还带领着许多人,吴良、吴祯、花云、耿炳文等日后成为明朝开国功臣的也纷纷加入。朱元璋非常高兴,几个月功夫,手下竟发展到两万多人,声势浩大,而且还不断地有人加入。

朱元璋又想:光有武将不行,还要有文人,刘备三顾茅庐请诸葛亮,曹操手下有大谋士荀攸,我也要找几个有文化的人辅佐自己。正在这时,定远的大富户冯国用求见。朱元璋早就听说此人很有才华,但有的人表示反对:"冯国用家有万亩良田,我们不能让他参加义军,他肯定会阻止我们攻打地主的!"朱元璋道:"郭大帅的家里也十分富有,不也挑起大旗了吗?"说服大家后,朱元璋非常热情地接见了冯国用,并问他:"先生可愿意加入义军?"

冯国用答道:"我家虽为地主,但也深受贪官污吏的压迫剥削,我也想推翻元朝的黑暗统治,但一直没有机会。我看别的义军很难成大业,只有你才能打天下啊!"

朱元璋十分谦虚地说:"先生过奖,我只是郭大帅手下的一个小卒,怎能成大业呢?"

冯国用道:"你从濠州城出来,证明你有魄力,有远大抱负,不像那几支红巾军,畏首畏尾地不敢前进。而且你招的兵中,有许多人都有将相之才,也有很多人是在别的义军中辞去了职务到你这里来的,可见你的影响力之大,所以我才慕名而来!"

朱元璋道:"先生高论。我请教先生一下,欲成大业,我们下一步该怎么办,我希望先生指点迷津!"

冯国用一看朱元璋不仅有雄心大志,而且为人谦虚,便说道:"将军,集庆(今南京市)地势险要,而且可以向四面八方扩展,易守难攻。欲成大业者,必须占有这样的宝地,才能有大的发展。"

朱元璋非常高兴地点了点头。冯国用又说:"我给你推荐两个人,一个是我的弟弟冯国胜,他从小熟读兵书,很有才华;另一个是李善长,此人是定远第一才子,很有谋略。我弟弟我可以给你请来,李善长还要将军亲自去请。"

朱元璋点头答应道:"听君一席话,胜读十年书。那就请先生把你的弟弟请来吧。"

第二天,朱元璋带领几个亲兵来到李善长家。李善长也久闻朱元璋大名,想加入义军,所以很高兴地接待了朱元璋等人。朱元璋问道:"先生,何以扫天下?"

李善长道:"如今义军四处起兵,硝烟弥漫,百姓受苦受难,而元朝又如此黑暗,看来元朝气数已尽。汉高祖刘邦亲贤臣远小人,加强军纪,兵少而精,人少但心和,最后大败项羽。将军如果能像汉高祖一样,必能一扫天下。"

朱元璋非常高兴地说:"先生,如果愿意与我共谋大业,就请随我一起走!"李善长收拾了一下,便和朱元璋一起来到军营中。

朱元璋把军队重新编整了一下,从中选出有才干的人来训练军队。

这一天,冯国用带着自己的弟弟冯国胜来了。冯国胜对朱元璋说:"将军,欲南下,我们可先夺滁州(今安徽滁县)城,此处官兵不多,我们可以占领它,然后南征,并不为迟。"

朱元璋经过一番准备,带领大军直奔滁州城。

大将花云为先锋,带领几千人马来到滁州城下。元军一看有义军来攻城,急忙派大将与义军交战。大将花云手使一把大刀,舞动起来,呼呼生风,那元将岂是花云的对手,打了不到二十回合,已被花云一刀斩落马下。元军又有一员大将前来迎战,三两个回合,也被花云的大刀砍下了脑袋。元军一看这员大将太勇猛,一下派出两员大将,三人战在一起,花云大刀如梨花纷飞,只见刀影,不见人形。元将一不小心,便被斩落马下,另一元将自知不是对手,连忙向城中逃去。花云催马紧追,元军刚进城,花云已到,从后面一刀将此人劈成两半,又挥刀杀死了几个守门卫士,元军吓得纷纷后退。这时朱元璋的大队人马已杀到。朱元璋来到元军前说道:"你们也都是百姓出身,如今百姓受苦受难,你们还要助纣为虐吗?如果谁想投降,我绝不亏待你们!"元军"呼啦"跪倒一片,纷纷投降。

朱元璋很快占领了滁州城,但没有忘记李善长的话,他命人放出囚犯,打开粮仓,救济受苦受难的百姓。那些囚犯多数是冤枉的,被官府害得无家可归,所以大部分都加入了义军,这一下朱元璋的队伍更壮大了。

朱元璋的声势越来越大,大将胡大海、常遇春等人也纷纷来投奔。这一天,郭子兴带领人马来到,朱元璋亲自迎出城外,原来郭子兴在濠州受到孙德崖和赵均用的排挤,没有办法才来到滁州。朱元璋不忘郭子兴的恩德,让郭子兴继续担任大帅。郭子兴推辞再三,最后答应了,但是没过多久,郭子兴病死了。朱元璋重新掌握大权,他又有了新的目标：夺取集庆，准备以此为根据地，成就一番大业！

采石矶大战

确定新的目标后，朱元璋让郭子兴的儿子郭天叙留守滁州，自己和徐达、汤和、胡大海、常遇春、郭英等多员大将以及俞廷玉等水军将领，率领水陆大军3万多人，从长江北岸杀向南岸。

长江南岸便是元军有名的老将蛮子海牙把守的太平城，而要想攻下太平城，就必须先攻下采石矶。采石矶是咽喉要地，它临江直立，易守难攻。对此，朱元璋早已做好准备，船上带了许多云梯。

再说太平城守将蛮子海牙，此人有勇有谋，擅长用兵，而且军纪严明，手下的军队作战十分英勇。他早已得知朱元璋率领大军攻破滁州，也知道朱元璋的目标不是滁州，而是集庆。太平城，尤其是采石矶是集庆的门户，一旦攻破采石矶，集庆就很难保住，他深知责任重大，也做好了准备。他调集近万名弓箭手埋伏在采石矶上，又调集几千名长枪手，准备待义军离近时决战。为了安全，他还派人准备了许多滚木礌石。蛮子海牙亲自指挥，在采石矶上等待义军。

红巾军扬帆远航，3万大军排成战斗方阵向元军杀去。

第一批战船还没靠近采石矶，矶上一声令下，箭如雨发，密密麻麻地射向义军。红巾军损伤不少，朱元璋立即下令后退。第二批战船又冲了上去，义军头上缠着红头巾，左手执藤牌，右手拿短矛，为首一员大将正是郭英。元军依然箭如雨发，郭英用藤牌掩护，已攻到采石矶下，刚要上云梯，就在此时，石矶上滚木雷石突然从天而降，砸死砸伤一批义军。郭英一看，只好命令战船后退。

胡大海是急脾气，乘着战船就冲了上来，也没有拿藤牌，手里挥舞着两柄大斧，左右拨打弓箭。常遇春一看胡大海已经杀了上去，也立即下令开船。常遇春号称常胜将军，智勇双全，武功高强。他一手拿藤牌，一手执短矛，站在船头，威风凛凛，那么多的飞箭对他丝毫无损。

而这时元军正在集中兵力对付胡大海。常遇春的战船像离弦的箭一样，不一会儿来到了采石矶下，待元军发现时已经晚了，那些长枪兵便用长枪与常遇春搏斗。常遇春用藤牌抵挡长枪，有好几杆长枪都扎进了藤牌中，刚想回枪，常遇春抓住一个枪杆，用力一跃，一下就落到了采石矶上。那几个元军还没明白怎么回事，常遇春已来到他们身后，用短矛一推，大叫一声："给我下去吧！"这几个人都落到了江中。此时，一个元军手执大枪直刺常遇春的胸膛，眼看就要刺到了，真是艺高人胆大，常遇春一不慌，二不忙，扔掉短矛，双手抓住长枪，双膀一用力，把长枪夺了过来，将那个元军踢到江中。常遇春本来就擅长使枪，如今有了长枪在手，在元军中如走平地，只见他杆枪上下抖动，元军死伤一片。

这时郭英和胡大海的大船已经靠近采石矶，立起云梯，义军蜂拥而上。胡大海左臂上还扎着一把箭，但他毫不在乎，双斧一抡，在元军中大开杀戒。这两柄车轮大斧抡开了，足有二三百斤重，元军哪能抵得住啊！郭英也是英勇无比，从元军手中抢过一杆大枪，和元军战在一起，没几个回合，一枪便将元将挑落江中。蛮子海牙一看义军如此凶猛，知道采石矶保不住了，便鸣锣收兵，退回太平城。

红巾军经过苦战终于占领了采石矶。徐达对朱元璋说："大帅，我们已经占领了采石矶，应乘胜攻打太平城。那蛮子海牙必定守城不战，我们在城下安营扎寨，晚上偷袭太平城，一定可以大败元军。"

朱元璋觉得分析得很有道理，立即重整大军，浩浩荡荡直奔太平城。蛮子海牙听说义军已攻到太平城，心想：这些反贼实在是难对付，我一生经历无数战争，还从未遇到过这样强劲的对手，看来，太平城难保啊！蛮子海牙知道元军刚刚大败，绝不能出城迎战，只好派众兵坚守城池。

朱元璋见元军不出战，便下令安营扎寨。蛮子海牙一看天色已晚，便告诫守城的士兵："大家都要提高警惕，小心那帮反贼晚上偷袭我们！"士兵不敢怠慢，都努力打起精神，蛮子海牙则亲自巡营。到了后半夜，蛮子海牙经过一天激战，有些累了，便回到营中休息，城墙上的士兵也乏了，就放松了警惕。

而就在这时，大将花云带领几百精兵突然攻打东门。元军大乱，都迅速集结到东门迎敌，哪知道这是义军的调虎离山之计。常遇春年轻善战，白天作战一天，晚上还主动请缨，率领几千人马攻打北门。

很快，常遇春攻下了北门，义军如下山的猛虎，迅速占领了太平城。元朝大将蛮子海牙在梦中惊醒，心想：完了，太平城池已丢。他立即拿起兵器，上了战马，带领元军迎战。但为时已晚，义军大队人马已开进太平城，元军只得大败而逃。

朱元璋进入太平城，从而有了落脚之地，心想：我下一步就可以攻打集庆了。

占集庆收民心

朱元璋占领太平城后，本想马上带兵攻打集庆，但是士兵却留恋乡土，不想再南下了。晚上士兵们在一起，议论起家乡之事，心里急切盼望回去。朱元璋知道这种情况后，心里吃了一惊，也很焦急，忙和徐达、李善长、俞廷玉、冯国用等人商议如何稳定军心。徐达说："大帅，要想稳定军心，就得断了后路，将全部战船放弃。"水军将领俞廷玉说："如果放弃了船只，一旦我们失利，就没有了退路。"朱元璋道："俞将军，不要舍不得这些船只，为了实现目标，我们只能背水一战，破釜沉舟。"俞廷玉见朱元璋决心已定，立即派人将战船的缆绳砍断，大小战船全部随着滚滚的江水漂走了。

那些思乡的红巾军得知弃船的消息后，十分沮丧，有的年轻士兵都急哭了。朱元璋立即集合人马，对士兵们说："众位，我们虽然攻下了太平城，但是元军仍然在追击我们，如果我们不一鼓作气推翻元朝的黑暗统治，就很有可能被他们灭掉。大家只有同心协力，全力以赴，夺取集庆，才能衣锦还乡！"朱元璋的一席话，使红巾军又重振了精神，个个都摩拳擦掌，准备攻打集庆。

朱元璋看到时机已经成熟，他知道太平城是一个险要之地，所以派大将花云把守，自己统帅水陆大军，进攻集庆。

镇守太平城的老将蛮子海牙带领残兵败将逃到了集庆，驻守集庆的是福寿。福寿原是朝廷中负责监察、执法的一品大臣，但是红巾军四处起义，元帝深知集庆的重要，便把福寿派到这里来镇守。福寿得知蛮子海牙擅长用兵，而且手下的军队十分英勇，便问道："将军，你怎么也抵挡不住反贼啊?"蛮子海牙叹了一声,说道:"御史大夫,那帮反贼十分厉害,我在采石矶布置了重兵,准备守住采石矶,但这群反贼竟将采石矶攻破,随后又攻破了太平城。他们下一个目标就是集庆,御史大夫,我们还是早做准备吧!"福寿说:"将军,让我们共同剿灭那帮反贼!"

福寿命蛮子海牙统帅水军在江上设防,又命陈兆先率 2 万精兵在方山设防,这样就形成了保护集庆的外围防线,然后又命人在城外筑起栅栏,屯兵固守,自己率领 10 万大军驻守城中。他想:反贼再厉害,也难以攻破我的三道防线,不敢说集庆固若金汤,但他们攻破城池也绝无可能!

朱元璋正率兵向前进军,有探马报:元军在方山设防,海上由蛮子海牙也设下了重兵。朱元璋心想:这个福寿确实很有经验,这里地势险要,防线很难攻破。于是朱元璋马上和李善长、冯国用、徐达等人商议对策。李善长说:"我们派胡大海将军领兵围攻方山,派常遇春将军从海上攻打蛮子海牙的水军,之后我们再看形势而定!"朱元璋点头答应。

胡大海是一员虎将,在攻打采石矶时所受的伤早好了,他一听又有新的任务,非常高兴地领兵而去。到了方山,红巾军将方山围住,胡大海在两军阵前叫骂,元将陈兆先下山迎敌,和胡大海战在一起。胡大海武艺高强,两柄大斧,打得陈兆先只有招架之功,没有还手之力。陈兆先一看自己不是胡大海的对手,如果继续打下去肯定吃亏,所以虚晃一招,便败下阵去。胡大海催马就追,朱元璋怕中埋伏,便鸣锣收兵。

再说海上的常胜将军常遇春,正在全速前进,恰巧遇上蛮子海牙,他得知陈兆先被围,想去支援。常遇春岂能放过他,大枪一摆,与蛮子海牙战在一起。常遇春越战越勇,蛮子海牙拼命抵抗,可是他手下的水军一看常遇春如此凶猛,而且早就听说过其大名,所以水军不战而逃,只剩下老将蛮子海牙在厮杀,没办法,蛮子海牙只得败下阵来。

水陆两军旗开得胜,但是方山守将陈兆先闭门不战。冯国用对朱元璋说:"大帅,您知道方山守将是谁吗?"朱元璋问:"是谁呢?"冯国用道:"他的叔父是原来投靠过您的陈野先,后来陈野先投靠元军,病死了,他的侄子陈兆先便接管了原来的人马,他的这些人还都是我们的老乡呢！大帅，我想去劝他投降，不过大帅得先保证一点，不能再追究以前的事！"朱元璋哈哈大笑："先生，你看我是那种人吗？"说完折断一支箭，递给冯国用，说："先生，我愿意发誓如果陈兆先投奔于我，绝不提往事！"

冯国用便独自一人上山，刚到城门口，一个士兵大声说道："不要再往前走了，否则我们会放箭的！"冯国用双手一抱，说："请你通报一声，就说冯国用求见！"

士兵往里通报，陈兆先是定远县有名的大户子弟，而冯国用家也是大户，因此彼此认识，便命令士兵将其放进来。

陈兆先和冯国用见过面。冯国用快人快语，直截了当地说："将军，我来是想劝你归降。你可以放眼看去，有多少义军，他们都英勇无比，你也有所了解，这些人都是贫苦百姓，将军你怎么能助纣为虐呢？"陈兆先晚上巡营的时候，已看到义军多如天上的繁星，而且白天与胡大海交手，也深知义军将领的厉害，他知道元军大势已去，但他有所顾虑，自己的叔叔曾经投奔过朱元璋，而后又反水投奔了元军。陈兆先想了一会儿说道："朱元帅会不会怪罪于我呢？"冯国用道："将军多虑了，前次反水，乃是你叔父所为，与你何干呢？大帅怕你有顾虑，所以折箭发誓绝不会追究。"说着，把朱元璋折断的半支箭递给了陈兆先。

陈兆先接过断箭，立即下定决心，投降朱元璋。

第二天，朱元璋率领大军进驻方山，但是陈兆先手下的将领有些惊慌，他们怕朱元璋忌恨报复。朱元璋来到降军前，说道："弟兄们，我们本是乡亲，都是受苦的百姓，我朱元璋如果忌恨前仇，就与它同！"说完，将一支弓箭折断，众将士这才消除了疑虑。

陈兆先找到朱元璋说道："末将有罪，大帅不记前嫌，我一定为大帅赴汤蹈火，在所不辞！"朱元璋笑了笑说道："将军一片忠心我已知道，将军不要多虑，你我是同乡，又都是兄弟。"陈兆先说道："大帅，福寿已经在集庆城外设下重兵，城中也有10万大军，我们不如先扫清外围，然后再围攻集庆，到时候，集庆只是一座孤城，就很容易攻下了。"朱元璋听后大悦，点头答应。

第二天，朱元璋率领红巾军和陈兆先的降军下了方山，直扑集庆。集庆城外的元军抵不住他们的围攻，纷纷败北。福寿死守城池，但义军不给他喘息的机会，不断地攻城。元军孤立无援，红巾军很快攻破城门，占领了集庆城。福寿一看大势已去，拔剑自刎。

朱元璋把原来的官吏找来，说道："我不管以前你们怎么样，但从今日起，只要体贴百姓，善待他们，就可以各守旧业！"那些官吏一听，赶忙跪倒拜谢。

朱元璋占领了集庆，那些官吏再也不敢欺压百姓了。朱元璋又命人将粮库打开，救济百姓。百姓和官吏都十分拥护朱元璋，朱元璋又整编大军，有许多队伍都加入到朱元璋的队伍中，大军达到了五六十万人。

朱元璋改集庆为应天府，从此义军以此为基地，不断扩张自己的势力范围。

金华山论天下

朱元璋终于夺得了集庆，这里地势险要，可攻可守。朱元璋很有抱负，他的目标是横扫天下，统一全国，自然不会只守集庆了。

经过一段休整，朱元璋便派大将各率人马四处征讨元军。徐达攻下镇江（今江苏镇江），邓愈攻下广德（今安徽广德），其他大将也攻下江阴（今江苏江阴）、宁国（今安徽宣城）等地，这样就形成了一个以应天府为中心的圆形根据地。朱元璋知道武将擅长攻战，文人善于治国，所以他攻下城池后，都派文人去治理。但由于长期征战，身边武将众多，文人不多，于是朱元璋四处访贤。

其时有一个老儒朱升投靠了朱元璋。朱元璋非常尊敬他，问道："老先生，我已占领了许多地方，我应该怎么办才能横扫天下，统一江山呢？"

朱升笑笑说："大帅，我送你九个字，如果你这样做了，一定能得天下。这九个字是：高筑墙，广积粮，缓称王。"朱元璋听后，心悦诚服地点了点头。

后来叶琛、章溢等人也投奔了朱元璋，朱元璋非常欣赏他们，都给予了重用。

这时候，朱元璋还得到了大才子刘基。刘基，字伯温，曾在元朝做官，但刘伯温很有眼光，一看天下大乱，政府黑暗，便隐居金华（今浙江金华）深山。据说他精通周易，神机妙算，天下之事，无所不知，无所不晓。

朱元璋在应天府驻扎后，孙炎便向朱元璋介绍刘伯温。孙炎说："大帅，此人上知天文、下晓地理，对天下形势分析得十分透彻。他是我的密友，现隐居金华深山。由于他很有才华，曾做过官，但他跟我说，元朝气数已尽，如今天下大乱，必有一代英豪推翻元朝，所以他才隐居起来。"

朱元璋道："我也久闻刘伯温先生的大名，就烦请你带路，我们一同去请他出山。"

朱元璋非常重视人才，第二天，便带领几个卫士和孙炎一起去金华深山请刘伯温。经过长途跋涉，几个人终于风尘仆仆而至。刘伯温一看朱元璋亲自来请自己，很是感动。他对朱元璋早有所闻，知道朱元璋胸怀大志，有胆有识，又礼贤下士，体贴百姓，认为此人一定能够治国平天下。

朱元璋与刘伯温在金华深山的小屋中彻夜长谈。朱元璋问道："先生，天下义军如此之多，我应该如何打天下呢？"

刘伯温胸有成竹，说道："大帅，天下义军共四支，东支是小明王韩林儿和刘福通的红巾军，您也是东支的一部分；西支是徐寿辉和陈友谅的红巾军。而南北义军，则是非红巾军系，一是东吴的张士诚；二是僻处海隅的方国珍。

如今应天府北边是小明王韩林儿和刘福通的义军，他们士气正旺。他们先是兵分两路，攻城掠地，西路破武关（今陕西省商县），下商州（今陕西省商县），东路攻克中书省东部（今山东省）。后来刘福通又攻下汴梁（今河南开封），定汴梁为国都，小明王韩林儿登基。仅仅两三年，巴蜀、江淮、齐鲁等地都被义军所占。但刘福通无兵力守城，所以这些地方又被元军恢复，但是也给元军以沉重打击。所以北方有刘福通为我们阻挡，我们不必担心。我们先统一长江以南地区，北方刘福通的红巾军孤军深入，很可能被元军消灭。但元军也会有很大消耗，我们那时候就可以挥师北进，大败元军。

东边是张士诚，他以平江（今江苏苏州）为中心向四方扩展，而且他地处鱼米之乡，兵多粮足。但他不思进取，贪图安逸，又遭到元朝丞相脱脱的围剿，他虽然对我们有不利之处，但现在还不会进攻我们，我们对他应力求缓和，只稍加防备即可。

再看看南边，方国珍的义军力量小，而且此人胸无大志，不会对我们构成威胁，我们也不用防备他。

最后。我们看看西边，这需要我们重兵防备。彭莹玉和徐寿辉在西边攻下不少地方，占领蕲水城，徐寿辉又自称皇帝。后来彭莹玉战死，陈友谅夺去大权，自称皇帝。陈友谅野心勃勃，他看到我们要统一天下，必然会来侵扰，而且很可能联合张士诚，所以我们应重兵防守陈友谅。"

朱元璋听后非常激动，对刘伯温的才能深为佩服，说道："刘备得卧龙辅佐而成王，我得伯温辅佐，一定能统一天下！"

二人谈得起兴，不知不觉地，天亮了，朱元璋道："先生，请与我同去应天府吧！有了先生，我就可以横扫天下了。"

回到应天府，朱元璋立即召集群臣，说明了天下形势，然后向应天府的西边派去重兵。

果然不出刘伯温所料，没过多久，陈友谅于公元1360年统帅水陆大军几十万人马直奔应天府。

大将花云在太平城死守，但陈友谅的人马太多，最后太平城终于失守，大将花云也战死了。陈友谅率领大队人马向应天府杀来。

朱元璋虽早有准备，但太平城被陈友谅轻易占领，还是大吃一惊，朱元璋立即召集文武官员，商议迎敌对策。

有的官员说："陈友谅远道而来，虽然占领了太平城，但已是疲劳之师，我们可以乘机迎战他！"

有的大臣反对说："陈友谅的人马士气正旺，气势汹汹，我们应避其主力，迁出应天府。"

还有的大臣说："陈友谅已派人和张士诚联系，要共同攻打我们，为了保存实力，我们应向陈友谅求和。"

刘伯温闭口不言，朱元璋知道他早已有破敌之策，等众人一走，便向他请教如何破敌。刘伯温说："大帅，陈友谅几十万大军，我们不能和他硬拼，即使我们能取胜，也会损兵折将，大伤元气，如果有别人乘机攻打我们，就很难破敌了。迁走更不可取，陈友谅不是想占领应天府,他是想消灭我们,我们迁到哪里,他会追到哪里,而且一旦迁徙,军心必然大乱。陈友谅杀死徐寿辉,可见此人心狠手辣,如果我们投降,他绝不会放过我们的,那样我们只有死路一条。不过,大帅不必惊慌,我以为东边张士诚此次不会出兵攻打我们。一是因为张士诚贪图安逸,他不会轻易出兵作战;二是张士诚老谋深算,他知道陈友谅十分奸诈,一旦陈友谅消灭了我们,就会立即出兵攻打他,所以东路我们不用再派重兵防守了,我们可以在西边全力迎战,采用诱敌深入的办法,大败陈友谅!"

朱元璋问道:"先生。我们怎么诱敌深入呢?"

刘伯温道:"我们可以派大将常遇春带领几千精兵前去迎战,常遇春英勇无比,陈友谅的大将很难打胜他,我们可以借机消消他的锐气。陈友谅一看常遇春带领的人少,必然会出兵攻击,常遇春可以将他引到城前的山下,我们在山上埋伏好,一定能大败陈友谅。"

朱元璋听后,便派常遇春前去迎敌。陈友谅派大将与常遇春交战,没用几个回合,常遇春就将陈友谅的大将挑落马下。常遇春越战越勇,连挑四员大将。陈友谅一看,立即下令全军出击,常遇春且战且退,将陈友谅的队伍引到山下。正在这时,山上滚木礌石、弓箭像雨点一样飞下,陈友谅军队大乱,常遇春乘机追击,半路之上,徐达又带领人马阻截,陈友谅带着败军逃跑了。常遇春、徐达二支人马汇合一处,乘胜追杀,又将太平城夺了回来。

朱元璋对刘伯温更加信任了,他下令大摆酒宴,庆祝胜利。

刘伯温对朱元璋说:"大帅,我们诱敌深入虽然取胜,但还要防备陈友谅再杀来,他虽然大败而归,但他绝不会甘心。"朱元璋点了点头,心想:刘伯温不仅用兵如神,而且十分周密谨慎,我得伯温必得天下啊!

陈友谅大败鄱阳湖

鄱阳湖,风景优美,气候宜人,但在元末明初,这里却发生了一场惊天动地的战争,交战双方是朱元璋与陈友谅。

陈友谅大败于刘伯温的诱敌之计中，但他心有不甘，心想：凭我几十万大军，要是不中计，我一定能消灭你！所以陈友谅继续训练军队，准备等待时机，再与朱元璋决一死战。朱元璋也没有放松，一方面招兵买马，一方面加强军队训练。

公元1363年，刘福通的义军孤军深入，元军围攻汴梁，而义军没有援兵，只好退守安丰。就在这时，张士诚却乘机围攻安丰，刘福通只好派人求助于朱元璋。朱元璋与刘福通的义军是友军，一听说刘福通被围，立即带领人马前去营救。不料朱元璋到了安丰，刘福通却已战死。朱元璋迎小明王韩林儿到滁州，刚到滁州，就有人报：陈友谅围攻洪都三个月。

原来是陈友谅得知朱元璋去救小明王，他认为这是复仇良机，便调集所有人马，杀向应天府。

朱元璋得知消息后，火速率领大军从滁州撤到应天府，然后立即召集文武百官，商议解围洪都。李善长说："大帅，我们不必去洪都，只要把大船开到彭泽（今鄱阳湖），陈友谅怕腹背受敌，必然也会撤兵到那里。在那里我们可以和他决一死战。"

刘伯温接着说道："大帅，此次陈友谅调集所有人马，而且他的大船高几丈，分三层。船与船都用铁链连接着，当初孙权、刘备用火攻大败曹操于赤壁，我们也可以用火攻，我们可以多准备一些火箭、火炮。"

朱元璋任命徐达为元帅，带领20万大军进入鄱阳湖，自己也坐在小船中亲自督战。

徐达率领小船沿江而上，陈友谅得知消息后，怕前后受敌，所以从洪都撤兵，顺江而下，双方在鄱阳湖拉开阵势，准备大战。

陈友谅的大船像小山一样高大，几十只连在一起，绵延几十里，十分壮观。而朱元璋的战船比较小，由徐达任总指挥，分成若干小队，小船自由穿梭，十分灵巧。

陈友谅坐在大船上，稳如泰山，居高临下，望着朱元璋的小船，心想：朱元璋，这一次我决不能让你活着回应天府。朱元璋坐在小船中，望着陈友谅的大船，心想：陈友谅你别高兴得太早，我让你成为第二个赤壁之战的曹操，甚至让你比曹操还惨，曹操毕竟败走华容道，我让你死无葬身之地。

两军船队越来越近，徐达一看火炮可以射击了，一声令下，小船迅速扩散成一个扇面形，向陈友谅的大船围攻过去。每只小船上都安装着火炮、火箭、火铳，这些武器烧伤力很大，一旦打到船上，船立即起火。

朱元璋的小船不断地向陈友谅的大船火攻，有的大船已经起火，由于几十只大船都连着，所以其他的船也着了火。陈友谅一看，忙命人救火，又要人加快船速，靠近小船。刚一靠近小船，陈友谅立即下令，从大船上扔下许多雷石，致使许多小船被砸入水中。

朱元璋一看，立即下令，将小船疏散开，轮流向大船进攻。陈友谅大军的元帅张定边一看远处有一艘小船，不断地发出指令，他想：此船不是朱元璋，也是敌军元帅。擒贼先擒王，我何不先消灭他呢？想到此，乘着自己的大船从背后悄悄地驶了过去。这时其余的船都已参加战斗了，只有十几艘小船护卫着朱元璋，这些小船发现有一艘敌船驶来，立即搭弓射箭，张定边用大刀拨打，弓箭都被打落在水中。那些卫士一看大事不好，忙保卫着朱元璋的小船向岸边划去。有一只小船迅速划向战场，他知道敌军强大，怕朱元璋遇难，去搬救兵去了。

张定边大船一到，就将朱元璋的保卫船冲得七零八散，有的还被撞翻。朱元璋命令水手赶快划船，但由于惊慌，小船冲上浅水，船底沉于湖泥中，无法划动。朱元璋也急出一身汗。心想：难道我命休矣？张定边一看小船被浅滩阻挡，心中大喜，大叫一声："朱元璋你给我拿命来！"张定边举着大刀正要砍朱元璋，却突然觉得右臂一阵剧痛，原来他的右臂中了一箭，立即鲜血直流。他强忍疼痛，刀交左手，还想杀朱元璋，可就在这时，俞通海的小船像离弦的箭一样从右边杀了过来，小船激起的波浪花，一下把朱元璋的小船冲得可以划动了。俞通海拦住了张定边的去路。原来俞通海在交战中，发现朱元璋的小船受到危险，由于离得不远，他命令水手向朱元璋的小船撞击，想把朱元璋的小船从湖泥中撞走，没想到小船速度太快，前边击起的波浪一下把朱元璋的小船冲走了。俞通海与张定边战在一起，张定边右臂有伤，不敢恋战，刚想掉转船头，却遇到常遇春。常遇春得到朱元璋的护卫船报告，立即前来援助，他看见张定边正要举刀砍朱元璋，立即拿过弓箭，一箭射中张定边的右臂。张定边一看是常遇春，知道这员大将的厉害，更不敢恋战，命令水手划向本阵中去。

徐达一看陈友谅的大船已有多只起火,他知道敌人军心已乱,立即派人猛攻,汤和、邓愈、李文忠、陆仲亨等大将也亲自迎战,十分英勇。小船纵横交错,陈友谅被打得晕头转向。

陈友谅一看大势不妙,忙带着自己的残兵败将逃了回去。陈友谅仰天长叹:"为什么我的军队打不过朱元璋呢?我六十万大军怎么只剩下二三十万呢?"陈友谅这次损失非常大,不仅人马损失过半,而且这些像小城堡似的大船也被破坏得体无完肤,烧毁的烧毁,没烧毁的也被撞坏。陈友谅从此一蹶不振。

鄱阳湖一战,朱元璋凯旋而归,但却险些丧了命。回到营中,众将领纷纷前来慰问,元帅徐达说:"大帅,下次您别亲自出战了,太危险了。"朱元璋听后说道:"弟兄们为我打天下,你们都不怕死,难道我还怕吗?"一席话,说得大家都很感动。朱元璋又拉着常遇春和俞通海的手说道:"二位贤弟,多亏了你们,否则我就很难活着回来了。"

朱元璋大败陈友谅,西边的危机已经基本解决,但他怕陈友谅会卷土重来,所以第二年又亲自率领大军彻底打败了陈友谅。

挥师东进

鄱阳湖大战,陈友谅惨败。第二年,朱元璋率领大军彻底打败了陈友谅,从此西边再没有与之抗衡的力量了。南边是方国珍,兵力弱小,不足为患,只剩下东边张士诚的人马。刘伯温在金华山论天下时就曾对朱元璋说过,消灭了陈友谅的人马,就挥师东进,将张士诚消灭掉,就可以统一长江以南的天下。

张士诚是个盐贩子,那时候元朝末年官场腐败,大小官吏层层剥削,盐贩子们忍无可忍,张士诚也十分英勇,便带领这帮受苦受难的兄弟造反了。

由于这些盐贩子是受苦受难的人,对政府官吏十分痛恨,所以他们一个个也都十分勇猛。张士诚带领着他们,很快就占领了高邮湖。这下朝廷可惨了,高邮湖边上有一条南北大运河,是元朝大都的运粮道。张士诚带领弟兄们，把守着大运河，只要是官府的船，不管装的是什么，都抢过来。他们把抢到的东西分给当地百姓，百姓自然很拥护张士诚，人们纷纷加入张士诚的队伍。

张士诚的队伍不断壮大。他的弟弟张士德很有才华，而且礼贤下士，体贴百姓，所以张士诚的威望也不断上升。

元朝大都的吃、穿、用都被张士诚死死卡住，眼看着京城的官员都要挨饿了，元顺帝急了，忙派丞相脱脱率领几十万大军前去剿灭。张士诚那时力量单薄，一看元军太多，不免有些惊慌，想逃跑。元军死死围住高邮湖，张士德则带领士兵死死守住。元军就要取胜之际，脱脱的政敌弹劾他，元顺帝立即下旨收回脱脱的兵权。后来脱脱被政敌杀死，元军没有了主帅，军心大乱，张士诚利用此次机会，大败元军。从此张士诚的威望陡然而升，许多贤士都投奔到他的门下，还有许多义军也纷纷加入。

张士诚一看元军已败，让弟弟带兵乘机占领许多地方，渐渐地占据了以平江（今江苏苏州）为中心的广大地区，北边至济宁（今山东济宁）、南至绍兴这一长方形的沿海地带。但张士诚有勇无谋，治理天下全靠弟弟张士德。

公元 1356 年，朱元璋占领集庆，改集庆为应天府，便派大将各路人马攻占城池。徐达带领人马和张士德在徐州交手，张士德虽然很有才华，但行军打仗和徐达无法相比，所以张士德大败，徐达乘胜追击，杀死了张士德。

张士德死后，张士诚悲痛万分，发誓一定要为兄弟报仇雪恨，但是朱元璋的士气正旺，所以张士诚没敢轻易出兵。

后来，张士诚的另一个弟弟张士信管理了张士诚的地盘。张士信一无治国之道，二无平天下之心，整日只知纵情享乐，沉迷于酒色。上梁不正下梁歪，上边的将领胡作非为，士兵们当然也丧失了斗志，没有几个人愿意为张士信卖命。

朱元璋、刘伯温、李善长、徐达等人商议，如何攻打张士诚。刘伯温说："张士诚以平江为中心，我们可以从南边、北边两边攻打，然后会师平江，一举灭敌。"

朱元璋派徐达、常遇春带领精兵各 5 万从南、北两路攻打张士诚。

常遇春带精兵 5 万直奔济宁，济宁的士兵不战而逃。张士信一看朱元璋的人马杀到，忙亲自率兵迎战，但此人贪恋女色，行军打仗还带上歌妓舞女。张士信带领大军驻扎在泗州（今江苏盱眙），常遇春带兵南下，与张士信的人马展开激战，张士信大败。常遇春一鼓作气，占领了平江以北张士诚的地盘。

与此同时，徐达的人马也从南往北打了上来，一路之上势如破竹，绍兴、浙江、潮州全部占领。

徐达、常遇春汇合后，将平江城团团围住，平江已成为一座孤城。

张士诚一看朱元璋的人马精神抖擞，个个杀气腾腾，再看看自己手下的10万人马，军心已乱，个个毫无斗志。

徐达率领一路人马在葑门猛攻，但张士诚派人死守城门，由于平江城地势高，易守难攻，所以徐达没有攻下。同时常遇春在虎丘也没有成功。徐达一看硬攻很难见效，便下令只围城不攻城。两军相持不下，张士诚看到朱元璋围而不攻，知道平江城是一座孤城，时间长了，将士们饿也得饿死，所以一天夜里，他带领人马想杀出城去，但徐达早有防备，将其打败，险些活捉了张士诚。

平江城被围半年多了，士兵们一看大势已去，纷纷投降。张士诚气急败坏，杀死许多逃兵，军心又大乱。

徐达看到时机成熟，便下令十路人马同时攻城，经过一场激战，徐达从葑门攻破，接着常遇春从阊门攻入，华云龙从胥门攻入，张士诚被团团围困在城中。而就在这时，张士诚的王妃刘氏放火烧了齐云楼，因为这里住着张士诚的群妾，刘氏恨透了这座齐云楼。刘氏放火后，也自杀了。

张士诚一看大势已去，只好上吊自尽，他的部将把他救下来，但他誓死不降，后来趁士兵不注意，又悬梁自尽了。

张士诚一死，朱元璋在长江以南便没有了对手。朱元璋以应天为中心，终于统一了长江以南地区，为他统一全国、推翻元朝的统治打下了坚实的基础。

登基封王

朱元璋打败了西边的陈友谅,又消灭了东边的张士诚,只剩下南边几股小势力。徐达派汤和攻打方国珍,方国珍一看大军压境,只好投降。汤和又挥师南下,夺取广东,与此同时胡廷瑞夺取了福建,广西也被攻下。朱元璋终于统一了长江以南的半壁江山,心满意足。他想下一步就是北伐,攻打元都。

朱元璋确实很有雄心,很有志向,他始终牢记朱升的话"高筑墙,广积粮,缓称王"。李善长早就提议朱元璋称帝,但朱元璋没有答应。李善长认为朱元璋已统一了半壁江山,可以称帝了,便率领文武百官三次请求,朱元璋这才答应称帝。

公元1368年,朱元璋在应天称帝,定国号为明,建元"洪武"。从此把应天改称为南京,立结发妻子马妃即郭子兴的养女为皇后,又立长子朱标为皇太子。

公元1368年,徐达作为元帅,带领几十万大军直奔元朝京城。元顺帝早已吓得魂飞魄散,士兵们也早丧失了斗志,没费多少兵力,徐达便占领了京城大都(今北京)。至此,朱元璋统一了全国。

朱元璋从一个穷苦的孩子终于成为一代国君,但他并没有只顾享乐,他在思考如何治理国家。他本身十分反感元朝的统治,认为他们是外夷,所以治国之道也没有延续元朝的制度。

朱元璋很崇拜汉高祖刘邦,而刘邦又是自己的老乡,所以他仿效刘邦治国的方法,给儿子封王,把功臣封公封侯。

朱元璋共有26个儿子,16个女儿,其中一个儿子夭折。他立长子为皇太子,其余24个儿子都被封为王,给他们领地,让他们到那里掌管,拥有很高的权力。而且在封地设置官署,还有护卫队。

跟随朱元璋打天下的功臣实在太多,而且这些人都很有才能,朱元璋为了笼络他们,便封他们为公为侯。这些功臣中被封公的有7人,魏国公徐达、鄂国公常遇春、韩国公李善长、曹国公李文忠、宋国公冯胜、信国公汤和、卫国公邓愈。这些人和朱元璋出生入死,历经千难万险,封公是应该的。但是还有一人,功劳不在这些人之下,他就是金华山论天下的刘伯温,朱元璋也非常欣赏刘伯温,本想封他为公。但是刘伯温坚决不受,而是回到老家,安享晚年去了。朱元璋没有忘记刘伯温的功绩,给了他许多钱财。朱元璋又封了28位侯,这些人也都立过赫赫战功。

朱元璋给功臣封公封侯,但他并不放心,便设立特务机关"锦衣卫"。这个机关有很高的权力,他们负责监视大臣的活动,可以直接向皇帝报告。正由于这个机关的设置,以后的皇帝也纷纷仿效,特务机关越来越猖獗。

这些开国元勋有的难免骄纵,有的还和朱元璋直接理论。由于这些人功劳大,而且手中又有权力,所以朱元璋也就能容忍处且容忍,只要这些人没有造反之心,朱元璋就不去计较。

但有一件事,朱元璋却实在看不过去。朱元璋的长子朱标,性情朴实,为人忠厚,对待那些开国元勋很尊敬。有一次朱标做错事,正好遇上徐达,徐达也是好心,便批评了朱标几句,朱标倒是心悦诚服地接受了。朱元璋正好看见,别人都没有想什么,但他却多疑了。心想:朱标这孩子待人宽厚,性情又朴实,将来有朝一日,他做了皇帝,这些开国元勋会瞧得起他吗?会听从他的命令吗?朱元璋一夜都没睡好,翻来覆去地想,如何才能让他的子孙永远当皇帝,永远手握大权。朱元璋又认真地思考前朝大臣夺权的事,越想越害怕,便下了狠心,决定把那些一意孤行、骄纵蛮横、手握大权的大臣统统杀掉。朱元璋知道这些功臣很有威望,不能轻易下手,心想:我何不效仿宋太祖"杯酒释兵权"的做法,如果他们不交出大权,我再将他们处死。

于是朱元璋把一些掌有实权的大臣召集到酒楼后,说道:"太子朱标生性忠厚,还希望各位大臣多辅佐,但我担心他很难治理天下,尤其是很难命令你们这些开国元勋,我为此事一直都很烦恼,不知哪位可有解决的办法?"大家一听,心里就明白怎么同事了,心想,我们为了明朝天下,立下汗马功劳,如今打下了天下,他却想不用我们,真是太不讲义气了!这些大臣你看看我,我看看你,谁也不说话。朱元璋又说道:"其实大家也不必多心,只要大家尽力辅佐太子,我就心满意足了。"说完朱元璋转身离开了酒楼,汤和也跟了出来。就在这时,酒楼突然爆炸,炸死了许多开国功臣。

汤和是听了刘伯温的话,刘伯温告诉汤和:"皇上可以共苦,但不能同甘,你还是像我一样早日回老家吧!如果你执意要留在宫中,记住我的话,要是群臣聚会,千万不能离开朱元璋,他去哪儿,你跟到哪儿!"汤和一看朱元璋很不高兴地离开了酒楼,想起刘伯温的话,立即出来了。

酒楼事件之后,朱元璋故意派人捉拿凶手,但许多大臣都知道是怎么回事。朱元璋又借口丞相胡惟庸、凉国公蓝玉谋反,先后两次屠杀功臣。其实丞相、凉国公根本无谋反之心,只是朱元璋找的借口而已,但是开国功臣却惨了,一些跟随朱元璋打天下的功臣纷纷遇难,大谋士李善长、元帅徐达都被处死。这二人一文一武,可以说是朱元璋的左膀右臂,但朱元璋却最怕他俩。因为在朝中,威望最高的就是李善长、徐达、刘伯温这三个人,而刘伯温早已回家养老,不理政事,所以朱元璋便想方设法将二人处死。朱元璋上了年纪,心也变得狠毒了,他怕他的外甥、曹国公李文忠与自己的儿子夺权。朱元璋知道李文忠功不可没,论资历,论威望,论功绩,长子朱标与他都没法相比,而且朝中有一批大臣都是他的心腹,所以他派人将李文忠毒死了。有一次朱文正犯了一点小错误,朱元璋就活活地将自己的亲侄子打死。其他的功臣如陆仲亨、唐胜宗、张温、曹震、费聚等人无一幸免。

汤和自从在酒楼事件中捡了一条命之后,吓得好几天都卧床不起,刚一起床,便跑到殿上,向朱元璋辞行。朱元璋对着文武百官故意问道:"信国公为何交出兵权呢?"汤和心想:这事你最清楚了。但不敢实话实说,便说道:"臣才疏学浅,难当此任,最近身体又不适,恐怕辜负了陛下的愿望,所以特此请求告老还乡。"朱元璋也怕他将酒楼事件的实情说出来,便立即批准。这样汤和才幸免一死。

还是刘伯温神机妙算,他早已看透了朱元璋的内心,可以共患难,不可同富贵。

叔侄争皇位

朱元璋屠杀功臣,令皇太子朱标十分不满,渐渐地朱元璋就不喜欢他了。他认为朱标性情忠厚,很难治理国家。朱元璋非常喜欢自己的四皇子燕王朱棣,因为朱棣不仅聪明,而且十分英勇,可以说文通武备。朱元璋想废掉朱标,另立燕王朱棣,但和几个大臣商议后,他们都反对,朱元璋只好作罢。后来朱标去世,朱元璋又想立朱棣为太子,但大臣们又反对。一位大臣劝道:"陛下,按我朝律法讲,太子先亡,应立太子之子。如果另立燕王,那么秦王(朱元璋二儿子)和晋王(朱元璋的三儿子)那儿也说不过去啊!天下人也都会有所不服,那样陛下所创立的江山就危险了!请陛下三思!"

朱元璋听后,没有说什么,心想:为什么朱棣不是我的长子啊!朱元璋只好按着宗法,立朱标长子朱允炆为帝位继承人。公元1398年,明太祖朱元璋去世,他的孙子允炆继承皇位。但他年纪尚小,所以大权落在兵部尚书齐泰和太常寺卿黄子澄二人手中。

齐、黄二人虽手握大权,但他们怕诸王不服,所以打着小皇帝的名义,想逐步削去藩王的兵权。朱有炖是周定王朱橚的嫡长子,他竟然向皇帝告密,说其父想造反,而且蓄谋已久。齐、黄二人听说后大悦,为了不打草惊蛇,他们派开国功臣李文忠的长子李景隆去巡查边防。李景隆到了开封,周定王一看是曹国公来了,便亲自迎接,哪知道,李景隆却命人将其抓捕。周定王还不知是怎么回事呢,就被押到京城,齐、黄二人对其进行了审讯。周定王本无谋反之心,自然不会招供。齐泰说道:"我们决不能杀掉周定王,那样会引起其他藩王的反对,如果他们都起兵,我们可就不好对付他们了。我们要一个一个地消灭。"黄子澄点头答应。二人以周定王谋反作乱的罪名,将周定王废为庶人。

齐、黄二人处理了周定王事件后,便对皇帝说道:"陛下,周定王要造反,幸亏他的长子揭发,否则他手握重兵,我们就很难对付他了!陛下,请想一想,周定王有造反之心,其他藩王也都手握兵权,而且都是陛下叔伯辈的人,自然对陛下有不满情绪,有造反之心也就不足为怪。为了保住皇位,陛下,不如先下手为强,把那些对您有威胁的藩王消灭在萌芽之中。"

那时候,朱允炆没有主见,二人说什么,他就听什么。齐、黄二人又以皇上的名义,把岷王、齐王、代王等废为庶人。

这些消息传到朱棣耳中,朱棣大吃一惊,他知道齐、黄二人不会放过自己，便找来自己的密友姚广孝商议此事。姚广孝是一位名僧，他对燕王朱棣十分佩服，且早就暗示过，让燕王夺取王位，但朱棣没有采纳。姚广孝早已得知此事，便对燕王朱棣说："燕王，齐、黄二人一心想独揽大权，消灭藩王，所以他们迟早会对您动手的。您现在应该招兵买马，积草屯粮，待时机成熟之后，起兵消灭齐、黄，夺取王位。"朱棣道："可是我的三个儿子还在南京，如果齐、黄将他们作为人质怎么办呢？"姚广孝道："燕王，我看他们未必敢扣留三位公子，他们也怕您起兵。"

没有几天，朱棣的三个儿子朱高炽、朱高煦、朱高燧从南京回来。朱棣一看非常高兴，心想：这下我可以放手一搏了。于是朱棣招兵买马、积草屯粮、遍访贤士。由于燕王有勇有谋，很多文人武将都来投奔他。袁珙、朱能、张玉等，都对燕王朱棣忠心不二，这些人为他出谋划策，南征北战。

齐、黄二人知道这24个藩王中，朱棣最有才能，也最不好对付。他们也是挖空心思想除掉朱棣。于是齐、黄二人派人去监视朱棣的一举一动，得知朱棣招兵买马，又私造兵器，心想朱棣一定是想造反，我们何不在他羽翼尚未丰满之际将他除掉，以免后患无穷。

齐、黄二人立即向皇上报告，齐泰说道："陛下，燕王私造兵器，一定是想谋反作乱，我们应尽早将他缉拿。燕王很有心计，先祖在世之时，就有意让他继位，朝中一些大臣也希望燕王继位，只是由于宗法难违，燕王才没有得逞。但他并没有死心，而是招兵买马，准备与陛下一战！"

朱允炆听后，大怒道："真是胆大包天，来人啊，给我捉拿燕王！"

黄子澄立即说道："陛下息怒，如果我们出兵，必会惊动燕王，我们不如派北平布政使张昺和正二品都督指挥使谢贵带兵悄悄包围燕王府，乘其不意，将燕王捉拿归案。"

朱允炆遂命张昺、谢贵逮捕燕王朱棣。

燕王朱棣对朝廷的一举一动也了如指掌，但他没有声张，而是秘密做好了安排。

张昺、谢贵二人派心腹给他们的内应葛诚和卢振带信，让他们二人趁燕王松懈之际将其捉拿。葛诚和卢振是燕王府里的长史和指挥，被张、谢二人收买。燕王看在眼里，但没有轻举妄动。

燕王派大将朱能、张玉将葛诚、卢振二人逮捕，朱能用刀架在葛诚的脖子上，说道："你竟敢背叛燕王，我非杀了你！"燕王则阻止道："长史，我待你不薄，如果你给我写一封信，我就放了你。"葛诚早已吓坏，立即答应了。燕王让葛诚给张、谢二人回信，信中写道："我与卢振已将燕王逮捕，速来王府！"信写完，朱能大刀已经下去了。他对燕王说道："此小人可杀不可留！"燕王点了点头，随后卢振也被杀掉。

张、谢二人得知燕王被逮捕，立即领兵来到王府，一脚把门踹开，刚要进王府，大将朱能将二人杀掉。随后燕王命令张玉、朱能连夜攻夺北平城的九门。九门守军毫无准备，一看主将被杀，纷纷倒戈投降。不到两天的时间，燕王就占领了北平城。

燕王在北平城集合人马，准备与官军作战。姚广孝对燕王说："燕王，先王曾说过'朝无正臣，内有奸逆，必举兵诛讨，以清君侧之恶'，您应打着'诛奸臣，清君侧'的旗号，这样必得民心。"燕王点头答应，率领他的靖难军杀向南京。

燕王的靖难军军纪严明、作战英勇，很快就占领了通州、密云、遵化、怀来、居庸关等地。

大军继续南下，一路势如破竹。所到之处官兵根本无心应战，没用多长时间，燕王已到南京城下。

建文帝朱允炆这下可着急了，忙派人去向燕王求情，使臣说："只要燕王答应撤兵，皇上立即将齐泰、黄子澄二人逐出朝廷。"但燕王朱棣只是以此为借口，当然没答应，继续攻城。

朝中儒学大师方孝儒对建文帝说："陛下，燕王之心在夺取皇位，我们坚决不能投降，只要我们死守城池，燕军也很难攻破！"建文帝只好勉强答应。

把守南京城门的是曹国公李景隆，他深知燕王的厉害，也知道大势已去，便打开城门迎燕王入城。建文帝得知消息后，放火自焚。

朱棣为了收买人心，命人将朱允炆的尸体找到，按照天子的礼仪将其埋葬。

朱棣终于登上皇位，设年号为"永乐"。

郑和七下西洋

郑和，本来姓马，是云南昆阳州（今云南晋宁）人，全家人都信奉伊斯兰教，郑和也不例外。

洪武十四年（公元1381年），朱元璋派大将傅友德、沐英征讨云南，第二年就平定了云贵，消灭了元朝的残余势力梁王政权。那一年，郑和才12岁，父母已亡，自己孤苦伶仃，被明军俘虏，净身之后，做了燕王朱棣的小太监。

郑和聪明过人，而且非常懂事，深受燕王朱棣的喜欢。朱棣觉得这孩子长大之后，定有一番作为，便让郑和与他的儿子一起读书。郑和很用功，所以读书读得最好，朱棣经常教导几个儿子向郑和学习。郑和稍大一点，又和燕王的几个儿子一起习武，郑和专心致志，所以武艺进步很快。有一天，习武老师让郑和和燕王的儿子比武较量，正好遇上燕王朱棣。郑和有意谦让，燕王看后，说道："你们几个都拿出真本事来，战场上可不分地位高低！"几个小家伙各使绝招，结果燕王的几个儿子一起上，还打不过郑和一个人呢！朱棣从此更加喜欢这个文武双全的小太监了。

建文元年（公元1399年），燕王发动"靖难之役"，准备用武力夺取皇位，郑和随侍军中，亲临战场，多次立功。朱棣非常高兴，夺取皇位后，更加重用他。高兴之余，赐姓"郑"给他，又起名为郑和，人们又管他叫"三宝太监"。"太监"是明朝宦官的最高职位——正四品，"三宝"是佛语。不过，郑和"三宝太监"的称号是朱棣皇帝封的，这在历史上是少见的。

朱棣夺取皇位后，自然有许多大臣不服，永乐帝将这些人一一铲除。还有一些人说建文帝从地道逃跑，跑到海外，在那里招兵买马，准备再杀回来夺取王位。永乐帝将信将疑，还是放心不下，想派人去证实一下，这样永乐帝便有了派人出海之意。永乐帝想找一位心腹大臣，把事情交给他去办。想来想去，永乐帝想到了三宝太监郑和。郑和是自己的近臣，而且为人忠厚，又很有才能，能言善辩，一定可以完成任务。几天后，永乐帝召见郑和，对他说道："朕想派你下西洋，一是联系友好邻邦，二是想派你去查实建文帝是否已经逃到海外。至于第二个目的，不许对任何人讲，一定要守口如瓶。"

郑和说道："陛下，请放心，臣一定完成您交给的使命，一定为您保密。"

当时西洋是指现在的亚洲南部和非洲东部沿海一带。

永乐三年（公元1405年），郑和带领着将士和船员准备出发。永乐帝亲自为郑和等人送行，他命人为郑和斟满一杯御酒，递给郑和。郑和跪倒在地，双手接杯，但他没有喝御酒，而是将御酒洒在江水中，对永乐帝说道："皇恩浩荡，我等一定不会辜负陛下的厚望，愿这杯御酒使江水平静，助我们顺利完成使命。"

郑和一声令下："开船！"大船60多艘，小船100多艘，船上共有3万人左右，从南京龙江港出发，沿长江顺流而下。岸上人山人海，有朱棣带领的满朝文武，有船员的家属、亲戚朋友，还有一些想看一看这个壮举的百姓。

郑和的船队日夜兼行，很快驶进东海，为了确保安全，郑和命令大船60多艘在外围，中间是小船和中船。这样一来，一旦遇到大风大浪，小船和中船就不致于被冲走或打翻。为了确保航行顺利，他把有经验的船手和年轻的船手交错分工，把这些船手分成三班，每班都有老船手，所以一路上没有出现什么意外。晚上郑和负责指挥，为了联系方便，命各船悬起桅灯，并规定好，什么表示加速，什么表示减速，由自己的副手王景弘指挥，用旗来传递信号。如果遇上大雾，则用号声代替。

由于郑和分工明确，而且又有许多联络的方法，所以船队顺利到达长乐（今福建长乐）的五虎门港。因为船队需要向西南方向行驶，所以一些老船手建议郑和在此停泊，等到东北信风吹来之时，乘风势可以迅速航行。

郑和带领船队靠岸，在这里，郑和补充了水手，筹办了一些物资，又让船手们养精蓄锐。

冬天眨眼就到了，东北信风吹来，郑和带领船队再次启航，顺着西南风势，船行驶的速度明显加快，只经过了十几个昼夜，船队便顺利到达占城国（今越南中南部）。郑和带着礼物前去拜访占城国国王。

占城国国王听说郑和要带领船队经过这里,早早地率领文武大臣在新州港迎接,船上的所有将士也都受到热情邀请。在占城国停留几日后,郑和又开始了航行。占城国国王亲自相送,又给永乐帝回赠了礼品。

当然郑和在途中也遇到了不愉快的事情,他带领船队到达爪哇(今印度尼西亚爪哇岛),那时爪哇东王、西王正在开战,郑和的人被西王误杀200多人。郑和强忍悲痛,从大局出发,和平处理此事,从此爪哇对明朝政府感恩戴德,对郑和也十分尊敬。

从爪哇启航,郑和又来到满剌加(今马来西亚马六甲)。满剌加的酋长亲自相迎,以最隆重的礼节迎接郑和。停留一些日子后,郑和没有忘记自己的使命,继续前进。

从锡兰山(今斯里兰卡)海域行驶过去,绕过印度半岛南端,又北上,最后到达古里。在古里,也受到了古里国王的热烈欢迎。郑和在古里立了纪念碑:

此国去中国十万余里,民物咸若,熙皞同风,刻石于兹,永昭万世。

郑和于公元1407年返回,其间访问20多个国家,并与其建立了友好关系。

永乐帝非常高兴,郑和自然也把好消息告诉了他:建文帝没有在东南沿海一带。

没过多久,郑和带领船队第二次下西洋,又访问了许多国家,带回许多礼物。永乐帝非常高兴,为了继续加强交流,郑和又奉命第三次下西洋,郑和这一次在满剌加建立了仓库。但是前三次下西洋都没有超过古里国。

为了能与更多的国家进行友好交往,郑和第四次远航。这一次他带领船队到达了非洲东岸,访问了木骨都束、卜剌哇、麻林地等国家。郑和在这些国家都受到热烈欢迎,还带回许多珍贵的礼品。

郑和第五次下西洋,带回了麒麟(现叫长颈鹿),当时麒麟被看作是吉祥的象征。永乐帝非常高兴,还为它举行了典礼。

郑和第六次下西洋回来之后,皇宫三大殿发生火灾。有的大臣说这是郑和六下西洋带来的灾难。那时候人们很迷信,永乐帝便决定不再下西洋了。

永乐帝的孙子宣德帝继位后,又派郑和第七次下西洋,这一次又访问20多个国家,并与其建立了友好关系。

20多年的时间里,郑和七下西洋。公元1433年,郑和去世。一代伟大的航海家悄悄地离开了人世,但他的精神永远长存。

土木堡之变

朱瞻基继承皇位,年号为宣德。宣德帝和他父亲朱高炽一样,都是精明的皇帝。宣德帝在位时,亲自到田间耕作,体会到农民的艰辛,便下定决心,厉行节俭,从此全国风气明显好转。但是好景不长,朱瞻基于1435年病逝。他死后,长子朱祁镇继位,年号为正统。

朱祁镇继位那年只有9岁,还是一个孩子,国中大事自然无法管理,他的祖母太皇太后张氏和杨士奇、杨荣、杨溥等老臣帮助正统帝管理朝政。太皇太后和这些老臣们都很尽责,国家很太平,经济也有所发展。

又过了几年,太皇太后张氏去世,"三杨"等一批老臣也相继去世,朱祁镇失去了左膀右臂,朝中一时无大臣辅佐。这时正统帝已经十几岁了,理应可以处理朝政了,但是大权却落在了宫中太监王振手里。

明太祖朱元璋有先见之明,他总结以前朝代的政事,发现有不少太监专权,祸国殃民,所以他规定宦官中最高职位,不得超过正四品。职位虽不高,但太监由于处在特殊位置,仍可以取得大权。

王振是蔚州(今河北蔚县)人,从小鬼点子就多,很顽皮。由于家里很穷,这孩子又不服管教,所以父母一狠心,将王振送到宫中,从此王振成了小太监。王振有些小聪明,后来被派去侍奉太子。朱祁镇年幼好玩,非常喜欢小太监王振,有时一天见不到都想他,王振也是想尽一切办法哄朱祁镇玩。

朱祁镇做了皇帝,王振自然受宠万分。由于从小一起玩出来的感情,王振在小皇帝面前说一不二。刚开始有太皇太后在,王振还不敢放肆,后来太皇太后逝世,"三杨"等一批老臣也相继离开朝廷,王振钻了个空子，把持了朝政。他一面哄小皇帝玩，一面代皇上批阅奏章，因此他手中的权力特别大，一些想升官的人，都纷纷拍他的马屁。这家伙更是有恃无恐、胡作非为，看谁不顺眼，就随便安个罪名，将其处死或流放。王振把整个朝廷弄得简直不成样子，不少忠臣都被他害死，他还安排自己的心腹、近臣把持朝中大权，而小皇帝则一心耽于玩乐。

朝政混乱，国势开始走下坡路，而这正好给了瓦剌发展的机会。瓦剌看到明朝政治腐败、武备松弛，便准备用武力征服。1449年，瓦剌兵分三路进犯明朝，也先亲自带领30万人马直奔明朝边防重镇大同，与此同时，东西两路大兵压境。

也先进犯大同，大同守将向朝廷发来告急文书，请求立刻派兵支援。

王振看完奏折后，心想：我何不利用此次机会建功立业呢？一个小小的瓦剌，我们大队人马到了那里，吓也得吓跑了，我还可以借机显示一下威风。王振很清楚，朝中有许多大臣都瞧不起他，他也想通过建功立业巩固地位。

王振怕皇帝不亲自出征，于是便召集自己的几个心腹大臣，让他们联合上书，让英宗亲征。王振想借皇帝亲征，扬自己辅佐有功之名，而且又能建功立业，所以他挖空心思，极力主张英宗亲征。

英宗这一年23岁，但他玩心不改，对朝中之事，不理不问，什么事都听王振的。尽管如此，他也想成为一代名主。王振的几个心腹大臣联名上奏，主张皇帝亲征，英宗被说得心动了，便召集群臣商议亲征的路线及计划。

吏部尚书王直、兵部侍郎于谦等一批大臣听说英宗要亲征，纷纷劝谏。王直说："陛下，也先入侵我领土，我们采取以逸待劳的策略，待也先的人马深入内陆之时，我们可以趁他人困马乏，一举歼灭他。如果陛下亲征，边境一带地势险要，若是中了也先的埋伏，后果不堪设想啊！"

英宗一听没了主意，又看了看王振。心里在说："你不是让我亲征吗？你倒是站出来说几句啊！"

王振是多"聪明"的人啊，立即说道："陛下，臣以为，您亲征必然会鼓舞将士们的士气，到那里，一定会横扫也先，灭掉他的人马，臣以为为了大明朝的江山社稷,您应该亲自出征!"

其他大臣还想劝谏,可英宗根本不给别人说话的机会,立刻说道:"正合我意,明日朕要亲自出征!"

英宗把朝中之事交给了弟弟朱祁钰,他和王振带领50万军马浩浩荡荡出发了。王振根本不懂得行军打仗,一路之上,胡乱发号施令,军士惊扰不已,但他全不顾虑。而这次远征的统帅英国公张辅并没有实权,只能干着急,没有办法。

大军好不容易到了大同城,那里的明军守将郭敬秘告王振:驸马都尉井源和大同主力全军覆没。王振有些害怕了,后悔不应该出兵攻打也先人马。而正在这时,又有人马来报:他派出的两支先锋队也全军覆没。王振的心一下凉了,他劝英宗班师回朝。英宗一听说先锋队被消灭,也害怕了,立刻下令回朝。

但是王振想炫耀一下自己的威风,便建议英宗从宣府走,顺便到他的老家蔚州去看一看。英宗对王振是百依百顺,立即带领大军奔蔚州方向行去。

这时天色已晚,大军来到土木堡。土木堡距怀来县城仅20里,如果不停下来继续赶路,天黑之前,一定可以进城,但王振却鬼使神差地下令安营扎寨。大军统帅张辅立时建议道:"土木堡地处荒山野岭,无处可守,我们应该趁天亮前赶到怀来,这样才安全啊!"王振一听,大怒道:"你光知道啃那些没用的烂兵书,你看看你训练的军队,还没有交手,就大败而归。我有40万大军,还怕他也先追来不成。"其实平时张辅想认真训练军队,但王振怕他掌握兵权,处处限制他,如今又把一身的不是全推到张辅身上,张辅有气没处发,只好忍了下去。英宗开始也有些害怕,怕敌军来偷袭,但一看漫山遍野的营帐,心里就踏实了,心想:我几十万大军,让也先一个个杀,他也得累死。于是英宗也同意在土木堡住下。

土木堡石多土少,无水无柴,士兵饥渴难耐。而此时也先带领人马将土木堡包围,切断了离营地15里的河流。这下可苦了明军,一路行军,渴得嗓子眼都冒烟,便打井取水,可挖了几丈深,仍见不到水。英宗只好下令突围,但没有成功。

过了两天,也先派使者前来议和。王振以为敌军放松了警惕,便下令移营,赶赴居庸关。明军一听移营,纷纷向营寨旁的河边走去,顿时乱了阵脚。

而正在这时,也先突然又带兵杀了回来,明军几十万大军早已丧失了斗志,纷纷逃跑,也先带兵趁机追杀。

英宗和王振在御林军的保护下,几次想突围出去,都没有成功。樊忠拼命和敌军相战,誓死保卫英宗,但终因寡不敌众,多处受伤,而王振则大声呼唤"樊忠将军快来救我"。樊忠对王振早就恨透了,一锤将他锤死,又与也先的人马战在一起,最后壮烈牺牲,明英宗被俘。

这就是历史上的"土木堡之变",这次出征,明军损失惨重,英宗也成了俘虏。

夺门之变

土木堡之变,明军大败,也先俘获了英宗。

英宗被俘之后,十分后悔,心想:当初要不是听王振的话,我不会亲征,也不会落到如此境地,现在性命已掌握在也先手里了。也先对待英宗很客气,没有折磨他,只是把他软禁起来,好吃好喝好招待。也先对英宗如此,主要是想把英宗当作人质,从而从明朝取得领土和赔款。

但是也先想错了,明朝中不乏有识之士,他们早已看穿了也先的计谋。为了断绝也先的想法,许多大臣纷纷主张英宗的弟弟朱祁钰继位。但是朱祁钰也有自己的想法:兄长只是也先的人质,如果我仓促继位,兄长回来之后,我是否让位呢?还有如果我在兄长有危险之时,不是前去营救兄长,而是登基,会不会有人不服呢?考虑到这些,朱祁钰一再推辞,不肯继位。

后来,朝中大臣于谦联合一些重臣联名上书给皇太后,陈述道:"国不可一日无君,也先掠走皇帝,无非是想从我大明朝捞取好处,为了断绝其野心,应早立皇帝。臣等愿意为其效忠。"皇太后也是明事理之人,她看过奏折后,心想:也只有先让朱祁钰继位,才是上策,也先也未必敢加害英宗。于是皇太后传旨,朱祁钰做了皇帝。

中华上下五千年

朱祁钰做了皇帝后，有的大臣主张，应该立即出兵攻打也先，报土木堡之仇。但是遭到许多大臣的反对，他们认为也先刚刚取胜，士气正旺，如果带兵前去攻打，以疲劳之师与敌人交战，我方处于劣势。不如养精蓄锐，等待时机。朱祁钰也同意后者，他想：我刚一继位，如果即刻出兵，万一打了败仗，不仅我的尊严全无，而且我明室江山也难保啊！

也先万万没有想到明朝竟然没有派使臣前来交涉，他还想在英宗身上捞取好处呢，没想到英宗成了一个毫无价值的皇帝。也先想杀了英宗，但被手下的大臣劝阻，这位大臣说道："朱祁镇现在毫无价值，杀了他也没有意义。明朝既然没有派使臣前来，证明朱祁镇对他们来说已经不重要了，即使杀了他，也不会引诱明军前来作战。我们倒不如退一步，把朱祁镇放了。我们可以想像一下，一国有两位国君，必然会产生矛盾，而朝中一些大臣也各有所向。这样，朝中一定会起内乱，到时候，我们就可以趁机攻打明朝领土，夺取他们的江山，那岂不更好！"

也先听后非常高兴，便派人把朱祁镇带到殿上，对他说："你带大军伐我瓦剌，我们抓你也是不得已而为之，还望你多多谅解，不要因此事而伤了我们的关系。为了表示我的诚意，你可以写一封信，我派使者给你们朝廷送去，让他们亲自来接你回皇宫。"

朱祁镇简直不敢相信自己的耳朵，他做梦也没有想到也先会放自己回去，立刻给自己的兄弟写了一封信。

也先派使者把信送给了朱祁钰。朱祁钰看完之后愣住了，自己当初担心的为难之事出现了。如果把自己的哥哥接回来，自己是让哥哥做皇帝，还是不让呢？如果让他重新做皇帝，不仅自己脸面无处放，而且这种"唯我独尊"的生活也将一去不复返。如果不让哥哥做皇帝，自己也没有理由可说。朱祁钰左右为难，他的母亲看出了他的心事，对他说："皇儿，你们毕竟是兄弟，应以国体为重，不能让别人看笑话，还是先把你的兄长接回来再说吧！"朱祁钰点头答应了母后。

朱祁钰派人去迎接自己的哥哥回宫，但他已下定决心，哥哥回宫之后不让位，而是把他软禁起来。

朱祁镇见到自己朝中来人了非常高兴，他没有想到自己还可以活着回去。但是他也想到了，一个国家有两个皇帝，弟弟会让位给自己吗？如果弟弟不让位，我该怎么办呢？

英宗正想着，不知不觉来到了紫禁城的东门，朱祁钰亲自前来迎接哥哥，二人互跪行礼，之后朱祁钰吩咐轿夫把轿子抬到南宫。朱祁镇一愣，说道："我在外已一年多，我想去见一见母后。"朱祁钰答道："兄长远道而来，还是先到南宫去安歇，待养足精神之后，再去拜望母后也不迟。"说完，向轿夫一挥手，便把朱祁镇抬进了南宫。

朱祁镇心想：南宫是皇子们读书的地方，平时无人居住，你让我住这儿，也未免太过分了吧，明日我见到母后，一定向她当面说明。

朱祁镇也确实很疲劳，睡了个长觉，睁开眼一看，天已大亮。他想出宫，去看望母后和自己的妻儿，可守门的士兵不让他出去。朱祁镇大怒道："你们心里还有没有我这个太上皇？"士兵回答道："我们也没有办法，皇上有命令，不允许您出宫，否则会杀了小人的！"朱祁镇听后十分伤心，他没有想到弟弟会如此对待自己。不要说见到母后、妻儿了，除了那几个士兵外，其他任何人都见不到。朱祁镇只好寂寞地住在南宫，整天无所事事，而且没有一点人身自由，他感觉到度日如年的滋味。自己在瓦剌做了一年多人质，而此时回到宫中，却依然被软禁，真是生不如死啊！

为了防止自己的兄长夺去皇位，朱祁钰派心腹大臣去把守南宫，不让任何人接近朱祁镇。

虽然朱祁钰对待自己的哥哥有些残酷，但他做皇帝比朱祁镇要强得多。他把朝中的奸臣一一除掉，重用那些有才能的忠臣。在朱祁钰统治的几年里，国势开始有所回升，但朱祁钰经常生病，而且越来越重。

景泰七年，朱祁钰病情又有所加重，一连好几日卧床不起。朝中大臣议论纷纷，有的认为：朱祁钰没有儿子，应立太上皇之子朱见深为皇帝。有的则认为：太上皇朱祁镇回宫之后，朱祁钰就应该让位，如果朱祁钰一死，应该让太上皇重新做皇帝才合理。

众臣心里都有自己的想法，武清侯石亨心里也早有打算。石亨是一个投机分子，他想借此机会捞到好处。

石亨想：现在皇上身体病得厉害，我何不把太上皇朱祁镇从南宫接出来，让他重新做皇帝，我不就是有功之臣了吗？石亨知道单靠自己是不行的，于是又找来两个密友：都督张軏和监军太监曹吉祥。石亨说道:"二位贤弟,如今皇上卧床不起,我想他没有几天了,我们何不趁此机会把太上皇接出来呢?皇上即使知道了,也没有办法,他正病重,根本无心顾及此事。而太上皇在南宫度日如年,如果我们把他保出,他一定会感激我们,我们也可以从中得到许多好处,不知二位贤弟意下如何?不过事关重大,你们不管做与不做,千万不要对别人说,否则我的脑袋可就得搬家啊!"

这二位也是投机分子,且都是武将,头脑简单,四肢发达,二人立即表示愿意一起干。曹吉祥说:"我还想拉上一个人——徐有贞,此人足智多谋,一定会帮我们出谋划策。"

石亨问道:"这个人我有所了解,但是不知是否可靠?"

曹吉祥说道:"此人和我关系密切,而且我也十分了解他。他是一个贪图享受的人,是想得功名又不想出力的投机分子,他一定会与我们一起干的。"

三个人商议好后,便让曹吉祥去找徐有贞,徐有贞一听有这等美事,立即答应了,而且出了主意,先去南宫接太上皇,随后准备武装力量。

朱祁镇已经被软禁7年了,朱祁钰又病重,所以很少有人再过问此事,对朱祁镇的看管也不如开始那么严了。曹吉祥一边掏钱,一边向南宫走去,有钱能使鬼推磨,曹吉祥没有遇到麻烦,就见到了朱祁镇,把事情对太上皇一五一十地讲了一遍。朱祁镇一听,高兴极了,他早就想离开这里,这里简直是地狱。他生性贪玩,而这里却没有任何可玩的地方,朱祁镇答应下来,曹吉祥起身告辞。

到了夜里,曹吉祥、石亨、张軏、徐有贞等人带着亲兵抬着轿子来到南宫,南宫的士兵已经睡着了。石亨一把抓住把门的士兵,把刀架在他的脖子上,说道:"快把门打开,否则你小命就没了!"这个士兵从梦中惊醒,迷迷糊糊地睁开眼,一看这么多人,吓了一跳,立刻把门打开了。朱祁镇坐上轿,向皇宫行去。

到了东华门,守卫的禁卫军喝道:"站住,半夜三更的,干什么去?"

朱祁镇把轿帘打开,说道:"大胆奴才,连我太上皇也敢阻拦不成?"

那个士兵一看真是太上皇,吓得吐了吐舌头,立即放行。

朱祁镇回到皇宫，又坐上了久别多年的宝座，心中感慨万分，有一种心酸的滋味。历史上把英宗复辟这件事称为夺门之变。

徐有贞命手下的亲兵去敲景阳钟，钟声一响即表示皇上上朝。文武百官心里还在想：今天怎么这么早。等来到殿上，一下都愣了，原来是太上皇坐在宝座上。徐有贞大喝一声："太上皇复位，你们还不快快下拜！"众人跪倒拜贺，朱祁镇又夺回了皇位。

朱祁钰也得知了情况，他没有说什么，因为身体病得厉害，他知道如今斗不过哥哥了。没过多久，朱祁钰病逝，朱祁镇又稳稳当当地做上了皇帝。

忠臣于谦被害

于谦是杭州人，他从小聪明好学，而且很有文采，出口成章，在杭州一带小有名气。

朱瞻基还是太子时，就十分爱惜人才，他四处访查，只要是他认为德才兼备的人，不管家境如何、官位大小，他都给予重用。有一次朱瞻基出宫去巡游，路过杭州，听说杭州有一个才子，名叫于谦，他便亲自登门拜访。由于朱瞻基是微服私访中，所以已做了小官的于谦没有认出来。朱瞻基一看于谦的书房上挂着两幅字，一幅是岳飞的《满江红》，一幅是文天祥的《过零丁洋》，朱瞻基说自己也是一个爱好诗词的人，得知于谦很有文采，特意前来拜会。于谦也没有多想，因为平时确实有许多文人墨客前来拜访。于谦便对朱瞻基说道："我最佩服的人就是岳飞和文天祥，岳飞忠心耿耿，精忠报国，文天祥'零丁洋里叹零丁'，誓死不降，我觉得做臣子的，就应该有这种品质，我写了一首诗，请先生过目。"

朱瞻基接过来一看，是一首七言绝句《石灰吟》：

千锤万凿出深山，烈火焚烧若等闲。
粉骨碎身浑不怕，要留清白在人间。

朱瞻基看后，非常佩服于谦，认为此人不仅忠心耿耿，而且很有骨气。于是朱瞻基便和父皇说了此事。

朱高炽也是一位明君，礼贤下士，爱惜人才。他也很喜爱自己的皇儿朱瞻基，认为他很有治国之志和治国之道。朱瞻基四处访贤，每次都向父亲述说情况，朱高炽不仅不认为朱瞻基过早参与朝政，反而认为儿子很有抱负，将来一定会是一位有才有德的明君。朱高炽又派人去考查于谦，得知于谦确实像儿子所说那样有才有德，而且忠心不二，便破格提拔他做了御史。

于谦这才认识了朱瞻基，连忙谢罪，朱瞻基道："你何罪之有，不知之不为过也。"从此二人的关系更加密切。

朱高炽只做了几年皇帝，便去世了，朱瞻基继承了王位。他像父亲那样，礼贤下士，重用贤才，而且不拘一格。对于谦更是器重，把于谦升为侍郎。于谦为皇帝出谋划策，呕心沥血。朱瞻基看到朝中有些奢侈，便和于谦商议如何压一压这种风气。于谦建议皇帝亲自到田间体会一下，便知该如何去做了。

朱瞻基并没有生气，而是在扫墓途中，亲自带领文武百官去耕地，他们都从中体会到了农夫的艰辛。回到宫中，朱瞻基累得腰酸背痛，这时太监给朱瞻基送来了晚餐。饭菜十分丰盛，朱瞻基只吃了一点，剩下许多。朱瞻基刚吃完一会儿，于谦便来求见皇上。于谦对朱瞻基说道："陛下，您和文武百官都已体会到农夫的艰辛，您不如明日盛情宴请满朝文武。我已经调查过了，不仅宫中如此浪费，而且那些大臣每顿饭也都是好几个菜，甚至还有十几个菜的，明日您给每人十盘菜，要求他们都吃掉。"朱瞻基大悦，说道："好主意，好主意！"

第二天中午，朱瞻基宴请百官，这次宴请很特别，每人面前放了10盘菜，还有一碗饭，这10盘菜都很贵重，有燕窝、银耳、鹿肉、雁肉等。

朱瞻基说道："昨日，我们到农村去劳作，各位想必很劳累吧，但是农民却要长年地劳作，他们也一定很累，可是他们却吃不到这样的好东西，所以我们应该对得起老百姓，不能浪费。来，我们开始进餐，我命令大家把这10盘菜都吃掉。"

满朝文武百官你看看我，我看看你，都没有人动筷子，朱瞻基带头吃起来。文武百官一想：既然皇帝有令，那就吃吧！于是便开始大吃。

吃了一个多小时了,大臣们实在吃不下去了,朱瞻基也吃得饱饱的。朱瞻基看到大臣们面露苦色但还在往下吞咽,便说:"既然吃不了,就不要再吃了。"话刚说完,大臣们都放下了筷子。朱瞻基又说:"大家看一看,自己还剩下多少菜,总共加起来,饭量大的,两盘也就足够,剩下的可就浪费了。农夫们一日复一日地劳作,辛苦是自然的,我们也都知道,可是我们却如此铺张浪费,我们对得起养我们的百姓吗?我下令:大臣一日三餐不得超过 5 个菜,一天之中 5 个菜你可以自己调配。如果有谁敢违背,一定严惩不贷!"

这一办法很有效,把奢侈之风煞住了,朱瞻基也得到了天下百姓的拥护,他更加信任和重用于谦了。不久,升为兵部尚书,于谦仍是兢兢业业,一丝不苟。于谦虽然得到皇帝重用,但他待人谦和,从不颐指气使,因此受到大臣们的敬佩。百姓也都知道于谦处处为他们着想,也都很敬仰这位好官。

正如他父亲所预料的那样,朱瞻基是一位有理想、有才智的明君,但是朱瞻基身体也不好,早早就去世了。他的长子朱祁镇继位。

朱祁镇只是一个 9 岁的孩子,朝中大权掌握在王振手中,于谦等忠臣三番五次劝谏英宗,告诫他不要荒废朝政,可是英宗只知道玩。后来,英宗在王振的误导下带兵亲征,被也先当作人质。

于谦看出了也先的诡计,为使明朝不受制于也先,他联合大臣一起上书皇太后,主张由朱祁钰登基,以此来断绝也先的念头。

朱祁钰登基后,仍很器重于谦,可是后来朱祁镇在朱祁钰病重之时,又夺取王位,重新做了皇帝。

朱祁镇在南宫整整被软禁 7 年,做皇帝后,自然很重用那几位有功之臣:徐有贞、石亨、张𫐐、曹吉祥等人。由于这几个都是投机分子,所以于谦很瞧不起他们,很少与他们共事。这些人对于谦怀恨在心,但苦于当时无策,所以一直没有下手。如今得到朱祁镇的信任和重用,便向皇上参了于谦一本,说他极力主张立朱祁钰为皇帝。朱祁镇听后大怒,说道:"我觉得于谦就不是个忠臣,我以前在位之时,他就经常指责我,但是我念及他与先帝的关系很好,没有为难他。想不到我被也先俘获,他却落井下石,主张拥立朱祁钰为皇帝。哈哈,真是苍天有眼,又让我朱祁镇重新做了皇帝。来人啊,给我把于谦捉拿起来,打入死牢!"

于谦早已料到那几个奸臣再加上一位昏君,不会放过自己,但他"粉骨碎身浑不怕,要留清白在人间"。

于谦被判弃市,要在街头暴尸三天。妻子、子女发配边疆,连家人也被流放。

于谦行刑那天,街市站满了人,有百姓,有朝中的大臣,于谦以"意欲"的罪名被处斩。百姓和文武大臣都眼含热泪,老天似乎长了眼,天降大雨,为于谦哭泣。

后来,于谦的女婿将于谦的灵柩运回杭州,埋葬在杭州西子湖畔,与忠臣岳飞的坟墓相距不远。

两位忠臣都被害死,人们至今仍经常到他们的坟前祭奠。

万贵妃害皇子

朱祁镇重新做了皇帝后,把朱祁钰在位时的朝中要臣都换了。其实这些人中绝大多数是忠臣,而且有才有智,但是朱祁镇为了发泄郁积的仇恨和忧闷,根本不在乎你有没有才,只要顾他心意者,他就给予重用,如果逆他者,不亡也被流放。

朝中徐有贞等一批奸臣得到重用,而朱祁镇仍是玩性不改,很少过问朝政,对自己的皇子也不教导,只知自己玩乐。

上梁不正下梁歪,太子朱见深见父亲如此,小小年纪的他,也是不读书,只知玩耍。那时候朱见深经常到祖母孙太后的仁寿宫中去玩耍。

当时仁寿宫有一个宫女,名叫万贞儿,她很有办法,哄得太子朱见深很高兴。朱见深也和朱祁镇一样,时间长了,离开那个宫女万贞儿就不行,整天要和她在一起玩耍。

开始时,孙太后也没有太在意,一是万贞儿是自己很喜欢的宫女,二是太子年纪尚小,玩几日也无妨。可是到了后来,太子朱见深渐渐长大了,仍是天天到仁寿宫来找万贞儿玩耍。孙太后有些担心,心想:朱见深将来要做皇帝,而如今只知道玩耍,将来还怎么有所作为呢?孙太后便对万贞儿说道:"太子年纪已不小了,你应该引导他读书,而不应只陪伴他玩耍。"万贞儿生性聪明,而且机警过人,当初进宫之时,就凭此和自己漂亮的小脸蛋,得到孙太后的宠爱。万贞儿听出了孙太后的意思,太后不想让太子总来宫中找她玩耍。她想:我必须想出一个方法来,即使太子不来宫中,也让他日日想着我。

朱见深那年已经十几岁了,开始懂得"人事"。有一天,万贞儿趁孙太后没在,用身体引诱太子朱见深和她发生了肉体关系。而这一年,万贞儿已接近30岁。万贞儿对朱见深说:"太后已降旨,不让我和你再玩耍了。"朱见深一听就急了,立时哭了起来。万贞儿说道:"太子不要伤心,太后每天出宫都有规律,你可以在太后出宫之时找我来玩,免得太后怪罪。"

从此,朱见深仍是每日到仁寿宫找万贞儿玩耍,万贞儿使用一切手段,哄得太子团团转。

孙太后看不到太子来仁寿宫了,很高兴,以为太子在万贞儿的引导下发奋读书了。因此,孙太后仍是很宠爱万贞儿。

孙太后去世之后,万贞儿对太子朱见深说:"既然太子真心喜欢奴家,就把我要到东宫吧,这样我就可以天天陪伴太子了!"朱见深点头答应。别人谁也没有想到一个30岁的宫女会与十几岁的太子有肉体关系,万贞儿很容易就进了东宫。万贞儿很有心计,她想尽一切办法取宠于太子。她有自己的想法:太子年纪不大,而皇帝朱祁镇又体弱多病,可以趁太子无知之际,夺得后宫大权,甚至可以做上皇后。为了达到这一目的,她经常在太子耳边说:"太子,我比你大十几岁,将来你做了皇帝,你一定不会喜欢我了!"说完,竟撒娇地哭了起来。

太子朱见深本来就是一个孩子,怎禁得住这种场面呢,也哭了起来,说道:"只要我做了皇帝,一定让你做皇后!"

万贞儿又说:"我比你大十几岁,一定会遭到众人的反对,到时候,您恐怕有其心而无其力。如果你不再喜欢我了,我会上吊自尽的。"

太子早已鬼迷心窍,一听说万贞儿要去死,立即说道:"你放心好了,我说话算数,一定让你做皇后,不管谁反对,我都不怕!"

天顺八年(公元1464年),朱祁镇病死,太子朱见深做了皇帝。朱见深已经16岁了,按祖训应册立皇后,正宫钱太后和朱见深的生母周太后便为朱见深选娶皇后。可小皇帝朱见深早被万贞儿迷住,对两位母后说道:"朕早已答应万贞儿,要册封她为皇后,君无戏言,我怎么可以随意更改呢?"两位太后吓了一跳,这才注意到东宫的万贞儿。

周太后得知万贞儿只是一个宫女,而且年纪比朱见深大十几岁,便对朱见深说:"皇儿,万贞儿出身卑微,而且年长你十几岁,你若立她为皇后,岂不遭天下人笑话!"钱太后说什么也不同意。可是小皇帝朱见深仍是痴心不改,一心一意想立万贞儿为皇后。

周太后和钱太后一商议,决定先选了皇后再说,于是二人按礼节选了吴氏。可是朱见深不同意,还和万贞儿说了此事。万贞儿也怕两位太后怪罪下来,便说:"陛下,既然两位太后为你选了皇后,你就答应吧!不过你不要忘了我,不亏待我,我也就心满意足了,我命苦,当不了皇后。"说完,又哭了起来,朱见深心如刀绞。

朱见深同意册封吴氏为皇后,但是要选万贞儿为妃,两位母后也没有办法,只好答应。与万贞儿同时选为妃子的还有王氏、柏氏。

万贞儿根本不把吴皇后放在眼里,有时见到吴皇后,还说几句风凉话,吴皇后忍无可忍,动手打了万贞儿。这一下,万贞儿可不干了,把头发披散开,对朱见深边哭边说:"陛下,我命太苦了,吴皇后张口就骂,动手就打,你看看我身上的伤!"朱见深本来就不喜欢吴皇后,又看见自己心爱的人被打,不禁大怒,立即下令把吴皇后废去。

两位太后得知后,赶忙劝阻,可是小皇帝根本不听,两位太后也没有办法,只好依着他。后来又立王氏为皇后,王氏知道万妃为人奸险又在皇帝面前受宠,所以事事忍让,不和万妃一般见识。

成化二年(公元1466年),万贞儿为朱见深生了一个儿子,可把朱见深乐坏了,立即将万氏晋封为贵妃。可是乐极生悲,没几天,那个小皇子便夭折了。万贵妃悲痛万分,她害怕别的妃子生了皇子之后,自己不再受宠。可是任她怎么求神拜佛,总也不怀孕。她想:既然我没有皇子,我也不让你们有。于是她便在后宫中安插了许多心腹,哪个妃子有了妊娠迹象,她便亲自前往,美其名曰是送大补的汤药,其实是送去堕胎药。那些妃子惧怕万贵妃,只好喝下去。

万贵妃处心积虑,也总有失手之时,柏妃为朱见深生了一个皇子。万贵妃得知消息后,又急又气又恨。后来派去小太监为小皇子送去一碗有毒的汤,小皇子喝完汤,倒地而亡。万贵妃以小太监照顾不周为由，将他处死。

朱见深得知自己的儿子死后，悲痛万分，他已接近30岁了，可还没有儿子，一焦急便病倒在床上。

老太监张敏对皇上忠心耿耿，他已猜出皇上的心思，便说道："陛下，您忘了您有一位淑妃被赶出宫，她后来为您生下一位皇子，给他穿上女孩衣服，如今已六七岁了，仍在乡下。"

朱见深听说自己有儿子，非常高兴，立刻从床上坐了起来，即刻下令，亲自去接淑妃和皇子回宫。

淑妃原来是一个整理珍宝库的少女，一次偶然遇到皇帝，朱见深见她很有姿色，便封她为淑妃。淑妃很受宠，可气坏了万贵妃，找了一个理由，将其赶出宫去。

后来淑妃生下一个皇子，她怕万贵妃派人来谋害，便给他穿女装。万贵妃害怕淑妃生下男孩，就派老太监张敏去打听消息。张敏见到淑妃后，淑妃很激动，她知道张敏对皇上很忠诚，便把事情的经过对张敏说了。张敏答应她，有机会一定向皇上说明此事。回到宫中张敏对万贵妃说淑妃生了一个女儿。

淑妃和小皇子回到宫中，可气坏了万贵妃，她想方设法去害小皇子，可始终没有得逞。

朱见深册立小皇子为太子，起名叫朱祐樘。万贵妃害人没害成，反而气恨交加，病死了。

八太监误太子

万贵妃没有害死朱祐樘，她非常气愤。小太子朱祐樘12岁时，万贵妃死去。朱见深对万贵妃的感情确实很深，不久，他也病逝了。

成化二十三年（公元1487年），太子朱祐樘继承王位，那一年，他18岁。朱祐樘可谓福大命大，还未出生，母亲被赶出宫。刚一出生，万贵妃便派人去暗害，多亏老太监张敏，回到后宫，说淑妃生的是一个女儿，万贵妃这才罢了。小太子朱祐樘被接回宫中，万贵妃又是千方百计毒害他，但是没有得逞，朱祐樘很健康地长大了。

朱祐樘继位后，立即整顿朝政，亲贤臣，远小人，体贴天下百姓。对后宫也进行了整顿，把万贵妃的心腹一一除掉，后宫的斗争缓和下来。朱祐樘勤于朝政，非常关心国事，因此在他执政的十几年里，国势明显好转，百姓生活也比较稳定。朱祐樘从小受乡下人的影响，非常注意节俭，到后来做了太子、皇帝也依然如此。皇上节俭，大臣们也不敢奢侈浪费，所以全国上下风气很好。

　　但正当朱祐樘要大展鸿图、做一番事业之时，却病倒了。弘治十八年（公元1505年），朱祐樘去世，年仅15岁的太子朱厚照继位。

　　朱祐樘对自己的儿子很了解，知道他生性爱玩耍，但是他自己又一心理政，没有时间教育。临死前，他拉着几位大臣的手说道："太子年幼无知，虽聪明，但生性爱玩耍。而我又没有时间教育他，你们要尽心尽力辅佐他。我明朝的江山社稷能否千秋万代，可就要看几位的辅佐了！"

　　朱祐樘的担心不是没有道理，小皇帝朱厚照确实是好玩成性，这与他从小的成长环境有关。朱祐樘可以说是一位明君，可是他教子无方。由于他幼时的坎坷经历，所以他对后宫格外重视，对皇子也十分疼惜，他曾下令：不得做有损于皇子的事。其实这就滋长了皇子们的骄纵心理，他们认为父王疼爱他们，所以整日玩耍。谁要是敢管教他们，他们就到朱祐樘面前去告状，而朱祐樘总是宠着这些皇子。时间一长，皇子在宫中为所欲为，谁也不敢管。

　　朱厚照被立为太子后，更是蛮横无理，小小年纪，天不怕，地不怕。谁要是让他读书，他就装病。朱祐樘见太子没有被照顾好，便有几分不满。时间一长，太子朱厚照根本不读书了。朱祐樘知道后，也不生气，他认为孩子还小，玩几天也没有关系。

　　后来朱祐樘才发现自己错了，几个皇子都只知道玩耍，而不知道读书。他便下令，让皇子们读书。可是这些皇子，平时都玩惯了，根本读不下去。只有朱祐樘来时，他们才装模作样地拿起书来读。而那时朱祐樘日理万机，很少有时间来看他们，所以他们玩心不改。这些皇子年纪小，不知道有许多有趣的游戏，这就给了太监一个机会。太子朱厚照身边有8个太监，这些人为了得到太子的"赏识"，都拿出好戏来逗太子高兴。这些太监认为，将来太子做了皇帝，他们可以因此受宠。明太祖朱元璋对太监的职权很担心，他害怕太监掌权，因此规定了一些限制太监权力的制度，但是太监以其特殊的职位，专权的仍不少。而这些侍候太子的太监权力虽不大，但他们有时却可以决定太子的治国方向。由于太子年幼，这些人对太子的影响往往是终身的。

朱厚照身边的8个太监，串通一气，不陪太子读书，而是陪太子玩乐。他们想出许多方法，斗蛐蛐啦，斗公鸡啦，这些小游戏都曾让太子痴迷过。随着太子渐渐长大，他们又教太子掷骰子，玩骨牌。太子对这些更是感兴趣，简直达到乐不思蜀的境地。一天见不到这几位太监，心里就痒痒。后来有一个叫刘瑾的太监见太子已长大，也知儿女之情了，便找来宫女侍奉太子，太子一下就着迷了。

朱厚照做了皇帝后，年纪虽小，但也可以独立处理朝政，可他却仍迷恋于玩乐。对那一堆堆奏折，他看都不想看，更何况，有的他也看不懂，因为小时候，他不学无术，没有识多少字。

刚做几天皇帝，那种新鲜感便全没了。没做皇帝之时，他还想做皇帝一定很好玩。可一做皇帝，整天面对的是满朝文武，两旁肃立，一大堆奏折，没完没了。朱厚照有些腻烦了，他想：后宫之中有许多姿色可人的宫女，我就是和那几位公公掷骰子，也总比整天做皇帝强啊！

朱厚照闷闷不乐地从朝中来到后宫，这几个太监一看小皇帝不高兴的样子，就知道小皇帝想玩了。于是几个太监立即派人找来几个宫女为小皇帝载歌载舞，他们几个人陪小皇帝玩骨牌。玩到很晚了，小皇帝说："朕要是天天能和你们一起玩，就好了！"

一位太监说道："陛下，您是一国之君，想干什么就干什么，想取消什么就取消什么，谁也管不了您。"

朱厚照听后，很受启发。第二天还在梦中，便被司礼监唤醒，他极不情愿地上朝了。见到满朝文武后，有的大臣刚要面奏事情，朱厚照却说："朕公布几条法令：第一取消上早朝；第二取消翰林院的学士给我讲读经史，朕年纪不小了，可以自己看嘛；第三取消那些谏官，朕知道什么事该做，什么事不该做，不用他们再挑毛病了；第四有事情，一律写上奏折，送到刘瑾公公那里即可。"

满朝文武听了这些新条律，都感觉有些可气。一些大臣忙跪倒后说："陛下，祖训万万不可随意更改啊！"

朱厚照把头一扬，喝道："难道朕的旨意，你等敢违抗吗？

退朝！"

朱厚照从此便不再来上早朝了，任凭大臣怎么劝谏，他一概不听。大臣们没有办法，有重要事情非上奏不可，也只好交给刘瑾。而刘瑾也只是个太监，哄皇上玩还有几招，批阅奏章他可不会。他便找来自己的狐朋狗友，让这些人来替他批奏。这些人多为朝中的奸臣，他们利用机会公报私仇，致使朝政混乱，贪官污吏胡作非为。而那8位太监更是有恃无恐，蛮横无比，朝中没有几个大臣敢顶撞他们。

朱厚照在宫中呆腻了，几个太监便带领皇帝出宫，见到有漂亮的民女便抢回宫中，百姓给这8位太监取了个外号"八恶虎"。为了让皇帝高兴，他们又大兴土木，修建豪华住宅。宫殿修建完毕，这几位太监便派人去全国各地选美女，送到宫殿之中，然后派人去接皇帝朱厚照前来"享受"。朱厚照一看这座大殿修得豪华气派，而且玩的地方很多，既有几千美女置于此，又有赛马的地方，还有斗鸡的场所，掷骰子、玩骨牌的地方也都设置好了，朱厚照便大大地奖赏了他们。

时间一长，朱厚照又想到外边去玩了。于是几位太监给皇帝换了装，带着护卫队，出城去玩。

有一次在街上遇到一个卖艺的小姑娘，长得很秀气，朱厚照便命人停下车，贪婪地看着，几位太监向护卫一使眼色，这些人不由分说，便抓住小姑娘。小姑娘的父亲一看女儿被无缘无故地抓起来，非常生气，拿起大刀，与这些人拼命。虽砍倒了几个护卫，但最终寡不敌众，老父亲被这群恶狼砍死了。小姑娘虽会一点武功，也只是花拳秀腿，终未逃过一劫，被朱厚照糟蹋了。

正德十六年（公元1521年），朱厚照由于贪恋酒色，病死了，朝中大权依然操控在8位太监的手中。

道士专权

历史上有太监专权的，有太后、皇后专权的，也有丞相专权的，还有皇亲国戚专权的，但是很少有道士专权的。嘉靖皇帝在位时，道士的权力无边，可以说是道士专权。

正德十六年（公元 1521 年），朱厚照死了。虽然他荒淫无度，但却没有儿子，死前留下了遗诏，让朱厚熜继位。朱厚熜是他的堂弟，朱厚照很喜欢这个小堂弟，也不管他有没有治国平天下的本领，完全凭借自己的好恶，让他做了皇帝，年号嘉靖。

嘉靖继位之时，已是 15 岁，但他却不迷恋酒色玩乐，而是想成为世人称颂的一代明主，便开始整顿朝政。那几个专横无理的太监都被弃用，一些忠臣也开始官复原职，政局开始渐渐好转。可就在这时，事情又发生了变化。

一天，嘉靖皇帝带领几个大臣前去打猎，为了行动方便，他们都换了便服。刚一到山上，看见一位道士手拿拂尘，盘坐于山道上。见到朱厚熜后，倒地便拜，说道："陛下，小臣在此，挡住了您的去路，罪该万死。"

嘉靖帝吃惊地问："道士，你怎么知道我是皇上呢？"

道士说："陛下，您身上有一种仙气，萦绕在身体周围，我有道术，您一来我便知道是皇上驾到了。而且我奉上天之命，在此恭候您多时了，上天说只有您可以代他们拯救天下，所以特派小臣前来告知。我本无法术，后遇一老者，轻轻拍了我脑袋三下，我便可以与神仙交谈了。"

嘉靖帝本来就很迷信，此时，看到这位道长头发、胡须全白了，像一位老神仙，便好奇地问："请问道长尊姓大名？"道士答："小臣原名邵元节，法号龙虎仙人。"

嘉靖帝接着问："龙虎仙人，朕可否长生不老？"邵元节道："陛下，凡人不可成仙，故不能长生，但您乃龙体，系神龙下凡，周身又萦绕仙气，所以可以修炼成仙，但是您必须心诚，只有这样才能成仙，才能长生不老。"

嘉靖皇帝听后，很感兴趣，又问道："那朕怎样才能修炼成仙呢？"

邵元节说："陛下，臣有法术，可以助您成仙。"

其实这个邵元节根本不会什么法术，但他从小看过周易，又学过江湖术士那一套，因此很会招摇撞骗。他本是龙虎山上清官庙的人，一次偶然机会见到了朱厚熜，发现皇帝很爱上山打猎，于是便天天在山上等着嘉靖帝的到来。他早已打听到朱厚熜十分迷信，朱厚照留下遗诏,让他做皇帝,他便认为是上天相助,所以经常烧香拜佛,求神仙保佑自己长生不老。功夫不负有心人,邵元节不仅等到了皇帝,而且还骗得了皇帝的信任。嘉靖帝再也无心打猎了,立即带着邵元节回到宫中。

嘉靖帝为了检验一下邵元节的法术,便叫来几位大臣和几个宫女。邵元节一看,心里有些发慌,但他多年在江湖上行骗,也有几下子,很快镇定下来。这几位大臣中,有一个他认识,他便把那位大臣叫过来,把他的家庭背景、身居何职说得丝毫不差,众人都认为邵元节真神。邵元节靠着丰富的江湖经验,又给一个宫女说了一遍。邵元节知道宫女一般出身比较低微,而且他根据姿色来判断宫女在宫中是否得宠,再加上他似是而非的说辞,说得宫女也连连点头。大家都认为邵元节确实有道术,于是都争先恐后地让他给算一卦。邵元节悄悄地对嘉靖帝说:"陛下,我的道术不能随便施给别人,那样不利于陛下成仙。"邵元节其实是想见好就收,他怕说多了,会露出马脚。嘉靖帝一听关系到自己的利益,忙说:"龙虎仙人刚到宫中,身体疲乏,等以后再说吧。"众人只好不情愿地离开了。

只剩下嘉靖帝和邵元节了,邵元节说道:"陛下,你想修炼成仙,必须找一个安静的地方。您应再建两座和天上的宫殿一样豪华的宫殿,您一座,在那里聚神气,神气一多,神仙才会下凡,点拨您成仙。我在另一座,帮您聚气招仙下凡。"邵元节此举,其实是想自己住进豪华的宫殿,在那里尽情享受罢了。

嘉靖帝一心想成仙,所以邵元节提出什么要求,他便答应什么,他立即下令修建两座豪华宫殿。两座豪华宫殿建成后,邵元节与皇帝平起平坐,而且宫殿之中,一切应有尽有,吃香的,喝辣的,使奴唤婢。嘉靖帝为了鼓励他,还经常给他送去钱财。

嘉靖帝一有空闲,便躲在宫殿之中修炼。而邵元节则从皇宫中拿来许多宝物,又从老中医那里求得秘方,炼制了一种丹药。其实这种丹药有延年益寿的作用,而且香气扑鼻,服下去后,立刻会感到精神亢奋,邵元节称之为"神丹"。嘉靖帝吃了"神丹"后,感觉精神很好,一高兴,就拜他为礼部尚书。

邵元节开始掌握了朝中大权,他又借着所谓的道术,拉拢了一批大臣。邵元节还不满足,他想掌握更大的权力,于是想到了一位道士陶仲文。邵元节和陶仲文有一定交情，为了扩大自己的势力，他对陶仲文说："我可以推荐你做朝中的要臣，甚至比我的官位还大，到时候，我们就可以联起手来，掌握朝中大权了。"

陶仲文自然很高兴，并且说："我们都是同行，只要我们能够掌权就行。"

邵元节和陶仲文商议好之后，便向嘉靖帝推荐陶仲文，说："我有一位师弟，此人法术更高明，深居简出，与外世隔绝，陛下必须亲自出山，而且要打动他的心才行。"

嘉靖帝对邵元节很信任，把他的话视若真理，为了早日修炼成仙，他竟亲自到一个山上去请陶仲文。陶仲文骗人的本事更大，他在一张画有神符的纸上写道："×月×日，有贵人驾到。"其实这句话他天天写，目的就是准备迎接嘉靖帝。自从邵元节走后，他便开始算计皇帝来到的日子。他一天换一张纸，这天刚换完，嘉靖帝便带领大臣来到了。

陶仲文向嘉靖帝行了君臣之礼，说道："陛下，臣已料到今日必有贵人降临，但是没有想到会是皇上亲自前来，我推算的是皇上派大臣而来。"

嘉靖说道："朕本想派大臣前来，但为了表示真心，便亲自前来。"

陶仲文说道："陛下，您心不诚，其实我是料到皇上会大驾光临寒舍的，而皇上本来确实不想亲自来，但是一定有位仙人为您指路，让您亲自前来。您说，我说得对吗？"

嘉靖一听，大吃一惊，心想，他躲在此处，是怎么知道的，便答道："确实有位道号龙虎仙人的人向我推荐了你，我才亲自来请道士的。"

陶仲文说："这位龙虎仙人道法很高，如果我二人共同助皇上修炼，过不了多久，皇上一定会成仙的。"

嘉靖帝信以为真，立刻把陶仲文接到宫中，让他和邵元节一起为他烧炼丹药，助他早日成仙。二人不仅得到许多钱财、珠宝，而且在朝中独揽权力，陶仲文后来者居上，被封为少保、少傅、少师。

陶仲文与邵元节相互勾结，让嘉靖帝专心修炼，而他二人却借机掌握了朝中大权。这二人为制服众人，又勾结内阁大学士，从此朝中军、政大权都落到了道士手中。而嘉靖帝则躲在专供修炼的宫殿之中，不理朝政，也不再上朝，一心一意修炼。

在国君的重视下，全国各地道教盛行，名山古刹，香火鼎盛。一些道士纷纷游走江湖，骗取钱财、地位、名利，整个国家都笼罩在一层烟雾之中。

朝政一荒废，奸臣当道，国势又出现了衰微之势。嘉靖帝自然也不会修炼成仙，公元1566年，嘉靖帝死于修炼房。到死，他还梦想成仙呢。

清官海瑞

清官海瑞的故事一直流传至今。人们怀念这位清官，敬仰他不畏权贵，断案如神。

海瑞，字汝贤，号刚峰，广东琼山县（今海南省海口市）人。海瑞从小喜欢读书，家境虽不富裕，但他读书刻苦认真，因此小小年纪便很有才华，文章写得特别好，书法也是一绝。由于海瑞很有才华，后来被任命为浙江淳安知县。

海瑞刚到任时，当地一些富户、权贵、恶霸等都前去迎接。这些人以为海瑞必然会坐着八抬大轿，吹吹打打而来，可是他们左等也不来，右等也不来。原来海瑞早已带着两个家人进了城，但他没有直接去县衙，而是到当地百姓家去了解情况。开始之时，百姓还不敢说，后来有胆大些的，一看海瑞穿着朴素，而且很面善，便对海瑞说了当地恶霸的一些情况。海瑞心中有数后，便来到县衙，可是把门的却不让海瑞三人进去。海瑞的家人刚要说话，却被海瑞拦住了，他从兜里摸出几两纹银，守卫这才向里边通报。县衙里的办差官一听说海瑞来了，他们知道这是新上任的县官，气得给了那个守卫两个耳光，骂道："怎么不让大人进来呢？"那个守卫哪里知道海瑞是县官啊，一下傻了眼。

海瑞被请了进去，他知道，县衙上上下下到处都充满了腐败，海瑞下定决心，先整顿这些腐败分子。

海瑞派人把那个守卫叫进来，大喝道："百姓上诉，也得先给你钱才让进，对吗？"那个守卫已吓坏了，哆哆嗦嗦地说："大人饶命，大人饶命，我再也不敢了。"海瑞说："好，既然你有悔改之心，就把贪污百姓的钱财统统交上来，我任命你为守卫的小头目。如果以后有哪一个百姓反映你们守卫要了钱财，我再新账老账一起算。"

那个守卫把贪污的几百两纹银都交了上来，海瑞看后，不停地摇头，心想：一个小小的守卫竟贪污了这么多钱财，何况其他有权力的人呢。海瑞指着那些纹银说："一个小小的守卫几年下来，喝了百姓这么多血，我想其他人也不会袖手旁观吧，我希望你们把贪污百姓的钱财都交上来。否则，我一定会严惩不贷！"

那些衙役都吓坏了，第二天就把贪污的钱财交了上来，只有两个人没有交，一个是办差官的小头目，另一个也是办差官。海瑞通过百姓早已调查清楚，那小头目平时蛮横霸道，搜刮百姓钱财，而另外那个办差官从来不贪污百姓的钱财，可谓"出淤泥而不染"。海瑞昨天下达命令之后，便派自己的一个家人到那个小头目家附近去监视其行动。那个小头目鬼鬼祟祟地把贪污的钱财都埋在了他家后院，他刚走，海瑞的家人便把钱财都拿回了县衙。

海瑞大喝一声："把那几百两纹银拿上来！"那个小头目一看那个包裹正是自己的，忙跪下来说："大人饶命，大人饶命！"海瑞道："我对你已有耳闻，平时无恶不作，我让你们交出贪污的钱财，你也不听，还想欺骗本官。来人啊，拖出去，重打50大板，然后让他回家种田去！"

海瑞又对另外那个办差官说："我知道你很清廉，从今以后，你就是办差官的头领。"

海瑞把县衙的上上下下都整顿了一番，风气明显好转。根据百姓反映的情况，又惩治了一些恶霸，还惩治了一批有权有势的人。在此过程中，海瑞遇到了很多困难，但他从不退缩，尤其是处置那些官宦子弟，毫不手软，因此深受老百姓的爱戴。

经过一段时间，海瑞把收缴上来的恶霸、权贵贪污的钱财，又都给了那些生活困苦的百姓。

海瑞从来不拿百姓的钱去拍别人的马屁。有一次八省巡检都御史鄢懋卿去浙江视察盐务，一路上，所到之处，都是好吃好喝好招待，临走之时,那些想拍御史马屁的人还要送上厚礼。可是到了淳安,海瑞只不过按朝廷的规定,宴请了这位都御史大人。鄢懋卿自然很不满意,不过他想:这个叫海瑞的小县官虽然没有好好招待我,但一定会给我一份重礼。可他想错了,海瑞一两纹银也没有给他,他越想越生气。

海瑞没有招待好鄢懋卿,而被降职为湖广兴国州(今湖北阳新)判官。海瑞临行时,全城的百姓和衙役都来相送,都舍不得这位清官大人,最后依依而别。

海瑞做了判官之后,知州很器重他,也知道他是一位清官,所以许多案件都派海瑞去审理。

有一次两个妇人边吵闹,边来到大堂上。海瑞一问,知道了原委。原来这两个人是邻居,有一家的女人生了个男孩,另一家动了歹心,想抢走这个男孩,二人因此才吵闹着上了大堂。海瑞一问,这两个人都说这个孩子是自己的。海瑞又问:"你们可有证人?"这两个人向堂外一招手,都有证人。这些人各向东西,说法不一。海瑞心想:一定是有一个狠毒的女人想抢走孩子,又故意找了几个证人。

海瑞灵机一动,说道:"既然谁也无法证明这孩子是谁的,我有一个办法,可将此事化解。来人啊,把这孩子给我杀了!"

一个妇人一听要杀这个还不会说话的孩子,立时哭昏了过去。过了半天,这位妇人才醒过来,指着海瑞骂道:"别人都说你是位清官,想不到你是位糊涂官。"

海瑞忙起身,从那个呆呆发愣的女人怀里要回男孩,交给这位妇女,说道:"你不要害怕,我不会杀你的儿子,把你的儿子带回家去吧。"那个妇女一听,破涕为笑,连声说道:"多谢大老爷!多谢大老爷!"

海瑞大怒一声:"你这个妇道人家,竟敢欺骗本官,想霸占别人的孩子,来人啊,给我掌嘴!"

那个女人听后,忙哭道:"大人,冤枉啊,冤枉啊!"

海瑞道:"你还敢喊冤,那孩子分明是别人的,我说要杀了那孩子,你却没有一点反应,难道你还想狡辩吗?"

海瑞又命人对那些做假证的人每人掌嘴二十。

海瑞不仅断案如神,而且每个案件都认真办理。

有一次，一位富户人家报官说一个婢女上吊自杀，海瑞派人去验尸。这个人得了好处，回来报告也是"上吊自杀"。但是海瑞仍要亲自去验尸，他一看就知道这个女孩是被勒死的，因为她脖颈前后都有勒痕。

海瑞命人把那个验尸的衙役打了20大板，让他重新验尸。验尸官这才说："是被勒死的，而不是上吊自杀。"那个富户知道事情败露，立刻派人给海瑞送上几百两纹银。海瑞道："我要是这等人，也就不会亲自验尸了。"

海瑞按条律处置了那个富户和验尸官。海瑞的大名越传越远，人人都知道兴国州有一个清官，断案如神、处事公道。

海瑞断了许多案，每个案子都处理得十分客观、公正。而且海瑞不畏权贵，不管是谁，他都按条律来办案，当地的百姓亲切地称呼他为"海青天"。

海瑞清廉公正，后升任户部主事。那时候嘉靖帝迷恋道术，不理朝政，而朝中大权被道士和内阁大学士严嵩掌管。后来，陶仲文病死，朝中大权被严嵩一人独揽。严嵩父子贪赃枉法，为所欲为，朝政更加腐败，但是朝中大臣敢怒不敢言，因为他们都不敢得罪严嵩父子。

海瑞为人正直，他看到皇帝不理朝政，又看到严嵩专横，独揽大权，便带棺上奏，列举皇帝的种种不是，又列举了严嵩父子的种种恶习。嘉靖帝那时正专心修炼，一看海瑞竟敢对自己如此"无礼"，十分生气，说："海瑞竟敢对朕出言不逊，给我抓起来！"太监黄锦说："陛下，不用去抓，他是带棺上奏的。"嘉靖帝一听，很受感动，仔细想想，觉得海瑞说得很有道理，这才没有处置他。

而海瑞在奏折中斥责严嵩父子，严嵩自然不会放过海瑞。为了陷害海瑞，严嵩模仿他的笔迹写了一封逆反信，嘉靖帝看后大怒，想治海瑞的罪。海瑞道："陛下，此信非臣所写，是别人模仿我的笔迹而写。"

嘉靖帝道："我不相信，怎么有人可以模仿笔迹，而且一模一样。"

海瑞道："陛下，臣可以！"海瑞写了几个字，与严嵩写的一模一样。嘉靖帝连声叫好，因此也没有治海瑞的罪。

嘉靖帝最终也没有成仙，他死后，三皇子朱载垕继位，把严嵩父子惩治了。严嵩问海瑞:"为什么我最后失败了?"海瑞说:"顺民者昌,逆民者亡!"

戚继光摆阵大败倭寇

嘉靖帝在位时,一心迷恋道术,整日躲在宫中修炼,而对朝中政事不闻不问,先是道士掌权,后大权又落到严嵩父子手里,朝政一片混乱,一天比一天腐败。朱厚照在位时,由于荒淫玩乐,挥霍无度,百姓已是叫苦不迭。而嘉靖帝虽不玩乐,但是为了修炼,也浪费大量钱财,国库空虚,贪官污吏乘机大肆搜刮百姓。百姓本来就处于水深火热之中,这样一来,生活更是没有着落,一些地方开始有了小规模农民暴动,无法生存的农民有的上山立旗、称王,干起抢劫的行当。外寇看到中国朝政腐败,社会动荡不安,也趁机侵扰。

这些外寇之中,日本人最为厉害,他们三番五次侵扰我国沿海一带,史书上称日本侵略者为倭寇。

日本人的侵略行为,引起了中国人民的强烈不满。在抗击倭寇中,有一位民族英雄战绩显赫,他就是戚继光。

戚继光出生于山东登州(今山东蓬莱),他的父亲戚景通是登州卫指挥佥事。尽管当时朝政腐败,贪官污吏到处横行,但是戚景通为人正直,体贴百姓疾苦,从不贪赃枉法,因此深受百姓的爱戴。

戚继光小时候聪明伶俐,读书很认真,而且学了一身好武艺,在父亲的影响下,他也养成了清廉自爱的品质。他年轻的时候,看到朝廷腐败,特别是外寇时常来骚扰百姓的生活,很是气愤。他暗下决心,一定要把外寇彻底打败,将其从中国这片领土上驱逐出去。戚继光怀着满腔的激情,写下一首《韬钤深处》:

小筑暂高枕,忧时旧有盟。

呼樽来揖客,挥麈坐谈兵。

云护牙签满,星含宝剑横。

封侯非我意,但愿海波平。

戚景通看后，非常高兴，他看出儿子有驱除倭寇、保卫海防、不畏强敌的雄心大志。

戚景通后来病倒了，临死之前，对戚继光说："儿啊，为父恐怕不能再报效朝廷，保卫海防了。你要继承父亲的遗志，为朝廷建功立业，朝中虽然政治腐败，但你不可与他们同流合污，你要洁身自爱。如有外寇来侵扰，一定要叫他们有来无回。为父一生没有给你留下什么钱财，只有一颗报国之心，还有一个清名。"

戚继光没有辜负戚景通的期望。戚景通去世之后，戚继光子承父业，继续做登州指挥佥事。他对自己严格要求，不克扣士兵粮饷，不贪赃枉法，对百姓也从不搜刮，因此戚继光也受到了百姓的拥护。

由于戚继光办事认真，而且文通武备，很快就升任都指挥佥事，负责山东沿海的防务。倭寇曾经几次侵扰这里，为了更好地抵抗外寇，戚继光下令：修建烽火台。烽火台修好了，几十座连成了一片，敌寇又几次来侵扰，但都被戚继光带领大军打败。

由于戚继光抵抗倭寇有功，朝廷把他调升为浙江参将，镇守浙江的宁波、绍兴、台州三府，这是倭寇侵扰活动最猖獗的一带。

戚继光到浙江任参将后，发现这里军队军纪松散，而且没有多少防备设施。他想：难怪倭寇从这里侵犯，一是这里离倭寇近，二是倭寇容易得逞。为了有力地打击倭寇，戚继光开始着手加强边防设施。

倭寇似乎闻到了味道，他们有的已尝过戚继光的厉害，因为他们几次在山东攻战都没有成功。倭寇想利用戚继光刚上任之际，一举攻下浙江。

于是1000多个倭寇分成若干个小队，向龙山所攻来。龙山所是浙江海岸线的天然屏障，这里地势险要，易守难攻，地理位置非常重要。戚继光看到倭寇前来，不敢怠慢，立即派参将卢镗带领7000多人去迎击。

两军刚一交战，卢镗就有些胆怯，而倭寇则愈战愈勇。7000多人对付1000多个倭寇，却要败下阵来，戚继光立即带领人马前来助阵。戚继光看到自己手下的士兵毫无斗志，心想：难怪这里有这么险要的地势，还轻易被倭寇攻破，军队也太腐败了，这样的军队怎么能迎敌呢？戚继光来到两军阵前，他知道明军没有斗志，而倭寇士气正旺，必须先灭一灭他们的威风。

倭寇这几年里，屡屡侵犯，每次都得逞，尤其是在浙江一带，倭寇从来没有败过，几乎是如入无人之地。这次他们看到明军有几千人马，仍没有放在眼里，他们知道明军人数虽多，但战斗力很弱，交战时间长不了，明军就会后退。

倭寇在倭酋的指挥下，有节奏地攻杀。戚继光通过观察，发现倭寇摆的阵势。他想：擒贼先擒王，只要把倭酋杀掉，倭寇就会大乱。想到此，从背后拿出弓箭，瞄准倭酋，一箭正中倭酋的前胸，倭酋倒地而亡。戚继光从小和父亲习武，又受过高人的指点，武功高超，弓箭也是百发百中。倭寇一片混乱，可不一会儿，又有一个倭酋开始指挥。戚继光不慌不忙又拿出第二支箭，箭带风声，倭酋又被射死。倭寇这一下可乱了，戚继光一看时机成熟，大喝一声："给我杀！"明军士气大涨，杀得倭寇四处逃窜。

虽然打败了倭寇，但戚继光心里很不痛快，他看到军队战斗力太弱，还没有交手，就吓得惊慌失措，他知道依靠这样的军队早晚会吃败仗。为了能够很好地防备外寇侵扰，戚继光向浙江总督提出要亲自训练一支人马。

浙江总督与戚继光的父亲戚景通是多年的好朋友，他也很欣赏戚继光，戚继光提出自己训练军队，他很支持。他也知道现在的这些士兵不仅纪律差，而且不肯吃苦，所以战斗力很弱。

戚继光得到总督的批准，开始着手组建军队。他严格选拔士兵，专门挑选那些身体健壮、肯吃苦的农夫。戚继光知道兵不在多，而在于精，所以他只选拔了3000多人。他开始严格训练，规定军纪，而且明确规定违反军纪者，一律严惩不贷。为了增强士兵的爱国之心，他经常教育士兵要树立保卫边防、驱逐倭寇的决心和信心。由于这些士兵都是浙江一带的青年，他们经常受到外寇的骚扰，对外寇尤其是倭寇都非常仇恨，训练起来格外卖力。戚继光又请有军事经验的人才帮助排兵布阵，他本身也熟读兵书，所以经过几年的训练，一支精兵训练出来了，而且创造了"鸳鸯阵""两仪阵"等战术。

戚继光一边训练军队，一边加强海防建设，在龙山所又建起了几座烽火台，外寇再想侵犯，可就不那么容易了。

倭寇一直没有停下来，仍旧寻衅滋扰，戚继光带领军队一次次将其打败，使得边防得到巩固。他的3000多人马训练完毕之后，他想彻底打垮倭寇，让他们永不敢再犯。

这些倭寇虽然屡次吃败仗，但还是从中国百姓那里劫掠了许多财物，所以他们不死心，一直想继续侵犯。戚继光了解到倭寇是由一些日本封建武士、浪人、海盗、失意政客组成，他们勾结中国沿海一带的凶徒、官吏、不得志的书生等组成非法武装集团。戚继光知道对这些人绝不能手软，只有彻底镇压下去，他们才会罢手。

嘉靖四十年，几千倭寇又来侵犯。戚继光的军队已训练成功，士兵个个盔明甲亮，士气高昂。龙山所周围有烽火台，想从这里侵犯，真是难于上青天。倭寇看到浙江宁海这里根本无法侵犯，便兵分两路，留下一部分人在这里佯装攻城，而另外大批人马去攻打台州。

戚继光的3000多人马个个能征善战，刚一和倭寇交手，倭寇便纷纷逃窜，戚继光一声令下："追击倭寇！"这一小股倭寇怎是戚继光人马的对手呢，没用多长时间，戚继光就将其歼灭。

戚继光得知倭寇大队人马前去偷袭台州，立即带领大军赶赴台州，前去支援。

戚继光赶到台州时，倭寇正在围攻台州，戚继光令旗一摆，大军摆成了"鸳鸯阵"，倭寇慌忙应战。戚继光的人马组成了几百个"鸳鸯阵"，每小队都有一个头领，由戚继光亲自指挥，他们一手执刀，一手执旗指挥，两边是执着藤牌的士兵，他们挡住敌人射来的弓箭，低头前进，其余的士兵紧随牌进，后边有两个士兵手执狼筅。狼筅是大毛竹，长约1.3丈，两个士兵手执狼筅左右横扫，以保护执牌的士兵。狼筅虽打不死敌人，但一扫一片，打在敌人头上，也是让敌人晕头转向。狼筅后面是四个执长桄的士兵，这些人一方面保护手执狼筅的士兵，另一方面则猛杀敌人。长桄的后面是两名执短刀的士兵，他们负责保护手执长桄的士兵。每个小队分工十分严密，打得倭寇连连败退。戚继光训练的军队，作战勇猛，军纪严明，使倭寇遭到入侵以来第一次重创。

戚继光乘胜追击，在健跳所、大田、上峰岭、仙居等九地作战，九战九捷，共斩倭寇1400多人，倭寇被焚烧、溺水者也有4000多人。

台州大捷，倭寇有来无回，浙东一带的倭寇被全部歼灭。"戚家军"的大名威震四方，倭寇一听是"戚家军"，都吓得惊慌失措。

戚继光升任都指挥使，负责海防事务。

戚继光为了更有力地打击倭寇，又增募义务民兵2000多人，这些人也都能征善战。

台州大捷后，倭寇便向福建进行侵犯。戚继光带领"戚家军"转战到福建。嘉靖四十一年，"戚家军"大败倭寇于横屿、牛田、兴化。戚继光根据地形，摆出了"三才阵"，这一次大战斩倭寇3000多人。

抗倭寇名将俞大猷多次配合戚继光，这一次也来到福建，二人并肩作战，打得倭寇连连败退。

嘉靖四十四年，戚继光与俞大猷将福建、广东的倭寇全部消灭掉，肃清了境内的残倭。

修定陵民众起义

嘉靖帝死后，三皇子朱载垕继承了王位。穆宗朱载垕在位期间，明朝国势已经明显衰微。

明太祖朱元璋打下天下后，虽然杀了不少有功之臣，到了晚年时候更加多疑、刻薄，但是刚刚打下的江山，国家太平，百姓生活比较安定。到了成祖时期，他子承父业，平定了许多叛乱，而且御驾亲征。成祖朱棣是个有雄才大略的皇帝，他继续巩固朱元璋打下的江山，开创了一片大好基业。到了仁宗朱高炽时，他体恤民生，节省开支，减少租税，百姓生活安居乐业，可惜好景不长，朱高炽仅做了十个月的皇帝，便去世了。朱瞻基继承父位，年号宣德，宣宗像他父亲那样，体贴百姓，注重节俭，明朝出现一片繁盛景象。人们常把他和他父亲仁宗的政绩联在一起，合称为"仁宣之治"。可是到了英宗朱祁镇时，他一心玩乐，不思图治，明朝国势开始走下坡路了。太子朱见深继位后，宠爱万贵妃，结果后宫斗争激烈，国势一天比一天衰败。福大命大的朱祐樘做了皇帝后，勤于朝政，体贴百姓，注意节俭，朝政腐败现象得到了控制。可是他没有教育好太子朱厚照，朱厚照一心玩乐、不理朝政，百姓忍无可忍，终于爆发了"响马"起义，起义虽然被镇压下去，但是却使明朝更加衰败。朱厚照死后，嘉靖帝想成仙，浪费大量钱财，导致严嵩父子专政。

三皇子朱载垕继位后，开始整顿吏治，严嵩父子被处置，清官海瑞被重用，但是明朝已到了老年时期，国库空虚，内忧外患，民不聊生。

穆宗朱载垕没做几年皇帝，便去世了。公元1572年，太子朱翊钧继位，年号万历。

朱翊钧继位时才10岁，由张居正等一批大臣辅佐，母亲孝定太后对他要求也很严格。朱翊钧小的时候，朝政比较清明，可是后来张居正等一批老臣相继去世，朱翊钧也渐渐长大，他的恶习便暴露出来。

有一天在宫中，朱翊钧一时冲动，和一个宫女发生了关系，这个宫女为他生下一个男孩，取名为朱常洛。朱翊钧并不喜欢这个宫女，而只是一时冲动，但是念及她为他生下一皇子，便封她为恭妃。

他的母亲孝定太后按照祖训为他选立了皇后。朱翊钧开始时，还有几分喜欢皇后之心，可不久后就觉得皇后索然无味了，便在众多的嫔妃中寻欢作乐。

朱翊钧对朝中之事非常厌烦，一有空，便到后宫饮酒作乐。

后来，朱翊钧被姿色上佳的郑妃迷住，整日和郑妃在一起，对朝中之事不闻不问，急得一些大臣只有捶胸顿足，仰天长叹，而毫无办法，因为三番五次的劝谏，皇帝都当作耳旁风，有时还会怪罪下来。

郑妃长得迷人，而且能言善辩，十分机警，皇帝想什么，她都能猜到，可以为皇帝"排忧解难"，正因如此，朱翊钧才十分宠爱她。

郑妃很有心计，她知道皇帝宠爱她，便想方设法，让皇帝为她买这买那，朱翊钧为郑妃花去大量钱财。不仅如此，郑妃还让皇帝把她的父亲和兄长都安排在朝中做了要臣。这对父子仗着郑妃受宠，在朝中胡作非为，专横无理，其他大臣都不敢惹他们。

后来，郑妃生下一个男孩，她更受宠了，朱翊钧册封她为贵妃。贵妃地位仅次于皇后，而皇后又不受宠，所以郑贵妃也是独霸后宫，没有人敢去招惹她。

过去的人都很迷信，封建统治者更是如此，嘉靖帝表现到了极点。朱翊钧不像他祖父那样，他知道人不可能长生不老，总有一死，所以他不相信世上有长生不老的神丹，但是他相信人死后有鬼魂。而且他很佩服秦始皇，他认为秦始皇在世时，统一了六国，天下江山都归他所有，死后又修建了70多座坟墓，而且修建了兵马俑。朱翊钧认为：

人死后就应该像秦始皇一样,做不了人间龙,也要做地下龙,所以朱翊钧便有了大修陵墓的想法。

朱翊钧非常宠爱郑贵妃,什么事都和她商议。按当时的祖训,郑贵妃是没有资格参与朝政的。但是朱翊钧对朝中之事不感兴趣,而且什么事都没主张,所以朝中大事小事都和郑贵妃说。郑贵妃总是恰到好处地回答,既让自己满意,又让朱翊钧高兴。

有一天,朱翊钧对郑贵妃说:"我想修一座陵墓,以防百年之后没有安身之所。"郑贵妃不但没有制止,反而鼓动朱翊钧。其实,朱翊钧特别听郑贵妃的话,如果郑贵妃说一些反对的意见,朱翊钧就会放弃这个想法。但是郑贵妃认为:既然皇帝想修陵墓,就应该使他高兴,说一些修陵墓的好处。而且皇上修陵墓,对自己并没有坏处,也可以为自己提前选一块风水宝地。于是郑贵妃说道:"陛下,修陵墓是件好事,如果陵墓修得气派,再选一处风水宝地,那么我们明朝的江山社稷一定会千秋万代,而且后人也一定非常敬仰您。"朱翊钧一听,非常高兴,下定决心,准备修一座很威严、很气派的陵墓。郑贵妃说完后,神情有些忧伤,朱翊钧看到自己心爱的人有些不高兴,忙问:"爱妃,怎么啦?"郑贵妃道:"陛下,如果您百年之后,我还怎么服侍您呢?"朱翊钧一听非常感动,他以为郑贵妃是想生生死死都陪伴他,于是说:"我在陵墓的寝宫里给你和皇后留出一个地方来,你不就可以永远陪伴我了吗?"其实郑贵妃就是想沾一下皇上的光,一看目的达到,自然开心地笑了。

朱翊钧要修陵墓了,他又和郑贵妃商议,必须选择一块风水宝地。他向文武百官下令:三天之内,上奏全国全部风水先生的情况。

朱翊钧平时不爱理朝政,对这件事倒是很热心。三天过后,文武大臣纷纷上奏。朱翊钧认真地听着大臣的陈述,通过筛选、比较,最后决定下来。他还亲自去河南请一白须老人来帮助选定风水宝地,传说这位老人是宋朝著名预测家邵康节的后代。

这位老人随朱翊钧来到宫中,稍息片刻,便带领皇上去找风水宝地。来到万寿山,这位老人一看,说道:"此处山幽水清,鸟语花香,松柏齐青,而且风水遇高山阻挡,在此形成旋涡,此处是风水宝地。选取这里做陵墓,江山社稷一定会千秋万代。"朱翊钧给了老先生许多钱财,便下令动工。

这座陵墓取名为"定陵"。其实这时,明朝国库已经空虚了,修这座陵墓耗资巨大,用了6年的时间,3万多人参加修建,花去800多万两的白银。

国库空虚,朱翊钧也很发愁,可"善解人意"的郑贵妃为他出主意,增加税赋。朱翊钧立即下令,开始加大税收。

百姓本来生活就困苦,明朝后期的几代皇帝不是不理朝政,就是昏庸无道,所以百姓的生活一天比一天差,百姓对朝廷自然很不满意。增加税收后,本来就是饥一顿饱一顿的老百姓,生活更是雪上加霜,万般无奈之下,百姓纷纷起义。

朝中大臣纷纷劝谏,可朱翊钧不听,只听郑贵妃一人所言。

当时的起义并没有形成规模,所以都被明军镇压了下去,但这已表明明朝的统治出现了严重危机。

利玛窦来华传教

嘉靖三十二年,葡萄牙殖民者贿赂明朝海运副使汪柏,让他在澳门定居,但这些殖民者的最终目的是占领澳门。嘉靖三十六年,葡萄牙殖民者在澳门私自扩充居住地,建筑炮台,强行租占。而那时,嘉靖帝迷恋道术,朝政腐败,所以澳门就被葡萄牙侵略者租占了。

澳门成为欧洲殖民主义者在中国的租借地后,也成为亚欧交通的商埠,成为欧洲耶稣教士来华传教的一个据点。

16、17世纪,基督教第三次传入中国,中国当时正处于明末清初时期,明朝的政治腐败,贪官污吏搜刮、欺压百姓,百姓对生活失去信心,许多人都信仰宗教以寻求寄托,这给了西方传教士一个有利时机。

随着欧洲传教士的增多,西方先进的科学技术和文化也被带到了中国。这些先进的东西,使中国人有了新的认识。在中西方文化交流中,有一个叫利玛窦的传教士作出了很大的贡献。

利玛窦原名玛泰奥·利奇,出身于意大利贵族家庭。当时西方基督教盛行,利玛窦也深受影响,进入罗马神学院,1571年加入耶稣会。由于利玛窦聪明好学,所以很受教主的重视。为了进一步扩大基督教的影响,罗马基督教教主选择了一批有才华的教士到处传教。利玛窦和几个教士被派到中国。他们知道中国地大物博,人口众多,所以想在中国扎下根,立稳脚,发展基督教徒。

利玛窦等人先到了澳门,在此,他们开始学习中国的风土人情、生活习惯。在澳门居住一年之后,他们又来到了广东的肇庆,征得了中国两广总督郭应聘同意,他们在肇庆建起教堂,宣传天主教教义。

为了能更好地适应中国人的习惯,利玛窦将自己的名字改为姓"利"名"玛窦"。他刻苦学习中国话,学写中国汉字,阅读很多中国书籍,甚至连服装都用中国的。

七年过去了,利玛窦除了外貌是西方的特征,其他方面已很难看出来。和中国人交谈起来,一口流利的汉语,颇有一种亲切感。在这几年里,他对中国各地的风俗习惯都有了一定的了解。由于爱读书,所以在许多方面,他比中国人还了解中国。

开始之时,利玛窦与各地的士大夫阶层相互交往,那些人都学识渊博,也希望了解一些国外的先进知识和国外的政治、经济情况,因此都愿意与利玛窦交往。

利玛窦知道士大夫阶层在中国只是很小的一部分,要想使天主教在中国扎根,必须让广大百姓接受。于是利玛窦办了一个讲课班,向中国人介绍西方的科学文化知识,借此机会,向中国人宣扬天主教教义。渐渐地,许多平民百姓也开始加入,而且对此很感兴趣。

在这期间,利玛窦也交了许多中国朋友,有一个年轻人叫徐光启,就是在这时候和利玛窦成为好朋友的。

利玛窦在肇庆一带影响力很大,但他知道要想在中国打开新的局面,必须得借助皇帝的名义,只有这样,天主教才能被广泛传播。

为了使中国皇帝能够允许传播天主教,利玛窦把天主教教义与儒家思想相互融合,写成《天主实义》一书。

万历二十九年,利玛窦来到北京,朱翊钧于便殿接见了他。利玛窦把《天主实义》一书的主要内容讲给明神宗朱翊钧听,又将耶稣像、圣母像、珍珠镶十字架、自鸣钟等礼品献上。利玛窦还向明神宗朱翊钧提议改革历法。

明神宗朱翊钧看到自鸣钟,很是高兴,又感到惊奇。因为当时记时间是用漏壶，是利用水滴的自然下落来记时辰的，这种方法既不方便，也不准确。利玛窦奉上的自鸣钟既准确又方便，所以朱翊钧觉得此物很奇特，也因此大大奖赏了利玛窦。

利玛窦对明神宗朱翊钧说："陛下，我能否在京城建一座教堂，来传播天主教呢？"朱翊钧心想：天主教虽然与儒家思想相结合，但是，一旦入教的人太多，形成一种势力，这些人如果聚众闹事，将来就很难对付了。于是答复说："天主教教义很好，但是京城乃我大明朝的都城，如果建一座教堂，必会带来诸多不便，不过朕特批准你在宣武门内居住，允许你在京城传教。"利玛窦一听非常高兴，他知道：虽然不能建教堂，但只要可以传播天主教就行，一旦京城盛行天主教，其他的地方也一定会纷纷仿效。

从此利玛窦在北京城住下，开始传播天主教。北京是当时的政治、经济、文化中心，所以很繁华，利玛窦开始在士大夫阶层传播教义。很快天主教得到了认可，而且影响越来越大，朝中的一些要臣也都开始信仰天主教。地方的小官吏也纷纷效仿，后来全国信仰天主教的人越来越多，只用了十几年的时间，天主教的信徒就发展到1万多人。

利玛窦一边传教，一边与学识渊博的人研讨东西方科学。

明朝的时候，中国的数学还不是很普及，利玛窦看到中国人对数学很感兴趣，便想把古希腊著名数学家欧几里得的《几何原本》翻译过来。利玛窦便找到一些士大夫，与他们合作，一起翻译这本数学教科书。这些士大夫对数学都很感兴趣，但是由于对数学知识的了解太少，而且东西方文化差异很大，所以几次合作都失败了。利玛窦感到可惜，那些士大夫也感到惋惜。

万历三十二年，徐光启来到北京参加会试，中了进士，到了翰林院。徐光启得知利玛窦已来到京城传教，很高兴，他很佩服利玛窦。一是因为二人很投缘，二是因为利玛窦很有知识。自利玛窦给徐光启介绍《坤舆万国全图》之时，徐光启就被利玛窦渊博的知识所迷倒。徐光启原以为中国是地球的中心，其他国家都围绕着中国，没有想到世界上还有许多新国家，也知道了中国不是地球的中心。徐光启的眼界被打开了，对科学产生了浓厚的兴趣。

徐光启找到利玛窦，两位老朋友一见面非常高兴。利玛窦也很喜欢徐光启，他认为徐光启年轻好学，而且对新事物接受得特别快，不仅对西方的天主教感兴趣，对西方的文化知识也特别感兴趣。

利玛窦和徐光启谈到翻译《几何原本》的事，徐光启说道："我们二人不如再试一遍。"利玛窦很高兴地答应了。从此二人便开始进行翻译，利玛窦口述，徐光启执笔，遇到困难，二人便认真研究如何解决。经过反复的修改，二人终于成功地译完《几何原本》前6卷。后9卷由于利玛窦忙于传教而中止了，但是前6卷已经包括几何的基础知识，这为我国数学的发展开辟了新的天地。

后来，利玛窦又与李之藻一起研究天文、历法，二人创作了《圜容较义》。万历四十一年，二人再次联手，合译一本数学名著《同文算指》，这本书共10卷，书中译叙了整数、分数四则运算，比例、比例分配、多元一次方程、开方等许多内容。

利玛窦广泛宣扬天主教，使天主教在中国成为一支很盛行的宗教派系的同时，还带来了许多西方先进的文化知识和先进的思想，为中西文化交流作出了很大的贡献。利玛窦后来在中国病逝。

阉党专政

朱翊钧为自己修了定陵，1620年病逝后，就葬于此。

朱翊钧一时冲动，与宫女发生了关系，那个宫女为他生下了长子朱常洛。可是朱翊钧并不喜欢恭妃（后因生皇子册封的），因此对太子朱常洛也不喜欢，甚至有些冷落他。朱翊钧对三皇子朱常洵倒是疼爱有加，因为朱常洵是自己的宠妃郑贵妃所生，他一直想立三皇子为太子，但大臣们反对，所以在临死前才立了长子朱常洛为太子。

朱常洛的长子朱由校从小生活在凄苦的环境中，父亲被冷落，他也没有得到良好的教育，不认识几个字，更不用说读书写文章了。

后来，朱常洛继承了王位，他的长子朱由校的处境明显改观。朱常洛只做了29天的皇帝，就病死了，太子朱由校继承了王位。朱由校不识字，也没读过书，因此对朝中之事，根本无从下手。

朱由校有个乳母客氏，她对朱由校非常好。小时候，朱由校虽然倍受冷落，但客氏对他非常疼爱。朱由校登基后，便封客氏为"奉圣夫人"。明朝当时有个习俗，宫中的宦官都有相好的女人，宫中把这种假夫妻称为"对食"。

客氏原来和魏朝是一对，可后来移情于魏忠贤。

魏忠贤入宫前是一个无赖，热衷饮酒赌博。由于家境贫寒，而他又经常赌博，所以家里越来越穷，有时候因欠赌钱而遭毒打，后来他一气之下，净身入宫。

刚入宫时，魏忠贤处处小心谨慎，深得老太监的喜爱，后来掌管朱由校生母的典膳。朱由校继位后，魏忠贤也因此受宠。他又与朱由校的乳母客氏相互勾结，害死了魏朝。

朱由校从小没有受过教育，根本不认识几个字，所以一些批阅奏章的军政事务，都交给大臣去做。魏忠贤感到机会来了，心想：我何不借机夺取朝中大权呢？

朱由校不仅不识字，而且胸无治国之志，更不用说是治国之道了。以前很受冷落的小皇帝，好像从地狱进了天堂，所以玩心大涨。魏忠贤抓住了小皇帝这一心理，经常带着小皇帝去打猎、嬉戏，有时还要找几个有姿色的宫女来陪伴。小皇帝本来就很喜欢魏忠贤，再加上魏忠贤又"娶"了自己的乳母，所以对魏忠贤十分信任。后来，有些大臣送上的奏折，小皇帝干脆交给魏忠贤，让他全权代理，而小皇帝则一心玩乐。

魏忠贤虽然也不识字，但他心狠手辣，很有心计，他把奏折交给王体乾、李永贞，让他们替他批阅。这二人都是魏忠贤的死党，对魏忠贤忠心不二。魏忠贤通过这二人，很轻易地处理朝政，因而独揽了朝中大权。

魏忠贤独揽大权之后，便开始排除异己，安排自己的亲信。满朝文武对魏忠贤的专权很是气愤，纷纷劝谏小皇帝要重理朝政，可朱由校无心于此，仍把大权交给魏忠贤。

魏忠贤知道这些大臣心里不服，因此为了加强自己专政，安排自己的亲信掌握东厂和锦衣卫的大权。东厂和锦衣卫是控制内宫、监视官僚的重要机构，魏忠贤通过东厂和锦衣卫严格地控制了朝中大臣的举动。

魏忠贤到处安排自己的爪牙，不仅宫中有，而且全国各地都有。全国都在魏忠贤的爪牙监视之下，当时的"五虎""五彪""十狗"都是魏忠贤的爪牙，这些人监视文武百官的行动，同时也借此机会胡作非为。

魏忠贤为了炫耀自己，派人在西湖边上的旧书院处建了一座魏忠贤的生祠。祠堂，都是为了歌颂死者的功绩而建立的，可魏忠贤活着就让人为他建立祠堂，里边供着他的雕像，烧香燃烛。官员们要按礼节去叩拜他，而且还要称他为"九千岁"。当然了，"九千岁"是他自封的。

魏忠贤的独断专行，欺上瞒下，引起朝中大臣的强烈不满。

当时朝中分为两大派，和魏忠贤一派的，被称为阉党，反对魏忠贤那一派的被称为东林党人。

东林党人看到阉党专政，爪牙遍及全国，都很担忧。他们知道长此以往，明朝的江山社稷就难保了。可他们也知道魏忠贤深受小皇帝的信任，特别是客氏又助纣为虐，因此东林党人决定先除掉魏忠贤的帮凶。

东林党人几次上书给朱由校，朱由校万般无奈，才将客氏治罪。东林党人以为切断了魏忠贤的后路，便可以着手对付魏忠贤了。

副都使杨涟为人正直，为官清正，他对魏忠贤的胡作非为很是不满，便列举了他的数十条罪状上奏皇帝，其他东林党的大臣也纷纷上奏。小皇帝朱由校没有主见，看到朝中大臣如此反对魏忠贤，便想去查一查魏忠贤的罪状。

魏忠贤的爪牙遍及朝廷，他们监视着东林党人的一举一动。得知这些人上奏皇帝，列举魏忠贤的罪状，立即向魏忠贤报告。

魏忠贤得知情况后，也吓了一跳，但他心狠手辣，立即采取行动，将杨涟、左光斗等人抓捕入狱，施尽各种酷刑，东林党人受到了严重的威胁。魏忠贤的爪牙到处搜捕东林党人，这些人都以莫须有的罪名而被治罪。

魏忠贤又将屈打成招的供词呈献给朱由校，朱由校信以为真，认为东林党人想谋权篡位。他不但没有治魏忠贤的罪，反而处死了一些东林党人，还下令取消书院，特别是攻击朝政的东林书院。

魏忠贤独揽大权整整7年，残害忠良，祸国殃民，从侧面反映了明朝的政治腐败已到了极点。

崇祯十六年（公元1627年），朱由校病死，由于他没有儿子，他的异母兄弟朱由检登基。他亲手处理阉党,魏忠贤一看大势已去,只好自杀。

阉党被除,但是明朝却因此受到重创,政治腐败黑暗,经济濒临崩溃,农民起义似箭在弦上,一触即发,明朝的江山已很难传承了。

大明文化

14、15世纪的中国,正处于明朝统治时期,这时期是中国封建社会继唐朝以来的一个繁盛时期。尤其是开国皇帝朱元璋和以后的几代皇帝,都比较有作为。其时,天下太平,百姓安居乐业,政治经济得到发展,所以文化也得以繁荣。

元末明初和明末清初,社会经历着巨大的变革,这也为文学创作提供了条件,许多优秀的作品就出现在这一阶段。我国古代四大历史名著,有三部都是出现在这一时期,《水浒传》《三国演义》《西游记》,这三部优秀的作品都出现在大明时期,不能不说是一个奇迹。

《水浒传》的作者是施耐庵,他是《三国演义》的作者罗贯中的老师,二人都是元末明初的人。

施耐庵是江南名士,出生于白驹场(今江苏兴化)。他从小学习刻苦努力,博学多才,在元顺帝时中了进士,在朝中谋了一个官位。可生性忠厚、善良的施耐庵,看到朝政腐败,天下百姓困苦不堪,便辞官回到淮安府(今江苏淮安),开始在一座山林中的茅舍内专心著书。

《水浒传》一书中,施耐庵刻画了108条好汉,个个形象鲜明:鲁达直爽,武松刚强,李逵莽猛,吴用多谋,……每位梁山好汉都被刻画得栩栩如生,活灵活现。在故事的结尾,施耐庵笔锋一转,宋江带领梁山众好汉,接受了朝廷的招安,最后被贪官污吏害死。这样的结尾既让天下人痛恨那些贪官污吏,又给人们一些启发。后来清政府曾对义和团"招抚",最后却将这些爱国志士害死,可见施耐庵对封建统治者的本质已早有预见。

《水浒传》成书后,受到一致好评,人们争先阅读。《水浒传》的广泛流传与施耐庵的学生罗贯中有直接关系,施耐庵死后,都是由罗贯中找人将《水浒传》刻印出版的。

罗贯中既是施耐庵的得意高徒,也是施耐庵的好朋友。罗贯中与施耐庵相互讨论,又虚心求教,所以很有文采的罗贯中从施耐庵那里学到很多知识。

当时,社会上流传着三国时期的故事,罗贯中对此很感兴趣。他和老师一商议,便以"话说天下大事,分久必合,合久必分"开头著书。

《三国演义》这部书在罗贯中笔下,真可谓妙笔生辉。他以史为据,刻画了政治军事集团争权夺利的尖锐斗争,其中许多人物刻画得十分鲜明。当然由于作者本身的局限性,受当时正统思想的影响,不但主张"拥刘反曹",而且宣扬了"天意"的宿命论,但是它的艺术价值没有因此而降低。

施耐庵、罗贯中是元末明初的文坛巨匠,另一位文坛巨匠吴承恩则是明朝后期的人。

吴承恩,字汝忠,号射阳山人,出生于山阳县(今江苏淮安)。吴承恩从小就文采出众,但是他却对八股文很反感,因此几次应考都名落孙山。后来,吴承恩做了一个小官,但他看到官场险恶,勾心斗角,一气之下,辞官隐退。回到家中,便开始继承父业,做起了买卖。当时明朝处于衰败时期,政治腐败,民不聊生,出现许多山贼。有一次吴承恩遭到抢劫,差一点连命都搭上。他回到家中,便开始种那几亩田,可是当时租税很重,又有倭寇前来骚扰,所以,被生活所迫的吴承恩便想借助"神"的力量来述说情怀,反抗压迫。

吴承恩在《西游记》一书中借助孙悟空这个敢于冲破束缚、大智大勇、忠肝义胆的人物,来称赞敢于降服妖魔鬼怪的斗争精神,表达了吴承恩盼望忠臣除奸而最后取得"真经",实现天下太平的愿望。

三部巨著,都对后世有很深远的影响。此外,我们在这里还要提到一部小说《金瓶梅》。

《金瓶梅》是"中国四大奇书"之一,对这部小说历来褒贬不一,但有一点可以肯定,那就是它开了一个先河。以前的小说都是从宏观的角度入笔,而这部小说则浓缩到一个家庭,从西门庆、潘金莲、李瓶儿、庞春梅四人写起,人物刻画得惟妙惟肖。虽然仅写了几个主要人物，而且事件也不宏伟，但却深刻地揭露了封建社会的弊端。作者思想艺术之高，手法之巧妙，可以说是一部佳作。

但是这部小说写了许多因果报应的事情，无形之中宣扬了封建迷信思想，而且书中有许多淫秽描写，这是此书不能广泛流传的重要原因。

明朝时期，不仅文学作品很多，科学方面的著作也非常多。

1639年，明朝几乎同时出版了三部科技著作：《农政全书》《天工开物》《徐霞客游记》。

《农政全书》的作者是徐光启。徐光启字子先，号玄扈，出生于松江府上海县（今上海徐家汇）。他从小喜爱农业，亲自参加农业劳动，很关注农业生产技术，又向有经验的老农虚心请教，这为他后来编注《农政全书》打下了坚实的基础。徐光启年青时就与利玛窦成为朋友，考中进士后，又与利玛窦共同翻译了西方著作，年轻好学的徐光启深受西方文化、技术的影响。

徐光启总结了中国传统的农业知识和生产经验，并吸收了西方科学技术，编写了《农政全书》。

这部书共60卷，50多万字，分为12门：农本、田制、水利、农事、农器、树艺、蚕桑、种植、荒政、牧养等，内容极其丰富，凡是农业上需用的知识，可以说应有尽有。这部书对当时的农业发展起到很大的推动作用。

徐光启总结了农业方面的知识，宋应星却总结了衣、食、住、行、军工、矿业等许多方面的生活和工业生产知识，编注了《天工开物》。宋应星，字长庚，出生于江西奉新。1634年，宋应星出任江西分宜县学教谕，从这时起，他便开始编著《天工开物》。

这部书分为上、中、下3卷，附有100多幅插图，书中详细说明了金属的冶铸、锻造，矿物的开采，纸、火药等制造方法和过程。《天工开物》有着重大的科学价值，而且宋应星以科学的态度实事求是地分析了自然界和生活中的一些知识，破除了人们的某些迷信思想，这在当时影响是非常大的。

徐宏祖以自己的亲身游历写下了《徐霞客游记》。徐宏祖，字振之，号霞客，出生于南直隶常州府江阴县（今江苏省境内）。他从小喜爱读书，后来和母亲到了外公家。他外公家离东林书院不远，年少的徐霞客经常到那里去旁听。东林书院的讲学者都是一些知名文士或是朝廷退职官员,当时朝政腐败,魏忠贤专权,因此这些人对朝廷的黑暗加以抨击,这大大触动了徐霞客少年的心灵,他追求名利之心逐渐淡漠。他决心去游历天下,22岁时徐霞客便开始了旅行,他把所见所闻所察所得都——记述下来,每到一处,都笔耕不辍。

30多年过去了,徐霞客历尽千难万险,走遍祖国大地,游览名山大川,也完成了他的著作《徐霞客游记》。这部书不仅记载了各地风光和风土人情,而且还记载了他进行科学考察和地理考察的情况,因此《徐霞客游记》也是一部科学巨著。

提起李时珍,几乎无人不知,无人不晓,他的医学巨著《本草纲目》被西方誉为"东方医学巨典"。

李时珍,字东璧,号濒湖,出生于蕲州(今湖北蕲春)东门外的瓦硝坝村。李时珍从小聪明好学,他家世代行医,因此李时珍也深受影响,几次进省参加乡试都名落孙山,李时珍便向父亲学医。李时珍的父亲李言闻医术高明,被当地百姓尊称为"神医",有"华佗再世"的美名。

李言闻医术高明,但由于社会发展水平有限,良药却很难找,李言闻有时候也是"巧妇难为无米之炊",李时珍便萌发编著一本新的、可靠的、完整的《本草纲目》书的思想。

李言闻虽然很支持儿子,但他知道此事非常艰辛,所以想劝阻李时珍不要把时间花在编《本草纲目》书上。但是李时珍没有动摇自己的意志,他用27年的时间,走了几千里的路。有时候为了寻到奇峰峻岭处的草药,要冒着生命危险去采摘,而且还要亲自品尝。几十年的心血没有白费,终于完成了医学巨著《本草纲目》。

大明文化是我国传统文化的瑰宝,这一时期,文学、科技、医学等方面都有巨著问世。这些著作既有总结性质,又有许多新发展,在我国历史上有极其重要的地位。

统一女真建立大清

魏忠贤专权,使本来就很衰微的大明王朝变得更加衰败。虽然魏忠贤自杀,但他造成的政治腐败、经济崩溃、百姓困苦的局面一时却很难挽回。

朱由检就是明朝最后一个皇帝,年号崇祯。崇祯帝不动声色地把魏忠贤及他的爪牙除掉了,但他独断专行,自恃聪明,不听规劝,在义军起兵、女真崛起之时,明朝的统治已接近尾声。

满族是女真的后裔,16世纪生活在我国的东北部,这个少数民族以游牧生活为主,习性悍勇,善于打仗。

明朝初期,女真分为野人女真、海西女真、建州女真三个部落。三个部落为了争夺地盘也是相互残杀,最后努尔哈赤统一了女真。

努尔哈赤是满族人,姓爱新觉罗,出生于建州左卫苏克素护部的赫图拉城(今辽宁省新宾县)。努尔哈赤聪明好学,喜欢读书,对兵书之类的书籍更是感兴趣。通过学习,他不仅掌握了许多知识,也开阔了视野。他的曾祖、祖父、父亲都是明朝的大臣,努尔哈赤生活在这样的家庭本应该很幸福,可是19岁那年,他的母亲病死,这给努尔哈赤带来了很大的伤痛。雪上加霜的事接踵而至,他的继母视他为眼中钉,肉中刺,经常虐待他。年少的努尔哈赤虽然武艺高强,但他受礼节的影响,对继母打不还手,骂不还口。继母对他不好,他还可以忍受,后来,特别喜欢他的父亲也偏信继母的话,渐渐地疏远了他。再后来,这个凶恶的继母变本加厉,将努尔哈赤赶出了家门,他的父亲只给了他一点钱财。被赶出家门的努尔哈赤在深山老林居住,靠打猎、挖人参为生,生活虽很艰辛,但他却乐得其所。他的父亲看着自己的儿子被赶出家门,心里也不是滋味,曾几次到老林中看望儿子,想再把他接回家。可努尔哈赤对继母产生了怨恨的心理,所以没有回到家中。

努尔哈赤在深山老林住了一段时间后,他想:大丈夫应志在四方,总是生活在这里,怎么可能建功立业呢?那时候,兵荒马乱,明军四处扩军，以充备军队，努尔哈赤知道乱世出英豪的道理，便下定决心参军，准备建功立业。

努尔哈赤不但文武双全，而且作战勇敢，很快就得到重用。正当他的雄心大志逐步实现之时，他的祖父、父亲都被明朝无缘无故地杀害，这使努尔哈赤十分气愤，毅然离开了明军。明朝害怕努尔哈赤造反，便安抚他，让他继承了他父亲的职位，任建州左卫都指挥使。

努尔哈赤以报仇为名，带领建州女真的人马大败尼堪外兰，又以追杀仇敌为借口，吞并了野人女真和海西女真。努尔哈赤统一女真后，声势浩大。明廷也怕他为父报仇，所以又提升他为明都督佥事、龙虎将军，但努尔哈赤对这些根本不感兴趣，他早已下定决心要为祖父、父亲报仇雪恨。

努尔哈赤统一女真后，便开始治理女真。由于女真族生活、居住比较松散，而且地域辽阔，努尔哈赤建立了一套适合管理的制度。在军事上建立了"八旗制"，创制了自己民族的文字，称为满文。努尔哈赤还鼓励农业生产，这样一来，以游牧生活为主的女真族逐渐开始了定居生活。

努尔哈赤胸怀大志，而且有治国之道，短短几年里，女真族空前团结，经济也得到了发展。努尔哈赤看到霸业可成，公元1616年，在赫图阿拉（今辽宁新宾）建都，自称"大可汗"，建立"大金"，史称"后金"，年号天命。

女真族逐渐强大起来后，努尔哈赤便开始踏上了为父报仇的征程。他看到明朝政治腐败，明军纪律松散，便想利用这个机会起兵攻打明军。努尔哈赤首先把目标瞄准了抚顺，抚顺是辽东军事中心沈阳的门户，一旦攻下抚顺，沈阳也可轻易到手。

努尔哈赤带领八旗军攻占抚顺，抚顺守将李永芳没有准备，一看八旗军精神抖擞，士气冲天，吓得不敢迎战。努尔哈赤怕强攻会使自己的人马受到损失，便挑选了100名精兵，化装成平民，混入城中。到了夜间，将守城的卫士杀死，大开城门，努尔哈赤带领八旗军一拥而入，没费多少兵力便占领了抚顺，李永芳带领明军投降。到了城中，努尔哈赤下令：不许骚扰百姓，违令者，严惩不贷。

明廷得知李永芳投降，抚顺失守，清高自傲的崇祯也着急了，他深知抚顺的重要性，怕努尔哈赤乘胜占领沈阳，便派兵部右侍郎杨镐带兵火速援助沈阳。

  杨镐为了防止努尔哈赤攻打沈阳，带领大军前去截击八旗军。两军刚一交战，明军就纷纷溃逃，努尔哈赤越战越勇，带领八旗军继续追杀，杨镐大败。这一仗努尔哈赤歼灭明军4万多人，又收编了许多明军。这场胜利不但保证了满族的安全发展，而且打击了明军的士气，从根本上改变了辽东的局势。

  1621年，努尔哈赤带领大军攻打沈阳和辽阳，明军士气低落，战斗力下降，八旗军很轻易地占领了两地。努尔哈赤为了便于进军北京，便把都城迁到沈阳。

  努尔哈赤继续南下，明廷派阉党王化贞镇守辽东。这位辽东巡抚大人虽手握兵权，却不战而逃，努尔哈赤长驱直入广宁。朝廷一看王化贞失利，又派阉党兵部尚书高第亲自出马镇压八旗军。高第贪生怕死，他看到八旗军作战勇猛，立即下令退守山海关。唯有明朝老将袁崇焕拼死作战顽强抵抗，使努尔哈赤的八旗军遇到阻碍。连续几天，八旗军用大炮轰城，可是袁崇焕带领的明军死死守城，作战之中，努尔哈赤不幸被炮弹击伤。

  努尔哈赤的八旗军虽作战勇猛，但是这次却遇到了劲敌，损失惨重，努尔哈赤又身受重伤，便下令撤回盛京（今沈阳）。

  努尔哈赤东征西杀，统一了女真，又南下攻打明军，一生可谓叱咤风云，笑傲江湖。但在与袁崇焕交战时，不幸被炮弹击伤，回到新都后不久便死去了。

  努尔哈赤一死，他的八皇子皇太极做了大可汗，继续带领八旗军，完成父亲的遗志。

  皇太极深知袁崇焕的厉害，他便绕道攻打北京城。1629年，经过休整的八旗军再次南下，一路势如破竹，长驱直入，绕过袁崇焕的防区，大军直逼北京城。

  崇祯帝一看八旗军已到北京城，火速向袁崇焕求援，袁崇焕得知消息后，立即派兵增援，这才挽救了北京的危局。皇太极深知有袁崇焕在，就很难攻破北京城，于是收买阉党，诬陷袁崇焕投降皇太极，独断专行的崇祯帝一怒之下，杀了袁崇焕这位明朝大将。

  皇太极利用反间计灭掉了自己的大敌袁崇焕，他知道明朝灭亡已经不远。1636年，皇太极在盛京称帝，改国号为大清，尊努尔哈赤为清太祖。

农民起义大明亡

年仅17岁的朱由检继承了王位,他很聪明,也很有心计,有治国之志,他刚一做上皇帝,便开始整顿吏治。他知道魏忠贤及其爪牙的厉害,因此,采取了麻痹魏忠贤的策略,称魏忠贤"劳苦功高"。魏忠贤确实被崇祯帝麻痹了,根本没把小皇帝放在眼里,依然为所欲为。

魏忠贤虽然老奸巨滑,但他这一次失算了,崇祯帝乘其不注意,突然下令召见他,派他到凤阳的皇陵去做烧香太监。魏忠贤一看大势已去,只得上吊自杀。魏忠贤一死,其他的阉党也很快都被除掉。

崇祯帝在铲除阉党这件事上非常果断、明智,不仅清理了朝政,而且又掌握了大权,也没有因此而引起国家动乱,这可以说是崇祯帝的功绩。

但是明朝的江山社稷已处于风雨飘摇之中了。明朝后期几代皇帝的昏庸,阉党的胡作非为,不仅使国库空虚,而且贪官污吏日益增多。崇祯帝消灭了阉党,自以为功绩显著,朝政可以从此走向清明。

但是崇祯帝想错了,天下的百姓生活于水深火热之中,而且已经到了极限,暴动一触即发。一些大臣纷纷劝谏,要求减少租税,恢复农业生产。可崇祯帝自视聪明绝顶,不轻易相信别人,独断专行,他对大臣的劝谏全当作耳旁风,根本听不进去。对农民的租税不仅没有减,反而又增加了"辽饷"。

"辽饷"是从朱翊钧末年开征的,这笔钱名义上是为了解决辽东用兵的军费,实际上大半儿都进入了贪官污吏的腰包,身为最大贪官的皇帝也自然要从中拿走一部分,来尽情享乐。神宗朱翊钧每年征收白银520万两,可到了崇祯帝时,每年征收660万两白银。

农民本来已到了生命难以维系的地步,再也无法忍受,只有起义,才是唯一的生路。

当时起义军有几支力量比较强大,王嘉胤领导的陕西农民起义,闯王高迎祥领导的山西农民起义,八大王张献忠领导的四川农民起义,这三支义军声势浩大，影响深远，动摇着明朝的统治基础。

高迎祥的义军中有一部分是李自成带领的。李自成出生于陕西延安府米脂县，从小家境贫寒，为了生活，他出家做了和尚，在庙里学了一点文化，回到家乡做起驿卒。李自成在庙里练就了一身好武艺，而且为人爽快，家里虽然很贫穷，但却仗义疏财，因此交了许多朋友。

到了后来，驿卒被缩减，李自成失业了，向艾同知借了一笔高利贷，因为到期没有还上，遭到恶霸艾同知的一阵毒打。李自成虽然武艺高强，但是自觉无理，也没有反抗，可艾同知这家伙得理不饶人，又将李自成绑起来游街。李自成的患难朋友很多，看到这种情况，忍无可忍，手执棍棒将艾同知的帮凶打跑，救下李自成。

由于李自成的几位朋友都有武功，所以出手很重，打死了艾同知的几个走狗。李自成很感激自己的几位好兄弟，但人命关天，家是没法回了，只好带领几个朋友，开始造反，但人单势孤，声势很小。渐渐地有了几百人，力量仍不大，李自成知道要想推翻大明朝的黑暗统治，必须拥有强大的力量。他看到高迎样的义军力量很大，而且很受百姓的拥护，因此带领自己手下的人马投奔了高迎祥。

高迎样一看李自成高大威武，而且武艺高强，高兴地将其收留，而且把他列为第八，做他的闯将。

李自成投奔高迎祥不久，明廷便派大军前来镇压。农民义军得知明军前来镇压，心里没底，有的主张逃跑，有的主张投降。李自成见此情况后，说道："众位头领，明军政治腐败，贪官污吏放眼可见，'辽饷'日益增多，农民兄弟已没有退路。当初我们带领农民兄弟揭竿起义不就是为了混口饭吃吗？可眼下明军压境，我们却要投降，农民兄弟不还会受苦受难吗？明军人数虽多，但我们有天下百姓的支持，一定会打败他们。我们可以把义军分成几路人马，这样明军就很难对付我们了，我们反而可以趁机打败他们。"

李自成的一席话，说得这些将领情绪高涨。高迎祥本来就很喜欢李自成，李自成今日一番慷慨陈辞，高迎祥第一个举手赞同，其他的头领也纷纷同意。

义军被分成五路人马，东西南北中，各由一位头领带领与明军周旋。高迎祥、张献忠带领一部分人马在东路迎敌。出兵前，二人又接受李自成的建议而分开，兵分三部攻取朱元璋的老家凤阳，准备烧毁他的皇陵。

于是,高迎祥、张献忠、李自成兵分三路,进军凤阳。

明军看到义军分成了五路人马,不知先消灭哪一支好,便下令兵分五路,前去镇压,可是见到东路人马又兵分三路,只好又分头去镇压。

明军还没有开始追击呢,张献忠带领的义军就已经来到寿州(今安徽寿县)。高迎祥、李自成的义军虽遭到明军的阻杀,但是明军的力量已经被分散的很小了,再加上义军作战勇猛,高、李两支人马也很快打败明军,来到寿州。三支人马又汇合一处,稍作休整,便去攻打凤阳城。

凤阳城远离都城,平时战争很少,所以凤阳守将朱国相没有丝毫准备,义军一到,很快攻破城池,愤怒的义军把皇陵墓刨得乱七八糟。

崇祯帝得知祖坟被毁,大怒,立即穿上孝服到太庙向祖宗赔罪,又派大军前去镇压。那时候,崇祯帝也很迷信,他认为祖坟被毁,象征着明朝江山社稷难保,所以他心情十分不好,一怒之下杀掉了许多镇压义军不力的明将。

李自成对高迎祥说:"闯王,明朝陵墓被毁,崇祯一定会派大军前来镇压,我们不能在此久留。"高迎祥点头答应,三路人马撤离凤阳城。

明军到了凤阳,扑了个空,但是崇祯帝已下狠心,调集所有军队围攻义军。

张献忠在谷城(今湖北谷城)被围困,后来投降了五省总督熊文灿。闯王高迎祥带领义军奋勇抵抗,但终因寡不敌众,被明军抓获,英勇就义。闯王高迎祥的义军都到了李自成手下,他们拥立李自成为闯王。李自成的义军也遭到明军的围困,经过激烈战斗,战场失利,李自成带领几员大将跑到商洛山中。

但是李自成没有灰心丧气,他收编溃散的农民义军,很快就有了几千人马。李自成看到河南闹灾荒,立即带领几千义军进入河南。河南遇到灾荒,可明政府却不赈济,反而依然征收"辽饷",许多农民都加入了义军。

李自成进入河南后,严格军纪,不许骚扰百姓生活,这样就得到了民心。李自成又提出了"均田免粮"的口号,大大鼓舞了农民,又有许多农民加入李自成的义军。当时饥民中传唱着这样一首歌谣：

　　吃他娘，穿他娘，
　　吃穿不尽有闯王。
　　不当差，不纳粮，
　　杀牛羊，备酒浆，
　　开了城门迎闯王，
　　闯王来时不纳粮。

　　李自成一看时机已成熟，带领义军攻破洛阳，把朱常洵这个无恶不作的福王剁成了肉酱。洛阳的百姓无不拍手叫好。李自成看到饥民无数，立即下令打开粮仓，发放粮食，赈济灾民。

　　李自成威名大震，远近的农民都来参加李自成的义军，有的整支义军前来投奔李自成。短短几个月的时间，义军增到100多万人。

　　李自成带领百万大军在河南打败明军，占领了河南，挥师南下，又夺取湖广重镇襄阳，攻破潼关。大队人马又长驱直入西安，1644年，李自成在西安建国，国号"大顺"，年号"永昌"。

　　李自成建立政权后，带领大军围攻北京城，一场激战后，北京城陷落。一意孤行的崇祯帝看到大势已去，走出皇宫到煤山把衣服挂在树上，解散了头发，在山脚下一棵树上上吊自杀。李自成攻破北京城，由德胜门带领百万义军，威风凛凛地入城了。历时276年（1368—1644年）的大明朝灭亡了。

中华上下五千年
zhonghua shangxia wuqiannian

大清帝国

◆清朝（上）（公元1664年至1840年）
◆清朝（下）（公元1840年至1911年）

冲冠一怒为红颜

崇祯帝在自杀前,留下了一份遗诏:逆贼已逼京师,我大明江山难保,朕无颜面去见祖宗,愿死于此山,但希望你们要齐心协力,共同诛杀逆贼。

李自成占领北京城后,一些明朝将领趁机混入义军,等待时机"诛杀逆贼"。但是作为农民领袖的李自成却被胜利冲昏了头脑,许多农民将士开始腐化,恣意享乐。李自成对此却没有限制,反而认为他们劳苦功高,理应享受。同时他骄纵自大,目中无人,根本没有把北方的大清国放在眼里。这些都是导致他江山不稳的原因。

李自成手下有一员大将叫刘宗敏,他为推翻明朝的统治立下了汗马功劳,和李自成一起东征西杀,战绩显赫,到了北京城,看到吴三桂的宠妾陈圆圆颇有姿色,便动了心。

李自成知道吴三桂是镇守山海关的总兵,手中有3万精兵,而且位居山海关,为北京城把守着门户。山海关有"天下第一关"的美名,而且地势十分险要,可谓一夫当关,万夫莫开。努尔哈赤、皇太极几次想侵犯关内,但都没有攻破山海关。李自成下令:不许伤害吴三桂的家属。但是李自成一进城,吴三桂的许多家人纷纷逃跑。李自成亲自到吴三桂的家中去看望吴三桂的父亲,吴襄很受感动,立即给儿子写了一封劝降信。李自成派人带着吴襄的书信和几万两白银,到山海关去招降吴三桂。

吴三桂看过信后,又看到如此贵重的礼物,而且李自成答应封他为大顺的官,便决定投降李自成。

而这期间,李自成的部将刘宗敏却背着闯王李自成,抢走了吴三桂的爱妾陈圆圆。

吴三桂带领部下准备进京投降李自成,到了半路上,遇见自己的家人。吴三桂从家书中早已得知家人平安,便问:"我的爱妾陈圆圆现在怎么样?"那个家人没有隐瞒,如实答道:"被李自成的部将刘宗敏抢走了。"吴三桂不听则已,一听,顿时大怒,气得头发都竖了起来，立即调转马头，回到山海关，决心与义军誓不两立。

陈圆圆原来是苏州一带的名妓，不仅长得娇艳，而且能歌善舞。吴三桂被陈圆圆深深地迷住了，便把她纳为妾。吴三桂非常宠爱陈圆圆，有时行军打仗还带着她。这次被派去镇守山海关，他知道重任在肩，才没有把陈圆圆带在身边，可他仍是日夜思念着自己的爱妾。一听说陈圆圆被抢走，如五雷轰顶，气得发疯。

吴三桂回到山海关，他知道自己手下只有3万精兵，而义军有百万，他怕力量微薄，便决定投降大清，与义军决一死战。

而正当李自成带领农民起义时，皇太极正在辽东一带招兵买马，等待时机。可大业未成的皇太极病逝了，他的儿子福临继位，弟弟多尔衮摄政。多尔衮对关内垂涎已久，一看吴三桂投降自己，非常高兴，他知道山海关的重要性。

吴三桂投降清国之后，大开山海关之门，弃民族大义于不顾，引清兵入关，带领清军直入中原。

而这时李自成还不知道呢，正忙着要登基。突然有人报吴三桂投降大清国，带领清军已入关内。李自成呆呆发愣，也没有心思登基了。他知道清军作战勇猛，而且已经占领山海关，形势十分危急，立即集合人马准备和清军决一死战。

多尔衮有雄心大志，而且很会利用人，他知道吴三桂非常憎恨刘宗敏，便对吴三桂说："我们一定打败那帮贼民，为你报仇雪恨，杀了刘宗敏！"吴三桂非常感动。不仅如此，多尔衮还用高官厚禄收买吴三桂，吴三桂更是死心踏地为大清国卖命了。

由于吴三桂是关内人，对关内的环境很熟悉，所以他做向导，一路之上不断打败义军。多尔衮心想：终于可以扫平天下了。

李自成带领几十万义军来到山海关，想再夺下这个重镇。多尔衮很有作战经验，他派吴三桂和英亲王阿济格和豫亲王多铎为前锋，带领几万人马迎战义军。

吴三桂、阿济格、多铎带领人马与李自成的义军展开激战。李自成依靠人多，将清军团团围住。而吴三桂对义军充满了仇恨，所以作战非常勇猛。清军想夺取北京城，作战也十分英勇。义军自然不会放弃已到手的胜利果实，作战亦十分凶悍。真是棋逢对手，将遇良才，打得难解难分。清军虽在中间被包围，但左冲右突，伤害了不少义军。

打了几个小时,仍不分上下,而这时多尔衮带领大队人马前来支援。义军和吴三桂的人马已交战多时,而多尔衮的人马士气正旺,他大喝一声:"冲啊!"清军个个争先,向义军冲杀过去,义军腹背受敌。里边作战的吴三桂等人发现援军已到,又振作精神拼命厮杀。农民义军支撑不住,连连后退,清军节节紧逼。

李自成看到义军败退,便命令勇敢善战的刘宗敏带领几千精兵上前迎敌,从而稳住军心。可是刘宗敏刚一到阵前,就被吴三桂发现,命手下的人射箭,这员勇将被乱箭射中。义军节节败退,李自成认为已无法阻挡清军前进,便率义军撤回北京。

清军随后杀到北京城下,李自成发现北京城也守不住了,便向陕西撤去。多尔衮很顺利地进了北京城。他想趁义军败逃之际,一举消灭,以绝后患。便派吴三桂带领一部分人马,继续追剿李自成的农民义军,另一路人马由多铎带领挥师南下夺取明朝各个重镇。他带领文武百官留守北京城,开始整顿北京秩序,贴出安民告示,招募明朝旧官吏复职。

我们不评价吴三桂冲冠一怒为红颜的史实,单比较多尔衮和李自成,就很容易发现二人的不同之处。多尔衮胸怀大志,虽然进了北京城,但他一方面追杀义军,一方面夺取明朝重镇,而李自成等人则被胜利冲昏了头脑,没有远大志向,特别是取得胜利之后便迷失了方向。所以说,即使没有吴三桂投降清军,大清国迟早也会攻破山海关,夺取明朝或是大顺的天下的。

但是吴三桂不顾民族大义,仅仅为了爱妾就投降清军,将永远遭人唾骂。

多尔衮安抚民心

多尔衮自从摄政之后,便日夜为国事操劳,带领大军入关,攻进北京城,可以说是出生入死,东拼西杀,南征北战,不仅表现出卓越的军事才能,而且战功显赫。

多尔衮有雄心大志,有胆有识,他用武力征服了天下,但他知道仅用武力征服不了人心。为了得到天下人的拥护，必须赢得人心，为此多尔衮进入北京城之后，采取了一系列措施，安抚民心。

多尔衮进城之后，立即贴出告示：军、官、民只要顺从我大清者，一律无罪，而且对有功新朝者进行奖赏。告示中还指出清军只消灭李自成的农民义军。

多尔衮通过了解，得知百姓对李自成的印象非常好，虽然李自成进城之后也有些腐败，但他提出的"均田免赋"很有鼓动性，影响深远，多尔衮立即下令：不许军队骚扰平民百姓。为了进一步收买人心，缓和矛盾，又下令：明朝征收的苛捐杂税一律废除，对那些生活困难，在战争中有人员伤亡的家庭，给予特殊照顾。多尔衮的政策得到了百姓的热烈拥护，其实百姓是最纯朴的，只要能让他们吃饱饭，他们就会很感激，不会贪得无厌。

多尔衮知道要想治理好一个国家，必须得有人才来辅佐，因此下令：只要愿意辅佐新朝的官员都可以继续做官。因此一些官吏又陆续来到朝中，多尔衮根据才能和以前的官职，都给予了适当的安排。对那些贪官污吏，多尔衮既往不咎，但是明确规定：如果以后有贪赃枉法之事，一律严惩不贷。

多尔衮对人才非常重视，有的明朝官员不愿再出山，多尔衮知道后，如果此人确实很有才华，一定会亲自登门拜访。一次不行，两次，两次不行，三次，直到感动得一些官员重新上朝。

多尔衮虽然功绩显赫，但他不骄不躁，虚心听取明朝官员的建议。他认为有道理的建议，一定采纳，而且重重奖赏那些提出建议的官员；对那些没有道理的或是错误的建议，也从不责怪，不采纳就罢了。多尔衮如此礼贤下士，知人善任，以致许多贤才都来投奔，连以前不是官员的贤才也纷纷前来。

多尔衮深知他的女真族是少数民族，少数民族统一天下，统治大汉民族，一些人一时很难接受，心里一定会产生抵触情绪。针对这一问题，他对官员说道："哪位大臣有好的策略，可以稳定社会秩序，缓和民族矛盾，希望能够尽快提出。"

原明朝顺天巡抚宋权很忠君，但他看到多尔衮礼贤下士，而且亲自到他府上相请，很是感动，总想为清朝做点贡献，来表达自己的心意。一听多尔衮如此说，便答道："臣有一策略，可使民族矛盾缓和，但要委屈一下摄政王!"

多尔衮说道:"只要能使天下稳定,我多尔衮在所不辞,请大人快快讲来。"

宋权道:"臣以为要想安抚人心,稳定天下,需要尊崇崇祯为明代最后一位君王,而且把崇祯帝好好安葬。"

多尔衮一听,心想:大汉民族非常尊君,如果我按宋权所说去做,一定会得人心,于是采纳了此建议,立即下令祭祀明朝皇帝。多尔衮不仅祭祀崇祯帝,也祭祀其他的皇帝。为了引起社会的注意,多尔衮命人擎着明朝皇帝的神位招牌,在北京城绕了一圈,还亲自主持隆重的祭祀大典。百姓得知后,都走出家门前来观看。人们纷纷议论,都觉得多尔衮是一位好王爷。多尔衮又为崇祯帝举行了隆重的安葬仪式,还下令为崇祯帝戴孝三天。

多尔衮的这些措施,得到人们的拥护,缓和了民族矛盾,同时也安抚了民心,一些本来反清的官、军、民都改变了看法。

多尔衮知道武力是打天下的有力工具,为了充实军队,他下令招募以前的明军将领和士兵,只要有才能的人都给予重用。在充实军队的同时,他加强军纪,严格训练,军队战斗力得到了明显提高。

多尔衮一方面整顿北京秩序,一方面筹划迎接顺治帝入京。

顺治元年(公元1644年),多尔衮派人到盛京去迎接小皇帝入京。小皇帝福临虽然年少,但聪明过人,他听后十分高兴,准备进京登基。

小皇帝和母亲孝庄皇后商议,决定任命何洛会为盛京总管,留守盛京。

孝庄皇后为人通情达理,而且教子有方。当时皇太极南征北战,孝庄皇后也是他的贤内助。因为孩子太小,皇太极临死前拉着孝庄皇后的手说道:"儿尚小,你要多教导他,完成先帝的遗志,我们后金能否统一天下,可要靠你了。"孝庄皇后很伤心,含着热泪点头答应。

孝庄皇后每天都要亲自给福临讲故事,这些故事都是以前名人志士的事迹,鼓励小皇帝要有理想、有作为。令孝庄皇后感到欣慰的是,小皇帝聪明绝顶,虽然年纪轻轻,但理想远大,很有治国之志。

1644年10月,小皇帝和母亲孝庄皇后,选择良辰吉日,带领文武百官,离开盛京,前往北京,一路之上没有遇到阻挡。

到了北京城，多尔衮带领文武百官亲自出城迎接，君臣见面，大家都非常高兴，小皇帝福临说道："摄政王劳苦功高，为大清王朝打天下立下汗马功劳，其他各位大臣也都为清朝的江山社稷立下功劳，诸位都是我大清国的功臣。"

小皇帝一席话，说得满朝文武都非常吃惊，小小年纪竟语出惊人，实在是难得。

多尔衮带领群臣，拥立福临为皇帝。福临按照汉族皇帝的仪式，正式登基称帝。

大清王朝开始正式统治中原了，在小皇帝福临、孝庄皇后、多尔衮的共同治理下，大清王朝逐渐走上了强大之路。

史可法宁死不降

史可法是明朝崇祯帝时的兵部尚书，他从小勤奋好学，而且受到封建正统思想的影响，非常忠君。年轻的史可法为人正直、谦逊、才华出众，很快受到重用，后来成为兵部尚书，并被派到南京，镇守明朝的陪都。

史可法到了南京城，看到军纪涣散，战斗力很弱，便开始严格训练，严明军纪。他又看到一些贪官污吏任意搜刮贫穷的百姓，非常气愤，接连上奏崇祯帝。但是崇祯帝生性多疑，谁也不轻易相信，他认为自己手下的官员都非常正直，不会像史可法所说那样，肆意搜刮百姓的钱财而弄得民不聊生，所以自作聪明的崇祯帝没有相信史可法的话。史可法见百姓依然处于水深火热之中，心里非常难受，但是又爱莫能助，只能尽自己最大的努力救济几家贫苦的百姓。史可法一向为官清廉，从不贪污军饷，生活也很清贫，他体贴民众、爱兵如子，得到南京城百姓和将士的拥护和爱戴。

史可法得知李自成带领农民起义，心里很是焦急。但他知道南京地理位置险要，进可攻，退可守，历朝历代都是军事要地，一旦失守，对都城会造成很大的威胁，所以带领将士严加防守，不让义军攻占南京城。

大清帝国

顺治元年（公元 1644 年），李自成带领义军围逼北京城，史可法在南京度日如年，但他肩负重任，只能盼望着朝廷打败义军。

史可法从小受到正统教育，非常忠君，认为反抗君主的行为是大逆不道的，他虽也知道明朝政治腐败，但仍忠心不二，因此他对农民起义非常愤恨。尽管史可法没有站在进步阶级一方，他的爱国之心、忠君之心，还是被一些人称赞。

史可法得知李自成已攻破北京城，崇祯帝上吊自杀，伤心地带领南京将士跪在城墙上，眼望北京方向，以示凭吊。都说男儿有泪不轻弹，只因未到伤心处，这时史可法和其他将士都已泪流满面。作为一位叱咤风云的硬汉，史可法却病倒了，一连几日不吃不喝。他手下的部将劝道："大人，李自成率领反贼虽已破城，但是我们还有机会为皇帝报仇雪恨，如果您身体垮了，还怎么完成这项重任啊？"在众人的劝说下，他才吃了一点饭。一位老英雄，几日下来，竟消瘦了一圈。

史可法认为"国不可一日无君"，便和手下人商议，准备从逃亡的皇族中选出一人，以恢复明朝的天下。

而这时凤阳总督马士英派人通知史可法，让他共同拥立福王为新皇帝，以图中兴。

史可法本来不愿意，因为福王胸无大志，而且没有治国之道，整日沉迷于吃喝玩乐。但是马士英暗中串通阉党余孽阮大铖、四镇总兵刘孔昭等人，强行拥立福王为帝。史可法知道这些人心怀不轨，他们想利用福王为幌子，发展他们的势力。但他也知道，如果他带头反对，必然会引起内部斗争。为了恢复大明江山，史可法从全局出发，答应拥立福王为帝。

1644 年，福王朱由崧称帝，改元为弘光。弘光帝封史可法为东阁大学士兼兵部尚书、高弘图为东阁大学士兼礼部尚书、马士英为东阁大学士兼兵部尚书，继续镇守凤阳城。弘光帝对其他官员也进行了分封，这样南明正式建立了。

马士英拥立福王称帝，有其险恶用心，即通过福王达到自己统治南方天下的目的。马士英知道史可法、高弘图等人都是忠臣，想达到自身的目的，就必须先调走这些人。

这时，北京传来吴三桂投降、清军入关的消息。过了几天又传来消息，称清军大败农民义军，并且兵分两路，一路追剿李自成的义军，一路已南下准备攻打明朝南方的重镇。

马士英得到消息后,心想:何不利用这个机会,把那些阻碍自己夺权的势力全部调走。于是马士英对弘光帝说:"陛下,臣闻清军几十万南下,准备攻打我们的城池,我们应早做准备,派兵部尚书史可法去扬州督师。"弘光帝点头答应。马士英又以同样的理由调走了高弘图等人。

马士英一看这些人已走,便将大权独揽于一身,而弘光帝仍是沉迷于吃喝玩乐,对清军入关南下之事漠不关心。

顺治二年(公元1645年),清军在陕西平定了李自成的义军,与原来直下南京的清军汇合,直逼南京城。

多尔衮得知镇守扬州城的是明朝有名的战将史可法,他非常欣赏史可法,一是因为史可法忠心耿耿,一旦得到此人,便可委以重任;二是因为史可法有勇有谋,是一个不可多得的人才。多尔衮想得到史可法,便写了一封劝降书,大意是:清军已平定农民义军,清军统治天下是历史的潮流。我们清朝的皇帝非常爱惜人才,北京城许多明朝官员都已成为清朝的官员,我希望你能够识时务,献城投降清军。

史可法看完书信,勃然大怒道:"无耻的多尔衮,你休想劝降我。我弘光王朝是合乎民意、合乎天意的朝廷,我怎么会投降你们呢?你们劝我投降,无非是想收买人心,我岂能让你们得逞,只要我史可法有一口气在。就与你誓不两立!"

多尔衮见史可法誓死不降,便命令多铎带领清军向扬州城杀去。南明守将见到大清人马浩浩荡荡,气势汹汹,已无心交战,逃的逃,降的降,多铎的人马很快就到了扬州城下。

多铎也是一位有经验的大清国老将,十分爱惜人才,他对史可法仍抱有幻想,想凭借大军压城,来威逼史可法投降,但史可法仍是义正辞严地拒绝了。

至此,多铎知道只有武力才可以征服扬州城,于是他一声令下,开始攻城。史可法亲自站在城墙上指挥战斗,使清军损伤无数。多铎一看清军损伤不少,便下令只围城而不攻城。这一计策很有效,扬州城是一座孤城,内无粮草,外无援兵。

多铎又派人去劝降,但史可法宁死不降,带领明军死死守城。只是,人是铁,饭是钢,一顿不吃饿得慌,明军将士渐渐丧失了斗志,史可法也没有办法,他仰天长叹道:"难道是老天要绝明朝不成?"

多铎一看时机成熟,立即带领清军攻城,明军已饿了好几天,根本无战斗力,清军很快攻破城池。史可法带领明军与清军展开肉搏战,这时清军几十万,士气正旺,而明军战斗力很弱,所以清军很快占领了扬州城,将史可法活捉。多铎爱惜史可法是位英雄,仍想劝降他,但史可法仍是视死如归,最后英勇牺牲,血洒扬州。

清军攻下扬州城,很快攻破南京,弘光皇帝被捉。

清军攻下南京后,又分兵三路,向江南、东南、西南追杀反清复明的义军。

清军先后攻破江州城、嘉定城,反清复明的义军基本被消灭。

顺治治国有方

顺治帝登基时,年仅6岁,但聪明过人,而且胸怀大志,太后又不断地教导他,使小小年纪的顺治帝也颇懂得治国方略。

当清军入关时,多尔衮和顺治帝采取了一系列措施,缓和民族矛盾,又是招募旧官吏,又是安葬崇祯帝,这些措施都起到了良好的作用。但当时仍有许多人难以接受少数民族统治天下的事实,他们非常痛恨清军,总想反清复明。

一些文人不肯出来做官,而是躲在深山中讲学,宣传大汉民族主义,试图唤起人们反清复明的决心。这些人的宣传、鼓动,在社会上起到明显的作用,一些本来接受清军入关现实的百姓,也纷纷萌发了复明的想法。对此,清朝一些大臣主张到深山老林去搜捕这些文人,顺治帝不同意,说:"到深山、古庙中去搜捕这些人,一是浪费很多人力,二是这些人都有一定的影响,一旦他们被抓,不但解决不了问题,反而会增加天下人的仇恨,更不利于我们的统治。现在我们还是应把矛头对准农民义军,这些人很顽固,必须消灭掉,否则随时会危及到京都的安全。对南明的小王朝也不能手软,必须用武力加以解决。"

顺治帝又和母亲孝庄太后商议,认为李自成的义军虽已不多,但影响不小,如果不及时剿灭,会后患无穷。于是便命吴三桂、阿济格两路人马去追剿李自成的农民义军,多铎带领另一路人马去夺取明朝南方重镇。

吴三桂、阿济格两路人马围追义军,李自成退到陕西,还未站稳脚跟,清军便追了过去。农民义军连续作战,人困马乏,而且没有援军,一些义军开始投降清军。吴三桂、阿济格命令要善待义军,这样一来,又有许多义军投降。李自成的义军力量越来越小,最后他战死在湖北九宫山。

李自成领导的农民起义,声势浩大,而且攻破了明朝的都城——北京。但是由于领导阶级是农民,他们受封建小农思想的影响,被胜利冲昏了头脑,虽然推翻了明朝的黑暗统治,但是却没有守住江山,到手的天下,却被入关的清军捡了一个便宜。尽管如此,李自成领导的农民起义沉重地打击了封建统治的基础,给后人留下宝贵的经验和教训,也鼓舞着后人起来反抗黑暗统治。

吴三桂、阿济格用一年多一点的时间,便基本消灭了李自成的农民义军。顺治帝得知消息后,非常高兴,又下旨:火速挥师东进,与多铎的人马相汇合,剿灭南明的小王朝。

多铎这时已经带领清军攻到了扬州,史可法血战扬州城,宁死不屈,最后壮烈牺牲。攻下扬州后,三路大军一起进攻南京。

弘光帝手无实权,而且只知道吃喝玩乐,纵情享受。马士英虽然手握兵权,但是看到清军压城,被吓得胆战心惊,清军没有费多少兵力便消灭了南明弘光小王朝。

清军灭了弘光小王朝,又将大军开到隆武小王朝城下,多铎收买了隆武小王朝手下的兵部尚书,此人手握兵权,开城迎接清军入城,隆武小王朝也被消灭。随后又灭掉绍武、永历小王朝。与此同时,也灭掉了南方反清复明的义军。

经过几年的征杀,南明的残余势力基本被消灭,大清的江山得到了巩固。

南方得到巩固,北方反清斗争还很激烈,顺治帝派清军去镇压。但他知道,仅用武力不会得人心,便又下令禁止圈地。原来清军刚一入关时,强行在北方各省圈地,使得大批农民失去了土地。土地是农民的根本,他们没有了土地就要造反。顺治帝看到这种情况后,立即取消圈地，让农民有田种。农民手中有了土地，便安下心来耕种，反清的斗争就逐渐减少了。这样一来，北方的反清斗争也很快被平息下去了。

全国得到了统一，但顺治帝知道反清复明的思想仍然存在，特别是那些正统思想浓厚的文人的讲学，仍然有很大的煽动性。顺治帝知道，思想上的反抗，用武力很难解决，他便想出了一条妙计，同母后一商议，母亲孝庄皇太后连连赞同，原来顺治帝想祭拜孔子。

祭拜孔子说明大清国尊重孔子，而孔子被大汉民族视为圣人。

八月二十七日是孔子的诞辰，大汉民族都在这一天祭拜孔子，顺治帝也想在这一天祭拜。

为了达到一种轰动效应，扩大影响，顺治帝接受了母后的意见，派人去请孔子的后代。孔子的六十五世孙孔允植被接到了北京城，准备参加祭典仪式。孔允植早已被顺治帝封为衍圣公，他被接到北京城，引起全国轰动，特别是一些老儒生和受封建正统思想影响很深的人，得知孔子的后代受到清朝的礼遇，非常高兴，这些人认为清朝统治者已接受了大汉民族的正统思想。

八月二十七日转眼就到了，顺治帝率领文武百官来到国子监广场。顺治帝恭恭敬敬地在孔夫子神位前拜了三拜，然后敬酒三次，其他文武百官也都神情严肃，对孔子显然十分尊敬，也十分虔诚。

这次祭祀孔子大典圆满结束，在全国各地引起强烈的反响。顺治帝一看达到了预期目的，非常高兴。之后，他接见孔子的六十五世孙孔允植，又接见了孔、孟、颜、曾四姓子孙和五经博士。顺治帝了解到孔、孟、颜、曾都是儒家学派的代表人物，在中原特别是大汉民族的眼中，这四家被统称为一家——儒家。后人所说的天下孔孟颜曾是一家，指的就是儒家学派。顺治帝接见五经博士，也是为了告诉天下人，我们大清王朝依然推行儒家思想。

孔、孟、颜、曾的后代在当时社会上很有影响，他们纷纷表示拥护清朝的统治。这些人一提出拥护清王朝，其他一些老书生也纷纷效仿，在他们眼里，如果再坚持反对清王朝的统治，就是反对孔圣人。

那些隐居深山、古庙讲学的文人，得知顺治帝祭孔的事之后，对顺治帝也很佩服，这些人渐渐地转变了对清统治者的看法，开始接受清王朝的统治。这样一来，反清复明的思想在大多数人的头脑中便渐渐淡化了。

顺治帝没有费一兵一卒,在思想上基本统一了全国。

随着年龄的增长,顺治帝的治国才能更加突出。为了更好地统治大汉民族,他开始学习汉族文化,改变生活习惯。对汉族的历史也认真加以学习。他十分喜欢阅读以前朝代的史书,既可从中了解汉族的风土人情,还学到许多治国之道。

顺治帝为招揽天下人才,继续仿效明朝,进行八股取士,而且各民族一律平等,这样一来,许多贤才都来到顺治帝手下。

清军入关之后,到处都是烂摊子,年少有为的顺治帝把国家治理得井井有条,但可惜的是顺治帝23岁时就病逝了。不过顺治帝的统治,为后代打下了良好的基础。

少帝智擒鳌拜

顺治帝年少有为,使大清国出现了祥和的景象,太平盛世的宏图正一步步在大清王朝实现。

顺治帝死后,他的儿子玄烨继承了王位,年仅8岁。玄烨继位后,改元康熙。顺治帝临死之前,把索尼、苏克萨哈、遏必隆、鳌拜四位大臣叫到面前,说道:"朕的病恐怕好不了了,太子玄烨年幼无知,你们要尽心尽力辅佐。我大清王朝刚刚得以巩固,你们要让它昌盛起来。我把辅佐太子之事就都交给你们了!"其他人走后,顺治帝又拉着索尼的手说道:"朕最信任你了,你一定要辅佐好太子,我大清王朝能否传千秋万代,就看你了!"索尼哭泣道:"陛下,安心休养龙体,老臣只要有一口气,就一定会好好辅佐太子。"

顺治帝死后,8岁的康熙帝做了小皇帝,康熙帝也像他父亲那样,胸怀大志,而且聪明过人,再加上有老臣索尼的辅佐,少帝康熙治理国家很有方法。索尼也是尽职尽责,大清国逐渐进入盛世。

可是不幸的事接连发生,康熙10岁时,生母便去世了。年少的康熙饱尝了人间的艰辛,他面对的是满朝文武和国家大事,而且有一些大臣居心叵测,总想借机夺取朝政大权。但是这些并没有吓退康熙,反而将其性格磨炼得更加坚强。

少年康熙每天都要在大臣的辅佐下处理朝政,一有时间,他就刻苦学习。由于他聪明好学,而且很容易接受新鲜事物,所以少年的康熙已懂得许多治国之道。后来四位辅政大臣的首辅索尼病逝了,他的死,使少帝康熙好像少了一只胳膊,但是坚强的少帝很快独立起来。

索尼的死,乐坏了鳌拜。鳌拜是四位辅政大臣的末臣,但他野心勃勃,想夺取康熙的王位。

鳌拜是清镶黄旗人,他年轻时勇猛善战,屡立战功,所以官位不断上升,由议政大臣升为领侍卫内大臣和少傅、太子少傅。随着地位的上升,鳌拜的野心在增大,欲望也在膨胀。顺治帝一死,他就想独揽大权,但他的行动受到了索尼和苏克萨哈的限制,这使他不得不暂时收敛了野心。

索尼一死,鳌拜略施小计,将苏克萨哈从朝中调走,这样京城之中就只有遏必隆和鳌拜两位辅政大臣了。遏必隆是个粗人,为人忠厚,但有时是非不分,经常站在鳌拜一方。

鳌拜认为时机已经成熟,便开始自己夺取政权的计划。他先是在朝中安排许多心腹,让其爪牙身居要职。年轻有为的小康熙帝希望按着父亲的规划走下去,鳌拜则处处与他作对,他手下的亲信也随声附和,顺治帝在位时的许多措施都被鳌拜推翻。鳌拜贪赃枉法、结党营私,无恶不作,但他是辅政大臣,而且手握兵权,所以其他大臣也只是敢怒不敢言。

康熙帝早已看出鳌拜的野心,但一直没有下手的机会,所以只得先忍了下来。鳌拜则得寸进尺,见到皇帝从来不下拜,而且和康熙帝说话的态度十分傲慢,根本不把小皇帝放在眼里。

鳌拜得知吴三桂有谋反的心思,非常高兴,他就希望天下大乱,他可以趁机夺权。所以他暗中派人去勾结吴三桂,吴三桂得到鳌拜的支持,更加胆大起来。

鳌拜、吴三桂都没有把少帝康熙放在眼里,但他们都看走眼了。少年康熙帝对他们的一举一动都看在眼里,记在心上。但是康熙帝知道时机还不成熟,所以才没有下手,却在暗中做好了准备。

康熙帝从小就喜欢武艺,做了小皇帝之后,依然没有放弃这个爱好,有时间就练习武功。康熙帝非常有心计,为了能够铲除鳌拜,他特招了一批同龄的皇族少年，平时和这些人练习擒拿，暗中却严格训练他们。鳌拜虽然知道康熙手下有一帮娃娃练习武艺，但根本没有放在心上，更没有引起他的怀疑。

康熙帝为了能够干净、利落地铲除鳌拜，便派自己的亲信暗中监视鳌拜。鳌拜根本没有想到一个十几岁的孩子会有这等心计，所以没有注意。

康熙帝已渐渐长大，他亲政后，看到鳌拜仍想独揽大权，很是气愤，因此和鳌拜的矛盾也逐渐激化，二人经常在殿上争吵。

康熙七年（公元1669年），16岁的康熙帝正在批阅奏章，亲信突然来报告：鳌拜和他的爪牙想谋反，正在鳌拜府上密谋此事。

康熙帝得知消息后，心中一惊，但他马上镇定下来，因为他对鳌拜早就有准备了。他决定亲自到鳌拜的府上去探探虚实。

鳌拜由于和康熙帝争吵得激烈，所以经常以生病为由，不上早朝，实际上他在准备谋反之事。因鳌拜看到康熙已一天天长大，而且很多事情都有主见，根本不按他所说的去做，所以他才下定决心，准备尽快夺取王位。

康熙帝不仅文武全才，而且有胆有识，他知道鳌拜造反尚未准备好，便去了鳌拜府上。鳌拜和他的爪牙一听说皇帝驾到，都吓坏了。鳌拜忙躲在被子里，旁边放着一把匕首，他想趁机杀掉康熙，其他的人也都慌忙躲了起来。

康熙帝看到鳌拜靴子都没脱便钻到被子中，知道他在装病，又看到他神色反常，便命人揭开他的被子，只见一把明亮的匕首就放在鳌拜身边，鳌拜吓得浑身是汗。康熙帝把匕首拿在手上，心想在鳌拜府上动手恐怕不利，便说道："太师，病成这样，还没有忘记满人的故俗呀，刀不离身的。"说完又不动声色地把匕首放了回去。

鳌拜这才长出一口气，他以为康熙帝没有发现他的谋反之心。康熙帝又很关心地说了几句安慰的话，便起身回宫。

鳌拜见康熙走远，哈哈大笑道："他毕竟是个孩子，真是天赐良机，不久，我就让这小子从位子上滚下去！"其爪牙也随声附和了几句。

康熙帝知道鳌拜谋反之心已经确定，便立即召见索额图等亲近大臣商议铲除鳌拜及其死党一事。康熙帝又将此事报告给了太皇太后，太皇太后告诉他要尽早铲除鳌拜，以免后患无穷。

康熙和其近臣做好周密计划，便派人去请鳌拜进宫。

鳌拜根本没有多想，他以为康熙帝还不知道他的谋反之心呢，便大摇大摆地走上宫殿。鳌拜刚一到宫殿，康熙帝便大怒道："鳌拜你可知罪？"

鳌拜仍十分骄纵，说道："我身为辅政大臣，劳苦而功高，何罪之有？"

康熙帝怒道："你结党营私、违反政令、图谋不轨，你还想狡辩！来人啊，将鳌拜给我拿下！"

100多个年轻小将一起扑向鳌拜，鳌拜武艺高强，没有把这些人放在眼里，一看计划败露，便与这些小将战在一起。他万万没有想到，这群小将都是康熙苦心训练出来的，个个如下山的小老虎，武艺高强，鳌拜被生擒活捉，康熙帝下令将鳌拜的死党全部捉拿归案。

康熙帝智擒鳌拜，将鳌拜死党的首恶分子全部斩掉，但念及鳌拜有功于前，所以从轻发落，终身监禁。

少帝智擒鳌拜，铲除了他的爪牙，不仅政权得到巩固，而且深得人心。

康熙削藩

16岁的少帝康熙不动声色地将鳌拜集团一举粉碎，朝政大权得到巩固，朝中大臣也非常高兴，因为他们平日都惧怕鳌拜及其爪牙。

少帝康熙确实是一位历史上少有的明君，他有胆识、有志向、有抱负、有远见，是一位杰出的封建政治家、军事家。在审问鳌拜时，鳌拜曾招供与吴三桂有过串通。康熙帝早就考虑到削藩之事，可是因为当时朝中政权不统一，他怕动手太早，鳌拜与吴三桂里应外合，所以他想先集中政权。

"三藩"是指明朝灭亡之后，投靠清朝的三个汉族军阀：平西王吴三桂、靖南王耿精忠、平南王尚可喜。这三个人在镇压农民起义时，都立过赫赫战功，尤其是平西王吴三桂不顾民族的危亡，投降了清军，成为镇压农民起义的刽子手,后来又与清军汇合,灭掉南明小王朝。吴三桂为清朝统一天下立下了功绩,但他的野心也随之增加,他想自己称帝。

吴三桂被封为平西王镇守云南。在那里,他招兵买马,铸造兵器。但他知道仅凭自己的势力没法和清廷相对抗,便暗中勾结镇守福建的靖南王耿精忠和镇守广东的平南王尚可喜,这三人都是明朝的降将,串通在一起,准备谋反,夺取王位。

康熙帝在对付鳌拜的同时,早已派去亲信监视吴三桂的动静,得知吴三桂等人有谋反之心时,他下定决心削藩。

尚之信是平南王尚可喜的儿子,尚之信与吴三桂相互勾结,为了早日谋反,尚之信很想得到父亲的位子。尚可喜没有办法,只好称病在家,准备让儿子继承他的王位。

康熙帝见到尚可喜的奏折,非常高兴,心想:我正要削藩,可是一直没有机会,尚可喜辞退,告老还乡,正好可以削去他的藩位。于是康熙帝立即批准,同意尚可喜回家养老,但不准尚之信继承王位。尚可喜的儿子尚之信想做平南王的美梦破碎了,他万万没想到康熙帝会如此处理此事。

吴三桂的儿子在京城,得知消息后,派人骑快马去通报吴三桂。吴三桂得知消息后大吃一惊,心想:小小的康熙帝,竟会作出如此的决定,看来我的王位也不稳啊!

吴三桂看到自己谋反的时机还没有成熟,便想试一试康熙帝对自己的态度。他便找来耿精忠一起上书,假意请求撤藩。吴三桂的谋士刘玄初劝道:"大王,万万不可提出撤藩,康熙帝虽然年纪轻轻,但有胆有识,他对我们早有戒心,只是因为朝中有个鳌拜,使他没有精力对付我们。如今鳌拜等人被处置,他就有时间和精力对付我们了。尚可喜辞退,他立即批奏,而且不准尚之信继承王位,可见他想削去藩位。如果您和耿精忠提出撤藩,他会立即批准的,不如我们在云南等待时机,再做打算。"

吴三桂听后说道:"你的话也有道理,不过,我想主动提出撤藩,让康熙解除对我的怀疑,这样我们就有更多的时间准备谋反了。我想他还不敢轻易动我,毕竟我为大清王朝立过汗马功劳。"

刘玄初劝吴三桂,吴三桂不听,执意上疏。康熙接到奏折后,非常高兴，他早就想削去三藩，今日一见吴三桂、耿精忠的奏折，就决定趁机削去二人的藩位。康熙帝虽已下定决心，但他想听听大臣们的意见，便召集文武百官，说了此事。

明珠说道："陛下，吴三桂、耿精忠、尚之信谋反之心早已败露，我们应趁这个机会，削三藩，统一全国。"

而大臣索额图则提出反对意见："陛下，吴三桂等人手握兵权，而且又招兵买马，势力十分强大，我们绝不可轻举妄动，否则他们必然会起兵谋反，我们不如安抚他们，让他们为大清王朝继续效力。"

莫洛说道："陛下，吴三桂蓄谋已久，早晚会谋反的，不如趁他们还没有准备好，将其一网打尽，否则后患无穷。即使保留他们的王位，安抚他们，也不可能避免叛乱，我们应立即行动，先发制人打他们个措手不及。吴三桂和耿精忠上疏，假意撤藩，无非是想蒙骗皇上放松对他们的警惕，以待时机，起兵谋反。"

康熙帝非常赞同明珠、莫洛等主张撤藩的大臣的意见，他想：我必须立即采取行动，不能让吴三桂等人得逞。于是康熙帝不顾有些大臣的反对，说："吴三桂蓄谋已久，撤亦反，不撤亦反，所以我决定撤藩。"康熙帝非常果断坚决，反对撤藩的大臣们也就不再反对了。

吴三桂、耿精忠只是假意请求撤藩，万万没有想到康熙帝真的会批准。吴三桂恼羞成怒，立即起兵谋反。

吴三桂蓄谋已久，所以来势凶猛，带领将士迅速向湖南、川陕进军。这些地方反清复明的思想仍然存在，吴三桂抓住这一心理，举起了反清复明的大旗。

康熙十二年（公元1674年），吴三桂起兵叛乱第二年，耿精忠在福建起兵造反。康熙十四年（公元1676年），尚之信也在广东造反。三路造反兵马杀气腾腾，势力蔓延到云南、贵州、福建、湖南、湖北等许多省。

吴三桂的叛乱，引起了朝廷震动，反对撤藩的大臣更是惊慌，纷纷主张清君侧，杀掉明珠、莫洛等主张撤藩的大臣。还有的大臣主张以江为界，划分为两部分，江南由吴三桂统治管辖。

康熙帝神情严肃地说道："我大清定京以来，连年风调雨顺，五谷丰登，军纪严明，军队战斗力很强，我若以江为界将江南划分给反贼吴三桂，我一对不起列祖列宗，二对不起那些出生入死打天下的将士，三我也无颜再做这个皇帝了。只要我在这个宝座上坐着，就不会答应吴三桂的要求。明珠等大臣何罪之有，撤藩、削藩都是朕的主张，与他人何关。我不能因吴三桂而怪罪我大清忠臣吧，从今以后谁若妄谈清君侧，我是定斩不饶！来人啊，把吴三桂的家人处死！"

　　清兵将吴三桂的家人全部捉拿，康熙下令将吴三桂的儿子吴应熊、孙子吴世霖斩首示众。接着康熙帝作出了出兵平叛的计划，为了便于掌握情报，他命人在全国布置了通信网，这样一来，各地的战况可以及时传到京城，并且便于下达命令。

　　康熙帝认为吴三桂的势力最大，野心也最大，便果断采取措施加以平叛，对平南、靖南二藩则软硬兼施；一方面派兵去攻打，另一方面下降书。耿精忠本来造反的决心就不大，一看朝廷出动大队人马前来平息，心里很惊慌。两军刚一交战，耿精忠就吃了败仗，节节败退，见大势已去，便投降了。康熙帝决定恢复他的爵位，仍镇守福建。广东的尚之信一看清军压城，也投降了。

　　三路叛军只剩下吴三桂，他已被孤立起来，康熙帝命令胡拜、赵赖带领清军围剿吴三桂。

　　清军作战勇猛，吴三桂节节败退，终于在内外交困中病死，他的孙子吴世璠在昆明被围，最后拔剑自杀。

　　三藩叛乱平定后，康熙加强了对三藩的控制，增强了皇帝的权威，巩固了国家的统一。

清军进台湾

　　康熙帝有治国平天下的大志，少年时曾智擒鳌拜，亲政之后又平定三藩之乱，从小就有胆有识，志向远大。他想统一全国，又把目标瞄准了台湾。

　　台湾古称夷州，自古以来就是我国神圣的领土。1624年，荷兰殖民主义者侵占了台湾，后来控制了整个台湾。他们在那里开办教堂，强迫台湾人民学习荷兰语，征收各种苛捐杂税，任意污辱和欺压台湾人民，甚至把台湾人民卖到爪哇为奴，这激起台湾人民的强烈不满，不断爆发小股农民起义,但都被荷兰殖民统治者残酷地镇压下去。但是台湾人民没有被吓倒,仍是不断地反抗。

多尔衮为了统一全国,曾派大军攻打南方重镇,在扬州与史可法的明军展开了一场激战,史可法提出"城存我存,城亡我亡,我头可断,志不可屈",最后血洒扬州城。史可法的故事深深地感动了少年郑成功。

郑成功是南明弘光朝郑芝龙之子,他从小十分聪明,而且好学,小小年纪便上知天文,下晓地理,对武艺也十分爱好,真可谓英雄出少年。郑成功志向远大,总想反清复明,特别是史可法的事迹对他影响非常大,他曾发誓,要做一个像史可法一样的忠臣。

年少有为的郑成功有如此的爱国之心,深受隆武帝喜爱,特赐国姓,并授予招讨大将军之职。但郑成功不骄不躁,收复河山之心随着年龄的增长日益增强。

清军攻下南京后,便挥师南下,围攻福州。郑芝龙一看清军浩浩荡荡,有几十万人马,心里便开始动摇了,他曾向儿子郑成功表示过投降之意,但遭到郑成功的严辞拒绝。

郑芝龙看到明朝气数已尽,便投降了清军,清军很容易进了福州。郑成功一看父亲投降了,非常气愤,立即带领手下亲信和他的叔叔郑芝豹与清军展开了血战。但自己人单势孤,只得带领几百将士杀出一条血路,逃到广东南澳岛。

郑成功和叔父郑芝豹商议,决定在此休整人马,再召集明军。郑成功对父亲投降之事一直耿耿于怀,他曾宣布:代父救国。由于清军在攻打嘉定城时,遇到强大的反清势力,而且镇压一次,又起来一次,继续与清军作战。清军一怒之下,攻下一次嘉定,屠杀一次,造成历史上有名的"嘉定三屠"。清军三次屠杀,激起了人民的强烈不满。郑成功打出反清复明的大旗后,许多人都投到他的门下,短短几个月,手下就有了三十余万人马。

郑成功看到时机已成熟,便下令挥师北上,准备收复南都。永历帝得知情况后,非常高兴,下诏勉励郑成功,封他为延平郡王。郑成功和全体将士很受鼓舞,他知道重任在肩,能否复明,全在这一战了。

郑成功亲自率领大军北上,与南下的清军展开一场激战。郑成功一心想恢复明朝,报仇心切,身先士卒。其他将士很受感动,也都个个争先，十分英勇。清军遭到沉重打击，连连后退，郑成功一口气占领了泉州、同安。郑成功越战越勇，带领大军继续北上，准备攻打南京城。

清军看到郑成功的人马战斗力很强，不敢轻敌，又派去大队人马支援。郑成功的明军里外受敌，万般无奈，为保存实力，只好含泪后撤，清军则一路追杀。

郑成功带领明军又返回舟山群岛，清点人马，明军伤亡也不少。郑成功知道清军力量很强大，依目前的形势，很难打败清军，必须等待战机。他也知道清军不会放过自己，时间不会太长，便会来攻打自己的人马。为了养精蓄锐，需要找一个易守难攻的地方，在那里招兵买马，以图复兴明朝大业。

郑成功的心思被手下一名战将看了出来，对他说："台湾是一个易守难攻的地方，它四面环海，而且地势险要，清军想攻打台湾，比登天还难。"

郑成功笑道："既然台湾易守难攻，清军都无法占领，我们怎么可能从荷兰殖民者的手中夺下来呢？"

那部将说："台湾人民对荷兰殖民者非常仇恨，我们可以借助人民的力量攻下台湾。台湾人民本来就是明朝的臣民，所以一定会接受我们，也一定会反抗清军的。而且现在有一个天赐良机，荷兰人的翻译何廷斌逃回了厦门。何廷斌也非常爱国，他不愿意为荷兰人做事，所以偷偷地跑了回来。我们如果去请他，让他做向导，台湾一定可以攻下。"

郑成功听后非常高兴，亲自去请何廷斌。何廷斌很受感动，他早就恨透了荷兰人欺压台湾百姓，一听说郑成功要收复台湾，立即答应做向导。何廷斌把台湾的军事地图献给郑成功，并详细讲述了台湾的地理位置，哪些地方险要，哪些地方有荷兰人把守。郑成功认真听取何廷斌的意见，又召集部将，做好攻占台湾的准备。

1661年4月21日，郑成功带领大队人马从金门出发，直扑台湾岛。郑成功的军队从禾寮港通过，由于这里港门狭窄，大船无法通过，因而荷兰人没有做任何准备。郑成功带领大军突然杀来，好似天兵下凡，荷兰人措手不及，慌忙应战，节节败退。台湾人民一看自己的亲人、救星来了，也都纷纷起义，反抗荷兰殖民统治者。荷兰殖民统治者看到大势已去，只好撤出台湾，郑成功收复了祖国的神圣领土。之后在台湾，他招兵买马，准备与清军决一死战。

康熙知道郑成功退守台湾，早晚会起来攻打大清国，便下令攻打台湾。但是台湾人民齐心协力，郑成功指挥大军顽强抵抗，清军根本无法占领。

郑成功没有完成复明大业，过早地病死了。他死后，郑经掌控台湾，他继续训练军队，准备完成父亲的遗志，但他看到大清国日益强大，军队日益增多，一直没有敢轻易出兵。清军虽然又有几次围攻台湾岛，但都没有成功。

康熙看到全国只有台湾还没有统一，下定决心，集中兵力，一定要收复台湾。康熙帝用人不疑，他重用郑芝龙的部将施琅，任命他为水军都督，让他严格训练水师。

施琅得到重用，心里非常感激。他以身作则，严明军纪，严格训练水军。

康熙帝得知郑经病死，他的二儿子郑克塽继承了延平郡王的爵位。而这个郑克塽则不如他的祖父、父亲，对政事很不关心，一心享受。康熙帝看到时机成熟，立即命令施琅带领大军围攻台湾。

康熙二十一年（公元1683年），施琅做好充分的准备后，带领浩浩荡荡的清军直扑台湾。施琅对台湾的地理环境早已了如指掌，先攻破澎湖，守将刘国轩败退，郑克塽发现大势已去，便下令投降。施琅带领大军进驻台湾。

康熙帝在台湾设立行政机构，从此康熙帝统一了全国。

大败沙俄签条约

康熙帝在位时，既要开创基业，又要守业。因为当时清军入关不久，国家还没有完成统一大业，反清复明的势力还存在，所有这些问题都需要康熙来解决。

康熙帝一不慌，二不忙，先是粉碎鳌拜集团，随后平定三藩之乱，接着大军开进台湾，统一祖国大业基本完成了。

然而一波平息，一波又来侵袭。沙俄是欧洲国家，原来它与中国相距很远，但是在沙皇俄国强大起来之后，便四处扩张，侵略成性，一看到清军入关，忙于南方的战事，对东北一带无暇顾及，便带领沙俄军队入侵黑龙江一带。

　　沙俄的统治者对黑龙江一带的百姓十分残酷，不仅强迫他们交纳各种苛捐杂税，而且任意搜刮民财，污辱欺压中国百姓。一些农民忍无可忍，便起来反抗，他们便用武力将农民起义残忍镇压下去，将那些起义的农民活活折磨死。

　　沙皇侵略者不仅残酷地迫害中国百姓，而且也对清廷提出无理要求，他们让清朝皇帝向他们称臣，而且每年要进贡4万两白银。

　　康熙帝岂能受沙俄侵略者的屈辱！他对沙俄侵略者侵占东北早已不满，只不过当时没有精力对付他们而已，如今沙俄侵略者得寸进尺，猖狂至极，更使康熙帝忍无可忍。

　　康熙帝严词拒绝了沙皇的无理要求。俄国侵略者恼羞成怒，他们想趁清朝南方战事尚未结束之时，在北方制造战事，于是便从国内调来大批军队，驻扎在雅克萨，虎视眈眈地注视着关内的举动。

　　康熙帝这时一方面要做进军台湾的准备，一方面借回盛京拜谒祖先之机，亲自调查边境的情况，决心一举赶走沙俄侵略者。

　　1682年，康熙帝到了盛京，拜完祖先之后，便向黑龙江逃来的百姓打听那里的情况。百姓见到康熙帝，眼含热泪地说："罗刹（即沙俄）的侵略者根本不把我们当人看，任意打骂污辱，强占耕地，烧杀抢掠，奸淫妇女，可以说无恶不作。大家都恨透他们了，就盼着朝廷立即出兵赶走这帮野兽！"康熙帝接连问了好几个从黑龙江逃出来的百姓，反映的情况都差不多，有一个百姓反映道："那里的百姓无法忍受罗刹的欺压和搜刮，便纷纷外逃，可罗刹非常残忍，一旦发现有外逃的，抓回去，就残酷地杀掉。"

　　康熙了解到边境百姓生活的情况，非常内疚，他想：我堂堂一个国君，却使自己的臣民受外国人欺辱，还有什么颜面面对天下臣民啊！康熙帝的心情很沉重，他决心回到京城立即派兵，赶走这些可恶的侵略者，让大清臣民过上安定的生活。

　　康熙帝回到京城之后，召集满朝文武商议此事，大臣们意见一致，都主张赶走沙俄侵略者。郎坦说道："陛下，要赶走罗刹，我们应深入此地，了解当地的军事地理环境，这样我们才可以有针对性地用兵。"康熙帝认为郎坦说得非常有道理，便说："朕就派你带领一部分人马，先去了解那里的地理环境。"

郎坦带领几百清军，化装成百姓，混进雅克萨，通过一个多月的侦察，对那里的情况做到心中有数，并绘制了地图。康熙帝通过地图了解到雅克萨一带的地理环境，便派萨布素带领清军驻守在瑷珲一带，修建军事设备，准备一举消灭侵略者。

康熙帝为了更方便地与东北一带取得联系，又派户部尚书伊桑阿修通水路，扩建陆路。交通方便了，无论走水路还是陆路，从北京到东北一带，几天就可以到达。

康熙帝认为时机成熟了。1685年，康熙帝下令攻打雅克萨。沙俄对清军没有防备，开始之时他们得知康熙帝派清军驻守瑷珲，心里很发慌，但清军一直没有出兵，只是修建防备设施，他们以为清军惧怕他们，渐渐放松了警惕。两三年过去了，清军依然没有出兵，沙俄侵略者彻底放心了。但他们万万没有想到，清军会突然出兵。沙俄侵略者惊慌失措，仓促应战，可想而知，他们不是清军的对手，节节后退。沙俄侵略者本想死守雅克萨，但是城中的百姓纷纷起义，反对沙俄的残暴统治，沙俄侵略者前后受敌，只好弃城而逃。清军很快就占领了雅克萨。萨布素按照康熙帝的旨意，进城之后，废除各种苛捐杂税，对贫苦的百姓给予适当的救济。康熙帝的措施得到全城百姓的热烈拥护，清军利用闲暇时间，帮助百姓耕种，从不骚扰百姓的生活，清军也受到百姓的一致好评。

康熙帝知道沙俄不会甘心失败，很可能会卷土重回，便命令萨布素做好准备，要让沙俄有来无回。

果然沙俄侵略者在雅克萨被清军打败后，并不甘心，又卷土重来了。而萨布素攻克雅克萨后，不免有些骄傲，放松了警惕，使沙俄偷袭雅克萨取得成功。

康熙帝得知雅克萨失守，非常心痛，又派去几万人马前去援助萨布素，并严令要求必须重新夺回雅克萨。

萨布素大意失城，非常悔恨，接到命令后，立即带领清军与沙俄侵略者展开一场激战。萨布素这次不敢大意，每次都亲自督战，两军伤亡都很惨重。就在这时，清军援军来到，沙俄侵略者被打败，清军又重新夺回了雅克萨，城里的百姓用各种方式欢庆胜利。萨布素在城中安排重兵，以防备沙俄的再次偷袭。

为了稳定边疆，康熙帝提出签订边境条约，沙俄统治者知道用武力侵占不了，只好答应谈判，双方在尼布楚签订了中俄《尼布楚条约》。条约在平等的基础上签订，尽管中国两次打败沙俄军队，但没有提出非份要求，沙俄想从签约中捞到好处，但被中国严辞拒绝，面对清朝强大的军队，沙俄只好同意中方的要求。条文中规定：格尔必齐河、外兴安岭和额尔古纳河以东的领土全部归中国所有，中国把尼布楚和它以西直到贝加尔湖的领土让给俄国。

中俄《尼布楚条约》签订后，边境稳定，那里的百姓也过上了安定的生活。沙俄也领教了中国军队的厉害，再也不敢轻易侵犯。

康熙亲征漠西

康熙帝从8岁继位，为了国事日夜操劳，几乎没有闲余的时间。二十几年的战事，使康熙帝有些疲劳，中俄《尼布楚条约》签定以后，他觉得天下总算太平了，百姓可以过上安定的日子，自己也可以为战事少操心或不操心了。

康熙帝知道战争给百姓带来许多灾难，便下定决心发展经济，使国家富强，百姓安居乐业。虽然战争时期，康熙帝也采取了许多发展经济的措施，但是由于战争，许多措施没有真正实行，康熙帝决定把那些有利于经济发展的措施真正实施下去。于是下令，对那些因兵祸、天灾造成痛苦的百姓，给予特殊照顾。鼓励农民到边远地区或是山区开荒种田，对这些开垦的田地，三年免征赋税。康熙帝还下令废除手工业工人的匠籍制度，准许他们自行开业。

康熙帝的措施发挥了明显效果，经济开始出现繁荣景象。

而正在此时，漠北的土谢图汗和他弟弟带领许多漠北蒙古人逃到京城。康熙帝热情接待了他们，并下令，对漠北蒙古百姓也要给予妥善安排。

经过交谈，康熙才明白是怎么回事。原来是漠西蒙古勾结谈判的沙俄代表突袭漠北蒙古人，漠北蒙古人不是对手，才逃到京城，请求康熙帝出兵援助。

漠西、漠北都是原来的蒙古族。元朝的时候，蒙古族依靠武力统一天下，而且四处扩张领土，是中国历史上疆域最广的朝代。后来朱元璋起义，推翻元朝统治，建立了明朝。许多在中原地区居住的蒙古人，纷纷退居塞外大沙漠南北。后来，蒙古族逐渐分化成漠南、漠北、漠西三大部分。

这三部分经常发生冲突，但是谁也没有吞并谁，后来居住在天山以北、阿尔泰山以南、巴尔喀什湖以东的漠西蒙古逐渐强大起来，尤其是准噶尔部。顺治年间，噶尔丹夺取了准噶尔的统治权。由于准噶尔地理位置优越，所以畜牧业很发达，这给一心想扩张的噶尔丹打下了基础。

噶尔丹看到漠西蒙古其他部落势力比较弱小，便用武力征讨，其他部落纷纷归顺，噶尔丹得以在漠西蒙古称霸。但是噶尔丹贪得无厌，又把目光投向漠北蒙古，对漠南蒙古也是虎视眈眈。

漠北蒙古东起黑龙江的呼伦贝尔，西至阿尔泰山，北与俄罗斯接壤，南至大漠。为了便于管理，顺治帝在漠北蒙古设了八个旗的札萨克，札萨克是每一旗的旗主，这些人都是清廷指定的蒙古人。从此以后，漠北蒙古和清一直保持着友好关系。

与大清朝保持友好关系的还有漠南蒙古。漠南蒙古的位置主要在现在的内蒙古自治区。漠南蒙古曾与后金交战，但被后金打败，从此对金称臣，后来又与后金建立通婚关系，孝庄皇后就是漠南蒙古人。顺治帝继位后，在漠南蒙古设了六个旗。由于母后是漠南蒙古人，所以顺治帝对漠南蒙古有一种特殊的感情，经常和札萨克一起去打猎，关系非常友好。

康熙继位后，仍与漠南、漠北蒙古保持着友好关系。康熙一听漠西蒙古的噶尔丹叛乱，侵犯漠北蒙古，而且还勾结沙俄侵略者，非常气愤，一面派兵去援助，另一方面指责沙俄侵略者。沙俄侵略者迫于压力，只好退出这场战争。

漠西蒙古的噶尔丹十分猖獗，他一看土谢图汗和他弟弟都逃到京城了，竟然向康熙索要二人。康熙大怒，严辞拒绝了他的要求。

噶尔丹自恃过高，他以为他的军队在漠西蒙古称霸，而且很轻易击败了漠北蒙古，所以清军也是不堪一击。噶尔丹带领大军南移，他想统一中原的野心全部暴露出来。噶尔丹的军队与前去援助漠北蒙古的清军在半路相遇，两军展开激战。噶尔丹的军队十分凶狠，清军节节败退。噶尔丹看到逃跑的清军，骑在马上哈哈大笑道："这一次我不仅要土谢图汗，而且还要你康熙帝的人头！"噶尔丹立即带领大军南下。

一路上，野蛮的噶尔丹带领大军，无恶不作，烧杀抢掠，百姓叫苦连天。

康熙帝得知消息后大怒："我大清王朝，国泰民安，岂能容忍一个小小的噶尔丹胡作非为，朕要亲自出征，杀一杀他的锐气！"大臣们一听皇帝要御驾亲征，纷纷劝谏，有的大臣说道："陛下，您乃一国之主，应镇守京城，不可轻易出兵啊！"大臣们都反对康熙帝亲征，但襟怀坦荡的康熙帝心意已决。

康熙帝御驾亲征漠西噶尔丹，清军将领大受鼓舞。清军在半路与噶尔丹的军队相遇，由于清军纪律严明，作战勇猛，又有百姓相助，噶尔丹的人马很快就被打败了。噶尔丹一看大势已去，只好向康熙帝请求议和，其实这只是噶尔丹的缓兵之计。

康熙帝知道噶尔丹贼心不死，但是康熙帝为了百姓的生活安定，答应了噶尔丹，只要他服从朝廷命令，就不再诉诸武力。噶尔丹为了逃命，先是假意答应。当他逃到科布多后，便变卦了，收集残部，招兵买马，继续与朝廷作对。

1695年，噶尔丹变本加厉，勾结沙俄侵略者再次发动叛乱。沙俄侵略者在雅克萨两次被清军打败，而且没有捞到好处，自然不甘心，他们为了能从中国得到好处，立即答应了噶尔丹的请求。

康熙帝知道只有消灭噶尔丹，才能平息叛乱，于是又一次御驾亲征。萨布素带领东路大军将噶尔丹打得措手不及，西路大军又来夹击，噶尔丹的人马损失惨重。

1697年，为了彻底消灭噶尔丹的势力，康熙帝第三次亲征，噶尔丹的人马早已不齐整了，又被清军打得纷纷逃窜，噶尔丹看到大势已去，只得服毒自杀。

康熙帝三次御驾亲征，平息了噶尔丹的叛乱，从此我国北方基本稳定下来。

雍正夺位

康熙帝继位后，不仅完成顺治帝的遗志，统一了全国，而且把国家治理得井井有条，政治清明，经济繁荣，交通发达，思想文化也上了一个新台阶，全国呈现出一片欣欣向荣的景象。康熙帝虽然政绩显赫，但不骄不躁，可以称得上是一位历史上少有的明主。

康熙帝是一位好皇帝，但在培养皇子上，则不如顺治帝高明。康熙帝共有35个儿子，长大成人的有24个。

在这24位皇子中，康熙帝最喜欢皇后所生的二皇子胤礽，后改名为允礽。胤礽不仅长得一表人材，而且生性聪明，康熙帝便立他为太子。

康熙帝征讨噶尔丹时，突然生病，便下旨把太子胤礽召回来侍奉他。可是胤礽处处表现出急于登上皇位之意，康熙帝非常不满意。康熙帝康复之后，太子胤礽仍表现如旧。康熙帝对太子有些不满，但是他的母后早逝，康熙十分心疼他，也就没有责怪他。

其他皇子发现皇帝与太子之间出现了隔阂，便纷纷行动起来，准备争夺皇位。朝中大臣都想借皇子取得有利地位，也都纷纷活动，想让自己拥护的皇子登上皇位。

长子胤禔是妃子所生，他不甘心皇位旁落，便拉拢一些朝中大臣，想在康熙死去之后，登上王位。

四皇子胤禛是德妃乌雅氏所生，他很有心计，为争得皇位，他暗中拉拢原皇后的弟弟隆科多，又拉拢权臣年羹尧。四皇子结交的都是实力派人物，这为他夺取王位打下坚实的基础。胤禛从小受过严格的教育，文武全才，而且几次随康熙亲征，受过锻炼，因此朝中许多大臣也都暗中帮助他。

与胤禛相比，八皇子胤禩就显得有些张扬了。胤禛暗中行动，很少有人知道，可胤禩公开活动，他凭着自己才华出众、善于交际的能力，也得到许多大臣的拥护，可这些人大多数是拍马屁者，在朝中没有实权。

太子胤礽自从和康熙帝有了隔阂，便派人暗中监视其他皇子的行动。一次康熙帝发现有人偷听他和皇子的谈话，将那人抓获，一审问才知道是太子所派遣的，康熙大怒，一气之下废了太子。

过了一段时间，康熙帝觉得自己年事已高，应该立太子了，便与大臣们商议此事，大臣们很多被八皇子买通，都推荐八皇子。康熙帝多聪明啊，一听便知道一定是八皇子在暗中搞的鬼，不仅没有答应，反而对八皇子产生反感。可是又要立太子，又没有自己满意的人选，只好又重立胤礽为太子。可是太子恶习不改，又被康熙帝得知，康熙帝又下令废了太子。

康熙两立两废胤礽，其他皇子自然都跃跃欲试，但朝中大臣都不敢公开插手，只好暗中相助。康熙帝为立太子之事也很苦恼，他不相信大臣的话，因为他们中有许多人都被皇子暗中买通。思前想后，康熙帝决定把皇位传给十四皇子胤禵。

十四皇子胤禵和四皇子胤禛是一母所生，他知识渊博，为人忠厚，也很正直，对皇位之事不关心。那时，十四皇子被派到甘肃，作为抚远大将军准备征讨准噶尔。

康熙帝决定立胤禵为太子，便立即下令，命隆科多召他回京。康熙帝知道自己已69岁，而且身体又不好，所以他想立即立胤禵为太子，以免其他皇子再为此事争得头破血流。

隆科多手拿密诏，却迟迟不发，而是找到四皇子胤禛。康熙帝还不知隆科多早已被四皇子买通了。二人经过商议，决定篡改密诏。原来康熙帝下的密诏是："传位十四皇子"。

隆科多和四皇子篡改密诏后，隆科多将密诏藏了起来。

这时候，上了年纪的康熙帝已得重病卧床不起。隆科多以国舅的身份日夜守护康熙帝，不让其他皇子随意进入。

康熙帝知道自己病得很厉害，便问隆科多："十四皇子怎么还没有进京啊？"

隆科多撒谎道："陛下，十四皇子远离京城，我已派人骑快马去召他回宫了！"

病重的康熙心里踏实了许多，他还想呢，十四皇子一回来，把皇位传给他，我也就称心满意足了，免得其他皇子为此事闹得内部不团结，影响我大清国的国势。

康熙六十一年（公元1722年）十一月十三日，康熙帝的病越来越重了，经常出现昏迷症状。这一天，他稍微清醒点，便想起十四皇子，他知道自己恐怕见不到他了，他想留下遗旨，让众位皇子做一个见证，也可以让他们退出皇位之争，便强打精神，说道："召诸皇子进见！"可隆科多故意装成听错的样子，高喊道："皇帝宣四皇子进见！"康熙本想解释，但是已经没有气力说话了，他意识到四皇子和隆科多早已串通好了，不禁龙颜大怒，一气之下，康熙帝离开了人世。一代伟大的开明君主，为祖国统一大业作出了很大的贡献，但却没有心满意足地闭上眼睛。

隆科多一见康熙帝驾崩，立即让其他皇子进来。隆科多见诸皇子哭得十分伤心，便清清嗓音，高声说道："诸位皇子，节哀，听我宣读圣上遗诏！"诸皇子一听说父亲有遗诏，都止住哭声，尤其是想夺取皇位的几位皇子，都竖起了耳朵，因为他们最关心皇位的事了。隆科多从袖中拿出早已篡改好的圣旨，高声读道："朕决定传位于四皇子，著继朕登基。"原来隆科多把"十"字上边加了一横，下边又加了一个勾，便成了"于"字。

八皇子虽然有所猜疑，但他也没有多想，三皇子胤祉和二皇子乃一母所生，但他们为人厚道，对皇位也不感兴趣。他一听说父亲有遗旨让四皇子继位，第一个跪倒叩拜，其他的皇子心里虽有所不服，也没有办法，只好跟着跪拜。

四皇子胤禛就这样夺取了皇位，改元为雍正。雍正帝知道其他皇子不服气，便开始依仗权力将那些和自己做对的皇子一一铲除。

允禵和雍正是同母所生，不便致死，便夺去他的王位，软禁在宗人府。

雍正帝夺取了王位，虽然手段有些残忍，但是他却是一位治国的好皇帝，大清朝沿着顺治、康熙的盛世继续向前发展。

治国明君

雍正帝夺取王位，诛杀了许多皇子，可谓名不正，言不顺。但就是在这种情况下,心怀治国之志的雍正帝,把国家治理得井井有条。

隆科多、年羹尧为四皇子夺取皇位立下汗马功劳,雍正帝继位后,二人很受宠。隆科多和年羹尧本来就手握大权,又得到雍正帝的宠信,不免有些骄纵。

年羹尧手中拥有重兵,而且又有恩于雍正帝,雍正帝自然不敢小瞧于他,封他为一等公,封他的儿子年富为一等男。年羹尧依仗手中有权,蛮横无理,对待大臣不屑一顾,对待雍正帝也是随随便便,雍正帝很不满,但是念及他曾有恩于己,手中又有大权,也只好忍让一二。

和年羹尧一样蛮横的人还有隆科多,他更是雍正帝夺权的"大功臣"。雍正帝继位后,对隆科多十分尊敬,称他为舅父隆科多。隆科多也是居功自傲,目中无人,常以舅父之尊凌压雍正帝,雍正帝也是先忍了下来。

雍正帝是位有心计的皇帝,他绝不会受制于人,因此对年羹尧、隆科多早有戒心,也暗中做好了准备。

雍正帝刚继位之时,没有立即杀害允禩等人,而只是把他们囚禁起来。这些人的心腹自然对雍正帝不满,便对外人说雍正帝上台名不正言不顺。慢慢地,全国人民都知道了,虽然没有确凿的证据,但是影响极其不好,雍正帝派人将散布此言的人杀掉了。

人是杀了,可言语无法禁止,雍正帝也没有办法,只好听之任之。

过了几年,由于雍正帝勤于朝政,治国有方,天下许多人都很敬佩他,所以外边的传言渐渐少了,但是雍正帝心里仍然很不踏实,他知道自己确实是名不正言不顺。他觉得年羹尧、隆科多手握自己的把柄,所以才有恃无恐。他想:有朝一日,如果他二人将篡改密诏之事公示于天下,我还怎么做这个皇帝啊,为了预防不测,应该想法除掉二人。即使二人不说出此事,但是如此嚣张,把朕都不放在眼里,也应早日杀一杀他们的锐气。

年羹尧命四川巡抚蔡珽铸钺,蔡珽不从,二人反目成仇。年羹尧心想:我一手把你提拔起来,你竟敢不听我的命令。他越想越生气,便上奏朝廷经刑部拟斩。雍正帝得知此事后,亲自召见蔡珽,并免其死罪。蔡珽将实情说给雍正帝,雍正帝列举年羹尧数十条罪状,将其治罪,令其自裁,将他的儿子年富斩首。

年羹尧一死，隆科多也有些害怕，赶紧向雍正帝提出辞去兼职的步兵统领，雍正帝非常高兴地答应了。

隆科多自以为雍正帝对自己放心了，后来田文镜上书弹劾隆科多，说他包庇年羹尧，欺上瞒下。雍正帝早有耳闻，立即将此事再核查一遍，情况属实，下旨削去隆科多太保职位，下放他到阿兰善山（即贺兰山）开垦荒地。不久，都察院又上奏，罗列隆科多的罪状，共40多条，雍正帝命人将隆科多逮捕，但是念及他劳苦功高，而且又是舅父，免予正法，将他囚禁起来。

雍正帝处死年羹尧，软禁隆科多，虽然有过河拆桥之嫌，但是对整顿朝政却大有好处。年羹尧、隆科多二人在朝中蛮横骄纵，其他大臣都不敢惹，二人倒台后，雍正帝又清除了他们的心腹，朝政变得清明起来。雍正帝的举措得到许多大臣的拥护，也有利于雍正帝统一政权。

雍正帝统一朝政之后，便全身心地投入到治国上来。雍正帝勤于朝政，体恤民情，知人善任，而且很节俭。

雍正帝自从当上皇帝之后，整日整夜地批阅奏章，就连一向与他为敌的八皇子对他也很钦佩，八皇子曾对雍正帝说过："四哥，你何必要争皇位呢，你做了皇上，也得把身体累垮。"

雍正帝很体贴民情，他知道祖父、先帝在位时，连年战争，百姓深受其苦，到了他统治天下时，他便采取摊丁入亩的办法征收租税，减轻百姓负担。

摊丁入亩是一项限富、利民又利国的政策，这项政策既能保证皇粮、国税不减少，又对老百姓有好处，可以使处于水深火热之中的老百姓生活得到改善。这项政策对那些封建地主、富户不利，所以遭到他们的强烈反对。但是雍正帝看到摊丁入亩的益处多于弊端，便下定决心，一定要把这项政策执行下去。

雍正帝为了保持稳定的局面，便先在浙江钱塘县试行。摊丁入亩制度刚一颁布，王敏、金煦带领该县的众多绅士、生员们共一千多人，围住县衙。王敏等人知道摊丁入亩制度就是针对他们这些富户的，所以十分不满，扬言如果不停止实行此制度，就要围攻县衙。这些人都是该县有头有脸的人物，很有影响，手下又都有一帮打手。

县官吓坏了，立即将此事上报给浙江巡抚李卫。李卫得知情况后也大吃一惊,但是李卫是见过大世面的人,也是一位忠臣,还是一位好官。他知道摊丁入亩的好处,也知道皇帝的难处,便决定立即采取措施,一定使这项制度得以真正实行。

王敏等人围攻县衙已经三天了,李卫为了打他们一个措手不及,悄悄地带着官兵到了钱塘县。王敏等人还不知道怎么回事呢,仍围着县衙叫嚣。李卫一声令下,将闹事者抓捕,金煦乘乱逃跑,王敏等人被捉。李卫采取果断措施,将闹事者中有官职的,不论大小,一律革职,并且关进大牢,其他绅士、生员一看官府如此强硬,也都吓得不敢出来闹事了。

钱塘县很顺利地推行了摊丁入亩制度,百姓拍手叫好,那些富户虽有怨言,也不敢声张,只好忍了下去。万事开头难,钱塘县推行成功,其他各县也都先后施行。

摊丁入亩制度在浙江推行后,百姓都很高兴,那些富户也不敢轻易闹事,所以社会也很稳定。其他各省如山东、云南、福建、甘肃、陕西、湖北、江西、安徽等省也先后实行。

雍正帝不仅体贴民情,而且知人善任,他之所以选择在浙江试行摊丁入亩制度。就是因为他相信李卫,知道他不仅忠君,而且有胆有识。雍正帝对朝中的大臣更是了如指掌,他最信任的两位大臣就是张廷玉和鄂尔泰。

雍正帝很有才华,曾经作诗一首:

对酒吟诗花劝饮,花前得句自推敲。
九重三殿谁为友,皓月清风作契交。

在这首诗中,雍正帝与"皓月清风"作契友,说明他孤清,但是他是有知心朋友的,就是那两位最信任的大臣。

张廷玉不仅为人正直忠厚,而且生性聪明,文采出众,雍正帝的诏书、谕旨多出自于他的手,深得雍正帝赞赏。雍正帝曾对张廷玉说过:"朕与皓月清风作契交,但你是朕的肱股之臣,没有你,我就不舒服了。"张廷玉很是感动,他知道雍正帝很有才华,有治国之道,因此很敬佩皇帝,听说皇帝把自己当作朋友,更是感激皇恩。

有一次张廷玉没有来上朝,雍正帝说道:"难怪朕这几天不舒服,原来是我的肱股之臣张廷玉生病了。"这话传到张廷玉耳中,张廷玉感动得落下了热泪,他知道皇帝很喜欢自己,也曾对自己说过,皇帝把自己当作知心朋友,但他没有想到雍正帝会当着满朝文武如此说。

从此张廷玉更是兢兢业业,为国事、天下事日日操劳,不仅为雍正帝排忧解难,而且为雍正帝出谋划策,确实是雍正帝的得力干将。

"九重三殿谁为友",除了皓月清风的张廷玉外,还有一位知己鄂尔泰。

鄂尔泰原来是内务府员外郎,但此人有勇有谋,而且为人忠厚,不畏权贵。雍正帝尚是皇子时,就很欣赏鄂尔泰,他总想拉拢鄂尔泰,为他夺取王位出谋划策,但是遭到鄂尔泰的拒绝,鄂尔泰说道:"皇子不可以交大臣,这是祖训,臣不敢有违祖训,还望四皇子多多体谅。"

雍正帝做了皇帝后,他想到了鄂尔泰,他想:此人虽为小小的郎官,竟敢因遵守祖训而顶撞皇子,此人很正直,这样的大臣,实在是难得,而且此人为官清廉,深受其他大臣敬佩,这样的人才我一定要重用他。雍正帝胸襟开阔,不仅没有因以前公事责怪鄂尔泰,反而想重用他。

雍正帝召见鄂尔泰,对他说:"当初你不保我,你现在可后悔?"

鄂尔泰说道:"陛下,不是臣不想保你,只是有祖训在,臣不敢违背。我也知道皇帝是位明君,有胆有识,但我不能因此而忘记祖训吧!臣知道陛下一定会怪罪于臣的,臣早已写好了辞退书,请陛下批准。过去我遵守祖训,现在我仍是这样,即使您是皇帝。但您若让我违反祖训,我仍不做,我宁愿一死了之!"

雍正帝哈哈大笑,说道:"朕得一知己,实在是上天所赐。你无罪,我怎么会罢免你呢,我是想派你到云南、贵州、广西任总督,那里土司横行,民不聊生,朕派别人去不放心,所以才特派你去。"

鄂尔泰本以为雍正帝会公报私仇,没想到雍正帝会重用自己,他非常感激,决心以实际行动报答皇恩。

鄂尔泰做了总督后,便按照雍正帝所说的去打击土司。鄂尔泰命人混进土司,里应外合,将无恶不作的牛庄土司捉拿归案,这起到了杀一儆百之效,其他土司都不敢胡作非为了,鄂尔泰借机将云南一带的土司全部清除掉。

雍正帝重用人才,所以他统治时期,大清国出现了繁荣景象,康熙帝创下的大清盛世继续向前发展。

雍正帝继位登基虽然有些名不正,言不顺,但他以卓越的治国才能赢得了天下人的信任,也赢得了历史的传颂。

乾隆微服私访

雍正帝在历史上称得上是一位明君,不仅治国有方,而且吃一堑,长一智,善于总结经验。他深知皇子之争不利于国家安定团结,所以他吸取了经验教训,召集群臣商议:"立太子之事,关系到大清江山社稷,不能草率,为了避免皇子们为了皇位而争得头破血流,朕决定亲书一皇子名为太子,密封锦匣之内,存放起来,不知众位爱卿意下如何?"

大臣张廷玉说道:"陛下,此法很高明,这样就可以避免太子之争了,而且各位皇子也不敢松懈,因为他们不知道谁是太子。"其他大臣也都表示赞同。

雍正帝对几个皇子早有了解,他最喜欢四皇子弘历。弘历小时候聪明过人,很受祖父康熙帝的喜爱,派专门的老师来教导他成才,弘历因此受到良好的教育。张廷玉亲自教他读书,使弘历不仅学到很多知识,而且懂得很多治国之道。小小年纪的弘历,可谓文武全才。

有一次弘历随祖父玄烨打猎,玄烨用火枪打伤一头野熊,为了让孙子弘历显示一下武艺,便派他上前去用箭射死野熊。小弘历不慌不忙,走上前去,可就在这时,野熊突然向弘历扑了过来。弘历没有惊慌,仍是稳稳当当地站在原地,"嗖"地一箭,正中野熊的咽喉,野熊应声而倒。

玄烨和大臣们都松了一口气,玄烨更加喜欢这个遇事沉着冷静的小孙子了。

雍正帝继位后,也对四皇子弘历疼爱有加,因为弘历不仅文通武备,而且有治国之志,所以雍正帝经过认真考验和思考之后,决定传位给弘历。

雍正十三年(公元1735年),一代杰出的君主雍正帝驾崩,张廷

玉按着雍正帝的遗旨,打开锦匣,取出圣旨,上面写着:

立四皇子弘历为太子,朕百年之后,继朕即皇帝位。

张廷玉宣读了圣旨,众位大臣跪拜四皇子弘历,弘历登基。张廷玉、鄂尔泰为辅政大臣。

雍正帝对自己的大臣知人善任,对自己的皇子也是了如指掌,他在这一点上比康熙大帝还要圣明。雍正帝没有选错人,弘历确实是一位明君。

弘历继位后,第二年改年号为乾隆,弘历就是历史上杰出的封建君主乾隆帝。

乾隆帝从小受到严格的教育,懂得要想治理好天下,必须要勤于朝政。乾隆帝每天天还没亮便上早朝,不论春、夏、秋、冬,从不误朝。乾隆帝为了使大臣们都知道要上早朝了,便立下规定,由寝宫出来,每过一门,便放鞭炮一声,直到乾清官。大臣和侍卫人员对乾隆帝都非常佩服。

乾隆帝不仅勤于朝政,而且办事果断,他在位时,释放了被软禁的允祇、允禔等人,这样就缓和了君臣之间的关系。

乾隆在位期间,政治统一,经济繁荣,出现了大清盛世。但年轻有为的乾隆帝不骄不躁,十分注意体察民情。

乾隆帝继位不久,山东平度县闹水灾。大水不仅冲毁了庄稼,而且还冲倒了许多房屋,百姓纷纷逃难。平度县的知县叫颜希深,他为官清廉,处处为百姓着想,因此很受当地百姓的拥护和爱戴。他看到百姓纷纷逃难,心里非常焦急。他得知有许多百姓还被大水围困后,立即带领衙役前去救助,经过几天的奋战,百姓都陆续被转移到安全的地方。为稳定百姓,他又派衙役疏通河道。大水终于过去,可全城被冲洗一空,百姓已经饿了好几天,不要说恢复家园了,就连饭都吃不上。

颜希深知道山东远离京城,如果上奏皇帝,皇帝再批奏下来,得需要好几天,所以他决定冒死罪开仓放粮。他的想法得到了母亲的支持,母亲说道:"全城的百姓都有生命危险,我宁愿让我儿冒生命危险解救百姓。"颜希深按母亲所说的,给受灾的百姓发放了粮食,灾区的百姓这才生存了下来,大家都纷纷称赞颜希深是一位好官。

颜希深不经朝廷允许便开仓放粮,让山东巡抚知道了,他一面上奏朝廷，一面命颜希深听候处置。

乾隆得知此事后，派人亲自到山东平度县去调查，当地的百姓纷纷为颜知县鸣不平，都说颜知县是一位好官。乾隆帝弄清真相后大怒："朕差一点处置了一位好官，山东巡抚真是有负朕的厚望。"

乾隆帝不仅没有治颜希深的罪，反而重用颜希深，提升他为莱州知府，封他母亲为三品夫人。还下令如果遇到类似的问题，可以先斩后奏。

乾隆帝很明智地处理了此事，但他心里久久不能平静，他想：天下如此之大，一定还有许多好官被埋没，甚至被迫害，一定还有许多不合理的现象，我要亲自去调查一番。

乾隆帝不仅武艺高强，而且有胆有识，打定主意后，便带上两位随从，微服私访。

乾隆帝了解到一些民间灾情，对那些贪官污吏，乾隆帝严惩不贷，对那些廉正清明的官吏，都给予提拔重用。

有一次见一个恶霸正在强抢民女，乾隆帝大怒，拔出宝剑，将恶霸制服。乾隆问他为什么敢如此大胆，光天化日，乾坤朗朗，竟敢胡作非为。这个恶霸不知眼前这个人就是乾隆帝，大言不惭地说："我朝中有人，你敢把大爷如何！"

乾隆大怒，将那个恶霸打入囚牢，而且把那个所谓朝中包庇恶霸的大臣也狠狠地批评了一顿。

还有一次，乾隆帝微服私访，来到西清古馆，这是专门为朝廷缮写文件的地方。

来到这里，乾隆帝见馆内只有一个年轻人正在认真地抄写公文，感到很奇怪，便问道："怎么只有你一个人抄啊？"那个年轻人看到一位陌生人进来，一看此人相貌堂堂，气度不凡，赶紧站起来说："相公请坐。"

乾隆帝通过问话，才了解到馆中的人都去参加乡试，而这个年轻人怕朝廷有文件要抄写，找不到人，所以特意留下来。乾隆帝很感动，心想：这个年轻人很负责，办事认真，可以交给他重任。乾隆帝问年轻人姓名，他也不隐瞒，告诉乾隆帝他叫杨瑞莲。年轻人也问乾隆帝贵姓，乾隆帝说："过几天你就会知道了。"

过了几天，乾隆帝任命杨瑞莲为县官，到湘潭去上任。杨瑞莲因抄写公文没有去参加乡试，而得到乾隆帝重用。杨瑞莲当上了县官，才知道那个和他在馆中长谈的人就是当今天子。杨瑞莲非常感激乾隆帝，上任后，兢兢业业，赢得当地百姓的好评。

乾隆帝微服私访，发现许多问题，都及时地解决了，对那些优秀人才都提拔重用，对那些恶霸则给予严惩。乾隆帝是一位明君，他在位时期清朝的昌盛达到了极点。

白莲教起义

白莲教是民间的秘密组织，许多农民起义，都是利用白莲教进行宣传的。元朝末年，刘福通、韩山童就是利用白莲教进行宣传，从而领导红巾军起义的。明朝末年徐鸿儒也是利用白莲教而举兵起义的。

明朝灭亡了，但一些人总想反清复明，他们就秘密发展白莲教教徒，积蓄力量，准备东山再起。这个时期，有一个有名的白莲教首领，名叫王伦。

王伦，山东省寿张县党家庄人，从小爱好武艺，广交天下朋友，而且此人聪明好学，精通医术，但他却是一心想反清复明。为了达到这一目的，他利用给人看病之机，宣传白莲教，广收教徒。由于王伦为人慷慨，济危扶贫，给人治病经常不收报酬，而他的医术又很高明，所以在寿张、堂邑一带很受百姓的欢迎和拥戴。在看病过程中，他宣扬白莲教教义：人人一律平等，有福同享，有难同当。许多百姓纷纷加入白莲教，很短的时间，白莲教教徒就达到几千名。

乾隆年间，太平盛世，但是百姓仍生活在最底层，受苦受难，所谓的"太平盛世"也只是和别的时期相比，百姓的生活并没有从根本上得到改善，仍是饥一顿、饱一顿。而这时期，贪官污吏横征暴敛，苛捐杂税有增无减，朝廷奢侈腐化，百姓叫苦不迭，他们看到富家子弟平日游手好闲，却富甲一方，心里很不平衡。渐渐地对白莲教产生信赖，这些受苦受难的百姓认为只有白莲教才能使人人平等，加入白莲教的人越来越多。

但是清政府并没有意识到危机。乾隆三十九年（公元1774年），山东寿县等地歉收，百姓生活雪上加霜，但地方官不但不减租，反而额外加派，一下就激起百姓的愤怒。王伦看到时机已成熟，便准备起义。同年8月28日，王伦在寿张县党家庄聚众起义，举起了反清大旗。

寿张县知县沈齐义刚想派兵去镇压，却被王伦和堂邑县的王经隆率领几千白莲教徒攻入县城，杀死沈齐义以及那些平日作恶多端的官吏，又打开粮库赈济百姓。接着，白莲教徒又攻克阳谷县、堂邑县。

起义军占领堂邑县后，队伍不断扩大，王伦乘胜包围了临清旧城。

乾隆得知义军围攻漕运要地，立即派大学士舒赫德、左都御史阿思合等率大军前来镇压。

王伦的义军没有经过训练，虽然很英勇，但既无兵器也无战马，很快就被援兵和城中的军队镇压下去。王伦夫妇双双战死，王经隆被活捉。

王伦的白莲教起义失败了，但官军屠杀百姓又激起民愤，白莲教继续存在，只不过暂时转入地下。

"野火烧不尽，春风吹又生"，白莲教又逐渐发展壮大。乾隆末年，朝廷政治开始腐败，官员奢侈腐化，百姓对清朝严重不满，白莲教再度举兵反抗。

枝江县刘之协、张正漠等人酝酿已久，看到时机成熟，立刻举兵攻打枝江县城。枝江县令还没有准备好，就被义军占领县城。他们乘胜而行，进攻留阳县。留阳县县令为了镇压白莲教，马上召集书办、衙役商议对策，这些人当场捉住县令，将其杀掉，原来他们也都是白莲教的人。义军很快占领了留阳县。

枝江县白莲教起义，其他各地也纷纷响应，规模最大的就是襄阳王聪儿领导的白莲教起义。

王聪儿出身于贫苦家庭，虽为女子，却爱好武艺，因为家境贫穷，王聪儿以卖艺为生，后与齐林成亲，二人流浪卖艺，受尽官府、恶霸的欺压和凌辱。他们把仇恨压在心里，借卖艺之机，向百姓宣传白莲教，煽动百姓反清复明，很快襄阳一带就有一大批教徒。王聪儿和齐林成为教首，官府得知这一情况后，立即派兵镇压，齐林等人被惨杀。

王聪儿继续宣扬白莲教，她不仅要反清，而且要亲手杀掉那些贪官污吏，为死去的丈夫和教徒们报仇雪恨。

后来，她听说刘之协带领白莲教徒已经起义，立即招集白莲教徒，在襄阳黄龙荡举兵响应。义军十分英勇，在吕堰驿大败清军，声势大振，又有许多人加入义军。起义军节节克敌，打得清军只有招架之功，没有还手之力。

嘉庆帝得知义军连连取胜，心中焦急万分，忙召集文武百官，商议对策。有一大臣说道："陛下，反贼十分猖獗，在湖北、河南两地不断获胜，气焰嚣张，我们可以派周围几个省的兵力去围攻反贼，将其包围，反贼无路可逃，只能束手就擒！"嘉庆帝也没有别的办法，立即下旨，命周围各省的骑兵、步兵开赴湖北、河南，又从京城调去大队人马，想把义军包围在吕堰、双沟，准备将其一网打尽。

王聪儿得知清军从四面八方杀过来，特别是从京城方向也杀来大批清军，她立即决定，挥师南下。

义军一路之上，占领数个州县，夺取了孝感城，王聪儿下一个目标就是夺取武昌城。但是由于大雨，攻城没有成功，而这时清军已追杀过来。

王聪儿起义不久，楚、豫、秦、蜀等地也纷纷起义，白莲教徒连连获胜。王聪儿为了彻底摆脱清军的围剿，决定与四川白莲教汇合。

由于路程较远，而清军又处处设防，王聪儿知道大队人马一起行军，必然会引起清军的注意，她便把队伍分成小队，每小队只有几百人，而且走小路，夜里行军，白天休息。王聪儿这样一做，清军竟没有发现他们。王聪儿带领白莲教徒与四川白莲教徒胜利会师。白莲教徒士气大增，王聪儿继续指挥这些白莲教徒。

王聪儿指挥着大军，东打西杀，巧妙与清军周旋，清军想镇压他们，却根本见不到他们的影子。清军屡屡扑空，气得清军将领破口大骂，但是没有办法，就是追不到义军。

公元1798年，王聪儿挥师北上，义军一路之上，势如破竹，连连攻克城池，直逼西安。清军将领得知义军正在围攻西安，心想：这一次我不会放走你了，我要让你死无葬身之地！但是清军万万没有想到，他们刚一起兵，王聪儿就带领义军去攻打湖北了。

但是清军也非常狡猾，虽然大队人马去了西安，但在三岔河等地也埋伏了重兵。义军刚一到三岔河，就被清军团团包围。白莲教徒奋勇杀敌，一个个十分英勇，王聪儿更是从容自若，指挥着人马与清军展开了一场血战。但是力量相差悬殊，白莲教徒孤军无援，相持一段时间后，清军突破了义军的防线，开始大规模的屠杀。义军视死如归，宁死不降。王聪儿也是奋勇杀敌，多处受伤，后发现大势已去，纵身跳入悬崖，白莲教徒也都被斩杀殆尽。

王聪儿这支白莲教徒起义虽然失败了，但却牵制了清军，其他地方的白莲教起义此起彼伏，这预示着清王朝已经由鼎盛时期开始走向衰败。

反封巨匠

人们一提起反封建的斗争，就想起农民起义、教徒起义等，但这只是一方面，而文人用笔来声讨封建社会也是一种斗争，是不见血的斗争，但有时比真刀真枪的搏斗还厉害。提到清朝的反封建巨匠，人们很自然地想到两位大作家，一位是吴敬梓，他的代表作《儒林外史》抨击了封建社会对人性的摧残和"八股取士"的种种弊端。另一位就是令今人景仰的曹雪芹，他的作品《红楼梦》揭示了封建社会爱情的悲剧，从不同侧面反映了封建社会的腐朽生活，预示着封建社会必然走向灭亡。

吴敬梓出生于安徽全椒县，从小受封建正统教育，自曾祖起，他家科第不绝，到了他这辈，也执意赴试。吴敬梓23岁便中了秀才，但这一年，他父亲却去世了。不久后，他的嗣父也去世，族人瓜分侵夺财产，闹得鸡犬不宁。吴敬梓感到世态炎凉，开始挥霍不止。这期间，他几次应试，但屡试不中，吴敬梓心灰意冷，携带家眷，远离那个令他伤心的故乡，来到南京。在那里，他广交文坛之士，开始了文学创作。

吴敬梓以自己的亲身经历和一些文人的真实故事为材料，用讽刺的手法揭示封建社会科举制度的弊端，揭露那些一心追求功名利禄的文人学士的丑态。

但是吴敬梓的《儒林外史》当时没有广泛流传。因为当时科举制度盛行，文人都通过这条路才走上官场，所以对吴敬梓的作品一脸的鄙视。但是历史是公正的，一些进步的作品定会传世万代，《儒林外史》以深刻的文化内涵流传至今。

世界曾刮起红学热，它的作者是我国清朝大作家曹雪芹。

曹雪芹，名霑，字梦阮，据考证是河北丰润县人。曹雪芹曾祖母是康熙的乳母，其祖父曹寅曾作过康熙的"侍读"。康熙即位后，曹家得到重用，其祖父及父辈先后任江宁织造。曹寅博学多才，深受康熙赏识，康熙曾四次到曹寅的江宁织造署内。

曹雪芹刚一出生，太夫人便命人请法轮长老和饱学之士万老先生取名，二人起的名字都是霑，他的姑母（平郡王妃）也为他取了个名，叫"霑儿"，三处的名字不谋而合，太夫人非常高兴。

康熙死后，曹家厄运开始，两次被抄，家里一贫如洗，曹氏家族败落下来。曹雪芹无心取得功名，便潜心著书。他从记事时起，曹家便由鼎盛开始走向衰败，这种经历激励他奋笔疾书，以贾宝玉和林黛玉的爱情故事为线索，塑造了许多人物，反映了封建社会的腐朽生活。贾、林的爱情是一个悲剧，这个悲剧本身具有深刻的社会意义，是反封建传统思想的表现。

《红楼梦》这部千年佳作，具有很高的艺术性和社会意义。仅这部著作中的人物名字就很值得推敲研究，至于社会根源、背景、家族关系等，更具有较高的文学和历史研究价值。但是正当曹雪芹潜心著书时，不到50岁的他却因穷困潦倒而病逝了，一颗文坛巨星过早地逝世，对我国文学史乃至世界文学史都是一个巨大的损失。

曹雪芹死后，高鹗续写了后40回，全书共120回。后40回的思想性和艺术性远不如前80回，有的地方甚至严重违背了曹的初衷。

值得思考的是，这两部作品都是乾隆年间问世的。乾隆在我国历史上是一位很有作为的皇帝，而且他在位时，清朝出现了繁荣景象。这两部作品使我们不得不相信，封建社会无论是鼎盛还是衰败时期，百姓始终生活在最底层，权贵生活总是那么纸醉金迷、腐朽没落。

和珅其人

和珅一生由穷而富,最后被处死。他是一个投机分子,而且投机成功,狐假虎威,落得这样的下场,是历史公正的对待。

和珅小时候家里很穷,连饭都吃不饱,更不用说念书了,但和珅聪明伶俐,记忆力特别好,有过目不忘的本领,而且口才好,能言善辩,反应特别灵活。这都为他在乾隆帝面前受宠埋下了伏笔。

和珅长得十分英俊,被皇宫的仪仗队选中,做了一名护轿的校尉,但此时他还没有受宠。

有一次乾隆出宫,手中拿着一份奏章,是报告农民造反的事。乾隆看后非常生气,随口说了一句:"虎兕出于柙,龟玉毁于椟,是谁之过欤?"和珅和轿夫一起随乾隆出官,跟在乾隆旁边,他一听这话,又看见乾隆龙颜大怒,便很机智地对乾隆说道:"皇上是说地方官不能推卸责任。"乾隆一听,心想"谁猜到我的想法了",回头一看,是一个英俊的校尉。

回到京城,乾隆对农民造反之事没有批奏,反而立即召见和珅。和珅没有真才实学,但却很有一套溜须拍马的本领,乾隆帝非常喜欢他。从此,和珅一步登天,成为乾隆的宠臣。

和珅成为宠臣之后,又发挥自己的特长,拍乾隆的马屁每次都恰到好处,乾隆每次都十分高兴。乾隆一高兴,和珅的官职就上升。副都统、户部侍郎、内务府大臣、户部尚书、兵部尚书、文华殿大学士,升迁如此之快,历史罕见。

和珅一人升天,仙及家人。他的弟弟和琳担任了驻藏大臣,他的亲家当了大学士。乾隆对和珅一家人都很喜欢,把自己的女儿和孝公主嫁给了和珅的儿子丰绅殷德。

乾隆皇帝是一位好皇帝,治国安邦,很有才能,但他好大喜功,铺张浪费,白莲教农民起义与此不无关系。上梁不正下梁歪,在乾隆这种不良作风的影响下,手下的大臣为非作歹,任意搜刮民财,一方面揣进自己的腰包,一方面奉承乾隆。

大清帝国

　　和珅受宠，从小又受穷，所以有了权之后拼命地贪污受贿。他公开索取，甚至盗窃国库，别的大臣知道也不敢向皇上报告，因为和珅是乾隆的宠臣。乾隆对和珅的所作所为早有耳闻，但他喜欢和珅唯命是从的样子，所以什么事都睁一只眼，闭一只眼，听到大臣的反映也不责怪和珅，最多只是轻描淡写地说上一句。但和珅却不会放过告密的大臣，所以满朝文武都怕他三分。

　　和珅是一人之下，万人之上的文华殿大学士，而且又是乾隆帝的宠臣，所以每年四方进贡的珍品，都经过和珅的挑选，上等的和珅留下，次等的送到皇宫。那时候，皇宫里有的，和珅家里有，皇宫没有的，和珅家里也有。

　　和珅在朝中作威作福，无人敢管，却也不担心有人向皇上告密。但有一事，他却发愁了，原来乾隆皇帝病重了，而他知道嘉庆早就恨透了自己，不会轻易放过自己，但为时已晚。嘉庆四年（公元1799年），太上皇乾隆帝去世，和珅感觉大梁柱倒了，但他想：嘉庆虽然不喜欢自己，但是朝中大臣有一大半儿都是自己的心腹，他还不至于把我怎么样。

　　但是和珅始料不及的是，乾隆皇帝刚死几天，嘉庆就下令逮捕和珅。和珅被打入大牢，在大牢之中，他仰望房顶，见不到天日，他知道自己完了。

　　和珅被打入大牢，他的家产被查封。和珅的家产简直多到让人难以置信，他有田地80万亩，生沙金200万两，金元宝1000个，银元宝1000个，其他如珍珠、玛瑙、瓷器等宝物也是数不胜数，据后人估计总财产不少于8亿两银子，相当于当时5年的国库总收入。难怪百姓受苦，官府还额外加派呢！

　　和珅贪污款项之大，在历史上实属罕见，嘉庆帝对和珅早就恨之入骨。嘉庆帝想把和珅慢慢折磨死，或者将他五马分尸。但是和珅是乾隆帝的宠臣，嘉庆有些手软，于是下令给和珅送去一条白绫带，和珅自缢而死。

　　多行不义必自毙，和珅罪大恶极，死有余辜。

　　和珅一案涉及众多官员，嘉庆帝一一治罪，对罪大恶极者也处以极刑。和珅的财产大多数都归了嘉庆私人所有，所以百姓间流传着"和珅跌倒，嘉庆吃饱"的说法。

和珅死了，但嘉庆帝并没有让百姓过上好日子，大清朝一步一步衰落下去。

鸦片入境

嘉庆帝处死和珅，大快人心，天下百姓拍手称赞，但是和珅的家产大多数进了嘉庆的私人腰包，百姓生活根本没有得到改善。嘉庆抓住和珅这条线索，又严惩了一些贪官污吏，朝廷风气有所好转，但也只是昙花一现。百姓生活仍处于水深火热之中，万般无奈，纷纷起义造反。

王聪儿的白莲教起义，影响很大。嘉庆帝一听说农民起义，慌了神，立即派大队人马前去镇压，义军被消灭，但清王朝的危机已暴露出来。

台湾有一个人叫林爽文，从小生活在贫苦的农民家庭，受地主和官府的层层剥削，生活陷入困境。生活的压迫使林爽文加入了天地会，很快成为组织者。乾隆五十二年（公元1787年），林爽文带领义军突袭大敦（今台中市），知县俞峻还没明白怎么回事就被义军杀死，义军从此开始征伐。起初义军连连获胜，嘉庆帝害怕了，连忙派清军去镇压，义军作战英勇，两军相持不下。但由于组织不严密，义军中出现了内奸叛徒，义军被迫撤退。后来，林爽文又继续起义，由于缺乏指挥经验，不幸被俘，英勇就义。天地会的起义再次向清王朝敲响警钟。

清王朝从康熙盛世起，雍正严治，乾隆虽然生活奢侈，但治国有道，加之康熙打下的基业，所以社会较稳定。但是到了乾隆末年，由于和珅受宠，天下大小官吏乌鸦一般黑，社会开始出现动荡的局势。到了嘉庆时，有一点好转，但随着官吏的敲诈勒索，百姓又怨声载道，社会出现不稳定因素，清王朝的盛世过去，已进入衰落的阶段。

顺治帝入关，凭借武力和智慧征服天下，到了康熙大帝时，他很有治国平天下的才能，把国家治理得井井有条。但他也有骄傲之处，以为自己是天子，唯我独尊意识十分强。明朝郑和七下西洋，一些小国与明朝成为友邻,清朝以后这些小国仍与清朝保持着关系,所以康熙妄自尊大,到了雍正、乾隆之时这种意识有增无减,将外国一律视为外夷,自称天朝,闭关锁国。

嘉庆帝时期政治开始腐败,贪污成风,但他以为"天下唯我独尊",根本没有把欧美诸国放在眼里。

乾隆末年,当时英国已经非常发达,他们得知中国是一个人口众多的国家,于是想:如果能打开中国市场的大门,那么白银就会"哗哗"地流到手里。一些商人开始铤而走险,带着英国商品千里迢迢来到中国。但那时,清朝实行闭关锁国的政策,老百姓也不认洋货。英国人没有达到目的,自然也不死心,仍挖空心思,想尽一切办法打开中国这扇大门。

英国侵略者很有经验,知道通过正常的通商手段根本无法打开中国的市场,便想出一条毒计:向中国输入鸦片。

鸦片是从罂粟花中提炼出的一种有毒的麻醉品,经火煎烤会发出一种香味,人食之不久就会染上毒瘾,一旦上瘾很难戒掉,那几乎就等于死亡。

英国人处心积虑地想出这种策略,不顾中国人的生命安全,只要能捞到钱就可以,这正暴露了侵略者的丑恶嘴脸。

鸦片开始向中国输入,开始时价钱极低。一些商人、官宦子弟有钱而又游手好闲,便买来吸。鸦片十分厉害,只要吸上两三次就会上瘾,这些人自然也不例外。由于当时鸦片的价钱很低,所以在这些人的影响下,平民、士兵也有吸鸦片的了。

渐渐地,鸦片大量流入国境,吸食鸦片的人也越来越多。嘉庆初年,输入中国的鸦片只有三四千箱,而到嘉庆末年竟增加到七八千箱。

随着鸦片输入量的增加,英国侵略者看到大量中国人吸食鸦片,便开始提高价格。那时从印度购买鸦片,每箱200多卢比,而到了中国大约相当于2800多卢比。一些官员吸食鸦片上了瘾,本来就肆意搜刮民财,这一下更加疯狂了,有的大官手中有权,开始卖官,而这些花钱买官的人一上任,为了捞回本钱更是横征暴敛。百姓本来生活就贫苦,被官吏再一搜刮,更是一无所有,那些染上烟瘾的平民没有钱,只好卖儿卖女。

鸦片严重影响了人们的健康,吸食烟片的人都骨瘦如柴,有的甚至丢了性命。鸦片不仅给中国人的身体带来灾难,而且造成大量白银外流,英国从中捞取暴利。

但可耻的侵略者并没有停止,反而越来越猖獗。他们勾结清朝的一些官吏,与他们狼狈为奸,吸吮中国人民的血。由于有了地方官的保护,英国人有恃无恐,又大批地向中国输入鸦片。中国的白银滚滚向外流去,银价飞速上涨,百姓难以忍受,社会开始出现动荡局面。而清军由于吸食鸦片成瘾,不用说战斗力了,有时候连刀枪都拿不起来。

面对鸦片的毒害,朝中一些正直的大臣纷纷上书,要求禁止向中国输入鸦片。嘉庆帝也怕因鸦片之事影响到自己的皇位,下令让两广总督查明鸦片的来源,以及中国人吸食的情况。鸦片当时从海上走私,所以销售主要在沿海一带,特别是两广地区。

没多久,两广总督将了解的情况上奏朝廷,嘉庆帝一看大吃一惊。原来两广总督通过调查得知,两广地区,白银大量外流,军队丧失了战斗力,一些官吏与外来人相互勾结,而且农民有造反的倾向。嘉庆帝得知情况后傻了眼,不禁说了句:"怎么,这么个小东西就有如此大的威力?"于是他召集大臣,商议对策。但是嘉庆帝没有魄力,倒有些优柔寡断,措施还没有想出来便于嘉庆二十五年死去。

嘉庆一死,他的二儿子旻宁继位,就是历史上的道光皇帝。道光初年,禁烟措施仍然无力,一些地方官与英国商人仍相互勾结,瞒上欺下,继续大量销售鸦片。

鸦片销量有增无减,白银外流也逐渐增加,社会动荡,一些农民开始酝酿起义,中国社会经济处于急剧的变化之中。而外国侵略者看到这种情况更是欣喜若狂,想着借机侵占中国的目的即将得逞。

鸦片的输入给中国人、中国社会带来了无穷的灾难。

林则徐虎门销烟

林则徐,字元抚,又字少穆,福建侯官人,出生于福州侯官一个下层知识分子家庭,他的父亲却对他寄予厚望。据说林则徐刚一出生时，福建巡抚徐嗣曾乘轿从他家门口过，侍卫随从簇拥，十分威风。林则徐的父亲也希望林则徐有一天能够做官，像徐嗣曾那样威风，所以给他取名为"则徐"。

林则徐没有辜负父亲的厚望，4岁入私塾，13岁便中了秀才，19岁又中了举人，27岁中进士，可谓一路高歌凯奏。林则徐为官清廉，而且办事认真负责，所以很受当地百姓的拥护。

林则徐看到鸦片给中国带来了深重的灾难，人民处于水深火热之中，强烈呼吁禁烟。林则徐给道光帝写了一道奏折：鸦片大量入境，白银外流，自本朝十四年至今，每年白银外流量3000多万两。长此以往，国库空虚，而且军民吸烟成瘾，数十年后几乎没有可以抗击敌人的兵力。一定要严厉禁止鸦片，严厉惩治那些吸食者和勾结英国销售鸦片的官吏。

道光帝看了林则徐的奏章，又想起黄爵滋、汤金钊等大臣的奏章，这些人都主张禁烟，道光帝也想禁烟，他怕长此以往自己的统治受到威胁。但他反复无常，而且优柔寡断，所以迟迟没有下旨。还有一点，他自己也染上了毒瘾，以首席大臣穆彰阿为首的一批大臣经常将鸦片送给道光帝，从而得到道光帝的宠爱。这些人包庇、纵容鸦片走私，从中牟取暴利。道光帝又认真读了一遍林则徐的奏章，知道事关重大，特别是林则徐所说：数十年之后，国家将没有兵力可以抵抗敌人。道光帝为了保住清朝江山，防止大量白银外流，他下定决心，召林则徐进京，任命他为钦差大臣，准许可先斩后奏，又特赏黄马褂，可在紫禁城骑马，并严厉警告穆彰阿等人不许纵容、包庇鸦片走私。

林则徐接受旨意，自感责任重大，他知道鸦片不仅关系到白银外流，还关系到国家的安危，所以他下定决心：一定要销毁鸦片，鸦片一日不绝，就一日不回。这位爱国将领在国家危难之际，挺身而出。

1839年1月8日，林则徐冒着风雪从京城出发，直奔广州。

林则徐不仅有爱国之心，而且很有策略，路上就下令捉拿重要烟贩。

两广总督邓廷桢和广东水师提督关天培知道光帝派钦差大臣林则徐来禁烟，非常高兴。他们对林则徐非常敬佩，知道他为官清廉，而且忧国忧民。邓廷桢和关天培看到鸦片泛滥成灾，也是痛心疾首，想方设法捉拿走私鸦片者，但效果不大，因为这些人在朝中有要臣包庇。

林则徐也非常尊敬邓廷桢、关天培，知道他二人忠心不二，而且也主张禁烟。林则徐一到，邓廷桢和关天培就率领文武百官前来迎接。三人来到总督府，商议如何打击走私鸦片者。

三人后来达成一致意见：先捉拿重大走私鸦片者，严惩官员中的包庇、纵容者，再向外发布公告，严格禁止吸食鸦片。

林则徐到广州不久，就了解到这里有一个罪大恶极的走私者，他就是三品道员伍绍荣。他原是个买办，后来走私鸦片发了横财。那时候政治腐败，有钱可以买官做，这小子一狠心，买了个三品官，而且在朝中拍了一些要臣的马屁，所以他一方面横征暴敛，另一方面更加肆无忌惮地走私鸦片。

林则徐以钦差大人的身份前来禁烟，让这个家伙心里有些发慌，但又一想：我朝中有人，他敢奈我何！但他没有想到，林则徐"壁立千仞无欲则刚"，根本不畏权贵，了解情况后立即命人将其捉拿归案。

伍绍荣一看林则徐天不怕、地不怕，当时就傻了，把自己替英国包销的1万多箱鸦片交了出来。林则徐知道伍绍荣作恶多端，下令将其斩首。

伍绍荣一死，其他的官吏都吓得惊慌失措。林则徐又派人抓来20多个走私鸦片、包庇奸商的污吏。这些人被抓之后，都如实交待了自己的罪行。林则徐心想：为了稳定军心、民心，不能都杀了，杀一个伍绍荣就足以警告他们了。于是，林则徐说道："我可以暂免你们一死，但是你们要将功补过，首先要保证以后绝不走私鸦片，同时要配合本大人开展禁烟活动。这两点有一点做不到，定斩不饶！"这些人都跪地称谢。林则徐杀一儆百，官吏一下都被镇住了，都知道这位钦差大人铁面无私，开始有所收敛或金盆洗手。

林则徐、邓廷桢、关天培采取果断措施，刹住了不良官风，但是英国走私商还十分猖獗，他们决定整治这些英商。林则徐通告英商：三天之内，务必将鸦片全部交出。

英商虽然都提心吊胆，但都存在一丝侥幸心理，以为有查理·义律为他们撑腰，可以不交出鸦片。

查理·义律是英国驻中国的商务监督，他想方设法袒护英国商人从事鸦片生意。义律与当地一些官员相互勾结，在广州一带为所欲为。林则徐到广州之后，官员被镇压，义律一看失去了靠山，便想办法对付这位钦差大臣。他先是贿赂，林则徐根本不吃他那一套；又用美人计，林则徐不动心；又派人暗杀，但林则徐毫不畏惧。

烟商一看林则徐软硬不吃，只好纷纷交出鸦片，但是狡猾的商人想蒙骗林则徐，他们手中有2万多箱鸦片，却只交出了1037箱鸦片。林则徐早就了解到实际情况，当然不会放过这些烟商了。而这时查理·义律又赶到商馆，告诉烟商不要交出鸦片。

林则徐得知情况后，立即带领清军围攻了商馆，然后断粮、断水。查理·义律等人坚持不住，企图连夜逃跑，但林则徐早料到了他这一手，派兵将其截回。查理·义律等人没有办法，只好乖乖地交出2万多箱鸦片。禁烟运动取得第一回合胜利，广州人民拍手称好，全国也为之喝彩。

林则徐看着堆积如山的鸦片，心中十分高兴，心想：我没有辜负皇上对我的厚望，也对得起天下百姓对我的拥护，还可以杀一杀英商的锐气。

林则徐、邓廷桢、关天培联合上奏，道光帝得知英商已经交出鸦片，非常高兴，心想：我说外夷没什么难对付的，我大清朝乃天朝上国。于是，道光帝立刻下令：就地销毁，以扬我国威！

林则徐接到圣旨，立即着手销毁这批鸦片。为了使更多的人受到教育，林则徐命人在大街小巷贴满布告：皇上命钦差大臣林则徐于4月22日在虎门销毁鸦片，希沿海居民外商前来观看。

布告一贴出，人们议论纷纷，有的称赞道光是一位好皇帝，有的称赞林则徐是一个铁面无私的好官。当然也有极个别的想从鸦片中捞到好处的人不愿意看到这一幕，但他们阻止不了林则徐禁烟的决心和意志。

林则徐和邓廷桢商议怎么销毁这批鸦片，邓廷桢说："我们可以放火焚烧，然后再放入大海之中。"林则徐说道："这种方法，以前我在湖广任总督时也使用过，但是有的鸦片会渗到地下，一些鸦片贩子等到焚烧完毕，再到那里去挖出泥土，然后再煎熬一次，还可以提取出鸦片。"邓廷桢说道："我们不如去问一问当地的百姓，他们一定知道如何彻底销毁鸦片。"林则徐觉得这是一个好办法，便派人去走访当地的老百姓。

老百姓得知官府想彻底销毁鸦片，都非常支持，献计献策。后来这些人根据老百姓提供的方法，总结出一个好办法"煮化法"。这种方法是先将鸦片和石灰、盐放在一起煎熬，鸦片经过加热后与石灰、盐水相结合会变成渣沫，这样就没法再提取了。

公元1839年6月3日，虎门彩旗飘扬，锣鼓震天，无数老百姓都前来参观。林则徐早已派人挖好了长宽各15丈的两个大池子，池前挖开了一涵洞通向大海，池后挖了一道水沟。

林则徐下令：开始销烟！霎时间，士兵们将鸦片都倒入大池中，把石灰和海盐也倒了进去，然后从池后的水沟把海水引入池中。由于有石灰，池中立刻气泡翻滚，浓烟冲天，鸦片渐渐地与石灰相结合，变成了渣沫。人们打开涵洞，池里腐蚀的鸦片浆流入了大海。这次销烟持续了23天，共销毁200多万公斤鸦片。

林则徐虎门销烟显示了中华民族是不可欺辱的，同时也打击了鸦片贩子的猖獗气焰，令那些想侵占我中华的帝国主义者心惊胆颤！

鸦片战争

虎门销烟灭了英国人的气焰，长了中华民族的志气。

虎门销烟后，林则徐任两广总督。林则徐不仅有魄力，而且很有眼光，已经看出西方国家的经济在迅速增长，所以下令恢复与英国的正常交易，但是不允许向中国境内输入鸦片。

林则徐虎门销烟后，便加强了军队训练，他知道英国的经济发展很快，世界各国都有其殖民地，它在中国失了利，是不会甘心的。于是，他上奏道光帝，想购买大炮。但昏庸的道光帝认为，虎门销烟之后，无论是外夷还是内敌都不会再作乱了，他认为林则徐此举是多此一举，所以没有批准。

这时林则徐便强迫那些发了鸦片横财的人捐助，用这些钱购置了200门大炮，把这些大炮安装在虎门。

与此同时，水师提督关天培加紧训练，随时准备与英国侵略者决一死战。

果然不出所料，1839年9月，义律率领英军闯入九龙，林则徐早有准备,命令狠狠打击敌人。英国侵略者没有得逞,但他们不甘心,10月又带领舰队闯入珠江领域。关天培一看英军来了,立即下令向英军开炮,英国人被打得措手不及,慌忙逃跑。

林则徐得知水师取胜,非常高兴,又提醒关天培,敌人是不会就此停止的,要小心谨慎。

关天培组织水军在珠江海面严密监视着英军,只要英军一出现,就向英军开炮,随后带领水师冲杀过去。查理·义律接连6次都没有得逞。

查理·义律又气又恨,没有办法,只好向英国政府撒了个谎,请求援助。英国早想侵略中国,一听到这个消息,立即出兵。1840年6月,48艘舰船组成的远征舰队侵入广东海面,鸦片战争爆发了。

英国侵略者到了广州海面,看到清军戒备森严,又得知林则徐在此把守,便挥军北上,想攻打厦门。闽浙总督是邓廷桢,他更是早有准备,英军也没有缝隙可钻,只好继续北上。英舰到了浙江,由于定海防御薄弱,英军占领了定海。英军不罢休,又来到天津白河口,并在这里提出了割地、赔款等多项不合理要求。

道光皇帝得知英国来挑衅,开始并没有惊慌,认为英国军队不堪一击,但是等英国舰队攻占了定海,这个胆小昏庸的国君害怕了,立即派直隶总督琦善前往天津与英军议和。

琦善对英国侵略者卑躬屈膝,对英军表示:只要撤兵,一定会严惩林则徐等人。

琦善对林则徐禁烟十分不满,因为林则徐断了他的财路,所以见到道光帝时说道:"陛下,林大人破坏两国贸易关系,操之过急,大英帝国本无侵略之意,只是因林则徐镇压英商,才不得已而派来军队,他们答应只要撤了林则徐等人的官,他们就会撤兵!"

昏庸的道光帝不知道英国侵略者的真正目的,只听一面之词,便将林则徐、邓廷桢等抗英将领革职查办,而派琦善到广州与英军继续交涉。

1841年1月,英军突然发动进攻,强占大角、沙角炮台,炮台守将陈连升与英军顽强抵抗,英勇牺牲。琦善却下令撤退守兵,1月26日英军占领香港。

道光帝得知香港失守,大怒,将琦善革职查办,派自己的侄子奕山前去广州督战。但是奕山无才无德，到了广州每天只知大吃大喝，根本不做准备。为了显示一下自己所谓的才能，5月21日晚他贸然偷袭英船，由于准备不足，竟将中国的渔船击毁多艘。他正洋洋得意之时，英军乘机反扑，轻易占领了泥城、四方军炮台，炮轰广州城。

奕山早已吓得六神无主，派广州知府向英军求和。5月21日，奕山与英国侵略者签订了屈辱的《广州条约》。

但是英国人认为还没有达到打开中国市场的目的，1841年8月进犯厦门。总兵江继芸英勇杀敌，但英军武器先进，江继芸战死，厦门陷落。

1841年10月，英军又进攻镇海，两江总督裕谦率领大军与英军展开血战，但浙江提督余步云临阵脱逃，镇海也失守了。

1842年6月，英军攻打吴淞口，江南提督率领清军与敌人拼杀，但是孤军无援，年近70岁的老将军陈化成战死在炮台上。英军乘机占领了上海、宝山、镇江等地。

1842年8月，英军侵入南京。

道光帝为了维持自己苟延残喘的统治，宁可丧权辱国，于是便派耆英、伊里布到南京同英国议和。

英国侵略者为了给清王朝一个下马威，便带领二人参观英国的船队，二人吓得六神无主，向英军投降求和。英军提出十分苛刻的条款，而且态度十分傲慢。

耆英、伊里布将此事上奏道光帝，道光帝一看条款内容，十分生气，但这二人却说："该夷船坚炮猛……益知非兵力所能制服。"道光帝没有办法，只好点头答应。1842年8月29日，两国在南京签订了丧权辱国的《南京条约》。

从此，中国进入了半殖民地半封建社会。一些帝国主义侵略者纷纷来侵占中国领土，中国人民进行了不屈不挠的斗争。鸦片战争既是屈辱史，又是中国人民的斗争史。

抗英将领

鸦片战争开始了,爱国将领和人民群众积极反抗,但是清王朝政治腐败,用人不当,导致这些仁人志士大都怀才不遇或结局悲壮。

林则徐、邓廷桢是主张禁烟的民族英雄,也是积极抗英的英雄。

邓廷桢进士出身,历任湖北按察使、安徽巡抚,道光十五年任两广总督。他一方面帮助林则徐积极禁烟,另一方面又加强军队训练。虎门销烟之后,邓廷桢调任闽浙总督,他与林则徐互相勉励,遥相呼应,为国为民筑起了闽浙、两广一带的钢铁长城。英军在广州没有得逞,想在厦门找点便宜,却被邓廷桢当头一棒,被迫北上。但是,昏庸的道光帝却将林则徐、邓廷桢二人革职查办。

提起抗英将领,绝不能少了关天培。鸦片战争爆发时,他任广东水师提督。

关天培,字仲因,号滋圃,1781年1月出生于淮安府山阴县(今江苏省淮安县)。关天培自幼爱好习武,1803年考取武生。由于他武艺高强,又很有谋略,入伍不久便得到重用,由千总升至守备、都司、游击、参将、总兵,后升为广东水师提督。他看到当时鸦片走私猖獗,十分痛心,后来林则徐来广州禁烟,他积极响应。虎门销烟之后,他又按林则徐的指示,在虎门增设炮台,加强水师训练。

但是不久,林则徐被革职,昏庸无能的道光帝派出琦善任两广总督。琦善任意破坏军事防御设施,裁减水师,气得老将关天培没有办法。

正当琦善用裁减水师向英国表示友好之时,英国侵略者却没有领情。1841年1月,英国军队突然袭击大角和沙角炮台。炮台守将是陈连升父子,这二位也是著名的抗英将领,但是他们孤军无援,关天培想出兵增援,却被昏官琦善制止。陈连升父子率领6000清军与英军战到最后一刻,英勇牺牲。

关天培得知陈连升父子战死,大角和沙角炮台失守,万分悲痛,也十分痛恨琦善。老将军也知道虎门最后两个炮台很难守住,但他横下一条心，誓与虎门共存亡。

关天培给家里写了一封诀别书，然后大义凛然地来到炮台上。他看着自己亲手培养起来的士兵，激动不已，对众将士说道："今日，吾等面对强敌，只有决一死战，关某在、炮台在，绝不后退半步！"

众将士本来就对老将军十分敬佩，今日一见老将军如此激昂，都被深深感动，异口同声地高呼："吾等愿与大人同生死，与炮台共存亡！"

这是抗英将士的豪迈呼声！

英军占领了大角和沙角炮台，又向镇远和威远炮台进犯。关天培带领众将士早已做好了准备。英军正在前行，眼看就要到炮台了，就在这时，一声巨响后，一排炮弹直轰英舰，英军将领乔治吓了一跳，赶紧下令还击。

关天培被琦善弄得一无兵、二无弹药，英军则万炮齐发，从三面包围过来。关天培早已将生死置之度外，从容指挥。将士们一看老将军如此英勇，也都奋勇杀敌。关天培一看弹药已尽，而英军也越来越近，呼地一下站起来，大声高呼："众位将士，上！"说完，关天培大刀一挥，带领清军与英军展开了肉搏战。喊杀声震耳欲聋，关天培的将士越战越勇，但是敌我力量太悬殊，老英雄和官军壮烈牺牲，镇远、威远也失陷了。

但这并没有吓倒有志气的中华儿女，又有许多抗英将领前仆后继，与之展开英勇血战。两江总督裕谦就是英雄中的一员。

裕谦是蒙古镶黄旗人，公元1817年中进士，鸦片战争时任两江总督。他也十分痛心鸦片对中国造成的伤害，主张痛击英国侵略者。为了有力地抗击英军，他加强水师训练，增添火炮，但是昏庸的道光帝却下令裁兵节饷。裕谦没有办法，眼睁睁地看着水师减少。裕谦几次上书，要求增兵，但道光帝都没有同意。

英军进犯竹山门，处州镇总兵郑国鸿不让敌半步，与英军展开了一场激战。英军损伤不少，便分兵两路，一路攻竹山门，另一路偷袭，但英军的计谋早已被裕谦看穿，他让寿春镇总兵王锡朋埋伏在小路上。英军一到，王锡朋就带领官兵杀了上去。英军立时乱了，但王锡朋遭到敌人的暗枪，不幸牺牲。竹山门失守，但定海镇总兵葛云飞面对强敌，丝毫不退缩，与敌人展开了肉搏战。葛云飞率领官兵杀死了许多英军，但终因寡不敌众，这些爱国将领全部壮烈牺牲。

裕谦得知三位总兵壮烈牺牲，非常心痛，命提督余步云防守镇海门户招宝山，自己领兵守城。但是余步云贪生怕死，英军一到，就吓跑了。裕谦一看英军乘胜占领了招宝山和金鸡岭，知道大势已去，便纵身跳入水中，以此来报答皇恩，表示他的赤胆忠心，但昏庸的道光帝却不为其所感动。

1842年6月，英军进攻吴淞口。吴淞口是南京的门户，这里设置了两座炮台，西炮台是提督陈化成把守，东炮台是参将崔吉瑞把守。

英军刚一到吴淞口，陈化成立即命令开炮，英军也同时开炮，炮声惊天动地。陈化成一看打了几炮，都没有打中英舰的要害，便亲自瞄准，又一炮过去，敌舰一下被打中，但是炮弹质量太差，没有把敌舰炸沉。他又从数十枚炮弹中选出几枚，亲手开炮，接连击沉了好几艘敌舰。

但是东炮台的官兵却被牛鉴带着逃跑了，阵地上仅剩下西炮台的全体官兵，但老将陈化成丝毫不退缩，仍然指挥士兵杀敌。

西炮台孤立无援，英军这时候进攻得更猛烈，英军已上了西炮台。老英雄手持宝剑，上下翻飞，真是老当益壮，可是敌兵将他团团包围，老将军倒在了血泊中。

抗英将士数也数不清，虽然他们大多数都落得个悲壮的结局，但正是这种不屈不挠的精神令侵略者望而却步，使我们中华民族有了生存的希望。历史不会忘记，人民不会忘记，这些爱国将领为了国家、为了民族，视死如归，这种精神永远激励着华夏子孙奋勇前进。

三元里抗英

英国侵略者用武力占领了许多地方，在他们眼里，只要有武力，就无坚不摧，但他们想错了，三元里人民给了他们一记响亮的耳光，让他们知道了什么叫人民的力量。

英国侵略者占领了泥城、四方等炮台，又包围了广州城，奕山只好投降，派广州知府余保纯到英军那里求和，签订了屈辱的《广州和约》。和约规定：清军在 6 天内撤驻广州城外；7 天内缴纳 600 万元的"赎城费"，赔偿英国商馆损失 30 万元。这些规定被卖国贼奕山一一答应。英军在广州一带更是有恃无恐，四处骚扰百姓，无恶不作。

1841 年 5 月 29 日，有一群英军没事，到广州城北三元里来寻事。走着走着，他们看见一位姑娘正在田里干活，立即走了过去，想调戏这位姑娘。姑娘一看来了这么多英军，撒腿就跑，但很快就被英军追上，他们拉住姑娘，姑娘又抓又咬，还大声呼喊："救命啊！救命！有英军！"

三元里的青年农民韦绍光一听见喊声，知道准是这些英军想非礼姑娘，立即叫上几个干活的小伙子扛着锄镐跑了过来。这些人平时都恨透了英军。而这时，英军正在调戏那个姑娘，韦绍光等人从英军身后突然袭击，一下就打倒了三四个英军。一个英军刚想端枪与他们搏斗，韦绍光眼疾手快，一锄头将大枪打落在地。其余的英军一看，这些人如此凶猛，都吓跑了。

韦绍光一看敌人跑了，忙把那位姑娘送回了家，又对乡亲们说："英国鬼子被我们打死了几个，他们一定会来报复的。官府怕鬼子，我们不怕他们，如果他们来了，我们就和他们拼了，让他们知道我们的厉害！"

韦绍光的话引起乡亲的一片叫好，他们都恨透了英军，也恨透了那些卖国贼。韦绍光原来是水勇的带头人，林则徐禁烟时，他也出了不少力，但是琦善、奕山的上任使这些水勇有力无处使，只得回家种田。韦绍光不仅勇猛，而且很聪明，他知道英军十分强大，如果和他们硬拼，不但取不了胜，反而会搭上许多乡亲的性命。但是韦绍光也知道，不反抗就等于白白送死，只有反抗才是一条生路。韦绍光边走边想，怎样才能打退英国鬼子呢？

正低头走着，他差一点撞上一个人，抬头一看，心中大喜，此人是萧岗乡的举人何玉成。何玉成不仅有文采，而且很有谋略，在附近的村中很有威望。韦绍光立刻说道："快到我家中来，我有要事与你商议！"

二人来到韦绍光家中，韦绍光将此事的过程一说，何玉成也气坏了，说道："不杀英国鬼子，他们不知道我们的厉害！"但是何玉成又马上镇定下来，说道："英国鬼子有先进的武器，我们绝不能和他们硬拼,可以采取诱敌深入的办法,然后再突然袭击他,这样就可以打败他们。"二人商议好计策后,便分头联络村民。由于英军四处骚扰百姓,早就引起了民愤,乡亲们一听说要打英国鬼子,都积极响应。

晚饭过后,附近103个乡的青壮年都集聚在北帝庙,大约有四五千人。何玉成对大家说:"乡亲们,英国鬼子肆意扰乱我们的生活,烧杀抢掠,无恶不作,我们绝不能任他们胡作非为,官府怕鬼子,可我们不怕,我们只有打败了英国鬼子,才能杀杀他的气焰,否则他们以后会更加放肆!乡亲们,只要我们团结在一起,就一定能打败英国鬼子!"大家热烈响应。

接着,何玉成、韦绍光将这些人分成两批,交待了任务。

1841年5日30日凌晨,三元里的人们开始了行动。这些人都手执大刀、长矛,有的手里拿着棍棒,有的手里拿着锄头,韦绍光带领着他们浩浩荡荡地杀向了四方炮台。

而何玉成则带领人埋伏在牛栏岗,准备突袭英军。

再说英军哨兵发现大队人马杀了过来,忙向英军将领卧乌古汇报:清兵攻打炮台!卧乌古一听,有些吃惊,心想:清军已投降,怎么会突然又攻打炮台呢?他立即走到瞭望台,一看这些人,有几个拿着大刀、长矛,其余的人拿的都是农具。卧乌古哈哈大笑,说道:"刁民,你们打死我的将士,还没找你们算账,你们竟前来送死,太好啦,我让你们有来无回!"说完,他带领2000多英军杀了出来。愤怒的百姓一看见英军,纷纷抢起手中的器具向英军打去。英军万万没有想到这群人会如此勇猛,一时间被打得纷纷后退。卧乌古连忙带领英军逃了回来,命令炮轰农民。农民早有预料,一下散开了,纷纷逃跑。卧乌古又笑了,说道:"追!一个也不要留,统统杀掉!"英军又追了上来,农民们且战且退。英军更得意了,认为农民就这样不堪一击。

路越来越窄,卧乌古率军追到了牛栏岗,而这时却见不到百姓的身影了,卧乌古大呼一声:"上当了!"就在这时,一声锣响,杀声四起,英国鬼子被团团围住。英军虽有大枪,但根本无法用上,而百姓看见他们,眼都红了,一个个异常英勇,与英国鬼子展开了肉搏战。这里边有一员女将,名叫阿凤,她从小学武,十八般武艺样样精通,手使风铊。她一看见英军,恨不得喝了他们的血,手中的风铊就如流星闪电,打得敌人头破血流,纷纷后退。

英军一时间大乱，有十几人被愤怒的百姓砍死。这些百姓越战越勇，卧乌古一看大事不好，忙带兵逃了下去。

可就在这时，天降大雨，英军被淋得像落汤鸡似的。百姓都躲进了密林之中，英军刚要进树林，里边就飞来石头、木棒，打得英国鬼子只好在雨中被淋，想逃跑，大雨又挡住了视线，就这样被困在了牛栏岗。

英国鬼子这一下可惨了，火药受潮也无法开枪，泥泞的土地又湿又滑。雨渐渐小了，英军四处逃窜，百姓从密林中冲出来，杀得英军惊恐万分，一口气跑到了炮台。

英军到了四方炮台，一查点人数，竟少了200多人，其中有校官2名，将军1名。卧乌古气得大叫："我非报此仇不可，非亲手杀了这帮刁民。"

英军非常狼狈，赶快换了军装，一觉睡到天亮，可就在这时，四方炮台四周又响起喊杀声。卧乌古一下从床上跳了起来，赶快爬到瞭望台上一看，黑压压的一片，人们从四面八方杀了过来。

原来，韦绍光、何玉成领导的抗英斗争取得胜利，鼓舞了人们的士气。何玉成和韦绍光又分头联系，这一下有400多个乡的百姓积极响应，竟有几万人将四方炮台重重包围。英军再想架炮攻击，早就晚了，百姓高呼着："扫平洋鬼子！""赶走英夷！"

卧乌古急忙派人给广州知府余保纯送信，余保纯一听说三元里带头围攻四方炮台，吓坏了，立即赶到，又是威胁又是利诱，那些士绅惧怕官府，都离开了，百姓这才渐渐离开了。英军和余保纯都吓出了一身冷汗。

三元里人民抗英斗争打击了英军嚣张的气焰，揭开了人民反帝斗争的序幕。

为国除奸

鸦片战争开始时，英军的侵略行为激起了全国人民的反抗，三元里抗英给英军以沉重的打击，使英国人认识到，大清朝的官好对付，可百姓却十分厉害。这一方面反映了人民的力量是伟大的；另一方面也说明清王朝政治腐败，尤其是那些软弱无能的昏官，祸国殃民，百姓对他们恨之入骨，纷纷组织起来，专门打击洋人和那些卖国贼。黑水党就是其中著名的一支人马。

闽浙一带经常受到英军的侵扰，百姓对英军十分痛恨，经常寻找机会狠狠地打击敌人。后来，这些百姓发现官府中的汉奸更为可恶，他们经常引狼入室，助纣为虐，百姓对他们也是恨之入骨。于是，百姓自发组织起来，专门与英军和汉奸斗争，黑水党就这样成立了。

黑水党的组织者是张小伙和钱大才，这二人十分英勇，在当地百姓中有一定的威望，他们黑水党有二三千人。张小伙和钱大才知道敌人力量强大，而且武器先进，不能和他们硬拼，二人商议了对付英国鬼子的策略，决定夜袭英军。

从此，黑水党都是晚间行动，经常出没于英国鬼子集中的地方。黑水党作战十分迅速，每人手执一把大刀，只要英国鬼子不注意，便冲杀过去，一阵猛杀猛砍，几分钟即消失在黑夜里。英鬼子经常还没有明白怎么回事，便被杀死几十人，刚想去追，那些人又早跑了。英国鬼子对付不了这些人，便责令官府来对付。

这些官员大多恨透了英国鬼子，但迫于上边的压力，不得已而为之，所以经常睁一只眼，闭一只眼，知道是黑水党人干的，也不去追究。黑水党屡屡得手，打得英国鬼子觉都睡不踏实，就怕这些人夜里偷袭。英国鬼子也知道官兵不为他们出力，便把铁杆汉奸赵贵找来了。赵贵确实是一个铁杆汉奸，为英国人做了许多事。裕谦与葛云飞、郑国鸿、王锡朋镇守定海时，就是赵贵这个汉奸跑到英国鬼子那儿，对他们说："裕谦这个老家伙，十分不好对付，他与三位总兵串通好了，想与你们大英国抗争，他们几个太不自量力了。不过，也不要太小瞧这些人，他们都是很有作战经验的，而且手下的军队作战也十分凶猛，所以你们不能和他们硬拼，那样损失肯定不小。晓峰岭后面有一条小路，可以从后边沿着这条小路去偷袭他们，打他们个措手不及，腹背受敌，就一定能攻下定海。"英国鬼子点头答应，分兵两路，一路继续留下来攻打竹山门，另一路由汉奸赵贵带领从小路偷袭。裕谦虽然已有预防，派王锡朋在那里把守，但赵贵这小子让英国鬼子瞄准王锡朋在暗处放枪，王锡朋壮烈牺牲，英国鬼子趁机占领了竹山门。赵贵因此得到英国鬼子的信任。

　　黑水党的人恨透了赵贵这个丧尽天良的汉奸，总想找机会把他除掉。璞鼎查占领了厦门，激起了黑水党的愤恨，张小伙、钱大才带领几百人突袭英国鬼子。而此时英国鬼子正在庆祝成功占领厦门，毫无防备，一下子就被黑水党的人杀死了一二百人。英军大叫，一定要为这些人报仇，但他们根本不知道是谁干的。

　　后来听赵贵说，这很可能是民间秘密组织干的，便派赵贵前去打探。赵贵的踪迹刚一进入黑水党的范围，张小伙就发现了，立即将赵贵抓住。黑水党一看赵贵被抓，都非常高兴，有的人主张立刻杀了他，有的人主张慢慢折磨死他。而正在这时，门外忽然进来一位大汉，身材高大，而且十分威武。黑水党的人立刻拿起大刀，准备与他搏斗，这个人向大家一笑，说道："大家别误会，我就是徐保。"提起徐保，黑水党人都知道他是抗英将领，定海失守后，他护送葛云飞遗体回乡安葬，从此以后就弃官务农。他伤心至极，自己的弟兄大多数壮烈牺牲，而英国鬼子仍在肆虐，特别是那些贪官污吏依然助纣为虐。徐保回到家后，仍号召百姓起来抗击英国鬼子，由于他有经验，又有胆有识，多次打死前来骚扰百姓的英国鬼子。正因为如此，徐保的大名在附近几个村早已传开。

　　徐保得知黑水党抓住了铁杆汉奸赵贵，想亲手杀了这个家伙，为死去的兄弟报仇雪恨。徐保说明来意后，张小伙递给他一把大刀，徐保手拿大刀，喝道："赵贵，你个卖国汉奸，也有今日！"手起刀落，赵贵人头落地。大家都知道徐保有勇有谋，而且仗义疏财，为人宽厚，张小伙、钱大才便带头跪下，对徐保说："黑水党群龙无首，望大人做我们黑水党的老大！"众人一起响应，徐保盛情难却，只好点头答应，对大家说道："既然我已经弃官，就不要再称我大人了，我们都是兄弟，一律平等，英国鬼子不会甘心的，还会派人前来打探，我们要做好准备！"

　　英国鬼子正等着赵贵回来报信，可左等也不来，右等也不来，忽然一个英兵跑进来报告在水沟边发现了赵贵的尸体。英鬼子大怒，说道："这个废物，这点儿事也办不成！来人，给我去找胡四！"

　　胡四也是一个铁杆汉奸，帮助英鬼子杀害了许多老百姓。胡四接到任务后，自己不敢去，怕落得和赵贵一样的下场，于是便要求带几个英军一起去。

　　胡四带着6个英国鬼子出来了，黑水党早有人得知了这个消息，立即报告给了徐保。徐保一听胡四来了，气得牙都咬得咯吱作响，立即召集黑水党的人，对他们说道："胡四罪大恶极，我们这一次绝不能便宜了他！"大家又商议了对策。

　　胡四和几个英国鬼子一出城，便像豺狗一样，四处闻味。走着走着，他们来到了江边，而江边一条船也没有，胡四正骂着，从江中心来了一条小船，胡四连忙招呼，船夫听见了，立刻向江边划来。

　　没多长时间，船夫便把船划到了江边，说道："几位，过江啊？"胡四骂道："废话，不过江，到这来干什么！"船夫也不理会，说道："几位，先给钱吧，这是我们这行的规矩！"胡四拿出枪来，说道："先划船，到那边再说！"船夫不说话了，小船慢悠悠地前进，可就在这时，从江心芦苇中冲出一只大船，像离弦的箭一样直向小船撞来。胡四刚想捉住船夫，船夫一下就跳入水里。胡四忙命人向大船开枪，大船上的人都跳入了水中。胡四正在向水中开枪，忽然觉得小船来回晃荡，一会儿就翻了，原来黑水党的人在水底把小船掀翻了。胡四和英国鬼子没有防备，一下都落入水中。英国鬼子不会游泳，在水中乱扑腾，黑水党的人立刻游了过去，将他们按在水里，这些人全被淹死。胡四借机游到了岸边，刚要上岸，一个高大威武的人一把将他抓住，大喝一声："胡四，你认识我吗？我就是黑水党老大徐保，不过你是没法回去报信了，今天你就留这儿吧！"说完，一刀将胡四砍死。

　　鸦片战争中，像黑水党这样的爱国组织有很多，它们严重打击了英国侵略者的嚣张气焰，谱写出一曲曲爱国主义的乐章。

洪秀全创拜上帝会

　　洪秀全原名火秀，广东花县人，兄弟五人，只有他读书，因为父母看到四儿子洪秀全聪明伶俐，智慧过人，一心想让他成为人中之龙，做大官。

　　洪秀全认真学习，苦读《四书》《五经》等儒家经典，然而两次乡试都没有考中。但他继续努力,第三次乡试,成绩虽然很好,但却榜上无名。洪秀全后来才知道,当时的乡试非常黑暗,你考的成绩再好,也不一定考中,只有那些有钱或有权的子弟才能考中。一气之下,洪秀全没有再参加乡试,而是回村当了私塾先生。

洪秀全做了私塾先生后,没有忘记父母的期望,仍想走"仕途"之路。于是,他一边教书,一边准备参加乡试。

1843年,洪秀全参加了第四次考试,成绩比上一次还好。洪秀全本来抱着一丝希望,希望得到考官的赏识,但是他又名落孙山。洪秀全这一次彻底绝望了,下定决心,再也不参加考试了。

科场的几次失意,使洪秀全对清王朝产生了强烈的不满情绪,他在思考如何把这种黑暗、腐败的制度推翻。

洪秀全心情抑郁,大病了一场。在养病期间,他无事可做,便把那本《劝世良言》拿出来看。《劝世良言》是外国传教士送给他的,是他在参加第二次乡试时偶然得到的。

《劝世良言》讲的是上帝派遣他的儿子耶稣下凡,替世人赎罪的故事。洪秀全看后,颇有感触,下定决心恪守天条,创立拜上帝会。他在激动之余,挥笔写下:

龙潜海角恐惊天,
暂且偷闲跃在渊。
等待风云齐聚会,
飞腾六合定乾坤。

从这首诗就可以看到,他决心已定,想组织民众开创一片新天地。洪秀全知道自己身单力孤,必须要找帮手。他想到了自己的族弟洪仁玕和好友冯云山。这二人都很有才华,而且也对清王朝十分不满。洪秀全找到二人,把自己的想法和他们说了。这二人本不想和洪秀全一起干,但洪秀全把《劝世良言》拿给他们看,又把清王朝的腐败黑暗说了一遍。这二人也下定决心,和洪秀全一起创立拜上帝会。

1843年,洪秀全、洪仁玕和冯云山三人来到村边的石角潭边举行了洗礼仪式,宣布"拜上帝会"正式成立。他们三人商议,决定分头进行串连,宣扬拜上帝教。

1844年,洪秀全来到广西贵县。洪秀全之所以选择那里,有两个原因：一是表哥黄盛均住在贵县赐谷村，可以有落脚之地；二是那时候，广西百姓的日子比别处更苦，老百姓容易接受拜上帝教。洪秀全到处宣扬，说他是上帝的二儿子，上帝赐给了他一把宝剑和一方金玺，让他回到人间拯救天下，只有参加拜上帝会的人才能免除天下大乱的灾难，否则性命难保。但是响应的人不多，当地的百姓不相信洪秀全的话。

洪秀全的好友冯云山出身于一个富裕的家庭，博学多才，为人忠厚，他答应与洪秀全共创拜上帝会后便一人来到桂平县紫荆山。由于那里没有熟人，也没有落脚之地，所以冯云山历尽坎坷。身上没有了钱，他便去为别人收割庄稼，担泥挑土，甚至拾粪出售。只要有口饭吃，他就去干，但他却没有忘记自己的任务，抓住一切机会宣扬拜上帝教。后来，冯云山在紫荆做了私塾先生，职业稳定下来后又展开了积极的宣传。渐渐地，入教的人越来越多，3年过去了，紫荆山一带的拜上帝教人数竟达2000多人。

洪秀全在贵县没有发展多少教徒，便又回到故乡，重新做起了私塾先生。他白天教书，晚上写书，短短的两年时间写了两本重要文献《原道救世歌》《原道醒世训》。这两本书积极宣扬拜上帝教，抨击社会的黑暗、腐朽。

洪秀全一面写书，一面宣扬拜上帝教，但没有形成很大的规模。他听说好友冯云山在紫荆山一带传教已有了一定的基础，便放弃做私塾先生，来到紫荆山，找到了几年不见的冯云山。冯云山把这一带的情况和洪秀全一说，洪秀全非常高兴，说道："这里地势险要，即使政府想与我们作对，也拿我们没办法，这里进可攻、退可守，是上帝赐给我们的宝地啊！"

洪秀全和冯云山二人同当地的百姓一起劳动，一起谈话，渐渐地融合成了一家人。二人利用这个机会积极宣扬拜上帝教，拜上帝会的人越来越多。洪秀全又写了《原道觉世训》，也很好地宣传了拜上帝教。

由于拜上帝会影响越来越大，一些很有才华的人也都纷纷入会，杨秀清、萧朝贵、韦昌辉、石达开等人都成为拜上帝会的成员。洪秀全看到这些人也来入会，非常高兴，对他们说："我愿与各位同患难，共甘苦，我想与各位结成金兰之好，不求同年同月同日生，只愿同年同月同日死，不知几位意下如何？"这几个人一听，非常高兴，都点头答应，六人跪拜上帝，成了兄弟。这些人后来都成为太平天国运动的骨干力量。

结拜之后，大家商议下一步该怎么办，并说出了自己的看法，最后达成了一致意见，委托洪秀全、冯云山撰写《太平天日》一书，在书中阐述起义的意义。为了制造舆论，洪秀全把自己在广西贵县宣扬拜上帝教时的小故事编了进去：说自己是上帝的二儿子，天父给了自己一方大印和一把宝剑，命他下凡斩妖除魔拯救劳苦大众。这个故事当时在广西没有流传开，但在紫荆山区却起到很大的作用。当地的百姓都认为洪秀全是耶稣的弟弟，是"真命天子"，所以又有许多人加入拜上帝会。

1850年年底，拜上帝会已经发展到2万多人，声势浩大。官府得知情况后，便想镇压，派兵包围了洪秀全所住之地。杨秀清等人前去救援，把官兵全部歼灭，拜上帝会士气大涨。洪秀全知道时机已经成熟，便和几个兄弟商议，决定起义。1851年1月11日，洪秀全在广西金田村宣布起义，国号"太平天国"，拜上帝会的成员被称为"太平军"。从此，2000多年来规模最大的一场农民反帝反封建的太平天国运动开始了，这场运动沉重地打击了帝国主义的势力，动摇了清王朝的统治基础。

定都南京北伐西征

1851年，洪秀全领导的太平天国运动轰轰烈烈地展开了。洪秀全为了加强军纪，笼络人心，规定了5条军纪：（1）听从命令；（2）男女分营；（3）秋毫莫犯；（4）财产归公；（5）不得临阵脱逃。太平天国声势浩大，战斗力也很强。

道光帝死后，他的儿子奕詝继位，改元为咸丰帝。年仅19岁的咸丰也想有一番作为，做一代英主，但他软弱无能，昏庸无道，一听说太平天国起义，吓得惊慌失措，立即放弃了对外国的抵抗，全力对付太平军。他派李星沅为钦差大臣，前去镇压太平军。

李星阮为了把太平军消灭在萌芽状态,调集6个省的军队1万多人前去镇压,任命广西提督向荣为先锋。太平军与清军展开了血战,太平军军纪严明,作战勇猛,向荣被打得狼狈逃窜。太平军初战告捷,士气大涨。1851年3月,洪秀全在武宣县东乡登基,称天王。随后太平军又挥师攻打永安州(今蒙山县)。由于李星阮在武宣病死,咸丰帝又任命大学士、军机大臣赛尚阿为钦差大臣,继续镇压太平军,但是赛尚阿并没有改变败局,太平军一鼓作气又占领了永安。

在永安城,洪秀全开始制定各种制度,封杨秀清为东王,萧朝贵为西王,冯云山为南王,韦昌辉为北王,石达开为翼王。东王杨秀清掌握了太平天国的军政大权。

洪秀全永安封王,影响非常大,不断有农民加入太平军。清政府更加恐慌,忙派赛尚阿带领3万精兵前来围剿。赛尚阿知道太平军的厉害,所以他只围不攻,想把太平军活活困死在城中。这一计策成效显著,太平军在城中坚持了几个月,城中粮草缺乏,几位首领商议,决定突围出去。

1852年4月,洪秀全等人率领太平军开始突围。清军立刻攻打太平军,两军展开了激战。攻打全州时,南王冯云山壮烈牺牲;攻打长沙时,西王萧朝贵战死。太平军损失了两员大将,但是取得了一系列胜利,将清军4个总兵全部杀掉,围剿的清军只剩几百名残兵败将。太平军又乘胜攻占了永州、江华、永明、兰山、桂阳、郴州、益阳、兵州。在兵州,太平军兵分两路,连克湖北重镇汉阳、汉口、武昌。

太平军节节胜利,吓得清兵闻风而逃。1853年2月,太平军水陆并进,夺取了安庆,直逼南京。洪秀全派人在仪凤门城楼挖了一条通道,用炸药轰炸城门,清军慌乱成一团,两江总督陆建瀛武艺虽然高强,但年纪太大,被太平军杀掉。江宁守将祥厚、霍隆武也被愤怒的太平军杀掉,太平军占领了南京城。

占领南京后,洪秀全决定在此建都,众将领都同意,洪秀全改南京为天京,把天京作为都城。

而正当太平军在南京建都之时,咸丰帝也没有闲着,又调集了大队人马准备围攻南京城,彻底剿灭太平军。

太平军已料到清军会来围攻南京,洪秀全决定北伐和西征。

1853年5月,林凤祥、李开芳、吉文元开始北伐,目标是直捣清朝的老巢北京。北伐军作战勇猛，一路势如破竹，连续攻克了滁州、凤阳、亳州等地。太平军围攻开封，久攻不下，又来攻打怀庆。咸丰帝得知太平军已到怀庆，不禁大惊失色，立即派直隶总督讷尔经额为钦差大臣，率领2万人马火速前往怀庆，以解怀庆之围。林凤祥、李开芳、吉文元率领太平军与清军展开了一场血战，未能攻克怀庆，立即突围，经山西，入河北，智取军事重镇临洺关，又乘胜攻占了献县、交河、沧州等地，大军直逼天津。

但是这时已进入秋季，天气比较寒冷，太平军大多是两广一带的人，所以处境十分危险，加之又缺少粮食，孤军无援，但是太平军士气却很高昂。

太平军决定南撤。1855年3月，林凤祥与清军战到最后，终因寡不敌众被俘，在北京被杀害。李开芳在高唐州与清军周旋，但是清军久久围困，李开芳也被俘。

太平军北伐，由于孤军无援，又遇上了寒冷天气，最后失败了，但是北伐军从南到北，从西到东，转战数千里，连克数城，为太平军西征牵制了清军。

北伐的同时，1853年6月3日，胡以晃、赖汉英、曾天养也率领太平军开始了西征。

太平军于6月10日攻克安庆，24日乘胜围攻南昌。但是南昌久攻不下，太平军分兵两路。

胡以晃、曾天养以安庆为基地，连克贤关、桐城、舒城，太平军士气大涨。1854年1月，攻克了战略要地庐州（今合肥），安徽巡抚知悉清军惨败后，投水自杀。

另一路人马由石祥祯率领，直奔九江，太平军没有受到多大阻力，顺利占领了九江，又连克汉口、汉阳等地。湖广总督吴文镕立即上奏，请求援兵，咸丰帝派清军来支援。由于太平军兵力不足，而清军又有了援兵，石祥祯放弃了汉口、汉阳，退守黄州。而就在清军准备继续追剿石祥祯时，曾天养率领太平军前来支援，清军腹背受敌。双方在黄州展开了激战，清军逃的逃、亡的亡，毫无斗志，吴文镕万般无奈，投水自杀。太平军又继续攻城，一口气夺下了汉口、汉阳、武昌三镇。

西征军连连取胜，咸丰帝慌了手脚，命令曾国藩一定要在湖南消灭太平军。

曾国藩不敢怠慢，立刻调集所有的军队，准备与太平军开战。在岳州，太平军与湘军展开了激战，结果曾国藩的湘军大败。曾国藩发现太平军太厉害了，决定撤兵退守长沙，准备伺机反扑。

太平军一看曾国藩退守长沙，决定乘胜追击，连克靖港等地，直逼长沙。1854年4月，林绍璋率领太平军攻占湘潭，曾国藩知道湘潭失守，长沙就很危险。他调集了所有湘军，孤注一掷，准备与太平军决一死战。经过7天的恶战，太平军损伤很大，曾国藩看到太平军伤亡很大，立即派兵追杀。林绍璋不是对手，只好退守岳州。

曾国藩调整了人马，又带领湘军攻打岳州。太平军还没有从失败的阴影中走出，又遇到了湘军的围剿，林绍璋只好带领太平军继续撤退，曾国藩乘胜追击。而就在这时，曾天养率领太平军与曾国藩的湘军在城陵矶展开了一场恶战。曾天养打死湘军将领4人，击毁湘军战船30多艘，湘军损伤无数。太平军就要取胜之际，湘军大将塔齐布又带领大队人马来支援，曾天养与塔齐布展开了大战，但是被湘军用箭射伤，最后壮烈牺牲。曾国藩又重整旗鼓，围追太平军。太平军已没有了根基，只好连连后退，最后退出了湖南。

但是曾国藩不罢休，又率领湘军直奔武汉。太平军与湘军又展开了激战，湘军此时士气正旺，重新夺回了汉阳、汉口、武昌三镇。西征人马只好节节败退。

在天京的太平军得知西征人马节节败退，立即派翼王石达开率领大军前去支援。1855年2月，石达开率领太平军夺取汉阳，乘胜追击，又攻克武昌。太平军士气重新高涨，而这时周培春的天地会人马也加入进来。石达开如虎添翼，连克瑞州、临江、袁州等地。几个月的时间，石达开在江西打开了一片新天地，打得清军闻风而逃，湘军也吃了败仗，逃回了湖南。

咸丰帝得知曾国藩也没有战胜石达开，又派大军支援围攻天京的清军，可清军的援军还没到，杨秀清等人率领太平军就打败了围攻天京的清军。而这时石达开的大军又杀了回来，大破清营七八十座。清军大败而归，威胁天京的江南、江北大营彻底被打垮，太平军有了调整的时机。

太平军击溃江北、江南大营，又占领了许多地方，控制了长江中下游的许多地方，这为太平天国的辉煌打下了坚实的基础。

一分为二看曾国藩

曾国藩，字伯涵，号涤生，湖南湘乡人。对曾国藩，历史早有评价，从不同角度有不同的结论，而且是大相径庭的。从镇压太平天国，阻止进步势力来说，他可以说是历史的罪人，是元凶。他对侵略者的妥协虽然与软弱昏庸的皇帝有关，但称他为"卖国贼"并不为过。可如果我们换一个角度来评价曾国藩，他为了大清朝的江山，也是披肝沥胆，立过汗马功劳，称他为忠臣也不为过，而且曾国藩很有远见，主张积极学习西方的先进知识。从历史的角度看，曾国藩有功有过，我们不能将他一棒子打死。

曾国藩小时候家境贫穷，但他聪明伶俐，父母希望他能够金榜提名，所以尽管家里很穷，但还是让他读书。曾国藩也没有辜负父母的厚望，读书特别用功，而且有过目不忘的本领。

曾国藩的仕途很顺利，1838年考上进士，不久就入翰林院，后任礼部侍郎。

1852年，曾国藩的母亲死去，他还乡丁忧为母亲守孝。而就在这时，太平天国运动如火如荼地开始了。由于太平军节节取胜，咸丰帝吓坏了，立即命令曾国藩组建湘军，镇压太平军。

曾国藩接到命令后，不敢怠慢，他知道农民运动非常可怕，历史上许多朝代都是被农民运动推翻的。他也知道这些人作战十分英勇，视死如归，所以决定训练出一支强大的军队，专门对付农民起义军。

曾国藩确实很有才能，有自己的一套治军之道。他很清楚官兵之所以战斗力差，主要是因为在选人的时候方法不对，于是他吸取经验教训，招兵时只招那些健壮、朴实、忠厚的山乡农民，那些油头滑脑之人一律不收。曾国藩对军人要求十分严格，军纪严明，因此这支军队很快出名了，被称为无敌湘军。曾国藩以身作则，对手下将领的要求也十分严格。曾国藩非常清楚，作为军队的指挥者，不能光凭武力，必须要有智谋，所以他在选择将领时主要选那些有才华的绅士和文士。这些人虽然不会武功，但他们可以指挥千军万马，可以指挥武将冲锋陷阵。

咸丰帝看到太平军声势越来越大,便命曾国藩率领湘军镇压太平军。这些湘军作战十分勇猛,把西征的太平军打得连连后退。曾国藩用事实证明,他训练军队的方法非常正确。但是,曾国藩也有马失前蹄的时候。

曾国藩在湖南大败西征的太平军后,本来可以以此来请功领赏,但他为了大清朝的江山社稷,决定乘机追杀太平军,以免放虎归山,于是带领湘军出省作战。

西征失利,洪秀全立即派翼王石达开前去支援。石达开发现曾国藩的湘军阵容严整,将士士气旺盛,倒吸了一口凉气,不禁赞叹道:"昏庸的皇帝手下居然有这等忠臣为他卖命,难得啊!难得!"罗大纲也看出了湘军的气势很旺,便对石达开说:"翼王,我看湘军确实不简单,他们接连取胜,证明他们战斗力很强,我们不能硬攻,只能智取。"石达开哈哈大笑,说道:"正合我意!"二人便商定了智取湘军的对策。

石达开命令太平军只守不攻,曾国藩的湘军几次攻打湖口,都被石达开的太平军打退。曾国藩知道太平军想和自己打持久战,便安下心来,准备和太平军展开激战。

刚过了一两天,石达开就派人划着小船到曾国藩军营附近,喊杀声和战鼓声合二为一,震耳欲聋。曾国藩不敢怠慢,立即下令准备迎战,湘军都乘着小船追杀过来。可还没有与太平军相遇,太平军的小船又都划回去,曾国藩怕中了埋伏,所以又命湘军撤了回来。一连数日,湘军都在夜里起来,唯恐太平军乘其不备,偷袭他们。

但是这样一来,湘军可就惨了,白天得守营,防止太平军来攻战,夜里又一番折腾,时间长了,士兵们都休息不好。曾国藩心里也很急,但他不敢轻易去追杀,怕上当。正在这时,咸丰帝又来了圣旨,大意是:得知你在湖南大败反贼,朕甚是高兴,但不知你为何一连数日没有战绩,朕希望你迅速剿灭反贼,为国为民除忧。曾国藩接到圣旨,知道皇帝是在批评他进展太慢,没有办法,只有按皇上所说的去做,准备在夜里追杀太平军。

这一天夜里,石达开又派几十只小船来到湘军阵营附近又喊又叫,战鼓声不断。曾国藩没有让湘军出战,等到太平军近了才一声令下,湘军迅速上船,追杀太平军。湘军也恨透了太平军,每天被他们折腾得睡不好觉,所以都想乘机剿灭太平军。太平军一看湘军要出战,忙掉转船头,一边向江心飞快地划去,一边射箭,一时间万箭齐飞,如雨点似的,射得湘军抬不起头。湘军未曾出征就损伤一批,气得曾国藩直咬牙,大喝一声:"给我追!"湘军听到命令,立刻去追杀太平军。眼看就要追上了,可就在这时,江中芦苇丛中开出一批大船,上边都安有大炮,一齐向湘军开炮,打得湘军顿时乱了阵脚。曾国藩一看到这种情况,立时下令:"跳入水中!"大炮过后,湘军又上了战船,尽管如此,伤亡仍很惨重。就在这时,太平军又划着小船与湘军战在了一起。湘军这时已有些乱阵,曾国藩一看太平军太凶猛了,便带领残兵败将逃了回去。

曾国藩败回湖南,收拾残部,同时招兵买马。他知道要想战胜太平军,必须有先进的武器,所以他下狠心花了大批钱财,购买了当时非常先进的武器,而且大胆提拔年轻有为的人才。曾国藩积蓄力量,准备报昨日之辱。

后来太平军由于内乱,大伤元气,曾国藩乘机剿灭了太平军。

曾国藩剿灭太平军,对清王朝来说,是大功臣,而且由于历史的局限性,他只能做到这一点。他也看出了清王朝的腐败,但是进士出身的他封建正统思想非常浓厚,所以只能忠君。

曾国藩一生著述的文集非常多,从这些文集中,我们可以看出他很有文采,还可以看出他忠君的一面。他的重要文集有《曾文正公全集》《手书日记》《曾文正公家书》《家训》等。在这些著作中,他曾表达了自己对仕途的看法。他认为好男儿应该读书报国,但是如果死读书,而无仕途、报国之心,是没有用的,应该用知识来报效祖国,所以曾国藩"拼命报国,侧身修行"。从这些作品中,我们还可以看出他已经看到了社会、朝廷的腐败,但他又不敢冲破世俗禁锢。这些作品中收录了他给胡林翼的一封书信,信中写道:天下大局,万难挽回,侍与公之力所能勉者,培养几个好官足矣!从这封信中,我们可以看出,他知道自己无法挽回朝廷的失败,把希望寄托在培养人才身上。

曾国藩很早就利用外国兵器来武装湘军,导致太平军损伤惨重。他确实很有远见,主张"洋务运动",如办江南制造厂、选派留学生等。无论在当时还是后来,这些做法都起到了积极作用。

曾国藩有功有过,应该从不同的角度,用历史的、客观的标准来评价他。

太平天国失败

太平天国攻占了清军江南大营和江北大营,在军事上、士气上、人马上都达到了鼎盛时期,与此同时农民阶级的劣根性也表现了出来。洪秀全虽然颁布了《天朝田亩制度》,但是没有真正实行,宣扬的所谓有田同耕、有饭同食、有衣同穿、无处不饱暖、无处不均匀的理想社会也没有实现。

洪秀全看到太平军声势浩大,可以和清王朝抗衡了,骄傲心理也潜滋暗长,不再像以前那样认真分析天下形势,准备和清王朝决战,而是动用大批农民修建豪华住宅。上梁不正下梁歪,洪秀全这样做,手下的将领纷纷仿效,东王杨秀清也开始大兴土木。洪秀全住进了豪华宫殿,建立了森严的等级制度,和历朝历代没有什么两样,所谓的人人平等变成了一纸空文。洪秀全自己觉得功德盖世,所以吃、穿、住、行都非常奢侈、讲究。每天吃的,十分浪费;用的,大手大脚;就连出去,也得坐64人抬的大轿,而且军民必须回避,高呼万岁。其他各王都纷纷仿效,生活开始腐化,农民阶级的弊端充分暴露出来了。

洪秀全不仅生活腐化,而且沉溺于酒色,每天在后宫和皇宫与一百多位妃子饮酒作乐,而很少过问太平天国之事。洪秀全还下令从民间选取了上千名宫女。其他王爷也不甘落后,只不过数目上比洪秀全要少一些。

由于生活上的腐化,各个王爷之间同甘共苦的亲密感全没了,而是转变为权力和派系之间的争夺。东王杨秀清手握太平天国军事、政治大权,加之洪秀全每天在后宫饮酒取乐,很少过问政事,所以大权都落在了杨秀清手中。

杨秀清手握大权,专横无礼,滥用权力,欺上瞒下。他自以为功劳比洪秀全大,所以对别人称洪秀全为万岁,而称自己九千岁,非常不满。

1856年8月，太平军西征取得胜利，杨秀清认为这是自己的功劳，又想到金田起义前，自己假托天父附身，稳定了军心，才使太平天国有了今日，所以他想让洪秀全封自己为万岁。于是借着庆祝这一胜利之机，他说自己天父附身，让洪秀全封自己为万岁。

洪秀全虽然沉溺于酒色，但对东王杨秀清早有戒心，知道杨秀清手握大权对自己的皇位是个威胁，而且杨秀清曾经借天父附身之机，杖责洪秀全，二人早已产生了隔阂。但是洪秀全为了稳定大局，先前忍了下来，但是早已做好准备，暗中派人去通知石达开、韦昌辉秘密来天京。

北王韦昌辉接到洪秀全的密信，非常高兴，他早就恨透了东王杨秀清，对他的专权十分不满。他也认为自己的功劳和智慧都不比杨秀清差，也想专权，所以立即带兵秘密来天京。

而翼王石达开为人比较忠厚，接到洪秀全的密信后非常为难，也不愿看到结拜兄弟为了权力互相残杀。他虽然对东王杨秀清也有所不满，但认为杨秀清功劳很大，所以不应该除掉，可如果那样又违背了天王的旨意。思前想后，他还是带领人马前去天京，准备化解此事。但是石达开优柔寡断，半路上又想回去，所以比韦昌辉晚到了几天。

而韦昌辉到了天京后，便与洪秀全商议，决定立即下手！当天夜里，韦昌辉带领着自己的人马突然包围了东王府，杨秀清还不知怎么回事就被杀掉了。但是韦昌辉没有住手，也没有按天王的旨意去做，而是滥杀无辜，将东王府的所有人全部杀掉，天京在这次事变中竟死了2万多人。而这时，石达开也来到了天京，但是把军队安营在武昌。韦昌辉受到了天王和翼王的指责，认为他杀人太多。韦昌辉怕天王、翼王再联起手来杀自己，所以下令围攻翼王府。而这时翼王早已闻风逃到城外，但是石达开一家人却没有躲过这场灾难，全部被杀掉。石达开得知全家被杀之后，又悲痛又气愤，立即调集4万多人前往天京。

此时，韦昌辉竟以为自己没有了对手，去围攻天王府，幸亏石达开赶来，将韦昌辉的人马包围起来，将韦昌辉、秦日纲二人生擒活捉，并将其杀掉。

这就是天京之变。天京之变使得太平天国元气大伤，从此太平天国一步一步走向失败。

石达开救驾有功，而且威望很高，洪秀全便任命他负责管理军政大事，但是此时的洪秀全已经非常多疑了，生怕石达开独揽大权，所以把自己两个无能的哥哥洪仁发、洪仁达安排在石达开身边，封二人为安王和福王。这二人无才无德，却有实权，石达开根本无实权，一怒之下率领着自己的人马离开了天京。

石达开虽然离开了洪秀全，仍然与清军对抗，但却孤军无援。1863年5月14日，石达开的人马在四川大渡河紫打地（今石棉县安顺场）被清军包围。太平天国的将士们都战死在沙场上，石达开也英勇牺牲。

洪秀全发现朝中无将，便大胆提拔年轻的将领陈玉成为前军主将，封为英王；李秀成为后军主将，封为忠王；封洪仁玕为干王，总理全国政事。太平天国士气有所回升。

清政府得知太平军互相残杀的消息，立即派曾国藩前去围剿。曾国藩又请外国侵略者帮忙共同镇压太平军。外国侵略者深知中国百姓的厉害，为了保住自己的利益，立即答应派兵援助。

洋兵和湘军共同来围剿天京，太平军在年轻将领陈玉成、李秀成的带领下，与敌人展开了一场又一场血战。陈玉成年轻有为，使用诱敌深入的计策，在三河镇大败李续宾的人马，歼灭6000多清军。但是陈玉成却因洪仁达的谗言得不到援助，最后战死在庐州。

陈玉成一死，千斤重担落在了李秀成一人身上，李秀成不敢怠慢，亲自带领太平军死守城池。由于天京的门户安庆、庐州失守，天京成了一座孤城。而洋兵和湘军、清军死死围住天京。李秀成打退了敌人一次又一次的进攻，但是经过40多天，还是打不退敌兵。

洪秀全知道清兵、洋兵围城数日，而城中一无粮草，二无救兵，非常着急，竟一病归西了。

清军、湘军、洋兵得知洪秀全病逝，知道太平军不会存在多久了，便用大炮将城门轰开，天京陷落，李秀成英勇杀敌，洪仁玕带领人马保护着幼主杀了出去，李秀成被擒。李秀成被洪秀全封为忠王，但在最后，忠王不忠，背叛了太平天国，投降了湘军，将太平天国的所有机密都说了出来。曾国藩仍没有放过他，将其杀害。

曾国藩又按李秀成所说，带领湘军围剿太平军的残余势力，没几天彻底剿灭了太平军，杀死了幼主洪天贵福。

太平天国运动经过了 13 年，势力扩展到 18 个省，是中国历史上规模最大的农民起义，沉重地打击了清王朝的腐朽统治。太平天国运动最后失败了，但它的精神永远激励着中国人民与封建势力、帝国主义势力进行彻底斗争。

第二次鸦片战争

第一次鸦片战争结束后，英国和清政府签订《南京条约》。英国侵略者既获得赔款，又获得了割地，清政府还开放了通商口岸。但是帝国主义侵略者的欲望是无止境的，为了进一步扩大中国的市场，他们决定挑起第二次鸦片战争。

发动战争，帝国主义侵略者总要找一些没有理由的借口。

当时有一条叫"亚罗号"的运输船，运输的都是鸦片，企图牟取暴利。船主雇用了一个名叫亚罗的英国人，目的是想通过英国人的面子得到当局的庇护。1856 年 10 月，"亚罗号"又满载着鸦片来到广州珠海炮台的码头上。广州水师千总早就听说"亚罗"号大船经常走私鸦片。这次他听说这条船已经停在岸边了，立即带领几十名官兵前去搜捕，结果发现船上装满了鸦片。广州水师根据有关条例，将船上所有的中国人扣押，实际上这条船的船主是中国人苏亚成，船上的水手也都是中国人，只有亚罗是英国人。但是想挑衅的英国人看到这个机会，没有放过，声称中国人干涉了英国政事，触犯了英国的尊严，要中国人当面赔礼道歉，而且还要赔偿损失。两广总督叶名琛胆小怕事，怕事情扩大，除了扣留几名主犯外，其余的人都放了。但是这并没有达到英国人的目的，所以英国人没有同意叶名琛的做法，仍旧坚持自己提出的条件。

英国对中国人进行挑衅，法国人也乘机起哄。第一次鸦片战争后，法国和中国签订了《黄埔条约》，从中国捞到了不少好处，但是它得寸进尺，想从中国获得更多的利益，所以它也向中国挑衅。

法国人根据《黄埔条约》的规定，可以在中国传教。为了达到侵华的目的，法国的天主教传教士纷纷来到中国，深入内地，以传教为名，实际上是宣扬帝国主义侵略思想。这些传教士依靠法国政府的支持在中国胡作非为，而且勾结当地的地痞流氓，干尽了坏事，引起了百姓的强烈不满。但是清政府睁一只眼，闭一只眼，生怕惹出事端，任这些人胡作非为。

在广西西林县，有一个法国人叫马赖。这个人无恶不作，欺压百姓，烧杀抢掠，调戏民女，可以说是罪大恶极。但是因为朝廷有规定，不要与这些人"计较"，"小不忍则乱大谋"，所以县官也没有办法，面对百姓的诉状只有安慰了之。可是后来换了县官，新官上任三把火，而且这个新上任的县官很有正义感，看到马赖害苦了当地百姓，便下令将其抓捕，还逮捕了他手下的亲信。法国人以此为借口，和英国一起向清政府发难。

清政府一再忍让，但是侵略者得寸进尺。1856年10月，英国以"亚罗号事件"为借口，进犯广州。1856年12月，法国以"马神甫事件"为借口，支援英军侵略广州。两广总督叶名琛为避免武装冲突，向官兵发出不准还击的命令，致使官兵没有准备，英法联军则乘机攻占了广州。

英法联军为了达到进一步侵占中国的目的，带领军队北上。1858年5月，英法联军攻陷了大沽炮台。天津告急，咸丰帝忙派吏部尚书花沙纳赴天津求和，与英法签订了《天津条约》。俄美两国也想从中得到好处，逼迫清政府与他们分别签订了《天津条约》。

俄、美、英、法四国又从《天津条约》中捞到了更多的好处。但他们的本质决定了他们仍想继续侵略中国，便借口到北京互换批准书，突然联合发兵北上，准备将战舰开到北京，威胁清政府。

1860年6月，英法公使乘舰到达大沽口，想从此处登岸，遭到拒绝，便想通过武力打开大沽赴京的通道。钦差大臣僧格林沁担心一旦大沽口失守，英法联军就可以长驱直入北京，到时候后果不堪设想，所以他亲自指挥调度，官兵也做好了准备。但僧格林沁又害怕战争扩大，派人去告知英法公使，进京换约可以从北塘登岸。

英法公使骄蛮无比，根本不理清军，仍从大沽登岸。官兵守备森严，英法公使下令炮轰大沽，但是僧格林沁没有让官兵还击，而是等待时机。英法联军的舰队靠近大沽炮台后，僧格林沁一声令下，炮声隆隆，各炮台同时开火，直隶提督史荣椿腹部中弹，仍坚持指挥，官兵也奋勇杀敌。英法联军遭到重创，舰船被击沉、击毁几十艘，联军士兵也损伤无数，但是昏庸的咸丰帝却有命令，适可而止。这样，官兵才手下留情，没有歼灭英法联军的残兵败将。

英法联军遭到如此大的打击，还是第一次，他们当然不会善罢甘休，准备找机会再侵入天津。

天津大沽取胜后，清政府把主要矛头指向了太平军，致使大沽炮台守兵减少，北塘撤走了所有的官兵。

英法联军一看机会来了，立即集合队伍向北塘进犯，没有费力便占领了北塘。大沽炮台的官兵腹背受敌，而且兵力又减少，英法联军攻陷了大沽炮台，进而入侵天津，没过几日天津失陷。9日，英法联军又悍然攻击北京八里桥，广大爱国官兵为了保护清政府，与英法联军展开了激战。

由于英法联军武器先进，八里桥最后被占领，咸丰帝吓得逃到避暑山庄，由自己的弟弟来处理朝中之事。

英法联军占领八里桥后，长驱直入北京城，占领圆明园，开始了抢劫。圆明园是明代的一个故园，又经过清朝几代皇帝的扩建，终于成为壮观的皇家园林。园中不仅有许多铜器、瓷器、金银珠宝，还有许多孤本秘籍、名人字画。但是所有的这一切都被英法联军抢劫一空或是残忍地毁掉。

英法强盗每个人都满载而归，他们到底从园中抢走了多少珠宝，无法计算。但是这里的一切都被他们毁掉了，这是史实。现在英法博物馆中还陈列着许多清朝的稀世之宝，这是他们侵略行为的见证。

圆明园所有珠宝都被英法抢劫，但他们丧尽天良，竟然纵火焚毁了圆明园。这座世界上独一无二的、经过几代中国人精心创造的园林艺术典范，在英法强盗的大火之中被毁。世界上最闻名、最伟大的艺术馆、博物馆，经过三天三夜的大火后，给人们留下的是侵略者的罪证、中国人民的悲愤、历史的深刻教训、启迪中国人的一面镜子。

圆明园毁灭后，英法联军侵略胃口大开，不再满足于互换条约，而是提出签订《北京条约》。《北京条约》规定有赔款、割地、开放通商口岸。从此，中国社会殖民地化的程度大大加深，中华民族与外国侵略者的矛盾也逐步成为主要矛盾。

辛酉政变

英法联军长驱直入北京城,将举世闻名的圆明园烧毁,而且签定了丧权辱国的《北京条约》。而身为一国之君的咸丰帝却不顾江山社稷,不顾天下百姓,也不顾群臣的劝阻,带着后妃、皇子等人逃到了避暑山庄,在那里避难。这充分说明了咸丰帝昏庸无能、胆小怕事、自私自利的本性。

避暑山庄风景优美,历史上许多皇帝、文人墨客都曾到此一游。清朝大帝乾隆也到避暑山庄来游玩,但那时是来歌功颂德,显示自己威风的。而到了咸丰帝时,却是为了避难,景色再美,也很难引起咸丰帝的兴趣。咸丰帝是一代昏君,而且无所作为。他空有治国之心,却无安邦之道。他也想像康熙、雍正、乾隆等祖辈那样有所作为,但是他不但没有做到,反而使大清朝日益衰败,统治危机不断。太平军声势浩大,扩展到18个省,持续了13年;黑旗军作战神出鬼没,打得清军晕头转向;英、法、俄、美肆意践踏中国土地,签订了丧权辱国的条约,割去大片土地。咸丰帝由于忧虑过重,抑郁不乐,渐渐染病,卧床不起。他知道自己没有多长时间了,便命人写遗旨。咸丰帝由于与自己的弟弟奕䜣因争夺皇位而产生了矛盾,所以命肃顺、端华、景寿、载垣、焦佑瀛、杜翰、穆荫、匡源为"顾命八大臣",肃顺为首领。肃顺是清朝的宗室,对内主张整顿吏治,对外主张反对外国列强的侵略,而且为人忠厚,非常忠诚于咸丰帝,咸丰帝非常信任他,所以把辅佐幼主的重任交给了他。肃顺也成为奕䜣、慈禧掌权的最大绊脚石。

咸丰帝又留下一道密旨,如果兰儿有不轨之心,慈安可以处死她。这个兰儿就是历史上的慈禧太后。兰儿的祖先是叶赫氏,她姓叶赫那拉,叫兰儿。清军入关时将叶赫族灭掉,但是叶赫部落长布扬古临死时大义凛然,慷慨激昂地说道:"我叶赫子孙就是存一女子,也要颠覆满洲。"从此,清朝留下了祖训,不准选叶赫氏女子入宫。

清军入关,大肆斩杀叶赫族人,兰儿随父母惠征逃亡,不幸父亲死在安庆，兰儿没有依靠，随母亲返回了京城。

兰儿非常聪明，而且长得如花似玉，咸丰帝是个好色之徒，从民间选宫女，兰儿被选进了宫中。兰儿因为是叶赫族，所以不能近皇上，但是兰儿不甘寂寞，想让咸丰帝注意她。一日咸丰帝在御花园中散步，兰儿故意冲撞咸丰帝。咸丰帝刚想大怒，一看是一个如花似玉的宫女，非常高兴，不但没有责怪兰儿，反而和她谈了许多事。兰儿非常高兴，但咸丰帝知道她是叶赫族的，不禁皱了皱眉头，走开了。

兰儿自从见到了咸丰帝后，就开始了自己的下一步计划。有一天，她得知咸丰帝又来到御花园散心，便吹起了江南民曲，曲子婉转悠扬，飘到了咸丰帝的耳中。咸丰帝的心情本来非常烦，一听见优美的曲声，一下就被深深地吸引了，便寻着声音去寻找，看见一个宫女正在那里吹奏。由于宫女太多，咸丰帝早已忘了以前的叶赫那拉，兰儿又提起了自己的名字，咸丰帝才想起确实有一个叶赫族的宫女。可是咸丰帝被兰儿迷住了，忘记了祖训，经常与兰儿在一起饮酒作乐。兰儿能歌善舞，而且通晓各种音律，很受咸丰帝的宠爱，还为咸丰帝生了一个儿子。

咸丰帝经常到兰儿那里去，他有时候不愿看奏章，经常让兰儿替他批阅奏章。兰儿非常愿意参与政事，她的目标就是有朝一日可以独揽朝中大权。

咸丰帝经常到兰儿那里，就冷落了皇后慈安，但是在病重之时又想起了皇后。他知道皇后心慈手软，加之又想起了祖训，觉得兰儿是个祸害，便给慈安留下了一道密旨：可以在必要的时候处死兰儿。

咸丰帝病重之后，朝中大事由奕䜣处理，慈禧以为奕䜣是自己可靠之人，因为奕䜣与咸丰帝矛盾很深，而且此次"顾命八大臣"中也没有他，所以他对咸丰帝十分不满。慈禧找到奕䜣，说明了自己的意图，想与之共同对付肃顺等人，奕䜣非常高兴地答应了。

道光帝在位时，非常喜欢自己的六皇子奕䜣，觉得他聪明伶俐，有胆有识，而且文通武备，所以有意立他为皇太子。但是道光的四皇子奕詝也不甘心皇位让弟弟夺走，便请教他的老师杜受田。杜受田当然希望自己的学生做皇帝了，便给奕詝献了计策。

有一次，道光帝带领两位皇子打猎，实际上是想借这次机会试探一下他们的武艺。奕䜣武艺高强，箭法高超，打了许多猎物，道光帝非常高兴。但是奕䜣却空手而归，道光帝问他为什么如此，奕䜣说道："儿以为动物正在繁衍孕育下一代，我不忍心这个时候杀死它们。一是因为这是两条生命；二是因为如果现在大肆捕杀，以后就没有机会了。"道光帝非常高兴，认为奕䜣不但有仁慈之心，而且心怀大志。

还有一次，道光帝要远行，奕䜣才华横溢，赋诗一首，为父王送行。奕䜣没有才华，但他泪流满面，道光帝非常感动，认为他非常孝顺而且忠诚。后来道光帝便立奕䜣为皇太子，奕䜣继位后，处处排挤奕䜣。奕䜣虽为恭亲王，但权力还不如肃顺等人的权力大呢！

奕䜣本以为咸丰帝病重，自己可以独揽大权，但是肃顺处处为难他，因此他十分忌恨肃顾等人。

慈安看到慈禧有参与朝政之心，便以咸丰帝的密旨警告她。慈禧吓了一跳，只好暗中与奕䜣相勾结。为了稳住慈安，慈禧在慈安生病时，竟然割自己手臂上的肉为慈安做药引，慈安知道后，非常感动，烧了密旨。

1861年8月22日，31岁的咸丰帝在承德病逝。慈禧一看机会来了，派肃顺负责把咸丰帝的灵柩运回北京，肃顺还没有到京城，就被仁寿和奕䜣捉获。

11月2日，慈禧下令逮捕八大臣中的载垣和端华，又命人将肃顺和这二人一起杀害。这一下可吓怕了另外五位大臣，但他们也没有逃脱，慈禧下令将这五人有的革职，有的充军。

慈禧有奕䜣，又拉拢了僧格林沁和胜保，牢牢地控制了北京的兵权。而慈安又烧毁了密旨，所以慈禧太后有恃无恐。

1861年11月11日，年仅6岁的载淳登基，改年号为"同治"。两位皇太后"慈安皇太后"和"慈禧皇太后"垂帘听政，恭亲王奕䜣也掌握了大权。这就是宫廷政变，由于这一年是辛酉年，所以又称"辛酉政变"。

辛酉政变之后，慈禧专横跋扈，根本不把慈安皇太后放在眼里，但此时慈安已无密旨，抑郁成疾，最后病死。慈禧又勾结奕䜣等人，将以肃顺为首的政治势力铲除掉了。慈禧太后，这个历史的罪人虽然没有颠覆满清，但是使中华民族受到了外国列强的侵略和侮辱。

小刀会反清反帝

咸丰年间,清政府对外割地赔款,而且允许外国人到中国内地传教经商。这些外国人依靠本国的势力在中国境内胡作非为,任意杀害百姓,激起了民愤。而软弱的清政府对此听之任之,甚或放纵。如有民众起来反抗外国侵略者,可耻的清政府竟和洋人勾结起来,残酷镇压人民群众。朝廷软弱腐败,手下的大臣自然也会表现出种种卖国行为,他们对外国人低三下四,对国内百姓则搜刮抢掠。这些卖国贼和外国侵略者的恶劣行径,激起了全国各地人民的反抗,当时影响比较大的有太平天国起义,上海刘丽川的小刀会起义,广东、广西的天地会起义,山东张乐行领导的捻军起义等。这些起义不仅沉重地打击了清王朝的腐朽统治,而且沉重打击了帝国主义侵略者。

在乾隆年间,有农民不满清政府的统治,组织起了天地会,进行反清斗争。当时林爽文带领天地会起义,作战十分英勇,连连打败清军的进攻,但是由于孤军作战,敌众我寡,最后被乾隆帝给镇压下去了。但是天地会的组织继续存在,只不过变成了秘密组织,小刀会就是其中的一支。小刀会的成员主要是上海人,其首领是刘丽川。

咸丰年间,清政府国库空虚,再加上贪官污吏横行暴敛,百姓生活十分困苦。上海青浦县经常发生灾害,乾隆帝时就下令免收这里的租税。尽管这样,百姓也经常挨饿,因为一遇到灾害,这里便颗粒无收,官府从不赈济这里的灾民。咸丰帝继位的第二年,这里又遇到了灾荒,百姓盼望着政府给予救济,但是盼来的竟是知县余龙光的追收令。

青浦县知县为了给朝中的大臣"进贡",狠命搜刮百姓。他下令,从咸丰帝继位开始征收租税,免征的也要追收上来。这条命令一下,青浦县顿时炸开了锅。百姓正饿着肚子呢,一听说又要追收上一年的税,都大骂贪官余龙光。

青浦县的小刀会首领是周立春,他也是百姓中的一员,一听到这条消息,肺都要气炸了。但他想通过和平手段来解决此事,便带领数百名群众找余龙光去评理。知县余龙光知道周立春是青浦县小刀会的头领,所以平日里怕他三分,也有几分敬意。可是这一次,他却一改往日的态度,将百姓挡在衙门外,让周立春一人进了县府。周立春胆大,也没有想别的,大踏步走了进去,刚一进去,两边的衙役便将他逮住,关进了大牢。余龙光还阴险地笑道:"周立春,本官也是万般无奈,只好先委屈你几日了!"周立春破口大骂,但为时已晚。

余龙光手下的一个小官走到百姓面前,说道:"大家先回去,知县正在和周首领交谈,相信会让大家满意的!"百姓被这小子骗了,纷纷回去了。

周立春有一个女儿叫周秀英,从小随父亲习武,手中两把刀练得炉火纯青,尤其擅长打飞刀。她听百姓说父亲和知县正在交涉此事,可是左等也不回来,右等也不回来,便让小刀会的人到县衙去打听消息。小刀会的人神通广大,余龙光以为自己干得很周密,但小刀会的人还是打听到了真实情况。

周秀英一听父亲被贪官余龙光押了起来,立时来了脾气,马上召集青浦县小刀会的成员冲向了县衙。两个把门的刚想拦挡,周秀英随手甩出两把飞刀,真是百发百中,正打在两人的咽喉处,二人倒地而亡。小刀会的成员立刻冲了进去,占领了县衙,而此时余龙光正在盘算着如何继续欺骗百姓,忽听得院中有嘈杂之声,刚要出来察看,却被小刀会的人生擒活捉。另一部分小刀会的人救出了首领周立春。周立春恨透了知县,一看事到如今,不反已经没有出路了,便对小刀会的人说道:"我们不想起义,但是被逼无奈,我们小刀会一定要杀尽那些贪官污吏,让百姓过上好日子。"小刀会成员积极响应,将县衙里那些平日欺压百姓的官吏全部杀掉,又将县衙里的钱粮发给受苦受难的百姓。

小刀会占领了青浦县县衙,早有人报告了苏州知府钟殿选。钟殿选一听有人造反,占领了县衙,立即派兵前去镇压,结果正好遇上小刀会的人,双方在塘湾展开了一场血战。官兵根本没有把小刀会的人放在眼里,可一交手,才知道错了,这些人都英勇善战,官兵被打得落花流水,节节后退。周立春一鼓作气,又占领了嘉定县城。

周立春的小刀会声势越来越大,但他怕孤军无援,立即派人与上海小刀会总首领刘丽川取得联系，希望得到支援。刘丽川得知消息后，立即下令通知所有的小刀会成员准备响应起义。

1853年8月，刘丽川带领上海小刀会举行起义。所有的小刀会都来参加，有的路程太远，就在当地举兵起义。

刘丽川带领小刀会进攻道台衙门，小刀会成员手持大刀，所向无敌，迅速占领了道台衙门。与此同时，潘起亮带领另一路人马迅速占领了县衙，但此时道台和知县还不知道呢，正在孔庙祭孔呢，而孔庙之中早有小刀会的人进去了。

刘丽川、潘起亮又带领小刀会的人去围攻孔庙。上海道台吴健彰忙派官兵去阻挡，官兵还没有出庙，陈阿林便从后面大开杀戒了。官兵腹背受敌，道台被活捉，县令被杀死。小刀会乘胜而下，又夺取了宝山、南江、川沙等地。而这时周立春的小刀会也追杀过来，小刀会合二为一，力量十分强大。

清政府得知小刀会在上海起义，便立即派大军前来镇压。为了消灭小刀会，清政府还勾结法国舰队。小刀会根本不惧怕他们，与清兵和洋人展开了血战。

法国大炮不断地轰墙，城墙被炸毁。法国鬼子想从这一段进城，结果被周秀英、潘起亮和小刀会的勇士们阻杀。虽然洋人有枪，但由于是肉搏战，根本没有派上用场。小刀会的人十分英勇，他们恨透了洋鬼子和清军，大刀上下挥舞，杀死了无数的清军和洋人。洋鬼子一看小刀会的人太厉害，慌忙撤了出去。

清军和洋鬼子久久围城，刘丽川率领小刀会的人想突围出去，但终因寡不敌众，都壮烈牺牲，但洋鬼子和清军也损伤惨重。

上海小刀会的成员虽然壮烈牺牲，他们的精神却鼓舞了其他农民起义军与清王朝和洋鬼子继续战斗。

上海又重新成立了小刀会，而这时山东的捻军受到鼓舞，立即起兵，攻城夺县，杀富济贫。张乐行从小刀会的失败中总结了经验教训，立即派人与太平军取得联系。其实小刀会也想与太平军取得联系，但是书信被清军所截，才落得个孤军无援。上海新成立的小刀会知道自己力量弱小，便也和张乐行一样，与太平军取得了联系，后来他们都加入了太平军，继续与清王朝和帝国主义侵华势力作斗争。

左宗棠收复边疆

左宗棠,字季高,湖南湘阴人。他从小聪明好学,家境虽然贫穷,但他非常努力,15岁赴童子试,16岁赴府试,考了第二名。正当左宗棠年少得志之时,父母双亡,除了给左宗棠留下一笔债之外,一无所有。但左宗棠没有灰心丧气,他知道"天将降大任于斯人也,必先苦其心志,劳其筋骨,饿其体肤,空乏其身,行弗乱其所为也"。为了生活,他只好先放弃了仕途之路。

左宗棠年少有为,而且为人忠厚,所以许多人都愿意与他交往。后来,有人给左宗棠提了一门亲事,他便娶了周诒端,到周家去生活。

周家虽谈不上富甲一方,但也很富有。他的妻子周诒端不仅温柔贤慧,而且能诗善赋,她非常支持左宗棠前去应试。左宗棠虽在岳父家生活,但由于妻子照顾得很周到,加之岳父为人忠厚,他并没有寄人篱下的感觉。但生活的安宁没有让左宗棠失去理想,他一心想考取功名,在妻子的鼓励下又开始认真准备。1832年,左宗棠考中了举人,后来几次应试都没有考中进士。

左宗棠虽没有考中进士,但他才华横溢,书法也是一绝,至今酒泉井亭还有他的两副对联:

甘或如醴,淡或如水;
有则学佛,无则学仙。
中圣人之清,有如此水;
取醉翁之意,以名吾丰。

左宗棠会出现人生的转折是由于遇到湖南巡抚骆秉章。骆秉章非常爱惜人才,早就听说左宗棠很有才华,于是便派人去请左宗棠。左宗棠那时在家中除了读书,无所事事,可他也想干一番事业,便接受了骆秉章的邀请。

骆秉章非常欣赏左宗棠,亲自出门迎接,并设宴款待。巡抚问左宗棠:"如何可以有功德?"左宗棠道:"巡抚大人,您身为朝中命官,在一方独守,可以招兵买马,如今世态动乱不安,您可以借此扬名,但是小人认为为国效忠就是有功德。"

骆秉章非常信任左宗棠,从此以后,府中的军政事务都由左宗棠一人掌管。左宗棠也尽职尽责,加之他为人忠厚奖罚分明,得到了手下人的支持和拥护。

骆秉章看见左宗棠书房中的对联后,对他更是敬佩不已。原来,左宗棠在书房中挂了一幅自勉联:

身无半亩,心忧天下;
读书万卷,神交古人。

从这幅自勉联中,我们可以看出左宗棠那种忧国忧民的志向。由于左宗棠为人宽厚,湖南许多文人学士纷纷投到他的门下。左宗棠礼贤下士,对这些人十分尊敬。他在湖南招兵买马,严格训练军队。他规定了五条军纪,要求士兵必须做到,否则严惩不贷。左宗棠训练的军队有很强的战斗力,令巡抚骆秉章非常高兴。

左宗棠在湖南一带出了名,而曾国藩这时也奉旨在此训练湘军。曾国藩也非常爱惜人才,而且知人善任,他得知左宗棠训练军队非常有方法,便亲自去请他。

左宗棠盛情难却,便来到曾国藩手下。曾国藩又力荐左宗棠为四品京堂候补。

左宗棠刚一上任,便得知石达开率领一支太平军到达四川。左宗棠对曾国藩说道:"石达开如今率领反贼已经在许多地方作战,可以说人困马乏,而且已丧失了一些斗志,我们可以出兵打败他。现在石达开已到了四川,那里的守将是骆秉章,那里有我训练的人马,我们可以合兵一处,将打一家,一定能够乘机灭掉石达开。"曾国藩点头答应,于是左宗棠带领5000湘军与骆秉章合兵一处,结果大败石达开。石达开想以自己的命换取弟兄们的性命,但上了骆秉章的当。左宗棠杀了石达开,也杀害了石达开手下的太平军。

左宗棠一战成名,清政府任命他为浙江巡抚。左宗棠又带领湘军和以前在湖南训练的军队与曾国藩、李鸿章、洋人一起灭掉了太平军。

英法联军和清政府签订了一系列条约,但是英国并没有满足,又把目标瞄准了新疆。俄国也对新疆一带垂涎三尺,英、俄两国经常为此明争暗斗,都想先占领新疆一带。

1864年,新疆的各民族纷纷起义,但不团结,互相争斗,封建主掌握了大权,形成了割据势力,都想侵吞对方。喀什噶尔的封建主认为自己力量单薄,便派人去向中亚浩罕汗国乞求军事援助。浩罕汗国立即派阿古柏率兵进入新疆。阿古柏率领大军先吞并了汉城,又吞并其他封建主,最后又吞并了喀什噶尔。喀什噶尔引狼入室,结果自己也被消灭。阿古柏自立为汗,建立起"哲德沙尔",控制了新疆大部分地区。

左宗棠得知这一消息后,立即向朝廷上奏,请求出兵,以武力征讨阿古柏,收复失地。清政府同意左宗棠前去征讨。

此时的左宗棠已经60多岁了,但他老当益壮,带领大军直奔新疆。左宗棠知道白彦虎是阿古柏的帮凶,盘踞在乌鲁木齐一带,心想:我先消灭掉白彦虎,然后步步为营,对阿古柏形成一种包围之势,最后将他消灭掉!

左宗棠带领大军直入乌鲁木齐,在晚间突袭白彦虎,白彦虎还在梦中城门就被攻破了。阿古柏一看自己的得力助手逃亡,忙带军前去支援,企图消灭清军。两军刚一交战,阿古柏就被打得连连后退,左宗棠收复了许多失地。左宗棠乘胜追击,又派张曜从后面包抄阿古柏。阿古柏前后受击,被打得落花流水,一看大势已去,服毒自杀。

左宗棠又带领大军直奔伊犁,伊犁已被俄国占领。1871年7月,俄国看到新疆混战,而阿古柏又在征讨其他封建主,所以乘机占领了新疆伊犁一带。左宗棠的大军一路上势如破竹,眼看就可以拿下伊犁了,慈禧却害怕了,怕惹怒了俄国人,所以下令左宗棠停止进攻。

1881年,中俄鉴订了《伊犁条约》,俄国人看到了左宗棠的厉害,所以只好答应将伊犁归还中国。但是俄国人不捞到好处是不会甘心的,要求清政府把霍尔果斯河以西的领土割让给俄国,慈禧为了保住自己的权位,都答应了。

左宗棠带领军队收复了边疆,得到了慈禧的赏识。但是老将得知李鸿章签订了《中法条约》后,十分生气,卧床不起,于1885年去世。

慈禧立太子

慈禧勾结恭亲王奕䜣掌握了朝中大权,又在朝中安排了许多心腹和亲信。虽然慈安太后也垂帘听政,但慈禧依靠着恭亲王等人为所欲为,根本不把慈安放在眼里。朝中一切大事都由她处理,慈禧感到心满意足,不禁想起了自己刚进宫时,由于是叶赫族人,被皇帝冷落,但她并没有灰心,而是在等待机会,想着有朝一日能独揽大权。如今这一天终于盼到了,她可以独揽大权了,可以一呼百应了,心里自然有一种成就感。

但是慈禧太后也有一种不安之感,她害怕同治帝长大,如果皇上可以独自处理朝政了,自己的一切都会付之东流。她想过废掉同治帝,又害怕大臣们不服,虽然朝中已有一多半大臣是她的心腹,但是若要废掉皇上,依然会招致大臣乃至天下人不服,她只好忍了下来。但慈禧没有放弃一切机会,她把朝中重臣都换成自己的心腹,将那些对自己有不满心理的大臣都撤职或流放。她对同治帝管教也非常严格,想趁同治帝还没有长大,还没有力量和她抗衡时,把他训练成唯命是从的人。慈禧对同治轻则一顿批评,重则就是体罚。同治帝从小在这种环境下长大,几乎没见过慈禧太后的笑脸,所以很害怕慈禧太后,即使没有错误,见到慈禧太后也紧张异常,更不用说是犯了错误了。

但是慈禧太后想错了,她再严厉管教同治帝,他长大了,也会有自己的想法。渐渐地,同治帝长大了,16岁这一年,按照清朝祖训,该册立皇后了。慈禧不想给他册立皇后,但又怕别人不服气,只好勉强给他选立皇后。慈禧和恭亲王决定立翰林院侍讲崇绮之女为皇后。崇绮之女长得端庄美丽,有才有德,但是慈禧立她为皇后,并不是因为这个原因,而是因为她父亲崇绮是自己的心腹大臣。她想把自己心腹的女儿立为皇后,这样会对自己有很多好处。

16岁的同治帝开始独立处理朝政了,但是慈禧岂能袖手旁观,经常横加指责,有时竟然当面指责同治帝。同治帝是堂堂的一国之君,当着满朝文武的面被慈禧一顿训斥,心里自然很不满,对慈禧也渐渐由惧怕转变成反感。慈禧也发觉了,但她不忍心丢掉自己的大权,便找来皇后诉说同治帝什么事都独断专行,什么事处理得都不十分圆满。皇后却不同意慈禧的看法,她认为:皇帝已长大成人了,有了自己的主见,可以按照自己的想法来处理朝政,而别人则不应该干涉朝政了。

慈禧听后十分生气,心想:你个小丫头,要不是我,你能有今日吗?如今你翅膀硬了,竟敢顶撞我,我会让你后悔的!慈禧找到崇绮,让他劝导皇后要听太后的话,但是皇后仍然不领慈禧的情,仍按原来的做法去做,事事按礼而行,而且品德无邪,慈禧也抓不住把柄。

皇后对同治帝关爱有加,而且为他排忧解难。她帮助同治帝处理朝政,由于她聪明果断,所以朝中政事处理得恰到好处。但是慈禧看在眼里,气在心上,心想:我辛辛苦苦换来的权力就这样白白送给你们不成?她便勾结奕䜣等朝中重臣,根本不理睬同治帝的命令。这些人手握大权,处处和同治帝唱反调,同治帝想杀掉他们,却碍于慈禧太后的包庇。同治帝一气之下,不理朝政了,慈禧又重新掌握了朝中大权。

同治帝长大了,却仍然体会不到皇帝的尊严。皇后虽然总开导他,但他度量小,渐渐地,郁闷成疾,病一天比一天重,皇后的心情也越来越沉重。而慈禧表面上装作很关心的样子,在暗中却派太监宫女监视着同治帝和皇后的一举一动。

同治帝和皇后有话也不敢讲,因为时时刻刻有人监视着他们。同治帝的病越来越重了,他知道自己活不多久了,但他不放心自己的江山社稷,虽然自己有其名无其实。有一天御医看完病后,同治帝趁人不注意将一张小纸条递给了他。老御医一看,上面写着:到他乡躲几日。老御医想:一定是皇帝有事,但又没法明说。所以老御医按同治帝的话去做了,找了一个僻静之处,躲了起来。

这一天,宫中只有皇后和一个太监在,同治帝知道这个太监是慈禧安排在身边监视自己的,便故意装成病得无法忍受的样子。太监没办法,只好去找那个老御医,可根本找不到。这时,同治帝忙对皇后说:"我恐怕活不了几天了,你看,谁能够担当大任,你告诉我,我就立他为嗣。"

皇后说道:"要想使国家强大,需要有一位明君,小孩子是办不成大事的,不如立多罗贝勒载澍继承大统,他年轻有为,一定会治理好国家的。"同治帝点头答应,又问道:"皇后,如今朝中有一半人是太后的心腹,我们这道密旨让谁保存比较稳妥呢?"

皇后想了一会儿,说道:"皇上,您想一想,您周围的大臣或亲信,谁值得信赖呢?此事非同小可,一定要办好!"

同治帝说道:"我的老师李鸿藻与太后没有什么关系,我看可以值得信赖!"于是同治帝立即秘密召见李鸿藻,同治帝口述诏命,李鸿藻抄写完毕。皇后看后,加印玉玺,并再三叮嘱,此事关系到清朝的江山社稷,一定要妥善保存,不能有半点闪失。

但是同治帝和皇后看错人了,李鸿藻自从拿到这道密旨后,便想:当今朝廷,慈禧太后独揽大权,而且手下又有许多心腹和亲信,如果皇帝驾崩之后,我按上边的遗旨去做,一定会惹怒太后,如果载澍做不了皇帝,慈禧太后肯定不会放过我的。即使他当了皇帝,也未必能够掌握大权,到时候如果还是太后掌权,我的小命可就难保了。我是皇帝的老师,太后一直不信任我,如果我将这道密旨送给慈禧太后,一定会得到她的信任,我也可以借此升官发财。这个丧失人格的李鸿藻竟然背信弃义,将这道密旨交给了慈禧。慈禧看后,大怒,立即将密旨烧掉,而且下令给皇上断药、断膳,把皇后也软禁起来。

同治帝知道一定是自己的密旨败露,想见一见皇后,却见不到。他本来就有重病,再加上断药、断膳,又气又恨,含着眼泪离开了人世。

同治帝一死,慈禧立即派人把守后宫,封锁信息,召集文武百官,慈禧说道:"皇上贵体欠安,为防不测,必须立嗣,诸爱卿,皇室中谁可担当此任?"

话音刚落,朝中大臣都有一种不祥之感,但只有一些忠臣感到伤心难过。这时,恭亲王奕䜣便说道:"太后,依臣看,醇亲王之子载湉聪明伶俐,可担此任,可以他为嗣。"这其实是事先预谋好的。奕䜣刚一说完,有忠诚的大臣说道:"载湉年纪太小,恐怕难担此任!"慈禧听后,一脸不高兴,而其他的心腹大臣则纷纷表示要求立载湉为嗣。慈禧下令:立载湉为嗣。随后慈禧太后说道:"皇帝已经驾崩了!"

1875年4月载湉继位,改元光绪,由于光绪帝年纪太小,慈禧太后再次垂帘听政,又独揽了大权。

不败而败

　　第一次鸦片战争、第二次鸦片战争结束后，法国从中国获得了不少利益，但仍然得寸进尺，又开始了厚颜无耻的侵略。

　　法国这一次侵略中国，没有直接率领大军进犯中国，而是以侵略越南为跳板，这样一是可以很顺利地打开中国西南大门，二是可以在中越边境借机挑起事端。

　　1873年，法国海军少校安邺带领法国远征军强行进犯河内，与越南军队展开了激战，但是越南军没有准备，很快被法军打败，安邺占领了越南北部地区。

　　越南阮氏王朝得知河内失守，大惊失色，越南国国王立即召集文武百官商议对策，有一位大臣说道："法国武器先进，而且人数众多，单凭我们的力量很难打败他，我们要找援军来帮助我们作战！"

　　越南国王问道："我们到哪里去找援军呢？我们与中国相邻，不知是否可以到中国去请求援兵？"

　　话音刚落，一位大臣立即说道："陛下，万万不可，中国如今内忧外患，不断有反贼起义，中国正在四处自救，是不会出兵帮助我们的。另外中国自从受了英法联军的侵略，从内心深处惧怕英法等帝国主义侵略国家，所以从这一点上来说，她也不会出兵援助我们。但是，您不必焦急，中国政府虽惧怕帝国主义列强，但中国人民不怕帝国主义列强。中国不仅有许多抗英、抗法英雄，而且许多民间组织也纷纷起来反抗帝国主义列强，我们可以请中国的民间组织来援助我们，共同打败法国。"

　　越南国王一听，点头答应，立即派人去向黑旗军求援，而且他还存在一丝侥幸心理，以为越南与中国是唇齿关系，所以也派人向中国政府求援。

　　黑旗军是中国农民起义军，1865年在刘永福的带领下掀起了农民运动的小高潮，这支队伍把七星黑旗作为军旗，所以人们称之为黑旗军。刘永福带领起义军占领了许多城镇，但由于孤军无援，被清政府团团包围，刘永福为了保存实力，非常果断地带领黑旗军突围出来，一口气逃到了中越边境保胜一带。这里清政府的兵力少，而且地势险要，刘永福想在这里积蓄力量。

一天刘永福正在训练军队，忽闻有越国使节求见。越南使者说明了情况，又把国王的信递给了刘永福。刘永福看完信后，非常气愤，随即带领黑旗军前去支援。

黑旗军很快就到了越南河内城外。法国头子安邺没有费多大兵力就占领了河内，认为几天之后就可以灭掉越南这个小国，一看城外来了一批人马，根本就不放在眼里，立即下令出城攻打黑旗军。

刘永福一看安邺带领法国军队已经冲出来了，并不急于和他们交手，自己带领一部分人马与法国军队且战且退，又安排一部人马从后面包抄。黑旗军恨透了法国人，如今与法国军队交了手，心中都激起了怒火，与之展开了激战。安邺目空一切，认为越南没有人能阻挡他侵略的步伐，所以也没有把刘永福的黑旗军放在心上，可一交战，才知道低估了黑旗军的能力。这支队伍能征善战，而且每个人都如下山的猛虎，杀得法国士兵鬼哭狼嚎。安邺一看黑旗军人数虽少，但每个人以一当十，自己的人马损失很大，便想带领法国残兵败将逃回去。

正在这时，从后路包抄的黑旗军在战鼓的助威声中，黑压压一片杀了过来。法国侵略者腹背受击，一下乱了。黑旗军大开杀戒，侵略者的首领没能逃跑掉，被吴凤典一刀砍死。法国侵略者夹着尾巴逃跑了，越南河内之急解除。越南国王非常高兴，盛情挽留刘永福，封他为三宣副都督。

法国人吃了败仗，自然不会甘心，侵略者的本性决定了他们还会再次出兵。

1883年，法国再次侵犯越南，而且扬言要侵占中国。清政府为了向法国表示友好，撤退了派驻广西、云南一带的清军，并和法国人议和。

法国人表面上答应，实际上做好了侵略中国的准备。

1883年5月，法国统帅李维业攻占了河内，并且悬赏捉拿刘永福。刘永福毫不畏惧，带领黑旗军和越南人民一起抗击法军。刘永福和越军将河内团团包围。李维业知道这是一座孤城，一旦被围困，饿也得饿死，便准备带领法国侵略者冲出城去。

刘永福早已料到李维业会突围，便对黄守忠说道："李维业一旦出城，先不要与他交手，等他的人出了城，你断他的后路。"刘永福又命杨著恩在低桥一带做好埋伏。

李维业带领着法国人缩头缩脑地出了城。他以为天黑，不会有人发现他们，但他想错了，早有人埋伏在暗中注视着他们的一切。

天已蒙蒙亮，李维业带领法国侵略者眼看就要逃出去了，李维业大笑道："这些人太笨了，我这么轻易就突围出来了！"一个法国士兵说道："大帅，也许他们惧怕我们，只想把我们吓跑，而不敢来追我们！"李维业又说道："你说得很有道理，但是他们想错了，我们还会杀回来的！"

这些人边说边行军，刚到低桥，忽听得鼓声震天，接着伏兵四起，李维业立刻傻眼了，大声叫道："上当了！上当了！别乱，稳住阵式！"他喊他的，法军早已乱了，杨著恩带领人马杀了上来。法国军队仓促应战，战斗力丧失，很快就被黑旗军打败。李维业怕全军覆没，准备带领法军退回河内。没走多远，法军就听得喊杀声震耳欲聋，一看又遇到伏兵，也不交手，而是四处奔逃，只剩下李维业这个光杆司令。他一看大事不好，也撒腿就跑。黑旗军恨透了这家伙，一枪就将他打倒。

法军接连两次受到重创，恼羞成怒，又派孤拔带领4000海军侵占越南。孤拔带领洋枪队攻占了越南首都河内，越南沦陷了。刘永福将黑旗军移到中越边境，准备与法军决一死战。

法国军队占领了越南，他们的第一个目标达到了，他们又开始了第二个目标：侵占中国。没有理由，他们便编造理由，说刘永福是中国人，两次重创法军。

1883年，法国舰队侵占越南山西。山西是越南北部的战略要地。越南使者到中国来求援，希望清政府能出兵赶走侵略者。清政府也害怕法国攻占了越南后便会侵占中国，于是答应派去一部分清军，但是这支清军没有和法军交战，只是奉命守在山西，防备法军进攻中国。

可是防守在这里的清军看到法国舰队来攻打山西，立即撤了回去。黑旗军与法军展开了一场激战，但是寡不敌众，黑旗军也被迫撤出了山西。

法军一看取胜，立即加快了侵略的步伐。1884年，向福建水师基地马尾港进攻，守将张佩纶毫无准备，一味妥协退让，而且下令不准先开炮，违者虽胜亦斩！这种情况下，中国军队陷入被动之中，企图以此来换取法国的仁慈，可侵略者的本性决定了他们是不会停止侵略的。8月3日，法国舰队突然向马尾港袭击。张佩纶急忙逃跑，官兵与法军展开了激战。由于时间仓促，中国军舰尚未起锚，就被法国大炮击沉。这次战斗中，中国福建水师损失惨重，官兵几乎全部牺牲，军舰则全部被击沉。

清政府完全陷入被动挨打之中，这才宣布对法作战。

中国人民和爱国官兵是有骨气的，他们视死如归，拼命保卫国家。1885年法国攻占中越边境重镇——镇南关。镇南关是中国西南的门户，如果这里失守，法国侵略者就可以长驱直入了。

法国的侵略行为激起了中国边境军民的愤怒。老将冯子材年近七旬，为了保卫国家，又重出江湖。由于老将军冯子材很有威望，所以他一出山，军队士气大增。

1885年3月，法国统帅尼格里分兵三路进关。由于法军大炮猛烈轰炸，东岭炮台失守。法军又调集所有火力轰炸长墙，法国人在炮火的掩护下，攻到了长墙下。老将冯子材一看，情况非常危险，立刻带领守兵冲了出去，同时高喊："将士们，为了报效祖国，消灭鬼子，杀呀！"这些清军看到，老将军已经年近七旬，仍然奋勇杀敌，手中的长矛舞动得像银蛇似的，杀得法国人节节败退。士兵们满腔的愤恨发泄出来了，个个勇猛无比，法国军队被打得狼狈不堪。而这时王德榜率领清军已攻下文渊城，这是法军的弹药粮草基地。随后，他又带领人马从西岭杀了过来，清军这时又拿下了东岭，法军三面受敌，只好后退。而在这时，山谷里又响起惊天动地的喊杀声，清军和法国人都愣了一下，原来是中越两国的老百姓前来助阵。尼格里身负重伤，带着残兵败将逃了回去。这一仗歼灭法军1000多人，打伤者无数，而且缴获了法国的许多门大炮。

镇南关大捷扭转了整个中法战争的局面，中国由败而胜，由被动转为主动，又乘机攻下了凉山、谷松、观音桥等地。

然而就在这时，李鸿章在征得慈禧的同意后，乘胜议和。慈禧降旨，撤回清军，与法国人议和。

1885年6月，李鸿章与法国人签订了《中法新约》。消息一传开，举国上下都对李鸿章、慈禧的卖国行为极为不满,有的写诗讽刺这些卖国贼,有的暗杀卖国贼。老将左宗棠也大骂李鸿章,气得卧病不起。

平壤三战

  1894年,朝鲜全罗道发生东学党领导的农民起义,声势浩大,威胁到了朝鲜国王的统治。朝鲜国王忙派人去镇压,但是东学党的农民义军非常英勇,把朝鲜官军打得节节败退。朝鲜国王非常焦急,一位大臣说道:"国王,中国与我是友邦,我们让他们出兵援助,他们一定会答应的,到时候我们里应外合,不就可以剿灭反贼了吗?"朝鲜国王没有别的办法,只好派使臣来清政府请求出兵援助。

  清政府得知消息后,有许多大臣都认为:朝鲜与中国是友邦,如今他们有危险,我们应立即出兵援助。东学党领导的农民起义如果声势太大,还会影响我国的农民,如果他们再造反,后果不堪设想。于是清政府下决心派兵支援朝鲜。太原总兵聂士成和直隶提督叶志超带领4000清军乘坐济远和威远两艘军舰前去支援。

  日本得知中国派兵进驻朝鲜,心里很不是滋味。日本经过明治维新后,走上了资本主义道路,经济迅速发展,想进一步扩大市场。它那时还不是十分强大,所以把目标瞄准了邻邦朝鲜和中国。日本想直接侵占中国,但怕遭受失败,所以一直没有动兵,便想以朝鲜为跳板,从而进犯中国。后来日本人看到法国战胜了越军,后来被清政府打败了,中国却以胜议和。这极大地诱发了日本帝国主义侵略的野心,他们认为中国很好对付。

  日本帝国主义侵略者注视着朝鲜的一举一动,看到朝鲜爆发了农民起义,便准备好了军队,但是没有理由入侵。后来它发现中国出兵援助,也想出兵,但仍没有理由。可是日本帝国主义侵略者又不甘心白白错过这次大好机会,便以"保护使馆"为借口,悍然派出大队人马,直奔朝鲜。

  日本帝国主义侵略者为了达到强占朝鲜的目的,便想把中国的军队赶出朝鲜。

日本帝国主义侵略者攻占了仁川、汉城等地，还劫持了朝鲜国王，威胁他立即下令驱逐牙山的清军。朝鲜国王看出了日本人的目的，但是没有办法，只好下令。驻守在牙山的清军得到命令后，知道如果不撤军，朝鲜国王就有生命危险，便答应了立即撤军。

　　1894年7月25日，驻扎在牙山的清军乘军舰返航。日本侵略者认为这是给清政府一个"下马威"的良机，便派出军舰偷袭中国舰队，双方在丰岛海面展开了一场激战。日本虽然船坚炮利，但是由于清政府官兵奋起反抗，日本帝国主义侵略者伤亡惨重。

　　日本偷袭中国舰队没有得逞，又带领1万多军队围攻成欢。这里是由中国军将领聂士成镇守的，他带领清军与日本人展开了激战。但是胆小如鼠、贪生怕死的主帅叶志超却弃城而逃，留下聂士成孤军奋战。聂士成死守成欢，久久不见援兵，只好退守平壤。

　　日本占领了牙山、成欢后，气焰更加嚣张，扬言要将中国官兵赶出朝鲜。清政府本不想与日本为敌，虽然已经知道日本人在丰岛偷袭中国舰队，但是"宽宏大度"的清政府不想与他们斤斤计较。然而日本人却得寸进尺，扬言要驱逐清军出朝鲜。这种厚颜无耻的行为激怒了中国人民，清政府为了挽回自己的尊严，不得不对日本宣战。

　　中国对日本宣战，可乐坏了日本帝国主义侵略者，他们正苦于无借口侵占中国，一听说清政府宣战，也立即宣战，中日战争开始了。由于这一年是"甲午年"，所以历史上称这次战争为中日甲午战争。

　　日本一看中国官兵退守平壤，立即向平壤发动了总攻，主帅叶志超对总兵左宝贵说："日本大炮十分厉害，我在牙山、成欢与他们交过手，虽然苦苦相战，但还不是他们的对手，为了朝鲜，我们何必与日本人为敌，不如弃城而走，日本的目的就是想占领朝鲜，即使他与我国宣战了，也不会再举兵侵犯我国的，我看我们可以撤兵了。"

　　左宝贵一听，心里十分生气，但是叶志超是主帅，所以只好劝道："大帅，我们作为臣子的，奉命而来，没有旨意，即使战死在疆场上，也绝不能后退一步，日本人目的很明显，他们想侵占我们的领土，为了国家的尊严，我们即使战死，也无怨无悔，我们总不能让别人耻笑我们，总不能让别人骂我们是败类吧！"

　　叶志超一听左宝贵的话，知道他"顽固不化"，便说道："我可不愿意把命丢在朝鲜，既然总兵大人不想走，那你就带领你的人马在这里为朝鲜人卖命吧!"

左宝贵对叶志超这种无耻的行为感到非常气愤,大声说道:"您身为朝廷命官,身为大军统帅,您要一撤军,必然会使军心大乱,我们还怎么战斗呢?无论如何,您绝对不能走!"

叶志超也生气了,说道:"我是主帅,我有权力,想撤就撤!"

左宝贵道:"大帅,我宁愿与日本人战完之后,把首级奉献给你,也绝不允许您后退!"说完,左宝贵派人监视着叶志超,怕他弃城而逃。

日本侵略者从四面围攻平壤,左宝贵把守城北玄武门。日本用大炮猛轰城楼,左宝贵亲自登上城墙,指挥战斗,清兵士气高涨,用毛瑟连发枪、格林连射炮与日军展开了激战。日军久攻不下,而且损伤惨重,日本军司令气得直骂手下的将军,并重新调集重兵,继续攻打玄武门。左宝贵临危不惧,从容自若,指挥着清军与日军交战。正在左宝贵指挥之时,一颗子弹打中了他的腹部,鲜血直流,左宝贵强忍疼痛,只是简单包扎一下就继续指挥战斗。官兵被左宝贵的精神深深感动,都抱着与日军同归于尽的想法,早已把生死置之度外。

日军总司令正在纳闷,为什么如此猛的火力也攻不下玄武门呢,他仔细看了一下城墙,发现有一个人正在指挥战斗。他让所有的火力都瞄准这个人,这个人不是别人,正是清军总兵左宝贵。左宝贵突然身中数弹,直到最后倒地,口里还喊出了一句:"杀呀!"

左宝贵壮烈牺牲,清军虽然奋起反抗,但还是被日军攻下了玄武门。

玄武门失守后,叶志超立即召集人马,他说道:"玄武门已失守,我们不能在城中等死,现在我们只有突围出城,才是活路一条!"叶志超带领清军,不顾众将领的劝阻,突围出城。日军很轻易地占领了平壤。但日本人并没有停战,而是派人追杀清军,半路之上也埋伏了日军,清军腹背受敌,损失惨重。叶志超带领着残兵败将,带着耻辱逃回了中国国境。

平壤之战长了日本人的气焰,他们开始调兵遣将,准备进攻中国。

黄海大战

日本强占平壤，叶志超逃回了国内，日本人准备进一步侵占中国。日本人得知中国舰队于9月17日返航，便派出军舰准备在海上消灭中国舰队。

北洋海军提督丁汝昌率领北洋舰队完成护送援兵的任务后，从鸭绿江口的大东沟准备返航旅顺。

日本舰队早已得知这一消息，他们为了迷惑中国北洋舰队，便降下本国国旗，悬挂上美国国旗，由远及近向中国北洋舰队驶来。丁汝昌开始没有在意，后来发现这些船不是普通的商船，而是战船，于是，丁汝昌立刻到甲板上观察，认真一看，原来是日本舰队。丁汝昌心想：好狡猾的日本人，想蒙骗我们，今天我就让你知道一下中国人的厉害。丁汝昌大声说道："这支舰队是日本人的，他们侵占了朝鲜，而且又大败我清军，我们宁可战死，也绝不能后退，让日本鬼子知道我们中国人是不好欺辱的！"全体战士立即高呼："绝不后退！消灭鬼子！"丁汝昌下令：做好迎战准备！

当时中国北洋舰队的战舰无论是从吨位上、航速上，还是从射程上、射速上都不如日舰先进，但是爱国官兵为了杀一杀日本人的气焰，为了阻止日本人侵犯我国，他们宁可战死，也要和敌人拼一场。

日本舰队越来越接近中国舰队，他们排成一竖纵队，快舰居前，准备偷袭北洋舰队。但是他们的诡计被丁汝昌识破了，北洋舰队早已做好了准备，按丁汝昌的命令排成鱼阵，定远号和镇远号作为前锋迎击敌舰，专门对付日本的快舰。丁汝昌、刘步蟾指挥定远号首先向日本舰队开炮，大海上顿时炮声惊天动地，激起几米高的水柱，硝烟掩海，双方展开了激战。由于这次海战在黄海海面，所以又叫黄海大战。

铁甲坚、火力强的定远号由丁汝昌、刘步蟾指挥。刘步蟾恨透了日本帝国主义侵略者，指挥着定远舰首当其冲，冲杀在前。日本舰队也集中火力向定远号猛轰，丁汝昌、刘步蟾从容自若，指挥着战舰与日本舰队激战。丁汝昌正在专心致志地指挥战斗，突然一颗炮弹飞来，将他炸成重伤。丁汝昌干脆坐在甲板上督战,而刘步蟾则继续指挥战斗,但敌人的炮弹把定远号的舰桥炸断了,北洋舰队失去了旗舰。邓世昌是致远号的管带,他当机立断,下令:"升起大旗!"致远号成了旗舰,日本舰队又集中火力向致远号攻击,缓解了定远号的危机,也稳定了军心。

此时,刘步蟾指挥着定远号乘机攻入日本舰队中,将其拦腰截断,日本舰队顿时大乱。刘步蟾命清军猛轰日舰,日本的几艘战舰都受到重创。

邓世昌命令济远和经远两舰向致远靠拢,集中火力攻击日本旗舰松岛。贪生怕死的方伯谦却拒绝支援致远号,而是下令退出战斗,济远号匆忙逃走,撞上了中国舰船扬威号,而日舰乘机击沉扬威号。

日本舰队依靠舰坚舰多,又重新组织了进攻,装备精良的吉野号日舰成了先锋舰,直接开向了定远舰。邓世昌一看,定远舰四面被包围,立即下令前去支援,将炮口对准吉野,一炮打中,吉野甲板上起了火。其他的日舰一看先锋舰着了火,都纷纷后退。邓世昌又指挥致远/号向吉野号开炮,吉野受到了重创。可就在这时,日本的舰队也击中了致远号。但邓世昌没有退缩,仍然向前冲杀,但是打了几炮都没有响,一看炮弹的药里全是沙子。而这时船上已没有弹药了,邓世昌高声说道:"我们从军卫国,应该誓死捍卫祖国,但是我们的炮弹用光了,我们绝不能后退,我下令向吉野号撞去!"众官兵齐声高呼:"绝不后退,撞沉吉野。"

邓世昌命令开足马力,致远号像巨龙一样,风驰电掣般向吉野号撞去。日舰吉野发现致远号向自己撞来,也不开炮,知道清军想和他们同归于尽,都吓坏了。日舰乱了一会儿,又镇定下来,赶紧调转船头,同时把大炮移到船尾,向致远号开炮。致远号离吉野越来越近了,邓世昌亲自站在船头指挥,但是由于致远号在战斗中冲锋陷阵,多处受到重创,所以行驶起来,船身有些倾斜,眼看就要撞上吉野号了,却不幸被一颗鱼雷击沉,200多名官兵全部壮烈牺牲。

致远号被击沉,并没有吓倒中国北洋舰队的官兵,反而激发了他们的斗志,人人都在高呼"为邓世昌报仇雪恨"。经远号舰长林永升临危不惧,指挥炮手猛烈轰击敌舰,却被日舰击中甲板,甲板起火,但是林永升丝毫不退缩,一面组织官兵救火,一面组织炮手继续与敌人对攻。正当林永升指挥之时，却突然被炮弹击中，他浑身是血，用尽全力说道："国家危急，我们绝不能后退，宁可战死，也要和敌人一拼到底！"说完便永远地闭上了双眼。船上的爱国官兵很受感动，开足马力，靠近敌舰，用大炮轰得几艘敌舰都着了火。无奈敌舰太多，经远号270多名官兵也壮烈牺牲。

　　北洋舰队经过激战，只剩下4艘战舰，定远、镇远、靖远、来远依然与日舰交战。刘步蟾确实有大帅风度，丁汝昌受重伤无法指挥战斗，他便亲自指挥着定远号，又指挥着其他3艘战舰集中火力向敌舰猛烈攻击。刘步蟾亲自指挥炮手攻击松岛号，一颗炮弹击中了松岛号，舰船上顿时起了大火，有几十人被炸死。松岛号是日本的旗舰，但被定远号炸得丧失了战斗力，慌忙逃跑，其他8艘日舰也跟着逃窜了。

　　4个多小时的黄海大战落下了帷幕，但黄海上空还有滚滚的黑烟，整个黄海上都充满了浓浓的火药味。炸碎的船板还在黄海上飘着，爱国官兵的鲜血将黄海染红了一片。北洋舰队除了两艘战舰逃跑外，其余战舰的官兵都英勇杀敌。北洋舰队英勇抗敌，致使日军舰队有5艘受重创，丧失了战斗力，然而北洋舰队也被日军击沉了4艘。但是北洋舰队两艘吨位大、铁甲坚的主力战舰镇远、定远仍然完好。

　　黄海大战，爱国官兵用鲜血向世人昭示了中国人民的爱国主义情怀和面对强敌临危不惧的勇敢精神。

卖国贼断送北洋水师

　　黄海大战结束之后，提督丁汝昌向李鸿章汇报了情况，李鸿章说道："我不是再三叮嘱你，不要与外国人交战吗？"丁汝昌道："李大人，日寇寻衅，我们也是实属无奈，才与他们交手的！"李鸿章叹了一口气说道："既然如此，我也不责怪你了，好在主力战舰还存在，但是今后不许与敌舰正面交战，更不能主动出击，不许越过炮台线出击！"丁汝昌心想：这不是让我们躲在威海等着挨打吗？但是李鸿章有令在先，丁汝昌也没有别的办法，只好带着重伤离开了，到威海与官兵们一起修复被击伤的战舰。经过修整后，定远、镇远、靖远、来远、平远、济远、广丙7艘战舰恢复如初。

黄海之战也惊动了朝廷，李鸿章只好面奏慈禧和光绪帝。

李鸿章说道："陛下，臣无能，黄海一役，北洋舰队有5艘战舰被击沉，其余也受重创，丧失了战斗力，我已命令北洋舰队暂驻威海卫进行休整。"

光绪帝一听，大怒道："一个小小的日本，竟然把我雄师北洋舰队弄成这个样子，你到底是怎么训练的，如果这样下去，我们还怎么和日本抗衡啊？"

李鸿章立刻说道："陛下，日本人船坚炮利，我们万万不可与他们正面交战。那样，日本人会乘机长驱直入我国领土的，我们不如安抚他们，大事化小，小事化了，才可以确保江山社稷留传万代啊！"

光绪道："难道，你想让我大清王朝向一个小小的日本妥协不成？我命你迅速修复北洋舰队的战舰，积极准备迎敌！"

李鸿章看了看慈禧太后，慈禧说道："李大人，我派你去议和！"光绪帝一听，也没有办法，只好派李鸿章去议和。

对于临阵脱逃的方伯谦，光绪帝则下令斩首！

其实李鸿章是故意夸大北洋舰队的损失的，他见曾国藩的湘军很厉害，而且朝廷无人敢惹他，他也把北洋舰队看作自己的私人财产了，可以与其他人的兵力相抗衡，所以他不想让北洋舰队投入战斗。

1894年11月，日军攻打旅顺，丁汝昌向李鸿章请示出战，李鸿章却斥责道："日舰兵力、火力强大，黄海一战，我们已经领教了它的厉害，难道你还想让北海舰队再受重创吗！"

丁汝昌道："李大人，一旦日本占领了旅顺，它一定会进一步侵犯我国的，如果我们不给予它有力的还击，一定会助长它的嚣张气焰。"

李鸿章说道："我自有安排，没有我的命令，绝不允许出动北洋舰队，违令者斩！"

丁汝昌没有办法，和北洋舰队全体官兵眼睁睁地看着日军占领了旅顺，但是北洋舰队的官兵有其心无其力，李鸿章不下命令，谁也没法离开威海一步。

李鸿章得知日军占领了旅顺，立即带人前去议和，但是蛮横的日军根本不理睬李鸿章，而且扬言要消灭北洋舰队。

李鸿章扫兴而归，但是他听说日本人说要灭掉北洋舰队，非常担心，因为这是他的私有财产，他视北洋舰队为自己的命根。他回到北洋舰队，对丁汝昌说道："没有我的命令，绝对不许迎战，即使日本舰队已入侵，也不许仓促作战！"

　　日本舰队与北洋舰队在黄海经过一场激战，也震惊了，他们本以为中国舰队不堪一击，但是万万没想到北洋舰队如此强大，特别是清政府的爱国官兵，将生死置之度外，这也深深地震撼了他们。虽然日本舰队击沉了北洋规队四艘战舰，但日本人也很清楚，北洋舰队主力没有受到重创，战斗力仍然很强。日本帝国主义侵略者侵占旅顺后，便认清了清朝政府的腐败无能，也明白了为什么中法之战中国不败而败、法国不胜而胜。日本帝国主义侵略者更坚定了侵略中国的野心，知道即使不能取胜，也可以捞取很多好处，取胜了则会得到更多的好处。但是日本也知道中国人民和爱国官兵是不好对付的，为了扫净日本侵华的道路，日本决定先消灭掉北洋舰队。

　　1895年，日本舰队向北洋海军基地威海卫（今山东威海市）进犯，从正面封锁了威海卫港口。

　　丁汝昌向李鸿章请战，说道："李大人，日军侵犯威海卫，这里地势险要，我们可以凭借刘公岛、黄岛、日岛这三岛与日军抗衡，日本舰队号称25艘，但实际能够参战的也不过10艘，我们可以凭借威海卫的天然防线打退日本舰队。请李大人下命令，我军一定会舍身报国！"

　　李鸿章说道："日本舰队非常强大，不是我北洋舰队所能敌的，绝对不允许轻易出战，不得离开威海卫一步，如有人违令出战，虽胜亦诛。"

　　丁汝昌只好垂头丧气地回到威海，他仰天长叹，想报效祖国，却又受到李鸿章的阻拦。广大爱国官兵也纷纷请求出战，但是李鸿章有命令，他们也没有办法，只能眼看着日本舰队进犯威海。

　　日本舰队做好了与北洋舰队激战的准备，本以为会和北洋舰队遭遇一场苦战，但是出乎意料，日本舰队很轻易地进入威海，掩护陆军从成山角轻松地登陆。日本陆军很快占领了威海卫炮台。这样北洋舰队就腹背受敌了，但是李鸿章还是不允许主动出战，他想这样可以避开一场激战，保存自己的北洋舰队。

但是李鸿章想错了,他的"避战自保"政策不但没有躲过这场激战,反而给了日本舰队一个可乘之机。

1895年2月3日,日军舰队对北海舰队发起了猛攻,北洋舰队被迫宣战。广大爱国官兵奋起还击,阻止了日本舰队长驱直入的计划。由于北洋舰队的顽强抵抗,日本舰队不得不放慢入侵的步伐。2月5日晨,日舰偷袭定远舰,刘步蟾从容指挥,定远号击沉了日军的两艘鱼雷艇。但是定远号也受到了重创,丧失了战斗力。日本舰队一看击中了北洋舰队的主力舰,便发起了疯狂的进攻,又击沉了来远号和威远号。面对极其危险的处境,丁汝昌没有退缩,命令鱼雷艇管带王平去袭击日本舰队。王平奉命带领7艘鱼雷艇去袭击日本舰队,可还没有接近日本舰队,就被日本的大炮吓坏了,调转船头就想逃跑。在这时,它被日本舰队击沉,其余几艘也乱了,被日本舰队一一击中。日本舰队乘胜又向北洋舰队发起了猛攻。而就在这时,威海炮台的日本陆军也向北洋舰队开了火。北洋舰队前后受敌,但是爱国官兵宁可战死,也没有后退。在激战中,靖远号也被击中。

丁汝昌率领北洋舰队冒死突围,但没有成功,丁汝昌绝望至极,仰天长叹:"为什么当初不设防啊?难道是天公绝我丁汝昌吗?"丁汝昌在悲愤中自杀。

管带刘步蟾得知丁汝昌自杀,非常难过,跪倒在丁汝昌面前泪流满面。他此时此刻心如刀绞,他也主张早日设防,与日本舰队交战,但是李鸿章的"避战自保"却使北洋舰队落得如此下场。刘步蟾说道:"我们已无力抵抗敌寇了,但是我们不能把军舰留给他们。"说完,他命令官兵将战舰炸掉。随后,刘步蟾也开枪自杀,壮烈殉国,日本舰队乘机占领了威海港。

1888年建成的北洋舰队在卖国贼李鸿章手里断送了。

清政府战败,日本帝国主义侵略者咄咄逼人,清政府只好委派卖国贼李鸿章与日本签订了《马关条约》。日本不仅得到了领土、赔款,还进一步打开了中国的市场。

《马关条约》的签订使中国半殖民地半封建社会化程度大大加深。

公车上书

1895年，中日甲午战争爆发，李鸿章"避战自保"，为了私人目的而丧失了北洋舰队作战的良机，断送了北洋水师，而且使日本侵入了威海港口。

腐败的朝廷派自私自利的卖国贼李鸿章和日本议和，签订了丧权辱国的《马关条约》，条约中规定：

1. 中国承认朝鲜的"独立自主"，实际上是承认日本对朝鲜的控制；
2. 中国割让辽东半岛、台湾及所有附属岛屿和澎湖列岛给日本；
3. 中国赔偿日本军费白银2亿两；
4. 增开沙市、重庆、苏州、杭州为商埠；
5. 允许日本人在中国通商口岸自由开办工厂。

这些条约使中国半殖民地半封建社会化程度大大加深。日本控制了朝鲜，就相当于打开了中国的门户，可以随时入侵中国；割给日本大片领土，使中国领土被分割；开放了通商口岸，进一步开放了中国市场；在内地办厂，从中国牟取暴利；赔偿大量军费，使中国背上了沉重的负债包袱（清政府只好借款，而其他帝国主义国家则强迫清政府向他们借款，这些贷款国不仅利率高，而且附加了许多苛刻的政治条件）。

面对这种危局，一些有志之士都在为国担忧。

1895年，聚集在北京参加考试的各省举人听到李鸿章与日本人签订了丧权辱国的《马关条约》后，议论纷纷。这些举人大多有一颗爱国之心，都忧国忧民。他们得知日本侵略者又从清政府捞取了太多的好处，都非常气愤，痛恨清政府如此腐败、软弱、无能。

一些有志之士站了出来。康有为组织广东的举人联名上书；梁启超组织湖南的举人联名上书，要求清政府拒绝同意这些条款，与日本侵略者生死一搏。康、梁的举动引起了各省举人的纷纷响应，其他各省的举人也联名上书，但是腐朽的清政府根本不把这些人的建议当成一回事，对其不理不睬。

　　康有为是维新运动的领袖，从小聪明好学，对新知识接受得比较快，而且很有远见。他看到英、法等帝国主义国家依靠先进的武器在中国胡作非为，是因为这些国家经济发展迅速，而中国落后。为了使落后的清政府认识到自己的境况，他创办了万木草堂，宣传资产阶级改良主义思想，主张中国走改良道路，使中国富强起来。在此期间，梁启超也投到他的门下。康有为组织举人联名上书没有得到答复，但他没有灰心，决定联合18个省的举人共同上书。康有为连夜起草万言书，他的学生梁启超为他抄写。

　　康有为在万言书中论述了当前的民族危机，陈述了国内尖锐的矛盾，指出如果批准《马关条约》的条款，一定会激化国内矛盾，而且很可能出现国将不国的局面。康有为分析了签约的严重后果，紧接着又提出"拒约、迁都、变法"的主张，以实现"富国、富民"的目标。

　　康有为的万言书引起了各省举人的关注，这些忧国忧民的举人纷纷签名，短短的时间里就有1300多人签名。历史上把这件事称为"公车上书"。

　　"公车"一词来源于我国汉代举孝廉时，乘公车赴京。到了清朝，"公车"成为应试举人的代词。

　　但是清政府仍拒绝接受，他们看到全国有1300多举人联名上书，影响很大，怕惹出是非来，便以《马关条约》已签字不能更改为由，企图搪塞这些举人。

　　康有为带领举人公车上书，虽然没有得到答复，但却宣传了资本主义改良思想，并使其得到广泛传播，为以后的维新运动打下了基础，同时也反映了民族资产阶级要求抵抗侵略、进行资本主义改革、实现富国强兵的美好愿望。

百日维新

　　康有为带领各省举人公车上书，虽没有得到批奏，但是资产阶级改良思想却得到广泛传播,主张维新运动的资产阶级改良派开始登上历史舞台。

严复是福建侯官(今福州)人,从小家境贫寒,聪明伶俐,以第一名的成绩进入福州马尾政局附设的学堂,1877年又被派到英国海军学校留学。由此,严复的思想发生了巨大的变化,他发现英国之所以武力先进,是因为它的制度比中国封建制度先进。严复不仅努力学习军事知识,而且深入研究英国的政治制度。甲午战争后,他意识到落后就要挨打,便写文章来宣传先进的思想。他主张用"西洋之术"来达到富国强兵的目的。他主张废除八股,提倡西学,提倡自由、民主。这些先进的思想在当时引起了全国轰动。严复还翻译了英国生物学家赫胥黎的《进化与伦理》,翻译之后取名为《天演论》。严复从生物进化"物竞天择,适者生存"的角度,论述了中国也必须适应这一规律,只有强者才能生存,弱者会被历史淘汰。中国应该实行变法,使中国成为强国,只有这样才可能拯救民族于危亡之中,才可以立于不败之地。严复的资产阶级改良思想吸引了全国人民的注意,并且起到良好的宣传鼓动作用。

与此同时,康有为和梁启超也纷纷拿起笔来,呼吁国家为了挽救民族危亡,应该变法。康有为在万言书中就提到:"变法成天下之治",行"富国""富民""教民"之法。康有为为了达到这一目的,几次上书给光绪帝。他又写了《孔子改制考》,假借孔圣人的名义宣扬变法。他说孔子就是主张变法的先祖,我们也应该学习孔子的那种精神,积极主张变法。由于孔子思想在当时社会中的地位非常高,孔子被尊为孔圣人。康有为假借孔子的名义,达到了宣传资产阶级改良思想的目的。

康有为的高徒梁启超也奋笔疾书,在上海创办了《时务报》,宣传变法理论,鼓吹向西方学习,实现自上而下的资产阶级改良。

宣扬维新思想的人越来越多,在全国影响很大。光绪帝也想摆脱清政府落后挨打的局面,但他根本实现不了自己的志向,以慈禧太后、奕䜣为首的顽固派坚决反对变法。他们知道变法必然会触动他们的利益,为了确保自己的权位,他们是绝对不允许实行变法的。

1898年5月,顽固派的首领奕䜣病死,这给维新派带来了一个好机会。康有为想:慈禧太后虽然也反对变法,但她毕竟在表面上不理朝政，而是通过奕䜣来掌握朝中大权，奕䜣一死，推行新法就成为可能。康有为立即找到翁同龢，说道："富国强兵，乃国之本，我们要想摆脱落后挨打的局面，必须学'西洋之术'立即变法。"翁同龢很受感动，他也希望清政府强大起来，一个个丧权辱国的条约使他痛心疾首，但是没有办法，只好眼睁睁地看着帝国主义列强欺辱中国。

翁同龢见到光绪帝，说道："陛下，举国上下，维新浪潮高涨，一些仁人志士纷纷奔走天下，主张变法，如今奕䜣已亡，我们何不利用这个良机立即变法呢？"

光绪帝心想：奕䜣已死，慈禧太后也失去了一个帮凶，我何不利用变法的机会夺取慈禧太后手中的大权，做一个真正的皇帝呢？想到此，光绪帝说道："我也主张变法维新，实现富国强兵，但不知何人能辅佐我？"

翁同龢见光绪帝已答应，心里非常高兴，立即答道："陛下，臣推荐一人，他就是给你几次上书的康有为。1895年，他就带领举人公车上书，以后又是几次上书。此人有忧国忧民之心，而且很有影响力。他创办的万木草堂，培养了一大批主张变法的人才。他的高徒梁启超在社会上影响也很大，如果能得到此人的辅佐，变法一定能够成功，国家一定能够富强，到时候我们就可以有先进的武器与帝国主义列强相抗争了！"

光绪帝一听，非常高兴。他虽然身居宫内，但对康有为也有所耳闻，于是下诏接见康有为。

翁同龢立即将这个好消息告诉了康有为，康有为一听皇上要接见自己，高兴极了，心想：我的心血没有白费，如果真能达到富国强兵的目的，我死也愿意。

1898年6月16日，光绪帝不顾顽固派的阻拦，召见康有为。

康有为对光绪帝说道："陛下，臣以为，目前全国已掀起了变法的新思潮，变法一定会顺应民心，得到天下人的拥护，这对国对民来说都是一件好事。但是我们不能不考虑与我们唱反调的顽固派，他们害怕变法之后会触动他们的利益，所以会千方百计地阻挠我们变法。为了使变法能够顺利进行，我们先不要触动他们的根本利益，先采取温和的办法，然后再一步一步地深入，到时候新法深入人心，形成一股强大的势力，顽固派们想阻止也阻止不了了。"

光绪帝听后,说道:"正合我意!"光绪帝见康有为不仅相貌堂堂,还很有才华,很欣赏他。但是光绪帝也想到了慈禧太后的话:"对于那群胡闹的举人,不要理睬,更不得重用!"所以光绪帝也没有办法,只好任命康有为为总理衙门章京。但是光绪帝仍给了康有为一个特权,允许他专折奏事。

康有为心想:我官职虽不大,但是没有关系,我也不是那种急功近利的人,只要允许我专折奏事,可以推行新法就行。

后来,康有为觉得自己一人很难把事情办好,便向光绪帝推荐了自己的高徒——梁启超。光绪帝也很欣赏梁启超,命他办理译书局事务。

康有为认为变法不能迟疑,于是昼夜研究,总结维新派的建议呈报给光绪帝。光绪帝对此进行了批改,然后颁布了100多道变法诏令。

这次变法的内容很多,但主要有以下几个方面:

(一)经济方面:设立农工商局,保护农工商业,积极鼓励开办工厂;设立路矿总局,发展铁路和采矿业;举办邮政,裁减驿站等。

(二)政治方面:整顿吏治,裁汰冗员,允许官民上书言事等。

(三)军事方面:训练海陆军,采用西方先进武器,改练洋操等。

(四)文教方面:废除八股取士制度,改试策论;设立学校;创办京师大学堂;派遣留学生出国等。

这些变法内容虽然没有涉及到"民主""自由"等资产阶级思想,但是也触动了封建思想。光绪帝刚一颁布诏令,就遭到顽固派的强烈反对。但是光绪帝心意已决,所以仍继续推行新法。

顽固派不甘心就这样退出历史舞台,便上奏"老佛爷"——慈禧太后。这些顽固派对慈禧说道:"以康有为为首的逆贼竟然勾结皇上,实行变法,这些法令违背了祖训,是不会得人心的!"慈禧本来就不主张变法,一听自己的亲信又如此说,不禁大怒,立即逼迫光绪帝下圣旨,免去翁同龢军机大臣、总理衙门大臣的职务。光绪帝没有办法,只好含泪写了圣旨,免去了老师的职务。慈禧还不放心,又开始重新抓住朝政大权,阻挠变法。为了达到自己的目的,她把自己的亲信荣禄调回京城,掌管京津兵权。

新法刚刚开始推行,就遭到了慈禧太后的反对,但是光绪帝为了表示变法的决心,下令将礼部尚书怀塔布等6名顽固派官员一并革职,任命主张维新变法的谭嗣同、刘光第、林旭、杨锐为军机章京,参与新政。光绪帝又下了一道圣旨,将阻挠变法的卖国贼李鸿章逐出总理衙门。

慈禧太后当然不会让光绪帝如此"胡作非为",她看到光绪帝以皇帝的命令来进行变法,自己没法插手便和荣禄商议准备将光绪帝软禁起来。

光绪帝也知道慈禧太后把荣禄调回京城,目的是想控制自己,于是下密诏给康有为:"慈禧太后反对变法,而且还把荣禄调回京城,他手握兵权,一旦慈禧太后利用兵权反对变法,恐怕我自己都难保,还请你等做好准备,以防不测。"

康有为听后,愣了半天,他知道皇帝无实权,但也没有想到会如此,连自己都难保,不禁说道:"陛下,不必为臣等担心,为了国富兵强,臣等宁死也愿意!"康有为与光绪帝辞别,立即找到梁启超、谭嗣同、康广仁、林旭等人商议如何对付顽固派。万般无奈之下,他们决定请袁世凯出面,以武力对付荣禄。

袁世凯是河南项城人,也是一个投机分子,先是在李鸿章门下,后又到荣禄手下做了将领。袁世凯看到维新运动掀起了高潮,便主张变法,还参加了强学会。所以康有为等人想请袁世凯出山,将荣禄杀掉。

由于顽固派势力越来越大,维新派决定:康有为、梁启超二人先离开北京,谭嗣同去找袁世凯。

谭嗣同见到袁世凯后说道:"慈禧太后和荣禄天津阅兵,其实是一个陷阱,他们想加害皇上,现在皇上大难临头,只有你可以救皇上,皇上认为你很忠诚,所以特派我来密告于你,希望你做好准备,营救皇上。"

袁世凯说道:"皇恩浩荡,我一定会尽全力去救皇上。"

谭嗣同说道:"荣禄手中有重兵,恐怕很难对付,大人还是小心为妙。"

袁世凯说道:"谭大人,请放心,杀荣禄如杀一条狗。"

谭嗣同心里有了一丝安慰,又说道:"此事关系重大,万万不可大意。"袁世凯点头允诺。但是谭嗣同一走,袁世凯立刻向荣禄告了密。荣禄一听,深知此事重大,立即又向慈禧太后报告。慈禧太后一听,大怒,立即下令将光绪帝囚禁在中南海的瀛台。

9月21日,慈禧下令捉拿康、梁等维新变法的头领。而这时康有为早已在英国的保护下逃到了香港,梁启超则逃亡到日本。只有谭嗣同坚决不走,说:"各国变法无不从流血而成,今日中国未闻因变法而流血者,此国之所以不昌盛也。如果有,就从我开始吧!"

这是一番慷慨激昂的宣言,谭嗣同为了能使国家强大,宁可变法流血。

谭嗣同,湖南浏阳人,从师于欧阳中鹄和大刀王五,可以说是文武双全。19岁,他漫游各地,受到维新思想的影响,而且痛恨那些卖国贼的无耻行为,也希望国家早日强大起来。后来他成了维新变法的头领,为变法积极奔走。

谭嗣同得知荣禄要捉拿自己,就在家里待着。八月初九,荣禄派人将谭嗣同逮捕,关入狱中。谭嗣同在墙上留下了一首豪迈的诗篇:

望门投止思张俭,忍死须臾待杜根。
我自横刀向天笑,去留肝胆两昆仑。

9月28日,谭嗣同、林旭、杨锐、刘光弟、杨深秀、康广仁被杀害于宣武门外菜市口。临刑前,谭嗣同大义凛然,高声朗读:

有心杀贼,无力回天。
死得其所,快哉快哉!

在豪迈的声音中,六君子被杀害,史称"戊戌六君子"。谭嗣同英勇就义后,他的老师大刀王五亲自为他收尸。

轰轰烈烈的戊戌变法结束了,从光绪帝下诏变法到光绪帝被软禁,废除新法止,共103天,历史上称"百日维新"。

历史已经证明,资产阶级改良派依靠没有实权的皇帝是不能使中国走上富国之路的。

义和团起义

哪里有压迫,哪里就有反抗,中国人民从来都不怕帝国主义侵略者。

甲午战争之后,清政府签订了丧权辱国的《马关条约》,激起了全国人民的愤慨。但是帝国主义得寸进尺,又掀起了瓜分中国的狂潮。

德国以"干涉还辽"有功为由,强行租借胶州湾,租期为99年,这样山东就成了德国的势力范围。俄国也不甘落后,以同样的理由租借旅顺和大连,租期为25年,东北地区成了沙俄的势力范围。法国一看德、俄得逞,立即向清政府提出租借广州湾,租期99年,又强行获得了其他权利,两广和云南地区成了法国的势力范围。英国始终认为"它是打开中国门户的功臣",所以处处想争先,强行租借了九龙半岛和山东威海卫,租期分别为99年和25年。日本从《马关条约》中捞足了好处,但它还不满足,又使福建成为它的势力范围。

清末,有人画了一幅《时局图》,图中用各种动物代表不同的国家已将中国领土分割完毕。美国人则提出"门户开放",要求利益均等。

中国已被瓜分完毕,但是《时局图》的作者实在是很有远见的人,他在图的下边还画了几笔人民的反抗,也正是这几笔,才使中华民族有了转机。

义和团起义就是这几笔之中的一笔,一个泱泱大国被列强一块块分割,主权遭到践踏,软弱无能的清政府非但没有半点儿反抗精神,反而对国内人民加紧剥削和镇压。面对卖国贼李鸿章断送北洋舰队的厚颜无耻之行径,人民愤怒了。官府崇洋媚外,但中国人是有骨气的,从三元里抗英开始,中国人民就没有停止反抗帝国主义侵略者,只不过有时是显性的,有时是隐性的。

白莲教是许多朝代的人利用来反抗朝廷的武器。但是以前都是用来反抗封建统治者的沉重压迫,随着民族矛盾的加深,这些善良的、有志气的中国人民将矛头指向了帝国主义侵略者。

白莲教虽然无数次被镇压,但它的生命力很顽强,一批人倒下了,另一批人转入秘密行动,积蓄力量。甲午战争,山东是主要战场,日本侵略者不仅烧杀抢掠,而且又占领了中国领土。中国人民非常气愤,悄悄地组织起民间结社。这些秘密结社有"拳会""红拳会""义和拳会"等许多叫法,但都是白莲教的支派。

甲午战争之后,德国把山东变成它的势力范围,英国也厚着脸皮把威海卫租走。这些侵略者还派来许多传教士,这些人以传教为名,其实胡作非为,欺压受苦受难的百姓。但是软弱的清政府要么偏袒他们,要么与他们勾结在一起,共同对付百姓。

百姓忍无可忍,只有举兵起义。

受帝国主义蹂躏压迫最为惨重的山东首先爆发了义和拳起义。1898年10月,赵三多领导的冠县(今邢台威县)义和拳举兵起义,揭开了义和团运动的序幕。

赵三多是河北冠县梅花拳的首领,不仅武艺高强,而且很有谋略,能够很好地组织群众。在冠县,他领导的梅花拳很有影响力,后来接到冠县阎书勤、高元祥的盛情邀请,得知传教士与村民长期争用玉皇庙基,而且在旧庙基上重建教堂。赵三多本来就对外国传教士很反感,一听说他们在冠县胡作非为,欺压百姓,便答应了阎、高等人的邀请,成为冠县义和拳的首领,把梅花拳的组织交给了自己的副手,让他继续领导梅花拳。

赵三多确实很有头脑,那时义和拳没有统一的组织,各地和各村之间都没有联系。赵三多对阎书勤、高元祥等人说道:"光靠我们自己的人马,力量太小,我们一定要联合其他村庄的义和拳一起起义,等到声势浩大起来,我们再联合各县甚至各省的义和拳共同抗击帝国主义者!"

阎书勤、高元祥等人非常赞同,便以赵三多的名义发出帖子,去附近各村联络义和拳,由于赵三多在这一带很有影响力,所以很快附近各村都派来义和拳参加。短短几天,就达到八九百人。

赵三多想:为了团结更多的义和拳志士,我们必须提出一个口号,表明我们的立场。清政府虽然昏庸、软弱、无能,但目前帝国主义已经掀起了瓜分我国的狂潮,出现民族危机,如果长此以往,很有可能被这些帝国主义灭掉国家,到时候我们百姓就更惨了。我们不如打着"扶清灭洋"的旗帜,这样既可以表明我们的爱国立场,清政府也有可能因此不镇压我们,而且可以团结其他各地义和拳组织。只要把这些洋人赶跑了,我们内部的事到时候再见机行事。

赵三多把自己的想法和阎书勤、高元祥等人说了,阎书勤很赞成,但是高元祥有些反对,说道:"清政府不仅软弱、卖国、无能,而且与这些洋人相勾结,共同欺压我们老百姓,即使我们打出这个旗帜,清政府还会镇压我们的。"

赵三多说道:"但是目前,我们必须先赶走洋人,否则国家就有灭亡的危险。另外我们现在的力量还很弱小,如果既反政府又反洋人,我们树敌太多,很难有所发展。"

阎书勤等人也都说道:"现在对付洋人是主要的,我们必须先集中兵力赶跑洋人,让它在我们中国这块领土上没有落脚之地!"

高元祥也只好同意了大家的意见,但他说道:"这个口号我们可以使,但对清政府我们也不得不防,直隶、河南、山西和我省的八卦教、红阳教等秘密结社与我们义和拳都是白莲教的支派,清政府对他们都进行过残酷的镇压,我们也应该小心谨慎!"

赵三多说道:"此话很有道理,我们必须提防清政府,我还有一个建议,把'义和拳'改成'义和团',这样就可以团结其他组织了。"这个建议得到了大家的一致认可。

赵三多率领义和团的人打出了"扶清灭洋"的旗帜,攻进了红桃园教堂,赶跑了洋人。有的洋人不知趣,和义和团的人交了手,义和团虽然是由农民和手工业者组成的,但他们平时都学习武艺,而且加入义和团的这些人个个年轻健壮,武艺高强,洋人哪里是对手啊,纷纷落荒而逃。

义和团的起义引起了清政府的注意,他们本来就秘密监视着义和团的一举一动,得知冠县义和团已挑起了大旗,而且还打伤打死了洋人,清政府吓坏了,忙派人前去向洋人赔礼道歉,又派兵前去镇压。

山东巡抚张汝梅得到命令立即派兵去镇压,清军与义和团展开了激战。义和团的人虽然少,但是个个有胆有勇,清军被打得落花流水,但是义和团的人从来不追杀清军,他们认为这样可以得到清政府的理解。但他们想错了,清政府可不管你"扶清"还是"灭洋",只要是农民起义,它就害怕,怕威胁它的统治,而对洋人它则百依百顺。它认为洋人只是要它的地、它的钱,而不会危及它的统治,真是荒唐透顶。

清军又几次去镇压义和团起义,义和团在赵三多的带领下成功地打退了清军。赵三多和义和团的其他首领认为,只有打到别处去,才能壮大声势,才能躲避清军的镇压。但是为了防止外国传教士对百姓反扑,阎书勤决定带领一部分义和团的人继续留下来和洋人周旋。

赵三多带领另一部分人马沿运河北上。赵三多很有威望,而且当地的百姓都恨透了洋人,赵三多的义和团不断有人加入,人数猛增,势力扩展到直隶省。"鸟无头不飞,人无头不走",赵三多起义带动山东和其他省的义和拳也纷纷起兵,声势浩大,矛头直指洋人,一场轰轰烈烈的农民反帝爱国运动开始进入高潮。

朱红灯看到赵三多的义和团已经起义了,也不甘示弱,举兵响应,援助李长水打退了平原县令蒋楷,又打败了前来镇压的清军。赵三多的义和团影响很大,但是朱红灯的义和团起义更是声势浩大,引起了整个山东的轰动。

义和团声势浩大,清政府几次派兵前来镇压,不仅无功而返,而且损兵折将。山东巡抚毓贤上奏慈禧太后,想"招抚"义和团,慈禧太后同意了,但是洋人不同意,强迫清政府撤换巡抚。既是投机者又是出卖维新首领的袁世凯出山了,对义军进行了残酷的镇压,杀害了义和团起义的首领朱红灯和心诚和尚。

山东义和团起义受到严重挫折,但是义和团的志士们没有灰心,他们不甘心刚进入高潮的义和团起义就这样被袁世凯镇压下去。他们一部分人留在山东,另一部分分散到直隶和京津一带,去参加那里的义和团运动。赵三多的义和团在直隶一带又有了落脚之地,一场全国性的义和团运动进入新的高潮。

义和团大败西摩尔

赵三多带领义和团来到了直隶,这里的义和团运动也正在兴起,赵三多等人加入了直隶的义和团运动。后来朱红灯领导的义和团义军被袁世凯血腥镇压之后,一部分人也来到了直隶,加入了直隶的义和团运动。

直隶是清朝统治的中心,帝国主义在此侵略最为严重,它们不仅勾结清政府残酷迫害百姓,而且以传教为名肆意欺压当地百姓,引起了直隶人民的极大愤慨。

山东义和团起义不久，直隶义和团运动便开始了。由于外国传教士蛮横无理，动不动就杀害百姓，所以义和团运动刚一兴起，农民、手工业者便纷纷加入。

直隶省霸县的义和团运动声势最为浩大。这里有很好的群众基础，许多年轻人都精通武艺，加入当地的民间秘密结社。当洋人胡作非为时，这些人在没有组织的情况下，自发地掀起了义和团运动。这些义和团的志士占涿州，打丰台，焚高家庄教堂，一度引起了清政府和洋人的恐慌。清政府认为在天子脚下竟敢如此"冒天下之大不韪"，这还了得，忙派兵去镇压。

官逼民反，清军前来镇压，为了使义和团减少损失，静海县的曹福田、张德成各自带领一部分义和团志士打着"兴清灭洋"的旗帜举兵起义。

张德成文武双全，在静海县很有威望，他一宣布起义，就有1000多人参加。张德成带领义和团将士四处打击那些作恶多端的洋人，深得百姓的拥护爱戴，洋人也非常惧怕张德成。有一次几个洋人带领洋军在杨柳青铺胡作非为，却不知道这里有张德成的义和团。张德成带领义和团及时赶到，还没有交手，洋人一看是张德成来了，撒腿就跑，义和团志士乘机追杀，大败洋军。张德成名声又扩大，许多义和拳的人纷纷加入，队伍扩展到2万多人。

曹福田领导的另一支义和团义军声势也不断壮大，他们为民除害，受到百姓的欢迎，也发展到1万多人。

霸县、静海县的义和团运动轰轰烈烈，涞水县的义和团在其鼓舞下，也开始了举兵起义。

当时涞水县高洛村有一个教堂聚集着很多洋人，这些人根本就不是什么真正的传教士，而是披着羊皮的狼。他们对当地的百姓十分蛮横，而且依靠清政府和洋人的势力，烧杀抢掠，调戏妇女，无恶不作。当地的百姓纷纷反抗，但是清政府不但不捉拿这些洋人，反而逮捕无辜的百姓。当地的义和团志士气愤至极，当然不会眼睁睁地看着清军、洋人这样残酷地残害百姓。一天夜里，这些所谓的传教士正在教堂里议论着自己一天的"功绩"，愤怒的义和团将教堂团团包围。有的人早已准备好了干柴、煤油等易燃物，等到教堂的门被堵死后，便点火焚烧教堂。洋人在里边听到嘈杂声，刚想出去，门却被堵住，而外边浓烟滚滚，火苗冲天。洋人在里边吓坏了，个个惊慌失措。过了一会儿，在一个洋人的带领下，教堂的门被撞开。洋人一看又是义和团干的，都拿出洋枪向义和团开枪。义和团志士一看洋人开了枪，更加气愤，立刻冲了上去，挥舞大刀，将洋人杀得四处奔逃。

洋人一看教堂被烧毁，又有几个人被杀死，这还了得，岂能善罢甘休，立即向清政府提出要求。清政府一听，也吓了一跳，心想这批反贼总是惹是生非，于是答应向洋人赔偿，又立即出兵镇压高洛村的义和团。

高洛村义和团火烧教堂后，知道清政府一定会帮洋人来镇压他们，所以一方面自发地组织起来，一方面和曹福田、张德成的义和团取得联系。曹、张二人得知情况后，立即派人前来支援。高洛村的义和团和援兵里外夹击清军，清军惨败。

其他各地的义和团也打着"助清灭洋""兴清灭洋""合清灭洋""扶清灭洋"等旗帜纷纷起义，专门对付洋人。义和团不把矛头对准清政府，除非清军来镇压。

帝国主义也希望清政府变法，但却不是希望中国强大，而是为了更好地控制清政府，从中国得到更多的利益。但是以慈禧太后为首的顽固派坚决反对维新变法，因此慈禧太后与洋人的关系也很紧张。慈禧太后得不到洋人的支持，恼羞成怒，心想你们洋人有什么了不起的，我就不相信堂堂的大清王朝会任你们如此嚣张。慈禧想灭一灭洋人的威风，特别是洋人很支持光绪帝使慈禧太后认识到，如果不挫一下洋人的锐气，自己的权位就难保。但是慈禧太后也知道清军腐败无能，和洋人没法抗衡，于是想起了原山东巡抚毓贤的奏章："义和团反贼声势浩大，不是我清军所能剿灭的，现在唯一的方法是'招抚'他们。他们都打着'助清灭洋'的旗号，我们可以借此力量灭一灭洋人的威风，如果这些反贼能够打败洋人，我大清王朝又可重显威力，如果打不败洋人，二者也必然会两败俱伤，一可灭洋人的威风，二可乘机歼灭反贼。如果这些反贼能够打败洋人，也不足为患，他们打着'助清'的旗号，我们可以把他们收买过来。"慈禧太后觉得毓贤的话很有道理，便下令"招抚"义和团。

义和团得到了慈禧的支持，士气大涨，可以专心对付洋人了，而且不用提防清军，还被慈禧请进了北京城。这是历史上从没有过的事情，义和团将士大受鼓舞，都发誓与国家共存亡，不再让洋人如此嚣张。

为了更有力地打击洋人，曹福田、张德成率领一部分义和团的将士进入天津。北京、天津乃至全国各地的义和团士气空前高涨，他们有了清政府的支持，腰杆都硬了。洋人可惨了，教堂被烧毁，一些罪大恶极的洋人还被杀死。

洋人震惊了，纷纷给清政府施压，但慈禧不理他们那一套，依然支持义和团运动。她得知义和团痛击洋人，洋人抱头鼠窜的消息后，非常高兴，心想：我让你们也知道一下我的厉害，看你们以后还敢和我作对不！

洋人得不到清政府的支持，反而遭到慈禧太后的严厉拒绝，只好通过各国公使向本国政府求救。他们故意夸大事实，称义和团在慈禧的袒护下，见到洋人就杀，见到教堂就烧。在北京、天津根本没有洋人的安身之处，洋人都不敢上街，有时候躲在公馆里还会遭到义和团的攻击。这些公使有些言过其实了，义和团杀的是那些干尽坏事的教徒，烧的教堂也是无恶不作的教徒的聚集处。外国政府得知情况后，立即准备用武力解决。他们根本没有把清政府放在眼里，尤其是经过鸦片战争、中法战争、中日战争后，他们以为清政府软弱无能，任人宰割，而对于义和团运动也认为不过是一群手无寸铁的当地刁民所为。他们虽然深知中国人民的厉害，但对自己的洋枪洋炮更自信。帝国主义国家之间虽然有矛盾，但在侵略中国、镇压义和团、施压清政府上很快就达成一致意见，纷纷出兵。英国海军司令西摩尔率领英、法、俄、日、德、美、意、奥八国联军共2万多人，乘坐专列由天津进入北京。

西摩尔率领八国联军气势汹汹地来到天津，乘火车前往北京。义和团得知西摩尔率领八国联军要侵犯北京，早已憋足了劲，于是拆毁京津线铁路，搬走枕木，使西摩尔带领的军队无法乘车赶到北京。西摩尔只好命人抢修铁路，却遭到了义和团的攻击。他们虽使用洋枪洋炮，但义和团和铁路沿线的百姓十分英勇，打得西摩尔联军毫无士气，而且死伤30多人。

西摩尔乘坐的火车无法通过，被困在了廊坊，只得带领联军后撤到杨村。义和团英勇杀敌,将八国联军团团包围。西摩尔万万没想到会遇到这种情况,一面派人去请援兵,一方面带领八国联军突围。

西摩尔用了几天的时间才狼狈地逃到天津西站,而他的援兵2万多人被曹福田的义和团打得四处逃亡。

义和团志士们英勇杀敌,打着"扶清灭洋"的旗帜狠狠地打击了西摩尔的八国联军,取得了廊坊大捷,中国人民深受鼓舞。

八国联军进北京

西摩尔在廊坊受到义和团的阻截,遭到惨败,狼狈逃窜。其他各帝国主义国家纷纷派兵助纣为虐,但是同样遭到义和团和爱国官兵的奋勇抵抗。

俄国海军副司令海尔布德朗为了援救西摩尔,悍然出兵攻打大沽炮台。爱国将领罗荣光带领广大官兵坚决果断地还击,与俄军交战几个小时,终因寡不敌众,大沽炮台失守。但是俄军损失也很惨重,5艘战舰被击沉,死伤几百人。

大沽是天津的一道天然屏障,俄军占领大沽炮台后,不甘心白白损伤无数个侵华的"功臣",他们从大沽炮台登陆,大规模进攻天津。

慈禧太后自从把光绪帝软禁起来后,就想废掉他,但是帝国主义侵略者支持软弱无能的光绪帝,慈禧太后也因此而记恨帝国主义。她怕帝国主义帮助光绪帝夺取朝中大权,自己丧失权位,所以面对八国联军的侵犯,于1900年6月16日下令宣战。

天津的义和团和八国联军展开了激战,虽然义和团的武器落后,但是他们英勇无比,而且得到百姓的支持,所以打得八国联军晕头转向。

八国联军想修复铁路,以便进犯北京,但他们刚修好铁路就被义和团和附近村庄的百姓拆毁了,阻止了八国联军侵略北京。在老龙头火车站,八国联军想乘火车北上,遭到了曹福田带领的义和团的有力反击。曹福田的义和团英勇无比，凭着手中的大刀和长矛把侵略军打得节节后退。义和团为了防止侵略军从此逃走，占领了火车站，严防死守老龙头。侵略者想从义和团手中夺回火车站，但是不敢近距离与义和团交战，因为他们深知义和团英勇无比，只能利用手中的洋枪、洋炮远距离作战，义和团受到了威胁。正在这时，张德成的义和团扫除了敌人布下的地雷阵，前来支援。清军将领马玉崑也带领军队前来支援，洋鬼子三面受敌，狼狈逃窜。

可是这时，祸国殃民的慈禧太后却改变了对洋人的态度。而她招抚义和团，也只是为了能确保她的权位。帝国主义受到义和团如此勇猛的打击，对慈禧的态度也有所改变，由原来的反对废帝变为支持。慈禧以为自己的目的达到了，便立即对帝国主义侵略者表示友好，竟然派了宋庆带领清军追杀义和团。

义和团志士正在全力以赴地对付洋鬼子，根本没有防备清军，直到清军已经离义和团很近了，也没有防备，仍以为清军是前来支援的。但是万万没有想到，清军却向自己的同胞举起刀枪，义和团只好和清军交战。这给了洋鬼子一个可乘之机，他们待清军和义和团交战多时，突然起兵攻打义和团。义和团腹背受敌，死伤惨重，万般无奈之下只好后撤。

清军收到无耻的慈禧的旨意，只要打退了义和团就可以撤军。卖国贼宋庆一看目的已达到，为了表示友好，竟然没有抵抗侵略者。厚颜无耻的侵略者自然不会客气，像野兽一样冲进天津城，奸淫烧杀，无恶不作。这些侵略者在受到义和团的顽强阻击后，极度沮丧，一看清军帮自己占领了天津城，一下来了精神，连日抢掠财物，纵火烧城，天津断送在无耻的慈禧和没有良知的清军手中。但他们还不知道这只是侵略者兽性大发的开始。

由于天津的清军全部撤退，义和团又被清军追杀，1900 年 8 月 4 日，八国联军 2 万多人毫无阻碍地从天津出发进攻北京。

慈禧本以为把天津城让给侵略者就可以息事宁人了，却没有想到侵略者还会攻打自己的老窝，她没有办法，只能解释说宋庆与天津义和团是一场误会，以后绝不会出现此事，希望义和团的爱国将士继续抗击洋鬼子。

义和团的志士没有和慈禧斤斤计较，他们懂得大敌当前，应该全力以赴对付这些可恶的洋鬼子。

八国联军进犯北京，义和团将士奋勇杀敌，马玉昆也深受感动，和义和军并肩作战，在北仓阻击八国联军。联军损伤惨重，但还是攻下了北仓，又进攻杨村。无能的朝廷养了一帮软弱的、贪生怕死的清军，宋庆刚与洋军交战，便逃跑了。马玉昆一看宋庆逃跑，怕落后被洋人打死，也去追赶宋庆了。两个软弱无能的将领打击敌人时畏首畏尾，逃亡时却比赛了，谁也不想落后。

八国联军没有费一兵一卒占领了杨村，又进犯河北。万本发、夏辛酉带领清军阻击八国联军，马玉昆则继续逃跑，张春华也受其影响而大逃亡。李秉衡孤军难撑，只好连连后退，退到张家湾。八国联军随后进犯张家湾，李秉衡带领全体官兵与八国联军展开了一场恶战，最后壮烈牺牲。联军接着侵占了通州，眼看已攻到了皇宫，义和团将士在关键时刻显神威，痛击八国联军。

俄军首先进攻北京东直门，义和团和董福祥的甘军在此死死把守，俄军发动了无数次进攻，都没有成功，俄军完全没有料到清军会如此顽强，因为在他们印象中，清军不堪一击。经过仔细观察，他们发现原来守城的是义和团和甘军。俄军又发动了猛烈的进攻，但是义和团和甘军依然毫不退缩，大义凛然地和俄军抗争。俄军损失了几员大将，气极败坏，集中火力炮轰东直门。义和团和甘军都战死在城楼上，俄军这才进了北京城。

其他各国侵略者也纷纷攻破城门，但是都受到了损失，因为每一座城门都有义和团将士坚强的身躯在阻挡。这一批爱国志士给了八国联军有力的反击，虽败犹荣。

八国联军攻破城门后，慈禧为了保全性命，慌忙挟光绪帝，带着溥仪等微服出德胜门逃跑，紫禁城失陷。

一个偌大的清王朝，皇宫竟被帝国主义侵略者占领，可耻！可悲！可怜！

八国联军占领紫禁城后，为了显示一下侵略者的"风采"，在大清门前举行了阅兵式。

阅兵的同时，侵略者又开始了习惯性动作，烧杀抢掠。这些丧失人性的侵略者为了给死去的洋人"报仇"，残酷杀害义和团的将士。义和团只好化装离开北京城，为了防止义和团的志士逃跑，洋人见人就杀，见物就抢，整个京城到处充满灾难和恐惧。杀人是他们兽性的表现之一，还有一个兽性表现就是奸淫妇女。整个北京城几乎看不到一个妇女，都躲在家中，但这些野兽们竟冲到百姓家中肆虐。北京城几百年的文明又一次遭到痛苦的踩躏。

联军总司令瓦德西在北京设立了"北京管理委员会"，对北京实行军事殖民统治。

历史已经过去，但我们不要忘记，八国联军曾经侵占过北京！

慈禧西逃签辱约

慈禧是有名的卖国贼，她利用义和团杀一杀帝国主义列强的威风也是为了保住自己地位、废掉光绪帝，后来一看到帝国主义列强与自己的关系有所缓和，她便派清军镇压义和团。这才导致天津失陷，紧接着八国联军攻进北京城。

但是慈禧太后"临危不乱"，在八国联军刚一攻城时就"从容不迫"地把光绪帝从瀛台提出来，又带着只有二三岁的溥仪，还有一些护卫，做好了逃亡的准备。此时慈禧还没有忘记一个人没有被处死，她就是珍妃。

珍妃的祖父、父亲都是朝中的重臣，1888年珍妃与妹妹同时被册封为光绪帝的珍嫔、瑾嫔，后又同时晋封为妃。

珍妃长得十分美丽，而且端庄贤惠，有才有德。珍妃不仅聪明伶俐，而且好读书，擅长书、画、棋。光绪帝很宠爱珍妃，当时他觉得自己手中无权，不像一个真正的皇帝，心中非常烦恼。珍妃非常体贴，经常为他排忧解难。

慈禧太后自然不满意，她怕有朝一日珍妃像自己一样夺得大权，所以千方百计地陷害珍妃，但是珍妃品德很好，而且都按礼节办事，所以慈禧找不到任何借口。

珍妃虽为一封建女子，但深明大义，她得知国土沦丧，非常心痛，又受其兄长影响，便对光绪帝说："陛下，洋人侵我国土，是可忍，孰不可忍？我大清王朝岂能让他们胡作非为，我们应该狠狠地还击他们!"光绪帝被深深地感动,心想:一个女人都有忧国忧民之心,而我一国之君竟如此软弱。于是光绪帝下定决心想还击洋人,但是慈禧强行阻拦,而且将珍妃贬为贵人。后来光绪帝被软禁,慈禧自然不会忘了珍妃,命人将珍妃打入冷宫。慈禧太后想西逃,但在慌乱之中仍"惦记"着珍妃,命人将珍妃从冷宫中提出来。珍妃终于见到了光绪帝,二人四目含泪,珍妃却坚决不主张光绪帝逃走。慈禧太后还没等她把话说完,就命太监将珍妃推向井中,但珍妃喝令太监不得走近,自己纵身跳入井中。年仅25岁的珍妃死后,光绪帝痛哭流泪,痛恨自己心爱的女人死在自己面前,而自己却没有能力相救。

慈禧这才西逃,一路上担惊受怕,"历尽艰辛",却还在想:攻占天津时,我就派人和他们议和,为什么他们还要攻打北京呢?一定是那帮反贼惹怒了他们,都怪我一时糊涂下旨招抚反贼,否则也不至于有今日。于是慈禧下令"剿匪",又派奕劻和李鸿章回京与帝国主义侵略者继续议和。

慈禧太后的"剿匪"令一下,清军可有精神了,看到洋人就逃的清军得知要剿灭义和团,都想借此机会"好好表现"自己,因而见到义和团的志士就杀。义和团本来对清军没有防备,这一下损失很大,本来就遭到洋人的追杀,又遇上这帮清军,轰轰烈烈的义和团运动就这样被剿灭了。

义和团运动是一场反帝爱国的运动,与戊戌变法成为拯救民族危亡的"文武之道"。戊戌变法主张变法求得国家富强,从经济上与侵略者抗衡,此乃文道;义和团运动从武力上痛击帝国主义侵略者,以求得国家摆脱民族危亡,可谓武道。这一文一武都失败了,从自身原因上讲是因为他们不代表先进的生产力、先进的阶级,但是从客观上讲是因为清政府的腐败无能,加之那些贪生怕死、出卖国家的贼人助纣为虐。

义和团打着"扶清灭洋"的旗帜,从这一点上我们可以看出义和团对清政府仍抱着一丝侥幸心理,所以打出了"扶清",没有提出反封建的口号,"灭洋"则是爱国行为,是进步的,是值得称颂的。但是义和团由于受历史的局限,没有彻底看清帝国主义侵略者和清政府相互勾结的本质,因此在清政府招抚之后,把精力完全投入到

"灭洋"上。他们虽然沉重打击了帝国主义侵略者的嚣张气焰，但也轻易地受到清军的迫害。其实历史早已证明，统治者无非是想利用这些起义达到自己的目的。我国古代著名大作家施耐庵在《水浒传》中早已指出农民军受到招安后，先被统治者利用，最后被残害的结果。

再说慈禧太后一行逃到了西安。在那里，她仍没有忘记奢侈的生活，命令各省将解京之钱粮均转输西安。

八国联军侵占了北京，但他们的目的是想从中国得到好处，而不是推翻清政府。他们也很清楚，如果推翻了清政府，必然会引起全国人民的强烈不满，不如让清政府替他们统治，所以他们拟订了《议和大纲》，共12条。李鸿章将《议和大纲》呈送给慈禧。慈禧一看没有惩罚自己，非常高兴，一一答应了帝国主义侵略者开出的条件，表示"量中华之物力，结与国之欢心"。

慈禧又命令李鸿章按《议和大纲》的条款，将那些支持义和团运动的官员载漪、载澜发配新疆，永远监禁；毓贤即行正法；英年、赵舒翘赐死；刚毅斩。

帝国主义侵略者这才罢休。1901年9月7日，奕劻、李鸿章代表清政府和英、俄、日、法、德、美、意、奥、比、西、荷11国公使鉴订了《辛丑条约》。这个条约是自鸦片战争以来最为丧权辱国的不平等条件。条约规定：

1. 赔偿军费45000万两，39年还清，本息合计98000万两；
2. 东交民巷为使馆界，由各国驻兵守卫，中国人不准入内；
3. 拆毁从北京到大沽口沿途的所有炮台，各国有权在北京至山海关的12个城镇驻兵；
4. 对那些反对外国人的清政府官员，革职查办，永不得再用；
5. 严惩拳匪，永远禁止中国人成立或加入任何反帝组织；
6. 修改通商口岸行船行例，可以自由进入各通商口岸；
7. 改总理衙门为外务部，专门负责办理外事。

《辛丑条约》的签订标志着中国彻底沦为半殖民地半封建国家。《南京条约》的签订标志着中国开始进入半殖民地半封建社会，《马关条约》的签订加深了半殖民地半封建社会化的程度，而《辛丑条约》则标志着这一半殖民地化程度的完成。这些丧权辱国的条约给国家带来的是屈辱,给人民带来的是无穷的灾难。

《辛丑条约》签订后不久,祸国殃民的慈禧从西安又回到了北京。从此,清政府成为洋人统治中国的工具,中国半殖民地社会形成了。

精武英雄

由于英国向中国不断地输入鸦片,许多人都吸上了瘾,身体很虚弱,就连有的官兵也染上了毒瘾。由于清政府软弱昏庸,林则徐禁烟虽取得了很大的成绩,他却被道光帝革职查办。鸦片战争后清政府签订了《南京条约》,这个丧权辱国的条约实际上承认了鸦片贸易合法化。从此鸦片又源源不断地输入到中国,正如林则徐所预言的那样,那些吸食鸦片的官兵、百姓,身体十分虚弱,有的甚至死亡。帝国主义侵略者讥讽中国人为"东亚病夫"。

精武英雄霍元甲就是在这个时候把这个牌匾打碎的,为中国人民争了一口气。

提起霍元甲,现在的人们都知道他的大名。霍元甲,字俊卿,1868年出生在静海县小南河村(现天津西郊)。那时候,静海县一带的人都习武强身。几十年之后,这里爆发了义和团起义,那些人都武艺高强,这与静海县的习武环境是不可分割的。

霍元甲的祖上在武林界颇有名望,一套霍家拳在武林之中少有对手。到了霍元甲的父亲霍恩第这一辈,威名不减当年。霍恩第不仅武艺高强,武德也高尚,他从不依靠高强的武功去欺压百姓,而是经常救济贫苦的百姓,因此武林界和百姓提到霍恩第,都十分佩服他的武艺和人品。

霍恩第武艺高强,被那些商客所赏识。那时兵荒马乱,山贼很多,他们经常下山抢掠钱财,有的很讲义气,不抢商人的钱财,专抢贪官污吏的,有的则谁都抢。那些商人为了保证安全,便雇用保镖,由于霍恩第名望很高,所以那些大商人非常欣赏他,都请他做保镖,霍恩第因此经常出入关东。

霍恩第武艺高强，许多山贼听说是霍恩第做保镖，都不敢下山劫取钱财。有不知趣的山贼即使下山抢劫，也是无功而返，有时还要搭上小命。霍恩第人品好，他知道山贼也是被逼无奈，只是想混口饭吃，所以凡能容忍便容忍，除非遇上那些罪大恶极、见钱财就抢掠的山霸才下死手。关东这条路跑熟了，那些山贼一听说是霍恩第保镖，都没有人来抢劫。也正因如此，许多人都找霍恩第保镖，但他有一个原则：只护送商人、清官。那些贪官污吏给多少钱财，也不护送。

霍恩第干了几十年的保镖，渐渐地上了年纪，人不服老不行，所以金盆洗手，不做保镖了。霍恩第有三个儿子，长子元卿，次子元甲，小儿子元栋。霍恩第回到家中，专心教两个儿子练习武艺，却认为霍元甲从小体弱多病，所以想让他习文，不让他习武。

由于家乡一带小孩儿都会武艺，所以街邻小孩儿经常欺负小元甲。霍元甲想发愤习武，可是又遭到父亲的拒绝，所以决定偷着学习。

霍恩第教两个儿子习武的地方有几棵大树，这成了霍元甲的宝地。他每天早早地爬上树藏起来，偷看父亲教自己的哥哥和弟弟习武。每一招每一式，他都印在头脑里反复揣摩。一有时间，他就偷着练习，很下功夫。俗话说"学艺不如偷艺"，霍元甲有过目不忘的本领，又有坚强的意志，偷看父亲教兄弟练武之后，自己便找了一个僻静之地认真练习，天长日久，武功飞涨。

秋天树上的叶子都掉净了，霍元甲偷看学武的事情被父亲知道了。父亲狠狠地训斥了他一顿，仍让霍元甲去专心读书，不要习武。

霍元甲仍继续偷看学武。日复一日，年复一年，霍元甲武艺越发高强，但他从来不外露，连霍恩第也不清楚。

那时有许多人以武交友。说是以武交友，其实是想打败对手，提高自己在武林界的地位和名望。那些想出名的人自然得拜会一些有威名的人，才能使自己出名。因此霍恩第经常与这些人交手，他虽然手下留情，但这些人仍不是对手。

有一天，一个独臂老人前来拜访霍恩第。霍恩第一看这位老者白须飘飘，不由得眼睛发亮，知道是位武林高手，便想上前和老者交手。霍元栋说道："父亲，儿习武已几年有余，我想试一试我的武艺，从这位前辈那里再学几招！"霍恩第很喜欢霍元栋，认为他武艺也学得可以，便点头答应。

霍元栋和老者交了手，这一老一少打得难解难分。霍元甲此时正躲在树上津津有味地看着老人的掌法。这位老人虽只有一只手臂，但出手如电。十几个回合过后，霍元栋只有招架之功，而没有还手之力，又过了几个回合便败下阵来。

霍恩第刚想出手，霍元甲从树上纵身跳下来，稳稳当当地落在独臂老人面前，霍恩第还没有说话，他便与老者战在了一起。霍元甲使用的是霍家拳，每一招每一式都有独到之处，独臂老人没有把霍元甲放在眼里，可打着打着就发现这个年轻人比刚才那人武艺要高得多。霍元甲招招逼人，式式夺目，骨硬似铁，力能举鼎，打得独臂老人连连后退。霍元甲又身似流星，一下转到老者的背后，只听得"啪"的一声响，独臂老人被打倒在地，霍元甲还只使了三成的劲。

独臂老人在武林中也有一席之地，虽比不上霍恩第，但也是武林界的前辈。霍元甲没费多大劲便将其打败，这大大出乎霍恩第的意料。霍元甲的大名立刻传开了，许多人都来拜访，和霍元甲比武较量。霍元甲也不客气，和他们一一过招，都将其打败，但他出手留情，点到为止，因此那些被霍元甲打败的人都十分佩服。

霍恩第一看二儿子不仅武艺高强，而且为人也好，就把压箱底的武艺都传给了他，但霍元甲不骄不躁，勤学苦练，武艺也有明显的长进，名声也越来越大。

当时北京有一个源顺镖局，在京城一带很有威望，掌柜的是王正谊，字子五，行五。他武艺高强，为人忠厚，手使一把大刀，武林之中没有几个人是他的对手，江湖上称他为"大刀王五"。大刀王五早就听说霍元甲武艺高强且为人正直，亲自去拜会。大刀王五没有和霍元甲比武较量，二人一见面，都知道对方是高手。霍元甲盛情款待了大刀王五，王五向武林前辈霍恩第行了礼后，便与霍元甲彻夜长谈。二人志趣相投，对清政府的软弱和洋人的胡作非为都非常气愤。

几天之后，大刀王五告辞，霍元甲亲自相送，二人结下了很深的友谊。

大刀王五十分支持大弟子谭嗣同变法的主张,后来谭嗣同被杀,他非常悲痛,亲自为谭嗣同收尸,也因此更恨清政府和洋鬼子了。后来,八国联军进北京后,烧杀抢掠,奸淫妇女,无恶不作,大刀王五忍无可忍,带领源顺镖局的人和洋鬼子展开了搏斗,打死打伤洋鬼子无数。但是八国联军有洋枪洋炮,大刀王五和源顺镖局的人战死在北京城。

霍元甲得知自己的好友大刀王五被洋鬼子杀害,而且将人头挂在城门示众,气愤至极,立刻赶往北京城,趁洋鬼子不注意纵身踏上城墙,取下大刀王五的头颅,将其掩埋安葬。

经过这次北京之行,霍元甲看到了帝国主义侵略者的种种罪行,心情久久不能平静,既为死去的好友悲伤,也为受难的百姓痛惜,这更增加了他对洋鬼子的仇恨。他回到家中,和父亲说道:"洋鬼子在北京城无恶不作,专杀中国人,我想打破'霍氏武术传男不传女'的老规矩,把霍家拳传授给众人,以便我们有强大的力量可以痛击洋人。"霍恩第老人也非常痛恨洋人,不仅没有反对,反而很赞同霍元甲的想法。霍元甲的哥哥和弟弟也都很支持他。

霍元甲开始外传霍家拳,由于霍恩第、霍元甲在武林中都有很高的威望,所以他们一打出旗号,许多人都慕名而来,纷纷投在霍元甲的门下。霍元甲认真教,这些弟子们都认真学,所以进步很快。霍元甲最喜欢刘振声、农劲荪、张文达这三个弟子,他们都有一定武功基础,所以进步非常快,武艺猛长。

有一天,霍元甲和弟子们上街,看到一个外国卖艺的人在洋人的支持下公然叫嚣"打倒东亚病夫""打遍中国无人敌"。霍元甲非常气愤,立即登上台与那个自称"英国大力士"的人比武较量。这个家伙很有一把气力,但是行动过于迟缓,霍元甲巧拨千斤,身体转动非常快,刚打几个回合,突然一拳打在大力士的后背上。这一拳可没有给洋人留情,打得这个大力士站立不稳,一下子跌倒在台上,爬了半天也没有起来。霍元甲取胜,台下的百姓热烈欢呼。霍元甲大败英国大力士的事一传十,十传百,全国人民为之振奋,都认为霍元甲为中华民族扬眉吐气了。

帝国主义侵略者知道中国的武术源远流长,他们不仅想让中国人在洋枪面前低下头,也想让中国人在功夫上低下头。

洋人见请的俄国大力士在天津没有达到目的，便又请来一个大力士，不过他们也学聪明了，为了躲开霍元甲，到上海去叫嚣了，自吹为"世界第一大力士""打遍中国无人敌"。最可气的是，他们还在擂台上挂了一块匾，上写"打倒东亚病夫"。这个自称世界第一大力士奥皮音的挑逗行为，激起了上海人民的愤慨，但他们一时又找不到合适的人选，便邀请霍元甲到上海去打倒奥皮音。

霍元甲得知这个大力士如此瞧不起中国人，非常气愤，立即带着刘振声等人从天津来到上海。上海人得知武林高手霍元甲前来，很受鼓舞，纷纷前来助阵。

霍元甲与奥皮音开始交手，奥皮音身高有2米，体重也有300多斤。霍元甲使出自己独创的"迷踪拳"，出手如电，而且杀伤力很大，只要打在身上，轻则皮肉受伤，重则骨折筋断。霍元甲很巧妙地躲开大力士的进攻，抓住机会使出迷踪拳，大力士被打得节节后退，最后退得没有退路了，被霍元甲一阵猛击，打倒在地，口角淌血。台下的人都发了疯，拼命为霍元甲叫好。

这一次，洋人彻底领教了霍元甲的厉害，但是日本的武术界仍然不服气，他们认为自己的柔道是世界武坛最高强的，于是又派来几名日本柔道高手，但都被霍元甲一一打败。

霍元甲名声大振，他不仅打败了这些洋人，更主要的是为中华民族争了口气，让他们不敢再小瞧中国人了。特别是打败大力士奥皮音时，霍元甲将他的牌匾一脚踢碎。这一脚意味着中国人民有反抗精神，而且不甘心受辱，不是他们所说的"东亚病夫"。

洋人一提起霍元甲，都有几分惧怕，他们知道论武艺自己根本打不败霍元甲，于是想出一条毒计。

霍元甲打败奥皮音、日本柔道士后，又有许多人拜在他的门下。霍元甲创立了中国精武体操会，教授中国人武艺。

而正在这时，霍元甲"热疾"发作了，一位日本人推荐霍元甲到日本医生那儿去治病。霍元甲也没有防备，结果被日本浪人在药中下毒。1909年9月14日，霍元甲离开了人世，全国人民都非常悲痛。

1910年3月3日，精武体育会在原精武体操学校的基础上成立，为了表示对霍元甲的敬仰，尊奉他为精武会创始人。

兴中会的成立

兴中会是由资产阶级革命的先行者孙中山创办的,孙中山的一生是革命的一生、奋斗的一生,而他的资产阶级革命活动就是从创办兴中会开始的。

孙中山,名文,字逸仙,由于他曾用过中山樵的笔名,人们习惯称他为孙中山。1866年11月12日,孙中山出生于广东香山县翠亨村的一个贫苦农民家里,幼时聪慧异常,深得周围人喜欢,很小就立下远大的抱负。童年时,他经常听人讲太平天国的故事,非常崇拜洪秀全,感慨道:"洪秀全灭了满清就好了。"他从心底立下志向,要像洪秀全一样干一番轰轰烈烈的事业。

孙中山12岁时,随母亲漂洋过海前往夏威夷,投奔哥哥孙眉,进了一所由英国基督教监理会创办的学校。3年后,他以第一名的优异成绩毕业,夏威夷国王亲手把奖品交给他。哥哥孙眉欣喜异常,得意至极。作为奖励,他还把自己的一部分财产转到了孙中山名下。经过几年的学习和生活,孙中山接触了西方文明,开了眼界。1883年,孙中山相继进入香港中医学院、广州南华医学堂、香港西医书院学习,于1892年毕业于香港西医书院。在此期间,孙中山接受的主要是西方资本主义的教育,学到了不少自然科学知识和资产阶级的社会政治学说,民主、自由的思想已在他心里扎根。资产阶级民主革命的思想开始初步形成,清政府的腐败无能使他痛心疾首,产生了改良祖国、振兴中华的愿望。1884年的中法战争,清朝溃败,孙中山受到很大震动,产生了推翻清朝、创建民国的革命思想,把洪秀全作为自己的楷模,称洪秀全为第一反清英雄。他在香港和陈少白、尤列、杨鹤龄交往甚密,经常共商反清大计,被当时的人们称为"四大寇"。

1894年,29岁的孙中山写了一篇《上李鸿章书》,长达8000多字。文中孙中山主张"人尽其才,地尽其利,物尽其用,货畅其流",要求清政府在文化教育、农业生产、工商业上进行改革,以图富国强兵。但李鸿章置之不理,孙中山要求见李鸿章,在府门等候一天,李鸿章也闭门不见。不久，中日甲午战争爆发，清军接连败退，北洋水师全军覆没，日军占领大片国土，中国面临被列强瓜分的危险，已到了亡国灭种的紧急关头。而清朝统治者慈禧太后却忙于她的60大寿庆典，耗费甚巨，一些爱国大臣劝谏，慈禧恶狠狠地对他们说："谁要是让我一时不高兴，我就让他一辈子不高兴。"置国家、民族安危于不顾。战场上烽火连天，朝廷中却歌舞升平，清军节节溃退，慈禧太后慌忙向敌屈服求和，割地赔款，签订丧权辱国的《中日马关条约》。孙中山这时清醒地认识到，依靠清政府的改良是不可能摆脱耻辱、富国强兵的，要挽救中国必须以暴力的手段，推翻这个腐败的清王朝。从此，孙中山坚定地走上了资产阶级武装革命的道路。

上书李鸿章失败后，孙中山出国到檀香山进行筹款，准备组织反清活动。孙中山认识到革命要想成功，必须有一个先进的、强有力的政党来领导，于是积极筹划建立兴中会。在他的积极活动和哥哥孙眉的帮助下，1894年11月兴中会在檀香山成立。11月24日，兴中会在侨商何宽的寓所召开了第一次会议，宣布它的宗旨为"振兴中华，挽救危局"。孙中山亲自起草章程。在这篇章程里，孙中山满怀爱国激情，大声疾呼："方今列强环列，虎视鹰瞵，久垂涎于中华五金之富，物产之饶。蚕食鲸吞，已效尤于接踵，瓜分豆剖，实堪虑于目前。有心人不禁大声疾呼，亟拯斯民于水火，大厦之将倾。"在入会的秘密誓词中明确提出"驱除鞑虏，恢复中华，创立合众政府"的革命目标，这是中国历史上第一个资产阶级性质的革命纲领。兴中会是最早的资产阶级反清革命团体，它的成立标志着中国资产阶级革命活动的开始，自此中国人民看到了自由、民主的曙光。

兴中会最初入会的会员有20余人，后又有人陆续入会，扩充为90多人，除檀香山外，还在茟河、茂宜两地设立分会，分别以孙眉、邓荫南为主席。但是，由于檀香山兴中会是中国资产阶级革命民主派建立的最早的组织，无论是它的章程还是组织成员，都明显地带有早期的、不成熟的特征。因此，檀香山兴中会并没有真正成为中国资产阶级革命民主派的核心，并不具有很强的战斗力。

檀香山兴中会成立后，孙中山回到香港，开始策划武装起义。孙中山认识到檀香山兴中会的弱点，因此到香港后的第一件事就是要建立一个能采取实际革命行动的指挥部。1895年1月，孙中山找到陈少白,在香港中环士丹顿街13号设立机关。他从澳门找来郑士良,又和辅仁文社的杨衢云、谢缵泰、周昭岳取得联系,于2月21日在香港成立兴中会总会。黄咏商被推举为会长。香港兴中会总会的会员由两部分人组成:一部分是具有爱国思想,以及初步资产阶级政治观念的知识分子;另一部分是具有中国传统民族思想的人。因此,其战斗力要比檀香山兴中会强。

香港兴中会成立后,立即着手在广州筹备武装起义。孙中山前往广州建立分会,进行军事准备;杨衢云驻港负责筹款、募兵及运送枪支弹药。

孙中山率郑士良、陆皓东、陈少白、邓荫南抵广州后,立即成立兴中会广州分会,机关设在双门底王家祠云岗别墅。孙中山还发起一个公开团体农学会作为掩护,经过半年的筹划,起义准备逐渐成熟。

孙中山等经过反复研究决定,将集中在香港的会党和香山、顺德、北江各路的民团会党于10月26日齐集广州,突然举事。那天正好是农历九月初九重阳节扫墓的日子,来往广州之人较多,不易引起敌人注意。10月10日,兴中会为在起义后组成临时政府选举总统,谢缵泰提名杨衢云,陈少白、郑士良则推举孙中山,争执不下,孙中山以大局为重,说服自己的支持者,将总统职位让于杨衢云,避免了兴中会的分裂。起义的口号定为"除暴安良",暗号是红带缠臂,陆皓东制作了青天白日旗作为起义军的旗帜。

起义的时刻到来了,各路队伍准备就绪,化装成扫墓人混进了广州城。两广总督谭钟麟年迈昏庸,对起义准备毫无察觉,城内防备松懈,形势对起义非常有利。

但是,由于杨衢云并不具有领导才能,而且又怀有私心,处事不公,内部矛盾重重,以致军械人员不能按期到达广州,起义计划被彻底打乱。当天发动起义已不可能,孙中山和陈少白商议后决定暂不举事,一面将经费分给会党首领,要他们回去待命,一面致电杨衢云:"货不要来,以后待命。"但由于此举牵扯人数太多,清政府已有所觉察,又有叛徒告密,起义计划泄露。谭钟麟大为吃惊,连忙派人到兴中会驻地云岗别墅抓捕革命党。云岗别墅中有兴中会的名册,被敌人得到后果不堪设想。在这万分危急的时刻,陆皓东自告奋勇去云岗别墅烧毁名册。陆皓东刚将名册烧毁,清兵便将别墅团团包围,陆皓东奋力抵抗，因寡不敌众不幸被捕。

杨衢云在香港得到孙中山的电报后，不顾他人反对，仍派朱贵金、丘四等率200人前往广州。而清兵早有准备，朱贵全、丘四等人一上岸立即被捕。

陆皓东、丘四、朱贵全3人于11月7日被清政府杀害。陆皓东利用敌人让他写供词的机会痛斥清政府，号召人民起来诛灭汉奸、推翻满清。他以大无畏的革命英雄气概写道："此事虽不成，此心甚慰，但我可杀，而继我起者不可尽杀"，要求"请速行刑"。孙中山在追忆中华民国建立史时，称赞陆皓东"为共和革命而牺牲的第一人"。

清兵大肆搜捕革命党人，并通缉孙中山。孙中山化装离开广州，经澳门辗转到达香港，广州起义就此失败。起义虽然失败，但革命党人大无畏的英雄气概震惊了清政府，鼓舞了国人，使更多的人投入到革命的队伍中来。孙中山流亡海外，继续从事革命活动。

清朝的假维新和"预备立宪"

戊戌变法后，光绪帝被囚禁在瀛台，慈禧太后剥夺了他的一切权力，废除一切新法措施，大肆抓捕维新派人士，杀害了积极参与变法的"戊戌六君子"。但是，经过维新人士的宣传和戊戌变法的洗礼，维新思想已深入人心，人们迫切要求社会变革，改变现状。各地反抗清政府、反抗帝国主义的斗争风起云涌，义和团运动是其中影响最大、范围最广的一次。为镇压中国人民的反抗，帝国主义组成八国联军占领北京，慈禧太后仓皇逃往西安。经过这次事件，慈禧太后看到人们要求变革的呼声很高，历史潮流不可阻挡，就开始唱起了变法的调子。1901年1月29日发布"变法上谕"表示，皇太后和皇帝同心一致地要实行变法，要求各地督抚大员参酌中西政要，就中国社会的各项改革提出建议，条陈朝廷，以备采纳。但上谕又特别指出："世有万古不易之常经，无一成不变之治法，穷变通久，见于大易，损益可知，著于论语。盖不易者，三纲五常，卓然如日星之照也，而可变者，令甲令乙，不妨如琴瑟之改弦。"意思是说，封建专制万古不变，而不触及这种制度的旧法可以变通,其目的还是为欺骗人民,作为拉拢上层民族资产阶级的一种手段。因此,这次变法与1898年康梁维新变法有根本区别。

以慈禧太后为首的朝廷之所以要高喊变法,除了国内的压力外,更重要的是为了讨好帝国主义列强,取得列强的信任。买办官僚盛宣怀说:"今两宫一心,已饬议新政,将来中外必能益加修睦,悉泯前嫌。"清政府推行新政还为了应付国内的危机,欺骗人民。《辛丑条约》签订后,下层广大群众生活日渐窘迫,加之官府和帝国主义的欺压,各地反抗斗争不断,国内危机空前严重。上层社会的一些阶级、阶层,包括士绅、地主、商人、新兴的资产阶级,对清朝政府的不信任感也空前加剧。为了维护自己的统治,慈禧太后赶忙打起"变法"的幌子。4月21日,清政府设督太政务处,作为推行"新政"的机关。派奕劻、李鸿章、荣禄、昆冈、王文韶、鹿传霖为督太政务大臣,刘坤一、张之洞遥为参预,综理"新政"各项事宜。响应朝廷的号召,各省大臣纷纷就变法事宜条陈上奏。刘坤一、张之洞联合上了三个奏折,被称为"江楚会奏变法三折"。他们提出"育材兴学",开设"文武学堂",废除八股和科举,奖励留学等主张,又提出"整顿中法"和"采用西法"的各种措施。他们还特别申明,他们的办法和康有为的主张"判然不同","大率皆三十年来已经奉旨陆续举办者"。慈禧太后大加赞赏,"按照所陈,随时设法,择要举办"。9月,下诏批准二人奏议,令各省督抚亦应一律通筹,切实举行。李鸿章、刘坤一先后死去,袁世凯、张之洞成为各省督抚中的主要人物。1905年,他们联名上奏,主张停止科举,推广学校,奏折中说:"近数年来,各国盼我维新,劝我变法,每疑我拘牵旧习,讥我首鼠两端,群怀不信之心,未改轻侮之意。""科举夙为外人诟病,学堂最为新政大端。一旦毅然决然,舍其旧而新是谋,则风声所树,观听一倾,群且刮目相看,推诚相与。"由此可见,他们主张废科举,是为了使他们的封建统治披上"维新"的外衣而求得帝国主义的信任。

慈禧太后回京后所行"新政"无非是一些无关痛痒的表面文章,对其封建专制不但未有丝毫触动,而且还加强了。他们的目的对外是为了"量中华之物力,结与国之欢心",对内是镇压人民的反抗。陈天华一针见血地指出:"及到庚子年闹出了弥天大祸,才晓得一味守旧万万不可,稍稍行了些皮毛新政。其实何曾行过?不过借此掩饰国民的耳目,讨讨洋人的欢喜罢了;不但没有放了一线光明,那黑暗反倒加了几倍。"

清朝的"新政"既没有产生加强清王朝统治的效果,也未能缓和人民的反抗斗争。清政府又开始策划"预备立宪",借以挽救局势。

1905年,一些派驻外国的公使和朝廷官员,还有地方上有实权的督抚大员(其中包括袁世凯)向朝廷上书,提出了"变更政体"的要求,由朝廷颁行宪法,实行君主立宪。他们企图用这个办法来消除统治危机,维护清朝摇摇欲坠的统治,当时慈禧的一段话明确地说明了这个目的,慈禧说:"立宪一事,可使我满洲朝基础永久确固,而在外革命党亦可因此消灭。候调查结局后,若果无妨害,则必决意实行。"出于这个目的,慈禧派载泽等五大臣出洋考察。第二年6月,五大臣考察完毕回国向朝廷提出立即"宣布立宪",但把实行立宪时期推迟到15年或20年后的主张,当即被慈禧接受。

1909年9月,清廷颁布"预备仿行宪政"的谕旨,谕旨说:"时处今日,唯有及时详晰甄核,仿行宪政。大权统于朝廷,庶政公诸舆论,以立国家万年有道之基。"但谕旨又说:"目前规制未备,民智未开","俟数年后规模粗具,查看情形,参用各国成法,妥议立宪实行期限,再行宣布天下。"暴露了清廷欺骗人民的本质。

清政府的"预备立宪"由于颇具迷惑性,因此得到了民族资产阶级上层的支持,立宪派是他们的政治代表。1907年2月,康有为将海外的保皇会改为"国民宪政会",并准备回国参与宪政;梁启超在东京成立"政闻社",第二年迁至上海,为实现立宪奔走呼号;国内江浙立宪派首领张謇、汤寿潜、郑孝胥等人于1906年12月在上海成立"预备立宪公会";汤化龙在湖北成立"宪政筹备会";谭延闿在湖南成立"宪政公会";丘逢甲在广东成立"自治会"。类似团体也在各地纷纷涌现。

1908年,张謇以预备立宪公会的名义,邀请各省立宪派代表齐集北京,向朝廷请愿,要求速开国会。清政府驱散请愿代表,颁布《钦定宪法大纲》,宣布预备立宪以9年为期,期满召开国会。《钦定宪法大纲》共24条,其中第14条规定君主享有至高无上的权力,而"臣民"除当兵、纳税义务外,并没有真正的权利。这充分暴露了清政府以立宪之名，行专制之实的本质。

1908年11月，光绪和慈禧先后死去，3岁的溥仪继位，改元宣统，其父摄政王载沣监国。载沣一面继续搞假立宪，一面加紧了对汉族军阀地主的压制和打击。1909年，他将袁世凯直隶总督兼北洋大臣的职务免除，令其回河南老家"养病"。他又借口遵循《钦定宪法大纲》有关规定，就任全国海陆军大元帅，任命他的弟弟载洵为海军大臣，载涛为军咨大臣（相当于总参谋长），把军权集中在皇族的手中。满洲皇族与汉族军阀官僚间的矛盾进一步扩大。

1909年10月，各省成立咨议局，立宪派的许多代表被选为议员。同月，清政府成立中央资政院。12月，16省咨议局代表在上海成立"国会请愿同志会"，于1910年三次集会请愿，要求清政府尽快实行君主立宪，成立国会。清政府以"聚众要挟"等罪名，令各地官员"严行禁止"，加以镇压。

1911年5月，清政府成立"责任内阁"。内阁共13人，满族9人，汉族4人，9名满人中皇族占7人，是一个名副其实的"皇族内阁"。清政府的军政大权都掌握在皇族手中，至此预备立宪的骗局彻底暴露，立宪派彻底失望，上层统治者进一步分化，清王朝四面楚歌，更加孤立，其统治处于风雨飘摇之中，革命成功的时机到来了。

唤起民志的革命先驱

在革命者积极筹划、举行武装起义的同时，资产阶级革命的宣传家们也用手中的笔和一腔爱国热血为革命奔走呼号，著书立说，唤起国人，他们中最著名的是章炳麟、邹容、陈天华。

章炳麟，原名绛，号太炎，浙江余杭人，早年曾参加维新变法活动，后思想开始转变，走上革命的道路，坚决地同封建势力和保皇派做斗争。1903年，在革命派与保皇派的论战中，章炳麟发表《驳康有为论革命书》，批驳康有为的保皇言论，针对康有为散布的中国人民"民智未开，旧俗俱在"，"只可立宪不可革命"的谬论，断然指出："今日之民智，不必恃他以开之，而但恃革命以开之"；"公理之未明，

323

即以革命明之；旧俗之俱在，即以革命去之"；"民主之兴，实由时势迫之，而亦由竞争以生此智慧者也！"严厉批驳康的保皇论调，指出清政府是人民的仇敌，帝国主义的帮凶，只有推翻清政府，才能实现国家的独立和生存。这篇文章对批判改良派只可立宪不可革命的谬论，启发人们的民主革命意识起了很大的作用，产生了深远的影响。

邹容，字蔚丹，四川巴县人，幼年受康梁维新思潮的影响，关心国事，希望国富民强，曾留学日本，回国后在上海发起中国学生同盟会。他积极从事革命活动，为宣传革命，倡导自由，写了《革命军》一书。书中以资产阶级的自由平等为理论基础，用通俗浅显的文字，酣畅犀利的笔调，论述了封建专制制度的罪恶，强调了进行革命的必要性，第一次提出了建立资产阶级共和国的思想。同时，明确提出革命是"天演之公例"、"世界之公理"，要使中国独立、民主、自由和富强，"不可不革命"。呼吁广大人民起来打倒清朝专制政府，"扫除数千年种种之专制政体，脱去数千年种种之奴隶性质"，要人们打破封建主义的枷锁，"先去奴隶之根性"，争取平等自由，革命才有成功的希望。《革命军》中还提出了建国纲领25条作为奋斗目标，强调要建立资产阶级的民主共和制度，制定适合中国国情的宪法和法律。书中最后号召人们"抛头颅、暴肝脑，驰骋于枪林弹雨之中，扫荡干涉主权外来之恶魔"，高呼"中华共和国万岁！中华共和国四万万同胞的自由万岁！"《革命军》一经出版，就在思想界引起了强烈的震动，被誉为近代中国"人权宣言"，广大革命群众竞相争购，发行量达100万册以上。

章炳麟和邹容以《苏报》为根据地，"放言革命，不遗余力"，备受进步青年欢迎，不少青年因他们宣传而走上革命的道路。因此，清政府对他们极为仇视，必欲去之而后快。1903年6月21日，清政府发出上谕，指责《苏报》"形同叛逆"，严令地方官吏"务将此等败类严密查拿，随时惩办"。江苏巡抚恩涛令上海道台袁树勋照会各国驻沪领事，指名逮捕蔡元培、章炳麟、章士钊等人。两江总督魏光焘下令查封《苏报》，将邹容和章炳麟列作要犯缉拿。

《苏报》方面事先得到消息，蔡元培、吴稚晖等从容出走，主编陈范劝章炳麟、邹容二人同走，但他们坚决不走，表示要留下来同清政府正面斗争。6月30日上午，军警包围爱国学社，章炳麟主动就捕:"余人俱不在,要拿章炳麟就是我。"7月1日,在日租界内的邹容也主动自投捕房:"我就是清朝要捉的,写《革命军》的邹容。"这就是震动中外的《苏报》案。

7月15日,《苏报》案开庭审讯,章炳麟、邹容在法庭上慷慨陈词,宣传革命。12月24日,法庭判处章、邹二人永远监禁。国内外舆论哗然,一致强烈反对。1904年5月24日,经重审判决:章炳麟监禁3年,邹容2年,期满逐出租界,《苏报》永远停刊。《苏报》案终于结束。

在狱中,章、邹二人始终坚贞不屈,顽强斗争。章炳麟声明代表四万万人民同清王朝斗争到底,并绝食7天,为抗议监狱的虐待与凌辱,甚至一再与狱卒搏斗。邹容斗志不减,入狱后即写下绝命词,表明斗争到底的决心。由于体弱,加上敌人的残酷迫害,他不幸于1905年4月3日病死狱中,年仅20岁。章炳麟出狱后,前往东京主持《民报》,继续进行革命斗争。

陈天华,原名显宿,又字过庭,别号思黄,1875年生于湖南新化县下乐村。他幼时家境困难,无钱上学,只好替别人放牛,做报童,做小买卖维持生计,但他聪颖好学,视书如命,读了不少有爱国意义的书籍。

1896年,陈天华赴新化资江学院就读,戊戌变法期间,考入新化求实学堂。1903年,赴日本留学,参加了留日学生的拒俄运动。

1903年4月,为抗议沙俄强占我东三省,陈天华咬破手指写出数十封血书,号召同胞们振作起来,共赴国难,抗议沙俄的侵略活动,并组织拒俄义勇队。同年6月,义勇队解散,重组国民教育会,继续活动。这期间,陈天华写了《猛回头》《警世钟》两部著作。

陈天华在这两部书中以通俗的文笔、流畅的文风,淋漓尽致地揭露了帝国主义的本质,指出了他们瓜分中国的野心,以及中国面临的严重危机。他指出:帝国主义赤裸裸的瓜分狂潮固然令人痛恨,而列强利用清政府"代他管领"以求"暗行瓜分"的行径更为阴狠可怕。

陈天华满怀对帝国主义的仇恨和对祖国山河的热爱,提出藐视敌人、敢于斗争的思想。他在书中写道:"十八省,四万万人,都舍得死,各国纵有精兵百万,也不足畏了";"只要我人心不死,这中国万无可亡之理!"

他呼吁全国人民克服苟且等待和畏缩害怕的心理，应立即行动起来，以实际行动反抗帝国主义的侵略和封建专制的压迫。

陈天华在两部书中提出了反清的资产阶级民主革命思想，指出："要抵抗侵略，就必须推翻清政府。大清政府已变成洋人的朝廷。清朝权贵已成了帝国主义的奴才，成为他们的守土官长。"他说："我们要拒洋人，只有讲革命独立，不能讲勤王"；"只要大家前仆后继，百折不回，就一定能够建立个极完全的国家，自立于世界"。

《猛回头》《警世钟》一经发表，就震撼全国，重印达10余次之多，清政府虽明令严禁，却无法阻止它的流传。

1904年2月，陈天华回长沙，与黄兴、宋教仁等在长沙成立华兴会，谋划反清起义。陈天华亲自去江西说服巡防营统领响应起义，联络会党，发展壮大革命力量。9月，在浏阳会见马福益，代表黄兴授予他少将军衔，赠以枪支和马匹。双方议定于慈禧太后生日那天举行暴动，但不幸秘密泄露，起义失败，陈天华逃往日本。

陈天华到日本后，继续从事革命活动，创办了《二十世纪之支那》杂志，宣传革命思想。1905年8月，同盟会在东京成立。陈天华作为发起人之一，担任书记部的工作，被推举为《会章》和《宣言》的起草员，后又担任《民报》的编辑工作。清政府对海外的革命活动极端仇视，多次要求日本政府驱逐留日学生中的革命党人。当年11月，日本政府颁布《取缔清韩留日学生规则》，激起8000留日学生群起反对。陈天华坚决主张归国策划，反对忍辱留日的软弱态度。12月8日，他满腔悲愤，忧时感事，在爱国责任心的驱使下，为唤醒依然不觉悟的同胞，在日本大森湾投海殉国，年方30岁。

陈天华在绝命书中勉励留学生牢记"坚忍奉公，力学爱国"8个字，要"去绝非行，共讲爱国，卧薪尝胆，刻苦求学"，"养成实力，丕兴国家，则中国或可以不亡"，要求他们不负众望，坚持斗争。

陈天华为革命不畏死亡的英雄气概深深感动了人们，苍天垂泪，大地无语，万人同悼英魂。他的精神深深地感动着人们继续奋斗，去完成英雄们未竟的事业。

资产阶级革命团体的成立

兴中会成立后,革命思潮迅速发展。许多革命团体在各地纷纷涌现,其中影响较大的有湖南的华兴会、江浙的光复会、湖北的科学补习所等。

华兴会的创建者黄兴是当时最有威望的革命领导者之一。黄兴,字克强,湖南善化人,幼时聪颖好学,读书勤奋,19岁中秀才。维新运动时,他开始探索救国救民的途径,1898年就读于武昌两湖书院,1902年留学日本。在日本留学期间,他逐渐转变为一个坚定的革命者,积极参加留日学生的爱国活动和革命宣传,曾创办《游学译编》,1903年参加"拒俄"运动。同年5月,回湖南策动武装起义。

回到湖南后,黄兴在长沙的明德、经正等学校担任教员,秘密从事民主革命的宣传、组织工作,积极发展革命力量。同年11月11日,黄兴邀秦毓鎏、章士钊等10多人商议筹组革命团体。1904年2月15日,华兴会在长沙正式成立,与会者百余人,推举黄兴为会长。

华兴会成立后,黄兴立即着手筹划武装起义,并确定由湖南首先发难,然后各省响应以达"直捣幽燕、驱除鞑虏"目标的革命方略。黄兴亲自说服湖南哥老会会长马福益、运动会党举事起义。他们商定于1904年11月16日在长沙起义,并在岳阳、常德、浏阳等五路同日举事,还派人去上海、武昌等地联络起义响应。黄兴任起义主帅,刘揆一、马福益为正副指挥。黄兴还将祖上遗田卖掉,充作军费。

黄兴策划起义,清政府已有所察觉,起义因秘密泄露而失败,但革命力量得以保存,为后来革命的发动起了促进作用。

光复会于1904年11月在上海由陶成章组织成立。陶成章,字焕卿,浙江绍兴人,是一个坚定的武装革命者,一向有志于在北京发动"中央革命"。义和团运动时,陶成章携枪秘密入京,打算趁混乱之机刺杀西太后,但始终不得机会,因此感到革命非从陆军着手不可,策动军队起义,革命方可成功。他屡谋进入军事学校,未能如愿。1902年,陶成章留学日本,因散布革命言论被开除学籍。1903年参加"拒俄"运动，1904年返国，运动会党策划起义。

陶成章回到浙江，与魏兰分别由水陆两路遍访各州县，宣传革命思想，散发革命书刊，联络会党，壮大革命力量，为光复会的成立打下了群众基础。

1904年10月，陶成章到上海，和国民教育会暗杀团成员龚宝铨密商，要组织一个革命团体。商定推举蔡元培为首领，以号召群众，决定扩大暗杀团组织。于是，光复会在上海成立。光复会的宗旨是"光复汉族，还我河山"；誓词是："光复汉族，还我河山，以身许国，功成身退"，"誓扫妖氛，重新建国，图共和之幸福，报往日之深仇"。他们把光复、复国和建国、共和联系在一起，高度统一了革命思想。他们建立严密的组织，以暗杀和暴动为革命的主要手段，成员大都是浙江人。机关设于爱国女校。光复会是一个由资产阶级、小资产阶级知识分子、会党、商人、工匠和少数地主士绅组成的组织，会长为蔡元培。

光复会成立后，积极进行宣传，扩充革命力量。徐锡麟、秋瑾、章炳麟等先后入会，他们的加入对光复会的发展起了很大的推动作用。由于在上海反动势力控制很严，光复会向会党基础雄厚的浙江发展。陶成章与龚宝铨、徐锡麟回到绍兴，创立大通师范学堂，培训革命力量，作为光复会的革命机关。光复会在浙江迅速扩张实力。陶成章还组织会党势力成立龙华会，作为光复会的外围。陶成章亲自为龙华会起草章程，提出："要把田地改作大家公有财产，也不准富豪们霸占"，使子孙后代"不生出贫富的阶级"，大家安稳"有饭吃"。龙华会的章程反映了贫苦农民的愿望及小资产阶级知识分子的幻想，颇得人心，不久龙华会壮大到3万余人，声势颇盛。光复会成立后，开始积极筹划武装起义。他们计划以浙江、福建的革命力量作为响应，与华兴会长沙起义共进，互为支援。但因长沙事败，他们的计划也因而流产。但光复会此时力量已颇为壮大，把群众斗争纳入了资产阶级革命轨道，为以后革命成功建立了必要的基础。

1904年7月，科学补习所在武汉成立，吕大森被推为所长，科学补习所之所以在武汉成立，是有其思想基础和群众基础的。武汉地处中国腹地，扼扬子江，交通便利，有"九省通衢"之称。当时湖北地区经济文化较为发达，总督张之洞推行新政，兴办新式学堂，民风大开,才俊辈出,近代许多杰出人物都出自湖北。其时湖北新军中吸收了大量具有新思想的青年知识分子,革命风潮日盛一日。

1902年,吴禄贞从日本归国,张之洞任其为学务处会办、营务处帮办。吴禄贞经常与革命志士吕大森、朱和中、李书城、时功璧、时功玖等人密切来往,举行集会、畅谈革命,介绍有志青年入伍当兵,逐渐形成一个团体。1904年,吴禄贞调入北京,时功璧、朱和中等人出国留学。其时,革命形势继续向前发展,在湖南已成立了华兴会,吴禄贞、李书城、万声扬皆是其成员。这年春,两湖志士刘静庵、曹亚伯、胡瑛、张难先、吕大森等人齐集武昌,商谈革命方略,一致认为:"革命非运动军队不可,运动军队非亲身加入行伍不可。"因为当时新军中的士兵都从民间招募,出身贫寒,容易接受反清革命的思想,新军中的部分士兵有一定文化,易接受西方资本主义的思想。新军中下级军官中,有不少革命志士秘密地进行革命活动。于是,胡瑛经黄兴介绍,加入湖北新军,与同营张难先在军中宣传革命思想,散发革命书报。这时,吕大森、宋教仁相继到武汉,武汉地区聚集了不少革命志士,成立革命组织的时机成熟。

1904年5月,张难先、胡瑛与同营的朱元成等人,学界的吕大森、曹亚伯等12人在武昌斗级营召开筹备会,推吕大森起草章程,胡瑛、张难先、康建唐、朱元成4人审查,决定定名为"科学补习所",表面上以"集合各省同志,取长补短,以期知识发达无不完全"为宗旨,实则以心记"革命排满"为宗旨。7月3日,科学补习所正式成立,吕大森任所长,胡瑛为总干事,时功璧任财务干事,宋教仁为书记干事,曹亚伯任宣传干事。

科学补习所以补习课程为掩护,介绍知识分子、会党分子从军入伍,壮大革命力量,进行革命的宣传鼓动工作。1904年7月,黄兴过鄂,在补习所举行的欢迎会上告以长沙华兴会起义方案,双方约定共同起义:湖南发难,湖北响应。随后,补习所成员分工负责,准备周密,还确定了行刺计划:王汉行刺张之洞;易本羲行刺张彪;同时,李胜美带工程营直取火药库,大家各自协同行动。7月10日,华兴会长沙起义泄密,起义失败。7月28日,张之洞兵临科学补习所,所幸黄兴事先电告,枪械、人员均转移。张之洞一无所获,只好将欧阳端骅和宋教仁开除了事,科学补习所形同解散。但是它的成员都先后加入日知会、文学社、共进会等革命团体,继续革命,由于他们的大力工作,湖北的革命力量一天天壮大,为后来武昌起义的成功打下了坚实的基础。

同盟会成立后的革命斗争

随着革命的深入发展,资产阶级的革命小团体在各地纷纷建立,但各团体分散活动严重削弱了革命党人的战斗力,因此为实现共同的目标,各革命团体有必要聚集起来,组成一个大型的、全国性的、统一的政党,实现更大的团结,形成一个领导全国革命的坚强的领导核心,从思想上、政治上把斗争水准参差不齐的各革命团体提高成为一个有明确的政治纲领、统一领导革命的政党。而且,当时建立全国性政党的主客观条件都已具备,从主观上来说,除孙中山的兴中会外,还有华兴会、光复会、科学补习所等革命团体一直坚持革命的宣传组织活动,并且开展了武装起义的尝试,在政治上、思想上和组织上为建立全国性政党提供了一定的基础。客观上,由于受长沙起义失败等案件的牵连,华兴会、光复会、科学补习所的一些领导人和骨干分子相继逃往日本。他们大多数集中在东京,鼓吹革命,联络同志,"意欲设立会党,以为革命之中坚"。但由于"各派势均力敌,未能集中力量,合组一大团体,以与清廷抗衡,识者憾焉"。因此,需要一个深具威望的革命领袖出面,才能把各团体的骨干集聚起来,实现筹建全国性的革命政党的愿望,而当时的革命先行者孙中山无论是声望、资历、地位,都是革命党人公认的领袖。因此,筹组全国性资产阶级革命政党的重任就历史性地落在了孙中山肩上。孙中山也认识到组建统一的革命政党的必要性和重要性。孙中山于1900年10月的惠州起义失败后,流亡海外,以日本为中心,奔波于檀香山、香港、越南和欧美各地,进行革命宣传和组织工作。在革命实践中,孙中山认识到:首先,在武力反清的同时,必须从政治上、思想上"打击保皇毒焰",划清革命与保皇的界限。其次,组织方面,众革命团体之间"分道扬镳,终不如集中力量,事较易济",革命需要"招集同志,合成大军"。此后,孙中山一方面尖锐批判保皇、立宪的反动思想,另一方面广泛接纳革命志士中的革命知识分子,将联络的重点由会党转向新兴的知识阶层,增强了革命力量和革命团体的联系。

孙中山肩负着组建新的革命联合团体的历史重任,于1905年7月结束欧美之行,回到日本。7月,经宫崎寅藏介绍,孙中山和黄兴会面了。孙中山提议将革命团体联合起来,共同致力于革命,黄兴表示赞同。孙、黄确定了组成全国性革命政党的决策。7月30日,孙中山邀集留学生和旅日华侨中的革命分子70余人,包括国内各革命团体的代表,在东京召开组织全国性革命团体的筹备会议。孙中山被推为主席。经过讨论,最后将新团体定名为中国同盟会,孙中山提到的"驱除鞑虏,恢复中华,创建民国,平均地权"的革命宗旨获得会议通过。孙中山还起草了入会誓约:"当天发誓,驱除鞑虏,恢复中华,创立民国,平均地权,矢信矢忠,有始有卒,如或逾此,任众处罚。"8月13日,中国留学生和华侨举行欢迎孙中山大会,与会者达1800余人,孙中山在会上做了演讲。他以饱满的热情、雄伟的气魄向与会者展示了中国的光明前途,号召以革命的方法建立共和国,改变国家积贫积弱的状态,使之居于世界先进国家之林。此次大会是一次动员大会,揭开了建立同盟会的序幕。1905年8月20日,在东京日本国会众议员阪本金弥子爵的住宅,同盟会正式举行成立会议。会者有百余人,除甘肃外,其余17省都有人参加,讨论通过《中国同盟会总章》。章程规定同盟会总部设在东京,领导机构设总理,根据"三权分立"原则,下设执行、评议、司法三部。执行部负责处理日常工作和组织革命的实际活动,权力最重,由总理直接主管,下设庶务、内务、外务、书记、调查、会计6科。以庶务最为重要,当总理不在的时候,由它代为行使权力。评议部又称议事部,设评议长、评议员。司法部设判事长、判事和检事长。

大会选举孙中山为同盟会总理,黄兴为庶务,汪兆铭为评议长,邓家彦为判事长,宋教仁为检事长。同时选举了其他任职人员,决定以《二十世纪之支那》作为同盟会机关报,会议结束时,群情振奋,"大呼万岁而散"。

同盟会成立不到一年,会员即发展到1万多人。中国同盟会是中国第一个全国性资产阶级政党,中国革命开始有了统一的领导核心,资产阶级民主革命进入新的阶段。同盟会成立以后不久,《二十世纪之支那》被日本政府查封,同盟会决定另办一个《民报》,宣传革命主张。1905年11月26日,《民报》正式出版发行,孙中山在发刊词中把"驱除鞑虏,恢复中华,创立民国,平均地权"的革命宗旨概括为"民族主义,民权主义,民生主义",孙中山后来把它简称为"三民主义"。《民报》一经创刊就受到广大读者的热烈欢迎,声势巨大。

革命思想的广泛传播,使以康有为、梁启超为代表的保皇派极度害怕。他们出于自身利益的考虑,反对中国社会进行激烈的革命行动,主张用温和的手段,采取改良的办法推动社会进步,他们的观点已经成为民主革命向前发展的巨大阻碍,因此双方激烈的论战势不可免。革命派以《民报》、保皇派以《新民丛报》为阵地,展开论战,孙中山也亲自参与其中,化名"南洋小学生",挥笔上阵,指挥论战。论战围绕要不要暴力推翻清政府,建立资产阶级民主共和国;要不要平均地权,改变封建土地制度等问题展开。

改良派积极维护清王朝的专制统治,反对暴力革命,宣称:汉人在法律地位、政治生活方面已和满人完全平等,民族革命根本没有必要;革命的方针应是改良政治、君主立宪,不能进行暴动;诬蔑国民恶劣,"程度未及格",不能实行民主共和,只能实行所谓"开明专制";认为革命必然造成"内乱",还会引起外国的干涉。革命派则针锋相对,指出:清政府是甘心卖国的政府,已成为洋人的工具,是统治民族的牢狱,民主的障碍;只有用革命的手段推翻这个卖国政府,才能挽救国家民族的危亡,解救被压迫的人民。他们严正指出中国绝不是"国民恶劣",而是清朝"政府恶劣",中国人民完全有能力在推翻君主专制制度后,"建一个共和国以表白于世界",还说革命"如风之起,如水之涌,不可遏抑"。革命派强调通过暴力革命由君主专制变民主共和,是"进化之公理",只有"兴民权,致民主",中国才有出路。他们认为,革命以建立民主政治为目的,不是争权夺位,不会引起内乱,革命不以排外为目的,也不会引起干涉。还指出:改良派对革命和中国人民百般诬蔑,是要使中国人民永远处于清朝统治者的奴役之下。

改良派认为中国没有贫富悬殊的社会现象,地主土地所有制不可侵犯,有利于"勤勉致富";攻击革命派土地国有是煽动"下等社会"

的人起来骚动,危害"国本",将"妨害"社会生产力的发展和"阻碍"社会文明的进步。革命派对他们进行了严厉驳斥,指出国家的土地为少数地主所垄断,地主不劳而获,徒手坐食,是不合理的;中国之所以贫弱,就在于地权之不公平,"弊害更不可胜言",强调只有平均地权,实行土地国有,才能矫正贫富不均的社会现象,发展社会生产。革命派认为中国历代革命多出于贫苦人民,今后中国革命"亦必不出于豪右而出于佃民",指出革命必须发挥社会下层的广大贫苦农民的作用。通过这次论战,民主革命思潮更加广泛地得以传播,改良派的许多人纷纷倒戈,站到革命派的旗帜下面,成为革命派的成员。《新民丛报》于1907年不得不停刊,遭到彻底失败。论战辩明了革命道理,传播了革命主张,促进了革命形势的发展。革命的高潮时刻到来了。

徐锡麟和秋瑾

徐锡麟,字伯荪,浙江绍兴人,幼时聪慧异常,勤学好问,1901年被聘为绍兴府学堂算学教师,后提升为副监督。1903年赴日,其间结识革命党人陶成章、龚宝铨等人,受其影响,倾向革命,逐渐成为一个坚定的革命党人。1904年加入光复会,1905年创办大通学堂,为革命积蓄力量,1906年捐资为道员。1907年被任命为巡警学堂堂长,后又任陆军小学监督。他利用职务之便开展革命工作,传播革命思想,积极筹划武装起义。他与秋瑾相约于1907年7月19日同时举义,后改在7月6日。

起义前,革命党叶仰高被捕叛变,安徽巡抚恩铭得知机密,准备搜捕革命党。徐锡麟见形势危急,与陈伯平、马宗汉商定于7月8日巡警学堂毕业典礼时发动起义,刺杀恩铭,占领安庆。但毕业典礼提前至7月6日举行,起义被迫提前。

1907年7月6日一早,徐锡麟与陈伯平、马宗汉召集巡警学堂学生,发表演说,训诫他们要"不忘救国"。上午8时,恩铭及文武官员到达礼堂。徐锡麟上前,佯呈学生名册,向恩铭举手行礼,大声说道:"回大帅,今日革命党有事。"恩铭正惊愕间,陈伯平上前投一颗炸弹,但未爆炸。徐锡麟由靴内拔出双枪,向恩铭连射7枪,可惜未中要害,陈伯平跟上一枪,子弹从恩铭臀部穿击心际,众护卫把恩铭抬回抚署,其不久气绝而亡。满族官员顾松正想跳入一条防水沟,被马宗汉抓住处死。徐锡麟对学生大呼:"巡抚已为顾松所杀,我们快去占领军械所,从我革命。"徐锡麟、陈伯平、马宗汉率学生向城西军械所进发。其时,清军已关闭城门,起义军内外联系中断,陈伯平命人拉来一门大炮,将炮弹装进炮膛,对徐锡麟说:"现在形势危急,用炮弹把抚台衙门炸掉,摧毁敌人机关,然后轰击北门城楼,打开城墙缺口。"徐锡麟见抚台衙门一带民房稠密,制止他:"这样做就会玉石俱焚,与革命宗旨不符。我们即能成功,老百姓必然痛苦不堪。"坚决不让开炮。不久,清军赶到,包围了军械所。起义军顽强抵抗,清兵伤亡100多人,不敢上前。清军悬赏重金捉拿徐锡麟,双方激战5个小时,陈伯平牺牲,徐锡麟、马宗汉等被捕。

抓到徐锡麟后,藩司冯煦和臬司立即开堂审讯。冯煦问徐锡麟:"恩铭待你不错,你为什么要杀他?"徐锡麟义正辞严:"恩铭待我好是私情,我杀恩铭是为公。"冯煦问他同党都有谁。徐锡麟回答:"革命党人多得很,唯安庆是我一人。"敌人逼他写供词,徐锡麟提笔疾书,写下数条,纸上尽是"杀尽贪官""推翻清廷""恢复中华"等内容。

徐锡麟被捕后,两江总督端方"恐有余党劫犯",致电冯煦要立即处死徐锡麟,后判决徐锡麟就地处死,剜心祭恩铭。徐锡麟听了哈哈大笑,说:"我为重建中国,早置生死于度外,区区心肝,何屑顾得。要杀,要剐,请便。"冯煦厉声说:"徐锡麟,你只要交出光复会名单,可免你一死。"徐锡麟立于台阶之上,朗声大笑:"可笑大人有眼无珠。告诉你,革命党人遍及中华,我四万万同胞必能振兴中华,图共和之幸福。"敌人残忍地杀害了徐锡麟,时年35岁。

安庆起义给清廷以沉重的打击,虽然失败了,但深深地激励着革命者继续奋斗。从此,革命风潮风起云涌,遍及全国。

安庆起义的同时,秋瑾计划于浙江起义响应,可安庆起义失败后计划泄露,秋瑾牺牲。

秋瑾,原名闺瑾,小字玉姑,字俊卿,另字竞雄,又号鉴湖女侠,浙江绍兴人，中国近代女革命家、女诗人。

秋瑾1875年生于福建厦门，自幼爱读书，工诗文，好骑马击剑。她长大后目睹清廷腐败，国权沦丧，民族危急存亡，决心献身救国事业。1904年4月，秋瑾冲破家庭的束缚，自筹资金赴日本留学。在日期间，她积极从事留日学生的革命活动，与陈撷芬重建"共爱会"，与刘道一等组织"十人会"。同年秋，在东京创办《白话报》，鼓吹推翻清政府，提倡男女平等，不久又参加冯自由组织的"洪门天地会"。她年底回国，在绍兴加入光复会。1905年7月复回日本，在东京加入同盟会，被推为评议部评议员和同盟会浙江主盟人。1906年初，她为反对日本《取缔清国留日学生规则》而愤然回国，在上海与易本羲创办中国公学，又与陈伯平以"锐进学社"为名联络会党，筹划起义。同年冬，创办《中国女报》，号召妇女团结起来，为争取自身解放而斗争。1907年，秋瑾到大通学堂任督办，整顿纪律，严格规章制度，在学校设体育专修科，从上海买来250支枪、20万发子弹，为起义做准备。其间，秋瑾奔波于杭州、上海两地进行革命组织活动，又去金华等联合会党，不到半年发展光复会会员600多人。4月，秋瑾在杭州白云庵召集会议，决定把浙江会党几千人按"光复汉族，大振国权"8个字，编为八个军，总称"光复军"。她亲自拟定军制、军旗、军服等，推徐锡麟为首领，自任协领，约定于7月19日在浙、皖同时起义。她还制定了周密的起义计划：先由金华起兵，处州接应，诱杭州清军出动，绍兴光复军渡钱塘江，袭取杭州；若不成，则返回绍兴，从金华经江西去安徽和徐锡麟会合；若浙、皖起义成功，则合兵攻取南京。但不幸的是，由于叛徒泄密，徐锡麟于7月6日在安庆提前起义，因寡不敌众而失败，徐锡麟遇害，浙江起义的计划也因而泄露。众人劝秋瑾暂离绍兴避难，秋瑾毅然说："我怕死就不会来革命，革命要流血才会成功。如满奴能将我绑赴断头台，革命成功至少可以提早五年。"

7月13日，清兵围攻大通学堂，秋瑾持枪亲自指挥学生战斗，后因寡不敌众，学堂被攻占，秋瑾被俘。面对敌人的严刑拷打，秋瑾始终坚持入会誓言"矢信矢忠，有始有卒"，对组织机密、同志下落只字不说，怒斥敌人"革命党的事，不必多问！"绍兴知府贵福亲自提审，伪装亲近："贤侄女，只要你说出同党，洗心革面，重新做人，我可以打包票，保你无事，且高官厚禄，前途无量，何必做革命党，受这份罪呢？"秋瑾冷笑说："要我招什么？你大通校董，与校友合过影，谁是革命党还不最清楚！你曾赠我'竞争世界，雄冠全球'的联语。要问革命党是谁，你便是！"贵福恐惧万分，一语皆无，慌忙退堂。敌人严刑逼供，秋瑾挥笔写下"秋风秋雨愁煞人"的句子，痛斥清政府黑暗统治，抒发满腔义愤。

1907年7月15日，秋瑾于绍兴轩亭口英勇就义，时年31岁。大通学堂的洗衣妇王友安冒着生命危险，将她的遗体裹殓后葬于卧龙山。1908年1月，秋瑾好友徐自华、吴芝瑛按她的遗愿将灵柩改葬于西泠桥畔，并砌碑以示怀念。孙中山后来手题"巾帼英雄"匾额于墓地，以示对烈士的崇高敬意。

徐锡麟、秋瑾虽然牺牲了，但他们为国为民不畏死的英雄气概深深地感动了国人，更多的人踏着烈士的足迹走上了革命的道路。

中华上下五千年
zhonghua shangxia wuqiannian

中华民国

◆中华民国（公元1912年至1949年）

武昌起义

　　腐朽的清政府越来越成为帝国主义的傀儡，居然要将中国铁路出卖给帝国主义，这引起了全国范围内保路运动的兴起。其中四川省的保路运动最为激烈，还成立了保路同志会。这标志着四川保路运动进入一个新的阶段。然而，四川人民的爱国之举却遭到反动政府的血腥镇压。1911年9月7日，四川总督赵尔丰逮捕了保路同志会领袖蒲殿俊、罗纶等人，又枪杀请愿群众，制造了震惊中外的"成都血案"。

　　清政府的暴行激起了民众的更大反抗，并发展成大规模的武装起义。清政府为镇压四川的起义，从湖北抽调新军入川，由此导致湖北兵力空虚，从而为武昌起义提供了机会。

　　保路运动为武昌起义点燃了导火索。1911年9月14日，湖北的两大革命团体共进会和文学社举行联合会议，决定成立起义机构，确定中秋节起义，推举蒋翊武为临时总司令，孙武为参谋长。

　　但是，在这关键时刻却发生了意外。10月9日，孙武等人在俄租界的宝善里制造炸药，却意外发生爆炸，引来了俄巡捕，他们将炸药、起义旗帜、名册、文告、盖印纸等物搜洗一空。

　　起义计划已经暴露，是坐以待毙，还是死里求生呢？革命党人选择了后者并召开紧急会议决定当晚12点起义：以南湖炮队的炮声为号；工程营第八营占领楚望台军械库；其他各营分别占领蛇山、凤凰山、黄鹤楼、青山等制高点，并扼守武胜关，进攻总督衙门。

　　当天夜里，蒋翊武、刘复基、彭楚藩等在指挥所里焦急地等待消息，却不幸被捕，10月9日晚准备起义的计划失败了。但是工程第八营的总代表熊秉坤却秘密约集同志，决定10月10日下午3时晚操之际发动起义，但午后营中长官宣布晚操停止。熊秉坤等又约在晚间第一次点名之后、第二次点名之前7点钟准时发难。

　　起义按时进行，熊秉坤率40多人起义，击毙了营中反动官长。不久，又毫不费力地拿下楚望台军械库。起义军自命湖北革命军，集合各地的新军约3000人，随即进攻武昌城，攻破湖广总督衙门。

武昌城自古为战略要地，易守难攻，其北为山后，南为山前。山前较广，东南为城内军兵驻地，西南为清总督府。总督衙门西面靠近城墙，一面同第八镇司令部隔街相邻，周围皆是一丈多高的城墙。正面的巷道狭窄，进攻兵力难以展开。

开始时攻势并不顺利，处于僵持状态。清军以机枪扼守阵地，起义军前进受阻。这时两个营士兵乘黑匍匐过去，夺得了机关枪，向清军扫射。

随着炮八标的入城，起义军火力大增，放炮猛轰总督府、第八镇司令部等要地。起义军攻势如潮，湖广总督瑞徵见大势已去，便带领一家老小仓皇逃命，跑到停在长江江面上的楚豫号军舰上。

激战一夜，起义军终于占领武昌城。第二天，"武昌已另成世界，满城士兵皆袖缠白巾，威风抖擞"。起义军完全控制了武昌的局势。

起义军获得了胜利，但群龙无首，于是想到了黎元洪。黎元洪在清军中地位很高，但他却不怎么赞成革命，在革命党人的威逼之下才答应就任军政府鄂军都督。

黎元洪的加入，对革命也起到了一定的推动作用。他在清军中声誉向来很好，由他出面领导革命，对那些顽固的清朝死党起到了很好的打击作用。

武昌起义胜利了，它带动了全国范围反抗清政府的革命活动，各省纷纷宣布独立，清朝统治岌岌可危，离覆亡的日子已经不远了。

临时大总统

武昌起义胜利时，孙中山正在美国筹款。他得到胜利的消息后，喜不自禁，想马上回国，亲自指挥推翻清政府的战斗。但他又想到，革命胜利后，外交、财政方面将会遇到很大困难，于是由美国赴英、法等国开展外交活动。但是，他的筹款计划却遭到了英国金融资本家、法国银行家的拒绝。孙中山只好在1911年11月24日由法国乘船回国。

在接受记者采访时，有记者问："听说孙先生从国外带回一笔巨款,真有此事吗?"孙中山严肃地答道:"革命不在金钱,而全在热心。我这次回国,没带金钱,所带回的,唯革命精神而已。"他又呼吁国人共持"真精神,真力量",团结奋斗,克服困难。他指出:"武昌举师以来,我由美洲旅欧,奔走于外交时政二事。今归上海,得睹国内近状,从前种种困难虽幸破除,而来日大难尤其于苦。今日非我同人持一真精神、真力量以与此困难战,则过去之辛劳将归于无效。"

26日,上海同盟会干部黄兴、汪精卫、陈其美、宋教仁、张人杰、马君武、居正等宴请孙中山,会商组织临时政府,决议选举孙中山为临时大总统。

29日上午9时,各省代表会在南京选举临时大总统。开票结果显示,孙中山得16票,黄兴得1票。孙中山当选中华民国首任临时大总统。同时,决定中华民国元年元月1日举行临时大总统就职典礼。

次日,黎元洪电贺孙中山当选临时大总统,电称孙中山"虑周全球,挽末世之颓风,复唐虞之盛治,使海内重睹汉官威仪,不独四万万同胞之福,即东西各国亦莫不景仰高风。为中华民国庆,专此电贺。中华民国万岁,中华民国大总统万岁"。

安徽都督孙毓筠,福建都督孙道仁,江西都督马毓宝,广西都督陆荣廷,四川都督尹昌衡,蜀军都督张培爵,芜湖军政分府吴振黄,美洲同盟总会,旧金山国民会,旧金山少年中国报,旅港番工商所,旅港银业行,福建商业研究所,江苏临时省议会,杭州北伐军司令正长徐怀礼,各地军事将领林述庆、柏文蔚、徐宝山、李竞成等均电贺孙中山当选临时大总统。

1912年1月1日,孙中山在举行隆重的仪式后,宣读誓词:"倾覆满洲专制政府,巩固中华民国,图谋民生幸福,此国民之公意,文实遵之,此忠于国,为众服务。至专制政府既倒,国内无变乱,民国卓立于世界,为列邦公认,斯时文当解临时大总统之职。谨以此誓于国民。"

孙中山在南京宣誓就职中华民国临时大总统,宣告了中华民国临时政府正式成立。当天,孙中山发布《临时大总统就职宣言》和《告全国同胞书》,选举黎元洪为副总统。1月28日,临时参议院召开正式成立大会,选举林森、王正廷为正副议长。临时政府和临时参议院制定和颁布实施一系列有利于社会发展的政策法令和改革措施,包括扫除封建弊端、保护人权、振兴实业、改革教育等内容。3月11日，又颁布具有资产阶级共和国宪法性质的《临时约法》。由此，资产阶级共和国的政权体制基本确立。

但是，革命的胜利果实却为袁世凯所窃取。南京临时政府成立后，帝国主义、国内南方立宪派、旧官僚和革命内部妥协势力加紧拥袁排孙的活动，要求孙中山承认南北和谈中达成的"先推覆清政府者为大总统"的协议。内外交困下，孙中山不得不致电袁世凯"虚位以待"。

1912年2月12日，清帝溥仪在袁世凯逼迫下退位。13日，孙中山向临时参议院请辞，推荐袁世凯继任临时大总统，共和国已名存实亡。

共和国虽已名存实亡，但它的成立沉重地打击了清政府的统治基础。

孙中山为了革命事业，为了祖国的前途，仍在继续寻求救国救民的革命道路。

清朝灭亡

革命的迅猛发展是清朝灭亡的根本原因，但不得不承认，清亡与清政府重用袁世凯、姑息养奸有关。

袁世凯在清政府中长期任要职，但深受权贵排挤，1909年被载沣排逐回豫。但是袁仍然操纵着军事大权，清朝实力最为强大的军队北洋六镇是他一手训练出来的，各镇军官都是他提拔起来的旧部，一向是"只知有袁宫保，不知有大清朝"。而且，袁又深受帝国列强器重，被看作是中国"强有力"的人物。武昌起义爆发后，列强便呼吁清政府起用袁世凯。慑于列强的淫威，更多地是惧怕革命浪潮的发展，清政府不得不重新起用袁世凯。载沣被迫于10月14日同意下诏起用袁世凯为湖广总督，督办剿抚事宜。

袁世凯却称"足疾未愈"，不肯赴任，并要求清廷交出全部军政大权。载沣即任命袁为钦差大臣，给予湖北军务全权。10月30日，载沣以宣统帝名义下"罪己诏"，同意资政院奏请改组内阁、开放党禁、拟定宪法。11月1日，以奕劻为首的皇族内阁辞职，清廷任命袁世凯为内阁总理大臣，要他立即来京组织"责任内阁"。13日，袁世凯抵京就任内阁总理。

南北和谈后，袁世凯和革命军中的妥协派达成了一致，袁世凯迫使清帝在优待条件下退位，并同意建立共和政体，然后孙中山把临时大总统职让予袁世凯。

1912年1月3日，在袁的授意下，驻俄公使陆征祥联合驻外各国公使，电请清帝退位。随后袁世凯又联合内阁成员上奏清廷，谓清廷命运垂危，南方革命党力大无穷，如不实行共和，清廷朝夕难保。

1月17日，清廷召开两次御前会议，皇亲贵族坚决反对退位，会议毫无结果。袁世凯得此消息，上奏折进行威吓和引诱，谓革命军势大，徐州已失，长此下去，皇室指日可灭，并大造"革命党人潜据京师"，不久要发生暴动的谣言，威吓清廷。而在这时，又发生了彭家珍刺杀良弼事件，良弼为拥戴清室的骨干分子，他的死给那些皇族亲贵以很大震动，许多王公大臣纷纷逃离北京。

1月29、30日清廷召开御前会议，决定退位。2月5日，南京参议院通过了优待条例和张謇起草的《清帝退位诏书》。这个清室优待条例允许在实现共和之后保留一个封建的小朝廷。条例分三大项，即关于皇帝优待条件、关于皇族优待条件和关于满蒙回藏各族优待条件。其中允许皇帝和各国君主一样受尊崇；皇帝岁俸400万两，皇帝仍住皇宫和颐和园；其余庙、陵、寝永远奉祀；宫内用人照旧；禁卫军照旧；皇族之官爵仍旧；皇族财产一律保护。2月12日隆裕太后带着6岁的小皇帝溥仪在养心殿举行最后一次朝仪礼，清廷公布退位诏书，宣布退位。

清朝从清太祖努尔哈赤建国至宣统退位共计297年。清朝的历史位于中国封建社会的后期，封建制度的腐败、没落已经充分暴露出来了。顺治帝、康熙帝、雍正帝、乾隆帝时出现大清盛世，这只是几位明君苦心经营的结果，但是历史的发展潮流是不可逆转的，封建王朝的气数已尽。从乾隆帝后期开始，清政府就一步步走向没落。奢侈浪费、挥霍无度、盲目自大，导致了中国的落后局面。落后就要挨打，这早已为历史所证明，清王朝从制度到经济上都明显落后于西方国家，因此签订了一系列丧权辱国的条约：《南京条约》《马关条约》《辛丑条约》等。这些条约丧权辱国，给中国带来的损失是无法弥补的，给中国人民带来的灾难是空前绝后的。但是中国人民奋起反抗，为了新生活，为了使国家强大起来，许多仁人志士开始寻求救国救民的道路。戊戌变法、义和团运动虽然都失败了，但中国人民不甘落后的精神却与历史永在。正是在这种精神的鼓舞下，中国才有了历史的新篇章。

袁世凯篡权

1912年2月13日，孙中山被迫辞去大总统职务，并推荐袁世凯为候选临时大总统。袁世凯虽然当上了大总统，但他的地位并不牢靠，因为孙中山在解职前提出了三个附加条件：（1）临时政府必须设在南京；（2）新总统到南京就职时，大总统再行解职；（3）新总统必须遵守《中华民国临时约法》，把《临时约法》作为约束条件限制袁的野心。

孙中山电告袁世凯南下就职，并派蔡元培等作为欢迎使专程前往北京迎袁南下就职。袁世凯一面答应南下，一面又秘密指使手下制造了"北京兵变"。军队哗变，打家劫舍，焚毁衙署，闹得京津一带社会秩序混乱，人心惶惶。

袁世凯党徒乘机兴风作浪，声称若袁南下，则恐无法维持北京秩序。党羽段祺瑞、冯国璋、姜桂题等更是联名通电声称：北京秩序难以维持，大总统受任必暂难离北京一步。各界舆论都倾向于袁世凯建都北京。列强也乘机对南京政府进行恫吓，声援袁世凯。无奈之下，南京参议院正式同意袁世凯在北京就职。1912年4月1日，孙中山解除临时大总统职务，临时政府陆续北迁。辛亥革命的胜利果实终于落入袁世凯的手中。

袁上台后，任唐绍仪为内阁总理，组织内阁。但唐却倾向于同盟会，因此不为袁所用，不久便愤而辞职。袁排逐了唐，不料却又冒出了个宋教仁。宋又组织了国民党，并发展迅猛，在1913年国会选举中，国民党大胜，宋更是鼓吹以政党内阁来限制总统权力，同此被袁视为眼中钉。于是，袁与国务总理赵秉钧密议谋杀了宋教仁，又授意

中华民国

军政执法处逮捕了8名国民党议员,用重金拉走了10多名国民党参议院议员,为他竞选大总统、制定立宪铲平道路。

1913年10月6日举行大总统选举,袁派了几千名便衣军警、地痞流氓打着"公民团"的旗帜,将会场围了个水泄不通,并高呼"不选袁世凯为大总统,不许出会场一步!"

选举开始后,议员们受到层层包围,许进不许出。

第一次投票,袁世凯得票刚过半数,离法定票额相差太远。已近中午,主席宣布休息后再投。

第二次投票,袁比上次多了一些,但还是不到法定票额。天已黑了,仍不能散会。主席汤化龙宣布"两次投票无人当选,就第二次得票较多者二名,决选之,以得票过半者当选",请大家在袁世凯、黎元洪二人中选一。

议员们已一天没吃东西,饿得头晕眼花,那些烟徒们更是痛苦异常。在这种情况下,一直到晚上10点第三次投票结果才得出,袁世凯得票过半数。于是,主席汤化龙大声宣告:袁世凯当选为中华民国第一届大总统。1913年10月10日,袁世凯就任大总统。

袁世凯当上大总统却还不满足,又想登基做皇帝。袁的狐朋狗友组织"筹安会",宣扬君主立宪,又组织"全国请愿联合团",策动请愿闹剧。一时间,上自王公遗老、政府官僚,下至车夫难民、乞丐妓女,都纷纷组织起请愿团,手持旗帜大呼小叫奔向街头,跪呈劝进,请求袁顺从民意,早登大宝。

袁又指示参政院召开国民代表大会,议决是否改行"君主立宪"。在袁亲信的监视下,代表们都投了称帝的赞成票。1913年12月11日,参政院汇总"全国民意",结果各省代表1993人,赞成君主立宪的正好是1993票!更巧的是,各省"拥戴书"都一字不差地写着:"恭戴今大总统袁世凯为中华帝国皇帝,并以国家最上完全主权奉之于皇帝,承天建极,传之万世。"袁接到参政院"拥戴书"时,故作谦让,说什么"今若帝制自为,则是背弃誓词"。当天下午,参政院再次劝进,袁世凯不再辞让,声称:"天下兴亡,匹夫有责,予之爱国,讵在人后?"

在一片"民意"声中,登基典礼于1915年12月13日在中南海居仁堂举行。袁世凯身着大元帅戎装登基,改国号为"中华帝国"。

袁世凯冒天下之大不韪，受到了天下人民的一致反抗，只当了83天皇帝，便可耻地死掉了。

反袁斗争

袁世凯转变成反动分子后，先刺杀了宋教仁，又秘密下动员令和举借外债，决心以反革命武力消灭南方的国民党力量。

孙中山等革命者逐渐认识到袁世凯的反革命嘴脸，也抛弃了议会政治的幻想。孙中山以为"事已至此，只有起兵。因为袁世凯是总统，总统指挥特使暗杀，则断非法律所能解决。所能解决者，只有武力"。很多革命人士，如李烈钧、柏文蔚、胡汉民、谭延闿等也通通反对大借外款，抨击宋案。孙中山决心立即兴兵讨袁，挽救垂危的民国。但此时国民党内部十分涣散，派系纷纭复杂，已无凝聚力。湖北革命力量已被黎元洪瓦解，粤、湘、赣、皖高级军官被袁世凯收买。国民党内部意见分歧，人心涣散，军事已成被动局面。

孙中山对国民党内严重右倾和缺乏起兵勇气的状况感到十分气愤，决心赴广州主持武力讨袁，但又没有成行。因为不仅国民党主要领导人之间存在严重分歧，就是各省实力派也心怀各事，无法统一起来。

袁世凯却率先发难，1913年5月6日下了一道"除暴安良"令，矛头直指国民党。北洋将领张牙舞爪，纷纷通电，诬蔑国民党危害民国，表示已"枕戈待旦"。5月20日袁又威胁说如若革命党人敢另行组织政府，即兴兵伐之。随后，又借口李烈钧反对借款，不服从政府，免其江西都督职，接着又解除了胡汉民、柏文蔚职务。7月5日北洋军进逼九江，迫使国民党不得不起兵应战。孙中山在上海召开国民党会议，最后决定兴师讨袁，发动"二次革命"。李烈钧在江西湖口率先起义，组织讨袁军，发布《讨袁檄文》。这就是所谓的"二次革命"。

江西的起义立即带动了苏、皖、粤、湘、川、闽等省先后起义响应。7月15日，黄兴在孙中山等的催迫下，勉强去南京逼江苏都督程德全独立，自任江苏讨袁军总司令，并令南京的柏文蔚接受安徽讨袁军总司令的委任状。

一时间,袁世凯的大军分三路南下:第一路为段祺瑞部,由京汉线南下进攻江西;第二路为冯国璋部,以张勋为先锋从津浦路直攻南京;第三路为倪嗣冲部,由汴梁经颍州、正阳关及太湖进攻安庆。

面对袁世凯军队气势汹汹的进攻,讨袁军方面采取了相应对策:由李烈钧负责武汉及九江上游;黄兴负责津浦线;柏文蔚负责组织颍州、正阳关、太湖方面的抵抗。敌对双方似乎旗鼓相当。

在革命形势的发展下,1913年7月18日广东、安徽两省宣布独立,20日福建宣布独立,22日上海方面也起来响应,25日湖南宣布独立,8月4日四川重庆宣布独立。表面上这些省份独立了,但各省区内部意见存在很大分歧。像江苏都督程德全、福建都督孙道仁、湖南都督谭延闿态度就很不坚决,只是形势所迫才不得已而为之的。而且他们之间互不协作,缺少统一的领导与部署,兵力又不强大。所以,许多地方在袁世凯军队的进攻下相继失陷。7月湖口失陷,8月南昌失陷。黄兴不久也因兵败而逃。江苏都督程德全在宣布独立后不久便溜到苏州,反对讨袁;安徽师长胡万泰也被收买倒戈。随后福建、湖南、四川也先后取消独立,这些地方全部被北洋军阀势力吞并。二次革命就这样以失败而告终。

二次革命是孙中山领导的一次武装反袁斗争,虽然失败了,但它的经验教训却是宝贵的:革命必须团结,内部混乱、杂乱无章、缺乏统一领导只会被敌人各个击破,革命必须有人民的支持。二次革命由于国民党放弃了同盟会在辛亥革命前的革命纲领,得不到人民的理解与支持,所以很快失败。

窃国大盗袁世凯当上了大总统后变本加厉,还要登基做皇帝,这更加激起了全国范围的反袁斗争。他还大肆出卖国家主权,疯狂镇压革命群众,大搞特务统治,剥夺了《临时约法》规定的人民享有的各项基本权利,又大肆搜刮人民骨血,横征暴敛,更为人民所痛恨。

这时,"护国运动"应运而生。1915年12月25日,蔡锷在云南率先发动护国运动,点燃了反袁的革命烈火。蔡锷原是梁启超的学生,长期受革命思想的熏陶,很有军事才能,曾被袁世凯软禁在北京,后秘密潜回云南,联合国民党人李烈钧等组成"护国军"。1916年1月,护国军兵分三路向四川、贵州、广西进兵,讨伐袁世凯。

革命形势发展迅猛，令袁世凯始料未及。贵州、广西相继宣布独立。袁世凯一看形势不妙，赶紧向列强求救。但是，欧洲列强正忙于第一次世界大战，无暇东顾，救不了袁世凯的命。狡猾的日本看到袁大势已去，对他失去信心，把他一脚踢开，转向扶植新的统治工具，袁世凯已走投无路。

而这时袁世凯集团内部也开始分化。袁世凯手下的两员大将段祺瑞和冯国璋都不愿再为帝制卖力，不再为袁所用，更与护国军暗通关节，密谋反对袁世凯。

袁世凯已众叛亲离，陷入人民反抗的汪洋大海。在全国的声讨下，他不得不于1916年3月22日宣布撤销帝制，23日颁布法令废止"洪宪"年号，总共当了83天皇帝。

袁世凯受到打击，一病不起，于1916年6月6日可耻地死去，反袁斗争取得了最终的胜利。

新文化运动

辛亥革命胜利了，把封建清朝的皇帝赶下了台。但是，随后的袁世凯称帝、张勋复辟这些事实表明，封建思想流毒甚深，尊孔复辟的逆流，封建旧思想、旧伦理、旧习惯依旧存在，到了应该发动一场新文化运动的时候了。

袁世凯试图在军事、政治之外，用封建思想来控制、愚弄人民。但是，陈独秀、李大钊等一大批先进的知识分子在文化思想领域展开了对封建余孽针锋相对地斗争，勇敢地向封建思想、三纲五常宣战。

新文化运动是由《青年》杂志发起的。它与一般的社会流行杂志不同，从创刊之日起就倾尽全力宣传新思想、新文化，密切关注着文化动态。一开始就显示出了勃勃生机和活力，牢牢地吸引了一大批关注国家、民族命运的有志青年。它吹响了"五四"新文化运动的号角，开始了中国历史上具有划时代意义的思想解放运动。它的创办人正是陈独秀。

陈独秀，字仲甫，安徽怀宁人。从少年时起，陈独秀就有志于救国救民。他早年留学日本，学成归国后在安徽创办了《国民日报》《安徽俗话报》，显示出过人的才华，开始引起了人们的关注。1915年9月，他在上海创办《青年》杂志，1916年第二卷第1号开始更名为《新青年》，意喻为国培养新的革命青年，提倡新思想、新文化。

此时，蔡元培正在北京大学任校长。蔡致力于把这所封建色彩浓厚的学府变为新式的大学，正在极力搜罗一些具有真才实学的革新人物，以宣传新思想，动摇封建思想的基础。他阅读了10期《新青年》后，马上被陈的先进思想所折服，决定立即聘请他为北大文科学长。一时间，北大作为文化思想的中央阵地，激起了自由、民主、科学与封建、落后、愚昧的争斗，并迅速影响到全国，民主思想也得以迅速传播。

因陈独秀到北大就职，《新青年》编辑部从上海移至北京，其影响也从长江流域扩展到全国。北京的文化界人士李大钊、胡适也相继到北大任教，并成为《新青年》的主要撰稿人。北京大学成为新文化运动的中心。

李大钊是新文化运动的主要代表人物，字守常，河北乐亭人，24岁时东渡日本，考入早稻田大学学习政治，回国后积极参加反对袁世凯卖国的革命活动。正是他领导了后来的"五四"运动，为马克思主义在中国的传播和中国革命事业的发展作出了巨大的贡献。

胡适，字适之，安徽绩溪人，生于1891年，1910年考取清华官派留学生，赴美国康奈尔大学、哥伦比亚大学求学，师从著名的实验主义哲学家杜威博士。1917年回国后，他被蔡元培聘为北京大学教授。他的理论主要集中在文学改良方面，提倡白话文，对进步青年影响很大。

此外，钱玄同、刘半农、沈尹默、鲁迅、周作人、吴虞等人也都是新文化运动的骨干力量。

新文化运动提倡"德先生"和"赛先生"，即"民主"与"科学"。倡导者认为，欧洲文明的发展得益于"德先生"和"赛先生"的作用，没有这两位先生，欧洲仍处于愚昧落后状态，而当时积贫积弱的中国如果没有"德先生"与"赛先生"鼎力相助，民族沦亡指日可待。那时候新文化运动的倡导者提倡的民主，是用西方资产阶级的民主政治代替封建专制统治；他们提倡的科学，是学习科学知识，用科学的观点评价事物。

封建礼教已统治了中国好几千年。所以,新文化运动的锋芒指向了维护封建专制的孔子学说,喊出了"打倒孔家店"的口号。

很多学者站出来向孔子开战。1916年9月1日,一位叫易白沙的学者发表了《孔子评议》一文,首先向孔孟之道开枪。接着,陈独秀、李大钊、鲁迅、吴虞等人,也相继写出了一大批优秀的文章,抨击传统礼教和以孔子为代表的儒家学说。1918年5月,鲁迅发表了中国新文学的第一篇佳作——《狂人日记》,他借一个"狂人"之口来揭露封建礼教"吃人"的本质。他写道:"我翻开历史一查,这历史没有年代,歪歪斜斜的每页上都写着'仁义道德'几个字。我横竖睡不着,仔细看了半夜,才从字缝里看出字来,满本都写着两个字是'吃人'!"

吴虞也发表文章抨击礼教愚昧、吃人的本质,"我们不是为君主而生的!不是为圣贤而生的!也不是为纲常礼教而生的!……我们如今应该明白了!吃人的就是讲礼教的!讲礼教的就是吃人的呀!"极为深刻地批判和揭露了封建伦理的反动性。

文学革命也是新文化运动的一个主要内容。在这方面,胡适是一个发起者。从美国留学回来后,胡适就不遗余力地推行他的文学改良思想。他在《新青年》上发表《文学改良刍议》一文,阐述了他的主要思想:文章要言之有物;不摹仿古人;要讲究文法;不做无病呻吟;去掉无用的套话;不用典故;不讲对仗;不回避俗字俗语。

陈独秀更是提倡用通俗易懂的白话文来表述新思想,坚决推行白话文。鲁迅接着发表了《孔乙己》《药》等一系列白话小说,在社会上掀起了文学革命的浪潮,白话文在全国迅速推行开来。1920年,教育部决定中小学全部使用白话文的语文教材。

新文化运动冲击了封建秩序,动摇了封建统治的思想基础,所以,它受到封建顽固势力的疯狂反扑。但是新文化运动的倡导者们却对来自敌人的威胁和攻击无所畏惧,顽强地同封建势力做斗争。陈独秀在《新青年》上著文:"我们现在认定,只有德先生和赛先生可以救治中国,西洋人因为拥护德、赛两先生,闹了多少事,流了多少血,德、赛两先生才从黑暗中把他们救出,引到光明世界。今天,因为拥护这两位先生,一切政府的压迫,社会的攻击笑骂,哪怕是断头流血,都不推辞!"

新文化运动是一场规模空前的反封建思想的解放运动,它高举民主和科学的旗帜,对封建思想文化展开了狂风暴雨般的扫荡,洗涤了人们头脑中的封建守旧思想,把人们从封建蒙昧状态下解放出来。新文化运动在中国近代史上写下了光辉的一笔。

新文化运动也有它的局限性。首先,这场运动只局限于知识分子圈里,影响范围有限;其次,它一味宣扬外国文化、政治制度的好处,把中国传统文化一笔抹煞,缺乏应有的冷静的批判和继承。但不管怎么样,它加速了中国人民的觉醒,为马克思主义在中国的传播创造了有利条件。

新文化运动发展到后来又有了新的内容。1917年11月7日,俄国十月革命发生了,它如同一声惊雷,给全世界带来了希望。此后,新文化运动就开始宣传社会主义的思想。人们开始怀疑西方资本主义制度,面向俄国寻找新的革命出路。1918年11月15日,李大钊在北京天安门前发表了《庶民的胜利》的著名演讲:"胜利了!胜利了!究竟是谁的胜利?我们庆祝,究竟为谁庆祝?……这回胜利,不是哪一国的军阀或资本家政府的胜利,而是全世界庶民的胜利。1917年俄国革命,是20世纪中世界革命的先驱,试看将来的环球,必是赤旗的世界!"

新文化运动宣传了共产主义思想,直接促进了五四运动的爆发。

五四运动

五四运动是新文化运动的结果。新文化运动宣传了民主、科学等思想,促进了人们的觉醒,使许多爱国学生、进步青年、工人、商人参与其中。在这次运动中,先进的爱国知识分子成为领导者。

巴黎和会是点燃五四爱国运动的导火索。1919年1月,为处理第一次世界大战后遗留的世界问题,英、美、法、意、日等五强在巴黎举行和会。此时北京政府的大总统是徐世昌,但实权掌握在日本帝国主义的走狗段祺瑞手里。为参加巴黎和会,北京政府专门组织了代表团，团长是北京政府的外交部长陆征祥。另外还有南方军政府的外交人员参与。

巴黎和会其实是帝国主义列强的分赃会议。骄横的列强对于落后、腐败的中国政府的要求根本就不予理睬，甚至百般阻挠、嘲笑。中国代表团此行的目标是：一、将一战前德国在山东的一切利益归还中国，这些利益不得由日本继承；二、取消1915年袁世凯政府对日本承认的"二十一条"；三、取消外国在中国的一切特殊利益，包括领事裁判权、租界、租借地、势力范围等；四、结束德、奥等战败国家在中国的政治与经济的利益。但是这些目标一个也没有实现。尽管中国是战胜国，但是中国的这些要求，和会根本就不列入讨论的范围。美国和其他西方列强只是拿中国问题作为同日本讨价还价的一个筹码，根本不可能也不想使日本在中国问题上全面让步，更不愿意让他们在中国的既得利益受损，相反他们还要谋求更大的利益。列强们无耻贪婪的丑恶嘴脸暴露无遗。

和会只讨论了战前德国在中国的殖民地问题。因为中国是战胜国，中国的胶州湾理应归还给中国政府，但就在这个问题上中国代表团也完全失败了。日本声称，胶州湾已经在事实上为日本占有，而且1917年9月北京政府已在同日本政府关于山东问题的换文中对于日本的要求表示"欣然同意"，所以日本振振有辞地提出，德国在山东的特权只能转让给日本。

消息传到中国，引起了国人的极大愤慨，哪里有什么公理？哪里有什么和平？列强摆明了是欺负中国，谁叫中国政府软弱无能呢？

中国人民却不答应，国内马上爆发了声势浩大的抗议活动。由李大钊、陈独秀主编的《每周评论》上写道："巴黎的和会，各国都重在本国的权利。什么公理，什么永久和平，什么威尔逊总统十四条宣言，都成了一文不值的空话……和会与世界永久和平，人类真正幸福，隔得不止十万八千里，非得全世界人民都站起来直接解决不可。"

学生则成为这次运动的排头兵。5月份，北京各学校的一些学生积极分子开始组织起来，决定联合各学校举行大规模的游行示威活动。

1919年5月4日，北京各校3000多名学生在天安门前举行集会和游行示威。他们高呼"外争主权、内惩国贼""打倒北京政府"的口号，并主张立即召开国民大会。游行队伍想进入东交民巷向各国使馆表示抗议，却受到使馆巡捕的阻挡。愤怒的学生便冲向了赵家楼曹汝霖的住宅。曹汝霖时任北京政府的交通总长，1915年任袁世凯的外交次长，是签订"二十一条"的代表之一。他和章宗祥、陆宗舆又是段祺瑞对日本借款和签订军事协定的经手人，因而成为最受舆论指责、国人唾骂的三个卖国贼。学生群众包围并冲进了曹宅，曹逃走了，却正好抓住了在曹宅的章宗祥。学生们放火烧了曹宅，又痛殴了章宗祥。

北京政府妄图镇压学生运动，派出大批军警，还逮捕了32名学生，这激起了更大的反抗。5月5日北京学生宣布罢课，成立了中等以上学校的学生联合会，要求释放被捕同学，并进行爱国宣传。北京学生的爱国行动似在黑夜沉沉的中国发出的一声响亮的春雷，立即震动了全国，并得到全国各地舆论的支持，得到全国各地学生的声援。

北京政府被迫在5月6日释放了被捕学生，但对学生提出的政治要求置之不理，而且下达了制止学生干政、镇压学生运动的命令。5月19日北京学生再次宣布总罢课，并组织许多学生在北京附近铁路沿线演讲。6月1日，北京政府下了两道命令：一道命令表扬被民众斥为卖国贼的曹汝霖、陆宗舆、章宗祥；一道命令取缔学生的一切爱国行动。这激起了学生们更大的愤怒，学生们从6月3日起再次走上街头进行演讲。

北京政府进行了更加疯狂的镇压。6月3日，170多名学生被捕，第二天700多学生被捕。但是第三天上街演讲的学生达到5000多人，北京政府已无法加以压制。运动迅速发展到全国，各行各业人士都参加进来，工人罢工，商人罢市，形成全国性的反对帝国主义、反对卖国政府的运动。

工人群众是运动中的生力军，全国产业工人这时已发展到200多万人，形成了一个发展壮大的阶层。他们多数为民族资本家开设的工厂和外国设立的工厂中的工人，他们的加入极大地增添了运动的声势。辛亥革命后，各地工人不断地进行有组织的罢工斗争，争取自身的权利。有的工厂开始建立工会组织。1915年上海和其他一些地方的日资工厂中的工人举行罢工，反对"二十一条"。1916年，天津法租界工人举行罢工，反对法帝国主义强行扩大租界地区。1919年的"五四"学生爱国运动立即在工人群众中得到响应。特别是在6月3日后，以上海为中心，工人群众走上斗争的前列。接着，日资的其他工厂、英资工厂，美商、法商、华商的电车公司的工人也宣告罢工。随后，沪宁路和沪杭路铁路工人、京奉路唐山工人、京汉路长辛店工人也相继罢工。汉口、长沙、芜湖、南京等地也有工人罢工。

商人也不甘落后，参与其中。北京的商会在五四运动后立即表示赞助学生的行动。接着，天津、上海和其他城市的商会也纷纷响应。各地商会代表的是民族资产阶级的态度。在6月3日的北京学生和反动政府形成尖锐对立的情况下，上海的商界受到学生的影响，于6月5日宣布罢市，宁愿牺牲自己的利益，也要声援学生的爱国运动，抗议北京政府的暴行。上海附近的城镇以及全国许多城市也随之发生罢市行动，声势浩大。

五四运动取得了很大的成效，在广度和深度上迅速发展，特别是工人、商人的参与，使北京政府和帝国主义感到十分震惊，他们在全国人民的力量面前感到惧怕。工人罢工使帝国主义在上海、天津等地的租界有陷入瘫痪的危险，使帝国主义在华的利益受到很大损害。北京政府感受到巨大压力，不得不于6月10日宣布"批准"曹汝霖、陆宗舆和章宗祥"辞职"，并且改组了内阁，不过改组后的内阁仍然为段祺瑞的势力所控制。巴黎和会上，由于社会各界和全国舆论的反对，中国代表团在订立包括山东问题在内的《对德和约》（即《凡尔赛条约》）时也没敢签字。

五四运动在中国近代史上具有深远的影响。中国工人阶级已发展壮大，开始作为一个独立的阶级和政治力量登上了历史舞台。五四运动宣告了资产阶级领导的旧民主主义革命的结束和工人阶级领导的新民主主义革命的开始，揭开了近代史上崭新的一页。

军阀混战

袁世凯死后，北洋军阀分裂为以段祺瑞为首的皖系和以冯国璋为首的直系。段得到日本的支持，握有中央大权，他所采取的卖国外交和武力统一的政策不得人心，导致他所领导的政府危机四伏。

曹锟在冯国璋死后成为直系的新领袖，吴佩孚和孙传芳都成了曹锟的得力干将。直系控制着直隶、江苏、湖北和江西四省。奉天张作霖控制东北三省，成为皖、直系以外的一支举足轻重的势力，他与直系结盟共同反对皖系。河南督军赵倜和与段有矛盾的徐世昌，成为直奉两系的支持者。

由于帝国主义之间的矛盾，直、皖两系的战争不可避免，但徐世昌想避免这次战争，便让曹锟、张作霖和江苏督军进京商议，但只有张作霖以调解人的姿态应召来京。其实张作霖兵精粮足，早想带兵入关，于是提出让靳云鹏复职并解散安福系的调停方案，到保定征求曹锟的意见。张到达保定后，立即与江苏、江西督署参谋长及北方各督代表举行会议，提出五项条件，请张带回北京：（1）靳云鹏复职；（2）解散安福系；（3）撤换北方议和总代表王揖唐；（4）罢免安福系三总长；（5）撤销边防军，罢免徐树铮。张作霖回京面见段祺瑞，但段不想解除徐的兵权，坚持不让步。

这时的徐世昌看到直皖战争爆发是迟早的事，不是他本人所能左右的，便决心促成这场战争。他又提出一个调停方案，同保定会议的五项条件如出一辙，段祺瑞与部下讨论该方案时决心不再让步。

1920年7月3日，曹锟、张作霖、李纯联名通电，声讨徐树铮。4日，徐世昌下令免去其西北筹边使，令其在京供职。徐树铮忍无可忍，带领卫队包围徐世昌公府，徐世昌只得根据他的意思罢免了吴佩孚和曹锟。

7月5日，段祺瑞将边防军改为定国军，自任总司令，徐树铮为副总司令，决定起兵讨伐曹、吴，并宣布了曹、吴的罪状。

曹锟立即回应，宣布将直系军队改称为讨逆军，讨伐段、徐。曹锟为总司令，吴佩孚为前方总司令，直皖战争一触即发。

张作霖明显地站在了直系一方，对曹锟称"骨肉至交，竭力相助"，将奉军第27师和第28师开进关内天津一带。7月14日，直皖战争终于爆发。

开战后，吴佩孚的军事指挥才能显现出来，他采取诱敌深入的计策，部队撤离高碑店，并在涿州、高碑店之间的松林店埋下地雷。定国军不知是计，占领高碑店，大有攻陷保定之势，但皖军到达松林店时，地雷齐鸣，皖军死的死、伤的伤，直系趁机发动反攻，将师长曲同丰及高级官员俘虏。

当皖系徐树铮率部队追赶直军到天津时，奉军突袭皖军，直奉两军合力，皖军大败，徐树铮等人只得化装逃回京城。

曲同丰被俘后，通电皖军反戈。同时，直方护法军政府又发出讨段檄文，段祺瑞四面楚歌，不得已去见徐世昌，并自罢官职，撤销定国军。7月23日，直奉两军分别接收了北京的南北苑营房，直皖战争结束了。

直皖战争后，曹锟被任命为直、鲁、豫三省巡阅使，吴佩孚为副使，此时的北洋政府实权操纵在曹锟、张作霖手里，但帝国主义的矛盾又表现为直奉之间的矛盾。从皖系失败的那一天，就种下了直奉不可避免的战争种子。

军阀之间的勾心斗角是不可避免的，因为他们都有各自的帝国主义后台，又有各自不同的利益和地盘，矛盾只是一时缓和，一时紧张而已。吴佩孚和张作霖二人都野心勃勃，妄想击败对方，吞并更大的地盘。

二人的矛盾由来已久。很久以来，张作霖就看不起吴，一次当着记者的面公然贬低他："我所合作的是曹经略使（指曹锟）。吴佩孚小小一个师长，全国就有几十个师长，像我手下也有好几个。"而吴佩孚也照样贬低张，认为张是倚老卖老，是坐观成败者。后来，吴佩孚为抬高自己的地位，排斥奉系，竟然在未通知张的情况下，擅自决定通电全国主张召开国家代表大会，并宣布了大会大纲。这使张对吴更加忌恨。

张作霖不甘下风，首先迫使吴佩孚的老乡、内阁总理靳云鹏下台，并一手操纵了梁士诒上台，大赦被通缉的皖系军阀政客，并极力抑制直系势力。矛盾终于愈演愈烈，1922年4月底第一次直奉战争爆发了。

双方互以12万人的兵力，展开对攻。奉系以张作霖、孙烈臣为正副总司令，分三路向直军进攻。直系以吴佩孚为总司令，分兵抵御。开始，奉军攻势占优，一直攻至徐州，直军溃败。但直军在中路获大胜，士气大振，并在军粮城一战中全俘奉军，吴亲率大军进发，连克落垡、廊坊，势不可挡。奉军在东路、中路都失败了。西路一直胶着不下，关键时刻，奉军内部有军队倒戈，引起奉军全军溃败，张作霖被迫率残部退回东北。5月10日，北京总理徐世昌下令免去张作霖各职。张作霖于是宣布东北"独立",在东北闭关自治,自任东北三省保安总司令。6月18日,直奉双方签订停战协定,第一次直奉战争就这样结束了,而北京政权完全落在了直系手中。

天下仍不太平。1924年9月,第二次直奉战争爆发了,双方投入总兵力达42万人,其中直系25万,奉系17万,并有海、空军参战。直系规模浩大,分为三军:第一军以彭寿莘为司令;第二军以王怀庆为司令;第三军以冯玉祥为总司令。

战争开始后,冯玉祥行动缓慢,并一直密谋反吴,发动政变。10月13日,冯玉祥在热河前线与奉系代表马炳南达成联合决定:(一)推倒曹锟、吴佩孚等,奉军不得入关;(二)事成之后,请孙中山北上主持大计。

当冯得知吴佩孚亲率大军前往前线,而北京此时兵力空虚,便决定乘机起事,班师回京,推翻北京政府。10月21日,冯命鹿钟麟部向北京进发,会同留守北苑的部队一同入城;同时令李鸣钟部进逼长辛店,切断京汉铁路和京奉铁路;要胡景翼部南下占领军粮城、徐州一带,切断京汉铁路直军的联络,防止吴佩孚率部西窜。

鹿钟麟秘密入城后,先接收了全城的防务,又把曹锟监视起来,切断其与外部的一切联系。为安定民心,又发布安民公告,称军方"誓死救国,不扰民"。

10月23日,冯玉祥进入北京,发布通电,主张停战言和;又逼迫曹锟下令停战,封为青海督办。曹锟被迫批准现内阁辞职,同时组织临时内阁。

冯玉祥进京使直奉战势发生根本变化,奉军乘机发动总攻,占领榆关秦皇岛。吴佩孚见大势已去,只得南逃,历时50天的第二次直奉战争结束了。

吴佩孚失败迫使曹锟下台。而此时,在帝国主义支持下的段祺瑞乘机出山,就任总统。但他又与张作霖勾结,排挤冯玉祥。冯玉祥被迫解除总司令的职权,前往张家口就任西北边防督办。北京的政权完全被皖系和奉系势力控制,北京政变就此结束。

中国共产党诞生

新文化运动已经广泛宣传了共产主义思想,五四运动又使共产主义思想得到更快传播,有很多进步青年开始接受这一思想。随着形势的发展,上海、北京等地先后成立了共产主义小组。为以后建立中国共产党做准备。

1921年6月,共产国际代表马林和尼可尔斯基受共产国际委派,直达上海,提议召开中国共产党全国代表大会。各地的共产主义小组领导人如李大钊、陈独秀等都表示同意,认为成立全国性的统一的中国共产党的时机已经成熟,确定在上海召开第一次全国代表大会。

1921年7月23日,在上海法租界望志路106号(今兴业路76号),中国共产党第一次全国代表大会静静地举行,李大钊、陈独秀因故未能出席,出席会议代表共12人,代表全国党员50余人。他们是李达、李汉俊、张国焘、刘仁静、董必武、陈潭秋、毛泽东、何叔衡、王尽美、邓恩铭、陈公博、周佛海、包惠僧。马林、尼可尔斯基也列席了大会。

李达、李汉俊不喜交往,与马林关系不好。而张国焘生性圆滑,与谁都合得来,他成了马林与二李间的协调人。他被选为会议主席,毛泽东、周佛海为记录。

张国焘向大会报告了会议筹备经过,说明了这次代表大会的重要意义和会议的过程,指出应讨论的具体问题。接着马林、尼可尔斯基热情地致词,由李汉俊、刘仁静即席翻译。

各代表都怀着兴奋激动的心情,向大会报告了工作情况,并交流了经验,讨论和起草党的纲领,明确了党的奋斗目标,讨论党在今后实际工作中的方针、任务和方法,制定工作计划。

7月25、26日会议决定休会两天。由会议选出的起草纲领和工作计划委员会委员董必武、李达、李汉俊、张国焘,利用这两天时间起草会议文件。

7月27—29日,集中讨论起草委员会提出的文件草案。7月30日晚，继续举行会议，但却受到便衣的骚扰、监视。

晚上的会议刚开始时，一个身穿灰色长衫的中年男子，从那扇虚掩的后门突然闯入会场，朝着室内的人环视一圈，状极镇定。当每人都对他的闯入感到诧异并问他找谁时，他面不改色地声称："我找社联王主席。"李汉俊警觉道："这不是社联，社联也没有什么王主席。"

"对不起，找错地方了。"那人哈了哈腰，然后若无其事地出去了。

这马上引起了与会者的警觉，马林以为这一定是包打听，建议会议立即停止，大家迅速离开。

代表们迅速离开，只剩下李汉俊和陈公博。他们并不慌张，二人上楼，在李汉俊的书房坐定，想看看是马林神经过敏，还是真有包打听密探作祟。

果然，十几分钟后，一个法国总巡、两个法国侦探、两个中国侦探、一个法国兵、三个翻译进入室内。他们气势汹汹，左搜右巡，但只查到一些社会主义方面的书籍，抽屉内放着一份党纲草案，字迹模糊，又涂改得很乱，并未引起他们的注意。

搜查结束了，法国总巡询问："你们开的是什么会？"

李汉俊以房主身份，镇定地用法语回答："没有开会，是我请北京大学几位教授和学生来此商谈编辑新时代丛刊问题。"

"为什么家里藏着社会主义书籍？"

"我是教师并兼任商务印书馆的编译，这些书是作为研究参考用的。"

"那两个外国人是什么身份？来这里干什么？"

"他们是英国人，北大的外籍教授，暑假来上海谈谈学术问题。"

法国总巡什么也查不到，又未发现他们的活动证据，于是无可奈何地说："你们这些高级知识分子，大概有某种政治企图，但现时中国教育尚未普及，还谈不到什么举动，希望你们今后专在教育上下功夫，不要参与政治活动。"

代表们离开会场后，来到渔阳里2号，那是陈独秀的住所，现在住着李达夫妇和陈独秀妻子高君曼。在那里等了两个钟头，见外面没有异常动静，牵挂着李公馆的情况，包惠僧便自告奋勇前去打探。

包惠僧一路小心翼翼地来到李公馆，李汉俊、陈公博简要地向他介绍了刚刚发生的事，并要他回去时多转几个圈子，防止被人盯梢。

代表们意识到，租界里有密探存在，并不安全，决定离开上海，躲开法国巡捕。

后来李达妻子王会悟建议去嘉兴南湖，她在那里读过书，觉得游人不多，比去杭州近便，众人都表示同意。

7月31日上午10时左右，代表们先后来到嘉兴车站。王会悟在南湖附近租了房间，让众人休息，又租了画舫。

王会悟又与李达、张国焘等人来到南湖烟雨楼观察周围环境，选择画舫游行路线和停靠地点。准备工作就绪后，王会悟领着众人来到湖畔，通过摆渡的小船登上画舫。

这艘画舫比较华丽，雕梁画栋，陈设考究。宽平的船头上搭着浮篷，既可遮阳挡雨，又可观赏风景，十分舒服方便。上船时，众人就携带着乐器和麻将，并在舱里备有酒菜，装作游玩的样子。众人围坐在中舱的八仙桌四周的太师椅上，又摆上麻将桌，当有别的画舫经过时，就拿起麻将，装作打牌。

11点，下起了小雨，游人渐少，于是会议开始了。这次会议讨论通过了党的第一个纲领和决议，以及党的成立宣言，选举了党的中央机构。

对于党的纲领和决议，前几次会议已进行了比较深入的讨论，因而获得一致通过。在讨论《中国共产党成立宣言》时，对南北政府的看法存在分歧，便决定保留意见，留交即将组成的中央局处理。

最后选举中央领导机构。众人认为，全国党员人数不过50人，各地组织尚不健全，暂不成立党的中央委员会，先组成中央局，负责领导党的工作。会议选举陈独秀为中央局总书记，李达为宣传主任，张国焘为组织主任。

下午6时，中国共产党第一次全国代表大会胜利闭幕。当晚，代表们乘火车返回上海。

党的第一次全国代表大会的召开，正式宣布了中国共产党的诞生。从这一天起，中国的革命有了真正的希望。这是中国近代史上最重大的事件。

中华民国

第一次国共合作

孙中山一生致力于革命,却屡遭失败,然而找不到失败的原因。尤其是经历了护法斗争、陈炯明叛变这些事件后,他认识到了军阀的不可靠,以及国民党内部的复杂性。孙中山没有想到自己一手培植起来的陈炯明,会在革命的紧要关头把枪口对准了自己,真是"祸患生于肘腋,干戈起于肺腑"。自己没有死在清政府手中,却几乎死在叛徒手中。从此,孙中山开始接受中国共产党的政治主张和苏联的建议,着手改组国民党,走"联俄、联共、扶助农工"三大政策的道路。

陈炯明叛变后,孙中山被迫离开广州,住在上海,这时,陈独秀还在上海。他向国民党总部负责人张继表示,陈炯明已背叛革命,共产党与他断绝关系,并一致声讨。共产党不因孙中山受到暂时挫折而改变同他合作的立场,反而更积极地反对一切支持陈炯明的反动言论和行动。共产党向孙中山伸出友谊之手,热情鼓励和支持他重新振作起来。

正巧,这时李大钊也来到上海,孙中山马上表示了愿和这位大理论家会面的真挚愿望。他说:"昔日大钊先生介绍共产国际代表马林和我相见,提出一是要有一个能联合各革命阶级,尤其是工农大众的政党;二是要有真正的革命武装,要办军官学校,是非常中肯之见。我翻阅了不少时人的论著,尤其对大钊先生的政见颇感兴趣。并迫切希望和他面谈。"

现在机会终于来了,孙中山马上让林伯渠坐车把李大钊请到寓所来。

孙中山和李大钊这一历史性的会面终于实现了。他们仔细分析了全国形势、革命前途,集中谈了国民党改组的必要性。他们一致认为,中国的革命要获得胜利,必须打倒帝国主义与改组军阀,必须要建设一个真正革命的党,拥有一支真正的革命力量。

最后,孙中山热切邀请李大钊加入国民党,李大钊则表示欣然同意。不久,陈独秀、张太雷、蔡和森、张国焘、俞秀松等也相继加入国民党。

这时苏俄也开始劝孙中山走合作道路。1923年1月，苏俄驻华全权代表越飞到达上海与孙中山会晤，1月26日发表了《孙文越飞宣言》，充分表明了苏俄对中国革命的关怀及与孙中山的友谊，也表明了孙中山开始放弃对帝国主义的幻想和寻求国际革命势力援助的愿望。这些行动标志着孙中山在革命道路上迈开了前进的步伐。

叛徒陈炯明终于被打败了，孙中山回到广州，重建大元帅府，继续进行国民党的改组工作。1923年1月发表了《中国国民党改组宣言》和《中国国民党党纲草案》，确定了"联俄、联共、扶助农工"的三大政策。

1923年6月12—20日，中国共产党第三次全国代表大会在广州召开，正式在政策上定下了与国民党合作的决心。会议正确地分析了建立国共合作的必要性和可能性，经过激烈的争论，通过了《关于国民运动及国民党问题的决议案》，正式决定全体共产党员以个人名义加入国民党，同国民党实行党内合作，帮助孙中山把国民党改组为民主革命联盟，以建立国共合作和革命统一战线。

与此同时，孙中山也加快了改组国民党的步伐。1923年8月，孙中山派出包括蒋介石等在内并有共产党人张太雷参加的"孙逸仙"博士代表团，赴苏考察军事、政治和党务，并洽谈苏联援助问题。不久，应孙中山的邀请，列宁派鲍罗廷为常驻广州代表，具体指导国民党的改组工作。10月19日，孙中山任命廖仲恺、李大钊、汪精卫、张继、戴季陶5人为国民党改组要员，负责改组事宜。10月25日，在广州召开了有共产党人参加的特别会议，会议决定聘请鲍罗廷为国民党组织教练员，委任廖仲恺、林森、谭平山等9人组成临时的中央执行委员会，讨论并发表了《国民党改组宣言》和《党纲草案》，派汪精卫、廖仲恺筹备召开国民党第一次全国代表大会。孙中山已决心参考苏联的建党经验，把国民党改组成一个有力量的革命政党，使之能担负起领导中国革命的重任。

但是国民党内反对合作的声音也不小。《国民党改组宣言》发表的当天，邓泽如、林直勉等联名向孙中山弹劾共产党，代表右派势力公开对抗孙中山改组国民党的主张。廖仲恺等国民党左派坚决支持孙中山改组国民党，同孙中山一起与右派势力进行了针锋相对的斗争，保证了国共合作的顺利进行。

1924年1月20—30日，国民党第一次全国代表大会终于如期在广州举行。与会代表包括国共两党代表在内共165人。孙中山亲自主持大会，并指派李大钊、林森、汪精卫、胡汉民、谢持等5人组成大会主席团。共产党人谭平山代表临时中央执行委员会向大会做了报告；李大钊和其他共产党人还参加了会议审查各委员会的工作，在会中起了重要作用。这次大会主要内容如下：

第一，会议确定了新三民主义政纲。大会通过了著名的《中国国民党第一次全国代表大会宣言》，对三民主义做了符合时代潮流的解释，使之发展成新三民主义。新三民主义中的民族主义，对外反对帝国主义，主张"中国民族自求解放"，对内反对民族压迫，主张各民族一律平等；民权主义主张民主权利为一般平民所共有，不许为少数人所专有，成为压迫平民的工具；民生主义确定"平均地权"和"节制资本"两大原则，前者强调"农民之缺乏田地沦为佃户者，国家当给以土地，资其耕作"，以期达到耕者有其田，后者则强调"私有资本制度不能操纵国民之生计"。这样，新三民主义既反映了中国民营资产阶级的利益，也符合广大工农群众当前的基本利益，与中国共产党在民主革命阶段的纲领基本相同。所以，新三民主义成为国共合作统一战线共同的组织和政治基础。

第二，会议正式确定实行联俄、联共、扶助农工的三大政策。会议在讨论国民党章程时，经过与国民党内右派激烈争论之后，通过了允许共产党员和社会主义青年团员可以个人身份加入国民党的章程条例；会议同时决定大力吸收工农分子加入国民党，积极开展工农运动，扶助工农革命团体的发展。

第三，会议按照国共合作的精神，选举了国民党中央执行委员会并健全了中央领导机构。共产党人谭平山、李大钊、毛泽东、于方舟、瞿秋白、韩麟符、张国焘、沈定一、于树德和林祖涵10人分别当选国民党中央委员和候补中央委员。随后召开的一届一中全会上，谭平山被推为中央常务委员、组织部长，林祖涵任农民部长，有相当一批共产党人在中央党部和地方执行部中担任了其他重要领导职务。

中国国民党一大的召开在历史上有重要的意义，标志着国共合作顺利进行，取得了重大成果，建立了国民革命联合战线。国共的合作推动了革命形势的发展。此后，中国革命的反帝、反封建军阀的斗争蓬勃开展起来，新民主主义革命进入高潮。

两次东征

广东革命政权成立后，就一直受到陈炯明反动势力的威胁。陈炯明虽然1922年兵败东江，但一直不甘失败，凭借潮州、汕头的富源和惠州的天险，对抗广东革命政权。陈炯明的势力并不小，拥有林虎、叶举、张兆麟、谢文炳等部，兵力有3万多人。而革命政权刚刚成立，武装力量薄弱，因此陈部的存在成为革命政权的潜在危险。

1924年11月，孙中山北上，愚蠢的陈炯明认为反扑的时机已到，于是重任总司令职，发布进攻广州的总动员令。陈炯明以林虎为总指挥，张兆麟、叶举为副总指挥，兵分三路，疯狂向广州进犯。

广州大元帅大本营对陈炯明的进攻并不惧怕，决定讨伐陈炯明这个叛逆。1925年1月15日，广州政府将所辖许崇智的建国粤军、杨希闵的建国滇军、刘震寰的建国桂军、谭延闿的建国湘军以及黄埔军校的学生队和两个教导团组成了东征联军，以杨希闵为联军总司令，正式讨伐陈炯明。

2月1日，第一次东征开始。在东征联军中，担任左、中两路的滇军和桂军，是一支表面上对革命政权忠心内心却心怀异志的队伍。他们其实并不想东征，企图保存实力，并伺机乘乱夺取广州。所以，东征开始后，并不积极进攻，而是采取消极观望的态度。

这样，实际上在东征中起主要作用的就只剩下担任右路的粤军和黄埔军校教导团。他们成为主要战斗力量，而且战斗力很强。

粤军由许崇智任总司令，蒋介石任参谋长，下辖张民达的第二师、许济的第七旅、陈铭枢的第一旅、欧阳驹的警卫旅等。黄埔军校教导团由黄埔军校教职员和第一期毕业生担任各级干部，有一些共产党员、共青团员起了骨干作用。这支部队在苏联军事顾问指导下，仿效苏联红军实行了系统完整的编制并实行党代表制，平常进行系统严格的训练，因此战斗力很强，在战斗中起了很大作用，令旧军队刮目相看，也使反动军队闻风丧胆。

2月4日，东征军先克东莞县城。蒋介石在东莞商会欢迎东征军大会上讲话指出："我军是真正革命军，以革害国害民贼之命为目的，我军为救国救民而来。人民有痛苦，我军必使之无痛苦，这与其他军队给人民带来痛苦是截然不同的。现在广东军队，多如牛毛且腐败得不成样子，都是因为他们不是真正的革命军。真正的革命军为保护人民而战，纵无衣食，亦不扰民。"

东征军接着兵发淡水，淡水城壕既深且宽，易守难攻。当晚，东征军组织了攻城奋勇队。周恩来布置各级党代表和共产党员、青年团员踊跃报名参加。1925年2月15日拂晓，在共产党员和共青团员的带领下，淡水被顺利攻克。

东征军乘胜追击，占领陈炯明老家海丰，陈炯明出逃香港。

陈炯明叛军被消灭了，滇桂军却又生叛乱。5月下旬，蒋介石和周恩来又率领教导团班师回穗，平定了滇桂军阀杨希闵、刘震寰企图夺取广东革命政权的武装叛乱，消灭了这些祸患，巩固了新生的革命政权。

1925年秋天，陈炯明乘东征军回师广州之机，死灰复燃，卷土重来，再度占据整个东江地区。他还伙同南路军阀邓本殷一致行动，夹击广州。

为打倒军阀，统一广东，国民政府作出第二次东征的决定。这次东征以蒋介石为总指挥，周恩来为总政治部主任，顾问为苏联人罗嘉觉夫，出兵东江和南部。

东征军编为3个纵队：第一纵队队长何应钦，第二纵队队长李济深，第三纵队队长程潜，共3万余人。

10月10日，东征军进抵惠州城外。惠州城自古号称"南中国第一天险"，三面环水，一面枕山，据说历史上从未被攻破过。陈炯明集团因此很嚣张，惠州的城防司令杨坤如更是狂言："凭东征军这几杆破枪休想攻占惠州城。"也难怪杨坤如如此自大，惠州城城墙全是用大青石板堆砌而成的，又高又厚，炮火很难摧毁，孙中山生前屡次组织兵力进攻，都未能奏效。

蒋介石搞阴谋政治有一套，军事上却不行。面对要地坚城，他却一味强攻。东征军组织了好几次冲锋，死伤惨重，却攻不下惠州，蒋介石由自大变得没有自信，提出放弃惠州，改道前进的主张。他的这种观点遭到周恩来的批评，他说："攻下惠州，藩篱撤而破竹之势成，对整个战局将有决定性的意义，而且还有重大的政治影响。而罢兵改道，则意味着初战失利，动摇军心，显然对东征全局极为不利。"

蒋介石依然很自卑，但在周恩来的一再坚持和解释下，接受了他提出的"三面围攻，网开一面，待敌外逃，聚而歼之"的破城方案。周恩来又召集蒋先云、张际春、傅维钰、王逸常等人开会，要求他们带动广大中共党员和共青团员，不怕牺牲，冲锋在前。

攻城开始后，东征军集中炮火，猛轰北门。接着一架架云梯架了起来，敢死队员争先攀登。他们不怕死的精神吓坏了守城的反动部队，纷纷逃跑，东征军终于占领了惠州城。杨坤如也被弹片打伤，狼狈从东门逃命。

攻下惠州城后，苏联顾问罗嘉觉夫说："惠州要塞是共产党人拿下来的，他们的意志比攻不破的城墙还要坚硬。"

东征军乘胜追击，连克海陆丰、老隆等地，锋芒直指陈炯明盘踞的老巢。在蒋介石看来，潮梅指日可克，于是他开始轻起敌来。10月27日下午，蒋介石一行进至五华县的羊高墟时，突然陷入林虎属下的黄任寰部的围攻，牺牲了自团长以下1000多名官兵。兵败如山倒，蒋介石一看局势如此，惶恐不能自制，竟欲自杀。陈赓时任总指挥部下护卫，劝慰蒋介石道："胜败乃兵家常事，何况这是一个新编过来的师，校长何出此言！校长是总指挥，考虑的应该是战争的全局。这里太危险，请校长赶快离开。"陈赓背上蒋介石，迅速地撤到安全地带。陈赓又越过崎岖的山路，一昼夜赶路100多里，在河婆找到了周恩来，周恩来和何应钦立即派出一支部队接回了蒋介石。

东征军在不利状况下，组织了河婆战役。东征军吸取教训，采用大范围的灵活战术，经过几天奋战打败了林虎、张兆麟部主力，扭转了华阳失利的局面。第二次东征以宣告胜利结束。

东征胜利后，东征国总政治部进驻汕头市，蒋介石也率总指挥部抵达汕头。汕头数万市民箪食壶浆，迎接东征军登岸。11月7日，全市性的欢迎东征军大会召开，蒋介石和周恩来分别发表演说，胜利的鞭炮声响彻云霄。

东征结束后，国民政府在东江设立了潮梅绥靖公署，何应钦为主任,周恩来为东江各属行政委员长。

这样,广东革命根据地得到了统一,革命政权得以稳定,并逐渐发展壮大,为以后出师北伐、统一全国奠定了基础。所以,两次东征在历史上具有重要的革命意义。

大革命中的一系列惨案

中国共产党成立后,党组织进一步健全起来,作为无产阶级政党,它开始担负起革命的领导权,组织无产阶级同帝国主义、封建军阀展开轰轰烈烈的斗争。

1925年5月1日,中国共产党在广州召开了第二次全国劳动大会。这次大会进一步确立了工农联盟的方针,号召联合起来反抗帝国主义封建军阀的压迫。这次大会又选出林伟民、刘少奇为全国总工会正副委员长,邓中夏为秘书长兼宣传部长。这样就建立了全国性的工会组织,进一步有力地推动了工人运动的发展。

5月15日,上海日本资本家悍然向工人下了毒手。他们借口工会受共产党遥控,竟然不允许工人上班,受到工人的质问后又哑口无言。日本领班恼羞成怒,竟然对工人大打出手,工人们奋起反抗。这时,残暴的资本家走狗竟然向工人开枪,当场将工会领袖顾正红打死,另有十几人受重伤,几十人受轻伤。

资本家的暴行使正义的人们感到震惊和愤怒。这时,共产党站出来,先后几次发布公告,号召工会、农民、学生团体及社会团体联合起来,声讨日本帝国主义屠杀中国工人的暴行。

工人、学生及社会各界群众迅速行动起来,他们召开公祭顾正红大会,又走上街头游行,却不料又被巡捕房捕去几十人。

这时共产党人起到了组织和宣传作用。5月28日,中共中央和上海地委召开会议,与会者有陈独秀、恽代英、李立三、蔡和森等。他们分头与各学校负责人谈话,向学生通告帝国主义的暴行,号召他们到租界进行反帝宣传,希望能营救被捕的同学们。

5月30日,聚集到租界的人越来越多,其中有3000多名学生。

有的正在进行演讲，悲愤的表情更感染了大家的情绪，抗议的声势越来越大。帝国主义感到恐慌，就令巡捕驱赶群众，更遭反抗。穷凶极恶的捕头竟率领22个巡捕，排成一排，向人群中开枪，当场毙伤无数。震惊中外的五卅惨案发生了。

帝国主义的凶恶并不能吓倒革命的群众。当晚，陈独秀召开中央紧急会议，决定公开建立反帝联合战线组织，用罢工、罢课、罢市的方式来反抗敌人。

5月31日，上海总工会成立，宣布实行全市总罢工，结果20万工人罢工，5万学生罢课，商人也纷纷罢市。6月7日，又成立了运动的公开领导机关——上海工商学联合会。联合会提出了惩凶，赔款，华人在租界有言论、集会等自由，取消领事裁判权，撤退驻华英日军等17条要求。

帝国主义对革命形势的发展感到惊恐，就密谋瓦解中国人民的反帝统一战线。在他们的威胁、恐吓下，大资产阶级经不起惊吓，首先退出了统一战线，接着民族资产阶级也动摇起来。这种情况的出现，对革命局势越来越不利。于是中共中央决定暂停罢工，以保存革命力量，巩固已经取得的成果。

因此，在资本家承认一定条件下，工人们停止了罢工，五卅运动结束了。它掀起了全国范围的反帝运动，沉重打击了帝国主义的反动统治。

这时帝国主义的走狗更是走向了反动的一面。二次直奉战争，迫使直系军阀下台；北京政变，又造成奉系与皖系共同操纵北京政权的局面。这个政府对内疯狂掠夺镇压，对外却卑躬屈膝，大肆出卖国家利益。1925年4月，段祺瑞政府与法国订立了《中法协定》，承认1922年法国政府与北洋政府秘密协议，同意用金法郎偿付庚子赔款，导致多付白银6200多万两。因此，北京政府的丑恶行径遭到了全国人民的一致反对，反奉倒段运动一时蓬勃开展起来。中国共产党作为运动的领导者和组织者，喊出了"打倒军阀""打倒帝国主义""废除不平等条约""建立平民的革命统一政府"等口号，全国范围的群众集会和声势浩大的示威游行也开展起来。

而这时，广州国民政府、冯玉祥、直系军阀孙传芳等各派势力也都起来反奉倒段。很快，奉军的势力被逐出了苏、皖及上海。1925年

10月20日，中共中央发表《对反奉战争宣言》，号召全国民众积极参加反奉战争。10月24日，中国国民党中央也发表《对时局宣言》，号召民众参加反奉倒段战争。

北京更是走在了运动的前列，在李大钊的领导下，开展了声势浩大的"首都革命"。11月28日，各界群众共5万多人齐集神武门前，举行了游行示威活动，并高呼"打倒奉系军阀""打倒段祺瑞卖国政府""建设国民政府"等口号。这次运动使奉军陷入了极大的困境中。

此时的奉军内部也发生了变化。1925年11月23日，郭松龄率领部队在滦州倒戈，并将部队改名为国民军，以示与张作霖的奉系军阀彻底决裂，并率领部下7万人勇敢地向沈阳进攻。张作霖集团已四面楚歌，丝毫不能抵挡，连连败退。但张作霖的失败影响了帝国主义的在华利益，他们是不愿看到张作霖下台的，于是公然出兵干涉。他们敌视国民军势力的壮大和北方群众革命运动的发展，于是积极给奉系出人出枪，剿杀了郭松龄的起义。但国民军并未停止反抗，他们占领了直系全境，与河南国民军联成一片。帝国主义只好又纠集直奉军阀联合反攻进步势力，不久制造了大沽口事件。1925年3月12日下午3时，日本军舰和奉系军阀军舰数艘驶入大沽口，当遭到国民军的空炮警告后，竟然用实弹疯狂射击，导致十余人死亡。国民军奋起反击，将日舰逐出大沽口。日舰明明侵犯中国主权在先，却反过来向中国提出抗议，以《辛丑条约》为借口，于3月16日向段祺瑞政府发出最后通牒，竟无耻要求中国政府撤除大沽口防务，要求3月18日前予以答复。而且，帝国主义列强又纠集20余艘军舰云集大沽口，进行武装挑衅。

中国人民对帝国主义的赤裸裸的武装挑衅表示了极大的愤怒。3月14日，北京举行了30万人参加的反日大会。3月17日，国民党北京特别市党部联合北京学生总会、北京总工会召开紧急会议，决定驳复日本的最后通牒，驱逐八国公使出京等，并议定3月18日在天安门召开国民大会。

这一天，北京市民10万余人集合在天安门前，愤怒声讨帝国主义的行径。他们挂上受伤代表的血衣，控诉列强的罪行，群情激昂。李大钊接着发表演说，号召大家用五四的精神、五卅的热血来反抗帝国主义的暴行，反对军阀们卖国求荣的行为。接着，又组织了2000多人的请愿团，到执政府去请愿。但当浩浩荡荡的队伍行至铁狮子胡同执政府的辕门前时，段祺瑞却指使爪牙突然向手无寸铁的群众开枪，疯狂屠杀了47人，打伤200多人，酿成震惊中外的"三·一八"惨案。

这一系列惨案表明，封建军阀已成为中国革命的头号敌人，已成为帝国主义屠杀中国人民的工具，要取得革命的胜利，必须推翻帝国主义、封建军阀。

段祺瑞政府的暴行只能加速自己的灭亡。在全国的一致反抗下，段祺瑞政府最终倒台了，帝国主义的走狗最终没有得到好下场。

宁汉合流与"中美"合作

1927年，蒋介石发动的四一二反革命政变与汪精卫发动的七一五反革命政变，使国民党派系林立，形成了两个国民政府，即以蒋介石、胡汉民为首的南京国民政府，称为宁派；以汪精卫、唐生智为首的武汉国民政府，称为汉派。同时，上海有一个西山会议派的中央党部，以张继为首，称为沪派。这三派是当时国内实力最强的派别，都想掌握中央大权，统一其他两派，进而统一中国，掌握政权。

虽然国民党各个派系之间矛盾重重，但他们还是在一个目标上取得了一致，即反共反人民。这个共同目标成为各派合作的基础，在汪精卫发动反共政变后，各派开始寻求合作的可能。由于汪精卫、蒋介石都想掌握政权，所以在如何合作的问题上，两者矛盾极深。汪精卫认为蒋介石罪大恶极，独裁专制，主张将蒋赶下台，唐生智更是准备发兵讨蒋。西山会议派则联合李宗仁、白崇禧的桂系，企图取代蒋、汪。由于桂系基本上控制了南京地区，若再求发展，则必须让蒋下台，所以蒋介石处于极其不利的形势下。

蒋介石惯耍政治手腕。在此形势下，他提出辞职并想以此要挟。这时，他的下属便出面鼓吹他的政绩，认为他是自孙中山后国民党最杰出的领袖，在革命危难时不能辞职，应该继续领导国民党走向胜利。但是蒋介石的如意算盘打错了，在南京召开的中央执监委员会上，蒋没有得到李宗仁、白崇禧、何应钦等实力派的支持。白、何更是在会上一言不发，使得蒋介石觉得自己还不如主动提出辞职。还没有散会，蒋介石就丢下一句"我要休息一下"后离开会场。蒋走后，白与何便对大家说："蒋是主动离职，没有他，我们会更加团结，一起做革命工作。"

蒋介石在李宗仁、白崇禧、何应钦的逼迫下，将辞职文书送交南京国民政府，宣布下野。同时，他的支持者胡汉民等也随之辞职。蒋介石在辞职宣言中讲，国民党高于一切，在党的利益之下，党员不能有私心。同时，捍卫党是每个党员的天职。但是后来的蒋介石并没有按此去做，并最终窃得对国民党的领导权，使国民党成为蒋介石一人的政党。

蒋介石下野后，带着卫队与邵力子、陈果夫、张群等一批亲信幕僚，回到蒋的老家浙江奉化县溪口镇，以图大事。

李宗仁在蒋下台后，迅速与汪精卫、唐生智联系，认为双方争执的问题得到解决，南京武汉两国民政府合作时机已到。几天后，汪催促李宗仁速到庐山洽谈合作事宜，会上同意了武汉国民政府迁往南京与南京国民政府合并，武汉改设政治分会。

但是，唐生智知道军事实力决定一切，既然武汉国民政府与南京合并，那么军队也要向长江下游推进以稳固统治，表示要将军队开进芜湖。

李宗仁首先提出反对，认为在两个政府合并的大前提下，唐生智没有往下游推进的必要。

汪精卫反过来也劝唐生智，认为大军推到安庆就可以了。唐生智对此不屑一顾，认为大军一定要开进芜湖，李宗仁无权干预。

此时，蒋介石下野给南京国民政府带来的问题显现出来，而且孙传芳趁机率军逼近南京。李宗仁再三权衡，同意唐生智进军芜湖，并把桂系调回南京。自此，长江上的安徽地界全在唐生智的势力范围之内。

宁汉合流后第一个任务便是反击孙传芳的进攻。8月26日，孙传芳3个师渡江成功，占领南京以东的两个车站，切断了南京与上海的交通，南京政府危在旦夕。

何应钦第1军与桂系两个军得到南京国民政府调令后，共同夹击孙传芳部队。在龙潭，双方展开大会战，孙军几乎全军覆没。

战争结束了，李宗仁、白崇禧、何应钦等都认为宁汉合流十分重要，并向汪精卫发出邀请，让汪不日赴南京办公。

这样，宁汉合流最终实现。9月5日，汪精卫偕同程潜、朱培德、何香凝、陈公博等从九江来到南京。而武汉国民政府也停止了办公。

蒋介石万般无奈地下台后，并未灰心丧气，而是潜下心来，到处结纳各方人士，以图东山再起。而他向宋美龄的求婚，即是他向宋氏家族攀高枝的行动之一。宋氏家族当时声名显赫，而且在美国有一定背景，攀上它，将会对蒋介石的复位有很大好处。

蒋介石为了向宋美龄求婚，真是费尽了心机。他一方面把三个前妻都安置好，把毛福梅、姚冶诚、陈洁如等都赶离了身边，因为宋美龄是千金小姐，与前妻在一块可不太好；一方面又向宋展开频频的爱情攻势，情书写了一篇又一篇，以博取宋的芳心。再者便是打通与宋家人的关系，尤其要征得宋母的同意。当得知宋同母亲赴日疗养后，他便匆匆赶赴日本，在拜会宋夫人之时也寻求日本和美国的支持。蒋介石使尽了软磨硬泡的功夫，终于使宋母答应了这门亲事。但她也有一个条件，即要蒋信仰基督教。从此开始，蒋介石背弃佛教，开始信仰基督教。

1927年12月1日下午5时，蒋介石终于如愿以偿，得以和宋美龄完婚。婚礼由蔡元培主持，地点在当时最豪华的上海大华饭店，参加者有好几千人，其中有英、法、日等国的领事以及一些美国的嘉宾，盛况之大一时吸引了舆论的广泛注意。

婚礼中，蒋介石大为兴奋，几乎不能自持。典礼结束后，蒋又公开发表了《我们的今日》一文，以表心迹："我今天和最敬爱的宋女士结婚，是有生以来最光荣、最愉快的事。我们结婚以后，革命事业必定更有进步，从今可以安心担当革命的大任……我们必将终生效忠于中国革命，给中国社会以影响。"

舆论在关注婚礼的同时，也深刻认识到婚礼背后的意义。有记者写文章用"中美结合"作标题，明指"中正"和"美龄"的结合，暗指蒋介石已开始走上亲美的道路。从此，一个现代权力追逐者和一个财政大家族结合了，蒋介石开始获得新的力量支持，为以后东山再起、统一中国准备了力量。

南昌起义

国民党已经走向了反动,以蒋介石为首的一批反动力量开始对共产党人横加屠戮。1927年4月12日,蒋介石发动了反革命政变,疯狂屠杀了数千名共产党人和革命群众,宣告了民族资产阶级右派已投靠帝国主义和国内反动势力,公开背叛了孙中山的革命原则,国共两党合作的统一战线遭到破坏。接着汪精卫又在武汉发起反革命政变,叫嚣"宁可枉杀千人,不可使一人漏网",无数的共产党人倒在了汪精卫集团的屠刀下。由此,轰轰烈烈的大革命失败了。

共产党此时面临着重大的抉择。关键时刻,共产党人选择了以革命的武装反抗敌人暴行的策略。共产党内部也进行了调整。1927年7月12日,中共中央停了陈独秀的职务,周恩来等5人被选为常委。常委作出了发动南昌起义、发动农民秋收起义和召开党的紧急会议的决定。

中共中央决定,趁南昌城兵力空虚的时机,派贺龙领导的第二十军和叶挺领导的第十一军二十四师迅速集中到南昌,并组成了以周恩来为书记的前敌委员会,领导武装起义。参加起义部队的有3万余人,而在南昌的国民党军只有6000余人。

1927年8月1日凌晨2时,南昌起义爆发了。共产党的战士们奋不顾身,猛烈冲杀,只用4个小时就全歼守敌,占领了整个南昌城。

起义胜利后,马上组织了以共产党人为核心的革命委员会,又发表了周恩来、宋庆龄等起草的《八一宣言》。《宣言》庄严地提出,打倒蒋介石集团,反对帝国主义,消灭封建势力,实行土地改革,维护工农利益等政治主张,旗帜鲜明地同反革命集团展开了斗争。

南昌起义使国民党集团大为震惊,蒋介石随即调兵遣将,准备扑灭革命的烈火。面对处于优势的敌人,南昌起义军主动撤出了南昌,转而南下,一路上不断遭到国民党军的围追堵截,最后起义部队在潮汕失败了。

南昌起义打响了武装反抗国民党反动派的第一枪,在中国革命史上写下了重要的一笔。它展示了共产党人永不屈服的伟大精神，标志着中国共产党领导革命斗争和创建革命军队的开始。这一天，也就成了中国人民解放军的诞生日。

为反抗国民党的反动统治，中共中央又在汉口召开了紧急会议，史称"八七会议"。与会者共21人，包括瞿秋白、李维汉、张太雷、邓中夏、任弼时、苏兆征、罗亦农、陈乔年、顾顺章、蔡和森、毛泽东、陆定一等，邓小平也参加了会议。李维汉任会议主席，瞿秋白任翻译。这次会议实际上是由共产国际代表罗明纳兹发起的，他在会议过程中起到了领导作用。

罗明纳兹首先以中共党的代言人做了《中共"八七"会议告全党党员书》报告，就其中主要内容做了解释和说明。瞿秋白接着以临时中央政治局常委的身份就党的任务和工作方针问题做报告。他指出要建立革命军队，发动农民起来暴动，并实行土地革命，全面对抗国民党；并指出必须由我党独立领导工农阶级斗争，领导国民革命。接着，毛泽东又做了发言，他指出："革命必须依靠农民，党是普通工农群众的党，必须在农民中发动革命。少数党的领袖却不站在农民一方，而站在地主方面。党的领导必须改变做法。"党必须解决军事问题。秋收暴动非军事不可。以前湖南的失败就源于此。以后要非常重视军事，须知政权是由枪杆子中取得。"

会议通过了《中共"八七"会议告全党党员书》及罗明纳兹和中共中央政治局常委共同起草的《中国共产党中央委员会关于政治形势和中国共产党的任务的提纲》《最近职工运动决议案》《最近农民斗争决议案》《党的组织问题决议案》等重要文件。

会议确定了土地革命和武装反抗国民党反动派屠杀政策的总方针，认为中国革命还在资产阶级民权革命阶段，现在中国革命的根本内容是土地革命，中国共产党必须自下而上地领导农民解决土地问题，满足农民的土地要求。会议指出现在本党的总方针是：准备并组织那些已成为农民运动中心的各省的武装暴动，并且决定在湘、鄂、赣、粤4省革命基础较好的地方发动秋收起义。

会议同时对党中央进行了改组，撤销了陈独秀的总书记职务，选出了新的临时中央政治局，委员有：苏兆征、向忠发、瞿秋白、罗亦农、顾顺章、王荷波、李维汉、彭湃、任弼时9人；又选举邓中夏、周恩来、毛泽东、彭公达、张太雷、张国焘、李立三等人为政治局候补委员。

八七会议在革命的非常时期为党指明了前进方向，是党的历史上一个很重要的转折点，但是在反对右倾错误的同时，滋生了冒险主义和命令主义的思想。

根据八七会议的精神，中共在湖南、湖北、江西、广东等省发动了秋收起义。毛泽东领导了湖南的秋收起义。1927年9月9日，起义从破坏江粤铁路开始。一时间，敌铁路交通陷入瘫痪。起义最初目标是进攻长沙。9月11日，毛泽东指挥部队取道浏阳向长沙进发，首取白沙镇，旗开得胜，士气大振。乘胜攻下浏阳东门市，但遭敌人反扑，敌人分四路包围，形势非常不利。毛遂率部队撤往浏阳上坪。

毛泽东分析了形势，决定放弃原定进攻长沙的军事计划，改退萍乡，并写信给湖南省委，要求停止执行长沙暴动计划。随后，各路起义部队于1927年9月19日在浏阳文家市会师。

毛泽东当晚就主持召开前委会议，具体分析了敌情变化及敌强我弱的客观情况，主张部队作战略退却，退到湘赣粤边境上去坚持农村斗争。毛的主张得到多数委员的同意，最后前委决定部队撤离湘东地区，实施战略退却。

这样，工农革命军第一师的进攻方向由向长沙进攻改变为向农村山区进军，由以攻占大城市转为建立农村革命根据地，这是历史上一次意义深远的转折。

部队的撤退并不顺利，一路上面临着敌人围追堵截，党的组织又不健全，部队里思想混乱，不断有战士逃跑。面对这些问题，9月29日部队到达江西永新县三湾村时，毛泽东召开前委会议，进行了著名的"三湾改编"。

第一，整编组织，前委决定将3个团1个师缩编为1个团，称工农革命军第一师第一团，下辖4个营。另设特务连、卫生队、辎重队。第二，在部队中建立党的各级组织，加强党对军队的领导。第三，在军队内部废除旧制度，实行民主制度，规定不准官长打骂士兵。废除封建礼节，经济公平，官兵待遇一律平等。

"三湾改编"确立了共产党对军队的绝对领导，为建立一支新型的军队奠定了基础。之后，部队开赴井冈山的中心地区茨坪，建立了以宁冈为中心的井冈山农村革命根据地，开始了反对国民党反动统治的斗争。

这样，经过南昌起义、八七会议、秋收起义一系列的行动，中共中央已经找到了对抗国民党反动统治的方法，那就是武装反抗、加强党对军队的领导、土地革命、建立农村革命根据地。由此，中国革命掀开了光辉的一页。

东北易帜

随着北伐战争的顺利进行，奉系军阀节节败退，而日本此时却正密谋侵占东三省。日本看到张作霖已呈衰败之势，而且此时张已不完全为日所用，便想除掉这个东三省的霸主，达到顺利侵占东三省的目的。为此，日本帝国主义密谋制造了"皇姑屯事件"。

张作霖最初同日本人的关系很好。日本人在使张从一个土匪头子转变成雄霸一方的军阀的过程中起了很大的作用，给张提供过军事上和财政上的援助，而张作霖在东北也给日本人以很多特权。但是，张作霖毕竟是一个中国人，在涉及领土等关系国家前途的大是大非问题上，张还是表现出了一定的血性和良心。特别是在全国的反帝怒潮蓬勃兴起的形势下，张作霖更不敢全部答应日本在东北的筑路、开矿、设厂、租地、移民等要求，还同日本人发生过正面对抗，因此日本人决心除掉他。

关东军司令官村冈长太郎派关东军高级参谋河本大作具体执行这项任务。河本经过仔细勘察，选择了南满铁路和直奉铁路的交叉点皇姑屯作为爆炸点，此地是张作霖退回东北的必经之地。河本大作指挥工兵在铁路大桥下安放了数百公斤烈性炸药，只等张的专列一到，就启动引爆装置。

1928年6月3日，张作霖的专列由北京开赴沈阳，当行至皇姑屯时，只听一声巨响，火车被炸得支离破碎，残片高高地飞向了空中，顿时血肉横飞。张作霖本人当场未死，直至被送到沈阳后，于上午10点左右死于大元帅府中。

皇姑屯事件发生后，东北局势一片大乱。为稳定东北政局，张作霖的属下密不发丧，并迅速发电召回少公子张学良。6月17日，张学良返回沈阳，亲任奉天军务督办，主持东北大计。这给了想独吞东北的日本人一记响亮的耳光。

而此时北伐大军已顺利攻进北京和天津，北伐顺利完成，全国统一大势所趋。6月21日，国民政府召开会议决定：直隶省改名河北省，旧京兆区各县划归河北省，北京改名北平，北平和天津均改为特别市。

北伐胜利，孙中山先生的遗愿终于得到实现，为此参加北伐的主要将领于7月6日在北平香山碧云寺孙中山灵前举行北伐胜利的祭拜典礼，告慰先生在天之灵。

但全国尚未统一，东北问题更是摆在国民政府面前的首要问题。东北问题得不到和平解决，就有被日本人夺去的危险。为此，蒋介石代表国民政府几次告示张学良认清形势，归顺国民政府。张学良本人更是鉴于皇姑屯事件的惨重教训，集国耻家仇于一身，对日本人的狼子野心有了更清醒的认识，他暗暗发誓，决不能把东北让于敌手！于是，张学良和蒋介石达成默契：只要东北易帜，仍由张学良统管东北。

此时日本则不甘失败，频频制造事端，妄想阻止东北易帜，使中国南北不得统一。6月5日，在山海关和锦州之间制造了奉军军车脱轨事件，死伤数人；6月10日和12日，连续制造多起爆炸事件，炸死平民百姓无数；6月16日，驻奉天的日军1万多人在城南举行军事演习，演习途中高唱"南满是我们的家乡"这种极具挑衅性的歌曲……竭尽挑衅之能事，妄想逼张学良武装反抗，以寻找侵略借口。但没想到张学良为民族大义计，始终按兵不动。

一计不成，日本帝国主义又施展恫吓手段，欲逼张学良就范。6月25日和26日，日本首相田中义一两次电令日本驻奉天总领事林久治郎，警告张学良不得与南京国民政府接触。他又告诫说："在这个存亡时际，匆遽采取迎合南方的态度，是毫无必要的；理应从长远考虑，维持现状，保境安民，持观望态度。"看到张学良不听，田中首相又致信说：南京政府含有"共产色彩"，且其地位尚未稳定，东北没有同它联系的必要；如果南京政府用武力压迫张，则日本会不惜武力支援张；若东北财政发生困难，日本银行会给予全力援助。

在日本的一再威逼利诱下，张学良的信心也发生过动摇。原定7月24日是东北易帜的日子，但由于张学良担心受到日本武装干涉，发生类似济南惨案一类的事件，所以暂缓易帜，决定将东三省易帜的时间推迟3个月。

国民政府得知东北推迟易帜，急得如热锅上的蚂蚁。蒋介石急召东北派驻北平的代表王树翰、邢士廉等，指出易帜是东三省的权利，不应受日本的干预，劝张学良速定决心，早日易帜。

日本此时也非常担心东北倒向国民政府一边，于是借8月4日张作霖举葬之日的时机，由田中派曾担任过驻华公使的林权助赴奉吊唁。同时进一步探视张学良的态度，再作拉拢，以打消张学良的易帜念头。8月9日，林权助同张学良会面了，但林权助的谈话却激怒了张学良。林说："若东三省妥协于国民政府，则势必会侵害日本既得利益与特殊地位，如果东三省胆敢不顾日本的警告，私自宣布易帜，则日本必将用强大武力来解决。"张学良愤然说："我和贵国天皇同岁。我是中国人，当然要服从中国人民的意愿，维护中国之利益；我之所以愿与国民政府妥协，是要完成中国统一，实行分治合作，以实现东三省一般人民所渴望的事。"

重压之下，张学良已下定决心，东三省与国民政府的接触越来越多。张学良多次派人向国民政府表示，易帜只不过是形式问题，劝国民政府放心；一方面又秘密赶做了几千幅青天白日旗，又准备了大量孙中山的画像，只待时机成熟，就立即宣布换旗易帜。

这一天终于来了。1928年12月29日，张学良毅然通电全国，宣布服从三民主义，辖于国民政府，改易旗帜。这一天，东三省同时悬挂起了青天白日旗。张学良在易帜典礼上发表演讲，称全国统一是大势所趋，不是某些人、某些势力所能阻挡的。他还援引了日本历史上统一各派军阀的史实，无情地嘲弄了日本帝国主义者。

东北易帜后，南京国民政府在形式上统一了全国。1928年12月31日，国民政府特任张学良为东北边防军司令长官。同时，又命张作相、万福麟为副司令官；翟文选、张作相、常荫槐、汤玉麟分别为奉天、吉林、黑龙江、热河省的省政府主席。

东北易帜在历史上具有重要的意义，它维护了国家领土主权的完整，使全国得到统一；同时又沉重打击了日本帝国主义侵略东北的野心，延缓了日本势力对东北的侵入。

日军入侵东北和上海

　　1929年10月，日本国内爆发了大规模的经济危机，国内经济受到严重的打击。为缓和国内日益尖锐的社会矛盾，摆脱经济危机，日本帝国主义确定了以"满蒙"为侵略、扩张基地的全球战略，决定武装入侵我国东北。1930年9月，关东军完成了《关于满蒙占领地统治的研究》，1931年又制定了《处理满蒙问题方案》；陆军省也在这个时期制定了《解决满蒙问题大纲》，为侵占中国东北地区在政策和思想上做了充分的准备。

　　日本帝国主义千方百计地挑起事端，寻找入侵理由，1931年5—8月相继制造了"万宝山事件"和"中村事件"。为扩大事态，其竟公开叫嚣武力解决，接着又大规模向东北调兵遣将，密谋入侵东北的军事行动。后悍然发动了震惊中外的九一八事变，向东北军驻地北大营和沈阳城发动进攻。

　　1931年9月18日10时29分，日本关东军声称中国军队炸毁沈阳北郊柳条湖村附近的一段南满铁路，又袭击日本守备队，于是向东北发动了疯狂的进攻。

　　对于日军的无理进攻，东北军理应奋起抵抗。但是，由于蒋介石严令东北军不准抵抗，且要求把枪架起来，把仓库锁起来，听凭敌人缴械，所以张学良未予抵抗。结果，19日凌晨沈阳被日军轻松地占领。

　　接着，日军又不费吹灰之力连占辽、吉两省的所有主要城市。其间，中国军队都未抵抗。当日军入侵黑龙江省时，遭到了嫩江桥守将马占山将军的英勇抵抗，这就是著名的"嫩江桥战役"，它打响了反抗日军侵略的正义枪声。但由于蒋介石集团不予援助，马占山将军孤军奋战，最终失败了，黑龙江遂告失陷。

　　日军接着大举进攻锦州，但蒋介石醉心于国联能够予以调查解决，因此又不予抵抗，这样锦州又失陷。至此，东北全境都落入日军手中，东北人民从此开始了屈辱的奴隶生活。东北失陷,应该说全是蒋介石造成的。对于2万日军的入侵,蒋却命令手下几十万东北将士放弃抵抗,这不能不说是蒋无能、卖国的表现。从此,蒋介石集团更为千夫所指。

日军既已占领东北,又开始筹划建立殖民统治,关东军这时想到了溥仪。1931年9月19日,关东军提出建立一个以宣统皇帝为盟军,接受日本支持的新政权的方案。之后,关东军立即通过天津的日本驻屯军找到溥仪。日本利用各种方法拉拢溥仪,希望利用他来组建傀儡政府。而溥仪也很想重登皇位,达到复辟的目的。

不久,关东军就派出中国通——特务机关长土肥原到天津筹划把溥仪接到东北一事。土肥原首先制造了一系列阴谋,令溥仪感受到在天津有生命危险,接着又精心准备了外逃计划。

11月10日,日本特务把溥仪藏进一辆敞篷汽车的后箱里,秘密接出了溥仪的居住地——静园,把他送到一家日本人开的饭店里。之后,让溥仪换上日本军装,乘上日军军车,驶到英租界的码头上,登上了一艘由十几个日本兵护送的汽船。不多时,船驶至大沽口。之后,换乘日本商船,13日到达辽宁,随即被安排进疗养院里居住。11月18日溥仪又被转到旅顺,并被监视起来。

溥仪原打算恢复帝制当皇帝,然而日军关东军司令部却只允许实行共和制,拥戴溥仪为"执政",溥仪表示不同意。结果,板垣征四郎威胁道:"军部的要求不能改变。如果不接受,只能被看作是敌对态度,只有用对待敌人的手段做答复。"无奈之下,溥仪等人只能接受,但要求以一年为期,如逾期仍不实行帝制,则到时退位。

1932年2月25日,"建国"方案出台,方案对"新国家"做了以下规定:

国名:满洲国。

元首称号:执政。

国旗:红蓝白黑满地红的五色旗。

年号:大同。

首都:长春,改称"新京"。

新国家的政治:民本主义。

终于，1932年3月1日，伪满洲国政府发表所谓"建国宣言"，宣布伪满洲国成立。3月11日，日本政府声明正式承认伪满洲国，同时签订了《日满议定书》。通过这个条约，日本军方操纵了中国东北的所有政治、经济、军事和文化权力。中国东北已成为日本的殖民地。

3月9日，溥仪在长春宣布"就职"，在一批日本文武官员和汉奸的簇拥下粉墨登场，就任伪满洲国执政。

两年后，日本帝国主义又把满洲国改为"满洲帝国"，而溥仪也由"执政"当上了"皇帝"。

日本吞并了东北，但仍不满足，又在上海故意制造事端，企图攻占上海。

1932年1月间，日军先后制造了几起挑衅事件。1月26日，发出所谓"哀的美敦书"（最后通牒），竟要求中国方面48小时内就其侨民被打事件作出圆满答复。26日晚，日舰队司令盐泽幸一又发出通牒，要求驻上海的国民革命军第十九路军立即撤出闸北，让日军进驻。这种无理要求激怒了十九路军全体官兵，他们坚决要求与日军血战到底。可腐朽的国民政府却派军政部长何应钦到上海，令十九路军不得抵抗，但爱国的蔡廷锴军长和总指挥蒋光鼐果断改变了上司的命令，决定予以坚决抵抗。

1932年1月28日晚，日本侵略军在装甲车掩护下，悍然对闸北驻地发起了进攻，史称"一·二八事变"。

英勇的十九路军坚决地予以抵抗，战士们不怕牺牲，勇敢冲杀，重创了侵略日军。在十九路军勇敢杀敌的同时，上海群众给予了十九路军很大支持。他们捐衣捐食，并帮助抬伤兵、送弹药，使十九路军士气大振。

日军久攻不下，大为恼火，于是大量增兵，猛攻闸北。日军集中了3艘巡洋舰、4艘驱逐舰、2艘航空母舰及大量飞机，付出沉重代价，仍不能攻下闸北。司令部撤下盐泽幸一，换上第三舰队司令野村担任司令。野村上任后，把重点转向吴淞，妄想从这里突破中国守军防线，但又连遭失败。此后，日军司令部又两易主帅，但仍不能使十九路军屈服。虽然最后淞沪会战以中国失败而告终，但是打败中国的不是日本军队，而是中国政府本身。失败之根本原因在于国民政府无能，战略组织无序，又不给予十九路军援助，造成十九路军孤军奋战的局面。即使是在战事最紧张的时段,蒋介石政府仍不给十九路军一枪一弹的支援,致使十九路军连手榴弹都不够用,只好用上海工会用罐头赶制的"土炸弹"来御敌。更令人气愤的是,国民党军的其他军队在战事紧张时刻,眼睁睁地看着十九路军陷于失败灭亡境地而不给予援助。如此抗战,怎能不失败!

1932年2月29日,日军发动了第4次总攻。第十九路军此时已陷入弹尽粮绝的境地,又有陷入日军三面包围的危险,万般无奈之下当晚11时,蒋光鼐总指挥宣布总撤退。

淞沪会战结束了,蒋介石为了反共,竟不惜牺牲国家主权与日军和谈。5月5日,国民政府与日军签订了丧权辱国的《淞沪停战协定》,同意将上海变成自由市,不设防、不驻军、不抵制日货,上海被出卖了。

九一八事变和一·二八事变表明日本帝国主义已加大了对中国侵略的步伐,中国有亡国灭种的危险。

五次反"围剿"

1930年10月,中原大战结束了,由于张学良的拥护,蒋介石取得了中原大战的胜利。取得了领导权的蒋介石腾出手来,开始进攻共产党的南方各革命根据地。这次进攻他采取"围剿"的方式,将江西中央根据地作为重点。

1930年12月,国民党军以10万之众向中央根据地发起第一次"围剿"。这次围剿以鲁涤平为总司令,采取分进合击的战术对我根据地步步紧逼。当时中央根据地有三个军团,大约4万人,在敌强我弱的形势下,毛泽东、朱德制定了诱敌深入、寻机歼灭的作战方针,在大踏步后撤时寻找战机。国民党军认为自己装备精良,人多势众,因此骄傲自大,毫不戒备,见红军撤退,就毫无顾忌地长驱直入。12月29日,国民党军先头部队张辉瓒部被红军诱至龙岗山区,30日凌晨我军第五军、第八军、第十二军等向其发动奇袭,经过4小时激战歼敌9000余人,活捉了张辉瓒。接着红军乘胜追击谭道源师,歼敌大半,这一次战役，消灭国民党军一个半师，共 1.6 万余人。至 1931 年 1 月 1 日，第一次反"围剿"胜利结束。

蒋介石不甘心失败，1931 年 4 月又调集 20 万军队，由何应钦任总司令发动第二次"围剿"。这一次他们采取步步为营、稳扎稳打的战术，从 700 多里的漫长战线发起攻势。

毛泽东、朱德以不变应万变，率领 3 万红军大踏步后撤，坚壁清野，迂回包抄，在运动中歼灭敌人。国民党军找不到红军主力，被红军牵着鼻子东奔西走，疲于奔命，进攻锐势大减。5 月 16 日，红军向王金钰、公秉藩两个师发动猛攻，敌军措手不及，很快被击溃，随即红军向中路国民党军发动进攻，歼敌大部。5 月 16—30 日的 15 天中，红军行军 700 里，歼敌 3 万余人，粉碎了敌人的第二次"围剿"。何应钦狼狈跑回南京。

蒋介石大为震怒，认为再不消灭红军，局面将无法收拾。于是在 7 月，趁红军连续战斗后未得休整之际，发动第三次"围剿"。这由蒋介石亲任总司令，何应钦为前敌总司令兼左路指挥，陈铭枢为右路指挥，采取长驱直入、分进合击的战术，杀气腾腾地向苏区扑来。

红军发扬连续作战的精神，在国民党军布防中穿插，同时隐蔽休整，寻找战机。9 月 6 日，红军主力插入国民党军后方，全歼上官云相的第 47 师，又在良村歼郝梦龄的第五十四师。8 月 11 日，包围毛炳文师，歼其 4 个团。

红军三战三捷，敌军锐气大减，被拖了一个多月后士气十分低落，蒋介石无奈退兵，在退却途中又被歼灭 1 万余人。第三次反"围剿"历时 3 个月，歼敌 3 万余，缴枪 2 万余支。同时，革命根据地空前扩大。

1932 年 6 月，蒋介石在庐山召开豫、鄂、皖、湘、赣 5 省"清剿"会议，调集 63 万兵力，自任总司令向革命根据地发动第四次"围剿"。7 月上旬，蒋介石亲率 30 万大军进攻鄂豫皖革命根据地，鄂豫皖中央分局书记兼军委主席张国焘错误地坚持对攻战略，实行正面堵击，红军一开始就陷于被动，虽然英勇作战，但始终不能扭转战局。10 月，张国焘擅自率红军主力 2 万余人撤离鄂豫皖根据地，向陕西川北转移。同时，蒋介石还以 10 万军队进攻湘鄂西根据地，由于湘鄂西中央局书记夏曦错误指挥，红军也未能击退敌军，被迫向湘、鄂、川、黔转移。之后，蒋介石调集50万大军，分三路进攻中央革命根据地。1933年2月，陈诚指挥中路三个纵队16万人，采取分进合击的战略方针，企图将红军主力消灭于黎川、建宁地区。红一方面军在政委周恩来、总司令朱德等领导下，采取了声东击西、大兵团伏击和集中优势兵力围歼敌人的作战方针。2月中旬，周恩来、朱德毅然修正苏区中央局的作战计划，采取退却步骤，然后集中兵力，在黄陂、草台岗两战两捷，歼敌3个主力师，擒敌师长2人，俘敌万余人，缴枪11.5万余支，胜利地粉碎了敌人第四次"围剿"。中央苏区扩大到湘、鄂、闽、粤4省，与闽浙赣根据地连成一片，红一方面军发展到8万人，赤卫队20万人，中央苏区进入全盛时期。

1933年5月，蒋介石成立南昌行营，全权处理赣、粤、闽、湘、鄂5省军政事宜，筹划对革命根据地新的进攻。9月，蒋介石调集100万大军，自任总司令，发动第五次"围剿"。

蒋介石以50万兵力分4路进攻中央苏区，采取持久战与堡垒战，从四面压迫根据地，企图消耗红军有生力量和物资资源，最后一举击溃红军。更为严重的是，以王明为代表的左倾路线控制了中共中央，错误地剥夺了周恩来、朱德的军事指挥权，把指挥大权交到了一个对中国政治和军事一无所知的德国人李德手里。博古、李德等人看不到中国革命的长期性和艰巨性，盲目乐观，同时在战略战术上抛弃了毛泽东等人的正确方针，坚持正规化的阵地战，把战争中正常的游击性当作"游击主义"来反对，主张"拒敌于国门之外"。因此，第五次反"围剿"一开始就遭到了失败，一个个县城落入敌军之手，每次战斗都要损失2000人左右，特别是在1934年4月的广昌战役中，红军4000人阵亡，2万余人受伤，红军元气大伤。之后，硝石和资溪桥两战皆败，"左"倾机会主义者们被国民党优势兵力和堡垒政策吓倒，转而采取保守主义方针，主张"全面防御""处处设防"，实行"短促突击""以堡垒对堡垒"的消耗作战方法，红军完全陷于被动。

经过一年多的反"围剿"，红军不仅未打破敌人的包围，反而处处吃紧，处处被动挨打，加上敌人飞机、大炮的狂轰滥炸，打破第五次"围剿"的希望最后破灭，红军被迫走上了长征的道路。

红军长征

由于第五次反"围剿"的失利，1934年10月红军被迫进行战略转移，除项英、陈毅等率领部分红军和工作人员3000人留在中央革命根据地继续坚持斗争，红一方面军主力8万多人分别从瑞金、于都和长汀、宁化出发，开始长征。

长征开始了，"左"倾机会主义者占据了领导权，他们惊慌失措，在战略退却中犯了逃跑主义的错误，出发前不做政治动员，以至多数战士不知往何处去。转移中，不能把握时机去寻机歼灭敌人，行动迟缓，处处被动挨打。国民党在江西、湖南、广东、广西之间设置4道封锁线，进行围追堵截。红军英勇奋战，突破三道封锁线，但付出了沉重的代价。红军于11月下旬行至湘江东岸，蒋介石调集40万兵力进行堵截，"左"倾路线的领导者错误地坚持死打硬拼，希望和湘、鄂、川、黔边界的红二军团、红六军团会合。红军与敌军激战七天，渡过了湘江，突破了第四道封锁线，但伤亡惨重，减员至3万人。

1934年12月，红军占领湖南的通道城，召开了中央军委会议，研究行动方向问题。毛泽东主张放弃进军湘西的计划，提出改向敌军力量薄弱的贵州进军的方案，多数与会者支持毛泽东的意见，红军于是改向贵州进发，于12月18日攻克黎平。整编后，部队继续挺进，12月底占领乌江南岸猴场。1935年1月，强渡乌江，攻占遵义。1月15—17日，中共中央在遵义召开政治局扩大会议。

遵义会议对"左"倾机会主义的军事路线进行了批判，通过了《中共中央关于反对敌人的五次围剿的总结决议》，总结经验教训，肯定了毛泽东关于红军作战的基本原则的正确性，取消博古、李德的最高军事指挥权，由朱德、周恩来指挥军事，增选毛泽东为中央政治局常委，协助周恩来指挥军事。在党内，由张闻天接替博古负总责，由毛泽东、周恩来、王稼祥组成三人军事指挥小组。

遵义会议后，中央红军向川南进发，计划北渡长江和红军第四方面军会合，蒋介石急调川军刘湘部在赤水、古蔺地区堵击，令薛岳部和王家烈部渡乌江北追。1月26日，红军到达土城，川军两个旅已达赤水城。28日，红军向川军郭勋祺部发起猛攻，数日不克，川军后续部队又至，形势危急，毛泽东等人当机立断，撤出战斗，西渡赤水。1月29日，中央红军在土城南北渡过赤水，进入川南古蔺、叙永地区，并寻找机会北渡长江。这时，蒋介石调集重兵封锁长江沿线，毛泽东等决定暂时放弃北渡长江。2月初，红军到达云南威信进行整编，而此时国民党军也开始向威信逼近，毛泽东突出奇兵，挥戈东向，二渡赤水。此举迷惑了蒋介石，他急令黔军堵截。2月下旬，红军连克桐梓、娄山关，再占遵义，击溃国民党军两个师8个团，俘敌3000余人。3月初，蒋介石飞往重庆，亲自督战。中旬，红军在与国民党军激战后，三渡赤水，西进至川南古蔺，摆出北渡长江的姿态，国民党军被引向赤水以西地区。蒋介石以为红军要渡江，调军在川黔边界防守，同时派兵向西追击红军。为摆脱敌人，红军再次回师，四渡赤水东进贵州。蒋介石急调滇军驰援贵州，同时令薛岳部与湘军在湘黔边境布防。但红军只是佯攻贵阳，主力快速进军云南，5月上旬渡过金沙江，摆脱了敌兵的围追堵截，实现了北渡长江的目的。5月中旬，红军到达大渡河边安顺场渡口。5月18日，强渡大渡河。之后翻越终年积雪的夹金山，过了沼泽遍布、荒无人烟的草地。6月16日，红一方面军在四川懋功和红四方面军会师，奠定了中国革命在西北发展的胜利基础。6月26日，中共中央政治局在两河口召开会议，决定继续北上，创建川陕甘革命根据地。7月上旬，红军连续翻越大雪山，到达四川松潘的毛儿盖。张国焘反对北上，借口拖延。为团结张国焘，7月18日在芦花召开的政治局常委会议，决定由张国焘代替周恩来为红军总政治委员。会议还决定将红一、四方面军混合编为左、右两路军，左路军由朱德、张国焘负责，右路军由徐向前、陈昌浩率领。中共中央和中央军委随右路军行动。张国焘坚持反对北上，9月9日和陈昌浩率右路军南下，企图危害党中央。右路军参谋长叶剑英得到消息后，立即报告毛泽东。毛泽东同张闻天等紧急磋商后，认为争取张国焘北上已不可能，遂率领右路军离开阿坝地区。9月初，右路军在毛泽东率领下，进入四川俄界。12月，在俄界召开政治局扩大会议，会议批判了张国焘的错误。会后，红军以顽强的革命毅力渡过栈道，突破天险腊子口，越过岷山，进入甘南，翻越六盘山，于1935年10月19日到达陕北吴起镇,与刘志丹领导的陕北红军胜利会师,长征取得了胜利。

张国焘见危害党中央的阴谋破产,不顾中央和左路军其他领导人的多次劝阻,率部向川康边境一带退却逃跑。10月5日,张国焘在四川松岗卓木碉召开会议,宣布了一个由他"钦定"的中央,自封主席,设立了中央政府、中央军委、团中央等非法机构,同时宣布开除毛泽东、周恩来、秦邦宪、张闻天中央委员职务及党籍,公开走上了分裂党的道路。张国焘的行动受到同左路军一起行动的朱德和刘伯承的坚决反对。同时,以毛泽东为代表的党中央与张国焘的错误行为进行了坚决的斗争。1936年1月22日中央政治局作出《关于张国焘同志成立第二"中央"的决定》。《决定》指出:"张国焘同志这种成立第二'中央'的行动,无异自绝于党,自绝于中国革命。党中央除去命令张国焘同志取消他的一切'中央'职务,放弃一切反党的方向外,特决定在党内公布1935年9月12日中央政治局在俄界的决定。"经过党内既讲原则又有灵活性的斗争,加上张国焘南下碰壁和林育英的工作,张国焘终于放弃了他的第二"中央",率红四方面军到了陕北,并走向了抗日前线。

1936年10月,从湘、鄂、川、黔边境出发开始长征的红二方面军与前来接应的红一方面军在甘肃会宁会师,伟大的长征至此胜利结束。

长征的胜利具有重大的战略意义和深远的历史意义。毛泽东说:"长征是历史记录上的第一次,长征是宣言书,长征是宣传队,长征是播种机;长征是以我们胜利,敌人失败的结果而告结束;长征一结束,新局面就开始了。"

长征胜利结束,中国革命也开始了崭新的一页。

党的女儿赵一曼

九一八事变后,日军加强了攻势,迅速攻占了东北三省全境,扶植清朝废帝溥仪做了皇帝,成立伪满洲国。东北三省沦陷为日本的殖民地，劳苦大众处于水深火热之中。

日军占领东三省后，为巩固其统治，在沦陷区实行"清剿讨伐""归屯并村""三光政策"，无所不用其极，使东北的抗日力量遭到很大损失，处境极端困难。但日本的残酷压迫磨灭不了中国人民的斗志，反抗的斗争风起云涌。在中国共产党的领导下，东北抗日联军成立。东北军民在十分困难的条件下，同敌进行着顽强不屈、艰苦卓绝的斗争，涌现出许多可歌可泣的英雄人物，著名抗日女英雄赵一曼就是他们当中的杰出代表。

赵一曼1905年生于四川省宜宾县白杨嘴村。她聪明勤奋，学习刻苦，思想进步，很小的时候就立下宏大的抱负，要为解救劳苦大众而奋斗。1926年，赵一曼光荣地加入了中国共产党，实现了梦寐以求的愿望。随后，她进入武汉中央军事政治学院学习，成绩优异，获得了教官和同学们的一致好评。1927年9月赵一曼被派去苏联共产主义大学学习。学习期间，她了解了苏联社会主义革命和建设的成功经验，努力学习各种知识，以先进的理论武装自己。回国后，她在上海从事党的革命活动。不久，九一八事变爆发，她主动要求去东北抗日斗争的最前线。党组织答应了她的请求，她被派往沈阳满洲省委工作。1934年，被调到哈东珠河县任中心县委委员、铁北区区委书记。她工作努力，不辞劳苦，全心全意做好党的工作。她深入到农村，在农村展开宣传，组织群众支持哈东区的游击战争。她发动群众坚壁清野，对付敌人的扫荡，并组织青壮年成立抗日卫队，打得敌人闻风丧胆。铁北区的抗日武装斗争在她的领导下轰轰烈烈地开展起来。

由于卓越的军事组织能力和个人威信，1934年冬党组织调她到东北抗日联军，担任抗联第三军第二团政委。团长王惠同对赵一曼也十分钦佩，认为她巾帼不让须眉。她发扬共产党员不怕艰苦、不畏牺牲的精神，带领战士们在零下30度的严寒中出没于黑龙宫、秋安屯一带进行游击战争，给日军以沉重的打击。

抗日联军的活动沉重地打击了日军。日军恼羞成怒，加紧了对游击区的扫荡。日本的"讨伐"队烧、杀、抢、掠，实行焦土政策，使游击区遭到严重破坏，抗日联军的给养成了问题。战士们整日在暴风雪中，几天吃不到一粒米，只能以草根树皮、棉絮充饥。即便在这样困难的条件下，他们仍顽强不屈，坚持战斗。敌军以优势兵力疯狂对他们进行扫荡，他们不幸被敌人"讨伐"队包围，敌人有600多人，而他们只有200人。虽然众寡悬殊，他们仍顽强奋战，血战一天，打垮了敌人的6次冲锋，而他们自己也伤亡很大。赵一曼分析形势，和团长商量后决定突围。团长要她先走，她坚持说："不，你是团长，部队还要你来指挥，我来掩护，你们先走。"团长拗不过她，只好带队突围，她带领掩护队猛烈地向敌人开火，掩护团长突围。赵一曼英勇作战，奋不顾身，战斗中她的左手腕被打穿，左腿膝盖被击断，左臀部也负了伤，血流如注，浑身都是血。她顾不上包扎，仍顽强地向敌人射击。经过顽强的作战，第二天，他们终于突围了。不幸的是，她和战友们在侯林乡小西北沟又与日军遭遇，一个同志英勇牺牲，她和另两名同志因寡不敌众，被敌人捉住。

敌人捉住赵一曼后，如获至宝，连夜将她押往哈尔滨伪警察厅。特务头子妄想从她口中了解抗联的活动情况和党的基层组织情况，对她威逼利诱、软硬兼施，但她始终坚贞不屈。敌人恼羞成怒，动用种种酷刑，老虎凳、辣椒水，甚至用竹签子扎指甲折磨她，但她始终紧咬牙关，只字不说，敌人从她嘴里得不到任何有用东西。赵一曼痛斥敌人："宣传反满抗日思想，开展反满抗日活动，这就是我的主义信念！"由于她伤势过重，敌人只好把她暂时送到医院治伤，但敌人不甘心，经常来病房审问，急切地想知道抗联的动向，赵一曼对敌人置之不理。恼怒的敌人经常把她从床上拖下来进行毒打，致使她的伤口好了又坏。赵一曼宁死不屈，还利用机会对看护她的韩勇义和其他医生护士宣传抗日救国的道理，使他们深受教育，也感动了看守她的警察董宪勋。

敌人从赵一曼口里得不到任何东西，就决定处死她。董宪勋得到消息，急忙赶来送信并组织营救。他和赵一曼、韩勇义一起坐汽车来到离哈尔滨30里的阿什河，傍晚雇了马车前往游击区。距游击区只有20里时，敌人的马队追上赵一曼，他们又被押回哈尔滨。8月1日，赵一曼被敌人押上了开往珠河的火车。赵一曼知道这是她生命的最后时刻，她向敌人要来纸笔，写下了给她幼小儿子的遗言：

宁儿：
母亲对你没有尽到教育的责任，实在是遗憾的事情。

母亲因为坚决地做了反满抗日的斗争,今天已经到了牺牲的前夕了!

母亲和你在生前是永远没有再见的机会了。希望你,宁儿哪!赶快成人,来安慰你地下的母亲!我最亲爱的孩子啊!母亲不用千言万语来教育你,就用实际行动来教育你。

在你长大成人之后,希望你不要忘记你的母亲是为国而牺牲的!

一九三六年八月二日
你的母亲赵一曼于车中

临刑前,敌人把她绑在马车上示众,她激昂地唱起了"红旗歌":

民众的旗,血红的旗。
收殓着战士的尸体,
那尸体还没有僵硬,
鲜血已染透了旗帜……
牢狱和断头台来就来你的吧,
这就是我们的告别歌。
……

赵一曼被凶残的日本法西斯杀害了,但她的精神鼓舞着人们,她永远活在人们心中。

爱国七君子

1936年11月22日深夜,国民党南京当局给上海市公安局发出一封密电,上海市公安局根据密电指示,突击逮捕了救国会领袖沈钧儒、章乃器、邹韬奋、李公朴、王造时、沙千里、史良7人。南京的国民党中央通讯社声称,政府是"依据危害民国罪法逮捕他们的"。24日上海市政府公布他们的"罪状":"托名救国,肆意造谣,其用意无非欲削弱人民对于政府之信仰,并且勾结赤匪;妄倡人民阵线,煽动阶级斗争,更主张推翻国民政府,改组国民政府……"这就是"七君子事件"。

由于国民党对日采取不抵抗政策,坚持内战独裁的反动路线,全国各界群众极为愤慨。北平学生于1935年12月9日掀起了轰轰烈烈的一二·九运动,同时上海文化界也活跃起来,积极组织参加抗日救国运动。1935年12月12日,马相伯、沈钧儒、邹韬奋、章乃器、陶行知、李公朴等280多名文化界名人联合发表《上海文化界救国运动宣言》:提出:"在这生死存亡之间负有指导社会使命的文化界,再也不能苟且偷安",要"站在民众的前面而领导救国运动"。同日,上海妇女界救国会、上海文化界救国会先后成立,上海各界相继成立大学教授救国会、电影界救国会、学生救国会、工人救国会、新闻界救国会、职业界救国会等。宋庆龄、何香凝、冯玉祥等爱国人士大力支持上海的抗日救亡运动,抗日救国运动在上海蓬勃开展起来。

1936年1月28日,上海各界救国会正式宣布成立,并决定进一步扩大组织。此后,救国组织纷纷涌现,北平、天津、南京、济南、青岛、武汉、西安等地也先后成立救国会。5月31日,全国各界救国会在上海成立,选举宋庆龄、何香凝、沈钧儒、邹韬奋等40余人为执行委员。救国会的宗旨是"团结全国救国力量,统一救国方策,保证领土完整,谋求民族解放",主要任务是促成全国各党派的团结合作,共同抗日。沈钧儒、章乃器、陶行知、邹韬奋于7月15日联合署名发表《团结御侮的几个基本条件与最低要求》,明确表示赞同和支持中国共产党提出的建立抗日民族统一战线的主张。

由于救国会的活动与国民党内战、独裁投降的反动政策针锋相对,南京国民政府极为惶恐,开始打击、压制救国会。6月2日,上海市长吴铁城收到沈钧儒等要求认可救国会的文件。吴铁城不但不承认,反诬蔑救国会是"少数野心家"操纵的,并叫嚣要取消一切救亡团体。救国会领袖们不畏当局的高压,铁骨铮铮,毫无惧色,声明"忠于宣言的每一句话,宁可坐牢而不愿卖国"。

国民党政府内外交困,断然对救国会下了毒手,逮捕了"七君子"。于是,在江苏省高等法院监狱和法庭内外展开了一场爱国无罪与"爱国有罪"的斗争。"七君子"在狱中风雨同舟、患难与共,共同开展对国民党的斗争。

1937年4月,江苏高等法院栽赃陷害,无中生有地罗织"十大罪状"拼凑了"起诉书"。"七君子"针锋相对地写了一篇义正辞严的答辩状,把起诉书驳得体无完肤。蒋介石见一计不成,又生一计,对他们许诺说只要他们写一纸"悔过书",即可立即出狱,到南京做官。"七君子"不为所动,表示既没有过,也不用悔,个人自由事小,争取救国无罪是民族存亡的大事,宁可不出狱,但愿"爱国无罪"4个字"永垂史册"。

在法庭上,更是展开了一番唇枪舌剑的交锋。6月11日,第一个受审的是沈钧儒。检查官问:"你知道你们被共产党利用了吗?"沈钧儒答:"假使共产党利用我抗日,我甘愿被他们利用,并且不论谁都可以利用我抗日,我都甘愿被他们为抗日而利用。"审判长张口结舌,一句话也答不上来。第二个受审的是章乃器。检查官问:"你对各党派是主张联合的吗?"章乃器答:"在这国难空前严重的时候,每一个中国人都愿意各党派联合起来一致抗日!"检查官又问:"剿共是错误的吗?"答:"我认为我们内部不应该再有摩擦,在亡国的威胁之下,自己内部还有什么恩怨可谈呢?"一番话铿锵有力,掷地有声,检查官无言以对。审王造时时,检查官问:"你们要建立一个抗敌政权,是不是不要现政权?"王造时义正辞严:"抗日救国是救国会的目的,救国会认为必须全国人民团结起来,才能够达到这个目的。这几年来的国难与国内的分裂情形实在有极大关系,如果国内有真正统一的局面,一切力量已经真正集中了,那么我中华民国绝不至于被日本帝国主义抢去东北三省和察哈尔、河北的一部分,到今日这种河山破碎的地步。因此,救国会认为必须全国真正统一起来,把全国人力、财力、物力真正集中起来,才能谈到抗日救国。要抵御外侮,必须要有一个统一的强国的政府。"一番话说下来,听者无不动容。接下来受审的是李公朴、邹韬奋、沙千里、史良,他们义正辞严的答辩驳得检查官理屈词穷。

法庭上,"七君子"针锋相对,坚决斗争。法庭外,全国掀起了声势浩大的营救活动,北平、天津、上海各界人士纷纷集会抗议,联名签署营救请愿书。6月25日,宋庆龄等16人发起救国入狱运动,对上海新闻界发表书面谈话,表示随时准备入狱,同时发表《救国入狱运动宣言》:"我们准备去入狱,不是专为了营救沈先生等。我们要使全世界知道中国人绝不是贪生怕死的懦夫,爱国的中国人绝不仅是沈先生等七人,而是千千万万个。中国人心不死,中国永不会亡!"

社会上反响强烈,全国各界纷纷响应,踊跃参加,救国入狱运动风起云涌。由于宋庆龄的地位和威望,加上使用的斗争形式和平合法,国民党反动派无可奈何,不敢公开干涉和镇压,反而面临巨大的政治压力。7月15日,宋庆龄满腔悲愤,带着简单行装来到苏州,要求江苏高等法院收押她,同行的还有诸青来、彭文应、汪馥炎、张天翼、潘大逵、胡愈之、张定夫、张宗麟、沈兹九、陈波儿、胡子婴11人,他们在宋庆龄率领下到江苏高等法院见院长,庭长朱树声出面接待。宋庆龄指责道:"我们有事找院长,他为什么不见?就是蒋委员长,我们要见也是可以的,他都要亲自出来,院长为什么不出来?"院长被迫出来,宋庆龄说:"如果他们七位因主张抗日救国有罪入狱,则我们十余人亦应共同负责,一同坐牢;如爱国无罪,则应同享自由,立即释放他们七位。"中外报刊都对此进行大版面报道,国民党反动派十分狼狈。

卢沟桥事变后,团结抗日局面形成,"七君子"被无罪释放。

西安事变

东北三省沦陷后,日本加强了对中国的进犯,全国掀起了抗日救亡运动的高潮。蒋介石仍坚持不抵抗的政策,同时加紧进攻陕北的红军。当时在陕北的是以张学良为首的东北军和以杨虎城为首的西北军(即第十七路军),中国共产党为了推动抗日民族统一战线的建立,结束内战,共同抗日,对他们做了大量的工作。早在1935年12月,汪锋就被毛泽东派往西安会见杨虎城。杨虎城早年参加过辛亥革命,有忧国忧民的思想和解救广大劳苦大众于水深火热之中的远大抱负,和中共上海地下党组织和中共北平局也有联系。因此,他见到毛泽东的信后非常高兴,从内心赞同共产党的政策,对蒋介石对外投降、对内作战的反动政策十分不满。1936年,双方经多次协商后达成4项合作协议:一、红军与十七路军在共同抗日的原则下,各守原防,互不侵犯;二、互派代表,建立电台,密切联系;三、十七路军在适当地点建立交通站,从运输、物资、人员交往方面帮助红军;四、双方同时做抗日准备工作。不久,杨虎城即按协议再设立3个交通站,帮助中国共产党购买所需物资,方便同中共人员的往来。共产党派张安彬为驻十七路军代表,杨虎城任命他为总指挥部政治处主任秘书。

争取西北军的同时,中共把争取东北军作为工作的重点,因为东北军在西北有着十分重要的地位:一是由于其数量大,当时陕甘宁苏区周围有敌军173个团,其中东北军就占有60个团;二是东北军统帅张学良同时又是国民党军的副总司令,在国民党军中有举足轻重的地位。另外,东北军是在东三省沦陷后,由于蒋介石的不抵抗政策而被迫撤进关内的,将士怀念故土,强烈要求抗日,收复家园,他们从心里都赞同中共的抗日主张。因此,中共非常重视对东北军的工作。

但蒋介石一意孤行,强令东北军进攻红军。1935年10—11月,东北军在对红军的作战中,连战连败,被俘近万人,红军对被俘者不杀不辱——愿留的,分别留任职位;愿回的,一律发给路费;负伤的,同红军伤员一样治疗。11月16日,毛泽东写信给东北军第五十七军军长董英斌,讲明优待俘虏的政策,提出东北军与红军互不侵犯;东北军中的任何部队,不论过去打过红军与否,凡愿抗日反蒋者,红军均愿与其订立条约,一同抗日反蒋。中共的政策产生了巨大的作用,被红军俘虏的东北军六十七军六一九团团长高福源,经过中共的工作,接受了中共停止内战一致抗日的主张,提出愿意回东北军劝说张学良、王以哲同红军联合抗日。1936年1月上旬,高福源回到洛川,向张学良、王以哲报告,规劝他们联共抗日。此时张学良正处于彷徨之中,九一八事变后,他执行蒋介石的命令丢掉东三省,大军一撤千里,被国人斥为"不抵抗将军"。年轻有为、满怀抱负的他深感无颜见江东父老。东北军流亡关内后,全军上下一致呼吁"打回老家去",身负国耻家仇的张学良也希望回师东北,报仇雪恨,但蒋介石偏派他攻打红军。战场上,东北军毫无斗志,连连失败,损兵折将,官兵怨声载道,张学良苦闷异常。1935年10月,张学良趁出席国民党第五次全国代表大会之机,专程到上海看望了他的好友《新生》主编杜重远和东北义勇军将领李杜。他们都反对蒋介石的妥协政策,主张抗日。他们的意见对张学良产生了很大的影响,但他对红军的政策和苏区的状况毕竟了解不多,经过高福源一番慷慨陈词,张学良深受感动,也看到了高的真心和中共的诚意,表示愿意和中共联络谈判。

高福源回到陕北，向毛泽东、周恩来报告后，毛、周非常高兴，当即派中共中央联络局局长李克农前往洛川，进行接触。1936年1月17日，李克农抵洛川，同王以哲、张学良商谈，张学良表示愿为国防政府奔走游说，并与红军各守原防，互相通商。毛泽东得知这一情况后，采取主动姿态，于1月25日与周恩来、彭德怀等联名发出《红军为愿意同东北军联合抗日致东北军全体将士书》，提出"誓死不做亡国奴"的口号，表示红军愿意先同东北军联合，作抗日先锋。4月9日，周恩来亲抵肤施，当晚与张学良、王以哲彻夜长谈。张学良为中共政策和周恩来的气度所折服，承认红军真心抗日，表示不愿打红军，赞成中共停止内战、一致抗日的方针。张学良认为蒋介石身边有许多亲日派，使他下不了抗日的决心，主张由他在里面劝，共产党在外面逼，则抗日局面可成，表示酝酿国防政府，组建抗日联军。13日，周恩来回到瓦窑堡。由于共产党的大力工作，1936年8月，东北军、十七路军和红军三位一体的抗日联军的设想，在西北地区实现了。

蒋介石对西北局势的变化非常恼怒。1936年10月，他亲自飞往西安，逼迫张学良、杨虎城继续"剿共"，并调集260个团的兵力，准备对红军大举围攻。他还准备撤换张、杨，另派他的嫡系蒋鼎文为前敌总指挥，派胡宗南到陕西边境切断东北军、西北军同红军的联系。这年冬，陈诚、卫立煌、蒋鼎文等20多位将领聚集西安，战争一触即发。

张学良对蒋的倒行逆施十分不满，曾多次规劝蒋介石。12月7日，张学良又痛切陈辞，恳求蒋介石改变"攘外必先安内"的错误主张。蒋介石勃然大怒，拍着桌子痛斥张学良，骂他年幼无知，受了共产党的"迷惑"，高喊"你就是拿枪打死我，我也不能停止剿共"，二人不欢而散。随后，杨虎城又劝说，也被蒋严辞拒绝。张、杨见蒋不可救药，开始考虑"兵谏"。

12月9日，西安万余青年学生为纪念一二·九运动一周年举行示威游行，蒋介石严令特务军警镇压，学生群情激愤，准备前往华清池向蒋请愿。蒋介石令张学良派军镇压，如不听劝阻，格杀勿论。张学良乘车到场劝说学生，群众高呼："我们愿意为救国而死，我们前进吧！"群众的悲愤呼号，激发了张学良的爱国热情和勇气，他流着热泪对学生恳切地说："诸公放心，一个星期之内，我必定给你们一个满意的答复!"群众回去后,张学良直奔杨虎城处,开始商谈捉蒋的计划,下定决心"兵谏"。

张、杨二人经具体部署后,商定东北军负责到临潼捉蒋,西北军负责拘禁在西安城内的蒋系军政要员。经过周密策划后,行动开始了。12月12日晨5时许,东北军卫队营营长孙铭九率一个连冲进华清池,与守卫士兵激战。蒋介石从睡梦中惊醒,仓皇出逃,翻墙时跌伤脊椎骨,躲到骊山一块大石后。捉蒋部队冲进蒋的卧室,发现人不在,但床上的被褥尚有余温,他们估计蒋不会跑远,立即搜山,在草丛中将蜷成一团的蒋介石捉到,将他押解至西安新城大楼。同时,西北军也展开行动,在军官训练大队副队长赵寿山带领下,将南京军政大员陈诚、朱绍良、卫立煌等数十人活捉,拘禁在西安招待所。这就是震惊中外的"西安事变"。

事变发生后第二天,张、杨通电全国,申明"兵谏"的目的,提出八项主张:(一)改组南京政府容纳各党派共同负责救国;(二)停止一切内战;(三)立即释放上海被捕的爱国领袖;(四)释放一切政治犯;(五)开放民众爱国运动;(六)保障人民集会、结社一切政治自由;(七)确实遵行孙中山遗嘱;(八)立即召开救国会议。张、杨还采取一系列措施:邀请中共代表参加谈判,撤销西北剿匪总司令部,组成以张、杨为正、副委员长的"抗日联军临时西北军事委员会";组织抗日援绥军第一军团,孙蔚如为军团长,王以哲为副军团长;解散国民党陕西省党部;释放西安的政治犯等。

西安事变发生后,全国反响强烈,各界爱国人士对张、杨的爱国行动给予广泛的同情和支持。西安事变在国际上也引起了很大的震动。各帝国主义国家从本国的利益出发,态度各异。日本政府阴谋制造大规模内战,从中渔利,极力主张讨伐张、杨。日本对中国的侵略严重威胁英、美的在华利益,因此英、美等国反对日本独占中国,主张和平解决西安事变。帝国主义国家的不同态度反映在南京政府内则是亲日派和亲英、美派的对立。以军政部长何应钦为首的亲日派力主讨伐张、杨,企图借机置蒋介石于死地。12月16日,国民党中央会议决议推举何应钦为"讨逆军总司令",调派大批军队开赴潼关,准备进攻西安。南京政府内与蒋介石有密切联系的宋氏家族、孔祥熙等人,坚决反对"讨伐派"的主张,他们代表英、美帝国主义的利益,主张和平解决西安事变。当时在南京的冯玉祥也主张和平解决事变。张、杨对事变后纷乱复杂的形势无所适从,迫切盼望中国共产党派代表来商讨解决事变的办法。

中共中央正确分析了形势,确立了基本方针:(一)反对新的内战,主张南京与西安间在团结抗日的基础上和平解决;(二)用一切方法联合南京左派,揭穿日寇及亲日派利用"拥蒋"为号召,发动新的内战的阴谋;(三)同情西安事变的发动,给张、杨以积极的实际的援助,使之彻底实现西安事变的初衷;(四)切实准备"讨伐军"进攻时的防御战,给"讨伐军"以严重的打击,促其反省,促成全国性的抗日统一战线的建立与全国性抗日战争的发动。中共认为,对于蒋介石,只要他同意停止内战一致抗日,就应释放他。

12月16日,应张、杨的邀请,周恩来、秦邦宪等到西安,与先期抵达的叶剑英会合后,前往参加谈判。周恩来将中共提出的停止内战、逼蒋抗日、和平解决西安事变的方针,转告张学良和杨虎城,对他们的爱国行动表示肯定和支持,对他们说明,在全国人民抗日救亡运动高涨、国民党内爱国力量日益增长的形势下,加之日本帝国主义与英、美在华利益的冲突,是有可能迫使蒋介石同意抗日的。如能说服蒋介石停止内战、一致抗日,中国就会实现全民族抗战,否则可能引起更大的内战。历史的责任要求我们力争说服蒋介石,只要他答应停止内战、一致抗日的主张,就可以释放他回南京,这样有利于发动全面的抗日民族解放战争。周恩来的精辟分析坚定了张、杨逼蒋抗日的决心。12月23日,宋子文、宋美龄代表蒋介石与西安方面正式谈判,周恩来作为中共全权代表参加了谈判,最后达成六项决议:(一)改组国民政府、容纳抗日分子;(二)释放上海爱国领袖及政治犯;(三)停止"剿共"政策,联合红军抗日;(四)召集各界各军的救国会议,决定抗日救亡方针;(五)改变外交政策,与同情中国抗日的国家建立合作关系;(六)其他的救国方法。达成协议后,蒋介石以"领袖人格"担保,不做书面签字,提出回南京后分条逐步执行。西安方面以民族利益为重,表示同意,和平谈判获得初步胜利。25日下午3时半,张学良亲自护送蒋介石直奔西郊机场,同蒋介石一同飞回南京。蒋介石回到南京后,背信弃义,扣押了张学良。

周恩来与中共代表团在经历2个多月艰难曲折的斗争后,终于争取了西安事变的和平解决，国民党亲日派扩大内战的阴谋破产。西安事变的和平解决成为扭转时局的关键，长达10年的内战基本结束，开始了国内和平的新局面，国共两党开始重新合作，走上了共同抗日的道路。

第二次国共合作

西安事变和平解决后，国共双方开始谈判，商谈第二次国共合作事宜。1937年2月9日，顾祝同任西安行营主任，当天周恩来与顾祝同、张冲、贺衷寒在西安举行高级会晤。1937年2月10日，中共中央致电国民党五届三中全会，向国民党提出五项要求：停止一切内战，集中国力，一致对外；保障言论、集会、结社自由，释放政治犯；召集各党、各派、各界、各军的代表会议，集中全国人才，共同救国；迅速完成对日抗战的一切准备；改善人民生活。同时，表示如果国民党做到上述几点，中共愿做如下保证：（一）停止推翻国民党政府的武装暴动方针；（二）苏维埃政府改名为中华民国特区政府，红军改名为国民革命军，受南京国民政府和军事委员会指导；（三）在特区政府内实行普选的民主制度；（四）停止没收地主土地的政策，实行抗日民族统一战线的共同纲领。这些表明中共对国民党做了很大的让步。但双方分歧仍然很大，争执不下。在军事编制上，中共提出红军改编为4个军12个师，军饷按中央军待遇，或至少每月接济80万—100万元。另一个问题是中共要求停止对西路军的进攻。西路军是1936年10月，中共为打通苏联的国际通道，令徐向前、陈昌浩率2万人西出甘肃，部队称"西路军"，但在国民党地方武装马步芳、马步青的围剿下，只剩3000人。顾祝同对西路军的问题避而不谈，对红军编制问题也与红军分歧严重。周恩来致电给毛泽东、张闻天，建议红军可编为4个师，每师3个旅6个团，约1.5万人，其余为直属部队，毛、张表示同意。但蒋介石坚持红军只能编为3个师9个团，毛泽东、张闻天给周恩来复电说，如果蒋坚持3个师，只得照办，但每师不少于1.5万人，要周恩来尽快会见蒋介石。

1936年3月16日至3月底，周恩来在潘汉年陪同下来到杭州，同蒋介石谈判。6月4日，在庐山又与蒋进行多次会谈，但均未取得实质性进展。6月18日，周恩来回到延安，中共中央召开书记处会议后，再次让步，提出一个新的合作方案。方案表示，红军所设机关称指挥部或政训处均可，但不论以何种名义，都须具备指挥机能。这个机关须由朱德负责，毛泽东不拒绝出外工作，但须在适当时机。关于边区行政人选，可在宋子文、于右任、张继3人中择一正职。此外，要求南京方面尽快发表红军改编名称、番号和边区政府组织，否则边区将于7月举行民主选举，8月1日自行宣布红军改编。周恩来起草了《中共中央为公布国共合作宣言》，由毛泽东、张闻天修改定稿。

1937年7月7日，卢沟桥事变爆发，第二天中共通电全国，表示愿意在蒋委员长领导下为国效命。毛泽东、朱德、彭德怀等联名致电蒋介石，表示红军愿改名为国民革命军，为抗日前驱，在蒋委员长领导下与敌决一死战，但蒋介石反应冷淡。7月13日，周恩来、博古、林伯渠再上庐山，再次同蒋介石谈判。蒋介石态度消极，自食其言，漫天要价，中共方面作出很大的让步，蒋仍不满意。中共中央指示周恩来速回延安，不再与之谈判。周恩来临行前对蒋说，红军即将改编，出师抗日，改编后的红军不仅设政治部，还要设总指挥部，无论军队还是边区政权，中共都保持独立原则，南京方面不得派一人。说罢，他随即返回延安。

此时，日军疯狂进犯，国民党军接连失利，战事扩大到山东、山西，同时沿津浦路、平汉线南下。时局紧迫，蒋介石只好召开国防会议，邀中共代表出席。中共派周恩来、朱德、叶剑英参加会议，并再次同南京方面举行谈判。8月13日日军大举进攻上海，与南下津浦、平汉线的日军相呼应，威胁南京。蒋介石此时南北不能兼顾，迫切需要红军出兵华北，牵制日军，因此同意红军改编。8月19日，南京政府正式同意红军改编为国民革命军第八路军，改编后设总指挥部，朱德、彭德怀分任正、副总指挥。8月22日，国民政府军事委员会正式公布改编命令，后按抗日序列将八路军改为第十八集团军。8月25日，红军正式改编为国民革命军第八路军，朱德、彭德怀为正、副总指挥，叶剑英任参谋长，左权为副参谋长，任弼时、邓小平为政治部正、副主任，下辖一一五、一二○、一二九三个师。一一五师师长林彪，副师长聂荣臻，参谋长周子昆，政治部主任罗荣桓；一二〇师师长贺龙，副师长肖克，参谋长周士第，政治部主任关向应；一二九师师长刘伯承，副师长徐向前，参谋长倪志亮，政治部主任张浩。

7月中旬，博古、叶剑英继续同南京谈判，内容涉及国共合作宣言，南方游击队、八路军开赴抗日前线等问题，取得了一些一致意见：一是南京方面同意八路军开赴山西、河北抗日前线；二是同意中共南方各省游击队改编为国民革命军新编第四军，以叶挺为新四军军长；三是同意中共在南京、上海等大城市设办事处，同意中共在南京办《新华日报》，在国统区出版《群众》杂志；四是对国共合作宣言内容，双方都有所妥协。9月22日，国民党中央通讯社公开发表了《中共中央为公布国共合作宣言》，23日蒋介石在庐山就国共合作宣言发表谈话。

《中共中央为公布国共合作宣言》的公开发表和蒋介石的庐山谈话，表明国民党承认了共产党在全国的合法地位和愿意同红军合作抗日的意向，标志着第二次国共合作正式建立，抗日民族统一战线终于实现。从此，一场改变整个中华民族历史命运、改写中国历史的伟大民族革命战争开始了。

马本斋

马本斋生于1901年，少时因家境贫寒四处流浪，后加入东北军，从战士升到团长。他作战勇敢，足智多谋，深得官兵爱戴。"九·一八"事变发生后，东北军奉行蒋介石的不抵抗政策，马本斋对此十分不满，加之旧军队内部腐败，马本斋满腔爱国热情无从施展，愤然弃官回乡为民。抗战爆发后，日军打到华北，马本斋在家乡组织回民武装，并接受共产党的领导，光荣地加入了中国共产党。

这年夏天，马本斋的回民教导总队改编为八路军冀中军区回民支队，马本斋任司令员。这是一支党领导下的回民抗日武装，支队设政治处，开展政治工作，各个战斗单位建立了共产党支部。马本斋在极端困苦的条件下，在冀中平原坚持游击战。他利用熟悉地形、民俗的优势，加之足智多谋、善于指挥，给日军以沉重的打击。日本侵略者对他恨之入骨，千方百计要消灭他。马本斋发扬革命的大无畏精神，巧妙地与敌周旋，率领部队灵活机动地深入敌后，拔除敌人据点，破坏敌人交通，对日伪的统治造成严重的威胁，日军对他们一筹莫展。1938年8—11月，回民支队战斗30余次，破坏敌控铁路70余处，阻碍敌人列车70余次，击毙日军500余人。战斗的胜利极大地鼓舞了冀中人民，回族青年纷纷参加这支队伍，部队很快发展到1500余人。

1938年末至1939年初，日军向冀中发动大规模的扫荡，回民支队和八路军主力配合，展开了反"扫荡"斗争。1939年冬，回民支队在无极至藁城的公路上伏击抢粮的日军，歼敌300余人，击毁敌汽车8辆，缴获大批新式武器，粉碎了敌人的抢粮计划。1940年夏，在康庄伏击日军时，马本斋指挥部队速战速决，击毙、俘获日军80余人，而支队无一伤亡，沉重地打击了日军的嚣张气焰。由于他们的出色表现，冀中军区授予其"能征善战的回民支队"的锦旗，毛泽东题写了"百战百胜的回民支队"的赞语。

日军屡屡失败，恼怒异常，便生出一条毒计。1941年8月4日深夜，日军出动兵力100余人包围马本斋的家乡献县东辛庄，次日将全村群众驱赶到清真寺门前的草坪上，逼迫群众供出谁是马本斋的母亲，群众宁死不说。日军就以灌辣椒水、火烧、刀刺等种种酷刑威逼。马本斋的母亲不忍乡亲们为她流血牺牲，愤然高喊："我是马本斋的母亲！"她大声斥问日伪军，毫无惧色。"你们不是想抓马本斋吗？他是我儿子，他就在河东岸，你们怎么不到那里去抓他呢？"日军将马母带回河间，软硬兼施，妄图以她来要挟马本斋。叛国分子哈少甫前来规劝，让马母给儿子写信，要马本斋为营救母亲而投降。马母痛斥哈少甫："你这个民族败类，你们祸国殃民的罪行迟早要被人民清算，你们不会有好下场的！"哈少甫灰溜溜地走了。日军一计不成又生一计，指挥官亲自出马，对马母说："你要是写信叫马本斋来河间谈判，要什么条件都可以答应。"马老太太怒视着日本指挥官，义正辞严地说："我的儿子当八路军是我叫他去当的，我儿子打你们是我叫他打的，叫我写信劝他投降，万万不能。马本斋就在河东，你们去找他嘛！抓我这个手无寸铁的老太婆干什么？讲条件，就是让本斋不要管我，好好带着回民支队彻底消灭你们这群强盗。"日本指挥官悻悻而去，盼咐对她严加看管。马母开始绝食斗争，9月7日从容就义，时年68岁。临终前，马老太太对押在她身边的一个亲戚说："告诉本斋，叫他好好打鬼子给我报仇，给乡亲们报仇。"马母凛然殉国后，朱德、彭德怀、罗瑞卿、陆定一等联名致电冀中军民，高度赞扬马母深明大义、勇敢坚定的革命精神，对马本斋致以兄弟的慰问。

日军威逼马母劝子投降的毒计失败后，仍不死心，利用汉奸特务诱骗马本斋投降。马本斋满怀国恨家仇，坚持中华民族的高尚品格，识破日军的阴谋，先后将前来劝降的敌特哈少甫、马庆来处死。马本斋强忍失去母亲的悲痛，继续指挥回民支队驰骋于大清河两岸和子牙河以东地区，给日军以沉重地打击。

1942年，冀中开展"五一"反"扫荡"作战，马本斋率回民支队转战于冀、鲁、豫和鲁西地区，被提升为冀鲁豫军区第三军分区司令员。数年来，回民支队进行大小战斗870余次，歼灭日伪军3.76万余人，攻克敌碉堡、据点和破坏敌铁路数百处，缴获大批枪炮、弹药、战马和军用物资，创造了辉煌的战绩。冀中军区通报嘉奖回民支队英勇善战、顽强杀敌的精神，授以"无攻不克，无坚不摧，打不垮、拖不烂的铁军"的锦旗。1944年2月，马本斋因积劳成疾，患口疮转肺炎，在动身去延安的前夕，在山东莘县医治无效，不幸逝世，终年44岁。中共中央在延安开了追悼会。毛泽东的挽词是："马本斋同志不死。"朱德的挽词是："壮志难移，回汉各族模范；大节不死，母子两代英雄。"1944年4月18日，回民支队来到延安，成为一支保卫边区的队伍。

国际主义战士白求恩

中国的抗日战争是世界反法西斯战争的一部分，中国战场是抗击日本法西斯的主要战场，抗击着日本在亚洲战场80%以上的兵力。这场战争的进程和胜利和国际反法西斯战争是分不开的，中国人民的抗战事业得到各国人民的同情和支援。许多国家的共产党人和反法西斯战士来到中国，与中国人民并肩战斗。他们不畏艰险，从世界各国来到中国抗日根据地或战斗前沿，为抗日军民服务，诺尔曼·白求恩是他们中的杰出代表，为中国的解放事业献出了宝贵的生命。

诺尔曼·白求恩是加拿大人，系著名的胸外科专家，1935年加入加拿大共产党，曾率医疗队支援西班牙的反法西斯战争。1938年，他受加拿大和美国共产党的派遣，远渡重洋，艰苦跋涉，携带一批医疗器材于3月底来到延安，后又到五台山、太行山一带工作。

白求恩对工作非常认真负责。一次护士换药时，被他发现瓶里的药和瓶上的标签不一致，他立即用刀把瓶签刮掉又和蔼地对发愣的护士说："亲爱的小同志，我刚才做的是对的，要知道这种粗枝大叶的作风会置人于死地的。我们要对病人负责啊！"护士听后非常感动。还有一次，一名需要做手术的伤员因流血过多需要输血，但当时找到血源比较困难，白求恩说："我是'O'型万能输血者，输我的。"大家考虑到他年纪太大了，身体又不太好，都不同意。白求恩严肃地说："前方将士为了国家、民族不惜流血牺牲，我在后方工作，拿出一点点血有什么不应该的呢？再说，你们都刚输血不久，不能再输了，抢救伤员要紧。来，快动手吧！"说完，他伸出消瘦的手臂，于是300毫升鲜血输到了战士身上，战士得救了。

1939年，日寇发动大规模的"冬季扫荡"，白求恩带领医疗队来到离前线不远的孙家庄，把手术室设在孙家庄的木板戏台上，开始了紧张的救护工作。白求恩一刻不停地在手术台边忙碌地工作着，突然一个哨兵跑来报告："敌人从我们后方过来了，离这儿不远！"部长让白求恩马上转移，白求恩问："外面还有多少没有动手术的伤员？""10名，大部分是重伤。"一名护士回答。白求恩说："敌人来了是危险，可是这些伤员更危险，做完手术再走吧！"部长恳切地对白求恩说："请您先走，留下几个医生继续做手术。"白求恩急得脸都红了，急切地对部长说："不行，我一走就会减少一张手术台，就会增加伤员的痛苦和危险，时间也会拖得更长。"说完，他对门外大声喊道："把伤员抬上来！"于是，手术继续进行。这时，负责保卫医疗队的警卫分队已同敌人打起来了，手术室周围子弹乱飞，手术室里充满了火药味，手术台上的伤员从昏迷中苏醒，挣扎着对白求恩说："白大夫，您走吧，不要管我，这里危险！"白求恩温和地对他说："不，孩子，听我的，再过几分钟，手术就做完了。要不，你这条腿就保不住了。"伤员满含热泪，恳求道："求求您，快走吧！我不能连累您，给我一颗手榴弹，我跟鬼子拼啦！"白求恩一边继续做手术，一边安慰他，让他冷静，突然"轰隆"一声传来，一颗炮弹在手术室周围爆炸，手术室里顿时浓烟弥漫，但白求恩还是沉着地做着手术，就像什么也没有发生似的……战斗激烈地进行着，白求恩担心手术做不完，又担心身边同志们的安危，心里很着急，突然一不小心，手术刀割破了自己的手指，他举起左手，在碘酒里浸了一下，又继续工作。终于，手术做完了，医疗队在警卫战士的掩护下迅速撤离孙家庄，脱离了险境。撤退的路上，他的手疼得特别厉害，还发了炎。同志们劝他休息，他满不在乎地说："只是划破了皮，不算伤，我的工作不能停下来。"

不幸的是，后来在给一位伤员做手术时，他那切伤了的中指碰到了伤员的创口，受到链球菌感染，得了败血病，但他仍以惊人的毅力挣扎着主持医疗工作。原本精神焕发的他被疾病折磨得颧骨突起，面颊消瘦，疲惫不堪。一次做完手术后，他竟昏倒在身边医务人员的怀里。党中央和毛主席知道后，从延安发来急电，命令不惜一切代价抢救白求恩，但由于当时条件艰苦，特效药被国民党、日寇劫走，白求恩的病情日益恶化。

1939年11月12日清晨，加拿大人民优秀的儿子，勇敢、热情的伟大国际主义战士白求恩因病情加重，抢救无效，病逝于河北唐县一个小山村的农户家中，结束了他光辉的一生。消息传开，八路军总司令通令全军哀悼，延安各界群众举行追悼大会。毛泽东亲自撰写文章《纪念白求恩》，以纪念他那高尚的品格和他对中国革命作出的伟大贡献。白求恩同志的高尚品德，中国人民将永志不忘。

百团大战

1940年7月，日本军国主义分子近卫文麿组成内阁，积极推行侵略中国的政策，确定了新的侵华计划："南取昆明，中攻重庆，北进西安。"同时，对国民党采取政治诱降为主、军事进攻为辅的方针，对八路军和敌后抗日根据地则加强了军事进攻，疯狂"扫荡"。国民党采取"曲线救国"的方针,投降主义滋长,华北的抗日斗争面临更大的困难。为振奋全国人民的抗战精神,克服投降危险,扭转整个战局的被动局面,八路军总部决定在华北地区组织一次破袭战,采取"截线拔点"的方法,投入较多兵力,截断正太路等敌人主要交通线,使其联络中断,经济断绝,增援不得,然后再采用奇袭、围困、强攻等多种方式歼敌,拔掉其在根据地腹地的据点,以此促成华北战局的发展,打破其进攻昆明、重庆、西安的战略部署,振奋全国人民的精神,争取转变局势。

此役八路军共投入104个团,后来被称为"百团大战"。1940年7月22日,朱德总司令、彭德怀副总司令下达预备作战命令,各部进入预备阶段。8月8日,发出《战役行动命令》,明确各部作战目标。百团大战的主要目标是破袭正定到太原的正太路,目的是彻底破坏正太路若干段铁路,消灭部分敌人,收复若干重要关隘据点,较长时期截断该线交通,并乘机扩大战果,扫除南北沿线地区若干据点,完全截断该线交通。正太线全长249千米,横贯太行山脉,沿线有井陉、阳泉等重要煤矿,是日寇重要战略物资运输线和兵运工作的主要交通线,因此日军派重兵在沿线防守,日军第四、第八、第九混成旅团,分驻于正太路沿线50个据点,并配有大量的装甲车。日寇吹嘘这是一条"钢铁封锁线"。此外,战役的目标还包括同蒲路北段、平绥路东段、平汉路北段、津浦路北段和北宁、平古、德石以及沧石、平辽等15条主要公路。

8月20日至9月10日,战役第一阶段展开,中心任务是破袭铁路、公路交通。8月20日晚,八路军出其不意,在华北各地数千里交通线上发动突然袭击,使敌交通断绝,通讯中断,华北的敌人一片恐慌。聂荣臻指挥晋察冀军区40个团的兵力发动攻击,以15个团破袭正太路平定至石家庄段,重点放在娘子关、平定段,以25个团的兵力出击北宁路、德州以北之津浦路,正定以北之平汉路,德石路以及沧石、津保等各主要公路。娘子关是由冀入晋的门户,地理位置相当重要,自古为兵家必争之地。当时由于石家庄到德州的铁路还未修通,因此正太路对于华北日军的运输补给相当重要,防守异常坚固。8月20日晚,一颗颗信号弹腾空而起划破夜空,各路部队如猛虎下山,扑向敌人的车站和据点,爆炸声响彻正太路全线。20日晚10时,聂荣臻部潜入娘子关村，将村里的伪军消灭，又依托村庄向顽固的日军发起强攻。经过3个小时激战，全歼守敌，攻占娘子关，烧毁敌营房200余间。与此同时，杨成武率领一支部队攻占井陉矿。攻入矿区后，水火并用，将敌机器设备炸毁，烧毁建筑物，把矿区的积煤浇上汽油焚烧，大火数日不熄。9月10日晚后，天连降大雨，部队将山洪灌入煤井，使井陉矿一时报废，无法生产。晋察冀军区作战20天，歼敌1000多人，攻克娘子关、井陉、苇汉关、贾元、关头村、头泉等10余据点，破坏铁路600余里，炸毁桥梁18座，使正太路瘫痪，取得了辉煌战果。

一二九师在刘伯承、邓小平的指挥下，出动46个团，以15个团进攻正太路平定至榆次段，以8个团进攻元氏至安阳的平汉路，以9个团破袭德石、平大公路南段及邯济线，以12个团破坏太谷至临汾一段铁路、平遥至壶关的白晋路，另以两个团破坏临汾至屯留的公路。8月20日晚10时，刘邓部在200多里的正太路一段同时发动攻击，仅一夜之间就破坏了平定至榆次的大部铁路，随后开始拔除据点。21日，日军在阳泉等地展开反扑。阳泉西南的狮脑山是控制正太路的咽喉。刘邓调主力埋伏于狮脑山一线，敌调兵出击狮脑山，双方展开激烈的争夺战。26日，敌增兵到1500人，出动飞机100余架次轮番轰炸，并释放毒气。一二九师顽强阻击，此役历时7昼夜，有力地保障了各部破路计划的实施。经过10昼夜的奋战，正太路大部分枕木连同铁轨被一起烧毁，电线杆、电线、车站、水塔、桥梁及铁路路基大部分被毁，正太路陷于瘫痪。与此同时，铁路两侧大部分据点被摧毁。8月25日，陈赓部对平定西南的冶西据点发动猛攻，歼敌170余人。7月2日，一二九师两个团与敌1500余人在卷峪沟作战，毙敌300多人。伏击撤退之敌时再歼敌200多人。9月6日，一二九师于榆社地区埋伏，歼敌大队长以下400余人。经过20天作战，一二九师仅在正太沿线就歼敌第四混成旅团近5个大队，出色完成了作战任务。

7月20日到10月初，战斗进入第二阶段，此阶段的主要任务是扩大战果，破袭与歼敌同时进行。

晋察冀军区第二阶段的任务是破涞源、灵丘境内公路，组织"涞灵战役"。涞灵地区地理位置相当重要，一些据点深入到边区内部，夺取这两座县城，扫除这些据点，对巩固边区十分重要。7月22日晚，八路军一部对涞源发起攻击，这里的守敌是日军士官生组成的井田部队，颇有战斗力，因此战斗异常惨烈。25日下午八路军再度猛攻，与敌展开白刃战，敌军终于抵挡不住，将所存武器、物资、粮食集中烧毁，余敌跳火自焚。后来，日军曾作《大日本皇军驻东团堡井田部队恨歌》，其中有"一死遗憾不能歼灭八路军，呜呼团堡"之句。10月2日，八路军声东击西，奇袭南坡头据点，全歼守敌70余人。八路军为防敌人乘虚而入，转移休整。涞灵战役结束，历时18天，歼敌1100多人。

一二九师第二阶段的任务是攻击太行山区的榆社、辽县之敌。攻克榆社，对巩固晋东南根据地异常重要，因此八路军总部把榆辽战役作为百团大战第二阶段的中心任务。9月23日，一二九师一部向榆社发起进攻，经过4次猛攻终于全歼守敌，攻克榆社。其后，一二九师以4个连兵力向榆辽路上管头村据点发起猛攻，经过一个星期苦战，攻克据点，毙敌90多人。经过10天作战，敌第四混成旅第十三大队第一、二中队全部被歼，榆辽公路彻底瘫痪，据点都被荡平。

一二〇师的第二阶段任务是破袭同蒲路北段，经过10天作战，战斗160余次，毙敌2700余人。

华北敌军被八路军的破袭战打得抱头鼠窜。为挽救局势，日军调集10万大军，以飞机、大炮为掩护，用坦克开路，开始对晋察冀、晋东南、晋西北抗日根据地进行报复性扫荡，百团大战第三阶段开始。第三阶段从10月6日到12月5日，中心内容是反扫荡。扫荡从晋东南开始，10月6日敌第四混成旅团和第36师团800余人，分别从辽县和潞城出动，向榆社、武乡、潞城、涉县、辽县地区南北夹击，出动大批军队向浊漳河两岸根据地扫荡。一二九师率军民坚壁清野，分散避敌，集中歼敌，给予日军沉重打击。10月29日，八路军集中3个旅兵力对进驻洪水镇东南之关家垴地区的敌板井大队发动攻击，经过激战，毙敌440余人。第三阶段中，一二九师作战196次，歼敌2700余人。在晋察冀，敌集结兵力1.2万余人，先后对平西、北岳地区进行扫荡。八路军避敌锋芒，开展游击作战，出其不意，沉重地打击敌人。第三阶段中，晋察冀军区共作战320余次，歼敌4495人。

到1940年12月5日，敌人的扫荡被粉碎，敌军退出根据地，百团大战胜利结束。百团大战中，八路军各部共战斗1824次，击毙击伤日伪军 2.58 万人，俘获日军 1.8688 万人，收复县城 50 座。百团大战的胜利成果，是抗战以来最令人振奋的，连国民党也不得不表示佩服。第一战区司令长官卫立煌给朱德、彭德怀发电，表示"深表钦佩"，说："贵部发动百团大战，不唯予日寇致命之打击，且予友军以精神上之鼓舞。"蒋介石来电说："贵部窥此良机，断然出击，予敌甚大打击，特电嘉奖。"日军遭此沉重打击后，士气大落，华北方面军总司令多田骏被撤职，敌人的战略部署被打乱。同时，百团大战也鼓舞了中国军民的抗战信心，克服了国民党中投降主义的倾向，人们从中看到了抗战胜利的曙光。

皖南事变

抗战爆发后，在共产党积极倡导下，建立了以国共合作为基础的抗日民族统一战线。中国人民在统一战线的旗帜下，团结奋战，取得了重大胜利，日军不得不由战略进攻转为战略防御，抗日战争进入相持阶段。国民党在日本诱降、英美劝降的情况下，投降反共的情绪增长，反共摩擦活动加剧，在华北掀起第一次反共高潮。1940 年 3 月以后，反共摩擦的中心移向华中，国民党把矛头指向新四军，制定《限制皖南新四军具体意见》，下令新四军在长江以北的第四、五支队开赴到江南的南京、芜湖一带，以隔断新四军与八路军的联系。同时制定三路进攻新四军的计划，令第三战区司令长官顾祝同、第二游击区副总指挥冷欣、鲁苏战区副总司令韩德勤、第五战区副司令长官李品仙向新四军皖南、苏南、苏北及皖中部队大举进攻。在我军坚决还击下，进攻被打退。蒋介石阴谋未能得逞，又于 7 月 16 日提出《中央提示案》，无理要求削减八路军、新四军编制，要在华中抗战的八路军、新四军开到黄河以北，妄图将其在与日伪夹击下消灭。

1940 年 10 月 19 日，何应钦、白崇禧在蒋介石指挥下，以国民政府军事委员会正副参谋总长的名义，向八路军总司令朱德、副总司令彭德怀、新四军军长叶挺发出"皓电"，蔑称八路军、新四军"不守战区范围自由活动；不遵数量编制自由扩充；不服从中央命令破坏行政系统；不打敌人专事吞并友军"。宣布将《中央提示案》"正式抄达"，限令黄河以南的八路军、新四军1个月内全部开到黄河以北。第二次反共高潮开始了。

国民党顽固派发出"皓电"后，阴谋策划围歼皖南新四军，其阴谋是：如皖南新四军移动，就乘机围歼新四军于途中，或借日伪军之手将新四军消灭于渡江之际；如新四军不动，则以不服从命令为借口就地歼灭。

中共中央经反复研究后，于11月7日向全党发出《关于反对投降，挽救时局的指示》，强调形势严重，全党必须动员起来，反对投降分裂，挽救时局危机，全党中心任务是反对投降和内战，应痛击以何应钦为首的亲日派和内战挑拨者，并指出蒋介石还有抗日的可能，应尽量争取。11月9日，中共中央以朱德、彭德怀、叶挺、项英的名义发出致何应钦、白崇禧的"佳电"，驳斥了"皓电"的造谣诬蔑；揭露亲日派妄图"以内战代抗战，以投降代独立，以分裂代团结，以黑暗代光明"的险毒用心，例陈八路军、新四军数年来团结抗日、御敌保国、收复失地的事实，拒绝其要八路军、新四军开到黄河以北的无理命令；同时表示为了顾全团结抗战，可以将皖南新四军移到长江以北。电报发出第二天，叶挺前往上饶见顾祝同，交涉北移问题。1940年12月初至中旬，皖南新四军组织北上先遣队1700余人携重要资料分三批移往苏南北渡。1941年1月4日，新四军军部及所属部队共9000余人，在叶挺、项英率领下，分三个纵队北上，计划绕道茂林，由三溪、旌德、宁国、郎溪经苏南北渡。从5日开始，北上部队遭到敌优势兵力的袭击。9日，新四军于茂林地区被敌包围。10日上午，皖南新四军各部约5000人到达石井坑，被优势敌人包围，叶挺、项英一面构筑工事，控制制高点，休整部队待机突围；一面致电党中央，表示"上下一致，决心打到最后一人一枪"。12日，敌军5个师向我军合击，新四军指战员英勇奋战，坚守石井坑，伺机突围。这天，中共中央决定新四军由叶挺、饶漱石负责领导，两次发来电报，指示"如有可能，似以突围出去分批东进或北进为有利"，"同时应注意与包围部队首长谈判"，"重庆方面，正在交涉，但你们不要指望，一定靠你们自己"。晚上，叶挺决定突围，一部分突破了敌军的包围圈。13日凌晨，新四军军部向东北方翻过一座大山，又遭到敌军重重包围，几次突围未果，损失很大，叶挺和饶漱石商定同敌军谈判。14日，叶挺给中共中央发出最后一次电报后，烧掉密码砸毁电台。为挽救危局，保全部队，下午4时，叶挺亲赴一〇八师师部谈判，被敌扣押，新四军阵地旋即被占领。至此，皖南事变结束。事变中，新四军除2000余人突围或在群众掩护下保存下来外，3000多名指战员牺牲，3700多人被俘，政治部主任袁国平牺牲，副军长项英、参谋长周子昆在转移中被叛徒杀害。1月17日，蒋介石发表命令和谈话，诬蔑新四军为叛军，宣布取消番号，将叶挺交军事法庭审判。至此，国民党把第二次反共高潮推向顶峰。

中国共产党对这一暴行进行了猛烈反击，认为只有针锋相对的斗争，才能打退蒋介石的挑衅和进攻，否则不足以团结全国人民，团结本党本军。1月18日，中共中央发言人就皖南事变发表谈话，同时发表《关于皖南事变的指示》，谴责国民党抱着反共成见，不顾民族抗战大义，在"大敌当前困难益深之际"，进行反共摩擦和制造皖南事变的罪行；指出皖南事变"是抗战以来国共两党间，也是抗日民族统一战线内部空前的严重事变"，"歼灭皖南新四军之无耻罪行，不过是整个阴谋计划公开暴露之一部分，仅仅是亲日派阴谋家和反共顽固派以内战代抗战、以分裂代团结全部阴谋公开实行之开端"。"皖南事变及国民党的公开处理，在全国人民及全世界公正人士面前，暴露着国民党破坏抗战破坏团结的真面目"。中共呼吁全国一切爱国军民同胞以民族国家命运为重，打破少数亲日分子及民族败类的投降卖国的无耻阴谋，严整抗日阵容，坚持抗战到底。周恩来在重庆同国民党进行了针锋相对的斗争。1月17日晚上，周恩来得知国民政府军事委员会发布命令和谈话后，打电话向何应钦和张冲提出严重抗议，怒斥何应钦："你们的行动，使亲者痛、仇者快，你们做了日寇想做而做不到的事，你何应钦是中华民族的千古罪人！"当日深夜，周恩来亲笔题词："为江南死难者致哀！""千古奇冤，江南一叶，同室操戈，相煎何急？！"第二日刊登在重庆出版的《新华日报》上。18日下午，叶剑英起草《新四军皖南部队惨被围歼真相》文章，周恩来审阅后，以秘密传单形式散发，痛斥了国民党顽固派对新四军的诬蔑，揭露了事实的真相。全国人民义愤填膺，愤怒声讨国民党顽固派。爱国人士、民主党派、海外侨胞以及国际进步舆论也纷起谴责国民党顽固派制造内战的行径，同情和支持共产党的正义主张。宋庆龄、柳亚子、何香凝在香港发起抗议，三次致信蒋介石，要蒋"悬崖勒马"，"撤销剿共部署，解决联共方案，发展各种抗日实力，保障各种抗日党派"。国民党军队中爱国将领也反对蒋介石制造内战，冯玉祥大骂何应钦搞阴谋。"新四军抗日有功，妇孺皆知，此次被政府消灭，政府有何办法挽回人民的反对？"英美对皖南事变也不赞赏，国民党顽固派空前孤立。

1月20日，中共中央革命军事委员会发布命令，任命陈毅为新四军代理军长，刘少奇为政治委员，张云逸为副军长，赖传珠为参谋长，邓子恢为政治部主任。新的军部于1月25日在苏北盐城宣告成立。由于共产党的坚决斗争及国内国际舆论的压力，蒋介石在1941年3月6日的国民参政会第二届会议上"保证"绝不再有"剿共"的军事行动。14日，蒋介石约见周恩来，答应解决国共之间的若干问题。至此，以皖南事变为重心的国民党反动派的第二次反共高潮被彻底打退。

五壮士血战狼牙山

百团大战后，日寇对我抗日根据地极为仇视，加紧了对根据地和游击区的"扫荡"，残酷地对根据地实行"烧光、杀光、抢光"的"三光"政策，疯狂地对根据地进行进攻。

1941年8月，敌以优势兵力向晋察冀边区疯狂扫荡。我军则坚壁清野，展开游击战，巧妙地与敌周旋。9月24日，日军3500多人带领伪军在飞机大炮的掩护下，合围狼牙山。狼牙山上有地方党政机关和周围村庄里的群众共三四万人，而我军主力只有一个团，如何以一个团的兵力掩护数万群众突围，这是摆在团长邱蔚面前最重要的问题。邱蔚向军分区司令员杨成武请示，杨成武指示，要不惜一切代价掩护群众转移，以小部分兵力引开敌人，其余掩护群众突围。邱蔚把掩护的任务交给了七连二排六班，对他们说："你们要以一个班的兵力，吸引敌军主力，坚守狼牙山一天一夜，能不能完成任务？"班长、共产党员马宝玉坚定地说："保证完成任务。请团长放心！"主力护送着群众撤走了，偌大的一座狼牙山上，只剩下六班的5名战士，抗击着数千敌军。班长马宝玉足智多谋，组织其他4名同志趁着月色，把手榴弹捆成一束一束的，埋在敌人的必经之路，从山脚下一直埋到山腰，然后率战士埋伏起来。第二天拂晓，敌人气势汹汹地向山上扑来，突然"轰隆"一声，几个敌人应声而倒，接着第二声、第三声，声声响彻山谷，天崩地裂，日本鬼子哭爹喊娘，四散奔逃。副班长葛振林诙谐地说："嘿！咱们昨天夜里才下的种，今天早上就开花结果了，好快呀！"敌人以为追上了八路军主力，指挥官挥舞着军刀大喊"给我冲，活捉八路的，大大的有赏。"成群的敌军又向山上爬来。马宝玉说："准备好！没有我的命令谁也不准开枪。在这儿，每人只准甩5个手榴弹。"大家打开手榴弹，把子弹推进枪膛。敌人越来越近，100米……50米……30米……20米……，班长猛喊一声"打！"顿时，一颗颗手榴弹在敌群中爆炸，枪声响成一片，敌人纷纷倒地，连滚带爬地退了回去。5名战士凭险据守，打退了敌人的4次冲击，毙敌90多人！敌军指挥官气急败坏，调来大炮猛轰，顿时山上浓烟滚滚，碎石乱飞，炮弹呼啸，整个棋盘陀都要被打塌了。为了不让敌人发现我军主力转移的方向，更好地完成掩护任务，马宝玉决定将敌人引上山，他们边打边撤，利用险要地形杀伤了一批又一批的敌人。敌军吃了几次亏，并不了解我方有多少兵力，不敢贸然进犯，只好利用大炮和机关枪的掩护轮番冲击。从早上直打到中午，敌人始终未能爬上棋盘陀。

这时，他们已经圆满地完成了团长交给的任务，在他们面前有两条路：一条路通往主力转移的方向，沿着这条路他们很快就会追上主力，回到同志们身边，可那样鬼子会很快跟来；另一条路是通往棋盘陀顶峰的路，顶峰三面都是悬崖，这是一条绝路。山下的鬼子还在喊叫，马宝玉看了看棋盘陀的顶峰，只说出一个字："走！"就带头向顶峰攀去。不用说服，不用命令，这也是全班战士的意愿，大家紧跟在他后面向山顶爬去。下午，5人爬到顶峰，敌人也尾随而至，穷追不舍，子弹打完了，马宝玉大喊一声："同志们，用石头砸。"说完，搬起磨盘般的巨石向敌人砸去，前面的几个敌人被砸得血肉横飞，后面的敌人哭爹喊娘，敌人一批批地倒下去，又一批批地冲上来，他们投完最后一块石头，敌人喊叫着冲了上来。马宝玉拔出仅有的一颗手榴弹，向战士们挨个望了望，4名战士全部明白了，一齐靠在班长身边："拉吧！班长，拉吧！"马宝玉打开盖子，将弦猛然一拉，手榴弹"嗤嗤"地冒着白烟。

"八路的投降，抓活的！……"

一群敌人冲了上来，马宝玉扭头一看，吼了一声："去你娘的！"把手榴弹甩向扑来的敌人，"轰"的一声，前面的几个鬼子应声而倒。

"撤！"马宝玉下意识地说着。但他们知道，后面是悬崖峭壁，他们已经无路可撤了，副班长葛振林走在最后面，等他上来，看到班长带着3位同志站在了悬崖边上。马宝玉抓住葛振林的肩臂，毅然决然地说："老葛！我们牺牲了，有价值，光荣！我们无论如何不能当俘虏，不能当俘虏！"

"对！个人牺牲，枪也不能叫敌人得！"

葛振林说完，五壮士把枪砸坏，扔向深深的悬崖，跟着班长一步步向悬崖走去。他们满怀悲壮，看着巨人样的狼牙山、玉带似的易水河，耳边仿佛又响起古代壮士荆轲那"风萧萧兮易水寒，壮士一去兮不复还"的慷慨悲歌。如今，他们在这里掩护战友和乡亲们突出了重围，消灭了100多个敌人，光荣地完成了任务。他们可以无愧于祖国的大好河山，永别了！这时，敌人冲了上来，大喊着"捉活的"。马宝玉正了正军帽，理了理军装，像发起冲锋一样大喊道："同志们，跟我来！"五壮士紧随其后，在"中国共产党万岁！中华民族解放万岁"的口号声中，纵身跳下悬崖！

爬到崖头的日军，被这悲壮的一幕惊呆了。这群铁石心肠的"皇军武士"发现与其数千之众激战一昼夜的八路军仅仅只有5人，不禁震惊了，被我中华壮士捐躯殉国的牺牲精神折服了，他们在指挥官的带领下，恭恭敬敬地向着悬崖三鞠躬。

让我们永远记住五壮士的名字吧！他们是：马宝玉、胡德林、胡福才、葛振林、宋学义。其中，马宝玉、胡德林、胡福才当场牺牲，葛振林、宋学义被崖边的松树挡住，奇迹般地没有死，被当地居民救起。伤愈后，他们又投入到新的战斗中去了。

五壮士英勇顽强、宁死不屈的事迹传遍了晋察冀，传遍了各个抗日根据地，为表彰他们崇高的爱国主义、革命英雄主义精神和伟大的民族气节，晋察冀军区领导机关授予马宝玉、胡德林、胡福才三位烈士"模范荣誉战士"称号，授予葛振林、宋学义"勇敢顽强"奖章。战后，在棋盘陀顶峰建了五勇士纪念塔，纪念碑的碑文用精辟的语言叙述了五壮士的英勇事迹,高度赞扬了他们的崇高精神,碑文写道:风萧萧兮易水寒,壮士一去兮不复还。呜呼!三壮士已战死矣;而生者犹在继续为人民战斗。望狼牙山巍巍之高峰,谁不为之赞叹!

大生产和整风运动

百团大战后,日寇惊呼"对华北应有再认识",因此加紧了对游击区的"扫荡"和对抗日根据地的进攻。国民党反动派也积极进行反共活动,制造反共摩擦,对根据地进行物质上和军事上的封锁。在严峻的形势下,根据地面临空前严重的困难。为了克服物质上的困难,渡过难关,1941年起中共中央领导解放区军民开展了轰轰烈烈的大生产运动。毛泽东在大生产运动期间发表了《抗日时期的经济问题和财政问题》《组织起来》《必须学会做经济工作》等文章,系统阐述了共产党关于经济工作的方针原则和方法,号召陕、甘、宁边区军民"自己动手,丰衣足食",其他根据地军民也要"自己动手,克服困难"。各解放区和根据地积极响应党中央和毛泽东的号召,掀起了大生产运动的热潮。就连毛泽东、周恩来、朱德等中央负责人,也都亲自参加大生产运动。

1941年,王震率三五九旅开进南泥湾。当时,南泥湾荒无人烟,杂草丛生,狼虫出没其中。战士们克服种种困难,用树枝、野草搭起简陋的帐蓬,时常露宿于荒野之中,没有食物,以山菜、野草充饥,没有工具,就用木棒、石片自己制造。战士们发扬艰苦奋斗、不畏艰险的精神,当年开荒1万多亩,收获粮食1200余石。到1943年,实现了粮食、蔬菜完全自给,减轻了解放区农民的负担。

大生产运动期间,涌现出许多模范人物。在农业上,党发出号召,学习吴满有。吴满有是一个农民,在1935年5月土改中分到60饷荒地,他辛勤耕作,连年开荒,风雨无阻,经过艰辛的劳动,把60亩荒地变成了良田。1942年4月,《解放日报》报道了他的典型事迹。毛泽东发出号召,要边区的农民向吴满有看齐。毛泽东在边区高级干部工作会议上做《经济问题与财政问题》报告时指出,学习吴满有,可以达到三个目的:"第一个目的,是使农民富裕起来,改善他们的生活;第二个目的,是使农民有能力交付粮食税,帮助抗战的需要;第三个目的,是使农民在取得减租利益之后,发展农业生产,能够以一部分交给地主地租,故而便于团结地主和我们一同抗日。"将学习吴满有同抗日战争联系起来,使之具有了更深远的意义。在工业战线上,毛泽东掀起了学习赵占魁的运动。赵占魁,山西定襄县人,1939年7月在农具厂当工人,不久因工作突出当了翻砂股股长。他工作勤勤恳恳,兢兢业业,勤俭节约,一丝不苟,在平凡的岗位上作出了不平凡的业绩,《解放日报》于1942年9月11日报道了他的先进事迹。毛泽东抓住这个典型,开展了轰轰烈烈的"赵占魁运动",以推动边区的工业生产。"赵占魁运动"从1942年至1947年,持续7年之久。这次运动中,许多工人提高了觉悟,形成了尊重先进、争当先进的大好局面,解放区的工业生产直线上升,解决了解放区民用和军用物资缺乏的问题,打破了国民党、日军的封锁。

到1943年,陕甘宁边区已实现粮食自给有余,同时工业、商业都有长足的发展,边区军民开始过上了丰衣足食的生活。与此同时,其他解放区的根据地开展的大生产运动也取得了丰硕的成果,达到了毛泽东提出的"自己动手,克服困难"的目标。

在进行大生产运动的同时,中国共产党也没有放松思想上的学习,开展了整风运动,以正确的理论武装全党,使全党在思想上、政治上达到了高度的一致性,解决了党内本来就存在的无产阶级和非无产阶级的矛盾,马克思主义与非马克思主义思想之间的矛盾,可以说整风运动是一次普遍的全党马克思主义教育运动。毛泽东把整风运动概括为"三个反对",即反对主观主义以整顿学风、反对宗派主义以整顿党风、反对党八股以整顿文风。主观主义包括教条主义和经验主义,以唯心论和形而上学为特征,是党内机会主义的思想根源。毛泽东说:"主观主义是共产党的大敌,是工人阶级的大敌,是人民的大敌,是民族的大敌,是党性不纯的一种表现。大敌当前,我们有打倒它的必要。"毛泽东指出只有宣传唯物主义和辩证法,把马列主义普遍原理同中国革命具体实践结合起来,才能消灭主观主义。宗派主义也是主观主义的表现,它破坏党的团结统一,破坏党和人民群众团结的作风,严重危害党的组织关系。那么如何才能克服宗派主义呢?毛泽东指出,只有提高共产主义精神，把党的利益放在高于一切的位置上，同时坚持少数服从多数，下级服从上级，局部服从全体，全党服从中央的民主集中制原则，才能克服宗派主义，才能保持党的队伍整齐，步调一致，具有坚强的战斗力。主观主义和宗派主义的宣传工具是党八股，它束缚人民的思想，压抑群众的创造性，因此在反对主观主义、宗派主义的同时，必须反对党八股，以生动活泼、新鲜有力的马克思主义文风代替它，这样才能推动革命事业的顺利发展。

毛泽东还指出了整风运动的方法：每人阅读马、恩、列、斯、毛等人的著作，学习党的历史文件，掌握其精神实质；然后反省自己，检查思想和工作，分析其中正确的和错误的成分，找出错误的原因、环境和根源，进行严肃而又实事求是的批评与自我批评；在个人反省的基础上，展开讨论，总结经验，以达到改造思想的目的；最后写出总结。整风运动的方针是惩前毖后，治病救人，坚持"团结—批评—团结"的原则，达到既弄清思想又团结同志这两个目的。毛泽东说："这个方针的意思就是对以前的错误一定要揭发，不讲情面，要以科学的态度来分析批判过去的坏东西，以便使后来的工作慎重些，做得好些。这就是'惩前毖后'的意思。但是我们揭发错误，批判缺点的目的就像医生治病一样，完全是为了救人，而不是为了把人整死。"从1943年开始，整风运动进入审查干部阶段。3月20日的中共中央政治局会议上通过了《中央关于中央机构调整及精简的决定》，这次会议上推选毛泽东为中央政治局主席、中央书记处主席，由毛泽东、刘少奇、任弼时组成书记处，处理日常工作。

1945年4月，党中央召开了六届七中全会，讨论通过了《关于若干历史问题的决议》，统一了认识，为党的团结奠定了牢固的思想基础。至此，整风运动胜利结束。

重庆谈判

1945年抗日战争胜利以后，国民党阻止八路军、新四军受降，并抢占胜利果实，对解放区发动了局部进攻，内战爆发在即。但是，由于抗战中解放区的迅速发展，正义的力量不断壮大，世界人民和中国人民的厌战情绪，以及国民党尚不具备发动内战的条件，在这种大背景下，蒋介石采取了和平欺骗的手法，三次电邀毛泽东去重庆，共商"和平建国"的方针。国民党的意图是：如果谈判成功，则迫使共产党交出解放区和军队，不费吹灰之力把共产党吃掉；如果谈不成，则借此宣扬共产党没有和平的诚意，为发动内战寻找借口。

在国际上，美国慑于中国人民和世界人民的反对，不便进行武装干涉，企图安排一个和平收复解放区和人民军队以增加国民党势力的临时办法。苏共也致电中共中央，希望毛泽东赴重庆与蒋介石谈判，走和平建国的道路。

中共分析当时的国际国内形势，即人民有要求和平、休养生息的强烈愿望，国际上也不允许中国打内战。考虑到蒋介石在此压力下有承认中共地位、实现建立新中国的可能，即使和平不能实现，也可通过谈判教育广大人民，揭露国民党的真实面目，进一步孤立国民党，于是中共中央果断作出决定，由王若飞、周恩来陪同毛泽东主席赴重庆谈判。

蒋介石听到毛泽东亲赴重庆谈判的消息感到很惊诧，派张治中与赫尔利前去迎接，并于当天中午紧急召开会议，商讨对策。最后也只是确定了同毛泽东谈判的方针：政治与军事分开解决，对政治要求可稍做让步，军事则要求严格统一，其中政令军令之统一则为一切问题之中心。在谈判期间，毛同蒋会晤达9次之多。第一次会晤，蒋介石提出3条谈判原则：一是所有问题整个解决；二是一切问题之解决，均不违背军令政令之统一；三是政府之改组，不得超越现有法统之外。毛泽东等人也向国民党提出了11条意见：（1）在和平、民主、团结的基础上实现全国统一，建立独立、自由和富强的新中国，彻底实现三民主义。（2）拥护蒋介石在全国的领导地位。（3）国共两党平等合作，和平建国。（4）承认解放区的合法地位。（5）解散伪军，严惩卖国贼。（6）重划受降区，抗日军队参加受降工作。（7）停止一切武装冲突。（8）实现政治民主化，军队国家化，党派平等合法。（9）政治民主化的必要办法：由国民政府召集各党派代表人物的政协会议，各党派参加政府，重选国民大会代表；由中共推荐陕甘宁地区及热河等5省省政府主席及其他10省副主席，推行地方自治，实行普选。

（10）军队国家化的办法：公平合理整编军队，确定分期实施计划；中共及地方军事人员参加军委会及其他各部的工作；设北平行营及北方政治委员会，任中共人员为主任。（11）党派平等的必须办法：释放政治犯，取消一切不合理禁令等。9月3日，这一意见稍做修改后交给蒋介石。9月4日，蒋介石自拟谈判要点4条：（1）中共军队缩编，以12师为最高数目；（2）不能承认解放区；（3）拟将原国防最高委员会改组为政治会议，由各党派人士参加；（4）原当选之国民大会代表，仍然有效，可酌量增加名额。

军队和解放区问题是国共谈判的焦点。蒋介石企图让中共放弃军队和解放区，派几个人去政府做官，中共当然不会赞成。9月19日，毛泽东同王若飞、周恩来研究，对这两个问题再提出退一步的方案。这个方案的主要内容是：（1）进一步退让中共军队和国民党军队的比例。（2）关于军队驻地和解放区：第一步，把海南岛、广东、浙江等8个地区军队撤退，集中于苏北、皖北及陇海路以北地区；第二步，将苏北、皖北、豫北之军队撤退，中共军队集中驻于山东、河北、察哈尔、热河与山西之大部、绥远之小部及陕甘宁边区等地。解放区随军队驻地之调整而合并。对这一新方案，国民党认为违背其提出的三原则，意见未能统一，谈判一度陷入僵局。这中间，赫尔利要求毛泽东承认蒋介石的意见，毛泽东说还要讨论，谈判无大进展。10月10日，周恩来、王若飞同王世杰、张群、邵力子、张治中签署会谈纪要，即"双十协定"。

重庆谈判取得了一定的成果。国民党方面承认以和平、民主、团结、统一为基础，长期合作，避免内战，建立独立自由的新中国。双方同意政治民主化、军队国家化及党派平等合法；确认国民党应迅速结束训政，召开政治协商会议，保证人民自由等。但军队和解放区问题，没有解决。重庆谈判，中共取得了主动地位。而且，根据重庆谈判精神，蒋介石不得不同意召开政治协商会议。1946年1月，政协会议召开，达成了有利于人民的协议。后来，蒋单方撕毁协议，使自己陷于更加被动的局面。

蒋介石破坏政协决议

在政协会议召开之前,国民党就在各地制造血案,欺压人民,引起了人民的强烈愤慨。于是,蒋为了争取美援,蛊惑人心,便召开国民大会,想给自己的独裁统治穿上合法的外衣。

1945年11月下旬,内战的乌云翻滚,昆明各大学的学生决定于25日晚举行时事晚会,讨论如何制止内战、维护和平的问题。而国民党当局获得这一消息后作出决定:没有国民政府的批准不准集会或游行,如发生此类事件,学校主管人员负全部责任,并逼迫云南大学校长宣布禁止学生集会。

为此,学生们临时改到西南联大举行集会,会上气氛热烈,学生们纷纷为维护和平献计献策,钱端升、伍启元、费孝通等发表了演说,分析了内战原因及后果。会议进行期间,国民党特务制造混乱,割断电线。但到会的学生们不动摇,改用油灯照明继续开会。最后,通过了《昆明四大学全体学生致电国共两党制止内战》和《吁请美国青年反对美军参加内战》等通电。会议取得了初步胜利。

11月26日,西南联大等3所学校举行罢课,成立了昆明学生联合罢课委员会,并向国民党云南省党政军当局提出一些正当要求。但国民党党部召集省府负责人,决定破坏昆明学生反内战运动,并限令学生们28日复课。此决定引起了学生们的极大愤慨,学生罢课委员会宣布无限期罢课,并发表了目的在于停止内战、保障自由的《为反对内战及抗议武装干涉集会告全国同胞书》,向国民党政府表示了强烈抗议。学生的罢课斗争也得到了广大群众的大力支持。

30日,学生罢课委员会走上街头向市民宣传解释罢课原因时,竟遭遇不明身份的武装流氓的殴打、枪击,3名学生重伤。12月1日,大批国民党特务闯入西南各大学,殴打师生,劫掠财物,捣毁校具,导致20人受伤,4人死亡,全国震惊。

国民党反动当局反革命、反民主的暴行,遭到了云南各界人士的广泛谴责。自四烈士的灵堂设立后,前往参加公祭的机关和团体达

1000多个，群众捐款 3000 万元。

国民党当局面对社会各界的愤怒和斥责，迫于压力，不得不玩弄骗局，弄出一场"反牢"和枪决"罪犯"的丑剧，并在以后相继制造了"校场口血案""李闻血案""下关惨案"。

1946 年底，南京国民政府遭到全国各界群众的反对，处在风雨飘摇之中。在内外交困的情况下，蒋介石不得不召开国民大会，"还政于民"是南京政府对全国人民的承诺。

1946 年 1 月，国共双方和中间党派召开了庞大的政治协商会议，专门对"国民大会"这一问题做了详细规定。10 月 11 日，国民党军占领了北方重镇张家口，趾高气扬的国民党遂于当日发布命令于 10 月 12 日召开国民大会。共产党和各民主党派对此提出了强烈抗议，大多数党派拒绝出席这一会议。

蒋介石玩弄阴谋，为给"国大"加上民主的外衣，用金钱和地位把王云五、傅斯年等几位"社会贤达"拉了过去，青年党和政府党也向蒋介石提交了出席国民大会的名单。

11 月 15 日，"国民大会"在南京开幕，经过十几天紧锣密鼓的商讨，正式通过了《中华民国宪法》。由于没有共产党的出席，很多决议都顺利通过，代表都是清一色的赞同，蒋介石的意图在宪法中表现得淋漓尽致。《宪法》中规定了蒋介石的最高权力及国民党的独裁统治，并为其披上了合法外衣。蒋介石在日记中称："共党一年来联合其他党派以孤立本党，围攻政府之阴谋，已被我完全击破。"

"国民大会"的召开，是一党召开的分裂的"国大"，没能得到全国人民的承认。和平之门被国民党一手关闭了，这更加暴露了国民党当局破坏政协决议、实行一党统治的真实面目，使其在全国人民中间更加孤立。

三大战役

解放战争的第三年，中共处于进攻阶段，国共力量对比发生了重大变化。中共军队的武器装备比前两年有了加强，并建立了炮兵及五大野战部队,基本形成了野战军、地方军和游击部队三者结合的完整体系。而蒋军却下降为365万人,其中正规军198万人,用于第一线者174万人,但在战略上正被我军分割成五大孤立集团。

1948年5至6月间,解放军发动了冀热察战役、豫东战役、兖州战役,先后歼敌20万,使各地敌军进一步孤立。

中共中央和毛泽东统观战争全局,果断地作出了战略决战的英明决策。

战略决战是从济南战役开始的。济南是支撑华北的战略要地,蒋介石以其嫡系部队重点防守。在华东野战军的强大攻势下,敌整编第九十六军军长郑经文率领所部三个旅约两万人起义,济南迅速被攻克,使华北和华中两大解放区连成一片,揭开了战略决战的序幕。

在全国的五大战场中,东北战场敌我力量对比上我军占优势,而且东北敌军孤立分散的态势突出,因此中共中央决定将战略决战的方向指向东北战场。东北是重工业基地,如果战役成功,东北的工业可以支援全国的战争,使人民解放军获得战略的总后方。

辽沈战役的作战中心在锦州,打下锦州,控制北宁线,关闭东北大门,对蒋军形成"关门打狗"之势,而且只有攻打锦州,才能歼灭辽、沈各地援锦之敌。

9月12日,辽沈战役开始了。这一天,东北野战军突袭北宁线,到10月1日完全切断了蒋从华北援军的道路,东北的蒋军被孤立起来。廖耀湘指挥西进援锦的军队不能直接进入,进至彰武一带,妄图威胁解放军后方,解锦州之围。东北野战军配置2个纵队阻止敌军进攻,警卫团被钳制在彰武、新立屯一带。从10月9日起,东北野战军经过5昼夜战斗,扫清了外围据点,并俘敌10万余人,解放锦州。锦州解放后,蒋军第10军军长在解放军的威慑下,率部起义,长春解放。

锦州的攻克和长春的解放,使东北国民党全军覆灭的命运成为定局。解放军继续努力,随后解放了沈阳、营口,东北全境获得解放。

辽沈战役自9月12日至11月2日,历时52天,共歼灭国民党军队47万余人,为淮海、平津战役的胜利奠定了基础,鼓舞了人心。

1948年9月25日,毛泽东和中央军委决定进行淮海战役。淮海战役分为三个阶段:第一步集中兵力,歼灭敌人第七兵团,完成中间突破;第二步歼灭徐州、连云港地区之敌;第三步在两淮地区作战。

徐州是华北、华中的交通要道,乃兵家必争之地。蒋介石把兵力调到徐州地区,准备与津浦、陇海、平汉线之间的解放军决战。

中原野战军和华东野战军的主力奉命动作,神出鬼没,从徐州东、南、西、北几个方向同时发起攻击。华东野战军13个纵队从山东境内向南推进,横扫陇海铁路北侧300里广大地区的敌军基地,而另三个纵队则由徐州东南向西北攻击。敌军被分割成互不联系的好几块,黄伯韬部在东碾庄地区被包围。解放军采取"先打弱敌,后打强敌。攻其首脑,乱其部署"的战法,夜间挖壕作业,充分准备,逐个歼灭敌人。敌人战斗力薄弱的第一〇〇军和第四十四军,在经过4天战斗后,即被全部歼灭。

在敌人的弱部被逐个击破后,解放军向敌方司令部发动总攻,经过半个月左右的激战,黄伯韬部下的10个师全军覆灭。蒋介石派重兵救黄伯韬于水火,但仍被解放军切断在碾庄之外,黄伯韬被我军击毙。

在两个野战军的配合下,淮海战役第一阶段作战报捷。

在第二阶段,采取南北堵截、中间围歼的方针,以中原野战军为主,华东野战军配合,围歼黄维兵团。

11月15日,中原野战军完成了对黄维兵团的合围,使其成为"笼中之鸟"。而蒋介石误认为解放军可能先围歼李延年、刘汝明兵团,命这两个兵团放弃蚌埠,阻止我军南下,同时命黄维兵团向蚌埠靠拢,令徐州杜聿明放弃徐州南下,配合行动。

在中原野战军的合围之下,黄维军团被打得落花流水,不敢突围。华东野战军另一部追击李、刘兵团,歼其一部。

蒋介石为保存实力,企图南北夹击,攻中原野战军侧背以解黄维兵团之围,尔后一起南撤。解放军采用平行追击、多层拦击、多处围捕的战术,并采用"集中兵力歼灭黄维兵团,围住杜聿明,阻止李延年"的方针。

经过20多天激战,黄维兵团被全部歼灭,淮海战役第二阶段就此结束。

在第三阶段，毛泽东考虑到平津战役已经开始，而此时敌人准备南撤，为了麻痹蒋介石暂不海运平津地区军队南下，促使他们在江北苦战硬拼，采取了"围而不攻"的办法。

1949年1月初，毛泽东命令对淮海战场的敌军发起总攻，从1月6日下午至10日下午，解放军终于摧毁敌人最后一个孤守点——刘集。淮海战役结束，历时65天，歼敌55万余人，是三大战役中歼敌最多的一次。

1948年11月初，东北全境解放后，傅作义集团在华北面临东北和华北两大野战军联合进攻的威胁。傅作义慌了手脚，将兵力收缩，部署于东至唐山，西至张家口1000多里距离的东西一线上。于是中央军委决定发起"平津战役"，欲将傅作义集团消灭在华北地区。

为统一指挥，中央军委决定由林彪、罗荣桓和聂荣臻组成党的总前委，林彪为书记。东北野战军首先将傅作义军团分割到张家口、北平、天津等地，切断其南撤、西退之路。和淮海战役第三阶段一样，对敌采取了"围而不打"的战略态势，即先打两头、后打中间的办法，使傅作义集团受到了一定的打击。傅作义由于仍然有相当力量，一面拖延时间，派代表与我军谈判，一面围固待变。而我军则采用了"军事攻势与政治攻势同时并举"的方针。

我军全歼敌之第三十五军，该军是傅作义嫡系部队，是华北我军的死对头。我华北第二兵团3个纵队，6万人将该敌包围于新保安后，当日扫除外围据点，并于22日全歼第35军军部及所属两个师，共1.6万人，给傅作义以沉重的打击。

解放张家口。中央军委命令华北第二兵团秘密前进，诱歼援敌，并派东北第四纵队及北岳军区部队10万余人追击西北的守敌，将敌人包围于西甸子至马拉哈达的一条狭窄山沟内。我军仅以900人伤亡的微小代价，取得歼敌5.4万人的伟大胜利。

攻克天津。敌军在天津筑有坚固工事，以陈长捷为首的部队共13万人准备"以拼命精神保家""坚持至粮尽弹竭"。我军共22个师，34万人攻击天津，各部一面扫除外围据点，一面进行攻城准备。根据敌军中部兵力和工事较为一般，市区南北长、东西窄的特点，我东北野战军集中兵力和火炮向中部实施主要袭击——拦腰斩断，先分割，后围歼。1949年1月14日，我军向天津市区发起总攻，经29小时激战，全歼守敌，解放天津市。17日，塘沽守军第十七兵团的5个师5万余人乘船南逃，其后卫3000余人被全歼，塘沽解放。

　　三大战役的胜利使中国的革命形势迅速发展，国民党的主力被消灭，为中国革命在全国的胜利奠定了基础。

中华上下五千年
zhonghua shangxia wuqiannian

中华人民共和国

◆中华人民共和国（公元1949年至今）

中华上下五千年

zhonghua shangxia wuqiannian

中华人民共和国

北平和平解放万众一心迎大典

天津解放后，傅作义的军队已完全处在我军的包围之中，外无援军，内无粮草，陷于孤立。中共中央及中央军委为防止敌军做最后挣扎而破坏历史文化遗产，决定以和平方式解放北平。

傅作义从1948年11月起就动摇于和与战之间，几次派人同解放军谈判，表示愿意和平解决。中国共产党一面发动和组织群众开展护厂、护校的斗争，一面大力做争取傅作义的工作，为和平解放北平作出了积极贡献。与此同时，国民党部分官员、北平群众也为和平解放的顺利进行积极奔走。北平的和平解放是广大北平人民包括劳动人民、资产阶级及士绅们、甚至是国民党官员的强烈渴望，已成为大势所趋。傅作义也意识到自己所处的环境，知道毫无出路的抵抗是危险的。

1949年1月19日，北平人民的11个代表出城与人民解放军公开接洽，他们听了中共方面的宽大政策，甚为满意。傅作义也终于在中共北平地下党及北平开明人士的敦促下，接受解放军提出的和平条件。1月21日，双方达成《关于和平解决北平问题的协议》。

协议中商定：为了便于移交和接管，在过渡期间成立7人的临时联合委员会，以叶剑英为主任。这个委员会在人民解放军平津前线司令部的领导下工作。双方协议，在过渡期间对北平市内的行政事业单位、银行、商店等不得损坏，听候处理。

1月31日，人民解放军在北平原国民党守军撤离之后进驻北平，宣告北平和平解放。北平的和平解放预示着国民党反动派的灭亡。

北平解放后，南京政府动荡不安，经济崩溃，军队惨败，已处于风雨飘摇之中。

1949年1月19日，南京政府外交部迁往广州。随后行政院及中央党部由南京迁往粤穗，接着南京政府各院、部、会、处的负责人也纷纷抵达广州。

李宗仁为挽救政权，改组了内阁，22日发布新内阁任命令：任命何应钦为行政院长，贾景德为行政院副院长，张群、莫德惠、张治中、朱家骅、贺耀祖为行政院政务委员。但改组内阁并未达到李宗仁的目的，社会更加动荡。

部分国民党官兵意识到了自己的处境，毅然起义。南京警卫部队第四十五军的第九十师一部在西南驻地起义，由师长王晏清率领，冲破国民党海军的封锁，渡江与江北解放军会合。

在国民党军普遍厌战的情况下，我军从4月20日开始渡江作战，京沪杭警备总司令汤恩伯于22日下午匆忙宣布全线撤退。

这时，留在南京城内的国民党军政机关官员群龙无首，乱作一团。此时下关车站人山人海，而列车的运行已无人负责。南京街头也没有了往日的繁华，商店打烊，稀稀拉拉的军队匆匆而过，撤离南京。国防部也随行政院迁往广州和上海。首都卫戍总司令部于22日下达撤退令后，从江南汽车公司和下关电厂强征了部分汽车，逃往杭州方向。下关、浦口一带工人较为集中，由民众自卫队阻止逃军抢车，武装护厂护校，打击国民党军警。

4月22日，南京郊外炮声隆隆，机枪声密集。随后几天，总统及总统府内的人员全部撤逃。在撤逃的同时，还对南京城大肆破坏。古老的南京城满目疮痍，火车站、飞机场、码头等都遭到爆炸和焚烧，下关车站的候车厅被烧得只剩一副空架子。新华门外的飞机场被国民党军放置的定时炸弹炸毁，漫天的大火一连烧了好几个小时，很多轮船也被浇上汽油烧毁，熊熊的烈火烧了一天一夜，一片惨淡的景象。

4月24日，我人民解放军登上城楼，进入总统府，升起红旗，22年的南京政府从此覆亡。

蒋家王朝被推翻以后，新中国建国仪式的举行被提上了议程。1946年时，中共还曾决定用5年时间完成全国的解放，而现在形势发展之快是中共领导始料未及的。于是，建国的日子就定在了1949年10月1日，即中华人民共和国成立的国庆日。

同时，选择举行大典的地点首先要考虑是否有阅兵的场地。当时有两个地点可供选择：一是西苑机场，这里场地开阔，不影响市内交通。但要举行大型阅兵式，就得建造一个检阅台，其工程较大，耗资较多，而且短时期内完成也有一定困难。另外，机场离市区远，群众往来有困难。另一个地点就是天安门广场。这里有天安门城楼这个现成的检阅台，而且它位于市中心，群众往来方便。但地方较小，而且还要阻断交通。

中共中央经过多方面考虑,决定将大典地点定在天安门广场,这时离1949年10月1日只有20多天了!于是,市政府向各界发出号召:清理垃圾。无论是学生,还是普通市民,都义务参加了广场的清理工作,使广场面貌焕然一新。

天安门城楼的装饰由日本美术家肖野和森茂负责。他们认为,装饰后的天安门城楼既要有鲜明的民族风格,又要有浓厚的节日气氛,而宫灯是最好的装饰物,经过扎灯老艺人及两个徒弟的精心制作,在大典的前一天完工。

最费心思的要属旗杆的安装和设置。安装旗杆的工程并不难,难的是怎样把旗升到杆顶上,而毛泽东主席亲自从城楼上走下来升旗显然不可能,于是当时建设局的林治远决定试用电钮升旗,将电钮安在天安门城楼西南角,并采用双电源供电。

大典中阅兵仪式固然不可少,毛泽东对此极为重视。聂荣臻任阅兵总指挥,他调集了1万名官兵组成步兵方队、炮兵方队、装甲兵方队。官兵们由于没有训练依据,只能自己在训练中逐步摸索。战士们从怎么走、怎么迈步入手,不停地修改自己的动作。一天十几小时的训练,经常有人晕倒,但没谁愿意被替换,都为能成为其中一员而感到无比自豪。

1949年10月1日,全国人民盼望已久的日子终于到来了,开国大典在下午3时正式开始。全国人民欢欣鼓舞,在国歌的乐曲声中,毛泽东庄严宣布:"中华人民共和国中央人民政府成立了!中国人民从此站起来了!"这个声音响彻了全世界。在乐曲声中,毛泽东亲自升起了中华人民共和国的第一面五星红旗。当那一面国旗沿天安门广场中央的旗杆冉冉升起的时候,54门礼炮齐放28响,如报春惊雷响彻大地。

随后,阅兵式开始。朱德总司令一身戎装,走下天安门城楼,乘车缓缓通过金水桥。阅兵总指挥聂荣臻即行军礼向总司令报告:"受阅的陆海空代表部队均已准备完毕,请总司令检阅!"

在《军队和老百姓》《保卫胜利果实》等乐曲的连续奏鸣中,朱总司令检阅了陆海空三军部队。

检阅完毕便是分列式。分列式的第一序列是代表年轻的人民海军的水兵分队。紧接着是多兵种的陆军代表部队步兵师、战车师、炮兵师依次走了过来。当战车师行进到长安街中段时，人民空军的飞机一批又一批飞向天安门广场的上空。天上地下，浑然一体，万众仰望，很是壮观。

阅兵式后，人民群众开始通过天安门，欢呼着向中央领导致意。这个胜利是人民的胜利，是中国共产党的胜利。

开创未来

1949年4月24日，人民解放军占领南京国民党总统府，升起了红旗。国民党的南京政府从此灭亡，蒋介石带着自己的残兵败将逃到了台湾。

1949年6月15日，周恩来同志主持了中国新政治协商会议筹备会第一次会议，其中一项任务是：草拟国旗、国徽、国歌、纪年、国都等方案。

会后，叶剑英又广泛听取了小组成员的意见，决定向全国人民发启事，征集国旗、国徽、国歌的方案。草拟的征集启事很快经过了周恩来的审批，7月14日在《人民日报》《光明日报》《大众日报》等各大报纸上刊登，很快国内各报、香港及海外华侨报刊也转载了这一启事。一时间，海内外华夏子孙都热切关注此事。

工人、农民、职员、学生、教师、作家、解放军指战员、机关干部踊跃投稿。国歌稿件达632件，歌词694首，国徽稿件112件，图案900幅，接下来的任务就是筛选、讨论、研究。

拟定国歌的任务很艰巨，虽然稿件不少，但绝大多数稿件不能很好地体现国家尊严和时代要求。正当人们为此事为难和焦急之时，世界闻名的大画家徐悲鸿提出了自己的观点："用《义勇军进行曲》代国歌怎么样？"一语击起千层浪，讨论小组的思路一下就变宽了，有的人提出赞同意见，说道："苏联刚一建国时，也是以国际无产阶级的战歌《国际歌》代国歌的，我们也可以用《义勇军进行曲》代国歌啊！"

宗教界代表刘良模刚从美国回来，也非常赞同徐悲鸿大师的意见，他说："法国的《马赛曲》是在法国大革命中产生的，激励着无数革命志士前仆后继，为革命事业而努力。同样我们的《义勇军进行曲》也产生在一个特殊的背景之中，那就是日本帝国主义侵略我们中华民族之时，这首歌唤起人民为保卫祖国而战斗的决心，这种精神非常值得传颂。其在抗日战争时期也确实产生了巨大的影响，有力地发动人民起来抗日！"

周恩来同志也非常同意徐悲鸿的观点，他认为：《义勇军进行曲》这首歌，无论从歌词到歌曲都给人们一种奋发向上的感觉，无论音乐价值还是历史价值都是非常高的，这首歌曲激发了人民的豪迈热情，唱出了气势和团结的力量。而且，这首歌传遍大江南北，长城内外，很容易使人民产生共鸣。

小组成员和其他人士纷纷赞同，但也有反对的，反对意见认为："中华民族到了最危险的时候"，这句话已经不符合历史了，如今我们已经解放了，我们中华民族从此将以一个崭新的形象屹立于世界民族之林，中华民族已经到了一个新时代。

周恩来同志说：这首歌的历史作用非常重要，我们中华民族已到了一个新时代，但是和平年代，我们仍要居安思危，让全国人民时刻有这种忧患意识！

毛泽东总结道：既然专家、学者绝大多数都表示同意用《义勇军进行曲》作为国歌，我看就定下来吧，歌词也不要改动了，原词唱起来既激昂，也能催人奋进，还可以提醒我们不要忘记艰苦卓绝的斗争。

《义勇军进行曲》成为国歌。它的词作者是我国著名剧作家田汉，在战争年代，他用揉皱了的香烟衬纸写下了这首歌词。它的曲作者是我国新音乐运动的创始人聂耳，他彻夜难眠，饱含激情，终于谱写了这支激昂的战斗曲。1935年，《风云儿女》影片上映，它的主题歌就是《义勇军进行曲》。这首歌曲在当时产生了巨大的影响，如进军的号角，使人们激情迸发，斗志昂扬，前仆后继，从此全国掀起了抗日救国的新高潮。大浪淘沙，这首歌曲在战火纷飞中走了过来，走进了一个新时代，成为中华人民共和国的国歌。

国歌议案通过的同时，国旗议案也通过了。

小组成员从征集稿件中精心筛选，选出了38幅图案。许多专家学者都认为"复字第1号"图案最为合适,这幅图案是:旗面左上角缀一颗大五角星,它象征中国共产党领导的人民民主政权;旗面是红色的,象征着革命;在旗面下方三分之一处加一道,或两道或三道黄色水波状条纹,加一道是代表黄河,加两道是代表黄河、长江,加三道是代表黄河、长江、珠江,这说明了中华民族灿烂的文化和悠久的历史。

许多人都看好这个方案,但政协特邀代表张治中却提出了不同意见:这一片鲜红的旗面上有一道或二道或三道黄色水波状条纹,给人一种国土被分割的感觉,不如去掉这些条纹。张治中的方案没有被采纳,但他的提法却引起了人们的注意。

当天晚上,毛泽东、朱德宴请程潜、张治中、傅作义等20多名国民党起义将领,毛泽东谈笑风生,举杯为起义人员的功绩干杯。喝了几杯,大家打开了话匣。张治中与毛泽东紧挨着,二人交往也很深,张治中悄声问毛泽东:"我有件事想问你,不过你不便公开讲。"毛泽东点头答应,张治中说道:"你同意哪一个国旗方案?"毛泽东先是愣了一下,然后说道:"我喜欢一颗五星和一条黄河的,我认为一条黄河就足以代表我国几千年的历史了,黄河是母亲河,是我们华夏民族的发源地。"张治中听完毛泽东的话后说道:"我反对这个图案,红色国旗代表革命无可非议,五星代表党的领导也很正确,可这一杠却把国家和革命都分裂了,看上去使人不愉快。"毛泽东听张治中这么开诚布公地一讲,也觉得这是个问题,便对张治中说:"我们再约大家一起研究一下。"

但是,张治中心想:国旗变动的希望已微乎其微了,因为开国大典在即,国旗方案就要决定了。

又过了两天,毛泽东邀请张治中参加国旗方案协商座谈会。张治中走进会场,一看在座的有郭沫若、沈雁冰、马叙伦、徐悲鸿、艾青等40多人,都是文化界的名人或画家、艺术家。张治中心想就我自己是军人,不知不觉有些不自在。毛泽东似乎看了出来,非常谦和地和他握了握手,张治中这才踏实了一些。

毛泽东首先讲了话,他说:"复字第1号构图,有的人提出了不同的意见,我知道这些人可能占在座的1/4至1/3,虽然绝大多数人同意,但我们也不能通过,我们一定要选出一幅大家都通过的方案。会场一片沉寂，毛泽东把参考资料翻到了第 32 图，对大家说："这个怎么样？"在座的人眼前一亮，这幅图由 1 个大五星和 4 个小五星组成，许多人都表示同意，但有人提出了不同意见：4 个小五星代表 4 个阶级，将来进入社会主义，后面两个阶级没有了，国旗还得改啊！

又是一片沉寂，毛泽东突然计上心来，说道：我们把图案说明改一下，这 4 颗小星代表中华民族各阶级紧紧团结在党的周围，现在革命要大团结，将来建设也要大团结。沉寂了一小会，掌声四起，最后确定了五星红旗为中华人民共和国国旗。

五星红旗的设计者是一位普通的工人，他不知熬了多少个不眠之夜才设计了这面五星红旗，他的名字叫曾联松。他对党、对祖国充满了无限的感激与热爱之情，正是在这种爱国心驱使下，他才千思万虑，设计了这幅图案。

国旗方案已经确定，赵文瑞师傅接受了制作第一面国旗的光荣任务。她怀着激动的心情，把党给她的关怀和培养都倾注到这面红旗上。9 月 30 日下午，第一面五星红旗制作完成，长 460 厘米，宽 338 厘米。

关于国徽方案的确定，由于新政协筹备时间紧，大家对征集的方案又不满意，所以决定建国之后再研究。

1949 年 10 月 1 日，在这个永远值得中国人民记住的日子，北京天安门奏响了中华人民共和国国歌《义勇军进行曲》，毛泽东主席亲手按动电钮，升起了中华人民共和国第一面五星红旗，之后举行了隆重的开国大典和盛大的阅兵式，宣告了中华人民共和国的成立。

新中国诞生了，国徽的方案还在讨论研究中。梁思成、张仃等专家从来选的稿件中综合设计图案的优点，经过日日夜夜的努力，终于绘制出了国徽图案。

国徽以国旗和天安门为主要内容，国旗代表革命和工人阶级领导的人民民主专政的国家。天安门则象征五四运动以来人民的政治斗争和新中国的诞生。齿轮、麦穗象征工农，二者并用，既意寓地广物博，又象征工农联盟。1950 年 6 月 28 日，政协一届二次会议提出并讨论通过。

国徽图案通过后，浮雕图案的部分任务十分艰巨，交给了清华大学营建系的高庄。高庄接受任务之后，既激动又有压力，他夜以继日，反复构想，终于完成了这一使命。9 月 20 日，中央人民政府主席毛泽东发布关于国徽的命令，中华人民共和国国徽正式诞生了。

中华人民共和国成立了，国歌在奏响，五星红旗高高飘扬，国徽庄严富丽。一切都是新开始，中华民族从此迈向了新天地。

镇压反革命和土地改革

中华人民共和国成立以后，我国国内并不太平，西南部土匪活动猖獗，仍然没有进行土地改革；美帝国主义已侵入朝鲜，越过三八线，对我上海及华东地区构成威胁。面对内忧外患，中共中央果断作出决定，开展了镇压反革命和土改等运动。

我国西南地区，地势险峻，奇异山洞众多，为土匪藏身提供了天然条件，土匪神出鬼没，欺压百姓，给当地治安带来不利影响。解决西南的土匪问题被提上议事日程。

为了剿灭土匪，人民解放军动用了大量的部队，西南军区从1950年1月开始展开了大规模的剿匪战斗。由于大兵团作战，部队采取了"以集中对付集中的战术——先腹心地区，后边沿地区；先匪患严重及交通要道两侧地区，后其他地区；先对付最大、最凶残的顽匪，后对付较小的顽匪"，开展了有计划、有重点、有步骤的斗争。

剿匪部队的主战场在云南。1952年，国民党残部仍在云南顽抗。当时地方政权刚刚建立，还没有足够的武装力量，土匪们借此机会大肆活动，危害地方政权，影响社会治安，抢劫财物，抗粮抗税。解放军决定集中力量，消灭这股顽敌。

云南省新宁县的匪首勾结其他顽敌，组织大规模叛乱。后来，他们又以"投诚"为主要手段，掩护和保存实力。他们潜入昆明后，组织"云南人民反共军"，策动起义部队的3个连叛变，杀害干部、群众280多人。锦州战役中被我军俘获的国民党第93军团长王耀云受宽大释放回云南后，又当上保安第1团团长。其后，他所在部队被编为我暂编第13军第34团，他仍任团长。他奉命在江川县剿匪期间，暗中与土匪勾结，率1000多人叛乱，并杀害了派驻该团的解放军军事干部，向滇南逃窜。他沿途烧杀抢掠，无恶不作，并收容土匪，组成

"云南人民反共军",仅1950年5月云南省就有4万多土匪,形成一股反动势力。

为了打击土匪的嚣张气焰,中共云南省委指示:争取群众,镇压土匪恶霸。云南军区据此指示,剿匪部队分片包干,集中兵力,进剿大股土匪。到9月底,共歼灭顽匪8000多人。1950年10月下旬,云南省剿匪委员会成立,陈赓任委员会主任委员。由于剿匪部队英勇善战,到年底歼灭云南省境内土匪6万余人,收复被土匪盘踞的县城10余座。这样,云南省内土匪被基本消灭,残余土匪仓皇逃窜。

朝鲜战争爆发后,蒋介石认为反攻大陆的时机已到。1950年7月,台湾当局第8军军长李弥、国防中将刘师荼到缅甸和越南的老街,指挥国民党的残余武装。在越南老街,刘师荼组织起"云南人民剿共自救建国军",被人民解放军很快击退。在缅甸,李弥任"云南人民反共救国军"总指挥,趁大陆军民全力抗美援朝之机,向我国云南边境集结。云南西南部山峦叠嶂,地形复杂,气候恶劣,武装敌军利用这种恶劣的自然环境与我军周旋。我军为了有效地歼灭敌人,采取了诱敌深入、全面合围的战术。云南军区集中7个团的兵力深入密林,跟踪追击,共歼敌500余人,漏网之鱼逃窜到缅甸北部。

为了彻底歼灭敌人,中缅双方达成协议,联手对敌,对国民党军联合作战。经过中国人民解放军二次入缅作战,国民党四处逃散,遭到严重打击,基本停止了对边境的骚扰。柳元麟总部被迫迁往台湾。西南地区的剿匪任务圆满完成。

剿匪进行的同时,新解放区的土改运动也开始了。任何一个政权要想得到群众的拥护,就必须实行有利于广大农民的土地政策。1950年6月,中央人民政府委员会讨论通过并颁布了《中华人民共和国土地改革法》,明确规定了土改的目的是废除地主阶级封建剥削的土地所有制,实行农民的土地所有制,借以解放农村生产力,发展农业生产,为新中国的工业化开辟道路。

这次土改的总路线和总政策是:依靠贫农雇农,团结中农,中立富农,有步骤、有分别地消灭封建剥削制度,发展农业生产。这次土改是根据建国后的新形势,为了更好地保护中农,分化地主阶级,稳定民族资产阶级,促进农业生产的恢复和发展。《土地改革法》和过去征收富农多余的土地财产政策不同,实行保存富农经济和政治上中立富农的政策，这样有利于我国农村经济的发展。

到 1952 年春，全国把没收和征收的土地共 7 亿亩分给了 3 亿多无地或少地的农民，消灭了封建剥削制度。全国除一部分少数民族地区外，土地改革的任务都已完成。

土改的完成摧毁了帝国主义和国民党集团的社会基础，打倒了几千年来的封建统治势力，极大提高了农民的觉悟，进一步巩固了人民民主专政的国家政权。

新解放区土改的完成，是中华人民共和国一个历史性的胜利。它彻底结束了中国半殖民地半封建社会，最终完成了新民主主义革命的一项最基本的历史任务。

抗美援朝战争

新中国成立后，人民解放军又追剿了国民党残余势力。1949 年 10 月 15 日，叶飞带领大军解放了福建，但在金门失利，没有能够乘机解放台湾。与此同时，西南的匪军十分猖獗，他们神出鬼没，打家劫舍，无恶不做，给当地百姓带来了极大的不安。为了消灭匪军，人民解放军集中相当大的兵力进行了剿匪战争，匪军逐渐被消灭。然而就在这时，朝鲜战争爆发了。

建国初期，以美国为首的帝国主义不仅不承认我国的合法地位，还想消灭我们。1950 年 6 月，美国总统杜鲁门宣布武装干涉朝鲜内政，美国海军第七舰队侵入我国台湾海峡。

战火已经烧到我国东北边境，美帝国主义干涉朝鲜内政的目的很明显，想侵占朝鲜，尔后进攻新中国。我国与朝鲜相邻，是友邦，是唇齿相依的关系。朝鲜国家领导人金日成向毛泽东主席紧急求救。

毛主席得知情况后，认为事情重大，立即召开了中央政治局会议，准备对此事作出决策。10 月，会议决定对朝鲜出兵援助。会议作出决定不久，彭德怀接到命令，火速从西安赶回。毛主席与彭德怀亲切地握手，对他说道："彭德怀同志，美帝国主义已经越过'三八线'了，我们的恩来同志早就警告过美国，但他们置之不理，我们不能袖手旁观吧!"

彭德怀了解到,那次会上进行了激烈的讨论,有的人同意出兵,有的人反对出兵,而且提出种种危害。林彪怕担"千古罪人"之名,也怕失去"林总"的威信,不仅提出"不要出国作战",而且以"身体欠佳"为由把这副重担撂了下来。但是毛主席总结道:"你们说的都有道理,但是别人危急,我们站在旁边看,怎么说心里也难过。"

彭德怀身经百战,每一次战斗都亲自指挥,从容不迫,但这次他却失眠了。他想:美国侵略朝鲜,又出兵侵占台湾海峡。朝鲜与我们相邻,如果我们不帮助朝鲜一把,美帝国主义很可能气焰更加嚣张,很可能发动侵华战争。彭德怀越想越睡不着觉,又想起了毛主席的话,"我这个决心可不容易下啊!一声令下,三军出动,那就关系到数十万人的生命。打得好没有可说的,打不好,危及国内政局,甚至丢了江山,那我毛泽东对历史、对人民都没法交待哟!政治局扩大会议上,大家的担心都是有道理的。不过金日成危急了,我们要不管,那社会主义阵营还不是一句空话!"想着想着,天已亮了,彭德怀同志很早就起床了,准备下午的会议。

在会上,彭德怀同志慷慨激昂地说道:"出国援朝是必要的,打烂了,等于解放战争晚胜利几年。如果美军摆在鸭绿江边和台湾,它要发动侵略战争,随时都可以找到借口。"话虽这么说,彭总心里也有负担。但是,美帝国主义要侵略,我们绝不能听之任之。

10月8日,中央正式决定彭德怀同志去援助朝鲜。彭德怀没有思前顾后,果断地接下了任务。但是彭德怀心里也明白:只能取胜,不许失败。万一失败,不仅关系到几十万人的生命,而且美帝国主义很可能更加放肆,那样就有可能危及到国内政局。

彭德怀接受了任务,立即乘飞机去沈阳,当天下午紧急召集十三兵团及东北军区负责人邓华、韩先楚等人部署出国前的准备工作。

10月9日,召开了参战部队军以上的高级干部会议。这些经历了多少次腥风血雨战斗的干部,此时此刻都心情激动,他们也恨透了美帝国主义。正在这些干部交谈之时,彭总出现在会议门口,将军们热烈鼓掌,向这位德高望重的老领导问候!彭德怀在会上说道:"美帝国主义侵占朝鲜,朝鲜与我国一衣带水,一旦美帝得逞就会威胁到我东北的安危。他们又派军侵占我台湾海峡,对上海和华东也构成了威胁。朝鲜告急，我们站在旁边置之不理，那么社会主义阵营还不是一句空话！美帝国主义是机械化，前进速度很快，他们不会等我们摆好了阵势才来打我们。我们必须抢时间！中国生，朝鲜死，朝鲜埋，光荣之至！"

一代伟大的革命者不仅虚怀若谷，而且视死如归。接着，彭德怀又下令，要求10天之内做好一切准备工作。

会后，这些干部立即着手准备。1950年10月19日，为了打击美帝国主义，保家卫国，中国人民志愿军部队雄纠纠、气昂昂地跨过鸭绿江，来到了异国他乡，准备和美帝国主义进行一场较量。

战争是残酷的，在朝鲜战场上，许多中华儿女壮烈牺牲，出现了许多可歌可泣的故事、许多催人泪下的英雄事迹。大作家魏巍在他的作品《谁是最可爱的人》中，用事实响亮地告诉人们，中国人民志愿军是最可爱的人。至今，朝鲜人民还记着英雄的名字：邱少云烈火焚烧，一动不动；黄继光舍身堵枪眼，视死如归；罗盛教三次入水救儿童，国际主义精神光芒四射；毛岸英在作战室忘我工作，被烈火所烧，领袖的儿子为中朝人民献出生命。

邱少云1926年出生在四川省铜梁县关溅乡（今少云镇）玉屏村，父亲邱炳荣外出给老板拉纤，不幸惨遭毒害，不久母亲也离开了他们，只留下4个兄弟。本来就贫穷的日子更加艰难了，但这却锻炼了邱少云的意志。

22岁的邱少云参加了剿匪战争。在部队中，邱少云感受到了集体的温暖，也十分努力上进。在赴朝参战申请书上，邱少云写道："我要坚决响应毛主席的号召，参加中国人民志愿军，到朝鲜去消灭强盗，保卫革命的胜利果实，保卫世界和平。"邱少云的申请批了下来，他激动不已。

1952年9月，团党委把攻击"391"高地的任务交给了九连。"391"高地地势险要，是敌人的毒牙，必须拔掉它，我们才能前进。为了能够有力地打击敌人，必须缩短冲击的距离，上级决定采用潜伏的方法。志愿军战士在夜里潜伏到敌人的阵地前沿。这是在敌人眼皮底下活动，必须保证20多个钟点一动不动，否则就会暴露目标，那几百人的性命就难保了。邱少云和他所在的排潜伏在距离敌人只有60米处的土坎旁边，土坎边上长满了杂草，很好地隐蔽了战士。

晚上的风是凉的,战士们忍着寒风的侵袭,好不容易盼到天亮,可太阳又把人晒得喘不过气来,但战士们一动不动,等待着傍晚的反击。山上的敌人也深知"391"高地的重要性,派了重兵把守,他们也非常胆怯,不时地向草丛中扔下燃烧弹。

有一颗燃烧弹落在了邱少云的身边,离他只有2米,燃烧液溅到了他腿上,一下子邱少云身上起了火。如果他在地上打几个滚,或是往后边的水沟滚一下,身上的火立刻就会熄灭,但这样会暴露目标。战友们也知道如果过去帮助灭火,会给更多的战友带来生命危险。邱少云全身着了火,他强忍着疼痛,十指插进了草地的土里,却一动没动,直到大火吞没了他的生命。战友们的心在滴血。

总攻的时刻到了,志愿军战士愤怒了,高喊着"为邱少云报仇"的口号,狠狠地打击了敌人。战斗只用了20分钟就取得了胜利,但伟大的战士邱少云却牺牲了。中国人民志愿军领导机关追记邱少云特等功,1953年6月1日授予他"一级英雄"称号。

邱少云为整体的胜利而牺牲自我,黄继光则是为胜利而舍身堵枪眼。

黄继光1930年农历11月20日出生在四川省中江县一个贫苦的农民家里,从小受地主的剥削和欺压,恨透了地主。朝鲜战争爆发了,黄继光积极报名参加,从一名民兵成为光荣的志愿军战士。

1952年10月14日,敌人的三个步兵师与我军的两个连展开了激战,敌人占领了"597.9"高地,损伤惨重。

黄继光所在营的参谋长张广生下了命令:一定要把"597.9"主峰从敌人手中夺下来。

10月19日下午5点30分,我军炮群开始轰炸敌军所在的"597.9"高地,很快拿下了"6号"阵地和"5号"阵地,接着"4号"阵地也被拿下。下一个目标是夺取"零号"阵地,这是关键的阵地,只有夺下它,才能攻夺主峰。

黄继光主动请战,带领着肖登良和吴三羊向敌人"零号"阵地爬去。敌人很快发现了他们,无数条火舌从他们身边、耳边擦过,三个人冒着枪林弹雨终于爬过了那狭窄的山梁。前面有三个敌人小火力点和一个大火力点。三个人通力合作,干掉了三个小火力点,只剩下大火力点了。

三个人的弹药快用尽了，吴三羊在捡弹药时不幸牺牲，肖登良也受了重伤。反攻的时刻快到了，黄继光知道如果再不拿下这个大火力点，战士们很难冲上来。正在这时，指导员冯玉庆也爬了过来，黄继光说道："指导员，我去干掉它。"冯玉庆点了点头，黄继光一步一步地爬向敌人的火力点，可敌人发现了他，疯狂地向他射击。在暴雨一样的子弹中，黄继光站了起来，手雷爆炸了，他也倒下了，可敌人的机枪还在扫射。黄继光没有手雷了，却又站了起来，伸开两臂，用胸膛堵住了敌人的枪口，敌人傻了，机枪也哑了。战士们高呼着"为黄继光报仇"，占领了"零号"阵地，黄继光被授予"特级英雄"的光荣称号。

　　黄继光虽然牺牲了，但他的大无畏精神却永远激励着人民奋勇前进，他的英名永垂青史。与他一起永垂不朽的还有年仅28岁的毛岸英，我们伟大领袖毛主席的好儿子。

　　毛岸英远离了祖国和亲人，来到了朝鲜战场。

　　在朝鲜战场上，毛岸英看到美帝国主义的疯狂侵略，看到朝鲜到处都是废墟，不禁痛心疾首，深感责任重大，于是把对敌人的恨和对朝鲜人民的爱倾注到工作中去。他那时担任志愿军总部机要秘书，不断收集战况，翻译电文，以最快的速度向前方部队传达首长命令。他废寝忘食、夜以继日地工作，受到了领导和同志们的赞扬。

　　1950年11月24日，敌机在总部上空不断盘旋侦察。首长决定，作战室除两名值班人员外，一律进入防空洞。到了第二天，毛岸英在防空洞待不住了，空袭警报刚解除，他就去作战室参加工作。

　　可是狡猾的敌机在这时扔下了大批凝固汽油弹，作战部立时成了火海，毛岸英和战友们被大火困在里面，一直没有出来。我们领袖的儿子，为了朝鲜人民的安危，献出了自己宝贵的生命。

　　上述几位英雄都是牺牲在战场上，还有一位志愿军战士却为抢救一位落水少年而英勇牺牲，他的名字叫罗盛教。

　　罗盛教1931年出生于湖南省新化县松山乡桐子村，从小家境贫穷。后来，他到三叔的小店里做杂活，坚持学习。1949年湘西解放了，罗盛教进入湘西军政干部学校，以优异的成绩毕业，被分配到中国人民解放军某部侦察队当文书。

　　抗美援朝战争爆发了，他也成了一名光荣的志愿军战士。

1952年1月2日,为了学习军事技术,连长让他们做投弹练习。他想到河边有两个打不响的手榴弹可以用来练习,便和战友小宋到河边去找。

刚到河边,他突然听见一声惊叫,原来一个朝鲜少年落入了冰窟中。罗盛教一看,立即跑了过去,边跑边脱衣服,纵身跳进了冰窟中。在水底摸了一会儿,他钻出水面换气,刺骨的冷水把他冻得没有一点血色。他又第二次潜入水中,终于把少年托了上来,眼看少年爬上了冰面,薄冰却塌裂了,少年又落入水中。罗盛教已精疲力尽,而且冻得浑身发抖,但他又潜入水中,摸到了少年后,他已经毫无力气了,只得用头和肩膀把少年托了上来,而他却再也没有上来。伟大的国际主义战士罗盛教无私地献出了自己宝贵的生命,当时才21岁。

1952年2月,中国人民志愿军领导机关给他追记特等功,授予他"一级模范"的光荣称号。1952年4月1日,中国新民主主义青年团中央委员会追认他为"模范青年团员"。1953年6月25日,朝鲜民主主义人民共和国最高人民会议常务委员会授予罗盛教"一级国旗勋章"及"一级战士荣誉勋章"。

罗盛教牺牲了,但是朝鲜人民永远记住了他。后来,他牺牲的所在地改名为罗盛教村,那条河改为罗盛教河。山上为罗盛教建了一座纪念碑,朝鲜人民领袖金日成亲笔题词:"罗盛教烈士的国际主义精神与朝鲜人民永远共存!"

朝鲜战场上,可歌可泣的故事数不完,这些英雄的战士和朝鲜人民并肩作战,终于打败了美帝国主义。中国人民志愿军进行的抗美援朝战争最终取得了胜利。

新中国成立初的外交活动

新中国成立后,帝国主义者极端仇恨新生的社会主义国家,利用封锁、禁运等手段遏制中国,还控制联合国企图孤立中国。但中国人民没有就此屈服,而是积极地开展外交活动,寻求国际生存空间。中国参加了许多重要的国际会议,让世界上许多国家了解中国,打破了帝国主义国家的外交封锁。

周总理作为中华人民共和国第一任总理兼外长,为新中国的外交事业作出了巨大的贡献。他以机智、沉着、敏锐的外交才干促进了中国外交事业的发展,也赢得了世人的称颂。

建国之初,苏联对中华人民共和国持支持和友好态度。为了进一步发展中苏两国人民的友谊,巩固中苏两国的关系,毛泽东率领中国代表团于1949年12月16日对苏联进行了友好访问。毛泽东与斯大林进行了友好会谈,斯大林对新中国取得的成绩表示祝贺,对毛主席赞不绝口:"伟大,真伟大!你对中国人民的贡献很大,是中国人民的好儿子!我们祝你健康!"

1950年1月10日,周恩来总理率领中华人民共和国政府代表团离开北京前往莫斯科。1月22日,中苏双方进行了又一次会谈,毛主席、周总理参加了会谈。双方在合作开发、铁路使用等问题上达成了一致意见。2月14日,双方在克里姆林宫举行了签字仪式,苏联外长维辛斯基代表苏联,周总理兼外长代表中国,在《中苏友好同盟互助条约》上签字。这个条约的签订在新中国刚刚成立时,对保障中苏双方的安全、维护远东与世界和平起到了重大作用,也加深了中苏两国人民的友谊,促进了两国建设事业的发展。

1954年4—7月的日内瓦会议是英、美、法密商后提议召开的。因为这个会议和中国有关,而中国当时和英、美、法没有外交关系,所以只好通过苏联邀请中国参加,新中国从此进入国际舞台。4月20日,周恩来率200人的代表团乘专机离京,经莫斯科,于24日抵达日内瓦。这一行动引起世界的注意。中国代表团人员一下飞机就引起了一阵轰动,世界各大报刊纷纷报道:"机门一打开,蹦出来一队运动员!""日内瓦来了一连中国军人。""一个年轻的红色外交家率领了一批更年轻的外交家。"

会议首先讨论朝鲜问题,朝韩互相指责对方是侵略者,整整争吵了一个半月,中国代表团一直表现得沉着冷静。这时周恩来又一次发言,说朝鲜问题还是可以取得一致的。他的发言很有内容,具有很强的感染力,比利时代表被感动了,站起来响应,认为周总理的发言"合理",应该认真讨论。但在英、美、法的压力下,会议未达成任何协议,英、美、法决定休会。复会以后,接着讨论越南问题,这时奠边府战役取得了胜利,我方在这个问题上占有很大的主动权。

以皮杜尔为首的法国代表团很晚才进入会场,全都戴着黑纱、黑领带,头也不抬,哭丧着脸,挤在一起。越南代表团有人笑出了声。皮杜尔恼羞成怒,大发脾气:"死了那么多的人,将军、元帅下落不明,还笑!"范文同用法语回答:"他们的安全是有保障的,我们会照顾他们的。"皮杜尔骂越南是"傀儡",范文同反讥道:"没想到你们是在同傀儡打仗,同傀儡打仗还损失那么惨重!"噎得皮杜尔无言以对。之后,皮杜尔就垮台了。法国的首席谈判代表换上了内阁总理兼外交部长孟戴斯·弗朗斯。周恩来会见了孟戴斯·弗朗斯,从谈话中了解到法国经不起越南战争的消耗,国内反战情绪高涨,急于从越南战争退出,但又放不下面子。周恩来认真分析后,判断只要能给他们一个稳定的局面,使他们在形式上体面地撤出越南就满足了,孟戴斯·弗朗斯的地位也就稳固了,因此周恩来说服范文同不要在16度、17度线上计较,"给法国点面子,换取法国军队撤出是很合算的"。"法国撤出,全越南都是你们的"。于是,越南问题得以成功解决。

日内瓦会议中,中苏两大国代表配合默契,在最大程度上孤立了以美国为首的顽固势力,挫败了美帝国主义破坏亚洲和平的阴谋,签订了印度支那停战协议。在周总理有礼、有理、有利、有节的外交策略指导下,中国外交取得第一次重大胜利,世界认识了中国的大国风范,中国的国际地位提高了。

中国大陆外交活动的成功引起台湾国民党的恐慌,他们采取种种卑劣的手段破坏。"克什米尔公主号"飞机爆炸就是国民党特务犯下的罪行。

1955年4月,在印度尼西亚万隆市召开了有亚洲、非洲29个国家参加的亚非会议,大会邀请中国参加。台湾当局极度仇恨,派遣特务进行暗杀活动,准备炸毁中国代表团乘坐的飞机,暗杀周恩来总理。暗杀计划由国民党保密局香港情报站一手策划,主使者周斌成,直接指挥者周健天,参与策划者沈齐平,炸弹由张祖顺从台湾带来,由特务交给香港航空公司清洁工周驹实施安放。

4月11日,周驹把炸弹伪装成一包西药带进启德机场,乘打扫机舱卫生时将炸弹安放在"克什米尔公主号"飞机上。当日,飞机在飞往万隆途中爆炸,机上11名乘客和5名乘务员遇难。所幸的是,周恩来总理并未乘这架飞机。4月15日,周总理安全抵达万隆,国民党阴谋未能得逞。

万隆会议从4月18日开始到24日结束。当时,只有7个国家承认中国,会上争论的十分激烈,相互指责攻击,会议濒临分裂的境地。19日,会议临近结束时,周恩来做了发言,第一句话就是:"中国代表团是来寻求团结而不是来吵架的。"喧闹的会场顿时鸦雀无声,人们屏息静听。周总理接着说:"中国代表团是来求同而不是来立异的。"总理又耐心地解除了某些代表对中国的误解,说我们并不要求各人放弃自己的见解,但是这不应该妨碍我们在主要问题上达成共同的协议,我们应该在共同的基础上互相了解和重视彼此不同的见解。他最后说:"为了不使会议陷入争论,中国决定不在会上提出台湾地区的局势和中国在联合国的席位问题,虽然中国的要求是完全正义的。"周恩来的讲话获得全场热烈的掌声,讲话结束时,许多国家代表团,包括原来持敌对态度的代表团团长,争着上前同周总理握手。

4月23日,周恩来在政治委员会上发表的讲话,被誉为"亚非会议上最重要的讲话"。周恩来说:"虽然我们信奉的意识形态和承担的国际义务不同,但是我们的目的都应当是发展与维护世界和平和合作的基础,有人不喜欢'共处'这个词,那好我们可以用联合国宪章中的'和平共处'这个词。"经过中国代表团的努力,政治委员会上通过了《国与国之间和平共处的十项原则》《关于促进世界和平合作的宣言》。会议结束当天,巴基斯坦总理穆罕默德·阿里在寓所举行午餐会,聚在那里的有8国代表团的团长,周恩来当众郑重声明:"中国人民同美国人民是友好的,中国人民不要同美国打仗。中国政府愿意同美国政府坐下来谈判,讨论缓和远东紧张局势问题,特别是缓和台湾地区的紧张局势问题。"各国记者争相抢发这条特大新闻,周恩来的讲话获得了亚非各国和世界舆论的支持,消除了一些亚非国家在台湾问题上的误解和疑虑,推动了中美间大使级谈判,为国际紧张局势的缓和作出了重大贡献。

亚非会议的胜利使帝国主义在政治上孤立、经济上封锁中国的阴谋破产,中国赢得了世界上众多国家,特别是亚非拉国家的广泛尊重。以周恩来为首的中国代表团以自己真诚的努力取得了卓有成效的成果,给亚非各国留下了深刻的印象,对亚非各国的团结产生了深远的影响,中国的国际地位空前提高。

建国初期的英模

新中国成立之后，土匪被剿灭，朝鲜战场捷报频传，西藏和平解放，土改顺利完成，祖国大业蒸蒸日上，共产党领导人民进行了不懈的努力，人民群众中涌现出大批英雄模范，下面介绍其中的几位代表人物。

建国后的第一代播音员是丁一岚和齐越。

丁一岚在张家口解放后便成了真正的播音员。说起丁一岚与播音之间的缘份，在解放前还有一段玩笑。日本即将投降时，由于当时没有广播电台，晋察冀报社就连续组织宣传队到附近领导机关宣读刚接到的新闻电讯稿。丁一岚是宣传队的，有一次她读完朱德总司令下达反攻命令的新闻电讯稿后，同志们纷纷打趣，"你的普通话不错，将来当播音员吧！"说得丁一岚脸红红的，但这一句玩笑却成真了，张家口一解放，丁一岚就成了播音员，到1949年已经有4个年头了。

齐越是河北人，嗓音嘹亮、浑厚，少年时代饱尝了亡国奴的痛苦，历尽磨难，但他没有忘记学习，后来辗转到大后方的陕西、四川求学，又积极投身到革命中去。由于他音质很好，所以成为了一名播音员。他与丁一岚共同解说了开国大典的盛况，为人民广播事业作出了巨大的贡献。

建国初期，有一个人的名字几乎无人不知、无人不晓，他就是"导弹之父"钱学森。

钱学森是著名的空气动力学家、现代航空科学与火箭技术先驱、工程控制论的创始人。

1935年，钱学森来到美国，1947年成为加州理工学院最年轻的教授。在美国期间，他帮助美国制造了第一枚导弹，被誉为"帮助美国成为世界第一流军事强国的科学家银河中一颗明亮的星"。

1949年10月1日，这位伟大的科学家在美国得知中华人民共和国成立了，激动不已，想把知识贡献给祖国，贡献给人民。他开始做回国的准备。1950年7月,钱学森向美国海军次长金布尔正式提出回国申请。这位海军次长大为震惊,他怎么舍得放走这位旷世奇才呢,他曾说过:"无论从哪个方面说,他都抵得上5个师!"他便苦苦挽留钱学森,但是钱学森心中有祖国,美国的洋房、洋车、丰厚的待遇都打动不了他。钱学森为了祖国的事业,放弃了金钱、荣誉、地位,毅然决定回国。

但美国人不想放走他,在途中扣留了他15天,而且限制其自由整整5年。但钱学森回国的志向没有改变,并写信给中国人大常委会。周总理得知情况后,立即下了指示,一定要使这位伟大的爱国科学家回到祖国。在各方的努力下,美国不得已放钱学森回国。1955年9月17日,被美国非法监禁5年,在美国生活了20年的伟大科学家钱学森及夫人、孩子终于回到了祖国的怀抱。

这个炎黄子孙的后代把所有的激情都投入到工作中。正是由于他忘我的工作,1970年我国成功地发射了第一颗人造卫星。

钱学森为祖国的国防科技事业作出了巨大的贡献,他的爱国主义精神也值得人们永远学习。

提起这些英雄儿女,当然少不了体育健儿,他们不仅代表体育,而且代表一种精神、一种力量。其中,为我国夺得第一枚世界金牌的选手是乒乓健将容国团。

容国团,1937年出生,从小生活在香港,家里很穷,但他热爱乒乓球的志向始终不变。由于刻苦训练,他终于赢来了掌声,1957年获得香港男子单打、男子双打和男子团体三项冠军。

成为香港冠军后,他的爱国热情也在不断高涨,经过努力终于于1957年11月1日回到了大陆,回到了母亲的怀抱。回到大陆之后,他继续苦练基本功,目标是为国争光,让世界了解中国和中国人。1959年,第25届世界乒乓球锦标赛在西德多特蒙德体育馆举行。容国团一路过关斩将,最后与匈牙利老将西多狭路相逢。他凭借扎实的基本功和坚强的意志,终于为新中国夺得了第一枚世界金牌。

当庄严的国歌奏响时,容国团心中激动不已,他终于圆了一个梦,为祖国赢得了第一个世界冠军的称号。

此外,人们还不会忘记一个普通战士的名字:雷锋。历史在悄悄前进和变化,雷锋精神却被一代代传颂,用平凡而伟大来形容他最为合适。

　　说他平凡，因为他是一名普通的人民解放军战士，从小受尽了折磨。他的父亲因为参加抗日战争，被残酷的日本人活埋。他刚满12岁的哥哥进了一家工厂，不幸被机器轧断胳膊，而凶残的资本家却将他赶出工厂，让他活活疼死在妈妈的怀里。他的小弟弟也被饿死。后来他的母亲不甘受辱而悬梁自尽了，只留下7岁的他孤苦零丁地活在世上。地主也丧尽天良，让7岁的孩子为他放猪，住的是猪圈，吃的更不用提了。

　　雷锋从小饱尝了生活的艰辛，小小年纪就懂得了生活的不易。故乡终于解放了，雷锋也终于翻身了。他上学了，学习刻苦努力，对党对祖国也无限热爱。

　　1959年12月3日，雷锋去参加征兵体检，但他身高和体重却不合格。雷锋哭了，哭着讲述了自己苦涩的童年，征兵的负责人破例收下了他，从此雷锋成为一名光荣的人民解放军战士。

　　雷锋到了部队，处处都表现得很积极，他想把党和人民对他的养育之恩奉献给祖国，他认真学习，忘我地工作，入伍不久便成为一名光荣的中国共产党党员。

　　这是雷锋平凡的事迹，但伟大却出自于他的平凡之中。

　　他成为运输班班长后，除了做好本职工作外，还尽一切努力去帮助别人。他带病在工地运砖，为社会主义建设添砖加瓦；在沈阳车站为一位山东大嫂买车票，只留下"解放军"这个名字；冒雨把一位大嫂和孩子送回了家……雷锋的事迹说不完、写不尽，他的精神力量是无穷的，人们都说："雷锋出差一千里，好事做了一火车。"雷锋时时刻刻都在做好事，毛主席说："一个人做点好事并不难，难的是一辈子做好事！"雷锋同志做到了。

　　但是这个年轻的生命却不幸早逝，1962年8月15日，雷锋同志在执行勤务中不幸牺牲。人民怀念他，祖国呼唤他，雷锋精神传万代。

　　雷锋精神鼓舞着亿万人民奋勇前进，而大庆精神也在中华大地上树立了一面旗帜，激励着亿万人奋勇争先。

　　"宁可少活二十年，拼命也要拿下大油田。"这就是铁人王进喜的豪迈之言，他是这样说的，也是这样做的。

　　建国初期，毛主席号召我们自力更生，艰苦奋斗。为了使我国摆脱贫油国的困境,早日打出石油,以铁人王进喜为代表的建设者们来到了东北松辽地区。他们心甘情愿吃大苦,以钢铁般的革命意志舍身忘我地工作。正是由于有了他们,我国才彻底从贫油国中走了出来。铁人王进喜的精神传遍了神州大地。

王进喜小时候受尽了苦难,八九岁就给地主放羊,经常遭地主的毒打,15岁又被拉进玉门油矿当苦力工,工头、矿警比地主还狠毒。后来,家乡终于解放了,王进喜已长大成人,立即加入到社会主义建设的大军之中。

1960年,我国遭受严重的自然灾害,与此同时美国对我国进行经济封锁,苏联也撤走了专家。但是中国人民没有怕,王进喜同志带领1205人的钻井队从玉门千里迢迢来到大庆,为大庆带来了一片生机。

王进喜和队友们忘我地工作,任凭寒风呼啸,仅用了6天时间就打出了大庆会战的第一口井。王进喜和工人们高兴极了,沉浸在一片喜悦之中。在王进喜指挥工人放铁架准备再打的时候,忽然一根几百斤重的钻杆滚下来砸伤了他的腿,将这个硬汉子砸昏了。工人们围着抢救他,可他醒来后却猛地站起来,继续指挥放井架。领导和工人坚决把他送进医院,仅住了一天,又偷着跑了出来,手里却多了一根拐棍。

打第二口井时,发生了井喷现象,如果不迅速解决,不仅会井毁人亡,高大的井架也很有可能被吞没到地层里。王进喜扔掉拐杖,立刻奔上前去,把水泥倒进泥浆池,但是没有搅拌机,王进喜立刻跳下去用身体搅拌。险情终于止住了,王进喜却疼得扑倒在地。

正是这种精神、这种力量,才使祖国石油生产上了一个新台阶。王进喜和队友们吃住在一起,成日成夜地战斗在一起。有一次,为了制服井喷,王进喜两天两夜没有合眼,工人和井场附近的百姓都被他的精神深深感动,从此"铁人"这个名字传遍了大庆油田。

经过三年艰苦卓绝的奋斗,1963年我国石油基本实现自给了,"洋油"的时代一去不复返,王进喜和队友们豪迈地笑了,但他们没有忘记自己的工作,身上的担子更重了。

为了表彰大庆精神和王进喜"铁人"般的作风,毛主席向全国发出"工业学大庆"的伟大号召。1964年,王进喜代表大庆工人光荣地出席了第三次全国人民代表大会,见到了伟大领袖毛主席。他激动万分,一遍又一遍地高呼:"毛主席万岁!"

工业学大庆运动对我国工业的发展起到了很大的促进作用,"铁人"王进喜的精神也鼓舞了一大批建设者。

王进喜在大庆干了一辈子。焦裕禄也想在兰考干一辈子,但他的生命太短暂了,42岁便闭上了疲劳的双眼。

1962年冬天,河南省兰考县遭受了严重的自然灾害,旱涝、风沙、盐碱三害同时袭击着兰考人民。

焦裕禄就是在这时来到兰考并担任县委书记,挑起了重担。

焦裕禄到了兰考,便马不停蹄地到灾情最重的乡下了解情况,他不顾一路劳累,心里惦记着受苦受难的百姓。他看到灾情太严重了,大批灾民都流往他乡,深感责任重大。

为了让县里的其他领导了解到兰考的现状,有一天夜里,他带着县委的干部来到火车站,看到兰考的灾民往外地逃荒,还有一些灾民蜷曲在货车上。所有的人都低下了头,县委一班人从车站回来,连夜召开了会议,研究如何战胜灾荒,留住兰考人民。最后会议决定先下乡了解三害的严重性,然后再根据实际情况制定合理措施。

焦裕禄亲自带队,在全县展开了大规模调查。由于焦裕禄患有慢性肝病,许多人劝他不要在大风大雨中奔波,那样会累垮的,但焦裕禄心系灾民,抱病到实地察看灾情,以便掌握第一手资料,对症下药。

通过艰辛的努力,调查队摸到了兰考"三害"的第一手资料,焦裕禄开始带领干部群众着手解决这些灾情。

那时候,焦裕禄肝病时常发作,有时疼得厉害,就用一支钢笔硬顶着肚皮,仍在大雪中亲自指挥抗灾斗争。一场艰苦的斗争开始了,大风大雨中,大沙大雪中,兰考处处有焦裕禄的身影。由于工作方法正确,1964年兰考人民在同涝、沙、碱斗争中取得初步成效,正在向胜利大踏步前进,但是焦裕禄的病情也在恶化。他经常用右膝顶住疼痛的肝部,或用左手按着,有时用一根硬东西顶在右边的椅靠上。时间长了,他办公坐的藤椅的右边都被顶出了一个大窟窿。但他总是强忍着,继续工作,他忘不了灾区人民一双双期盼的眼睛,根本抽不出时间来检查治疗。

到了后来,这个硬汉子被病魔折磨得实在坚持不住了才住进医院,然而诊治结果却让人们绝望:肝癌晚期,皮下扩散。兰考县委的人多么不想听到这个结果,兰考人民多么不愿听到这个结果啊!

焦裕禄病重的消息传开后,当兰考有不少人自发到医院去看望他。但他从不提自己的病情,只是问县里的工作情况,问兰考人民的生活情况。

焦裕禄知道自己活不了多久了,兰考县县委副书记来看望他时,他说道:"现在有句话我不能不说了,你回去告诉同志们,我不行了,你们要领导兰考人民坚决斗争下去。党相信我们,派我们去领导,我们是有信心的。我们是灾区,我死了,不要多花钱,我死后只有一个要求,要求组织上把我运回兰考,埋在沙滩上,活着我没有治好沙丘,死了也要看着你们把沙丘治好!"副书记本想安慰一下焦裕禄,但听完他的话,鼻子一酸,热泪直下,一句话也没有说出来。

焦裕禄在医院里离开了人世,但他的心却在兰考,他病榻的枕下有两本书,一本是《毛泽东选集》,另一本是《论共产党员的修养》。

焦裕禄走了,兰考人民悲痛不已,他们不会忘记共产党,不会忘记焦裕禄。如今兰考已绿荫成行,党的好儿子焦裕禄也可以安息了。

建国初期,英雄模范人物像天上的繁星,数也数不清。正是有了他们,我们社会主义大家庭才更团结、更温暖、更有生机,我们社会主义新中国才能不断取得新的辉煌。

中华上下五千年

zhonghua shangxia wuqiannian

中华上下五千年
历代缩影

远古传说时代

◆**远古传说时代**（距今约170万年至公元前21世纪初）

远古传说时代（原始社会）是中国文明社会诞生之前的史前社会阶段，时间距今大约170万年到公元前21世纪初。这个时期的人类都以石器为主要生产工具，因此考古学上称这个时代为石器时代。神话和传说为这一段历史增添了许多浪漫主义和英雄主义色彩。

夏商西周

◆**夏朝**（约公元前21世纪至前16世纪）

◆**商朝**（公元前16世纪至前11世纪）

◆**西周**（公元前11世纪至前771年）

公元前21世纪，禹子启破坏了原始的禅让制，建立了中国历史上第一代王朝，史称夏。夏王朝自禹至桀，共传14世、17王，其统治时间470年。公元前16世纪商汤灭夏后建立商王朝，至公元前14世纪中叶盘庚迁都殷，及公元前11世纪商王纣被周武王联合西南各族攻灭，共传17世、31王，历时554年。西周约始于公元前11世纪时周武王伐纣灭商，终于公元前771年周幽王覆亡共经历了11代、12王，统治了约257年。

春　秋

◆**春秋**（公元前770年至前476年）

周幽王死后，周平王即位。由于镐京遭受战争破坏，加上受到犬戎的威胁，公元前770年（周平王元年），周平王把都城从镐京迁到洛邑（今河南洛阳）。至此，西周结束，东周建立。从这一年到公元前476年（周敬王四十四年），为春秋时期。春秋时代是中国有史以来第一个多姿多彩的时代。

战　国

◆战国（公元前475年至前221年）

《史记》将周元王元年（公元前475年）定为战国七雄历史的开端，从这年开始至公元前221年秦灭六国，是我国历史上的战国时期。战国时期是我国封建社会的确立时期。

秦　朝

◆秦朝（公元前221年至前206年）

公元前221年，秦国以秋风扫落叶之势，一举消灭了韩、魏、赵、楚、燕、齐六国，统一了全国。秦王朝一统天下，这是中国历史上的第一次大统一。秦王朝为中国历史上第一个中央集权的封建王朝。

汉　代

◆汉朝（公元前206年至220年）

公元前206年初，刘邦灭秦，于公元前202年称帝，称汉高祖，国号汉，史称西汉。五月，刘邦迁都长安，继秦以后重新又建立起统一的中央王朝。刘邦建立的汉王朝，在政治、经济方面基本上承袭秦王朝的制度和政策。汉王朝分西汉、东汉两个阶段。西汉中期以前，封建社会政治、经济、文化得到全面发展，成为中国封建社会的第一个盛世，大汉王朝的威名通过"丝绸之路"传向世界。东汉时期中央集权继续巩固，但到末期已出现"合久必分"的趋势。

三　国

◆三国（公元220年至280年）

三国鼎立时期是中国历史上一个比较特殊的时期，在中国封建社会2000年的漫长岁月中，王朝兴衰，军阀混战，群雄割据，南北对峙的局面一再出现，但三国鼎立却是唯一的一次历史存在。对于三国的断代时间，确切地讲应该从公元220年曹氏立魏算起，到公元280年西晋灭掉孙吴政权统一全国为止。

西　晋

◆西晋（公元265年至317年）

　　三国对峙，从公元220年曹丕称帝代汉起，到公元280年西晋灭吴止，前后61年，整整经历了两代人。但等到北方发动统一战争，蜀吴两国都迅速土崩瓦解了。公元263年曹魏伐蜀只用了两个月的时间，蜀国灭亡。公元280年，西晋灭吴。西晋王朝命短，统一以后仅几十年，中国又重陷分裂之中。

东晋和南朝

◆东晋（公元317年至420年）

◆南朝（公元420年至589年）

　　公元280年，西晋统一全国，成为魏晋南北朝时期唯一的统一政权。西晋在太康年间一度出现天下大治局面。然而，由于上层门阀统治集团的政治腐化和权力争斗，不出十年，天下就从大治转入大乱。289年，西晋爆发了"八王之乱"，接着是永嘉之乱和所谓的"五胡乱华"，此后便开始了长达两个半世纪的分裂割据局面，中华文明遭受了历史上时间最长、规模最大的浩劫。公元317年，西晋琅琊王司马睿于建康称晋王，次年称帝，建立了偏安江南的东晋王朝。门阀士族统治下的东晋延续到公元420年。此后有宋、齐、梁、陈4个朝代的更替，史称南朝，与北朝相对峙。直到公元589年隋灭陈，重新统一中国。

十六国和北朝

◆**十六国**（公元304年至439年）

◆**北朝**（公元386年至581年）

从公元304年匈奴贵族刘渊称汉王起，北方地区进入十六国阶段，直至439年北魏灭北凉统一北方，又因其中多数政权由匈奴、鲜卑、羯、氐、羌5个少数民族建立，历史上又称之为"五胡十六国"，十六国以后北方又先后存在过北魏、东魏、西魏、北齐、北周五个朝代，总称北朝。北朝自公元439年北魏统一北方起，至公元581年北周灭亡止，历时142年。

隋朝

◆**隋朝**（公元581年至618年）

公元581年，在北周都城长安发生了一次宫廷政变，外戚杨坚夺取帝位，建立隋朝，把当年定为开皇元年，杨坚即隋文帝。隋的建立结束了魏晋南北朝以来长期动荡不安的局面。从此，华夏各族复归一统，这正应了"天下大势合久必分，分久必合"这句话。隋共有二帝，即文帝杨坚和炀帝杨广。杨坚统治时，社会财富急剧积累，人民生活安定富足，因此有"开皇之治"之称。杨广有才能，但多行暴政，他统治仅十几年便断送了隋的前程。公元618年，隋为唐所灭。

唐朝

◆**唐朝**（公元618年至907年）

在隋末农民大起义的沉重打击下，隋朝的腐朽统治土崩瓦解，全国形势发生了深刻的变化。大业十三年（公元617年），李渊在晋阳起兵，7月向关中进发，4个月后攻占长安，立13岁的代王杨侑为傀儡皇帝，改元义宁。隋炀帝被杀后，李渊在义宁二年（公元618年）5月逼隋恭帝杨侑让位，建立唐朝，年号为"武德"，定都长安。唐朝开创了中国封建社会的又一个盛世，经济文化空前繁荣。唐共历20帝，于公元907年被后梁所灭。

五代十国

◆ **五代十国**（公元907年至979年）

公元907年，朱温建立后梁，中国进入公开分裂割据的五代十国时期。北方中原地区先后出现5个短命朝代，即后梁、后唐、后晋、后汉、后周，史称五代。五代计53年，共历8姓称帝，共14君。与此同时，南方及河东地区出现十个割据政权，即吴、南唐、吴越、楚、闽、南汉、前蜀、后蜀、南平、北汉，合称十国。五代十国是唐末藩镇割据的继续和发展，也是统一趋势不断增长的时期。

辽 朝

◆ **辽朝**（公元907年至1125年）

公元907年，一个包括多民族的奴隶主政权——契丹政权，在我国北方出现了。创建这个地方政权的耶律阿保机（公元872年至公元926年）就是历史上的辽太祖。公元926年耶律阿保机吞并了渤海地方政权，公元938年幽州、云州等16州之地又归入契丹统治领域。这一年，契丹统治者把今北京城西南的幽州改为南京。公元940年，辽太宗耶律德光到了南京，更加广泛地接触到汉族封建文明。公元947年，契丹政权改称为"辽"。

宋 朝

◆ **宋朝**（公元960年至1279年）

公元960年，宋太祖赵匡胤登上历史舞台，建立宋朝。赵匡胤针对五代时遗留下来的各项弊政，推行一系列的政治、经济和军事方面的改革措施，强化中央集权专制统治。后来又经过宋太宗赵匡义的继续努力，宋朝开国的根基终于奠定，结束了长期分裂割据的混乱局面。在宋初国家获得统一和相对稳定的新形势下，封建经济和文化都得到了新的发展。宋朝分为北宋、南宋两段，和宋代同时存在的还有西北的西夏、北方的辽国和金国。宋代积贫积弱，外交尤为软弱，最后北宋被金灭亡，南宋被元所亡。宋代民族矛盾一直尖锐，家仇国恨伴随始终，对宋代思想、文化都产生很大影响。

西 夏

◆**西夏**（公元1038年至1227年）

西夏是以党项族为主的政权。党项族原来分散居住在今青海省和四川省西北部，后来迁移到今陕西省、甘肃省和宁夏回族自治区的毗连地带定居下来。从唐末到宋初，党项首领对这一地区的统治都得到皇朝的承认，他还接受了皇朝赐予的皇室姓氏，所以他们在唐朝姓李，到宋朝又姓赵。在辽、宋相争中，他们往往联结辽作为外援，跟宋对抗。公元1032年，李元昊做了党项族的首领以后，把势力伸展到河西走廊一带。公元1038年，元昊称帝，建都兴庆（今宁夏回族自治区银川市），国号大夏，历史上叫作西夏。元昊统治时期西夏封建化的步伐加快了，这有利于西夏各少数民族的发展。

金 国

◆**金国**（公元1115年至1234年）

金是以女真族为主的政权。女真族住在松花江流域，在契丹族兴起后，受到辽的统治。女真人在杰出领袖完颜阿骨打的领导下，发动了抗辽斗争。公元1115年，阿骨打摆脱辽的统治，即皇帝位，国号金，他被称为金太祖。公元1125年，金灭辽。同年，完颜晟即位，即金太宗。公元1127年，金灭北宋。金的崛起是一个暴风雨式的发展过程。1234年，金被蒙古所灭。

元 朝

◆**元朝**（公元1206年至1368年）

元朝是由蒙古族建立的政权。12世纪和13世纪初，他的杰出首领铁木真征服了各兄弟部落，建立了统一的蒙古汗国。公元1206年，铁木真在斡难河边召开部落首领大会，被推举为全蒙古的大汗，号成吉思汗，史书上也称作元太祖。成吉思汗和他的继承者窝阔台汗、蒙哥汗长期对南方和西方用兵。对南方的用兵是对夏、金、宋，都是在中国境内进行的。对西方的用兵，则从中国境内远到中欧。公元1260年，忽必烈即大汗位，公元1271年改国号为元。公元1279年，元灭南宋，建成统一全国的元皇朝。元朝是横跨欧亚大陆的大帝国。

明　朝

◆**明朝**（公元 1368 年至 1644 年）

　　公元 1368 年 8 月，朱元璋北伐军进占大都（今北京），结束了元朝的统治。同年正月，朱元璋改元洪武，定国号为明，定都南京，朱元璋即明太祖。永乐十九年（公元 1421 年），成祖朱棣迁都北京。明朝疆域，东北到鄂霍次克海和外兴安岭以北及鄂嫩河一带，北到大漠，西北到新疆哈密一带，西南到西藏、云南，南到南海诸岛，东到大海，包括台湾及其附近岛屿。崇祯十七年（公元 1644 年），明王朝被李自成领导的农民起义推翻。明朝共历十六帝，共 277 年。明亡后，其残余势力曾在南方重建政权，史称南明。

清　朝（上）

◆**清朝**（上）（公元 1616 年至 1840 年）

　　公元 1616 年满族领袖努尔哈赤建立后金，公元 1636 年皇太极改国号为清，改女真族为满洲，公元 1644 年顺治帝入关，定都北京，逐渐统一全国。一般以鸦片战争前为清前期，属于封建社会末期；鸦片战争后 70 年为清后期，属于半殖民地半封建社会。宣统三年（公元 1911 年）清王朝在辛亥革命中被推翻，从此结束了我国两千多年的封建帝制。

清　朝（下）

◆清朝（下）（公元1840年至1911年）

中国是世界四大文明古国之一，早期欧洲旅行家关于东方奇富的神话一直像磁石一样吸引着西方诸国。然而，19世纪以前，他们无力越过重洋高山之障进入中国。19世纪之后，封建主义的清王朝经过"康乾盛世"而日趋没落，欧洲诸国却因工业革命而国力迅猛发展。这样，遥远的神话般"铺满黄金"的东方便不再是难以企及的梦想。19世纪中期爆发了世界性的经济危机，为了自身的利益，西方资本主义都把攫取利润的矛头指向东方的中国，终于在清道光二十年（公元1840年）爆发了鸦片战争。鸦片战争是中国近代史的开端，此后中国便由封建社会一步一步变成半殖民地半封建社会。

中华民国

◆中华民国（公元1912年至1949年）

中华民国的历史从1912年由孙中山创立，到1949年国民党政权迁往台湾，只有38个春秋，在中国悠久的历史长河中存在的时间很短，但它却是中国历史上大动荡、大转变的时期，蕴含着极为丰富的内容。中华民国名义上是资产阶级共和国，但有其名而无其实，先有北洋军阀集团的黑暗统治，后有国民党一党的独裁专制，他们所建立的政权都严重脱离人民群众，破坏和阻碍社会生产力的发展且不能有效地组织、抗击外来侵略的力量。这就决定了他们的统治不可能长期稳定下去，只能迅速走向衰亡，最终被中国共产党领导的全国人民所推翻。因此中华民国的历史也可以说是中国人民在中国共产党的领导下，不断反抗内部专制和外来侵略的历史。

中华人民共和国

◆中华人民共和国（**公元1949年至今**）

从1949年10月中华人民共和国成立至今，是中国人民在中国共产党的领导下，探索社会主义建设道路，开创社会主义建设新局面的历史。特别是最近几十年来，中国实行全面改革和全方位对外开放，中国社会的方方面面都发生了深刻的变化。伟大的中华民族正在开拓进取，走向伟大复兴。

中华上下五千年

符文军 ◎ 主编

〔上卷〕

时事出版社
北京

图书在版编目(CIP)数据

中华上下五千年：全三册/符文军主编．—北京：时事出版社，2018.10（2022.06 重印）
ISBN 978-7-5195-0260-7

Ⅰ.①中… Ⅱ.①符… Ⅲ.①中国—历史—通俗读物 Ⅳ.①K209

中国版本图书馆 CIP 数据核字（2018）第 211557 号

出 版 发 行：时事出版社
地　　　　址：北京市海淀区彰化路 138 号西荣阁 B 座 G2 层
邮　　　　编：100097
发 行 热 线：(010) 88869831　88869832
传　　　　真：(010) 88869875
电 子 邮 箱：shishichubanshe@sina.com
网　　　　址：www.shishishe.com
印　　　　刷：北京良义印刷科技有限公司

开本：880×1230　1/32　印张：42.75　字数：1300 千字
2018 年 10 月第 1 版　2022 年 6 月第 6 次印刷
定价：98.00 元（上、中、下）
（如有印装质量问题，请与本社发行部联系调换）

前 言

中华民族历史悠久，文明灿烂，足以让华夏大地的每一位炎黄子孙感受到无比的骄傲和由衷的自豪。

本书从华夏始祖盘古开天辟地开始，将三皇五帝、夏商西周、春秋战国、秦朝汉代、三国西东晋南北朝、隋唐五代十国、两宋辽金、元朝、大明王朝、大清王朝、中华民国、中华人民共和国——上下五千年历史的辉煌灿烂和沧海桑田都展现在了读者的面前。

在这五千年的历史长河中，中华民族生生不息，拼搏不止，一代接一代，涌现出了许许多多伟大的历史人物。像政治家秦始皇、曹操，谋略家张良、诸葛亮，思想家孔子、孟子，民族英雄林则徐、邓世昌，科学家张衡、沈括，医学家华佗、李时珍，文学家欧阳修、王安石、苏轼、李清照，诗人李白、陆游，革命家孙中山、李大钊、毛泽东等等。他们为中华民族创造了无数的世界之最和令人叹为观止的奇迹。当然，在中国历史上也出现了不少像奸臣秦桧、窃国大盗袁世凯那样的民族败类。历史是一面镜子，会让后人去借鉴、去思考、去创新，要不，唐太宗李世民怎么会留下"以史为鉴可以知兴替"的名句呢？因此，虽然历史上出现过无数次血雨腥风，但还是没有影响到中国历史的进程和人类的进步以及社会的发展。今天的基因工程、电子信息、遨游太空就是最好的证明。

在古代相当长的一段历史时期里，中国的科学文化处于世界领先地位。中国的文明和进步为世界的进步和人类的文明增添了耀眼夺目的光辉。因此，中国是世界上文明发达最早的国家之一。

中国犹如一只翘首啼鸣的雄鸡，巍然屹立在世界的东方。

中国地处亚洲大陆东部，西倚帕米尔高原，东临太平洋。中国幅员辽阔，是世界上的疆域大国；中国人口众多，在960万平方公里的领土上，生活着14多亿人口；中国是一个多民族的国家，共有56个兄弟民族；中国江山秀丽，物产富饶，有广袤的肥田沃土，有贯穿全国的大小山脉，有很多的江河湖泊，有着绵长的海岸线。从远古时代起，中国的祖先就生活在这块土地之上。

炎黄的子孙们，让我们翻开历史的画卷，拂去岁月的风尘，去寻找创世先祖们开辟中华民族生存、发展道路的历史足迹吧！

本书是一部完整展示伟大的中华民族上下五千年历史、文化的教科书，也是影响深远的百科全书。本书在编写过程中参考了中国通史等大量的历史资料，在此，对研究历史的有关专家和学者，表示诚挚的谢意！还有，本书在编写和资料选用的工作中得到了教育、出版等单位和一些热心朋友的大力支持，在此也深表感谢！另外，该书由于多方面的影响，难免有令人遗憾和出错的地方，希望青少年读者和历史专家予以理解，并提出批评。

主 编

目 录

远古传说时代

天地人之祖 …………………………………… 3
女娲造人 ……………………………………… 4
"四氏"之传说 ………………………………… 5
黄帝战蚩尤 …………………………………… 6
尧舜广施仁德 ………………………………… 9
治水功臣——大禹 …………………………… 12

夏商西周

启建奴隶制王朝 ……………………………… 17
少康为父报仇 ………………………………… 20
孔甲与龙 ……………………………………… 23
右相伊尹 ……………………………………… 26
伊尹囚君 ……………………………………… 28
高宗武丁 ……………………………………… 32
武丁与他的三个王后 ………………………… 33
暴君商纣 ……………………………………… 36
姜太公钓鱼 …………………………………… 39
武王伐纣战牧野 ……………………………… 42
死不食周粟 …………………………………… 45

周公吐哺 天下归心 ················· 48
天子溺水而亡 ····················· 52
国人大暴动 ······················· 54

春秋战国时期

孝子郑庄公 ······················· 61
石碏大义灭亲 ····················· 64
郑昭公作茧自缚 ··················· 68
曹刿论战 ························· 73
中原霸主 ························· 77
失掉一地得到人心 ················· 81
宁戚不辱使命 ····················· 84
齐桓公助燕驱逐山戎 ··············· 88
大器晚成百里奚 ··················· 96
申生以死尽孝 ····················· 102
盗马山民义救秦穆公 ··············· 107
重耳忍辱而逃 ····················· 110
重耳被劫 ························· 115
年过花甲始称君 ··················· 120
退避三舍以报恩 ··················· 125
不鸣则已 一鸣惊人 ················ 130
晏婴使楚 ························· 133
伍子胥巧过昭关 ··················· 136
卧薪尝胆三千越甲可吞吴 ··········· 141
孔子留书 ························· 147
大义灭子忠心报国 ················· 150
西门豹巧治女巫 ··················· 153
邹忌讽齐王纳谏 ··················· 156
相煎何太急 ······················· 159
改革家商鞅 ······················· 163
合纵连横 ························· 166

为孟尝君买情义 …………………………… 169
完璧归赵 …………………………………… 173
将相和 ……………………………………… 176
荆轲刺秦王一去不复还 …………………… 179
秦王除奸 …………………………………… 183

秦朝汉代

秦始皇统一全国 …………………………… 189
秦始皇的辉煌业绩 ………………………… 191
焚书坑儒 大兴土木 ……………………… 194
指鹿为马 自取灭亡 ……………………… 197
陈胜、吴广起义 …………………………… 201
西楚霸王 …………………………………… 204
刘邦起义 …………………………………… 207
一战定乾坤 ………………………………… 210
张良学艺 …………………………………… 213
鸿门斗智 …………………………………… 216
西楚霸王封天下 …………………………… 220
韩信桥 ……………………………………… 223
明修栈道 暗渡陈仓 ……………………… 227
背水一战破赵国 …………………………… 230
霸王四面闻楚歌 …………………………… 233
刘邦杀功臣 ………………………………… 236
吕后篡夺皇位 ……………………………… 239
天下共诛吕 ………………………………… 242
文帝治国有方 ……………………………… 245
七国叛乱 …………………………………… 249
汉武帝独尊儒术 …………………………… 252
汉朝才子司马相如 ………………………… 254
马邑诱敌 …………………………………… 258
张骞出使西域 ……………………………… 261

二将威震匈奴	264
苏武牧羊节不辱	267
汉武帝立子	270
霍光辅佐幼主	273
王昭君出塞	276
王莽改制	279
刘秀忍辱建东汉	282
光武帝休养生息	285
巧败赤眉军	287
明哲保身	290
宋弘不忘糟糠之妻	293
董宣不磕头	295
盖延斩双龙	298
老将马援	302
刘庄学父治国	305
王景治水	308
唯物论者——王充	311
楚王大案	314
窦氏家族	317
班固、班昭著《汉书》	321
投笔从戎 深入虎穴	324
中国历史上最小的皇帝	327
诛异己 保权位	330
邓太后治国有方	334
东汉蔡伦造纸术	336
东汉科学家张衡	339
小皇帝被毒害	342
梁氏家族破灭	346
昏君灵帝	349
黄巾起义	352

三国西东晋南北朝

一代枭雄曹操	359
孙坚战死疆场	362
美人计	365
为父报仇围徐州	368
完成遗愿据江东	371
猛将吕布	374
煮酒论英雄	377
大刀关羽	380
官渡之战	383
三顾茅庐请卧龙	386
联吴抗曹	389
蒋干中计	392
黄盖苦肉计	396
赤壁之战	398
败走华容道	399
刘备娶亲	402
气死周瑜	405
为父报仇	408
反间计大败马超	411
仁义得西蜀	414
赵、张智夺幼主	418
庞统献计取涪关	421
关羽受印大败曹	424
范缜和《神灭论》	427
修订"大明历"的祖冲之	429
郦道元和《水经注》	432

中华上下五千年
zhonghua shangxia wuqiannian

远古传说时代

◆远古传说时代（距今约170万年至公元前21世纪）

天地人之祖

我们伟大的中华民族有着悠久的历史,历经了五千多年的沧桑。历史留下了灿烂的文化,有着许许多多美丽而神奇的传说。

传说很久以前,宇宙是一个混沌的大鸡蛋,而这个大鸡蛋经历多年的孕育,产生了一个奇迹,出现了人类始祖——盘古。

盘古在大鸡蛋里睡了 1.8 万年,终于孕育成人。当他醒来时,觉得很不舒服,于是他活动了一下身体,伸伸腰,蹬蹬腿,大鸡蛋破碎了。盘古从大鸡蛋里走出来,睁开眼睛,四面八方漆黑一片,于是他拳打脚踢,凝聚了 1.8 万年的混沌黑暗被他踢打得乱晃荡。三晃荡,两晃荡,盘古周围的混沌黑暗便分出了层次:轻的慢慢地飘动起来,变成了蓝天;重的慢慢地下降变成了大地。

这时天地已经裂开了一条缝,可是盘古觉得缝太小,天压着他的头,地挤着他的屁股,他不能站起来。于是盘古手撑天,脚踏地,猛一用力,站了起来,把天又撑高了一截。有趣的是盘古一天长一丈,又过了 1.8 万年,盘古长成了一个 9 万里高的巨人,当然天地也被撑开了 9 万里。

盘古过了 1.8 万年,开天辟地耗尽了他的血汗,临死前心想:我要把我的身体无私地奉献给世间,我以后再也不能创造日月山川了。

于是他死后就把他的头发、胡子变成了繁星,撒满了蓝天。

他的左眼变成了明亮的太阳,温暖地普照着大地万物,他的右眼变成了皎洁的月亮,在黑夜为大地轻轻地泻下柔和的月光。

他身上的肉变成了肥沃的土地;经脉变成了道路;骨头和牙齿变成了金银铜铁、玉石宝藏;他的手足四肢变成了高山,高高挺立于蓝天大地之间;他的血液变成了滚滚的江水,哺育着万物成长;汗水变成了雨露,恩泽着万物;他的汗毛变成了花草树木,形成了美丽的绿色世界;他呼出来的气,变成了春风、云雾,轻轻抚摸着万物;他的精灵变成兽、畜、鸟、虫、鱼,增添了世界的色彩。

从此,美丽多彩的世界诞生了。盘古为世界的诞生贡献了毕生的精力，被人们尊称为"天地始祖"。

女娲造人

我们人类是怎样产生的呢？世界各国有着自己的传说。我国的传说是这样描述的：

传说盘古开天辟地之后，天上有了神仙。女娲就是天上一位美丽的女神，她掌管着创造万物的大权。但是后来女娲厌倦了冷清、寂寞的天上生活，偷偷地逃离了天宫。

女娲来到了盘古开辟出来的天地之间。在这片天地之间，展现给女娲的是一派新景象：清清的河水缓缓地流着，鱼儿欢快地畅游着；岸上的垂柳伸展着细长的枝条，在河水中映射着美丽的身影；远处连绵的高山起伏绵延；鸟儿在树林中欢快地鸣叫着；大地上布满了肥沃的田野。一切都那么充满生机，女娲非常喜欢这片世外桃源，可是她感到遗憾的是，这片崭新的天地之间缺少了灵性。她想，这么美丽的地方应该由一种生灵来掌管。

于是，女娲便使用自己的神力为这片天地创造灵长。女娲信步来到黄河边，看到奔腾的黄河水和两岸富饶的土地，决定让这里成为灵长的发源地。她先用黄河之水拌着芳香的泥土，然后用手轻轻地捏成了一个小人。这个小人有眼、鼻、嘴、耳、四肢。女娲捏完小人之后，把她放在了地上，小人立时站了起来，欢快地跳跃着，冲着女娲高兴地喊着："妈妈，妈妈！"女娲高兴极了，对小人说："我给你取个名字吧，你就叫人吧！"

女娲从此不知疲倦地捏着小人，这些孩子围着女娲跳个不停，女娲不再孤独了。但是她觉得新世界毕竟太大了，捏成的小人就如同大海里的一滴水。她想造更多的人，于是她仔细地想了一想，又看到山崖上垂下的长长的藤蔓。她灵机一动，折了一支藤蔓，然后把藤蔓伸到水里，再拿上来伸到河边上的泥潭里，搅混了浑黄的泥浆，然后用力一甩，无数个泥点飞落到地上，立刻变成了无数个小娃娃。有的泥点大，有的泥点小，就形成了高矮胖瘦各异的小娃娃。女娲看着围在她身边的小生命,激动地说:"孩子们,你们是人,我给了你们生命,你们就要结伴成侣,繁衍后代,让生命永远不息。还有,你们是这世间万事万物的灵长,你们要用自己的智慧和力量创造未来。"

女娲不停地甩着泥点,不久大地上布满了人类。女娲成功地创造了人类,人类也按她的嘱托创造了这个新世界。由此,女娲在我国被尊称为"人之祖"。

"四氏"之传说

自从女娲造了人之后,世界变得更加美丽了,一片欣欣向荣的景象出现了。但是真正意义上的"人之祖"是我国原始社会的人类。在原始社会初期,人们过着群居的原始生活,只有群居才能给当时的人类创造生存的空间。因为当时野兽成群出没,而且十分凶猛,人类的生命面临着严重的威胁。而当时的人们没有锋利的武器和野兽搏斗,只能靠着木棒和粗糙的石块与凶猛的野兽搏斗。在这种情况下,只有许多人合力才能赶走或是打死野兽。在与大自然的不断斗争中,人类逐渐地掌握了生存的本领,不断地有所发明,有所创造,从而使人类不断地进步。在这漫长的演进过程中,"四氏"应运而生。关于"四氏",有着许多动人的传说。

人类不断地发展,逐渐产生了语言,但是语言不是人与动物区别的根本标志。人与动物的根本区别在于:人能创造和使用劳动工具。

原始社会初期的劳动工具十分简单,只是石块经过粗糙的打造制作的。但是它表明人类已经能够创造工具了,已经与动物有本质区别了。人类用自己的智慧不断地发展完善自己。那时,凶猛的野兽横行,人类随时面临着被它们伤害的危险,有的甚至丢掉性命。人们后来发现鸟儿在树上筑窝,野兽不会爬树,再凶猛的野兽也无法捉到树上停栖的鸟儿。于是,人们便学着鸟儿的样子,用木材为自己"筑巢",在高大的树上搭窝,把木屋建在树上。从此,人们住在树上,安全多了。这位教大家"构木为巢"的人叫"有巢氏"。

有了住的,还要解决吃的。最初,人们把打死的小动物生着吃。

一次火山爆发，引起树林大火，大火熄灭后，人们回到故地，闻到一阵阵诱人的香味。这些香味是从那些被烧死的动物身上传出来的。人们一吃，觉得经过火烧之后的肉比生肉好吃多了。后来，人们渐渐学会了用火烧东西吃，并且把天然火种保存起来，使它长久不灭。可是火种的保存也有很多困难，一遇到大风大雨就更难保存。

又过了许多年，有个叫"燧人氏"的人发现用两块燧石相撞相擦，能够产生火花。于是，他教人们采集这种"火石"。后来人们还发现用尖锐的木棒在另外一块木头上使劲地钻，也能产生火，这就是"钻木取火"。人工取火给人类带来了极大的好处，人们随时可以利用人工火烧东西，吃到飘香的熟食。

岁月慢慢地走过，人们学会了用绳子结网，用网打鱼；发明了弓箭，可以射猎鸟兽。由于工具的先进，人们打猎捉来的动物越来越多，人们便把吃不了的动物暂时饲养起来，于是人们学会了驯化野生动物的本领。传说，结网、打猎、饲养这些技术是由"伏羲氏"教给大家的。渔猎业促进了农业的发展，有个叫"神农氏"的人将一把野谷子撒在地上，到了秋天，长成了更多的谷子。他组织大家耕种五谷，收获比以前增多了。

"四氏"的出现，促进了社会的不断变化，从这种意义上讲，他们是我国人类的真正始祖，女娲只不过是一个美丽的传说而已。

黄帝战蚩尤

上古时候，在华夏大地上有着许许多多、大小不一的部落。这些部落或是彼此结盟或是相互打斗，目的都是为了确保自己本部落的生存和繁衍。在结盟或掠杀的过程中，两个比较强大的部落逐渐形成了，这两个部落势均力敌、不分伯仲，互不服输。一个是以神农氏炎帝为首领的部落，此部落农业比较发达，内部十分团结，而且英勇好斗；另一个部落则是以轩辕氏黄帝为首领的部落，这个部落首领黄帝德高望重，有很高的军事才能。

我们先介绍一下黄帝的情况。黄帝的先祖是有熊氏。那时候，有一个叫蛟氏的姑娘嫁给了一个部落首领有熊氏——黄帝先祖。二人相亲相爱，有一天二人出去游玩，当他们来到姬水边时，天突然暗下来，猛地天空响起一声闷雷，接着一道闪光出现在空中，蛟氏身体震颤了一下，随后她怀孕了。

又过了整整两年，蛟氏生下了一个特别可爱的小男孩，他就是历史上有名的黄帝。黄帝小的时候，十分聪明，能通百事，断曲直是非，另外他还是响雷所孕，所以人们都认为他是天神降世。在那上古时候，迷信已经开始流行，于是黄帝很自然地被推举为有熊氏的首领。黄帝生于姬水，所以他以姬为姓，号轩辕，由此也有人称黄帝为轩辕氏。

黄帝与炎帝的部落逐渐壮大之后，为了争夺地盘，相互间共进行了三次大战，最终黄帝以英明的领导加上勇猛善战打败了也十分善战的炎帝。从此黄帝名声大振，各部落纷纷归附黄帝。黄帝天生就是一个杰出首领，他把天下进行了重新划分和组编。从小到大依次是：井、明、里、邑、都、师、州。各州由降服的首领和黄帝派遣的大臣共同管理。由于原来的首领比较熟悉部落的情况，且善于管理，而黄帝派去的大臣又很好地起到了监督作用，所以天下十分太平安康。

天下太平，经济发展必然加快。黄帝一共有四个妃子。有一个妃子叫嫘祖，长得十分漂亮，而且非常能干，很受人爱戴。她发明了养蚕，教人们如何养蚕和缫丝。这些蚕丝十分柔软又十分保暖，可以制成衣物，很受人们欢迎。

黄帝不仅有治国平天下之能，而且还特别重视文化。他将用于记事的符号总结归纳，这些符号就成了最原始的文字。

然而，当一个人整天处于一种荣誉的包围中而不能自拔时，他很可能迈出错误的一步。黄帝毕竟不是神。由于他治国有方，四方安定、国富民强，黄帝受到万民拥戴，从而有些沾沾自喜，决定享受一番。于是他大修宫殿都城，在昆仑山顶建了一座行宫，在槐江边山顶修了一座玄圃，也就是现在的花园。在青要山上还建了一座秘密行宫，里面有许多宫女，这些宫女大多姿色宜人、能歌善舞。然而这些大型土木工程耗费了大量财力、人力，人们叫苦不堪。

由于黄帝整天游行玩乐，给九黎族的首领蚩尤造成了一个可乘之机。本来蚩尤就有二心，一看黄帝不理朝政，心想：这正是起兵造反的好时机。蚩尤曾是炎帝的部下，他劝炎帝起兵推倒黄帝，可炎帝仁厚，没有答应蚩尤。蚩尤只好打着炎帝的旗号，自己带领人马杀向涿鹿。

黄帝这一天正在宫中欣赏美女跳舞，一听说蚩尤反叛，不禁大吃一惊，吓出了一身冷汗，赶紧离开行宫带领人马杀向涿鹿。可是一到涿鹿，黄帝的兵士就乱作一团，东奔西逃，有的被蚩尤的毒气熏倒死亡。黄帝十分生气，踏上指南车指挥军士冲出蚩尤布置的毒阵。黄帝正想反击时，天空暴雨突降，狂风大作，原来这是蚩尤请来的"风伯雨师"前来助战。黄帝也不甘示弱，请天女帮忙。一会儿，风停日暖，黄帝趁着大好天时，打败了蚩尤。

黄帝从此加强军事训练，为了防止蚩尤东山再起，他还驯养猛兽。他将猛兽饿几天后，让兵士穿上蚩尤的服装去逗它们，一旦这些野兽被激怒，就丢给它们一些小动物。日久天长，猛兽对蚩尤部人的服装产生了条件反射，一看到穿蚩尤服装的人就兽性大发。

后来蚩尤再一次与黄帝决战，黄帝胸有成竹，放开饿了几天的猛兽，这些猛兽一见到蚩尤部的人就上前狂吠乱咬。蚩尤部的人死的死，伤的伤，剩下的也四处逃散。黄帝这一次彻底打败了蚩尤部。

关于蚩尤的死，传说不一。有的人说黄帝捉住蚩尤后，十分憎恨蚩尤，将蚩尤杀死。蚩尤死的地方长出一片枫林，枫叶上还沾着斑斑血迹。还有人说，蚩尤的血变成了一个盐池，盐池的水一直是红色的。

蚩尤被杀死之后，炎帝手下另一个臣子刑天又打着炎帝的旗号反叛。刑天这个人有勇无谋，有一把子力气，但是带兵打仗和黄帝无法相比。这一天，刑天带领手下的兵士来到常羊山上，黄帝早已料到他会路过此地，于是埋伏下重兵。当刑天来到常羊山上时，黄帝大叫一声，冲上前去，与刑天大战。刑天手持利斧，越战越勇，黄帝的利剑也不甘示弱。剑来斧往，打得难解难分。黄帝灵机一动，何不以巧破千斤，打着打着，黄帝轻轻一闪身，躲过利斧一剑就砍下了刑天的人头。

黄帝平息了叛乱，得胜而归。满朝文武都来祝贺，可黄帝这时十分清醒，没有因取胜而沾沾自喜，他知道叛乱是因为他荒废朝政而导致的。

从此，黄帝一心勤于政务，兢兢业业，没有丝毫放纵，不久又国泰民安了。后来他十分感谢忠贞不二的炎帝，他派人把炎帝接回来。

两个部落共同劳动,和睦相处,共同生存,逐渐形成了汉族的前身——华夏族。为什么我们现在自称为炎黄子孙,答案也在于此。

尧舜广施仁德

　　历史上的尧十分贤明。尧的父亲是黄帝的曾孙。黄帝的妻子嫘祖生玄嚣,人们都认为玄嚣是太白金星下凡。他长大以后,黄帝封他为少昊帝。黄帝还封给少昊一块地,称为少昊国。少昊精明能干,把少昊国治理得十分安定,百姓安居乐业。因此,少昊帝受到了当地百姓的爱戴。

　　后来,少昊帝的侄儿颛顼前来学习治国之道,而当时颛顼才10岁。几年后,颛顼别的没长进,琴瑟之技倒是高了许多。

　　黄帝有一天听颛顼弹琴,从那优美铿锵的乐声中和他端然稳坐的神态中判断出他将是一个理想远大的年轻人。黄帝十分喜爱他,便时常让颛顼为他弹琴,并与他谈论治国之道。在颛顼年仅20岁时,黄帝就把帝位传给了这个孙子。

　　当时社会比较民主,百姓对首领有什么不满或是建议可以直接提出来,还可以登上天梯向神仙诉说,反映人间的情况。神仙也通过天梯下凡,帮助人们除奸去恶。颛顼认为作为一个首领,应当说一不二,百姓没有权力直接指责首领。于是颛顼砍掉天梯。百姓没有了天梯,又无法直接对首领妄加评说,十分不满。不但如此,颛顼还规定女子见到男子必须躲避,否则要受处罚。许多女子更是不满这条规定。这两条规定反映了人类社会开始向阶级社会迈进,男尊女卑已经初步形成了。

　　颛顼的措施遭到了众人的反叛,从此人心不稳,社会动荡不安。颛顼也因此忧郁不安,没过几年,颛顼因病而亡。继位的是少昊帝的孙子帝喾。尧就是帝喾的儿子。

　　尧继位时年仅20岁,首都在平阳(今山西省临汾市)。因为他被封于陶和唐,所以又叫陶唐氏。

　　尧十分聪明又仁慈,颇受人尊敬。尧是继炎帝、黄帝之后的又一个最有威望的部落首领。尧统治时期，天下太平，人们的生活大大改善，但是尧自己却十分俭朴。

尧很重视农业，命人观察天象制定历法，以方便人们掌握耕种的节气。

尧时时处处为百姓着想。他住的是连白灰都没有涂过的茅草房，外边下雨，屋内就渗进小雨滴，但尧没有半点怨言。他吃的是糙米饭、野菜汤。他穿的衣服除非破烂不堪，否则不换新衣服。人们见到尧如此，心里十分心疼他，对尧说："您是我们的首领，整天那么辛苦，吃的、穿的、住的都应该是最好的，我们不会有怨言的。"尧诚恳地说："天下那么大，我不知道还有没有人挨饿受冻，还有没有人没有房子住。我没有别的追求，只想让大家都有饭吃，都有衣服穿，都有房子住，都能过上安定快乐的生活。天下只要有一个人挨饿，就是我的过错啊！"

因此，尧更加受到百姓的拥护和爱戴。人们敬仰他，信任他。而且尧从不一意孤行，十分讲究民主。他有什么事都和大家商议。他经常召开部落会议，征求大家的意见，让大家共同出谋划策。

尧还十分注重培养和使用人才。他建立了中国历史上最早的行之很有效的行政机构，这一机构是中国政治制度的萌芽。尧之所以能把国家治理得如此强大，也得益于他手下的干将。那时他手下的名臣有很多，包括管民政的舜（舜后来继承了帝位），管军政的契，管教育的夔，管农业的弃，管司法的皋陶，以及一批有能力又敢于承担责任的人。

尧渐渐地老了，于是尧按照惯例召开了部落会议，人们都愿意让尧继续担任首领，但又不忍心看到上了年纪的尧继续操劳。大家共同商议决定推荐尧九个儿子之一的丹朱为继承人。尧说："丹朱之不肖，不足授天下，授舜，则天下得利而丹朱病；授丹朱，则天下病而丹朱得其利。终不以天下之病而利一人。"于是他把帝位让给了舜。这种天下为公的精神，使人们更是敬仰这位德高望重的老首领。

舜是黄帝的九世孙，生在姚墟（今山西省永济县北10公里处），他的先人封于虞，所以舜又叫虞氏、虞舜。舜的父亲叫瞽瞍，母亲早亡，继母和继弟经常折磨他、陷害他。后来他无法在家中继续住下去，就离家出走了。他为人诚实，品德高尚，乐于助人，人们都很喜欢他。

在舜继位之前，尧亲自派人去考察他。尧把他的两个女儿娥皇、女英嫁给了他，还为他修了一个粮仓，送去许多牛羊。舜的继弟象得到这个消息后，就要想方设法害死舜，把两个美女据为己妻，占其财产。有一天他和父亲把舜骗到仓顶，撤走了梯子，让舜无法下来，然后又放起了熊熊大火。舜一看着火了，急忙往下跳，由于他当时带了个大斗笠，跳下来时一点没受伤，大斗笠成了救命的降落伞。象一看没有达到目的，又想出一计。他和父亲又把舜骗到枯井旁，说井里边有许多宝物，让舜下去取宝。舜将信将疑，但父命难违，他还是下去了。可刚一到井底，象和他父亲就往井里扔石头，想砸死舜。而枯井旁边恰好有个侧洞，舜躲在侧洞里，丝毫无损。当象和他父亲正在舜的屋里抢夺财产时，舜安然无恙地出现在他们面前。但是舜什么也没说，仍然十分孝顺父母。

尧知道之后，很受感动，所以在召开部落会议时力排众议，不让丹朱继位而推荐德才兼备的舜。

舜继位后，任用贤人"八恺""八元"，除掉了"四凶"，制定了"五刑"，取得了辉煌的政绩。舜还设立了官职。

时间一年一年地过去，舜渐渐老了。他见大禹治水有功，又有才有德，便决定把帝位让给禹。他带着两个妻子娥皇和女英到各地游说，帮助禹在百姓中树立威信。大禹十分感动。在巡游过程中，由于年岁已高（110岁），舜在路上突然患病，在苍梧之野劳瘁而死。娥皇和女英伤心欲绝，泪水打湿了路边的竹子，我们现在还可以找到带有斑斑泪痕的斑竹，那就是湘妃竹。娥皇、女英最后在湘水里溺死，成了湖水的女神。大禹为了纪念舜，为他举行隆重的葬礼，并修了尧陵与舜庙。而那个曾经陷害舜的继弟象，被舜的德行感化。在舜死后，他真的变成了一头大象，默默地在舜的墓田中耕种，寒来暑往，不知疲倦。

尧和舜早已成为历史人物，但他们都具有中华民族的美德：选贤任能，宽厚豁达。他们的高尚德行被人们世世代代传颂。

治水功臣——大禹

尧舜时代,洪水的危害极其严重。庄稼、人畜甚至整个村庄有时都被大水席卷一空。由于年年降大雨,我们中华民族的母亲河——黄河水势猛涨,泛滥成灾,黎民百姓处于水深火热之中,叫苦不堪。尧在众臣的推荐下任命鲧治理洪水。

鲧办事果断,但是刚愎自用。他认为自己完全有能力治好洪水,所以临行前对尧胸有成竹地说:治不好洪水甘愿受罚。

黄河之水天上来,奔腾着,咆哮着,势不可挡。鲧来到黄河边上,一看到如此大的水,没有观察地形地势,就武断地让人挑土运石,造堤筑坝,想把滔滔洪水挡住。黄河水遇到堤坝,更加凶猛湍急,左冲右突。结果,不但治水没有成功,灾情反而更加严重。黄河两岸的村庄被水又淹没了一片,百姓逃的逃,亡的亡,景象惨不忍睹。

九个春秋悄然而逝,鲧为了治水也是历经沧桑,费了不少心血,可是黄河之水仍然没被制服。那时尧已经很老了,而舜由于其德才继承了帝位。舜十分关心百姓,一听说鲧治水不力,给百姓带来了严重的灾难,就免去了鲧的官职,将他发落到羽山,随后又杀掉了他。

鲧虽死了,可黄河之灾依然没有减小,仍威胁着人们的生活。舜寝食不安,心情十分沉重,多次调查了解,想找一个能治水之人。在一次部落联盟会议上,舜问四岳:"有谁能做治理水患的官?"四岳答曰:"伯禹担任司空(管理工程的官),治水患必能成功。"于是舜任命鲧的儿子禹继续治理黄河水患。

禹接了此任务,心情十分沉重。父亲因治水不力刚刚被处死,自己治水若再不成功,后果不堪设想。

禹和鲧不一样,认为想干成一件事,光靠自己的能力是不够的。所以他沉思很久后,向舜提出了请求,邀请契、后稷、皋陶三位氏族酋长共商治水大事。这三位酋长德高望重,在部落联盟议事会中都有职务。契是商族的始祖,担任掌管教化的司徒一职;后稷是周族的祖先,执掌农业生产的官职;皋陶是少昊帝的后代,也十分精明能干,担任狱官。禹后来又邀请了益，益是秦国的祖先，他是掌管山林鸟兽的虞官。禹把大家邀到一起，共同讨论。大家各抒己见，经过一番激烈的讨论，禹和众位酋长认为应当采用疏导的办法将黄河水引走。禹认为父亲鲧之所以治水失败，主要是采用了筑堤堵水，而不是疏导。于是禹亲自带领大家去勘察，什么地方险峻，什么地方较平缓，什么地方山势兀起，什么地方需疏通，他都一一做了标记，在勘测完水的走势之后，禹带领大家按着水的走势来治理黄河。他们根据地形的高低疏通河道，排除积水，让洪水顺着河道流走。

一次禹走到黄河中游（今山西河津和陕西韩城县交界地），发现一座大山拦住去路。黄河之水在这里一直打转，无处渲泄。禹果断地命令从山中打开一条通道。当通道被打通后，被困已久的黄河水一泻千里，水声震耳欲聋，激起几米高的浪花。禹一看水如此畅通无阻，便把此地命名为龙门。后来人们为了纪念禹治水的功绩，将龙门称为禹门口。

禹继续带领大家顺着水势走，突然发现另一座高山挡住了水道，大水又盘旋在此。他便命人将山凿开三道门，并分别命名为神门、鬼门、人门。这就是我们现在看到的三门峡。

禹历经千辛万苦，终于成功地治理了黄河之水。禹的足迹踏遍了黄河两岸，他集思广益，以身作则，在结婚后第四天就告别了妻子，三过家门而不入，治水整整一十三载。据说有一次他在家门前经过，恰逢儿子出世啼哭不止，他也没进去看一眼。他为了给天下人谋利益，不惜牺牲自己的利益，吃苦耐劳，一心扑在治水事业上。而且他不一意孤行，虽才智过人，但凡事都和大家商讨。

禹是治水功臣，在治水过程中，风餐露宿13年，每天都亲自参加劳动。十几年的风吹日晒，他又黑又瘦，腰压弯了，就连小腿上的毛都磨光了。他穿的是粗劣的衣服，吃的是粗糙的饭食，住的是露天的大地。

黄河之水被治理成功，百姓又安居乐业了。大禹的名字被万民称颂。当年他曾由于过度劳累靠在一棵柏树上休息，人们就把那柏树称为神柏，柏树所在的山峪被称为神柏峪，在那附近还建了一座纪念大禹的神庙——大禹庙。后来这里形成了今天的大禹渡，在大禹渡附近有一个大禹留宿过的地方，被后人称为禹店村。

禹治水成功，这一丰功伟绩及大禹的精神深深打动了舜。当初舜任命禹时还有些犹豫，如今舜喜出望外，立即召来大禹，让他谈治水经验及治水中遇到的困难。禹非常谦逊地说这是大家共同努力的结果，接着又向舜详细说了治水过程中所遇到的困难，大家又是如何克服的。舜又一次被感动，欣慰地点了点头，又与禹谈了治国之道，认为禹是一位不可多得的贤才。不久，舜召集了华夏部落联盟的酋长们，决定为禹等臣子召开一次庆功大会。会上为禹举行了隆重的祭祀仪式，并给禹颁赐玄圭。玄圭是玉石琢磨而成，十分珍贵，受赐的人将它捧在手中，象征着丰功伟绩，应受人们尊敬。那次庆功大会之后，人们就满怀敬意地把禹称为"大禹"了。

舜日渐衰老后，就把帝位交给了禹。

禹做了首领后，仍然十分勤勉。历史又飞快地发展，社会进入了一个新阶段。

中华上下五千年
zhonghua shangxia wuqiannian

夏商西周

◆夏朝（约公元前2070年至前1600年）
◆商朝（公元前1600年至前1046年）
◆西周（公元前1046年至前771年）

启建奴隶制王朝

在禹统治时期，随着生产力的发展，产品有了较多剩余。由于粮食产量有所增加，人们学会了酿酒。手工技术也有了一个飞跃的进步，人们在劳动过程中学会了冶铜。用铜打制的器皿比较坚硬，而且柔韧性比较强。由于产品有所剩余，人们互相之间又需要对方的物品，因此产生了商品交换。商品交换使物品多的人聚集的物品越来越多，渐渐产生了贫富分化。贫富分化产生后，一些穷困的人为了生活往往进行抢劫或偷窃。这令大禹十分痛心，他认为这种现象是自己的过错，是自己治理国家不善而导致的。于是禹便想出一些措施来改善这种不良现象，他指示地方官吏对百姓加强教化，从而避免犯罪的发生。

可是，随着私有财产的出现，人们的观念也渐渐发生了变化，天下为公的人越来越少，为了各自的利益你夺我抢的冲突时常发生。

禹只好制定禹刑，设置监狱。并先后在阳城（今河南登封）和阳翟（今河南禹县）建立都城。

后来夏部落与周围其他部族之间争夺联盟首领的战争不断，禹凭借威望和治水的辉煌功绩，得到了联盟首领的位置进而稳定了下来。但是三苗不服禹的领导，时常与夏部落或其他联盟部落发生冲突。禹带领夏部落人马与三苗展开了激烈的战争，结果禹大获全胜，将三苗驱逐到今湖北西北与河南交界处的丹江与汉水流域，从而禹声势大振，王权进一步得到巩固。

一次禹在涂山开部落首领大会，会上各部落用自己贡献出的铜铸成了九个大鼎，九个大鼎象征九州。禹把九鼎运回了宫中。那时各部落首领必须对联盟首领禹进贡，禹的财产不断增多，权力越来越大，地位也越来越高。各部落首领每次进贡时还必须朝拜九鼎，这就是"九鼎之尊"的典故，显然九鼎成了权力的象征。

禹的部落联盟不断扩大，有的部落虽不愿意加入，但迫于禹的威严，只好不得已而为之。一天禹与各部落首领在会稽山会盟。防风氏本来对禹有所不满，开会时慢腾腾地到场。禹大怒，立即派人把防风氏斩首。这一招杀鸡儆猴，其他部落首领都吓出了一身冷汗。禹在会上规定：部落联盟的首领有权处死某一个氏族的首领。从此，其他部落不得不对大禹俯首贴耳，唯命是从了。此时，大禹实际上已是拥有生杀大权的国王了，氏族内部家长权力正在向国家的政治权力转变，国家在这种背景下必然会产生。

禹越来越老，按照惯例该选部落继承人了。禹也曾想按照部落内部原有的禅让制度，通过选举的方式把首领的位置让给有贤德的人。大家一致推荐掌管刑法的皋陶。皋陶为人厚道，为公甘愿牺牲自己的一切。可是不久皋陶死了。大家又推举皋陶的儿子伯益，伯益就是当年与大禹一起治水的益。伯益治水时，吃苦耐劳，献计献策，在百姓之中威望很高。而且伯益还辅佐禹管理部落联盟的事务已10年有余。但此时的大禹已有了私心，他想把自己的位置让给自己的儿子启。可是他不好随便破坏祖上传下的规矩，就想出一计，决定给伯益一个虚名，真正的实权交给儿子启。渐渐地，启在百姓心目中树立起了威望。

后来，禹在东巡的时候死在会稽，伯益为他举行丧礼，挂孝、守孝3年。3年的丧礼完毕后，伯益效仿大禹的样子避居起来。当年大禹为舜举行葬礼后曾将继承人的位置让给舜的儿子，而舜的儿子没有继承帝位，而是让给了有才德的禹。伯益也假意将王位让给大禹的儿子启。可是伯益万万没想到，启一点也不客气，登上了王位。各部落首领也纷纷前来朝贺。

古代"禅让"制度就这样被取代了，这是私有制出现后的一种必然现象。从此，父子、兄弟相传的王位世袭制度确立了。禹传子，家天下。这是中国历史上的又一次重大变革。

伯益正在等启来请他继位，没想到美梦成空，伯益十分恼火，率领兵士攻打启。启早已做好了防范准备，没有费多大力气就将伯益杀死了。然而这种"禅让"制被废除后，取而代之的父传子王位继承方式引起了夏朝争夺王位的激烈斗争。有扈氏对这种废"禅让"十分不满，他联合其他部落组成大军攻打启。启亲自率兵进行讨伐，经过激烈的斗争，有扈氏和其他部落同样遭到了失败。有扈氏被"剿绝"。夏启不但保住了王位，还进一步巩固了王位世袭制。伯益和有扈氏的失利，使其他各部落都不敢再轻易造反出兵，变得驯服了。启成了一个名副其实的国王，将禅让制彻底改变为世袭制。于是众多邦国首领俯首称臣，启在钧台（今河南禹县）举行宴会，宴请各部落首领。这就是历史上有名的"钧台之享"。

启划天下为"九州"。"九州"的官员称为"九牧"。启让九牧去管理九州。"九牧"不是过去的部落首领，他是国王派去的地方长官，必须绝对服从国王的旨意。

在经济上，夏开始征赋，作为财政上的开支费用，又配备了军队，从此真正意义上的国家诞生了。

启开始时还勤于朝政，可后来他滥用权力，大兴土木，修建了王宫，在王宫中饮酒作乐，听音乐、赏歌舞，边上有美女相伴，过着醉生梦死般的生活。他只知享受，不顾百姓之死活，而且处处显示自己的威风，把军队和监狱作为自己的武器，到处炫耀自己的威力。

启在宫中纸醉金迷，出去游玩时更是带着王公大臣驾着车浩浩荡荡，威风凛凛。尧、舜、禹巡游四方的目的是为了了解和解决百姓疾苦，而启纯粹是为了玩乐。启每到一处，就让当地百姓为他供奉美食，给本来就很贫困的百姓带来了无尽的苦难。

由于启只知恣意玩乐，不理朝政，因此引起众人不满，叛乱时有发生，而启依然吃喝玩乐不理不问。

9年之后，启重病身亡。长子太康继位，由于启时荒废朝政，这时的夏朝已摇摇欲坠。太康劣性十足，比启还有过之而无不及。他爱好打猎，整天带着大臣到林中去打猎，根本不把国家政务放在心上。有的忠臣进言劝他几句，他非但不听，还大加斥责。久而久之，大臣中也没有再劝他的了。

一次太康又去打猎，不知不觉在外面待了很长时间，猎兴正浓。当他想回宫时，已没法回去了，都城早已被有穷国国君后羿占领了。

相传原来天上有10个太阳，晒得大地裂开，草木枯干，百姓的生命危在旦夕。后来有个叫羿的神射手，射下9个太阳，拯救了百姓与万物。由于有穷国国君箭法十分高超，人们也就尊称他为后羿。

太康见大权被夺，自己又没能力与之抗衡，只好差人求后羿给他一个容身之处。后羿断然拒绝。太康只好返回打猎的森林之中，郁郁寡欢，不久便死在林中了。

少康为父报仇

夏王朝断送在长子太康手中,而夏后相之子少康立志为父报仇,夺回夏王朝。这里边有个十分曲折的故事。

后羿虽骁勇善战,但有勇无谋,因此他能打下江山,却不能很好地治理江山。他占领了夏的大片土地后,将所有夏人当作奴隶,引起了夏人的极大愤怒。他还制定了一系列歧视夏人的苛刻政策,对夏国王族大肆屠杀。

太康之弟仲康被后羿活活逼死,他的儿子夏后相将他的尸体掩埋之后,连夜逃往帝丘(今河南省濮阳西南)。

后羿从此更加横行,认为夏王朝已彻底被推翻,大局已定,江山全部归他所属。他利用军队肆意掠夺,使奴使婢。他整天只知吃喝玩乐,没有从太康的失败中总结教训,而是重蹈覆辙,常常躲在宫中饮酒赏歌舞,对于朝政不闻不问。而且他刚愎自用,偏信奸臣。他十分信任一个大臣——寒浞。寒浞对后羿口蜜腹剑,当着后羿的面,只说后羿如何英勇善战,天下如何太平,百姓如何称颂后羿。后羿美得北都找不到了。而寒浞背后却早有谋算,四处收买人心,准备夺取政权。对寒浞的赞美,后羿不知是计,直到死也不相信是寒浞杀死了自己。

寒浞比后羿聪明,有心计。他夺取了王权之后,恢复了所有夏人的人身自由,极力收买人心。夏人十分感激寒浞,因此寒浞得到了百姓的拥护,很快站稳了脚跟。但是寒浞还惦记着在帝丘做夏王的夏后相,认为夏后相是他的心头大患,一天不除一天不能安心,天下不能太平。

于是,他加强军队训练,加强军事管理,扩大军事力量。十几年后,他认为自己的军事力量已逐渐强大起来,能够打败夏后相时,就毅然起兵攻打夏后相。

夏后相也是有胆有识之人。他十几年来一直不忘家仇国耻,领着臣民励精图治等待恢复夏国,报仇雪恨。可是寒浞没有给夏后相机会,而是先下手为强。当时二者兵力相差悬殊,夏后相没法与寒浞相提并论。

　　这一日，寒浞带着自己的士兵浩浩荡荡攻进城内。夏后相望着自己的爱妻不禁含泪而泣，妻子已有身孕，而自己却没有能力保护爱妻。他流着泪对妻子后缗说："我死了，没什么，但是夏朝要有人重新恢复，你赶快逃吧，有朝一日孩子出生，好为我夏王朝报仇。你是我夏王朝的希望啊。你一定要为夏后氏留下这条血脉，如果这样，我九泉之下也瞑目了。"后缗是位贤淑美丽的妻子，见夏后相如此悲壮，泪如雨下，坚决要和夏后相生死在一起，她央求丈夫和她一起逃跑。夏后相知道他逃不了，如果捉不到他，寒浞是不会甘心的，他一定会继续追杀，那时很可能连累了后缗和腹中的孩子，所以夏后相毅然拒绝了后缗的请求。他对后缗说，为了不让更多的百姓再遭受战争之苦，他必须死，只有这样寒浞才会罢休。后缗万般无奈，只好与夫君洒泪而别。

　　敌人已占领了城门，后缗混在百姓之中，仓惶出逃，由于城墙太高，再加身孕，后缗无法越过城墙。正在着急之时，她看见城墙有个破洞，就毫不犹豫地钻了过去。她一路流着泪，既害怕寒浞的兵士追杀，又担心夏后相的生命安全。她知道夏后相九死一生，只有向娘家有仍国（今山东省济宁县）跑去。经过好几天的艰难跋涉，她终于到了有仍国，见到爹娘，泣不成声，把经过一五一十地说与父母。哭着哭着后缗觉得腹部阵阵剧痛，接着就生下了一个虎头虎脑的男孩，这个男孩就是历史上有名的少康，就是他为父报仇，恢复了大夏王朝的江山。

　　我们再说一下夏后相，他泪送妻子渐渐从眼前消失，看到妻子成功地脱逃，心里感到了一丝安慰，心想：天不灭我大夏王朝，天不绝我夏后氏。他擦干眼泪，手持长剑，横下心生死一搏，但无奈寒浞的士兵太多，最后因寡不敌众战死在城里。

　　寒浞看到夏后相已死，哈哈大笑，接着烧杀抢掠，百姓死伤无数。最后他命令士兵放火烧城。看到满城成了火山，他才心满意足地带领士兵回朝。

　　后缗本不想活在世上，她知道夏后相已战死，决定陪夫君一起死去。但是少康的出生给后缗带来了一丝希望，她望着这个虎头虎脑的小家伙，决心把少康扶养成人。她要让儿子知道他父亲那张流泪的脸和期待的眼神,要让儿子为他葬身火海的父亲报仇,让他杀死那个可恨的寒浞。

少康的外祖父是有仍国的国君,老人家非常疼爱自己的外孙。他从小就开始培养少康,首先锻炼少康吃苦耐劳的精神。少康小时候,外祖父让他与百姓生活在一起,和大家一样干活,吃一样的东西,住在一起。百姓的纯朴、厚道深深地熏陶着年幼的少康。干农活、出苦力又锻炼了他的身体。少康还立志操练武艺,日日闻鸡起舞。

转眼间,少康已20岁。小伙子身体十分健壮,武艺不断长进,而且深知百姓疾苦。少康长成了出类拔萃的青年,文武精通,治国之道成竹于胸。他一直暗暗积蓄力量,准备将来有朝一日为父亲和大夏王朝报仇,杀死寒浞。

然而没有不透风的墙,寒浞听说夏后相的妻子逃跑了,而且还有一个儿子,整天坐卧不宁。他知道夏后相的儿子一定会为父亲报仇的,所以决定在夏后相之子羽翼尚未丰满之前杀掉他,彻底除去自己的心头之患。于是寒浞派人四处打听夏后相之子的下落,后来听说在有仍国那里,就立即派使臣去有仍国索要少康。

使者来到有仍国,要有仍国国君交出少康。老人家十分着急,心想:无论如何不能交出少康,否则少康性命难保。最后他下定决心:先派人送走少康,然后盛情款待使臣。在席间,老人家对使臣说:"当年我女儿回来时,我一时糊涂收留了她们母子,可谁想到少康这孩子整天游玩,干尽坏事,特别不让我省心,你们这一来可好了,把他带回去,我可以少操点心。"

使臣一杯接一杯地喝着好酒,不知不觉已有几分醉意。他要有仍国国君陪同他去见少康。可是当他们来到少康的住处,发现少康不在,这里的手下人说:"少康时常不在此住,整天沉浸在打猎的兴趣中,好几天前就去打猎了,可这次去的时间最长,林中野兽凶猛异常,怕是凶多吉少。"有仍国国君听到这里,装出一副悲伤又生气的样子,说道:"这孩子,不可救药了,这孩子真让我操心。"使臣听到这消息后有些失望,又住了几天,便带足礼物回去复命了。

少康逃出有仍国后,独自漂泊,历尽千辛万苦,尝尽了人生百味。而这些苦难更加坚定了他的信念:报仇雪耻。

少康得知有虞国国君很贤明,漂泊一段时间后,就去投奔有虞国

（今河南省虞城县）。有虞国国王将少康留下，让少康掌管宫中的膳馐。时间一长，有虞国国王发现少康为人正直而且很有才能，待人忠诚，便将两个女儿许配给他，还送给他一个方圆10里的地方——纶。

少康到纶后，励精图治，大胆进行改革，重用贤才，赏功罚罪，而且废除百姓的债务，重视农业的发展。这一系列的改革得到了百姓的拥护。纶出现了一片安康的景象，有虞国国王也十分高兴，又时常帮助少康。

20年过去了，方圆10里的纶变成了一个理想王国，这里富庶、欢乐、安定。

有一天少康正在处理朝政，忽有人报说一位老将军带领一支人马求见。这位老将军叫靡，是夏后相的近臣。当年后羿逼走夏后相后，靡投靠了后羿，准备养精蓄锐，找机会重新恢复大夏王朝。当他得知夏后相有一子，很有才能，便前来投奔。二人相见，四目含泪。

寒浞得了天下，起初还理朝政，后来也是整日声色犬马，不理朝政，只喜欢那些溜须拍马的人。

一天，寒浞正在欣赏歌舞，靡将军怒冲冲提剑而至，上前砍下了寒浞的项上人头。

少康很快战胜了寒浞，将中断40年的夏王朝恢复了，为父亲报了仇。

少康是位贤君，登上王位后勤于朝政，百姓安居乐业，生产迅速发展。这段历史被称为"少康中兴"。

孔甲与龙

夏王朝在少康时期，政通人和。而夏王朝开始走向没落是从第十四代王孔甲开始的。孔甲是少康之后的第八代国君。按照夏朝世袭制，孔甲本应该是少康之后第六代国君。他喜好鬼神，淫乱无度，整日东游西逛，不务正业，将所有的精力都放在打猎和占卜上，对朝政之事漠不关心。他的父亲不相信这样的人能治理好天下，最后把王位让给了自己的弟弟扃——孔甲的叔叔。

扃死后，按世袭制由他的儿子廑继承了王位。可是廑和他父亲一样平庸，没有治国之道，也没有国君的气魄。此时恰逢国内大旱，田间颗粒无收，百姓饿死无数。众臣以为是没让孔甲继位，违背了天意，老天为孔甲鸣不平，于是发怒，让人们受苦受难。廑死后，众臣又扶孔甲坐上了王位。孔甲继位后依然迷恋占卜。他继位不久，就举行向上帝求雨的仪式。孔甲跪在地上，神情严肃，口里念念有词。没想到几天以后，天公真的喜降大雨。这场喜雨给久旱的田地带来了生机，挨饿的百姓跑到雨中，有的欢呼，有的跳跃，举国上下沉浸在这场喜雨之中。大家都认为是孔甲求雨感动了上天，所以孔甲在百姓之中的威信与日俱增。

大雨恩泽的大地，万物复苏，夏国又走上了繁荣的道路。孔甲也认为自己的力量感动了上天，从而天降大雨，于是更加相信鬼神，更加迷恋占卜了。

孔甲认为：上天把一切都给安排好了，努力不努力都一个样，所以他终日游玩，对国事根本无暇顾及。大臣们有的看不惯，说了几句，就被孔甲的那套"神论"给驳回去，后来也就无人多言了。

有一天，孔甲与臣子在大河边游玩，河里有两个庞大的怪物爬上岸。孔甲吓了一跳，这时一个臣子对孔甲说："国王莫怕，这是天上派下来的两条神龙，一雌一雄来辅佐您管理江山。"孔甲开始半信半疑，臣子赶忙解释："国王，龙能飞、能游，可是在您面前，它觉得您是最尊贵的，所以不敢腾飞，只能在水里游。"孔甲听后十分高兴，也认为自己是最尊贵的人。他兴奋极了，命人将龙带回宫中，辅佐自己，作为镇山之宝。孔甲认为龙能够帮助自己治理天下，而且天下会长治久安。

孔甲传下命令，找人来驯养龙，并且悬赏重金。可是养龙谈何容易。谁也没见过龙，更何况还必须养好，否则自己及全家的性命就会丢掉。

一天天过去，仍然无人前来应征。正在孔甲坐立不安时，一个大臣向他禀报："国王，刘累曾跟豢龙氏学过养龙术，他一定会养龙。"

孔甲喜出望外，立即召见刘累。刘累是尧的后裔，传说他向豢龙氏学过饲养龙的技艺。刘累风风火火赶了几天路，来到宫中一看，这哪是龙啊，原来是两条丑怪的大鳄鱼！但是孔甲深信这是两条神龙，刘累也不好纠正，便答应为国王养龙。孔甲听后十分高兴，赐刘累姓为御龙氏，并赏给了刘累好多财物。刘累对孔甲说："国王，龙乃神，不能怠慢，应该修个豪华的大水池，里边注满清水，而且每天要朝拜神龙，那样神龙就可以辅佐您的江山万代。"孔甲本来就迷信，这下更深信不疑，立即命人修建豪华大水池。水池之大、之豪华历史上罕见。两条大鳄鱼被放入清水中，很快恢复了活力。孔甲立即命人摆上桌子，举行隆重的朝拜仪式。刘累也因此一步登天，红极一时。

一天孔甲召见刘累，对刘累说："黄帝能乘龙舟神游天下，我养龙也是为了能坐上龙车，你既能养龙，也一定能驯龙，让我早日乘坐龙车像黄帝一样巡游天下。"

刘累一下子傻了眼，吓出了一身冷汗，他根本不可能让两条鳄鱼驾车。但他又不敢违背孔甲的旨意，只好走回住处。

可是更倒霉的是，当刘累回到水池边时，那条雌"龙"怒目圆睁，一动不动地浮在水面上。刘累知道鳄鱼死了，他一下瘫在地上，心想：这下可全完了，不但自己性命难保，就连家人的性命也保不住了。刘累坐在地上，心里在不断地想计策，忽然眼珠一转，计上心来。

第二天，刘累又去拜见孔甲，说要想让神龙驾车，乘龙车的人身体必须强壮，否则会折寿。另外神龙练习驾车时不能有人参观，否则神龙会发怒，不但国王无法乘龙车，反而会不利于江山社稷。东海出产的大鱼肉鲜味美，国王必须每天吃上一盘，才能补好身体，连吃数日就可乘坐龙车。

孔甲听后大喜，又赏给了刘累许多财物。第二天刘累就把雌鳄鱼带进厨房，从鳄鱼身上割下鳄鱼肉，把它做熟，亲自送给孔甲。第三天刘累又送上了一盘，在孔甲周围的人都被刘累打发走了。第四天孔甲迟迟不见刘累的身影，心里十分着急，想亲自去看看刘累，但又怕惊扰了神龙练驾，只好耐心等待。又过了好几天，孔甲一直没有见到刘累的身影，心想：几天没有吃鱼肉了，很难乘龙车了，惊扰就惊扰了，我总要问个明白。

孔甲来到水池边，根本没有刘累的踪影，屋子里也空无一人，贵重的东西也不见了。他仔细向水池里一望，不禁愕然，原来水池里水已变得十分肮脏，那条雄鳄鱼已死了多日，浮在水面上。

到了刘累的厨房，一看见"龙"头和"龙"皮，他一下子明白了,原来刘累送的美味是雌"龙"的肉。他惊呼一声:"我怎么能吃龙肉呢……"话没说完,他就口吐鲜血,吓死了。

孔甲死了之后,又经四代,夏代最后一个国君桀即位,夏王朝的没落达到了顶点。

右相伊尹

夏代走过了400多年的艰难历程,它的最后一个国君叫桀。桀也是夏王朝第17位国王,从孔甲时夏王朝就开始没落,到了桀统治时期更是摇摇欲坠,百姓怨声载道。由于夏王朝的残暴贪婪,桀很快失去了民心,而这恰恰为商灭夏提供了一个好时机。

商汤不断地发展自己的力量。与商人相邻的部落是葛(今河南省宁陵北)。葛的部落首领是葛伯,他不祭祀祖先。商汤本想联合葛部一起灭夏,就问葛伯为什么不祭祀祖先。葛伯说没有祭祀的牛羊,于是商汤派人送去了牛羊,可没想到这些牛羊却被葛部杀后吃掉了。商汤十分生气,派人去问葛伯原因。葛伯说没有祭祀的粮食,商汤派去青年人帮助葛部落耕田,又派去童子为青年送饭。可半路上这些童子却被葛部落杀掉,抢了饭。商汤忍无可忍,带领兵士一气之下就征服了葛。

商汤征服了葛之后,继续征服其他部落,在这一过程中,有一位关键人物起了很大的作用,他就是后来做了右相的伊尹。

伊尹出身卑微,一生坎坷。他原是有莘氏部落的一个奴隶,后在商汤和有莘氏通婚时作为陪嫁的媵臣来到了商部落。小时候,他受尽了打骂凌辱,曾发过誓言:有朝一日,我一定要出人头地。伊尹聪明伶俐,做事用心,很快学会了一手高超的厨艺。一天,薛国国君钟虺访问有莘国,与伊尹一见如故,他非常赏识伊尹的学识,向有莘国王提出要伊尹,有莘国国王断然拒绝了钟虺的请求。万般无奈,钟虺临行前花了一笔钱将伊尹赎了出来,使其不再成为奴隶。

钟虺回国后,仍然想念伊尹。而这时商部悄然强大,国君成汤为人厚道,有胆有识,钟虺甘心臣服于成汤。后来钟虺做了商汤的左相。

钟虺向商汤建议说:"夏国国君贪财好色,早已失去人心。商国可取而代之,但非有一人不可。"成汤立刻问:"此人谁也?"钟虺说:"伊尹也。"钟虺便把伊尹的情况详细向成汤说了一遍。成汤十分爱才,就派人到有莘国去请伊尹出山,可是到了有莘国,国王知道使臣来意之后,又是严辞拒绝。他怕伊尹帮助成汤强大起来,对自己不利。使臣回来之后如实讲述给了成汤,成汤沉思片刻,决定出兵征服有莘国。左相钟虺赶紧劝阻,劝商汤不要轻易树敌,我们可以通过联姻方式解决此事。有莘国国君女儿尚未婚配,我们可以去求婚,婚成之时,让伊尹作为陪嫁。有莘国国君一听说商国国君来求婚,十分高兴。他不想与商为敌,于是便欣然答应,也答应了伊尹作为陪嫁。有莘国国君想:伊尹即使真的帮商强大起来了,也不会对我造成威胁,我们已经联姻了。伊尹作为陪嫁的媵臣来到了商部落。商汤发现伊尹确实如钟虺所说那样很有才能,就任用他为右相,让伊尹主持部落的事务。

有了伊尹,商汤如虎添翼。商汤在伊尹的辅佐下开始了对其他部落的战争。商先后征服了夏王朝的属国,又征服了韦(今河南省滑县东)、顾(今山东鄄城东北)、昆吾(今河南省濮阳)等地,力量逐渐强大起来,兵多粮足,民心所归。

而这时夏桀不理朝政,民不聊生。桀宠爱美女,大兴土木。百姓咒骂桀:天上的太阳什么时候才能消失,我宁愿与你一起消失。因为桀曾把自己比作太阳,所以百姓如此咒骂他。

夏桀虽已失去了民心,但名义上还是各国的首领,各国都需向夏王朝纳贡。随着征服战争的胜利,商日益壮大,统治区域越来越大,商汤决定直接向夏王朝发起挑战。伊尹建议成汤停止向夏王朝纳贡,那时夏王朝桀一定大怒,必会带兵攻打我们,我们做好准备,以逸待劳,打败桀就不成问题。

商汤对伊尹说,我觉得现在还不妥,如果桀的军队听从他的调遣,我们的兵力还是不够强大,不足以应敌。伊尹答道:我们可以先观察动静,如果他的军队果真听从调遣,我们就前去纳贡。第二年我们兵力强大之时,再停止纳贡。商汤听了伊尹的建议,停止了纳贡。桀大怒,立即调遣九夷部落准备攻打商汤。听到九夷部落还听从桀的调遣,商汤立即前去纳贡。商汤一到夏国,就被桀囚禁。商国大臣乱作一团,不知有何计策。伊尹并不惊慌,对大家说:夏桀好色,只要我们多选几个美女送去,他一定会放国王回来。夏桀见到美女,喜上眉梢,果然放了商汤。

商汤立志要报仇雪耻,加紧发展军事力量。第二年,商汤认为有足够的力量与夏桀抗衡时,又停止了纳贡。夏桀决心亲自带兵灭掉商汤。他立即调动九夷部落的军队,并计划在有缗氏部落会盟。可就在这时,有缗氏部落带头反叛夏王桀,并爆发夏王朝与有缗氏的战争。有缗氏最终因兵力不足,被夏桀灭掉。但这充分说明了九夷人已不再听从夏桀的调动了。夏桀只好带领自己的兵士前去讨伐商部。而商早有准备。商汤战前对兵士说:夏王桀昏庸无能,对百姓欺诈搜刮,对邻国霸道蛮横,今天我代表上天要惩罚夏后氏。兵士一起齐呼,士气高涨。夏桀带兵刚到,商汤就趁其疲倦之时带兵将夏桀打得措手不及。夏桀军队大败,逃到了鸣条(今河南封丘)。商汤又带领军队追杀到鸣条,夏桀的军队又一次大败。夏桀万般无奈,只好向南继续逃跑,由于饥饿、恐惧,最后死于南巢(今安徽省寿县)。夏桀死前十分悔恨,恨自己为什么整日不务正业,而只知享乐。夏王朝走过400多个春秋,终于结束了。

商汤打败了夏桀的军队后,众望所归,有许多部落都臣服于商。对于不臣服的,商汤挥师而至,又灭了夏朝的属国三凶(今山东省定陶),攻下了夏王朝的心腹之地。从此,商统治了夏王朝所有的区域。

商汤大胜而归,回到了亳都,召集各部落的首领会盟。历史上称这次会盟为"景亳之命"。3000多诸侯参加了这次会盟,这在历史上还是第一次。通过这次会盟,商汤登上了王位,建立了第二个奴隶制王朝——商朝。

伊尹、钟虺为商汤的右相、左相,一直陪伴商汤治理国家。商汤勤于朝政,重用人才,商朝又出现了一派安居乐业的景象。

伊尹囚君

商汤灭夏,是我国奴隶社会中一个奴隶主的总代表去革另一个奴隶主总代表的命。商汤是位既有文治又有武功的帝王,他爱才爱将,品德高尚，再加上右相伊尹和左相钟虺的辅佐，商朝全国呈现出一片欣欣向荣的景象。百姓安居乐业，兵士勤于练兵，满朝臣子也是兢兢业业。

古时候，人们的科学知识十分匮乏，因对许多自然现象不理解而加以神化，下雨、打闪、打雷都被看作鬼神的安排。那时从国君到臣子再到黎民百姓对鬼神都十分尊敬，认为一切天灾人祸都是上天的旨意。

过去老百姓是靠天吃饭的，如果遇上天气好，农民的收成就好，百姓就可以少挨饿；如果遇上天气不好，一年颗粒无收，百姓就得挨饿受苦。在闹灾荒时，饿死人的现象时有发生，所以老百姓对上天更是敬畏，时时祈祷老天保佑。

商朝刚刚建立，一切都呈现新气象时，一场大旱悄然而至。这场大旱着实罕见，地上草木枯干，老百姓吃水都成问题，有的小动物都被渴死了。这可急坏了贤德的商汤，他焦急万分，天天祈祷上天，保佑大商举国臣民。可是老天不知怎么回事，依然烈日当头，太阳火辣辣地照耀着大地，河水早已枯竭，大地已干裂。这样的旱情持续了7年，百姓饿死无数，加上天气特别热，中暑而亡的人数也不少。商汤也十分相信鬼神，心想：定是自己有些行为不对惹了鬼神，上天怪罪下来，让我大商王朝受此罪。他开始自责，思考自己的行为举动，怎么也想不出自己哪里得罪了上天。

这一天，商汤穿戴整齐，神情异常严肃，跪倒在地拜求鬼神。这时的商汤又黑又瘦，他为国事日夜操劳，又心系百姓之疾苦，所以寝食不安。商汤诚恳地对上天说："老天爷，求求您了，您可怜一下我大商朝的百姓吧，他们是无辜的。如果您认为我大商朝有错，那么一切错都是我的，与我的臣民没有关系，如果您降下甘霖，我愿一人受罚。"在后边一起祈祷的臣子听了商汤的话，感动得直流泪，心想：国王真是一代明君，宁可牺牲自己，也不愿意让百姓遭受疾苦。

不知是上天真的被感动，还是气候本该如此。不久，天空阴云突起，连成了一片，越来越低，百姓纷纷出城来求雨，一声晴天霹雳，大雨倾盆而降，举国上下立时成了欢乐的海洋。商汤率领众臣子出了宫，站在雨中，接受雨的洗礼，他瘦弱的身躯却显得那么坚挺。他两手伸向天空，仰天长笑，大叫："老天有眼，老天有眼，我大商朝又有希望了!"不久商汤求雨之事举国上下都知道了,老百姓本来就十分爱戴商汤,这一下更是万分钦佩。商汤爱民如子,纷纷被百姓颂扬。在那连续大旱的几年里,商汤把国库的粮食发放给百姓充饥,虽然那根本不够,但百姓拥护商汤,没有一个地方发生反叛,仍十分安定。

大雨过后,草木皆绿,农业更是呈现一派新景象,畜牧业也发展了。从那以后,连续几年都风调雨顺,五谷丰收,百姓喜不自言。由于日夜操劳,商汤病倒了。他知道自己活不了多久了,拉着伊尹的手说:"我在世的时间不会太久了,我大商王朝终于走出了困境,我心满意足,可唯一让我放心不下的是国家社稷和黎民百姓。太子早死,余下的儿孙年龄尚小,不堪重用,我大商王朝的江山只有指望你了。"伊尹十分难过,对商汤说:"国王您放心吧,好好休养,上天会保佑您的,您不必担心国家事务,我会帮您处理的。"商汤放心地点点头。

商汤的病终究没有好起来,不久便离开了人世。伊尹忍着巨大的悲痛为国王举行了隆重的葬礼,全国上下都沉浸于悲痛之中,百姓们哭成一片,深深哀悼这位贤德的国君。伊尹也是思潮起伏,百感交集,想起自己得到商汤的重用,与商汤一起出生入死,经历了风风雨雨,从商部落弱小到逐渐壮大,再到灭夏,建立大商朝,而今国王已闭上了眼睛,如何辅佐幼主快快长大成人,治理商朝天下,自己肩上的担子异常重大。商汤死后,伊尹按照先主的旨意辅佐幼主治理天下。商汤长子早亡,次子登上王位,两年后次子又病死。伊尹十分痛心,唯恐商朝天下毁在自己手里,对不起先帝的恩泽。伊尹又推三太子继位,而三太子四年之后也病死。伊尹越来越觉得对不起先帝,心情越来越沉重。没有办法,伊尹只好推商汤的孙子——太甲登上王位,而太甲年幼无知,又生性好玩。伊尹老臣无奈,只好将他带在身边,整日给他讲治国之道,讲他爷爷治国打仗的事,讲夏桀如何灭亡。伊尹希望太甲能从中吸取教训增长见识,掌握治国之道,可太甲无心聆听,渐渐产生了厌烦情绪。老臣伊尹常常面对商汤的遗像,暗暗落泪,深深自责。

几年过去了,太甲已渐渐长大,可仍无心治国,伊尹准备好好"教训"太甲一下。

祭祀的日子到了,太甲也跟着队伍来到桐宫。太甲觉得祭祀实在无聊,若不是先王的祭礼和伊尹的叮嘱,他肯定是不会参加的。伊尹为先王祭礼，心感愧对先王，没有把太甲抚养成人。看上去伊尹已老了许多，他接过主祭人手中的祭辞，恭恭敬敬地诵读。听倦了祭辞的太甲东张西望，可他仔细一听祭辞的内容，吓出了一身冷汗。原来伊尹感觉自己无能，没有完成先王的遗嘱，没有把太甲抚养成人，决定把太甲留在桐宫。太甲听后，连连后退，他吓傻了，原来伊尹早想"教训"一下太甲，把他囚禁在桐宫。

伊尹头也不回地乘车返回王宫，两行老泪已流下，那张憔悴的脸越发苍老。他也是出于无奈，才囚禁了太甲，大臣们没有反对，一是伊尹德高望重，大家相信他忠贞不二，二是大家都认为太甲这样荒废朝政，迟早有一天，用血汗换来的江山会断送在他手里，所以都觉得伊尹做得很对。

太甲被囚禁在桐宫里，眼望外边的世界，自己却没有自由，心里不禁怨恨老臣伊尹。三天过去了，他觉得好像过了三年。第四天，门忽然开了，老臣伊尹来了。太甲本以为伊尹会放他出去，可伊尹却说："每天不得贪睡，必须从早到晚读历代贤王的遗训和勤政的事迹。"起初太甲还不读，到了后来，他实在觉得无聊才开始读书，越读越觉得自己的无才，越读越发奋，而且常常反思自己的过错，痛恨自己以前的荒废，觉得自己有愧于先祖先宗。他也渐渐明白了伊尹的一片苦心，对这位身经百战的老臣肃然起敬。

转眼三年过去了，太甲在桐宫学到了许多知识。老臣伊尹心感一丝安慰，在这三年里，老臣伊尹代理太甲行政，他没有夺权之意，众位臣子也言听计从。在这一段时间，商朝社会安定，农业、畜牧业都迅速发展。

这一天，伊尹又来到桐宫，太甲起身相迎，而伊尹却跪倒在地，对太甲说："微臣斗胆将国王囚禁在此三年有余，如今微臣前来迎国王回宫。臣囚王有罪，请国王治罪。"太甲两眼含泪，明白了伊尹的用心，猛地跪在伊尹面前说道："老人家无罪，都是我让您费尽心思，实在是惭愧。"太甲和老臣相拥而泣。

太甲穿上了王袍，戴上王冠，重新复位。他勤于政务，国家安定富足。

30年后太甲病死，伊尹又辅佐太甲之子沃丁继位。而不久，这位德高望重的老臣也离开了人间。100多岁的伊尹为商朝贡献了毕生的心血。消息一传开,举国上下哭声一片。伊尹在百姓之中已被看作是国家的栋梁,有他在,国家就会安康。各地老百姓都自发地为他举行各种仪式,以示纪念。

沃丁以先王之礼为他举行了隆重的葬礼,为他修建了墓地和祠堂。到现在伊尹的墓地和祠堂还保留着,历史将永远记载着这位贤德的老功臣。

高宗武丁

商朝武丁统治时期,商朝出现了昌盛的局面。武丁死后被人们尊称为"高宗"。

武丁是盘庚的侄儿。盘庚迁都殷后,使商朝得到了复兴,使我国奴隶社会发展到了一个新阶段。盘庚死后,其弟小辛继位。小辛死后,武丁的父亲小乙继位。而小辛、小乙都无才,商朝又开始走向没落。武丁年少的时候生活在民间,深知百姓疾苦。

在商朝,奴隶制盛行,奴隶不被当作人,而是奴隶主的私有品,可以买卖,甚至屠杀。有一个奴隶叫傅说,他才华出众,足智多谋,平时只是默默耕作,从不多说,但是对国家大事十分关心。后来他认识了一个叫武丁的杂役,二人一见如故,很有缘份。武丁有一日对傅说说:"假如我有一天做了国王,我一定让你做我的宰相。"傅说以为武丁说梦话,他不知道武丁正是国王小乙的儿子,由于小乙听信小人的谗言,把武丁给放逐了。

武丁继位时,商王朝的统治一度衰微。他下定决心使商王朝强盛起来,但是他刚刚继位,根基不稳,他决定找一位有才能的人辅佐自己治理江山社稷。这时他想起了当奴隶的傅说。但是武丁没法直接和臣子说想请一位奴隶入宫,因为那时他自己的地位尚未稳固。

于是武丁说他梦见了一位贤才,在傅岩住,天帝为磨炼他的意志,把他贬为奴隶,此人能帮我治理国家。之后武丁命人按他的描述画了傅说的画像,派人速到傅岩把这位有才德的人请来。

众臣将信将疑,可国王下了命令就得照办。这一天差人来到傅岩,对照图像，果然有一个和画像一模一样的人。立即把奴隶主叫来，让他打开傅说的枷锁，奴隶主一看宫里的差人，不敢怠慢，立即为傅说取下枷锁，换上一套华丽的衣服，然后扶他到车中。

几天之后，傅说来到了宫中，他做梦也没想到自己会来到王宫。来到宫中，傅说赶紧下跪，武丁也不多言。命其他臣子退下，才走到傅说面前，对傅说说："傅说，你抬起头来。"傅说抬头一看是武丁，大吃一惊，不知怎么回事。武丁就把自己的身世和傅说说了一遍，又把自己编造梦中遇贤才之事和傅说说了一遍。

第二天早朝，武丁当着满朝文武的面任命傅说为左相，帮助他处理国家政事。

从此武丁在傅说的辅佐之下，对农业、牧业生产十分关心，整天勤于朝政，与傅说共同商讨治国之道。大臣们对武丁也是惟命是听，认为他是神的化身。

傅说对武丁说，你我都受过苦，都知道奴隶的生活，定要禁止随意屠杀奴隶。武丁觉得很有道理，一一答应，并公布了许多法令。武丁的政策得到了百姓的拥护，在百姓中的威望日渐提高。

武丁重新任命各级官员，将三年来尽职尽责的大臣提拔重用，而那些擅离职守的则被放逐。武丁对大臣声称这是天帝的旨意，那些被放逐的大臣虽有怨言也不敢违背，因为武丁执行的是天意。

在武丁统治时期，国力日益强大。商王朝也不安于现状，四处举兵，武丁曾率军队征伐西北方向的土方、鬼方、吉方、羌方，以及江淮流域的虎方，又攻伐荆楚。商朝的势力已经扩展到长江以南地区。每到一地，武丁都对当地臣民说他是按天帝的旨意行事，如果违背他的旨意，就是不尊重天意。

在武丁时期，商王朝的统治达到极盛。历史上这一段被称为武丁盛世。

武丁与他的三个王后

武丁在历史上是一位有作为的国君，在位59年，创造了武丁盛世。在战场上，他英勇无比，叱咤风云。可是到了老年，他却变得十分固执，在凄凉中度过了余生。

武丁继位后，第一个王后叫妇好。此女子长发披肩，长长的眼睫，双眼明亮而智慧，不仅长得漂亮，而且聪明、贤淑。她对武丁关心有加，对下人也是十分体贴，深受下人的拥戴。妇好还多谋善战，经常为武丁治理天下献计献策，武丁有什么心烦之事，都和自己的爱妻一一陈述。妇好帮助武丁东征西讨，平定了不少部落的反叛。

武丁为有这样一个妻子而感到骄傲和自豪。两个人从没有吵过嘴，恩恩爱爱，相敬如宾。然而天有不测风云，一日妇好染上了一种怪病，医官们反复诊断也不知得了什么病。武丁焦急万分，发出命令，如果天下人谁能医好妇好的病，一定重重有赏。可是那时医术十分落后，宫中的医官都医不好，其他地方的人更无能为力。武丁开始祈祷上天保佑妇好早日康复。武丁诚心诚意，可是上天和先祖没能给武丁带来好运，妇好的病不但没有好转，反而日渐加重。妇好那时已为武丁生下了一个男孩，取名叫孝己。妇好知道自己不久于世了，看着寸步不离她的武丁日益消瘦，心疼地说："国王，你不能总是陪在我身边，你应该以社稷为己任，我不能再陪你了，我没有别的请求，只求你把孝己抚养成人，让他有所作为，我也就心满意足了。"说完，妇好轻轻闭上了眼睛。武丁泪如泉涌，异常痛心。他发下命令，举国上下为妇好悼念。

从此，武丁好像变了一个人似的。以前威风凛凛、神采奕奕的武丁，现如今郁郁寡欢，整天沉迷于往事的回忆中。每当把儿子孝己叫到身边读书时，他总是情不自禁地想起妇好来。妇好战场上英姿飒爽，是一个女豪杰；生活中千娇百媚，是一位贤妻良母。武丁没有忘记妇好临终前的话，整日教孝己读书，给他讲治国之道。

"莫道不消魂，人比黄花瘦。"自从妇好离开武丁后，武丁更加消瘦，意志日渐消沉，对于政事也是时理时不理。大臣们不忍心看到国王为了妇好而丢下江山不理，于是他们又选出了一位非常漂亮的王后。新王后也十分贤惠，但是武丁心里只有妇好，根本看不上新王后。新王后只好默默承受着这一切，她想：等她的儿子出生后，武丁就会喜欢她了。新王后后来生了一个儿子取名叫祖庚，但这根本没有引起武丁的欢心。武丁心里仍然只有妇好，对孝己也是疼爱有加。新王后心里不是滋味，整天忧忧郁郁，不久便染病而亡。对于新王后的死，武丁没有悲伤，反而更加怀念妇好了。

第二位王后死后很久，武丁才立了第三个王后。由于妇好故去的时间已经很久了，武丁对妇好的思念也减轻了。而新王后是一位漂亮而又不安于现状的女人。她不能容忍武丁想念一个死去的女人，所以她想尽一切办法，用花言巧语博得武丁的欢心。武丁的心渐渐地被这个娇媚动人的新王后所吸引，于是注意力放在了新王后身上。武丁又恢复了往日的笑声，又勤于朝政，大臣们轻轻地松了一口气。可是谁也没有想到第三位王后特别自私。虽然武丁对妇好渐渐忘记，但对孝己仍十分关心疼爱，新王后看在眼里，恨在心上。她想方设法让武丁疏远孝己，好让自己的儿子祖甲有机会得到武丁的赏识，有朝一日能够继承王位。

又过了几年，武丁年岁已高，身体日益衰老。有一次他得了重病，请了许多名医，可病情不见好转。这个自私自利的王后一看机会来了，买通了几名巫师，让他们对武丁说他的病是妇好的阴魂捣的鬼，妇好想一起带走武丁。几个巫师异口同声，武丁不知是王后的计谋，听后十分生气。孝己天天去看望父王，武丁刚听完巫师的话，孝己就进来了，武丁对孝己无缘无故地发起了脾气。孝己还没见过父王对自己发过这么大的脾气，不知自己什么地方做错了。第二天孝己又去见武丁，武丁病仍没减轻，又对孝己发了脾气，孝己十分委屈。渐渐地孝己不再去见武丁了。

而这一切，王后看在眼里，喜在心上。她想：太好了，我一定要让我儿子登上王位，我不能就此了结。

一次武丁和王后在一起，不知是病的折磨还是王后的话惹怒了他，武丁突然发起脾气，乱扔乱砸东西，地上满是碎器皿。王后则悄悄退出，找到孝己，对孝己说你父王想找你商议继位之事。孝己听后心里十分高兴，心想：父王以前对我发脾气可能是病折磨的，如今他病情稍轻，一定是想把王位交给我，还是父王最心疼我。想到此，孝己一扫往日对武丁的责怨，兴冲冲跑到武丁的居室，问父王有何事相托。武丁本来心情就不好，一听孝己如此发问，更是气不打一处来，一想孝己有继承王位的意思，这分明是盼着自己早早死去，于是破口大骂，孝己不知所措。以前武丁虽对孝己发过脾气，可从没有骂过孝己。这次不仅大骂，还派人将孝己驱逐出宫，将妇好的墓地封起来，不让孝己祭拜母亲。

聪明的孝己已明白是新王后使的诡计，可后悔已经晚了。他想起了早逝的母亲，不禁泪流满面。他举目无亲，一个人孤零零地在荒郊野地里行走，想去母亲墓前诉诉苦，可武丁早已派官兵将妇好的墓地封了起来。孝己被蛮横的士兵赶了出来，伤心欲绝，走了一天又渴又饿，倒在野地里就睡着了，梦见母亲双手抚摸着他的头，流着眼泪看着自己的儿子，轻轻地呼唤：儿啊，别和他们在一起了，你太受气了，和娘一起生活吧！孝己醒后心想一定是娘托梦给他。于是，有苦说不出的孝己悄悄地结束了自己的生命，倒在了荒郊野地里。而这时武丁还被蒙在鼓里，不知是新王后的计谋。

自从孝己被自己赶走，武丁的病情也越发加重，时常做恶梦，梦见自己的妻子妇好向他索要孝己。当武丁听说孝己被逼自杀，心里悔恨不已。

武丁病情加重，且年岁已高，不得不选继承人了。孝己已死，祖庚无能，只有祖甲继位了。可祖甲为人正直，他知道是母亲逼走孝己，他不想留下千古骂名，让别人在背后说长道短，于是连夜逃跑。

病重的武丁一听说祖甲逃跑，愣愣地发了一会儿呆，就永远地闭上了双眼。

武丁一世英名，老年却是如此悲凉地度过，至死也不明白是新王后逼死了孝己。

暴君商纣

商朝后期的几个国王毫无作为，百姓处于水深火热之中。

商朝最后一个国王是商纣王，他十分残暴，而且生性多疑。他本是个很聪明的人，可以治理好国家，可他却把聪明用在了歪门邪道上，想尽一切办法寻欢作乐和残害忠臣良将。

纣王继位后，调集上万名奴隶大兴土木，在朝歌修建了鹿台，在钜桥修建了大仓库，还命人修建了几个游乐园。不仅如此，他还从民间不断选美女入宫。

　　纣王要从四方诸侯封地中选百名美女的消息让老臣商容得知，商容十分气愤，便去劝谏纣王。可残暴昏庸的纣王不但没有听老臣的话，反而觉得老臣是自己玩乐的绊脚石，立即命人推出去处斩。商容悲痛不已，倒不是因为自己被处斩，而是觉得商朝天下让这样的昏君治理，商朝的江山社稷不会太久了。商容老泪纵横，临死前悲痛地说道：先王让我辅佐纣王，可如今我无能为力，只好去见先王了。说罢他一头撞死在石柱上，鲜血直流，脑浆迸裂。然而老臣的死不但没有惊醒这位纣王，反而更加刺激了他选美女的兴趣。

　　商纣王手下有一个叫费仲的人，此人没有什么才能，却会溜须拍马，深受纣王喜欢。他给纣王献计说：苏护侯有一个美丽动人、能歌善舞、窈窕可爱的女儿妲己。纣王一听非常高兴，立即下命令，让苏护侯把女儿妲己送到宫中。

　　苏护侯听到这个消息之后，坐立不安，他怎么忍心将自己心爱的女儿送入虎穴呢？谁都知道商纣昏庸无道，女儿一旦入宫，将会断送一生的幸福。苏护侯左思右想，不知怎么办才好。他想抗旨不遵，又觉得没有力量抵抗，那样必招致满门抄斩之祸。恰好这时，女儿妲己给父亲请安，问父亲为何这几日心神不定，老侯爷便把事情从头到尾与女儿说了一遍。妲己不仅长得漂亮，而且聪明过人，她眼珠一转计上心来，对父亲说道："我们只要从民间找一个漂亮女子让她顶替我，不就没事了吗？"苏护侯一听大喜，忙派人去民间选美女。选来选去，选出了一位绝色佳人。这女子十分漂亮，而且娇媚动人，无奈家境贫寒，父亲为了生存，只好将女儿卖给苏护侯。苏护侯给了女孩家里很多钱财，并让此女更名为妲己，而且不要对外人讲此事。这位女子只好认命，穿戴好苏护侯给的衣裳和装饰品，坐上车，由苏护侯亲自送到宫中。纣王一见这个冒名的妲己如此娇媚动人，心头大喜，立即重赏苏护侯，还封妲己为王后。这名女子进了宫中，心知纣王残暴，虽十分讨厌他，却也无奈，只好认命。但她心想：苏护侯舍不得自己的女儿，却舍得我。我不好过，我要让别人来偿还我。

　　于是妲己终日装作愁眉苦脸的样子，纣王很是生气，却又舍不得杀妲己，只有想方设法让妲己高兴。商纣王挖酒池、作肉林，还命一群男女跳入池中胡闹，每当这时妲己便露出少见的笑容，纣王更加喜欢这位妲己了，根本不理会朝政之事，整天陪着妲己寻欢作乐。

商纣王的荒淫无度给百姓带来了无尽的苦难，被压迫的人们忍无可忍起来造反。而纣王一旦把反叛的奴隶捉住，轻则在脸上刻字、割鼻、断足等，重则将人活活砍死，剁成肉酱，还有的烤成肉干，更甚之的是"炮烙之刑"：用大火将铜柱烧得通红，然后让人从柱子上走过去，人一踏上去，脚立刻被烧焦，站立不稳，掉在下边的火炕里活活被烧死。而这位昏庸的纣王在一旁边饮酒边与美女寻欢作乐。

有位大臣叫梅伯，他深明大义，知道奴隶造反是因为无法忍受苦难，是官逼民反。于是梅伯冒着生命危险进谏，这时纣王已昏庸得不可救药，岂能听进良言相劝。纣王恼怒，派人把梅伯绑在铜柱之上，梅伯活活被烧死。从那以后，再也没有人上谏纣王了。

纣王不仅残暴而且生性多疑。那时候，周围四方诸侯手握重兵，本来这些诸侯没有反抗之意，商纣王却害怕他们起兵反抗，就把他们骗入朝歌囚禁起来。那时姬昌、九侯、鄂侯在所难逃，都被昏君关了起来。

纣王十分好色，只要听说有美女就想方设法弄到手。他听说九侯有一个漂亮的女儿，貌似天仙，便将她召入宫中。一见果然如此，可是九侯女性情刚烈，誓死不从。纣王让囚在朝歌的九侯去劝劝自己的女儿，只要她女儿从了，就可放他出去。九侯见到女儿，泪流满面，他无力保护自己的女儿，深感惭愧，又怎么忍心让自己的女儿受这个暴君的折磨呢？纣王一看九侯女仍不从，一怒之下，杀死了她。但纣王怒气未消，认为是九侯没有好好相劝自己的女儿，也想把九侯杀掉。鄂侯跪地为九侯求情，二人却一起被剁成了肉酱。

后来，纣王让人将九侯、鄂侯的肉酱做成肉汤让姬昌喝。姬昌吓了一跳，不禁泪流不止，一为自己处境难过，知道自己死期不远了；二为自己的好朋友如此惨死而难过。姬昌为了保全自己的性命，每日弹琴看书，言谈中流露出效忠纣王的意思，纣王听了很高兴，因此没有杀掉他。

姬昌有两个儿子。大儿子伯邑考，次子姬发。哥俩商量了一下，伯邑考决定去救父亲，谁知刚到朝歌便被纣王捉住，剁成肉酱，一并做成肉汤，送给姬昌。

姬昌接过肉汤，如五雷轰顶，但他很快冷静下来，发誓要为儿子报仇。姬昌把肉汤一饮而尽,心里暗暗咒骂这个无道的暴君,嘴里却说:感谢纣王替他处死了这个不孝之子,并表示永远效忠于纣王。纣王听了心里十分高兴。

伯邑考被杀,弟弟姬发悲痛不已,他决心去救父亲。姬发十分聪明,他知道如果像哥哥那样,必然白白送死。既然纣王喜爱财色,不如多送些宝物和美女。姬发把财宝分成两份,一份送给纣王,另一份送给纣王宠臣费仲,然后自己再去求情,请求纣王放回姬昌。

纣王得了大量财宝和美女,十分高兴,但是对放不放姬昌仍然犹豫不决,不知姬昌是否真心效忠,便召来宠臣费仲商议此事。费仲拿了姬发的财宝,自然为姬昌说话。费仲对纣王说,姬昌为人忠厚,被囚在朝歌仍没有怨言,十分效忠您,您把姬昌长子伯邑考杀掉做成肉汤,他一饮而尽,可见他是多么忠诚于大王啊!纣王一听,便决定放了姬昌。

姬昌被放之后,原想和几个老朋友设宴叙旧。这时一位老友黄飞虎劝道:你我兄弟喝酒之日以后还长,何必现在呢?纣王喜怒无常,先离开这是非之地吧!姬昌一想所言极是,便立即起身,告别故友。

纣王没想到,正是忍辱负重的姬昌和他的儿子姬发推翻了商朝天下。

姜太公钓鱼

姬昌从朝歌回来之后,想起失子之痛、囚禁之辱和昏王纣的暴虐无道,就吃不下饭,睡不着觉。他暗暗发誓,一定要治理好国家,让周国强大起来,灭掉商纣,为民除害,替儿子报仇雪恨。

那时,姬昌有闳天、太颠这样的贤臣,却缺少一位文武双全的大臣辅佐他。他知道光有一腔热血不足以治理好天下,必须有众多贤才辅佐。有一次,姬昌梦中遇见了一位须眉皓白的老人,天帝告诉他这是他的老师和帮手名叫望。姬昌赶紧下拜,可一下掉在了地上,原来是个梦。可姬昌认为这是天帝托梦给他,于是姬昌开始寻访这位名叫望的贤才。姬昌以打猎为名,到处漫游,期待早日遇见日夜渴望的圣贤之人。

一天,姬昌又要远行,太史为他卜了一卦。太史告诉姬昌:渭水边上去打猎,将会有很大收获,得到贤人是公侯,上天赐你的好帮手。姬昌满怀信心地走了。

这一日他来到渭水边上,忽然听见一首歌,歌声由远到近,歌词为:

内荒于色外荒禽,酵酒作池肉作林;

成汤基业天数尽,有位君侯定乾坤。

姬昌听完这首歌,觉得此人不一般,便顺着歌声去找寻,原来是一位老樵夫。姬昌赶紧走上前去,恭恭敬敬地施了一礼,问道:"敢问老人家,所唱之歌可是您创作?"老樵夫摇摇头说:"不是,不是,是我的一位老朋友所作,我是跟他学的。"姬昌又问:"请问您的老朋友现在在哪里?"老樵夫说:"在渭水的蟠溪,有一汪碧绿的潭水,在潭边石头上坐的就是我的好朋友,姓姜名尚字子牙。"姬昌闻听此言十分高兴,赶紧顺着老人手指的方向去找寻这位圣贤。来到水边,果然有位胡须银亮的老者,穿着青布衣服,戴着竹编的斗笠,安静地垂钓,嘴里轻轻地唱着歌,人声的嘈杂根本没有惊扰他,他仿佛神游于物外。姬昌定睛一看,眼前一亮,忙下车走到老者身边,先施一礼,然后问道:"贤人贵姓?"老者笑曰:"小民姓姜。"姬昌一阵激动问道:"您可是姜子牙?"老人没有回答。姬昌有些疑惑不解,便又与老人谈论其他问题。姬昌没有说自己是周文王,而老者也不多问,只是从容作答。姬昌问了老者治国之道,强兵之路,老者一一作答,听得姬昌有些着迷。姬昌知道眼前这位老者就是自己千辛万苦所要寻找的大贤。二人谈得很投缘,不知不觉,天色已晚,老人收起鱼竿,奇怪的是老者的鱼钩是直的,而且没有鱼饵。姬昌百惑不解,便问老者:"您这种钓鱼法,能钓到鱼吗?"老者看了一眼姬昌,慢慢答道:"此法虽然奇怪,但自有愿意上钩之人。"后来就留下了"姜太公钓鱼——愿者上钩"这句谚语。姬昌听到这里,更坚信了眼前这位见识超卓、学问渊博的老者就是自己所要寻访的大贤之人。于是姬昌对老者说了自己的身份:周文王姬昌。老者一点也没有吃惊,答道:"既然西伯侯说出了真名实姓,老者也不隐姓瞒名,我就是姜子牙。"

周文王一听,又赶紧给姜子牙施礼,并说道:"我祖父生前对我说过,将来必会有个圣人来到我们这里,助我兴周,共谋兴国大计。我们周民族不久将会兴旺强大。我知道您就是那位大圣人。"由于姜子牙是西伯侯祖父盼望已久的人,所以人们尊称他为"太公望",又因姓姜,后人尊称为姜太公。

于是周文王邀请姜子牙和他一起回宫,共商大计,姜子牙沉思片刻,立时上车。周文王亲自驾车,姜子牙也被深深感动,决定把自己所学的知识全部奉献出来。由于一路上文王为姜子牙驾车而行,老百姓都知道周文王礼贤下士、重用贤才,所以其他地方的有志之士也纷纷投奔这位西伯侯。

回到了京城,虽然一路奔波劳苦,但周文王早已忘记,心里十分高兴,为自己、为周民族得到这样一位贤才而兴奋不已。他设宴款待姜子牙,又拜老人做了国师。

姜子牙的祖先叫吕尚,又叫吕望,曾因帮大禹治水有功,被封在吕这个地方。姜子牙一生博学多才,胸怀大志,有治国平天下的本领,可大半生却默默无闻地度过了。他一生坎坷、穷困,而这些却磨炼了他的意志。年轻时,他在朝歌屠过牛,后来又在孟津卖过饭。在这种生活中,他依然关心国家大事,并暗暗下决心:将来如果有机会,一定报效国家,让百姓过上好日子。

可一年一年过去了,他也上了年纪,仍一事无成。他来到了渭水蟠溪,这里人迹罕至,周围茂林丛生,鸟儿齐鸣,风景十分优美。他坐在石头上,目不转睛地看着渭水,把鱼钩故意弄直,而且不上鱼饵,心想:总有一天会遇见一位明君,前来拜访他,让他的抱负实现。时间一天天过去,这一天他听见了犬吠、马嘶、人群的嘈杂声,知道一定是位贤主前来要提拔他,带他进宫,让他帮助治理天下了。而且他早已预算到是周文王姬昌。因为当时有治国之志而又礼贤下士之人非周文王莫属。周文王一下车,姜太公就已知道了周文王的身份。

姜子牙装作不知是周文王驾到,与文王谈了许多安邦定国之道,文王俯耳恭听,也说了自己的想法。姜子牙觉得文王胸怀大志,能够忍辱负重,推翻当今昏庸残暴的商纣王,所以才答应与西伯侯一起进宫。

姜子牙开始辅佐西伯侯;西伯侯也非常尊重、重用姜太公。

姜太公向西伯侯提出建议,要想国富民强,必须先发展农业,重视生产,只有这样才能使百姓吃饱穿暖,百姓才会拥护我们。文王一听,当即下达命令,鼓励百姓发展生产,普及生产技术。从此西伯侯治理的地方呈现一派欣欣向荣的景象,百姓过上了安定、快乐的好日子。

姜太公又向西伯侯提建议,要想一统天下,推倒那个昏君,为百姓除忧,为儿报仇,必须有强大的军队做后盾,军队训练要严格。周文王就开始召集军队,加强训练。由于周文王是一位明君,所以一招兵士,许多人都来参加,又经过严格训练,军队的纪律严明,军队力量得到加强。

姜太公还劝文王要奖罚分明,对百姓普施恩泽。西伯侯都按照姜子牙的提议,一一去做了。果然周没有几年就强大起来,完全有能力与商纣抗衡了。后来文王封姜太公为军师。

姜太公知道商纣残暴,便向周文王提出一条妙计,选了一位美女送去朝歌。这位美女整天让纣王陪着他,寻欢作乐,商纣越残暴,她越高兴。商纣王的残暴达到了极点,手下的臣子、百姓苦不堪言。

文王认为平天下的时机已到,于是率兵打败了西戎,又消灭了几个由无道昏君统治的近敌,杀死了向纣王馋言陷害文王的崇侯虎,势力扩展到长江汉水流域。许多诸侯见文王有德,治国有方,势力不断扩大,便纷纷主动归附西伯侯。

周文王去世后,次子姬发继续精心治国。姜子牙又辅佐姬发,给他讲历史前贤,使姬发大长见识。后来姜子牙终于辅佐姬发灭了商纣。

武王伐纣战牧野

中国历史上第二个王朝是商,商朝最后一个国王是纣。其实只要历史更新换代,要么是前代昏庸残暴、无能,要么是出现更圣贤的人。商也一样,纣的残暴在历史上出了名,灭亡只是早一天晚一天的事,商的灭亡是一种必然趋势。商王纣没有从夏桀那里吸取经验教训,而又重演历史一幕,那么也必然有第二个商汤起来,推翻腐朽的商朝。

商朝江河日下之时,在它西边的一个部落却一天天兴盛起来,这就是周,首领就是姬昌。周文王请来姜子牙之后,实行裕民政策,鼓励发展农业,而且姬昌勤劳俭仆,许多贤才都跑到他这里来。西伯侯一直不忘食子肉的耻辱,他想亲自率兵灭了商朝,杀了那个无人性的纣。可是由于他日夜为国事操劳,终于不幸病倒,临死前他对儿子姬发说:"儿啊,一定要完成我的遗愿,推翻商纣,杀了他,为你死去的哥哥报仇,为天下百姓除忧。一定要勤于国事,不可荒废朝政,有事多和太公商议,不可独断专行。"周文王又对姜子牙说:"太公你为我西伯侯日夜操劳,辛苦你了。我别无所求,只求你把姬发抚养成人,将来让他有一番作为,完成我的遗志,灭了商朝。"姜子牙握着周文王的手,两眼含泪,默默点头,对文王说:"西伯侯,您放心吧!我一定尽忠尽职,帮助少主共同治理天下,您安心休养吧。"

西伯侯带着终生遗憾——没能亲手杀纣,匆匆地闭上了他那疲劳的双眼。大臣和儿子泪流不止,百姓得知这个消息后,也悲痛万分。

西伯侯姬昌死后,次子姬发继位。他就是历史上著名的周武王。周武王也是一位明君,他时刻不忘父亲的教诲,一直想完成父亲未完成的事业,举兵灭商。周武王在姜子牙的辅佐下,很快就学会了许多治国之道,带兵打仗之法。姜子牙与周武王商议,想测一测自己与众诸侯的实力和信心。他们想出了一个好办法,决定在孟津举行一次军事演习。周武王用车载着父亲文王的牌位,率领兵士直指孟津。天下八百诸侯一下子从四面八方云集而至,他们恨透了商纣,恨不得早早举兵灭纣。八百诸侯与武王在孟津会师,周武王发表了声讨纣王的檄文。但是周武王不独断专行,他征求军师姜子牙和其他诸侯首领的意见,有的说时机已成熟,可以一举推翻商朝,有的说现在时机还未成熟,不能轻易出兵。姜子牙站出来,对大家说:"大家先别急,稍等一会儿便知晓。"过了一会儿,一个人匆匆赶到,对周武王和姜子牙说了几句话。姜子牙点点头,之后对大家说:"据可靠消息,现在商纣已经调集了军队,准备和我们一拼。我们的力量还不够,我希望大家先冷静一下,回去之后继续招兵,加强军事训练,有朝一日,商纣放松了警惕,我们再一举消灭他。"原来,那个人是姜子牙事先派去朝歌打探军情的。各家诸侯首领纷纷回去。

又过了两年,商的许多重臣都被纣王杀的杀,关的关,逃的逃,纣王的惨无人道达到了登峰造极的地步。他的叔父比干为人忠厚,眼看着商朝天下将断送在纣王手里,多次劝他废去酷刑、远离美女,加强军事训练。起初纣王还没有恼怒,可比干说的多了,纣王终于露出了残暴的本性,不但比干的性命没有保住,连心也被纣王挖掉了。商纣的两个兄弟箕子和微子一看自己叔父都被商纣杀死,自己也没有多长时间活在世上了。于是箕子装疯,本想逃过凶劫,可是还是被纣王关了起来。微子只好隐姓埋名,悄悄换上了百姓的衣服,逃了出去,过起了隐居生活。

周武王和姜子牙得知这些消息后,认为商王朝已到了一触即溃的腐朽程度。于是他们准备大举攻打商。周武王派人通报各诸侯共同伐商。很快,各诸侯纷纷来汇合,由武王亲自指挥,这支人马大约5万人、300辆兵车,浩浩荡荡直奔朝歌。

这一日纣王正在寻欢作乐,忽听有人报说周武王率5万人马来攻打商,现已驻扎在牧野,大怒,忙从东夷各地调遣商军,同时征用大批奴隶编成军队,又调集了商都的亲兵、卫队,组成了70万大军。纣王心想,你一个臣子竟然敢攻打我,我要让你知道我的厉害,看是我70万大军厉害,还是你5万人厉害。等我捉住你,一定将你剁成肉酱。

商纣亲自率70万大军到牧野准备与武王一战。商纣的军队在数量上占了绝对优势,可他万万没想到他的残暴早已失去了人心,特别是占多一半的奴隶对纣王更是恨之入骨,恨不得纣王早日被杀。纣王把奴隶放在头阵,让他们去冲锋陷阵。可这些奴隶一看到周武王的军队,立时倒戈投降,有的奴隶掉转矛头去攻打商军,商军立时乱成一团,这时周军士气更旺,连杀带砍,势如摧枯拉朽,纣军顿时全线溃退,武王顺利地攻入朝歌。

商纣王做梦也没有想到自己会被周武王打败,他想不通为什么自己军队人数众多,却打不过周武王的军队。他不理解,为什么奴隶反过来打自己的军队。他一看自己已没有能力与周武王抗衡了,又知道自己杀死了周武王的哥哥伯邑考,做成人肉汤给周文王喝,还把周文王囚禁了好多年,周武王一旦捉住他,绝对不会放过自己,必然会被处死。于是他穿戴整齐,昏昏然登上了鹿台。鹿台是象征他无上权威的地方,可如今却是他的断头台。他把多年来搜刮的美玉宝器堆放在身边,想死后也要让这些宝物陪伴自己。他还想找一名美女和他一起去死，可那些美女早已四处逃跑了。在鹿台上，这个罪大恶极的商纣向四处环顾了一下，一看整个朝歌都是周兵，于是周身缠上白布，放火自焚而死。

周武王得知纣自杀而死，立即召集参战诸侯，宣布牧野之战大获全胜。牧野之战是我国历史上一次非常著名的以少胜多的经典之战。它说明了人心向背是作战取胜的关键。

周武王来到鹿台，这个鹿台记录了商纣的条条罪状，今日终于可以算一算了。武王举起弓箭，对着鹿台连射三箭，亲自砍下了商纣的人头，挂在旗杆上示众。周武王思绪万千，终于为父亲和兄长报了仇，为天下百姓斩除了这个恶人。

天下百姓得知纣王已死，都十分高兴，纷纷庆祝。

第二天，周武王举行了隆重的祭祀活动。他神情严肃地向西方拜过先祖，心里默默地说着："父王，儿已给您报仇雪耻。今后我一定不忘记您的教诲，做一代明君，兴我大周王国，让百姓安居乐业。"

祭祀完毕后，周武王威风凛凛，飒爽英姿地站在诸侯王臣面前，各家诸侯早已从四面八方云集在这里。周武王对着各家诸侯王臣大声地宣布："我们大周朝终于灭了商朝，杀了那个暴君。这是天帝的旨意，上天的安排。从今以后，我要按着上天的旨意治理天下。"

自此西周王朝正式建立了，我国历史又向前迈进了一大步。

死不食周粟

在遥远的孤竹国，有一个老国王，老国王有三个儿子，可他不喜欢长子，也不喜欢小儿子，只喜欢次子。

长子伯夷，秉性忠厚，不会变通，更不会溜须拍马。他与父王在一起的时候，也不会顺着父王的意思去说，而是按着自己的想法去说，有时为了一点小事，时常和他父亲争论起来。虽然按照惯例应立伯夷为世子，但老国王不想让伯夷继位，就立叔齐为世子。

老国王心里有打算，他非常喜欢次子叔齐。叔齐为人聪明，也十分忠厚，而且十分懂礼貌，不像大哥那样时常为一点小事就和父亲争论。叔齐也时常和父亲在一起谈论国家大事，叔齐总是先听父王的意见，有不一致的便委婉地提出来，父亲如果一再坚持，叔齐就不再和父亲理论，因为他不想再让已上了年纪的父亲为一点小事而生气。另外，叔齐也十分尊敬长兄伯夷，虽然自己被立为世子，但有问题仍经常向长兄请教。伯夷也很喜欢这个聪明的弟弟，虽然自己的世子位置被叔齐占了，但他不怨弟弟，知道这是父王所为。

孤竹国的国王一天天老了，有一天得了一场大病，经过医治，也不见好转。老国王知道自己不能再活多久了，临终前把叔齐叫到身边对他说："儿啊，我们孤竹国的江山社稷要你治理了，一定不要辜负我的希望，把孤竹国治理好，让百姓过上好日子。"叔齐本想对父王说他不想继承王位，而应让哥哥伯夷继位，但看到父亲那张苍白的脸，知道父亲没有多久就会离开人世，所以没有和父亲争论，只是含着泪点点头。老国王又把长子伯夷叫到身边，对伯夷说："儿啊，我不立你为世子，怪父王吗？我觉得你弟弟叔齐聪明，有治国之道，才立他为世子，只希望我孤竹国强大起来，你要好好辅佐你兄弟。"伯夷看到父亲的病如此重，也就没说什么。老国王放心不下，又把身边的大臣叫过来，千叮咛，万嘱咐，一定要让叔齐当国王。

老国王离开了人世，不放心地走了。

叔齐是知书达理之人，他不想违背先祖留下的规矩，留下历史的骂名，被别人说长道短。于是叔齐找到哥哥伯夷，想请哥哥伯夷当国王。伯夷起初还生父王的气，可一见弟弟如此，觉得自己真的不如弟弟胸襟开阔，便对叔齐说："贤弟，你是世子，又博学多才，知道治国安邦之道。父王临终前再三叮嘱一定要立你为王，父命怎能违呢？"但叔齐不灰心，对哥哥说："父命难违，可是我们也不能违背先祖的规矩呀！"叔齐再三恳求伯夷，伯夷只好答应。

夜里，伯夷翻来复去，不能入睡，想起弟弟的一言一行，越来越觉得弟弟能够治好国家。自己怎么办才能让弟弟安心当上国王呢？于是伯夷在第二天早晨，早早起来，打点了一下行装，悄悄离开了王宫。

而弟弟叔齐夜里也睡不着，心想：长兄如此厚道，一定能治理好我们孤竹国，一定让长兄明天就继位，以免夜长梦多。于是第二天早晨，他匆匆穿戴整齐，就去找哥哥，可到哥哥住处一看，哥哥已走了。叔齐十分难过，他知道大哥不想为难他才离开王宫出走的。叔齐想：

在这种情况下，我再继位，岂不更被天下人耻笑了吗？我一定要找到大哥，和大哥生活在一起。于是叔齐也悄悄离开了王宫。

伯夷、叔齐都出走了，众大臣没有办法，只好让那个生性爱玩的老三继位。老三整天荒废朝政，孤竹国日渐衰落。

叔齐离家出走后，多方打听，历经长途跋涉，受尽了千辛万苦，终于见到了自己朝思暮想的哥哥。兄弟俩一见，涕泪交流，紧紧抱在一起，久久不分开。两人一商议，决定不再回宫，找一个安静的地方生活下来，过一种和平安乐的生活。

那时，正是商王纣统治时期。纣王昏庸无道，百姓苦不堪言，到哪里去找一个好住处呢？后来他们遇到一位白胡子老者，老人说："西伯侯姬昌那里国泰民安，政通人和，是一个世外桃源，是安身的好场所。"

于是伯夷和叔齐又经过几天的行走，终于来到了周国。一看这里果真如那位白胡子老者所说那样，不仅环境优美，而且政治清明，百姓富足安康，处处是一派平和安定的气象。

哥俩就在这里安顿了下来，在其他人的帮助下盖了一个小茅屋，又拥有了一片自己的土地，每年只交很少的赋税。哥俩觉得很满足，觉得周国的文王、武王确实是两位不可多得的君主。

一天，伯夷、叔齐正在田间劳作，忽闻一片嘈杂声，只见人马浩浩荡荡，由远而来。他俩寻声望去，只见周武王和姜子牙正坐在车上，挥师东进。他俩不知武王去攻打谁，一打听才得知是去攻打那个昏君商纣。一般的平民百姓得知这一消息，无不拍手叫好。而这哥俩一听却大吃一惊，这怎么办呢？纣王再昏庸、残暴，毕竟是众诸侯的天子，为臣的就应该忠心不二，而不应该去攻打商纣。于是二人丢下手上的农活，不顾生死地冲到队伍面前，截下了周武王的车，对周武王说："武王，您是一位明君，可为什么攻打商纣？"周武王答曰："商纣祸国殃民，弄得民不聊生。商纣昏庸无道，十分残暴，百姓忍无可忍，我是顺应民意。"伯夷、叔齐又说道："昏君是昏君，但毕竟是一国之君，我们做臣子的只有相劝，而不能反叛，那样是大逆不道，讨伐纣王就是欺君罔上。"周武王一听无法和他们理论，就让官兵将二人推到路边，人马浩浩荡荡直奔前去，只留下烟尘和伯夷、叔齐二人相伴。二人十分生气，自言自语道："不义之师，不仁之师。"

没过多久，这支人马又杀了回来。伯夷和叔齐二人高兴得不得了，以为是自己对周武王苦口婆心的劝告起了作用，使周武王猛醒，又改变了主意。于是二人又安下心来，耕田种地。可他俩不知道这次是周武王的军事演习，他想测一测自己的军事实力和军心。

又过了两年，周武王认为灭商的时机已经成熟，再度起兵，挥师东进，在牧野大败商军，一直攻打到商都朝歌，最后纣王放火自焚。二人得知此消息后，觉得周武王与纣王没有什么两样，都一样残暴。他俩再也不想生活在这里了。

于是伯夷、叔齐二人连夜离开这里，经过几天几夜的奔波劳苦，来到了人烟稀少的首阳山（今山西省南）。他俩决定在此定居下来，再也不与周人往来。他俩认为周人都是反臣，不能与他们生活在一起，不与周人说话，不种周人的地，不吃周人地里长的粮食。

但整个天下都已是周朝天下，他俩不吃周朝的粮食，只好吃野菜、树叶充饥。有的好心人想给他们点吃的，他俩却不要，对周人说：宁可饿死，也决不吃周朝的粮食。没过多久，二人便饿死在首阳。

二人死不食周粟的事很快传到了周武王耳里，武王认为这是自己的罪过。他暗暗下决心一定要让百姓过上富足的好日子。

于是周武王体验百姓生活，了解百姓疾苦，成为了一代受人尊敬的好国君，在百姓中的威望也越来越高。

周公吐哺　天下归心

周武王建立周王朝后，将天下按照功劳的大小分封给了为他出生入死的功臣和亲属。周武王想通过这种方式，让为他出生入死的功臣和亲属感到安慰，心存感激，借此巩固自己的地位。

当时商朝虽已灭掉，商纣自杀，可残余力量还存在，而且势力还相当大，对刚刚建立的周王朝有不小的威胁。周武王为了安抚这部分残余力量的首领，把殷都全部留给了纣王的儿子武庚，并且封武庚为殷侯，同时派自己的三个兄弟管叔鲜、蔡叔度和霍叔处去帮助武庚治理殷都。说是帮助治理，实际上是为了防止武庚反叛，是监视武庚的。

因此这三个人也被称为"三监"。

周武王这一做法，十分周密，他认为这样可以很好地控制武庚。他对三个兄弟说："到达殷都后，掌握实际大权，让武庚只有个虚名，这样武庚想反也反不了。"但是周武王万万没有想到，两三年后，三监却和武庚联合起来，共同反叛朝廷。

周武王一生打打杀杀，呕心沥血，勤于朝政，对待百姓也十分关心。由于操劳过度，没过两年，他就得了重病。可当时周武王的儿子只有13岁，年龄太小，武王放心不下。让谁辅佐幼主呢？周武王想找一位可靠的人，于是他想到了周公旦。临死前，周武王把周公旦叫到身边，请求他辅佐年幼无知的周成王。周武王拉着周公旦的手，亲切地说："我大周朝能否兴旺发达，我大周王朝臣民能否安康富足，千斤重担就都交给你了。"周公旦为人忠厚，望着周武王深深地点了点头。

周武王不久便死了。周公便将国家这副担子挑了起来。他一方面辅佐幼主，让他读书，给他讲治国之道，让他知道历代前贤的优良品质，给他讲夏桀、商纣如何残暴，最后如何灭亡；另一方面周公修订制度，严明法纪。真可谓"一休三握发，一饭三吐哺"。也就是说周公日理万机，时间安排得非常紧，洗一次头、吃一顿饭中间，往往要处理几件政事。后来为了颂扬周公的精神，人们留下了"周公吐哺，天下归心"的美谈，许多贤才都纷纷归附周公。

周公日夜操劳，勤于朝政，自己很少有时间去休养，但他毫无怨言。可这并没有换来应有的回报，相反他却卷入了一场谣言之中。

渐渐地，周公发现身边的人有些不对劲，成王同他说话时，也和以前大不相同，言词闪烁，目光游离。周公不知是怎么回事。这一天周公正在处理政事，召公和姜太公对周公说，他们想回到封地去，不想在宫中了。周公大吃一惊，不知为什么，便忙问二人原因。召公和姜太公也不说谎，便答道："外面早已议论纷纷，说你独揽大权，独断专行，迟早有一天你会废了成王，自立为天子的。既然这样，我们也不想留在宫中了，我们只想到封地去。"周公一听，当时火冒三丈，气得胡子都要竖起来了。周公心想就连两位德高望重的功臣都不信任自己，自己怎么不伤心欲绝呢？当时，周公老泪纵横，只好向二位表明了心迹，决不会自立为天子，只是想把幼主扶养成人。第二天周成王已满十五岁,周公为成王举行了"冠礼"仪式,然后将一切事安排妥当。

参加完成王"冠礼"仪式后,周公带着几名随从离开了镐京。周公此次离开镐京,是为了查明此事。不久他便查明了,造谣的不是别人,正是自己的亲兄弟,三监中的管叔鲜和蔡叔度。管叔鲜是文王的三儿子,而周公是四儿子。管叔鲜认为辅佐成王的人应该是他,按"兄终弟及"的习惯怎么能轮上周公呢?所以他心里愤愤不平,认为哥哥周武王也太偏心了,别人都有封地,却把我们哥三个派去只当一个监视人的苦差事。他越想越不是滋味,总想找时机报复一下周公和周成王。他便和蔡叔度商量了一番,蔡叔度心里也不平衡,也是一肚子怨气。二人臭味相投,便想出了一条计策,散布谣言,说周公想废成王,自立天子。而纣王的儿子早知道武王派来三个弟弟是监督自己的,现听说管叔鲜和蔡叔度给周公造谣,心里乐开了花,巴不得周室闹内讧,好借此良机举兵反叛。

自从周公离开镐京后,武庚便和东夷首领以及一些边远小国加紧了联系,将反叛之事提上了日程。他们想利用周公不在朝中,而周成王年龄尚小这个天赐良机,举兵造反。

这一年,镐京不知怎么回事,周室不安宁,天气也作怪。镐京一带连降暴雨,雨水之大,历史罕见,淹没了不少地方。周成王虽然年幼,可也十分关心周王朝的江山社稷,他看到暴雨不停,会殃及百姓,整天夜不能眠。他没有别的办法,只好到祖庙祈祷占卜。在那里,周成王发现了一篇祷词,是周公写的。上面写着周公甘愿以自己的性命去代替周武王的性命,为了周王朝的江山社稷付出一切,死而后已。成王一看,感动得两眼含泪,这才明白自己错怪了周公。

成王立即派人将周公召回,请他继续辅佐朝政。周公回到镐京,立刻进行军事准备,他知道管叔鲜和蔡叔度既然敢造谣言,就很有可能造反。不出所料,没过几日,管蔡二人便会同武庚起兵造反。一些小国也不甘寂寞,跟着起哄,加入了反叛的行列。

周公早已做好了准备,他授权姜太公带领人马征服不服周朝管辖的各个诸侯国,自己带领一部分人马去征服"三监"和武庚。三年过去,周公率领人马直接到了殷都,将暴君之子武庚斩首示众。管叔鲜一看武庚被折,知道已经没有能力反抗了,又无颜再见周公,便上吊自杀了。周公把蔡叔度、霍叔处两个无知的兄弟流放贬职。

姜太公率领人马，经过几年的征战，征服了所有不服周朝管辖的诸侯国。

平定了叛乱，周王朝地位得到了巩固。

周公东征之后，觉得镐京离东部的中原地区很远，不便于控制，便决定在东部建立一座新城——洛邑。自此，周朝便有了两个并立都城。

转眼间，7年过去了，周成王已长大成人。周公帮助成王执政已7年有余，周朝的统治在周公的治理下得到了进一步巩固。周公无论在臣子中还是百姓中威信都相当高。众臣眼里，周公俨然是天子，认为周公迟早有一天会自立为天子。于是有的大臣想拍周公的马屁，带人到周公府中，请周公继位称王。周成王得知此事，惴惴不安，他也认为周公会取而代之，自立为王。周公面对那些大臣，连忙称谢，将他们送出府。

第二天上朝时，周公神情严肃，众臣以为周公必然会登基，可周公却说："我奉武王之命，辅佐幼主，代理朝政已长达7年，如今成王已长大成人，有能力统管我们周王朝了。从今天起，他要亲理朝政，如有不服者，推出去斩首。"众臣一听大吃一惊，他们以为周公要登基称王，正准备向周公行君臣之礼，可万万没想到周公如此做法。

周成王再一次被周公所感动，他跪下来请周公继续代理朝政。可是周公主意已定，毅然离开镐京，去了新建的都城——洛邑。

周公到了洛邑后，继续为国操劳并抽空看望周成王。每次见面，周公都直言不讳，劝成王做一代明君。成王十分谦逊，把周公的话都牢记心中。成王还让史官把周公的话记录下来，整理成册。几次见面，周公的话竟被编成两篇文章，一篇为《无逸》，另一篇为《立政》。现在，这两篇文章我们可以从《尚书》中查到。

周公终于累垮了身体，在洛邑病死了。周成王悲痛万分，以天子之礼将周公葬到文王、武王的墓地。

我们现在一提周公，仍然为周公的精神所感动。他襟怀坦荡，不为私利，他的美德被后人世世代代传颂。

周公死后，周成王为周公修了一座周庙，记载着周公一生不朽的功勋。这座周庙至今还在，就座落于洛阳市劳动人民公园附近。

天子溺水而亡

周成王继位后，不忘先父遗志，也不忘周公的教导，勤于朝政，把周王朝治理得国富民强。成王死后把王位传给了康王，康王也是励精图治，周王朝有了新发展。周王朝经历了几百年安定祥和的兴盛时期。

可是王位传到昭王时，国势渐渐走了下坡路，这与昭王有着直接关系。昭王头脑简单，整天只知玩乐，不理朝政，在诸侯中的威望早已消失。

昭王在位十几年，碌碌无为，各诸侯也不把他放在眼里。一天，忽然从鲁国传来消息，说鲁魏公杀死了哥哥鲁幽公，自立为王。这还了得，弟弟谋杀哥哥又夺取了王位。因为鲁国目无天子，又做出如此无礼之事，昭王本可以名正言顺地出兵讨伐鲁国，但是昭王生性胆小怕事，思前想后还是不了了之。鲁国的行为在其他诸侯国中引起了强烈反响，其他诸侯认清了昭王，对昭王更是不屑一顾，特别是楚国。

楚国的祖先是淮夷的一支，原来居住在淮水下游，是商王朝东南部力量最强大的一个诸侯国。周朝后来逐渐强大起来，灭了商朝，但是淮夷不服周武王的统治，与纣王的儿子武庚串通一气，反抗周朝的统治。这时周武王已离开人世，其子周成王年幼，周公辅佐成王代理朝政。周公得知淮夷与武庚串通一气反抗周朝，便亲自率领人马打败了淮夷和武庚。把这场叛乱平息之后，淮夷在周朝强大的军事压力下，向西沿长江发展，后在长江中游一带定居下来，以游牧业为生，发展生产，加强军事训练，这就是楚国的前身。后来，楚国的势力不断扩大，东至群舒，西达群蛮，西南到百濮，东北是邓国。周文王时，周朝很重视与楚国的往来，但是楚受商朝的影响很深，商朝的政治、经济、文化对楚民族的影响远远胜过周朝，所以楚民族保留了许多商朝的特点。楚国就这样慢慢地发展壮大起来。到了周成王时期，楚国的势力明显增强，周成王为了拉拢楚国，封楚国贵族熊绎为"子"爵。

楚国的力量一天天壮大，到了昭公统治时期，楚国已严重威胁着周王朝在汉水以北的大小诸侯，对周王朝也形成了很大的威胁。

而昭王除了玩乐就是用兵打仗。他对南方连年用兵，激起了各民族的憎恨和反抗。特别是楚国，本来力量就十分强大，一看昭王如此，便把贡赋年年减少，对周天子召开的会议要么不去，要么迟到。

对于楚国的不尊敬，周昭王心里十分不平衡。而鲁国等其他诸侯国也纷纷效仿楚国，对昭王表现出了极大的不尊敬。周昭王非常想找回王者的威风。

昭王19年，楚国不仅没有纳贡，而且干脆不参加诸侯会议，理由也没有，就是不想参加。昭王忍无可忍，决定带兵前去伐楚。

昭王为了显示一下自己的威风，证明天下是他的，决定率领六路人马去伐楚。众臣见昭王如此不冷静，纷纷劝谏，对昭王说："我们离楚路途遥远，为了追缴贡赋冒然去攻打，有所不妥。不如冷静下来，加强军事训练，等待兵精将足之时，一举灭楚。另外，楚国既然不交纳贡品，一定做好了应敌准备，我们不能上他的当。"可是头脑简单的昭王根本听不进去，把大臣的话全当成耳旁风，他想不费吹灰之力灭了楚，一是显示一下自己的威风，另一个是灭了楚可以在楚国游玩几天。

于是昭王率领着一支人马浩浩荡荡地杀奔楚国，一路上疲劳不堪。越是南行，人烟越稀少，昭王随身携带的粮草所剩无几，士兵便到附近村落抢村民的衣食。本来这里的农业就不发达，村民生活十分艰苦，这样一来，农民更是无法生活了。面对呼天唤地的村民，昭王不理不睬。

昭王一路行，一路抢，终于到了汉水。楚国就在面前，而这时昭王的军队已疲劳至极。昭王命人找来岸边所有的渔夫，让渔夫将大军摆渡过河。渔夫们敢怒不敢言，只好将这支人马费了九牛二虎之力摆渡到河对岸。

昭王顺手抓了几个楚国村民做他们的向导。由于昭王时常发动战争，早已失去了民心。那几个村民把昭王的军队带到一片密林中，对昭王说："过了密林，就是楚都了。"昭王信以为真，放了村民，按照村民所指的方向，挥师南进。林中狼虫虎豹时有出没，士兵不时被野兽咬死。昭王硬着头皮在林中走了两天,原以为该走出密林了,可一抬头,众人大吃一惊,他们又绕原路回来了。可是士兵已被野兽咬伤咬死了一半。

还未到楚都,人马已损伤了一半,于是昭王想放弃攻打楚的目的,返回到周朝。可是河边空无一船,浩浩荡荡的汉水湍流不息,昭王派人去找,仍是不见船影。

昭王不知这是楚国诸侯使用的计策,便命附近的村民3日内造出50只大船,否则踏平村庄。而3日内造50只大船是根本不可能的。可奇迹出现了,3日后,50只大船果然造好。

周昭王和士兵们纷纷上船,村民费力地摆渡。船渐渐驶向江心时,一个村民一吹口哨,村民们纷纷跳入水中不见了。昭王和士兵们大惊失色。很快,船底呼呼地冒出水来,接着传出"啪啪"的断裂声,大船很快散了架,周昭王和士兵们也一齐落入水中。原来这些船是用树胶粘的,在陆上非常结实牢固,到了水里,经过大水慢慢浸泡,粘性就消失了,船自然就很快散架了。

那些汉水边上的村民水性很好,没费吹灰之力都游上了岸,而周昭王和士兵们没有几个会水的。周昭王在水里边乱扑腾也没有用,连喝了好几口水。就在他渐渐下沉的时候,恰好有一个胳膊长、力气大的侍卫辛游靡会点水性,不顾一切地把昭王捞上来,可这时昭王早已活活被淹死。

昭王没有到达楚都,就大败于楚国。

从此,周王朝再也不敢轻举妄动,并视此事为王朝的耻辱,很少有人提起。

国人大暴动

奴隶社会有明显的等级制度。诸侯、贵族享有特权,可以为所欲为,是统治阶级。平民和奴隶是被统治阶级,平民虽然有人身自由,但是仍要服兵役,交贡赋,生活十分艰难;而奴隶连人身自由都没有。西周时有国、野之分。国指国都,野指广大农村。贵族和平民住在国都及其近郊，称国人；而在广大农村除了奴隶主之外，就是被统治阶级，大部分奴隶住在农村，称为野人。

周朝第十代国君是周厉王，名胡，夷王之子。周厉王是个恶名远扬的昏君，在他统治时期，人们的生活空前悲惨。

厉王在位30年，不断对楚和西北戎狄部用兵，耗费了大量钱财，再加上统治者腐化奢侈，国家财物入不抵支，厉王只好想办法加大税收。

周厉王非常好利，任用贵族荣夷公为卿士，负责掌管国政。荣夷公是周厉王的宠臣，他看到国库入不敷出，便向周厉王建议：把那些山林川泽之利归王室垄断。山林川泽本来由各级贵族和平民共同享有，这在典章制度上早已规定好了。荣夷公规定：无论是王公大臣还是黎民百姓，若是捕鱼、打猎、采药都要向国家缴纳赋税。

周厉王和荣夷公的做法，引起了各阶级的强烈不满。王公大臣以前从山川林泽中取得的财物，现在却全归王室所有。而且上山打猎、采集也要缴纳赋税，于是百姓纷纷咒骂周厉王。

硕鼠硕鼠，无食我黍。

三岁贯汝，莫我肯顾。

硕鼠硕鼠，无食我黍。

逝将去汝，适彼乐土。

他们将周厉王比作大老鼠，意思是大老鼠，大老鼠，别再吃我的粮食了。多少年来，用我们的粮食喂养着你，你却丝毫不顾及我们的死活。我们要离你而去，到理想的地方去生活。这首《硕鼠》诗，语言朴实，却把平民百姓对周厉王的严重不满表现得淋漓尽致。

面对这些新规定，人们议论纷纷，大发怨言。有些大臣劝谏周厉王废止这些规定，但周厉王一心想充实国库，以便大举征讨不服周朝统治的诸侯，根本听不进去，也不管百姓的死活。后来大臣召伯虎向周厉王恳求道："如今国人怨声载道，如果不废除苛政，不利于王朝的统治，恐怕后果不堪设想。"而周厉王依然不理不睬。

周厉王知道国人对他不满，便派卫巫去调查，如发现诽谤或议论朝政的人严惩不贷。

卫巫在各地安排了众多耳目，混到老百姓中侦探，一听见议论朝政、对朝政表示不满的，立即派人绑起来处死。起初百姓不知怎么回事，还议论朝政，后来发现被处死的人数不胜数，便明白有人在监视，就尽量足不出户，偶尔在街上遇到熟人，也不敢说话，只能以目示意，便匆匆离开。

卫巫及时向厉王汇报了情况，说百姓已被治服。周厉王一听十分高兴，奖赏了卫巫，卫巫更得意忘形了，对百姓的监视更加严厉。

周厉王见无人再诽谤自己了，十分得意，便对召公召伯虎说："如今国人已被治服，你还有什么话可说？"召公叹了一口气说道："防民之口，甚于防川，水壅而溃，伤人必多，民亦如之。"厉王不听，他根本不理睬召公那一套：治人如治水，只能靠疏导，不能堵塞。

百姓们终于忍受不了了，公元前841年国人发动了大暴动。国人如疾风暴雨，愤怒地涌向王宫，很快由几十人发展到几万人。参加暴动的有国人，还有被称为"正人""师氏人"的低级贵族与武人参加，后来许多奴隶主也积极响应。这些人围住王宫，袭击厉王。周厉王吓得魂飞魄散，慌忙命荣夷公调遣王师镇压国人，可没想到王师也参加了暴动的队伍。周厉王见事不好，慌忙从后门逃跑，奔于彘（今山西省霍县）。

国人不知周厉王已逃跑，在王宫打着、砸着、杀着，四处寻找周厉王，非要亲手杀了周厉王。国人找不到厉王，就找太子。后来国人知道是召公召伯虎把太子静藏在召公家躲了起来，就立即涌向了召府，让召公交出太子静，否则就攻打进去，杀死太子静。召公一看，外面被国人围了个里三层、外三层，风雨不透、水泄不通。跑是不可能的，不交出太子静，召府肯定保不住了；若交出太子，周王朝的血脉便要中断。万般无奈，召公含着泪把自己的儿子交了出去，国人不知，失去理智的国人便将召公的儿子杀死，召公泪如泉涌。回到召府，看着啼哭不止的太子，召公心里默默地说："厉王不听臣相劝，终招致今天的大祸。"国人一看厉王已逃走，又处死了太子，达到了目的，便自动解散而走。

国不可一日无君，周厉王由于害怕国人再次暴动，不敢回都。

大臣们一致推举召公和另一位大臣代理朝政。由于召公为保太子性命，牺牲了自己的幼子，而且德高望重，周厉王时就不断地进谏，所以召公代理朝政，臣子们没有不服的。历史上称这段时期为"共和行政"。公元前841年被称为共和元年。从这年以后，我国历史上有了不间断的确切的正式纪年。

14年后，周厉王在彘地染病而亡。

后来，太子继承了王位，号称周宣王。宣王虽勤于朝政，但由于积弊已久，已无力挽回历史了，周朝日益衰落。

中华上下五千年
zhonghua shangxia wuqiannian

春秋战国时期

◆春秋（公元前770年至前476年）
◆战国（公元前475年至前221年）

中华上下五千年

zhonghua shangxia wuqianzian

春秋战国的故事

孝子郑庄公

郑国国君郑武公为人有主见,比较开明。他一生共有两个儿子,长子叫寤生,次子叫段。郑武公对两个儿子都很喜欢,尤其是长子寤生为人忠厚、孝顺、知礼节;而小儿子却有一些顽皮,生性爱玩。但是他们的母亲武姜却喜欢段,讨厌寤生。原因很简单,因她生寤生时难产,险些丢了性命,因此怪罪于长子寤生。

武姜心胸狭窄,而且偏心。由于讨厌寤生,她总想让小儿子将来继承王位,所以经常在郑武公面前夸小儿子如何如何聪明,志向如何如何远大,言外之意让郑武公立次子为世子。郑武公为人有主见,不轻意听信别人的话,他知道夫人偏心,便按照祖先留下的规矩立了长子寤生为世子,而只把共城这个不起眼的城封给了段。

后来武公去世。去世前他对长子寤生说:"儿啊,你母亲偏心于你弟弟,你不可不防备他们。但也不能太过分,因为那毕竟是你母亲和亲弟弟。"寤生牢记父亲的教导。

寤生当了国君,就是历史上的郑庄公。寤生当上国君,气坏了武姜和弟弟段。他们的如意算盘落空之后,武姜不甘心,觉得小儿段太没有权力了,就想让寤生把制邑(今河南省荥阳)封给段。制邑是有名的军事重地,父亲在世时,不只一遍和寤生讲过这里的重要性。于是郑庄公拒绝了母亲的要求,说父亲说过绝不能把制邑分封。武姜一看庄公不听话,十分生气,对庄公说:"生你险些丢了我的命,如今你长大成人了,当了国君了,就不认我了。"庄公心里十分难过,庄公是个大孝子,不想惹母亲生气,可又没办法。

武姜并不死心,她又提出让庄公把京城封给段。庄公知道京城是郑国的要地,也不能分封,但若是不答应母亲,母亲定会更生气,只好同意了母亲。

大夫祭足知道此事后,劝阻郑公说,京城如若分封,就等于国中建国,国家将一分为二。况且共叔段为人心术不正,如果他依仗太夫人的势力发展壮大自己的力量,恐怕会对庄公构成很大威胁,对郑国也十分不利,请郑庄公三思而后行。庄公也知道后果的严重性,但已答应了母亲,没法收回,否则母亲又要生气。

小儿子段果然心术不正,在母亲的宠爱下,为所欲为。他到京城后立即招兵买马,积草屯粮,做好准备,想等到兵广粮足之时,取代寤生做国君。段进了京城后,人们改称他为太叔段。

太叔段的势力在短短的时间里迅速向四面扩大,直到京城北部和西部。这些地方本来归地方官管辖,但是地方官哪里敢得罪他,只好忍气吞声,听从太叔段的命令。

太叔段一看庄公对他不闻不问,更加胆大,继续在京城招兵买马。一次他竟以打猎为借口,夺取了廪延(今河南省延津东北)等地。

庄公知道此事后,十分生气,但一想若是把弟弟灭了,母亲必定会生气,只好装成若无其事的样子,这可急坏了公子吕,公子吕很担心太叔段会得寸进尺,迟早有一日会举兵攻打庄公,于是便提醒庄公应采取措施。庄公也没有办法,打也不是,不打也不是,叹了口气道:"随便他去吧。"

祭足是位忠臣,才智过人,他也很担心庄公的江山。他对公子吕说:"主公一定知道太叔段这样放纵的目的,但是有些事,他没法说明,不过我们可以助主公一臂之力。"

公子吕如梦方醒,到了晚上,公子吕又去见庄公。庄公说:"太叔段眼里早已没有我这个君王存在,在我眼皮底下胡作非为。如今他是向我示威,但还不是叛乱。如果现在攻打他,还为时过早,母亲怪罪下来,我也没有办法,要落个不孝之名。所以我要等他叛乱时才采取行动。"公子吕明白了庄公的心思,知道庄公早有防患之心,一块石头落了地。公子吕对庄公说:我们不如先施一计,看他有无造反之心,如果没有,大可不必理他,如果有就将他铲除。

第二天,朝廷传出庄公要出朝很长时间的消息。姜氏得知后,心里十分高兴。早想让太叔段继位的她觉得这是一个千载难逢的好机会,马上派人把她写的密信送给太叔段。信在半路上被公子吕截住,交给了庄公。庄公一看是母亲给太叔段写的,定于五月初五,里应外合,准备推翻庄公。庄公看过信之后,命人重新封好,另派了一个亲信把信交给了太叔段。太叔段接到信一看,是母亲写的,马上回信,约定五月初五袭取郑都,推翻庄公,自己登位。太叔段把回信交给了刚才送信的使臣，使臣把信交给了庄公。庄公拆开信一看，果不出所料，太叔段早有造反之心，心想：何不利用此时，将你打败，于是带领军队悄悄地去了廪延。公子吕也调拨了200多辆战车，埋伏在京城附近，等待太叔段出城。

太叔段于五月初五果然带兵前来，刚一到城外便得知京城失守。原来庄公早已派10辆兵车假扮商人混入城中。太叔段五月初五这天带领全部人马出城直奔郑都。他刚一走，混进京城的士兵立即抢占城门，杀死了守城的将士。公子吕没费吹灰之力占领了京城，并出榜安民，对百姓秋毫无犯，百姓非常拥护庄公。

太叔段看着自己所剩无几的军队，望了望廪延，廪延早已被庄公占领，走投无路的太叔段拔剑自杀。庄公将武姜写的信和太叔段的回信放在一起，让祭足交给姜氏，并转告她说他一辈子都不想和她见面了，除非到了黄泉之下。

姜氏见到信，知道事情已败露，又得知小儿子已自杀，顿时傻了眼。当她得知庄公再也不想见她了，不禁泪流满面，也觉得对不起庄公。庄公派祭足把姜氏安排去了颖地。

庄公是个孝子，时间一长，渐渐忘了母亲的坏处，十分想见姜氏。可作为一国国君，他发过誓，君无戏言，庄公很矛盾。

颖地的地方官颖叔考，为人忠孝，而且智谋高，他决心劝谏庄公。庄公一见颖叔考，得知他是一个好官，便留他一起吃饭，以示慰问。两个人谈得很投机，庄公高兴之余，把羊肉赐给了他。而颖叔考将羊腿包起来放在一边。庄公不知何意，问其因。颖叔考说："我家贫穷，母亲常常吃不到肉，主公赐给我的好肉我怎么舍得吃呢？我母年岁已高，不能再吃几年肉了，我想把肉带给母亲。"庄公听了此话，心感惭愧，不禁想起了母亲。弟弟已死，母亲身边没有一个亲人，自己也不忍心啊！想着想着，庄公不禁落泪。颖叔考其实知道庄公是想母亲，可他故意装作不知道，问庄公为什么落泪。庄公也不再隐瞒，把内心的矛盾说给了颖叔考。

颖叔考沉思片刻，对庄公说："主公，我有一个两全齐美的办法，既不违背你的誓言，又可以见到你母亲。"庄公一听，止住哭声，忙问道："什么办法快快讲来。"颖叔考答道："黄泉就是地下泉水，不一定只有死人才可以见到黄泉。您可以挖一个地道，在挖出泉水的地方建一个地下宫,到时候你便可把你母亲请出来。"

庄公听了非常高兴,又赏给了颍叔考一些羊肉,颍叔考说:"主公,我就是想给您办妥此事才专程从颍地赶来的。"庄公一听十分感动。他将此事交给颍叔考去办。颍叔考几天就把事情办好了。颍叔考先把姜氏接到地下宫,又派人去请庄公。

庄公来到地下宫,一见母亲苍老了许多,立即跪倒在母亲面前说道:"孩儿不孝,请母亲恕罪。"姜氏又惭愧又感动,扶起儿子,母子俩抱头大哭。自此,庄公又把姜氏接到了宫中,侍候母亲。

颍叔考的才能得到了庄公的赏识,庄公任命他为大夫,管理国家的军政大事。颍叔考不仅聪明而且做事勤勉,郑国的军政大事被他管理得井井有条。

石碏大义灭亲

卫庄公用人唯贤。那时的石碏是卫国的大夫,为人忠诚,刚正不阿,而且足智多谋,卫庄公非常赏识他,把许多重要之事都交予他办。

卫庄公有三个儿子。长子为人仁义,讲信用;次子也十分知礼节;只有小儿子生性多疑,经常胡作非为。小儿子州吁是爱妾所生,所以卫庄公十分溺爱他。也正因为如此,州吁才敢姿意妄为,而卫庄公常常是睁一只眼闭一只眼,不闻不问,更不管教。

石碏为人正直,看不惯州吁的所做所为,经常劝说庄公管教其子。庄公很不高兴,开始还耐着性子听听,后来干脆充耳不闻,最后反而对石碏产生了反感,认为他多管闲事,不应该管自己的家事,州吁更不用他来教导。

石碏有一个儿子叫石厚,从小就和州吁混在一起,为所欲为,经常做坏事。石碏知道后,便叫石厚吃了一顿棍子。可石厚劣性不改,依然和州吁胡作非为。石碏本想不让石厚和州吁混在一起,但碍于卫庄公的面子,不敢轻易开口,怕卫庄公心生不满,有时当着卫庄公的面,也不便深管。因此石厚跟州吁两个人就越来越坏了。

有一次,州吁和石厚出去游玩,来到一村庄,见一个女子在河边洗衣服。州吁便指使石厚去调戏那个女子，女子一气之下跳了河，后虽被村民救了上来，但已淹得半死。这件事很快被石碏知道，心里十分生气，命人将石厚捆起来抽了50鞭子。手下人虽然留了情，但还是把石厚抽得全身伤痕。石碏命人把他锁在屋子里，不许他出去再惹事。但石厚的心早就在外面逛野了，如今被关起来，他实在心有不甘，因此趁看管不紧，在一天晚上跳窗逃了出去，从此住在州吁府中，不再回家。这可把石碏气坏了，可碍于卫庄公的面子，也不好冒然去州吁府要人，只好任其发展了。

卫庄公去世后，长子公子完继承王位，这就是卫桓公。卫桓公生性胆小怕事，没有君王的胆识和气魄，对弟弟州吁的事，也不闻不问，任其胡作非为。而这时石碏年纪已老，便告老还乡，也不再为国事操劳了。这时州吁更是为所欲为，日夜想办法，想杀死长兄取而代之，夺取王位。

这一天，机会终于来了。卫桓公要到洛邑去，石厚忙对州吁说："现在是杀掉卫桓公的好时机，我们可以先埋下伏兵，等桓公来时将他杀掉。杀掉卫桓公后，如果卫桓公的军队有不满的人，也一起杀掉。"州吁听后非常高兴，叫石厚领兵埋伏，自己摆酒为卫桓公饯行。卫桓公没有想到自己的弟弟要杀掉自己，对弟弟的举动很感激，认为弟弟已长大成人，还斟酒回敬弟弟。州吁乘卫桓公不注意，抽出袖中的短剑，一下子刺中了他的后心。卫桓公还不知是怎么回事，便一下子栽倒在地，一会儿就气绝而亡。桓公的人刚想上去捉住州吁，石厚埋伏的兵士就出现了，桓公的人敢怒而不敢言。

州吁杀了卫桓公，自己取而代之，当上了国君。卫庄公的次子一听说弟弟把哥哥桓公杀死，知道自己处境也很危险，便连夜逃到了邢国。在这次谋杀中，州吁觉得石厚有功，便拜石厚为上大夫。

州吁和石厚杀了卫桓公，对外却说卫桓公是暴病而亡。但是人多嘴杂，纸里包不住火，州吁谋杀亲兄长之事不胫而走。国内百姓本来对州吁评价就不好，现在更是如此。邻国也觉得州吁不仁不义，州吁听后心里十分不快，但又不知所措，只好又找到石厚，和石厚商议怎么办。石厚说："应该对邻国用兵，一方面可以树立威严，使别的国家不敢小瞧咱们卫国，另一方面可以弹压国内不满情绪。至于进攻哪一个国家，我觉得郑国最合适。"

此前，郑庄公曾和他弟弟太叔段发生争斗，最后太叔段被逼自杀。太叔段的儿子公孙滑为给父亲报仇，来到卫国，说自己兵力不足想借兵。郑庄公为此事责备过卫国。石厚说道："我们就以此事为借口攻打郑国，因为其他诸侯国和我们没有矛盾，而且郑国的兵力相对比较弱。"

　　州吁听了心里十分高兴，但他又担心打不过郑国。石厚看出了州吁的心思，便说道："我们可以联系宋国、鲁国、蔡国和陈国。宋国的宋穆公是继承哥哥的位子当上国君的，他死后便将君位让给了哥哥的儿子与夷。而穆公的儿子公子冯本以为他父亲会把王位传给他，可没想到却传给了与夷，公子冯一气之下便到了郑国，扬言要回去夺取王位。与夷担心公子冯会在郑国的帮助下回来夺取自己的王位，因此与郑国的关系十分不好。我们可以借此机会让他出兵，他一定会欣然前往，助我们一臂之力。而鲁国国君公子翚爱贪小便宜，我们多送些财物，他也会答应。至于蔡国和陈国我们可以提出与它们结盟，它们都是小国，也想与我们结盟。"

　　州吁一听十分高兴，立即按着石厚的说法去做，果然宋立即答应下来。而公子翚一看到丰厚的财物，见财眼开，也答应出兵助阵。蔡国和陈国考虑了一下利害关系，也答应出兵。公元前719年，五国联合攻打郑国，州吁做总指挥。

　　卫国的举动，早已被郑庄公知道，他准备好了应敌的策略。当五国还未到达郑国时，郑庄公便将公子冯送到长葛，让公子冯在长葛躲起来。公子冯一走，宋兵随后便去追杀。这正是郑庄公的计策，他想宋国的兵力很多，如果把宋国的兵力分散出去，别的国家就不足为患了。所以郑庄公很早就把公子冯去了长葛的消息泄露出去。宋兵一撤，其他三国本来就无心攻打郑，也就想撤兵了。

　　这时郑庄公派公子吕出城迎战，让他故意败阵，好让卫国有个台阶下，达到他出征的目的。果然两国一交手，公子吕就带兵撤走，假装战败。州吁为了这个小小的胜利而得意忘形，以为他的威信树立起来了。可万万没有想到，他回到卫国后，百姓对他仍是十分不敬，州吁没有办法，只好又找石厚商量。石厚说："我们出兵征伐，取得胜利也不能让臣子们信服，只有找一位德高望重的人来辅佐您治理江山社稷。"他们冥思苦想，哪位大臣德高望重，想来想去，他们想到了已告老还乡的石碏。石碏作为卫国大夫，为国事日夜操劳，勤于政事，深受卫国百姓拥护和爱戴，无论在百姓之中还是臣子面前都有很高的威望，只要石碏出山辅佐一定能让百姓信服。

可是石碏能再出山辅佐州吁吗？石厚心里没有一点底，自从石厚从家里挨打跑出来之后，再也没敢回过家，另外他知道父亲很讨厌州吁。但是为了拍马屁，石厚只好硬着头皮备足礼物去见父亲。

到了家里，老人家一看石厚回来了，根本不理他。石碏知道他和州吁干尽了坏事，杀了长兄，又攻打郑国。后来还是老夫人出面，石碏才见了石厚。石厚说明来意，却遭到了老人的拒绝。无论石厚怎么说，石碏就是不肯出来帮忙。

州吁一见石厚败兴而归，知道石碏没有答应，就让石厚再去求他父亲给出个好主意，看看怎样能治国安邦。

石厚没有办法，只好再次求见父亲。石碏心想：平时坏事做绝，还想治国安邦，根本不可能，便对石厚说："我也没有好的办法，不过我可以给你们指出一条路来。我们各个诸侯国都得服从周天子，不管周天子的地位巩固与否，我们毕竟是他的臣民，各个诸侯国，特别是刚继位的新国君应该禀告周天子。如果能够得到周王的承认和赏赐，地位一定可以得到巩固。"石厚又问道："我们怎么做才能得到周天子的承认和赏赐呢？"石碏说："现在周天子地位也不十分巩固，只要你们心诚，周天子一定会高兴的。如果周王不肯接见你们，你们就请陈侯说情，周王很喜欢陈侯，他一说情，周王一定会见你们的。"

石厚和州吁非常高兴，他俩担心周天子不见他们，准备先去陈国请陈侯帮忙。于是俩人备足礼物，像得了真经一样，兴冲冲地赶赴陈国。

石碏一看儿子和州吁走了，马上写了一封信，让自己的好朋友子针呈递给陈侯。子针是陈国的大夫，一看是老朋友委托，不敢怠慢，马上将信呈递给陈侯。陈侯一看大吃一惊，信是这样写的：卫国州吁杀兄卫桓公夺取君位，无缘无故联盟攻打郑国，干尽了坏事，而儿子石厚是帮凶，这两个恶人可杀不可留，我已老了，没有力量整治他们，请你们帮忙，帮我治罪于他们，早日为民除害。外臣石碏问候陈侯。

陈侯与大夫子针一商议，便决定先把二人绑起来再说。

州吁、石厚二人兴冲冲来到陈国，被安排在太庙上见陈侯。他俩又赶到太庙,一见太庙上有一块牌子,上面写着"为臣不忠,为子不孝之人,不能进入太庙"。石厚、州吁看后,觉得心里有些不安,但马上装出若无其事的样子。可没走几步,就看见子针站在高处,大声宣读:"奉周天子命令,立即拿下不忠不孝的州吁、石厚。"两边的武士一拥而上,将二人绑了起来。

二人不知是怎么回事,子针当面读了石碏的信,二人才知道上了当,心里后悔不该来陈国。

陈侯知道石碏就这一个独生子,怕杀了石厚引得石碏后悔。另外,卫国之事也不好乱动,便没杀二人,便把他们押送回卫国,听凭石碏处置。石碏对众人说:"这两人罪大恶极,不能宽恕。"众人考虑到石碏只有这一个儿子,便来求情说道:"石厚尚小,主谋又不是他,还是放他一条生路吧!"石碏难过地说:"哪个父母不疼爱自己的孩子呢,可他帮州吁干尽了坏事,哪件坏事都有他的份,我怎能因为是我的儿子就放过了呢!"接着石碏说:"你们快动手吧,如果你们不肯动手,我只好亲手杀死这个不忠不孝的逆子。"

石厚最后被处斩,老将军石碏老泪纵横,但他不后悔。

石碏大义灭亲的故事一代代传下来,人们一提到石碏,都被他的举动深深感动。

郑昭公作茧自缚

郑庄公是一位孝子,又重用人才,他命祭足和颍叔考辅佐处理朝政事务。二人呕心沥血,兢兢业业,郑国的威信一天天树立起来,国力、兵力也一天天强大起来。郑国已经具备了称霸各诸侯国的实力。可郑庄公却病倒了,他知道自己不久会离开人世,便将祭足叫到床前商议继位之事。

郑庄公有8个儿子,他十分喜欢二儿子子突,想传位给子突。但按规矩应传给长子子忽,而且子忽早已被立为世子。

庄公对祭足说:"我想把王位传给子突,他聪明伶俐,将来定能称霸诸侯。"祭足说道:"主公,此事不妥,长子子忽已为世子,按规矩也应由长子继位，如果传位给子突，恐怕要引起内乱。"庄公长叹一声道："子突生性好强，他不会甘心做他哥哥的臣子的，拜托你把子突送到宋国去，他外祖父、外祖母在那里，会照顾他的。我时日不多了，以后郑国的事你要多费心啊！"

公元前700年5月，郑庄公病逝，世子子忽继位，他就是郑厉公。而子突按着庄公的指示，被送到了宋国。

郑厉公知道子突不会甘心，而且宋庄公也是个野心家，他想废子忽，立子突为君，以便进一步控制郑国。厉公想知道子突和宋国在做什么，便派祭足去访问。可谁想到，祭足刚一到宋国，便被宋庄公给扣押了起来。宋庄公知道祭足掌握郑国大权，想通过祭足先打通关系，做他的内应。

晚上，宋国太宰华督来见祭足，提出立子突为君之事。本来祭足就十分不满宋庄公把自己扣押起来，一听到华督想立子突为君，便知道这是宋庄公的计策，目的是控制郑国。于是，祭足严辞拒绝了。

华督见了宋庄公，把经过和宋庄公说了一遍。宋庄公十分生气，便对华督说，软的不行来硬的，攻打郑国。

第二天华督又来见祭足，祭足不理华督。可华督并不恼火，他对祭足说："宋庄公早已做好了准备，如果你再不同意，就对郑国出兵，护送子突回国夺取王位。"祭足一听大吃一惊，他知道宋庄公这个野心家什么事都能做出来，他本人就是杀了殇公夺君位的。祭足想，如果宋庄公真的起兵攻打郑国，郑国几年的发展将毁于一旦，我死没有什么关系，但是整个郑国百姓又要受到战争的侵扰，无法安心生活，而且宋国完全有能力灭掉郑国。想到此，他对华督说："回去告诉宋庄公，我同意立子突为君。"华督一听十分高兴，赶快把这个消息告诉了宋庄公。祭足是想先假意答应，以后再慢慢想办法对付宋庄公。

宋庄公一听说祭足同意了，心里也十分高兴，他知道郑国中祭足掌握大权，他一同意，立子突为君之事的阻力就很小了，也就可以更好地控制郑国了。

子突听说宋庄公想送自己回去做国君，自然心里十分高兴，他早盼着这一天的到来。

自从子忽继位，子突心里就十分不满，并暗下决心：将来一定夺回王位。今天机会终于到了。

但是宋庄公是不会白白帮子突的，他提出了十分苛刻的条件。他让子突割3座城池给宋国，每年向宋国交纳谷物3万钟（1钟=640升），此外还要送白璧百双，黄金万镒（1镒=24两）。子突知道条件十分苛刻，但一心想做国君的他什么条件都答应了，并和宋庄公签了约。宋庄公并不罢休，他为了进一步控制郑国，派雍纠辅佐子突，说是辅佐，其实是监督。宋庄公还逼迫祭足将女儿嫁给雍纠。祭足本不想同意，但一想到黎民百姓，只好答应了。

子突很顺利地从子忽那里夺过了王位，当上了国君，也就是郑昭公。子忽没有办法，只好逃到卫国躲了起来，宋庄公还不甘心，想杀了子忽。祭足说："如今子突已成国君，你的目的已经达到，你不能背信弃义，否则你将失去威信。"宋庄公一听觉得所言有理，也就没有再到卫国追杀子忽。

雍纠辅佐昭公，并成为昭公的宠臣，祭足虽然为国事日夜操劳，但却被排挤。雍纠作为祭足女婿，却处处监视祭足的一举一动。祭足早就心里有数，只是没有说。

昭王当上国君后，才觉得宋庄公的条件太苛刻，想和宋庄公交涉一下，减少一些条件。宋庄公当然不会答应，他知道昭王继位不久，兵力不足，威信不高，不足以和自己抗衡。祭足不忍心将郑国的江山白白送给宋国，便对昭王说，三座城池乃是祖先用血汗换来的，我们一旦失去，就不可能再夺回来，我们不能断送了祖先的土地啊！财物也不能都给他，那样会加大我们的开支，国库将入不抵支，并会加重农民的负担，如果农民不满，昭王的威望将会减弱。昭王一听所言极是，便对宋国提出毁约。

宋国恼羞成怒，立即对郑国发兵。郑国知道单靠自己的力量很难对付宋国，便联合鲁国一起作战打败了宋国。第二年，宋国不甘心战败，联合了陈、卫、蔡等国，力量明显增强，浩浩荡荡再次攻打郑国，昭王准备迎战。可祭足看宋国的兵力如此之多，自己的军队没法与之抗衡，便命令将士紧闭城门，不许迎战。祭足虽然处处被排挤，但在将士和众多臣子心目中，威望很高，所以将士们没有听昭王的话，而是听了祭足的命令。全体将士死死守城，都城终于守住了，可昭王却很忌恨祭足专权。昭王想，祭足迟早有一天会危及自己的王位，不如想方设法先除掉他，以免夜长梦多。

雍纠也一直想取代祭足，如今看到昭王对祭足十分不满，心里暗自高兴，心想机会终于来了。有一天他见昭公愁眉不展便委婉地说出了昭公的心事，同时说出了自己的不满。二人一拍即合，想出一条计策来，决定除掉祭足。祭足也处处提防他们，时常告诉女儿注意雍纠的一举一动。

祭足的女儿非常聪明，而且有心机。这一天，雍纠回家在妻子祭氏面前很不自然，躲躲闪闪，心神不定。祭氏知道丈夫一定有心事，而且很有可能与父亲有关。

祭氏眉头一皱，计上心来，她为雍纠烧了好多可口的饭菜，为他摆酒。本来雍纠的心绪比较乱，见妻子摆了一桌好酒宴，不禁多喝了几杯。一杯接一杯，妻子不断地给他斟酒，他很快就喝醉了。在妻子的追问下，雍纠还以为和昭王谈话呢，就迷迷糊糊地把准备杀祭足的事说了一遍。祭氏一听，吓了一大跳，她想立即去告诉父亲，又怕走露了消息让雍纠知道，那样她和父亲都活不了。她心乱如麻，躺在床上一夜没有合上眼。天亮了，雍纠酒醒了。他好像做了个梦，梦见把杀祭足的事都说了出来，他不禁有些后怕，怕万一走露消息，不但杀不了祭足，自己的性命也得搭上。这时，祭氏端来一碗茶，坐在他身边，殷勤地笑着说："国君派父亲去东郊赈灾，据说东郊灾情很严重，但是父亲要是不去，你怎么杀他呢？"雍纠听到此话，大惊失色，茶碗"啪"的一声掉在地上，摔了个粉碎。他呆呆地望了一会儿祭氏，厉声问道："这事谁告诉你的？"同时他已意识到是昨天喝酒喝多了，不小心吐露了实情。他很后悔，恨自己不应该喝那么多，失去理智。他抬头看了一眼墙上的宝剑，心想：既然你知道了，我就杀了你算了，免得你声张。但转念一想，不能这样草率行动，杀了祭氏，一定会引起祭足的注意，到那时，杀祭足的计划就要落空。而祭氏装出一副十分委屈的样子说道："你昨晚告诉我的，你还告诉我和谁也不要说。你看看你自己，遇事一点也不冷静，这样怎么能做成大事呢？我既然嫁给你，就是你的人了，人家不都说'在家从父，出嫁从夫'吗？你还不相信我，如果你做了正卿，我就是正卿夫人了，我也可以风光一次嘛。如果你要是不相信我，杀了我算了，反正这件事我听说之后和谁也没有讲，杀了我，你还按你原来计划行事。"雍纠一听信以为真，相信了祭氏。

祭氏平静了一下,因为刚才的那套话虽然昨天夜里背了半天,但是真正上演时,心里还是直跳。一看雍纠相信了自己,她便对雍纠说:"你知道吗,父亲生性多疑,向来行踪不定,如果他不去东郊,你岂不是白辛苦一趟,万一被父亲抓住你的把柄,你还活得了吗?"雍纠一听也觉得十分有道理,祭足老谋深算,特别是对自己早有提防,时时想抓住我的把柄,如果杀他不成,岂不丢了性命,便对祭氏温和地说:"夫人所言极是,不如你回家佯装串门,打探一下你父亲的意思。"这正是祭氏所要达到的目的。

祭氏名正言顺地回了娘家,赶紧把事情的整个过程向父亲说了一遍。祭足并没有惊慌,告诉女儿:"你就说我要去东郊救济灾民,让他们按原计划来谋害我,到时将他们一网打尽。"

祭氏回到了家里,说父亲决定到东郊前去救济灾民。她说起初父亲不想去,后来我劝父亲:"去东郊一是慰问百姓,帮助他们,二是可以借此时机树立威望,让天下百姓都知道您的大仁大德,所以父亲同意了。"雍纠心里非常高兴,心想:祭足你也有今天,我让你死无葬身之地。

于是雍纠按原计划摆了丰盛的酒菜,为祭足饯行,其实是想借此机会送祭足归西天。祭足早有准备,当雍纠斟了满满一杯酒跪在祭足面前,恭恭敬敬地把酒举过头顶时,祭足装出一副很欣慰的样子,一手接酒,一手去扶雍纠。雍纠虽然紧张,但心里也在窃喜,心想,祭足马上要归西天了。可万万没有想到,祭足一失手酒杯掉在了地上,酒里有剧毒,地上立刻冒了一股烟,同时泛起一堆泡沫。祭足大喝一声:"好啊,大胆匹夫,竟敢暗算于老夫,来人,把他拿下!"雍纠一看事情败露,想逃跑,谁知祭足早已安排了众多勇士,上前将雍纠捉住,立即绑了起来,推到了外边将人头割下,挂在旗杆上示众。

昭公正在宫中等待好消息,未想到计划会失败。他知道祭足和满朝文武都不会放过自己,只好匆匆收拾了点贵重东西,狼狈地逃到蔡国去了。

曹刿论战

过去，诸侯林立。每一位新上任的国君都想证明自己的实力，树立自己的威望，所以往往想通过发动战争来达到这一目的。齐桓公也是如此，他把目标对准了和齐国有隙的鲁国。

春秋初年，齐国虽然领土广阔，但实力不强。齐僖公死后，由嫡长子齐襄公继位。齐襄公为人昏庸，滥杀无辜，百姓十分憎恨，就连他的兄弟和大臣们也忍无可忍，纷纷外逃。公子小白在鲍叔牙的护卫下逃到莒国，而公子纠在管仲等人的保护下逃到了鲁国。

公元前686年，齐襄公被他的堂弟公子无知杀死，公子无知本想取而代之，可没想到被大夫雍廪杀死。齐国自此没有了国君。逃亡在外的两个公子都想争夺君位，齐国大夫高傒想趁机迎接公子小白，让他回国夺取王位。鲁国得到消息后，立即派人护送公子纠回齐国，准备夺取王位。鲁庄公还派管仲去阻截公子小白，想把公子小白杀死在半路上，好让公子纠取得王位。

管仲带领人马去追杀公子小白，半路上果然遇到了他。管仲也不多说，拉开弓箭，直射公子小白，小白中了一箭，当时倒地。可是当管仲赶到齐国国都临淄时，却发现公子小白已经先行入城当上了国君。原来，管仲没有射死公子小白，而是射在了小白腰间的带钩上，带钩是用铜做的，所以公子小白没有受伤，而公子小白利用此机会装死，逃过了管仲的追杀。待管仲走后，公子小白快马加鞭赶到了齐国国都，当上了国君。公子小白就是齐桓公。鲁庄公看到这种结果，很不甘心，于是发兵向齐城进攻，结果却被齐军打败了。

齐桓公想乘胜追击，借此良机，灭掉鲁国。

管仲得知此事后，赶忙去劝齐桓公。他说国内兵力还不太强，人心还不稳，我们对外用兵时机还不成熟。齐桓公刚刚任用管仲，对管仲还有疑心，所以没有听管仲的话。

公元前684年，齐桓公伐鲁。鲍叔牙率领大军直逼鲁国，一路之上，齐国军队所向披靡，很快攻打到了鲁国的长勺（今山东省曲阜县)。

鲁庄公自从上次被齐军打败,到现在还有点后怕,但又不能束手就擒。所以,他准备亲自率领鲁军去迎敌。

鲁庄公召集群臣,商议对策。这时,大夫施伯向鲁庄公推荐了一人。此人姓曹,单字刿,他苦读兵书,深通谋略,博学而多才,唯一缺点就是性格孤僻高傲。

鲁庄公派施伯去请曹刿。施伯见到曹刿后,把事情的近况和曹刿一说,曹刿也不吱声,只说了一句话:"这有何难,齐兵远道而来,必疲劳不堪,但其士气正旺,不应正面迎敌。"施伯想请曹刿出山,曹刿摇了摇头说道:"鲁庄公乃一方诸侯,何必来此山林请一个山野村夫呢?"施伯一听,知道曹刿是想让鲁庄公亲自来迎接。

施伯只好回来见鲁庄公,鲁庄公一听,心想这个曹刿果然高傲,但国家正值用人之际,我去一趟又何妨。正当鲁庄公准备率领臣子前去请曹刿时,曹刿却自己来了。曹刿见到鲁庄公,上前施礼,对鲁庄公说:"施伯说您礼贤下士,求贤若渴,我想试一试庄公是否真如施伯所言,今小民见庄公真要去深山请小民,小民怎敢有劳您大驾呢,因此在此已恭候多时了。"鲁庄公听后,哈哈大笑,拉住了曹刿的手,让曹刿一起随他进城。曹刿又言道:"如果庄公不信任小民,小民必会告退;如果您不给小民实权,小民也没有办法打败齐军。"鲁庄公一一答应了曹刿。

鲁庄公看到曹刿胸有成竹的样子,便问曹刿,"敌强我弱,我们怎么打败他们呢?"曹刿却没有回答,反而问鲁庄公:"您有什么条件去迎战比你强大的敌人呢?"鲁庄公诚恳地答道:"我衣食不敢独享,常常分一部分衣食给别人,我想这些人会为我打仗的。"曹刿说:"大王的恩德并不是天下所有的百姓都得了,这些小恩小惠全国人民没有普遍得到,天下的百姓是不会为您出力打仗的。"鲁庄公一听,继续说:"祭祀用的牛羊猪、玉帛,我都按祖先留下的规定如实相报;我很守信用,以诚实的态度对待鬼神。"曹刿一听又说道:"国王这些小小的信用是不会感动鬼神的,鬼神也不会因此保佑你打败齐军。"鲁庄公不知所措,所说的条件被曹刿一一否定,心想:这不行,那也不行,你到底想让我怎么办才行呢。鲁庄公平时不爱说自己勤于朝政,可这次只有对曹刿说了,看能不能凭借此条件打败齐军呢。想到此,鲁庄公又对曹刿说:"自从我继位以后,什么事都不敢怠慢,国内每一桩大大小小的诉讼案件,我虽有时因为忙不能每一件都亲自调查,但我敢保证每一件诉讼案都亲自按实情判决了,并再吩咐人按照判决的结果去做了。"曹刿一听十分高兴,对庄公说:"大王不必担心,我们一定能打败齐军。大王勤于朝政,对民众之事都认真对待,这样百姓一定会拥护您,也一定会支持您。可以凭借这一条件与齐军作战,我相信大败齐国的日子不远了。如果作战,请允许我和您一起前去战场。"鲁庄公听到此,如释负重,因为总算找到可以败敌的条件了,但是鲁庄公并不十分确信仅仅凭借这一条件就能打败强大的齐军。

其实曹刿分析得非常有道理,正是因为庄公勤于朝政,特别是对每件诉讼案都能公平客观地处理,在百姓中的威望十分高。一听说齐军要攻打鲁国,百姓都义愤填膺,决心为鲁庄公卖力。有的百姓主动报名参军,有的送粮食、衣物给军队。鲁庄公心里大受感动,心想:以后我一定继续勤于朝政,只有这样,才对得起天下百姓。

这一天,鲁庄公带兵去迎战齐军。曹刿和鲁庄公同坐一辆战车,由曹刿统一指挥鲁国大军。到达长勺,曹刿下了战车,仔细观察了一下地形地势,做了周密的部署。曹刿把军队安排在进可攻退可守的地方,然后传达命令:没有命令谁也不许迎敌,违令者,斩!鲁庄公心里暗暗佩服曹刿,从安营扎寨足可以看出曹刿的军事才能。

齐军浩浩荡荡,直逼鲁兵。齐军连连得胜,而且军队力量强大,一个小鲁国根本不放在眼里。看到鲁兵前来迎敌,便下了军令:擂鼓出兵。第一次鼓响时,齐军如潮水般涌向鲁军,喊杀声震天动地。鲁庄公刚想下命令前去迎敌,却被曹刿拦下,对鲁庄公说:"先等一下,别急。"鲁庄公心想:既然大权交给了你,就按你的意思去办吧。于是曹刿命令鲁军不许轻举妄动。

由于鲁兵安营扎寨的地方不易攻打,加上鲁兵按兵不动,齐军没有办法,只有扫兴收兵。鲍叔牙见第一次出兵,敌军不敢应战,以为是见到齐军的力量强大,给吓怕了。过了一会儿,他命人第二次擂鼓助威。齐军再次冲锋,可是士气明显不如第一次高涨。鲁庄公坐不住了,他问曹刿,我们何时出兵应战呢?曹刿笑笑对鲁庄公说:"国王,你就看着吧,大败齐军就在眼前。"而鲁国士兵早已在暗中使劲,准备英勇杀敌,而一看两次都没有出战,心里只好憋着那股猛劲。曹刿命令鲁军仍旧按兵不动。齐军无奈,只好没精打采地收了兵。

鲍叔牙心里也十分奇怪,心想:既然害怕我齐军,你又前来出兵干什么呢?于是鲍叔牙命人第三次擂鼓,士兵们早已疲惫不堪,迫于军威,只是象征性地冲向鲁军,他们想:鲁军一定仍旧按兵不动,又白跑了一次。齐军又一次冲到了鲁军脚下,鲁庄公也在车上站了起来,对曹刿说:"你若再不出兵,我就下命令了。"曹刿连忙劝鲁庄公坐下,对庄公说:"马上出兵。"庄公只好耐下心来,等待曹刿下军令。而士兵们更是如此,早已坚持不住了,早想冲锋杀敌,可是军令在先,违者斩!所以没有人敢违背军规。正当齐兵自动退下来之时,突然曹刿下令擂鼓出兵。转眼间,鲁军战鼓齐鸣,士兵们个个作战神勇,他们早就想为鲁庄公杀敌了。因为鲁庄公十分开明,而且对待百姓十分公正。齐军万万没有想到鲁兵会突然杀出,心里没有准备,一时间,死伤无数,溃不成军,只好纷纷逃跑。鲁庄公大喜,便欲下令继续追杀齐军,曹刿却加以制止。他下了车,仔细观看了一下齐军败逃时的车轨印迹,随后又上车看了看敌军的旗帜,然后命令道:追杀齐军,直到将齐军打出国境。

鲁军大胜,而且是以少胜多。鲁庄公心里自然十分高兴,问曹刿为什么能取胜。曹刿非常谦虚地说:"庄公近贤人远小人,而且爱民如爱子,对百姓之事能认真、公平地处理,威望极高,所以士兵才为你卖力。"庄公听后摇摇头,对曹刿说:"为什么前面两次擂鼓,你都不让出兵呢?"曹刿从容地答道:"打仗靠的是士气,第一次擂鼓,齐军士气正旺,再加上齐军力量强大,敌强我弱,我们不能硬打硬拼,否则容易战败。第二次击鼓,齐军的士气已经大大减弱,可还有些士气,如果我们出兵,他们很可能先乱一阵,但一会儿,他们就会冷静下来和我们决一死战。待到第三次击鼓,齐军士气已经枯竭,而我们的军队士气正旺,所以我们一击鼓出兵,就把齐军战败。"鲁庄公听后满意地点了点头,心想:曹刿果然是一位奇才,学识渊博。鲁庄公还有一事不明白,他又问曹刿:"为什么齐军已大败,你又不马上命军队追杀呢?"曹刿对答道:"齐国是大国,军队人数众多,我怕他早有埋伏,但我一看车轨印迹十分凌乱,战旗东倒西歪,知道齐国是真败,所以才下命令追杀齐军。"

这又是一次以弱胜强、以少胜多的战役,由于在长勺大战,所以又称长勺之战。

鲁庄公及鲁国臣子对曹刿都佩服得五体投地,于是拜曹刿为大夫,负责军事管理。

我们现在做成一件事,还用"一鼓作气"这个成语,这个成语就是从曹刿的"一鼓作气,再而衰,三而竭,彼竭我赢"中而得来的。鲁国的军队在曹刿的管理下,日益强大。

中原霸主

纵观我国历史,上下五千多年,每一朝代的更新都是出现了一位新的开明君主,将残暴或昏庸无能的国君打入历史的垃圾之中。可见一个国家强盛与否与一国之主是否英明有直接关系。

齐桓公自从做了齐国国君之后,兢兢业业、呕心沥血、励精图治、富国强兵、亲贤臣远小人,在百姓中的威望逐渐树立起来。他刚刚继位之时,齐国的百姓正处于水深火热之中,他当上国君后,非常理解百姓之苦,下令减轻农民贡赋,重视农业生产,很快,百姓就过上了比较安康、快乐的生活。齐桓公因此也得到了天下百姓的拥护、支持和爱戴。齐桓公不仅是位开明的国君,而且特别重视人才。

齐桓公在位期间,曾任用以前的敌人管仲为相国。齐桓公也就是公子小白,当年在回国准备夺取王位的半路上,遇到了阻截他的管仲。管仲是奉鲁庄公的命令追杀公子小白的,好让公子纠有机会当上齐国国君。管仲一见到公子小白,便射了一箭,正巧射在了公子小白铜制的带钩上,公子小白将计就计,装死,最后跑到城中当上了国君。小白对管仲恨之入骨,上台后派兵将鲁国打败,让鲁庄公把管仲押送到齐国。但后来齐桓公听说管仲很有才能,便在鲍叔牙的劝告下把管仲放了出来,并开始任用管仲。齐桓公为了早日称霸,执意要攻打鲁国,当时出兵之前,管仲苦口婆心劝齐桓公不要轻易出兵。齐桓公其时刚刚任用管仲,对管仲还有戒心,因此没有听管仲相劝。后来在长勺与鲁军交战,被曹刿指挥的鲁军战败。

齐桓公还有一个很大的优点就是知错必改。齐军长勺大败,回到了齐国，齐桓公找到管仲，向他认错。在过去那个年代，君臣的等级地位十分重要，君让臣死臣不敢不死。而齐桓公却主动认错，深深地打动了这位才学渊博的管仲。管仲下定决心：忠心辅佐齐桓公。自此，齐桓公也开始信任管仲了，后来拜管仲为相国，负责处理朝廷要事。

管仲是一位才子，他学识渊博，而且是位改革家。

管仲做了相国后，进行了一系列改革，这些改革得到了齐桓公的认可和赞同。

管仲为了从政治、军事上达到控制齐国的目的，他把齐国分成21个乡。各个乡又有自己的任务，其中有6个乡主要从事工商业，而且给了它们优惠的条件，免服徭役、兵役。这些措施激发了百姓的兴趣，纷纷从商。而另外15个乡则施行兵农合一，平时耕种，闲时练兵，如果有战争，立即组成强大的军队。这条措施充分保证了有足够的人从事农业生产，也保证了有足够的兵士。另外管仲还派人到21个乡去加强管理。管仲的这些改革既保证了政治、军事上的统一，又促进了经济、商业的迅速发展。

民以食为天，管仲深知农业是根本。在经济上，他实行实物税制。为了保证公平，管仲把全国土地按好坏分等征税，这样既减轻了农民的负担，又没有减少税收，农民生产积极性极大地提高了。齐国的农业已明显比其他诸侯国领先。

管仲出身贫穷，做过生意。他看到齐国临海，有利于经商和发展渔盐业。为了鼓励当地人民进行贸易活动，管仲实行了鱼盐出口免税，使齐国的商业得到了空前的发展。管仲还看到了货币的重要性，采取了一系列措施加强对货币的管理。为了防止小商小贩进行投机活动，管仲还派人对货物进行调控，保持了物价的平衡。管仲的这些措施，不仅保证了齐国百姓过上好日子，而且使齐国的国库也增加了收入。其他诸侯国的人民都十分羡慕齐国的百姓，都把齐国当成了理想王国。

管仲也和齐桓公一样非常重视人才。管仲向齐桓公不断地推荐人才，齐桓公对他们一一量才而用，齐国的有识之士一天天增多。在人才的选拔上，管仲也进行了改革，采取了"三选制"。全国共21个乡，各个乡把文通武备、有胆识有气魄的人推举到国家，这是第一选。管仲为了防止地方官舞弊，经常亲自下乡去监督，也时常到各乡中去发现和挖掘人才。管仲又设立了专门的机构对通过第一选的人进行考核,选出优秀者推荐给国君,这是第二选。国君最后亲自审核,合格者任命为上卿的助手,这是第三选。管仲的"三选制"为齐国发现了不少人才,那些有真才实学的人很快得到了重用,而且为齐国的强大做出了不小的贡献。"三选制"促进了许多人读书求学,这无形之中加强了齐国的统治阶级。

管仲看到当时周王朝的统治日渐衰落,便对齐桓公说:"主公,我们必须加强中央集权。周王朝为什么地位日渐下降,那是因为周朝天子给予各诸侯的权力过大,而且各诸侯国兵力又逐渐强大,有能力和周天子抗衡了,所以就不再把周天子放在眼里。我们应从中吸取经验教训,收回权力,主公应掌握生、杀、富、贵、贫、贱这六大权力。只有这样,我们才能更好地统治各乡。"齐桓公认为管仲说得有道理,便收回了六大权力,加强了中央集权的统治。

管仲为人正直,而且赏罚分明。对有功之臣重重奖赏,而对有罪者,无论是谁,一定按罪惩罚。管仲的赏罚分明,令大小臣子都十分佩服。

通过管仲的一系列改革,齐国的政治加强了,农业、商业突飞猛进,军队作战能力明显加强,许多贤才如水归川,纷纷投奔齐桓公。齐国的实力渐渐地成为春秋初年最强的诸侯国之一。

管仲的改革如此成功,使齐桓公更加信任管仲,他曾对臣子说:"国家大事,均由管仲决定,无论什么事,先禀告管仲,再禀告我。"但管仲为人忠诚,并不因此而骄横,对待臣民十分谦和,在大臣和百姓心中对管仲也十分爱戴。

齐国强大后,齐桓公就想成为中原霸主。随着齐国的实力明显增强,齐桓公争做霸主的愿望也越来越强烈。

但是称霸中原总需要找个借口。而恰在此时,机会来了。天子周庄王去世,周僖王继位。周僖王刚刚继位,位子还不稳,宋国发生了内乱,公子游为了夺取宋国王位,杀死了国君宋闵公。公子游做国君还没有几天,又被宋闵公的弟弟公子御杀死。这些事件恰好给想称霸的齐桓公一个良机。管仲对齐桓公说:"主公想称霸,可利用此机会。"

周庄王去世,周僖王继位。按理说,周王朝国君是各诸侯国的首领,周僖王继位,各诸侯国应该前来贺喜。可周僖王继位后,一个贺喜的也没有，可把周僖王气坏了。可他没有办法，他也深知周王朝已名存实亡，没有能力与其他诸侯国抗衡了，只好忍气吞声。而正在周僖王伤心难过之时，有人来报："齐国使臣带来许多贡物前来祝贺新天子继位。"周僖王大悦，立即起身相迎。他想：齐桓公果然与其他诸侯首领不一样，知道礼节，难怪齐国日益强大起来呢。

周僖王热情款待了齐国使臣。饮酒正浓，齐国使臣对僖王说："大王，宋国内乱不断，为了争夺王位，战争不断，百姓受苦，影响很坏，若不制止，就有损周王朝的颜面。希望您下令，选一个诸侯牵头，以您天子的名义，召集其他诸侯，平息宋国的内乱，另外选出一位新国君。"

周僖王本来对宋国就不满，心想正好利用此机会展示一下自己的威望，当即写下了"由齐侯出面邀请各诸侯商讨平宋叛乱、选新国君"。使臣接过这道命令，心中大喜。之后使臣把这道命令交给了齐桓公和管仲，齐桓公和管仲早盼望着这道命令呢。

于是齐桓公让管仲拟写召集诸侯会议的通知，分别派人送到其他诸侯国去。

会期到了，原来通知的十几个诸侯国，只有邾、宋、陈、蔡四个诸侯国参加，齐桓公心里不悦。于是五国商议了平定宋国叛乱之事，他们一致通过选公子御为宋国国君。他们还达成一致意见，如果宋国再有内乱，五国联盟出兵，平息叛乱。

会上，齐桓公神情严肃地说："现在王室衰微，为了扶助王室，共创大业，重建周天子的威信，需选出一位带头人来，请各诸侯考虑一个人选。"大家心里也明白，齐桓公是想当盟主。参加会议的五家诸侯中，宋国的资格最老，是头等诸侯国——公爵国，但是内乱不断，国力明显下降。而齐国国力日渐强大，虽然是二等诸侯国——侯爵国，但有能力扶助周天子，共创大业。陈国的国君是个聪明人，心想：齐桓公你既然那么愿意当盟主，就让你当，送你个人情，日后你也不好轻易攻打我。于是陈侯说："论实力非齐国莫属，这次会议又是齐侯召集的，我们就选齐侯吧！"齐桓公一听十分欢喜，但嘴上却说："我才疏学浅，恐怕难担重任，还望各位多多帮助。"于是半推半就地接受了盟主。

会上五国签了盟约，表示扶助王室，平定内乱，抵御外侮，如有违约,共同讨伐。

公元前681年,在齐桓公和管仲的努力下,齐桓公终于登上了中原霸主的位置。

从此以后,齐桓公便打着周天子的旗帜,"挟天子以令诸侯",壮大自己的实力。其他各家诸侯彼此心知肚明,但也没有办法。

从此,齐桓公就成了春秋初年的第一个中原霸主,力量更加强大了。

失掉一地得到人心

齐桓公当上了中原霸主,"挟天子以令诸侯",不断地壮大自己的实力,以便巩固自己盟主的地位。

由于那次借周王名义召集的诸侯国会议,通知了许多国家,却只有四个国家来参加,齐桓公觉得很丢面子。他以为自己的盟主应得到各家诸侯的承认,才可以称霸中原。

齐桓公决定对那些没有到会的国家兴师问罪,那次没有到会的有十来个国家,选择哪一个呢?他思前想后,决定选鲁国最为适宜。本来自己当国君时就与鲁国有矛盾,后来又被鲁国以弱胜强,自己大败。这次便以鲁国没有到会、"无视天子"为罪名攻打鲁国。

鲁庄公听说齐国要攻打自己,兴师问罪,很是惊慌。他知道齐国的实力非常强大,而鲁国则比较弱小,无法与齐国相比。长勺之战完全是曹刿的计谋起了作用,而这一次齐国是不会善罢甘休的。于是鲁庄公赶紧召集群臣,商议破敌之策。大臣们各抒己见,有的说出兵抗敌,宁做俘虏,也不投降,有的提出议和。鲁庄公心里没有了主意,问大臣施伯和曹刿怎么办。二人都主张议和,他们心里清楚:齐国兵强马壮,已今非昔比。如果和齐国发生战争,鲁国非败不可。留得青山在,不怕没柴烧。所以他们二人劝鲁庄公议和,鲁庄公一听没有别的良策,也只好如此。于是鲁庄公给齐桓公写了一封信。信里说:如果齐兵后撤,我们鲁国愿意和齐国签约结成同盟,忘记以前的恩恩怨怨。

齐桓公收到鲁庄公的信后，便将管仲叫来，问管仲是退兵还是继续攻打。管仲沉思片刻对齐桓公说道："主公您请想一下，我们此次出战的目的是什么？我们想借讨伐诸侯之机，树立我大齐国的威信，如果鲁国答应签约结成同盟，我们还继续攻打，岂不被天下诸侯笑话，说我们言而无信，而且我们的威信将会全部消失，还得落下一个欺负弱小国家的罪名。既然鲁国主动议和，我们的威信也自然会上升。"齐桓公觉得管仲的话很有道理，于是便将军队撤至柯地（今山东省阿县），并派人告诉鲁庄公，准备在柯地与他签约。

齐桓公在柯地周围安排了重兵，布置了一个戒备森严的会场。

鲁庄公已答应签约，并看到齐桓公也撤了兵，但他知道齐桓公不会就此了结，签约之时一定会使他难堪，所以鲁庄公忐忑不安，坐卧不宁。他想找一位得力的干将陪自己一起去签约。于是鲁庄公向大臣征求意见，问谁愿意与他一起前去。

这时曹沫大夫站了起来，对鲁庄公说："我愿意与您一起去，一是为了保证您的安全，二是为了雪耻当年兵败之辱。"当年鲁庄公一心想让公子纠继承齐国国君之位，这样既有利于自己力量的壮大，又可以让公子纠割一些土地给鲁国，扩大自己的地盘，可是却被公子小白抢了先。于是鲁庄公派曹沫去攻打齐都。曹沫上了鲍叔牙诱敌深入的当，所以鲁军大败，而曹沫从此再也没有被鲁庄公重用。鲁庄公认为曹沫乃一败军之将，不足为用。今天他一听说曹沫提出陪同自己前去签约，心里就泄了气，本不想让他去，可又没有合适的人选，只好对曹沫说："你当年被齐军打败，今天即使他们羞辱你，也要三思而后行，我们是被迫签约的，如果签约不成，他们还会举兵攻打我们，你要见机行事。"

鲁庄公刚一到柯地，就吓了一跳，这哪里是会场啊，俨然是一个战场。齐国士兵威风凛凛，透出一股杀气。鲁庄公有些害怕，而曹沫则手握宝剑，不卑不亢，寸步不离鲁庄公。本来，会场戒备森严，而且按规定，随从人员不得带武器。齐国士兵也不让曹沫带兵器前去，但曹沫怒目圆睁，气势咄咄逼人，齐兵也只好看着他腰佩宝剑登上了盟坛。

齐桓公名义上同鲁国签约，实际上他早已私自定好盟约。当鲁庄公登上盟坛，齐桓公便将盟约递过去，让他签字，并且将铜盘端到鲁庄公面前，让他歃血为盟。鲁庄公根本不知道盟约内容，可迫于压力，又不敢抵抗，无奈拿起笔想签字。

就在这时，曹沫从鲁庄公后边一下跳到了齐桓公的面前，一把抓住了齐桓公的衣领，把剑架在了齐桓公的脖子上。大家谁也没有提防曹沫。

管仲毕竟身经百战，赶忙陪着笑脸对曹沫说："曹大夫，有事好商量，何必动武呢？"

曹沫气愤至极，对着齐桓公说："你们齐国靠兵多将广，几次派兵攻打我们。我们国小力薄，打不过你们。可你们也欺人太甚了。你们打着扶助王室、帮助弱国的旗号四处出兵。你们不但不帮助我们，反而侵占了汶阳。如果你真心签约，就应与我家主公共同订立盟约，把汶阳交还给我们。否则我宁可与你一同去黄泉。"

齐桓公也十分害怕，但表现得仍十分从容，心想一个小小汶阳，归还给你们就给你们，先保住我这条性命要紧。于是齐桓公说道："汶阳我答应归还，盟约我们共同订立。"曹沫这才收起了宝剑，他怕齐桓公言而无信，对管仲说："你家主公答应的事希望你们能做到，我想与你歃血立誓。"管仲知道曹沫的意思，他是怕齐桓公毁约，不归还汶阳。于是管仲说道："我家主公答应的事一定照办，决不失言。"

接下来重新订了盟约，曹沫又把歃血的铜盘递到齐桓公面前，对齐桓公说："签约是两国之事，两国国君也必须一起歃血为盟。"齐桓公无奈，只好照办。

曹沫的行为引起了齐国的强烈不满，齐桓公也十分生气，有一武将劝说齐桓公："我大齐国君焉能受此气，臣不才，愿前去杀掉曹沫。"其实曹沫此时还在齐国这里，杀曹沫不费吹灰之力。齐桓公沉默不语，管仲赶紧阻止，说道："曹沫无礼有损我国尊严，但也说明了我国不以强欺弱，现在是巩固霸业的好时机，最应当守信用，如果不守信用，其他诸侯国会信任我们吗？另外大家想一想，交出一个小小的汶阳，却可以取信于诸侯。是得到一块土地失掉人心好呢，还是失掉一块土地得到人心好呢？"

齐桓公为了自己的霸业，忍下了这口气。齐桓公热情款待了鲁庄公，还把汶阳交还给了鲁国。

柯地会盟，齐国虽失去了一块小小的土地，却得到了人心。从此齐桓公名声大振，威信提高，他的霸主地位得到了进一步巩固。

曹沫出色地完成了任务，鲁庄公很高兴，对他大加赞赏。回国后，曹沫也得到了重用。

宁戚不辱使命

齐桓公是一个开明、有头脑的君主，而且很有度量，都说宰相肚里能撑船，齐桓公的肚里也能撑"船"。

虽然齐桓公度量很大，但他对宋国的无礼耿耿于怀，总想出兵攻打宋国。关于宋齐两国矛盾还是在那次北杏会盟时开始的。在那次会盟上，齐国以周天子的名义召开了十几个国家的会盟，可只有四个国家前来参加。齐桓公主持了会盟，推举公子御为宋国国君，公子御当然千恩万谢，可是接下来选盟主时，公子御却因陈侯提议选齐桓公为盟主而不悦。公子御心想：我是一等诸侯国，你齐国乃是二等诸侯国，凭什么你当盟主呢？公子御越想越生气，心想：你当盟主吧，我不买你的帐，于是率领着自己手下的人连夜回到了宋国。临行之前，他一声招呼也没有打。齐桓公虽然襟怀坦荡，可也咽不下这口气，心想：你公子御也太不讲义气了，刚刚选你当上国君，你就如此不知礼节，连声招呼都不打，你什么意思？等着瞧吧！

从此宋齐两国矛盾逐渐加深，后来齐桓公又组织了几次会盟活动，每次都通知宋国，而宋国根本不理齐桓公。齐桓公心想：不惩罚你，你是不知道我大齐国的厉害！于是决定出兵宋国。

齐桓公派管仲带领先遣部队先与陈、曹军队会合，然后攻打宋国，自己也亲自率领大队人马随后而到。

管仲这一日来到了达山（今山东省临淄），发现一个放牛人，此人一边放牛，一边敲牛角唱山歌。管仲觉得此人不凡，虽然衣服破烂，但相貌不俗，于是命人准备酒饭给这个放牛之人送去。管仲让军队在此安营扎寨之后，亲自查营，所以没有时间去见这位村野牧牛人。

这位放牛之人实在是高傲，他拿过管仲派人送来的酒饭，毫不客气,也不道谢,将饭菜吃光,酒一饮而尽,之后对送饭的士兵说要见管仲。士兵说管仲太忙,正在查营。放牛之人说:"你把这首诗记下来告知管仲。"于是放牛人念了起来:"浩浩白水,鲦鲦之鱼,君来召我,我将安居?"送饭的士兵默记了几遍转身就走了。

管仲查完军营,天色已经很晚了,劳累了一天刚坐下,那送饭的士兵就求见管仲,把那个放牛的人所说的话和那首诗说了一遍。管仲觉得此人一定很有才能,而且想出来为我大齐国做事。于是他不顾疲劳,亲自来见放牛之人。放牛之人一见管仲,拱了拱手,非常傲慢,但管仲是一位爱才如命之人,怎么会在乎他的无礼呢?于是管仲问他的名字,放牛之人说他叫宁戚,是卫国村野之人,想出来做一些事,知道管仲重用人才,又知道管仲一定会率兵攻打宋国,路经此地,所以慕名而来,在这儿已恭候多时了。

管仲一听,大吃一惊,齐国攻打宋国,无人知晓,他是怎么知道的呢?心想一定是一位人才。于是管仲便坐下来与宁戚谈论天下之事。宁戚出口不俗,令管仲刮目相看,果然是一位人才。由于管仲还得行军打仗,所以立即写了一封推荐书给宁戚,对宁戚说:"齐桓公是一位明君,想你也早已知晓,他爱惜人才而且重用人才,所以你一定要见齐桓公,三天之后,他必定路经此地。"说完管仲回到营中,第二天继续率兵赶路。

三天之后,齐桓公果然来到此地。宁戚敲着牛角,唱着歌,齐桓公听了听歌词,十分不高兴,原来宁戚是这样唱的:"不逢尧舜好世道,劳苦一世白受穷,世道艰,路不平,漫漫长夜何时明。"

齐桓公心想:我虽不敢说是一位明君,但也绝不像那人所唱。我大齐国百姓安居乐业,实力很强,怎么能说我齐桓公所统治的时期是漫漫长夜呢?

齐桓公停下军队,命人把那个唱歌之人带到面前。这个人就是宁戚,宁戚见了齐桓公依然傲慢无比,也是象征性地拱了拱手。齐桓公说:"我大齐国,天下太平,万象更新,你怎么这么唱呢?"宁戚回答道:"我唱的句句属实,你说你齐国百姓安居乐业,你又为盟主,攻无不克,战无不胜,其他诸侯国没有不听你的,但我觉得您言过其实。我知道你当国君之时,险些丧命,与鲁国交战,又被曹刿打得大败而归。你说你是盟主,可那次会盟只有四个国家前来参加,后来宋国又悄悄溜走，通知开会的其他十来个诸侯国都没有参加。还有那次柯地盟约，你被曹沫拔剑相劫，不得已交出汶阳，你又怎么能说你的命令其他诸侯言听计从呢？"

齐桓公虽然十分大度，可面对这样一个傲慢无礼，而又把自己一生的所有不光彩之事全部说了出来之人，仍不禁勃然大怒，心想：你敢口出狂言，我让你尝尝我的厉害。于是齐桓公下令，把宁戚绑起来斩了。而宁戚却丝毫不怕，反而大笑起来，说道："别人都说齐桓公开明，礼贤下士，而且度量大，今日一见并非如此，与昔日的夏桀、商纣一样，是一个昏庸、滥杀无辜的暴君，管仲还要我投奔这样的人，管仲也是没有远见之人啊！"

齐桓公冷静了一下，心想：此人绝非凡人，不然管仲怎么会推荐他呢。于是忙叫人将宁戚带回，齐桓公亲自松绑，边松绑边说："先生莫怪罪，我只是想试试先生的胆量，今日一见，先生果然胆识过人。"宁戚从怀中拿出了管仲的信，对齐桓公说："主公，我并非真正辱骂你，如果你是昏君，我宁戚还会在此等侯多时，投奔于您吗？我只是试试您的气量。"

齐桓公觉得宁戚果然有胆有识，于是与宁戚谈论起天下事，宁戚分析深刻、明晰，很有道理，深得齐桓公赞赏，所以齐桓公决定重用他。而有的人瞧不起宁戚这个村野草夫，对齐桓公说："主公，宁戚是一卫国人，而且是村野之夫，我们不知他底细，不能重用此人啊？"齐桓公非常坚定地说："宁戚学识渊博，对天下事了解透彻，很有远见，我齐桓公向来用人不疑，疑人不用。"齐桓公拜宁戚为大夫，为宁戚准备了一辆车，一起前去攻打宋国。

这一日，齐桓公率兵到达宋国边界，与管仲、陈、曹的军队会合。齐桓公准备下令攻城，宁戚却劝阻道："主公，我们不能轻易出兵，我们大军抵达宋国边界，宋国不敢放肆，我们应先礼后兵，看宋国能不能心悦诚服地归附我们。如果他们不归附我们，我们再发兵也不迟啊！"齐桓公觉得很有道理，这时有的大臣说道："宋国对我齐国首先无礼，无视我大齐，跟他还讲什么礼不礼的，干脆攻打他算了，如果找人去劝说，劝说不成再攻打，恐怕那时宋国已做好了应敌准备。"宁戚说道："我大齐军队远道而来，宋国早已知道，不在乎这一时片刻，如果他不归附，一定早已想好了对策。另外，我大齐霸业初成，别人无礼,我亦无礼,岂不是一丘之貉。这样,其他诸侯国也不会心悦诚服地归附我们。"

于是齐桓公派宁戚前去说服。这时,宋国正在商议对付齐国的办法,准备和齐国生死一拼,忽听有人报:"齐国使臣宁戚来见!"

宋公不知宁戚是何许人也,也从没有听说过宁戚这个名字,戴叔皮对宋公说道:"宁戚原本是卫国人,一个放牛者,在路上骂了几句齐桓公,齐桓公反而觉得他有才能,后来拜他为大夫,他到我们这里来,一定是说客。"宋公问道:"我们怎么办?"戴叔皮答道:"我们到时候看他怎么说,如果有不妥之处,我就扯一下主公的衣服,主公就命人将他拿下。"

宁戚目不斜视,昂然上殿,将两边的武士根本没放在眼里。见到了宋公,宁戚不卑不亢地拱了拱手,对宋公说:"报告宋公一个不幸的消息,宋国已大难临头了。"一句话说得宋公目瞪口呆,那副盛气凌人的样子一下子就没了。他知道自己有些失态,赶紧故作镇定地说:"何出此语,我宋国乃一等公爵国。"

宁戚笑了笑说道:"宋国是一等公爵国,但是并不强大,宋公不礼贤下士,有才能的人不想辅佐您,天下百姓也不归附您,这岂不是大难临头吗?今大齐兵强马壮,与宋国有隙,大军浩浩荡荡在外安营扎寨,准备随时攻打宋国,宋国岂不危险吗?"

这时,戴叔皮早已忍无可忍,扯了一下宋公的衣服,而宋公认为宁戚说的很有道理,不但没有下令杀宁戚,反而走下座位,亲自走到宁戚面前,给宁戚看座。这可把戴叔皮气坏了,可没有办法,君不下令,臣不敢妄动,而两边的武士也都像泄了气的皮球,原本紧握剑柄的手也松开了。

宋公满脸陪笑问道:"大齐国军队压境,我宋国应如何应战?"宁戚答曰:"齐强宋弱,不可硬拼,那样做,不仅黎民百姓受罪,而且宋国国力受损。不如和齐国订立盟约。齐国本次出兵也并非想与宋国为敌,而是奉了周天子的命令。如果宋国主动议和,齐国一定会撤兵。到那时,百姓一定会为此而感激您,您的威望一定会加强,有才能之人也一定会投奔于您,您也可以借此良机发展国力,强大军队。"

宋公听了宁戚的话,觉得非常有道理,于是备上了厚礼去见齐桓公。齐桓公非常高兴,没有动用武力就迫使宋公心悦诚服地订立了盟约。

齐桓公把宋国送的厚礼，全都转给了周天子。周天子觉得齐桓公深明大义，眼中有周天子的地位，十分高兴，又奖赏了齐桓公。而其他诸侯国也觉得齐桓公不计私利，值得信赖。

宁戚不辱使命，凭借三寸不烂之舌说服了宋国，使齐国没费一兵一卒就达到了目的。

齐桓公非常喜欢宁戚，觉得此人不仅有才能，而且敢于出生入死，冒着被杀的风险前去说服宋国。齐桓公回国后，更加重用宁戚了。从此以后，齐桓公对村野草夫、黎民百姓更是十分尊敬，他的威望也日益上升。

齐桓公助燕驱逐山戎

春秋时期，燕国是一个小诸侯国，实力比较弱小。邻国山戎部族善骑射，却不知从事农业生产。所以他们的粮食只好到别处去抢夺，而燕国就是他们的首选目标。

燕国的百姓苦不堪言，更可气的是，山戎部族还抢走燕国的青年男女，选出美丽女子做妻妾，剩下的做奴仆。燕国国君燕庄公忍无可忍，便出兵反击。可是燕国兵力不强，屡屡兵败。而每次燕国战败，山戎部族就更加猖獗。

燕国国君知道单凭本国力量，是不会战胜山戎的，所以和大臣们商议，想找一个诸侯国帮助燕国打败山戎部族。有一大臣对燕庄公说："现在几家诸侯中齐国力量最强大，而且齐桓公深明大义，请他出兵帮忙攻打山戎，他是一定会答应的。"燕庄公一听，觉得很有道理，便派使臣前往齐国求见齐桓公。

齐桓公热情地接见了燕国使臣，燕国使臣把山戎如何抢夺粮食和男女的事向齐桓公一一陈述。齐桓公心想：山戎乃一外夷，竟敢如此放肆。齐桓公找来管仲，管仲听完后，对齐桓公说："主公，我们应该出兵帮助燕国。燕国虽弱小，但是我们却可以与它结盟，这样其他诸侯国也就会相信我们扶助王室，帮助弱小。另外山戎乃是外夷，竟敢对燕国放肆，就是对我们会盟霸主——主公您不敬，要让山戎知道我们不是好欺辱的。"

于是齐桓公答应了燕国使臣，同意不久出兵援助燕国攻打山戎部族。燕国使臣回来和燕庄王一说，燕庄王大悦，心想：打败山戎部族，我燕国百姓就可以安居乐业了。

公元前663年，齐桓公率领大军，浩浩荡荡，风尘仆仆远道而来。而此时，山戎人正在抢劫粮食和青年男女，一听说齐军有千军万马，吓得魂飞魄散，立即逃跑了。山戎人一跑，齐桓公就想班师回朝，管仲上前对齐桓公说："主公，我们如果一走，山戎人再来到燕国侵扰怎么办呢，我们没有捉到山戎一兵一卒，他们也不知道我们大齐国的厉害。如果现在撤兵，山戎人再来侵扰，我们与燕国又相距甚远，来不及支援燕国，等我们远道而来，山戎人又跑了。他们和我们打游击战，我们可没有时间和他们玩这种游戏。"齐桓公一听便问道："依你之见，我们现在怎么办？"管仲答道："山戎人寄居燕国北部，离此地较近。我们不如乘胜追击，把山戎人消灭掉，以免让他们日后再来侵扰燕国臣民。"齐桓公立即答应，准备多留几日，等到彻底打败山戎之后再撤兵。

燕庄公一听说齐桓公不走了，还要继续攻打山戎，他可乐坏了。

齐桓公对燕国一带地理环境不熟悉，需要一名熟悉地理环境的人带队做向导。而燕国没有这样的大将。燕庄公于是写信请求无终国帮忙。无终国与燕国相邻，也是一小国，与燕国有一定的交情。无终国国君接到燕庄公的信，立即派一员大将虎儿斑及两千骑兵前往相助，做齐国军队的向导。

山戎国的首领叫密卢，听说齐桓公、燕庄公和虎儿斑三路大军攻打自己，吓了一跳，赶快召集群臣，商议对策。大将军速买对密卢说："三路大军，力量强大，我们不能和他们硬拼，我听说虎儿斑是先遣军队，我们可以乘齐军未到之际，先突然袭击虎儿斑。"密卢一听，点头答应。

这时虎儿斑的两千骑兵已到山戎部族，刚一到，速买便率兵迎战。虎儿斑没有思想准备，被速买打败。

第二天齐军才赶到，管仲见到了虎儿斑，虎儿斑把经过说了一遍。管仲没有责怪虎儿斑，让虎儿斑把军队重新整编一下，准备随时出击。

齐军刚一到，密卢便率一万多骑兵向管仲讨战，山戎也想乘齐军没立稳脚跟，突然袭击齐军。可是密卢叫了半天阵，管仲只是坚守营寨，就是不出兵。转眼天快黑了，密卢手下的骑兵已攻了一天的城，人困马乏。这时管仲对虎儿斑说："速去应战，现在是进攻杀敌的大好良机，还可以一洗昨日之辱。"虎儿斑暗暗佩服管仲行军打仗之道，心想：我昨日之所以战败，就是因为军队还没有站稳脚跟就和敌军交战。而管仲却把军队安顿下来，先稳住阵脚，等待密卢的军队疲劳之时，再出击，显然高明。

虎儿斑如猛虎下山，率领骑兵突然杀向密卢的军队。可是山戎的部队只打了几个回合，就假装兵败而逃，虎儿斑在后紧迫。突然密卢伏兵四起，将虎儿斑团团围住。虎儿斑心想，又上当了。可正在这时，管仲的军队如潮水一般，将山戎兵包围，喊杀声震耳欲聋。密卢一看齐兵如此之多，吓了一跳，山戎兵立时乱了阵脚，四处奔逃。

管仲并不甘心，仍旧紧追不舍。很快齐燕的军队攻到了山戎国都。齐桓公下令：虽然山戎国到燕国去抢夺粮食和青年男女，但那是山戎国的大臣们和军队所为，与百姓无关，而且山戎国的老百姓日子也很艰苦，我们不能再打扰百姓的生活了，如有违令者，斩！百姓一看齐桓公如此贤明，深受感动，便告诉齐桓公密卢已逃到了孤竹国。

当时孤竹国国君是答里呵，密卢和答里呵有交情。一次孤竹国国君答里呵去打猎，追赶一只非常漂亮的山鸡，不知不觉已追到了山戎国。山鸡被答里呵一箭射死，随从人员刚要去捡那只山鸡，一只猛虎突然出现，咬死咬伤了好几个孤竹国的人。答里呵也吓坏了，猛虎跑到答里呵面前，正要张口去咬答里呵，就在这紧急关头，从山上来了一伙人，一箭正射中猛虎的咽喉，猛虎立即倒地，叫了几声便不动弹了，原来这伙人是密卢率领的人，也是出来打猎的。山戎人十分爱好打猎，也十分擅长打猎，多么凶猛的野兽他们都不怕。密卢走上前去，孤竹国国君如梦方醒，知道是眼前这位救了自己的性命，忙上前施礼："多谢您救命之恩。"密卢赶忙相扶，问答里呵从哪儿来。答里呵如实回答，密卢让人把猛虎送给答里呵。答里呵当然不能接受，忙说："你们救了我性命，我还没有谢过，况且这只猛虎也是你们打死的，理应是你们拿走，我怎么好意思拿去呢？"密卢一看答里呵如此知礼，便邀请答里呵到家中做客。

他们抬着猛虎,带着答里呵来到了国都,盛情款待答里呵。临行之时,密卢让人把虎皮送给答里呵,还给答里呵送了半只虎肉。答里呵千恩万谢,对密卢说:"以后有用到我答里呵的时候,只要说一声,我能办到的一定办!"

正是因为两人有如此深的交情,密卢逃到了孤竹国。答里呵一看是昔日的救命恩人,便邀请到宫中,盛情款待。问了缘由,答里呵爽快地答应了,并决定派大将黄华迎战齐军。

答里呵以为灭齐不费吹灰之力,但是一到两军阵前也吓了一跳。只见齐军士气高涨,个个精神抖擞,杀气腾腾。答里呵只好硬着头皮命黄华出战。结果可想而知,孤竹国军队大败而归。

答里呵、黄华率败兵回到了国都,召集群臣,商议如何对付齐军。黄华说:"依我国现在的实力,没有办法和齐军抗衡。齐军兵强马壮,军心十分稳定,作战凶猛,而且密卢去抢燕国的粮食和青年男女不得人心,是自讨苦吃,我们不如交出密卢。齐军是奔着密卢来的,如果交出密卢,齐军必会撤兵。"答里呵有些气愤,对黄华说道:"不行,想当年密卢救我一命,我知恩不报,岂不被别人笑话。"群臣不欢而散。

这时,宰相无律古来到黄华帐篷中,对黄华说:"主公不让交出密卢,我们可以杀了密卢。然后对主公说,密卢不愿意连累我们而自杀。主公如果生气,他必将会为密卢报仇,我们也可将计就计,拿着密卢的人头去献给齐军,骗取齐军的信任,再施一计不就可以大败齐军了吗?这样既杀了密卢,又打败了齐军,一举两得。"

黄华一听果然有道理,他便悄悄地来到了密卢营中。密卢正在休息,一见黄华进来,便问道:"将军,有何事?"黄华说:"只是看望一下您。"说着,黄华已经接近了密卢,只见他手起刀落,一下砍下了他的人头。黄华叫来守在密卢营外的士兵,士兵一进屋,大吃一惊。黄华对士兵说:"你们不要害怕,人是我杀的,但是你们谁也不许说,谁乱说,我就杀了谁。你们一会儿向主公报告,说密卢为了不连累我们孤竹国,自杀而亡。你们就说你们劝阻他不听,阻止也没阻止得了,主公是不会怪罪你们的,如果真怪罪下来,我也会为你们求情,我也马上去主公那儿。"

士兵一听,只好照办,他们也十分讨厌密卢。因为密卢导致了齐军攻打孤竹国。所以两个士兵听了黄华的话赶快去报告答里呵。答里呵一听，十分伤心又十分气愤，问道："你们干什么吃的，为什么不劝阻。"士兵答道："大王，我们已竭尽全力，劝密卢不要自杀。可是他不听，突然一下就自杀而亡。"答里呵怒气未消，吩咐一声："来人啊，把这两个无用的东西推出去斩了！"正在这时，黄华大将军求见。黄华拜见了答里呵，问道："主公为何动怒？"答里呵便说了一遍。黄华说："主公您知恩必报，心地宽厚，那密卢早已心知，他只是不想连累您啊！"答里呵说道："可是我不甘心让我的朋友白白而死。我要为他们报仇，攻打大齐，宁可做齐军的俘虏，也要出兵！"黄华说："主公息怒，我有一计可以破齐。"答里呵听后十分高兴，答应了黄华。黄华一看主公露出了喜色，便对主公说："那两个士兵身犯何罪，非要处斩不可？"答里呵说："他们没有看好密卢，导致密卢自杀。"黄华答道："主公您想一想，我黄华是一员武将，我若想自杀，十几个士兵能阻挡得了吗？"答里呵道："当然啦。你英勇无敌，别说十几个，就是百八十个也不行。"黄华接着说道："那就对了，密卢同样是一员武将，而且也十分英勇，别说是他们两个士兵了，就是人再多点，也不管用啊，主公不如放了他们，让他们去攻打齐军，将功补过，只要打败了齐军，不也就给您的朋友报仇了吗？"答里呵这时气已消了许多，便对手下人说："放了他们吧！"两个士兵跪倒在答里呵面前，说道："多谢主公不斩之恩。"答里呵道："非是本王不杀你们，而是黄将军给你们求情。"于是两个士兵又谢黄华，黄华说："主公虽然不杀你们，但你们要尽力去攻打齐军，为主公的朋友报仇。"黄华给答里呵说完破齐之计，便走了。

黄华又来到了宰相无律古住的地方，二人商议了一会儿，黄华提了密卢的人头直奔齐国军营。

齐桓公正和群臣们商议如何攻打孤竹国。这时，有人报："孤竹国元帅黄华率5000人马前来投降。"齐桓公等人不知怎么回事，便对众臣说："我们一定谨慎行事，以免其中有诈。黄华作为孤竹国元帅，与答里呵私人关系甚好，不会轻易投降。"

黄华提着密卢的人头，见了齐桓公并说："当初密卢逃到我孤竹国时，我就劝答里呵杀了密卢，交出密卢的人头。齐桓公是位仁义的君主，不会再攻打我们孤竹国的。答里呵不仅没有听我的良言相劝，反而恼羞成怒，说我不讲义气，还派我速速召集军队，帮助密卢攻打齐军。我们孤竹国本来就小，到哪里去召集那么多军队啊，我又不忍心逼迫百姓，我思前想后，便杀了密卢，取了他的首级前来归顺大齐。我还可以带您去攻打答里呵，以免他为了给密卢报仇，四处抓壮丁组成军队攻打齐军，到那时孤竹国的百姓将处于水深火热之中啊！"

齐桓公本来不相信黄华的话，但看到密卢的人头，经过别人确认之后，确实是密卢的，这才相信了黄华。于是派大将高黑与黄华为先头部队，带领齐燕大军向孤竹都城进发。

大军一到孤竹国，发现孤竹都城是空城，大家不知所措，黄华也装作不知怎么回事。正在这时，一位老人出现了，大将高黑走上前去问道："老人家，为什么孤竹国空无一人了呢？"老头叹了一声答道："唉，都是什么密卢给闹的，密卢本是国君答里呵的好朋友，可没有想到，密卢被黄华杀死，黄华背信弃义投奔了齐军。这下更惹恼了国君答里呵，他迫使全城老百姓弃城而走，准备到别处去借兵，还说一定与齐军斗争到底。我实在走不动了，他们才放过我，我现在倒盼着齐军赶快来，好把答里呵追回来。我的儿子、儿媳，还有我那未成年的小孙子也都被答里呵逼走了。"高黑一听，心想：黄华没有欺诈我们，果然杀了密卢。高黑对老头说："老人家，我们就是齐军。您快告诉我们，答里呵等人逃到哪里去了。"老头一听是齐军，高兴得直掉眼泪，对高黑说："就往前边东北方向逃走了，你们快去，把我的家人接回来，我这儿给你磕头了。"高黑赶忙扶住老头。

高黑本来想继续追赶孤竹国国君，可一想，先等一等主公，看他如何打算。

没过不久，齐桓公、管仲、燕庄公率齐燕大军赶到。高黑把情况说了一下，齐桓公让燕庄公守住空城，自己带领人马继续追答里呵。按照老头所指的方向，黄华带队，大军追了整整一天，眼看天快黑了，连答里呵的影子都没有见到。齐桓公问黄华："他们是向这个方向逃的吗？"黄华答道："主公，您放心，这个地方我来过，答里呵肯定是逃到这里来了。"可越走，人越稀少，渐渐地连树木也少了。再走了一段，眼前是一眼望不到边际的沙漠，除了黄沙，什么也没有。这时天已黑了下来，天公也不做美，又刮起了刺骨的寒风，将士们穿得都不多，浑身上下直打哆嗦。寒风卷着黄沙打在将士们的脸上、衣服上，把将士们吹得眼都睁不开。管仲博学多才,意识到这就是古书上所说的"旱海"。古书记载旱海是一望无际的沙漠,寸草不生,人到了这个地方,九死一生。因为白天太阳一照射,沙子特别热,人们忍受不了这种饥渴。而晚上又寒风刺骨。而且在旱海里,人们没有方向感,不知东南西北,茫茫几千里,走也走不出去啊!即使是可以走出去,也是粮草和水早已耗净,渴也得渴死,饿也得饿死。管仲知道上了黄华的当,可是再一看,黄华早已没有了人影。

齐桓公问管仲有什么办法。管仲说:"主公,我也没有良策。咱们问问这儿的老兵吧,他们应该听说过一些如何走出旱海的知识!"

老兵们说:"我们也是听老人们说过旱海的故事。听说骆驼在沙漠中可以认路,可是我们没有骆驼,马也是识路的,我们的马有许多是无终国的,无终国离这儿比较近。我们不如放开这些马,看看能不能带我们走出旱海。"

齐桓公和管仲想了一想,觉得没有别的办法,只好找了几匹无终国的马,让虎儿斑把他们放开。由于找的是老马,又在沙漠里,所以老马跑起来很慢。没有想到,奇迹出现了,几匹老马都朝同一个方向跑去,齐军上下都很高兴,因为他们看到了希望,所以紧紧跟在老马的后边。

在寒风中,将士们紧紧地跟着老马,任凭黄沙打着脸。经过一段漫长的行走,天已朦朦胧胧。那几匹老马神奇般地将军队带到了原来的路上。士兵们欢呼雀跃。管仲拍着那几匹老马的头,深情地说:"老马识途啊!"从此,"老马识途"这个成语就流传开了。

齐桓公率领齐燕大军又向孤竹国国都杀来,将士们也早已忘记了疲劳,一心想报仇雪耻。可在半路上,就听说答里呵打败了燕庄公,还把燕庄公囚禁了起来。

齐桓公对管仲说:"答里呵和黄华一定以为我们走不出旱海呢,我们不要声张,打他个措手不及。"管仲说:"主公,我也是这么想的,我想带领一些精兵良将先化妆成老百姓,混入城中,等到了半夜时,我们举火为号,杀他个片甲不留。"

于是齐桓公悄悄地行军,在距离孤竹城不远处安营扎寨,以免打草惊蛇。

管仲带领着十几个人化装成老百姓悄悄地来到城门口,刚要进城,就被守城的士兵拦住了。管仲先吓了一跳，后镇定下来问道："将军为何不让我们进城？"守城的士兵说："看白白胖胖的，一定有钱，还不给几个？"管仲忙从兜里掏出了几个齐币，守城的士兵不认识齐币，管仲心想：坏了。我怎么给他们齐币呢，这岂不暴露了身份？他忙陪笑脸说道："今天进城有急事，忘了带钱了，这几个是祖上留下的宝物，随身携带，还望将军放一条路。"

那几个守城的士兵便把齐币装了起来，让管仲进了城。城里正在庆祝孤竹国大败齐军。原来，孤竹国的老百姓也是在附近的林中藏了起来，当齐军被黄华骗走之后，答里呵就派人攻城，燕庄公人少势薄，打不过答里呵，被答里呵生擒活捉。答里呵和黄华以为齐军必死在旱海，所以全城庆祝，士兵们也喝得晕晕呼呼的。

半夜里，管仲带领精兵上了城门，把喝多了酒的士兵三下五除二地全杀了，然后命人举起火把，把城门打开。

齐桓公早已来到了城门外，一看火光冲天，立即派兵进城。齐军里应外合，将答里呵打败，并杀了答里呵和黄华，救出了燕庄公。

孤竹国灭亡了，齐桓公把孤竹国这块地给了燕国，燕庄公十分感动。密卢已亡，答里呵已死，齐军要班师回朝了。燕庄公和满城百姓依依不舍，一路相送。燕庄公想给齐军准备些厚礼，可齐桓公婉言拒绝。

燕庄公舍不得齐桓公，一路送齐军，不知不觉已进了齐国边境，而且都50多里了。当时有个规矩，国君送国君不能超过国界，齐桓公立即决定以此为界，将走过的50多里送给燕庄公。燕庄公岂能要呢。他对齐桓公说："您不辞千里助燕平外夷，我又没有什么答谢的，怎么能再要您的领土呢？"齐桓公笑道："你我如兄弟，不要推辞了。"燕庄公只好接受。

齐桓公帮助弱小的燕国，而不贪图任何便宜，燕庄公及举国百姓都对齐桓公千恩万谢。其他诸侯国也都觉得齐桓公有才有德，纷纷心悦诚服地归附了齐国。齐桓公的中原霸主地位更加巩固了。

大器晚成百里奚

百里奚是一位有志向的青年人。他饱读诗书,很有抱负,但是家境贫穷,吃了上顿没有下顿,到了30岁才娶上了媳妇。百里奚的妻子是杜氏。杜氏是个贤惠通达的女人,一次巧遇百里奚,被百里奚渊博的学识深深吸引。但是杜氏的父亲乃是虞国的奴隶主,非常富有,不愿意女儿嫁给百里奚,一是因为百里奚家里贫穷,二是觉得百里奚年龄比女儿大了许多,百里奚已30岁,而杜氏刚满18岁。可是杜氏觉得百里奚胸怀大志,定能干一番大事,非要嫁给百里奚。杜氏只好悄悄离家出走,从此和家里断了音讯。

百里奚知道杜氏为了此事和父亲断了关系,更加疼爱杜氏。虽然生活贫穷,但二人过的日子充满欢歌笑语。百里奚原想离家出走,干一番大事,可有了妻子,怎么能一走了之呢,而且儿子还小。

杜氏知道了丈夫的心思,就劝百里奚说:"好男儿志在四方,你总在家里,纵有满腹经纶,也无处展示你的才华。我当初嫁给你就是觉得你胸怀大志,将来能干大事,你放心吧,家里的事有我呢,儿子我一定抚养成人。"百里奚含泪答应了妻子。

那时家里已无米下锅了。杜氏卖了一只鸡换了一把米,门闩取下来当柴烧。做熟了饭,可百里奚怎么也吃不去,对杜氏说:"你放心,我一定在外边干一番大事再来见你。只要有一天我富贵了,一定来接你们娘俩。"杜氏怀抱儿子,眼泪止不住地流,对百里奚说:"当你富贵了,别忘了我们娘俩。"

一家人忍痛而别,百里奚望着儿子,小家伙还在啼哭,对杜氏说:"一定让儿子长大成人,干一番大事。"

百里奚离开了家。他四处漂泊,想找一位明君,施展自己的才华。

他听说齐国日益强大,而且齐桓公在位时爱民如子、礼贤下士。可到了齐国一看,齐国已不再是昔日的齐国了,齐襄公继位后,齐国已悄然在走下坡路。齐襄公心无大志,而且对待贤才态度傲慢。百里奚打消了这个念头,身无分文的他只好一路乞讨来到宋国。

宋国有位隐士叫蹇叔，也是怀才不遇。蹇叔学识也非常渊博。这一日百里奚与蹇叔相遇，二人谈得很投机，真是相见恨晚，于是二人结拜为兄弟。

蹇叔家境也不富裕，为了谋生，便把百里奚介绍给一个财主，财主让百里奚给他养牛。从此，百里奚白天为财主养牛，晚上要么苦读诗书，要么和蹇叔谈天下大事。

周王喜欢斗牛，将两头公牛放在圈栏里，用衣服挑逗它们，一旦它们兽性大发，就让两头公牛互相争斗。于是周王四处寻找喂牛的人，他想让自己喂养的牛天下无敌。百里奚听说之后，便告别蹇叔去了洛阳。他想给国王喂牛，借此机会向周王展示一下自己的才华，希望被周王赏识，得到提拔重用。不久蹇叔也来到了洛阳，见到了百里奚，劝百里奚别去见周王。他说："周王子颓只顾玩乐，只知斗牛寻找刺激，不理朝政，更不管百姓死活，对人才也不重视，迟早有一天周王朝会灭亡的。"百里奚觉得蹇叔的话很有道理，于是放弃了这种想法。

一晃十几年过去了，百里奚去了许多国家，可一直没有遇到一位赏识自己的开明君主。他和蹇叔说想回家看看妻儿，蹇叔答应与他同去虞国。蹇叔说："我有一位好朋友叫宫之奇在虞国做事，我们可以去看一看虞君怎么样。"

百里奚回到了阔别已久的家乡，一看眼前的景象，呆呆地发愣。房子早已倒塌，妻儿不知是死是活，他泪如雨下，心里默默地念着妻儿的名字，悄悄地离开了家乡。

宫之奇将蹇叔和百里奚推荐给虞君，蹇叔一看虞君乃一昏君，便婉言谢绝。百里奚也知道虞君是昏君，可是他看到了自己的家已成了一片瓦砾，想起妻子临行前的话，决定留下来，先干一番事业，然后再另投明君。于是百里奚留了下来，而蹇叔却走了。

百里奚送蹇叔时，蹇叔对百里奚说："虞君不开明，要早做准备。"二人洒泪而别。

后来百里奚做了虞国的大夫，而蹇叔继续过着隐居的生活。公元前665年，晋献公要求虞国去讨伐虢国，一场灾难悄悄地降临到百里奚头上。

晋献公知道虞君贪小利，于是给虞君送去了厚礼，要求虞国去攻打虢国。虞君一看到如此贵重的礼物，立时答应了。

百里奚和宫之奇听到虞君要出兵攻打虢国，赶忙相劝。百里奚说："主公，虞国和虢国是两个小国，而且夹在晋国、秦国之间，晋秦两国早想灭掉我们，从而扩张自己的势力。我国和虢国平时互相帮助，共同抗敌，他们才不敢轻易攻打我们，如果我们帮助晋国灭了虢国，虞国也就不存在了，我们和虢国是'鱼和水，唇和齿'的关系，请主公三思而行。"虞君不以为然地对百里奚说："你多虑了。晋国主动送如此丰厚的礼物，让我们出兵相助，一定是想和我们结成同盟，那样我们不但会强大起来，秦国也不敢对我国出兵，晋献公是不会背信弃义的。"

虞君主意已定，根本听不进劝阻之言。宫之奇不想做俘虏，与百里奚商量："虞国灭亡，近在咫尺，我们还是先走为妙！"百里奚说："既为臣子，当为君做事，我宁可被捉，也不临阵脱逃。"宫之奇说："如为昏君亡，不如做隐士。"百里奚说："亡不叛君，此为忠良。"二人谁也说不过谁，宫之奇含泪带着家眷逃走了。

百里奚含泪劝虞君，虞君仍是不听，出兵伐虢。这时晋军已到，一起灭掉了虢。虢君临死前说道："亡我者非晋也，乃虞君也。"正当虞君要向晋献公请赏时，晋军挥师攻打虞国。虞君方知上当，悔恨不已，流着泪说道："早听百里奚、宫之奇的话，怎么会有今日呢？"

晋献公觉得杀了虞君会引起别的诸侯国不满，会让别人瞧不起自己，而且虞君无能，对自己没有多大威胁，便把虞君养了起来。

百里奚自然成了俘虏，有人劝他为晋献公做事。百里奚道："晋献公言而无信，我百里奚宁死也不会为他做事的。"百里奚成了晋国的奴隶，不仅失去了人身自由，而且日日受着奴隶主的气，加上繁重的体力劳动，百里奚被折磨得日渐消瘦。他不禁想起了蹇叔，当初没有听蹇叔的话，过隐居的生活，可如今后悔已经晚矣。但百里奚没有自暴自弃，他相信："天将降大任于斯人也，必先苦其心志，劳其筋骨，饿其体肤，行弗乱其所为也。"

与晋国相抗衡的是秦国，当时秦国的国君是秦穆公。他看到晋国占领了虢国，又灭了虞国，心里当然不甘心，但又觉得现在用兵攻打晋国不是时候，如果现在攻打，有可能两败俱伤，不仅自己得不到好处，而且还可能落后于其他诸侯国。于是秦穆公想先与晋国友好相处，一旦力量强大之后，再举兵伐晋。

秦穆公派使臣拿着礼物去拜见晋献公，说秦穆公想与晋国联姻。晋献公心想：秦国与自己是邻邦，且实力也很强大，如果与他为敌，对自己的发展没有什么好处。于是他非常高兴地答应了秦国使臣，并决定将大女儿伯姬嫁给秦穆公。

伯姬嫁到秦国时，带着许多财物和奴仆，其中包括百里奚。百里奚在晋国当了几十年的奴隶，此时已经70多岁了。他觉得自己这么大年纪还作为陪嫁的礼物，是一种耻辱。他在途中借口说闹肚子到田地里去方便，乘人不注意便逃跑了。而其他随从人员等着百里奚，左等也不来，右等也不来，到田地里一看，百里奚早已没有踪影了。过去奴隶逃跑了，要是被逮住，性命难保。但是伯姬并没有怪罪百里奚，她想：一个70多岁的老人，又是虞国的大夫，跑就跑了吧，让他安心去度过晚年生活吧！

到了秦穆公那里，秦穆公一看晋献公的女儿，长得不仅漂亮，而且知书达理，很是喜欢，又看了看陪嫁的礼物，也十分高兴。但在查看礼单时，他发现少了一个叫百里奚的奴仆，便问伯姬，伯姬对秦穆公说："百里溪已经70多岁了，在半路上逃跑了，看在他上了年纪的份上，别去追他了。"秦穆公答应了伯姬，但他想知道一下百里奚是何许人也。于是便问公孙枝。公孙枝对秦穆公说："百里奚乃是一位贤才，他出生贫穷，有志向但苦于没有明君，后来投奔了虞国，他知道虞君很昏庸，但是他不想再过漂泊的生活了，后来他做了虞国的大夫。晋国让虞国攻打虢国时，他曾几次劝阻虞君，可虞君不听。后来晋灭了虞国，百里奚做了俘虏，晋献公想用他，他不肯答应，他说晋献公言而无信。"

秦穆公也是求贤若渴的国君，他不但守信用，而且十分重用贤才，他一听说百里奚是一位不可多得的人才，便命人去找百里奚。

伯姬一听说秦穆公又要找百里奚，便对秦穆公说："你不是已经答应我了吗，不再追捕百里奚。其实我只是可怜他，他那么大年纪了，而且很有志向，做奴隶的时候还苦读诗书呢。他逃跑是不想受作陪嫁的耻辱啊！"秦穆公一听哈哈大笑："你放心，我不是追捕百里奚，我是想请他辅佐我。"伯姬说："大王，恐怕百里奚不会辅佐您，想当年他宁愿做奴隶也不辅佐我父王。如果他要不辅佐你，也别杀他了。"秦穆公说："如果找到了百里奚，他要不辅佐我，我就再放了他。"

不久，秦穆公就得到了百里奚的消息，百里奚在楚国南海当了养马的官。

原来百里奚从半路逃跑之后，他不敢在人多的地方走，只好走深山小路，怕别人追捕他。一口气跑了很远，他又渴又饿，不知不觉天已经黑了，他只好找了几个野果子充充饥，又找到了一个山洞休息了一晚上。第二天他继续赶路，毕竟上了年岁，又累又饿，他被一块小石头绊了一下脚，竟晕倒在地。这时恰好来了一位好心的猎人，这个猎人箭法很准，打了好多小动物，边走边唱着山歌，心想：又可以饱餐几顿了。走着走着，猎人发现一位老人晕倒在地，便赶紧蹲在地上，把百里奚扶了起来，给百里奚喝了点水。百里奚渐渐地苏醒过来，赶忙答谢，年轻的猎人说："老人家您要到哪儿去，怎么晕倒在地啊？"百里奚说："我也没有想好到哪里去，因为又累又饿，所以晕倒在地。"好心的猎人把自己带的干粮给了百里奚，百里奚接过干粮，谢了谢，便把干粮吃得一干二净。饭后又喝了点水。百里奚觉得有精神了。百里奚问道："这是什么地方？"猎人答道："这是楚国边境，这座山是苍山。"猎人又问百里奚："老人家您有地方住吗？"百里奚说："我在楚国无依无靠。"年轻人觉得百里奚很慈祥，就说："老人家，如果您不嫌弃的话，就到我家。我无依无靠，父母早逝，我以打猎为生。"百里奚和年轻人回了家。

到了年轻人的家，一看到处都是山里小动物的皮，院里还拴着一头牛，百里奚对年轻人说："我给你放牛吧！"从此，百里奚和年轻的猎人住在了一起，百里奚放牛，猎人打猎，日子倒也自在。百里奚喂牛喂得特别好，这事让楚王知道了，楚王很赏识百里奚，便任命百里奚为养马的官，派到了南海。

秦穆公听了十分高兴，对公孙枝说，"给我备一份厚礼，我要见楚王，请他放回百里奚。"公孙枝一听，忙劝阻道："主公，想让百里奚回来，只需支付一般奴隶的价钱，如果给楚王礼太重，楚王一定认为百里奚是个不可多得的人才。到那时，楚王或许就重用了百里奚。"秦穆公就用五张羊皮派使臣将百里奚赎了回来。

秦穆公亲自到边境去接百里奚，百里奚已经白发苍苍了，但言谈举止不凡。秦穆公让百里奚和自己坐在了一辆车上，百里奚也深受感动，二人一路谈得很投机。

到了秦国国都，秦穆公盛情款待了百里奚。酒足饭饱之后，秦穆公觉得在车上谈得还不够，又找到百里奚，二人不知不觉，又谈了整整三天。

秦穆公觉得百里奚确实有才有德，高兴地对大臣们说："我得百里奚，犹如齐桓公得管仲。"于是他宣布拜百里奚为上卿。

百里奚赶忙推辞，秦穆公以为百里奚不想辅佐自己呢，便问道："请问您为什么不做上卿呢？"百里奚说："主公，我觉得我不够资格，我向您推荐一人。此人叫蹇叔，他现在一直过着隐居的生活。蹇叔和我关系很好，结为了兄弟，当年周王子颓想任用我时，蹇叔劝我，说周王只顾玩乐胸无大志，过不了多久，周王朝就得毁在他手里。我听了蹇叔的话，没有去拜见子颓。后来子颓作乱，被杀。如果当时我去那里做事，很可能难逃这一劫。有一次蹇叔和我一起去见虞君，蹇叔认为虞君也是昏庸无能，便离了虞君，而我没有听蹇叔的话，后来晋灭了虞，我做了几十年的奴隶。"

秦穆公听了，立即和百里奚一起去请蹇叔。百里奚知道蹇叔隐居的地方，带着秦穆公一起见蹇叔。

蹇叔见到了昔日的好朋友，二人相拥而泣，百里奚把蹇叔引见给了秦穆公，又把秦穆公如何礼贤下士的事都讲给了蹇叔。蹇叔也深受感动，便答应随秦穆公一起来到了秦国国都。

秦穆公拜蹇叔为右相，拜百里奚为左相。从此秦国在二人的辅佐下，日益强大。蹇叔的儿子也很有才能，白乙丙和西乞术做了秦国的大夫。

百里奚看到蹇叔的儿子长大成人，不禁想起了自己的妻儿，他有时暗暗哭泣，心想：如果我的儿还在，也该和白乙丙一样大了。

一天，百里奚正在相府摆酒宴，款待一位有功的将士，忽然有人敲门，并传来一阵凄凉的歌声："百里奚，可记得别离时，卖了鸡换了米，烧了门闩来做菜。富贵了，你还记得你的贫寒妻儿？"百里奚听到歌声，呆呆地愣了一会儿，飞快地出了相府，一辨认，这位唱歌的老妇人正是别离几十年的妻子杜氏，旁边还有一位年轻人。

杜氏当年送走了百里奚，家里已经实在没有可下锅的。看着因饥饿而啼哭不止的儿子，杜氏不禁泪流不止。她带着儿子去挖野菜，靠邻里相助，勉强地维持生活。

后来村子闹了饥荒，杜氏只有抱着儿子去外地逃荒，她给村里一家有钱人干零活，来抚养儿子孟明视。孟明视从小聪明伶俐，十分懂事，这位有钱的人家也十分喜欢孟明视，便找来一位武艺高强的人，传授给孟明视武功。孟明视很争气，又好学，很快练就了一身好本领；又读书识字，看了许多前贤志士的书，也看过许多兵书。

后来，杜氏和儿子四处打听百里奚的下落。几十年过去了，他们听说百里奚在秦国已当了左相，便长途跋涉来寻夫。

百里奚见到了妻子杜氏，二人百感交集，抱头痛哭。秦穆公听说百里奚一家人团聚，很是高兴，亲自为他们设宴以示庆祝。

后来，秦穆公发现孟明视武艺高强，而且很有头脑，可谓文武双全。便让他做了元帅，与西乞术、白乙丙并称为"三帅"。

大器晚成的百里奚，一生历经无数艰难险阻，终于找到了一位明君，施展了自己的才华。

申生以死尽孝

晋献公在位时，国力比较强大。晋献公比较好色，身边美女如云，而他最喜欢的就是爱妾骊姬。骊姬有一子叫奚齐。骊姬很想让儿子继承晋献公的王位，但又没有办法直接对晋献公说，因为那时晋献公已立长子申生为世子，如果按规矩，将来申生就会继承王位。

晋献公爱屋及乌，他也想立奚齐为世子。于是他和骊姬说："奚齐聪明伶俐，我想废了申生，立奚齐为世子。"骊姬听后，心里十分高兴，可她又转念一想：立奚齐为世子，肯定会有人不服，要立也要明正言顺。于是骊姬跪下来，对晋献公说："夫君，莫要立奚齐为世子。奚齐虽然聪明过人，但是长子申生已为世子，而且没有什么过错，我们不能因为疼爱奚齐，就打破了祖先的规矩。如果那样，必然会遭天下人笑话，臣民也不服气，不利于我晋国的江山社稷。"

晋献公听后十分高兴，他只是怕不立奚齐为世子，骊姬会生他的气，今日一听骊姬如此豁达，而且深明大义，心里有说不出的感激，更加喜爱这位爱妾了。

骊姬表面上虽然那么说，可她却一心想着怎样才能让奚齐名正言顺地当上世子。她想：只有申生死了，才能立儿子奚齐为世子。于是她便千方百计陷害申生。

那时，晋献公的近臣梁王和东关王手握大权，属于实力派人物，深得晋献公的信任和赏识。一日，骊姬派人去请二人。二人知道骊姬深受晋献公宠爱，不敢怠慢，立即到了骊姬那里。骊姬为他们摆了一桌好酒菜。对他们说："二位大人为国家之事日夜操劳，今日我代表晋献公敬二位一杯。"二人也举起了酒杯一饮而尽。接着骊姬说："二位大人，请放心，我一定会为你们在晋献公面前美言几句的。"二位为了表示谢意，对骊姬说："如果您有用到我们两个人的时候，尽管吩咐，我们一定尽力去办。"这正中骊姬的下怀，骊姬便对二位说了心里话，梁王和关东王先是吓了一跳。这时骊姬一下子把酒杯摔在地上，酒杯粉碎。骊姬说："酒杯这么轻而易举地碎了，人头落地也不会太费劲吧，二位大人？"二"王"早已吓坏了，知道不答应骊姬就是死，答应了还可以活下来，于是二人便答应了骊姬，表示愿为立奚齐为世子效犬马之劳。骊姬为了拉拢二人，给了他们一人一份贵重的礼物，并答应有朝一日奚齐成为国君，一定会再加封他们。

骊姬有了两个帮手，又找到荷息。她对荷息说："我想让您教奚齐读书。"荷息是晋献公最信任的人，他知道晋献公最疼爱这位骊姬，所以对骊姬也是毕恭毕敬。他早想拍拍骊姬的马屁，心想：教奚齐读书太好了，可以借此机会溜须一下骊姬。后来骊姬邀请荷息会宴，说是表示对他的慰问。荷息如约而至，骊姬对荷息说："你教奚齐读书多日，奚齐学了不少知识，我略备薄酒，以示慰劳。"接着骊姬问荷息："大人，你说申生和奚齐二人相比，谁聪明？谁能够干成大事呢？"荷息是多聪明的人啊，立即答道："申生与奚齐二人不可比，奚齐聪明，足智多谋又好学，将来定能干一番大事。而申生天生愚笨，如果将来让他继位，我晋国江山很可能毁在他手里。不如废了申生另立奚齐为世子，有朝一日，奚齐当了国君，我晋国会日益强大，那时称霸诸侯就没有问题。"这些话说得骊姬心里乐开了花，连忙又给荷息倒酒，对荷息说道："大人，奚齐能否当上国君，还靠您多多美言，大王最信任您了。"荷息也有自己的打算，心想：申生没有根基，平时与自己又不和，而奚齐是自己的学生，真做了国君，对自己也有好处。

于是，这四个人便联起手来千方百计陷害申生，想早日立奚齐为世子。

骊姬的意图早已被大臣狐毛、狐偃看穿。但他们也敢怒不敢言，只是时常在晋献公面前吹吹耳旁风，说有人要另立世子。晋献公心想：骊姬深明大义，不想另立奚齐为世子。所以晋献公也没有过多地考虑。

可这话却传到了骊姬耳里，她想：要立奚齐为世子，必先排除异己，不如把他们二人从朝廷赶出去。于是骊姬找到梁王和东关王商量对策。一日上朝，"二王"上奏，说曲沃乃咽喉要地，最近时常发生动乱，应派世子前去掌管。于是晋献公派长子申生去守曲沃。他们又找借口将晋献公的另外两个儿子重耳、夷吾送到蒲地、屈地。正直的大臣狐毛、狐偃上前劝阻，对晋献公说："大王身边应留一位公子，以便更好地帮助您料理朝政。"而这时荀息站了出来，对晋献公说："奚齐聪明过人，虽然年龄尚小，但志向远大，足可以帮助大王料理朝政，不如派狐毛、狐偃二位大臣去辅佐重耳和夷吾两位公子。这样外地可以安定，而都城也太平了。"晋献公最信任荀息，立即表示同意。

排除了异己，又让三个公子去了远地，但是骊姬并不满足。她想让儿子成为世子，就得让申生去死。她绞尽脑汁，机会终于来了。当时，北狄骑兵入侵晋国北部边疆，正是申生所守的地方。骊姬便建议"二王"让申生去带兵阻击北狄，再三叮嘱一定要给他选一些老弱残兵，而且少给粮草和兵车武器。骊姬想：给他一些这样的兵士，他纵是神仙也打不赢，要是兵败，就得被处死。

梁王和关东王二人奉命而去，给申生拨了一些残兵。申生一看这些残兵，又看了看粮草和武器，心想：父王怎么回事，这样的军队能打仗吗？

但是申生没有气馁，他把这些老弱残兵安排在山上躲了起来，在山上准备了好多石块和木头。等到北狄骑兵一经过这里，就往下扔石块、木头。果然北狄骑兵被砸死、砸伤的不计其数，申生乘胜追击，打败了北狄，大获全胜。骊姬气坏了，却乐坏了晋献公，他认为申生有勇有谋，定能干一番大事业，于是嘉奖了申生。

骊姬一计未成，又生一计。

一天，骊姬对晋献公说："您年岁已高，而又整日为国事操劳，身边应该有个人来照顾您，奚齐年纪还小，又在读书，还是把世子召回来吧！"当年晋献公就不想把申生派出去，今日一听骊姬这么说，心里自然十分高兴，便派人去曲沃召申生回宫。

骊姬见申生回来，在后宫为他接风，摆了一桌酒宴，席间夸申生如何有才能，如何有作为，将来一定能为晋国争气。饭后，骊姬说："明天是十五，正好月儿圆，我这几天心情不好，你父王又忙，你陪我到花园赏月，顺便散散心。"申生不敢违背骊姬的话，只好点头称是。

当晚，晋献公劳累了一天，刚从宫中回来，一进屋吓了一跳，一看骊姬正在哭泣。晋献公忙问道："爱妾，谁欺侮你了？"骊姬哭声不止，边哭边说道："夫君，我不敢说，怕您生气。"晋献公忙说道："别哭了，有什么事尽管说，我为你做主。"骊姬装出很委曲的样子。说道："我看世子申生从远道而来，一路疲劳，而您又如此繁忙，我便为他接风，谁想到，他喝了几杯酒，竟敢调戏我，还对我说明天晚上，让我到后花园去，如果不去，等他当了国君，就杀掉我。"晋献公将信将疑，心想申生这孩子平时很规矩，即使贪了几杯酒，也不会如此无礼。骊姬一看晋献公没有反应，就又大声哭了起来，边哭边说道："我命太苦了，谁都敢欺侮我，我可怎么活呀，我明天可怎么办呀？"晋献公从没有见过骊姬哭得如此厉害，心立刻软了下来，对骊姬说："别哭了，明天我陪你一起去，我在暗处，看他能怎么样？"

第二天晚上，骊姬在头上插了一个九连环。虽然是满月，可天色还是有一些黑。骊姬和晋献公一齐来到花园，远远就看见了申生正站在花园深处东张西望。晋献公对骊姬说："不要怕，你过去吧，我在这儿看看。"骊姬装出一副委屈的样子走了过去。

到了申生面前，骊姬立时变得高兴起来，由于是背对着晋献公，离得又比较远，所以晋献公看不到。骊姬约申生向花园深处走去，离晋献公越来越远，晋献公只能模模糊糊地看着他们。

走着走着，骊姬把头上的九连环故意掉在地上，九连环有响声，申生弯腰去捡九连环，想交给骊姬，骊姬却说："我自己戴不上，你帮我带上。"申生觉得不好意思，又不好违抗，便走上前去，刚要往骊姬的头上戴九连环，骊姬大叫一声，哭着跑开了，申生不知怎么回事,呆呆地站在那里发愣。

而远处的晋献公气得直发抖。他看见申生靠近骊姬,以为要拥抱骊姬,又听见骊姬哭着跑开了,更确信申生要对骊姬无礼。

晚上回到后宫,晋献公要杀申生。而骊姬忙劝阻:"夫君,他毕竟是个孩子,你做父王的还是原谅了他吧!"晋献公一听,心里十分感激骊姬,他觉得骊姬如此大度,便决定把申生再次送到曲沃。而骊姬也不是真心求情,她怕晋献公明天杀申生,必定有臣子为申生求情,让晋献公问明缘由。如果晋献公知道了事情的真相,一定不会再相信自己。她此次只想让晋献公恨申生,既然达到了目的,何不再顺水做个人情。

申生那天晚上回到了自己的住处,翻来覆去,怎么也不能入睡。他不知道为什么骊姬让他给她插九连环,突然哭着跑掉了,想着想着,天已经亮了。

他来到朝上见了父王,发现父王有些生气,不知何因。晋献公对申生说:"明日你还是回到曲沃去吧!"申生不知道父亲为什么让他又回去,满朝文武也不知怎么回事,但也不好意思问其原因。

申生离开了宫中,又到了曲沃,在那里,他觉得倒很快乐。转眼生母的祭日到了,自从离开了晋献公,申生身边无一亲人,自然十分想念已逝的生母。申生是个孝子,所以他决定祭祀母亲。

祭祀完母亲,申生派人给父亲也送去了一份祭礼。因为当时有规定,祭祀的酒肉要先送给长辈亲人吃。可是,不巧的是,晋献公正带兵攻打一个外夷部族。

使者只好把祭祀用的酒肉交给了骊姬。骊姬接过酒肉,心想,我让你必死无疑。

晋献公大败外夷部族之后,回到了宫中,只觉得这几日带兵打仗,吃不好,睡不着,听说申生送来了祭祀的酒肉,心里有了一丝暖意,立即派人把酒肉端上来。可骊姬却连忙劝阻说:"大王,宫外的东西不能乱吃。"晋献公有些不悦,便说道:"怎么申生送的,还能有毒吗?"骊姬说:"大王,你是一国之主,应为天下百姓着想,还是试一试,以防万一。"这时正好有一宫女送茶来,骊姬逼迫宫女吃了肉,宫女当即倒地而亡。又把酒往地上一倒,地上立时起了黑烟。晋献公大怒,立即传令:"来人啊,把申生给我捉来。"

"二王"奉命去曲沃捉拿申生。申生在曲沃已得知父王要捉拿他，他想了一想：一定是有人暗害于我。不然怎么会酒肉里有毒呢？于是他叫来送祭祀酒肉的使臣，问道："你把酒肉交给了谁？"使臣如实回答说交给了骊姬。申生一下子恍然大悟，原来多次暗害自己的就是骊姬，她准是想让自己的儿子继位。

忠臣狐突派人通知申生速速逃跑，留得青山在，不怕没柴烧。而太傅则劝申生找父亲辩解，揭露事情的真相。

申生流着泪说："父亲现在很伤心，他最宠爱骊姬，如果知道是骊姬害我，他会更伤心。"说着，申生拔剑自杀。

申生为了不让父亲伤心，宁可一死，真可谓"以死报孝"。可悲的是，晋献公却不知事情的真相。

骊姬一听说申生自杀身亡，高兴得不知姓什么了。申生一死，晋献公又要立世子，这时骊姬对晋献公说："大王，立世子一定要选一位忠诚仁义的，否则对我们晋国不利啊！"

于是奚齐被立为了世子。

公元前651年晋献公死去，荷息拥立奚齐为晋国国君。其他忠臣十分不服气，都知道奚齐是凭借骊姬施了诡计才成为世子的，而申生又被骊姬害了，所以臣子们心里都有不满。

大夫里克与大将丕郑父是忠臣的后代，为人正直，他们合力杀死了奚齐，便逃跑了。而国不可一日无君，荷息又立9岁的卓子为君，卓子乃是骊姬的妹妹之子。没多久，里克又杀死了卓子。

骊姬的事情终于被晋国臣民们揭穿，她走投无路，溺水而死。而三个帮凶，"二王"和荷息也先后自杀。

这些人罪有应得，只可怜了孝子申生。

盗马山民义救秦穆公

里克连杀了两位国君，一位是11岁的奚齐，另一位是9岁的卓子。晋国一时没有了国君，而这时大夫里克又回到了宫中。因为奸臣已死，里克对大家说："国不可一日无君。现在晋献公之子重耳为人忠厚，很得人心。做晋国国君，百姓一定会拥护，我们不如去请回重耳，让他做我们的国君。"于是几个大臣去请重耳。可重耳早已不想再回到宫中了，他说："宫中你杀我夺，我早已没有心思再做国君了。"

逃亡在外的夷吾却很想做晋国国君。但没有人拥护他，更没有大臣去请他。

夷吾为了能回国做国君，亲自去拜见秦穆公。他对秦穆公说："如果你能帮我回国做了国君，我一定会重重地报答你。我愿意把黄河外的5座城池送给你。"秦穆公说："你说话要算数，还有你应该找宫中两位大臣保你做国君，只有这样，你才能如愿以偿。"夷吾满口答应，心想：宫中现在只有里克、丕郑父有权而且有威望。于是，他连夜找到了里克、丕郑父，并许下诺言，如果他当上了国君，再加封他们，而且送给里克160万亩土地，送给丕郑父70万亩土地。二人心想：晋国没有国君，既然夷吾主动找我们，我们就保他吧。

公元前650年，百里奚、公孙枝护送夷吾，在秦军的保护下一路无阻到了宫里。里克、丕郑父早已准备好了，里克说："我晋国要想富强，必须有明君。今主公夷吾前来继承王位，我们要尽臣子的责任，辅佐主公共同治理国家。"丕郑父怒目而视，道："有不服的站出来？"宫中上下一片寂静。夷吾当上了国君，也就是晋惠公。

晋惠公达到了目的，不但没有加封两位有功之臣里克、丕郑父，反而想杀掉他们。一天晋惠公设宴款待里克、丕郑父和其他7位朝中重臣，大家都前来赴宴。晋惠公给里克他们一一斟酒，然后举起酒杯，对大家说："我夷吾之所以能够当上国君，多亏了你们，今天我略备薄酒，心表谢意，大家干了这一杯。"众臣不知有计，举杯一饮而尽，而晋惠公却把酒杯放到了嘴边而没有喝，脸上露出了得意的笑容。大臣们刚喝完酒，都嘴里流血，立即倒地。原来晋惠公在酒里下了剧毒。

晋惠公用毒药害死了几位大臣，还想害他们的家属。丕郑父的儿子得知这一消息，立即逃到了秦国，秦穆公拜他为大夫。

说来也怪，晋惠公的这种不仁不义的行为好像惹怒了上天似的，晋国连年发生灾害，粮食连年歉收，又遇到百年罕见的大灾荒，百姓苦不堪言，饿死、病死的不计其数。晋惠公被逼无奈，只好向秦穆公借粮食救济百姓。

秦穆公本不想借给晋国粮食，因为当初晋惠公答应给秦国5座城池也没有兑现，他说大臣反对割城给秦。秦穆公很是生气，后又听说他害死了几位大臣，更加了解了晋惠公，知道他是不仁不义之昏君。但秦穆公确实是位仁义之君，他知道晋国百姓已饥饿多天，如果再没有吃的，恐怕还会饿死更多的人，于是秦穆公答应借给他粮食。秦穆公下令由水路运粮给晋国，路线是从渭水到黄河再到汾水，粮船首尾相接，绵延几百里。这就是历史上的"泛舟之役"。晋国的百姓得到了粮食，非常高兴，都知道秦穆公是位仁义之君。晋国的百姓得救了。

第二年，晋国获得了大丰收，而秦国却发生了灾荒，粮食几乎是颗粒无收。于是，秦穆公派人去向晋国借粮食，晋国的大臣纷纷劝晋惠公把粮食借给秦国。但是晋惠公根本不听，反而要乘秦国发生灾荒之际攻打秦国。

秦穆公大怒，心想：你晋惠公太不讲义气了，我三番五次帮助你，而你却恩将仇报，反过来还乘我危难之际攻打我。

秦穆公立即调兵，集合队伍。两军在龙门山（今陕西省韩城县）展开了一场血战。秦穆公挥刀上阵，这时晋将韩简杀了过来。西乞术不想让秦穆公上阵，于是便与韩简杀在了一起。那韩简武艺也很高强，二人打得难解难分。而这时，晋军又来了一队人马，将西乞术和秦穆公团团围住。秦穆公累得脸上冒出了汗，只有招架之功，没有还手之力。正在这千钧一发之际，忽听得喊杀声震耳欲聋，一群头发蓬乱、赤脚露肩的人手拿大刀，十分英勇，把晋军杀得落花流水，四处奔逃。晋惠公刚想逃跑，被这群人一刀把马车砍碎，公孙枝上前捉住了晋惠公。

秦穆公得救了，忙问这些救命恩人的名姓。原来他们是当年盗马的山民。一听说秦国和晋国在这里开战，便纷纷前来助战，恰巧遇到秦穆公受难。

山民盗马是发生在几年前的一件事。

一次秦穆公和大臣去打猎，到了梁山，一看天色已晚，再回去，恐怕得赶夜路。由于梁山道路险峻，他们便决定在梁山过夜。他们支起了帐篷，把马匹拴到了外边。半夜时分，大家睡得都很香，忽听得有马蹄声响，也没有人在意。可天刚朦朦亮，他们就发现马少了4匹。秦穆公心想：肯定是昨晚半夜有人偷马，于是四处去找。

秦穆公和大臣们沿着一条小路走了下去，只见那边燃起的篝火还在闪烁，走近一看，一群头发蓬乱的人正在烤马肉吃，旁边已有了一堆骨头。几个大臣刚想过去抓他们，可秦穆公却拦住了他们，对大臣们说："这都是我的罪过，没有让百姓过上好日子，如今饥荒年年发生，百姓缺衣少食，他们也不愿意去偷，是不得已而为之啊！"于是他又派人送去带来的酒和粮食。秦穆公已经没有了打猎的兴趣，带领人马回到宫中去了。

这些山民都深受感动，他们知道秦穆公如此宽厚仁义，将来一定能使秦国强大起来。后来这些山民总想找个机会报答秦穆公，一听说秦国和晋国要开战了，于是纷纷做好准备，救下了秦穆公。

秦穆公下马，拉着山民的手，又感激又惭愧，感激的是山民舍身相救，惭愧的是秦国又出现饥荒，百姓仍没有过上安康的生活。他想让这些山民留在宫中，山民谢绝了。他又让大臣们拿财宝给这些山民，但他们仍没有要。他们对秦穆公说："主公只要你勤于朝政，为天下百姓着想，我们就知足了。"

秦穆公目送着这些山民，心想：我一定让天下百姓吃饱穿暖，过上安定的生活。

重耳忍辱而逃

晋献公为了和秦国联姻，把大女儿伯姬嫁给秦穆公。而夷吾也就是晋惠公，是晋献公的儿子，伯姬比晋惠公年长几岁，所以按辈儿排，秦穆公是晋惠公的姐夫。可晋惠公的所作所为，让秦穆公气得不得了，恨不得亲手杀了他。可是他念及夫人的情面，只好把晋惠公囚禁起来。

秦穆公的夫人伯姬为人贤惠，而且深明大义，但是听说弟弟做了秦穆公的俘虏，也觉得脸上过不去，认为是父母之邦的奇耻大辱，想让秦穆公放了晋惠公。

一天，伯姬为秦穆公摆了一桌酒席。秦穆公累了一天，一回到后宫，见夫人为自己摆酒设宴，很感动。伯姬一边给秦穆公斟酒，一边和秦穆公说话。秦穆公本来就很喜欢伯姬，今日一见伯姬特意化妆打扮了一下，显得无比娇艳，所以更是满心欢喜，多喝了几杯。伯姬趴到秦穆公耳边说："夫君，你知道我爹爹是谁吗？""当然知道了，是晋献公啊！""那你知道被你囚禁的晋惠公的爹爹是谁吗？""知道啊，也是晋献公啊！""那我们俩可是一父所生啊，我这个做姐姐的真没有用啊！"说着说着，她就哭了起来，越哭越伤心。秦穆公赶紧相劝道："夫人为何这么伤心啊？"伯姬边哭边说道："夫君你想一想，我在后宫享尽荣华富贵，而弟弟却被囚禁，没有一点自由，别人不耻笑我这个做姐姐的吗！"秦穆公忙说道："晋惠公自讨苦吃，没有人耻笑夫人的。"伯姬哭得更伤心，说道："看在我与他同父的份上，放过他这一次吧！"

一下子，秦穆公酒醒了，他十分不高兴地说道："晋惠公答应割给我5座城池至今没有给我。你们晋国闹了灾荒，我念及百姓的困苦，没有与晋惠公计较，给他送去了很多粮食。可他没有良心，我大秦闹了灾荒，他不但没有相助，而且乘人之危攻打我秦国，要不是那群山民舍身相救，恐怕我秦穆公早已死在他手下了。这样不仁不义、不讲信用的晋惠公我岂能放了他。我没有杀他，就是看在你与他是一父所养的份上。"

伯姬哭得更伤心了，哭着哭着，猛地一下从墙上取下了宝剑，按在自己脖子上，对秦穆公说："我无力去救弟弟，我不想被天下人耻笑，只有一死了之。"

秦穆公吓了一跳，看见自己的夫人真要自杀，赶紧去抢宝剑。秦穆公说道："夫人有话好好说。别这样，放下宝剑，我答应你就是了。"伯姬听到这里，才放下宝剑，说道："夫君，此话当真？"秦穆公叹了口气道："我秦穆公说话从来都讲信用！"

晋惠公在秦国待了三个月，他知道有姐姐在，命是保住了。可是却担心重耳乘他不在之际会杀回来继承王位。

秦穆公答应了夫人，心想：一国之君被擒，对晋惠公来讲也是极没有面子了，给夫人一个台阶下，于是他打开囚车，放了晋惠公。

晋惠公获得自由，便立即想回国，他担心他的王位被重耳抢走，于是命勃鞮去杀重耳，越快越好。

由于秦穆公不相信晋惠公，所以晋惠公的一举一动都有人监视。正当晋惠公和勃鞮商议要杀重耳时，自以为很严密的晋惠公没料到早被别人偷听到，立即报告了秦穆公。

秦穆公觉得此事没有涉及自己的利益，所以也不想干涉。可他又转念一想：重耳为人仁义厚道，而晋惠公不守信用，我还是救重耳一命吧。于是秦穆公找人速去报告晋国老臣狐突。

狐突是一位老臣，他忠心保晋国，与秦穆公关系也很好。听说秦穆公派人送信：晋惠公派人来杀重耳，让重耳速速逃跑。狐突一看，大吃一惊，立即写信给两个儿子狐毛、狐偃。当年骊姬为排除异己，让狐毛、狐偃去辅佐重耳、夷吾去守蒲地、屈地。后来夷吾回都城做了国君，而狐毛、狐偃仍留原地，辅佐重耳。狐毛、狐偃看过信后，也大吃一惊，立即报告给了重耳。重耳本不想做国君，也没有提防晋惠公会暗害自己，一时间不知所措，召集众臣共同商议。臣子们说："我们现在兵力不足，没法与晋惠公抗衡，但又不能在这里等死，只能逃跑。"至于逃到哪国，大家又众说纷纭。最后他们决定逃往齐国，因为齐桓公为人正直，而且仁义，一定会收纳他们。

重耳非常重感情，舍不得妻儿，但自己此行吉凶难料，不能带妻儿一起走，只好含泪而别。临行前他对妻子说："我走了，你要多多保重。两个孩子都还小，你要把他们扶养成人，我此行吉凶难卜，如果25年后我还不回来，你就忘了我，我不会怪你的。"妻子季隗非常贤惠，早已哭成了一个泪人，对重耳说："我会等你一辈子，两个孩子我一定会扶养成人，让他们有一番作为。要走你就赶快走吧，一路之上也要多多保重，将来安定下来之后，别忘了我们。"夫妻泪别。

正在这时，狐毛、狐偃又来报告。狐毛说："我父亲又派人捎口信，说刺客提前行动，公子必须马上离开这是非之地，另外他们还说要杀赵衰。"

赵衰是重耳妻子的姐夫，为人忠义，而且很有智谋，辅佐重耳，忠心不二。晋惠公看在眼里，恨在心上，所以想一起杀掉赵衰。

赵衰也匆匆收拾了一下，来不及备马，只好跑到了城外约定的地点。同行的人很快都到齐了，可是管理钱财的头领迟迟不到，原来头领带着钱财逃跑了。再命人去城里取些钱财怕是来不及了，他们只好身无分文地前进了。

一路之上，他们历尽千辛万苦，没有马匹车辆，只好步行。

他们克服了重重困难，终于来到了卫国，过了卫国都城再往前行，就是奔齐国的路。

重耳一行人来到了卫国城外,卫国却下令紧闭城门,不得放进一个人。按当时的礼节,重耳乃晋献公之子,与晋惠公又是兄弟,卫国国君应亲自款待,而且还要赠送礼物。可是卫国国君生性胆小怕事,他知道晋惠公要追杀重耳,怕他接见了重耳,晋惠公会怪罪于他,所以他下令紧闭城门。

这可把魏武子犨气坏了,他本来脾气就暴躁,又见卫国国君如此无礼,心想:既然你这昏君不仁,我魏武子犨也就不义了。他想到卫国的郊外去抢些吃的,可被重耳制止了。重耳说:"他不仁,我们不能不义,如果我们去抢吃的,就不也是不仁不义了吗,会遭天下人耻笑的。"大家只好饿着肚子绕着卫国都城转了大半个圈才走了过去。魏武子犨心里还在骂着卫国国君。

一行人只好饿着肚子继续赶路,从清晨走到中午,又饿又渴又累。正好遇上一座山,他们满心盼望可以从山上找到些野果子,可是到山上一看,发现野果子早已被摘得一干二净,众人没有办法,只好接了一点泉水解解渴。没想到喝了点水,大家又觉得肚子饿得厉害了。

他们爬过了山,看见几个农夫在田间吃饭,重耳饿得也是浑身无力,让狐偃去要点吃的。狐偃走了过去,很有礼貌地一位老农夫说:"老人家,我们几个人从远处而来,一天没有吃饭了,请施舍给我们一点,我们好有气力继续赶路。"劳累了半天的农夫一见到狐偃身强力壮而又向他前来讨饭,很不高兴,对他说道:"年轻人,我也没有办法,饭不够吃,你能不能施舍给我点,我好有气力继续耕田啊!"狐偃很是生气,但又不便发作。而另一个农夫更是戏弄狐偃,说道:"壮汉,我们依靠它才吃得饱!"说着举起了一个土块,"你们拿去吃吧!"说完竟朝狐偃扔了过来。狐偃强压心头怒火,只好低头回来了,和重耳一说,重耳没有说什么。而早已憋了一肚子气的魏武子犨再也忍不住了,心想:你们卫国国君如此无礼,你一个小小的村夫也如此放肆,竟敢戏弄我们,看我不教训你们才怪呢。他悄悄地溜向那群农夫。狐偃眼尖,看到了魏武子犨想去动武,赶紧跑上前去,拦住了他,说道:"土地是国家的根本,没有土地,就不会有一切,百姓送给我们,我们应该高兴才对啊!"

又走了将近一天的路,大家饿得实在受不了。正走着走着,狐偃看见了一片野菜，高兴得跳了起来。大家以为他发现什么了呢，顺着他手指的方向，除了野菜什么也没有。魏武子犨说："你到底发现什么了，除了野菜什么也没有吗？"狐偃不慌不忙地说："就是野菜。"众人一听，都像泄了气的皮球。狐偃说："野菜照样能充饥。"于是狐偃等人前去采摘野菜，回来之后，狐偃把嫩的交给了重耳。重耳看着野菜发愣，其他人也是手拿野菜，只看不吃。狐偃心想：他们是看着我呢。于是他拿过一把野菜，狼吞虎咽地放在嘴里。野菜又苦又涩，但是狐偃装出很好吃的样子，又拿过了一把野菜，放在嘴里津津有味地嚼着。大家都很饿，于是都把野菜放在了嘴里，一放进去，才知道上了当，但没有办法，只好勉强咽了下去。重耳哪里吃过这样的苦啊，他只勉强吃了几口。大家多少吃了一点，觉得有了点力气，便继续赶路。

然而，赵衰在走山路时，脚又受伤了，走得很慢。没有办法，他来到了一农家，那个老农夫很好，给赵衰用热水烫了烫脚，又用布裹了一下，临走时还给赵衰一小竹筒粥。

大家等了一会儿赵衰，赵衰很兴奋地赶了上来，将农夫送的一小竹筒粥给了重耳，重耳让赵衰吃。赵衰说："我已经在农夫家吃饱了。"重耳知道赵衰一点也没有吃，便说道："我吃了野菜，也吃饱了。"于是一小竹筒粥传来传去，就是没有人喝，重耳深受感动。最后粥又传到了赵衰手里。赵衰将粥里又加了一些水，给大家每人分了几口，想给重耳多吃几口，可重耳说什么也不多吃。

一路上，他们风餐露宿，遇上好的人家，就能讨一点饭吃。那年月，农民自身还吃不饱呢，哪有剩余的给他们呢，所以他们经常挨饿。饿极了，就采一些野菜充饥。转眼一年已经过去了，一路上，他们受尽了折磨，一个个都变得又黑又瘦。这一天，他们终于来到了齐国。

重耳对大家说："看，齐国到了，我们有救了。"魏武子犨说："那齐桓公不收留我们，怎么办呢？"重耳忙说道："齐桓公乃一明君，不会那样做的。"

那时，齐桓公年岁已大，但他听说重耳已来到城外，便亲自出城迎接，并且设宴款待。

重耳等人在齐国暂时安定了下来，齐桓公觉得重耳有才有德，便把本家女子齐姜嫁给了重耳。

重耳忍辱而逃，历尽千辛万苦，后来他做了国君，却始终牢记逃亡之苦，励精图治，把晋国治理得井井有条。

重耳被劫

公元前643年，一世英名的齐桓公去世。齐桓公一生为了齐国的江山社稷励精图治，呕心沥血，礼贤下士，深受齐国百姓和天下诸侯敬仰。他不欺辱弱小民族，帮助燕国打败山戎，而且又把本国领土割出50里给了燕国。齐桓公称雄于世，叱咤风云，可到了晚年，却十分凄凉。

齐桓公的妃子、儿子20多个。齐桓公到了晚年，妃子、儿子中竟没有人照顾齐桓公，而是整天争权夺势，勾心斗角，闹得国家乌烟瘴气。德高望重的管仲去世以后，齐桓公身边的几个近臣也是为所欲为，不把齐桓公放在眼里。

几位大臣和齐桓公的爱妾为了早日夺权，勾结起来，把年事已高而又体弱多病的齐桓公关进后宫，既不给药吃，也不给饭吃。一个侍从人员不忍心看到一世英名的齐桓公被饿死，悄悄地给齐桓公去送饭。齐桓公连饿加上病，已经说不出话来了，一看见有人送饭来，感动得两眼含泪。那个侍者正要给齐桓公喂饭，齐桓公的爱妾带领着士兵从外边闯进来。把那个侍者给绑了起来，把饭菜打翻在地。齐桓公用手指着自己的爱妾，咬牙切齿，一口气没上来，活活被气死了。

齐桓公死后，儿子和爱妾们并没有悲伤，也不急着给齐桓公办丧事，而是为了争夺君位，各自领兵互相残杀。

内乱则外辱，家和万事兴。齐国内乱不断，在其他诸侯国中的威望一扫而尽，齐桓公历尽千辛万苦所创的霸业一夜之间土崩瓦解，可悲可叹！

晋国公子重耳来到齐国受到了齐桓公的盛情邀请，那时齐桓公虽年事已高，但手握实权，别人也不敢轻举妄动，对齐桓公也是毕恭毕敬。可齐桓公一病不起，就没有人再听他的话了，只有晋公子重耳不忘齐桓公的大恩大德，经常去探望得病的齐桓公。开始，齐桓公的儿子、爱妾还不冷不热地接待重耳，后来干脆不理重耳，最后甚至不让重耳见齐桓公了。重耳暗暗伤怀，心想：齐桓公一世英名，所做之事顶天立地，可是唯一遗憾的是没有把自己的王权分配好，才落得如此下场。妻妾、儿孙为了争夺王位，都暗中搞小动作。

齐桓公死后，齐国内乱时常发生，打来打去，受苦的是百姓，昔日强大的齐国被折腾得不成样子。赵衰、狐偃见齐国内乱还会继续下去，而且齐国也会越来越弱小，便建议重耳离开齐国，另找出路。

重耳来到齐国已经7年了。他和齐姜结婚后，天天待在宫里，看看诗书，他对这种生活非常满足。虽然记着逃亡之辱，但重耳讨厌打打杀杀的战争，只想过一种平静安定的生活。

一日，赵衰、狐偃来见重耳。重耳正和齐姜谈论诗书。赵衰直言不讳："公子，齐国内乱连年不断，百姓叫苦不堪，在齐国继续待下去，对我们没有什么好处，我们还是另找出路吧！"狐偃也说道："齐国大乱，公子早晚要受战争牵连，我们还是早做准备吧！"重耳一听，十分不高兴，对他们说道："我在齐国已有7年，生活十分快乐。他齐国发生内乱与我无关，他们无论是谁夺取了王位，对我也没有什么威胁，我是不会离开大齐的。"

二人一看说不过重耳，只好返回住处。但二人并没有灰心，他们想商议一个对策，让重耳离开齐国。正在商议之际，齐姜突然进来了。这一下可把众人吓坏了，他们想：完了，一切计划都会落空。狐偃、赵衰定下的计策是以打猎为由把重耳骗出齐城，然后再投奔宋国。姜氏一进屋便对众人说："你们是想把重耳带到宋国打猎，还是带到秦国打猎呢？"赵衰、狐偃一看事情已暴露，便实话实说了。赵衰说道："既然夫人全都听见了，我们也不再隐瞒了，我们思前想后，觉得齐国不适合公子重耳继续待下去，准备把他骗到别的国家去。夫人也知道，那一次我和狐偃二人相劝公子，公子不听，所以我们众人才商议对策。既然夫人都知晓了，我们甘愿受罚，请夫人治罪。"

齐姜听后，面露严肃之情，对大家说："好男儿志在四方，你们想让公子离开齐国，我也支持，因为齐国内乱不止，我不希望公子在这危险之地久留。我也私下问过公子，他不想离开齐国，我虽然也舍不得公子离开，但是为了公子能干一番大事业，我今天前来也是和大家商议如何骗走公子的。"众人一听，松了一口气。

狐偃听后，暗暗佩服齐姜，心想：一个女子，竟如此志向远大，而且不顾儿女情长，实在是难得。他想着想着，站起身来，恭恭敬敬地给齐姜深施一礼。

齐姜又对大家说："你们刚才的计策有些不妥。如果公子出城打猎，被你们骗出了齐都，他脾气倔强，若宁死不走，你们打算怎么办呢？"大家一时沉默，都不知怎么办才好。齐姜说："我有一计，肯定可以让公子随你们到别国去。"大家都为之一振，仔细听齐姜的锦囊妙计。齐姜说："晚上我劝公子多喝几杯，等他醉了，你们连夜把他带走，到了别的国家，他也只好待在那里了。"大家一听是个好主意。

齐姜回到了后宫，立即吩咐给重耳准备一桌丰盛的酒菜。重耳很喜欢齐姜，一天到晚除了看诗书就是陪着夫人。二人恩恩爱爱，感情特别好。

齐姜和重耳生活虽然很富有，但并不奢侈，很少准备如此丰盛的酒席。重耳不知为什么，便问齐姜："夫人，今日我们为什么准备如此丰盛的酒席？"齐姜说："公子，我们夫妻恩恩爱爱，从不吵架，我今天想好好庆祝一下，我嫁给你真是有幸。"重耳很是感动，说实话，他很感激齐姜。齐姜不仅贤惠，而且深明大义，经常为他解除心中烦恼。

于是，他们便开始喝酒，齐姜一边给重耳斟酒，一边问道："公子，那一天狐偃和赵衰劝你离开齐国，你打算怎么办呢？其实他俩说得也很有道理，齐桓公一死，齐国大乱，即使有新国君，也未必像齐桓公那样贤明豁达啊！"

重耳一听，心里有些不高兴，便说道："我重耳生活得好好的，齐桓公死的时间已经不短了。他们只顾争夺他们的王位，没有任何人来打扰我的生活，将来他们做了国君，也不会来打扰我的。"齐姜又给重耳斟了一杯酒，说道："公子，你忍辱而逃，晋惠公不得人心，加上连年灾荒，晋国的江山社稷难保啊，而且百姓的生活日益贫穷，公子难道不爱惜你的臣民吗？"重耳听到这里，心里很难过。于是，齐姜又给重耳斟了一杯酒，对重耳说："公子不如奔向别的国家，养精蓄锐，等到时机成熟了，再回到晋国，不为了王位，而是为晋国天下百姓啊！"

重耳仰天长啸，两眼含泪，说道："想当年，我重耳被追杀，历尽千辛万苦才逃到齐国,我和我的妻儿分离已八年有余,今日我若再到别的国家去,我又要和你分手,你我恩恩爱爱,相敬如宾,我是绝对不会离开你的。别说这伤心的事了。"

齐姜一见劝说不动,只好按原计划行事。

齐姜命侍女歌舞助兴,又要侍女轮流敬重耳。重耳有酒必干,渐渐地便喝得晕头转向,醉倒在桌子旁边。齐姜命人一起把重耳放到了床上,又命侍女去叫狐偃、赵衰等人。这几个人早已等得有些心急了,他们怕齐姜一时改变了主意,舍不得重耳离开。

侍女见到了狐偃、赵衰,把情况一说,这几个人立即驾着准备好的车辆,直奔重耳的住处。众人把重耳放到车辆上,重耳喝得大醉,放在车上仍昏睡不醒。齐姜看着夫君要离开自己,不禁泪流满面。众人一见也十分难过,心里都暗暗佩服齐姜,她为了重耳能干一番大事,宁可让自己空悲泣,独守空房。

送走了重耳,齐姜呆呆地发愣,心里默默祝愿:重耳能重整晋国的江山,干一番事业。

重耳的确喝了不少。走出了齐国国都,野地里凉风习习,重耳才迷迷糊糊醒来。他感觉到头痛得厉害,四处都在动。他说道:"齐姜,夫人,我们在哪里啊,怎么哪儿都在动?"众人一看重耳已醒来,只是闭着眼,也没有人想再骗他了。于是狐偃说道:"主公您醒了。"一句主公,重耳立刻坐了起来,酒一下子就醒了过来。一看车上坐的人,他心里明白了怎么回事,便发怒道:"我们到哪里去?"狐偃答道:"主公,我们去宋国或是别国去。"重耳大怒道:"你们根本不把我放在眼里,你们不经我同意,竟敢私自把我放在车上,劫我而走,真是反了你们了。立即给我调转车头回齐国去。"狐偃早已编好了一套话,说道:"主公,我们是黑夜悄悄地逃出城的。齐国人说我们没有礼貌,连一声招呼都不打,简直是目中无人,他们正派兵追杀我们呢,我们要是回去,就等于自投罗网,只有死路一条。"重耳一听也没有别的办法了,便生气地拔出了宝剑刺向了狐偃。狐偃乃一员虎将,能征善战,轻轻往边上一动就抓住了重耳的手,说道:"主公息怒,手下留情,我有话要讲。"重耳一看剑已经被人家夺了过去,只好听着狐偃讲。狐偃说道:"主公,把您灌醉,又把您放在车上的都是你的夫人齐姜所为。她知道你儿女情长,但她又希望你干出一番大事来。临行前，你的夫人含着泪对我们说，即使你忘了她，如果你能干出一番大事来，她也心满意足了。如果你整天想着她，而碌碌无为，一无所成，她也不想再见到你了。主公，您想一想，一个女子竟如此胸怀大志，而您一个堂堂的男子汉，怎么能如此呢？"重耳渐渐地消了气，望着齐都，暗暗地落泪，他是在想夫人齐姜。

这一日，重耳几人来到了曹国。曹君为人胆小怕事，欺软怕硬。他听说他们是从齐国逃生来的，没有和齐国打招呼，心想：齐国虽然内乱不断，可是毕竟是大国，瘦死的骆驼比马大，齐国万一动怒，我一个小小的曹国，还不说灭就灭。而你重耳只是一个逃亡的晋国公子，我不接见你，你只有几兵几卒，奈何不了我。于是，他让士兵紧关城门。

曹国大夫僖负羁为人忠厚，有礼貌。他得知重耳一行人在城门外，便去见曹君。他对曹君说："主公，重耳虽从齐国逃出来，但齐国不会怪罪他，齐国人正忙于内乱，没有心情理重耳一事。重耳虽然现在落难而逃，但我们仍应施礼节，至少应放他们进城，也好不被天下人耻笑我们曹国没有礼节啊！主公，多一个朋友多一条路，多一个冤家多一堵墙，将来要是重耳做了国君，因此事而忌恨我们，对我们曹国可不利啊！"

曹君被大夫僖负羁劝了半天，才勉强答应打开城门。

重耳一行人正要走，只见城门大开，大夫僖负羁亲自出城相迎。来到城中，大夫又去见曹君，问道："主公，重耳已来到城中，按礼节我国应盛情款待他们，不知您的意思是怎样款待他们？"曹君早已不耐烦了，说道："让他们进城，已是看在你讲情的份上，还款待他们，那不是白日做梦吗？"

大夫僖负羁只好告退，一路走一路想：我家主公如此无礼节，我怎么和重耳说呢？不知不觉他到了重耳那里。大夫僖负羁说："近几日，我家主公身体欠安，还请几位多多原谅。"魏武子犨是个直人，喜欢直话直说，便带有怒气道："你家主公，如此无礼，看我家主公有一天不灭了你们小曹国。"重耳瞪了他一眼，赶忙陪不是，说道："大夫，您别怪罪他，他是一个粗人，不懂礼节。"

僖负羁也觉得曹君有失礼节，便把重耳一行人接到了家中，给他们摆了一桌丰盛的酒宴。重耳非常感激，其他人也都很感动。

第二天，重耳一行人告别大夫僖负羁。僖负羁又送给了重耳一些礼物，重耳婉言谢绝。大夫僖负羁心想：重耳在困难时，不贪钱财，难能可贵，是不可多得的明主啊，将来一定能成大事。

　　告别了曹国，重耳一行人又来到了宋国。由于宋襄公与楚国作战时被楚国一员大将在背部砍了一刀，伤势很重，只好派公孙固出城相迎。公孙固摆酒款待重耳等人。席间，狐偃表示了他们要留在宋国，公孙固摇了摇头，叹道："宋国每况愈下，不是一个好的地方啊！"狐偃问道："何出此言？"公孙固答道："你们看见了我家主公背上的伤了吧，那是被楚将砍的。自从齐桓公死后，我家主公就想做中原霸主，而其他诸侯都不服气，特别是楚国，立即派兵攻打我国。而我家主公还在和他们讲仁义，结果大败而归，百姓更是无法生存。"

　　众人只好告别了宋国，踏上了去楚国的征程。

年过花甲始称君

　　晋惠公为人不守信用，答应给秦国五座城池不了了之，而后竟恩将仇报，攻打秦国，结果被公孙枝捉住。秦穆公囚禁了惠公三个月，而他的姐姐也就是秦穆公的夫人以死相逼，秦穆公才放了他。晋惠公回到了晋国，派人去追杀重耳，而百姓很信任重耳，纷纷对晋惠公表示不满。晋惠公知道民心已失，所以他不想再得罪别的诸侯国了。为了向秦穆公表示自己的悔意和诚意，晋惠公把公子圉送到秦国，当作人质。虽然是人质，但秦穆公的夫人对侄儿疼爱有加，别人也没有敢小瞧他的。

　　公元前637年，晋惠公病死。而公子圉又在秦国做人质，所以晋国一时又没有了国君。公子圉虽身在秦国，可心早已在晋国的王位上，他怕重耳杀回来夺取王位，又怕自己的弟弟抢夺王位，于是偷偷地跑出了王宫。

　　公子圉逃回了晋国，做了国君，他就是晋怀公。他想自己在秦国做人质，虽然没有人小瞧自己，但毕竟是人质。他认为那是奇耻大辱，于是与秦国断绝了关系，而且反目成仇。

秦穆公气得七窍生烟，心想：这对父子真是一家人，一个忘恩负义，不讲信用，一个恩将仇报，过河拆桥，真让我伤透了心。秦穆公对晋惠公和公子圉确实不薄，虽然把他们囚禁在秦国，但也能以诚相待，而这二人却都没有良心。

秦穆公越想越生气，越想越后悔，他后悔当初不应护送晋惠公回晋国，而应护送仁义的重耳。他眼前忽然一亮，心想：我现在如果找到重耳，让重耳回到晋国做国君，一是可以解除我心头之恨，二是重耳人忠厚，不会背信弃义，与我秦国一定会友好往来。此外，重耳在百姓威望很高，如果他做了国君，晋国的百姓也会过上好日子。

于是，秦穆公派人去打听重耳的下落。后有人报：重耳在楚国已经住几年了。

秦穆公决定亲自去见楚国国君，并见见重耳。

重耳受到晋惠公的追杀，四处漂泊。他一路历尽千辛万苦，先到了卫，卫君不理；后又到了齐，可齐桓公一死，齐国大乱；又去了曹国，曹君傲慢无礼；来到了宋，宋襄公病重；最后到了楚国，才安定下来。楚国国君对待重耳像自己的亲兄弟一样，特别热情。

这一天，秦穆公驾车来到了楚国。楚王出城相迎，秦穆公对楚王说："今日拜访，主要是想迎接公子重耳回国，做晋国国君。今晋国一片混乱，需要明君定乾坤，众人说重耳仁义，有才有德，所以前来相迎。"楚王一听，也很高兴，心想：我楚王与重耳以兄弟相称，我待他如自己的亲人，他做了晋国国君对自己也绝无害处。

于是，楚王去找重耳。重耳一见楚王，赶紧相迎，说道："楚王您大驾光临，有何贵干？"楚王说道："重耳，你我二人如兄弟，我有话就直说了，今秦穆公已来到我这里，他想把你护送回晋国，让你做国君。秦穆公说，现在晋国上下一片混乱，百姓更是生活困苦。如果公子能去晋国做国君，晋国一片新气象指日可待啊！公子忍辱而逃，为的不就是有朝一日能收拾旧山河，重整旗鼓吗？今日秦穆公为你保驾，应该说是万无一失。秦穆公为人贤达，而晋惠公和晋怀公都忘恩负义，背信弃义，所以大家特别希望公子重出江湖。"

重耳思考了一会儿，想起了在晋国的妻儿和当初被逼而走，又想起了齐国的妻儿迫于无奈劝他逃离齐国并辗转来到楚国，而这一切都是为了他能有一番作为。于是重耳下定决心，答应了楚王，和楚王一起去见秦穆公。

重耳很有礼节，上前给秦穆公深施一礼说道："小弟有失远迎，请多多原谅！"秦穆公一看重耳，虽年事已高，但为人忠厚可信。秦穆公很喜欢重耳，便决定把自己的女儿嫁给重耳。秦穆公的女儿叫怀嬴，天资聪明，知书达理。那时公子圉在秦国作人质时，秦穆公的夫人保媒，让怀嬴嫁给了公子圉。秦穆公虽然有些不愿意，但夫人提出来，也没有反驳。后来，公子圉从秦国逃跑，丢下怀嬴不管了。今日秦穆公找到女儿，对女儿说："为父再给你找一个人。"怀嬴答道："女儿之事，父亲尽管做主。"秦穆公大悦道："那好！嫁给重耳，此人虽年纪稍大，但为人忠厚。"怀嬴一听吃了一惊，觉得很为难。自己是公子圉的妻子，而重耳是公子圉的叔叔，这不是叔叔娶侄媳妇了吗？另外重耳已不是年纪稍大，而是很大，都已年过花甲了。可是怀嬴又怕父王生气，所以勉强答应了。

重耳一听秦穆公想把自己的女儿怀嬴嫁给自己，也觉得很不合适。心想：差着辈呢，还不被别人取笑。于是，重耳想推了这门亲事，赵衰立即劝道："主公不能推掉此门婚事。历来两国修好，都是靠婚姻维系。晋献公，也就是你的父王将你姐姐嫁给了秦穆公，从此晋、秦两国关系很好，要不是晋惠公和晋怀公三番五次让秦穆公恼火，秦穆公也不会对他们无礼。话又说回来，要不是看在你姐姐的面上，秦穆公捉到晋惠公，早就该杀了他。所以主公一定要答应下来，如果主公成了秦穆公的女婿，秦穆公一定会尽最大努力保护我们回国，您就可以当上国君，拯救我晋国天下百姓了。"

重耳勉强答应了，61岁的重耳成了秦穆公的老女婿。

公元前636年，秦穆公亲自率领大军护送女婿重耳回国。

这一日，大军来到了黄河边，秦穆公把军队分成两部分，一部分保护重耳过河回国，他率另一部分人马在这里等候消息，如果晋国万一大乱，秦军大败，他好立即出战前去接应。

重耳、怀嬴和秦穆公洒泪而别。秦穆公拉着重耳的手说："晋国百姓能否过上好日子，都靠你了，另外女儿尚小，多多照顾。"

重耳率人登上了大船。壶叔正在往船上搬东西，重耳一看原来是自己和几个大臣们用过的旧物品和穿过的旧衣物，已经破得不成样子了，心想：壶叔还要它干什么，回国之后，什么不都会有了吗！于是他对壶叔说:"把这些东西扔了吧!"壶叔一愣,摸摸这个,看看那个,哪个也舍不得扔。重耳有些不耐烦地说道:"壶叔,扔了吧,回国之后,我们就有好的、新的了。"狐偃再也忍不住了,一下跪倒在重耳面前,说道:"主公马上要做国君了,一有秦穆公的帮助,二有宫中新大臣的辅佐,三有天下百姓的拥护。我们这几个人都已经老了,没有用了,就像那一堆破烂一样,扔了吧,回国之后有好的,有新的。"

重耳一听愣住了,知道自己错了,赶忙下命令,让壶叔把扔了的再拿上来。重耳百感交集。说道:"几位陪我重耳风风雨雨几十年,没有你们就没我重耳。我在最困难的时候,是你们帮助我,辅佐我,而如今,成功近在咫尺,我重耳怎会忘记你们呢,你们劳苦功高,应与我重耳一起享受荣华富贵。我重耳喜欢共苦的朋友,喜欢雪中送炭的朋友,而不喜欢锦上添花的朋友。"说罢他又向壶叔等人道了歉。

这一切秦穆公都看在眼里。暗暗佩服,心想:重耳知错必改,不忘别人昔日之恩。如此贤德,定能成大业。

重耳带领众人渡过了黄河。

黄河边上早已有了晋怀公的人马,可是刚一交手,晋军就大败。秦军越杀越勇,重耳命令收兵,将士们不知怎么回事。重耳走到晋军面前,对晋军说:"我是重耳,我们本是同根生,何必互相残杀呢。晋怀公不得人心,所以我重耳才回国争夺君位,如果天下百姓太平,过上了幸福安定的日子,我重耳若夺取王位而给百姓带来疾苦,那是我重耳不仁不义。可如今,百姓处于水深火热之中,我是尽我最大的努力来重整我大晋国河山的。将士们请想一想,我们还要再打下去吗?"将士们一听重耳的肺俯之言,都深受感动,本来就不愿为晋怀公卖命,所以纷纷投降了。重耳命令:不许虐待俘虏。

重耳一路过关斩将,转眼已攻破了五座城池。晋怀公知道大势已去,便在勃鞮的保护下逃走了。他知道自己若不逃走,肯定没有好下场,即使重耳不杀自己,秦穆公也不会善罢干休。

而当年受晋惠公之命去劫杀重耳的吕饴甥、郤芮知道自己逃也逃不了,便去请罪。重耳襟怀坦荡,不与他们计较,没有杀他们。

重耳终于在62岁做了晋国国君,也就是历史上有名的晋文公。晋文公大器晚成,年过花甲始做君。

晋文公为了巩固自己的地位，派人杀了晋怀公。晋怀公被杀，吓坏了吕饴甥、郤芮。他们二人想：晋文公只是为了稳定军心、民心，才放过了他们，一旦地位巩固了还会杀了他们的。

　于是，他们找到勃鞮，商议谋杀晋文公。勃鞮说："晋文公刚一做国君，晋国百姓的生活就安定了下来，可见晋文公深得人心。而且他也没有杀你们二位，可见肚量很大。我们为什么还要杀他呢？"吕饴甥道："晋文公迟早会杀我们的，他连自己的侄儿都会杀，还会放过我们吗？我们三番五次追杀他，他忍辱而逃，在外漂泊整整19年，他会忘掉过去的恩怨吗？"郤芮说："杀了晋文公，我们还有一条出路，不杀晋文公，我们只有死路一条。"勃鞮点头答应。

　这一天夜里三更时分，宫门突然失火，火光冲天，宫内乱作一团。这火正是郤芮所放，吕饴甥、郤芮各带一班人马在东西门口把守，准备杀重耳。而重耳这时早已安全地从南门口出来了，南门是勃鞮把守的。原来勃鞮早已事先告诉了重耳。

　勃鞮本是一位忠臣，他两次追杀重耳，都是受晋献公和晋惠公之命。而这一次，他想：重耳已是国君了，我若再杀重耳，岂不是弑君吗？天下人岂不笑我不忠吗？于是，勃鞮没有听吕饴甥、郤芮的话，而将二人的密谋告诉了晋文公。

　晋文公将计就计，命宫中的人从南门走。吕饴甥、郤芮觉得很奇怪，原因是没有一个人从东门、西门跑出来，更不用说重耳。正当二人还在指挥时，早有晋军大将将二人逮住，押到了晋文公面前。晋文公大怒："我放了你们，不怪罪你们，你们却还想杀死本王，推出去，斩首！"

　勃鞮本次救驾有功，而且对君王一心不二，得到了晋文王的重用。有人劝阻重耳："主公不要相信勃鞮，他两次暗杀你，一次还斩断了你的一截袍袖，害得您四处奔走，您难道忘了吗？"晋文公道："用人不疑，疑人不用。"

　当年重耳逃跑时，管理财物的头领卷走钱财，害得晋文公差一点饿死在路上。这个人一听说重耳做了国君，心想：重耳要怪罪下来，早晚难逃一死，我不如去请罪，重耳豁达，或许能饶我不死。于是那个头领前来向重耳请罪。这可气坏了魏武子雠，他气呼呼地说："主公你若不杀了这个可耻的头领，我就告老还乡。"晋文公说道："这是为何？头领一时贪财，我们就原谅他一次吧！"

魏武子犨始终咽不下这口气，执意要回老家，晋文公左右为难。心想：杀了头领，头领就没有改过的时机；不杀他，我的左膀右臂魏武子犨又要离我而去，要没有他出生入死，岂能有我晋文公的今天。正当晋文公胡思乱想之时，那个当年逃跑的头领，手拿宝剑，来到魏武子犨面前，说道："大将军若不能容我，那就请杀了我，以免主公左右为难！"说着他把宝剑向前一递，魏武子犨也深受感动，一为这个头领所为，二为主公如此爱惜自己。心想：主公不忘往日的情意，我虽老，仍舍不得我离去。想着想着，魏武子犨伸手相搀，扶起了头领，君臣合欢。

后来，晋文公又重用头领，那个头领百倍努力，几年后，把晋国的财物管理得井井有条。

而天下百姓、各国诸侯见晋文公如此贤明，都很钦佩，晋文公的威望陡然升高。晋文公不忘昔日救命之恩，对齐国、楚国、秦国都很尊敬。

晋国在晋文公的统治下，渐渐地强大了起来。

退避三舍以报恩

晋文公不计前嫌，重用勃鞮，又重用当年逃跑的头领。众人见晋文公如此豁达大度深感佩服，一时间，有才能的人纷纷投靠晋文公。晋文公爱民如子，很重视农业的发展。渐渐地，晋国的国势越来越强，百姓安居乐业，到处一片太平的新景象。晋文公勤于朝政，广纳贤士，得到了天下人尊敬。

这一天，晋文公正在朝中处理政事，有人来报：宋国大司马公孙固求见。晋文公立即起身相迎，当年晋文公逃到宋国之时，公孙固对自己十分尊敬，而且宋襄公对自己也很好。后来公孙固把宋国的实际情况一说，晋文公才离开了宋国。一听说公孙固来到晋国，晋文公又惊又喜，惊的是，知道宋国一定有急事相求；喜的是，可以与昔日的老朋友相见。晋文公见到公孙固，立即把公孙固请到了宫中。

公孙固见晋文公如此相迎，心里十分感动。公孙固来不及休息就对文公说："如今楚兵已包围了宋城十天有余，宋国没有别的友邻，只有请晋文公速速派兵解围，如果不派兵，宋国灭亡之日不远矣！"

晋文公一听，左右为难，当年逃亡，宋国对自己帮助不小，何况滴水之恩当涌泉相报呢，但是自己逃到楚国，楚君与自己称兄道弟，对自己更是不薄，这让我如何是好！出兵解围，必与楚为仇，不出兵，对宋国又说不过去，被人家耻笑我，说我忘恩负义。

晋文公只好召集群臣商议对策。晋国大将先轸说："主公，自从齐桓公一死，中原霸主的位置一直没有人坐，宋襄公想当中原霸主，而其他诸侯国不服气。如今我们大晋国国势强大，兵强马壮，民心统一，其他诸侯国也十分敬仰主公您。我们应该乘此机会确立霸主地位，我们一定要帮助宋国，帮助宋国解围。"

狐偃也同意先轸的观点，但是他也知道晋文公的难处，于是对晋文公说："主公，我们一定要帮助宋国解围，想当初宋国对我们帮助不少，现在正是我们报答的时候。但是楚国也是我们的恩公，我们也不能直接攻打楚兵，那样更会被诸侯耻笑。我们可以攻打曹、卫两国，这两个国现已归楚国，如果被围，楚国必然会撤兵。"晋文公问道："既然我们知道曹、卫两国已归附楚国，若无缘无故出兵攻打曹、卫，楚国也一定会说我们忘恩负义的。"狐偃说道："主公，您不会忘了，当我们逃到卫国之时，卫君命兵士紧闭城门，害得我们绕了半个卫城，才走了过去，而曹国国君也是紧闭城门，后曹国大夫讲情才勉强让我们进去，不但没给我们设宴，而且连住处都不给准备，对我们如此无礼！我们就以曹、卫两国无礼而伐之，楚国也没办法再说别的，更没办法耻笑我们，只能是哑巴吃黄连——有苦说不出。"

当初，晋公子重耳逃到楚国时，楚国大臣成得臣见重耳胸怀坦荡，有容人之量，而且有才有德，将来很可能成大气候，就劝楚君杀了重耳，以免以后重耳做了国君，晋国强大起来，对自己构成威胁。楚王觉得公子重耳为人忠义，而且讲信用，就没听成得臣的劝告。

成得臣没有办法，只好自己设计去杀重耳。他邀重耳去打猎，遇到了一只山鸡，重耳骑着马追了过去，而成得臣则悄悄地掏出了箭，一箭直朝重耳的后心射了过去，如果射中，重耳必死无疑。重耳只顾向前跑，掏出弓箭一箭射中了山鸡，忽然听到身后"通"一声，回头一看只见一只梅花鹿也被射死在自己身后的一个小高台上。原来是成得臣的箭正要射到重耳身上时，从林中窜出一只梅花鹿，正跑到重耳身后的一块高台上，为重耳接了一箭。后来重耳做了晋文公，便命人为梅花鹿树了一块石碑，碑上写着：救命之鹿，终生不忘。成得臣暗害重耳，气坏了楚君，当时便下令要杀成得臣。这时，重耳骑马带着山鸡和梅花鹿赶到，一看此景，立即明白了怎么回事，原来是成得臣想暗害自己。起初重耳十分生气，但后又一想，算了，成得臣乃一员大将，立过无数战功，在大臣中的威望很高，如果因为自己而被杀，那么楚国人会瞧不起我的，楚君也是一时动怒，事后若后悔，我还怎么在楚国待下去呢？于是，重耳为成得臣求情，楚君才放了成得臣。

这都是往事，我们再回过来说晋文公听了狐偃的谋略，领兵攻打曹、卫两国。曹、卫乃是两个小国，晋军大兵一压境就吓坏了，赶快写信向楚君求救。楚君听到这一消息，也吃了一惊，心想：你重耳当初逃到我国时，就和我许下诺言，假如你当了国君，就努力让晋楚两国和睦相处。如果两国发生了战争，你会退避三舍（一舍为30里）。而今天你却攻打曹、卫两国。曹、卫两国虽然无礼，你也不应该攻打它们啊，因为它们已是我的附属国了。楚国国君立即调遣成得臣，让他速去曹、卫解围，因为楚国城内已没有多少兵卒了，所以楚成王才给成得臣下命令。成得臣正在攻打宋都睢阳（今河南省商丘县南），眼看就可以攻下睢阳来，却突然接到楚成王的命令，这可把成得臣气坏了，心想：重耳，我真恨自己当初一箭没射死你。成得臣不想放弃现在的大好机会，继续攻打睢阳，派人回信，告诉楚成王攻下宋城后，立即派兵支援曹、卫两国。

晋军一看楚军没来解围，就开始攻打曹、卫两国。两国支持不住，又向楚成王请求支援，楚成王心里也十分生气，心想：成得臣，我的命令你也不听，于是他又派人去告诉成得臣：火速派兵支援曹、卫，如敢违令，定斩不饶。

成得臣无奈，眼看着胜利果实白白丢掉，只有仰天长啸，赶紧调兵解围曹、卫。

成得臣对晋军恨之入骨。他对将士说："对晋军绝不能手下留情。"楚将宛春走上前去对成得臣说："大将军息怒，我们不必和晋国硬拼。我看晋国出兵解围宋，有两个目的，一是答谢当初逃亡时宋国对重耳的恩德,另一个是他想借此机会建立霸主地位,我们可以派人对晋文公说如果晋军撤兵曹、卫,我们也撤兵宋国,我们悄悄地把这个消息告诉宋国。他若答应了,宋、曹、卫都会感激我们,晋国也称不了霸。如果他不答应,曹、卫憎恨他,宋国也会说他过河拆桥,他还是树立不了威信。"

成得臣听后,怒气消了,派宛春出使晋国。宛春见到了晋文公说:"晋楚乃是两个友好国家,您在楚国时,与我家主公称兄道弟,如今你做了晋国国君,两国的关系也很好,我们不应动用武力。我们是否可以商谈一下,你们晋军从曹、卫两国撤兵,我们也从宋国撤兵,大家都不用武力解决,这不两全其美吗?你既帮宋国解围,与我楚国也不伤和气。"宛春刚一说完,晋文公的人就识破了他的诡计。先轸在晋文公耳边说了几句,晋文公下令:"来人,把宛春给我绑起来!"

原来先轸给晋文公出了一条妙计,他告诉晋文公:"我们可以暗中告诉曹、卫两国,如果他们同意与楚国断交,我们立即撤兵。我们将宛春扣留,成得臣为人固执,而且脾气暴躁,缺少了宛春这个大参谋,他一定会出兵攻打我们,宋国的都城也就保住了,这三个国家都会为此感谢我们。这样做虽然对楚国不利,但是主公您为了霸业早成,应该有这种魄力。"于是,晋文公听了先轸的话,扣留了宛春。

成得臣果然气极败坏,立即出兵攻打晋军。而楚成王得知了这一消息,立即派人告诉成得臣:与晋军能和则和,不要硬拼,要回宛春即可撤兵。成得臣早已气昏了头脑,对楚王的命令置若罔闻,还是率兵去攻打晋军。

晋军将领以逸待劳,等待着楚军。

这一日,成得臣率领着浩浩荡荡的人马直扑晋军。晋军将士情绪高涨,早已憋足了劲,准备与楚军决一死战。

但晋文公却突然下命令:后退90里!众将领不知怎么回事,晋文公说道:"成得臣虽蛮横无礼,但当年楚王于我有恩,没有楚王,就没有我的今天,我已答应楚王,说有朝一日我做了晋国国君,如果两国发生了战争,我会退避三舍,以报答楚王的大恩。如今两国开战,我不能食言,也不能忘了楚王的好处。"

晋军退避三舍,在城濮驻扎下来。晋文公心想:成得臣可以见好就收了,我晋文公也对得起楚王了。

但是成得臣不听楚将的劝阻,仍然要攻打晋军。他说:"不杀重耳不回师!"

晋文公一看成得臣如此无礼,非打不可了,于是他果断地任用年轻将领先轸做元帅。先轸虽然年轻,但早已是身经百战的"老兵"了,而且他熟读兵书,有很突出的军事才能。

先轸派人去侦察楚军军情,得知成得臣将楚军分成左中右三路大军,每军的首领也都一清二楚。先轸摸清了楚军的情况,做了有针对性的安排,他将晋军分成上中下三军,分别对付楚军左中右三军,又暗中选拔一支精兵绕到楚军背后埋伏起来,楚军一出军营,这支精兵就乘机夺取楚军的大营。先轸还派魏犨率兵到空桑埋伏起来,截击楚国败兵,舟之侨准备船只在南海等待,运走缴获的粮草。

成得臣虽然是武将,但他粗中有细,他知道晋军兵力强大,单靠自己的力量很难打败他,而且自己又不听楚王的命令,如果兵败,肯定会被楚王治罪,如果获胜,还可以将功补过。所以成得臣联合了陈、蔡、申、息等国,心想:这一下我的兵力比你强了,而你只有宋国相助,而且宋国刚刚结束战争,兵力很弱,打败你应该没问题了。

两军开战,晋军军心统一,作战英勇,打了不久,晋军佯败而逃。成得臣一看晋军如此不堪一击,大喜,命人去追。这时晋军鸣锣,楚军以为晋军要收兵呢,追杀得更紧,没想到从右路突然杀出一队战车。原来这是先轸预先演练好的:先佯装兵败,等楚军一追,再鸣锣不是收兵,而是向右军出击,从后面包围楚军,前后夹击。在晋军的夹击下,楚军大败,纷纷逃跑。楚军想逃回大营积蓄力量再战,可没想到大营早已被晋军的一支精兵占领。逃到半路上,楚军又遭到了魏犨率领的军队的截杀。

楚军大败,将士逃的逃、亡的亡,投降的也不计其数。成得臣一看大势已去,本想自杀,却被儿子成大心劝阻。成大心年仅15岁,但有万夫不挡之勇,他保护着父亲杀出一条血路逃跑了。

晋文公见楚军败势已定,立即收兵,又命令不要杀害楚军俘虏,并把这些俘虏组编成队,派人护送到楚国。

晋文公大获全胜,不仅打败了楚军,而且解救了宋国。但晋文公知恩图报,没有将走投无路的楚军杀掉,而是给他们放了一条生路,以报答楚王的当年之恩。

晋文公出兵解宋，宋国自然与晋国关系更加友好，而曹、卫两国对晋国撤兵也深表谢意。从此，晋文公的威望在诸侯国中倍增。

不鸣则已 一鸣惊人

楚成王做国君时，楚国势力十分强大，百姓安居乐业，兵强国富。但到了楚成王晚年，由于屡屡对外用兵，并连续受创，国力有所下降。而楚成王的儿子商臣对国君的位子也越来越感兴趣，他觉得当上了国君，就可以吃喝玩乐，而且可以指挥千军万马。他见父亲依然活得很健康，心想：等到父亲老死，自己什么时候才能当上国君，而且父亲整天管教自己，他若有朝一日把国君的位子传给兄弟不就惨了。于是他派人将楚成王杀死，自己继承了王位，他就是楚穆王。

楚穆王一心吃喝玩乐，不理朝政，而且他杀死自己的父亲，许多大臣都不服他，内乱不断。楚穆王只当政了短短的12年，就忧闷而死。

楚穆王的儿子继位，也就是楚庄王。

俗话说，新官上任三把火。大臣和天下百姓本以为楚庄王会烧把火呢，可是谁想到和楚穆王一样，他整天吃喝玩乐，不理朝政。

楚庄王刚继位时，就从各地选美女进宫。据说有两个女子，姿色十分娇艳，深得楚庄王宠爱，她们是郑姬和越女。她们整天陪伴楚庄王饮酒作乐，轻歌曼舞，日夜不停。

楚庄王在宫中玩得不耐烦了，就出宫打猎、游玩。

一些大臣私下议论：楚庄王和他父亲没什么两样，我们楚成王留下的江山社稷可要毁在他手里啊！

一些正直的大臣忧心忡忡，便去劝说楚庄王。有个叫成公贾的人三番五次去劝谏楚庄王，结果楚庄王烦了，就发布了一条命令：有来进谏者杀头。

大臣们议论纷纷，心想：哪里有这样的昏君啊，劝谏就要被杀头。

这条命令一公布，谁还敢去劝谏呢，谁也不想拿自己的生命去开玩笑。

时间似流水，转眼间三年已经过去。由于楚庄王不理朝政，一些贪官污吏开始兴风作浪，欺压百姓，搜刮民财，而正直的大臣们也没法进谏，只好兢兢业业干好自己的本职工作。楚国国力已大不如前，百姓怨声载道。

楚国大夫申无畏实在不忍心眼看着楚国一天天衰败下去，想去进谏。但一想到三年前楚庄王的命令，心里也有些害怕。最后他横下心来：为了楚国天下百姓能过上好日子，我申无畏宁死也要进谏。

这一天，楚庄王正在和郑姬、越女饮酒作乐，有人报：大夫申无畏求见。

楚庄王未等申无畏开口便说："大夫可知发布的命令？"申无畏立即答道："主公的命令早已熟记心中，但是我今天不是来进谏的，我觉得主公日日待在宫中，有时会感到心烦，我今天是特意带来一个谜语给主公解闷的。"楚庄王一听，一下子来了兴趣，说道："快快进来。"

申无畏说："南山有只鸟，美丽异常，可三年不飞不动也不叫，甚是奇怪，不知是什么鸟？"

楚庄王一听，心里就明白了，于是答道："这只鸟并非凡鸟，三年不动是决定方向，三年不飞是将息翅膀，三年不鸣是观察方向。此鸟不飞则已，一飞冲天；不鸣则已，一鸣惊人。"

申无畏知道楚庄王明白了自己的意思，便告退了。

又过了许多天，楚庄王依然饮酒作乐，不理朝政。成公贾和大夫苏从二人实在看不过眼，二人商议了一下，宁死也要进谏。

二人来见楚庄王，让人报说是来进谏的。楚庄王一听，命令道："大胆之人，把他们给我绑起来。"二人一齐跪倒，对楚庄王说："主公，我们知道自己会死，但请允许我们说完这些话后再处置。"楚庄王说："速速讲来。"二人说道："主公您整天不理朝政，朝中一些官吏也是昏天黑地，而受苦的却是我楚国的平民百姓。几年来，他们处于水深火热之中，如果继续下去，我楚国国力必然下降，在诸侯国中的威信也必然一扫而光，我们今日冒死前来进谏，希望主公三思而行啊，只要主公能把楚国的江山社稷治理好，我们死了也知足了。"

楚庄王本想试试二人的胆量，并没有杀他们之意，于是亲自走下来相搀，又亲自松开了绑，说道："二位受惊了，我怎么会杀你们呢，我三年来苦苦盼望的就是像你们这样不怕死的贤臣啊!"

于是,楚庄王上朝理政。他提拔了德才兼备的官吏,惩办了三年中为非作歹的昏官。国人见楚庄公开始上朝理政,都十分高兴。

楚庄王又严明了朝纲,整顿了兵马,重用了申无畏、苏从、成公贾等人。原来楚庄王刚刚继位,不理朝政,是故意的。他首先造出了假象,以沉湎于酒色作掩护,使矛盾暴露,洞悉忠奸,他采取了外昏内智的策略。三年之后,他开始上朝理政,对朝中情况了如指掌,做起事来得心应手。

楚庄王有智慧,而且胸襟开阔。

有一次他举行了一个大宴会,邀请了许多大臣。大家非常高兴,喝的酒也很多,一直喝到了日落西山、侍人掌灯。楚庄王高兴极了,命爱妃郑姬为百官敬酒。郑姬貌似天仙,她正在敬酒之时,忽然来了一阵风,灯被吹灭。不知哪位大臣竟摸了一把郑姬,郑姬十分生气,顺手把这位大臣的帽子摘了下来,并告诉了楚庄王。楚庄王想:今天喝了不少酒,难免有些失礼,如果为这点小事大动干戈,既扫兴,也会伤众人之心。于是楚庄王下命令:"先别掌灯,大家都把帽子摘下来。"等大臣们都把帽子摘下来之后,他才命人点灯。大家一看楚庄王如此贤德而且胸怀宽广,都暗暗佩服。

楚庄王知人善任,勤于朝政,楚国势力渐渐增强,军队也日益壮大。楚庄王决定出兵征服庸国。

楚穆王在位末期,内乱不断,又发生天灾,经济上非常困难,楚国周围的一些部族也乘机反叛,庸人最为厉害。在楚庄王刚刚继位的前三年里,庸国又联络了麇、戎、蛮、百濮等部族,声势浩大,经常在楚国边境上作乱。

楚庄王心想:庸国地处秦、巴、楚之间,是西北通秦、北上中原的战略要地。如果能打败庸国,不仅可以瓦解西部的威胁,而且可以将地盘扩大到湖北西北,与秦直接相接。到那时楚国就有足够的能力与其他诸侯国相抗衡了。

公元前611年,楚军出兵攻打庸国。庸国是个小国,楚军一到,庸国很快被灭。楚庄王下命令:不许扰乱百姓。楚军继续行军,麇和百濮等少数部族惧而退兵,楚军大获全胜,地盘进一步扩大。

周天子一看楚庄王如此有才有德,将来定能成大气候,便派王孙满前去慰问楚庄王，庄王询问王孙满周王室九鼎的大小轻重，王孙满一一回答。由于周室位于中原，所以"问鼎中原"这个成语就流传了下来，它也表明楚庄王将要称霸中原。

公元前608年，楚庄王带兵北上，攻打陈、宋两国。陈本是亲楚的国家，后因陈共公死时，楚人没前去慰问，便倒向了晋国一方。而宋国原来就和楚国有隙，楚成王伐宋时，由于晋文公出兵，没能攻下宋都，后来楚军大败于晋军。楚庄王一直没有忘记这件事。

在楚庄王的带领下，楚兵士气高涨，大军直压陈、宋两国国境。陈立即向晋国求救。晋王就派大将赵盾率兵来救陈，被楚军在北林（今郑州）打败，陈也随之灭亡。接着，楚庄王又挥师北上，打败了宋国，将宋国主帅华元生擒活捉。

公元前598年，晋联合宋、卫、陈三国与楚国在邲城（今河南省荥阳县）交战，晋军大败而归。原因是晋国元帅赵盾率领的四国联军看到楚军士气高昂，不敢前去交锋就退了回来。

至此，楚国与晋国平分霸权。楚庄王问鼎中原，也成为霸主，接受属国的朝贡。

晏婴使楚

晏婴是齐国人，身材不高，但为人机警，聪明贤德。晏婴原来是位隐士，后来齐景公继位，被爱惜人才的齐景公发现。齐景公三请晏婴，他才答应出山辅佐。

齐景公在位时，齐国的国势大不如前。齐景公重用晏婴，拜他为上大夫。晏婴上任后进行了一系列改革，并建议齐景公重视发展农业，加强军纪，从而使齐国的发展向前迈进了一步。

晏婴先天下之忧而忧，后天下之乐而乐，处处为百姓着想，为齐国江山社稷着想，很受齐景公赏识。

齐景公听大臣们说：晏婴平时吃住非常简单，但仍夜以继日地为国操劳，很想亲自去看望一下自己的爱臣。

一天中午，齐景公没有吃饭，便去晏婴家。晏婴一家人正在吃饭，一见主公前来，赶忙相迎。齐景公一看晏婴的饭菜果然非常简单，只有糙米和几个小菜。齐景公觉得心里过意不去，心想：晏婴为国事日夜操劳，却吃这些东西。于是他说道："我明天派人前来送些粮食和黄金，你改善一下生活。"晏婴赶紧答道："主公，万万不可，晏婴能吃到这些已感到万分荣幸了，天下百姓还有好多吃不到这些，甚至有的还吃不饱呢。"齐景公深受感动。便坐下来说道："我也在这里和你一起吃饭。"晏婴赶忙派人再做两个菜，可是晏婴家实在是没什么好菜，齐景公吃着这些小菜和糙米，有些难以下咽。他深知百姓疾苦，心想：我不治理好齐国，对不起天下的百姓啊！

从那以后，齐景公更加勤于朝政了。

然而这一年，齐国到处闹灾荒，齐景公决定祭天求雨。晏婴连忙劝阻："主公求雨，不如我们挖水。"齐景公说："挖水费人费力，我们不如向百姓征一些税，前来求雨，这样省人又省力。"晏婴道："主公，万万使不得。今年我大齐国闹灾荒，百姓本来就颗粒无收，如果再向农民征税，百姓就得饿死啊！我们在这时刻，应该打开国库，救济灾民，百姓一定会感谢主公恩德的。"

齐景公听了晏婴的话，不但没有加税，反而打开国库，救济百姓。百姓得到了救济粮，欢天喜地，纷纷感谢齐景公和晏婴。晏婴派人去观察地势，然后号召百姓挖井取水。百姓响应号召，在观察好的地方打井挖泉。旱灾终于解决了，齐国百姓齐心协力，共同渡过了难关。

第二年，齐国获得了大丰收。齐景公说："今年大丰收，我们可以加大税收，以充国库不足。"晏婴道："主公不必着急，今年百姓刚刚获得丰收，又遇去年旱灾，家中粮食一定不多，如果今年税收加重，百姓会有怨言的。如果明年仍是丰收年，我们可以加大税收，百姓手中有粮，也会心甘情愿地多交些粮食。"齐景公听了晏婴的话。第三年又获得大丰收，齐国加大税收，国库储备得满满的，而百姓也没有人报怨。邻国也遇到了同样的旱灾，但由于他们以加大农民税收来向上天求雨，雨不但没有求到，反而内乱不断，农民不堪重负，纷纷反叛。于是邻国使臣纷纷前来齐国取经，看看齐国是如何渡过难关的。

晏婴毫无保留，对各国使臣说："历史上求雨没有几次成功，我们靠天不如靠人，应该打井挖泉。"

齐桓公死后的齐国政局不稳，因此齐国采取了"乱世用重典"的方法，人们犯了罪处罚很重，到了齐景公这里，仍然如此，百姓对此意见甚大。

一次，齐景公问晏婴："什么东西最便宜，什么东西最贵？"晏婴心想：我可以借此机会劝劝齐景公减轻刑罚，于是答道："主公，在我们齐国，假脚最贵，鞋子最便宜。"齐景公一愣，问道："这是为何？"晏婴答道："齐国刑罚很重，动不动就是刖刑，砍掉的脚太多了，百姓没有多少人去买鞋了，而是争着抢着去买假脚。"齐景公一下子就明白了晏婴的意思，立即下令取消刖刑。

后来，齐景公又减轻了许多刑罚。刑罚减轻了，百姓可以安定地生活，犯罪反而减少了。

齐景公很想与一个强大的诸侯国建立同盟，于是他想到了楚国。楚国那时是中原霸主。齐景公想与楚国结好，于是派晏婴出使。

晏婴奉命而行。来到了楚国，那时楚国国君是楚灵王，他一听说齐国晏婴前来求见，便命人把城门紧闭，在城门边上挖了一个洞，洞不高，但人可以钻过去。楚灵王想羞辱一下晏婴。

晏婴一不气二不恼，对守城的将士说："去报告你家主公，请问这是不是狗洞，我听说只有到狗国才钻狗洞，请问一下这是什么国？"将士们不敢怠慢，立即转告楚灵王。楚灵王十分生气，但又没有办法。只好命人将城门打开。

楚灵王接见晏婴，一见晏婴身材矮小，便问晏婴："你们齐国是不是没有人了，怎么派你来了？"晏婴一听，知道楚灵王是在说自己无能呢。可晏婴一点也不生气，很平静地对楚灵王说："回大王，我们齐国有个规矩，访问上等国家派上等使臣，访问中等国家派中等使臣，我无才无能且身材矮小，只配访问下等国家，所以齐景王派我来访问楚国。"楚灵王虽然生气，可也没有什么话可说。

于是，楚灵王对身边大臣说了几句悄悄话，那个大臣转身就走。

过了一会儿，有一个被绑的犯人从殿下走过去。楚灵王故意提高嗓门问道："这个犯人是哪国人啊？"那个押犯人的士兵也大声答道："回大王，是齐国人。"楚灵王又问道："这个人犯的什么罪啊？"士兵道："犯的偷盗罪。"楚灵王对晏婴说："你们齐国人都爱偷盗。"晏婴说道："我听说江南的桔树生长在江南则为桔，生在江北则为枳，桔个大味甜，枳个小味涩。这是因为水土气候的缘故。齐国人在齐国都很正派,可是到了楚国就偷盗,这和桔变成枳恐怕是一个道理吧!"

楚灵王被说得哑口无言,脸一阵红一阵白,无奈之下,只好赔礼道歉。

晏婴说:"一个贤君,应广结盟国,不以弱小而欺之,不以强大而畏之,方可得天下人心。"

于是齐楚结成了友好国家。

晏婴不辱使命,齐景公更加信任晏婴了。

伍子胥巧过昭关

楚灵王杀了自己的亲侄儿,继承了王位。但楚灵王骄纵蛮横,不思国事,不理朝政,对百姓更是不闻不问,人民处于水深火热之中,恨不得楚灵王早早死去。

公子弃疾看楚灵王整天吃喝玩乐,已失去民心,便想取代他。这一天,公子弃疾乘楚灵王去打猎游玩之际,夺取了王位。公元前528年,公子弃疾当上了楚国国君,他就是楚平王。满朝文武早就看不惯楚灵王的行为,纷纷拥护楚平王。

楚灵王知道自己已是走投无路、众叛亲离,只好上吊自杀了。

天下百姓希望新君楚平王能重整江山,可万万没有想到,他比楚灵王有过之而无不及。他生活奢侈,品德败坏,变着法地游玩、胡闹,整个国家被他折腾得不成样子。

有昏君,必有小人得志。费无极就是一位奸臣,他不顾道德,只顾讨好楚平王。

一次,费无极去接太子建的新娘,一看姑娘美若天仙,便动了歹心。他想:如果把新娘献给楚平王,他见色心动,一定会高兴。他打定主意,便对新娘说:"我家太子已得重病,你没法直接去见太子,需要先见我家主公。"新娘不知有诈,便答应他去见楚平王。楚平王好色,一见新娘如此可爱动人,便听了费无极的话,留下了新娘,娶了自己未过门的儿媳妇,并重重赏了费无极。

费无极奉命去接太子建的新娘,总要给太子建接回来一个交差呀,所以费无极从陪嫁的丫鬟中选了一个姿色可以的冒充新娘。他威胁丫鬟道:"如果你想活着,就说你是新娘,否则你活不了多久。如果你嫁给了太子,你就会享受荣华富贵。"丫鬟点头答应了。

第二年,楚平王的"儿媳妇"给他生了一个儿子。楚平王非常高兴,但是楚平王截走太子新娘之事被大臣和太子建知道了。

太子建非常气愤,心想:哪有做父亲的娶儿子的新娘呢?他越想越生气,决定亲手杀了那个罪大恶极的费无极。

费无极一听说太子建要杀他,连忙找到了楚平王,对楚平王说:"太子已知您娶了他的新娘,非常气愤,他还说要杀了我。杀了我是小事,恐怕他对您也会不利的。"

楚平王自从有了个小儿子之后,就想废掉太子建,另立儿媳妇所生的儿子为太子。于是楚平王说:"我们应先下手为强,不过,废太子总需要有借口啊?"费无极说:"杀太子建可找伍奢,伍奢是太子建的老师,一定有办法杀掉他。"

于是楚平王召见伍奢。对伍奢说:"太子建对我不孝,我想让你想办法杀掉他,如果你能办到,我一定加封你。"伍奢答道:"主公,太子不孝,您可以治他罪。"楚平王说:"伍奢,我也不想隐瞒了,我想另立太子,把太子建废了。如果你办到了,我会重重赏你。"伍奢拒绝了楚平王,楚平王十分生气,大怒道:"如果你不执行命令就满门抄斩。"但伍奢仍然不从,楚平王把伍奢囚禁了起来。

伍奢是楚国大将,他有两个儿子,大儿子叫伍尚,小儿子叫伍子胥。楚平王一看伍奢宁死不从,就对费无极说:"我想杀了伍奢,以免他走露了风声。"费无极说:"要杀伍奢,必须连他的两个儿子一齐杀掉,否则后患无穷。另外他的两个儿子和太子建在一起,手里有兵权,我们就说他们想叛乱,把太子建也一起杀掉。"楚平王一听大悦,忙派费无极去办此事。

费无极心想:杀太子建很容易,可是伍奢的两个儿子都英勇无比,必须想办法先除掉这两个人,而这两个人武艺高强,不能和他们硬拼,应该设计杀了他们,然后再杀太子。

费无极找到伍奢,逼伍奢写下了一封信。伍奢本不想写,可费无极说:"如果你不写,我立即派兵去杀他们两个。"

伍尚、伍子胥听说父亲被楚平王囚禁起来,不知是什么原因,正在着急，忽然收到父亲的信，信上写道：我因违背楚平王的旨意，被囚禁起来了，如今大王想命你们二人前来听候大王的命令。如果你们二人替父把此事办成，大王可免父一死，盼速来，否则大王会治我们的罪。

伍尚对伍子胥说："我们立即收拾东西，马上动身。"伍子胥拦住了哥哥说道："哥哥请再仔细看一遍家书，那个'来'字和'治'字，还有'罪'字，墨迹重而且比其他字都大一号，我们若连起来读就是'来治罪'！父亲一定是被逼所写，他已经暗示我们去了一定会被治罪，而且我们一去，楚平王可能会一起杀了我们父子三人，如果我们不去，楚平王怕我们为父亲报仇，他还不敢轻举妄动，对父亲也奈何不了。"

伍尚为人忠厚，深受礼节影响，认为不听父亲的话是不孝之子。而且伍尚也十分忠君，他对伍子胥说："君叫臣死，臣不得不死。如果楚平王真想杀了我们，我也不想再活着了。"

兄弟二人谁也劝不了谁，只有洒泪而别。伍子胥看着哥哥远走的身影，泪流不止，心想：哥哥多保重，但愿我们还有见面的机会。

伍尚刚一到楚都，就被费无极派人抓了起来。但费无极有些不满意，原因是伍子胥没有来。他深知伍子胥足智多谋，一日不除掉，一日就不得安宁。他问伍尚："你兄弟现在何处，如果你说了出来，我就让你们父子二人团聚，放了你们。"伍尚岂能继续上当，他破口大骂："老贼，你这个祸国殃民的奸臣不得好死，我知道伍子胥在哪里，就是不说！"费无极气极败坏，用各种刑法折磨伍尚，伍尚被折磨得死去活来就是不说。

不久，伍奢、伍尚便被费无极处死。接着，费无极又下令追杀太子建和伍子胥。

这时候，太子建早已逃到了宋国。自己的恩师一被囚禁，太子建就知道大事不好，便与伍子胥商议，伍子胥说："留着青山在，不怕没柴烧，先逃走，以后再说。"

费无极煞费苦心，四处张贴告示，重金悬赏捉拿伍子胥。

伍子胥得知父亲被杀，兄长受尽折磨也被杀死，心中暗暗发誓：楚平王、费无极，我不杀了你们，誓不为人！

伍子胥在家中待不了，只好逃亡。他刚一离开家，官兵就来了。

官兵一看伍子胥已逃跑，便紧追不舍。

那时伍子胥刚走出不远，再往前走，前边是一眼望不到边际的大江，水流湍急，根本过不去，而远处追兵正急驰而来。伍子胥只好脱下白袍和鞋子，在沙滩上写着：父亲、哥哥，我们黄泉下相见！然后自己悄悄地藏在一块大石头后边。官兵一到，看见了衣服和鞋，又看到了字，都认为伍子胥跳江自杀了，就拿了伍子胥的白袍和鞋子去领赏了。

伍子胥看到追捕的官兵已走远，才从石头后边出来，继续逃亡。他想逃到宋国，去找太子建。

那群愚蠢的官兵不但没有得到赏金，反而挨了一顿打。费无极毕竟老谋深算，他知道一定是伍子胥假装投江自杀。费无极又传下命令：一定要严格搜捕，不能让伍子胥逃出楚国。

这一天，伍子胥来到城门口，一看官兵把守十分严格，正在思考怎么混出关，一个人在后边拍了他一下，轻轻地说道："伍公子，是我啊！"伍子胥先是吓了一跳，定睛一看，原来是自己家的老管家。便问道："您怎么到这里来了？"老管家道："自小公子逃出来之后，官兵到家里乱杀一通，家奴逃的逃、亡的亡，我乘机跑了出来，买了个水车。给城外的官兵去送水，弄几个小钱维持生活。"伍子胥仰天长叹。

这位老管家把伍子胥拉到一边，对伍子胥说："我这个水车分为上下两层。我让你藏在下层，上一层还放上水，下一层我从底部撤去一块板。以便空气流通。"伍子胥心想，这倒是一个好主意，便躺到水车里，然后上边装上了水。

老管家推着伍子胥来到城门口，对官兵说："大爷，出门送水。"一个官兵撇着个嘴说道："送水的，把水车打开，看一下。"老管家不敢怠慢，官兵往里一看，果然装着水，说道："走吧，走吧！"

老管家推着伍子胥出了城，走出了很远，才让伍子胥出来。伍子胥与老管家洒泪而别，一路奔波，终于来到了宋国，见到了太子建。

没过多久，宋国内乱，宋国有一部分亲楚的人便去搬楚兵。伍子胥一看，这里不是久留之地，楚军一到，这部分人很可能将自己和太子交给楚国。

于是，他们二人连夜逃到郑国。郑国是小国，是晋国的附属国。

郑国国君不敢擅自留下二人，以免得罪楚国，便把二人推荐给晋顷公。晋顷公正想灭掉郑国，好扩大地盘，于是写信对郑国国君说：既然楚太子前来投奔，你就收留了吧！郑国国君有了晋顷公的话，心里有了底。可他没想到晋顷公是想让太子建做内应，灭掉郑国的。伍子胥劝太子建不要这样做，可是太子建根本听不进去。

结果，事情败露，郑定公非常生气，派人杀了太子建，又命人去杀太子建的儿子公子胜。

伍子胥一看，郑国无法再待下去了，只好带着公子胜向吴国逃去。要想从郑国逃到吴国，必须经过楚国的昭关，而昭关地势险要，一座高大的城门，两边是城墙，再往外便是高山，高山没有山路可走，只有通过城门才能向吴国走去。

可昭关把守森严，连一个蚊子飞过去都要看看是公是母，而且这里由右司马袁蓬越带兵把守，城墙上贴着伍子胥的头像。

伍子胥在远处左右徘徊，想不出怎样出城。这时，一位慈祥的老人走了过来，说道："伍将军，你想出城是吗？"伍子胥吓了一跳，忙说道："老人家，我不姓伍，也不想出城，您认错人了。"老人没说什么，又继续说道："我本是和扁鹊学过医的东皋公，昨天我给袁将军看过病，我看到了你的头像，听他说你从郑国要逃到吴国，所以便在此等你。孩子你不要怕，想当年你父亲救了我一命，我这几天特意在此等你，帮你出城。"

接着，东皋公便讲述了那段往事。东皋公年轻时，医术就很高明，一次给宫中一位大臣的夫人看病，那位夫人得了不治之症，东皋公也没有办法。老夫人死后，那个昏庸的大臣不依不饶，非要杀了东皋公。这时伍奢站了出来，对楚王说道："即使是神医，也有治不了的病，如果什么病都能治，人就可以长生不老了。"楚王听了伍奢的话，觉得很有道理，于是放了东皋公。东皋公千恩万谢，对伍奢说："日后如果有报答的机会，我一定在所不辞。"

伍子胥听了老人的话，带着公子胜，来到了老人住的庄院。

过了几天，东皋公领来了一个人，乍一看，和伍子胥长得一模一样。原来这个人叫皇甫讷，是东皋公的朋友。

转眼又过了一天，伍子胥带着公子胜来到城门口，而皇甫讷在他们前边走。忽然传出一声叫喊："抓住伍子胥啦！抓住伍子胥啦！"城门顿时乱成一团。袁蓬越赶紧走到"伍子胥"面前,说道:"别让他跑了,打入囚车,明天解往郢都!"

伍子胥带着公子胜,乘着城门混乱之时,逃出了昭关。

再说东皋公,他看着伍子胥已逃出了城门,一颗悬着的心放下了,便去见袁蓬越。

他对袁蓬越说道:"袁将军,恭喜你抓住伍子胥,你的病就是因为焦急,这下子可以根治了。"袁蓬越笑了笑答道:"人是捉住了一个,可他总是喊冤,说他不是伍子胥。"东皋公说:"袁将军,我和伍子胥有过一面之缘,让我看看。"袁蓬越让人把"伍子胥"押上来,东皋公一见这个人就哈哈大笑,说道:"这哪是伍子胥啊,这是我的朋友皇甫讷。"

袁蓬越知道捉错人了,赶紧命人放了皇甫讷,又传下命令,继续严格查问。

伍子胥带着公子胜逃到了吴国,伍子胥被吴王的哥哥赏识,二人合谋杀了吴王僚,公子光继位,他就是吴王阖闾。

伍子胥把自己的深仇大恨和吴王说了一遍,但是吴国军队不强大,吴王不敢轻易出兵。直到后来孙武担任了吴国元帅,吴国的军事力量才日益强大。公元前506年。吴王阖闾率军大败楚军,楚昭王弃城而逃。

伍子胥找到了楚平王的坟墓,挖出了他的尸体,割下了他的头。伍子胥终于给父亲、哥哥报了仇。

卧薪尝胆三千越甲可吞吴

清朝著名文学家蒲松龄写过一幅自勉联:"有志者事竟成,破釜沉舟,百二秦关终属楚;苦心人天不负,卧薪尝胆,三千越甲可吞吴。"不难看出,联里说的是勾践卧薪尝胆的故事。

伍子胥辅佐吴王阖闾,又推荐了历史上著名的军事家孙武,所以吴国的国力逐渐增强,军事力量也强大起来。吴王打败楚国之后,有些得意忘形,他觉得自己所向无敌了。

公元前 496 年，越王允长死去，他的儿子勾践继承了王位。吴王想趁着勾践刚刚继位、越国政局不稳之际，一举灭掉越国。但是伍子胥不同意，他对吴王说："主公，越王刚刚去世，我们现在出兵，即使能取胜，也会被别的诸侯国耻笑我们乘人之危的。"

阖闾根本听不进良言相劝，与儿子夫毅带领 3 万吴兵向越国进军。

越王勾践虽然刚刚继位，但众位大臣十分拥护他，将士们也十分爱戴勾践。俗话说："哀兵必胜"，越军本来处于悲痛之中，而这时吴国又去攻打越国，越军十分气愤，把悲痛化为英勇杀敌的力量。勾践没有费力，就将前来入侵的吴国打败了。吴兵惨败，损兵折将，吴王受重伤死去。他的儿子夫毅回到吴国不久也染病死去。

夫毅一死，夫差继位。夫差整天想着为父报仇，一天梦里还喊着："捉到勾践了，捉到勾践了！"醒来之后，才发现手攥着夫人的胳膊。

夫差知道要想为父报仇，就必须加强军事力量。于是他让孙武加强军事训练，并每天必到训练场，甚至还让士兵见到他就喊"夫差，你忘记了杀父之仇吗？"夫差应声道："没有，一定活捉勾践！"

当他看到自己的步兵、车兵、水兵日益壮大时，心里十分高兴，心想：父王，我一定会为你报仇雪恨！

夫差整整备战了三年。公元前 494 年，吴王率兵再次攻打越国。

越王勾践召集群臣研究对策，大夫范蠡说："夫差准备 3 年，苦练步、车、水三种兵，而且来势凶猛，我们应当避其锋芒，和吴国讲和，有朝一日，我们强大起来，再和他决一死战。"勾践说道："讲和有辱我越国尊严，当初是他们不仁不义，想乘机灭掉我们，被我们打败，这次我们一样可以打败他。"文种赶忙相劝："主公，今日吴国已非昔日吴国，他们有备而来，而且打着'为父报仇'的旗号，必然激发将士的斗志，我们不能和他们硬拼啊！"

但越王怕失了自己的颜面，仍坚持出兵，并亲自率兵迎战吴国，结果刚一交手，就被打败，损失惨重。

勾践追悔莫及，他心想：早知现在，何必当初呢，我若听了范蠡和文种的话，怎么会有今天呢？这时文种说："主公，我们赶快向吴国求和，否则我们越国就保不住了。"勾践落泪道："现在求和，吴国能答应吗？"文种说："主公，您别急，吴国伯贪财好色，但是深得吴王信任，我们多备礼物，找他去讲和，应该可以劝吴王同意我们求和的。"

于是，文种精选了10名美女，又带了大量黄金、珠宝、稀世珍品来见伯。伯正在营中，一看见礼单，心里就乐开了花。他看了看这10名美女，个个姿色可人、娇艳无比，心里早就痒痒了。他问文种："大人此次前来，有何贵干？"文种一看伯的眼神，就知道他非常高兴，便说道："今日有求大人，希望您在吴王面前多说好话，我们越国想和吴国求和。"伯一听，心想：求和还不容易，便答道："大人放心，我一定尽力去办。"

伯收了别人的礼，当然会为别人说话的。于是他去求见吴王，对吴王说："主公，今越王派人来求和。"吴王一听，答道："现在越国求和，我们怎么能答应呢？灭掉越国近在咫尺。"伯赶紧说道："主公，请想一想，我们吴国兵强马壮，我们完全有能力争做中原霸主，如果我们不答应越国求和，那么越国必然会横下心来，两国残杀，鱼死网破，我们的兵力必然会受损，不利于我们称霸中原，别的诸侯国也不会佩服我们，历来都是得民心者得霸主。而且现在越国求和，就等于投降，我们让他们做什么，他们就做什么，这和我们打败他们有什么两样呢？"

吴王觉得这番话很有道理，便答应了讲和。

伍子胥知道吴王答应了讲和，赶紧求见吴王，对吴王说道："主公，胜利只有一步之遥，如果我们现在答应了求和，那么就功亏一篑了。吴越两国历来势不两立，难道您忘了杀父兄之仇了吗？如果我们不乘机灭掉越国，那么越国一定会灭掉我们吴国。"

吴王觉得伍子胥的话有些刺耳，心想：我吴国如今军队浩大，作战勇猛，越国又是战败国，它有什么能力和我抗衡呢？他对伍子胥说："我既然已答应了人家，怎么能轻易改口呢？"

伍子胥没有办法，只好退下来，心想：吴必亡矣。

吴王召见了越王。吴王提出的一切条件，越王都答应了，而且越王还带来了贵重的贡品，吴王很高兴。

吴王还要求越王和范蠡一起来吴国服劳役。于是，勾践把一切国事交给了文种料理，自己带着贵重的礼物和范蠡一起来到吴国。他们把礼物全部送给了伯，伯很高兴。

吴王为了污辱越王，让越王住在简陋的石屋里，白天让他看马，晚上睡觉前，让越王为他脱靴、更衣，甚至上厕所都让越王伺候。越王勾践不声不响，百依百顺，忍辱负重。

伍子胥看到这种情况后，便对吴王说："主公，勾践如此忍辱，将来一定会寻机报仇，我们不如先下手为强，以免后患无穷。想当年，楚王不听成得臣的劝告，没杀重耳，结果楚成王大败于晋军手下。"

吴王没有说什么。可这话传到了伯耳朵里，他立刻面见吴王，对吴王说："如今大王已经报了仇，让勾践受尽了屈辱，而他又是百依百顺，可见他对吴王是真心的，如果杀了勾践，大王会陷入不仁不义之中。想当年重耳逃到楚国，楚君和重耳称兄道弟，而重耳也没有忘记往日恩情。晋楚大战，重耳退避三舍，要不是成得臣执意要攻打晋军，怎么会大败呢？事后晋军又不追杀楚军，怎么能说重耳是后患呢？而且勾践这几年心甘情愿地服侍大王，大王尽可放心，勾践是心悦诚服地附属我们的。"

吴王听了伯的话，觉得很在理，又想了想勾践这三年的表现，决定放他回国。

伍子胥知道了吴王要放勾践回国，赶忙劝阻，对吴王说："主公，您不忍心杀了勾践，但也绝不能放他回国，放虎归山必有后患啊！"

吴王说道："相国多虑了，勾践这三年的表现大家有目共睹，即使他回了国，对我们吴国也不会有什么不利！"

伍子胥见吴王不听，便有些生气，对吴王说："我们成为越国俘虏的日子不远了。"吴王听了十分不高兴，对伍子胥还产生了反感。

勾践带着自己的爱将范蠡准备回国。范蠡这几年和越王一起服役，也受尽了百般凌辱。但不久他的才华被吴王赏识，吴王想把他留下，可范蠡并不动摇，一心保勾践。

范蠡对勾践说："主公，我们马上要回国了，伍子胥肯定不会白白放过我们，我们应该找伯派兵护送我们，以免被伍子胥暗害。"

于是二人拜见伯，伯收了越国许多礼物，立即答应派兵去护送越王勾践。

走到半路，果然遇到了伍子胥派来的刺客，由于有伯的保护，勾践还是顺利地到达了越国。而伍子胥派来的刺客被伯生擒活捉。吴王心想：伍子胥真是够大胆的，竟敢背着我去杀勾践，不听我的命令。他吩咐了一声："来人啊，把伍子胥推出去，斩！"两边士兵立即将伍子胥绑了起来。一些忠臣一看吴王要杀伍子胥，赶忙跪倒求情，"主公息怒，相国也是好意，相国来到我吴国，劳苦功高，念及他往日的功劳上，放了相国吧！"

吴王答应了，给伍子胥松了绑，但对伍子胥已经十分反感了。

再说越王勾践回到越国之后，念念不忘自己这几年所受的耻辱，他暗下决心：一定杀了吴王，为自己洗雪耻辱。

勾践回国之后，全国上下十分高兴。但是勾践没有回到宫中，而是和百姓一起下田务农。他把朝中政事交给了文种，把军事交给了范蠡，再三叮嘱范蠡，一定要严格训练军队，而且要严明军纪。

勾践的妻子带领妇女养蚕织布，勾践也很重视农业。几年里，越国的经济发展很快。勾践这几年一直和百姓在一起劳动，继续住茅草屋。他的床上只铺了些木柴和干草，茅屋里悬挂着一只苦胆，他每次饭前都要舔一下苦胆，苦胆又苦又涩，勾践以此来提醒自己别忘了当年所受之辱和百姓的疾苦。这就是成语"卧薪尝胆"的来历。

由于君臣下上一心，全国齐努力，越国渐渐有了生机，农业、养殖业飞快发展，军事力量明显壮大。

这一天文种来到田中，对勾践说："主公，这几年您尝尽了苦头，心中一定会牢记自己的耻辱和百姓的疾苦，您现在可以回宫重理朝政了。"和勾践一起干活的百姓，一下子都跪倒了，齐声说道："主公，请您回朝，治理天下！"勾践深受感动，一一扶起百姓，激动地说："我勾践不让大家过上好日子，誓不为人！"

勾践回到宫中，便和群臣商议如何对付吴国。范蠡说："主公，我国军队力量虽然较以前明显壮大，但是和吴国硬拼，恐怕会两败俱伤，很可能扰乱百姓的生活。"文种对勾践说："范元帅说得很有道理，我们可以采用贿赂、离间计、美人计对付吴国。而国内我们要努力发展农业，农业发展了，我们就可以积草屯粮。我们还要严明军纪，加强军队力量。"

勾践一一点头答应。

范蠡知道越王要使用美人计，一般的女子达不到目的，便把西施推荐给了越王。

越王一见西施美若天仙，可谓是"天下第一流的美女"，又不忍心让范蠡忍痛割爱，便说道："将军，我们另选他人吧？"范蠡和西施一起跪倒，说道："主公，为了我们能报当年之辱，我们愿意为您效犬马之劳。"于是，勾践派使臣把西施送给吴王夫差，说是越王没有忘记吴王的恩德，特意奉上。西施是我国历史上四大美女之一，她的美貌立刻迷住了夫差。吴王对她言听计从，宠爱备至。

自从西施来到吴国之后，夫差像变了一个人似的，不理朝政，整天和西施在一起饮酒作乐，欣赏歌舞。

伍子胥是何等精明，他早已看出越国使用的是美人计，知道越国不久就会攻打吴国了，便上谏吴王。吴王正与西施饮酒，伍子胥对吴王说："主公！妹喜的娇媚使夏桀昏庸残暴，妲己的温柔耳语让商纣自取灭亡。大王今日有西施相陪，西施美若天仙，但主公也不要不理朝政啊！"吴王自然很不高兴，一是扫了酒兴，二是他看西施也生气了，但吴王又没办法治伍子胥的罪，也只好罢了。

一天越国派使臣带来了几个美女和贵重的金银珠宝求见伯，伯一见，立即喜上眉梢。使臣对伯说："越国粮食不充足，想向吴国借一些粮食救济天下挨饿的百姓。"伯说道："我会尽力去办！"

向吴国借粮，这也是文种的计策，他想借此机会弄空吴国的粮库。

伯对吴王说："主公，今越国有难，我们应借些粮食给他，救济百姓，大王的英明之举将会得到天下百姓的拥护。"而伍子胥则说："主公，我听说越国近年连续丰收，他借粮一定是想弄空我吴国的粮库。"

吴王一时拿不定主意，回到后宫时有些心烦意乱。西施赶紧给吴王斟了一杯酒，问道："大王有何烦事，要不要奴家给你消消气？"吴王便说道："越国借粮，伍子胥和伯争论不休。"西施心想：又是那个伍子胥，我必须铲除此人。西施便说道："大王，救济天下百姓必得人心，得人心者得天下。当年秦穆公、齐桓公给敌国难民借粮，不仅得到了百姓的拥护，而且其他诸侯国也十分敬仰。"

于是，吴国借给了越国很多粮食，粮库空了一半。伍子胥仰天长叹："粮食乃生存之本，这都没了，什么都要没了。"

由于伯所做的事大多遭到伍子胥的反对，他想除掉伍子胥，自己当上相国。于是他悄悄找到西施，二人合谋，传出谣言：伍子胥要投靠齐国。

吴王听了很是生气，回到后宫，西施一见吴王生气，心想准是外边的谣言所致。于是她边给吴王倒酒,边说:"大王,听说伍子胥要投靠齐国,真有此事吗?"吴王吃了一惊,问道:"你怎么知道的?""大王,谁都知道了,只有您还蒙在鼓里。"吴王立即派人送给伍子胥一把宝剑。

伍子胥接过宝剑,心想即使活着也是越国的俘虏,便自杀而亡。劳苦而功高的伍子胥活活被逼死,伯当上了相国。

吴王虽然天天饮酒作乐,但吴国的实力仍很强大。为了消耗吴国的实力,西施劝吴王争夺中原霸主,去攻打齐国。吴王不听太子友的劝告,去伐齐,结果吴国大胜。虽然吴国取胜,但实力受到极大削弱,损兵折将不计其数。吴王当上了中原霸主。

而正当吴军想回国之时,吴王听说越军早已攻破了自己的城门,太子友战败而亡。

吴王走投无路,带着残兵想打回去,结果半路就被越军打败。

吴王夫差自杀,勾践取代了夫差,当上了中原霸主。

勾践卧薪尝胆,只用三千越甲就灭了吴。

孔子留书

俗话说:"苍颉留字"。其实中国的字是劳动人民集体的结晶,而书也是劳动人民留的。但是孔子为我国文化的传播起了非常重要的作用。孔子所创的儒学思想统治了我国2000多年,而且他的思想也促进了封建社会的形成。到现在为止,孔子的许多话还被人们所熟知。可见孔子不愧为一位伟大的思想家、教育家、政治家。

孔子名丘,字仲尼,鲁国陬县人。

孔子一生历经坎坷。公元前551年,孔纥续弦妻颜征生下孔子。可是父亲孔纥不久便离开了人世,由母亲颜征抚养孔子。

孔子从小好学,无论遇到什么不懂的问题,都喜欢问清楚,他平时也说:"敏而好学,不耻下问。"

孔子15岁时,听说老子很有学问,便几次登门求见老子。老子见孔子如此好学,便对孔子说:"知识是最重要的,黄金、地位是次要的。"孔子从此立志读书，那时学的是礼、乐、射、驭、书、数等。

孔子非常好学，他向郯子学史，向老聃问礼，向苌弘学乐，向师襄学琴。由于孔子孜孜不倦，又不耻下问，所以还很年轻时他的学问就很高了。

孔子很有理想抱负，但是适逢鲁国内乱，无法施展，只好去了齐国。35岁时，孔子来到了齐国，和齐景公谈论善政——"君君臣臣，父父子子"。齐景公很欣赏孔子的思想。但是齐国大臣晏婴说道："主公，孔丘理论迂腐，礼学繁琐，不能作为治国之道！"齐景公也就不再理孔子那一套了，孔子不得志，便又回到了鲁国。

孔子回到鲁国时，鲁国内乱不止。孔子决定创办学校，传播知识。当时的学校只收贵族子弟，穷苦人家的孩子想上学也没有机会。孔子创办了我国第一所私立学校。他收的学生，不论出身富贵贫贱，只要肯学，他就会收下。交不起学费的学生，他分文不要。孔子一生之中教了许多学生，相传有3000弟子，其中有72位贤人。孔子的这种做法，为教育的发展起到了很大的促进作用。

孔子教学很注重学生的品德，常常教育学生一定要知书达礼。而且孔子教书因材施教，根据每个学生的特点，运用不同的教育方法。孔子一边讲学，一边观察鲁国的内政。后来孔子做了鲁国中都宰，后升任大司寇。

当时齐鲁两国不合，时常发生战争，于是齐景公想和鲁国订立盟约。孔子对鲁定公说："主公，齐国打着订立盟约的旗号，实则是想乘机置我们于死地。我们讲文事必须以武力做后盾。"于是鲁定公带着孔子和两员武将申句须和乐欣一起到齐国订立盟约。那时申句须和乐欣是鲁国的左右司马，二人武艺十分了得。

齐景公的爱将黎弥布置好了夹谷（今山东省莱芜县）会场。鲁定公刚一到会场，黎弥就派人武装劫持鲁君。孔子趁他们拥上会场时，机警地走到鲁定公前边，对齐景公说："两君会盟，而以武力相劫，如果传出去，有损于齐君的尊严吧！"齐景公没办法，只好斥退来人。

黎弥心有不甘，又派一群武士舞刀弄剑前来助兴。这些武士在鲁定公面前来回穿梭，有的刀剑直奔鲁定公，鲁定公吓得直冒冷汗。幸亏有左右司马保护，那些武士没有下手的机会。孔子十分生气，对齐景公说："两国已经订立友好盟约，应该表演优雅的歌舞，让这些野人上来舞刀弄剑的,岂不扫了大家的兴趣。"齐景公也是毫无办法,只好让这些武士下去。

孔子和鲁定公等人回到鲁国后,鲁定公更加信任孔子了。

鲁国夹谷会盟取得了胜利,于是齐景公派人给鲁定公送去100名美女、120匹宝马和许多黄金、珠宝。鲁定公见色心动,见财心贪,从此沉湎于女色,不理朝政。孔子三番五次劝谏,对鲁定公说:"君使臣以礼,今君沉湎于女色,不足以服人;国君言行应当谨严,一言可以兴邦,一言亦可毁邦,大王应以江山社稷为重,不能荒废朝政啊!"

鲁定公不但不听孔子的相劝,反而十分讨厌孔子进谏。

孔子无奈,55岁时离开了鲁国,开始周游列国。

孔子看到各诸侯国连年战争,互相残杀,弄得民不聊生,心里十分痛惜。他想去劝说各诸侯停止战争,实行"仁政"。

孔子带着自己得意的弟子子路、冉求、颜回、颜渊等人一起到各诸侯国推行他的政治主张。

他们一行人先到了卫国,又经过了曹、宋、郑、陈、蔡、楚等国。孔子一路宣扬自己的救世主张,宣传"君要仁,以仁治国,以礼服人"。但是那年代,战争年年不断,根本没有人听他的,始终没有人重视他的主张,有时他还受到讥讽。有人说他栖栖皇皇而巧佞,有人说他知其不可为而为之,有人说他四体不勤、五谷不分怎为圣人。面对如此讥讽,孔子置之不理,依然坚守自励。在周游过程中,他们还时常受到威胁。经过宋国时,桓魋追杀他们;经过陈国时被士兵包围;在蔡国时,粮食吃光,饿了几天。孔子及其弟子可谓历尽坎坷。

万般无奈,孔子68岁时带着弟子又回到了鲁国,由于屡次碰壁,他决心不再周游列国,而是把所有的精力花费在编定文献上。

他利用晚年的时间,夜以继日地整理修订书籍。他先后修订了《易》《礼》《乐》《尚书》《诗经》,又修订了一部《春秋》。《春秋》是我国历史上最早的一部编年体史书,记录了从公元前722年至公元前481年的大事。这里的大事主要是指各诸侯国的更替、战争、会盟等。

公元前479年,孔子73岁,虽然已经衰老,但痴心不改。他在门口放声哀歌:"泰山其颓乎!梁木其坏乎!哲人其萎乎!"不久,孔子这位大教育家、思想家、政治家离开了人间。

孔子死时，3000多弟子都来尽丧礼，鲁哀公也前来，因为那时鲁国国势已衰微，鲁哀公认为是没有听孔子的话才导致的。最后孔子被葬于鲁城北泗水上（今山东省曲阜县城北孔林）。

孔子死后，他的弟子将他平日的言行以及与弟子的对话整编出来，形成了《论语》一书，共20篇。

后来孔子的学说又被弟子继续传播，形成了儒家学派，孔子就是儒家学派的创始人。他的思想成为中国2000多年封建文化的正统。

孔子一生历经沧桑，所做的贡献不可磨灭，他整编的书在传播文化上起到了重要的作用，因此有"孔子留书"一说。

孔子的许多话到现在还有十分积极的意义。他所说的"温故而知新，学而不厌，诲人不倦，敏而好学，不耻下问……"至今还广为流传。

由于孔子在我国教育史上卓越的贡献，他被后人尊称为"孔圣人"。

大义灭子忠心报国

春秋末期，晋国国君权力日益下降，实权被智家、赵家、韩家、魏家这四家大夫把持着。他们都有自己的地盘和武装，而这四家中智家的势力最大。

智家想用大水淹了赵家，后来赵家联合韩家、魏家一起打败了智家，进而又瓜分了晋国的土地，扩大了自己的地盘。

魏国的魏文侯是个开明的君主，为人忠厚，有气魄又有胆识，而且爱民如子。他的德才被百姓传颂，在百姓中的威望很高，许多有学问的人都慕名而来。魏文侯也很重视人才，他一听说哪里有人才，必亲身拜访。

这样一来，魏文侯身边有许多人才帮助他治理江山。魏文侯知人善任，而且能够听取别人的意见，因此魏国很快脱颖而出，国势增强，军队力量明显壮大。

翟璜就是魏文侯从一个茅草屋请来的隐士，后来得到魏文侯的重用。一天，翟璜对魏文侯说："现在中山国国势衰败，而中山国国君昏庸，对待百姓十分残忍，我们何不出兵灭掉中山国呢？"

魏文侯早有扩张势力的心思，一听翟璜所述，心里非常高兴，对翟璜说："中山国百姓受苦受难，我们可以攻打它，以解救百姓，扩大我们的领土。但是我们魏国缺少武将，你看这次出兵派谁做元帅呢？"

翟璜说："主公，我魏国只有一人能够担当此任，那就是乐羊。这位大将军不仅能征善战，而且足智多谋，他几次出兵，屡屡获胜。"魏文侯一听，说道："明日我们到朝中再议。"

第二天上朝，魏文侯把自己要攻打中山国及派乐羊为主帅的想法和大臣们一说，大臣们议论纷纷。他们对攻打中山国都持赞同的态度，但许多人反对派乐羊任主帅。

一位大臣说道："主公，我觉得乐羊不能任元帅，您想一想，乐羊的儿子乐舒在中山国任大夫之职，如果我们攻打中山国，他必然会派乐舒守城，乐羊怎么会忍心杀了自己的儿子去攻城呢！"

翟璜反驳道："乐羊之子虽在城中，但乐羊很早以前就劝儿子乐舒离开那个昏君，而乐舒不听。而且我听说中山国国君派人来请乐羊到中山国做官，乐羊义正严辞地拒绝了，所以我觉得乐羊不会念及父子之情而心慈手软的。"

魏文侯听了，说了一句："恶虎不食子，乐羊食子否？"

众臣一愣，不知魏文侯是何意。

乐羊听说要攻打中山国，而且听说有人反对自己做元帅，便找到魏文侯。他对魏文侯说："主公，今日我乐羊是前来和您立军令状的，如果我乐羊因儿子乐舒守城而放弃攻城，回来您就杀了我！"魏文侯赶紧相搀，说道："大将军，言重了，我魏文侯信任你，命你率5万兵马，去攻打中山国，早日解救中山国的百姓。切记，一定不要打扰百姓啊！"

乐羊点头答应，想和魏文侯立下一份军令状。魏文侯赶紧拒绝，说道："用人不疑，疑人不用。我在此等候你的佳音。"

乐羊亲自率军攻打中山国，他想：为了不打扰百姓的生活，我们不能打草惊蛇，以免中山国从百姓中抓壮丁充当士兵。乐羊和士兵一起跋山涉水，从小路去进攻中山国。

乐羊率领的军队作战英勇无比，而且军纪严明。乐羊下令：途中如有骚扰百姓者，斩！所以乐羊的军队得到了中山国百姓的拥护，这些百姓受尽昏君的压榨，早就盼望着有朝一日，昏君灭亡。魏国军队，一路势如破竹，没有遇到多大困难。

这一日，魏军已打到了中山国都城，中山国毫无准备。中山国国君听说是乐羊率军而来，便找来乐舒说："我愿意给你父亲一块土地，让他退兵。你去劝劝你父亲。"

乐舒没有办法，只好硬着头皮去见父亲。正如他所预料的那样，乐羊没有答应，还劝儿子投降，不要再保那个昏君了，否则自己性命难保。

乐舒说："父亲你先别攻城，我和国君商议一下，看他是否愿意献城投降。你先给我一个月的时间。"

一个月一晃就过去了，仍不见中山国投降。乐羊准备攻城，这时乐舒又在城头出现，请求再给一个月的时间，乐羊又答应了。又过了一个月，中山国还不投降。大臣们议论纷纷，说乐羊不忍心攻城，怕害死儿子乐舒，而随军出征的将士也众说纷纭。

乐舒第三次出现在城头上，请求再宽限一个月。将士们忍无可忍，对乐羊的不满之言便传到了乐羊的耳中。乐羊并没有生气，反而对大家语重心长地说："众位将士请想一想，如果我们硬要攻打，我们很可能攻破城门，但是那样必然会不得人心。如果我们给他们足够的时间，让他们考虑清楚，百姓知道我们是来拯救他们的，一定会拥护我们，我们既得人心又有利于将来的统治。临征之前，主公一再叮嘱我们不要骚扰百姓。我们现在硬是攻城，百姓将苦不堪言。"

众将士一听乐羊的话，才知道错怪了主帅，都深表内疚，暗下决心：攻城之时，一定会奋勇杀敌。

魏国宫中的大臣们，早已忍耐不住，浮言四起，但魏文侯非常有主见。他相信乐羊不会顾及父子情意而不攻城，一定是有别的难处。于是派翟璜去慰问乐羊。乐羊见到了翟璜，对翟璜说："我之所以久久不攻城，是顾及百姓疾苦，现已到了最后期限，我们不会辜负主公的厚望的。"

中山国国君仍不投降。三个月最后的期限到了，只见城头绑着乐舒，中山国国君对乐羊说："你若想活着见你儿子，你就退兵。"乐舒哭得伤心欲绝。他一是恨当初没听父亲的话，二是想让父亲看见他如此伤心，顾及父子情义，而放弃攻城。

乐羊大喊一声："攻城！"全体将士深受感动，纷纷英勇杀敌。

中山国的军队怎么会敌得过魏军呢！一番拼杀之后，中山国连连失利，城门已被攻破。中山国国君一看大势已去，一刀杀了乐舒，自己也上吊而亡。

乐羊率大军攻入城中，中山国军队统统投降。乐羊下命令：一定要善待俘虏，对待百姓不许骚扰。

这位叱咤战场的老将军找到儿子的尸首，放声痛哭，老年丧子，老将军能不心痛吗？将士们也被老将军深深打动，对元帅肃然起敬。

魏军大胜，不但疆土扩大，而且又得人心。魏文侯大悦，他知道乐羊为国弃子，也大受感动，决定封给乐羊一块土地，给他盖一座将军府。乐羊婉言谢绝了魏文侯。

乐羊对魏文侯说："主公，你不让我立军令状，说明您信任我。我三个月不攻城，您不但没有责怪我之意，反而派人去慰问我，说明您仍然信任我。这是对我最大的奖赏！"

魏文侯拉着老将军的手道："老将军，我永远信任你！"

西门豹巧治女巫

魏国有一块土地叫邺城。邺城远离魏国国都，是个山高皇帝远的地方。这里的贪官污吏搜刮民财、抢夺民女，而且他们每年都要为河神选新娘，无数良家女子都惨死在河中。

原来邺城有一条河叫漳河，时常闹水灾。一闹水灾，庄稼就被淹，村舍也被毁，百姓苦不堪言。

后来这里有一个女巫，说漳河里有一个河神，每年都要娶新娘，否则它就会动怒，发生水灾。女巫和官府勾结起来，每年都由女巫出面，官府前来助阵，为河伯选新娘。

女巫选新娘有她的标准，有钱的人家只要给了钱的，那家的女子就不选；大小官吏家的女儿不选；选的都是那些普通百姓家的女儿。每年一到为河伯选亲的时候，家里有女孩的又没有钱的人心里都惴惴不安，恐怕自己家的女孩被选中。一旦选中，他们也不敢不交出去，因为不交便被政府官兵强行带走。

没有钱的百姓只有眼睁睁地看着女儿被带走，而其他没有被选中的人家，要出钱买敬神和送亲的物品。

把河神的新娘送走之后，女巫就和大小官吏分钱。本来这里就民不聊生，又加上贪官污吏和女巫肆意搜刮，百姓苦不堪言。

魏文侯知道这件事之后，心想：一定要铲除女巫，惩罚这些贪官污吏。但是派谁去治理呢？他通过了解，觉得西门豹有勇有谋，而且体贴百姓，深受百姓的爱戴。

于是魏文侯召见西门豹，对他说："如今邺城风气不正，百姓处于水深火热之中，有什么办法拯救邺城百姓？"西门豹答道："铲除歪风，必巧治女巫，杀死罪大恶极的贪官。"魏文侯大悦，说道："就派你去治理邺城，我希望你能拯救出受苦受难的百姓。"

西门豹来到邺城，便微服私访，寻问百姓疾苦。他了解到百姓虽然害怕自己的女儿被送作新娘，但还是相信女巫的话。

又到了给河神送新娘的日子了，西门豹也带着随从来到了漳河边。那群送亲的官吏和女巫一见新任太守到来，忙起身让座。西门豹也不说话，坐在正中看他们如何送新娘。

这时一位官吏和女巫走来，对西门豹说："大人，您刚到这里，有所不知，还请您多多关照，到时候少不了您的！"

西门豹只是点了点头。

河岸边站满了人，那位被选中的新娘及家里的人哭得和泪人一样。而女巫和她的20名女弟子正在忙前忙后。一切准备就绪，她们把选好的新娘放在"送亲船"上。这只"送亲船"是用苇子编的，把船放在水上，不久就会被水浸湿，慢慢沉入水中，女巫就说是河神把新娘接走了。

这群人刚要把"送亲船"放入水中，就听西门豹喝道："慢！"西门豹走上前说道："河神娶亲，一定要娶个漂亮的新娘，还请大仙前去告诉河神一下，等两天再选一个漂亮的新娘，给河神送去。"

女巫一听，吓了一跳，忙跪倒说道："我不去转告。"

西门豹一听，喝道："那你告诉百姓为什么不去转告？"

女巫吞吞吐吐地说道："根本没有河神，我一下水就会被淹死。"

围观的百姓一听，知道女巫原来是骗人的，纷纷指责女巫。

西门豹一看难平民愤，就下令把女巫和她的大弟子扔到河里，百姓举双手赞同。

西门豹又望了望早已吓得魂飞魄散的三老。这三老利用此事，为非作歹，搜刮民财，欺压百姓，罪大恶极。西门豹下令：让三老也去向河神报告一下。这样，三老也被扔了下去。

而其他几名官吏和女巫的弟子都跪在地上，磕头求饶。

西门豹心想：他们的诡计已经被揭穿了，另外这几个人不是不可救药，先饶过他们一次吧！他说道："先起来吧！你们以后如果再妖言惑众，女巫就是你们的下场。"

西门豹将女巫、官吏平日搜刮的钱财分给百姓，对百姓说道："大家不要相信有河神，哪里来的神啊？漳河水为什么泛滥呢？是因为不及时治理啊。"

西门豹又将参与此事的官吏一一治罪，命令女巫的弟子还俗。百姓拍手称快。

西门豹巧治了女巫和贪官污吏，开始带领人们开水渠。他亲自观察地形和漳河的走向。他为了早日解决百姓的疾苦，每天沿着漳河不停地观察。有时遇到漳河水暴涨，有生命危险，他也全然不顾，一心一意扑在治理漳河水灾上。

转眼汛期已过，漳河水开始枯竭。他立即号召全城人民一起动手挖渠，并亲自参加劳动。看到西门豹如此，其他的官吏也不敢怠慢，都纷纷前来挖渠。

百姓深受鼓舞，心想：太守为了我们的疾苦，亲自参加劳动，我们更应该加倍努力。因此百姓劳动热情高涨，不到半年，水渠挖好了。

第二年，又天降大雨，漳河水水位猛涨。但是有了挖好的水渠，人们便把漳河水很顺利地引到了水渠中，不仅缓解了漳河水位过高的危险，还将渠里蓄满了水。漳河边上的庄稼和村舍安然无恙，百姓心里乐开了花，都称赞太守西门豹为百姓做了一件大好事。

西门豹为人谦虚，面对赞誉，他只是淡淡地对手下的官吏说："当官不是为了搜刮民财，而是为百姓解决疾苦，只有这样，百姓才会拥护我们。"

说来也巧,第二年邺城又遇大旱。以前这里一遇旱灾,就颗粒无收,而这一年,水渠里注满了水,百姓便把水渠里的水引入田中。

从此,邺城的百姓安居乐业,那些官吏也是兢兢业业,没有人敢搜刮民财了。邺城由于有了水渠,年年丰收,人们过着祥和的生活。

这一天,西门豹接到魏文侯的命令,让他回宫去,有重任委托于他。

百姓听说西门豹要走了,都恋恋不舍,有的泪流不止,在长长的街道两旁,百姓泪眼相送西门豹。

邹忌讽齐王纳谏

齐威王继位之后,整天吃喝玩乐,不理朝政。大臣们想去进谏,可是齐威王根本不听,反而怪罪进谏的大臣。久而久之,进谏的人没有了,大臣们干着急没办法。

转眼九年过去了,齐国的国势渐渐衰微,但齐威王仍不理朝政。

齐国有位著名的琴师,叫邹忌。此人不仅琴艺高超,而且品德高尚、头脑伶俐、善于智谋。

由于邹忌琴艺高超,齐威王早有耳闻,便派人去找邹忌为自己奏曲助兴。

邹忌见到齐威王,深施一礼,齐威王连忙让他起来弹奏。而邹忌坐在琴前,调弦正音之后,手一动不动。齐威王有些着急,催邹忌速速弹奏,而邹忌仍是一动不动。齐威王有些生气,说道:"琴师,你为何不为本王弹奏啊?"

邹忌不慌不忙地答道:"请问,大王是否着急了?"

齐威王答道:"把你找来,就是想听听你弹奏的曲子,可你却迟迟不弹,我当然着急了。"

邹忌说:"大王,我的职责是弹琴,我刚这么一会儿不弹琴,您就着急。大王请想一想,你是一国之君,你的职责是治理天下,可是您九年没理朝政,天下的人能不焦急吗?"

齐威王一下子就明白了邹忌的用意，忙说道："琴师所言极是，但不知我几年不理朝政，能否重理朝政呢？"

邹忌没有说话，只是弹奏了一曲非常美妙的曲子，齐威王听后非常高兴。邹忌说道："大王派人找我之前，我已经几年没有抚琴了。听说大王想听我的曲子，我便拿出琴来，认真地练习，开始时有些手生，现在又熟练了。"

齐威王听了邹忌的话，重理朝政，开始时总觉得事事棘手，事事烦人。但他想起邹忌抚琴"由手生到手熟"的话，就坚持下去，后来处理朝政也就渐渐得心应手了。

齐威王觉得邹忌很有胆识和智谋，便把他留在身边，辅佐自己。可一连几日也不见邹忌的身影，齐威王派人去找，找了几天，才发现邹忌正在田间和农民一起劳作。

齐威王决定到田间去看望邹忌，却见邹忌正在和百姓们一起开垦荒地。百姓们累得汗流浃背，但脸上露出满意的笑容。邹忌一见齐威王，赶紧下拜，齐威王双手相搀，问邹忌："你为何不在宫中辅佐我，而是跑到这里来垦荒呢？"

邹忌答道："大王，宫中之事很重要，但有很多人处理，而垦荒之事却没有人干，我出来是带领百姓垦荒的。"

齐威王深受感动，带着邹忌回宫，问邹忌如何使齐国强大起来。邹忌答道："大王，农业是根本，粮食是父母，我们要加强农业生产啊！"

于是齐威王传下命令，鼓励垦荒，农民开垦的荒地，前五年不交税。于是齐国的农业迅速发展，粮食也十分充足。

一次，齐威王设盛宴款待邹忌，邹忌只吃身边的一个菜。齐威王问道："难道不喜欢别的菜吗？"邹忌答道："大王，我一个菜足够了，其他的菜可以留着下次吃，而天下百姓还有一个菜也吃不上的。"齐威王明白了邹忌的用意，以后他带头厉行节约，齐国的风气一下子正了起来。臣子之间，不再讲究奢侈。

齐威王问邹忌，如何使自己受臣民爱戴。邹忌答道："齐桓公任用管仲，秦穆公重用百里奚，这两位大臣忠心报国，直言不讳，齐、秦两国实力大增。晋文公爱民如子，虽年过花甲才做了国君，但是很得人心。"

于是齐威王重用贤臣，远离那些小人，而且为百姓着想。从此，齐威王得到了臣民的拥护。

齐威王觉得邹忌非常有才华，便拜他为相国。邹忌忠心报国，制定新法，整顿军队，齐国很快又强大起来。

有一天，邹忌对齐威王说："大王，我听说城北徐公是一个美男子，我便问我的妻子，'我与城北徐公孰美？'妻子说我美，我又问小妾'我与城北徐公孰美？'小妾也说城北徐公不及我美。我又问客人，'我与城北徐公孰美？'客人还说我美。于是我也认为我比徐公美。一次我与徐公见了面，觉得自己不如徐公美，回家之后照了照镜子，觉得自己远不如城北徐公美。于是我开始分析为什么大家对我说谎。妻子说我美是因为她偏爱我，小妾说我美是因为她惧怕我，客人说我美是因为他有求于我。如今您是一国之君，拥有几千里土地，偏爱您的、惧怕您的、有求于您的不计其数，所以奉承您、对您说谎的人就更多了。"

齐威王恍然大悟，于是传下命令：今后当面指出我的缺点、错误的授上等奖；能写信指出我错误的授中等奖；背后议论我的错误被我知道的授下等奖。

齐威王一下命令，刚开始门庭若市，提意见的很多，而且齐威王也遵守诺言，给提意见的人重奖。后来提意见的人渐渐地少了，人们虽然想提意见，但是找不到齐威王的错误和缺点了。

后来，许多百姓写信，不是给齐威王提意见，而是给地方官吏提意见。百姓说他们搜刮民财，有损大王的尊严。

齐威王决定杀一杀这种风气，他准备奖赏最好的官吏，惩罚最次的官吏。他召集满朝文武，对他们说："众位大臣，我国120个城邑，哪个管理得最好，哪个又最次呢？"

一个大臣答道："阿城最好，即墨最次。"其他几个大臣也随声附和，又补充说阿城如何好，即墨如何次。

齐威王想抓住这一典型，奖赏阿城，治罪于即墨，以治理一下天下的贪官污吏。

邹忌对齐威王说："眼见为实，耳听为虚，兼听则明，偏听则暗。我们应派人前去调查，再通过多方面了解。"齐威王立即派人去调查。

结果，考察的人回来报告齐威王：阿城为非作歹，善于逢迎，又用重金贿赂宫中大臣；而即墨则一心为百姓着想，为官清正，许多大臣视其为肉中刺、眼中钉。

齐威王大怒，第二天上朝时，朝中放了一口大锅，里边放了开水，大臣们不知怎么回事。齐威王说："我今日要活煮那些贪官污吏。"那些忌恨即墨的大臣还以为大王要煮他呢。

这时，从外边押进一人，此人正是阿城，众臣大吃一惊。齐威王说："我派人去查访，即墨时时事事为百姓着想，功不可没，加封一万户的俸禄；而这个阿城，贪赃枉法，搜刮民财，百姓对他恨之入骨。来人，把他煮了！"

那些替阿城说好话的大臣早已吓出了一身冷汗，赶紧跪下磕头求饶。齐威王余怒未消，也要煮了他们。邹忌连忙求情，说道："大王，法不责众，万万不可都杀掉！"

齐威王根据大臣们的罪过，一一治罪，又整顿了地方官吏。从此齐国不仅经济发展迅速，而且朝中风气也很正，齐国成为了战国七雄之一。

相煎何太急

相传孙膑是著名军事家孙武的后代，也具有军事头脑。后来向鬼谷先生学习兵法，和他一起学习的还有庞涓。二人情同手足，关系甚好。鬼谷先生一次装重病，卧床不起，孙膑整日为他熬药，给老师端饭送水，而庞涓则连续几日不露面。这一日，鬼谷突然从床上坐起来，把孙膑吓了一跳，随后孙膑高兴地说："老师，您的病好了！"鬼谷点了点头。鬼谷走到书房，庞涓正在翻箱倒柜，一见鬼谷进来，大吃一惊，慌忙说道："老……师，您……您好了！"鬼谷有些生气，但还是点了点头，问道："庞涓，你在这里干什么呢？""我……我想看看兵书。"

从此以后，鬼谷就不再喜欢庞涓了，他知道庞涓心术不正，而孙膑不仅聪明而且心地善良，性格忠厚。

庞涓见老师不再喜欢自己,就告别了老师和师兄,去了魏国。

魏文侯在位时,就重视人才,以后的几代君王也很重视人才。庞涓本来就是魏国人,又学了不少本领,因此很受魏惠王的赏识,拜他为总兵大元帅兼军师。

自从庞涓走后,鬼谷先生便将《孙子兵法》13篇传授给孙膑,而且把自己对兵法的心得体会也一一传授。孙膑聪明好学,很快掌握了这本书的精华。鬼谷一再叮嘱孙膑,此兵法不可轻易外传,尤其是心术不正之人,也不要传予庞涓。孙膑不知道老师为什么不让传给师弟,又不便追问,便一一答应。

孙膑本是齐国人,但是魏惠王听说孙膑很有军事才能,深受鬼谷先生喜爱,而且熟知《孙子兵法》,便派庞涓去请孙膑。

庞涓当时已很得志,他用平时所学的知识训练魏国军队,训练得很有成效。他知道孙膑比他好学,而且深受老师宠爱,老师又偏心把《孙子兵法》传授给他,本不想去请孙膑,但是魏惠王有旨意,不敢违背,只好去请师兄。

那时鬼谷已经很老了,孙膑日夜照顾老师。这一日庞涓求见,庞涓拜过老师,又见过大师兄。他把孙膑拉到了一边,对大师兄说:"我奉魏惠王之命前来请你,可是我一见老师已老,需要人照顾,所以你写一封信,拒绝魏惠王的邀请,我回去也有个交待。"

孙膑一听也觉得有道理,便写了一封拒绝信。

孙膑回到屋中,鬼谷问孙膑:"庞涓与你商谈何事,为何要背着我呢?"孙膑没有撒谎,便一五一十地和老师说了一遍。鬼谷说道:"孩啊,老师老了,我可以找别人来照顾我,但不能耽误了你的前程。你还是去魏国吧,不过凡事要小心!"孙膑舍不得离开老师,但老师执意让他离开,他只好和庞涓一起去魏国。

庞涓本不想让孙膑去魏国,但又没有别的办法,只好和师兄一起回到魏国。

孙膑来到魏国之后,很受魏惠王重视。孙膑的军事才能得到了展示,而庞涓对此渐渐产生了嫉妒。

原来魏惠王有什么军事大事都和自己商议,而如今却只和孙膑商量,庞涓心里很不是滋味,就想方设法陷害孙膑。

一日他模仿孙膑的笔迹,以孙膑的口气给齐国写了一封信,信里写道：魏国军队力量日益壮大，有步兵10万、兵车800辆、水兵1万。我孙膑乃是齐国人，我来到魏国也心系齐国，有朝一日我要乘机带领军队逃到齐国去。庞涓找来一名士兵，他们两个串通好了。庞涓带着那名士兵，一起面见魏惠王。那名士兵说："主公，孙膑给齐国写了一封信，他要我秘密送往齐国。我深知信的内容一定很重要，便去找元帅，元帅说事关重大，还是一起面见主公吧！"

魏惠王打开信一看，十分生气，便递给庞涓。庞涓故作大吃一惊道："这个孙膑真不知好歹，大王对他恩重如山，他竟然想叛国投敌。"魏惠王又仔细辨认了一下字迹，这可把庞涓吓坏了，但是魏惠王没有看出破绽来。原因是庞涓从小和孙膑学写字，所以二人的字体一样。

魏惠王大怒，问道："元帅，我们是否应该杀了孙膑啊？"

庞涓心想《孙子兵法》还没有到手，不能让他现在就死，便说道："主公，孙膑虽然罪不可赦，但是如果大王杀了他，其他诸侯国会说大王不仁慈，我们不如挖去他两膝的磨盘骨，然后再把他关起来，让他生不如死。"

魏惠王立即派人挖去了孙膑的磨盘骨。孙膑不知身犯何罪，想去诉苦，又被人家关了起来。

庞涓此事做完之后，便找到那假冒送信的士兵，对他说："本元帅一定会重重赏你，还要提拔你，现在有一壶大王赏赐给我的酒，你喝了吧！"士兵吓得扑通一下跪倒在地，口里连忙求道："元帅，饶命！元帅，饶命！"

庞涓嘴里哼了一句，说道："谁要你死啊。快喝了它！"

士兵万般无奈，忍泪喝了下去，没过多久便摔倒在地。庞涓仰天哈哈大笑。

孙膑被挖去了磨盘骨，不能行走，只能慢慢爬行，腿疼痛难忍。

而庞涓则每天都来看望师兄，为他上药，孙膑很是感动。孙膑对庞涓说："师弟，帮我调查一下，看看是谁暗害我。我想见见魏惠王！"

庞涓假惺惺地说："师兄，你暂且好好养伤，我一定会调查清楚的。至于魏惠王吗，还是先别见了。他现在还在气头上，非要杀你不可，幸亏我苦苦求情，他才放过了你。"

孙膑只好在狱中养伤,心情十分沉重。他翻来覆去地想:我孙膑做人光明磊落,不会有人暗害我的,这到底是怎么回事啊?

而庞涓每日必来看望师兄,给他带些好吃的,还为他上药,每次孙膑都感动得热泪盈眶。

这一天,庞涓对孙膑说:"师兄,老师教给你的《孙子兵法》能不能写下来,让我也看看,我也可以从中学到些东西。"

孙膑想:老师当时嘱咐我不让传授给庞涓,可师弟对我这么好,而且我如今已经残废了,失去了自由,只有传授给师弟,才能保证《孙子兵法》不失传。于是孙膑就答应了庞涓。

孙膑忍着疼痛给师弟写《孙子兵法》,而这一切都让看牢的老头看在眼里。一天,庞涓看过孙膑,刚走不久,老头便走进狱中。老头蹲下身,对孙膑说:"将军,莫怕,我想告诉你一件事。"孙膑说:"老人家,请讲。"

老头话未说,泪先流,对孙膑说:"将军,你知道你是怎么受害的吗?都是你那个披着羊皮的师弟。他假冒你的名义写了一封信,信里说你投降齐国,让我儿子去送给魏惠王。大王一看是你的笔迹,便想杀你,庞涓想得到《孙子兵法》才为你求情。将军,我的儿子本不想这样做,是被逼无奈。事情办成之后,他又用毒酒毒死了我的儿子。我不忍心看到你还蒙在鼓里,请将军想一想办法,赶快逃出去吧,否则,你性命难保啊!"

孙膑听完,脑袋一下子大了,心如刀绞,原来师弟竟如此没有人性,难怪他不让我见魏惠王呢?

孙膑悄悄写了一封信,让看牢的老头送给齐国大将田忌。

田忌得知孙膑的处境,当夜便买通了看牢的人,把孙膑救了出去。

田忌又把孙膑推荐给了齐威王。齐威王也非常爱才,便重用孙膑。

公元前353年,魏国庞涓率兵攻打赵国。赵国向齐威王求救,孙膑用"围魏救赵"之计大败魏军。

公元前343年,魏又联合赵国攻打韩国。韩国向齐威王求救,齐军仍是"围魏救韩"打败了魏军。

庞涓也在此战中,被齐军乱箭射死。

齐威王很赏识孙膑,但孙膑拒绝了齐王的封赏,过起了隐居生活,晚年回忆整理了《孙子兵法》。

改革家商鞅

　　战国初年，社会经济发生了巨大的变化，我国由奴隶社会过渡到了封建社会。当时秦国的经济发展比其他国家落后，而且还深受楚、魏两国的压迫，各国对秦都以"夷狄遇之"。

　　公元前361年，秦献公的儿子秦孝公继位。秦孝公仅21岁，年轻气盛。为了使自己国家强大起来，不受别的国家压迫，他广纳天下贤士，求贤变法。而商鞅就是这一时期的著名改革家。

　　商鞅于公元前390年出生于卫国一个贵族家中，姓公孙，名卫鞅。他年轻时聪明好学，很有远见，25岁到魏国游学，被相国公叔座赏识，做了相国府的家臣。

　　一天，公叔座病重，魏惠王亲自看望。他对魏惠王说："大王，公孙鞅博学多才，年轻有为，可以胜任相国一职，您可以重用他。如果不重用他，就要杀了他，以免他被别的国家重用，对我们魏国构成威胁。"

　　魏惠王点头答应，但心想：你一个相国府的家臣能有什么学问，况且年纪轻轻，怎么能胜任相国一职呢？

　　公叔座一病不起，不久便离开了人间。而魏惠王没有听公叔座的话，公孙鞅没有得到重用。

　　公孙鞅听说秦孝公广纳天下贤士，又觉得自己在魏国没有什么发展，便告辞了魏国，去投奔秦孝公。

　　魏惠王知道公孙鞅要走，也没有阻拦他，也没有派人追杀他。

　　公孙鞅见到秦孝公，二人甚是投缘。一见面，他俩就商讨治国之道。公孙鞅博学，很快便被秦孝公认同。秦孝公决定重用公孙鞅。

　　那时，由于公孙鞅没有政绩，而且又年轻，所以没办法委任重要官职，秦孝公便拜公孙鞅为右庶长。

　　公孙鞅对秦孝公说："主公，您也是初步登位，还不甚稳定，为了稳定人心，我们变法之事稍后再定。"

秦孝公道:"正合我意,利用这段时间,你也熟悉一下,以便将来得心应手。"

公孙鞅知道变法困难重重,要想变法成功,必须取信于百姓。

有一天中午,公孙鞅带领几个士兵,在城门口贴了一个告示:谁能把一根细木扛到北门口,赏金10两。围观的百姓没有人相信,不知这里是否有诈,心想:这个城门口距北门口还不到50步,而这根细木又很轻,哪有这么便宜的事啊!于是你看看我,我看看你,只看不动。

人越聚越多,公孙鞅让士兵把赏金由10两改成赏金50两。大家更不相信了。

公孙鞅后来竟改成了100两。重赏之下必有勇夫。一个百姓心想:不就是扛这根细木吗?上刀山下火海我也干了。他扛起细木就走,围观的百姓也跟着。到了北城,公孙鞅立即派人去取100两赏金给这位扛木者。

围观的百姓一下子全都相信了。这件事一传十,十传百,很快全国百姓都知道秦国右庶长说话算数。

两年之后,秦孝公觉得地位已经稳固,而公孙鞅也熟悉了秦国环境,便下令变法。

变法内容是:

第一,废井田,开阡陌。土地由国家统一管理,统一征税,废除奴隶社会的土地国有制,承认土地私有制,允许土地买卖。

第二,废除贵族世袭特权,建立军功制,按军功大小奖赏。

第三,重农抑商,奖励耕织。

第四,推广县制和连坐制。公孙鞅推广县制,把秦国划分为31个县,每县设县令。县令是全县最高的长官,而地方长官均由国君任免。又规定,一人犯法,诛灭九族;一家犯法,邻里也受牵连。

第五,统一度量衡。

第六,迁都咸阳。

这些法律的实施,促进了秦国经济的发展。打破土地国有制,促进了封建土地所有制的进一步发展,使奴隶变成了农民,有了人身自由,勤于耕作。重视农业、奖励耕织,促进了封建小农经济的发展。严明法律巩固了地主阶级专政。推广县制,大小官吏均由国君任命,加强了中央集权。

但"奖励军功"却遭到了许多没有功劳的贵族的反对。他们眼看着自己的特权被夺去，便垂死挣扎。

秦孝公十分支持公孙鞅，有反对的贵族就抓起来杀掉，大臣有反对的也抓起来治罪。

由于秦孝公和公孙鞅变法态度坚决，新法很快得以实施。

变法的初步成功，使秦孝公更加信任公孙鞅，拜他为大良造。这是秦国当时最高的职务。

新法很快有了起色，但太子是保守派的代表人物，太子的老师也是保守派的一员。他知道秦国法律严明，自己不敢出来公开反对，便唆使太子反对。

秦孝公准备按新法规定迁都咸阳，太子反对，秦孝公十分生气，便想杀了太子。公孙鞅跪倒求情，对秦孝公说："主公，请想一想，太子年幼无知，不能完全明事理，虽说天子犯法与民同罪，但太子一定有人指使，这个指使之人应该替太子受刑。"

秦孝公一听，对太子说道："是谁指使你的？"

太子听说父亲要杀自己，也吓坏了，哆哆嗦嗦说道："是老师！"

秦孝公立即派公孙鞅去处理此事。

公孙鞅带着士兵，将太子老师押到刑场，公布了他的罪行，从严治了他的罪。大臣们一看也都出了一身冷汗，心想：要不是他老师为他受罚，看来太子也跑不了。从此，无人再敢反对新法了。

秦国变法之后，整个国家出现了大变化。军队作战勇敢，农民积极种田，又积极纺织，整个国家到处都是一片欣欣向荣的景象。

秦国强大之后，秦孝公想洗雪以前的耻辱，在诸侯国中树立威信。

公元前340年，公孙鞅率领秦军攻打魏国。魏惠王一听说公孙鞅带兵伐魏，心里追悔莫及，心想：如果当初听了公叔座的话，就对了。自己没有重用公孙鞅，也没有杀了他，果然后患无穷！

魏惠王派兵抵抗，但秦军作战勇猛，节节告胜，眼看要攻到了魏都。魏惠王连忙派人求和。公孙鞅一看已经达到了目的，便答应了求和。

魏国把河西的大部分土地给了秦国，秦国不仅领土扩大了，而且地位、威信也提高了。

秦孝公非常高兴，封公孙鞅为侯，并将商于一带封给他，尊称他为商君。人们也改称他为商鞅。

公元前338年，秦孝公病逝，太子继位。太子不忘当年之辱，以莫须有的罪名将商鞅五马分尸。

商鞅虽死，但他变法的决心和精神为世代人传颂，不愧为一代改革家。

合纵连横

战国时期，秦国通过商鞅变法迅速强大起来，而齐国在此时也是东方强国。这样就形成了东西两大强国对峙，其他弱国并存的局面。就是在这种复杂的情况下出现了"合纵"和"连横"。

所谓"合纵"就是联合众多弱小国家攻击一个强大的国家；所谓连横就是联合一个强国去攻击其他弱小国家。

由于时代的呼唤，这一时期历史上出现了著名的纵横家，他们的代表是：张仪、公孙衍、苏秦。

公孙衍，又名犀首，做过秦国的大良造。后来张仪投奔秦惠文王。秦王很欣赏张仪，拜张仪为秦相。但张仪与公孙衍二人观点不统一，张仪主张"连横"，而公孙衍主张"合纵"。秦惠文王赏识张仪，便弃用公孙衍。

公孙衍一气之下，从秦国来到魏国。

公孙衍来到魏国后，很快被魏国重用。公元前319年，他做了魏相。他深知魏国不如秦国强大，为了对付秦国和张仪的"连横"政策，他提出了"合纵"策略。他号召五国合纵。这五国是：魏、赵、韩、楚、燕。由于这五个国家都比较弱小，单独都没法抗击秦国，所以公孙衍希望通过合纵增强力量，与秦军抗衡。

但是人多心不齐，楚、燕两国没有派兵出战，而魏、赵、韩也各有心机，所以在今河南省原阳一带刚一交战，秦军便大获全胜，歼灭8万多敌军。

张仪建议秦惠文王道："主公，三晋国尚未强大，我们应乘胜而出击。"

秦惠文王又向三晋发动进攻。韩国把太子全送到秦国做人质,屈服投降;赵国也答应求和;魏国内政受到秦国干涉。

秦国更加强大了,"合纵"不仅没有打败秦国,反而激发了秦国的斗志。

公孙衍失败之后,苏秦出现了。

苏秦是洛邑人,他和张仪是同学,也是好朋友,但二人的策略不同,苏秦也主张"合纵"。

说起苏秦,还有一段小故事。

苏秦从小家里贫穷,但他学习刻苦。学习了一段时间之后,他便去外面闯荡,想凭着自己三寸不烂之舌和所学的东西,谋个一官半职,但没有人任用他。

万般无奈,他只有回到家中,妻子见他如此落魄,也不爱理他。而别人则认为他是游手好闲,不务正业。

苏秦心里很不是滋味,心想:我没有被别人任用,一定是我所学的知识太少,我再下决心,多学知识,将来一定要争口气,让他们看看。从此苏秦日夜苦读,有时半夜实在太困了,就用绳子把自己的头发拴在梁上。当他一低头打瞌睡,头发就会被拽一下,自己就醒了,然后接着读书。后来这种办法起不了作用了,他便用锥子刺自己的大腿,一下子就精神了,便可以聚精会神地读书。这就是苏秦"头悬梁,锥刺骨"的故事。

苏秦功夫不负有心人,经过几载苦学,他上知天文,下知地理,无所不知,无所不晓,后来又做了六国纵约长,终于出人头地。

苏秦第二次苦学之后,先是到了燕国,受到了燕文王的礼遇和重用。他对燕文王说:"主公,当今秦国最强,时有吞并各国的野心。我们应联合这些弱小国家,共同抵挡秦国,只有这样才能保太平。"于是赵、韩、魏、齐、楚五国合纵伐秦。但是由于组织不周,联军一直没有发动大进攻,结果"无功而返"。

秦王面对联军压境,问张仪怎么对敌。

张仪道:"主公,目前齐、楚两国是联军中的强国,只要把它们拆散,其他的都迎刃而解。"

于是张仪奉秦王之命出使齐、楚。

张仪先到了楚国,买通了楚怀王的宠臣靳尚,然后去见楚怀王。

张仪对楚怀王说:"如果楚国和齐国断交,秦国愿把商于一带600里的土地归还楚国,而且愿意与您结好。"

宠臣勒尚也陈述了与秦结盟的各种好处,楚怀王不顾其他大臣的反对,欣然应允。

楚国和齐国断了交。

楚怀王派使臣去向秦王要回商于,却遭到了拒绝。张仪拿着地图说:"你们大王听错了吧,我是说将自己的封地拿出6里给楚国,而不是秦国的600里。"

使臣回到楚国,从头到尾一说,可气坏了楚怀王。他立即派兵,攻打秦国。秦国早有准备,打败了楚国。

楚怀王不甘心,又一次派出10万大军攻打秦国。而秦国则联合齐国,一起打败了楚国,又抢走了汉中一带600里的土地。万般无奈,楚国只好求和。楚国的实力被大大削弱,从此一蹶不振。

楚被削弱后,齐秦两国对峙,苏秦的合纵联横也被瓦解了。

公元前286年,由于宋国发生了内乱,齐国想趁此机会壮大自己的力量,扩张领土。于是,齐国便派兵攻打宋国。

宋国国君眼看着宋国要灭亡,便跑到魏国,齐国和魏国因此产生了矛盾。齐国最后灭了宋国,宋国国君宋康王悲愤而死。

齐国灭宋引起了其他诸侯国的强烈不满,纷纷想群起而攻击,但因没有一个牵头的也不敢冒然进军。

张仪对秦王说:"主公,如今楚已经被削弱,齐、秦两国对峙,若不削弱它,将来必然会对我们造成威胁。如今齐国举兵灭宋,不得人心,各个诸侯国也十分不满意,但他们不敢轻易出兵。如果我们在这时候站出来,组织和联合其他国家共同攻打齐国,一定会大败齐国军队,到时我们就可以独自称霸。"

公元前285年,秦王与楚王在宛相会,对楚王说:"如今齐国逆天而行,不仁不义,将来必然会乘机灭掉你们这样的国家。"楚国虽然与秦国有矛盾,但看到齐国攻打宋国,心里也想与秦国结交,因此答应了秦王的邀请。

秦王又用同样的话,说服了赵王。

公元前284年,秦王又与魏王、韩王会谈并达成了一致意见。公元前284年,秦、燕、韩、赵、魏、楚6国联合攻击齐国,在济西大败齐军。

齐国也从此一蹶不振，而只有秦国傲视群雄，为后来的统一做好了准备。

为孟尝君买情义

孟尝君名叫田文，是齐国大臣。他很有威望，原因是他爱惜人才、重用人才，他门下收养了3000多门客。

这3000多门客虽然不说个个本领高强，但绝大多数都有一技之长，很少有平庸之人。孟尝君根据门客才能大小，以不同的方式对待。管吃管住，没有鱼肉，是下等门客；有鱼有肉吃，是中等门客；不仅有鱼肉吃，还有车坐是上等门客。一般的，刚一投奔孟尝君，都是先被视为下等门客，之后再观察，根据才能大小定哪等门客。

秦国国力很强大，而且秦昭王很重视人才，他听说孟尝君有3000门客，而且足智多谋，便想重用他，但孟尝君没有离开齐国。

后来秦王派使臣来，还带来了自己的弟弟泾阳君。秦王使臣对齐王说："秦国想与齐国修好，听说齐国有位孟尝君，足智多谋，秦王很想与他见面共同谈论一下天下形势。"

那时的国君是齐湣王，齐宣王已经去世。齐湣王生性胆小。

齐湣王见到秦国使臣，知道了秦王的意思，便说道："我们非常愿意与秦国结好，把孟尝君送给秦王，辅佐秦王治理天下。"

齐湣王答应得这么痛快，有着自己的想法：一是秦国强大，齐国已衰弱，若不答应，秦国一定不会善罢甘休；二是如果孟尝君去秦国辅佐秦王，对齐国也会有百利而无一害。

秦国使臣一听说齐王答应了，很高兴，便继续说道："齐王，我家主公特意派自己的弟弟泾阳君一起来到齐国，如果齐王放心不下，可以留下泾阳君以换走孟尝君。"

齐湣王一听，心想：这个使臣很狡猾，他先不提泾阳君做人质之事，而是先直接说要孟尝君。一看我答应了，又说换孟尝君。我若把泾阳君留下来做人质，岂不被秦王说我不信任他。想到此，他说道：

"既然齐、秦已结好,我们应彼此信任,不必留下泾阳君。"

孟尝君带着一些门客来到秦国,秦王非常高兴。

孟尝君还送给秦王一件纯白色的狐狸皮裘。这是用十分珍贵的银狐皮做成的,据说人要是穿上狐狸皮裘,站在雪地里,雪花还没有落下来,便化成了小水滴。秦王也知道它的价值,非常喜欢,便将它珍藏在衣库中。

秦王很重用孟尝君,拜他为丞相。这一做法遭到了许多大臣的不满,他们从心里瞧不起孟尝君,心想:你就靠养了3000门客才做了丞相,有什么本事呢?

孟尝君当然也看在眼里,虽不便说明,但心里却有些不悦。泾阳君非常喜欢孟尝君,经常找他谈论天下大事。二人很投缘,有时一谈就谈到天黑。

秦国大臣不但瞧不起孟尝君,而且经常在秦王面前轮番攻击他,说他如何无才无德无能。"众口铄金,积毁销骨",久而久之,秦王也觉得孟尝君不适合做秦国丞相了,便想把孟尝君和他的门客放回去。

有一位大臣却说:"主公,孟尝君在秦国已经待了好几年了,如果把他放回去,恐怕对秦国不利啊!"

秦王一想也是如此,便把他软禁起来。

孟尝君的门客一看孟尝君被囚禁起来,便纷纷想对策。一位门客说:"在大秦国,我们举目无亲,孟尝君和泾阳君关系甚好,我们可以求救于他。"

于是一位门客去见泾阳君。泾阳君一听说孟尝君被软禁起来,很是焦急。

第二天,泾阳君备了厚礼去求见秦王的宠妃燕妃。燕妃楚楚动人,深受秦王宠爱,在秦王面前说一不二。

燕妃对泾阳君说:"贤弟,不瞒你说,我很喜欢银狐皮裘,如果我能拥有它,我就让秦王放了孟尝君。"

泾阳君知道燕妃想得到银狐皮裘。可是泾阳君也知道银狐皮裘只有一件,已经送给了秦王,而且藏在衣库中。但为了救孟尝君,泾阳君还是答应了燕妃。

泾阳君召集了孟尝君的门客,商议怎么办此事。一个门客说道:"孟尝君平日对我们恩重如山,如今有难,我愿冒死去偷那件银狐皮裘。"

大家也没有更好的办法，只好试试看。

泾阳君为了配合门客，派人给守库的人送去了两壶好酒。

夜深人静之时，那位门客从狗洞钻进秦王宫内的衣库，一不小心，碰了一下桌子，发出了一声响动。守库人迷迷糊糊醒来，那位门客急中生智，学了几声狗叫。守库人骂了一句："该死的狗，又把我吵醒了！"说完又倒身睡去。

门客偷出银狐皮裘后直接到了泾阳君府上。

泾阳君拿着银狐皮裘去见燕妃。燕妃一看，喜上眉梢，立即答应了泾阳君的要求。

秦王又来找燕妃饮酒，燕妃边给秦王斟酒，边问道："大王，是不是有个叫孟尝君的被您关起来了？"

这时秦王已有几分醉意，便答道："是啊，你怎么知道的？"

燕妃说："孟尝君有众多门客，他们说大王不讲信用，把孟尝君关了起来。"

秦王一听很不高兴，便说道："明天，我把他的门客也关起来，看他们谁还乱说。"

燕妃又为秦王倒了一杯酒，说道："大王，关人不得人心，不如放了孟尝君，天下人都会说大王仁义的。"

秦王喝得迷迷糊糊，答应放人。

孟尝君和门客急忙逃往齐国。他们知道秦王酒醒之后一定会反悔，而且是非之地不可久留，一旦偷银狐皮裘之事被秦王知道，非杀了孟尝君和门客不可！

他们一行人，不敢停留，匆匆跑到函谷关。过了关就是齐国，若不过关，明天一早还得被秦王抓回去。

一位门客向孟尝君要了些钱，便来到守城的官兵面前，说道："将军，辛苦了，我家主人有急事要出城，还请行个方便！"边说边把黄金递了过去。

守城士兵见钱"门"开，放过了孟尝君和他的门客。

天一亮，秦王酒醒之后，便后悔了，立即派人去追。但那时孟尝君已逃到了齐国。

孟尝君回到齐国，继续当相国，门客也越来越多，许多有才能之人都慕名而来。

一天，有一个自称是冯欢的人求见孟尝君。孟尝君和他见了面，冯欢说："我无才无能，又没有特长，但很想在此为您效劳！能否收下？"孟尝君点头答应，安排他和门客同住。

没过几天，冯欢就开始边走边唱："都说孟尝君贤能，吃饭没有鱼怎么行？"孟尝君派人给他送去了鱼。

又过了几天，冯欢又唱："都说孟尝君贤能，出门没有车怎么行？"孟尝君又派人送去了车。

又过了几天，冯欢还唱："都说孟尝君贤能，没钱养家怎么行？"孟尝君又派人给他送去了零用钱。

其他门客对冯欢很不满意，纷纷劝说孟尝君不如把冯欢赶出相府。孟尝君没有答应，对冯欢按上等门客对待。

薛地是齐国的一块穷地方，这里百姓生活困难，齐王把这一块地方封给了孟尝君。

孟尝君心想：冯欢，你自从来到我这里，我待你如上等门客，我要试一试你的才能，派你去薛地收债。

冯欢也知道薛地的百姓根本无法还债，临行前便问孟尝君："您需要什么我可以帮您买回来？"孟尝君也没有理会，随口答道："你愿意买什么就买什么？"

冯欢到了薛地后，把百姓召集到一起，对大家说："孟尝君把所有的债务全免了！"百姓千恩万谢。

冯欢回来后，对孟尝君说："债是收不上来了，但我为您把'情义'买了回来！"

孟尝君也没有说什么。

齐湣王生性胆小而且多疑，他怀疑孟尝君会夺取自己的王位，便免去了他的官职。

孟尝君只有回到薛地，百姓一听说孟尝君要来，早已排成了长长的队伍恭迎他的到来。

而其他的门客也都散了，只有冯欢跟着孟尝君。

孟尝君对冯欢说："我看见你为我买的'情义'了。"

从此，孟尝君和冯欢便在薛地安静地生活，他俩谈古论今，每天过得都很充实。

当地百姓非常尊敬孟尝君,而孟尝君也十分愿意和百姓谈天说地。

没过几年,孟尝君在薛地安祥地离开了人世。当地百姓都为此而悲伤。

完璧归赵

战国时期,秦国非常强大。那时秦昭王在位,他听说赵惠文王得了"和氏璧",就想占为己有。

这和氏璧乃无价之宝,而且有一段离奇的故事。

传说赵国有个叫卞和的人,在山上看见一只凤凰停在一块石头上。他觉得这块石头一定是一块宝物,便把它拿回家去,认真打磨,果然是一块宝玉。他决心献给赵王,但赵王及大臣不认识这是宝玉。卞和不死心,三番五次进宫献玉,赵王一怒之下就命人砍去了他的双手。

从此卞和就在山里放声大哭,他哭宝玉为什么没有人认识。

赵武灵王继位之后,一次上山打猎,听见有人大哭,而且很伤心,便派人把他找来,问他为什么哭。卞和说:"大王,我有一块宝玉,献给你父王时,他说这是石头,还把我的双手剁去了。我如今伤心不是为了失去双手,而是因为这块宝玉没有人认识。"

赵武灵王接过和氏璧一看,又传给大臣们看,都认为这是石头,又扔给了卞和,对卞和说:"别哭了,这分明是块普通的石头。"

卞和又哭上了。赵王很生气,命人跺去了他的双脚。

卞和每天仍是大哭不止。

赵武灵王的儿子赵惠文王继位之后,听说了此事,便找来识宝石的人和自己一起去找卞和。卞和仍是大哭,一见赵惠文王来了,便把和氏璧递上。赵惠文王也不识货,他交给了那个识玉之人。

此人一看,连连惊叹:"回大王,此玉乃稀世之宝,它不仅颜色光润,而且纯洁无瑕,夜间能生光,轻轻一弹还可以奏出优美的乐章。"

赵王大惊,命人轻轻一弹,和氏璧果然奏出了优美的曲调。赵惠文王得了此宝物,便命人给卞和好多财物。

卞和说:"大王,我对金银珠宝不感兴趣,只要天下有识宝玉者,我就心满意足了。"

赵惠文王把宝玉带回宫中,将它命名为"和氏璧",以奖励卞和的功绩。

这和氏璧果然是宝玉,渐渐地赵王发现它冬暖夏凉,而且百步之内不近蚊蝇。关于和氏璧的神奇故事立即在诸侯国之间传开了。秦昭王想:如今我秦国实力最强,宝玉理应归我。他便派使者去赵国索要。

使者对赵惠文王说:"我家主公听说大王得了稀世之宝——和氏璧,又听说此宝玉有很多神奇之处,愿以15座城池换和氏璧,希望大王能答应。"

赵王不知所措,便召集群臣商议此事。大家都认为:秦王一向不讲信用,当年派张仪去楚国,答应给600里土地,后来不仅没有给,反而又夺走了楚国600里土地。这次换和氏璧也是欺诈,很可能拿到和氏璧,而不给赵国15座城池。但是秦强赵弱,如果不给,一旦惹怒了秦王,他一定会出兵攻打赵国的。

正当大家议论纷纷时,一位大臣说道:"我们可以找一个智勇双全的人,带上和氏璧去秦国。如果城池给了我们,我们便把和氏璧留下;他不给我们,我们就把和氏璧带回来。"

赵惠文王及群臣认为这是一个好办法,可是谁能担当此任呢?

这时一个叫缪贤的宦官站了出来,对赵王说:"大王,我有一个人选,他叫蔺相如,此人足智多谋,应该可以完成此任。"

赵王没有别的人选,只好召见蔺相如。

赵王问:"蔺相如,秦王愿拿15座城池换我们的和氏璧。不知我们应不应该答应他?"

蔺相如答道:"主公,秦王拿15座城池换和氏璧,必然有诈,且秦素来不讲信用。但是秦强赵弱,我们若不答应,理亏在我们这一方,他可以名正言顺出兵攻打我们。如果我们给了秦国和氏璧,他不给15座城池,那么理亏在他。我们宁可让他理亏而不能使自己理亏啊!"

赵王点了点头,认为蔺相如果然很有头脑,便又问道:"如果秦王拿了和氏璧,不给城池怎么办呢?"

蔺相如道:"大王,请放心,秦国交出城池,我就把和氏璧留下。他不交城池,我会将和氏璧完好无损地护送回国。""完璧归赵"这一成语就来源于此。

蔺相如带着几名随从来到了秦国咸阳。

秦王一看,赵国派使臣来送和氏璧,很是高兴。蔺相如呈上和氏璧,秦王更是爱不释手,看了半天,又用手轻轻地弹了几下,听完声响之后,又传给大臣们看。

大臣们都连连称赞这的确是宝玉。两边大臣看完,又传到了秦王手里。秦王只顾看玉,而根本不看蔺相如等人。

蔺相如心想:秦王果然贪心,他对15座城池之事迟迟不提,一定是不想交城。于是蔺相如对秦王说:"璧有瑕,请让我指给您看。"

秦王和大臣们都没有发现这块宝玉有斑点,秦王便把和氏璧交给蔺相如,想让他指出哪里有斑点。

蔺相如接过和氏璧,往后退了几步,靠在一根柱子上,对秦王说:"大王,你只顾欣赏宝玉,而对15座城池之事只字不提,一定是没有诚意和我们交换。如果不交换,我就把和氏璧送回赵国。如果大王想硬抢,我宁愿和和氏璧一起撞在石柱上。"说着举起了和氏璧。

秦王怕和氏璧摔碎,心想:只要和氏璧不碎,我就有办法弄到手,我先稳住他再说。

于是秦王满脸陪笑说道:"先生误会了,我怎么会没有诚意呢。我向来很讲信用,来人把地图拿过来。"秦王手指地图,对蔺相如说:"先生,请看,这15座城池都是你们赵国的啊!"

蔺相如知道秦王仍是没有诚意,只是缓兵之计,便对秦王说道:"大王,赵王非常尊重大王,在临行之前,斋戒了5日,举行了隆重的仪式。如果大王真有诚意,也应斋戒5日,也要举行隆重的仪式。"

秦王一看,硬抢不行,便答应了下来,还派人给他们安排了上等食宿。蔺相如看出了秦王不愿拿15座城池交换,便让随从化装成秦国侍者的样子,带上和氏璧,悄悄地跑回了赵国。5天后,秦王举行了隆重的仪式。

蔺相如跪倒在地,说道:"秦王,请杀了蔺相如,我已把和氏璧送回了赵国。因为我到秦之后,发现大王没有诚意,而且秦国历代国君没有几个讲信用的。我也怕受骗,所以把和氏璧送回了赵国。如果大王想杀蔺相如,那就请便吧!"

秦王一听大怒,说道:"你让我斋戒5日,举行隆重仪式,我都按你说的去做，而你却把和氏璧送回赵国，这分明是戏弄本王。"

蔺相如从容地回答："众所周知，秦强赵弱，赵国绝对不敢有负于秦国，只要秦国先交出 15 座城池，我家主公会立即派人送回和氏璧。"

其实秦王也没有诚意换和氏璧，便对蔺相如说："不要因此事伤了两家和气。"

蔺相如完璧归赵，赵惠文王很欣赏他，拜他为上卿。

将相和

自从蔺相如完璧归赵之后，秦王一直咽不下这口气。他想：我一个强大的秦国，竟被你一个小小的赵国戏弄一番，一定要找机会出口气。

秦王的一位大臣说："主公，您可以邀请赵王订立盟约。他若来，我们可以见机行事；他若不来，我们可以以此为由去攻打他。"秦王一听非常高兴，立即派人去给赵惠文王送信。

信的内容是：邀请赵王到渑池（今河南省渑池县）会面，修订条约。

赵王拿不定主意，便召集群臣商议。有的大臣说：秦此次订约，一定有诈，如果大王前去，必定危险，不如不去，历代国君有好些被劫在他国做人质的。

而蔺相如主张去，他说："主公，秦国此次订约，一是想试一试我们赵国有没有这个胆量；二是如果我们不去，可以找借口攻打我们。"

大将军廉颇也主张去秦国订条约。

赵王答应去秦国。为了以防万一，赵惠文王对廉颇说："如果我被劫留在秦国，你要辅佐太子，让他为我报仇。"

大将廉颇率 5000 精兵在渑池 30 里外埋伏好，李牧则率 5000 人马与赵王同行。

蔺相如自从上次出色地完成任务之后，很受赵王器重，此次又随驾和赵王一起去渑池与秦王会面。

刚一见面,秦王就十分傲慢。他命人取来一张瑟,对赵王说:"听说赵王弹瑟很精通,请赵王为本王弹奏一曲。"

这分明是侮辱国君。蔺相如非常生气,但是忍了下来。而赵王一看秦王盛气凌人的样子,也只好接过瑟,勉强弹奏了一曲。

赵王弹奏完毕,秦王命御史记录"秦昭王二十八年,赵王为秦王鼓瑟"。

赵王很是难堪,但没有吱声。

而这时,蔺相如站了起来,将一个瓦盆递给秦王说:"听说秦王擅长秦国的乐器,请大王击缶!"

秦王大怒,说道:"我一个秦国国君怎么能轻易为人击缶呢?"

蔺相如又向前走了两步,手里拿着瓦盆,非常气愤地说道:"秦国强大,但你们太欺负人了。现在我与大王仅隔五步,你们国家再强大,军队再多也没有用,我可以与大王同归于尽。"

秦王一见蔺相如怒气冲冲的样子,心想:如果不答应,我的性命便会受到威胁,于是只好敲了一下瓦盆。蔺相如转过身对赵国御史说:"记上'赵惠文王二十年,秦王为赵王击缶'。"

秦王没有占到便宜,而秦国一位大臣高声说道:"秦王快要过生日了,请赵国割15座城池为秦王祝寿。"

蔺相如毫不示弱,大声说道:"赵王也快要过生日了,请秦国把咸阳献给赵王,为赵王祝寿!"

秦王一听,又没有讨到便宜,只好说道:"大家谁也不要给谁寿礼了!"

秦国虽然强大,但也没办法和赵国翻脸,秦王早就知道赵国有强大的军事力量做后盾。万般无奈,秦国只好与赵国订了友好条约。

蔺相如有勇有谋,没有让秦国占到一点便宜,所以赵惠文王更加欣赏蔺相如了,回国之后,拜他为相国,比大将军廉颇还高一级。

廉颇心里很不服气,心想:他蔺相如仅凭一张嘴,官职竟比我还大,而我廉颇戎马一生,攻城拔寨,英勇无敌,战功赫赫,他凭什么做相国呢,我一定找机会羞辱他一番。

廉颇要羞辱蔺相如的话传了出去,并且传到了蔺相如耳中。蔺相如不但没有生气,反而处处躲着廉颇,有时上朝也称病不去,以免和廉颇见面。

廉颇得知此事后,很是得意洋洋。

一次蔺相如带门客出去,看见廉颇的车过来,忙命驾车之人把自己的车退回来。蔺相如的门客实在忍无可忍,便对蔺相如说:"我们舍身相陪相国,不图名利,只因相国为人忠厚、贤能,可如今相国如此胆小怕事,见到廉颇就躲起来,连百姓都感到耻辱,何况您一位堂堂的相国呢?我等不才,请求离开您!"

蔺相如赶紧摆手。对门客说:"你们说廉将军与秦王比,谁厉害?"

门客说:"当然是秦王厉害了!"

蔺相如说:"天下诸侯都怕秦王,而我却敢当面指责他,和他分庭抗礼。我连秦王都不怕,我能怕廉将军吗?我之所以这样做,是因为我知道秦国不敢侵犯赵国,是因为有廉将军和我二人同在。若二虎相斗,必有一伤,秦国必然会乘机攻打我们,所以我忍让廉将军,是为了赵国啊!"

门客们这才恍然大悟,更加敬佩蔺相如了。

后来这些话传到了廉颇耳里,廉颇想:蔺相如如此深明大义,为了国家安危,不和我斤斤计较。而我却三番五次要找机会羞辱他,只顾自己一时快乐,不顾赵国江山社稷。我和蔺相国相比,真是天地之别啊!

一天,蔺相如正在房中读书,一门客匆匆跑来,说道:"廉将军来了!"

蔺相如不知廉颇有何事,便起身相迎。

到了外边,蔺相如愣住了。只见廉颇上身裸着,背上绑一根荆条,见到蔺相如倒身便拜,说道:"我廉颇心胸狭隘,不知相国待人如此宽宏大量。我自愧不如,今日特来负荆请罪,请相国处置。"

蔺相如赶忙用手相扶,说道:"廉将军,快快请起,快快请起。"

二人紧紧抱在一起。

二人来到了书房,廉颇对蔺相如说:"相国胸襟如此坦荡,让小弟无地自容啊!"

蔺相如道:"廉将军,知错就改,而且身为一员大将,赵国有功之臣,又负荆而来,这种勇气让我佩服!"

廉颇又道:"小弟有一事相求,不知当讲不当讲?"
蔺相如道:"快快讲来!"
廉颇说:"自从我知道相国的所作所为后,我就一心想拜相国为兄长,不知可否?"
蔺相如很高兴地答应了,二人成了刎颈之交。
从此,二人一文一武,将相谐和,共同辅佐赵王治理天下。

荆轲刺秦王一去不复还

燕太子丹曾在秦国做人质。秦王对他百般侮辱,太子丹忍无可忍,便偷偷跑回了燕国,并发誓一定要报仇雪恨。

燕太子丹对燕王说:"父王,秦王对我百般凌辱,我实在受不了。他侮辱我,也就等于不把您放在眼里,我忍不下这口气。我们出兵攻打他,成功不了宁可做俘虏。"

燕王语重心长地说:"孩儿啊,不是父王不想出兵,但是我们是一个小国,而秦国强大,我们攻打它,如鸡蛋击石,羊入狼群啊!你太年轻气盛了,如果我们大败而归,那么我们燕国的百姓怎么办呢?"

太子丹一想:父王的话也有道理,但我还是咽不下这口气,我不如找一个刺客,去刺杀秦王嬴政。

燕国有位老隐士,名叫田光,虽隐居几十年,但天下发生的事都了如指掌,而且天下贤才,他都有耳闻。

太子丹便去见这位老人。太子丹刚一见到田光,田光便说道:"太子今日光临寒舍,是不是想让老者找几个勇士去刺杀秦王啊?"

太子丹大吃一惊,说道:"老人家,果然神机妙算,正是为此事而来。"太子丹接着说道:"老人家,我有几个人选,但不知是否能胜任此事,还请老人家指点。"

于是太子丹和田光一一拜访那些勇士。见过所有的勇士,田光摇了摇头,他们当中没有一位合适的。最后,他们去拜访秦舞阳。太子丹对田光说:"老人家,这个人非常胆大,12岁就因打斗而杀人。"但是田光看过秦舞阳后还是摇了摇头,对太子丹说:"太子,这些勇士喜怒哀乐形于色，不足以成大事。"

太子丹对田光说："老人家，这也不行，那也不行，我应到哪儿去寻这位合适的勇士呢？"

田光说："刺杀秦王嬴政非一人莫属，此人名叫荆轲，我之所以陪太子拜访其他几位勇士，是想给荆轲找一个副手，但都不太满意。荆轲有勇有谋，喜怒哀乐不形于色。"

太子丹听了非常高兴，但又十分担心，对田光叮嘱再三："老人家，刺杀秦王之事千万不要对别人讲，否则会泄露秘密。秦王一旦有准备，我们就无从下手了，而且他还会举兵攻打我们。"

田光心里有些不高兴，但还是点头答应了太子。

田光和荆轲虽然年龄相差较大，但二人关系甚好。田光见到荆轲说道："太子丹想找人去刺杀秦王，但他找的那几个人都不行，我推荐了你，不会责怪老兄吧？"

荆轲说："小弟怎会责怪您呢，秦王嬴政对我们燕国一脸的傲慢，明明是瞧不起我们，我也早想找个机会杀掉他呢？"

田光一听荆轲答应了，便说道："既然你已经答应了，我也放心了。太子丹不太信任我，我只有以死相报。"说着拔出宝剑自刎而亡。

荆轲没有注意田光，没想到田光会自杀，抱着老哥哥的尸体哭罢多时，才止住悲伤，把田光的尸体埋了。

太子丹后来听说了此事，后悔不已，痛哭流涕。

太子丹去见荆轲，而荆轲还为田光的死而悲伤呢！他心里还有些恨太子丹，便对太子丹说道："刺杀秦王之事，事关重大，臣不才，恐怕担当不起，还是请太子另找高人吧！"

太子丹知道田光与荆轲二人关系甚好，便跪倒在地，对荆轲说："壮士，如果你还在生气，我甘愿受罚。只要能杀秦王，我愿以命偿还田光老人家。"说着把宝剑递给了荆轲。

荆轲也很受感动，原谅了太子丹。于是，二人开始周密计划刺杀秦王的事。

荆轲说："太子，秦国军队强大，若想刺杀秦王，我们必须以求和的名义接近他，只有接近他，才能找机会下手。"

太子丹说："壮士，尽管说你所需要的条件，我一定努力做到。"

荆轲说："秦王嬴政为人多疑，要想让他相信我们，我们必须将我国最肥沃的土地督亢（今河北省涿县）献给他。"

太子丹说道："督亢乃我燕国宝地，但为了完成大事，我宁愿献出！"

太子丹以为荆轲会马上动身，可过了几天荆轲仍没有动静。太子丹便来催荆轲。

荆轲说："仅凭献督亢的一纸地图，不足以取信秦王，我们还应有樊于期的首级。"

太子丹这一下为难了。原来樊于期是秦国人，因对秦王不满，乘秦王出去打猎之机，刺杀秦王没有成功，逃到了燕国，与太子丹关系甚好。秦王出重金悬赏捉拿樊于期。太子丹说："壮士，樊将军于危难之中逃到我燕国，我不忍心那样做啊！"

荆轲没有说什么。晚上荆轲去见樊于期，对他说："我和太子密谋刺杀秦王，为了使秦王信任我，需要将军的首级，但太子不忍心，所以我单独来见将军。"

樊于期哈哈大笑，说道："想不到我樊于期的人头竟如此重要，只要能帮助太子报仇，我一个人头算什么呢？"说完，自刎而死。荆轲向樊于期的尸体拜了几拜，便将他的首级装入匣子带走了。

太子丹听说樊于期自杀，立即赶到，抱着樊于期的尸体哭了多时，派人掩埋了。

太子丹以为荆轲拿了樊于期的人头便会动身，但等了几日还不见动静，以为荆轲不想去了呢，便又去催荆轲。荆轲本来是等自己一个很有胆识的助手，这个人从远道而来正在途中。他一看太子如此焦急，只好提前动身。

荆轲的朋友没有到，太子丹便给他推荐了秦舞阳。荆轲并不满意，但身边又没有更好的助手，只好答应了。

荆轲将一把用剧毒炼过的匕首藏在地图中，这把匕首锋利无比，削铁如泥。

公元前227年，荆轲和秦舞阳以燕国使臣的名义去见秦王。太子丹等人头缠白布，来到河边相送，荆轲嘴里唱着："风萧萧兮易水寒，壮士一去兮不复还。"场面十分悲壮。

这一日，荆轲和秦舞阳来到了咸阳。秦王答应接见他们。

荆轲捧着匣子，匣子里边是樊于期的首级，秦舞阳跟在荆轲后边，手里捧着地图。

秦舞阳没有见过世面,一见朝堂布置森严,两边士兵十分威猛,吓得脸色发白,心里十分害怕,身体竟哆嗦起来。秦王的侍臣看出秦舞阳有些异常,便把他拦在了阶下。秦王问道:"使者脸色为何而变?"荆轲答道:"他从未见过大世面,今天见大王如此威严,免不了要害怕。"

荆轲把樊于期的首级奉上,秦王一看,是真的,这才相信了荆轲。

荆轲又走上前去,将地图打开,一边打开一边指着图上的位置,当地图全部打开时,一把锋利的匕首露了出来。秦王大惊失色,荆轲一手拿匕首,一手扯住秦王衣领,他想让秦王交出侵占燕国的土地。可没想到,由于用力过大,秦王的衣袖被扯断,秦王跑了,荆轲在后边紧追不舍,秦王没有地方躲闪,只有绕着殿柱跑。

秦王当时有规定,不许大臣带武器上殿,带兵器的卫士没有命令也不准上殿。众大臣只好徒手和荆轲搏斗。

御医急中生智,顺手把药箱扔了过去。有人对秦王喊:"大王,身上有剑!"秦王这才想起了身上的宝剑,赶紧取了下来,一剑刺在荆轲的腿上。荆轲无法站立,倚在柱子上,用手一甩匕首,匕首直奔秦王。秦王赶紧一躲,匕首带着风声从秦王耳边飞过,击在了柱子上。

荆轲手中没有了武器,秦王又用宝剑在荆轲身上刺了几剑。荆轲知道此事已失败,苦笑了一声说道:"我要不是想让你交出侵占的土地,早就刺死你了!我不杀你,也会有人要杀死你的!"说罢,倒地而亡。

秦舞阳开始很害怕,后来心里平静了,一见荆轲和众臣打斗,想上去帮忙,却被殿下武士乱剑刺死。

秦王大怒,立即派兵攻打燕国。燕国是小国,根本敌不过秦国,太子丹率领的燕军大败而归。

秦王并不解恨,公元前222年,再次出兵伐燕,燕国灭亡。

秦王除奸

公元前247年，秦庄襄王病死，13岁的嬴政继承了王位。

秦王嬴政很有抱负，从小就有志气。但是他毕竟是个孩子，怎么能处理国家大事呢？大权便落在太后赵姬和丞相吕不韦手中。

宦官嫪毐溜须拍马，和太后、丞相勾结在一起，狼狈为奸。强大的秦国，朝中变得乌烟瘴气，国势渐渐衰微。

吕不韦本是韩国人，因经商有道，很快家累千金，富甲一方。一次，他巧遇在赵国做人质的秦国公子异人。异人得知吕不韦是韩国人，在赵国经商，很富有，便想和吕不韦结交。

吕不韦心想：我的钱堆积如山，可是没有官做，我不如保异人，将来还有个官做。

异人的生母夏姬不受秦王宠爱，自己又不是长子，有兄弟20几人。吕不韦得知这种情况并没有灰心，表示愿意帮助异人当上国君。

吕不韦有许多黄金珠宝，他拿出500金买了许多稀世宝物，带在身上为异人到秦国去活动。他给阳泉君许多宝物，阳泉君很是高兴。吕不韦对阳泉君说："如今异人在赵国做人质，而华阳夫人又没有儿子，不如认异人为子。那样异人便可以归国，而华阳夫人也有儿子，可以继承王位，否则只能眼看着大权落在别人手里。"阳泉君听后，觉得很有道理，便找到姐姐华阳夫人，也就是太子安国君的夫人。华阳夫人也很赞同，心想：我若认异人为子，然后立他为太子，将来我不就是太后了吗？于是便答应了下来。

安国君非常宠爱华阳夫人，唯一不满足的就是华阳夫人无子。华阳夫人劝安国君立异人为嗣。安国君不想让夫人为此而伤心，便答应了。秦昭王死后，安国君继位，这就是秦孝文王，但他在位仅3天便病逝。太子异人继位，他就是秦庄襄王。庄襄王继位后，任吕不韦为相国，非常赏识和重用吕不韦。

吕不韦为了讨好庄襄王，把自己的宠姬送给了异人为妻。

吕不韦根本不把13岁的嬴政放在眼里，自己独揽大权，又和太后赵姬勾勾搭搭，还要秦王嬴政称他为仲父。显然，吕不韦成了秦国的太上皇。

吕不韦看到大臣们有些不服气的，便找借口杀掉。他知道自己有危险，便勤于朝政，想用功劳减少别人对自己的不满情绪。

他加强军事训练，公元前241年，粉碎了五国联军，这支军队由韩、赵、魏、楚、燕五国组成。秦国的这次胜利，为后来的统一打下了坚实的基础。吕不韦还让门客编写了《吕氏春秋》这部书，为以后研究我国古代历史起了很重要的作用。

吕不韦权势过重，遭到了大臣们的一致反对，但大臣们敢怒而不敢言。

秦王嬴政一天天长大，自然对吕不韦的独断专行不满，但由于自己羽翼尚未丰满，只好忍了下来。但他心里却早已下定决心：将来有一天，自己一定要铲除吕不韦。

公元前238年，秦王嬴政已经22岁，按规定应为他举行加冕典礼。

吕不韦为他举行了隆重的仪式，但却是在旧都雍城举行的，秦王嬴政有些不满。而在加冕典礼上，吕不韦仍是独断专行，秦王嬴政很是看不惯，心想：吕不韦，你死期不远了。

加冕典礼后，嬴政开始亲政。

吕不韦也知道秦王嬴政对自己十分不满，所以做事有些收敛。但是他想：嬴政对自己怀恨在心，而且自己又与他母后勾勾搭搭，一但他治我于死罪，我可就没有反抗的余地了。

宦官嫪毐也知道自己没有好日子过了。他知道秦王嬴政为人精明，自己在朝中狐假虎威，其他大臣对自己很是不满，与其束手就擒，不如起来反叛。

于是，嫪毐找吕不韦商议造反之事，吕不韦十分支持他，而且给他出谋划策。他想：如果嫪毐造反成功，我还可以独揽大权，如果不成功，也与我无关。

公元前238年，嫪毐让太后赵姬偷来秦王嬴政的大印，假传命令，说要攻打蕲春宫。蕲春宫乃是秦王嬴政的住处，嫪毐刚一假传圣旨，就有人悄悄告诉了秦王嬴政。

秦王嬴政将计就计。派兵把守蕲春宫。果然，嫪毐不一会儿就带兵攻打蕲春宫来了，秦王嬴政早已安全地离开了这里。这里埋伏好的重兵一拥而上，将嫪毐生擒活捉。

秦王嬴政十分生气，便在朝上议论此事，大臣们早已恨透了嫪毐，纷纷主张杀了他。秦王嬴政本想吕不韦会为他求情，可没想到吕不韦也说杀了嫪毐。秦王嬴政知道平时二人狼狈为奸，今日吕不韦见死不救，这里一定另有隐私。于是，他便传下命令严加看守嫪毐，继续审问他。一日，秦王嬴政来到关押嫪毐的地方，对他说："你造反，死有余辜，但我万万没有想到吕不韦也想让我速速杀你。"

嫪毐一听大怒，心想：好个吕不韦，你想杀人灭口啊！他于是对秦王嬴政说："事到如今，我只有一死，我也不隐瞒你了，是吕不韦和我两人密谋要杀大王，是你母后帮我偷的玉印。"

秦王嬴政又派人去调查此事，果真与吕不韦和母后有关。

秦王嬴政心想：杀了吕不韦，必然会牵涉到母后，她有罪，但毕竟是自己的亲生母亲啊！怎么忍心杀了她呢？吕不韦虽然也大逆不道，但辅佐父王也是有功之臣，不如先放他们一次。

秦王嬴政没有把此事说出去，但罢免了吕不韦的丞相职位，让他回到自己的封地洛阳去。

秦王嬴政又拜见母后，对母亲说："母后大人，嫪毐造反，他胡言乱语，说是母后偷了玉印。我想他是栽赃于您，后来我杀了他。儿臣这样做，不知母后有何看法？"

赵姬知道儿子把此事已调查清楚，又后悔又惭愧，说道："儿已长大，此事办得很好。我看着你如此年轻有为，也就放心了。"

吕不韦回到了洛阳，但他并不死心，他想：我一个堂堂的相国，竟落到如此境地，我一定想办法报仇。

吕不韦与其他六国诸侯保持着密切的联系，六国诸侯都比秦国弱小，也怕有朝一日被秦国吞并，所以也愿意和吕不韦勾搭在一起。吕不韦想借六国之力东山再起。

然而吕不韦的行为早已被秦王嬴政得知，他十分生气，心想："放了你一条生路，还敢如此对我，看来是非杀你不可了。"

一天，宫中卫士给吕不韦抬来一坛酒，并且告诉他，这是秦王所赐。

吕不韦知道自己死期已到，想逃跑也跑不了。他仰天长啸一声，倒了一碗酒,一仰脖把酒喝了下去。不一会儿,吕不韦七窍流血,倒地身亡。

年轻有为的秦王采取果断措施诛灭吕、嫪两大势力,加强了王权。

中华上下五千年
zhonghua shangxia wuqiannian

秦朝汉代

◆秦朝（公元前221年至前206年）
◆汉代（公元前206年至220年）

秦始皇统一全国

秦国自从商鞅变法之后就逐渐强大起来,后来又攻伐山东诸侯,不断取得胜利。秦国攻占了楚都郢,还占领了楚的巫郡、黔中郡。

秦国对其他诸侯国也是不断地发动战争,侵占土地。

自从秦王嬴政消灭了嫪毐和吕不韦两大势力后,秦国有些衰微的国势立刻又强大起来。秦王嬴政继承了几代先王的特点,继续扩张领土。到了秦王嬴政时,已占了天下三分之一的土地,不仅囊括了西部大半个中国,还深入到了中原地区。秦国统一全国的条件成熟了。

秦王嬴政早就立志要统一全国,让天下所有的土地都归为己有,让天下所有的诸侯都归自己管治。

但他知道单凭秦国的军队力量很难打败天下所有的诸侯,所以采纳了李斯、尉缭的建议,集中力量,先攻打弱小国家,进而壮大国势,扩大地盘。而且他还派人到六国搞间谍活动,用金钱收买一些大臣,让他们阻止或破坏抗秦联军,从而利用这个机会各个击破。

李斯认为韩国比较弱小,便建议秦王先攻打韩国。他对秦王说:"大王,韩国在这六个诸侯国中,实力最弱小,我们可以先灭掉韩,实现中间突破,有利于我们攻打其他国家。"

秦王听从了李斯的建议,公元前230年,秦王派内史腾率领秦军浩浩荡荡攻打韩国,韩国不堪一击,秦王在那里设置了颍川郡。

公元前229年,赵国发生大灾荒,百姓苦不堪言,再加上前两年赵国又发生了地震,百姓生活在水深火热之中。

尉缭对秦王说:"主公,如今我们已经灭韩,可以乘胜灭赵,赵国正在灾难之中,兵少马缺,天赐良机!"

秦王派老将王翦率领几十万秦军去攻打赵国。王翦身经百战、足智多谋,屡立战功,深受秦王赏识。赵王派大将李牧、司马尚领兵抵抗。李牧是位老将,作战经验十分丰富,年轻时曾经率领赵军大败匈奴。司马尚也十分勇猛,并且军纪严明。赵军利用地理优势,死死守城,不轻易出兵。两军相持很久,秦军一进攻,就被赵军打败。秦军将领桓齮被生擒。王翦一看硬攻达不到目的，便想利用内奸打开缺口。

王翦派人给郭开送去了重金。郭开是赵王的宠臣，早已被秦王所收买。郭开一看王翦又派人送来了很多礼物，便按王翦的意思到处散布谣言：李牧、司马尚蓄谋造反。

赵王迁偏听了郭开的话，杀了李牧、司马尚，又派赵葱、颜聚做大将。这二人没有作战经验，又不会团结将士。将士本来就缺少吃的，赵葱、颜聚对待士兵又十分残酷，很不得人心。不久，王翦大败赵军，一举攻占了邯郸。赵王迁没有别的路可走，只好向秦国投降。太子嘉带领几百人马逃到代郡，自立为王。

公元前227年，秦攻打燕国。王翦大败燕军，攻破了燕的都城蓟。燕王杀太子丹以示谢罪，但并没有因此而逃过灭亡的悲剧。

嬴政又决定攻打楚，他想起用年轻将领李信。但王翦不同意，他对秦王说："主公，楚国将领勇猛而且讲策略，李信虽然打过几次胜仗，但没有丰富的作战经验，不足以担当此任啊！老臣不才，愿为国家效犬马之劳。"

但秦王嬴政认为王翦年事已高，虽然经验丰富，但体力明显跟不上，所以秦王嬴政弃用了老将王翦。

老将王翦泪别咸阳，告老还乡。临别前对秦王说："一定不能让李信冒然进军！"

李信、蒙恬率20万大军伐楚，刚一交战，秦军节节胜利。李信便有些自满，认为攻下楚都不费吹灰之力。

李信率军接近楚都，按原计划，他应在城外与副将蒙恬会师。可是还没有来得及会师，他便中了楚军的埋伏，秦军大败。

秦王听说李信大败，十分生气，革了他的职。秦王这时才想起了老将王翦，决定亲自去请老将军出山。

秦王嬴政到王翦家乡，见到了王翦，对王翦说："老将军，当初我没有听您的话，结果李信大败而归。如今我秦军损伤惨重，还望老将军出山，重整秦军。"

老将军本来很生气，但见到秦王态度如此诚恳，便答应了秦王的要求。

秦王问老将军灭楚要多少人马？

老将军想了想，说道："要想灭楚，至少也得60万人马。"

秦王答应了王翦的要求。王翦率领60万大军再次压境，大军刚一到楚国边境，楚军就调集全国军队准备和秦军决一死战。

但是秦军没有立即攻打，而是驻扎了下来，深挖战壕，每日只是训练军队，就是不出兵。楚军常常挑战，王翦命令全军，不许迎敌，违令者斩！

秦军与楚军对垒一年有余，秦军粮草充足，而楚军则缺少粮草。渐渐地，楚国的军队开始松懈，并开始撤军。

王翦一看灭楚的时候终于到了，便下令全线出击。秦军已经在此等待一年了，早就憋足了劲。老将军一发令，秦军便如下山猛虎，英勇异常，而楚军则四处奔逃。老将军乘胜追击，杀死了楚将项燕。公元前223年，王翦又率兵灭了楚。

老子英雄儿好汉，老将军王翦的儿子王贲也是一位不可多得的良将，作战勇猛，而且也十分擅长策略。公元前222年，他率领秦军攻打魏都，灭了魏国。从此王贲成了秦王手下一员大将，深受秦王赏识。

几个诸侯国都灭亡了，只剩下了齐国。齐国的丞相后胜被秦王买通，他劝齐国不要和其他诸侯国联合抗秦。当秦国灭了五国之后，齐王才发现自己身处险境，但已没有办法了。公元前221年，王贲率军攻打齐都，很快占领了齐都临淄，齐国也灭亡了。

秦王嬴政完成了统一全国的任务，实现了自己的理想。他希望自己的朝代会永远传下去，从自己开始，能够"二世，三世，直至万世"，所以他自称始皇。后来人们称他为秦始皇。

秦始皇的辉煌业绩

秦始皇完成了统一全国的大业，结束了诸侯长期混战的局面，有利于中国历史的发展。而且秦始皇进行了一系列改革，顺应了历史的潮流，推动了社会的进步。

秦王自称始皇后，为了庆祝天下统一，咸阳城内张灯结彩，钟鼓齐鸣。文武大臣举杯相庆，秦始皇也和大臣们共同沉浸在这一胜利的喜悦之中。

但是秦始皇是个很有头脑的人，他想全国各地都属于他的，怎样治理才能使全国出现安康的局面呢？他从过去周朝灭亡的教训中吸取了经验，不能再把土地分封，否则仍会出现诸侯争霸的局面。

于是秦始皇冷静下来，开始认真思考如何实现政权的集中和统一，他召开了群臣会议。

秦始皇问群臣："天下尽是我大秦领土，我们应如何统治全国？"

有的大臣说："秦国在商鞅变法时期，推行郡县制度，地方官的任免权归国君所有，加强了国君的权力。目前秦国的天下如此之大，也必须加强中央集权，天下大事由皇帝一个人说了算。"有的大臣说："为了安抚各家诸侯，我们应该主张以德治国，得民心者得天下。如果皇帝收回一切大权，天下人必不满，很有可能起兵造反，不但达不到统一全国的目的，反而会增加社会不稳的因素。"

丞相王绾说："皇上，燕、楚、齐等地离咸阳太远了，不在那里封几个王是难以服天下的，不如把几位皇子封去那里做王，这样，皇子就可以帮您统治那里。您不仅减轻了负担，而且也会得人心。"

廷尉李斯坚决反对，他对秦始皇说："皇上，西周初年，周天子为了收买民心，封了不少诸侯。可后来这些诸侯根本不朝拜周天子，而是为了各自的利益，互相残杀，天下一片大乱，统一的国家又变得四分五裂，周朝王室日渐衰微。如今我们横扫六国，终于结束了诸侯混战的局面，如果再分封'王'的话，天下很快也会分裂。即使这一代王之间和睦相处，对皇帝毕恭毕敬，但是他们的后代就不能保证了。为了奖赏几位王子和有功大臣，可以立为'封君'，让他们享有'侯''君'的名誉，但不实际授领受封国。我们可以用国家的税收奖励这些受封的君。"

秦始皇听了李斯的建议，心里非常高兴，便说道："如何统治全国呢？"

李斯说："前面有几位大臣说得很好，商鞅推行的郡县制是很有效的方法，我们如果在全国设立郡县，天下必然会便于统治。"

秦始皇办事非常果断，他采纳了李斯的建议，立时进行改革，废除了分封制，改用郡县制。

秦始皇把全国分为36个郡，郡下面再分县。郡、县长官直接对皇帝负责，他们的任命也都由皇帝亲自决定，而且地方官根据功绩进行考核，地方官不能世袭。

秦始皇这一整套从中央到地方的政治制度，有利于加强中央集权，巩固国家的统一，成为历代封建王朝政治统治的楷模。

秦始皇把各地的贵族、豪强都集中到咸阳来，说是让他们与皇帝一起过着都城的繁华生活，其实是便于直接控制他们。

秦始皇统一全国前，各国的许多制度都不统一。在公共交通事业方面，各地的车辆有大有小，车道有宽有窄。为了便于车辆行走，秦始皇规定所有车辆的两个轮子的距离都改成相等的尺寸。这样一来，车轮的轨迹就相同了，这就是"车同轨"。后来秦始皇又派人修了"驰道""直道"和"新道"。车同轨，方便了交通，而且各地之间的联系加强了，从一地到另一地所用的时间大大缩短了。

"车同轨"使交通方便了，但是各国之间人与人的往来还不是很方便，因为各国文字很不统一，同一个字有好几种写法，一个字在各国有不同的含义。秦始皇派李斯等人整理和统一全国的文字，又下了一条"书同文"的命令。为了便于各地人们都能接受这种文字，李斯、胡毋敬等人经过了十分艰苦的努力，终于确定了一种字体，以"小篆"为标准字。这种文字很快在全国推广，实现了"书同文"，为文化的交流起了很大的促进作用。

文字的统一使人们之间的交流增多了。由于咸阳聚集了全国各地的贵族和富商，而使用的货币也是各式各样，给生活带来了很多困难。秦始皇决定统一货币，废除那些大小轻重不一，形式各异的货币，全国通用两种货币：一种以黄金作为上币，以镒为单位，重20两；另一种是以铜钱为大币，以米两为单位。铜钱是圆形的，中间有一个小方孔。货币的统一极大地方便了人们的生活，以后各朝代也都延用下来。

文字、货币都统一了，但各地的度量衡还没有统一。大小、长短、轻重也是千姿百态，度量衡的混乱也给人们带来了许多麻烦。各地之间的度量衡在没有统一之前，需要互相换算，有时也找不到一个标准的尺度，而且计算也十分复杂。秦始皇下令，废除六国度量衡，以原先秦国的度量衡作为标准，命令丞相隗状、王绾负责办理此事。

秦始皇也非常重视水路交通。他下令挖渠开道，疏通了河南的鸿沟。这条沟连接济水、淮河、泗水等许多河流。它的疏通，给水上交通带来了很多方便，各国之间的距离从水上走，缩短了很多。秦始皇看到湘水和漓水联系着许多河流，而且地理位置十分重要，便下令开凿了一条长约30多公里、宽约5米的水渠，命名为灵渠。它的开凿，使南北交通列更加方便，交流和交往明显增多。

秦始皇统一了全国，但只是中原的统一，北部边境地区的匈奴还时常骚扰中原地区的人们。匈奴是我国一个古老的少数民族，战国后期逐渐强大起来，后来逐步向南侵略，到秦始皇统一全国后，仍在继续扩张。

秦始皇派大将蒙恬率30万大军攻打匈奴，收复了河套等地，设置了44个县。

秦始皇为了防止匈奴以后再来侵扰，下令修建长城，从西南的临洮到东面的辽东，连成了一条万里长城。但是为此，秦始皇征调了几十万民夫，百姓苦不堪言，累死无数，孟姜女哭长城的故事就是从此流传下来的。

这座举世闻名的长城，是当时劳动人民智慧的结晶，它也成为了中华民族古老悠久历史的象征。

秦始皇从政治、经济、交通、生活等许多方面进行了一系列改革。这些改革促进了全国的统一，促进了经济文化的交流。

秦始皇开创了历史的先河，又树立了一座历史的丰碑。虽然他有过许多严重错误，但是他的功绩不能因此而埋没。

焚书坑儒 大兴土木

秦始皇顺应历史的发展，统一了全国。但是原诸侯六国的臣民、王公贵族心理上一时难以接受国家灭亡的事实，都对秦始皇怀恨在心，有的还想重新建立自己的国家。由于秦始皇统治的天下由战国七雄组成，各地有各地的风俗习惯，而且语言交流也有不同，这些都对秦朝统一国家有着强大的破坏力。

公元前213年，秦始皇为了庆祝攻匈奴、征百越的成功，举行了盛大的宴会。

文武百官举杯同庆，纷纷走上前去为始皇歌功颂德，赞颂秦始皇统一全国的功绩,秦始皇非常高兴。

博士仆射周青臣举起酒杯向秦始皇致词庆祝,他高声说道:"陛下圣明,灭六国,统一天下,如今又大败匈奴,征服百越,天下太平,百姓安康。建立郡县制,使天下大权集于陛下一人手中。陛下金口玉言,一字值千金。地方官吏、朝中大臣生杀大权也集于您手中。您权力无边,而且可以传之万世。"

周青臣话音刚落,博士淳于越便说道:"陛下,周青臣当面阿谀奉承,不利于您的江山社稷。臣观书籍中所载,商、周两朝开国后大封子弟功臣,有各国诸侯共同辅佐国君治理天下,才一代一代相传千年有余。今陛下不封有功之臣,连自己的儿子也不封,有悖于古人啊!"

秦始皇听后十分不悦,他正沉浸在周青臣的赞誉之中,没想到又被博士淳于越泼了一瓢冷水。

秦始皇便将淳于越所说之事下达朝廷,让群臣商议。丞相李斯说:"陛下,臣以为古来治理天下的办法无常制,事情应随着时间的变化而变化,变法也一样,应使法制变得适合社会的发展。如果法制千古不变,对国家的发展,对陛下的江山社稷必有阻碍。如今陛下统一了天下,又颁布了新的法令,天下太平,老百姓安分守己。只是为臣听说近来有一些读书之人不肯学习现在的新东西,而是一味去学习历史,以古讽今。这些人造谣惑众,在社会上影响很坏,对陛下的统一很不利。"

秦始皇说:"依丞相之意,我们应如何处置这些搬弄是非、不务正业的儒生呢?"

李斯道:"我们必须严厉禁止这些师古非今之人,让他们没有地方生存,否则后患无穷,必会危及我大秦天下。"

秦始皇采纳了李斯的主张,下了一道"焚书令",规定:除了秦国的历史及医药、卜卦、种树、法令等书籍以外,六国史书及民间私藏《诗》、《书》、百家言论的书籍,一律交出来烧掉。如有违令者,处以黥刑,并罚做四年筑长城的苦役。今后谁再谈论这些书籍或借古讽今,将被满门抄斩。

焚书令一颁布,官吏挨户搜查,发现有私自收藏的就法办。秦太子扶苏非常反对焚书,便去劝父王,但秦始皇不听儿子的劝告,继续焚书。太子没有办法，只好把没有字的书扔在火堆里假装焚书，被丞相李斯一眼看破，李斯命人把太子所藏的书全部烧掉。

全国各地，焚书的烈火不断燃起。这是中国文化历史上的一次浩劫，许多珍贵古书失传。秦始皇的"焚书"事件激起了人们强烈的反对。

在当时，秦朝中有两个方士：卢生和侯生。二人说可以炼制长生不老的仙药，秦始皇给了二人许多钱财。有一次二人谈话，说秦始皇昏庸无能，根本没有长生不老之药，恰巧被丞相李斯听见。李斯告诉了秦始皇。秦始皇大怒，命人去抓，结果二人带着所骗的钱财逃跑了。

秦始皇怒火难消，心想：我召文学方士来我大秦国，是想让他们辅佐我，帮我治理天下，可谁想到他们竟如此胆大妄为。淳于越敢当面借古讽今，而卢生、侯生欺骗我钱财，而且背后议论我的朝政。现如今咸阳有儒生千人有余，全国就更多了，一定还有背后议论我的，我一定要想办法制止住这种风气。

于是，秦始皇下令追查诽谤朝廷的儒生，凡是议论朝政的都抓起来审问，儒生大多经不住严刑拷打，有的只好胡乱供出别人。一时间，竟有400多名儒生被秦始皇下令活埋了。这就是历史上有名的"坑儒"事件。

秦始皇"焚书坑儒"激起了全国人民的不满，这也是秦始皇非常严重的历史罪过。

秦始皇从"焚书坑儒"时起，就开始大兴土木，以求享乐，他先后修建了阿房宫和骊山墓。

咸阳是秦国的都城，这里宫殿豪华壮丽。秦始皇统一全国后，集所有大权于一身，有些沾沾自喜，以为自己是位了不起的英雄人物，便开始了追求享乐的生活。他觉得咸阳的宫殿还不够壮观，便在咸阳附近又修建了许多宫殿。

秦始皇修了许多宫殿仍不满足，他下令各地方长官要选美女进贡。一时间，全国上下到处从民间抢夺民女。为了取悦秦始皇，他们想尽一切办法，见到美女就抓。全国各地有许多地方，未婚女子都不敢出家门。各地长官把抢到的美女纷纷献给秦始皇，秦始皇看到有自己特别满意的女子，便重赏地方长官。

秦始皇把这些美女都集中到咸阳周围的宫殿里，有的在这里住了一辈子，连秦始皇一面也没有见过。秦始皇除临朝之外，便到这里饮酒作乐，欣赏歌舞。

公元前212年，秦始皇又造了一座规模更宏大的朝宫。这座朝宫非常壮观，里面能容纳1万多人，外边建得也是富丽堂皇。因为朝宫建在渭水南岸的上林苑中，离咸阳很近，人们叫它"阿房宫"。

在阿房宫的后面，秦始皇又派人建了许多宫殿，称为后宫。这里五步一楼，十步一阁，共建了7000多处宫殿，到处是一片楼阁。

秦始皇建造阿房宫，对劳动人民来说是一种灾难。修筑万里长城用了大量民工，阿房宫也不例外，百姓都十分憎恨这座阿房宫，后来农民起义时，就放火烧了阿房宫。当时，民间流传着这样的民谣：阿房阿房亡始皇！这反映了劳动人民对秦始皇的痛恨，盼望着秦朝早日灭亡。

秦始皇知道自己虽然统一六国，功不可没，但是总有一天要死去。他希望自己活着时享尽荣华富贵，死了之后也要继续享受。所以他挖空心思，在骊山为自己造了一座巨大的陵墓。这座陵墓高50余丈，方圆5里多，像一座小山。墓坑挖得很深，里面修建了宫殿，虽比不上阿房宫，但也十分壮观。

在骊山墓周围，秦始皇派人修筑了内城和外城，又烧制了成千上万的兵马俑。兵马俑烧制得栩栩如生，有的拿枪，有的拿刀，有的牵马，有的驾车，形象非常逼真。这就是著名的秦始皇兵马俑。这些文物已经出土了一批。

秦始皇"焚书坑儒"给中国文化带来巨大的损失，他大兴土木，尽情享乐，给劳动人民带来了无穷的灾难，为秦朝的灭亡埋下了种子。

指鹿为马　自取灭亡

秦始皇为了显示自己的功绩，时常带领大队人马出去巡游。

公元前201年，他带着丞相李斯、赵高和自己的小儿子胡亥出去巡游。前边大军浩浩荡荡，后边大军也是气势汹汹。半路上，秦始皇突然觉得自己身体很不舒服，便派人去找随行带来的御医。御医看过之后，给秦始皇服下了药，但是秦始皇不见好，反而越来越重。当走到沙丘，他知道自己将不久于人世了，便命令赵高给自己的长子扶苏去信，命令他火速赶回咸阳，主持自己的丧事。

秦始皇的信还没有发出，便死了。赵高和李斯一商量，便决定篡改遗诏。

赵高本是宦官，后来深得秦始皇的喜爱，他又教胡亥学法律，所以他希望胡亥继承皇位。自己是皇帝的老师，别人自然不敢小瞧，另外他知道：胡亥没有志向，只知玩乐。所以赵高和丞相李斯便勾结在一起，想害死太子扶苏。

扶苏为人正直，而且深明大义，由于"焚书"事件与丞相李斯一直有矛盾，后来矛盾越来越深，不断激化。李斯参了扶苏一本，秦始皇便把扶苏派出宫去。所以赵高对李斯一说要杀扶苏，李斯便立即答应了。

他们二人把秦始皇的宝剑摘了下来，派人交给太子扶苏，说是父皇送给他的。

由于太子和李斯的关系很僵，而秦始皇又很信任李斯，所以后来秦始皇也慢慢地不喜欢长子扶苏了。

扶苏看到父王的宝剑，知道父王不喜欢自己，想让自己死，便刎颈而亡。

扶苏死后，李斯和赵高赶快抬着秦始皇的尸体往咸阳赶路。由于天气较热，秦始皇的尸体有些发臭，但李斯为了封锁秦始皇已死的消息，只好派士兵抬了几筐烂鱼，以此来打消人们的疑虑。

到了咸阳，李斯、赵高盗用秦始皇的名义立胡亥为太子。胡亥成为太子之后，才宣布秦始皇已死。胡亥继承皇位，当上了秦二世。

赵高、李斯和胡亥篡夺皇位的事还是走露了风声。胡亥的哥哥非常不满，扬言要推倒胡亥，自己称帝，一些正直的大臣也十分不服气。

胡亥便找李斯和赵高商议对策，赵高说："事已至此，我们既然大权在握，还怕他们干什么。谁不满意，谁不服气，就杀了谁，以免他们造反！"

胡亥的几个哥哥最倒霉，有的被悄悄杀掉，有的被找借口杀掉。这还不罢休，胡亥又杀了与他不和的几个姐姐。一时间，宫中十分恐怖，大臣们很是不满。

大将军蒙恬不愿看到胡亥胡作非为,便进谏胡亥。胡亥不但不听,反而把蒙恬关进监狱,活活折磨至死。一代大将,为秦国统一立下了汗马功劳,竟落得如此下场。胡亥还不放心,他怕蒙恬的弟弟找他报仇。蒙恬的弟弟蒙毅也是一员大将,带兵在外驻守,他得知哥哥被害死,心里非常难过。但他没想到,胡亥这个昏君正悄悄地把魔刀伸向了他。胡亥说蒙毅想造反,便派人杀了他。蒙毅临死前,非常悲愤,他仰天长啸,"哥哥,弟弟找你去了,当初我不如真的造反呢!"

胡亥杀死了许多朝中大臣,但赵高还不满意,他想独揽大权。为达到这一目的,他便想方设法谋害李斯。

他让自己的两个心腹士兵去见李斯的儿子。李斯之子不知有诈,便接见了二人。谁知二人打扮成农民模样,与李斯的儿子胡乱说了几句,便起身告辞。

赵高便对胡亥说:"陛下,李斯之子勾结农民起义军,想造反夺取皇位。"胡亥听了大怒,便下了一道令:杀了李斯之子!

赵高又说:"陛下,李斯之子造反必有李斯支持,我们应斩尽杀绝,否则后患无穷。"

胡亥听了赵高的话,立时派兵围攻丞相府。李斯不知怎么回事,便被绑了起来。

李斯大怒道:"给我松开,我要面见皇上。"

这时,赵高从旁边走了过来,说道:"你儿子勾结农民起义军造反,你难道没有责任吗?"

李斯这才明白,一切都是赵高的计谋,不禁怒上心头,破口大骂:"赵高,你心狠手辣,一定不得好死!"

赵高命人一刀结束了李斯的性命,又把李斯的家人全部杀掉。

李斯一死,赵高便当上了丞相。胡亥每天只知在后宫与美女饮酒作乐,对朝中之事不理不问。而赵高则独揽大权,什么事都由他解决,俨然成了皇帝。

大臣虽然不满,但也没有办法,想见皇上都见不到。而且赵高又把几个和自己不和的大臣派到宫外去了。

赵高心想:如今大秦天下已是我赵高的了,我要试一试大臣们的态度。

有一天,他找到秦二世,对他说:"陛下,臣得一宝物,想亲自在朝中献给皇帝陛下，请您明日一定上朝。"

胡亥不知赵高葫芦里卖的什么药，也不好驳了赵高的面子，第二天便去上朝。

只见赵高牵着一只梅花鹿来到大堂上，胡亥心想：这只鹿有什么稀奇的，算什么宝物啊？

赵高指着这只鹿对胡亥说："臣日夜精选，终于得到一匹良马，特意献给陛下。"

胡亥大笑，说道："丞相真会开玩笑，你搞错了吧，这哪里是马，这分明是鹿吗！"

赵高又说道："陛下，您是不是看错了，这分明是一匹宝马，我花了很大的劲儿才挑选出来的。如果您不信，就请各位大臣说说是鹿还是马？"

众大臣一听，心里暗暗叫苦，说是鹿吧，赵高不会放过自己；说是马吧，犯欺君之罪。但是一些想巴结赵高的人却说道："陛下，这不是鹿，而是一匹宝马！"

另一些大臣心里知道赵高在搞鬼，但又不想得罪赵高，所以一言不发。

一些正直的大臣，实在看不惯赵高的行为，便说道："陛下，这明明是鹿，怎么可能是马呢？"但这样的大臣只有几个。

胡亥也不想再争论下去，心想：是鹿是马都无所谓，便退了朝。

赵高派人悄悄地把那几个说是鹿的大臣杀掉了。胡亥对此不闻不问，其他大臣一看赵高已经独揽大权了，更没有人敢反抗赵高了。

这就是"指鹿为马"的故事。

赵高能够指鹿为马，但他还不满足，他想杀了胡亥，以免对自己不利。

一天夜里，他派阎乐去杀胡亥。阎乐带领1000多人直奔后宫，胡亥正在宫中欣赏歌舞，根本没有注意到外边发生的事情。阎乐快刀杀死了门卫，提刀直奔胡亥。胡亥一看傻了眼，连忙躲闪，可是左右的人竟没有一个敢冲上去阻挡。胡亥一看大势已去，拔剑自刎。

赵高杀了胡亥，但他知道自己一旦继位，大臣们，尤其是那些手握兵权的大臣们一定不会服气，虽然能指鹿为马，但是让他们拥护自己成为国君，还为时尚早。

赵高便让胡亥的侄儿子婴继位。

子婴知道只要有赵高在，即使自己成了皇帝，大权也掌握在赵高手里。所以他和两个儿子商议怎么办，儿子献计说："我们找来韩谈杀了他！"韩谈乃是子婴的心腹大臣，此人武艺十分高强。

到子婴拜祖继位的时刻了，赵高和大臣们都来到祖庙等候子婴。可是子婴迟迟不到，可把赵高气坏了。心想：我把皇位让你坐，你还不客气点，看来我得给你点颜色看，否则以后我怎么独揽大权呢？想到这儿，赵高怒气冲冲地去找子婴。

子婴正伏桌装睡，赵高走上前，怒斥道："今天什么日子，还在睡觉！"话还未说完，韩谈一刀就砍下了他的人头。

赵高多行不义，结果落得个如此下场。

子婴又派人杀了阎乐，然后召集群臣，拜祖继位。

陈胜、吴广起义

官逼民反，历史上许多农民起义都是人民忍无可忍才发动的。

秦始皇焚书坑儒，为了享乐四处巡游。而且修筑长城、阿房宫、骊山墓，给人们带来了极大的灾难，家中的壮丁几乎都被抓去服役，妻离子散。

到了秦二世时，秦朝的统治更加残暴。二世不理朝政，整日只知吃喝玩乐。而权臣赵高横征暴敛，百姓苦不堪言，更增加了人民对秦王朝的仇恨。

公元前209年7月，也就是秦二世元年，朝廷下令阳城（今河南省登封）的地方官，征集900名农夫，派这些农夫去戍守边防。这些农夫被派到的地方是渔阳（今北京密云县西南），与阳城相距千里远。

地方官派了两名县尉去押送这批农夫。这两名县尉还很有办法，他们从这900名农夫中找了两位精明能干的人，让他们负责管理这900人。由于陈胜、吴广二人很有办事能力，而且人缘又好，这二位县尉便委任他俩为屯长，押送这批农夫，而县尉则寻清闲去了。

这支所谓的队伍便出发了。县尉不敢怠慢，时常催促陈胜、吴广二人火速前进。一路之上，农夫们风餐露宿，饥渴交迫，吃尽了苦头。

这一天，他们来到了大泽乡（今安徽省宿县）。这地方本来雨水就多，时常发生水灾。他们想尽快赶过去，以免大雨误期。

可天公不做美，这一年雨水特别多，而且连续几日下大暴雨，雨水到处横流，淹没了庄稼，冲毁了桥梁，根本无法行军，以致队伍在大泽乡耽误了好几天。当时大秦国有规定：如果军队奉命出征，延误了时间，都要处死。即使雨停了，他们连续夜行军也到不了目的地，到了那儿，因为误了期限，也得处死。

这群人心里都很焦急，担心性命难保。再加上一路上所受之苦，大伙儿心里十分痛恨秦王朝，反抗的怒火已悄然点燃。

陈胜和吴广的心情也是一样，夜里说什么也睡不着觉。陈胜小声对吴广说："如今暴雨不止，我们即使冒雨前进，也到不了，难道我们这几百人就这样白白丢了性命吗？"吴广这几天心里也在抱怨，心想：秦二世太残酷了，让我们到边远的地方去，行期又这么紧。吴广说道："我们不如想想办法？"

陈胜很兴奋，他说："办法倒是有一个，除此之外，别无他法！"

吴广一听，也十分高兴，说道："什么办法？快说出来。"

陈胜说："我们去边防是死，逃跑也是死，我们起义行不行？那样我们还有生存的希望，即使死了，也轰轰烈烈。"

吴广先是吓了一跳，然后又平静下来。他也想过造反，反正都是死，所以他小声说："小点声，千万别让那两个县尉听到。"

随后二人商议了如何发动这批农夫，他们虽然都十分痛恨秦王朝，但是如果让他们造反，他们很有可能不敢。

过去的人都很迷信，他们俩也不例外，行事之前，他们先去问卦。算卦老先生说："你们替天行道，一定能成功！秦二世不是秦始皇的长子，本不应该继承皇位。他逼死长子扶苏，大臣们都很不服气。秦王朝大兴土木，劳民伤财，不得人心，天下形势必助二位成功。二位要想大吉大利，还应借助神鬼之力啊！"

二人听后很高兴。便给了老先生卦钱。老先生说："我不能收二位卦钱。替天行道，我也应尽一份力！"

其实算卦是一种迷信，只不过这位老先生上知天文，下知地理，对天下形势也十分了解。他客观分析了一下，才得出秦王朝必亡，农民起义必胜的结论。

陈胜、吴广听了老先生的话,更加坚定了起义的信心。陈胜问吴广:"老先生所说借助神鬼之力,是不是让我们神化鬼化啊?"吴广一听,大声地回答道:"对呀!"

这群农夫所带的干粮本来就不够,如今又连降大雨,有的干粮早已发了霉。一连饿了几顿,他们没有办法,就到市场上买鱼充饥。因为这里水多,所以盛产鱼,鱼也很便宜。

这一日,陈胜也到市场上买了鱼,把一块绢帕塞进鱼腹中,绢帕上写着"陈胜王"。一切办好之后,陈胜又提着鱼,送给了卖鱼人,也没有退钱。卖鱼的很高兴,又把陈胜的鱼放到了鱼摊中。

农夫们买了鱼,剖开鱼腹,有一个人大叫一声:"这是什么呀?陈胜王!"大伙都聚了过来,大家感到十分惊奇,纷纷议论。

到了夜里,吴广悄悄地躲进不远处的一片茂林之中。他点起了几堆篝火,然后便学狐狸叫。

大家看见林中有火光,感到很奇怪,接着又听到了狐狸的叫声。声音由小而大,大家仔细一听,大吃一惊,"狐狸"竟说了人话:"大楚兴,陈胜王!"鱼腹中的绢帕,林中的狐声,这发生的一切使农夫们将信将疑。而那两个县尉一点都不知道,原来他俩躲进房中喝酒去了。

这一天,两个县尉喝得有些醉了。吴广便开始发牢骚,说道:"皇上真是太狠了,下了雨,也不延长期限,到那儿就得掉头,不如反了呢?"

两个县尉一听很是恼火。虽然他们俩喝了酒,但遇上大雨,心里也很烦,他们没有把这群人如期押送到,也有责任。一听吴广发牢骚,还要造反,他们便来了气,拿起鞭子就打。平时吴广为他们做了不少事,大家一看两个县尉太没良心了,便纷纷前去阻挡。两个县尉一看大家都阻挡,便拿起鞭子,向人群中乱抽。一时之间,人们愤怒异常。

吴广从地上爬起来,抢过鞭子就抽县尉。县尉刚要拔剑,陈胜眼疾手快,抢过剑一下子就刺死了那个县尉。另一个县尉也喝得醉熏熏的,还没有明白怎么回事,便被众人打死了。

农夫们一下沸腾了,情绪高涨。陈胜站在高处,对大家说:"兄弟们,如今去服役,由于误期,到那里就得死,我们不如反了,即使死了,也要干一番事业。难道那些王侯将相天生就有种吗!"

农夫们终于爆发了,他们一起高呼:"我们听您的,陈胜王!"陈胜让兄弟们做了一面大旗,旗上写着"大楚"二字,大家拥立陈胜为王。在大旗下,900名农夫发誓:"伐无道,诛暴秦。"

陈胜、吴广带领这支起义军开始了征战,所到之处都受到当地百姓的热烈欢迎,有的百姓还加入了队伍。

这支起义军不断壮大。没有刀、枪、大旗,人们就砍了木棍做刀枪,削了竹子做旗竿。因此历史上把这件事称为"揭竿而起"。

起义军很快占领了大泽乡,一场轰轰烈烈的农民战争终于以排山倒海之势爆发了。

陈胜、吴广先后攻占了安徽、河南交界处的许多城镇。在这支起义军的带动下,其他地方的农民也纷纷起义,他们忍受不了秦朝的残暴统治,便用武力解决。

陈胜、吴广的军队日益扩大,很快占领了陈县。随后,陈胜建立新朝,定国号为"张楚"。

秦朝一看大势不好,立即调集重兵前去镇压。农民手中没有精良的武器,再加上没有严格的组织,最后被镇压了。

陈胜、吴广的起义虽然失败了,但却动摇了秦王朝的统治,秦王朝走向灭亡只是时间早晚而已。

西楚霸王

陈胜、吴广起义,各地纷纷响应,西楚的项梁和项羽也起兵攻秦。

项梁是楚国名将项燕的儿子,而项羽从小就死了父亲,和叔父项梁一起生活。

项梁下定决心为父报仇。但秦国十分强大,一直没有机会,只好把希望寄托在自己的侄儿项羽身上。他希望项羽长大成人之后,为爷爷项燕报仇雪恨,所以他把所有的心思都花在了项羽身上。

项梁先教项羽识字,可项羽很调皮,学了几个字之后,便不学了,对叔父说:"习字,也不能推翻秦朝,也不能为爷爷报仇,我还学它干什么呢?"

项梁一看项羽没有心思学文,心想:他一定喜欢习武。于是他便教项羽学武。项羽开始很感兴趣,舞刀弄枪的还练几下子,可还没有学成,就又烦了,对叔父说:"我武功再高,也只不过能打败几个人,如果遇上千军万马,我一个人还是打不过呀!"

项梁很是生气,心想:这孩子怎么这么调皮,字不识几个,剑术也只是一知半解,学了点皮毛的本领就又不学了。他问道:"侄儿,那你到底想学什么呢?"

项羽小眼眨了一下,对叔父说:"我想学习如何统帅千军万马去打仗!"

项梁听后,激动得热泪盈眶。他很高兴,也很欣慰,因为项羽如此小小年纪,竟有如此宏图大志,看来项氏后继有人啊!

从此,项梁开始教项羽兵法。项羽对兵法非常感兴趣。但是项羽骄傲自满,只略知大意,便以为自己已经学通了,不肯深入去学,项梁也没有办法。

后来项梁为了躲避仇家,带着项羽到了吴县(今江苏苏州)。这里过去是楚国的领土,当地的富豪大户对项家十分景仰,一听说项梁来了,便纷纷拜访。于是项梁成了吴县士大夫们的首领。经常主办一些公共活动,地方官也敬畏他。

一次秦始皇巡游,路过吴县。百姓都爱看个热闹,虽然都十分痛恨秦始皇,但还是想看看他什么样。可秦始皇的人马一到,大家都吓了一跳。军队浩浩荡荡,十分威武,真是旌旗蔽日、戈戟辉映。百姓们都睁大眼睛,没有人敢吭声。而项羽一点也不怕,想起自己的家仇,便随口说道:"我要取而代之!"吓得项梁赶紧把项羽的嘴捂上,把他拉出人群,匆匆走了。到了家里,项梁对项羽说:"孩儿啊,要想报仇,不能心急,如果你心浮气躁,什么事也干不成,相反还会被官府抓住,丢了性命。"

项羽一天天长大,身高八尺有余,力能扛鼎,报仇之心也与日俱增。后来他听说陈胜、吴广大泽乡起义,心里万分激动,便找到叔父,说道:"叔父,你平时要求我等待时机,不知什么时候才算是时机,我们总不能一直等下去啊!"

项梁一听就知道侄儿心急了,便说道:"时机现在已经到了,但是为了干成大事，我们一定要冷静处事。"叔侄二人便商议如何起义。

项梁说："如果我们起兵造反，百姓一定会拥护我们。但是会稽郡守很有可能阻止我们，我们必须想办法先杀了他，然后掌握兵权。这样，既可以扩大自己的力量，又减少了阻碍。"

项羽点头答应，于是项梁便去见会稽郡守殷通。由于项梁威望很高，殷通对他也有几分畏惧。

项梁对殷通说道："大人，如今大泽乡起义，我们要早做准备啊，以免有人趁机暴动。"殷通说："我也是日夜担心，唯恐有人起兵造反，可是我又找不到一位合适的大将为我看家护院啊！"

项梁听后，说道："大人，我侄儿项羽从小习武，武术虽不十分高强，但也可以对付几个反贼呀！"

殷通早就对项羽有耳闻，便对项梁说："还望将军多多引见，明日带项羽来见我。"

第二日，项羽腰佩宝剑和叔父一起去见殷通。

殷通见项氏叔侄来了，不敢怠慢，起身相迎。他没有提防，项羽抽出宝剑，一剑就割下了他的人头。左右侍兵各持刀剑将项梁、项羽围住。项羽力大无比，左右挥剑，转眼间已倒地十余人，其他的人也不敢上前了。项羽大喝一声："哪个再来，我定斩不饶，如果放下兵器，我免你们一死。"士兵见状，纷纷投降。

项羽很快拿到了郡守的兵权。项梁派人从附近所管辖的地方选拔了1万多精兵，整编成队。

项梁对新编的军队说："众位将士，大秦王朝对待百姓日益残暴，我们也都是百姓的儿子啊！现如今陈胜、吴广已经起义，各地纷纷响应，我们也不能落后呀！"

这些士兵也有一批是从各地征调来的农夫，家中上有老，下有小。但秦国的法律十分残酷，征兵如有不去者，斩；逃跑者，满门抄斩！这些士兵本来就对秦王朝的统治不满，又都十分敬畏这位项燕之子，所以都赞同举兵起义。他们拥立项梁为王，项羽为副王。项梁又安排手下的门客和吴县的豪杰分别担任各级武官。

这支队伍刚刚起兵，百姓就十分拥护，有的为他们送慰问品，有的要求加入队伍。

这支队伍不断壮大，东征西战，很快占领了许多县，江东大部分已经被项梁征服。

在征战过程中，项羽十分勇敢，指挥千军万马，所向披靡。

正当项羽大军日益扩大时，陈胜的主力军被秦将章邯击败。起义军大将国文一看四面被围，知道自己已经没有出路了，又不想做俘虏，便拔剑自刎了。而副王吴广也被自己的部下田臧假传陈胜的旨意杀死了。

章邯派兵进攻陈县。陈胜带兵顽强抵抗，但他的车夫庄贾竟然背叛农民起义军，暗杀了陈胜。陈胜手下的将领召平听说项梁、项羽大军声势浩大，决定说服二人西进抗秦。

项羽早就想西进了，因为西进之后，便可以直抵咸阳。

项梁也同意了召平的建议。于是，这支起义军渡长江，向西挺进。各地纷纷响应，又有许多人加入这支队伍，人数增多了五六万人。

项羽大军继续西进，为推翻大秦江山立下了汗马功劳，项羽也被人尊称为西楚霸王。

刘邦起义

项梁、项羽率领军队渡过长江之后，又有起义军前来投奔项氏叔侄。其中有一支就是刘邦的队伍。

刘邦是泗水郡沛县丰邑（今江苏省沛县）人，小时候非常顽皮，整日不务正业，他的父亲最瞧不起他了。

长大之后，他仍是生性难改，好喝酒，喜欢女色，又游手好闲，整天与一帮狐朋狗友在一起混。他的父亲看不惯，说道："你什么时候才能像你两个哥哥那样，勤于耕田啊！"

刘邦对父亲的批评不屑一顾，说道："将来有一天我会让您说比两个哥哥有本事。"

刘邦虽然好酒色，但为人忠厚，待人热情，仗义疏财，所以交了许多知心朋友。

地方官看他人际关系很好，便决定让他担任泗水亭的亭长。说是亭长，其实不是什么官，只是负责管理地方治安和调解民事纠纷的，是地方官吏为了便于统治而雇佣的一批人。

刘邦虽为亭长,但和普通百姓一样,要服徭役,只是上班时在亭里值班,农忙时还要回家种田。尽管如此,刘邦和县里的小官吏混得也很熟。由于一旦遇到大事,刘邦就得上报县里,渐渐地就与县里的小官吏成了好朋友。像县里任职的萧何、曹参、夏侯婴等人,就和刘邦的关系特别好,如亲生兄弟一样。

刘邦是个小亭长,不算国家官员,经常要服徭役。一次他被征调到咸阳服役,看到了繁华的咸阳宫,周围宫殿此起彼伏,一座接一座,心中不禁感慨万千。恰巧秦始皇出城巡游,前边旌旗飘飘,后边大军浩浩荡荡,刘邦不禁慨叹道:"大丈夫就应该这样啊!"他十分佩服秦始皇,虽然自己被征来服役,但心想:有朝一日,我也一定要如此威风。

公元前209年,秦二世在位时大兴土木。刘邦奉沛县县令的命令,押送本县的一批农夫去骊山服役。因为秦始皇死后骊山陵墓还没有修建完,赵高派人继续修墓。

这批农夫心里都清楚,到骊山修墓九死一生,即使幸免于死,身体也得累垮了。再加上看守的士兵乱罚乱打,没有几个人能好好地回来。所以有的农夫便冒险逃跑。刘邦若要追逃跑的农夫,剩下的又没人看管,所以只好任他们逃跑。后来,刘邦一清点人数,跑了有三分之一,心想:到那儿,交不了差,我也得被处死。所以一路之上,他闷闷不乐,心里一直盘算着怎么办。

一天中午休息,又一个农夫开了小差,刘邦喝了点酒,心想:到了骊山,人也跑光了,只剩下我一个人,自己去送死吧!但又转念一想:算了,我也跑吧!

刘邦便对大家说:"大家去服役,也是死路一条,不累死也会被打死,不如现在跑了,找个地方躲起来,或许还能有一条出路。"说着便解开了他们的绑绳。

农夫们非常感动,眼含热泪,说道:"我们都跑了,你怎么交差呀?"

刘邦叹一口气,道:"我也和大家一样,逃跑,躲一天是一天!"

有十几个壮汉,本来对刘邦就有好感,今日一见刘邦如此豪爽宽厚,心想:逃跑了,也没有地方去,不如和刘邦一起逃跑,他到哪里,我们到哪里。他们对刘邦说:"我们愿意跟随您,不知您是否愿意收留我们。"

刘邦非常高兴,便说道:"几位兄弟,我也非常愿意与你们同行!"

于是,刘邦和这十几个人一起逃跑。突然有一个逃跑的人又回来了,气喘吁吁地说:"大事不好!大事不好!"

众人不知怎么回事,看他脸色苍白,以为遇见官兵捉拿呢。便问:"不要着急,什么大事,慢慢讲来。"

那个人边说边回头,说:"那个地方有一条大白蛇,见头不见尾,横在路上,谁也过不去。"

刘邦一听,哈哈大笑,说道:"我以为出了什么事呢,原来是一条蛇,我们连死都不怕了,还怕蛇吗?众弟兄随我来!"说着,他手提宝剑向前走去。

刘邦在前边走,后边跟着几个胆大的。那时候,人们非常迷信,以为大白蛇一定是妖物。

刘邦向前走着走着,果然发现了一条大白蛇,蛇身比碗口还粗,大蛇头正扬着,非常凶恶。刘邦毫不畏惧,乘着酒兴,抽出宝剑就是一下,当即蛇身被斩成两段。

大家十分崇拜刘邦,认为他帮人们除妖物,一定不是凡夫俗子。

刘邦带着这些人隐藏在芒砀山一带。由于刘邦待人热情,所以很多青年人都慕名而来。

刘邦剑斩白蛇的事很快传了出去,有的人还说刘邦左大腿上有72个痣,将来一定得天下,闹得丰、沛、肖、砀一带的人都非常崇拜刘邦,时常有人悄悄地加入刘邦的队伍。

刘邦放走了农夫,自己也躲了起来,沛县县令受到了处罚,下令追捕那些农夫和刘邦。

刘邦知道官府早晚有一天会捉拿自己,便想起义,但是自己手下一共才100多人,身单力薄,只能等待机会。

这时陈胜、吴广在大泽乡起义,全国各地纷纷响应。眼看着大秦朝就要垮台,一些地方官员害怕农民起义成功之后,会杀了他们,便也起兵响应。但有的地方官是口里说起义,暗地里不动,持观望态度。这类人属于墙头的草,哪一边风硬往哪一边倒。沛县县令就是这样的人。

他一看起义军的队伍日益壮大,便想起义,但又不采取行动。萧何对县令说:"起义军马上就要推倒秦王朝了,您应该给自己留条后路,如果您还不采取行动,恐怕我们都会成为秦朝的陪葬品。"

县令一听,也觉得有道理,便说道:"我们起义,投奔谁呢?"

萧何说:"在外逃亡的刘邦,为人豪爽,有许多好朋友,而且剑斩白蛇,我们不如和他一起起兵,那样沛县百姓就会拥戴我们。如果我们的队伍十分壮大,我们就谁也不用投靠了。"

县令一听,也觉得是个好办法,便派人去请刘邦。刘邦一听,很高兴,早想起义呢,他立即带着自己的100多人前来县城。

可是刚一到城门外,县令就变卦了,他言而无信,命人紧闭城门,而且派人杀萧何。

萧何一看如此昏官,便跑出了城,带领着自己的好朋友,一起投奔了刘邦。

城中的百姓一听说刘邦起义了,心里早就憋足了劲,纷纷走上街头,响应刘邦义军起义。百姓还冲进县衙,县令还未来得及派兵镇压,就命丧黄泉了。

百姓大开城门,欢迎刘邦进城。刘邦被推为沛县县令,人们称他为"沛公"。刘邦收编了县城的队伍,一下子起义军就达到了四、五千人。刘邦知道自己的力量仍很小,便想投靠项梁、项羽的军队。

一战定乾坤

项梁、项羽的起义军不断扩大,队伍的组织还不很严密,缺乏分工。项梁便召集各路起义军,共同商讨如何组织起义,推翻秦王朝的统治。

会上,有人说:"人无头不走,鸟无头不飞。我们的义军要有个首领,才能统一指挥。"有的人说:"项将军有勇有谋,又深得天下人心,我们就立项将军为楚王吧!"由于这支义军大部分是由楚地的军队组成,都很怀念过去的楚国,所以立王也是以楚王为名。

大家纷纷推举项梁为楚王,只有一个老者表示反对。项梁刚一开始,很不高兴,心想:这支起义军由我和侄儿带出来的,论辈份,论功德,非我项梁莫属,你凭什么反对呢。但他又不便说出来,只能耐心听下去。

这位老者叫范增,他说道:"我不同意项将军为王,项将军是德高望重,但是有一个人比项将军称王更合适。众位请想一想,我们楚国的人民之所以争先恐后投奔项将军,是因为项将军世代为楚将,所以楚国人民和义军一定想拥护楚王后裔为王。楚国自从被秦灭之后,人们一直很怀念楚怀王,怀念过去的楚国。很多起义军就是想重振楚国,让楚国东山再起。如果项将军自立为王,则必会有许多人感到失望,而楚国人民也会感到失望。"

项梁由怒而喜,不住地点头,大家都同意了范增的意见,便四处去寻找楚怀王的后代。

当地的百姓说,楚怀王的后代被送到民间,隐姓埋名了。偌大一个楚国,到哪里去找这个人呢,何况又隐姓埋名。

刘邦想了个办法,他派人四处去贴告示:义军想拥楚怀王的后代为王。当地的百姓纷纷提供线索,最后终于找到了楚怀王的孙子,他隐藏在牧羊娃中。

项梁仍立他为楚怀王,自号武信君。这个消息一传开,果然如范增所说,又有许多人前来参加义军,这些人心里都没有忘记亡国之恨,恨不得早日攻破咸阳,杀了秦二世,为楚王报仇雪恨。

项梁挥师西进,义军奋勇杀敌,大败章邯。

项梁大军浩浩荡荡,这一日来到了濮阳。秦军早已在此埋伏好了,他们本想乘西楚军队还没有立稳脚跟就偷袭,一举消灭义军。但是项梁经验十分丰富,立即命队伍后退,派项羽为先锋,去攻打秦军。秦军正得意忘形地追杀楚军,没有想到楚军会反杀过来,一下乱了阵脚,纷纷溃逃。项羽岂能放过此次良机,带领军队一口气又占领了定陶。

项梁的义军节节胜利,所向无敌,项梁本人便有些骄傲自满了。他认为秦军也不过如此,心想:消灭秦军,为期不远了。俗话说,骄兵必败,项梁一放松警惕,章邯就做好了反扑的准备。范增提醒项梁:"我们不能如此松懈,否则敌人会乘机反攻的。"项梁以为范增多虑了,便没有在意。

没过多久，章邯便从四处调集军队，分兵三路偷袭楚军。

楚军正在举杯相庆大战连连告捷，根本没有防备，一下子楚军就乱了，完全丧失了战斗力。楚军损失惨重，项梁也在乱军之中战死。临死之前，他仰天长叹，"我要早听范增的话，怎么会有今天啊？"

项羽得知叔父项梁战死在城中，悲痛欲绝。项羽从小和叔父在一起生活，情同父子。项羽大叫一声："叔父，侄儿一定为你报仇！"

章邯一看楚军主力已损失过半，认为这支义军已经不会东山再起了，便渡过黄河，去攻打赵歇去了。

赵歇自从赵国灭亡之后，便在原来的赵国自称为赵王，时刻威胁着秦王朝的统治。

赵军被围，便派人去求助于楚怀王。

楚怀王认为项羽脾气暴躁，便派项羽带兵去解围赵王，而派刘邦去攻打咸阳。刘邦为人忠厚，深得将领的一致好评，楚怀王也很欣赏他，器重他，

楚怀王不放心项羽，便任命宋义为上将，而项羽为次将，范增为末将，大军浩浩荡荡直奔巨鹿（今河南安阳）。

可是宋义生性胆小，一听说秦军有几十万人马，便安下营来，不肯前进。项羽几次请求前进，均遭到拒绝。

范增对项羽说："项将军，宋义胆小，不足以领兵，我们若想进军，必先除了他。"

项羽听了范增的话，带着宝剑来到宋义的营帐，对宋义说："宋将军，我们出兵吧！"

宋义听后，十分不耐烦，说道："你不懂用兵之道，我们不能冒然进军，否则会大败而归。"项羽一个快步冲上前去，一剑就刺死了宋义。

项羽提着宋义的人头走了出来，向全体将士大声说道："宋义久久不出兵，而赵王十分危急，我奉怀王密令，杀他宋义。如果谁要不服从命令，将与宋义同一下场。"

将士们早就想出兵了，项羽杀掉了宋义，深受将士们的拥护。于是项羽率领大军浩浩荡荡渡过漳河，以解巨鹿之围。

20万楚军过河后，项羽下令："每个士兵只许带三天的干粮，把做饭用的锅全部砸了，把船也都沉了。"手下的人都不理解，纷纷劝

道:"项将军,我们没有干粮。又没有做饭的锅,还不得饿死吗?砸坏了船,如果兵败了,怎么撤回呀!"

项羽哈哈大笑,然后大声说道:"众位将士,这次打仗,只许进,不许退,三天之内一定要打败秦军。因为我们已经没有退路了,后退也是死,前进才是一条生路!"这便是成语"破釜沉舟"的来历。

众将士情绪高涨,齐声高呼:"誓死破秦!誓死破秦!"

项羽刚一到巨鹿,秦军的主将王离便派副将苏角前去迎战。

苏角岂是项羽的对手,一个回合,便被项羽刺中后背,又一剑结果了性命。楚军士气大振,奋勇杀敌。项羽派先锋英布去切断秦军的粮道。英布完成任务后,也率军从侧面杀过来。秦军被杀得找不到东南西北,纷纷逃跑,王离一看大事不好,火速派人向章邯求救。章邯立即调集秦军,到巨鹿来援助。

项羽的军队越战越勇,眼看着王离的军队已支持不住了,突然章邯带兵杀到。

项羽见到章邯,也不搭话,真是仇人见面分外眼红,项羽和章邯打得难解难分。楚军和秦军也展开了一场激战。兵对兵,将对将,楚军由于破釜沉舟,个个赛过下山猛虎,秦军人数虽多,但无法阻挡楚军的横冲直撞。

章邯一看形势不妙,便率领残兵败将逃回城南大营。先锋英布活捉了秦军主将王离。

巨鹿之战,楚军大获全胜,秦军惨败而归。这一战,击溃了秦军的主力,整个反秦的战局一下扭转了。

巨鹿之战在历史上有着重要的意义。这一战决定了秦朝必亡的命运,为刘邦的军队攻打咸阳扫清了障碍。

不久,刘邦便率军攻破咸阳,推翻了秦王朝。

张良学艺

刘邦有一员大将,名叫张良,此人博学多才,很有智谋。张良有如此才能,得益于他年轻时桥上学艺。

张良，字子房，战国末期韩国人。他的祖父和父亲辅佐了五代韩王，在韩国很有威望，很受人敬仰，世称"五世相韩"。

到了张良青年时，韩国不幸被秦吞并，张良只好四处流浪。张良不忘亡国之恨，想恢复韩国，他知道秦始皇兵力十分强大，派兵去攻打是不可能的，只好寻找刺客去刺杀秦始皇。

于是，张良变卖了所有家产，四处走访，以出游为借口，实际是访问英雄豪杰，以便找机会刺杀秦始皇。

一日，他来到一个小村庄，见一位大汉正在习武。此人身高过丈，膀大腰圆，挥舞着大刀，呼呼生风。张良便走过去与他交谈，此人通报姓名后，便邀请张良进屋详谈。此人也是韩国人，姓武，名川，从小和父亲习武，父亲是韩国的一员大将。秦始皇灭韩国之时，他的父亲被秦始皇害死。武川便隐姓埋名，来到这个小村里，每天坚持习武，决定长大成人之后，为父亲报仇。"同是天涯沦落人，相逢何必曾相识"，二人一见如故，便决定去刺杀秦始皇。

张良雇人打了个大铁锤，大铁锤一头带铁链，有100多斤重，抡起来有几百斤的力量，他们准备用大铁锤去刺杀秦始皇。

秦始皇统一全国后，把六国留下来的旧贵族集合起来，让他们安家在咸阳，以便于统治和监督他们。但是有许多旧贵族悄悄地躲了起来，或是逃到别的地方去了。秦始皇还收集了天下的兵器，把兵器熔化了，铸成了几个巨大金人（用铜做的）。秦始皇以为天下再也没有兵器了。

公元前218年，秦始皇带领大队人马巡游，一路之上，兴高采烈，欣赏着路边的美景。

车正在走着，突然听见上空传来一阵风响，一个大铁锤由天而降，正好砸在秦始皇前边的车上。可惜车上没有人，把空车砸了个粉碎。秦始皇先是一惊，然后一阵哈哈大笑，说道："想杀我，还没那么容易！"

原来秦始皇怕有人暗害他，便坐在小车里，而把大车布置得十分豪华，给别人造成假象。张良他们以为秦始皇一定会坐在大车里，便把大铁锤扔向了那驾空车。

一看有人刺杀皇帝，这还了得，队伍立即停下来，武士们纷纷寻找刺客。

但这时张良和武川早已跑了。

秦始皇大怒,认为天下还有兵器,便又进行了一次大搜查,连菜刀都几家使一把。

张良和武川刺杀失败,各自逃跑,张良一口气跑到了下邳,找了个地方住了下来。

这一天,张良想出来散散心,一是刺杀秦始皇没有成功,心有不甘;二是探听一下秦始皇现在的风声。他边走边想,不知不觉来到了一座大桥上。一抬头,他看到一位老者悠闲地坐在桥边,正看着自己。他把脚一缩,鞋一下就掉在桥下边了。

老者对张良说:"小伙子,下去把鞋给我拿上来。"

张良一听,十分生气,心想:你凭什么让我给你捡鞋,而且一点也不客气。但他看了老头一眼,又一想:算了,都这么大年纪了,让捡上来,就捡上来吧!

张良走到桥下边,把鞋捡了上来,老头连眼都没眨一下,说道:"给我穿上!"边说边把脚伸了过来。

这一下,张良可真生气了,心想:也太过分了吧,你上了年纪,我帮你把鞋捡了上来,你不但不感谢,反而要我给你穿上。张良想一下子把鞋扔在地上就走,可又觉得那样太没有礼貌,便弯腰给老头穿上了鞋。

老头仍没有说句客气话,起来便走,走了有五步,回过身来对张良笑了笑,说道:"小伙子,过五天,天一亮,你到桥上来找我,我教你点儿东西。"

张良听老人的口气,知道他是位了不起的人物,便跪倒在地,答应道:"好!我一定来!"

过了五天,张良起了个大早,迈着快步来到桥上,一见老头已在桥上了。老头儿有些生气,说道:"让你天亮就到,你怎么这么晚,去吧。再过五天,下次早点来,别让我等你!"说完就走了。

又过了五天,天还没亮,张良就从床上起来,跑到桥上。老头又站在了桥上,老头只说了一句话:"再过五天!"又走了。

又过了五天,张良没有睡觉,就在桥上来回散步,晚上的小风有些冷,张良咬咬牙,坚持着。半夜刚一过,老头就一步一步地向桥上走过来。张良一看,赶紧走上前去。老头笑了笑,说道:"今天来得还比较早。"边说边从怀中掏出了一部书,递给张良,还说:"用点功读,为国家为百姓谋些福利。"张良点了点头,非常感谢这位老人。可一转眼,老人不见踪影了。

回到了住处,张良立即掌上灯,打开书一看,原来是一部兵书,是太公望编的《兵法》。从此,张良就刻苦钻研,废寝忘食,终于读透了这部《兵法》。

陈胜、吴广起义后,各地起义军纷纷响应,刘邦也在沛县起义。张良一见刘邦,觉得此人胸怀大志,而且非常大度、有胆魄。刘邦也认为张良博学多才、足智多谋。所以二人很投缘,经常在一起谈论天下事。

沛县的萧何劝他们投奔项梁,共同推翻大秦朝。

于是刘邦和张良就投奔了项梁。项梁在经过了简单的交谈后,觉得刘邦宽厚仁慈、十分豁达、很有志向,将来很可能成大气候,便故意压制他。

刘邦对此并不看重,他知道项梁对自己有意见,心想:我起义是为推翻大秦朝,而不是为了加封。我只要努力干下去,会得到别人认可的,到时候,我可以自立天下。

后来,张良帮助韩王成恢复了韩国,韩王成封张良为相。

张良领兵在颍川郡打击秦军,这时刘邦正奉楚怀王的命令去攻打咸阳。二人一见,热泪盈眶。张良拜别韩王成,随刘邦出征。一路之上,张良出谋划策,为灭秦、战项羽立下了汗马功劳。

西汉建立后,刘邦更加重用张良了,封他为留侯,让他辅佐自己共同治理天下。

鸿门斗智

陈胜、吴广起义失败后,项羽和刘邦率领起义军继续攻打秦军,他们奉楚怀王的命令,项羽攻打巨鹿解围赵王,刘邦攻打咸阳。而且双方约定:谁先攻破秦军入咸阳,谁就为关中王。

项羽与秦军主力在巨鹿展开了一场激战,恰巧给刘邦一个有利的西进机会,使刘邦一路没遇到大的抵抗,就顺利地攻下了咸阳。胡亥的侄子子婴投降了,大秦朝的统治从此结束了。

大军到了咸阳,刘邦看到如此富丽堂皇的宫殿,那么多美女,心里十分满足,心想:还是那次服劳役来到咸阳,那时我就想有朝一日取代秦朝,如今这一切终于实现了。楚怀王有令,谁先到咸阳谁就为关中王,我可以名副其实地占有这一切了。他想着想着,便找来几个美女和自己一起饮酒。

正当刘邦酒兴正浓时,大将樊哙闯了进来。樊哙是个粗人,快人快语,他见刘邦刚一到咸阳,就贪恋女色,很是不满,便说道:"沛公,如今天下未定,我们不能图一时快乐,还是赶快回到军营中去吧,否则我们也会和秦王朝一样,毁在这些奢侈豪华的东西上面!"

刘邦很是不高兴,又有一美女上前劝酒,樊哙一把抓住那个美女,一剑刺死,刘邦大怒,忙命人把樊哙绑起来要杀樊哙。樊哙嘴里愤愤地说道:"我宁愿现在死,也不愿将来做别人的俘虏,只要沛公听我一句话,我死而无悔。"

这时张良走进来,忙劝道:"沛公息怒,樊将军也是一片苦心,他怕您刚刚得到的江山会失去啊!忠言逆耳利于行,良药苦口利于病。樊将军所言极是,沛公应及时回到军营中去共同商讨如何平定天下,六国的军队正在逼近咸阳,项羽也不会善罢甘休。"

刘邦视张良为老师,非常听张良的话,赶紧离座为樊哙松了绑,并赔礼道歉:"樊将军,会不会记恨于我呀!"樊哙答道:"只要沛公以天下事为重,我樊哙死也甘心,怎么会记恨沛公呢?"

而其他许多将士也和刘邦一样,认为到了咸阳,总算可以松口气,享几天清福了。可还没一会儿功夫,刘邦就召集将士回到军营中。

刘邦为了争取人心,约法三章:杀人者偿命;伤人者治罪;偷盗者严惩。刘邦的"约法三章"深得人心,人们都知道沛公不是为了争夺皇位,而是为解决人们痛苦和灾难的,所以都十分拥护刘邦。

刘邦虽然很得人心,但是一想到项羽,就有些不安。项羽实力雄厚,拥有几十万大军,随时可能开进咸阳。

正当刘邦心烦意乱之时,有一位大臣说道:"沛公,听说秦将章邯归降项羽,项羽封他为雍王,要在关中称王。如果他们来了关中,沛公怎么办呢?"

刘邦说道:"我正为此事心急,不知如何是好?"

那位大臣道:"沛公,当年楚怀王有言在先:谁先入咸阳,谁就为关中王,但项羽实力雄厚,很可能违背楚怀王的旨意,我们不如紧闭城门,派人死守函谷关,不让任何诸侯进关,沛公不就可以稳坐关中王了吗?"

刘邦一听大悦,立即派兵去守函谷关。这里地势险要,有一夫当关万夫莫开的有利条件。

项羽巨鹿之战,大获全胜。秦军主力被消灭,逃跑的章邯一看秦朝大势已去,便带领那些残兵败将投降了。项羽把秦军整编到自己的队伍中,队伍一下又壮大了许多。然后他又带领着千军万马向西挺进。

这一日,项羽来到了函谷关。一看城门紧闭,便说道:"我乃大将军项羽,你们速速打开城门。"

把守城门的士兵答道:"大将军,对不起,沛公有令,没有他的批准,谁也不许进关。"

项羽大怒,命英布率兵攻城。项羽大军成千上万,而刘邦的兵力没法相比,虽然依靠险要的地形把守了一阵,但还是被英布攻破了。项羽带领大军继续西进,把军队驻扎在鸿门(今陕西省临潼县)。

项羽安营扎寨后,有人报:沛公左司马曹无伤求见。曹无伤一看项羽军队壮大,而刘邦没法与之相比,便想取悦项羽。

曹无伤对项羽说:"项将军,沛公入关后约法三章,很得人心,他想当关中王,令子婴为相。"

曹无伤走后,项羽召集群臣,商议如何对付刘邦。亚父范增说:"刘邦生性贪财好色,而他到了咸阳,却不贪财,也不好色,可见此人野心不小啊!曹无伤已报说他要称关中王,我们应趁他势力弱小之时铲除他,否则后患无穷啊!"

项羽点点头,当日命令将士饱餐,准备次日攻打沛公。

项羽的叔父项伯曾经杀过人,张良仗义相救,项伯始终不忘救命之恩。他一听说项羽要进攻沛公,知道张良也在沛公手下,很担心张良的安危,便当夜乘快马去见张良。

见到张良后,项伯对张良说:"项羽明日一早,要派大军攻打沛公,你还是快快离开这里吧,否则有生命危险!"

张良一听,吃了一惊,对项伯说:"我奉韩王成之命,前来辅佐沛公，沛公待我如上宾，今沛公有难，我怎么能一走了之呢？那样岂不是不仁不义吗？你先稍坐片刻，我去见沛公。"

张良急忙见沛公，沛公一听，吓得惊慌失措，忙问道："那我们应如何应敌呢？"

张良说："项羽军队40万，而我们只有10万，如果硬拼，很可能被打败，我们不如请项伯回去说沛公不敢称王，正等项羽将军前来入关做决定呢！"

刘邦一听也只好如此了，便摆了一桌的酒菜和项伯一起喝酒。喝了几杯，刘邦非常诚恳地说："我进关以来，什么都没敢动，大小事情也不敢私作主张，我是等项将军来啊，我怎么会有抵抗将军之意呢？还望兄长把此意说给项将军啊！"

刘邦为了巴结项伯，提出与项伯联姻，项伯心里很高兴。

酒席撤掉，项伯说："事不宜迟，我今夜还要赶回去，和项将军说明此事。明天一早，你一定来向项将军谢罪。"

项伯回到军营之中，便求见项羽，对项羽说："沛公无心称王，只等您前去。如果不是沛公先破关中，你怎么能一直入关呢？人家有功反而攻击人家，是不义行为，不如善待沛公，将军才可深得人心啊！明天一早，沛公便来谢罪！"

项羽听了项伯的一席话，气已经消了，下令明日不再攻打刘邦。

第二天一大早，刘邦带领着张良、樊哙和随从100多人来见项羽。

守卫的将士只允许张良和刘邦一起进去。见到项羽，刘邦说道："将军战河北，我战河南，你我二人合力破秦，没想到我先入关，我在这里日夜盼望将军到来。现有小人在挑拨将军和我的关系啊！"

项羽说道："这是沛公左司马曹无伤说的。"

接着，项羽摆酒设宴款待刘邦。项羽、项伯东向坐，亚父范增南向坐，刘邦北向坐，张良西向坐。席间，亚父范增几次以眼色示意，让项羽杀了刘邦，可项羽视而不见。范增一看项羽没杀刘邦之意，便起身离座，找来项庄，让他舞剑助兴。

张良一看项庄舞剑，意在沛公，便给项伯使了个眼色，项伯也拔剑起舞，以身保护沛公。接着张良便找了个借口出去见樊哙。

樊哙持剑带盾闯入大厅，旁边的卫兵哪里能挡住樊哙呢！项羽见樊哙怒目闯入，大声问道："哪里来的人？"

张良连忙答道:"这是替沛公驾车的樊哙。"项羽吩咐侍从士兵赏给他一坛酒和一只生猪腿。樊哙一饮而尽,把生猪腿放在盾上,用宝剑割开,放在嘴里大口吃下。项羽一看,果真是位壮士,便说道:"壮士,能否复饮?"

樊哙说道:"臣连死都不怕,还怕再喝一坛吗?怀王与诸将有约:谁先破秦入咸阳便可称王,沛公今破关而未有封赏,大王却听小人之言,欲杀有功之臣,这样和暴秦有什么区别呢?"项羽哑口无言。

过了一会,刘邦起身去厕所,招呼樊哙出去,张良也出来了,张良让樊哙保护着沛公火速离开此地。沛公说:"我还没有告辞呢?张良说道:"做大事不必太顾虑小节,行大礼不必拘泥于细小的谦让。如今人为刀俎,我为鱼肉,还说什么辞啊?有我来代沛公辞谢。"

刘邦从小道回到汉军中。张良估计沛公已到了军中,才进去献礼物。送给项羽的是一双白璧,送给亚父范增的是一方玉斗。范增接过玉斗扔在了地上,用剑击碎,口中说道:"夺天下者,必是沛公!"

刘邦回到军中,杀了左司马曹无伤,从此揭开了楚汉大战的序幕。

西楚霸王封天下

鸿门宴之后,项羽率领大军浩浩荡荡直入咸阳。

进了咸阳城,项羽就大开杀戒。他想起爷爷项燕和叔父项梁均被秦军所杀,于是便下令:凡是秦氏家族的皇亲国戚,可以先斩后奏,秦王朝的文武官员也一样。

一时间,咸阳城血流成河,死伤无数。项羽亲自去杀秦王子婴。子婴躲在一个老百姓家中,隐姓埋名,提心吊胆,整天坐卧不宁。这一日听说项羽派大军进城,他心想:项羽不会放过我的,他脾气暴躁,不像沛公宽厚仁慈,自己死期不远了,死后也不会有人给我收尸。所以子婴自己浑身穿白,肩上搭着绳索,做好了去死的准备。

项羽挨家挨户地搜索,一搜见子婴,项羽哈哈大笑,满腔怒火一下烧到了尽头。子婴跪地求饶:"项将军,您大仁大义,饶过罪臣一命吧。"项羽大声道:"放过你,天下人都不干,你大秦朝恶事做绝,想不到你也有今日,我放了你后,岂不被天下人耻笑吗?你平时杀人之时,怎么不想一想给自己留一条后路呢,我代天下人结果你算了。"说着,举起铁戟,一下子刺穿了子婴的胸膛,子婴当时栽倒在地。他还觉得不解恨,又在子婴身上来了几下。他还找到隐藏子婴的那家人,一戟一个,全部杀掉。

项羽率领的军队大部分是原来的楚国人,他们对秦王朝恨之入骨,所以见到秦王朝的人丝毫也不手软,一天竟杀死了秦氏家族800多人,文武大臣达4000多人,有许多无辜的百姓也惨遭杀害。

项羽看见咸阳周围的宫殿一座接一座,气得肺都要炸了,说道:"这都是人民的血汗啊!"说着,他就命人去抢宫中财物,强占宫中美女。之后,他又命人放火烧宫。整个咸阳到处是一片狼藉,到处充满着血腥味。百姓们心里也不踏实,虽然灭了秦朝,残暴的统治结束了,但是一看项羽也是到处杀人、放火、抢夺财宝和美女,心里也都捏了一把汗,即使项羽当了皇上,也不会有什么好日子的。

项羽的军队杀了秦王,毁了许多宫殿,又抢走了许多宝物,认为大功告成,可以衣锦还乡了。

亚父范增说:"关中地势险要,土壤肥沃,可以在此称霸。秦始皇就是占此有利条件,才得天下的。"

项羽不以为然,说道:"富贵不回乡光宗耀祖,怎么行呢?秦始皇虽然在此得了天下,不同样让我在此大败秦军吗,不照样被我占领了吗?"范增说:"项将军,如果执意回江东,也要先把此地之事料理妥当,再起身也不迟。"

项羽说道:"亚父所言很有道理。"于是他便开始封天下诸侯。

亚父范增说道:"项将军,如果想统一天下,就不应该分封诸侯,而应像秦始皇那样设立郡县,所有大权集中在您一人手中。"

项羽听后,很不高兴,说道:"亚父,你怎么让我学暴君秦始皇呢,那不会遭到天下人的反对吗?我身为楚国贵族,应分封天下诸侯,才能得人心。"

范增一看,项羽如此固执,也没有说什么。

项羽心想,如何分封呢?自己可以称霸诸侯,别人也都很好安置,可刘邦怎么办呢?让他做关中王,自己心里不甘心,不让他做,又怕别人说他有违楚怀王的旨意。于是他请求楚怀王,让他收回当时的承诺，改变原来的约定。

楚怀王本来就不喜欢项羽，听说他在咸阳城杀死了几千人，十分不满，但自己没有军队，也没敢去责备，现在项羽想让自己改变约定，这是不可能的。他知道项羽想称霸诸侯，又不想让沛公做关中王，所以他没有答应项羽的请求。

项羽大怒，心想：楚怀王你也太不识抬举了，想当初，我叔父把你寻来，让你做个楚王，给足了你面子，而如今，你却敢不把我放在眼里，我说废了你，就废了你。

项羽想废了楚怀王，范增劝道："项将军，万万不可，你的军队都是楚国人，废了国君，不得人心啊！今天下未定，千万不可轻举妄动啊！不如你收回封王的大权，驾空了楚怀王！"

项羽一听，觉得很有道理，便夺取了封王的权力。楚怀王因没有兵权，也只好听任项羽的了。

项羽心想：我有了封王的大权，就可以改变当初的约定，不封刘邦为关中王。但亚父范增却说道："将军，关于楚怀王之约，天下人都知道，如今你有封王的大权，也不能一意孤行，这样会有损您的荣誉啊！"项羽不满地说道："依亚父之意，封他为关中王，岂不便宜了他？"亚父范增摇了摇头，说道："关中地方很大，巴蜀不也属于关中吗？"项羽眼前一亮，说道："亚父莫不是让我把巴蜀这块地封给刘邦？"范增点了点头。

刘邦分封的问题解决了，项羽便开始分王。他把齐地分封给三个王；把赵王歇改封为代王；把燕王韩广改封为辽东王；又封了许多和自己关系密切的人称王。而刘邦则封为汉王，到偏远的南郑（今陕西省南郑市）去建都。他还不放心刘邦，又在刘邦附近分封了三地：雍、塞、翟，分别派章邯、司马欣、董翳去管理三地，也分别封他们为雍王、塞王、翟王。这三人与刘邦有仇，刘邦如鸟入笼，很难东进！

项羽封了天下诸侯，认为自己的军队几十万，势力最强大，没有人可以与他相提并论了。而且自己在推翻秦朝时，立下了汗马功劳，是天下第一大功臣，理应统治天下，所以仿照春秋时的中原霸主，封自己为西楚霸王，占据梁楚九郡的地方。

楚怀王对项羽的分封很是不满。项羽为了平衡楚怀王的心理，便把楚怀王改为义帝。表面上帝比王大，但实际上，实权仍在项羽手里。

他手握几十万大军,楚怀王只是敢怒不敢言,一心想让刘邦当关中王,可没想到项羽把刘邦分封到巴蜀,又派几个大仇人去监视。

各路诸侯分别带兵去自己的封地。刘邦虽然不满,但是为了长远大计,也依然率兵前往封地,建都南郑,管辖41个县。

项羽带着人马浩浩荡荡回彭城建都,一路之上,傲视一切,认为自己得了天下,没有人能与自己抗衡。

秦王朝被推翻是用起义军的鲜血换来的,但项羽分封天下诸侯,全国又被分得七零八乱,又重新孕育战争的危机!

韩信桥

韩信的祖籍在淮阴城(今江苏省淮阴县),这里有座桥叫韩信桥,也叫胯下桥。就是在这里,韩信受胯下之辱而发奋图强,后被刘邦重用,成为一员大将。

韩信从小家里很穷,祖上几辈都是农民,遇上天灾,地里产不出粮食,而朝廷照样征税,每天过着饥一顿饱一顿的生活。他还是十几岁的孩子时,母亲由于得病,卧床不起,家里穷得根本没钱买药,只好看着娘染病而亡。韩信哭得死去活来,眼看着唯一的亲人也离开了人世,自己成了一个孤儿。邻里看到这孩子可怜,便凑了一点钱,为他娘买了一口薄板棺材。

邻居们在城外乱岗中挖了一个坑,正要把棺材抬进去时,韩信止住哭声,说道:"我母亲一辈子受尽了困苦,被压在最底层,如今她离开了我,到了黄泉之下,不能再让她受罪了,我一定要把她埋在最高处。"

大家一听韩信的话,都认为他懂事,人小志气大,所以又选了一个地方。这个地方地势最高,韩信将母亲埋葬入土,心中暗暗发誓:秦王朝横征暴敛,害得我家一贫如洗,而秦氏王朝则肆意享乐挥霍无度,我一定推翻秦朝,为天下百姓谋福利,再也不让穷人受苦受难了。

韩信死了娘之后,无依无靠,不会种田,又不会经商,只得到处流浪,到别人家里混口饭吃。

平时没事，他就喜欢读兵书，还喜欢练剑。他家里穷，没有钱请名师指点，便到演兵场看军队训练，有时半夜三更爬到豪门家的墙头去偷艺。俗话说：学艺不如偷艺。韩信的武艺还十分不错，练了一身好本领。他喜欢武士，所以平时也穿着一身武士衣服，虽然有些破旧，但并不影响韩信的威武，腰里佩着一把长剑，当然不是宝剑了。

由于韩信四处流浪，经常饥一顿饱一顿。他混饭吃，也得到熟人家里。

有一段时间，他住在乡下南昌亭亭长家里。刚一开始，全家人对韩信还算客气。过了几个月，亭长的老婆就有些不满了，不是给韩信白眼，就是对韩信说些难听的话。韩信心想：男子汉大丈夫，岂能被别人瞧不起，当晚便收拾好行李准备离去。他收拾好了之后，便想去找亭长夫妇告辞，刚一到门口，就听见亭长的老婆说："光养着一个只吃饭、不出力的人，他若再不走，我们就得想点办法。"那个亭长说："再不走，就撵他走！"

韩信本想敲门告辞，一听见这话，又退了回来，扭身就走。那对夫妇听见外边有动静，一看是韩信要走，假装没看见，继续睡觉。

韩信离开了那里，又回到了自己家里。他没有职业，只得挨饿。他看到鱼市上有卖鱼的，心想：我也可以以钓鱼为生。于是他借了一点钱买了鱼竿和鱼弦，便来到河边钓鱼。

这一天，韩信早早来到河边，到了中午一条鱼也没有钓到，肚子饿得直叫，他强忍着，继续钓鱼。一位大娘在河边洗丝绵，知道韩信是个穷孩子，从小就没有了父母，所以很可怜韩信，便把自己的干粮分给韩信吃。韩信实在是饿极了，道了声谢，就狼吞虎咽地吃了下去。

一连好几天，那位好心的大娘每天中午都分给韩信一些干粮。韩信实在过意不去，倒身下拜，说道："大娘，我天天吃您的干粮，将来我有本领之后，一定会重重报答您。"

老大娘听了，叹了口气，说道："我看你可怜，从小就没有父母，自己又挣不到钱，才给你吃，我能指望你报答什么呢！"

韩信听了之后，十分感动，心想：将来我有本事之后，一定好好报答这位老大娘。受人滴水之恩，当以涌泉相报。

一天，韩信在河里钓了好多鱼，很是高兴，恰逢又是淮阴城的大集，他就拿着鱼到市场上去卖。韩信很诚实，从不多要钱，所以好多人都买他的鱼,不一会儿,韩信的鱼就卖完了。

韩信腰佩长剑,怀里揣着刚卖的几个钱,很高兴地往家走。刚一到桥上,他就听见有人喊:"韩信!站住!"

韩信回身一看,原来是当地的一个泼皮无赖。韩信想躲开他,就加快了脚步,谁知这个泼皮一下跑到韩信前边,截住韩信,对他说:"你整日腰挂宝剑,好像个武士,你敢拿宝剑刺我吗,如果敢,你就刺,如果不敢,就从我胯下钻过去吧!"说着,叉开了双腿。

而这时,边上围了许多人看热闹,有的人跟着起哄:"钻吧,钻吧,钻过去之后就放了你!"

韩信气得火冒三丈,他从小就志向远大,怎么受得了这般侮辱。韩信真想一剑刺死他,结束了他的性命,斩下他的狗头,以免他以后继续为非作歹。

而那个泼皮还在挑衅,"刺吧,拔出剑来,刺吧,不刺,你就快钻!"

韩信足足握了5分钟剑柄,心想:如果我刺死他,就要偿命,就不能实现推翻秦王朝的远大抱负,就没有办法报答那位大娘了。他把手松开了,心想:大丈夫,应该能屈能伸,与这个泼皮计较太不值得了。

韩信低下头,俯下身,双手扶地,从那个泼皮无赖的胯下钻了过去。周围的人轰堂大笑,纷纷说韩信太软弱了,胆小怕事,一点尊严都不要。那个无赖还不罢休,说道:"这座桥就叫'胯下桥'吧!"周围的人也跟着起哄,"就叫胯下桥!"

于是,韩信钻胯裆的事很快传开了,人们在韩信背后都悄悄地说:"这就是韩信,就是那个胯夫。"

男儿有泪不轻弹,只因未到伤心时。韩信受了如此凌辱,便跑到母亲的坟上,大哭一场,并暗下决心:有朝一日,一定要洗雪胯下之辱,还要推翻暴秦的统治。

哭了多时,韩信回到家中,一连几日也不出家门。他痛定思痛,心想:我要投贤明的君主,只有这样,我才能有机会施展自己的才能。

韩信听说项梁、项羽正率起义军攻打秦王朝,便想投靠项梁。

来到项氏营中,项梁已战死,而项羽目中无人,根本瞧不起他。项羽认为韩信只是一个村夫,不如自己身世显赫。所以韩信几次给项羽献策,项羽都不采用。韩信心想:项羽骄纵傲慢,难成大事。

韩信便悄悄地离开了楚军,去投奔汉军。那时亚父范增对项羽说:"有一个叫韩信的从我楚军逃到汉军,不如把他追回来,此人博学多才,又熟知兵书,定有大用。"

项羽说:"一个小小的村夫,能成什么大气候呢,随他去吧!"

韩信来到汉军中,谋了一个管粮草的小官。韩信很有才能,把这些管粮草的人分成两队,一队专管粮,一队专管草,然后再把责任分到每个人身上。这样一来,士兵们谁也不敢掉以轻心,粮草管理得井井有条。韩信一有时间就读兵书。一日,萧何前来督察,看到韩信正在看书,而粮草管理得很好,便与韩信交谈起来。韩信分析天下形势,讲兵法战策,萧何非常欣赏韩信,认为韩信有大将的胆识和远见,而且熟读兵书。他对韩信说:"你先在此委屈几天,我去向汉王推荐你,他一定会重用你!"

韩信听后,非常高兴,心想:终于有机会可以实现我的抱负了。一夜间,他竟没有睡好。但几天后,韩信没有得到任何消息。

又过了一段时间,萧何来见韩信,说:"再过一段时间,汉王就会起用你。"

又过了几个月,汉王仍没有重用韩信。韩信心想:汉王一定是没有诚意,我不能一辈子待在这里。想到此,他便悄悄地收拾了行装,逃跑了。

萧何正好前来探望韩信,一看韩信没有了,赶紧骑快马乘着月光追赶韩信。韩信对道路不熟悉,没跑多远,就被萧何追上了。

刘邦这才拜韩信为大将。韩信成为大将之后,暗渡陈仓,背水一战,为刘邦建立汉朝立下了汗马功劳。

韩信衣锦还乡,没有忘记那个给他干粮吃的老大娘,他派人把老大娘接到自己府中,赐给老人一千两黄金。

韩信当了汉中大将军,那座桥早已不叫"胯下桥"了,而改成了"韩信桥"。韩信来到桥上,心情十分复杂,想想当年所受之辱,于是派人把那个泼皮无赖找来。那人早已吓得魂不守舍,连连求饶:"大王,您饶命!您饶命!"

韩信说道:"起来吧!我不会杀你的,如果我想杀你,我当时一剑就要了你的命。倒是你的胯下之辱,让我警惕,促使我努力向上。

我任命你做楚国捕捉盗贼的中尉,但是不许欺压百姓,否则定斩不饶!"

"韩信桥"记录着一位大将军由受辱而奋发图强,终于干出了一番事业的动人故事。

明修栈道 暗渡陈仓

项羽听了范增的话,把刘邦分封到偏远的巴蜀,封刘邦为汉王。刘邦心里有怨言,但是不敢说。因为项羽有40万大军,而自己的力量很弱小,如果现在就闹翻了脸,对自己没有任何好处,所以刘邦强忍心中的怒火,带着自己的军队到南郑去建都。刘邦心想:你项羽不讲信用,等着瞧吧,一旦我有了强大的兵力,一定与你决一死战,让你这个自封的西楚霸王命丧黄泉,我再取而代之。

张良为刘邦出谋划策,深受刘邦赏识,但如今秦王朝已灭,张良的任务已经完成,也该回韩国了。

张良泪别汉王。对刘邦说:"大王,今日一别,不知何日才能再见。再往前走,就是栈道了,你们可以走一段烧一段。这样追兵袭来,也追不上你们了,还可以迷惑霸王,让他放心,知道你没有再回来之意。然后,您抓紧时间,招兵买马,积草屯粮,扩充军队,等待时机成熟了,便可从另一条道路杀过来,消灭项羽,得天下。"

刘邦非常舍不得张良离开,便对张良说:"但愿我们还有见面的机会,我随时欢迎你的到来。"二人泪别,各奔前程。

刘邦十分尊敬张良,对张良的临行之计非常赞同,便命令士兵走一段烧一段栈道。士兵很不情愿,本来就不愿意背井离乡,一看又烧了栈道,以为是汉王不想再回来了呢。有的人思乡心切,半路之上,趁人不注意便开了小差。刘邦也不派人去追,心想:走就走吧,强留住人,心也留不住。

俗话说,蜀道之难,难于上青天。刘邦的人马饱经风霜,好不容易到了南郑。

汉王刘邦开始修建都城,他不想在这里长久居住,也不想动用大量劳动力，便只修了一个小宫殿，这一举措深受当地百姓的赞同。他拜萧何为相，任曹参、樊哙等人为将军。

士兵们到了这里，吃得很不习惯，再加上思念家乡，所以人心很不稳，常常有人悄悄溜走。刘邦愁得吃不香、睡不着，总是打算采取点措施，可一时又没有什么好办法。

韩信从项羽那里历尽艰难险阻来到了汉中，本想在这里得到重用，实现自己的抱负，但迟迟得不到汉王的重用。

这一日夜晚，韩信看了一眼月色，决定悄悄离开。他刚走没多远，萧何就去看望他。一见韩信走了，萧何心急如焚，心想：若去报告汉王，恐怕韩信已走远。所以他骑上一匹快马，乘着月色就去追韩信。

韩信到巴蜀时间短，对道路不熟悉，夜里又没法问路，只好慢慢前进。萧何后边快马加鞭，心想：可千万不能让韩信离开汉王啊！天快亮了，他发现了韩信。

萧何把马停下，对韩信说："韩壮士，请留步，我有话对你说。"韩信停住了马，回头一看，是丞相萧何，心里也很感动，心想：丞相肯定是追了一夜，才赶到这里的。韩信把马头调转过来。

萧何说道："你这样不辞而别，对得起我这个朋友吗？我已经向汉王推荐你三次了，汉王这个人很有主见，他不轻易听别人的，但是他若发现你是个人才，会非常欣赏你的。你这样匆匆离开，怎么能让别人发现你的才能呢？还是和我一起回去吧。"

韩信觉得萧何诚心诚意，便答应了丞相，和他一道回来了。这时，汉王正在着急。萧何走时，没有和刘邦打招呼，别人以为萧何也跑了呢，一夜见不到踪影，便去报告刘邦。刘邦非常爱惜人才，一听说丞相逃跑了，立即派人去追。

天色渐近黄昏，萧何和韩信才回到宫中。萧何忙去拜见汉王，汉王正在焦急地等待呢，一听说萧何回来了，便责备道："别人跑了，我不怪，我如此重用你，你怎么连声招呼都不打就跑了呢？"

萧何看刘邦着急的样子，赶紧解释道："请大王息怒，我是去追韩信了，因为时间紧，我怕他跑远了，所以才没有向大王请示，还请大王多多原谅！"

刘邦气仍不消，问道："你去追谁？"

"韩信啊！"

刘邦一听说是追韩信，更来气了，"我十几名大将都逃跑了，你一个也没有追，一个无名小卒跑了，你却连招呼都不打就去追他，他有什么稀奇之处，值得你去追呀？"

萧何见汉王有些生气，便不急不慢地继续解释说："大王，我汉中正缺一员文通武备的大将，其他逃跑的将军都没有这样的才能，唯独韩信文武精通，可以统帅千军万马，帮助汉王打败项羽，夺得天下呀！如果大王想称霸天下，非得用韩信不可！"

刘邦很相信萧何的话，于是转怒为喜，答应接见韩信。

韩信见到刘邦，给他分析天下形势，说道："大王，现如今项羽在东方战事不断，他已派了主力人马在那里厮杀，我们可以借此良机从背后攻打他。虽然关中的雍王、翟王和塞王是项羽的忠实家犬，时刻监视着我们的行动，但我们可以'明修栈道，暗渡陈仓'，乘其不备，突出奇兵，打进关中，然后挥师攻打项羽。"

刘邦听后，非常高兴，觉得韩信果然是天下的奇才，他又想起张良临别时所说的计策，觉得韩信的办法非常有用。

汉王派人筑了一个高台，举行了隆重的典礼，拜韩信为大将军。

韩信当上了大将军，便派出一支老弱病残的队伍，去修复那些烧坏的栈道，让别人以为他要经过栈道，进攻关中。暗地里，他却率精锐部队，绕道陈仓，直指关中。

章邯得知汉军修复栈道的消息，心想：几百里的栈道，你一年也修不完。于是，他继续在宫中饮酒作乐，没有丝毫准备。

这一天，韩信带兵到达关中。他对将士们说道："大家思乡心切，如果想和家人在一起，我们就应奋勇杀敌，打败了敌军，我们就可以在关中不走了。"将士们情绪高涨，大兵直压章邯的都城。

这时，章邯还在后宫饮酒作乐，一听说汉军杀到，他开始还有些不信，后来一看大兵已到城下，才慌忙持枪上马，仓促迎战。但他的士兵没有丝毫准备，节节败退。最后，韩信一举攻下了咸阳，收复了三秦。刘邦终于得到了关中，做起了真正的关中王。

韩信也因明修栈道，暗渡陈仓，打得敌军毫无准备，而一战成名。刘邦得了关中，很是高兴，更加欣赏和重用韩信了。

背水一战破赵国

韩信明修栈道、暗渡陈仓,帮助汉王收回了关中。

刘邦想乘胜追击,率师南下。这时传来了项羽派九江王杀了义帝的消息。刘邦心想:我何不抓住这个大好机会,让项羽失去人心呢。于是刘邦为义帝举行了隆重的葬礼。各家诸侯看到汉中王如此贤德,纷纷派兵支援刘邦攻打项羽。刘邦的队伍一下子扩大到五六十万人。

乘项羽率楚军主力与齐国打仗之机,刘邦率大军攻下了楚都彭城。

项羽听说自己的老家被占,立即调集军队,回头杀来。而刘邦这时正大宴群臣,庆祝胜利。

正当汉军饮酒作乐之时,项羽大军突然杀到,汉军没有防备,一下乱了,四处逃窜,刘邦悔之晚矣。大将樊哙保护着刘邦一口气跑到了荥阳、成皋一带。

到了那里,刘邦松了一口气,收集了散兵,一看军队损失惨重,十分伤心。没过多久,萧何带领一支人马从关中杀了过来,韩信的队伍也到了荥阳。于是,汉楚两军就在荥阳僵持住了。

但自从刘邦大败后,许多诸侯国就纷纷从汉军中撤走了自己的部队,倒向楚军。韩信一看汉军身单力孤,便对汉王说:"大王,我们孤军作战,随时都有可能被灭掉,我们不如灭掉几个小国,长长我们的士气,扩大一下我们的地盘。"

刘邦点头答应,命韩信去攻打魏、赵等小国。

韩信调兵遣将直压西魏。大军来到西魏都城,韩信大骂西魏王豹叛变汉军,投靠项羽,并对西魏将士们说:"西魏将士们,我们都是汉人,我们有必要互相残杀吗?汉王待人宽厚贤明,你们只要投降,汉王一定会优待你们的。"

西魏王豹大怒,率兵而上,可他哪是韩信的对手啊,没几个回合就被韩信持戟生擒了,其他将士也纷纷投降。

与此同时,张耳正在与代军交战,韩信率兵赶到,一起歼灭了代军。刘邦又命韩信攻打赵国,赵国军队驻扎在井陉(今河北井陉)。

赵国国君赵歇十分感激当时项羽在巨鹿灭秦军,为自己解围。他听说韩信率兵攻打自己,便把所有的军队都集中到一起,号称20万大军,又向项羽借了5万精兵,准备和汉军大战一场。

赵国的大将军陈余是个迂腐的书呆子,只知死读书、读死书,而不知道变通,兵书上怎么说,他一字不差地怎么做。

陈余的谋士李左车,为人足智多谋,善于谋略。

一天,李左车对陈余说:"韩信善于用兵。而且汉军来势凶猛,我们不能和他们硬拼。我们只要不出兵,他们要想占领我们赵国,并非易事。且他们要攻打我国,就必须翻越高山,我们可以利用地形优势,在山下埋伏几万精兵,截住他的粮草,之后我们只守不攻。出不了几日,韩信的人马就得饿死。"

陈余说道:"兵法上说正义的军队堂堂正正,不用阴谋诡计。"

李左车说:"我们这不是阴谋诡计,只是策略而已,这也是兵法上所说的计策呀!"

陈余摇了摇头说:"我们大军几十万,而韩信的军队只有几万,我们凭什么怕他?我们不但不用埋伏,而且可以直接围攻他。用不了几日,我就可以亲手杀了韩信和张耳。"

李左车一见陈余如此顽固不化,一气之下走了,临行之前说道:"我们这些人一定会成为韩信的俘虏的。"

陈余听了很不高兴,心想:说这些不吉利的话,怎么能打胜仗呢?他对手下的将领说道:"韩信远道而来,我们以逸待劳,可以乘他没有站稳脚跟,出兵围攻他。"

井陉有一条大河,水流湍急,陈余按兵书上所说把大营扎在了河东岸较远的一个山城上。他想引韩信出兵,背水作战,一举击败汉军。

陈余的小计谋早被韩信看穿了。韩信之所以没敢贸然进军,是怕陈余身边的谋士李左车献计,在半路截杀自己的粮草。派出的密探回来报告韩信说,李左车确实献计,只是陈余没有听。

韩信大悦,立即率兵直压井陉,在离赵军30里的地方扎了营。

半夜时分,韩信挑选出3000精兵,让每人拿一面红色的汉军旗帜,从山间小路绕到赵军大营的后面,埋伏在山林中。韩信对他们说:"明日一旦赵军出营迎战,你们就立刻攻营,插上我们的大旗。"

这些精兵奉命埋伏在丛林里。而这时,赵军还在帐中酣睡。

韩信趁着月色，渡过大桥，这一切都被陈余派的侦探看见。这些人回去报信说：韩信渡过大河，背水摆阵。陈余听后哈哈大笑，心想：背水摆阵，置于死地，乃兵家大忌，韩信虽是大将，竟连这都不懂，还领兵打仗呢，明日我就杀了你，取下你的人头。

这时，谋士李左车又来到营中，对陈余说道："韩信暗渡陈仓，大败章邯。今他背水摆阵，一定有诈。我们应小心进攻，不可掉以轻心。"

陈余有些不耐烦，说道："背水而战，很明显是自己断绝退路，还有什么计谋不成吗？"

李左车没有办法，只好再次离开。

第二天，韩信率领大军进攻赵军，鼓角齐鸣，声势很大。陈余以为汉军大举进攻了，便立即下令：全军进攻！赵军几十万大军压上。陈余高声喊道："活捉韩信，必有重赏！"

赵军无边无沿，一下子就扑了过来，漫山遍野都是赵军。

正当赵军和汉军交战之时，藏在赵军身后的汉军精兵，趁机杀入营中，把赵军的大旗全部放倒，换上了汉军大旗，随后又埋伏在营帐周围。

韩信一看时机已到，立即鸣锣撤兵。陈余以为韩信兵败，立即派人去追。韩信带领军队来到河边与原来的军队汇合。韩信对全体将士说："众位将士，我们背水而战，已经没有退路了。如果我们后撤只有死路一条，我们只有前进才能有生存的希望。"

全体汉军情绪高涨，心里都明白，没有退路了，只有死里求生。那时埋伏在河边的军队早就憋足了劲。

陈余的军队刚一到，全体汉军就如下山猛虎，东闯西杀，以一当十。立时，赵军被杀得四处逃窜。陈余一看，大势不好，便想撤军，回头一看，自己营中已是汉旗飘飘，传来阵阵喊杀声。陈余知道自己已没有退路，拔剑自杀了。韩信又攻进了赵国都城，活捉了赵王歇。

韩信大获全胜，有些将领不懂韩信的摆阵之道，便问道："韩将军，背水而战，乃兵家大忌，而您为什么采用这种方法？"

韩信十分自信地答道："兵法上说'陷之死地而后生，置之亡地而后存'，我就是按兵法所说的去做的。"

韩信背水一战，为汉王与项羽对峙创造了有利的战机。

霸王四面闻楚歌

公元前203年，刘邦和项羽议和，约定以鸿沟为界，罢兵休战。刘邦其实是想借此机会，先回汉中休养，待时机成熟，再举兵反攻。

刘邦回到汉中，张良却对刘邦说："大王，现在咱们已经占据了大半个天下，魏、赵、燕许多诸侯都归附了咱们，而项羽与齐国战事不断，主力军队有很大损伤，我们不如乘此机会，把他消灭掉。否则，等到他兵精粮足之时，我们就很难对付了。"

汉王刘邦采纳了张良的建议，决定乘机攻打项羽，不给他任何机会。刘邦知道自己的兵力不足，便派人去通知韩信、英布、彭越等人，叫他们配合作战。

公元前202年，刘邦率军追击项羽，项羽一直退到固陵（今河南太康）。刘邦约好和韩信、彭越两支军队在此汇合，共同击败项羽。可是两支队伍迟迟不到，而项羽一看刘邦没有了援兵，立即停下来，和刘邦大战。楚军大败汉军，刘邦只好死守城池，不敢轻易出兵。

刘邦问张良，为什么韩信、彭越等人不如约而来，张良说："楚军眼看被消灭，韩信等人战功显赫，但他们还没有封地，自然不肯来。您如果和他们共享天下，他们肯定会出兵。"正在这时，韩信派来使者，要求刘邦封他为王。刘邦心想：难怪他不出兵，果然不出张良所料，他们想称王。

张良悄悄地对刘邦说："大王，项羽并不可怕，但是我们内部如果不团结，到手的天下很可能溜走，我们不如顺水推舟，做个人情，封他们为王。"

刘邦听了张良的话，便对使者说道："韩将军战功显赫，就封他为齐王，陈（今河南淮阳）以东滨海一带都归他管辖。"并派张良送去了大印。

刘邦封了韩信，怕其他诸侯不服，也都分别加封，封彭越为梁王，管辖睢阳（今河南商丘）以北至谷城（今山城东阿），又封英布为淮南王，主管淮南一带。

刘邦分封诸侯之后,各家诸侯为了自己的利益,都纷纷出兵。

韩信、彭越带领人马立即起程,英布、刘贾也进攻九江郡,劝降了项羽的大司马周殷,共同率兵前来汇合。

刘邦的军队壮大了,各路人马加到一起,足有30万。刘邦一看自己的队伍如此壮大,便命韩信为总元帅,率领30万大军攻打项羽。

韩信深知项羽十分勇猛,不可硬拼,要智取。于是他把军队分成10队,布置了十面埋伏阵,请汉王镇守大营,自己带领3万精兵直追项羽。

项羽仍然十分骄傲,他认为韩信只不过是一个胯夫,没法和自己相提并论,根本不把韩信放在眼里。项羽把10万大军撤到了垓下,就地扎营,不再东撤,决定与韩信大战一场。

韩信派人去高声叫骂:

人心皆背楚,天下已归刘;

韩信屯垓下,要斩霸王头!

项羽一听,十分恼怒,提着铁戟就冲出帐外。而其他的将士一看大王都出去了,便赶紧随着出营迎战。

韩信一看项羽出来迎战,心中大喜,心想:项羽啊,项羽,这次我可真斩霸王头了。韩信一边作战,一边命令士兵后退。而项羽不知是计,越战越勇。突然之间,汉军伏兵四起,成千成万,无边无沿。楚军本来就无心迎战,又被汉军层层包围,早已毫无斗志了,逃的逃,亡的亡,有的扔下武器倒戈投降。

项羽一看形势不妙,知道自己身单力孤,不是汉军的对手,只得拼命杀出一条血路,带领残兵败将逃回垓下大营。

项羽回到帐中,累得喘不上气来。他身边有个美女,名叫虞姬。她多年和项羽在一起,经历了无数战争,今天一看汉军如此多,心中有了一种不祥之感。

她一看项羽回来了,从表情上就可以看出项羽打了大败仗,所以忙给项羽斟上酒,陪项羽喝酒。

项羽边喝边想:刘邦老贼不讲信义,当初鸿门宴之时,我不如听亚父范增的话,杀了他,今日看来,果然是放虎归山必有后患啊!虞姬不忍心打扰项羽,只是默默地陪着项羽,她心里也明白,楚军处境十分危险。

深夜,一阵阵西风呼呼直响,随着风声,四周响起了楚歌,悲惋苍凉。虞姬难以入眠,看着疲劳的项羽,心中一阵伤心。而项羽也突然醒来,嘴里说道:"完了,我一世英名全完了,刘邦一定全部占领了楚地,否则汉营中不会有这么多人唱楚歌。"

项羽想起自己率领千军万马在巨鹿大败秦军,又分封天下诸侯,那时是何等威风,而如今竟落得如此地步,心中一阵悲凉,唱道:

力拔山兮气盖世,时不利兮骓不逝,
骓不逝兮可奈何,虞兮虞兮奈若何?

项羽唱完,落下了英雄泪,虞姬也随着唱了一首:

汉兵已略地,四面楚歌声。
大王意气尽,贱妾何聊生。

歌声凄凉,歌后,二人举杯诀别。虞姬对项羽说:"大王,你英明一世,我能陪伴你,真是三生有幸。我生随你,死也随你,但愿我死后,你多多保重,有朝一日,重整河山。"说完趁项羽不注意,拔剑自杀。这就是自古流传的悲剧:霸王别姬。

项羽怀抱虞姬的尸体,怒目含泪。外边的乌骓马嘶鸣不止,楚歌不断。项羽在虞姬倒下的地方,掘土成墓,埋葬了虞姬的尸体。

项羽抹掉英雄泪,牵过乌骓马,带上铁戟,带领800骑兵,趁天黑向南跑去。

韩信早已派人暗中监视项羽的行动。项羽刚一举兵出帐,韩信就派几千汉军前去追杀。

项羽一路跑,一路战,一直向东冲杀。跑到江东时,他身边只剩下26名士兵。项羽十分悲凉,心想:我项羽当年叱咤战场,统帅几十万人马,而如今只有26人,多么可怜啊!

这时乌江的亭长,驾着一只小船,停在了岸边,对项羽说:"大王,赶快上船,离开这里。我们以后再积蓄力量,攻打刘邦老贼。"

项羽摇了摇头,叹了一口气道:"想当年,我自封霸王,天下归我,而如今我身边只有26人,我无颜再见江东父老啊!"

亭长忙劝道:"大王,只要您在,就不怕没有机会报仇雪恨。大王,快上船吧!汉军已追杀了过来,再不上船就晚了。"

项羽仍是摇了摇头,说道:"亭长,我有一事相求,我今生非常喜爱我的虞姬和这匹乌骓马,只可惜虞姬已亡,我不忍心看到我的宝马也被杀死,请你把它牵到船上,好好喂养它。"

亭长含着泪把项羽的马牵到了船上。这时汉军已到,几千人把项羽围了个水泄不通。项羽奋力厮杀,但寡不敌众,身体多处受伤,最后在乌江边拔剑自刎,其他的 26 名将士也都战死在疆场上。

曾不可一世的霸王,竟在一片楚歌声中逝去!

刘邦杀功臣

韩信带兵围追项羽,项羽拔剑自刎乌江,楚军被彻底消灭。

韩信心想:如今天下已归汉中王刘邦,我不如先带头让他称帝,以免他罢免了我。于是韩信带头,群臣共同上书,推举刘邦称帝。

刘邦一见诸侯大臣上书,心里非常高兴,便找来张良,问他可不可以称帝。

张良道:"大王,如今天下已归汉王您,天下诸侯也甘心辅佐您,您当然可以称帝了。这样既有利于统治天下,又可以相传世代。"

公元前 202 年 2 月,刘邦举行了隆重的仪式,正式做了皇帝,后世称他为汉高祖。

刘邦称帝建立了汉朝,历史上称西汉。刘邦建都洛阳,后又建都长安。

刘邦称帝后,便把自己的父母和兄长接到都城。他父亲没来过繁华的都市,一看儿子做了皇帝,他做梦也没有想到。刘邦问父亲:"父亲,您说是我有本领,还是我那两个种田的哥哥有本领。"老人家被问得脸一阵红一阵白,答道:"当然是你有本领了,你两个哥哥怎么能和你比!"刘邦哈哈大笑,十分满足。

楚汉战争初期,由于项羽兵力强大,刘邦为了拉拢人心,分封了许多诸侯。如:封张耳为赵王,英布为淮南王,吴芮为长沙王,臧荼为燕王。这些诸侯在楚汉战争中都派兵援助刘邦,使项羽处于孤立无援之中。

刘邦派兵攻打项羽之时,因急调韩信、彭越等前来汇合而采纳了张良的建议,被迫封韩信为齐王,封彭越为梁王,还被迫封了其他的王,但他心里一直很不痛快。

刘邦打败项羽,得了天下称帝后,就想废了这些异姓王。他怕他们势力强大起来,会危及到自己的江山社稷。

刘邦深知不能同时对付他们,因为一旦引起这些人的共愤,他们联起手来,就会推翻自己。这些诸侯王,能征善战,手里又都有兵马,所以刘邦没敢轻举妄动,而是等待时机。

在这几个异姓王中,韩信威望最高,功劳最大,军队也最多,所以刘邦对韩信采取了敬重的态度,安抚他。刘邦认为长沙王势力最弱小,对自己构不成威胁,灭了他,反倒会失去人心。因此,他便把目标瞄准了燕王臧荼。燕王有一定的实力,但又不是很大,而且对刘邦也有些不满。

刘邦称帝后不久,便借口臧荼谋反,亲自率兵征讨。燕王实力毕竟弱小,敌不过刘邦,成了俘虏。刘邦为了稳定人心,没有杀他,只是把他囚禁起来。刘邦让自己的同乡好友卢绾去管辖那一带,并封他为燕王。

公元前201年,汉高祖刘邦听说韩信收留了项羽的大将钟离昧,十分生气,他怕韩信和钟离昧勾结在一起造反。

刘邦并不想现在就去征讨韩信,他知道韩信在众将士心中的地位非常高,其他的诸侯也都高看他一眼。如果他征讨韩信,其他人很可能联合起来,共同对付自己。但刘邦又不能容忍韩信在自己眼皮底下胡作非为。所以刘邦找到张良,问张良如何处罚韩信。

张良一听说刘邦要找借口处罚韩信,忙劝道:"陛下,韩信乃一员大将,为建立汉朝立下了汗马功劳,天下人尽知,如果陛下现在讨伐他,一定会失去天下人心,对您的江山社稷很不利啊!如果陛下想知道韩信是否有造反之意,可以借到楚国游玩为名,带着亲信部队前去韩信封地。如果发现他真有造反之意,就果断出兵,杀了韩信。如果他没有造反之意,还是不要动他为好。"

刘邦听了张良的话,便以游玩为名带领着亲信部队来到韩信的封地。韩信一看刘邦前来,而且又带了军队,心里十分矛盾,心想:我韩信乃有功之臣,你不会像对待燕王那样对我吧!韩信想起兵造反,可又怕万一不成功,既落得罪名,又招来杀身之祸。如果不去拜望刘邦吧,又怕刘邦怪罪,说自己目中无君,根本不把皇上放在眼里。如果去拜望吧，又无法带军队，如果刘邦翻脸，把自己除掉，可就只能命归西天了。

正当韩信发愁时，一位大臣说道："汉高祖这次以游玩为名，又带来了亲信部队，其实是看您是否有造反之意？"

韩信问道："我并无反意，他怎么会胡乱想象我要造反呢？"

那位老臣又说道："钟离昧乃项羽的大将，你将其收留，汉高祖以为你要造反呢？你不如提着钟离昧的人头去见汉高祖，那样就可以消除他的疑虑，您也就可以平安无事了。"

韩信听完便去找钟离昧。钟离昧哈哈大笑，说道："韩将军，是不是想要我钟离昧的人头啊？我可以给你，但是你若把我的人头交给刘邦，他也不会放过你的！"

韩信道："汉高祖不会那样不讲情义吧？"

钟离昧大怒道："看来你是真想要我的人头啊，当初我投奔于你，觉得你是个英雄，今日一见，太令我失望了。刘邦若讲情义，他会乌江逼死项羽，找借口杀燕王？你也小心自己的脑袋吧！"

说着，钟离昧拔剑自刎。韩信割下了他的人头，带着他去见汉祖。汉高祖一看见钟离昧的人头，很是高兴，过了一会儿，脸就变了，说道："来人啊，将韩信绑起来。"

韩信连忙说道："陛下，我没有造反，我无罪，您为什么还要绑我？我为您的天下立下了无数战功，您为什么要如此待我？"

刘邦说道："我怀疑你要造反，我要把你押到洛阳亲自审问。"韩信被装上囚车，押送洛阳。一路之上，韩信心想：刘邦真是太不讲情义了，我乃一员大将，对汉朝有功，你却如此对我，不如当时反了呢，成功不了，也不受这种气。

路旁站着许多百姓，他们一看是韩信，都议论纷纷，"韩将军怎么啦？""韩将军不会犯罪吧？"

汉高祖把韩信带到洛阳，他考虑到自己刚刚继位，如果杀了韩信，会有许多人不服气，所以又放了韩信。可韩信还是没有逃过一死，后来吕后将韩信骗入未央宫将他杀死。

韩信一死，全国一片哗然，特别是那些被封的异姓王，都知道自己的死期不远了。

刘邦又以彭越谋反为借口，把他逮捕，后来将他流放蜀地。彭越在路上遇到了吕后，便向她哭诉了半天。心狠手辣的吕后将彭越带回了洛阳。对刘邦说："陛下，若不杀掉彭越，就等于放虎归山啊！"刘邦听后，立即传下命令杀了彭越。

淮南王英布一看韩信、彭越都被杀害，不想束手就擒，就起兵造反。刘邦亲自带兵镇压，英布寡不敌众，最后战死在战场上，但是刘邦在这次战争中被射了一箭，伤势很重。

公元前195年，卢绾密谋起兵造反，结果被刘邦得知。刘邦派樊哙去攻打燕国，卢绾敌不过樊哙，只好带着自己的一部分人马去逃命。他逃到了赵王那里，赵王没敢收留，又万般无奈地逃到了匈奴那里。

张敖嗣乃赵王张耳的儿子，张耳死后，他称了王，又娶了刘邦的女儿。后来赵相贯高谋反，刘邦认为张敖嗣没有管教好，所以把张敖嗣也一起抓了起来。女儿亲自求情，张敖嗣才保住了性命，但被贬为宣平侯。

7个异姓王，只有长沙王吴芮幸免于难，原因是他的势力太弱小了。到了汉文帝时，由于长沙王没有了后代，其封号也被除去。

刘邦用了7年时间，削平了异姓王国，巩固了西汉政权，但是他却不讲信用，把有功之臣都杀死了。在这一点上，他失去了人心。

汉高祖的伤情越来越重，临死前，他带领大臣到太庙杀马宣誓："从今以后，凡不是刘姓不许封王，凡是无功之人，不许封侯。"

宣誓不久，汉高祖就因伤势恶化而亡。

吕后篡夺皇位

刘邦知道自己要归天了，便把吕后找来，说道："我最喜欢如意。你要把他培养成才，将来他一定会有一番作为的。"吕后点了点头，但心里很不是滋味，心想：你死后，我就杀了他，把你宠爱的妃子——刘如意的母亲也杀了。不久，汉高祖刘邦去世了。

汉高祖一死，刘盈继位，刘盈就是汉惠帝。汉惠帝当时只有17岁，懂的事情又不多，再加上性格怯懦，所以朝中大权都掌握在他母亲吕后手里。

吕后名雉，其父吕公当年和沛县县令交情很深。所以吕公带着全家人移居到沛县。

吕雉貌似天仙，一直未出嫁，吕公想给她找一个合适的人家嫁出去。沛县县令看到吕雉十分漂亮，便派人求亲，吕公心想：你都是半百之人了，还想娶我的女儿。但吕公又不想因此伤了感情，便对媒人说："我和县令大人以兄弟相称，小女怎么能和叔父相配呢？"说完又给了媒人许多宝物，让他在县令面前多说好话。县令也没有在意，因为他身边美女很多。

这一天，吕公举行盛大宴会，庆祝自己的大寿。听说县令的好朋友要庆祝大寿，那些想巴结县令的人当然不会错过这次大好机会，都纷纷带着重礼前来祝寿，一时间高朋满座。

刘邦那时身为沛县的一个亭长，也想巴结一下县令，但他身无分文。刘邦来到吕公府上，对账房说："贺以一万钱。"

吕公一听有人贺以一万钱，赶忙起身相迎，但是刘邦却分文没带来，对账房说："明日到府上去取。"吕公请刘邦到上等席位就坐。

有人告诉吕公：这个人叫刘邦，家里很穷，他根本不可能有一万钱，他特别喜欢说大话。

吕公觉得刘邦长得不俗，有天子之相，便摇了摇头说："迟早有一天，刘邦会有成千上万个一万钱的。"

大家不明白吕公的意思，也没有深问。

吕公让其妻出来见刘邦，对她悄悄说："这个人叫刘邦，我想把女儿嫁给他。"其妻问道："他是干什么的？"吕公说："他是一个亭长。"妻子责问道："你天天说女儿是一奇女，要把她嫁给贵人。你不让女儿嫁县令，却要嫁给一个亭长。"吕公说道："妇道人家，没有长远见识。"

刘邦那一日喝得太多了，根本走不回家了，只好留在吕公家，吕公对刘邦说："我有一小女名叫吕雉，想嫁与您为妾。"

刘邦酒一下醒了一半，心想：哪里去找这等美事，吕家和县令有深交，又有万贯钱财，他连忙答应道："那太好了！"

刘邦后来真得了天下，吕雉果然嫁给了一位贵人，成了皇后。

吕雉也确实是位奇女，性格刚强，做事果断，但是她心狠手辣。

刘邦刚一死，吕后就开始篡夺权位。她没有立即发讣告，而是和自己的亲信审食其密谋杀功臣。吕后对审食其说:"现在朝中有些老臣居功自傲,要他们辅佐年轻的皇帝,他们心里肯定不舒服,我们不如将他们斩尽杀绝。"

审食其说:"太后,我们不能发讣告,不能让他们知道汉高祖已亡,应先杀了那些大臣之后,再发讣告。"

大将郦商想去拜望汉高祖,可卫士说什么也不让见。郦商有一种感觉:汉高祖是不是已经离开了人世?

郦商派人去四处打听,果然汉高祖已经去世4天了,而且吕后想篡夺权位。

郦商知道审食其是太后的亲信,便去找他,对审食其说:"如今皇帝已去世4天,你们都迟迟不发讣告,而且还想杀害有功之臣。大将樊哙、陈平等人乃开国元老,威望很高,又握有众兵,他们一旦知道了,就会起兵造反,那时你们可就收拾不了了。"

审食其听了这番话,赶快报告了吕后,吕后也吓了一跳,这才对外公布:汉高祖已去世,刘盈为皇帝,已继位。但吕后心有不甘,心想:我慢慢地把你们一个个杀掉。

吕后始终不忘刘如意是刘邦最喜欢的妃子所生。她想:我要让你们母子俩一起到黄泉下相见。

吕后把刘如意从封地召回。惠帝虽然胆小,但是他知道母后想做什么,就派人把如意接到皇宫里,让如意寸步不离开自己。吕后只好等待机会下手。

有一天,汉惠帝出去打猎,他叫如意一起去,如意说身体不适,在宫中休息一下。

汉惠帝打猎回来之后,兴高采烈地回到宫中,却发现如意已七窍流血而亡。原来是吕后派人用毒酒毒死了如意。

吕后还不罢休,又派人把如意的生母戚夫人砍掉双手、双脚,又挖去双眼,割去舌头,熏聋耳朵。最后把她放进茅厕,称之为"人彘"。

过了几天,吕后带惠帝去看"人彘",汉惠帝认出了"人彘"是父王生前最宠爱的妃子戚夫人。他痛哭一场,认为生母的手段太狠毒。从此汉惠帝不再理朝政,整日抑郁寡欢,再加上观看"人彘"所受惊吓,年仅24岁的他在悲凉中死去。

吕后独揽了大权，但又怕文武大臣不服，便派人从后宫抱来一个婴儿，冒充汉惠帝之子，立为少帝。少帝还是个孩子，大权仍由吕后独揽。

少帝渐渐长大，他知道自己不是汉惠帝的儿子，而且亲生母亲已被吕后杀害，就扬言要为生母报仇。吕后得知这个消息后，急忙派人将其杀死。她又另立一个孩子为帝，仍称少帝。少帝长大一点后，对吕后有些不从，又被杀害。吕后做起了实际的皇帝。

刘邦生前，为了巩固自己的统治，用同姓王逐步代替异姓王。吕后也学刘邦的方法，用吕家王代替刘家王，借此来巩固自己的统治。

她派人将赵国、梁国、淮国、燕国的诸侯王逼死或害死，让自己的侄子、侄孙做这几国的诸侯王。

吕后又把侄儿吕禄、吕产封为诸侯王，分别负责守卫京城的北军和警卫皇宫的南军。

吕后还不满足，又从齐国割出一个济南郡，改称吕国，封自己的侄子做吕王。她还挖空心思，把吕家的几个孩子冒充汉惠帝的儿子，也封王封侯。

吕后把吕家的后代都封王封侯，违背了刘邦的规定，引起了一些忠臣的不满。她又铲除异己，赶走了丞相王陵，任陈平为右丞相，自己的亲信审食其为左丞相。

刘邦生前大封同姓王，指望这些刘氏王能够保住刘氏江山，但他万万没有想到，自己的江山社稷不是被异姓夺走了，而是被吕后夺走了。

一些忠臣有职无权，全国上下都是吕家的天下。

天下共诛吕

吕后分封吕氏为王，违反了刘邦生前的誓言："不是刘氏之人，不许封王。不是有功之臣，不许封侯。"这些吕氏既非刘姓，而且无功。但是当时吕后独揽大权，一些忠臣又被排挤，朝中无人敢反对。

公元前180年，吕后身体不适，便想去祓祭除病。所谓祓祭就是到长安外斋戒淋浴。据说这种方法可以去病消灾。

祓祭这天，吕产指挥禁卫皇宫的南军一路护送。他知道吕家独揽大权不得人心，怕有人行刺。吕后到了渭水边，很虔诚地跪下，焚香求佛，用渭水洗了洗脸。

当然，祓祭根本治不了病，吕后也知道自己不久就会离开人世。她想：要想让吕氏天下流传万代，就应该给自己的侄儿足够大的权力，以便他们治理天下。于是她下急诏：封吕产为相国，吕平为未央宫卫尉，吕更始为长乐宫卫尉，赵王吕禄为上将军，吕种为中将军。这样，大权又进一步控制在吕家手里。她临死前又再三叮嘱："你们千万要抓住兵权，什么时候都不能放兵权，我死后，你们不必送丧，小心那帮老臣们暗算你们，一定要保住咱们吕氏天下。"

不久，吕后病死，吕产在内护丧，吕禄在外巡防。二人没有去送葬，而是死守皇宫。他们想发丧完吕后之后，劫持少帝，推翻汉朝，建立吕氏王朝。

吕禄的女儿是刘章的妻子，而刘章则是齐哀王刘襄的弟弟，刘氏兄弟早就对吕氏家族不满，但手中无兵，不敢反叛，只好忍气吞声地活着。刘章对吕禄的女儿十分体贴，吕禄的女儿也十分满意，有什么事都不隐瞒丈夫。她听说父亲要建立吕氏王朝，便对刘章说："父亲想建立吕氏王朝，不过你也不用伤心，虽然你们刘氏天下灭亡，但你不会做吕氏的驸马吗?!"刘章一听，心里一惊，但是很快平静了下来。他悄悄地把这一消息告诉了哥哥，让他快做准备，除掉吕氏家族。

刘襄一听，知道事情重大，让弟弟速速回去，不要打草惊蛇，并嘱咐弟弟做内应。刘襄立刻给各诸侯王写信，控诉吕氏家族的篡权罪行。

消息一传出，全国一片哗然，各家诸侯纷纷派兵援助，齐哀王得到援助，即率军进攻皇宫。吕产得知齐哀王已出兵，立即派大将军灌婴前去阻击。

灌婴是一员不可多得的大将，能征善战，被吕后重用，但他还是忠诚于刘氏天下的。他心想：我要去攻打齐哀王，这不是违背了汉高祖杀马宣誓的行为吗？吕家想篡夺王位，我若帮助吕家，岂不是助纣为虐吗？所以，灌婴把军队带到荥阳就屯兵不动了，并派人去通知齐哀王，说他愿意为推翻吕氏家族而尽力。

城外齐哀王和各诸侯、灌婴等人合兵一处,声势大振。

而城内,周勃、陈平也在紧锣密鼓地商量推翻吕家的措施。周勃知道曲周侯郦商的儿子郦寄和吕禄二人关系甚好,情如手足,便把郦商软禁起来,让郦寄去劝说吕禄交出兵权、吕产交出相印。

郦寄见到吕禄后,直截了当地说:"老兄,大事不好,现齐哀王和灌婴联手攻打皇宫,你只有交出兵权,他们才会退出。否则大家都不会太平。请兄长想一想,高皇帝和太皇太后共创大业,而今太皇太后去世,老兄身为诸侯王,不在自己的封国,而是担任上将军,率重兵居住长安,天下人都以为老兄要篡夺皇位呢。老兄不如交出兵权,让吕产交出相权,各自回到封地,以免齐哀王、灌婴等人进攻老兄啊!"

吕禄一听,认为郦寄的话很有道理,便和吕氏家族的人商量,有的人主张交出兵权、相权,有的人认为:一旦交出兵权、相权,他们就会成为齐哀王的俘虏。

正在这时,襄平侯纪通交出了进出北军的符节。周勃手拿符节,假传皇上之令闯进北军,让吕禄交出将军印信。郦寄在边上也说:"老兄,大势已去,还是赶快交出大印回封地吧!"

吕禄交出了大印,回到了自己的封地。周勃一手拿符节,一手拿大印,马上命令军中将士说:"现在吕家想篡夺刘家天下,如果你们愿意跟着吕家的,脱下右臂的袖子;如果愿意效忠刘家的,脱下左臂的袖子。"

将士们本来就对吕氏独揽大权不满,一看周勃率领大军讨伐吕氏家族,心里非常高兴,听到周勃这么一说,都脱掉了左臂的袖子。

从此,周勃掌握了北军的兵权。

而这时,吕产还不知道吕禄已交出北军的兵权回封地去呢,还想反抗到底,迟迟不交南军的大权。

周勃命令刘章把守军门,又命令守卫皇宫的武官,不许吕产进入宫门。吕产看形势紧张,想进宫劫持皇帝。他率领人马来到门口,对守城的士兵说:"快把城门打开,难道你们瞎了狗眼不认识相国了吗?"

士兵们平时受尽吕产的凌辱,对他都恨之入骨,故意说道:"你大胆狗奴才,竟敢冒充相国!"

这下可气坏了吕产,他吼道:"你们若不开城,等我到了宫中,一定都把你们斩尽杀绝!"

但无论他说什么,士兵就是不开城门。正当他在城门外徘徊时,刘章突然率领人马包围了吕产。

吕产一见是刘章,更是怒火冲天,说道:"好啊,你吕家女婿也敢背叛吕家。"

刘章说道:"你们吕家篡夺王位,是背叛天下,我今天代表刘家来收拾你这个反贼,你给我拿命来吧!"

吕产一看刘章的军队如猛虎下山,忙躲进厕所之中,他以为这里很安全呢。没想到刘章早已看见了他,把他从厕所里绑了出来。

吕产知道自己活不了了,仰天长叹:"为什么我吕家就不能建立王朝呢?难道天下只能是刘家的吗?"

刘章早就恨透了吕产,心想:都是你帮助吕后在朝中胡作非为,弄得天下如此不太平,许多忠臣和诸侯都死在了你手里,今天我就要让你去抵偿他们。越想想气,他手起刀落,一刀砍下了吕产的人头。

吕产一死,周勃等人商量:要一网打尽吕家势力,否则后患无穷。

于是他派军队去追杀吕禄。吕禄刚一到封地,周勃派的军队就到了,又把吕禄杀死在封地。

接着他们又派人到各地搜捕吕氏家族的人,整整杀了几百人。吕氏王终于又被刘氏王夺回来了。

周勃和大臣们商议,决定迎立刘邦的儿子代王刘恒为帝。刘恒帝就是历史上有名的汉文帝。

汉文帝很有胆识,很有才能,汉朝开始出现了盛世。

文帝治国有方

汉文帝刘恒是汉高祖刘邦的儿子,8岁的时候被封为代王。由于刘恒母子俩远离朝廷,不问政事,而且他的母亲薄姬也不受宠,所以才免遭吕后的毒害,在封地过着很快乐的日子。

由于刘恒从小博学,长大之后很有志向,而且很有胆识。周勃等人得知刘恒的情况后，就迎立刘恒为帝。而起兵诛吕的齐王刘襄有些不服气，心想：我首先起兵，为诛吕立下了战功，刘恒没出一点力气却坐享其成，太不公平了。但是太尉周勃、丞相陈平等功臣都拥护刘恒，天下百姓也都欢迎刘恒，他也没办法。

刘恒正式称帝后，体贴百姓、爱民如子，深受天下人民的爱戴。

刘恒见到战争过后的农业停滞不前，老百姓很穷，政府连捐税都收不上来，就当机立断，决定实行休养生息的政策。他首先下令：恢复农业生产，减免捐税。

到了春耕时节，文帝亲自率领满朝文武去乡下帮助农民耕种。有的大臣担心，朝中无人，有人会乘机叛乱。文帝说："如果朝廷所做之事深得人心，是不会有人反叛的。"文帝带领大臣亲自耕地、下种，在百姓之中引起了极大反响，农民积极性一下调动了起来。

文帝还叫宫中之人在皇宫的园地里种桑养蚕，皇后、皇妃亲自带头，宫中许多人都学起来，为广大农民做出了榜样，全国的农业出现了一片新景象。

文帝考虑到农民刚刚过上平静的日子，手里还都没有粮食，便下令减免捐税，这一政策大快人心。

文帝还推行"礼"教，号召全国尊老爱幼。对那些无儿无女的老人和无父母的孤儿，政府出钱照顾。这一政策又深得人心，使社会风气迅速好转起来。

文帝还下乡体验民情，他了解到人们都非常痛恨秦朝残酷的刑罚，便下令：废除连坐制，废除割鼻、断足等肉刑，代之以笞刑。

说起减轻肉刑还有一段小故事。

公元前167年，齐国太仓县县令淳于意精通医术，但是后来失手治死了一个人，按当时的刑法来说犯了肉刑。肉刑有三种，由轻到重是：脸上刺字、割掉鼻子、砍掉一只脚。

淳于意治死了人，心里惊慌失措，只好投案自首，他被带到长安，交司法部门处罚。

淳于意知道自己犯了法，得执行肉刑，想想自己要么在脸上刺字，要么割鼻子，要么掉脚，整日吃不香、睡不着。他的小女儿看到父亲如此难过，便和父亲一起来到长安，准备面见文帝，请文帝减轻刑罚。

淳于意的小女儿缇萦到了长安，想见文帝，可士兵不让她进宫。

她只好托人写了一封信,请守城的卫士递进宫中。

文帝一看上书的是个小姑娘,很重视。小姑娘在信里说了肉刑给人们带来的痛苦,而且人们经过肉刑之后,有的变成了残废,根本没有改过自新的机会了,所以请求文帝减轻刑罚。

文帝看完之后,觉得小姑娘说得很有道理,便下令取消肉刑。但是犯了法总要处罚,他便召来制订法律的官员,共同商议,最后决定用打板子代替肉型。

文帝减轻了刑罚,全国人民非常欢迎。人们并未因此而随便犯法,相反,天下很安定,百姓也很团结。

文帝非常重视别人对自己提出的批评,而且非常愉快地接受并改正。

有一天,文帝出行,浩浩荡荡的队伍刚走到中渭桥,从桥下蹿出一个人来,一见是皇帝的车辇,吓得晕头转向,差一点撞到马身上。马受惊,车错了辙,车里的文帝吓了一跳,好不容易制服了那匹受惊之马。

文帝很生气,问道:"谁这么大的胆子,敢惊驾?"

廷尉张释之道:"送去审理!"

经审查,那个人是由于害怕才惊了驾,张释之按照条例罚了他四两纹银。

张释之把案情一说,文帝大怒:"惊了驾,你却只罚他四两!"

张释之连忙磕头,说道:"陛下息怒,法律是为天下人制定的。您也不能例外,如果因为触犯了您的利益而改变法律,是不会得人心的。陛下,您说是不是这个理?"

文帝想了一会儿,气也消了,说道:"就依你说的去做吧!"

到了宫中,文帝又召见张释之,问张释之如何治国。

张释之答道:"陛下,大秦朝奢侈浪费,穷兵黩武,严刑峻法,最后农民忍无可忍,起兵反抗,推翻了暴秦的统治。秦之所以灭亡,,是因为他们做皇帝是为了自己纵情享乐,而不是先考虑民众,使百姓安居乐业。陛下治国也要以民为本,先民后己,而且不能堵塞言路,应鼓励臣民发表意见,如果意见提得对,就采纳,不对的不听就行了,也不要追究责任。"

文帝听了非常高兴,说道:"我有廷尉张释之,必得天下人心。"

文帝非常注重节俭，而且从自己做起。有一次他打算修一座露台，便找来工匠，问他们需要花费多少钱。工匠如实回答，说需要百金。文帝听了之后，便自言自语道："百金是十户中等人的资产啊！我不能因为自己一时享乐，就如此劳民伤财！"于是他下令取消修露台的计划。

文帝在修建陵墓时，没有动用大量农夫，也没有用许多金银珠宝陪葬。他临死之时说道："天下万物有生就有死，这是自然规律。不必悲伤，丧事要一切从简，陪葬品不要用金银珠宝，用陶器即可！"

文帝在位23年，没有新建宫殿苑囿，而是把节省下来的钱财用来照顾老人和孤儿。

文帝的一系列措施，使国势不断增强，有的人便劝文帝，出兵扩张领土。

文帝对那些主张出兵的大臣说："天下刚刚太平，我们不应出兵打仗，而应继续保持这种安定团结的局面。百姓最恨战争，战争不仅劳民伤财，而且是件很凶险的事。即使能够获胜，对百姓也没有什么好处。"

文帝对北方匈奴采取守势，努力减少军事活动，他认为这样人民就可以安心生产，国家就会太平。

但匈奴再三侵扰，文帝只好决定派兵征服它。

公元前158年，匈奴又南下侵犯了上郡和云中一带。汉文帝亲自率领兵马去攻打匈奴。

文帝派了三员大将保卫长安，刘礼驻扎在灞上，徐厉驻扎在棘门，周亚夫驻扎在细柳。在文帝的指挥下，汉军大败匈奴。

文帝大败匈奴之后，到三地慰劳军队。

到了灞上和棘门，文帝都受到了热烈欢迎，他的车驾可以长驱直入军营。

而到了细柳营，文帝却看到城门紧闭，将士们披盔带甲，完全是大敌当前的样子。卫队的将领对守门的士兵吆喝道："赶快开门迎接圣驾！"

士兵答道："将军有令，没有他的指令，任何人不许开城门。"

文帝只好派人拿出皇帝的符节，对周亚夫说："皇帝要进城查营。"

周亚夫下令打开城门。到了营前,只见周亚夫披挂整齐,威风凛凛,杀气腾腾。他对文帝拱了拱手,说道:"臣有盔甲在身,不能下拜,请陛下见谅!"汉文帝从车上站起,向周亚夫答礼。

文帝临走之时,赐下了美酒牛羊,以示慰问。

回到宫中,汉文帝决定重用周亚夫。大臣们都认为周亚夫对皇上无礼,皇帝不责怪他就算便宜了他,万万没想到会任他为都尉。文帝对大臣们说道:"周亚夫严谨治军,敌人怎敢侵犯呢?而灞上和棘门如此放松警惕,如有人偷袭,不做俘虏才怪呢!"

文帝治国有方,是中国历史上一位贤明皇帝!

七国叛乱

天下分封诸侯,代代相传,对中央集权产生了很大影响。想当初西周分封诸侯,结果周王朝王室衰微,诸侯割据,混乱不已。而到了汉高祖刘邦时,他不得已分封异姓王,但很快认识到分封异姓王会对自己的中央集权有影响,便逐步消灭了异姓王,虽然杀了一些有功之臣,但是巩固了西汉政权。汉高祖错误地认为同姓王可以帮助辅佐刘家天下,所以他开始封同姓王。到了吕后篡权,刘姓王虽然有所减少,但后来吕氏家族被消灭,刘氏皇帝又开始大封刘姓王了。

到了汉文帝时,刘姓王已有20多个,所占领土合起来占西汉土地的大半儿。而领土最大的有齐、楚、吴、荆、燕等地。

刘邦以为同姓王都是他的兄弟子侄,非常可靠。但是他没有想到,这些人随着权力的增大,野心也逐渐增大。

公元前157年,贤明的君主汉文帝去世,皇太子刘启继位,就是历史上有名的汉景帝。

汉景帝也是一位很有作为的皇帝,他重视贤才,体察民情,勤于朝政。

景帝刚继位不久,便发现了一个人才,此人就是晁错。晁错几次上奏疏给景帝,论述了自己治国安邦的看法。

晁错认为:文帝统治时期,国家太平,社会生产逐步恢复,因此应继续实行休养生息的政策，重视农业生产，鼓励垦荒；要继续减轻刑罚，笞刑应有最高额，还应规定竹板尺寸大小；当今天下，各王称霸一方，应想办法削弱他们的势力。

景帝认为晁错的建议很有道理，所以大部分都采纳了，并很快把晁错提升为左内史。

晁错被提升以后，经常向景帝提出建议，景帝采纳了许多，又把他升为御史大夫。

汉景帝时，诸侯王有22个，他们的封地远远超过中央直接管辖的郡县，其时真正属于皇帝直接管辖的地区只有10个郡县左右。

晁错还是皇宫的大管家时，就看到了这一问题，几次向景帝提到此事。晁错当上了御史大夫后，认为自己有能力辅佐皇上削弱封地的势力了。

一天，晁错对景帝说："陛下，天下诸侯王多达22个，他们手握兵权，而且所管辖的领土也很大，齐国有70多座城，吴国有50多座城，楚国有40多座城。吴王有病不来朝拜天子，目无王法，而且还炼铜铸钱，煮海为盐。我听说他还招兵买马，迟早有一天他会谋反的。我们不如先下手，乘他准备不足削弱他。一旦他准备充足，他一定对陛下的江山、社会发展和百姓的生活不利啊！"

汉景帝认真思考了一番，觉得晁错的话很有道理，而且他对吴王早就心有不满了。吴王的儿子和皇太子刘启一起玩耍，刘启失手将吴王之子砸死。吴王从此便不来上朝，文帝也没有责怪他，他便更加放肆了，招兵买马，蓄意谋反。

景帝刚一继位就想治吴王的罪，但怕自己对付不了吴王，便一直推迟。一听晁错如此说，他就下定决心：削减封地。

景帝和晁错商议：先从较小的王国下手，然后再逐渐削减。

晁错奉景帝之命，立即着手调查。发现楚王和赵王犯有过失，就命削去一个郡；查出胶西王刘印接受贿赂，私贪官爵，又削去了6个县。这些削减的地方都划归汉朝中央直接管辖。

晁错和汉景帝商议如何削去吴王的封地时，吴王却联络了赵、楚、胶西、胶东、菑川和济南六国诸侯一起出兵造反。历史上称之为"七国之乱"，也称"七国叛乱"。

原来晁错削减了3个封地后，吴王刘濞就做好了准备，他知道晁错下一个目标就是自己,所以便派人去四处联络,打着"清君侧,诛晁错"的旗号发动了叛乱。

吴王带领七国的军队直攻皇宫,汉景帝没有多少准备,心里很害怕。他想起了文帝临终前的嘱咐,派治军严谨的周亚夫率大军前去讨伐。

这时,一个叫袁盎的人求见皇帝,此人以前收过吴王的礼物,被晁错查了出来,因此对晁错一直记恨在心。他对景帝说:"陛下,七国叛乱,都是因为晁错削夺了他们的封地,他们起兵造反也是为了杀晁错,如果陛下能杀了晁错,又不追究他们造反的罪名,他们就会撤走军队。"

景帝听了,心想:他们打着"诛晁错,清君侧"的旗号,看来的确是把矛头指向晁错的。

汉景帝为了保住自己的皇位,就把晁错杀了。

景帝杀了晁错,下诏命令七国退兵。但七国不但不退兵,反而继续向长安进军。

景帝这才明白错杀了晁错,心想:吴王想造反,蓄谋已久,这只不过是个借口,而我却上了当,错杀了晁错,今后谁还会为我出谋划策呢?

再说周亚夫奉命统帅16个将军去讨伐叛军。军队刚一到灞上,就有个叫赵涉的人拦住了周亚夫。周亚夫虽然治军严谨,但对人十分和霭,这个叫赵涉的人说:"吴王蓄谋已久,他早有准备,一定会在赡涠险要的地方设下埋伏。将军不如绕道而行,虽多走一段路,但可以乘吴王不注意,打他个措手不及。"

周亚夫认为赵涉的话非常有道理,便命赵涉头前带路,绕道而行。吴王刘濞还不知道怎么回事呢,周亚夫的大兵突然杀到,一下就截断了吴楚联军的粮道。

周亚夫心想:既然你粮道已断,我只守不攻,饿也得饿死你。于是他命令将士深挖战沟,高筑城墙,只守不攻。

吴军的粮道被截断,向北有周亚夫的大军阻拦,向西攻战了两个月又毫无结果。眼看着粮草已尽,士兵们叫苦不迭。

周亚夫一看时机成熟了,命令将士饱餐战饭,准备出击。五更天,天还发黑,周亚夫率军冲入了敌营,吴军饿了几天早已没有了斗志,无心作战。吴王一见形势不妙，立即逃跑，可是刚跑到东越，就被东越人砍下他的人头，找周亚夫领赏来了。

楚王刘戊看到吴军大败，自己的军队也四处逃去，知道自己也只有死路一条了，于是拔剑自杀。

吴、楚两国是带头叛乱的，两国一败，其他五国也就四处逃散了。周亚夫趁势长驱直入，很快就消灭了五国。

周亚夫用了不到3个月的时间，就把七国的叛乱平定了。

汉景帝平定了七国叛乱，但他仍旧封七国后代继承王位，只是没收了他们的地方行政权，只允许他们在自己的封国征收租税。

西汉初年地方割据的势力终于被大大削弱，统一的集权加强了，从此汉朝成为了一个统一的封建帝国。

汉武帝独尊儒术

七国之乱仅用了几个月便被周亚夫率军平定下来。汉景帝削弱了诸侯的势力，加强了中央集权统治。天下恢复了太平，汉景帝依旧推行减轻赋税徭役的政策，大力发展农业，国家呈现出一派欣欣向荣的景象。历史上把这一段盛世称为文景之治。

公元前141年，汉景帝病逝，年仅16岁的皇太子刘彻继承王位，他就是在我国历史上与秦始皇并称的一代帝王——汉武帝。

汉武帝在位54年，在他统治时期，汉朝出现了最繁荣昌盛的景象。史书上记载：汉武帝时期，政府里存钱和储粮的仓库都装得满满的。钱库里的钱多得数不过来，串钱的绳子都烂了，粮库里的粮食，一年一年往上堆，都露到外面来了，有的都已经霉烂了。足见当时的昌盛。

汉武帝继承文景之治的盛况，对内加强皇权，巩固统一，对外开疆拓土宣扬国威。汉朝出现了民富国强、安定团结的大好局面。

武帝年纪虽小，但是很有抱负，他一心想治理好天下，但是苦于无人辅佐。于是他下诏各郡县，征求"贤良方正"和"直言进谏"的人才，并亲自主持考试。这些被选拔的人才中董仲舒最著名，深得武帝赏识。

西汉初年，汉高祖仍然奉行秦代的"挟书集"，禁止私人收藏《诗》《书》《百家语》等，汉高祖想从思想上控制百姓，但是这种方法并没有起到什么良好的作用。汉惠帝继位后，发现"挟书集"有百害而无一利，便宣布废除它。诸子百家学说开始复苏。民间比较流行的有阴阳、儒、墨、法、名、道等各家学说，而以儒、道最为盛行。

道家宣扬一种无为的思想。当时汉朝的统治者为了缓和与农民的阶级矛盾，主张"无为而治"，提倡统治者少有作为，借此来治理好国家，从而恢复生产，稳定社会。

到了汉武帝时，文景盛世之后，汉朝得到了很大的发展，经济繁荣，地主阶级积累了巨大财富，与农民阶级的矛盾开始上升。地方诸侯也等待时机，以求夺权。边境上，匈奴经常侵扰汉朝。这一切都要求加强中央集权，不仅要从政治和经济上，还要从思想上加强中央集权的统治。

董仲舒就是在这时候被汉武帝提拔重用的。

董仲舒是广川（今河北省景县西南）人，精通儒学。他分析汉朝建立以来，几次王国谋反之事，认为应当宣扬大一统的思想。他认为汉武帝时期，社会安定，百姓安居乐业，不能再宣扬一种无为的思想了。他看到了社会详和的背后有许多不安定因素，需要从思想上加强统治。

董仲舒非常聪明，他不单单宣传孔孟所创的儒家思想，而是把许多家思想综合在一起，以儒学为主体，再补充适合封建统治的思想。他提出了"天人三策"，意思是：天是有意志的，皇帝是代表上天统治人们的，人服从皇帝，就是服从天道。君臣、父子、夫妻、兄弟之间，也必须严格地遵守上下尊卑的礼节。这一思想明显有封建迷信色彩。但是它也容易为统治者接受，因为它有利于封建统治。

汉武帝也非常赞同推行儒家思想，他认为清静无为的黄老道家思想已不能更好地治理国家了，而这种大一统、神化皇权的儒家思想非常适应社会的发展。但是，当时汉武帝的祖母窦太后崇信"黄老学说"，所以汉武帝不敢得罪祖母，没敢重用董仲舒。但他又觉得董仲舒是一个难得的人才，便派他去做江都相，等待时机，再重用他。

汉武帝虽然不敢明目张胆地起用董仲舒，但他却大胆地任用了3

个儒家支持者：窦婴、田蚡、赵绾，分别任命他们为丞相、太尉和御史大夫。由于3个人都支持儒家学说，所以董仲舒大一统的儒家思想开始在朝中抬头。

但这种思想与祖母窦太后的思想大相径庭，深为窦太后反感，她便找借口杀了赵绾和王臧，又罢免了丞相窦婴和太尉田蚡，还斥责了汉武帝一通。

汉武帝没有办法，只好眼看着自己提拔的爱将纷纷遭殃。汉武帝默默地忍受着这一切，等待时机。他想：儒家思想虽然暂时不能推广，但一旦时机成熟，这种思想将如滔滔江水，一发不可收拾。

公元前135年，窦太后死了，汉武帝没有了绊脚石，自己独立处理政事。他首先罢免了窦太后设置的丞相、御史大夫，再次任田蚡为丞相。

汉武帝下令在政府设置专门传授儒家学说的五经博士。在五经博士下面设置了50个弟子，将官府里不治儒学五经的太常博士一律罢免，黄老、刑名等诸子百家之言都被排斥在官学之外。

那些学儒学的弟子，每年考试一次，五经是指《诗》《书》《礼》《易》《春秋》，每次考试中只要能通过一经的就可以做官，成绩优良者可做大官。

渐渐地，官吏主要出于儒生，这样一来，其他诸子百家的学说逐渐被排斥了，儒家得到了发展。这就是"罢黜百家，独尊儒术。"

这种儒家思想成为两千年来地主阶级统治人民的封建正统思想。这种思想之所以能如此长久地占据统治地位，与汉武帝的"独尊儒术"是分不开的。

汉朝才子司马相如

汉武帝刚刚继位之时，想干一番事业，起用了一批儒学的支持者，但是遭到了祖母的反对。祖母大人将这些人杀的杀，贬的贬，又任命了一些主张无为思想的人。武帝不愿意与他们交谈，更不用说商议国家大事，无事便打猎、赋诗、拓造井苑。著名的文人东方朔、吾丘寿王都和汉武帝是好朋友。汉武帝也愿意和他们在一起，吟诗作赋，心情十分愉快。

有一天，汉武帝身边的狗监（管理猎狗的人）杨德意拿着一首《子虚赋》让汉武帝去读。汉武帝心想：你一个狗监能奉献什么好赋呢？杨德意似乎看出了汉武帝的意思，便说道："这首赋是别人写的。"汉武帝这才注意到，这是一个叫司马相如的人作的赋。

汉武帝便读开了《子虚赋》，不读不要紧，一读便被赋中华美的文辞和磅礴的气势所深深吸引，连连称赞道："好赋，好赋！"

汉武帝以为这个叫司马相如的人是前朝人呢，便觉得有些惋惜，叹道："只可惜我与他不是同一时期的人啊！"

杨德意早就想巴结汉武帝了，一看汉武帝读完赋很高兴，又大夸特夸这篇赋，心里美滋滋的。一听汉武帝发出慨叹，他赶紧说道："陛下，写这篇赋的人是当代人，是小臣的同乡，否则我怎么会有他写的《子虚赋》呢！"

汉武帝一听，非常高兴，心想：我汉朝还有如此有才华之人，我一定要见一见，便问道："你所说的话当真？他现在哪里，是干什么的？"

杨德意说道："陛下，小人岂敢欺骗您，我说的句句属实。司马相如现在成都，无事可做，整日吟诗作赋。"

汉武帝非常想见见这位才子，便立即派人召司马相如见驾。

司马相如，字长卿，是蜀郡成都人，从小热爱艺术，擅长弹琴，琴声优雅婉转，而又风流洒脱。他文笔特别好，尤其擅长写赋。

年轻有才的司马相如因文采好而出名。但是那个时代，只讲地位和财富，所以司马相如这样的才子因家里穷，一直没有娶上老婆。但司马相如也落得自在，四处游学，生活倒也快乐。

一日，他来到临邛，见到了老友王吉。王吉和司马相如是同乡，又是好朋友，从小一起读书。王吉很佩服司马相如，认为他聪明好学，而且文章好。

一晃20年过去了，两个人相见，颇有几分感慨。王吉和司马相如各自谈了分手之后的生活状况。王吉得知司马相如尚未成家，便热心地说："仁兄，我给你介绍一位，你肯定满意。"

司马相如本不想娶妻，但见到王吉一家人其乐融融，很是羡慕，心里也很不是滋味,心想:我二人本是同乡,又是一起读书长大,而如今王吉儿女满堂,我还是孤身一人。他问王吉:"贤弟,不知此人是谁家千金?"

王吉并不答言,好像要故意吊司马相如的胃口似的,不回答是谁家的小姐,而是说道:"仁兄,这位小姐生性聪明无比,貌若天仙,而且性格十分温雅,只可惜她夫君早逝,现在娘家守寡。"

司马相如一听如此难得的才女,更加来了兴趣,急忙问道:"贤弟,快说,到底是谁家的女儿?"

王吉说道:"说起他家更是有名望,他父亲乃是临邛首富卓王孙,他的女儿叫卓文君。"

司马相如听了之后,像泄了气的皮球,连连摇头,说道:"我怎么敢高攀呢,再说人家也不会同意。"

王吉不以为然,说道:"卓王孙虽然富甲一方,但是仁兄才华盖世,和卓文君乃天生一对,你我共同努力,我认为这事会成功的。"

第二天,王吉去见卓王孙,说他有位仁兄名叫司马相如,来到临邛游学,此人才华出众,尤其擅长写赋,不知卓王孙是否有意相见。

卓王孙早就知道司马相如是有名的文人,又是王吉的好朋友,立即答应宴请司马相如。

王吉是想借此机会让司马相如与卓家人相见,从而给卓王孙留下好印象之后再提亲。

司马相如和王吉来到卓王孙家做客,卓王孙不敢小瞧司马相如,邀请了县中很多官员和有名望的人一起作陪。过去有钱的人和官府中的人混得特别熟,一看卓王孙请帖,都如约而至。

酒宴之前,卓王孙给大家介绍:"这位就是当今的大才子司马相如。"

司马相如赶忙起身,说道:"不敢当,不敢当,还请各位仁兄多多指教。"

宴会开始,卓王孙带头向司马相如敬酒,说了许多奉承话,其他人也都如此。司马相如酒量非常大,都应付了下来。

王吉心中有事,他想借此机会展示一下司马相如的才华,以便卓王孙以后能答应这门婚事。

王吉站起来,对大家说道:"司马相如兄不仅文章写得好,而且琴也弹得非常好,可以说是多才多艺,不如今天趁着酒兴,让相如兄弹奏一曲!"

大家都纷纷要求听一曲。

司马相如拿过琴,定好音,便弹奏起来,琴声优美,在座的人虽然不懂音乐,但从司马相如娴熟的手法上看,也知道弹得不错。

而卓王孙的女儿卓文君听说要请司马相如来家做客,心里很是高兴。她也爱吟诗作赋,也非常爱好音乐。她早想见见这位才子了,所以她悄悄地躲在竹帘后面,偷看司马相如,偷听他的曲声。

司马相如后来也发现了竹帘后面有人,心想:一定是卓文君。一曲弹罢,司马相如没有停下来,继续施展自己高超琴技,又弹了一曲《凤求凰》。其他宾客不知什么曲,也不知什么意思,但竹帘后的卓文君却听出来了,她明白司马相如是通过琴声向自己表达爱意,她心里又惊又喜。

曲罢,众人拍手叫好。

司马相如和王吉回去之后,又过了一天,王吉向卓王孙来提亲,被卓王孙一口回绝。他说:"司马相如是有才华,不过那不能当饭吃。"

王吉没办法,只好告辞,回来之后,他也没有和司马相如说这事。

司马相如则用钱买通了卓文君的仆人,让她把一封求爱信送给卓文君。卓文君一看,脸红心跳,但她知道父亲没有答应此事,心想:我不如和司马相如私奔。

一天晚上,她偷偷地跑了出来,找到司马相如,两个人一商量,连夜乘车回司马相如的家乡成都。临行之前,王吉送给了他们一些礼物,望着他们走远,心中有一种说不出的滋味:既喜悦又苦涩。

来到成都后,二人过起了清贫的日子,可卓文君毕竟是大家之女,过了一段就觉得这样的日子太艰苦了,便和司马相如商量回到临邛。

回到了临邛,卓王孙不肯见他们,更不用说是帮助他们了。卓王孙还为二人私奔而恼火呢。

王吉带领着许多亲戚朋友和县令一起去劝说卓王孙,他这才答应给了二人一笔不小的财富。

二人有了钱,又回了成都,过起了清闲快乐的生活。

这一日,司马相如正在家中作赋,忽听有人说召他到朝廷,司马相如不知何事,但是皇帝有旨,只好来到了朝中。

汉武帝一见司马相如,便问:"《子虚赋》是你写的吗?"

司马相如心里明白了怎么回事,便答道:"陛下,正是小民所写。"

汉武帝非常高兴,让他留在宫中。后来司马相如又写了《上林赋》,汉武帝读完之后,更加欣赏司马相如了,就封了他一个郎官。

司马相如在武帝面前受宠,自然有人不满。这些人联起手来,暗害司马相如,说司马相如曾接受许多贿赂,而且拿出了伪造的证据。

汉武帝信以为真,罢免了司马相如的官职,但他仍很欣赏司马相如的才华。

司马相如临行前,武帝给了他许多宝物。他回到家后,和卓文君过起了悠闲快乐的日子,整日作赋弹琴。

马邑诱敌

匈奴是我国古代聚居在阴山南北草原上的一个游牧民族。秦朝时,他们不断入侵中原,秦始皇派大将蒙恬大败匈奴,从此匈奴退到漠北。可是到了楚汉相争时,匈奴又乘机南下侵扰中原,而且占领了许多土地。

汉高祖建立汉朝以后,决定对匈奴派兵,结果汉高祖被匈奴人马在白登山包围了七天七夜,这就是历史上的"白登之围"。刘邦一看匈奴如此强大,便采用了和亲政策,来缓解边境的侵扰。但是匈奴首领单于贪得无厌,不仅娶了汉朝皇室的女儿,还要索取许多财物。尽管如此,他仍不罢休,还经常背信弃义,来骚扰中原人们的生活。

文帝和景帝采取休养生息的政策,恢复生产,减少战争,尽可能与匈奴保持着和好的政策,还采取"和亲"这种方法来缓解边境的压力。

文景盛世使社会经济得到了恢复和发展,汉朝逐渐强盛起来。到了汉武帝时,他治国有方,年轻有为,国家昌盛达到了汉朝的最高点。而且汉武帝不主张"无为"思想,他认为身为一代帝王就应干出一番事业来。

武帝看到强大的汉朝常常受到匈奴的威胁，虽然采取"和亲"政策，但匈奴贵族还是经常侵犯中原，骚扰人们的生活，使北方地区的人们不得安宁。他非常气愤，一方面仍旧采取"和亲"政策，另一方面却暗中积蓄力量，计划等到时机成熟，出兵消灭匈奴。

那时候，朝中分为两大派。一派主张出兵攻打匈奴，他们认为：汉朝如此强盛，岂能受匈奴的气呢，而且匈奴贪得无厌，总是不守盟约，经常侵犯中原，杀害百姓，掠夺粮食和牛羊，严重影响了北方地区人们的生活。如果匈奴再强大了，他们很可能举兵攻打都城。主张抵抗派的代表是王恢。

而以御史大夫韩安国为代表的"和亲派"则认为：匈奴能征善战，汉朝建立以来，从没有打败过匈奴，一直采取"和亲"政策。匈奴虽然经常侵扰北方人民，但还不会威胁都城，而且攻打匈奴十分困难，匈奴没有固定的居住地，过着游牧生活，随意迁徙。即使我们取胜了，也得不到他们的领土和人力，但如果我们失利，单于必会反扑，到时候恐怕会危及到朝廷的统治！

汉武帝是主战派，但作为一国之主，他觉得应该沉得住气，等待时机。

公元前133年，马邑有个大商人聂壹来找王恢。聂壹是边境上的商人，他恨透了匈奴人。本来边境上做买卖很赚钱，可那帮可恶的匈奴人，见到东西就抢，不用说是赚钱了，有时候连本都得搭上。他这次找王恢，就是想为王恢献一计。

聂壹知道王恢是主战派，所以他才来求见王恢。聂壹对王恢说道："将军，匈奴在边境肆意骚扰我大汉朝人民，而且还经常入侵中原，不铲除他，总是一个祸根。如今我们国家兵强马壮，还怕他一个小小的匈奴吗？如果我们想铲除他，我倒有个好主意。"

王恢一听很高兴，忙问道："什么好主意？"

聂壹说："我经常在边境上做买卖，他们有时买我的东西，但更多的是抢我的东西。所以他们很多人都认识我。我仍以做买卖为幌子，对他们说把马邑献给单于。单于非常贪财，而且他知道马邑这个地方又很富有，所以他一定会带兵而来。一旦他带领军队入关，我们就把他包围起来，打他个落花流水。"

王恢听后大喜，忙说道："果然是妙计！"

王恢立刻面见汉武帝，把聂壹的计策说了一遍。汉武帝一听也认为是一条妙计，便决定依聂壹的计策行事。

于是，汉武帝任命韩安国为护军将军，王恢为将屯将军，公孙贺为轻车将军，李广为骁骑将军，李息为材官将军，率领30万人马去做好埋伏。

这些人依计行事，韩安国埋伏在马邑周围，王恢从后路包抄，而公孙贺和李广则安排在马邑左右，李息安排在中间。他们准备匈奴兵一到，李息率兵马先和匈奴拼杀，之后装成败兵，把匈奴引到韩安国、公孙贺、李广的三面包围中，一旦匈奴逃跑，后路而上的王恢再截杀。

聂壹扮作商人，潜入匈奴，很多人都认识他。他对匈奴兵说："我有要事报告单于将军，请通禀一声。"

不一会儿，匈奴兵就让聂壹进去回话。见到单于，聂壹就说道："将军，我可以杀死马邑的官吏，把县城献给您。不过我有个条件，您得答应我。"

单于一听，很高兴，便问道："什么条件，快快讲来。"

聂壹说："将军，如果我献城有功，你必须答应我不允许你手下的人骚扰我做买卖，而且不允许别人在边境做买卖。"

单于心想：够狠毒的，只允许你一人做买卖，钱都让你挣了，但是马邑县城更重要，我不如先答应他，得到了县城，然后再慢慢收拾他。想到此，单于便笑着说道："好吧，我答应你！"

但是单于还是怕上当，便派了几个心腹跟聂壹一起到马邑去，看聂壹是否真杀死官吏。

这几个人来到马邑后，聂壹先进城，让那几个人在外边等着。过了一会儿，聂壹便将几个人头挂在了城头上，对底下的人喊："快告诉你家将军，我已经杀了官吏，让他速来！"实际上，聂壹杀的是几个犯了死罪的犯人。

单于的几个心腹信以为真，迅速调转马头去报告单于。

单于诡计多端而且狡猾多疑。他亲自率领10万骑兵进入汉朝边境，直奔马邑。

走到半路上，他发现空旷的大草原上只有马匹、牛羊，却没有放牧之人，便起了疑心。他越走越觉得不对，每次到汉朝时，都有很多人，而这次一个人也没有看见，难道他们事先知道我们要来？

他边走边想，一抬头，看见前边有座亭堡（瞭望敌人，传递军情用），立即派人把守在那里的亭尉抓来，对他说道："你给我说老实话，如有半句假话，我立即砍掉你的头，如果你说了实话，我会放了你，还会给你奖赏！"

那个亭尉胆小，把汉军如何布置的埋伏全讲了一遍。单于一听，也吓了一跳，立即停止进军，一刀把那个亭尉杀死，然后下令：火速撤回！

汉军正在马邑等待匈奴上当，得知匈奴到了半路又撤回去了。

而这时，王恢的人马已经从小路包抄过来，但他生性胆小，怕自己保不住性命，白白地放过了单于。汉武帝大怒，将王恢斩了。

马邑诱敌，结果功败垂成。从此，汉朝和匈奴表面上的和亲关系破裂了，双方发生了几次大的战争，强盛的汉朝终于在战争中征服了匈奴，但是也为此耗费了大量兵力。

张骞出使西域

西域是指今新疆及其以西一带，那里有许多小国家。在敦煌以东、祁连山以西有个国家叫月氏国。公元前175年，匈奴的单于名叫冒顿，他带领匈奴兵去攻打月氏国，由于月氏人没有防备，一下被匈奴打败。匈奴人不罢休，又征服了许多小国。月氏人没有办法，只好逃到了西域，重新建国安家。

公元前174年，单于冒顿病死，他的儿子老上单于又带兵向西域居住的月氏人继续发动进攻。结果月氏人又被打败，而可恨的匈奴人杀了月氏王，还用月氏王的头骨做成了一只大酒杯。

月氏人对匈奴人恨之入骨，总想报仇雪恨。但兵力弱小，打不过匈奴兵，他们只好等待时机，准备寻找一个帮手，共同击败匈奴。

汉武帝刚登上皇位不久，就有人把以上的情况详细地和汉武帝说了一遍。

汉武帝听后，非常感兴趣，他一方面痛恨匈奴，另一方面也很同情月氏国。他心想：月氏国在匈奴的西面，我汉朝在匈奴的东南，月氏国对匈奴有深仇大恨，如果我们能派人去联络他们共同打击匈奴，匈奴就会腹背受敌，胜利就大有把握了。

于是，汉武帝召集群臣商议此事。大臣们一听也都觉得是个好办法。可汉武帝一问谁能担当此任时，大家都哑口无言了，一个个低着头，一语不发。

大臣们心里知道，月氏国在匈奴的西面，而汉朝都城在匈奴东面，要去月氏国，必须经过匈奴，随时都有生命危险。

汉武帝一看大臣们谁也没有胆量去，就说道："既然你们都没有这个胆量去，就从其他人中挑选吧！"

有个叫张骞的人报了名，他是朝廷里的郎中，守信义，而且有勇有谋，深明大义。他以为此事关系重大，如果能够和西域取得联系，联手打败匈奴，对国家的安全很有好处，即使是有生命危险，也值得。一些勇士也纷纷报名，他们也想为国家尽一份力。还有一个匈奴人叫堂邑父，也报名参加，后来他成了张骞的得力助手。

公元前138年，张骞带领100多人受命出使西域。朝中大臣和这些人的亲戚朋友都在长安为他们送行。大家心里都明白：此行凶多吉少。

张骞、堂邑父和那些武士，跨上战马，驱赶着那些满载着行李、礼物的骆驼，便出发了。

没走多远，就到了陇西，张骞等人心里都捏着一把汗，心想：过了陇西就是匈奴人的边境了，千万别遇上匈奴人，否则的话，使命将很难完成。

可是，事情往往是怕什么就来什么，他们刚一出陇西，进入了匈奴的控制区域，就遇见了匈奴兵。那些勇士们奋力厮杀，但终因寡不敌众，大多战死，张骞和堂邑父也做了俘虏。

张骞心想：完了，性命无所谓，可是无法完成使命了。

张骞二人被绑着来见单于。单于问道："你们一行人，想干什么去？"张骞心想：说不说，单于也能猜到，反正也做了俘虏，说了也无妨。他便答道："我们奉汉武帝的旨意出使西域，听说西域物产丰富，我们想和他们交换一下物品！"

单于说："胡说，西域乃穷乡僻壤之地，怎么会物产丰富呢？你们汉朝也太过分了,月氏在我们匈奴的西北面,你们汉朝怎么能派使者越过我们而去西域呢?如果我派使者越过汉朝去南越,你们能答应吗?"

张骞答道:"正因为月氏在你们国家西面,我们汉朝无法与之联系,才想通过交流,取得联系。如果您想和南越人民友好交往,我们汉朝一定会放行。"

单于认为张骞很有才华,所以没有杀他,堂邑父也幸免一死。单于想劝张骞投降,所以不但不虐待他俩,反而给他们好吃好喝,还给张骞娶了个匈奴的女人,想以此留住他的心。

张骞没有忘记自己的使命,始终保留着那根出使的旌节。他心想:一旦有机会,我就逃跑。可是刚开始,单于对他们看管得很严,根本没有机会逃跑。

一晃10年过去了,单于已经十分相信张骞和堂邑父了。二人一看机会到了,于一天夜里趁人不注意,骑上快马逃了出来。

他们一直向西走,一路之上尽是沙漠和草原,他们没有吃的,只好吃些草根、草籽,遇上一些飞鸟和野兽,便打下来充饥。历尽千辛万苦,他们终于来到一个国家。起初他们还以为到了月氏国呢,一问才知道到了大宛国。

大宛王早就听说东方有个富饶强大的汉朝,很想互通往来,但无奈路途遥远。今日一看汉朝使者来到,非常高兴,热情地接待了他俩。他又询问了一下汉朝的情况,并表达了很想和汉朝结交的想法,后来听说张骞是奉命出使西域到月氏国的,立即派人护送他们。

大宛国的人先把他俩护送到了康居(在今巴尔喀什湖和咸海之间),又请康居人送他们到了月氏国。

月氏国王被杀后,国王的夫人继承了王位,西迁到大夏国境内,又重新建立了大月氏国。这里物产丰富,土地肥沃,人民生活十分安乐。渐渐地,大家对报仇之事便淡忘了。大月氏国不想再和匈奴打仗了,只想过这种平静的生活。

张骞在大月氏国住了一年多,几次陈述汉朝想和他们联合共同击败匈奴之事,但始终没有说服他们。没有办法,张骞只好返回。

途经匈奴境地,又被匈奴俘虏,软禁了一年多,后来匈奴发生内乱,张骞才趁乱带着匈奴妻子和堂邑父逃了出来。

张骞经过13年，终于回到长安。他向汉武帝详细报告了西域各国的情况。

汉武帝非常高兴，虽然张骞没有达到出使的目的，但是了解了西域许多国家的风土人情。为了表彰他的功劳，汉武帝封他为太中大夫。

张骞回到长安后，心想：我在大夏国时，看到汉朝四川出产的竹杖和细布。而这些东西是从身毒（今印度）运来的，而身毒又在大夏东南，离四川不远，不如走这条路。

后来汉武帝又派张骞出使，张骞建议走这条路，可惜没有到达目的地。

张骞出使西域，加强了西域各国和汉朝的联系，交流也逐渐增多。

二将威震匈奴

汉武帝继位不久，便想对匈奴出兵，但时机不成熟，只好一忍再忍。雄才大略的汉武帝不忍心受此屈辱，力图改变。

公元前138年武帝派张骞出使西域，准备联络与匈奴有不共戴天之仇的月氏国，但由于张骞被扣留在匈奴境域，汉武帝又另想计策。

公元前133年，汉武帝派聂壹诈降匈奴，之后以献马邑为诱饵，失败后，与匈奴展开了多次战争。在征服匈奴的过程中，有两员大将立下了赫赫战功，使匈奴人闻风丧胆。他们就是：卫青、霍去病。

公元前127年，匈奴从东边入侵，杀死了辽西太守，又掳走了2000多人。汉武帝大怒，便决定对匈奴给予有力的打击。

汉武帝召群臣聚会，商议由谁带兵去攻打匈奴。有一位大臣说道："陛下，要想打败匈奴，只有此人能行，他就是大将卫青。"

汉武帝问道："何以见得？"

那位大臣答道："卫青乃一员老将，立过无数战功，作战经验十分丰富，治军严谨，在军队中威望很高，而且爱兵如子。如果此人前去征伐匈奴，一定能够成功。"

汉武帝点头答应，于是召见卫青。汉武帝问卫青："将军可有破敌的计策？"

秦朝汉代

卫青答道:"陛下,此次出兵意义非同小可,我汉朝自建立以来,还没有打败过匈奴,所以此次出兵要快,乘其不备,打他个措手不及,而且出兵路线要奇,让匈奴人想象不到。我们可以从西边云中郡出击,匈奴人一定不会在这里设防,他们也不会想到我们绕道到这里。突击之后,我们再横扫河套。"

汉武帝听后非常高兴,对卫青说:"我在这里等候将军胜利而归,到时候再为你喝庆功酒!"

卫青率领10万精兵从长安出发。他们悄悄行军,绕道去了云中郡。卫青在这里安营扎寨,他对全体将士说:"可恶的匈奴人任意侵占我们的领土,抢夺我们的人民和财物,还杀死了太守。我们是大丈夫,就不能忍了这口气,现在建功立业的机会到了!"

全体将士情绪高涨,心里都憋足了劲,都在暗骂匈奴。

第二天,天刚朦朦亮,卫青命令全体将士出发。10万精兵浩浩荡荡,突然杀到。匈奴兵在云中郡附近根本没有设防,只有几百人。卫青大军一到,立时将那儿的守备斩落马下。大军横扫河套南部直到陇西,匈奴兵死伤无数,节节败退。

河套南部的匈奴白羊王、楼烦王被卫青驱逐出去,汉军占领了河套南部。

汉武帝得知这一消息,非常高兴,便派人在那里修复边防要塞,建立朔方郡,并移民10万垦边。

匈奴对此很不甘心,经常带人到此骚扰,使那里的人们无心生产,社会很不稳定。

汉武帝决定再次派兵,仍以卫青为大将。

公元前124年,卫青再次率10万大兵攻打匈奴。军队直攻高阙,在那里大败匈奴兵。

这次胜利有着决定性意义,从此匈奴兵再也没敢向南侵扰,解除了匈奴对长安的严重威胁。

汉武帝更是高兴,亲自出城迎接凯旋而归的大军,任命卫青为大将军,统领诸将,其他将士也都有各自的奖赏。

公元前121年,汉武帝任命霍去病为骠骑将军去攻打匈奴。

霍去病也是一员了不起的战将,但他出身却很低微。父亲是平阳县的一个衙役,被派在平阳公主府里当差,后来和平阳公主身边的一个使唤丫头相恋，最后结了婚。霍去病就是在平阳公主府里出生的，从小受尽了苦，父母常教育他长大以后一定要出人头地。霍去病人小志气大，天天坚持练武，各种武艺都拿得起来，又擅长骑马射箭。那时候汉武帝为了选拔人才，让各地的武士来到都城比武。霍去病年仅16岁，但出手不凡，被汉武帝看中，做了保卫皇帝的侍中官。

后来，霍去病随卫青去打匈奴，生擒了单于的叔叔和单于的相国，立下了大功，被汉武帝封为冠军侯。

霍去病带领一万多人，从陇西、北地（治马领，今甘肃庆阳西北）出发攻打匈奴。他指挥的部队英勇善战，而且机动灵活，打得匈奴兵晕头转向，叫苦连天。匈奴兵节节后退，霍去病率领人马紧追不舍，从焉支山追到祁连山又一直追到小月氏（今甘肃河西走廊），摧毁了匈奴建立的浑邪、休屠等属国，杀死了折兰王和卢侯王，生擒了浑邪王的王子，杀死匈奴兵近万人。

匈奴屡屡失败，匈奴伊稚斜单于责怪右部的浑邪王、休屠王等连吃败仗，打算加以惩罚。浑邪王心中不满，便和休屠王商量，决定投降汉朝。他们派人与汉军联系要求派兵去接应。

霍去病奉命前往，那些不愿意投降的人想发动兵变。霍去病冲进敌营，杀掉反对投降的8000多人，护送降服的4万多人归汉。

后来，汉武帝在这里设置了武威郡、酒泉郡、张掖郡、敦煌郡，重赏了浑邪王和休屠王二人，有功之臣霍去病更是重重加赏。

匈奴连连兵败，赵信建议伊稚斜单于不要再和汉军交战了，而应该将主力退到漠北，在那里积蓄力量，然后待机取胜。

为了彻底打垮匈奴，公元前119年，汉武帝派卫青、霍去病两员大将联手去破匈奴兵。他们二人各率5万骑兵、步兵及后勤辎重队伍数十万人从东西两路深入漠北攻打单于。

卫青带领部队从定襄出塞千余里，与匈奴的主力军展开了激烈的战斗。匈奴军失利，伊稚斜单于狼狈逃跑。

霍去病大胆利用投降过来的匈奴兵。从代郡向北出塞2000多里，与匈奴左贤王展开了激战。结果汉军大胜，歼灭匈奴兵7万多人，还俘虏了匈奴首领83人。

匈奴遭受了如此重大打击，远离了汉区，从此不再侵犯沙漠以南的地区了。

汉武帝为了奖励卫青、霍去病，各为他们修了一所豪华的将军府。

苏武牧羊节不辱

　　苏武是中郎将，为人忠厚、聪明、善于辞令。武帝很欣赏他，经常派他出使各国，苏武也都出色地完成了使命。
　　卫青、霍去病大败匈奴兵之后，伊稚斜单于率领败兵狼狈逃跑，逃到了沙漠以北，再也没敢出兵侵扰汉朝人民。
　　由于匈奴兵元气大伤，他只好在沙漠以北积蓄力量。但是单于还想探听一下汉朝的消息，没有别的办法，只好派使者前来访问，装出一副友好的样子，实际是查看军情。
　　汉武帝为人大度，他知道匈奴几年都未曾侵扰汉朝，也不想与他们为敌，为了表示友好，也派使者带一些中原特产回访。
　　但是匈奴人言而无信，经常扣留汉朝派去的使者。汉朝岂能受此之辱，也扣留了匈奴派来的使者。
　　时间一长，汉武帝就不再想与匈奴人交往了。
　　公元前100年，汉朝以前所有出访的使者都被放了回来，匈奴新继位的且鞮单于又派匈奴使者前来访问。
　　汉武帝一看自己派出的使者都回来了，心里很高兴，便接见了匈奴使者。
　　匈奴使者对汉武帝说："陛下，我们新的首领且鞮单于继位，他非常想和汉朝保持友好关系，而且十分敬畏您，他常自称'我乃儿子。汉天子是我丈人，我怎敢对抗汉朝'。他为了让您相信他的诚意，特意派我来出使，而且还放了你的使臣。"
　　汉武帝听后将信将疑，但还是热情款待了匈奴使者。
　　第二天，汉武帝召见自己派出去的使臣。一个使臣叫路充国，在匈奴被扣留了好几年。他对汉武帝说："陛下，匈奴人果真是想和我们结交，新继位的且鞮单于对我们这些被扣留的使者非常好，而且他确实十分怕汉朝派兵打他，所以派使者前来奉书求和。"
　　汉武帝觉得且鞮单于还算通事理，便决定派人回访匈奴，以表示愿意结交。

汉武帝左思右想,希望找一个合适的人选出使匈奴,后来他想到了苏武。

汉武帝对苏武说:"匈奴愿意与我们结交,为了表示友好,我派你出使匈奴。你要见机行事,既不要有辱于我汉朝颜面,又不要毁了两国的友好关系。"

汉武帝虽然派苏武等人回访,但并不完全相信匈奴人,他知道匈奴人喜怒无常,说变就变。为了稳妥起见,汉武帝准备好了军队,并对苏武说:"你转告匈奴首领,如果匈奴愿意与我汉朝结好,就不要扣留我的使臣,如果扣留,我也不会善罢甘休,我们有大队人马随时会去。当然了,这话到最后翻脸时再说,能和好就和好!"

汉武帝又给苏武派了副手张胜。张胜是副中郎,人也聪明,多智谋。二人带着100多人,又带了许多金银珠宝和绸缎等礼物,以及以前扣留的全部匈奴使者。

苏武带着礼物和以前扣留的匈奴使者来到了匈奴境内。见到了且鞮单于,表示了汉朝愿意和他结好的愿望。单于一看汉朝带来了如此贵重的礼物,而且把扣留的使者全部放了回来,很高兴,便设宴款待汉朝使臣。

有个叫卫律的汉朝使臣投降了匈奴,他一看苏武等使臣来了,便对且鞮单于说:"我们不如扣留了他们,他们带来如此多的礼物,分明是怕我们。如果汉朝不敢派兵攻打我们,就说明他们的军队不敢远道而来。我们也就可以放心地招兵买马,准备随时攻打他们了。"

且鞮单于认为有些不妥,但是他对汉朝使臣的态度就有些变了。刚开始他还十分热情,后来变得十分骄纵无礼。

苏武虽知道汉武帝调集了军队,但是他不想使两国关系破裂,所以强忍了下来。苏武想:你虽喜怒无常,但还不至于近一两天就翻脸,我要趁早回去。

就在苏武打算回去的时候,突然出事了,自己的副手张胜被治罪,说是与虞常同谋造反。

那个叫卫律的提审虞常和张胜,叫苏武去旁听。虞常死不承认与张胜是同谋,被卫律当场杀死。但是张胜怕连累了苏武,便承认了和虞常是同谋。

事情原来是这样的,那个叫卫律的汉朝使臣投敌卖国,把汉朝的许多秘密都告诉了匈奴首领,单于便把他和他的部队全部留下。但卫律部下有一个叫虞常的人,非常忠于汉朝,一直等待时机。

苏武等人一到匈奴,虞常非常高兴,心想:何不乘此机会杀了卫律,以免他再出坏主意,做对不起汉朝的事。虞常和张胜以前就认识,所以他找到张胜,对张胜说:"卫律干尽了坏事,我想除掉他,为汉朝人报仇。如果我不能成功,我家中还有母亲和弟弟,希望皇上多多照顾他们。"张胜非常痛恨卫律,也十分支持虞常。

但是他们万万没有想到,正当他们商议此事时,早有人偷听并且报告了卫律。卫律一听大怒,立即派人来抓虞常。

卫律又将此事报告了且鞮单于,单于让卫律负责审理此事。

虞常宁死不屈,而张胜怕连累苏武,承认了和虞常是同谋。

审理完之后,那个叫卫律的还想治苏武的罪,他对苏武说:"你做为正史,副史有罪,你应连坐!"

苏武理直气壮地说:"我与副史没有亲戚关系,又不是邻里,凭什么让我连坐?哪儿有这样的法令啊?"

卫律被问得哑口无言,但又不想就此认输,便拿宝剑威胁道:"你如果不承认有罪,就得投降,否则我就杀了你!"

苏武根本没有把卫律放在眼里,便说道:"临行之前,皇上早已告诉了我,一旦你们匈奴国对我等不利,他会立即出兵,扫平你们匈奴!"

卫律一听苏武硬的根本不怕,便报告了单于。

单于一听苏武非常强硬,倒很喜欢苏武了,又派卫律去劝降。

卫律只好硬着头皮去了,对苏武说道:"单于对我很好,又封王,又给部下和牛羊,如果你能投降,他也答应封你做个王。"

苏武一听大怒,骂道:"你个无耻之徒,还有脸来劝我!"

单于一看苏武软硬不吃,便把他扣留下来。苏武受尽了折磨,渴了,捧一把雪,饿了,扯一些皮带、羊皮片充饥。

后来,苏武被流放到北海边牧羊。但是苏武始终不忘记自己的祖国,他那根旌节从不离手,连睡觉还搂在怀里呢!

公元前81年,苏武等人才回到了长安。苏武在匈奴被扣留了整整19年,但他无论在多么艰苦的条件下,都不屈服,都不忘记自己的祖国。

苏武北海牧羊不辱节的故事在全国传开了,人们都非常敬佩他。

汉武帝立子

汉武帝是一代明君,刚继位就有治国平天下的理想抱负,而且很想干出一番事业。

汉武帝采取了一系列措施,汉朝无论在经济、政治、文化、外交等各方面都有了稳步发展。

但是美中不足的是,他结婚后一直没有儿子,大臣们和他都很着急。在封建社会,国君如果无子,是关系到江山社稷的大事。

汉武帝心里也很焦急,但是妻妾就是没有生儿子的。汉武帝以为是上天的捉弄,非常虔诚地祭拜神鬼。

直到汉武帝25岁那年,皇后卫子夫才有孕,十月怀胎,终于生了个儿子。这一下可把汉武帝乐坏了,他给儿子取名叫刘据。

刘据长得大眼睛,水灵灵的,白白胖胖,非常惹人喜爱,汉武帝封他为皇太子。

说来也奇怪,皇后生了一个儿子后,其他的许多爱妾都为汉武帝生下了儿子。王夫人生了儿子刘闳,李姬生了儿子刘旦、刘胥,李夫人生了儿子刘髆。

儿子一多,刘据就不大吃香了。刘据一天天长大,汉武帝发现刘据为人忠厚,但是没有理想抱负,做事优柔寡断,没有魄力,便认为这孩子的才能没法和自己相比。

武帝看着刘据,有时竟自言自语道:"这孩子仁慈有余,刚烈不足,不知能不能担当天下的大任?我汉朝江山能否壮丽依旧呢?"

有一次汉武帝自言自语时,正好被江充听见了,他也不吱声,悄悄地退了下去。

江充原来是赵王的门客,得罪了赵太子,赵太子想杀他,他便逃到了长安。

汉武帝认为他身为门客,竟能不畏权贵,敢告发王子,实在是难得的人才，便下令：不许赵太子再追究此事，而且还把江充留了下来，封他为直指使者，专门负责监督贵戚近臣。

江充这个人，确实有一套本领。他能够揣摸人的心思，投其所好。这次偶然机会听到汉武帝的自言自语，便知道皇上有另立太子的意思，于是他便想方设法地找皇太子的不是。

有一次江充出去做事，途中遇见太子的家人坐着马车在御道上行驶，他立即拦住了马车，对驾车之人说道："难道你不知这中间的道路是专门为皇上车马行驶的吗？你竟敢目中无君！"太子刘据知道此事后，赶紧派人去求情，对江充说："不要上奏皇上，车夫也是无意的。"

但是江充为了讨好皇上，对太子求情置之不理，立即上奏汉武帝，还把太子求情之事说了一遍。汉武帝听后非常赞赏江充，对他说："当臣子的就应该这样不畏权贵，我没有看错人啊。"

江充因此事，更加受到汉武帝的信任。

汉武帝有个宠姬名叫赵婕妤，一日生下一子，说是怀了14个月才得出生。汉武帝认为这个孩子非同寻常，和尧一样都是怀胎14个月才出生，将来一定会有一番大作为。再加上汉武帝宠爱其生母，就想立这个孩子刘弗陵为皇太子。

汉武帝的心思当然也被势利小人江充看了出来。他买通了一个叫胡巫的人，当着汉武帝的面给刘弗陵掐算前程。那个胡巫按着江充的授意说道："陛下，此子不寻常，与尧乃同命，将来定有一番大作为，必能使汉室江山更加强大！"

汉武帝听了，更加觉得刘弗陵这孩子将来能治理天下，也更加坚定了要废刘据另立刘弗陵为皇太子的决心。但是他没有理由，怕大臣们反对，所以也一直为此事苦恼。

江充又施了一计，想再次取悦于汉武帝，但他没有想到自己为此丢了脑袋。

汉武帝已经年老体弱了，再加上连日劳累，更显得消瘦。江充心里非常明白，自己为了取悦汉武帝，得罪了许多人，特别是皇太子刘据。如果汉武帝死了，刘据继位，恐怕没有自己的好果子吃，所以便想帮助汉武帝废掉太子刘据。这样对自己有两大好处：一是废掉太子刘据，可以免去后顾之忧；二是可以取悦汉武帝，趁着汉武帝还没有死，再升几级，使自己的地位再巩固一些。

　　于是，江充又派人找来胡巫，自从那个胡巫给刘弗陵看了面相之后，汉武帝就非常信任他了。江充带着胡巫面见汉武帝，对汉武帝说："陛下，宫中蛊气冲天，一定有人在暗中诅咒陛下，如果不清除，陛下的病就很难痊愈。"汉武帝非常信任胡巫，便下令江充为专史，带领胡巫去办理此事。

　　江充有了皇帝的圣旨，变得非常蛮横。他带领1000多人，到处乱抓人，严刑拷打。他把平时那些和自己不和的人都抓了起来，有些人禁不住拷打，便屈打成招，有些人被活活打死，还有的不甘心受此屈辱，便自杀了之。一时间，数万人被活活冤死。

　　但是江充还不罢休，他早已把目标瞄准了皇太子刘据。一天，他让胡巫头前带路，直闯后宫，在后宫挨房挖掘，一直挖到皇后、太子宫中。虽然什么也没有挖到，但他却对外边和汉武帝说："在太子宫中挖到木人，还挖出了一卷太子所写的帛书，上面全是大逆不道的话。"

　　汉武帝得知皇太子诅咒自己，大怒。而皇太子则知道是江充陷害自己，立即征集士兵杀了可恶的江充和胡巫。

　　汉武帝本来对皇太子就不满，早想废了他，一看他竟敢不经自己允许就杀了自己的宠臣，便命人带兵追捕太子。

　　皇太子无路可走，最后自缢而死。卫皇后也因悲愤而自杀。

　　皇太子刘据已死，汉武帝并没有立即立刘弗陵为皇太子。公元前88年，他的宠姬赵婕妤因一点小事，竟被汉武帝下令斩首。公元前87年，汉武帝临死前才立刘弗陵为太子。

　　身边大臣问汉武帝："为什么因一点小事而杀刘弗陵的生母？"

　　汉武帝道："国家内乱，往往因皇帝年幼，而母亲很年轻，她不懂治国之道，却要胡作非为，我怕汉朝也如此，才杀了赵婕妤啊！"

　　众人皆悟！

霍光辅佐幼主

公元前87年,汉武帝才立刘弗陵为皇太子就病逝了。8岁的刘弗陵继位,由于亲生母亲赵婕妤被杀,所以辅佐幼主之事只能由朝中大臣担当。

大将军霍光是前骠骑将军霍去病同父异母的弟弟。由于霍去病攻打匈奴屡立战功,汉武帝便决定加封他们一家人,他的弟弟霍光因此来到了长安。

霍光为人沉着精细、公正无私、赏罚分明、不畏权贵,深得汉武帝的信任。

汉武帝知道自己病得很重,便单独召见霍光。他对霍光说:"将军,我汉室江山能否昌盛,全在于将军了。刘弗陵年龄尚小,治国之道一无所知,大将军重任在肩。我虽然把辅佐幼主之事交给了你和上官桀、桑弘羊等人,但是我还是最信任将军啊!"

霍光非常感动。霍光想自己刚到长安时,汉武帝对自己一家就非常热情,封自己做了个郎官,后来又升为奉车都尉、光禄大夫。

霍光诚恳地对汉武帝说:"陛下,请放心,只要有霍光一口气在,就一定要辅佐幼主长大成人,治理好汉室江山社稷。"

汉武帝死后,霍光开始辅佐幼主刘弗陵。刘弗陵就是历史上的汉昭帝。

一个8岁的孩子,只知道玩耍,霍光也没有办法,只能哄着小皇上读书。后来刘弗陵还真的很用功,什么书都爱读。但他毕竟是孩子,朝中的政事还是什么都不懂,只有霍光帮助处理朝政。

霍光以汉昭帝的名义下令:减轻农民赋税和徭役。这项措施深受农民欢迎,农民的负担减少了,生产的积极性就高了,整个国家的农业又有了一个新的发展,农民自己手里有了粮食,安心生产,社会逐步稳定下来。

霍光还下令:厉行节约,从皇宫开始,一直到大臣们的府上,整个国家的风气也逐渐好转。

百姓安居乐业，国家也富强了，霍光的威望也越来越高。一提霍光的名字，百姓没有一个不知道的，没有一个不敬佩的，就连小孩子都知道大将霍光是个大好人。当时流传着一首民谣：

霍光，霍光，

辅佐皇上天天忙，

社会安定国富强，

百姓生活也安康。

百姓拥护爱戴霍光，朝中大臣们人多数也都十分佩服霍光。他们看到霍光兢兢业业，而且没有半点私心，都十分敬佩。但是有几个大臣不满意，他们想皇上年幼无知，正好可以借皇上旨意为所欲为。可是有了霍光，他们就无法达到这一目的，于是十分忌恨霍光，认为霍光是他们的绊脚石，想方设法去害这员大将军。

左将军上官桀是汉武帝临终时任命辅佐幼主的一位大臣。他本想乘汉昭帝年幼无知，凭着自己的功绩在宫中胡作非为，可是霍光处处阻拦不让他得逞。

上官桀一直怀恨在心，他想把自己的孙女送进宫中，嫁给汉昭帝做皇后。而上官桀的孙女只有6岁，汉昭帝年龄也非常小，霍光没有同意。但是上官桀不死心，他找到盖长公主，对盖长公主说："现在朝中霍光一人独揽大权，我也奉命辅佐幼主，可是霍光处处阻拦我，就连我想把我的孙女送进宫中，霍光都不让。我看他是很有野心啊，公主也不得不防，不知他还听不听公主的话？"

盖长公主一听，十分生气，心想：你不让上官桀的孙女入宫做皇后，我偏让，看你怎么办！她立即下令接上官桀的孙女入宫。

霍光想阻拦，但又怕别人说他目中无公主，连皇上姐姐的话都不听，只好忍了下来。

上官桀的孙女成了皇后，上官桀因此被封为安阳侯，他的儿子上官安也被封为桑乐侯。

上官桀如愿以偿，当然不会忘了盖长公主，他挖空心思讨好盖长公主。后来，他听说盖长公主有个情人叫丁外人，是盖长公主手下的一个仆人。上官桀找到霍光，对霍光说："将军，给盖长公主一个面子，不瞒你说，盖长公主有个情人叫丁外人，至今没有官职，不如封他个侯，盖长公主也有个台阶下啊！"

秦朝汉代

霍光一听，大怒道："盖长公主与丁外人有私情我不管，但是丁外人无功，我不能封他。高祖在世时，曾经杀马誓言'无功不封侯'。我既然辅佐皇上，我就不能破了规矩。"

上官桀自讨了个没趣，当然不甘心，便把霍光的话告诉了盖长公主，并添枝加叶了许多。盖长公主也因此而忌恨霍光了。

桑弘羊也是辅佐汉昭帝的一位大臣，他也想借此机会扩大一些自己的权力，让自己的子弟在朝中谋个职位。可是霍光不给面子，一口回绝了他的要求。桑弘羊十分气愤，心想：你我同朝为臣，共同辅佐幼主，你为什么权力无边，而我则连给自己子弟谋个职位的权力都没有，我岂能如此受制于你？

桑弘羊知道自己身单势孤，无法和霍光抗衡，便与盖长公主和上官桀勾结在一起。盖长公主和上官桀也想多拉拢一些大臣，所以很快就达成了一致。三人相互勾结，伺机陷害霍光。

有一次霍光去检阅御林军，他怕上官桀等人乘机到自己府上作乱，便把一名校尉调到他的将军府里护院。

上官桀本想到霍光府中作乱，可一看有人把守，也不敢硬攻，便又生一计，想置霍光于死地。

他派人冒充燕王的使者，怀里揣着假造的燕王的信。

这个冒牌使者，见过了年仅14岁的汉昭帝，便把信呈上。

汉昭帝看过信后，大怒。原来信的内容是这样的：大将军霍光检阅御林军，坐的车马和皇上的一样，而且擅自调用校尉，看来想谋权篡位。我愿到皇上身边，保卫您的安全！

那个使者出来之后，把汉昭帝大怒之事向上官桀说了一遍。上官桀哈哈大笑，心想：霍光你必死无疑。

霍光也得知了此事，知道有人暗害于自己，但又怕幼主无知，错杀了自己，让奸人得逞。

第二天，霍光见到汉昭帝，便跪倒，说道："臣有罪。"

汉昭帝用手相扶，说道："大将军何罪之有，那封信分明是别人想暗害于你。燕王远离北方，他怎么能知道你调用校尉之事呢？那一天我之所以大怒，是因此恨这些暗害你的人。"

霍光和其他大臣听了，都十分佩服这个年仅14岁的小皇帝。上官桀等人一计未成又施一计，想暗杀霍光，但被别人走露了消息。昭帝得知后，立即派人把上官桀一伙人统统追捕归案。

　　年轻有为的汉昭帝不幸早逝，年仅21岁。霍光和皇太后商量，既然昭帝无子，就迎立汉武帝的孙子刘贺做皇帝。可是刘贺昏庸无道，即位仅27天，就做了很多不该做的事。

　　霍光心想：如果这样的人继续做皇上，汉室江山非毁了不可。他便和朝中几位大臣联名上书，请皇太后批准，废了刘贺这个昏君。

　　刘贺被废后，霍光等大臣又迎立汉武帝的曾孙刘询为皇帝，这就是汉宣帝。

　　霍光又辅佐汉宣帝，后来由于劳累而染病。公元前68年，这位辅佐幼主有功的大将军逝世，举国上下十分悲痛，皇上、皇太后亲自为他主持葬礼，而且把他安葬在汉武帝的陵墓旁边。霍光在黄泉之下又陪伴着汉武帝去了！

王昭君出塞

　　公元前74年，汉宣帝刘询继位，他强调"霸道""王道"兼治，重视吏治，使汉朝又出现了一个强盛时期。

　　公元前57年，匈奴内部发生了战争，5个单于争夺统治权，最后形成郅支单于和呼韩邪单于南北对峙的局面。从此匈奴分为南北两部分。

　　公元前52年，南匈奴呼韩邪单于和北匈奴郅支单于展开了一场激战。结果哥哥郅支单于打败了弟弟呼韩邪单于，南匈奴死伤了不少人马，而北匈奴仍在不断地追杀，呼韩邪为了部落的生存，决心投降汉朝。

　　公元前51年，呼韩邪单于亲自到汉朝都城长安见汉宣帝，对汉宣帝表达了要和汉朝重新修好的意愿。汉宣帝非常高兴，也想和南匈奴修好。由于呼韩邪单于是第一个到中原朝见的单于，所以汉宣帝像对待贵宾一样招待他。

　　汉宣帝率领文武百官亲自到长安城外去迎接呼韩邪，使呼韩邪非常感动。到了皇宫，汉宣帝在前大殿为他举行了盛大的宴会，并约定两国从此以后友好往来,互不侵犯。

呼韩邪单于在长安转眼已住了一个多月,汉宣帝以诚相待。但是呼韩邪心系自己的部落,想告辞回国。临行前,他对汉宣帝说:"如今我被北匈奴打了出来,我想请求陛下帮助我返回漠南,重振南匈奴。"

汉宣帝心想:既然呼韩邪和我已经修好,我就应该帮助他,重振南匈奴,打败和我大汉朝对立的北匈奴。于是他答应了呼韩邪的请求。

汉宣帝派长乐卫尉董忠、车骑都尉韩昌两员大将率领一万名骑兵将呼韩邪护送到漠南。汉宣帝得知南匈奴正闹粮荒,先后派人共送去3.4万斛(古时候10斗为1斛)粮食接济南匈奴人。

公元前49年,汉宣帝逝世,他的儿子奭即位,称汉元帝。北匈奴的郅支单于恨透了汉朝,他本想吞并南匈奴,可是由于汉朝支持南匈奴,一直无从下手。现在他看汉宣帝死了,心想机会来了,立即出兵侵略西域各国,甚至还杀了汉朝派去的使者。

汉元帝岂能受此屈辱,立即亲自带兵攻打北匈奴,又派人去联合西域各国共同攻打北匈奴。汉元帝在康居大败北匈奴,活捉了郅支单于,将他处死。

郅支单于一死,呼韩邪的地位就稳定了,西域各国的人民也都安定了下来。

为了表示和汉朝永远和好,公元前33年,呼韩邪第二次来到长安。汉元帝也是非常热情地接待了他。

呼韩邪请求汉元帝答应他跟汉朝联姻。汉元帝从国家稳定和民族友好方面考虑,答应了呼韩邪。

汉高祖时,与匈奴和亲,都是从公主或者宗室的女儿中选取,这次汉元帝决定从宫女中选一个人,嫁给呼韩邪。

汉元帝派画师毛延寿去给宫女画像。他想从宫女中选一个不太美的嫁给呼韩邪。

毛延寿是个贪财的小人,哪一个宫女给他贿赂,他就给她画美一点。家住南郡秭归(今湖北)的宫女王嫱,字昭君,长得姿色艳丽,深明大义,但不懂得贿赂,结果被毛延寿一笔带过应付了事,还在昭君脸上画了一个比榆钱儿小一点的黑痣。

后宫的宫女实在是太多,而皇帝临幸的宫内嫔妃、宫女没有几个,所以宫女无异于民姑，她们渴望有一天能离开宫中，过一种真正的正常人的生活。但一听说去匈奴，却没有人愿意，她们都知道匈奴人野蛮，而且又远在几千里之外。

汉元帝看完宫女的画像，便决定把王昭君嫁给呼韩邪。

王昭君本不愿意嫁到匈奴，但是皇上有命，而且王昭君知道这是为两个国家修好，所以就想通了，开始学习匈奴语言，演奏西域地方乐器，以适应西域的生活。

按照汉朝的风俗习惯，汉元帝选良辰选吉日，为呼韩邪单于和王昭君在长安举行成亲庆典。呼韩邪单于一见到王昭君，便被她的美貌所倾倒。

呼韩邪要娶新娘子王昭君回到匈奴了，他们夫妻二人一起拜见汉元帝。汉元帝看到王昭君美丽又大方，与画像上的判若两人，心想：我后宫中还有这等美女。他有心想把昭君留下，可是身为一国之君，怎么能出尔反尔呢，只好率领文武百官为他们送行。

王昭君即将远离京城，远离繁华的都市，远离亲人，心情十分沉重，她又痛恨那个画师，复杂的心情，不免带有几分怨恨。她骑上马，怀抱琵琶，迎着寒风和漫天的风沙，边走边弹奏，后来人们把这支曲子称为《昭君怨》。

昭君虽然有怨恨，但她深明大义。到了匈奴后，她开始帮助呼韩邪发展匈奴的生产事业。也就是从这时起，匈奴人从汉朝引进了农业生产工具，昭君教会了他们如何使用。匈奴的农业逐渐发展了起来，改变了游牧生活的习惯，开始了定居生活。

昭君成为呼韩邪单于的"宁胡阏氏"（君主的正妻），但她并不骄纵，不仅精心服侍单于，而且体贴爱护臣民。昭君用自己的智慧和勤劳的双手、高尚的品德，帮助单于创造了匈奴族的繁荣景象，她也因此受到汉人和匈奴人的喜爱和尊敬。

汉元帝自从送走昭君后，越想越后悔，一气之下，命人杀了毛延寿。昭君出塞后，很少有机会回到汉朝，但她十分思念家乡，思念家乡的亲人，经常派使臣前来汉朝，有时给汉朝皇帝带一些匈奴特产。汉朝皇帝也非常高兴，再派人捎回一些东西，帮助匈奴人。

自从昭君出塞后，匈奴人和汉人保持着友好的关系，昭君的功劳显而易见。

后来呼韩邪单于死后,其前阏氏之子继承单于,汉成帝又命昭君从胡俗,昭君又成为后单于的阏氏。但是昭君始终不忘自己的使命,继续和汉朝保持友好关系,汉匈之间有60多年没有发生战争。

王昭君年老的时候,立下遗嘱:死后安葬在归化(今内蒙古自治区呼和浩特市)郊外,至今昭君墓还在这里。昭君非常怀念自己的国家,想念家乡的亲人,她想死后也能遥望自己的父母之邦。

昭君去世后,她的子女在归化郊外选了一块小坡地。由于小坡地向阳,所以这里水草丰茂。按照王昭君的遗嘱,她的坟墓坐北朝南,正好可以遥望汉朝都城长安。

说来也奇怪,归化郊外只有在夏季很短的一段时间才长青草。可在昭君墓上的草长得特别茂盛,而且一年四季几乎都是长青。因此后人又把昭君墓称为"青冢"。也有人说昭君化成了神仙之体,她希望匈奴和汉朝的关系永远长青,当然这只是一种离奇的解释而已。

王昭君为了汉朝和匈奴人的友好相处,远嫁塞外,受到了后人的称赞,她的故事代代相传。

王莽改制

公元前33年,王昭君出塞,不久汉元帝去世。他的儿子刘骜继承了王位,就是汉成帝。

汉成帝一继位,他母后家族便开始掌握朝中各个要职。汉成帝尊母后王政君为皇太后,又在母后的提议下,拜大舅王凤为大司马大将军,封王家10人为侯、5人为大司马。

汉朝一些老忠臣看不惯,便向汉成帝上疏,阐述不能让外戚专权,应从吕后夺权之事吸取教训。

这事让皇太后知道了,她十分气愤,命人将几个老忠臣斩首。

这种历史上空前的外戚专权的政治局面,使得王莽有机会夺权,为西汉的灭亡埋下了祸根。

王莽的父亲是王曼,是皇太后的同父异母兄弟。但是王曼在成帝登基之前就死了,因此在王政君被封为皇太后、王氏5人被封侯时没能得封。

王家的这些人得到了朝廷的封赏，又担任了许多要职，再加上有靠山，因此在朝中颐指气使，专横跋扈。他们的子弟也一样，不学无术，整日游手好闲，在长安城玩鸡斗狗，花天酒地。

但是王曼之子王莽却与他们大相径庭。由于他父亲早逝，没有得到封赏，所以家境贫寒。王莽生活十分俭朴，而且非常勤劳。在家里，他非常孝顺自己的母亲，对早逝的哥哥留下的寡嫂和侄儿也很关心。但是这些情况并没有阻止王莽刻苦读书的劲头。他知道叔伯等人都在朝中当大官，一旦他读书有成，定会得到他们的引荐。所以王莽虽然年纪轻轻，却也博读诗书，把四书五经读得滚瓜烂熟。

机会终于来了，做了皇太后的王政君想到了王曼留下的妻儿，派人把王莽一家人接到宫中生活。王莽有机会结交上层社会的人了。由于王莽很有知识，所以在社会上经常与文人学士交往，而且非常谦恭有礼，得到了社会文人的普遍称赞。

他对自己的伯伯叔叔更是拼命地巴结，事事小心，恭顺备至，希望有一天得到他们的栽培。

有一年，担任大司马、大将军的王凤得了重病，王莽日夜服侍，跟孝敬自己父亲一样孝敬他。王莽为王凤煎汤尝药，擦洗梳理，端屎端尿。为了照顾好大伯父，他顾不得自己洗脸理发，夜里和衣而卧。一个多月后，王凤好多了，而王莽却瘦了几圈。王凤非常感动，认为这孩子非常孝顺，比自己的亲儿子还好，因此特别喜欢王莽。再加上王莽肯读书，也很有学识，更得到了王凤的赞赏。王凤临死前，向皇太后和汉成帝推荐王莽，王莽被任命为黄门郎，不久又升迁为射声校尉。年仅24岁的王莽开始了仕途生涯。

王凤死后，王莽的叔父王商也非常喜欢这个侄子，经常拿王莽教育自己的儿子。公元前16年，成都侯王商上书成帝，推荐王莽，朝廷中的儒学名士也纷纷举荐，汉成帝封王莽为新都侯，晋升为骑都尉、光禄大夫、侍中。又过了几年，大司马骠骑将军王根年老而退，他不想让大权旁落，又举荐自己的侄儿王莽，汉成帝同意了。王莽终于做上了大司马，他那时只有38岁，就掌握了朝政大权。

王莽当了大司马后，更加礼贤下士，俭朴自律，深受朝中大臣们的尊敬。

公元前 7 年，汉成帝死了，他的侄子刘欣继位，就是汉哀帝。汉哀帝继位，虽然尊王政君为太皇太后，但是外戚傅、丁两家的势力压过了王家。王莽适时而退，回到了自己的封地，闭门不出，被大臣们称赞为有古人风范。

汉哀帝酒色过度，只做了 6 年皇帝就死了。他没有儿子，太皇太后就把汉哀帝的堂弟刘衎立为皇帝，就是汉平帝。那时汉平帝仅 9 岁。太皇太后又把王莽召入朝中，重新担任大司马。这样，朝中的大权便落到了王莽手中。

王莽当上大司马后，吸取了教训，找借口消灭了傅、丁两家的势力，为自己的夺权扫清了道路。

公元 2 年，郡国大旱，王莽拿出自己的钱财来救济贫民，深得百姓的爱戴。

公元 3 年，太皇太后为平帝挑选皇后，大臣们认为王莽的小女儿，又聪明又漂亮，应该做皇后。但王莽不同意，说自己的女儿无才无德，不合适。大臣们纷纷上书，太皇太后这才立王莽的小女儿为皇后。王莽也因此得到了大臣们的普遍称颂。

平帝渐渐长大，看到自己的母亲只被封为中山王后，而两个舅舅为关内侯，都留在中山封地上，不许来京城，不免有些怨恨，不时会吐出几句怨言。

王莽知道，一旦平帝长大，就会要了自己的脑袋，所以他先下手为强。公元 5 年，他乘机用毒酒毒死了汉平帝。

平帝死后，王莽从刘家宗室中选了个两岁的婴儿立为皇帝，叫做孺子婴，王莽自然当上了假皇帝（假，代理的意思）。

朝廷里的大臣们，有好多想做开国功勋，便用迷信的东西鼓吹王莽应做皇帝。

这一次王莽没有推辞，公元 9 年，王莽正式做起了皇帝，改国号为"新"。西汉终于随着王莽的登基而灭亡。

王莽做了皇帝后，进行了改制。

他宣布：全国土地改称"王田"，不准买卖；奴婢改称为"私属"，禁止买卖；平定物价，改革币制。

王莽改制具有明显的复古主义色彩，不符合历史发展的潮流。因此矛盾不但没有解决，反而加深了。

王莽还出兵攻打匈奴和高丽，激起了他们的反抗。

王莽改制给人民带来了无边的痛苦，人民忍无可忍，终于起来反抗，农民大起义在全国各地兴起。王莽在农民起义的怒吼中，带着他的倒行逆施，被历史埋没了。

刘秀忍辱建东汉

王莽登上皇位后，改国号为"新"，他的复古改制，造成了社会危机的爆发。

公元15年，在现在的山东省莒县爆发了樊崇领导的赤眉起义。公元17年，王匡、王凤等率饥民起义，他们以绿林山为根据地，所以又称绿林起义。各地豪强地主和汉朝那些没落贵族也开始反抗王莽。最为突出就是西汉王朝的宗室刘玄、刘秀兄弟领导的舂陵军。

刘秀字文叔，是汉高祖的嫡系血脉。七世传到刘秀父亲一辈：刘钦、刘良、刘子强。刘秀是刘钦最小的儿子，他还有两个哥哥：刘演、刘仲。刘子强也有两个儿子，大儿子刘玄，次子已死。

由于刘钦和妻子早亡，哥仨便和叔父刘良生活。绿林、赤眉起义后，他们也想造反，复兴汉室。

刘秀和两个哥哥一商议，知道自己的力量弱小，便决定投奔绿林军，到了绿林军正好遇上叔父刘子强的儿子刘玄。他也想匡复汉室，也投奔了绿林军。

绿林、赤眉起义军队伍不断壮大，其他各地起义军纷纷加入，声势浩大，终于惊动了王莽的新朝政府。王莽听到这个消息，又惊又怒，急忙调大司徒王寻、大司空王邑二人回城统帅大军。

由于绿林军节节胜利，成千上万的百姓也纷纷加入队伍，义军很快发展到10万多人。当大军把宛城攻打下来后，大伙儿推举刘玄为皇帝，历史上称为更始帝。

起义军在围攻宛城的同时，刘秀、王凤、王常等人已经占领了昆阳、定陵和郾城。

公元23年，大司徒王寻、大司空王邑终于集合了42万人马向起义军反扑,妄图一举消灭绿林军。王莽对他俩说:"你们一定要打败绿林军,只有这样,我们才有机会再收拾赤眉军,否则我们的江山难保啊!"二人已得知刘玄在宛城称帝了,知道王莽心里非常害怕,便说道:"陛下,请放心,我们一定把绿林军消灭掉,再回来见您!"

新朝大军开到昆阳,把昆阳城包围了里三层外三层,真是风雨不透、水泄不通,到处战旗飘扬,气势十分嚣张。

然而驻守昆阳的义军只有八九千人,面对几十万大军兵临城下,有的义军将领非常恐慌,有人竟然想放弃昆阳,分散军队,各自逃跑,王凤也愁得直叹气。刘秀找到王凤说:"目前,敌军层层包围,我们无法与他们抗衡。但决不能弃城而逃,那样必然会被敌军追杀。目前,我们只有坚守昆阳,派人突围出去,到郾县、定陵搬兵求救。"王凤也没有别的良策,只好依此计试一下,便对刘秀说道:"这确实是一个办法,但不知派谁突围出去。"刘秀道:"如果将军放心的话,我打算和李铁、宗兆等人率兵突围。"王凤点头答应。

夜里,敌营放松了警备,刘秀带领十几名兵将冲出城去。王凤、王常派弓箭手掩护,他们经过一番厮杀,终于突破了重围。刘秀、李铁等人分别到郾县、定陵搬兵。

王寻、王邑知道昨天夜里绿林军有人逃了出去,猜想是去搬兵了,所以第二天早晨就开始攻城。大将王凤、王常很有作战经验,指挥绿林军坚持守城,打退了官兵一次又一次的猛攻。两军进入了相持阶段。但是绿林军人数太少,眼看着就要守不住城了。

正在这紧要关头,刘秀率领着 6000 名援兵飞驰而至,兵将来势凶猛,人数虽然不多,但个个英勇善战。霎时间,刀光剑影,血肉横飞,拼杀声、叫喊声连成一片。刘秀身先士卒,手中的宝剑上下翻飞,官兵挨上就死,碰上就亡,被打得节节败退,一片混乱。而那两位大将军王寻、王邑却在帐中饮酒作乐,他们想:绿林军困在城中,饿都得饿死,忽听得喊杀之声,惊天动地,他们才慌忙出帐,骑上战马去指挥。而这时,昆阳城里的将士又突然从城中杀出,官兵前后受敌,四处溃散,伤亡惨重。

王寻、王邑知道大势不好,再也没有心思指挥战斗,带领几个亲信逃命去了。官兵一看主帅都逃了,谁也不愿再卖命了,他们本来对王莽就有些不满,一看主帅逃跑,也都跟着逃跑。40 万大军一溃败,如山洪爆发，相互践踏。军营附近有条河叫滍水，官兵们都想从水里逃生，一齐拥向那里，又死了许多人。绿林军越战越勇，脚踏着王莽军的尸体，一路追杀。40万大军大伤元气，主帅王寻被绿林军杀死，王邑混乱之中逃跑了。

这就是历史上著名的昆阳之战。从此，刘秀的威名大震。

昆阳大捷后，绿林军乘胜攻打洛阳和长安。由于王莽主力军被消灭，绿林军势如破竹，所到之处毫无阻挡。王莽吓得魂飞魄散，刚想逃跑，就被绿林军乱刃分尸。15年的新朝政权被推翻了。

王莽政权被推翻后，刘玄便把都城从宛城迁到长安，做起了真正的皇帝。

那时刘仲和刘秀由于昆阳大捷，威望高过刘玄，有人便想暗害二人。刘秀非常聪明，退避三舍，结果更始帝刘玄听信谗言，杀了刘演。

刘秀听说哥哥被杀，心如刀绞，但他没有表现出来，而是骑着快马赶到宛城向更始帝赔不是，和更始帝有说有笑。更始帝倒觉得对不起刘秀了，封刘秀为破虏大将军，但他怕刘秀反叛，所以不重用刘秀。

由于战争，各地百姓的生活受到了严重影响，更始帝派刘秀去安慰河北百姓。

刘秀到了河北，立即废除王莽时期的苛捐杂税，带领百姓发展农业生产。他亲自带领将士下乡耕地、播种，深受百姓的爱戴，当地的官吏对他很满意，都抢着拿酒食去慰劳他。

刘秀在河北招兵买马，扩充实力。那里有个名叫王朗的人冒充汉成帝的儿子，被拥立为皇帝。刘秀杀了王朗，刘玄得到这个消息也非常高兴，封刘秀为萧王。

但是刘玄知道刘秀招兵买马想造反，所以又派自己的人到河北任地方官以监督刘秀。刘秀继续扩大自己的力量，招兵买马，积草囤粮，并杀了刘玄派来的地方官，派自己的爱将吴汉、耿弇去征发沿边10郡的精锐士兵。由于刘秀深得人心，许多人都愿意参加刘秀的队伍，因此刘秀的队伍不断扩大。自从刘秀杀了刘玄派来的地方官之后，刘玄又派人来任地方官，但刘秀根本不听他们的，开始了自己的独立活动。

公元25年，刘秀称帝，就是汉光武帝。他仍用"汉"号，改年号为"建元"。

由于刘玄生活腐化，吃喝玩乐，引起了赤眉军的不满。赤眉军攻破长安，另立刘盆子为皇帝，刘玄被绞死。

公元 26 年，刘秀派兵在宜阳层层包围了赤眉军，赤眉军大败，刘盆子只好投降，献出了玉玺。刘秀统一了全国，定都洛阳。为了和刘邦建立的汉朝相区别，历史上称刘秀建立的汉朝为东汉，或者后汉。

光武帝休养生息

刘秀称帝之后，便想统一全国。他先派兵攻占长安，后又用了 20 多年的时间，逐步消灭了各地的义军。

从王莽建立新朝政权到刘秀统一全国，这几十年的时间，战争不断，最受苦的就是百姓。他们种的庄稼有时被战争破坏得颗粒无收，再加上苛捐杂税，农民生活十分困难，怨声载道。

光武帝看到这种情景，决定仿效文帝、景帝，推行休养生息的政策。他知道只有这样，才能得人心、匡复汉室，确保天下太平。

光武帝看到当时的奴婢生活在最底层，没有一点自由，和过去的奴隶没有什么区别。于是，他决心解放奴婢，下了九道禁止残害奴婢的命令。

光武帝对那些杀害奴婢的官吏严加治罪。有一次，一个地方官吏杀了一个奴婢，光武帝得知后，亲自下令：杀了那个不称职的地方官！一命抵一命，从此再也没有人敢违背光武帝的命令了。被解放的奴婢非常热情地投入到农业生产的大军之中。

光武帝看到战争时期的苛捐杂税非常重，便下令废除王莽时期的各种苛捐杂税，百姓们非常高兴。

这时东汉的经济已经缓慢地恢复了。公元 30 年，光武帝把田租从十税一恢复到西汉时期的三十税一，百姓们手中的余粮逐渐增多，人们都安心发展农业生产，社会也稳定了下来。看到百姓过上了好日子，光武帝心中也有一种成就感和幸福感。他知道百姓是根本，只有得人心者，才能得天下。

光武帝废除苛捐杂税，又减轻田租，并很好地控制了财政开支。他提倡节俭，而且他还从自己做起。历史上各代帝王，嫔妃、宫女成百上千，有的甚至上万，但是光武帝对女色看得很淡。后宫只有一名皇后，几名嫔妃。而且他还严格控制她们的开支，规定每天或每月吃穿花销的数量，仅此一项，就节省了大量钱财。

光武帝知道官逼民反的道理，所以他特别注意整顿官吏，特别是地方官。有一次他对一个贪官说道："你代表的不是你自己，而是我汉朝满朝文武的形象，甚至可以说是代表我的形象，你这样肆意搜刮民财，百姓不仅仅对你有怨言，对我们汉朝江山都有怨言，百姓一旦爆发，我们的江山就难保，你懂吗？"这个贪官被光武帝治了罪。由于光武帝经常派人微服私访，有时候自己也亲自去察看地方官吏的活动，所以官吏很少有贪赃枉法的。这样一来，社会秩序明显好转，有好多地方出现了"官爱民，民拥官"的新气象。

光武帝知道百姓最痛恨战争。因此，他为了推行休养生息政策，他对用兵十分谨慎。那时候，匈奴的势力又有所扩大，但是匈奴不敢直接来犯，而是鼓动别人来侵扰中原。有一个叫卢芳的人，就是匈奴培养出来的"代理者"。他依靠匈奴的力量，出兵占领了晋北、陕北和内蒙古一带。最可气的是，卢芳在那里又宣布称帝。

光武帝实在是忍无可忍，派兵去攻打。卢芳根本敌不过汉军，向光武帝投降。光武帝出于仁慈之心，把他放了，还让他留下来，管理那些地方。可他贼心不死，又叛变了。光武帝再次出兵，又大败卢芳。卢芳只能逃到匈奴去避难。

有的大臣建议光武帝乘机消灭匈奴，否则匈奴迟早会威胁东汉政权。光武帝答道："依我们现在的实力，打败匈奴没有问题，但是攻打匈奴必然浪费大量人力、财力，我汉朝百姓刚刚过上安定的日子，农业生产也刚刚得到恢复，我们不能为了出这口气，而不顾百姓的死活啊！如果匈奴来攻打我们，我们一定能够齐心协力打败他们！"

由于光武帝不主张对外用兵，所以在他统治时期，战事很少，这也为他的统治打下了良好的基础。

光武帝的许多措施，都受到了百姓的拥护和支持。这些措施不是凭空想出来的，而是光武帝和满朝文武亲自调查了解，之后又再三讨论而得出的结论。

光武帝把主要精力都放在了如何处理朝政的问题上。从早到晚，他几乎没有空闲时间，后宫也很少去。大臣们也都非常敬佩光武帝，并在光武帝的影响和带动下兢兢业业，振兴汉室江山。

光武帝立儿子刘庄为皇太子。刘庄很年轻，看到光武帝日以继夜地处理朝政，很是不理解。

刘庄想看看父王晚上到底工作到几点。深夜，他进宫，一看父亲还在伏案批阅，两眼通红。刘庄也没有吱声，躲在一边看着父王。光武帝全神贯注地批阅，根本没注意到有人进来。

到了后半夜，光武帝批完了奏章，伏案而睡。刘庄呆呆地发愣，心想：父王是不是不回去了。他便悄悄地把大衣盖在了光武帝的身上，自己也找了个地方睡下。

第二天，天还未亮，光武帝醒来，一看自己身上多了一件大衣，向四处一看，发现儿子刘庄也在一角蜷缩而睡。光武帝赶紧叫醒了刘庄，说道："儿啊，你怎么跑到这里来了？"刘庄说道："父王，我想看看你办公到什么时候。"光武帝一听，笑了笑说道："我得把奏章批完啊，什么时候批完，什么时候休息。"刘庄道："父王，汉室兴复，大业显赫，你怎么还这样啊？"

光武帝有些严肃地说道："儿啊，你还小，虽然天下稍有成效，何足夸哉。如若因此而不理朝政，千秋大业必然会毁于一旦啊！"刘庄非常感动，心想：将来我做了皇帝，也要像父王一样，胸有大志。

由于光武帝建立东汉以后处处为百姓着想，全国出现了新的景象，社会安定，经济上升，百姓安居乐业。所以，历史上把这段时期称为"光武中兴"。

光武帝可以说是一代明君，他常对儿子们说：少说空话，多为百姓办实事。但是光武帝也有不足之处，就是把土地随意封赏给功臣王侯，这为后来各王侯之间抢占土地、互相打斗埋下了祸根。

巧败赤眉军

公元23年更始帝定都长安，整天吃喝玩乐，不理朝政。他大封宗室，纵容手下的士兵抢劫，因此大臣和百姓都对更始帝不满。

正在这时，樊崇率领20万赤眉军来攻打长安，推翻了更始帝刘玄。但他们却立了一个15岁的放牛娃刘盆子为皇帝，据说他的血统跟西汉皇族最为接近。

赤眉军占领长安后，地主武装却不支持赤眉军，对他们实行经济封锁，掐断了赤眉军的粮食供应线。赤眉军无法，只好带兵北上。

这时，光武帝手下有一员战将叫邓禹，年轻气盛，根本没有把赤眉军放在眼里，想乘赤眉军北上时消灭赤眉军。于是他率军在长安城内做好了埋伏。

向北方挺进的赤眉军，由于受到狂风暴雪的袭击冻死冻伤无数。樊崇没有办法，只好又掉头返回。

邓禹一看赤眉军又返回来，心想：你们又饿又冷又疲劳，我让你们死无葬身之地。所以他亲自率军阻截。哪里想到，赤眉军时穷节乃现，十分英勇，打得邓禹的军队连连后撤。赤眉军又进驻了长安城。

刘玄的遗部李宝也想乘赤眉军危难之际，彻底打败他们，所以率领大军突袭长安城。邓禹被赤眉军打败，心有不甘，一看李宝率领大军攻打长安，也立即率兵攻打长安。他想，两路大军一定能大败赤眉军，然后他再找机会消灭李宝的军队。

但是他们都想错了，赤眉军同心协力，一路打李宝，一路打邓禹，奋勇杀敌，赤眉军又取得了很大的胜利。

赤眉军进驻长安后，地主和富商屯积粮食，长安又发生了饥荒，天天有人饿死。樊崇没有办法，只好率军西进，但西边也发了饥荒，也找不到粮食，而且豪强地主处处拦击他们。没有别的路可走了，赤眉军只好向东挺进。

光武帝以为这是消灭赤眉军的一个良机，便派孟津将军、阳夏侯冯异领兵出战。

冯异惧怕赤眉军的实力，不敢直接交锋，始终处于僵持状态。光武帝又派邓禹前去支持。但邓禹和冯异关系紧张，无法合力作战。

光武帝有些焦急，三次下令邓禹火速出击。邓禹没办法，下决心和赤眉军决一死战。

有一天，邓禹听说赤眉军正在湖阳运粮，立即带领大军去抢粮。因为军粮供应迟缓，邓禹的军队总吃不饱饭。邓禹率领大军追上赤眉军，一看有粮食，眼都红了，奋勇杀敌。赤眉军也不恋战，边打边撤，过了一会儿，赤眉军都跑光了。邓禹的军队哈哈大笑，但是一搬粮袋，觉得太重了,用剑一挑开,里边原来是泥土。邓禹知道上当了,可就在这时,赤眉军漫山遍野,如猛虎下山一样,和邓禹的军队展开了激战。邓禹大军被打得四处逃窜。邓禹见势不好,只好带领残兵败将撤下来,冯异及时增援,邓禹的性命才算保住。

二人看着残兵败将,反而和好了,开始共同思考如何打败赤眉军。冯异对邓禹说:"将军,赤眉军果然很厉害,如果我们硬拼,肯定不是他们的对手,何况我们刚刚打了败仗,他们士气正旺,我们不如想一想别的办法,智取赤眉军。"

二人在帐中,整整憋了好几天,终于想出了一条妙计。

邓禹派人给赤眉军下战书,约定时间和地点会战。冯异带领军队和赤眉军展开正面战斗。冯异带的人马不多,边打边撤,老实忠厚的农民军不知是计,一看冯异撤了下去,立即派兵追杀。到了崤山下,冯异不再撤了,和赤眉军展开了激战。而正在这时,埋伏在周围的汉军一起冲了上来。这些汉军打扮得和赤眉军一样,但他们在头上做了暗记,能分辨出敌我来,而赤眉军并不知道,一时间乱了方寸,根本分不清哪些是汉兵,哪些是赤眉兵,只好等着挨杀。有的赤眉兵气坏了,抢起大刀就砍,有时砍死的都是自己的弟兄。

赤眉军被打得晕头转向,正在这时,冒充赤眉军的汉兵大喊:"投降,投降!"其他的赤眉军也纷纷跟着投降,因为他们也知道,不投降,也分不清敌我来,只有死路一条。这一战,打死打伤赤眉军有几万人,收编投降的赤眉军也有八九万人。

樊崇一看大势不好,带领着剩下的十来万赤眉军,向宜阳(今河南宜阳县)方向逃去,而这里边仍然有冒充赤眉军的汉军。

光武帝得知赤眉军逃跑的方向后,早已做好了埋伏。樊崇刚一到,还没来得及喘气,光武帝就率领人马杀了过来,而冒充赤眉军的汉军也在队伍中杀开了。赤眉军又乱了,再加上一路劳累,根本没有战斗力了。樊崇知道再战下去,非得全军覆灭不可,他为了保住这些弟兄的性命,便和光武帝谈判。

光武帝答应了樊崇的要求:不杀刘盆子和投降的赤眉军。

光武帝为了稳住军心,立即派人给这些投降的赤眉军准备了一顿丰盛的饭菜。赤眉军觉得光武帝体贴民心,都归顺了光武帝。

轰轰烈烈的农民起义就这样彻底失败了。

光武帝把刘盆子、樊崇等诸多将领带同洛阳，赐给他们房屋和良田，让他们在洛阳附近安家落户。

　　樊崇虽然在洛阳有了住处，但他知道光武帝是不会放过他的。果然不出所料，没过多久，光武帝便找借口，说樊崇等人密谋造反，下令逮捕。

　　樊崇临死前，对光武帝说："陛下，我知道我早晚必有一死，但是你不能背信弃义，决不能杀了我的弟兄们！"

　　光武帝心里默默佩服樊崇，但他知道留着樊崇后患无穷，还是杀了他。光武帝没有杀赤眉军战士，而是将其他的将领找借口杀了。赤眉军的势力彻底被消灭了。

　　光武帝奖赏了邓禹、冯异及全体将士，赐给冯异、邓禹无数金银珠宝，命他们继续镇压农民起义。

　　汉军施计，巧败赤眉军，确保了汉室江山的安全。

明哲保身

　　刘秀称帝时，他的宰相叫李通。李通是他的妹夫，也是和刘秀一起出生入死的弟兄。

　　李通是河南宛县人，由于他精通武艺，又熟读兵书，所以得到了王莽的器重，拜他为王威将军。

　　李通非常有远见，他看出王莽改制的实质，知道王莽的江山必然会灭亡，便称病告退。

　　王莽还真舍不得这员大将，一再挽留，但李通决心已定，毅然返回了家乡。

　　由于李通为人忠诚，又不干贪赃枉法之事，所以没有多少钱财。为了维持生活，他在家乡以贩卖谷子为生。

　　一次刘秀去买谷子，和李通结下了交情，二人越谈越投机。刘秀认为李通文通武备，而且为官清廉，将来一定是大将之材。而李通也非常佩服刘秀，他认为刘秀能屈能伸，度量大，而且有雄心壮志，将来一定有一番大作为。因此二人经常往来，有时彻夜长谈，论天下英雄豪杰，辩天下治国之道。

后来，刘秀起兵反王莽，便去请李通出山相助。开始之时，李通不同意，他想王莽毕竟对自己不薄。但后来，刘秀再三请求，李通终于答应了。

从此，刘秀在李通的帮助下，军队日益壮大。李通也跟着刘秀南征北战，东挡西杀，经历了无数困难险阻始终不动摇。从刘秀起义，到刘秀统一全国，李通的家族整整死了64人。李通可谓开国功臣。

刘秀认为李通为人忠诚，而且有勇有谋，便把自己的妹妹嫁给他，建立东汉后，又封他为宰相。

刘玄手下有个谋士叫卓茂，此人足智多谋。他看到刘秀在河北招兵买马、积草屯粮，便劝刘玄杀了刘秀。刘玄没有听，卓茂一气之下离开了刘玄，临行前说道："刘秀得天下的日子不远了！"

刘秀得知有一个叫卓茂的人劝刘玄杀自己，认为此人很有远见，便四处寻访，终于遇见卓茂。他对卓茂不但没有恨意，反而十分敬佩，卓茂也被深深打动，后来做了刘秀手下的谋士。

刘秀对卓茂的话，非常信任。

有一天，卓茂对刘秀说："王莽当上宰相后，收买人心，网罗亲信，一步步深入朝廷。后来，他又诛杀异己，把自己的爪牙布满朝廷。最后，王莽重权在握，自己篡权夺位。因此宰相一职十分重要，不可不防啊！"

后来刘秀建立东汉后，对卓茂的话也一直没有忘记，他也觉得宰相一职事关重要，不能轻易任命宰相，否则对自己的皇位有威胁。

李通做了宰相后，刘秀虽然十分信任他，但重要之事从不和李通商量。李通开始还认为刘秀忘恩负义呢，但后来一想，便明白了，原来皇帝是怕被宰相架空，有其名，没有其权，怕出现王莽夺权之事。

李通非常聪明，自从他知道了刘秀的心思后，便处处回避，尽量少参与朝政。他心想：多少把握要职的大臣，因为皇帝不信任而被害死了。我应该激流勇退，明哲保身！

于是，李通便和夫人商量，想告老还乡。李通的夫人一听，十分生气，以为是哥哥刘秀难为李通了，也没有说什么，便悄悄地离开了家。

原来李通的夫人是找哥哥算账去了，见到哥哥，她气呼呼地说：

"皇兄,你也太不讲情面了,李通一家人为你出生入死,没有功劳,还有苦劳呢,你什么逼着他辞官呢?"

刘秀丈二和尚摸不着头脑,不知怎么回事。他从小就非常宠着小妹,所以今天也没有生气,笑着问道:"小妹,为何说此话啊,我根本没有逼宰相辞职啊!"

李通夫人又和哥哥说了几句,便回到了家。

刘秀知道李通要辞职,便立即召见李通,对他说道:"你随朕出生入死,劳苦功高,朕怎么舍得你离开呢?"

李通道:"陛下圣明,臣也想继续辅佐您,可是多年征战,臣身体欠佳,恐怕有其心而无其力啊!"

光武帝又道:"今虽有病,但病愈之后,仍可扶助朕。还是留下,安心休养吧!"

李通从此便称病而不上朝了,宰相的位置仍是李通的,可权力却没有了。李通也乐得清闲,每日陪夫人散心游玩,再有空闲,便找友人下棋聊天。刘秀也十分高兴,他正希望宰相少参与政事。

后来李通退回了宰相的印绶,便告老还乡了。光武帝认为李通一生功绩显赫,便封他的儿子做了侯爷。李通去世时,他还亲自去吊唁。

李通辞去宰相一职后,接替他的是韩歆。

韩歆不善于察言观色,更不懂得明哲保身。他当上宰相之后,认为自己在一人之下、万人之上,总想干出点成绩来,给朝中的其他大臣做个榜样。但他不知道这正是光武帝所忌讳的。

光武帝渐渐对韩歆产生了反感,认为再让此人做宰相,定会威胁自己的皇位。因此他便等待时机,抓住韩歆的错误,辞了他。

有一次,韩歆失言说:"天将有灾。"那时人们非常迷信,如果天有灾,便认为是皇帝无道。因此光武帝大怒,罢免了韩歆,令他回归故里。

韩歆没有想到自己因为一句话就被罢了官。他回到了故里,开始了宁静的生活。但是光武帝怕他心有不满,便派人给他送去一坛酒。韩歆实在是想不通,为什么光武帝非要置自己于死地。他仰天长叹:"老天,为什么对我如此不公,我为汉室江山日夜操劳,做了宰相,我仍是兢兢业业,为皇上分忧解难,可为什么皇上对我如此狠心啊?"说着,他一仰脖,毒酒下肚,倒地而亡。

韩歆到死也不明白明哲保身的含义。

韩歆以后的宰相，也不懂得明哲保身，结果都被光武帝找借口，罢免了官职，打入牢狱。

李通之所以得到光武帝的尊敬，善始善终，是因为他看透了光武帝的心思，便在国事面前，装糊涂，少参与。而后来的几任宰相都不懂，因此都落得个革职诛杀。

但是光武帝也并不是不允许大臣们参与朝政，他非常愿意和那些手无大权的大臣们商议国事。光武帝认为那样既可以保证自己的皇位没有人争夺，也可以保证把国家大事处理好。

光武帝在位期间，非常注重官位低下的尚书，对于高官位，尤其是宰相，则置之不理。

后来朝中的重臣也纷纷效仿李通，凡事装糊涂，明哲保身，反正也没有什么坏处。

宋弘不忘糟糠之妻

湖阳长公主是光武帝的姐姐，公主的丈夫是光武帝手下的大臣。二人生活很愉快，可是好景不长，光武帝刚做了几年皇帝，湖阳长公主的丈夫就病逝了。

公主悲痛不已，非常怀念自己死去的丈夫。从此以后，湖阳长公主对什么事都不感兴趣了，而且从此也没有了笑容，整日郁郁寡欢。

光武帝对自己的兄弟姐妹感情特别深。他对兄长、姐姐非常尊敬，对弟弟、妹妹也非常关心。他一看湖阳长公主如此伤心，便想再给姐姐找一个丈夫。但他不知道姐姐喜欢谁，身为一国之君，也没法和姐姐商议此事，只好一拖再拖。

后来，有位大臣看出了光武帝的心事，便对光武帝说："陛下，不知湖阳长公主认为朝中大臣哪一个出众？"

一句话提醒了梦中人。那位大臣的话非常含蓄。我可以用此话去问姐姐啊！于是，光武帝去看望姐姐，看到姐姐如此消瘦，心想：只要姐姐有意中人，我就一定答应姐姐。

· 293 ·

光武帝问湖阳长公主:"姐姐,不知道您认为朝中文武百官哪一个最出众?"

湖阳长公主立即明白了弟弟的意思,脸一下就红了,她也想再找个丈夫,只是不好意思和弟弟开口,所以一直守寡。今日一听光武帝给自己再找一个丈夫,公主心里自然很高兴,但也没法直接回答喜欢某某,只能含蓄地回答。其实湖阳长公主心中早有喜爱之人了。她偷偷地爱上了大司空宋弘,她认为宋弘不仅相貌端庄,而且品德也很好。特别是宋弘对他的妻子很关心,简直让湖阳长公主有些嫉妒。湖阳长公主沉默了一会儿,对光武帝说:"我觉得大司空宋弘很出众,不仅人品好,而且文通武备,是个贤才。"

光武帝一听,大吃一惊,心想:姐姐啊,姐姐,你真是哪壶不开提哪壶。宋弘有家室不说,此人刚正,做事果断,从不畏惧权贵,我怎么好意思向他开口呢。他如果不答应,我的姐姐和我多没有面子啊!但姐姐偏偏喜欢他,光武帝只好硬着头皮对姐姐说:"此人太正直了。"

光武帝对宋弘很有意见,一是光武帝不想让朝中重臣把握大权,但大司空宋弘却把握大权不放手,而且敢于直谏,经常让光武帝下不来台,可是又没有借口罢免他,只好等待机会,而姐姐偏偏看上了他。

光武帝还想起一件事。有一次,一位大臣为了讨好光武帝,悄悄地送给光武帝一把精致的扇子。扇面上画着几个十分娇艳的美女。光武帝虽然不爱女色,但对这把扇子却情有独钟,爱不释手,经常拿出来,展开看一看。有一天,光武帝刚打开扇子,就被宋弘看见了。宋弘这个人非常正直,一看皇帝正在玩弄扇子,而且扇面上还有几个娇艳的美女,便神情严肃地说:"陛下,身为万民之主,不可贪色啊!"

光武帝听了很刺耳,但也没有别的办法,因为宋弘说得也对。光武帝表面上连声称是,可心里却十分讨厌宋弘,心想:你管得也太宽了吧,再说我根本不贪恋女色,我后宫中有几个妃嫔,你又不是不知道,你怎么敢如此大胆,直言不讳呢?太不讲情面了吧!

但是,姐姐却只喜欢宋弘,光武帝思前想后,最后决定与宋弘谈谈此事。

湖阳长公主没有说什么,只是和光武帝一起出了后宫,来到了殿上,湖阳长公主藏到了屏风后面。

光武帝召宋弘上殿，宋弘不知何事。过了一会儿，宋弘便来到了殿上，倒身下拜，光武帝让他免礼平身。

宋弘问道："陛下，召臣进殿，想必是有什么事吧？"

光武帝略微迟疑了一会儿，没有正面回答他，而是问道："你现在官拜大司空，身份高贵，听说你的夫人以前是平民出身。你有没有想过娶一个身份高贵的女人做妻子呢？"

宋弘一听，心想：皇帝知道自己有妻室，为什么这样说呢，莫非是想将湖阳长公主嫁于我。聪明的宋弘一下就猜对了，但他刚正不阿，有什么说什么，一点不遮掩。他答道："陛下，请想一想，想当初兴复汉室，有多少贫贱之交舍身相助，如今汉室大业显赫，但陛下没有忘记他们的功劳。臣之妻虽平民出身，但陪臣走过风风雨雨，不敢说相敬如宾，倒也恩恩爱爱，我怎能在富贵之时，忘了那糟糠之妻呢？"

光武帝也无言以对，心想还能再说什么呢？总不能逼着人家和自己的姐姐成婚吧，那样做也太丢我刘家的面子了。

宋弘走了，湖阳长公主从屏风后面走出来，脸上已挂满了泪花。

光武帝又心疼，又生宋弘的气。他一见姐姐哭得如此伤心，赶忙安慰道："姐姐，不要伤心，我一定会给你……给你找一个……好丈夫。"光武帝吞吞吐吐地说完此话，便把姐姐送回后宫。

光武帝出不来这口气，没过多久，便罢免了宋弘的官职。但是宋弘不忘糟糠之妻的故事却一代代传了下来。

董宣不磕头

光武帝的姐姐湖阳长公主，本来有一个称心如意的丈夫，可是没多久他就病逝了。公主从此抑郁寡欢，后来光武帝想给姐姐再找一个丈夫，可没想到姐姐看上了正直的宋弘。结果宋弘不忘糟糠之妻，没有答应这门亲事。湖阳长公主更是心情郁闷。看着姐姐整天没有笑容，光武帝想再给姐姐找一个，但被公主谢绝了。刘秀一看姐姐死了心，也只好作罢。

一次刘秀出宫，遇见一个年轻人，一群百姓正围着这个年轻人津津有味地听他讲笑话，不时地爆发出笑声。光武帝一时好奇，也走上前去，听了一个笑话，也不禁捧腹大笑。

光武帝派人把那个青年叫了过来，边上的人让他跪下，并告诉他这个人是当今天子。那个青年吓坏了，赶紧磕头。光武帝说道："不要害怕。告诉朕，你叫什么名字？"

"回皇上，小民叫黄凤阳。"

"家中还有什么人吗？"光武帝问道。

"家中只有小民一人，我一个人吃饱了，全家不饿。"

光武帝又被这个叫黄凤阳的青年逗笑了。说道："那好吧，随我一起进宫，给湖阳长公主讲笑话去，愿意吗？"

黄凤阳赶忙谢恩道："小民非常愿意！"

光武帝把黄凤阳安排到后宫，服侍姐姐，他没有别的任务，只要陪伴姐姐，给姐姐讲故事，让姐姐开心就行。

刚开始，公主还不习惯，可到了后来，也被逗笑了。光武帝得知此事后，又赏给黄凤阳许多财物。

黄凤阳不仅故事笑话讲得好，而且精明能干，很会办事，因此湖阳长公主很赏识她。而他依靠湖阳长公主的势力，在外边儿也是蛮横不讲理。

有一次，他奉湖阳长公主之命，到珠宝店去买珠宝。他看见贵台上放着的珍珠晶莹硕大，十分喜欢。一看价钱，他便大声说道："掌柜的，你这珍珠怎么这么贵，我看最多值300钱。"

掌柜的一看，是湖阳长公主的仆人，也不敢说别的，知道他有靠山，蛮横无礼，便说道："大爷，多给点钱吧，这珍珠乃上等品，最低也值500钱。"

可黄凤阳把眼一瞪，说道："500钱，不行，就300，给我装在盒里，包好！"

掌柜的没办法，只好把珍珠放在盒子里，递给了黄凤阳。他转身就想走，边走边说："钱，下次再说！"

正在这时，从里屋冲出一个小伙子，一把夺过那盒珍珠，气呼呼地说道："没钱，别想拿走！"这个小伙子不是别人，正是少掌柜的。

老掌柜的刚要过去相劝，黄凤阳却一下抽出宝剑，刺向了少掌柜，少掌柜躲闪不及，一剑被刺死。老掌柜就这么一个儿子，看见儿子死了，当时就晕了过去。

黄凤阳本来也只是想吓唬一下，可没想到一失手出了人命，他也不要那盒珍珠了，撒腿就往后宫跑。

老掌柜被伙计救活之后，就去县衙报案。洛阳县令叫董宣，此人公私分明，不畏权贵。他一听老人的叙述，又看见老人哭得死去活来，不禁大怒，下令："来人啊，速去捉拿杀人犯黄凤阳。"

县衙差人眼看着黄凤阳跑进了湖阳长公主府宅，只好回来通报董宣。董宣也知道不能到府上抓人，那样就是以下犯上。所以他率人在暗中观察，等黄凤阳出宅。

再说黄凤阳杀了人，慌慌张张地跑进府中，见到湖阳长公主，跪倒磕头，说道："公主，救我，我杀人啦！"

湖阳长公主一听，大骂道："大胆奴才，竟敢到外边胡作非为。到底怎么回事，从头讲一遍。"

黄凤阳便歪曲事实地讲了一遍，经他嘴一说，好像少掌柜的该杀似的。

湖阳长公主骂了几句，消了气，便说道："老实待在府里，躲躲风声！"从此黄凤阳就躲在府中，不出府门。

一晃十几天过去了，黄凤阳派人到街上探风声。探风的人说："董宣派的人还在守卫。"黄凤阳只好继续待在府中。

一日，湖阳长公主出府去踏青，她让黄凤阳驾车。黄凤阳赶紧跪倒，说道："公主，董宣还在外边等着抓我，那个老头铁面无私，脾气倔犟，我怕他不给公主面子。"

湖阳长公主道："他一个小小的县令，不给我面子，还反了不成，我倒要看看他如何当着我的面抓你！"

黄凤阳没有办法，只好硬着头皮为公主驾车。

他们刚一出公主府宅，县令董宣就得知黄凤阳出来了。他骑上快马，追上车队，并拦了下来。黄凤阳一看吓得直出冷汗，话也说不出来了。

湖阳长公主挑起车帘，问道："何人拦住车队？还要不要脑袋？"

董宣道："老臣董宣来抓捕杀人犯黄凤阳，请公主见谅！"

湖阳长公主哪里肯交人，厉声斥责董宣道："你们眼中还有没有我这个公主？"

董宣道:"公主,您管教不严,才使下人黄凤阳为非作歹,今老臣按法令办事,公主却违背法令!"

这时边上围了许多百姓,纷纷来看热闹。董宣又说道:"公主,普通百姓莫不遵守汉室法令。唯黄凤阳公然蔑视律法,行凶杀人,如果不惩治,有损我主英明啊!"

湖阳长公主一看周围的人越聚越多,心想:我先把人交给你,然后再上殿请求皇上让你放人。于是湖阳公主道:"我先把人交给你。"

哪知道董宣抽出宝剑,当时就斩了黄凤阳。公主大怒道:"放肆,你竟敢欺骗本公主,违背本公主的命令!"湖阳长公主气得说不出话来。

湖阳长公主哪里受过这般屈辱,哭着跑到光武帝那里告状。光武帝大怒,立即召董宣进宫,要将他斩首。

董宣见到光武帝,毫无惧色地说道:"陛下圣明,我朝律法,严明天下,不容私情,而公主却纵容家奴枉杀平民,如果不斩,那就是放纵恶徒,臣不知陛下何以理国?臣请自杀了之。"说着,他一头向楹柱撞去,顿时鲜血直流。

光武帝见此情景,只好让左右扶起董宣。可他一看姐姐还在哭泣,便说道:"董宣,你忠心赤胆,按律执法,朕很欣赏,但你顶撞公主,理应受罚。朕看在你有功,就这样吧,给公主磕几个头,赔个礼吧!"

董宣自认无罪,坚决不磕头。左右的人用手压着他的头,可董宣双手撑地,就是不磕,口里说道:"臣宁可一死,也不磕头,因为臣无罪。"

光武帝也没有办法,只好说道:"你真是个'强项令',起来吧!"说完,光武帝转身走了。

董宣执法如山,被人称之为"卧虎"。这位号称"强项令"和"卧虎"的老臣深受百姓爱戴,他的故事也流传至今。

盖延斩双龙

刘秀手下有一员大将,名叫盖延。此人能征善战,足智多谋,而且忠心耿耿,为刘秀统一全国、打败同室弟兄立下了汗马功劳。

后汉刘氏家族的人为了争夺皇位,同宗动刀,相互残杀。先是刘玄杀了刘演。刘盆子又杀了刘玄,刘秀又将刘盆子降服。刘秀打败赤眉军后,只剩下刘永的势力可以与刘秀抗衡了。

刘永也是皇族成员,他也想匡复汉室,因此也打着汉朝的旗号招兵买马,占据了今河南省东部、安徽省北部、山东省南部,在那里积蓄力量,准备和刘秀争夺天下。

刘秀知道刘永也在积蓄力量,扩充队伍,心里总有一种不安,便和大臣们商量。大将盖延说:"陛下,刘永虽然兵力雄厚,但是我们还应该立即出兵,乘他羽翼尚未丰满,一举消灭他。否则,一旦他的军队强大起来,我们就很难再消灭他了。"

刘秀一听盖延的话非常有道理,朝中的其他大臣也纷纷要求出兵消灭刘永。所以刘秀下定决心,派虎牙大将军盖延率领3万精兵直奔睢阳,也就是刘永称帝的地方。

盖延大军非常勇猛,而且军纪严明。盖延对手下将领和士兵说道:"不许骚扰百姓生活,违令者斩!"因此大军所到之处,都受到了百姓的热烈欢迎。大军势如破竹,一路占领了襄邑、麻乡,最后将睢阳团团围住。

盖延大军在睢阳城下安营扎寨,刘永可吓坏了。这些年,他虽然不断积蓄力量,加强军队训练,但毕竟兵力不足,无法与刘秀抗衡。但他又不甘心束手就擒,便召来群臣商议如何破敌。

一位大臣对刘永说:"陛下,据探马来报,盖延所率的将领中,有一个叫苏茂的人,原本是刘玄的部将,后来刘玄被杀,他才投靠了刘秀。但他对刘秀很有意见,刘秀也一直没有重用他。我们不如利用这一点,劝降苏茂。"

刘永也觉得大敌当前,这倒是一条妙计,于是派人去劝降苏茂。

刘永的一员大将掩护着几个说客去见苏茂,向苏茂陈述利弊,并许诺说如果他投降,刘永不仅重赏,而且封他做王。苏茂本来对刘秀就有不满,这次派他出征,心里也是十分不痛快,但没法违抗。所以刘永的大臣们一说,苏茂便立刻答应了,并且商议好,三更天带领军队前去投降,可以里应外合,共同攻打盖延大军。

三更天,苏茂带领自己手下的士兵,在汉军中开了杀戒,而刘永也派人从城中出击。盖延大军一时大乱，还没攻打睢阳城，就损伤无数。

大将盖延气得肺都要炸了，他破口大骂苏茂。可苏茂早已逃到了睢阳城中。盖延不愧为一员大将，有着丰富的作战经验。他认真分析了一下当前形势，冷静下来，便决定死困睢阳。

小小的睢阳，被盖延大军整整困了3个月，城中的粮草已经所剩无几。外边没有救兵，更不会运进粮草。

城中的将士一片怨声，百姓更是叫苦不迭。足智多谋的盖延以为出击的时刻到了。

三更天，他让士兵们饱餐战饭。四更天，天还很黑，盖延便派人悄悄地来到睢阳城下，又命人运来一批梯子，挑选了一批精兵良将，命他们悄悄爬上城墙。

刘永的守城士兵正在大睡，因为自从盖延大军来到睢阳边境，一直未曾开战。开始之时，守城的士兵还日夜巡逻，到了后来，渐渐地放松了警惕。再后来，士兵吃不饱饭，有的就有怨气，所以一到半夜，守城的士兵都躲在了小屋里睡去了。

盖延派的人没费吹灰之力就顺利地爬上了城墙，拉掉铁栓，大开城门。盖延一看城门大开，立即带领着大军直入睢阳城。而这时，刘永的部队都还在睡梦之中。

结果刘永的人马死伤无数。刘永一看大势不好，慌忙从城中带着家属和护卫逃了出来，借着天黑才躲过了盖延的追杀。盖延很快就占领了睢阳城。

但是盖延并没有停下来，而是乘胜攻击。由于军气正旺，所以很快又占领了薛县、萧县、彭城、浦郡等地。盖延下令：不许伤及百姓！刘永的许多士兵一看盖延如此爱民，便纷纷投降。盖延非常善待俘虏，不但不歧视他们，反而派人给他们准备了一顿饱饭。盖延虽然大获全胜，但没有捉到反贼苏茂，心里仍不痛快。后来，盖延听说苏茂正率领刘永的残兵败将赶往谯县，心想：苏茂，你这个老贼，我让你有今日，没有明日。于是他亲自率兵追杀苏茂。

二人相见，也不搭话，便打到了一起，士兵也不甘示弱，真是兵对兵，将对将，展开了一场血战。由于盖延的军队英勇善战，而苏茂率领的军队早已丧失了战斗力，没过多久，苏茂率领的将士就逃的逃、亡的亡。苏茂在部下的掩护下，突出了重围，逃跑了。

刘秀重新委任新太守做睢阳城的地方官。但过了一年，这个地方官又投靠了刘永，刘永又重新入城，重整兵马，想东山再起。

刘秀大怒，又派大将盖延前去攻打睢阳城。盖延率大军仍是只围不攻。三个月后，城中士兵饿死无数，刘永只好冒险突围，但被大将盖延一刀砍下了首级，刘永的军队一见主将战死就四处奔逃，盖延再次占领了睢阳城。

刘永的儿子刘纡死里逃生，一口气逃到了垂惠，在那里自立梁王。苏茂也带领残兵赶到了那里，辅佐梁王。刘秀非常信任的平狄将军也起兵叛乱，投靠了梁王。

刘秀火冒三丈，派大将盖延去攻打梁王。而此时，梁王正派庞萌围攻桃乡，盖延又奉命改道攻打庞萌的军队。

盖延在桃乡远处安营扎寨，而不攻打庞萌的军队。庞萌围攻桃乡20余日，伤亡惨重，而且粮草也不充足了。他刚想带兵撤走，却被盖延从外包围，双方展开了激战。而桃乡城里的将士，也迅速出来攻击。庞萌大军里外受敌，被打得丢盔弃甲，人仰马翻。和庞萌一起围攻桃乡的苏茂一看败势已定，便带着庞萌，扔下士兵逃了出来。

苏茂、庞萌逃出来之后，直接跑到了昌虑，刘纡还有几万人马在那里驻扎。

盖延挥师前进，攻打昌虑。盖延一看地势，发现通往昌虑只有一条出口，就是建阳县。此地地势险要，盖延便把军队驻扎在那里，以逸待劳，等着刘纡的人马在此经过。由于昌虑缺少粮草，刘纡决定带领着那几万人马从建阳撤出去。

而这时，盖延的人军早已做好了准备。当刘纡的人马刚一走到建阳县，盖延立即指挥人马袭击刘纡的军队。刘纡的军队没有防备，被打得晕头转向，纷纷逃亡。

刘纡见主力已被消灭，便打算拼命杀出一条血路，可是盖延的人马越聚越多。盖延的军队将刘纡团团围住，最后刘纡死在乱剑之下。

盖延痛斩刘永、刘纡双龙，为刘秀统一全国打下了坚实的基础，深受刘秀的赏识，得到了刘秀的重用。

老将马援

马援是东汉时期的大将,为什么说他是老将马援呢?一是因为他大器晚成,二是因为他年过花甲还主动请缨为国出征,最后含恨沙场。马援的祖先是历史上有名的赵奢和赵括。赵奢用兵如神,被赵王赐号"马服君",后代便以马为姓。可赵括只会"纸上谈兵",留下了千古笑柄。但是马援可不像赵括那样,他从小熟读兵书,懂得如何实际用兵。

马援从小苦读兵书,再加上赵氏家族天生的用兵打仗的细胞,所以马援年轻时才华就很出众,但由于一直得不到重用,不免有时会发几句牢骚。哥哥听后,便鼓励他"大器当晚成,无须急"。"大器晚成"这个成语便因此而流传下来。

年过50岁,马援才得到光武帝的赏识。从此,他开始走上了戎马生涯,北出塞漠,南渡江海,往来冲杀,叱咤风云,所向无敌。

光武帝采用休养生息的政策,尽量避免战争,但是为了保证东汉政权不受到威胁,对各地的农民起义和地主武装叛乱仍采取镇压的态度,而且下手毫不留情。

建武十七年,李广在今河南省原阳县西边的卷县起兵谋反。光武帝很是害怕,他知道李广武艺高强,很难对付,就想派一员大将前去镇压。

有人向光武帝推荐了马援,并对光武帝说:"马援年过50,经验丰富,从小熟读兵书,而且武艺高强,但是一直没有人重用他。如果陛下给他这个机会,他一定会忠心报国,英勇杀敌的。他的祖先乃是赵国有名的大将赵奢。"

但是有的人则持反对意见,对光武帝说:"陛下,用人要慎重,不要忘记,马援年纪不小,而他的祖先赵括不也只会纸上谈兵吗?"

但是光武帝对马援非常感兴趣。便召见了老将马援,一看马援做事沉稳,而且懂得实战,便决定派马援前去镇压。

光武帝给了马援一万精兵,命他带领大军直杀卷县。而李广则早已做好了准备，和汉军展开了一场激战。马援知道"擒贼先擒王"的道理，便与李广打斗在一起。马援武艺高强，李广根本不是对手。马援一刀将李广砍落马下，马援心想：不能再打下去了，这些兵卒也都是农民兄弟呀！他举刀大喊："你们主将已被杀，放下武器，免你们一死。"这些人一听自己的主帅都被杀了，便纷纷投降，马援大获全胜。光武帝非常高兴。

建武十八年，交趾郡（今越南北部）各驻将之女征侧、征贰两姐妹率领该郡的军队，起兵叛乱。他们声势浩大，气势逼人。而且刚一出兵，就连连挫败汉军。光武帝一看要威胁到洛阳的安危，马上派大将马援前去镇压。

马援这次出战前被光武帝封为伏波大将军，心中非常感激。他率领三万精兵，死死围住交趾郡，只等敌兵没有粮草时，再出击。经过一年的相持，征侧、征贰两姐妹一看城中粮草缺少，便想突围出去。马援岂能放过他们，带领汉军，英勇杀敌，活捉了两姐妹，消灭了叛军。

马援又获胜利，班师回朝，受到了光武帝的嘉奖。

马援想起自己的过去，不禁仍有些伤感。

建武八年，刘秀率兵西征，马援奋勇杀敌，直接消灭了隗嚣的部队，但却没有引起刘秀的重视，仍是一个无名小卒。直到他平定李广，才得以出头。

但马援这个人，非常忠诚，根本不怨恨光武帝，仍是赤胆忠心。他回师之后，虽受到了嘉奖，但他并不高兴，因为那时匈奴和乌桓连续不断地骚扰汉朝人民。马援对自己的朋友说："我想和匈奴、乌桓决一死战，宁可马革裹尸，战死边塞。"

这话传到了光武帝耳里，光武帝对马援的精神深感佩服。但考虑到让百姓过上安定的生活，他没有派马援去征讨匈奴、乌桓。但"马革裹尸"这个成语从此也流传开了。

马援不战则已，一战则胜，被称为常胜将军，为保住汉室江山立下了汗马功劳。

建武二十四年，62岁的老将马援得知五溪叛乱，武威将军刘尚前去镇压，几乎全军覆灭。他再也坐不住了，便主动请战。这就是"花甲请战"的故事，但故事的结尾却是一个悲剧。

光武帝又被老将的精神所打动，但觉得马援年岁已高，难以领兵。可马援人老心不老，只见他披挂整齐，骑上战马，绕场奔驰，仍是雄姿飒爽，光武帝便答应了他的要求。

光武帝多少有些不放心，派中郎将耿舒辅佐马援。可二人在走旱路还是走水路的问题上产生了分歧。耿舒认为，走旱路，可以加快行军速度，而马援则认为，走水路，方便运输粮草。光武帝觉得马援身经百战，有经验，便批准了马援的意见。

但是船队刚一到五溪的壶头山，就被那里的少数民族拦住，根本过不去。由于水土不服，士兵在那里染上了疾病。老将马援又急又恼，最后也病倒了。

中郎将耿舒一看正是暗害马援的良机，便立即写信给梁松。他知道梁松和马援的关系不好，便在信中对梁松说：马援指挥有误，许多士兵染病而亡，如果征讨失败，马援则应负全部责任。

马援和梁松的父亲是好朋友，所以马援总以长辈身份自居。而梁松是光武帝的女婿，地位很高贵，自然对马援那种轻慢的态度不满。

接到耿舒的信，梁松马上报告给了光武帝。光武帝听到战况后，十分生气，立即派梁松去调查。梁松到了那里，这位年过花甲的老将已经病逝，他真是含恨疆场。但这并不是最大的悲剧。梁松一看马援死了，而耿舒和自己关系又很好，便把此次行军失利的所有责任都推到了马援身上。

光武帝大怒，早已忘记了马援所立的战功，命人收回马援的将军大印。

马家的人还不知道是怎么回事呢，只知道马援在征战途中死去。他们十分悲痛，光武帝的做法又让他们愤怒。但是没有办法。他们只好在洛阳城外买了块地，把马援埋葬了。可怜这位声名显赫的大将军，竟落得如此下场。自己孤零零地躺在荒郊野外，一颗赤胆之心竟被淹没。

马家人后来得知了真情，要求光武帝重葬。一些老忠臣也纷纷为马援说话，光武帝才勉强答应了。

但是历史是公正的，马援老将的悲剧最终有了喜剧性的转化。

公元78年，光武帝的孙子章帝即位后，从一些老臣那里得到了真实情况，这才下定决心为老将马援昭雪，追谥马援为忠成侯。至此，马援事件才算有了个了结。

刘庄学父治国

　　光武帝的一生政绩卓著。建国初期，他看到战争给百姓带来的灾难，受到很大震动。他尽力避免战争，推行休养生息的政策。由于他节约财政开支，发展农业，所以到了建武三十年，光武帝中兴汉室的理想基本实现了。

　　但是光武帝也有一个缺点，就是很迷信。有一次，几位大臣说封禅可以使有功绩的人转化成神，黄帝就是因此而成神的。光武帝本来不想封禅，因为那样会浪费很多钱财。可后来，他还是禁不住诱惑，决定登山封禅。

　　其实封禅就是祭拜天地，有功德和业绩的人无非是想借此炫耀一番。

　　光武帝回来之后，仍为经济的发展而努力，他派人修建了礼堂、观象台、天文台，这些建筑特别是天文台为后来的农业发展发挥了很大的作用。

　　人的一生终究要死的，光武帝自然也成不了神。他封禅回来之后，为了图个吉利，改国号为中元。他封禅回来第二年，也就是中元二年，光武帝逝世。一代英豪在历史上叱咤风云63载，最后只埋在了一个小陵墓里。

　　光武帝临死前早已为自己选了一块墓地，在洛阳郊区的原陵，边长仅300余步，中间坟丘仅6丈。他临终前一再叮嘱，丧事从简，节约费用。

　　光武帝去世后，太子刘庄继承皇位，年30岁，正是精壮之年，体力充沛，思想开明，有胆有识。他建年号为"永平"，以此祈望国家永远太平康盛。

　　刘庄从小就受到了良好的教育，有治国安邦的志向。当上太子后，他深感责任重大，经常观察光武帝的所作所为。一次深夜，他见光武帝仍在秉烛批复奏折，深受感动。在那时，他就觉得日后做皇帝是一件苦差使，并为当一个好皇帝做好了充分的准备。

刘庄治国，基本上是仿效光武帝，以中兴为主，实行安邦之道。光武帝对他的教诲，令他终生难忘。

有一次父子俩谈心，刘庄问光武帝，何以治国？光武帝很高兴，心想：儿子虽小，志向却如此远大，难得啊！于是光武帝教导他道："国事权纲须慎重适度。不到之处尚多，岂能无视？封赏朝中功臣，使其少要参与政治，以保太平，多与谋士三思而后行，收敛兵刃，放还战马，停止战争，方称圣贤。凡事厉行节俭，不要奢侈。天下大业已成，不足夸矣。可明否？"刘庄点了点头，心想：父王，您放心，我一定会治理好我们汉室江山的。

刘庄首先大力发展农业，他颁布的政策更具体，更有效。他要求地方官亲自到百姓之中去，带头参加耕地、播种。尤其是农忙时节，绝对不允许扰乱农业生产，违反者，严惩不贷！对那些逃亡的或者因触犯法律畏罪潜逃的，从轻发落。规定朝中负责天文历法的大臣，一定要坚守职位，为农业生产提供服务。刘庄的一系列措施，保证了光武帝时期农业迅速发展的好势头得以延续。东汉的经济不断地发展，国势也在逐渐增强。

刘庄刚刚继位，西北的羌族就想借此机会发动叛乱。这些叛军很快就占领了陇西。刘庄大怒，立即派兵前去镇压，但汉军根本不是叛军的对手，汉军大败。

刘庄审时度势，知道再继续打下去，汉军也难以取胜，而且刚刚恢复的经济会因此受到影响，最关键的是，陇西的百姓很难过上安宁的日子。他又想到光武帝的教导：少战争，多生产。于是他决心停战，很快下诏：赦免陇西囚徒，每人减罪一等，免收当年租税。这项政策一颁布，陇西的百姓拍手称快。刘庄一看，陇西民心稳定，立即派张鸿出兵去剿灭叛军。刘庄认识到，如果不消灭叛军，自己毫无威信可言，陇西的百姓也过不好日子。可是张鸿轻敌，被羌族叛军打败。

刘庄虽然按着光武帝的嘱咐去做事，极力避免战争，但现在是非常时期，不打不行，而且不打胜还不行。于是他又下令：派中郎将窦固和捕虏将军马成前再次出兵攻打羌族。中郎将窦固是一员虎将，不仅作战英勇，而且足智多谋，有丰富的作战经验，再加上有捕虏将军马成前，真是如虎添翼。羌族叛军怎能敌得过这两员大将的神兵呢？

经过了三个月的激战,羌族叛军终于被剿灭。陇西的百姓从此过上了安定的日子,都称赞刘庄是位好皇帝。

刘庄得知羌族叛军被打败,这才松了一口气。他知道这支叛军战斗力很强,先帝在位时,就曾三番五次发动叛乱。先帝虽然派兵打败过他们,但是没有将其彻底剿灭。这次窦固、马成前总算彻底击垮了他们。

窦固、马成前胜利而归,刘庄亲自带领满朝文武列队迎接,又加封二人,又为二人大摆酒宴。可见刘庄把这次战争看得很重要。

刘庄也和父亲一样,勤于政事,每日必须批完奏章才休息。这一日,他正在批阅奏章,馆陶公主,也就是刘庄的三妹,忽然来拜见。兄妹俩谈了一会儿,馆陶公主说道:"皇兄,今日小妹有一事相求,不知能不能答应?"

刘庄道:"有什么事,尽管说来!"

馆陶公主道:"小妹膝下有一子,年已16,至今无事可做,不知可否受封?"

刘庄一听,愣住了。光武帝在位时,就告诉过刘庄:"如果有一天,我不在了,你千万不要随意封自己的亲戚,要尽量让他们少参与政事,更不能把那些权力重大的职位给他们。王莽为什么可以篡权,就是因为他是皇亲国戚,又是朝中重臣,手握大权,笼络亲信,安排爪牙,结党营私,最后毒死皇帝,篡夺皇位。"今日刘庄一听妹妹之言,便知道她要为儿子讨官做。刘庄左右为难,不封吧,觉得情理上说不过去;封吧,又不能封个小官;封个大官,先帝的话又不能忘。思前想后,刘庄还是下定决心拒绝他的妹妹。

刘庄道:"不知他是精文还是通武呢?"

馆陶公主一听,有些不高兴。心想:如果文通武备,还用和你讨官做吗?但她又不能表现出来,仍旧笑着说道:"他年纪尚小,学艺不精,还请皇兄多多栽培!"

刘庄一听,道:"既然年纪尚小,就先让他再苦学几年,一旦学业有成,我一定会重用他。"

馆陶公主知道再说下去也没有戏,快快地离开了。

刘庄在位时,许多措施都仿效父亲,许多治国之道都是光武帝政策的一种延续。经过十几年的发展,东汉经济得到了良好的发展,国家太平，战事很少，人口逐渐增多，百姓也是安居乐业。

刘庄死后，追谥为明帝，这也是他的庙号。他临终前，也立下遗嘱：丧事从简，陵墓不要过大。

明帝治国学父，使东汉经济沿着光武帝所创下的业绩，继续向前发展。

王景治水

王景是琅邪不其（今山东青岛市崂山区北）人，是我国历史上著名的水利专家。他从小好学，精通《周易》，对天文、数学也都有研究。这都得益于他良好的家庭环境。

王景的父亲叫王闳，此人很有远见，也熟读各种书籍，很有才华。王景从小在这种环境中成长起来，学了很多知识。

后来刘秀为了统一全国，不断地派兵去征讨。那时他的家乡还没有统一到汉室江山中。王闳得知光武帝是一位明君，爱民如子，而且胸怀治国之志，就杀死了当地的官员，拥护光武帝。光武帝没有费一兵一卒就占领了该地，非常高兴，立即封王闳为列侯。可是王闳没有心思做官，因此没有接受。

后来，光武帝得知王闳上知天文，下知地理，就召他进京。王闳带着一家人准备到京城，可是走到半路就病逝了。

光武帝对王闳的家人非常好，把他们安置在京城中生活。

当时任司空一职的伏恭十分佩服王闳，虽然听说他已死，但还是去看望他的家人。他一眼就喜欢上了王景，王景年纪不大，但是知书达礼，而且天文地理无所不知，无所不晓。伏恭便将王景收于门下。王景非常爱读书。伏恭的书房让他随便进，可以随便读书。王景的知识面又广了，在这期间，他读了许多治水的书。

后来浚仪渠决口，司空伏恭带着王景一起去治理。王景利用水枯之时加固岸堤，又分出一些支流准备水涨时泄洪。这种方法很有效，浚仪渠几年没有险情。王景的治水才能深受伏恭和刘庄的赏识。

黄河养育了华夏子孙，是中华民族的发源地，但黄河水泛滥也给附近的百姓带来了不少灾难,从大禹时期开始,黄河就不断决口,冲毁村庄、良田,百姓苦不堪苦。大禹采用疏导治水成功,可到了后来,黄河水势增大,不断地决口。

到了东汉光武帝时期,黄河水灾仍未减轻,光武帝为了发展农业,决心治理黄河水,便派大臣到黄河两岸上考察。大臣回来报:"陛下,黄河决口乃因多人在坝顶种地,欲堵尚须20年。"

光武帝一听需要20年,就拿不定主意了。这时浚仪县的县令听说光武帝要治理黄河,便急忙上疏:"闻陛下欲治黄河,臣以为万万不可,现中原人烟稀少,黄河之水虽时有泛滥,但百姓仍可勉强度日,若治理黄河,必然会使用大量人力、物力,中原百姓将不堪重负,国家也会因此而财政困难。如今战乱初平,应休养生息为宜啊!"

光武帝觉得也很有道理,所以就没有治理黄河。到了后来,东汉的经济逐渐恢复和发展了,光武帝便派人去治理黄河水灾最严重的地方。

黄河有一个支流,从荥阳附近分出,人们把它叫做汴渠。这里水势很大,夏季雨水一多,便被冲成一片汪洋。百姓所种的庄稼,全部被冲走,有时还会淹没村庄。光武帝派人先治理这里,可是治理了几年,都不见成效,只要雨水一大,这里就遭殃。

光武帝死了,刘庄继位。刘庄也很有志向,他继续推行父亲的那一套政策,休养生息。但当时的经济已经有了初步的发展。刘庄得知黄河水连年泛滥,便下决心治理黄河,可是谁能担当此任呢?

后来,有人向刘庄推荐了王景。刘庄一听大悦,心想:我怎么把王景忘了呢,他修整浚仪渠就很有办法,治理黄河,他也可能成功。想罢,他立即召见了王景。

刘庄说道:"黄河之水泛滥几千年,到了我汉朝,仍是如此,先帝听了浚仪县令的意见,没有修复汴渠,后来虽有几次治理,但成效都不大,不知你能否担当此任?"

王景道:"陛下,黄河水泛滥,殃及百姓,如不治理,必不得人心,虽然治水耗时耗物较多,但为了我汉室江山长在,我认为这是一件非常必要的事!而且汴渠流域接近洛阳,一旦决口,会威胁到京城啊!臣自幼好读书,水利之类的书籍也读过几年,所学知识不多,但为了天下百姓,臣愿意去治理黄河水。"

刘庄下定决心，让王景去负责治理黄河，并赏赐给他《禹贡图》《山海经》《史记·河渠书》《河源利器》等许多有关水利方面、地理方面的书籍。

王景奉命去治理黄河，他先是在黄河两岸考察了一番，后来他发现黄河水最容易泛滥的地方就是今山东省境内这一段汴渠。王景决定先从难处下手。

整治汴渠可不是一件容易的事。王景发现原来的出口不合理，汴渠决口后，流经山东省、江苏省几个县才注入淮河。他经过认真测量计算，决定把河道改为从今山东梁山县、平阳县、长青县、济南市、济阳县、高青县、博兴县，最后注入大海。这样，即使有再大的水势，也可以很顺利地泄洪。因为从山东梁山县一直到博兴县地势由高到低，很符合水的流向。今日黄河走向基本上是王景治水时期的走向，可见王景的功绩千秋万代啊！

河流的走向确定了，王景便命人挖河道，加固石坝。但是荥阳渠口是分流点，需要用它控制汴渠的水量。王景命人将此处用石块和黄河河岸连接，但是中间留下一丈多宽的豁口。这个豁口用厚木板卡住，木板上有眼，用粗绳子拴住，平时水少时，松开绳子，木板便把水匣在汴渠里，水多时，拉紧绳子，木板提起，大水便从此处泄走。

经过无数个日日夜夜的奋斗，黄河水终于可以顺畅地流入大海中了。这项工程总费用达百亿，朝廷为此负担相当沉重。王景知道朝廷财政开支困难，处处精打细算，能节省，决不浪费。治水之中，王景与民工吃在一起，住在一起，很受民工爱戴和尊敬。但是有时候治水也非常危险，突来的大水有时会吞掉许多生命。尽管如此，几十万人同心协力，终于完成了治理黄河的大业。

刘庄在都城听说王景治水很有成效，立即带领着几位大臣，带着好酒和美餐到荥阳慰问治水大军。刘庄见到王景又黑又瘦，非常感动，又看到王景设计的水闸水门，也非常佩服王景，认为王景确实是治水奇才。

刘庄从黄河回来后深有感触，心想：王景等大臣不为功名利禄，在外边经历了无数风风雨雨，我一定要治理好天下，不能让天下人灰心啊！于是刘庄下诏："黄河两岸土地给贫者耕种，治理黄河有功的贫民优先，官吏和豪门不得干涉，违令者，严惩！"

从此，黄河下游往年被淹过的几十个县的土地变成了良田，而且都由贫民耕种，百姓自然很感激王景。由于黄河两岸良田有水灌溉，所以连年丰收，朝廷的收入增加了，国库也得到了充实。

刘庄为了奖赏王景治水的功绩，拜他为侍御史。百姓对他也十分尊敬，称他是"治水奇人"。

王景治理黄河，不仅给东汉的人民带来了好处，而且对黄河流域的发展，也是功不可没！

唯物论者——王充

王充是我国历史上有名的唯物主义者，他的巨著《论衡》共30卷、85篇，是他一生智慧和血汗的结晶。

在这部巨著中，他运用朴素的唯物主义观点抨击迷信。书中写道："人死血脉竭。竭而精气灭，灭而形体朽，朽而成灰土，何为鬼？"意思是：人死后，血肉化为土。精神也随之消亡了，根本不会变成鬼。他还写道："世谓死为鬼，有知，能害人，试以物类验之，死人不为鬼，无知，不能害人。"意思是：世人说，人死后会变成鬼，而且有灵魂存在，能够害人，但事实证明，人死后根本不会变成鬼，也没有灵魂存在，更不能害人。这一论点比较科学地说明了人死后不会变成鬼，鬼是不存在的，怕不存在的东西实在是很可笑。

王充在书中不仅论述了鬼神不存在，而且他还指出：天是一种自然存在的物质，根本不会有喜怒哀乐，当然也就不会利用灾祸来给人们以某种预示了。至于日食、月食、刮风、下雨、电闪雷鸣都是自然现象，而不是天降灾祸。这种观点，我们现代人很容易知道和认识。但是在两千年前，王充的这种观点的提出是一个伟大的创举。他深刻地批判了封建迷信思想，批判了鬼神怪诞的欺骗性，让人们觉醒。

王充为什么会有如此惊人的著作问世呢？这与他从小博学天文地理有很大的关系。

王充是会稽山虞人，祖父和父亲都是普通百姓，仅能勉强维持生活。到了王充时，家境仍是很贫穷，但王充小时候特别喜欢读书，家里东借西借凑了一点钱,让王充读了两年书。王充学习刻苦,两年里不仅学了好多字,而且读了许多书,学到了许多知识。

但王充是一个不幸的孩子,十几岁时父母都死了,只剩下王充一个人,不要说是读书,就连吃饭都成问题。可王充仍是不断地读书,没有钱买书,就到书铺去读,回来之后再刻写在竹简上。他记忆力非常好,过目不忘。

开始时,王充到书铺只读不买,有些书铺的主人难免有些不满。时间长了,王充和那几个书铺都混熟了,虽然他们对王充不大满意,但是也让他读书。有一天,一个书铺需要一个伙计帮忙,问王充愿不愿意来。王充一听,心里乐开了花。书铺主人想给王充几个钱,王充说道:"钱不钱无所谓,一天只要管我三顿饭,晚上随便让我看书就行了。"书铺主人立时答应了下来,从此王充就在书铺里帮助主人照顾摊位。

王充来到书铺后,书铺里的书他随便读,每天晚上都读到深夜。读完每一本书后,他就写自己的感想。由于几家书铺离得比较近,平时有往来,所以王充也可以借别的书铺的好书来读。

王充由于白天照顾书铺,经常和许多文人墨客打交道,从他们那里又学到了好多知识。天文、地理、占卜、水利、医药、史书,王充是有多少读多少,而且读得很精,真可谓上知天文、下晓地理、无所不知、无所不晓。

古时候,人们都怕鬼,而统治者为了便于统治,故意把鬼丑化,说鬼如何厉害,人死后如何变成鬼。所以当时的人们虽然都没见过鬼,但却没有几个不怕鬼的。

王充不怕鬼,他说:世上本无鬼,何必害怕没有的东西呢?他的观点遭到了大多数人的攻击。人们辩解道:"没有鬼,刮风下雨、闪电雷鸣是怎么回事?"王充道:"这本来都是自然现象,根本不是神鬼所为,只是人们把它们神化、鬼化了。"

由于王充的口才特别好,别人很难辩过他,所以这些人就在背后诅咒王充道:"你不是不怕鬼吗?鬼一定会诅咒你的,让你活不过40岁!"

王充听到这些话,不予理睬。他说道:"我的寿命根本不是神鬼所能左右的,而在于先天和后天的锻炼。"后来王充活了70岁,以事实给予那些信鬼的人以有力的反击。

王充在书铺读了很多书,也很有才能,但由于他不敬神鬼,所以一直没有人重用他。王充自然也对社会产生了不满情绪。特别是他看完了荀子的著作,非常喜欢,对自己的无神论更加坚定了。

后来,家乡郡守需要一个做功劳记录的小官员,有人向郡守推荐了王充,说他读书识字,应该可以胜任。王充离开了书铺,给郡守做了功曹。由于这一职位很清闲,所以王充没事可做的时候就读书。而且他已有了一点小钱,可以经常买一些自己喜欢的书看。特别是荀子的著作,他反复看了五六遍,越看越喜欢,看到兴趣处,便提笔写自己的感想。当时地方遭灾,而郡守无动于衷。王充就劝郡守帮助百姓度过灾难。郡守说:"天灾由神注定,我怎么帮得了呢?"王充道:"天灾乃是自然现象,我们可以想办法去度过天灾啊。"二人争执不下,不欢而散。

王充回到家里,越想越生气。第二天,他到发生旱灾的地方去察看,发现当地的百姓都在求雨,而没有人挖井打水。他很奇怪,问为什么只求雨而不挖井打水。一位老农道:"年轻人,你不知道,这大旱一定是鬼神发怒。来惩罚我们的,所以我们只有求他保护,让他原谅我们,天才会降雨的。"

王充想:为什么这么多人都相信鬼神呢?我怎么才能使他们认识到鬼神的欺骗性呢?他左思右想,最后下定决心,写一本批判鬼神的书籍,让人们警醒。

于是,王充辞去了小官,闭门静思,潜心研究,把所有心血都花在自己的著作中。那时候没有纸,只能用毛笔把字写在竹简上。所以王充花费了好长时间,才完成了这部名著《论衡》。

《论衡》表面上是讨论天下大事,实际上是批判迷信鬼神思想,抨击当时统治者利用鬼神欺骗人们的丑陋本质。在这部书中,王充把自己无神论的观点表现得淋漓尽致。

由于王充宣扬无神论,统治者有些害怕,便派人去和王充辩论,结果都被王充针锋相对地驳倒。统治者一看,只好派人四处造谣,说王充妖言惑众,搅乱鬼神,搅乱民心。王充毫不畏惧,丝毫不退让,又经过一番激烈的斗争,统治者只好服输。

由于王充宣扬的是无神论的观点,所以当时的统治者便有意禁止流传。到了汉朝末年，大文学家蔡邕偶得此书，翻开认真阅读，觉得此书很有研究价值，这才引起了人们的重视。

王充的愿望实现了，两千年的历史悄悄流逝，但王充和他的名著《论衡》在我国历史上留下了辉煌的一页。

楚王大案

刘英是光武帝刘秀的儿子，刘庄同父异母的兄弟，赐封楚王。

光武帝不喜欢刘英的生母许氏，所以刘英的地位也很低。兄弟们都瞧不起他，但皇太子刘庄很同情刘英，二人关系也很好。

后来，光武帝去世之后，刘庄继承了王位，他自然很照顾自己的好兄弟刘英。虽然刘英远离京城，但刘庄经常派人去看望刘英，还给他送去一些礼物。刘英心里很感激刘庄，所以一直在封地愉快地生活着。刘英性格有些软弱，但是特别喜欢交朋友。刘英在封地广交天下豪杰，四处访问方士圣贤。其做法无意，但是旁人有心。

光武帝宠妃阴氏的几个儿子很瞧不起刘英，日久天长，就和刘英结下了仇。特别是刘庄继位后，他们看皇帝对待刘英很好，心里又恨又气，便想方设法除掉刘英。

机会终于来了，他们看到刘英与王平、颜忠等人关系甚好，而且刘英广交宾客，拜官封侯，他们认为这是陷害刘英的好机会，便联合刘英封地的地方官一起上疏，说刘英广交宾客，实质是想谋反作乱。

刘庄不知此事是真是假，便派大臣去调查，阴氏的几个儿子赶紧贿赂、拉拢这位大臣。那位大臣回京后，报告刘庄："陛下，楚王谋反一事，确属事实。"

刘庄一听，十分生气，心想：刘英，你可不对呀，我刘庄待你不薄，你怎么能够背叛于我呢？于是刘庄下令：废掉楚王封号，剥夺封地，押至泾县。

楚王刘英还不知怎么回事呢，就被废掉封号，剥夺封地，又被发配到泾县。泾县那时候非常荒凉，人烟稀少。刘英心情极其郁闷，他怎么也想不明白，为什么皇帝对自己的态度会突然转变。到了那里，县令把他软禁起来，但还是有吃有喝。而刘英则吃不惯这地方的东西，再加上思念母亲和妻儿，不甘忍受此番羞辱，便拔剑自杀了。

楚王刘英一死，阴氏的几个儿子可乐坏了，但他们还不罢休，又上疏说刘英虽死，但他的手下部将还在，应该一网打尽。

刘庄也害怕刘英一死，他手下的人乘机反叛朝廷，便派人去追查楚王案件。

其实楚王刘英根本没有谋反之心，他是含冤而死。但是刘英死后，一些和刘英有交往的人甚至有些毫不相干的人都受到了牵连。所以这次楚王案件，史书上又称"楚王大案"，本是一件莫须有的事件，却涉及到成千上万的人。

那些负责追查的大臣们滥用职权，严刑拷打，强行逼供，越来越多的无辜者卷入其中。他们对那些与刘英有交往的人说："如果你们不承认与刘英谋反，立即斩首；如果承认了，还可以根据情况治罪。如果你们再揭发别人，还可以减轻你们的罪行。"这些人都禁不住威逼利诱，再加上酷刑，都乱招供，涉及到的官员越来越多。

洛阳令虞延，为官清正，得罪了许多人。有人找虞延假装商议起兵造反，虞延怒斥道："身为臣子，怎能反君，我宁死不与尔等同谋！"但是想陷害虞延的人却到外边散布谣言，说："虞延想起兵谋反。"刘庄得到了这个消息，非常气愤，立即召虞延上殿，并斥责他："你身为洛阳令，先帝对你不薄，我待你也不错，你为什么还要起兵谋反呢？"

虞延一听，知道有人暗害自己，便说道："陛下，您没有调查，老臣决无造反之心，我忠心一片，为国尽职，虽无功劳，但也有苦劳，我决没有造反之心，还请陛下明察。"

刘庄也觉得自己过于鲁莽，但他仍不放心虞延，心想：虽然他尽职尽责，但洛阳令手握重兵，又在都城，一旦造反，将无法控制。无风不起浪，刘庄认为还是小心为宜，于是下令撤了虞延的官职。

虞延非常气愤，心想：皇帝为了此事已经杀了许多人，我只有以死相抗了，老臣虞延自杀而亡。

王平、颜忠和楚王刘英关系甚好，他们二人自然跑不了。捉来之后，严刑拷打，二人被打得晕过去许多次，遍体鳞伤，真是求生不得，求死不能！

刘英的亲友也为此事受到了牵连，不仅地方上的亲友被抓，就连京城的亲友也被抓。一时间，全国各地只要与楚王刘英有关的人，都被吓得神经错乱，不知所措。

楚王之案持续了两年多，被打死、杀死的官员有几千人，有上万人被流放，关押在狱中的也有几千人，因此事而受牵连的达几万人。

两年之后，案子没有了结，反而复杂化了，原因是从刘英那里抄到了一本花名册，里边记录着刘英所结交的天下朋友。

全国又大肆抓捕官员，有许多文人、门客也卷进此案之中。

由于杭州吴郡太守严兴与刘英有过交往，也在花名册中，所以负责办案的人员自然不会放过严兴。

一天深夜，一伙官兵手持火把，将吴郡太守府团团围住。有一个头目用力叩门，大声叫道："速速开门，奉命捉拿严兴！"

把门的从梦中惊醒，慌忙报告严兴，说道："太守大人，外边来了一群官兵，嚷嚷着要捉拿您，您还是先躲一躲吧！"

严兴穿好了衣服，说道："我一未杀人，二未放火，我无罪，为何怕他们呢？如果我跑了，倒说明我有罪了，出去开门吧！"

这个家人还没到门口，大门就被踹开，一伙官兵一下围住了庭院。严兴正好来到了院中。这伙人一看见严兴，不由分说，立即拿下。严兴怒道："我没有犯国法，我无罪，你们凭什么绑我啊？"

这群人根本不理严兴，又四处搜捕，把严兴的家人一起抓走，押到了吴郡大牢，后又送到廷尉府。

严兴及家人到了廷尉府，先被打了一顿。接着，审讯官问严兴："严兴，你要老实交待，你是不是和刘英密谋造反？"

严兴糊涂了，便答道："我虽与楚王刘英有过一段交往，但绝没有密谋造反之事！"

审讯官大声斥责道："大胆严兴，竟敢欺骗本官，还不从实招来，大刑侍候！"

严兴被打得死去活来，打晕了，便用冷水浇头，醒过来，再打。严兴怎耐得住这般拷打，最后只好说道："别打了，你们问什么，我招什么。"

审讯官这才让人住手，说道："早应如此，我问你，有没有隧乡侯耿建？"

"有，有。"
"护泽侯邓鲤呢？"
"有，有，也是同党。"
……

严兴有问必答，有的连名字都没有听过，但是没办法，只好被逼招供。

那些办案人员抓住一个，审问一个，不承认，便动大刑。那些人只好胡乱招供，招出几个，再抓几个。这样抓的人越来越多，案件越来越复杂，两年多了，还没有个头绪。

有几位老臣实在看不下去了，到狱中去提审，知道这些人都是屈打成招的，便冒死上谏刘庄。

刘庄对此案也产生了怀疑，他也不相信有这么多人谋反。那几位老臣上疏后，他又亲自到狱中审问，得知这些人全是冤枉的，就连楚王也是含冤而死。刘庄知道自己办了一件大错事，他赶紧下令，大赦天下。

到了永平十五年，楚王大案才算了结，但是留下的遗憾却已是史实，无法弥补。

窦氏家族

在东汉时期，窦氏家族地位非常显赫。

先说老将窦融，经历了无数次战争，流过血，受过伤，为光武帝建立东汉立下了汗马功劳，可以说是一位开国功臣。由于窦融战绩显著，为人谦虚谨慎，办事认真负责，光武帝在建武二十年，拜他为大司空。

官拜大司空的窦融不骄纵，为人仍是谦逊，深受大臣们和光武帝的信任。窦融非常有远见，他也看出光武帝对宰相一职非常敏感，唯恐宰相会拉拢亲信，伺机造反，所以他处处小心，尽量少参与政治。后来他干脆学李通，明哲保身，光武帝果然很高兴。

窦融上了一点年纪，便告老还乡。光武帝很信任他，也很欣赏他。

因为窦融虽官拜大司空，但处理政事时常装糊涂，这正是光武帝希望看到的。所以光武帝一再挽留，但窦融决心已定。光武帝最终应允，给了窦融许多金银珠宝，但他还觉得有欠于窦融这位老功臣，便把女儿黄公主嫁给窦融的儿子窦穆，把另一个女儿涅阳公主嫁给窦固。窦固是窦融的侄子，是东汉时期的一员大将。

窦穆和窦固自从娶了两位公主之后，便十分骄纵，后来窦融的孙子窦勋又娶了光武帝的孙女沘阳公主。自此，窦家豪门的权势越来越大，在朝中把握要职，但是做事却不知道收敛。老人窦融一看自己的儿子和侄子如此傲慢，便告诉他们："为皇帝做事，要小心谨慎，要为人谦虚，不可傲慢无礼，有些事要少参与，不要让皇上起疑心，要学李通，该装糊涂时就装糊涂，否则会惹来杀身之祸的！"但是窦穆和窦固哪里听得进去呢？他们以为有靠山，权力又大，事事都少不了他们的。尤其是窦固带领军队，屡屡获胜，更是目中无人。

明帝刘庄本来就对窦家权力过大有所防备，后来发现窦固越来越傲慢，心中便有一种不安。他想：窦家身居朝中要职，窦固又把握军事大权，我要乘他们没有外心之际，先除掉他们。刘庄所想的外心，就是大臣谋权篡位，光武帝临终前还叮嘱过刘庄："对那些身居要职的官员尤其是宰相，要尽量让他们少参与政事。一旦他们参政过多，就要想方设法除掉他们，以免他们造反。"刘庄对先帝的话一直记忆犹新，时时提醒自己。

刘庄派心腹去秘密监视窦穆和窦固的行动。有一天，有人贿赂窦穆和窦固，被刘庄派去的人发现，立即报告了刘庄。刘庄大怒，立即派人将他们二人捉拿，又亲自审讯，用尽酷刑。二人难以承受，最后胡乱招供，刘庄派人将他们斩首。

二人被斩，窦勋虽然娶的是光武帝的孙女，但势力明显减弱，窦家开始败落。

真是无巧不成书，正当窦家败落之际，明帝刘庄去世，章帝继位。

有一天，章帝去看望自己的姐姐沘阳公主，也就是窦勋之妻，见到他们的女儿端庄美丽，便纳她为贵人。

窦贵人非常受宠，在章帝面前说一不二，后来被立为皇后。窦家刚刚败落，又戏剧性地再次飞黄腾达。

窦皇后可不是一个简单的女人，她心狠手辣。

与窦皇后同时入宫的还有宋氏两姐妹、梁氏两姐妹,都被封为贵人。一年之后,宋氏两姐妹中的姐姐便生下一个男孩,取名叫刘庆。章帝非常喜欢,经常到后宫去看望他们。这可气坏了皇后,但是她不能生育。后来梁氏贵人的妹妹也生下了一个儿子,取名叫刘肇。窦皇后想把刘肇过继为自己的儿子,梁氏姐妹也没敢反对,便答应了。

由于章帝非常喜欢刘庆,所以刘庆很小的时候就被立为太子。窦皇后当然十分不满,她就想如何废掉太子,另立刘肇。

机会终于来了。当时有一种巫术,就是用小动物的血喷在竹板上,然后在竹板上写上所要诅咒的人,将竹板埋入地下,这样被诅咒的人就身患重病,有的还可能丧命。

有一次,宋氏贵人的姐姐身体不舒服,很想吃兔肉,便叫两个太监去找两只活兔来。那两个太监到了街上,看见两只小黑兔活蹦乱跳的,便买了下来,很高兴地回到后宫。可刚一进门口,他们就被窦皇后的两个太监拦住了,喝道:"站住!"

宋家的太监也不示弱,问道:"你们到底想干什么?"

"检查一下,篮中装的是什么?"

"不行,不让检查,你们没有这个权力。"

就在这时,窦皇后从门里走出来,边走边说:"我倒要看看,我有没有这个权力?"

二人赶紧下跪。窦皇后怒道:"打开,让我看看!"

宋家太监没办法,只好将篮子一边打开了,露出了两只小兔子。

窦皇后怒道:"你们好大的胆子啊,你们居然敢用妖兽之血去害人,给我逮起来。"她又让自己的两个太监提着小兔子去见章帝。

窦皇后虽然不能生育,但十分受宠,在章帝面前,她说什么,章帝就信什么。

见到章帝,她立时下跪,哭道:"陛下,大事不好了!"

章帝正在处理政事,一看皇后和两个太监走了进来,而且皇后好像受了委屈。赶忙离座去搀皇后,说道:"有话慢慢讲来,不要伤心,朕会为你做主的。"

窦皇后又哭道:"陛下,小人在宫中散心,正见宋氏姐妹的仆人提着竹篮,悄悄地说什么,我悄悄地走近他们,一听原来是想用妖兽之血暗害我,而且还想暗害陛下,她们想让刘庆早日继位。陛下,我死没什么，可她们却敢背后加害于您，幸亏我将他们拦下，打入狱中。"

章帝一听，大怒，但心里将信将疑，又问了问那皇后的两个太监。太监早已被叮嘱好了，和窦皇后所说的一字不差。

章帝相信了皇后，从此疏远了宋氏姐妹，也找借口废了刘庆，另立刘肇为太子。宋氏姐妹不甘受辱，双双自杀。

宋氏姐妹一死，窦皇后又把目标瞄准了梁氏姐妹。她想：刘肇虽过继给我，但梁贵人的妹妹毕竟是他的生母啊，有朝一日，刘肇做了皇帝，我还能有大权吗？我要趁刘肇翅膀还没有硬，先废了梁氏姐妹。

窦皇后在章帝面前，经常说梁氏姐妹的坏话，说她们也盼着皇帝早死，好让她的亲生儿子继位。章帝自然有些不满。窦皇后又去造谣：梁氏贵人的父亲梁辣起兵谋反。这下章帝可气坏了，立即派人将梁辣抓起来。最后窦皇后亲自审问，梁辣禁不住酷刑，只好招供。窦皇后抓到把柄后，立即向章帝报告。章帝马上派人将梁氏姐妹抓捕，打入死牢。没多久，梁氏姐妹也双双自杀。

窦皇后把这些人都除掉后，又把自己的兄弟窦宪、窦笃安排在自己身边。二人很快得到章帝的信任，掌握了朝中大权。

章帝由于贪恋酒色，不到中年便死了。太子刘肇继位，史称和帝。那时，和帝只有10岁，所以朝中大权由窦太后和窦宪、窦笃把持。窦家势力更加强大。

窦宪也是一员大将，永元元年，曾大败北匈奴，斩杀敌军3000人，俘虏20万人，彻底打垮了匈奴，解除了北部边境几百年的大患。

但是窦宪心术不正，总想杀了和帝，自己做皇上。

那时和帝年方14岁，但很有手段，联合宦官将窦宪杀掉，又杀了窦宪的爪牙。

窦太后一死，窦家的势力彻底崩溃。

窦氏家族由盛及衰，由衰转盛，最后败落，其中有很深刻的历史教训。

窦融身为开朝元老，却处处小心，忠实于君，所以很受尊敬。窦家也为此而荣光；窦穆、窦固虽无反心，但骄纵蛮横，易让别人产生疑心，最后只有自讨苦吃；窦贵人成为窦皇后又变成窦太后，心狠手辣，想带上窦宪、窦笃谋权篡位，心术不正，难逃历史惩罚；窦宪虽有功，但过也不小。纵观历史，窦家的盛衰也是东汉史的一个缩影。

班固、班昭著《汉书》

班固、班昭是兄妹俩。他们的父亲名叫班彪。班彪文采出众，开始的时候，在刘玄手下做个文职小官，后来刘玄被灭，又到了隗嚣那里，隗嚣没过多久也灭亡了。班彪为了生存，又跟随了窦融，窦融非常欣赏他。光武帝统一全国，任班彪为徐县县令。

班彪做了县令之后，仍是笔耕不辍，废寝忘食，一面教自己的子女读书，一面自己写史书。班彪很想让后人从史书中吸取经验教训，达到以史鉴今的目的。

班彪计划写一部前汉时期的作品，但是没能完成自己的理想，便去世了。

班固是班彪之子，非常爱好写作，而且文采也相当出众。他从小深受父亲的教诲，立志要成为一名优秀的史学家。父亲临终之前，还对班固再三叮嘱："儿啊，一定要完成父亲的愿望，写完这部史书，留给后人，让后人受到启发，从中学到一些有用的东西。"

班固没有忘记父亲的话，子承父业，开始了漫长的创作。

班固查阅大量的历史资料，数日闭门不出，可是有些人却四处造谣，说班固私改国史。

永元五年，班固写史书已达10年，而外边的谣言也传到了明帝刘庄耳里。一听说有人私改国史，明帝十分生气，便立即下令，将其逮捕。

刘庄得知写史书之人是班固，先帝时期，他父亲班彪就因为文采出众而闻名天下，后来做了县令。虽然是私改国史，刘庄也想看看班固的文采如何，抄来的手稿交上来之后，他一读，便被此书深深地吸引住了。文章不仅写得好，而且观点鲜明，丝毫没有篡改国史，而且有许多篇章都是在歌颂汉室业绩的。

正当明帝专心致志地读此书时，班固的弟弟班超托人奏疏，为哥哥申冤。奏疏中写道："哥哥班固决没有私改国史，只是编写史书，让后人了解历史，能从历史中吸取经验教训。"明帝一看班超的奏疏，措辞恳切，而且软中带硬，十分有力。明帝召见班超，被班超的英雄气概、谈吐举止、博学广识所深深吸引，答应立时放了班固，而且给了班家一些钱财，支持他们继续写下去。

可后来，明帝又后悔了，他想把班固留在宫中，便又召班固进殿，让他当了兰台令史。没多久，班固又被提升为典校秘书郎，在后汉宫廷藏书处工作。

班固做了典校秘书郎后，真是如鱼得水，许多查不到的史料在藏书处都找到了，这为他完成这部史书发挥了很大的作用。从此，他日以继夜，以自己独特的见解去评史论今，引发人们思考历史，把握现在。

班固正在奋笔疾书时，明帝召他进殿。明帝非常欣赏班固的为人和才华，所以有什么大事经常和班固商量。

明帝刘庄问道："依你之意，现在我们是否迁都长安呢？"

班固道："陛下，东城之地，物产丰富，地势险要，我们不可走。如果迁都，必劳民伤财，有外心之人可能乘机而反啊！陛下请思之。"

班固回来之后，又写了一篇文章《两都赋》。这篇文章观点明确，把都城迁与不迁的利弊都明确地表述了，而且陈述了自己的观点：不能迁都。

明帝看后，非常赞同班固的观点，下定决心不再迁都。从此以后，明帝更加信任班固了，有许多朝中要事，都和他商议。班固也为明帝出谋划策。后来，班固又被提升为玄武司马。

明帝死后，章帝继位。章帝也很器重班固。可是班固的母亲去世了，班固是孝子，便辞官归乡服丧。

回到家中，班固将母亲埋葬完毕，为母亲穿孝百天。可就在这时，北匈奴和汉朝又发生了战事，大将窦宪主动请战出兵。刚刚即位的和帝年龄尚小，大权掌握在窦太后手中，她自然同意窦宪出兵攻打北匈奴。窦宪非常欣赏班固，所以对班固十分尊敬，二人的关系也很好。窦宪急需用人，便召班固回京。大敌当前，班固身穿丧服回到军营中，做了中护军，为窦宪出谋划策。二人密切合作，大败北匈奴，从此我国北方边境才算彻底安定下来。

班固大胜而归，又辞官回到了家中，潜心著书。这一写就是20

年，在这20年中，他写完了《汉书》的大部分，各章节提纲都已编好了。

公元92年，年轻的和帝和郑众密谋杀死了想夺权的窦宪。窦家的势力基本被消灭，和帝仍不放心，四处搜捕窦宪的爪牙。有许多人都因此事而无辜受牵连，班固就是其中一个。

班固在家中一心一意著书，对朝廷之事不闻不问，但还是没有逃过这次大劫。

洛阳令种兢和窦宪有仇，一看窦宪已死，便凶狠地对待窦宪的家人和亲戚朋友。种兢下令对班固严刑拷打，班固始终一言不发，他知道自己这次凶多吉少，但他最担心的是自己倾注一生心血的《汉书》还没有完成。

公元92年，班固由于在狱中受尽折磨拷打，再加上心情沉闷，最后死在狱中，终年61岁。这位著名的史学家带着终生遗憾在狱中含恨而死。

《汉书》虽未著完，但在民间却广泛传抄，后来传到了和帝手中。和帝读完《汉书》后，十分佩服班固的文采。遗憾的是，这部史书没有完成，作者就被洛阳令折磨死了。

和帝觉得十分惋惜，心中十分怨恨种兢，派人将其抓捕。和帝心里清楚，就是杀了种兢，也无法挽回班固了。

正当和帝为此事伤心之际，和帝的亲信郑众对和帝说："陛下，您不必伤心，我推荐一人可以续写此书，此人不是别人，乃是班固之妹班昭，她从小熟读诗书，班固著书之时，她也时常帮助查找资料，我想她一定能写完此书。"

和帝一听，十分高兴，立即下诏，让班昭进宫。

班昭从小聪明好学，文采也十分出众，班固写史书时，她经常帮助哥哥查找资料。她也想完成哥哥没有完成的事业，便答应了和帝潜心研究汉史。

由于班固已有提纲，班昭便有了大体方向，但具体史实，还得查阅大量资料，她整日伏案疾书，几年眨眼过去了，班昭这位史学巾帼终于完成了哥哥的遗稿，使这部《汉书》成为一部完整的史书。

和帝看完《汉书》后，非常满意，换来下令传抄，收藏在东观和兰台。和帝对班昭的精神也非常钦佩，赏给她许多财宝，但班昭没有接受。

班昭在宫中也深受别人尊重，经常教皇后和贵人学习，也深受她们的喜爱。

班昭写完《汉书》之后，仍旧没有停笔，又用了几年的时间写了7篇《女戒》。这几篇文章讲述了女子的道德规范、礼仪标准，在民间广为流传。

班固、班昭兄妹合力著《汉书》，历尽千辛万苦，留给后人的是无穷的知识和启发。

投笔从戎 深入虎穴

东汉时期，提起班氏家族，虽不如窦氏家族地位显赫，但也都是英雄豪杰，而且善始善终，深受后人敬仰。

班彪是有名的文人，文章出众。俗话说，老子英雄儿好汉，班彪的两个儿子、一个女儿都可谓叱咤风云，各领风骚。长子班固，性情敦厚，聪明好学；次子班超，志向远大，文通武备，虽不如哥哥学问高，但武艺十分了得；女儿班昭，端庄美丽，聪颖好学。

班彪死后，班固继续著《汉书》，完成父亲的遗志。班超和班昭也都有学问，帮助哥哥查资料，有时抄抄写写，有时共同讨论怎么成稿。

有一天，兄妹三人正在整理编写汉武帝派卫青、霍去病征讨匈奴这部分史料，班超呼地一下站起来，把手中的笔往地上一扔，目视前方，慷慨激昂地说道："大丈夫就应像卫青、霍去病那样到边塞杀敌立功，不能待在书房里，只知道读书写字！"他边说边取下墙上的宝剑，跪在地上对班固说："哥哥，小弟有一事相求，我想随大军到塞外杀敌立功，父亲没有写完的《汉书》就拜托你们啦。"

班固道："小弟，不可如此鲁莽，杀敌立功之事，应从长计议。"

班超道："哥哥，小弟心意已定，你就答应我吧！"

班昭人虽小，但通情达理，便给二哥求情："人各有志，我们就让他去吧！"

班超骑上马，投奔到了大将窦固那里。窦固见班超相貌堂堂，而且文武双全，十分欣赏他，便收留了班超。

公元33年，北匈奴侵扰汉朝北部边境，窦固奉命带领大军前去攻打北匈奴，班超一起随军出征。

到了战场上，班超一马当先，手持钢刀，上下翻飞，匈奴兵虽然也能征善战，但遇上了班超，却纷纷后退。班超越战越勇，把满腔的怒火发泄出来，杀得匈奴兵大败而归。

窦固没有想到班超武艺如此惊人，更加欣赏班超了。

为了抵抗匈奴，窦固想联合西域各国，共同对付匈奴。窦固非常信任班超，便派他和文官郭恂带领几十人出使鄯善国（在今新疆维吾尔自治区南部）。

鄯善王一听说汉朝的使者来了，非常热情。他们早就知道汉朝不仅物产丰富，而且非常强大。早在西汉时期，鄯善国就与汉朝有过来往，汉朝对西域各国也非常友好。

鄯善王亲自出城迎接，为班超等人设宴接风。可是几天之后，鄯善王的态度忽然冷淡起来，而且好几天都没有露面。

班超不仅武艺高强，而且胆大心细。他猜测一定是匈奴使者来了，要不鄯善王的态度怎么会突然变了呢？他对随从的人员说："你们注意到了吗？鄯善王对我们的态度和以前不大一样，我猜测一定是匈奴使者来了。"

大家也都觉察到了鄯善王态度的变化，但对匈奴使者是否到来都拿不准。班超说道："我们得想办法探听出来，否则我们的处境很危险！"

班超心想，直接问鄯善王，一是不礼貌，二是问不出实话来，我怎么办才能得到实情呢？想着想着，他眉头一皱，计上心来。

班超召来侍卫，突然问道："匈奴的使者来到贵国，不知来几天了，住在哪里啊？"

侍者一听，大吃一惊，心想大王再三叮嘱千万不要对汉朝人说匈奴使者已经到来，他们怎么知道了，一定是有人告诉他们了。想到此侍者老老实实地回答道："来3天了，住在离这儿30里的地方。"

班超一听，果不出所料，立即将这个侍者拿下，将他软禁起来。

当天晚上，班超把自己所带的36个随从叫到一起，神情严肃地对他们说:"我们来到这遥远的地方,都盼望建功立业,回去之后求得富贵,可是现在匈奴的使者已到了几天,鄯善王对我们不以礼相待,十分冷淡。鄯善王明显对匈奴使者很友好,而且一直瞒着我们,我们随时都有生命危险,如果鄯善王把我们绑起来,送给匈奴人,我们就会命丧异国,更不用说建功立业了。你们说应该怎么办呢?"

大家你看看我,我看看你,过了一会,都说道:"现在已到生死关头,我们愿听司马吩咐,誓死跟从!"

班超一听,十分高兴,说道:"那好,现在时间紧迫,我们也没有别的办法了,只有去杀了匈奴使者,事情才会成功。"

大家道:"好吧,我们誓死一拼。"

有人问道:"司马,我们是否与从事郭恂商议一下!"

班超道:"他乃文官,生性胆小怕事,我们还是别告诉他了,以免计划失败。"

大家又认真商议了一番。

到了夜间,班超带领着部下,手持明晃晃的钢刀,在狂风中向匈奴使者的住处走去。

来到了匈奴使者的住处,班超轻声吩咐道:"你们几个人带着大鼓躲在匈奴的帐篷后,一起火就敲鼓,另外20人埋伏在营门两侧,准备好弓箭,其余的人和我一起去放火。"

那晚,风特别大,火借风势,风助火威,越烧越猛,霎那间,火光冲天,大火将匈奴使者的营帐烧着。

火光一起,鼓声震天。匈奴使者从梦中惊醒,慌忙穿上衣服,往外就跑。弓箭手早已埋伏好了,一看匈奴使者跑了出来,一阵密箭,匈奴使者被射倒一片,有的从边上跑了出来,班超手疾眼快,大刀一挥,连斩三个匈奴使者。其他的匈奴人一听外边喊杀之声,震耳欲聋,都躲在帐篷中,结果被大火活活烧死。

郭恂也知道了此事,大惊失色,吓得浑身发抖。

匈奴使者被杀,鄯善王知道了班超的厉害,也不敢再犹豫了,与匈奴断绝了关系,向汉朝俯首称臣。

班超勇入虎穴的事不止于此,他还带着他的随从行千余里,勇闯于阗。

班超等人来到于阗,于阗王广德对待他们很冷淡,因为于阗国受制于匈奴。但是班超明知征途有艰险，越是艰险越向前，毫不畏惧，对于阗王不卑不亢。

于阗王非常相信巫术。匈奴人得知汉朝使者来到于阗后，没有派使者前来，而是派来一个巫师。巫师妖言惑众，对广德说："天神厌恶汉使，须杀了他们的坐骑来谢罪。"

广德深信不疑，便对班超说了此事。班超答道："请巫师来取走马匹吧！"

巫师果然来了。巫师原计划是先找借口杀了马匹，再杀人，叫他没有想到，刚一见班超，班超就大刀一挥，将巫师的人头砍掉。

广德吓得直哆嗦，深知班超的厉害，立即改变了态度，和匈奴断交，向汉朝称臣。

于阗被征服后，班超又带人去征服龟兹国。班超将龟兹王的亲信兜题绑架了，过了一段时间龟兹王没有营救兜题，班超就命人放了他。兜题回国之后，对龟兹王见死不救耿耿于怀。

为了削弱匈奴的力量，班超又率领西域各国联军攻打姑墨的石城，结果大获全胜，从而孤立了龟兹国和焉耆国。

永元三年，班超进攻莎车国，龟兹王征集5万人马去支援。班超略施小计，故意放走俘虏，捎去假情报，莎车国中了圈套，大败而归。

班超又大败月氏国。永元六年，班超又战胜焉耆国。从此，班超名震西域，使西域50余年称臣服汉。

班超于永元十四年回到京城，和帝封他为射声校尉。

班超征战西域整整20年，回到京城，见到了久别后的妹妹班昭，二人都流下了热泪。

中国历史上最小的皇帝

公元75年，明帝刘庄驾崩，终年48岁。明帝一死，他的第五个儿子刘炟继位。刘炟继位那年只有19岁，史称章帝。章帝在位时间不久就病逝了。从章帝起，后汉王朝大多是少年皇帝和幼童皇帝当政，这在历史上是非常罕见的。更为罕见的是东汉后期出现了中国历史上最小的皇帝——刘隆。

刘隆是和帝之子，永元十四年，和帝得了一场大病，久治不愈，过了3年后，病情加重，于永元十七年病逝，年仅27岁。

和帝在位时，后宫斗争异常激烈，嫔妃、贵人明争暗斗，谁若生下男孩，就会被别人暗害，有的嫔妃、贵人一生下男孩，立即派人秘密送出宫，以免遭毒手。这些男孩由民间百姓抚养，侍候嫔妃、贵人的太监偶尔偷偷地去看望一下。

刘隆就是其中之一，刚一出生，就被送出宫。和帝一死，邓氏皇后只好怀抱刘隆这个不足3个月的婴儿，来到皇帝宝座前，轻轻地把刘隆放下，文武百官跪地高呼万岁。刘隆吓得哇哇大哭起来，邓后没有办法，只好把刘隆再抱起来，哄他。

君臣大礼行完之后，邓后怀抱婴儿皇帝缓缓地离开了大堂。

和帝只有这么一个3个月的儿子吗？答案是否定的，和帝的儿子流落到民间的还有一个叫刘胜，和帝去世那年，他已经10岁了。为什么没有让刘胜继承王位呢？原因在邓后身上。

邓后名叫邓绥，长得十分美丽，永元七年入宫。她的祖父是光武帝的大将军邓禹。邓禹为光武帝东打西杀，立下了显赫战功，为光武帝统一全国打下了坚实的基础。邓绥为邓禹之后，门弟显赫，和帝也不敢小瞧。但那时，和帝已立阴氏当皇后。

邓绥不仅长得漂亮，而且温文尔雅，从不卖弄风姿来讨和帝的宠爱。她对和帝处处体贴、关心，使和帝深受感动。

邓绥刚入宫时，年纪不大，父亲死后，她十分悲痛，三年没有食盐。她尽量和阴后搞好关系，事事小心谨慎，不与皇后和其他嫔妃相斗，而是默默地承受着别人对自己的谣言，甚至是侮辱。后宫中的人以为邓绥好欺辱，经常给她气受，而且瞧不起她。但邓绥毫不理睬，不和他们争风吃醋。越是这样，和帝越喜欢她。那时后宫斗得异常激烈，和帝很是心烦，看到邓绥出身豪门，但不骄纵，心静如水，时时刻刻为自己排忧解难，从不说别人的坏话。和帝觉得邓绥心地善良，但他想不到邓绥是为了自己的宏图大志。

邓绥进宫不久后，便被立为贵人，而且十分受宠。对此，阴后非常气愤，心想我堂堂的皇后斗不过你，我一定想方设法置你于死地。

阴皇后招来巫师，让巫师施法，企图害死邓贵人。邓绥知道后，没有与阴后计较,仍是尽量和她相处,但阴后把邓贵人看作是眼中钉、肉中刺,处处刁难邓贵人。

永元十四年,和帝病重,卧床不起。邓贵人心想:和帝一死,自己的志向便很难实现,阴皇后又处处为难我,我不如一死了之,陪和帝一起到黄泉之下。想到此,她便把预先熬好的毒药倒在碗中,想服毒自杀,陪和帝同死,太监眼疾手快,一把抢过毒药,将其倒掉,又有侍女相劝,邓贵人才罢休。

非常幸运的是,和帝的病大有好转,几天之后可以下床慢慢走动了。有个太监告诉和帝:邓贵人知道您得了重病,想服毒自杀。和帝听后感动得泪流满面。

阴后不仅对邓贵人心狠手辣,对其他受宠的女人也如此。后来这些人知道了此事后,便告诉和帝,说阴后不仅害她们,也想害邓贵人。

和帝虽然有病在身,但仍是立即下令:废掉阴氏皇后的称号,移出后宫,永不归复。

邓贵人一见此情,便跪地向和帝求情:"陛下,您先安心休养,不要为此事动怒,以免伤了龙体,都是臣妾不好。如果我不在宫中,阴皇后也不会如此,请饶过阴皇后这一次吧!"

和帝一听,气消了一半儿,越来越觉得邓贵人通情达理,为自己分忧解难,不像其他人那样,只知勾心斗角。

阴皇后还是被贬入冷宫,她的家属被流放到荒凉之地。阴皇后到了冷宫,整日以泪洗面。她怎么也想不通,自己身为皇后却斗不过邓贵人。越想越伤心,后来忧闷而死。

邓贵人深受和帝宠爱,和帝有病期间更是百般服侍,照顾得无微不至。很自然,邓绥被立为皇后。

邓绥忍受了百般凌辱,终于实现了自己的理想,当上了皇后,但这还不是她最后的目的。

由于和帝病重,不能起床,只好由邓皇后代理朝政。邓皇后待人仍十分随和,遇事和大臣们商议。她提倡节俭,禁止各封国进贡财物。她又十分重视农业生产,下令减少租税。这些政策深受百姓和大臣们的拥护,邓皇后也因此受到了别人的尊敬。邓皇后掌权后,不封自己的家人,这一做法让许多大臣们都佩服。

邓皇后代理朝政后,社会稳定,国势有所上升,经济也开始快速发展。和帝非常高兴。但和帝的好心情并没能挽救他的生命,由于他贪恋酒色,最终一命呜呼。

和帝一死,邓皇后知道自己不能篡权夺位,因为那样做,不仅大臣们不服,天下百姓也会不满。所以邓皇后便派大臣们去找民间和帝的亲骨肉。

后来,大臣们找到了和帝的两个儿子,大的10岁,叫刘胜;小的只有3个月,叫刘隆,就是邓皇后怀中所抱的小皇帝。

邓皇后为什么不让10岁的刘胜继位呢,原来她怕刘胜几年之后掌握了大权,对自己不利。所以她便立和帝的小儿子刘隆为皇帝,这样邓皇后便临朝听政,总揽大权了。

邓皇后临朝听政后,也就变成了邓太后。这时,她把自己的兄长邓骘安排在朝中,手握大权。非常效忠和帝的宦官郑众、蔡伦也得到了重用。蔡伦就是发明纸的那个人。邓太后依靠着自己建立的强大关系网,很好地控制住了朝中大臣。

可事情却突然发生了变化。一天深夜,邓太后正在批阅奏章,忽听得宫女前来报告:"小皇帝病得非常厉害!"

邓太后一听,心里十分着急,立即派人去请最好的御医进行抢救。她并不是心疼小皇帝,而是怕小皇帝一死,自己无法临朝听政、把握大权了。

小皇帝"哇哇"的哭声逐渐减弱,御医们忙得满头是汗,也没有见效,小皇帝终于驾崩了。

公元107年,中国历史上最小的皇帝刘隆入土安葬,被追谥为殇帝。小皇帝一死,邓太后的心情十分沉重,她想:让谁继位,可以保证自己继续独揽大权呢?

诛异己 保权位

自从殇帝刘隆一死,邓太后心情就很沉重,她在想:立谁为皇帝,对自己最有利,可以使自己继续独揽大权呢?

邓太后便和自己的兄长邓骘、宦官郑众、蔡伦等人商量。

秦朝汉代

郑众对邓太后说:"太后,小皇帝驾崩,周章一伙人便密谋想立刘胜为皇帝,如果刘胜做了皇帝,用不了几年,便可独立处理朝政。恐怕对太后的权力有威胁啊!而且,光禄勋周章掌握满朝大夫、中郎将的生死大权,势力非常庞大,我们不得不防啊!"

邓太后说道:"周章等人早就想削弱我的权力,我不会让他们得逞的!"

蔡伦道:"太后,我们现在应马上选一个人,准备立他为皇帝,国不可一日无君,不能让他们抓到把柄。"

邓骘也说道:"太后,我用武力保护你,你赶快下决定吧!"

邓太后深夜召见清河王刘庆及他的儿子刘祜。

在邓太后谋划自己的大事的同时,朝中另一派也正在密谋,代表人物便是光禄勋周章。周章得知邓太后密诏刘庆及他的儿子刘祜之后,立即召集朝中要臣。周章知道清河王刘庆和邓太后是一伙儿的,邓太后很欣赏刘庆,刘庆自然也很听从太后的旨意了。

周章对那几位大臣说道:"殇帝归天,按理应立平原王刘胜为皇帝,才可顺天意。但是邓太后另有打算,她深夜密召刘庆及他的儿子刘祜,很可能立刘祜为皇帝。清河王刘庆与我们几位素来不和,如果他的儿子做了皇帝,对我们有百害而无一利啊!我们不如联名上疏邓太后,立平原王刘胜为皇帝。刘胜虽小,但没有几年便可独立处理朝政,到时候我们再联合皇帝,一定能削弱邓太后及邓家的势力。"

其他几位大臣也纷纷说道:"周大人所言极是,吾等愿意听周大人的话,明日联名上疏邓太后,请求立平原王为皇帝。"

第二天上朝之时,周章首先跪倒,说道:"邓太后,殇帝驾崩,国不可一日无君,不知邓太后想立谁为皇帝?"

邓太后一听,心里便知道了周章的用意,十分生硬地答道:"这件事我已经考虑了,我想立清河王刘庆之子刘祜为皇帝。"

周章身后又跪倒了几位大臣,就是昨夜密谋的那几位,说道:"邓太后,万万不可呀,平原王乃和帝之子,只有立他为皇帝,才能顺应民心,才能振兴汉室啊!"

邓太后冷冷地说道:"平原王刘胜精神恍惚,生性胆小,我看他难当此任。"

周章道:"邓太后,刘祜不是先帝之子,又不是封王,恐怕没有资格吧？"

邓太后道："刘祜虽不是先帝之子，但是系属皇族，而且有治国平天下之志，聪明好学，知书达理，我看他一定能够重振汉室江山的。不是封王，我明日便封刘祜为王。"

周章等人还打算争论，可邓太后已起身离朝，不再理睬那几个大臣了。

邓太后回到后宫，立即派自己的哥哥邓骘到清河王府去接刘祜入宫。

周章秘密派人去刺杀刘祜，但邓骘亲自保驾，周章没有得逞。

公元107年，刘祜正式登上皇帝宝座，史称安帝，定年号为永初。刘祜当上了皇帝，但他年纪尚小，邓太后仍然临朝听政，把握朝中大权。周章等人一看到刘祜登基，拥立平原王的气焰被打了下去。

邓太后深知周章等人心里不服气，便想方设法除掉他们，但又不能立即斩首，因为那样做会失去人心。

邓太后最担心的就是周章的权力，她想夺周章的权，但又怕别的大臣不服，因为周章也为汉室江山立过汗马功劳。这时，郑众给邓太后出了个好主意。

郑众对邓太后说："太后，想剥夺周章的权力并不难，您可以拜他为司空。这样，职位虽然升了，但却没有实权，可以把他现在的职位让给您的近臣。"

邓太后一听，心里非常高兴，这样做，别的大臣无话可说，周章也是哑巴吃黄连，有苦说不出。

周章做了司空之后，心里十分不满。他想：我一个大功臣竟落得如此地步，我不如反了呢，废掉安帝，拥立平原王。

周章主意拿定后，便邀来两个好友，和他们密谋造反之事。这两个好友一个是王尊叔，另一个是元茂。二人和周章关系甚好，对邓太后的做法也十分不满。周章把想法一说，二人立时同意，说道："周大人，当朝邓太后依靠车骑将军邓骘及郑众等宦官独揽大权，不肯立和帝之子为王，野心颇重，我们愿意和周大人联手，发动政变，推翻安帝，立平原王刘胜为帝，废除邓太后，免除她对我们的威胁。"

三人一拍即合，自以为很周密。但却不知早有人监视他们，并偷听了三人的讲话，悄悄地告诉了邓太后。

邓太后听了，也不声张，把自己的兄长邓骘叫到后宫，让邓骘在宫殿之上设下重兵。

第二天，三人上朝，刚一到殿上，便发觉情况有些不对，卫兵手拿刀剑，寒光闪闪，威风凛凛。周章三人知道大事不好，但再想反叛已经来不及了。他们怎么也想不到，计划还没实施便败露了。

只见邓太后稳坐龙椅，当场宣布："司空为国日夜操劳，如今体弱多病，今免其职，回去养病罢。王尊叔和元茂你们二人也劳苦功高，随周章一起回去吧！"

三人傻了眼，知道他们的计划彻底失败，邓太后是不会放过他们的，于是都服毒自杀了。但此事并未了结，邓太后又命人将三家全部抄斩。

朝中其他大臣见邓太后如此狠毒，虽有怨言，也不敢说，只好忍气吞声。邓太后的势力又明显加强了。

但周章等人的残余势力仍没有彻底消灭，邓太后对这些人都派人暗中监视，注意他们的一举一动。这些人也都深知邓太后的厉害，所以也没有人敢有非分的行动。

安帝14岁时，郎中杜根认为安帝可以独立处理朝政了，有推倒邓太后的最好理由了。便上疏道："太后，安帝已满14岁，年纪虽小，但已可独立处理朝政了，先帝也是14岁便亲政的，请太后还政于圣上，方可顺民心啊！"

邓太后知道杜根和周章乃是一派的，大怒道："大胆杜根，我辛辛苦苦辅佐安帝，什么时候还政于安帝，我心里自然清楚，你干涉朝政，该当何罪！来人啊，给我把杜根押入死牢！"

看牢门的人和杜根是老乡，杜根平时对他很好。深夜，看牢门的打开大锁，放出杜根，给杜根换了一套衣服，二人逃了出来，隐入深山，再也没有消息了。

邓太后对那些反对自己的大臣，找借口一个一个地消灭掉了，以此保住了自己的权力和地位。

邓太后治国有方

邓太后为了保住自己的权位，诛杀异己，许多朝中大臣都死在邓太后的手里，但这都是封建王朝争权夺利的产物。如果邓太后不去诛杀这些人，自己的权力便失去，地位也随之不保。

邓太后可以说是经历了风风雨雨，才保住了自己的权位，又经历了艰难险阻，才巩固了自己的地位。

邓太后凭借着自己的智慧和心计，由贵人成为皇后，和帝一死，又成为太后。

她一方面要治理天下，一方面又要进行权力斗争。但就是在这样的环境中，她仍把国家治理得井井有条。

邓太后执政了20年。这20年是东汉王朝兵荒马乱时期，战争不断，边境不稳，年年天灾。但邓太后承受住了这些压力，一步步地恢复了国家经济。

邓太后生活非常节俭，对后宫的人管理得也非常严格，规定每天花费的数量，对大臣们的开销也严加管理。由于邓太后以身作则，大臣、宫女、宦官也都纷纷仿效，没有人敢奢侈浪费，这样一来，节约了许多钱财，邓太后把这些钱财用来救济受灾的百姓。邓太后这样做，缓解了积累的民怨，许多起兵造反的农民义军后来都自行解散了。但邓太后知道光靠政府救济，百姓是不会过上好日子的，政府开支负担仍很大。于是她派人在容易发生水灾的地方修渠挖河、疏导水流，在容易发生旱灾的地方挖泉打井。这样一来，许多原来颗粒无收的土地变成了良田，百姓手中也有了粮食，生活自然稳定了。邓太后一看农业发展了，而且百姓连年丰收，便把废除的捐税开始重新恢复，国库也因此渐渐有余粮了。

由于昼夜处理朝政，邓太后病倒了。那时非常迷信，认为组织规模庞大的驱除恶鬼活动，可以使身体恢复健康、延年益寿。许多大臣纷纷上疏邓太后，请求为使邓太后早日恢复健康，应将仪式扩增三倍，举办得隆重些。邓太后知道以前这项活动经常举行，而且浪费大量的财力、人力。如果再扩增三倍，花费将更大。邓太后虽然迷信，相信这项仪式能给自己带来好运，但她一想到所需的钱财，便说道："今年百姓收成不好，国库空虚，举行此仪式花费太大，不要举行了，还是把钱财赈济百姓吧！"

由于邓太后的厉行节约和努力发展生产，东汉后期已经颓败的经济又有了缓慢的恢复和发展。

经济逐渐恢复和发展后，邓太后松了一口气，马上投入到政治管理中去。

邓太后下诏书告诫百官："我朝律法公正严谨，绝不讲私情，无论是谁，违者必究，严惩不贷，尤其是皇亲国戚，要加重处罚。"这条律法一颁布，全国议论纷纷。而且邓太后也是那么做的，对皇亲国戚一点不手软，全国上下，从地方官到朝中文武百官都没有人敢以身试法。

可一件令邓太后十分苦恼的事发生了。

中郎将任尚不满邓太后的统治，总想起兵造反，但是他知道自己的力量单薄，很难达到目的，便把目光放在了邓骘之子邓风身上。

邓风整日游手好闲、不务正业，而且对邓太后和父亲有些看法，他想在朝中谋个官做，却总不能如愿。

任尚知道邓风是邓太后的侄子，邓太后不会设防于他，于是便写信给邓风。

邓风接到信打开一看，吓了一跳，但他马上又被任尚提出的条件所吸引，便回信答应与任尚一起干涉朝政，等待时机，准备谋反。

任尚的所作所为岂能逃过邓太后的锐眼！没几日，任尚便被发现。搜查他的府上时，搜到了一封邓风写给任尚的信，信中虽然没有造反事项，但却提到了干涉朝政之事。

邓太后得知后，左右为难。按律法理应治罪，可他的父亲邓骘是自己的左膀右臂，一旦治罪，又怕兄长有不满情绪，并且邓风只是个孩子，治罪也很难把握尺度。

正在邓太后左右为难之际，邓骘拖着自己的儿子邓风来见太后。

邓骘跪倒说道："太后，臣下犬子胆大包天，竟敢违背我朝律法，企图与逆党相互勾结，干涉政务。臣知有罪，请太后治罪，处死也无怨言。"

邓太后心想：既然兄长有如此之心，我正好有个台阶下，便说道："凤儿只是个孩子。我朝律法也没有规定处罚孩子的条例。兄长严加管教凤儿，不可让他再犯啦！"邓太后既给哥哥留下了面子，其他大臣也无话可说。从而更加团结了车骑将军邓骘。

邓太后不仅执法如山，而且时常微服私访，到下边去查看地方官执法的情况。

有一次，邓太后到洛阳城去查看洛阳令执法的情况。她想：洛阳乃都城，看看天子脚下的律法是否真正执行。

到了监狱中，她看到几乎所有的犯人都被打得遍体鳞伤，浑身是血。她知道如此严刑拷打，里边一定有冤情。

邓太后命人悄悄提审了几个，又把案卷调来审阅，果真大多数犯人都是屈打成招。邓太后心里很不高兴，一了解，原来洛阳县令是个贪官，只要送钱财，就可免罪，如果不送礼，必然遭毒打，直至招供为止。

邓太后大怒，下令重新审理案件，结果平反的有百来人。

邓太后知道：治国需要有人才，只有重视教育，才能培养出更多的有用人才。

于是，邓太后召集儒生在东观校书，又命他们传播知识，让更多的人学习。

后来，邓太后又设立了学官，开办了一所大学堂，教授经书。经书包括五经、传记、礼记、法言、孟子等书籍，有时还额外开一些天文、地理、算术之类的科目。

邓太后鼓励教育，不仅培养了一批有用人才，而且更加有利于自己的统治。因为这些人深受正统思想的教育，非常忠君。

公元121年，由于过度劳累，邓太后闭上了劳累一生的双眼，但她的功绩却留下来了，人们都赞扬邓太后治国有方。

东汉蔡伦造纸术

提起蔡伦这个人，也许有人可能不熟悉，但提起纸张，几乎无人

秦朝汉代

不知，无人不晓。我们经常用到纸张，读书写字、包装等等，我们生活中几乎离不开纸。东汉造纸术就是东汉时期蔡伦发明的。

蔡伦是桂阳人，入宫后的蔡伦非常聪明，而且很会来事，许多很有权力的老太监都非常喜欢蔡伦，蔡伦也愿意和老太监们待在一起。一是可以学习侍候好娘娘、嫔妃、宫女的经验，二是老太监中有许多人能够读书识字，蔡伦便缠着他们教自己。蔡伦的记忆力惊人，过目不忘。几年下来，蔡伦不仅认识了许多字，而且可以通读经史了。蔡伦不仅聪明，而且好学，渐渐地便很有学问了。

章帝执政时期，蔡伦就是个聪明的小黄门，到了和帝时期，聪明又有学问的蔡伦被提升为中常侍。后来，一次偶然的机会，他见到了和帝。蔡伦不仅见识高明、才华横溢，而且谈吐举止十分得体，和帝很欣赏，经常召他到殿上，共议大事。蔡伦就这样渐渐地得到了皇帝的重视。

永元十四年，贪恋女色的和帝卧床不起，邓后独揽大权，处理朝政。

邓后毕竟是位女子，显得有些力不从心，便问和帝："陛下，谁可帮助臣治理国家呢？"

和帝说道："中郎侍蔡伦虽为太监，但才华出众，有独到的见解，为人忠诚，可以帮助你处理政事。"

邓后心想，蔡伦乃一太监，能有什么本领呢？但和帝说了，不如见他一面。于是邓后召见蔡伦。

邓后问蔡伦："如今皇上身体欠安，我帮助皇上处理朝政，会有人不服气吗？"

蔡伦说："皇后，臣以为陛下身体欠安，理应由皇后助理朝政，虽独自处理，也不会有人不满。但是有些大臣心口不一，皇后须小心提防为妙。"

邓后一听，问道："你认为哪些人会不服呢？"

"臣以为周章周大人手握大权，他表面上虽然拥护皇后，但是暗中却处处与皇后作对。皇后，害人之心不可有，防人之心不可无啊！凡事要做好准备。"

蔡伦的一席话正说到了邓后的心里，她也发觉周章等人心怀不轨。邓后因此很欣赏蔡伦，认为他见识高明，而且敢直言。从此，邓后便把蔡伦调到了身边。

永元十七年（公元105年），和帝归天，朝中大臣和邓后围绕着立谁为皇帝展开了激烈的斗争。由于邓后对周章等人早有防备，所以很轻易地拿掉了周章。后来蔡伦又建议邓后仍要小心谨慎，周章虽死，但他的同党还没有被彻底消灭。邓后又逐一消除异己，使自己的权位得到了进一步巩固。蔡伦在整个事件中起了很大的作用，为邓后出谋划策，亲自参与政治斗争。为此，蔡伦得到了邓后的信任，在朝中大臣们中间的威望有了极大的提高，但也就因此事而为自己埋下了祸根。

由于蔡伦亲自参与处理政事，所以经常帮助邓后批阅奏章，有一次他看见几册民间的书，是用丝麻等絮物结成薄片剪成块状，然后用来写字的。这种东西很轻巧，他一打听才知道民间百姓把它叫做纸。这种纸比起竹简来，不仅搬动省力，而且翻阅也十分方便，比起锦帛来，又便宜了许多。但是这种纸也有一个最大的缺点，就是很脆弱，稍一用力就破，很不容易保存。这种纸还相当粗糙，不利于书写。蔡伦想：如果这种纸加以改进，使它细腻而且结实一些就好了。

公元105年，蔡伦被批准回桂阳郡探望已上了年纪的父母。途中，他学会了如何制造那种粗而脆的纸。

到了家中，他和父母诉说了多年的情况之后，便脱掉外衣，找来许多破烂衣服，将这些破烂衣服漂洗干净后，放入石臼中捣成浆。父母劝他休息一会儿，他说："我一点都不累，我想造出好纸来，让人们用起来更方便。"

父母虽然不知道什么叫纸，但十分支持他，帮助找来了许多破烂衣服。

蔡伦用石杵在石臼里不停地捣着，边捣边呼呼喘粗气，而且身上、脸上到处都是大汗，边上十几个小孩围着蔡伦又蹦又跳。蔡伦费了好大的力气，才把破烂衣服捣成浆，用细竹筛把碎浆摊平整，扣到光滑的石板上，晾晒之后就成了纸，可是这种纸仍是又脆又粗糙。蔡伦又不停地试验，不停地改进，效果仍然不十分明显。蔡伦想：到底哪个地方出了问题呢？

由于蔡伦整天不停地捣破衣服，家中的破烂衣服，很快就用没了。他的父母便到左邻右舍去找。

有一天，一位大娘送来了几件破烂衣服，衣服不仅破，而且很脏，上面沾的全是石灰面。

蔡伦一看都是石灰面，也没有漂洗，便把那几件破烂衣服扔在石臼中继续捣。奇怪的事情发生了，蔡伦很容易地就把这几件衣服捣成浆，而且捣出来的浆水又白又细腻。蔡伦又惊又喜，立即用细竹筛把碎浆过滤一遍，之后又兑上了一些清水筛成膜，放到光滑的石板上，经过晾晒之后，奇迹出现了。这种纸不仅有柔韧性，而且很细腻。蔡伦兴奋地直跳，过了一会儿，他又认真思考：为什么这几件衣服造出来的纸和其他的不一样呢？它们有哪些区别呢？左思右想，他忽然眼前一亮，这几件衣服上面有石灰面，石灰有漂白和腐化作用。

他接着又把几件没有石灰的衣服放到石臼中，里边放了几块石灰。果然没过多久就捣出了纸浆，晒干之后，这种纸仍是又细腻又有韧性，可以折叠。

蔡伦高兴得像个孩子似的，把纸拿到了家中，先给父母看，又给乡亲们看。乡亲们又纷纷送来破衣服、破鱼网、麻头、旧鞋等等，蔡伦一一试验，都能造成很好的纸张来。蔡伦又用树皮试验，最后也造出了薄而光滑的纸张。

没多久，蔡伦回到了宫中，向邓后报告了造出新纸一事。邓后非常高兴，命令蔡伦置办纸作坊，造新纸。不多久，新纸传到民间，极受欢迎，后来又传到亚洲各国，逐渐又传入欧洲、非洲、美洲、大洋洲，世界各国都用上了这种纸。蔡伦的东汉造纸术为人类的文明起到了巨大的推动作用。

公元121年，邓后去世，由于蔡伦与邓后关系密切，因而受到安帝的排挤，最后被逼无奈，服毒自杀。但他的造纸技术却流传下来。

东汉科学家张衡

张衡，是东汉时期南阳西鄂人，是中国历史上伟大的科学家、文学家、天文学家和历史学家。

张衡的一生，有许多发明创造，这得益于他小时候的勤学苦练。

张衡最先在文学上取得了很高的成就，但他从不骄傲，他懂得孔子"三人行，必有我师"的深刻道理，经常四处拜师学艺。在学习过程中，张衡不仅精通了五经六艺及诸子百家的知识，而且也学到了许多关于天文、地理、水利等方面的知识，这为他以后的发明创造打下了坚实的基础。

由于张衡博学多才，年纪轻轻就很受人们的尊敬，但他从不刻意追求功名利禄，为人谦虚谨慎，敢于直言。

张衡看到东汉末年统治阶级荒淫奢靡，百姓苦不堪言，便有感而发写下了许多诗和铭文，《四愁诗》就是张衡在这时写的具有极高价值的抒情诗。但最有名的是他的两篇赋：《西京赋》《东京赋》。张衡用了10年左右的时间，完成了近万言的大赋。赋中对当时社会现象进行了深刻的揭露，表达了自己和劳苦大众的不满情绪。这两篇大赋语言华丽、广征博引、内容丰富，在当时社会上引起了强烈的反响。

很幸运的是，张衡没有因为批判统治者而被治罪，反而得到了安帝的赏识。安帝认为张衡所批评的事情都存在，有的很严重，不应避讳，而应该改进。于是他召见张衡，封他为郎中。

张衡成为郎中后，对安帝提出了许多合理建议，深受安帝信任，不久又升为太史令。这一下，张衡如鱼得水，整日埋头在堆积如山的经典史籍中漫游。这期间，他开始深入研究天文和历法。

说起天文，张衡还是孩子的时候，就经常仰天数星星。他对天上的星星、月亮、太阳都充满了神秘的向往，希望揭开它们的面纱，但是那时候天文方面的书籍很少，张衡也只是停留在浅层次的认识上。

自从做了太史令之后，张衡有机会接触到许多天文方面的资料，而且可以登上灵台观测天象。

这期间，张衡不仅读了天文方面的书籍，而且有了实践。他认真总结了前人的经验，经过反复实验，终于在顺帝时期制造出了浑天仪。

浑天仪是当时世界上最先进的天文仪器，比西方出现相似的仪器早好几百年。

浑天仪有几个环形架，中间是个大铜球，代表天球，周围用铜环围了几道，表示太阳、月亮、二十八宿的运行轨道，天球上面标出各个星座和主要恒星的位置。这在当时的科学技术水平下，是一件非常困难的事，但张衡经过长期不懈的努力，终于准确地推算出来了。

浑天仪最关键的地方是，只有使天球运行起来，才能准确地反映出天体运动的情况。张衡经过无数个日日夜夜地钻研,终于研制成功。在天球中间,张衡安装了一个水机转动机关,古代用铜漏计时,连通的容器漏下的水以一定的速度慢慢推动浑天仪旋转,每昼夜刚好转一周。在计算浑天仪转动速度时,张衡花费了很长时间,才准确地计算出来。

张衡发明了浑天仪,又全身心投入到地动仪的研制中来。

又是几年的时光,地动仪研制成功。这是当时世界上最先进的测量地震的仪器,比西方国家早1000多年。

地动仪像口扣着圆盖的大缸,遍体铜光,有五六尺宽。周身倒镶着八条玲珑剔透的小龙,分别朝着东、西、南、北、东南、东北、西南、西北。每条小龙嘴里含着一粒铜球,平时铜球在龙嘴中含着,哪个方向一有地震,小铜球就因受力而掉下来。相对龙嘴的地面放着八只仰头张口的铜蛤蟆,小铜球掉下来,正好落在铜蛤蟆口中。

张衡将地动仪放置在灵台上,他每天都观察地动仪的情况。突然有一天,西方的小铜球受到铜杆的击打而掉落在蛤蟆嘴中,张衡判定西部发生了地震,为了及时赈济灾民,张衡决定将地震情况报告给皇帝。

第二天上朝时,张衡跪倒在地,说道:"陛下,昨晚亥时,陇西方向发生了地震,陛下是否派人前去慰问和救济灾民啊?"

顺帝听后非常奇怪,怔了怔,问道:"太史令,你在说什么?"

"回陛下,陇西方向发生了地震。"

顺帝有些恼怒,气呼呼地说道:"大胆,太史令,你是说朕治国无能吗?"

那时候,人们非常迷信,认为许多自然现象都是神灵操纵的结果。如果哪一位皇帝统治昏庸无能,上天便会惩罚。因此顺帝一听说有地震,心里十分不满。

张衡一见顺帝有些生气,忙解释道:"陛下,地震乃一种自然现象,是大地自动的结果,与陛下统治没有丝毫关系。"

顺帝气消了一点,但仍显得有些不悦,问道:"你怎么得知的?"

"陛下,臣用了几年时间研制出一台地动仪,放置于灵台上,能够预测地震的方向。昨晚亥时,地动仪的小铜球掉落,臣预测是陇西一带发生了地震。"

顺帝根本不信张衡的这番话，平日虽然很欣赏张衡，也很信任他，但张衡的这番话，顺帝是说什么也不会相信的。顺帝最后冷冷地说道："太史令，你先退去，朕会派人去陇西调查的。"

张衡一看皇帝不相信自己的话，只好退了下来。

岂止是皇帝不相信，满朝文武也都是头一次听说什么地动仪能够测量地震，大臣们都私下暗笑。

可是令皇帝和大臣们不可思议的事情发生了。两天后，离洛阳有千余里的陇西一带飞马来报："禀告陛下，大前日夜亥时，陇西发生大地震，房屋倒塌，人员死伤无数，一片大乱，请陛下火速派人前去救济。"

顺帝一下就愣住了，他怎么也不相信张衡的话，但张衡的话却变成了现实。他急忙下令速去陇西，多带粮食、衣物前去慰问。

派出慰问的大臣之后，顺帝立即召见太史令张衡，心想：太史令所研制的器具果然灵验，简直不可思议，我要亲自去看看。

张衡急忙来到殿上，但他还不知陇西一带有人报告的事呢。顺帝微笑着说道："太史令所制器具果然灵验，陇西一带确实发生了地震，可以让朕去看一看你研制的器具吗？"

张衡一听，立即带着顺帝和满朝好奇的文武前去参观。地动仪研制得非常漂亮，顺帝看了多时，问道："太史令，为什么地动仪能预测地震呢？"

"陛下，地动仪中间立着的这根铜柱，哪个方向发生地震，铜柱就倒向哪方，用力击落龙球，龙球一落入蛤蟆口中，就表示何方发生了地震。"

如此玄妙的东西，张衡在东汉时期就能够研制成功，不愧为伟大的科学家，为人类做出了巨大的贡献。

小皇帝被毒害

顺帝在位期间，不理朝政，只知宠幸女人，沉迷于后宫之中，什么黎民百姓、江山社稷都抛在脑后，不闻不问。

公元132年，顺帝已经18岁了，应该有能力治理国家了，但他对国家之事一点也不操心，相反对自己的婚姻却很着急。他想选一位漂亮而且有地位的女子立为皇后，选来选去就选到了梁妠。梁氏家族历代都是东汉王朝中的风云人物，而且和帝还是梁贵人所生。所以梁妠可以说是地位显赫。不仅如此，梁妠长得也端庄漂亮，因此顺帝便立了梁妠为后。

梁妠被立为皇后以后，又封梁妠的哥哥梁冀为河南尹。梁冀依靠家族势力，胡作非为，整日游手好闲，玩鸟斗鸡。他做了河南尹后，觉得自己有靠山，更是有恃无恐，整日搜刮民财，抢夺民女，对待低级官员，也是横眉立目，谁若不把他打点好，他就下令撤掉谁。而且这家伙还养着一批打手，谁若对他有任何不满，立即杀掉。

整个河南在梁冀的统治下，简直是昏天黑地。但是没有人敢反抗，一是梁冀心狠手辣，二是反映到顺帝那里，顺帝不但不处置反而告诉皇后梁妠，梁妠再告诉哥哥，梁冀岂能善罢甘休，立即派打手追杀此人，时间一长，谁也不敢反映河南的情况。

梁冀虽然如此蛮横无礼，但他的父亲梁老太爷为人却非常忠厚善良。

洛阳令吕放与梁家是世交，经常到梁家看望梁老太爷。有一次吕放和梁老太爷相谈，谈得很投机。梁老太爷命人准备酒宴，吕放也愿意和梁老太爷多谈一会儿，便答应留下来吃顿晚饭。

酒过三巡，菜过五味，二人喝到了兴头上，吕放对梁老太爷说："我听说梁冀在外边背着您以强欺弱啊，百姓对他有些看法，但敢怒不敢言，望兄台管教一下，以便顺应民意，也有利于梁家名声啊！"

梁老太爷一听就来了气。他对四儿子的做法早有耳闻，但是一直没有证据，也不便管教，今天一听老朋友说出此话，有些挂不住脸，心里特别恨这个不争气的儿子，便气愤地说道："贤弟，多亏你提醒老兄，我一定要严加管教，他真是无法无天了！"

"望老兄适度而矣，千万不可告诉令郎是我所说。"

"贤弟放心，我不会对他说的，话又说过来，他还敢把你怎么样啊！"

二人喝罢多时，吕放起身告辞。梁老太爷沉不住气了，借着酒兴，气更大了，立即命人把梁冀找来。

梁冀正在和几个娇艳女子鬼混,一听说父亲找他,知道没好事,但还是极不情愿地起床去见父亲。

梁老太爷劈头盖脸就把梁冀大骂一顿:"你这个不争气的逆子,在外胡作非为,横行霸道,我们梁家的脸面都让你丢尽了,给我滚!"

梁冀哪里受过这般委屈,但当时他不敢发作。他想:是谁敢如此大胆,向父亲告状呢?后来他向家人一打听,才知道那天晚上吕放来过府上。梁冀心想:你这个该死的老头,我念你和我梁家是世交,平日没有惹过你,你却来告我的状,不给你点颜色看看,我看你是不知道姓什么了。

梁冀找来几个打手,让他们换上夜行衣,去刺杀洛阳令吕放。

这一天傍晚,吕放外出,正坐在车中闭目养神,突然护卫大叫一声:"有刺客!"

墙上跳下十来个黑衣蒙面人,手执钢刀。这几名刺客都好像职业杀手似的,动作十分敏捷,而且武功高强,护卫队一时惊慌,这些人手起刀落,转眼就砍倒几个。

吕放在车中听到外边有喊杀声,心想:朗朗乾坤,天子脚下,谁敢如此胆大包天,竟敢行刺朝廷命官。他刚打开车帘,想看看是谁,就在这时,一个刺客一把抓住了吕放的衣服,将他从车中拉了下来,一刀砍死。有几个护卫刚想跑,便被这几个刺客的飞刀杀死。

这几个人一看任务完成,互相使了个眼色,收起钢刀,越过高墙,找了一个僻静之处,脱掉夜行衣,直奔梁府。见到梁冀,他们全部跪倒,说道:"回大人,任务已经完成。"

梁冀微微冷笑,对着那几个人说:"不许对老爷子说,下去领赏钱去吧!"

吕放一死,洛阳城大乱。堂堂的洛阳县令竟在天子脚下被杀。

梁老太爷认定是那个逆子所为,气得直吐血,心想:吕放啊吕放,我对不起你啊,家门不幸出逆子啊!没过多久,老爷子一命呜呼。

本来有梁老太爷健在,梁冀还有所收敛,父亲一死,他更是无法无天了。整个河南的老百姓可倒霉了,因为梁冀烧杀抢掠,和土匪恶霸一模一样。

后来,梁皇后为了巩固自己的地位,便对顺帝说拜梁冀为大将军。顺帝昏庸无能,梁皇后说什么听什么,便拜梁冀为朝中大将军,封其弟梁不疑为河南尹。

梁冀为了躲避吕案的责任,提拔吕放的弟弟吕禹为洛阳令,负责办理此案。吕禹明知是梁冀所为,也不敢捉拿,只好追捕了一些无辜老百姓结案。

梁冀做了大将军后,气焰更加嚣张,任意提拔和罢免官员,笼络亲信,在朝中安排了不少爪牙。

昏庸无道的统治,再加上梁冀的残暴,百姓忍无可忍,有许多地方都起兵造反。朝廷火速派军队镇压,但义军十分英勇,官军被打得连连败退。

顺帝本来就有病在身,得知情况后病情加重,临死前立2岁的刘炳为皇太子。

公元145年,年仅30岁的顺帝去世。只有2岁的太子刘炳继位,号称冲帝。

万万没有想到,2岁的小皇帝只坐了4个月的皇位便夭折了,宫中大乱。

梁冀为了能使自己和梁皇后独揽大权,便迎立只有8岁的刘缵为皇帝。刘缵是章帝的玄孙渤海孝王刘鸿之子。公元146年,刘缵正式登基,史称质帝。

梁冀和梁皇后本以为刘缵年纪小,易于控制。但他们万万没有想到,质帝小小年纪,却很聪明,处处和梁冀不和,二人经常吵架。

梁冀非常后悔,心想:我为什么迎立你为皇帝呢?于是他便想方设法害死质帝。

质帝非常爱吃甜食,梁冀便派人为质帝做了一碗莲子汤,里边放了剧毒。质帝年纪毕竟小,接过小太监送来的莲子汤,一口气就吃净了,不一会儿就倒地而亡。

小皇帝就这样惨死在梁冀的五毒莲子汤下,梁冀则进一步控制了朝中的大权。

梁氏家族破灭

梁冀用五毒莲子汤将质帝毒死，太尉李固当时也在场，就询问了那个小太监，小太监不敢隐瞒，说是大将军梁冀让他送莲子汤给小皇帝的，小皇帝喝完莲子汤，便倒地而亡。后来这个小太监被梁冀杀害，但太尉李固却知道了实情。他明白质帝和梁冀经常争执，一定是他毒死了小皇帝。

太尉李固非常气愤，联合几个密友，与他们商议，要废掉梁冀。想废掉梁冀，谈何容易？不说梁太后，就说朝中百官，谁都畏惧梁冀三分，而且梁冀还安排了许多爪牙。当梁冀知道太尉李固对自己不满，便找一个借口，罢免了李固的官职。后来又给李固安了一个莫须有的罪名，处死了李固，并将其家人全部流放。和李固关系好的大臣也纷纷被免职。

梁冀为了控制大权，率领官员迎立15岁的蠡吾侯刘志进宫，继承了王位，史称桓帝。桓帝不是顺帝亲生，但也是未出五服的本家。桓帝虽可以独立处理朝政，但梁太后仍临朝听政，梁冀则手握大权，桓帝只好默默地忍受着。

梁冀为了扩大政治势力，闹出了一个不大不小的笑话。梁冀把自己的妹妹梁女莹嫁给桓帝，后来立为皇后。这样梁太后和梁皇后既是姐妹关系，又是婆媳关系。满朝文武都觉得可笑，但又不敢多言。桓帝也觉得很别扭，但他也是敢怒不敢言。

梁女莹被立为皇后之后，桓帝赐给梁冀金银财宝数以万计，又给他建造高级宅第，赏良田几万亩。弟弟梁不疑和梁蒙被封为颖阳侯和西平侯，也得到了许多赏钱。连梁冀的妻子孙寿也被封为襄城君，与长公主同等待遇。但梁冀最看重的不是这些，而是以此巩固自己的权力和地位。

梁冀虽然家有万贯钱财，但贪得无厌。他在做河南尹时，就是出了名的贪官，到了朝中官拜大将军后，更是变本加厉。他在自己所管辖的地区寻找有钱的人家，如果他们不送来厚礼，他便立时派人去捉拿那些人，然后严刑拷打，逼打招供，定个满门抄斩的罪名，害得有钱人家家破人亡。他却从中获利，把这些钱财据为己有。

梁冀有一个爱好，喜欢古玩，这一消息不胫而走。一些想溜须拍马的，还有一些怕梁冀找麻烦的，都纷纷搜集古玩，孝敬这位大将军。一时间，中原的古玩异物都跑到了他的府上，许多皇宫都没有的，他那里就有。

和平元年，梁太后去世。全国百姓拍手欢庆，他们知道梁冀的靠山是梁太后，以为太后一死，梁冀大权必然会被剥夺。但是百姓想错了，梁冀大权不仅没有被削弱，反而控制得更牢了。他的亲信爪牙到处都是。桓帝根本无法与之抗衡。这还不算，他更加肆意妄为，想干什么就干什么。他的爪牙也狐假虎威，横行霸道。百姓怨声载道，但也是敢怒不敢言。梁太后的死，让百姓空欢喜一场，只好默默地盼望梁冀早日归天。

梁冀在朝中安排了许多亲信，他让桓帝不断地给梁家人封侯，短短几年里，梁家有7人封侯，3女成皇后，6女做贵人，而且娶了3位公主，57人做了朝廷重官。很显然，朝廷已是梁家的了，其权势达到了极点。再加上梁冀的心腹，整个朝廷都牢牢地控制在他的手里。

梁冀做河南尹时，就养了一批打手，做了大将军之后，打手增加了几倍。这些人平日吃喝玩乐，如果有与梁冀作对的大臣，这些人便出面毒打一顿或是杀掉。梁冀还养了一批密探，专门负责监视皇帝和那些对自己有意见的大臣。

梁冀觉得自己权力无边，虽然不是皇帝，但却把皇帝牢牢地掌握在自己手心里。朝中的政事，桓帝根本无权做主，都得由梁冀亲自处理。梁冀觉得自己应该和皇帝平起平坐，所以他派人依照皇宫的规模，大举修建豪华住宅，耗资亿万。有了这些，他还不满足，他让桓帝允许他佩带兵刃上殿，见到皇帝可以不下跪。对于这些无理的要求，桓帝没有办法，只好一一答应。

桓帝渐渐长大了，但是权力一直在梁冀手中，好像梁冀是皇帝，自己只是个任人摆弄的木偶似的。桓帝心中当然也极其不满，想过自杀，但后来他下定决心：一定要找机会除掉梁冀及梁家的势力，不能让自己如此受辱。

通过几年的观察，桓帝终于发现了一个十分可靠的人——唐衡。

唐衡是个太监，但为人忠厚，对桓帝十分尊敬和忠诚。有一次桓帝上厕所，趁没有人监视，便把唐衡叫进厕所。唐衡不知怎么回事，便问道："陛下，不知在此召臣，有什么机密大事？"

桓帝叹了一口气道："不瞒你说，这种日子我早就过够了，我不能再容忍了，梁冀他目中无君，横行霸道，我想除掉他。"

唐衡听到此话，十分激动，对桓帝说："陛下，你早就应该如此。梁冀手握大权，又到处安插亲信、爪牙，弄得百姓苦不堪言，朝中大臣也敢怒不敢言。长此以往，汉室江山将会毁掉，臣愿为此事尽犬马之劳。"

桓帝一听，非常高兴，便说道："我汉室江山不该灭亡啊，上天让我遇见了你呀！"

唐衡赶忙道："陛下，臣不敢当。陛下，除掉梁冀，单靠我们二人的力量是不行的，我们还应联合其他人，共同诛杀梁冀老贼。"

桓帝一听，说道："很有道理，不知道大臣和宦官中谁可信任？"

唐衡道："陛下，单超、左倌二人与梁家有过节，而且二人非常忠厚可信。还有徐璜和具瑗二人，年纪虽大，威望很高，对梁家所做所为也十分不满，我们也可以联合。至于朝中大臣，臣不敢妄言。"

桓帝说："外边到处都是密探，这里还比较安全，你先出去，把这几个人找齐，让他们也都来厕所，我们共议大事。"

唐衡受命去办此事，没多长时间，便把这四位太监找来。为了不引起别人怀疑，大家分头进了厕所。

人到齐了之后，桓帝非常坚决地说："我再也不甘心做傀儡了，我宁可一死，也要与老贼斗争到底，不弄个鱼死网破，誓不为人。"

这几个人陆续进了厕所却没有出来，引起了梁冀三个密探的注意，他们正要偷听厕所里的谈话，门忽然打开，唐衡冲出，将二人乱棍打死。

具瑗带着御林军和虎贲处护卫及双虚御马厩兵千余人，立即包围了梁家宅院。梁冀还没有明白是怎么回事，便被生擒活捉。桓帝又命人将梁家家属及亲信统统抓起。仅仅几天，就因此事，有六百人被处死，三百名朝中大官被罢免。

梁冀多行不义必自毙。天下百姓得知梁家被灭，纷纷庆祝。桓帝也从此开始统揽大权，治理天下了。

昏君灵帝

梁冀及梁家被诛杀,梁冀的亲信也纷纷被杀,桓帝夺回了大权。天下百姓都以为这下可以松口气了,纷纷奔走相告,欢庆了好几天。但是没有想到,这个桓帝昏庸无道,天下百姓依然处于水深火热之中。

桓帝夺取了政权,但却不理朝政,那几个太监倒飞黄腾达了。桓帝封唐衡、单超、左悺、具瑗、徐璜为"五侯",让他们帮助自己处理朝政。这些宦官从此掌握大权,他们瞒上欺下,飞扬跋扈,横行霸道,丝毫不逊于梁冀。但是桓帝认为他们是有功之臣,睁一只眼闭一只眼,对他们的所作所为不闻不问。桓帝夺取政权不久,单超病死。剩下的"四侯"不但不收敛,反而更加嚣张。朝中大臣都是由四人亲自提拔上来的,自然听这几位宦官的命令了。地方官有的是这几个宦官亲自任命,有的是朝中的官员任命,但是都和这几位侯爷一心。这四位侯爷又把自己的亲属安排在朝中,身居要职。

整个朝廷都是这四个宦官的天下,他们处理朝中大事,处处为自己着想,而不管天下百姓死活。

而桓帝夺权之后,便泡在后宫中。他觉得自己有了权力,不像以前那样,到后宫去还得躲躲闪闪,现在整天泡在后宫中也无人过问,所以他乐此不疲。桓帝在后宫之中,饮酒作乐,欣赏歌舞,而对朝中之事漠不关心,以前的治国平天下之志早已抛在脑后,只知享乐。

在后宫中,年轻漂亮的窦皇后很受宠。此人可不简单。她虽然和桓帝在后宫花天酒地,但却处处留意朝中之事,经常在桓帝耳边吹风:"陛下,汉室江山不能毁在那些宦官手里呀!我们要吸取经验教训啊!"

桓帝一听朝中之事,便心烦,说道:"皇后,朕心烦,莫提政事。"

窦皇后只好灰溜溜地收回话去,但她仍是时时刻刻注意朝中的一举一动。

公元167年,桓帝由于贪恋酒色,一命呜呼,活了36岁,但是桓帝却没有儿子。

桓帝临终之前，下了命令：朝中之事由窦皇后处理。

这四个宦官当然不服气了，心想：我们几个出生入死，而窦皇后只知陪你玩乐，你却对我们如此无情，我们岂能善罢甘休呢！

但是有圣旨，这几个宦官也不敢太放肆。他们也害怕失去大权，所以表面上十分尊重窦皇后。

窦皇后知道这几个宦官不好惹，也尽量避免与他们相争。在由谁继位的问题上，窦皇后和几个宦官争得面红耳赤，最后宦官还是屈服了，和窦皇后关系甚好的河间王刘升之子刘宏继承了王位。

公元168年，年仅12岁的刘宏登基，史称灵帝，窦皇后被尊为太后，临朝听政。

窦太后临朝听政后，发觉朝中文武百官都和那几个宦官是一派的。心里很着急：如果不除掉这些人，我的权位难保。

转眼5年过去了，宦官一直和窦太后明争暗斗，窦太后忍不下这口气，便找到自己的几个心腹，准备诛杀那几个宦官。但是那几个宦官到处都安排了爪牙，窦太后还没有行动，便被他们抓到了把柄。这几个宦官联合朝中文武百官共同上疏，窦太后被赶了下去。但这几个宦官还不罢休，为了彻底消灭窦太后的势力，将窦太后的亲信一一诛杀，将窦太后打入冷宫，派人监视。

窦太后被打入冷宫，知道自己已经没有出头之日了。虽然她与河间王刘升关系甚好，但刘升也无力回天，何况灵帝刘宏只是个孩子。窦太后在冷宫里完全失去了自由，而且监视她的人特别多。后来窦太后忧郁而终。

窦太后一死，这几个宦官便更加放肆了。因为灵帝年纪尚小，朝中之事又任由他们处理了。

这几个老家伙心术不正，私下商议："小皇帝迟早有一天会长大的，我们不如派人杀了他，以免威胁我们的地位。"

具瑗提出反对意见，说道："我看不必要，杀了小皇帝，很可能失去人心，另外，如果新来的皇帝年纪比较大，我们不就更加难对付了吗？我看这小孩子很贪玩，我们不如培养他这方面的兴趣，一旦他只知吃喝玩乐时，我们不就可以又统揽大权了吗？桓帝虽然年纪不小，不也是整天泡在后宫吗？"

这几个人觉得这个方法很好，都点头表示同意。

灵帝生性顽皮，喜玩耍。这几个宦官抓住了这一特点，处处勾引灵帝，让他只知玩耍，而忘记朝中之事。

这几个宦官处心积虑，挖空心思，为了给灵帝找一个更好的娱乐场所，便肆意搜刮民财，准备扩建皇家苑囿。那时东汉国库已经空虚，那几个宦官建议灵帝卖官来赚钱。

灵帝只想着玩，便点头答应。官位与钱成正比，官越大，越值钱。许多有钱人家都纷纷掏钱买官做，做了官再搜刮民财。这样一来，百姓更是雪上加霜，生活每况愈下，一场声势浩大的农民起义正在悄悄地酝酿。

钱财终于搜刮充足，那几个宦官便命人扩建苑囿。苑囿之中，有假山，有草地，有水池，十分豪华气派，楼阁放眼即是，层层相临，花鸟虫鱼栖息而来，来到这里，如入仙境。

灵帝喜新厌旧，没几天，便觉得玩腻了。这几个宦官赶紧想办法。他们发现灵帝对胡服很感兴趣，便命人给灵帝赶做了一身胡服，又命几个宫女也穿上胡服。

灵帝穿上胡服觉得很新鲜，又蹦又跳，看见那几个侍候他的宫女也身着胡服，觉得很好玩，便叫她们穿胡服跳舞。

又过了几天，灵帝对胡服也失去了兴趣。宦官们又开动脑筋，让灵帝骑驴。

灵帝一听骑驴太好玩了，找来几头小毛驴，骑着它们在宫中来回游玩。

20多岁的灵帝骑着毛驴，只知自己快乐，却不理朝政，不顾汉室江山，更不顾天下百姓死活。

玩了一段时间，灵帝骑驴也骑够了，几位宦官发愁了，心想：照这样下去，我们根本没有什么办法哄他玩了。

老宦官徐璜说道："灵帝已经不小了，汉室皇帝中除了光武帝，没有几个不贪恋女色的。而且一着迷于女色，便不可自拔。我们何不让灵帝对女人产生兴趣呢？"

这几个宦官便在西苑建成几千间小馆，让宫女们都住进小馆之中，白天都要光着身子在苑中游玩。

这几个宦官带着灵帝来到西苑，灵帝一看，立时着了迷，闯进门去，和宫女们嬉笑打闹，玩得特别开心。从此灵帝便着迷于女色，整日整夜泡在这里。

那几个宦官一看此法有效，便放心地独揽朝中大权去了。

在宦官的统治下，百姓忍无可忍，农民起义悄然爆发。

黄巾起义

灵帝昏庸无道，不理朝政，贪财好色，沉迷于后宫，宠信宦官。东汉王朝渐渐腐朽败落，弄得民不聊生，百姓叫苦不迭。

当时有一首民谣：

发如韭，剪复生；

头如鸡，割复鸣；

吏不必可畏，

小民从来不可轻。

这首民谣反映了当时人民对统治阶级的愤怒之情，也表达了人民不甘心受压迫，准备起来反抗的决心。

东汉末期，国库空虚，兵源枯竭，再加上连续不断的周边战争，百姓苦不堪言。

建宁元年至建宁五年间，自然灾害接踵而至，风、雨、冰雹、水灾袭击着生活本来就十分困苦的百姓。

广大农民忍无可忍，终于起来反抗了。在张角的带领下，规模庞大的黄巾起义席卷中原。

说起黄巾军的由来，还有一段故事。

东汉时期，民间流传着一本《太平清领书》，是道家的秘作。有一个叫张角的人偶得此书，读后很受启发。

张角是冀州巨鹿（今河北平乡西南）人，他读完《太平清领书》后，十分感慨。这本书宣扬的是一种平民的政治理想，张角非常向往。便找来两个弟弟，张梁和张宝，三个人商议成立太平道，解救天下受苦受难的百姓。三人决定先去四处宣传，让天下人都了解太平道。

张角给自己取了个号："大贤良师"，以治病为名，游走四方，传播太平道。

那时张角背着一个大葫芦，里边是用苦草、生姜、糖等物熬成的汤水。这些汤水对治疗疾病很有好处。那时候，医学不发达，百姓很贫穷，无钱买药，所以张角的药显得很有灵效和市场。张角说："我是'大贤良师'，奉天行道，解救天下受苦受难的百姓，谁若有病，喝了我葫芦中的仙水，就可以康复。"开始的时候，人们将信将疑，后来有被疾病折磨得奄奄一息的人，向张角要了一点"仙水"。还别说，喝了之后，没有几天，那人奇迹般地好了。从此，百姓都相信了张角的话，有病的百姓纷纷向张角要"仙水"，张角分文不取，而且还治好了许多病人。张角的威望在百姓之中逐渐树立起来。

张角在民间有了一定的影响力，有的大臣便将此上疏给灵帝。灵帝那时正迷恋于女色，根本无心过问此事，那几个宦官也只知搜刮民财，横行霸道，没有把他当回事。

张角觉得自己力量太小，宣传力度不够，便让自己的两个弟弟和八个弟子纷纷下去传播太平道。道徒迅速发展到9万人，声势浩大，遍布青、徐、冀、荆、扬、兖、豫、幽8州及中原东部地区许多个省份。

张角一看道徒如此之多，应该把他们组织起来。他按照地区把道徒分为36方，方相当于一支军队的称号。一般的方是一万人，有的小方有六七千人。每方设"渠师"领导。

公元183年，张角、张宝、张梁及弟子张曼成、马元义等人来到洛阳城北的一个偏僻的小村庄，商议起义之事。张角慷慨激昂地说："如今我们的教徒几十万，时机已成熟，百姓受苦受难，皇帝却荒淫无道，宦官欺上瞒下，我们不能再容忍了，要为天下人能够过上安定的生活而起义，推翻汉室王朝。"

众人议论纷纷，情绪高涨，几个人又商议战斗口号为："苍天（汉朝）已死，黄天（张角自称）当立，岁在甲子，天下大吉"，约定第二年（甲子年）三月五日起义。

几个人分散之后，又分别传播太平道的口号，在官府门上写上"甲子"二字。

甲子年初，方渠帅马元义，也是张角的得意弟子，调集荆州、扬州万名教徒在观邺（今河北磁县南）集中，准备3月5日举行起义。

但是由于组织不够严密，有叛徒向官府告了密，立即引起了官府的注意。朝廷派兵前来镇压，逮捕并杀害了马元义等义军首领，又杀了千余名道徒，而且下令追捕张角等人。

张角一看情况不妙，当机立断，决定提前起义。甲子年2月，起义军在8州20郡同时起义，以头戴黄巾为标志，称为黄巾军。起义军有几十万人，太平道徒们手执大刀、长矛，高呼着"苍天已死，黄天当立"直接杀进官府。

张角、张宝、张梁兄弟三人在巨鹿起义。张角称"天公将军"，张宝称"地公将军"，张梁称"人公将军"。这队起义军俘获了安平（今河北冀县）王刘续和甘陵（今山东临清）王刘忠。

与此同时，张角属下波才在颍川起义；张曼成、赵弘在南阳起义；彭脱在汝南、陈国起义……全国义军以火山爆发之势席卷中原大地。黄巾军不伤害百姓，所到之处，杀官吏，开粮库，让受苦受难的百姓有粮吃。义军深受百姓的欢迎，不断有百姓加入到义军中。

黄巾起义时，灵帝这个无道的昏君还在后宫饮酒作乐呢！只见一个浑身都是鲜血的将军连滚带爬地跑进宫中，对几位宦官说道："我有大事相报，义军四处起义！"

几位宦官也不敢怠慢，知道情况紧急，立即带着这位将军来见灵帝。

灵帝正搂着一个宫女在喝酒，看见几个人进来，一脸的不高兴。那个将军跪倒，说道："陛下，大事不好了，全国8州20郡约有几十万人同时造反，他们高呼'苍天已死，黄天当立'的口号，到处放火，杀官吏，全国一片混乱，请陛下速拿主意！"

灵帝一听，酒兴全无，两眼发呆，火速传令："召张常侍来，要快！"

张江慌慌张张地来见灵帝。问道："陛下，有何事？"

灵帝道："叛军四起，命你火速带兵前去镇压！"

张江调集了所有军队前去镇压，官兵与义军展开了一场又一场的激战。

开始时，义军不断地取得胜利。张曼成攻破南阳郡首府宛城，杀死无数官兵，南阳太守褚黄山被俘。义军恨他这个贪官，将他乱刃分尸。波才在颍川郡大败右朗将朱隽军……义军胜仗一个接一个，杀死了不少朝廷重臣。但是义军没有统一的总指挥，再加上没有经验，被官兵钻了一个空子。

波才没有作战经验，依草扎营，皇甫嵩放火烧营，波才失利。皇甫嵩与援军联合，大败波才，杀死几千义军。汉军几十万人马又东进，打败了汝南、陈国黄巾军。卢植又北攻张角，双方展开了持久战，张角病死，张梁坐镇。后来，张梁牺牲，黄巾军惨败，3万多人死在官兵的刀下。张曼成虽攻入宛城，但不幸牺牲……官府用了整整9个月的时间，才把这支黄巾军主力镇压下去。

黄巾军起义虽然失败了，但是各地的黄巾军余部坚持了长达20多年的战斗，沉重打击了东汉王朝，加速了它的灭亡。

中华上下五千年
zhonghua shangxia wuqiannian

三国西东晋南北朝

◆三国（公元220年至280年）
◆西晋（公元265年至317年）
◆东晋（公元317年至420年）
◆南朝（公元420年至589年）
◆十六国（公元304年至439年）
◆北朝（公元386年至581年）

一代枭雄曹操

提起三国时期的英雄人物，少不了一代枭雄曹操。小说中的曹操被称为奸雄，那有些偏离史实，曹操以其卓越的政治、军事才能独领风骚。他才华横溢，诗情大发，写下了不少壮丽的诗篇，不愧为一代枭雄。

曹操，字孟德，乳名阿瞒，沛国谯县（今安徽亳县）人。

曹操本姓夏侯，因为父亲夏侯嵩被过继给宦官曹腾，所以随之改姓曹。

曹操小时候非常顽皮，但他聪明过人。曹操的叔叔奉哥哥之命教曹操读书识字，但曹操对封建礼教不感兴趣，却很喜欢游猎习武。叔叔看不惯，便在哥哥面前说曹操的不是。曹操为此经常受到父亲的批评。

但是聪明的小曹操岂能如此让自己"忍气吞声"，他小脑袋转了几转，便想出了一条妙计。

有一天，曹操正在练习射箭，他远远地看见叔叔走过来，知道叔叔肯定会批评自己，还得让自己回到屋中读书写字。他便倒在地上，手脚抽搐，口吐白沫。叔叔一看，以为曹操中风了，急忙回去找哥哥。

曹嵩慌慌张张地来了，一看小曹操正在拉弓射箭，神采奕奕，根本不像有病的样子。曹嵩问曹操："叔叔说你刚才中风了，是吗？"

曹操心想正是告叔叔一状的好时候，便故作委屈的样子，说道："我知道叔叔不喜欢我，所以经常说我坏话，他这次又是瞎说的，我根本没得病。"

曹嵩一听，心里也很不高兴，心想：你这个当叔叔的，不喜欢曹操，也不能诅咒他啊！

以后曹操的叔叔再怎么说，曹嵩也不相信了。

这一下可乐坏了小曹操，他整天做自己爱做的事情，骑马射箭，打猎游玩，苦读兵法。曹操很厌烦封建礼教之类的书，但对兵书却十分感兴趣，他一边读《孙子兵法》，一边做注解。这为他以后领兵打仗，打下了坚实的基础。

由于曹操能文能武，所以20岁便当上了洛阳北部尉。曹操当时的职权非常小，但他却非常认真负责，想干出一番大事业！

曹操不畏权贵，上任之时，便当众声明：有违令者，无论是谁，严惩不贷！

中常侍蹇硕的叔叔依靠着自己的侄子胡作非为，百姓十分憎恨他，但没有办法，只好忍气吞声。有一次，他强抢民女，被曹操的手下捉拿归案。蹇硕的叔叔根本没把曹操放在眼里，到了衙门里，还是蛮横无礼的样子。曹操大怒，命八王棍侍候。蹇硕的叔叔竟被活活打死，这下可气坏了蹇硕，但他也自知理亏，只好先忍了下来。

从此，曹操名声大振，没有几个人敢在他那里胡作非为，也正因为此，曹操得罪了朝中大臣。后来他因堂妹夫犯罪，被诛连免职。

回家后，曹操的心仍在官场中。他四处活动，公元188年又被任命为典军校尉，奉命保护洛阳。

公元189年，汉灵帝归天，立长子刘辩为皇帝，其生母何太后临朝理政。于是外戚和宦官之间的斗争又重燃战火。

曹操从来都反对宦官专政，所以他站在外戚何太后一方。何太后的兄长是大将军何进，手握大权。曹操为何进提了许多建议，但何进优柔寡断，胆小怕事，没有听曹操的话，却轻信了袁绍的建议：召董卓进京武力诛杀宦官。

董卓，字仲颖，陇西临洮（今甘肃岷县）人。他在陇西一带广交朋友，培植自己的力量，又带兵镇压少数民族的起义，屡立战功，连晋官职，在陇西颇有名望。董卓野心勃勃，得知何进召他进京，立即快马加鞭，带领3000人马，直奔洛阳。

董卓进京之后，便开始了夺权行动。他先用武力废掉少帝刘辩，随后又杀掉刘辩及何太后，立陈留王刘协为帝，史称汉献帝。汉献帝只有9岁，大权都掌握在董卓一人手中。董卓挟天子以令诸侯，自称太师。

董卓通过各种手段拉拢朝中要员，又安排自己的亲信做了朝中大官。

曹操早已看出董卓之心，但他知道自己力量太弱小，无法与其抗衡，所以没有反对董卓，反而想方设法接近他，取得了董卓的信任。

然后，曹操便做好了暗杀董卓的计划。

有一天，曹操手持宝刀来见董卓。由于曹操深受董卓的信任，所以家人并未阻拦。曹操直接来到董卓的卧室，董卓正在休息。曹操刚想拔刀，董卓忽地一下从床上坐起，这可把曹操吓坏了。但曹操马上镇定下来，急忙跪倒在地，说道："丞相，我有一口削铁如泥的宝刀特意献给您。"

董卓也没有多想，接过宝刀一看，果然锋利无比。董卓很高兴，赏给曹操一匹宝马和许多财宝。

董卓的谋士李儒得知此事后，立即求见，对董卓说："丞相，曹操乃一奸雄，不可不防，我觉得他外忠内奸，很有可能行刺于丞相！我们不如派人去召他回来，如果他回来，就立即杀了他，以免留下后患；如果他不回来，更证明他想行刺丞相，我们再派重兵追杀他，乘他没有能力与我们抗衡，我们一举除掉他。"

董卓觉得李儒的话很有道理，便点头答应，派人去召曹操见丞相。

曹操行刺没有成功，立刻骑上快马逃跑了。

曹操知道董卓会派兵追杀自己，所以一路之上不敢停留，一口气跑到了陈留。

陈留太守张邈非常佩服曹操，一见曹操来到，热情招待。曹操也不隐瞒，把事情的经过一五一十地讲了一遍。张邈对董卓也十分不满，对曹操说："我有几千人马，愿听你指挥！"这时曹操的好友卫兹得知曹操来到陈留，也赶紧来到太守府，来看望自己的好友曹操。三人达成一致意见，联合天下诸侯共同伐董。

后来，吕布怒杀董卓，曹操才撤回了军队。从此曹操招贤纳士，实行屯田，招兵买马，加强军事训练。

公元200年，占据今河北、山东、山西的袁绍率领10万大军攻打曹操。曹操只有很少的人马，但坚决与袁绍抗战，双方在官渡交手。袁绍轻敌，曹操使用计谋，以少胜多取得了官渡大捷。从此，曹操统一了黄河流域，兵力十分雄厚。

曹操很有志向，想统一天下。公元208年，他率领20万大军与孙权和刘备的联军在赤壁展开了激战。结果孙刘联军火烧赤壁，曹操大败而归，仓皇逃回北方。从此曹操不敢轻易南下了。三国鼎立的局面由此形成，天下分为魏、蜀、吴。

公元 220 年，一代枭雄没有完成统一大业，便去世了。

小说中对曹操的评价是：治世的功臣，乱世的奸雄，但历史上的曹操却可以称得上是一位有理想、有抱负的英雄人物。

孙坚战死疆场

孙坚，字文台，也是东汉末年一员智勇双全的大将，一生历经百战，最后战死他乡。

说起孙坚的祖上，有人说他是春秋时期著名军事家孙武子的后代，但历史上无从考证。可他的后代却是三国时期有名的人物：长子孙策，次子孙权，二人都是叱咤风云的人物，都可以称得上是英雄豪杰。

孙坚从小跟随父亲四处游走，拜师学艺，不仅精通兵法，而且武艺十分高强，在江南一带很有名气。

有一次，他随父亲去外地拜师，路过钱塘江，父子俩看见十几个海盗正在分赃，争得面红耳赤。孙坚对父亲说："我过去将他们吓走！"

父亲说："他们十几个人，你能吓走他们吗？"

孙坚道："您别急，看好吧！"

他父亲想检验一下儿子的智谋和武艺，便点头答应。

孙坚挥舞着宝刀，左呼右喊地向海盗冲去。海盗以为一个十几岁的孩子，一定会有人在后面跟着，所以吓得扔下赃物，撒腿便跑。小英雄孙坚紧追不舍，跑得慢的那个海盗被孙坚追上。那个海盗一看孙坚只是个孩子，便与他打斗起来，哪知孙坚武艺高强，没有几个回合，便被孙坚的宝刀砍掉了人头。

孙坚没有继续追赶，把赃物分给了受苦受难的百姓。父亲一见儿子不仅有勇有谋，而且体贴百姓，非常高兴。他问孙坚："孩儿啊，你为什么能吓跑海盗呢？"

孙坚非常自信地说道："父亲，海盗抢劫之时，齐心协力，而分赃时，各怀鬼胎，唯恐自己少得，所以很容易击退他们！"

孙坚智夺赃物的故事很快传开了。本来孙坚就小有名气，再加上这事，越传越厉害。有的说孙坚吓跑了100多名海盗，有的说孙坚力杀十几名海盗。当然这有些离奇，但孙坚却因此被推荐做了校尉。

孙坚做了校尉后，加紧训练兵马，使自己带领的士兵战斗力明显加强。那时有一个叫许昌的人，凭借自己的几万人马，在会稽自称"阳明皇帝"，想起兵造反。朝廷传下命令：诛杀许昌！

孙坚奉命，带领1000人马前去攻打许昌。许昌至少有3万大军，根本不把孙坚放在眼里。孙坚知道敌我力量悬殊，不能硬攻，只能智取。

一天深夜，他派500人去偷袭许昌大营。由于许昌轻敌，没有严加防备，那500人很容易地进入了许昌大营，有的人去偷兵器，有的去放走马匹。一切都办妥了，他们便以放火为信号，里外夹击。许昌从梦中惊醒，慌忙迎战，结果兵器、马匹全没有了，只好等着被杀。

孙坚以1000人马大败许昌3万人马，一战成名。

黄巾起义，席卷全国。朝廷下令：全力镇压黄巾逆党。

孙坚在朱儁的带领下，到宛城去镇压黄巾军。

孙坚十分英勇，而且武艺高强。黄巾军中大多数是百姓出身，几乎没有武功，碰上孙坚这员虎将，伤的伤，亡的亡。孙坚一马当先，杀死了起义军首领赵弘。起义军一看主帅已死，无心恋战，纷纷逃亡，刚逃到北门，遇见刘备把关。黄巾军首领孙仲一看无法逃脱，便带领义军向东门逃去，刘备一箭射中孙仲的后背，坠落马下。义军一下子又乱了，五路官兵围杀义军，义军死伤大半，其余的全部投降。

在此战中，孙坚英勇善战，立了头等功，被提升为别部司马。由于孙坚很有才能，后来又被提升为长沙太守。

曹操刺杀董卓没有成功，逃至陈留。董卓被激怒，派兵去追杀曹操。

曹操一看大事不好，一方面组织军队准备和董卓决一死战，另一方面积极联络天下诸侯共同讨伐董卓。

各地诸侯纷纷响应，那时袁绍人马最多，袁绍被推举为盟主。长沙太守孙坚也带兵支援。

袁绍任命孙坚为先锋，追杀董卓，孙坚带着程普、黄盖、韩当、祖茂四员大将及一万精兵直抵汜水关。

双方在那里展开了激战。董卓军队非常强大，尽管孙坚的军队作战英勇，但还是很难取胜，双方进入僵持阶段。

这次诸侯共同讨伐董卓，袁术负责粮草。孙坚一看不能火速取胜，便派人到袁术那儿催要粮草。

袁术这个人很没有主见，一看孙坚派人催粮草，想立即支援。但一个谋士阻拦道："孙坚野心勃勃，又是先锋，一旦他攻下洛阳城，他必然会做皇帝，我们不如不给他粮草，他没有粮草，只好撤兵。那样头等功他就抢不去了。"袁术便没有给孙坚派发粮草。

孙坚的士兵与董卓的军队相持有一个多月，粮草已告罄，军队的战斗力明显下降。董卓手下的猛将华雄看出了孙坚人困马乏，立即带兵偷袭孙坚。孙坚的士兵已经饿了好几天的肚子，不战自乱。孙坚大败，几员大将保护着他杀回了大本营。

孙坚十分生气，袁术也吓坏了，杀了那个谋士向孙坚谢罪。孙坚看到自己的人马损伤过半，没有力量与袁术争斗，只好先忍下了这口气。

华雄取胜之后，继续攻打联军。关羽大战华雄，关羽的大刀可不是白给的，上下翻飞，呼呼生风。华雄一个不注意，就被关羽斩落马下。

董卓的义子吕布一看华雄被战败，立即催马上前。关羽有些吃力，刘备、张飞上前援助。三英战吕布，吕布敌不过，只好撤回本营。

董卓的军队节节败退，只好弃城而走，逃向长安。

董卓带着金银财宝，又抢杀了许多富户，劫走钱财，押送着洛阳城的百姓，赶往长安。他随后下令放火烧城，一场浩劫降临洛阳城，豪华的宫殿、珍贵的书籍、稀世之宝——地动仪等全部毁在这场大火之中。

各路诸侯到达洛阳城时，洛阳城已不成样子了，房屋倒塌，宫殿被毁，到处都是一片瓦砾，只有几处余火还在燃烧。

孙坚命人去灭火，在皇宫灭火之时，一个士兵捡到了一个精美的小盒子，交给了孙坚。孙坚打开一看，又惊又喜，原来是皇帝用的传国玉玺。

袁绍得知孙坚私藏玉玺，十分生气，心想：好你个孙坚，得了玉玺，竟然不上交总盟主，我让你死无葬身之地。袁绍立即下令，命刘表在荆州堵截孙坚。

孙坚万万没有想到刘表会突然袭击，结果损伤了好几千人马，黄盖、程普舍命相救，保着孙坚跑回了长沙。

孙坚难以咽下这口气，想举兵攻打刘表，而正在这时，与孙坚有过节的袁术派人来，说袁术愿意合兵攻打刘表。

孙、袁大军直奔刘表大营，开始时，孙、袁联军节节胜利。可就在这时，孙坚中了刘表的埋伏，在乱军中战死。

一代英豪战死疆场，但他的两个儿子已经磨刀霍霍了。

美人计

关东兵起，诸侯共同讨伐董卓。董卓只好撤出洛阳，将洛阳城烧毁。东汉200年来政治、经济、文化中心的帝京，在董卓的大火中变成了一片瓦砾。

董卓迁都长安后，又把关中弄得残破不堪。到了长安，他不但不吸取失败的教训，反而更加残暴。他肆意搜刮民财，大兴土木，在郿县修建了"万岁坞"。此坞依山而建，城墙高7丈，厚7丈，易守难攻。

万岁坞建成之后，董卓认为此地进可攻，退可守，他储备了大量粮食，珍藏黄金两三万斤，白银八九万斤，足可以支撑20年。

为了进一步搜刮百姓钱财，他命人铸小钱，结果物价猛涨，百姓叫苦不迭。

董卓又在长安建了几座富丽堂皇的宫殿，从洛阳带去的美女都住在后宫，数不胜数。但这老贼还不罢休，又从长安城中挑选美女。一时间，长安城的未婚女子都十分惊恐，怕被官兵带走。

董卓不仅吃喝玩乐，而且非常残暴，对待手下人说骂就骂，动不动就杀。他手下的部将也整日提心吊胆。

有一次，董卓在宫中款待大臣，其中有义子吕布、司空张温、司徒王允，还有其他一些朝中要员。喝着喝着，董卓向吕布使了个眼色，吕布抓起司空张温，走出殿外。

不一会儿，吕布提着张温的人头，又回到宫中，众人皆惊，无心酒宴。

董卓见百官大惊失色，大笑了几声，说道："大家不必惊慌，继续饮酒。我之所以杀张温，是因为他私通袁术，想暗害我。大家听着，谁要敢背叛于我，与张温同样下场！"

众官早已没有了酒兴，纷纷告退。

司徒王允回到家中，又惊又气。他想：董卓惨无人道，而且反复无常，在他手下，说不定什么时候脑袋就得搬家。而且这老贼肆意搜刮民财，百姓怨声载道，天下诸侯共同讨伐他，迟早有一天，他会被诛杀。我何不顺应民心，杀了这老贼，替天行道呢！王允知道，想杀董卓，也非常困难，他的义子吕布寸步不离。而且吕布十分勇猛，关羽、刘备、张飞三员大将才与他打成平手，后来吕布只是因体力不支，才败下阵来。要想除掉董卓，必须先离间二人。王允心想：我何不使用美人计将二人离间拆散，再找机会下手呢？

王允知道，董卓宫中美女如云，一般姿色的美女，他根本不放在眼中。那吕布也是一员猛将，有多少女子为他倾心，他都不心动，要想迷住吕布，得选一个绝色佳人。王允想来想去，便想到自己的义女，虽有些舍不得，但为了杀死老贼董卓，也只好如此。

说起王允的义女，可是位绝代佳人，她就是我国古代四大美女之一——貂蝉。

貂蝉似天女下凡，有闭月羞花、沉鱼落雁之貌。但貂蝉从小失去父母，受苦受难，靠邻里的照顾才活了下来。后来，王允看貂蝉聪明懂事，便将她收养为义女。

王允下定决心，准备让貂蝉先嫁给吕布，后献给董卓。但王允没有主动向貂蝉开口，而是故意唉声叹气。十分懂事的貂蝉看出义父有心事，便问道："义父，这几日，您总是心情不好，不知有什么事，可否讲与女儿听一听呢？"

王允还没有开口，便一下跪倒在貂蝉面前，说道："女儿，我有一事相求，希望你能够答应，我想用美人计，离间董卓和吕布，我想让女儿委屈一下。不知女儿可否答应？"

貂蝉赶紧搀扶王允，说道："义父让女儿去死，女儿也答应，义父快快请起，女儿答应您就是了。"

王允一见貂蝉答应了，这才起身，仰天叹道："女儿，为父对不住你啊！但是董卓这老贼手握大权，胡作非为，专横无道，他迟早有一天会篡位夺权的。而他的义子吕布，武艺十分高强，只有离间他们，才能除掉老贼董卓。"

貂蝉道："义父放心，女儿一定按您的吩咐去做。"

王允按计划，先请吕布到自己府中做客。王允备了好酒好菜，吕布也很高兴。问道："不知司徒大人有何贵干？"王允道："将军，我十分敬佩将军的武艺和才气，以后我王允还仰仗将军啊！"

喝了几杯，王允吩咐道："歌舞侍候！"

这时门帘一挑，走进几个美女，领舞的正是貂蝉。她楚楚动人，舞姿优美。吕布借着酒兴，来了兴致，问道："这个白衣女子不知是谁家的？"

王允微笑着说道："她是貂蝉，我的义女，从小能歌善舞，今日听说将军来，非要见见将军，我本不答应，但她非见不可，我才让她乘为将军献舞之际来看看将军。"

吕布问道："司徒大人的小女，可曾婚嫁？"

王允道："她年纪尚小，还没有。她从小仰慕将军，不知将军是否愿意收下小女。"

吕布一听，大悦，道："当然愿意，当然愿意。"

王允道："过几日，我选个良辰吉日，亲自把小女送到府上。"

吕布虽有些不高兴，想立即把貂蝉带走，但一听王允这么说，也只好再耐着性子在府上等几天。

吕布走后，王允又准备招待董卓。

董卓是丞相，又手握大权。王允派人送去了许多珠宝，才把董卓请到。席间，王允让貂蝉为董卓倒酒。董卓也十分贪恋女色，一见貂蝉，就迷上了。王允一看，立即答应把貂蝉嫁给董卓。

董卓带走了貂蝉，整天陪着貂蝉饮酒作乐。

大将军吕布在府上等了好几天，也不见王允的影子，十分生气，便怒气冲冲地来到王允府上，责怪道："司徒大人，你可不对啊！你答应我的，过几日把义女送到我府上，可这么长时间，怎么还不见她的身影啊？"

王允十分委屈地说道："将军息怒！我本想把小女送到你府上，可遇见了董卓，他见小女姿色可人，硬要带走。小女和我都不愿意，我说将军已看上小女，可丞相却说你算什么东西，我把她带走，看你能怎么样！我没有办法，小女也含泪而走。"

吕布十分生气，心想：董卓，我为你立下汗马功劳，你却如此对我！

一天早晨，吕布在董卓的卧房中见到貂蝉，貂蝉诉说她心中只有吕布，让吕布带她走。吕布一把抱住了貂蝉，正在这时，董卓进来了，吕布吓跑了。貂蝉扑在董卓怀里，哭着说："你的义子调戏我。"

董卓和吕布二人翻了脸。王允一看，时机成熟，便密谋吕布，合杀董卓。

有一天，李肃假传圣旨，说献帝召董卓进殿，商议帝位禅让之事。董卓兴冲冲地来到殿上，早已埋伏好的吕布将董卓刺死在宫殿之上。

老贼董卓就这样结束了性命，长安城的百姓则欢天喜地，庆祝了好几天。

为父报仇围徐州

吕布杀死了董卓，王允掌握了政权。但是董卓的旧部李傕、郭汜不甘心，率领10万大军攻破长安，杀死了王允，又赶走了吕布。二人又在长安城为了争夺权力打得不可开交。经过长时间的厮杀，长安城变成了一片废墟，百姓叫苦不迭。

各地诸侯一看董卓被杀，便纷纷撤兵，回到自己的地盘，招兵买马，扩张自己的势力。可大局稍稍稳定，百姓从战争的苦难中刚刚走出来，青州黄巾军余部又举兵起义，战火重燃。

青州黄巾军有10万多人，作战英勇，连破数座城池。黄巾军所到之处，杀死官吏，烧毁府衙，打开粮仓，救济百姓，深受百姓拥护。

青州黄巾军声势浩大，直接威胁着京都的安全，朝中大臣议论纷纷，却找不到合适的人选去灭黄巾军。这时，有的大臣提议让有勇有谋的曹操去灭逆党，有的大臣提出相反意见说曹操雄据一方，野心勃勃，一旦他灭了逆党，他的势力就会扩大。可黄巾军势不可挡，朝廷万般无奈，只有派曹操领军前去镇压。

曹操接到圣旨，非常高兴，心想：天助我也，黄巾军只是农民军，虽然勇猛，却无计谋，打败他们应该没问题，取胜之后，我可以乘机扩大地盘，扩张势力。

曹操带3万精兵直扑黄巾军。别看只有3万人马，但平时训练严格，这些人都能征善战，而且军纪十分严明，战斗力很强。双方很快就展开了激战。

曹操带领一部分人马且战且退，而另一部分人马则埋伏在密林之中。黄巾军不知是计，拍马紧追不舍。刚一到密林，伏兵便在密林中射出上万支箭，箭无虚发，黄巾军死伤无数，顿时乱了阵脚。曹操一马当先，冲入黄巾军。黄巾军腹背受敌，丧失了战斗力，纷纷投降。

曹操非常有智谋，他想借此机会扩充自己的军队，便对降军说："大家不要担心，我曹操说话算数，愿意从军，和我曹操一起南征北战的，发给粮饷；不愿从军的，现在就可以走，我曹操绝不阻拦。"大部分人都归顺了曹操。对那些想走的人，曹操没有阻拦，也没有追杀。那几个人觉得曹操很值得信任，又带领逃散的黄巾军前来投降，曹操非常高兴地接纳了他们。曹操把青州的黄巾军整编，一清点，有一万多人投降归顺。

曹操以少胜多，大败黄巾军，而且很讲信用，对降兵以礼相待，各地名士、文人、武将纷纷慕名而来，一时间曹操实力大增。这时归顺曹操的，武有于禁、典韦，于禁力大如牛，典韦精通武艺；文有荀彧、毛玠，荀彧被曹操誉为"张子房"，毛玠为曹操出谋"挟天子以令诸侯"，帮助曹操完成霸业。这些文武精英为曹操横扫天下打下了坚实的基础。

曹操一看自己实力大增，心里非常高兴。曹操也是一位大孝子，从小深受父亲的疼爱。他的父亲曹嵩非常宠爱这个聪明的儿子，对曹操读兵法，不但不反对，而且十分支持他。如今曹操有了自己的人马，而且名声大震，便想把自己的家人接来，一家人团聚，共享荣华富贵。但是，曹操却失算了。

在陈留居住的父亲曹嵩早已知道儿子出了名，而且势力大增，心里自然很高兴。没多久，他又接到儿子寄来的信，让家人到他那儿共享快乐。

曹嵩接到信后，便开始收拾家产。徐州太守陶谦久闻曹操大名，心里十分佩服曹操,一听说曹操父亲要从徐州过,立即设宴款待,并出于好意,让自己的心腹张闿带兵护送曹嵩一家人。

谁想到,张闿这人见财眼红,看到曹家的财产够自己花一辈子的,便起了歹心。一天,人马来到一座小山上,天已经黑了,大家只好在外边露宿。张闿和几名士兵等人们都睡熟了,便开始了行动。可怜曹嵩一家人,还没有享受到富贵,便死在这几个人的刀下。张闿带着几名士兵,将曹嵩一家40多人全部杀掉,然后带着财产连夜跑了。

曹操得知家人被杀的消息后,痛哭一场。哭罢多时,他又恨自己,为什么不派人去接父亲呢,但曹操最痛恨的是徐州太守和那个叫张闿的。本来陶谦一番好意,却惹了大祸。

曹操下令:三军戴孝出征,只留下少量兵力守城。他决心为家人报仇雪恨,灭掉徐州。哀兵必胜,曹操悲痛万分,带领大队人马,浩浩荡荡,直奔徐州城。

将士们也想为主公报仇,所以作战英勇,一连攻下几座城池。这一下,城里的老百姓可倒了霉。曹操下令:无论男女老幼,见人就杀。几座城池的老百姓无一幸免,都死在曹军的手下。曹操每占领一座城池,杀完所有的人,便放火烧城。

曹军走后,留下的是一片废墟。

曹军直逼州治郯城,陶谦得知,心乱如麻。手下大将糜竺说:"曹操杀红了眼,如果我们投降,他定会斩尽杀绝,但是我们力量太小,和曹操无法抗衡,我们不如去请救兵。"

陶谦也没有别的办法,知道投降是死路一条,便问道:"谁能相助呢?"

糜竺道:"北海孔融与我有交情,我想他一定会出兵相救!"

说起孔融,四岁就知道尊敬长辈,有孔融让梨的美谈。从小十分聪明的他,有一次同父亲到洛阳城。那时,老子的后代李膺担任河南尹,孔融大摇大摆地想进李府的大门,卫士挡住他的去路,孔融不慌不忙地说道:"烦请通报一声,就说我和李家是世交,想求见。"

过了一会儿,李膺出来,看见是一个孩子,便问道:"我不认识你,怎么能说是世交呢?"孔融答道:"我的祖先是孔子,你的祖先是老子,咱们不是世交吗?"

孔融从此出名,后来被任命为北海太守。

糜竺来到北海,和孔融一说,孔融立即准备派兵。可就在这时,黄巾军围攻北海,孔融只好守城。正在孔融危难之际,他的少年好友,虎将太史慈说服了刘备,带领几千人马把黄巾军打败。刘备听说徐州被围,百姓遭殃,十分痛心,答应立即出兵解徐州之围。

与此同时,吕布看兖州空虚,带兵攻打,刘孔联军也把大部队开到徐州城下。

曹操没有办法,只好先撤兵保兖州,他知道刘孔联军也不是好惹的。

就这样,徐州之围才被解,百姓才逃过这一劫。

完成遗愿据江东

孙坚攻打刘表时,战死在疆场上,两个儿子孙策、孙权悲痛异常。父亲在世的时候,曾对哥俩说过:"我一生最大的心愿,不是做皇帝,而是割据江东,让这里的百姓能过上好日子就知足了!"然而孙坚却早早地战死。

孙策立志为父报仇,但他毕竟是个孩子,单凭自己的力量根本无法对抗刘表。他知道袁绍、袁术哥俩反目成仇,刘表投靠了袁绍,所以孙策便投奔了袁术。

袁术对孙坚战死杀场也很惋惜,他少了一个帮手,怕刘表趁机反扑。

孙策投奔袁术,袁术自然十分高兴。孙策小伙儿不仅长得风流潇洒。而且机智、勇敢。袁术便收孙策做了干儿子,这一年孙策只有17岁。

少年英雄孙策雄心勃勃,但袁术却认为他是个孩子,没法给他重任。所以孙策一直很心烦。袁术不重用孙策还有一个重要原因,他发觉孙策很有志向,他怕孙策长大成人之后,舍去自己而另挑大旗。

那时庐江太守陆康与袁术有过节,要起兵围攻袁术。袁术得知消息后,还没等陆康起兵,便派孙策去围攻庐江。孙策年少勇猛,陆康大败而逃。孙策凯旋而归,心里非常高兴,心想:这次总该给我一个郡太守做了吧!

袁术也很高兴,为孙策摆酒庆祝。席间,孙策向袁术表明了要做郡太守之意。袁术一脸不高兴,十分傲慢地离去。

孙策呆呆地愣了半天,终于明白袁术是永远不会重用自己的。想想死去的父亲,他不知不觉泪流满面。

从此以后,年少有志的孙策便很少出家门,更不想见袁术。袁术知道孙策的野心,也开始渐渐提防他。

孙策每天在房中看兵书,看累了便自斟自饮,借酒消愁。

有一天,孙策又在借酒消愁,忽有人推门而入,一看孙策愁眉苦脸地又在喝酒,便问道:"伯符(孙策字伯符),为什么整日抑郁寡欢,借酒消愁呢?"

孙策抬头一看,是父亲的谋士朱治,忙起身让座。他知道朱治足智多谋,父亲有事经常与朱治商议,父亲还经常对他说:"有事多和朱治商议!"

朱治对孙策说:"伯符,我知道你为什么整日不高兴,是不是因为袁术不肯重用你,你完成不了父亲的遗愿呢?"

孙策点点头道:"想起父亲战死他乡,儿子都不能为父报仇,不能完成父亲的遗愿,我真恨自己无能!"

朱治摇摇头道:"伯符,这次机会来了,扬州刺史刘繇攻占了袁术的地盘丹阳,而这个地方恰是你舅舅吴景把守的,你可以借收复丹阳、迎救你舅舅吴景为名,回老家发展自己的势力,创建自己的宏图大业。"

二人正谈到兴趣处,忽听窗外有人说道:"好啊,胆大包天的孙策,你竟敢有如此野心。"

孙策和朱治吓出了一身冷汗,他们万万没有想到窗外会有人偷听。

正在这时,从门外走进一人,原来是袁术的谋士吕范。他边走边说:"二位莫惊,我开了个玩笑。"

孙策平时很敬重吕范,此人也很有谋略,而且待人和气。孙策一看是吕范,立即起身让座。

吕范道:"我也正有此意,也是想来为孙将军出谋划策的,正巧遇上你二人,便在窗外停留了一会儿。袁术这人心胸狭窄,不可以共谋大业,我有几百武士,愿意助孙将军一臂之力。"

孙策非常高兴,说道:"恐怕袁术不会同意我出兵。"

朱治道:"袁术心中一直想着传世玉玺,事到如今,我们可用玉玺作押,袁术一定会答应的。"

第二天,孙策以玉玺相押,不出所料,袁术点头答应。孙策带领朱治、吕范、黄盖、程普及吕范的几百名武士和三千人马直奔丹阳。

半路之上,周瑜听说自己儿时的亲密伙伴孙策带兵打丹阳,也来加入。孙策高兴极了,一是二人关系甚好,二是周瑜文武精通。

刘繇听说孙策来战,心里慌了。虽然他的人马比孙策强大几倍,而且手下有太史慈这样的猛将,但他生性胆小,而且不会用兵,也不会用人,太史慈一直没有得到重用。

刘繇带兵迎战孙策,他哪是孙策大军的对手,被孙军打得大败而归。

第二天,孙策又带兵攻城。这时刘繇手下的猛将太史慈主动请战,刘繇根本瞧不起太史慈,但大敌当前,也无良策,便让太史慈出战。

太史慈果然是一员猛将,连杀孙策几员战将。孙策一拍战马,和太史慈打在了一起。二人都使长枪,只见枪头乱撞,却不见人影,打得难解难分。太史慈使出了绝招回马枪,孙策知道来不及躲闪,伸出左手,一下抓住了枪杆,又出右手,用枪猛刺太史慈,太史慈也抓住了孙策的枪杆,二人用力,从马上翻了下来。长枪落地,又短兵相接。朱治唯恐孙策受伤,命人鸣锣收兵,二人这才回归本队。

孙策一看很难取胜太史慈,便改方向攻打牛渚。于糜做了先锋官,摆长枪直刺孙策,眼看枪尖就要伤到孙策了,孙策一闪身,躲过长枪,夹住于糜,刚要回归本营,忽听后面有风声,回头一看是樊能的大枪已到,孙策大喝一声,樊能一惊,跌落马下,当即摔死。

刘繇一看,孙策果然厉害,没费一兵一卒,便生擒一将,又吓死一将。刘繇只好投奔刘表,但太史慈坚决不投降,他带领手下的人马,准备和孙策决一死战。

自从和太史慈交上手,孙策就十分欣赏这员战将。周瑜深知孙策的心意,便设计活捉了太史慈。

孙策亲自为太史慈松绑,脱下自己的战袍给太史慈披上。太史慈深受感动,他心里也很佩服孙策,在刘繇手下又得不到器重,便归降了孙策。

为了报孙策的知遇之恩，太史慈主动请缨去召集刘繇的散兵，并说好了明日正午返回。孙策立即点头答应，有的人怕太史慈乘机逃跑，孙策道："太史慈为人忠诚，明日正午定会返回。"

由于太史慈在将士们心中很有威望，所以散去的人马都回到了太史慈手下。太史慈带领人马去见孙策。

孙策出门相迎，立即下令：犒赏太史慈的将士。

孙策又带兵打败了"东吴德王"严白虎。严白虎逃到王朗那里，孙策又以此为借口，大败王朗，占领会稽。

经过几年的征战，孙策占据了江东各郡，完成了父亲的遗愿。他下令：军队不许骚扰百姓。江东的百姓十分拥护孙策，这为弟弟孙权建立东吴打下了良好的基础。

猛将吕布

东汉末年，三国时期，一提起猛将吕布，无人不知，无人不晓。

吕布武艺高强，英勇善战，谁都惧怕他三分，但他却有勇无谋，而且见利忘义，最终也没有得到重用。

吕布从小习武射箭，武艺精通，力大过人。丁原见吕布十分勇猛，而且武艺过人，便收留了吕布，吕布也为丁原立下了不少战功。

董卓野心勃勃，为了达到自己的目的，用离间计使吕布和丁原不和。那时吕布盛气凌人、心骄气傲，一怒之下杀了丁原。董卓计策得逞，收留了吕布。

吕布确实是一位骁将，董卓为了更好地利用他，平日对他很好，而且收他为义子。吕布为董卓冲锋陷阵，这才有了三英战吕布的故事：关羽有勇有谋，武艺也十分高强，他刀劈大将华雄，但却敌不过吕布。刘备、张飞二人助阵，三英战吕布，才打了个平手，足见吕布之勇猛善战！

后来，王允使用美人计，离间董卓和吕布，吕布一怒之下，杀了董卓。

董卓旧部李傕、郭汜打着为董卓报仇的旗号，率大军攻入长安城，杀死王允,又要捉拿吕布。吕布十分勇猛,在10万大军中杀出重围,准备投靠袁术。

袁术手下一谋士说:"主公,那吕布虽勇猛,但无智谋,而且连杀丁原、董卓,以免他对我们不利,我们不能收留他啊!"

袁术没有主见,觉得谋士的话很有道理,便赶走了吕布。

吕布十分生气,心想:此处不留爷,自有留爷处,我迟早有一天要找你袁术老儿报仇雪恨!一气之下,吕布骑马带戟,投奔了袁绍。

袁绍也深知吕布的为人,但袁绍那时正在开战,急需用人,便收留了吕布。

第二天,吕布便被派去攻打常山。常山将领根本不是吕布的对手,吕布带兵攻入常山,在敌军中如入无人之地,大戟一挥,倒地一片。吕布大胜而归,袁绍非常高兴,为他接风洗尘。吕布又接连立了几次大功,自己便觉得很了不起,目中无人,连袁绍都不放在眼里。袁绍忍无可忍,想杀掉吕布。

吕布知道自己再勇猛,也敌不过袁绍的千军万马,只好逃到了张邈那里。

张邈很热情地接待了吕布。那时曹操正在兴师围攻徐州为父报仇,而兖州只留了很少人马。谋士陈宫对张邈说:"现在曹营空虚,我们可以乘虚而入,占领兖州。"于是吕布率领人马直奔兖州。

曹操正在攻打徐州,一听说兖州被围,只好舍弃了徐州,撤军到兖州。

曹军刚一到兖州,吕布立时带领人马,与曹军展开了激战。由于曹操围攻徐州数日,而且又远道而来,还没有站稳脚跟,所以军队很疲乏。吕军又十分勇猛,一时间,曹军大乱。多亏大将典韦保着曹操杀出了重围。

吕布占领兖州后,得意洋洋,根本没把曹操放在眼里。

曹操虽然兖州战败,而且险些丧命,但他善于行军打仗。他知道吕布虽勇,但无谋,所以重整军队,又杀了一个回马枪。而此时吕军正在营中喝酒庆祝呢,丝毫没有设防。曹操一鼓作气又夺回了兖州。

吕布万般无奈,知道自己没有去处了,只好投靠刘备。

刘备得知吕布来投靠自己,十分高兴,他认为解徐州之围,吕布很有功劳,所以决定收留他。但刘备的谋士却说:"主公,吕布出尔反尔，不讲信义，我们不能收留他啊！"其他人也都劝说刘备，但刘备过于仁义，认为吕布走投无路才来投靠，应该收留。

吕布投靠了刘备，可吓坏了曹操。曹操深知刘备野心勃勃，手下大将众多，再得到吕布，一定会对自己构成威胁，便假传圣旨命刘备攻打袁术。

袁术听说刘备要率军攻打自己，十分害怕，他知道自己拒收吕布，吕布对自己也一直怀恨在心，如果刘吕二人联手，一定很难对付。袁术手下的谋士说道："主公，不必担心，那吕布虽投靠刘备，但他见利忘义，如果我们答应给他金银珠宝、粮草和马匹，联合吕布攻打刘备，吕布一定会答应！"

刘备奉旨出征讨伐袁术，吕布却乘机夺取了徐州。而袁术也是一个背信弃义的小人，他没有给吕布金银珠宝、粮草和马匹。吕布大怒，但他知道自己不是袁术的对手，只好忍下这口气。

吕布手下的谋士陈宫说道："我们现在兵少，应急召刘备，共谋大业。"

刘备回到徐州，被吕布安排到小沛进驻。刘备因一时仁慈，却引狼入室，使自己失去了徐州，但他胸怀大志，能屈能伸，知道自己的兵马敌不过吕布，所以忍辱进驻小沛，等待时机。

曹操本想拆散吕、刘，结果目的没有达到，二人又重归于好。曹操知道，不拆散二人，对自己的威胁太大。

于是，曹操派人秘密联络刘备，准备合力攻打吕布。刘备心想：你吕布忘恩负义，反复无常，我不能再和你一起打天下了，说不定你心血来潮，就杀了我。刘备便答应了曹操。

但是曹操的使者却被吕布捉住，那个使者胆小怕死，说出了实情，吕布大怒，一剑刺死使者，立即派兵围攻小沛。

刘备知道自己兵力不足，无法与吕布抗衡，只好带兵投靠了曹操。曹操十分痛恨吕布，要不是吕布乘机攻打兖州，他也就不会从徐州撤兵，也就可以为家人报仇雪恨，屠杀徐州城了。所以曹操收留了刘备。

曹操兵多将广，刘备又有几员大将，二人联手，共同攻打吕布。

吕布节节败退，被围在下邳。吕布知道大势已去，已无心指挥战斗，只知以酒消愁。

吕布手下的将士，本来对吕布就有意见，现在一看吕布败局已定，便乘吕布熟睡之机，将其捆绑，带着吕布去投降曹操。

曹操一见吕布，怒发冲冠，命人将其斩首。

一代猛将，因背信弃义、见利忘义，最终做了刀下鬼。

煮酒论英雄

曹操联合刘备，大败吕布，除去了自己的心头之患，又收编了许多投降的将士，人马明显壮大。

曹操以许都为根据地，发展自己的势力。以前，曹操每当准备扩张时，总担心吕布在后方乘虚而入，这一次吕布被杀，曹操可以解除后顾之忧，放心大胆地去扩张了。人无完人，金无足赤，曹操觉得自己前景一片光明，便有些骄傲起来。曹操原本就不把汉献帝放在眼里，现如今大败吕布，更是独揽朝政，俨然他是皇帝一样，汉献帝也只好忍气吞声。

刘备无处可去，前来曹操这里避难时，曹操手下的谋士程昱就说："主公，我们趁刘备此时力量弱小，先除掉他，否则他将会和我们争夺天下，他虽一时有难，但手中大将众多，一旦有机会，他就会强大起来，到时候，我们就不好对付了。而且刘备素有仁义之师的称号，天下百姓很拥护他，此人也是胸怀大志，他绝不会甘心位居人下的，我们要尽快斩草除根，以免放虎归山！"

曹操摇了摇头说："你只说对了一半，我还不能除掉他！"

曹操何尝不想除掉刘备，但他知道刘备也是皇族一员，论辈份还是献帝的叔叔。如果杀了刘备，必失去人心。人们一定会觉得他妒才，如果那样，天下贤士就不会再辅佐自己了。所以曹操只好等待时机，也不敢轻举妄动。

刘备知道自己虽为左将军，但有其名而无其实。他也知道曹操想除掉自己，所以他明哲保身，对许多事都装糊涂，几乎不参与政事。为了躲避曹操，他整日在自己的小花园中养花种草。

曹操为了向大臣们炫耀自己的威风，便邀上献帝和满朝文武到山林去打猎。

曹操与献帝在前面骑马而行,后边跟着文武大臣。这时有一位大臣大叫一声:"后边有梅花鹿。"

满朝文武回头一看,果然远处有一只肥大的梅花鹿。献帝一时兴起,拿起弓箭便射,可献帝的箭法着实不敢让人恭维,一连几箭都没有射中。曹操对献帝说:"陛下,借臣用一下弓箭。"

献帝本不想把弓箭给曹操,但又有些惧怕曹操,只好不大情愿地把弓箭递了过去。曹操接过弓箭,拉满弦,一箭就射倒了大梅花鹿。

后边的大臣一看梅花鹿被射死,赶紧过去取鹿,一看鹿身上是御箭,都高呼"万岁"。曹操非常气愤,心想:什么万岁呀,那是我射的。为了让大臣们知道那一箭是他射的,他竟然冒天下之大不韪,走到献帝前面,接受文武百官的朝拜。

汉献帝肺都气炸了,但也只好强忍怒火,他知道一旦自己反抗,曹操就敢废掉他。

汉献帝的委屈被伏皇后的父亲伏完看了出来,他也十分不满曹操的专权,便悄悄地对汉献帝说:"陛下,曹操野心,路人皆知,我们必须除掉他。否则他迟早会篡权夺位的!"汉献帝长叹了一声,道:"我也早想除掉他,可朝中大臣都是他的心腹,我也没有办法啊!"

伏完道:"陛下,不必如此伤心,忠于汉室的大臣仍有,我和车骑将军董承、西凉太守马腾说过此事,他们表示愿为兴复汉室、夺回大权而舍身相助。左将军刘备身为皇叔,武艺高强,身边又有关羽、张飞相助,而且他对曹操也十分不满,虽然深居简出,但对政事十分关心。我们这些人联合起来,杀曹操老贼一定不成问题!"

伏完悄悄把董承、马腾、刘备邀来见汉献帝,汉献帝十分气愤地说道:"我汉室江山被曹操老贼操纵,他目中无君,专横霸道,长此以往,他一定会夺取我们汉室王位的。我想请几位联手,诛杀老贼,重振我汉室江山,不知几位意下如何?"

董承、马腾早就恨透了曹操,立即答应了下来。刘备心想:曹操专权,视我如一块心病,如果我不除掉他,他也会想方设法除掉我,我不如先下手为强。想到此,他也答应了下来。几个人咬破手指,在盟书上写下了自己的名字。

曹操生性多疑,时刻注意刘备的一举一动,有一天忽听有人报:"刘备被献帝密召!"

曹操吃了一惊,心想:莫非他们想联手除掉我,我得先试一试刘备。

曹操来到刘备的小花园,刘备正在浇水。曹操约刘备到府上饮酒。刘备怕曹操知道密谋之事,暗害于自己,便婉言拒绝,说道:"如果丞相有雅兴,就到我府上吧!"

二人在刘备住处,喝了几杯。曹操忽然问道:"如今天下诸侯各据一方,多如牛毛,但最后能成事的少如麟角,不知左骑将军以为谁能够成为天下英雄呢?"

刘备心想:这老贼一定是在探我的虚实,我一定要小心谨慎。于是他答道:"小霸王孙策文通武备,又有朱治、吕范、周瑜、太史慈等多员大将辅佐,没有几个月便割据江东,将来必有一番作为!"

曹操道:"一个孩子,只靠他父亲孙坚的威名而已,很难成为英雄!"

刘备又说道:"袁绍拥有军队数十万,文人武将也不乏其人,而且他依据险要的地势,可以称得上是一位英雄人物。"

曹操摇了摇头,说道:"袁绍虽有野心,但为人刚愎自用,手下虽有大将,但他舍而不用,此人很难成为英雄!"

刘备道:"那袁术呢?"

曹操笑了笑道:"他乃一匹夫,无谋无志,没有主见,他若算得上英雄,天下人岂不都成了英雄吗?"

刘备道:"依丞相之见,谁能成为真正的天下英雄呢?"

曹操笑而不答,用手指了指刘备,又指了指自己。

刘备大吃一惊,以为曹操看出了自己的心事,吓得酒杯落地,而这时天边正好响起了一声惊雷。

刘备连忙说道:"丞相见谅,突闻惊雷,心一紧张,酒杯落地!"二人喝罢多时,曹操走出刘备的府门,自言自语道:"刘备胆小怕事,也不能成为英雄,称雄者还得是我曹操!"

刘备为了尽快逃脱曹操的控制,找借口带领自己的人马逃跑了。

那几个人想刺杀曹操,却没有成功,反而被曹操生擒活捉。曹操一怒之下,将那几个人全部杀掉。

煮酒论英雄,刘备乘机而逃,成了后来的英雄。

大刀关羽

关羽手使一把大刀，英勇善战，而且非常讲义气，自从与刘备、张飞二人桃园结义，便视二人为亲兄弟，誓死保刘备。关羽一生光明磊落，不仅武艺高强，而且人品极好，后来人都尊称他为关公。

曹操与刘备煮酒论英雄后，刘备知道曹操野心勃勃，迟早有一天会对自己不利，便带领二弟关羽、三弟张飞及手下将士找了个借口逃离了曹操。

曹操后来发现董承等人想密谋暗害自己，火冒三丈，不仅杀了那几个人，连他们的家人都杀掉了。

曹操看到盟书上有刘备的血书，气得咬牙跺脚，心想：好你个大耳贼刘备，我曹操在你遇难之际收留了你，你却敢背叛我。上次饮酒，我真是被你骗了，你分明是想和我争夺天下，被我说中，你一时心惊掉了酒杯，而你却说是惊雷所吓。我这次就要让你死无葬身之地，你也想当天下英雄，有我曹操在，你就别想得逞。

曹操立即召集众将领。典韦说："丞相，刘备贼心不死，他不仁，我们也不义，乘他根基未稳，将他除掉！"

曹操道："典将军，我也有此心，不过我们一出兵，袁绍老贼如果再联合吕布乘我们城中空虚攻占许都，那么即使我们打败了刘备，捉拿了他，也得不偿失啊！"

谋士郭嘉道："丞相，不必担心许都，我们可以在城中多挂战旗，给袁绍以假象。袁绍向来有勇无谋，而且他刚愎自用，即使他手下的谋士向他说出实情，他也不一定出兵。他办事优柔寡断，待他准备出兵之时，我们已凯旋而归了！"

曹操觉得典韦、郭嘉二人的话很有道理，立即下令：进军徐州。

刘备逃离曹操后，无处可去，只好暂时驻扎在徐州。

曹操大军出征，而城中却战旗飘飘。早有密探报告袁绍，但袁绍却说道："曹操，生性狡猾，他虽然出兵，一定还有军队驻扎在城中，我们不可轻举妄动。"

谋士田丰道:"主公,曹操大队人马已到徐州攻打刘备,城中只留了一小部分人马,虽然战旗飘扬,但那是故意做的假象,我们乘虚而入,不仅可以不费多少兵力得到许昌,还能够断了老贼曹操的后路。我们可以依靠许昌这一险要地势,先灭曹,再灭孙,然后夺取天下啊,请主公三思!"

但袁绍刚愎自用,根本听不进去田丰的话,爱理不理地说道:"关于此事,我心中自有对策,以后再议吧!"

田丰没有办法,气得他转身离殿,暗暗埋怨道:"真是昏庸啊!我怎么保你呢?"

曹操知道刘备的兵力不如自己,一定会乘自己没有立稳脚跟突袭自己,便命人埋伏在四周,而没有安营扎寨。

再说刘备,得知刺杀曹操没有成功,盟书又落到曹操手中,曹操一定会带兵前来攻打。他便迅速做好了准备,心想:你远道而来,我乘你没有立稳脚跟出兵袭击你。但他没想到,这正中了曹操的计。

大刀关羽奉命守城,刘备带着三弟张飞及几千人马突袭曹军,哪知曹军做好了埋伏,刚一交战,刘军便大败。刘备一看曹军众多,自己不是对手,便和三弟张飞商议冲出重围。不一会儿,二人便被曹军冲散,没有办法,只好各带兵马,拼命杀开了一条血路。张飞躲到了芒砀山,心想:你曹操老贼若是敢来追杀,这里一夫当关、万夫莫开,我让你有来无回。

刘备在众位将领的保护下,也杀出了重围,别无去所,只好投奔了袁绍。

曹操大败刘、张二人,立即派兵包围徐州。徐州只有少量士兵,在大刀关羽的率领下,誓死保卫城池。

曹操特别爱惜人才,在关羽大刀斩华雄时就十分欣赏关羽。他心想:我如果能得到这员大将,一定能够横扫天下,将来有机会,我一定收降他。曹操得知关羽守城,非常高兴,心想:我一定要收降他!所以曹操没有派兵硬攻徐州。

曹操手下的一位谋士道:"丞相,您是不是想劝降关羽?"曹操点头,那位谋士道:"我愿去劝降关羽!"

曹操听后,说道:"只要关羽能够归降,什么条件都答应。"

那位谋士见到关羽,对关羽说道:"关羽,你要认清形势,如今大军围城，曹丞相爱惜你，才没有下令攻城，如果你不投降，你两位嫂嫂也没命了，到时候你还怎么见你的大哥呢？"

关羽心想：曹军几十万，真要攻城，两位嫂嫂性命难保，我不如先答应下来。于是，关羽说道："回去告诉曹丞相，答应我三个条件，我便投降；不答应，我宁可战死。第一，我不会投降曹操，我只投降汉献帝；第二，必须确保我二位嫂嫂的安全；第三，我一听说我哥哥刘备的下落，我便去找他，曹丞相不得阻拦。就这三条，如果曹丞相能够答应，我便投降；不答应，就让他攻城吧！"

那位谋士回来和曹操一说，曹操很快答应了前两条，可第三条太苛刻了，他心想：如果你知道了刘备的下落，再去找刘备，我这儿成了你的休息地了。但曹操又转念一想，关羽实在是不可多得的一员战将，有勇有谋，我不如先让他归降了我，再以礼相待，关羽这人很讲信义，他一定会感激我，我再找机会杀了刘备，这样就可以达到目的了。想到此，他便派谋士告诉关羽，三个条件都答应。

关羽来到曹营，曹操非常热情，不仅对关羽视若上宾，三天一小宴，五天一大宴，而且对刘备的两位夫人也非常好。关羽确实很感激曹操，但他更不会背叛自己的大哥刘备。

袁绍有了刘备的辅佐，信心大增，准备攻打曹操。

两军开战，袁绍手下大将颜良十分勇猛，连斩曹操数员大将。关羽有言在先："我一定会为丞相立下战功之后才离开！"关羽一看，现在是立功的好机会。但是曹操怕关羽立了功便走了，所以不想让关羽出战。程昱对曹操说："丞相，你让关羽出战，他若杀了敌将，袁绍大怒，一定会杀了刘备，不正好断了关羽的后路吗？"曹操很高兴，便答应关羽出战。

关羽来到两军阵前，大刀一举，没有几个回合，便将颜良斩于马下。袁绍听说曹操有一员大将手执大刀，红面长须，杀死了自己的爱将，他猜一定是关羽，以为是刘备和关羽相互串通，便命人去杀刘备。刘备道："天下人有许多长得相似的，难道长须红面的一定是我二弟，明日我去观战，如果是我二弟关羽，我让他来归降。"袁绍一听，连忙给刘备解开绑绳，连声道歉。

第二天，袁绍派文丑迎战，文丑哪是关羽的对手，又被关羽斩落马下。

刘备一看，真是自己的二弟，立即写了一封信，派孙乾送给关羽。

关羽知道了哥哥的下落，立即向曹操辞行。曹操怕关羽辞行，便躲了起来。但关羽思念大哥心切，给曹操留了一封信，保着两位嫂嫂离开了曹营。曹操远远地目送着这位讲义气的英雄，有人建议去追杀关羽，被曹操拦下了。

关羽保护着两位嫂嫂恰好路过芒砀山，听说三弟在此，非常高兴，哪知见了张飞，张飞举枪便刺，两位嫂嫂劝道："三弟，为何对你二哥如此无礼？"

张飞怒气冲冲地说道："他投降曹贼！"两位嫂嫂赶紧解释，把事情的经过说了一遍。张飞知道错怪了二哥，倒地便拜，哥俩保护着两位嫂嫂见到了大哥刘备，三兄弟又团聚了。

大刀关羽的故事被人们一代代传颂下来。

官渡之战

曹操控制了黄河以南、长江以北大片地区，挟天子以令诸侯，独揽朝政，不仅朝中大臣不满，而且也引起了占据黄河以北的袁绍的不满。袁绍手中有百万大军，而且有多员大将，素来不把曹操放在眼里，一看曹操的职位比自己高，十分不满，二人矛盾逐渐加深。

那时，独占江东一方的孙策去世，他的弟弟孙权继位。孙权年纪轻轻，却有雄心壮志，继承了哥哥的志愿，在江东一带扩展势力。孙权虽不如哥哥武艺高，但治国有方，而且很会用人，许多贤士都纷纷投到他的门下。虽然孙权实力大增，但还不足以和曹、袁抗衡。

刘表胸无大志，不求进取，死守荆州，从没有统一天下的抱负。

公元198年，曹操占领了徐州。公元199年，袁绍消灭了公孙瓒，兼并幽州。曹操以许都为中心，袁绍则占据幽、青、冀、并四州。曹操手下有荀彧、郭嘉、夏侯淳、许褚等文人武将，而袁绍则拥有百万雄兵，手下大将云集。二人各霸一方，相互间的争夺也就此展开。

公元200年，袁绍命沮授带领10万人马进攻曹操的地盘许昌。而袁绍则带领大队人马进军黎阳（今河南省浚县），派大将郭图、颜良进攻白马（今河南省滑县），在白马大败曹军。

白马告急，荀攸对曹操说："袁军人马充足，我们兵力与之相差甚远，不可硬拼，我们声东击西，派一部分人马伪装渡河，好像要攻击袁绍后方，袁绍必然会向西进军，渡过大河，到时候我们再突袭白马。"

曹操依计而行，袁绍果然中计。袁军渡过大河，曹操则带领众多骁将，攻打白马。关羽连斩颜良、文丑两员大将，袁军大败，解了白马之围。

袁绍虽然大败，但兵力仍占优势。他再次集中兵力，行进到官渡，两军在官渡安营扎寨，准备一场大战。

面对袁军的进攻，曹操手下谋士意见不一。有的谋士对曹操说："丞相，袁绍拥有百万大军，虽然白马之战有所损伤，但主力军仍在，而且手下有大将一两千人，我们与之相差悬殊，如果和他们硬拼，只能大败！不如我们求和，还可以保住一块地盘，到时候再积蓄力量，东山再起。"

曹操没有说话，大谋士郭嘉提出反对意见，说道："丞相，兵不在多，而在于精。袁绍军队虽多，但他军纪不严，赏罚不明，军心涣散。我们兵力虽少，但军纪严明，作战勇猛，在军力上不会输给他。而且袁绍老贼不得民心、贪图小利、妄自尊大、妒贤嫉能、优柔寡断、刚愎自用。他手下虽有大将一两千，但却是英雄无用武之地啊！丞相，您广纳贤士，爱惜人才，智勇双全，很得人心，虽战将几百，但却众志成城，我们凭借着这些优势一定能够大败袁军。"

曹操很满意地点了点头，立即下令，进军官渡。

两军相持了一段时间，袁军主动出击，结果曹军不是对手，退回营中，只守不攻。

袁绍一见曹军不出战，便命士兵爬上土山，向曹营射箭，箭似雨点，射死射伤曹兵无数。曹操手下大将刘晔连夜制造了千辆石车，石车上装满石头。一端固定住弹性的皮条，另一端放上石头，能弹得很远。刘晔带领着几千人，埋伏在小土山周围。袁绍的射手刚想射箭，刘晔一声令下，顿时石块乱飞，袁绍军队死伤无数，大败而归。

时间一长，曹操有些坚持不住，因为粮草线已被袁绍切断。为了能够长期作战，曹操派大将徐晃消灭了袁绍断粮道的队伍，从此粮道顺畅。徐晃还活捉了几名袁军将领，审讯中得知韩猛正押运粮草，远道而来。

荀攸对曹操说："丞相，韩猛有勇无谋，我们应出兵去截下粮草，将其烧毁，这样袁绍大军就会出现粮草危机。"

曹操立即派徐晃去截粮草。韩猛正押运着粮草赶路，徐晃大喝一声，立即杀入袁军中，而张迈也在后边呼应，前后夹击。韩猛乃一酒囊饭袋，没有一会儿，便逃跑了。士兵一看主帅都跑了，也四散逃窜，曹军放火烧了袁绍的粮草及车辆。

但袁绍依仗自己兵多粮足，仍不把曹操放在眼里。他又派淳于琼带领一万精兵押运粮草，屯放在大北营的乌巢，并驻扎在那里负责守粮。

谋士许攸对袁绍说："主公，军队若无粮草，会自败，那淳于琼生性好酒，而且一喝必醉，派他守粮，有些不妥啊！"

袁绍刚愎自用，根本不把许攸的话放在心上。许攸知道袁绍难成大事，一气之下投奔了曹操。

曹操知道许攸是位才子，很有智谋，一听说许攸来降，高兴得连鞋都没穿，跑出营房去迎接，嘴里说道："贤弟远来，愚兄迎接来迟，请多多原谅！"

许攸非常感动，便对曹操说："我们派去几千人化妆成袁兵，那淳于琼只知喝酒，趁他酒醉之时，烧毁他的粮草，之后趁机大败袁绍人马。"

曹操非常信任许攸，立即点了5000人马，打着袁军的旗号，直奔乌巢而去。淳于琼早已喝醉了，在营中大睡，手下士兵一看是自己人马，便让曹军进了大营。曹军大开杀戒，袁军大败。淳于琼从梦中惊醒，慌忙迎战，而曹军这时早已将粮草点燃。

袁绍在半夜时分睡得正香，忽听得有人报："主公，大……大事不好，我军……粮草被烧！"

袁绍一下从床上坐起，大吃一惊，心想：完了，这次算全完了，淳于琼，我非杀了你不可。袁绍又一想：你曹操去烧我的粮草，我趁机去攻打你的大本营，你那里一定会空虚，我断了你的后路，让你不战而败。想到此，他立即传令：进军曹营。

张郃道："主公，此计不可。曹操虽带领人马去烧粮草，但只是一小部分,大队人马仍在城中啊!"

　　袁绍向来都不尊重别人的意见,把张郃的话当作了耳边风,坚持派张郃、高览前去偷袭曹营。

　　张郃、高览率军刚到官渡,曹军早有防备,立时同袁军展开了激战。曹军作战勇猛,袁军根本无法取胜。正在这时,曹操率领的5000精兵烧粮草赶回,从后边直冲入袁军。袁军腹背受敌,顿时大乱,张郃、高览不想给袁绍卖命,便率大军投降。

　　袁绍得知张郃、高览投降,知道自己大势已去,带着几百名袁军逃跑了,后来在途中病死。

　　官渡之战,曹操以少胜多,以弱胜强,加速了他统一北方的步伐。没过几年,曹操统一北方,与孙权、刘备形成了三足鼎立之势。

三顾茅庐请卧龙

　　官渡大战之后,刘备投奔了刘表。刘表虽待刘备如上宾,但却不重用刘备,刘备非常失望。刘表要立太子,让刘备提供意见。刘备因此得罪了蔡夫人,蔡夫人命蔡瑁去杀刘备,多亏了伊籍相救,刘备才得以逃脱。刘表得知此事,非要杀了蔡瑁,在刘备的劝阻下,才免去蔡瑁一死。

　　刘备在刘表那儿安心地住了下来,再没有人敢暗害刘备了。

　　但刘备并不舒心,他有雄心大志,不像刘表一样安于现状,不求进取。刘备想恢复汉室江山,一统天下。所以日子虽然清静,但刘备却整日闷闷不乐。一天,刘备上厕所发现自己大腿上的肌肉已经松弛了,心想:我已经老了,可仍是碌碌无为、一事无成,长此以往,我的理想抱负全成空想。

　　刘备无事之时,便读史书、兵法,认真总结别人统一天下的经验。后来他认识到历代君主统一天下,都少不了文人武将的辅佐,特别是有像管仲、百里奚、商鞅这样能够运筹帷幄、决胜千里的大贤。刘备为了能够找到一位大贤,不愿再待在宫中了,而是四处访贤求才。

　　就在刘备思贤若渴之际,徐庶(字元直)慕名而来,他得知刘备礼贤下士，而且非常重用人才，就投奔了刘备。刘备非常高兴，发现徐庶博学多才，对天下形势也是了如指掌。

刘备非常尊重徐庶，徐庶也非常感动。

曹操大败袁绍之后，认为天下没有人能够与他抗衡，便挥师荆州。他并不是害怕刘表，而是怕刘备在那里扎根。他知道刘备雄心勃勃，总想恢复汉室江山，一日不除刘备，他一日不安宁。于是他派曹仁率三万大军直扑荆州。

那时刘备的军队不多，面对曹军压境，心里有些恐慌。但徐庶对刘备说道："主公，曹军虽多，但长期作战，人困马乏；我军人少，但兵精，而且几员大将都有万夫莫挡之勇，所以曹军不可怕。"徐庶派关羽、张飞、赵云三员大将各带一路人马，分三路埋伏。

曹仁刚一到荆州，关羽的人马便与曹仁展开了激战。那关羽的大刀可不留情，杀得曹军东窜西逃。曹仁不敌，立即集合队伍向西逃去。张飞猛喝一声，英勇无比，又把曹军杀得只好向东逃去。赵云早已埋伏好了，大枪独挡一面，杀得曹军只有投降。

刘备得知曹军一万多人投降，非常高兴，犒赏三军，又备酒宴为徐庶庆功。刘备说道："元直真乃旷世奇才，我刘备得你辅佐，真是天助我也！"

徐庶为人不仅足智多谋，而且谦虚，虚怀若谷。他对刘备说："主公，我不过是一只乌鸦而已，真的凤凰还没有出现，我若和他相比，真是有天壤之别啊！"

刘备忙说道："元直太谦虚了，那你所指的人是谁呢？"

徐庶道："此人乃是南阳一卧龙，复姓诸葛，名亮，字孔明。此人隐居隆中山里，但他博学多才，对天下形势研究得非常透彻。我与卧龙先生有过几面之缘，我发觉他上知天文，下晓地理，无所不知，无所不通，对兵法也有很深的研究，是真正的旷世奇才，主公如若能得到他，一定会统一天下！"

刘备听后，非常高兴，便对徐庶说："既然如此，明日我多备礼物，你快给我把他接来！"

徐庶一笑，说道："主公，此人深居隆中，对财物从不感兴趣，只有遇到明主，他才肯出山。我虽与他相识，但根本请不动他，还是请主公亲自去请吧！"

刘备得知有此奇才,第二天便带着关羽、张飞直奔隆中。山上遇见一农夫,刘备下马问道:"请问您知道卧龙先生住哪吗?"

老农道:"卧龙乃隆中贤才,谁都知道,就在前边的那茅草屋之中。"

三人来到门前,刘备敲开门。一位书童道:"请问几位有何贵干?"

刘备道:"我们是特来拜访卧龙先生的!"

书童眨了眨眼,说道:"先生不在家,到外地云游,少则三两天,多则十几天!"说完把门一关。

张飞粗中有细,知道书童在撒谎,便想闯门而入,被刘备拦住。张飞道:"大哥,那人就在家中,只是不想见我们,我进屋去把他带来。"

刘备把脸一沉,道:"三弟,不可乱来!"三人只好扫兴而归。

刘备在荆州待了几日,一直在想:为什么卧龙先生不愿相见呢?是不是觉得我心不诚呢?

刘备又带着关羽、张飞前去隆中。这时天气十分寒冷,为了表示尊敬,刘备竟下马步行。关羽也没有耐性了,说道:"大哥,他一个无名鼠辈,我们何致于如此呢?"刘备道:"二弟,此人虽无武艺,但可抵得上千军万马,不可小瞧此人啊!"

开门的仍是那个书童,但这一次比上一次客气多了,说道:"几位又不巧,先生又出去了,请以后再来吧!"

三人只好再返回,一路之上,关、张二人不断地骂诸葛亮,刘备心中只有扫兴之感,而没有责备之意。

到了荆州,没过几日,刘备便听说诸葛亮已回家。刘备二话没说,带着关羽、张飞立即动身,直奔隆中。一路之上,张飞道:"大哥,此人未必有才学,我们三番五次请他,他都不肯相见。肯定是徒有虚名!"关羽也说:"大哥,这次我们还是白去一次!"刘备只知催马赶路,而无心听两位兄弟的对话。

到了诸葛亮家门,书童出来,说道:"三位这次没有白来,先生在家,不过正在休息。"张飞想进去,刘备一把拦住他,说道:"三弟,我们在外边等先生!"

大约过了两个多时辰,诸葛亮手拿摇扇出现在门口。刘备一见,大喜，连忙说道："先生，我兄弟三人三赴隆中，希望先生能够出山，帮助我兴复汉室江山。"

诸葛亮道："我久居深山，外面乱世从不过问，还请几位另寻他人吧！"

刘备道："先生，天下诸侯割据，连年战争，百姓苦不堪言，希望先生能够出山，拯救天下百姓。"

诸葛亮觉得刘备胸怀大志，而且忧国忧民、礼贤下士，自己两次躲避，这次又假装熟睡，而刘备却锲而不舍，可见此人很有抱负，将来一定能干成一番大事，便答应了刘备。

诸葛亮给刘备分析了天下形势。他说："如今，曹操大败袁绍，占据河北，兵强马壮，对他不能争雄。孙权几年治国，江东一片大好，但实力抵不过曹操。主公占据荆州，资源丰富，地形险要，正是养精蓄锐的好地方。刘表无能，无法和主公抗衡。但主公的实力也无法和曹操抗衡，我们应联孙抗曹，到时就会形成三足鼎立之势了。我们一旦有机会，再夺取中原，统一天下，恢复汉室江山！"

刘备觉得茅塞顿开，心想：卧龙先生真是旷世奇才！

刘备三顾茅庐，终于请得卧龙先生出山，辅佐刘备打天下！

联吴抗曹

曹操为了除去心头之患，灭掉刘备，率领大军直奔荆州。

刘备的军队与曹操相比，相差悬殊。刘备被包围在曹军之中，幸亏有大将赵云相救，才绝处逢生。赵云怀里揣着幼主阿斗，大枪似银蛇，来回舞动，在百万曹军中保着刘备杀出重围。

赵云、刘备杀到了长坂桥，曹军紧追不舍，幸好张飞在此接应。张飞粗中有细，他截住追兵，又派人在马尾拴上树枝，来回乱跑，弄得尘土飞扬，好像有几万兵马在此似的。只见张飞单枪匹马，虎目圆睁，在长坂桥上大喝一声："洒家张飞张翼德在此，谁敢前来与我决一死战？"这一吼，如晴天惊雷，敌军都知道"猛张飞"，谁也没敢拍马过去。曹操发现前边的人马停住，忙问道："为何停下队伍？"

张迈道:"丞相,前边尘土飞扬,定有伏兵,而且张飞独立长坂桥!"曹操也知道张飞的厉害,在百万大军中能够杀进杀出,无人能挡。所以曹操下令:撤兵!这一下可惨了,前边的人马想远离张飞,因为他们看到张飞的样子,都心惊胆战,丞相一下令撤兵,立即往回逃跑,后边的军队没防备,曹军互相拥挤,互相践踏,损伤无数。张飞单枪匹马喝退曹军百万,后人赞道:

长坂桥头杀气生,
横枪立马眼圆睁,
一声好似轰雷震,
独退曹家百万兵。

张飞见曹军已逃,立即命人拆桥,他怕曹军再追过来。

但是曹操生性多疑,他想:张飞虽勇,我有万马千军,我之所以没有攻打他,是怕中埋伏,他把桥拆了,证明没有伏兵。想到此,他让军队停下,重新组织人马,又反扑回来。

刘备、关羽、张飞、赵云等人一看曹军来势凶猛,知道硬拼肯定敌不过曹军。军师诸葛亮道:"主公,我们只有去江夏,与孙权联手,才能共破曹军。"

关羽和从夏口前来的刘琦联手共战曹军,刘备等人才有了空隙,直奔江夏。

曹操一看刘备向江夏方向逃去,骂道:"大耳贼,你别以为逃到江夏那儿,就平安无事了,我要让孙权和你一起投降于我。"

谋士荀攸说:"丞相,刘备向江夏逃去,我们不得不防。那诸葛亮虽然出山不久,但此人神机妙算,对天下形势研究得非常透彻,他们想联合孙权共同对付我们。我们不能让他们得逞,趁他们尚未联合,派大军直逼江夏,水陆两军齐头并进,威逼孙权投降。只要孙权一投降,刘备就没有立足之地了,我们便可以乘胜追击,消灭大耳贼刘备。即使孙权不投降,我们有百万雄师也可以击败孙权,杀杀他们的锐气。"

曹操觉得此话有理,立即率领80万大军向东吴地区行进。

孙权得知曹操正率大军前来攻打自己,十分惊慌,他知道自己的兵力很难和曹操对抗,便召集群臣,商议对策。

正在这时,诸葛亮求见。诸葛亮知道他们正在商议如何抗敌,就说道:"如今曹操带领150万大军(诸葛亮故意夸大其辞)开往东吴,手下大将、谋士不计其数,曹操想灭掉东吴,孙将军赶快投降献城,还可以保住家人的性命,否则,将死于曹操刀下!"

孙权大怒,说道:"那左将军刘备为何不投降呢?"

诸葛亮一见孙权被激怒,心想:继续激将一定会成功。于是他说道:"孙将军,您知道古时候齐国有位壮士名叫田横,坚持守义而不受控于别人,何况皇叔刘备,英才盖世,众人仰慕,百水归川,宁可战死,也绝不会屈服于曹操!"

孙权也不想投降,但手下的谋士众说纷纭,所以才迟疑未决。如今他见诸葛亮如此说,一下被激怒,便问道:"我孙权继承父业、兄业,虽无多少功绩,但也绝不会屈居于人下!不过,曹军百万,我自知不是对手,不知先生有何高见?"

诸葛亮立即答道:"孙将军,曹操虽对外号称百万,其实不过几十万,他远道而来,正所谓'强弩之末,势不能穿鲁缟也'。我家主公虽然战败,但关羽仍率领一万精兵抵抗曹操,刘琦的士兵也不下万人。如果孙将军愿意抵抗曹操,我们两家联手,曹操必大败而归。还请孙将军三思!"

这时,鲁肃单独求见孙权,孙权抚着鲁肃的背问道:"我们能否抗曹?"

鲁肃十分感慨,说道:"主公,我们东吴自创业以来,从不屈服于人下,这次亦然,至于兵力的问题,我们可以请水军都督周瑜来共同商议!"

一句话提醒梦中人,孙权立即召见周瑜。周瑜此时正在鄱阳湖训练水师,听说主公召见,连夜赶了回来。

诸葛亮得知周瑜回来,决定再设计激将周瑜。

周瑜刚一到,鲁肃便把情况都和周瑜讲了一遍,之后便邀诸葛亮相见。诸葛亮想试探一下周瑜,便问道:"周都督,曹军来攻城,不知可有对策?"

周瑜道:"此次曹操率大军,来者不善,他是想灭掉东吴,如果我们和他硬拼,一定会大败,到时候一定会成为曹操的刀下鬼。不如派人和曹操讲和,这样才能保住性命。明天我就去见主公,说明此意!"鲁肃则提出相反意见,二人争论起来。

诸葛亮听着二人争论完之后，说道："鲁肃你也太不识时务了，曹操统率大军，无人能敌，昔日有吕布、袁绍、袁术、刘表等人与他抗衡，如今这些人都被他灭掉。只有我家主公不愿屈居于人下，顽强地与曹操抗衡，不过，人单力孤，必然会成为刀下鬼的，而周都督投降之后，便可以保全妻儿性命，享尽荣华富贵！"

鲁肃大怒："坚决不能投降，怎能让我家主公屈居于人下呢？而且曹操老贼一定会杀了我家主公！"

诸葛亮道："我倒有一计，可以破曹，不过得需要两个人。"

周瑜忙问道："哪两个人呢？"

诸葛亮道："曹操广选天下美女，他听说江东乔公有二女：大乔、小乔，长得貌似天仙，都有沉鱼落雁之容、闭月羞花之貌，曹操一直想得此二女，为此他在漳河新造了一个铜雀台，并做了《铜雀台赋》，表达了他一定要娶二女的志愿。我们不如请乔公将二女献出，那样曹操就会撤军，东吴也就安全了！"

周瑜早已气得满脸通红，大怒道："难道先生不知这二女一个是我妻子，一个是我家主公的嫂子吗？他曹操老贼欺人太甚！"

诸葛亮道："我实在不知道，还请周都督原谅！"

周瑜被激怒，说道："我意已决。明日见主公，愿与左将军共同破曹！"

诸葛亮巧计激孙权、周瑜，最终实现了孙刘联合，共同抗曹。

蒋干中计

周瑜被诸葛亮激怒后，决心联刘抗曹。

孙权得知周瑜来到，第二天一早，便召见周瑜。张昭说道："此次曹操以汉天子名义征伐天下，而且兵精将广，我们不如去求和。"

鲁肃道："我军求和，曹操或许饶我们一命，可主公去求和，只有死路一条，我家主公怎会受此屈辱呢？"

顾雍道："我们兵力弱小，若要抵抗，我江东父老一定又要饱受战争之苦，曹操素来仁德，不会伤害主公的！"

周瑜道:"曹操老贼打着仁义的旗号,其实却是一代奸雄。他号称百万大军,我已派人去核实,只有几十万大军,曹操此次远征犯了许多兵家大忌:第一,北方战况未平,马腾、韩遂虎视眈眈,他一出战,二人必会乘虚而入,曹操两面征战,必会分心;第二,曹军远道而来,我们以逸待劳对他疲劳之师;第三,曹操的兵士大部分是北方人,北方人不习水性,而且对水战很不熟悉,而曹操却依靠舟楫与我们抗衡,拿自己的弱点和我们的长处相抗争,他明显不占优势;第四,这些中原士兵,长久征战,到了这里很多人因水土不服生病,也大大削弱了他的士气;第五,现在是隆冬季节,马匹正缺草料。曹操犯了如此之多的兵家大忌,一定会大败而归。主公不必担心,给我三万精兵,进驻夏口,我与曹操誓不两立!"

周瑜一席话,说得孙权心里非常痛快。孙权心想:大哥在世之时告诉过我,内不明问鲁肃,外不通请周瑜。今日一见,这二位果真是我的左膀右臂,而张昭、顾雍等人只顾家人性命,不足以共谋大事。孙权呼地一下站起,抽出宝剑,将奏案的一角砍掉,说道:"宁可战死,绝不投降,今后谁若再提投降之事,与这个奏案下场相同!"

孙权传下命令:周瑜为大都督,程普为副都督,鲁肃为赞军校尉。周瑜接了命令,带领三万精兵直奔夏口。

曹操大军已经开到江东地带,周瑜刚安营扎寨完毕,曹操便派使者来送战书。封面上写着:"汉大丞相付周都督开拆"。周瑜心想:你曹操老贼,挟天子以令诸侯,我周瑜不听你那一套。于是,周瑜命人将使者杀掉。

曹操得知使者被斩,大怒,心想:你一个小小的周瑜,竟敢斩掉我的使者,历来两国开战不斩来使,你却敢如此放肆,目中无我曹操,我一定要让你知道一下我的厉害。曹操知道北方将士不习水战,便命令荆州投降的将领蔡瑁、张允带领人马前去攻打周瑜。

周瑜怒斩来使,早已做好了开战的准备。他命甘宁为先锋,韩当为左翼,蒋钦为右翼,各带兵马准备迎战。东吴的兵少,但精通水战,曹操的兵虽多,但许多人都不熟悉水战,站在船上,根本站不稳,更不用说交战了,结果曹军大败。

曹操一看自己的人马再多也没有用,便任命蔡瑁、张允二人负责训练水师。周瑜夜探曹营,一看蔡、张二人不仅负责,而且很有办法,心想：不除掉二人，曹军很难被击败。

曹军和周瑜的人马展开了持久战。曹操心想：我是否可以劝降周瑜呢？他召集文武百官说道："周瑜乃东吴大将，如果能降服他，东吴军队将不战而败，谁能去劝降周瑜呢？"

话音刚落，他手下有一个叫蒋干的人站了起来，说道："丞相，我与周瑜从小一起长大，关系甚好，我可以去劝降他！"

曹操将信将疑，但也没有合适的人选，便派蒋干去劝降周瑜。

周瑜一听说蒋干前来，知道他是做说客的，便和手下人做好了安排，只等蒋干中计。

周瑜亲自迎接蒋干，刚一见面，周瑜便说道："你我二人，多年未曾见面，今日不远千里来到江东，一定是替曹操劝降我的，是吧？"

蒋干一听，心中一惊，但马上镇定了下来，说道："周都督，见外了，你我从小亲如兄弟，今日特来看望，只是叙叙旧，绝无他事！"

周瑜一笑，说道："那太好了，今日我们一定一醉方休，里边请！"

周瑜早已安排好了，东吴的良将精英都召集到一起，盛情款待蒋干。

周瑜对大家说："蒋干虽为曹操的手下，但他与我周瑜是同窗好友，此次前来，只是叙旧，而不是为曹操做说客来了。谁要提起有关战争之事，定斩不饶，我们今日相聚，实在难得，大家尽情地喝，一醉方休。"

蒋干一听周瑜这么一说，心中暗暗叫苦，但也没法说什么，只好先静下来喝酒，等待时机。

东吴文武百官对待蒋干十分客气，轮流向他敬酒。蒋干无心喝酒，但为了不扫周瑜的兴，也只好硬撑着。周瑜说道："我自领军以来，从不沾酒，今日故友前来，我们不醉不罢休，歌舞侍候！"边歌边舞，气氛十分活跃，一直喝到天黑，每人都喝得有几分醉意。

喝罢多时，酒席撤下，周瑜对蒋干说："到我们军营去看看。"

蒋干跟随着周瑜一起检阅士兵。士兵们个个盔明甲亮，精神抖擞。他们又参观了粮库，粮草堆积如山。蒋干感叹道："东吴真是兵精粮足啊！"周瑜道："这全是江东的英杰，今日集会于此，共谋大业，这可以叫做'群英会'了。"

参观完粮库,周瑜非常亲切地拉着蒋干的手,对蒋干说:"我们多年未曾见面,今日到我房中同床共眠。"

蒋干心想:总算可以单独与周瑜相处了,我可以利用这个机会将他劝降。他随着周瑜来到了房中,还没来得及说话,只见周瑜衣服也不脱,倒床便睡,一会儿又大吐起来,连续呕吐了几次,终于睡沉了。

蒋干却翻来复去睡不着,心想:我不能白来一趟啊!于是他便开始偷看桌案上的信,最底下有一封信,信面上写着"蔡瑁、张允谨封"。蒋干又惊又喜,连忙偷看,信里写道:"我们本不想降曹,但迫于无奈,我二人愿意投靠周将军,为了表示诚意,我们找机会下手杀了曹操老贼。将其人头献给周将军。"蒋干心想:原来这二人勾结周瑜,要杀害曹丞相啊!

蒋干躺在床上,说什么也睡不着,天快亮了,忽听有人进来。问道:"周都督醒了吗?"周瑜故意装作梦中惊醒的样子,突然问道:"床上睡的是谁?""都督,那不是您的朋友蒋干吗?您昨日喝多了,您不是请蒋干一起同您一床而睡吗?"周瑜道:"我昨日多喝了几杯,不知有没有失言。"那人说道:"江北有人来……"周瑜道:"小点声。"他又叫了几声蒋干,蒋干连忙装睡。

周瑜和那人走到帐外,蒋干悄悄地跟着。那人说:"张、蔡两位都督没来得及下手。"蒋干听到此,赶紧回到床上。周瑜回屋之后,又叫了蒋干几声,蒋干也不搭言。

天刚亮,蒋干立即起身离去,见到曹操把情况一说,又把书信呈上。曹操大怒,便传蔡、张二人来见,问道:"你们准备什么时候进攻?"

蔡瑁道:"水军还没有熟练,不能贸然进军!"曹操道:"等你们练好了,我的脑袋已到了周瑜那里,来人啊,将二人推出去斩了!"

二人不知怎么回事,便被杀了。刚杀了二人,曹操立刻明白中了周瑜的计了。

曹操只好任命经验不丰富的毛玠、于禁为水军都督,继续训练水军。

黄盖苦肉计

曹操知道自己错杀了蔡瑁、张允二人,但他不承认,便对别人说此二人因贻误战机才被处死,这一切却未能逃过大谋士荀攸的眼睛。

荀攸对曹操说:"丞相,我们错杀蔡、张二人,但我们可以将计就计,派人到东吴去诈降。然后里应外合,便可以共破东吴了。"

曹操道:"知我心思者,荀攸也。但不知我军中谁能担此重任呢?"

荀攸说:"丞相,我们刚刚杀了蔡瑁,他的两个弟弟蔡中、蔡和都在我军中,如果派他们两个去投降东吴,周瑜一定不会起疑心,到时候我们就可以里应外合了。"

曹操道:"我错杀了二人的兄长,如果二人真的投降了,怎么办呢?"

荀攸说:"丞相,您虽杀了蔡瑁,但二人并没有怨恨您之意。而且二人忠心耿耿,我们此次只派二人去诈降,而不让他们带着家眷,如果他二人敢背叛我们,就杀了他们的家人。"

曹操立即召见蔡中、蔡和。二人愿意去诈降,乘着小船来到了东吴。

二人一见周瑜,哭诉道:"我哥哥蔡瑁根本没有错,而曹操老贼昏庸无能,杀了我哥哥,我们想替哥哥报仇,特意来投靠周都督,希望您能收留我们,我们好有机会,为哥哥报仇雪恨,杀了曹操老贼。"

周瑜心想:你二人竟敢诈降于我,我何不将计就计。于是他点头答应了二人,又赏给了他们许多钱财,把他们安排在甘宁的手下。周瑜对甘宁说:"此二人没有带家眷,分明是来诈降,我们将计就计,但你要时刻注意二人的行动!"甘宁点头答应。

东吴有一员老将,名叫黄盖,为人忠诚而且有勇有谋。他看到曹军如此之多,又派人来诈降,心想我们为什么不将计就计,也去诈降呢?

于是黄盖求见周瑜,周瑜一看老将军求见,连忙起身相迎。

黄盖为人爽直，见到周瑜，便说道："周都督，曹军兵力占优，我们为何不用火攻呢？"

周瑜道："老将军所想和我一样，刚才我与诸葛亮也商议此事，我们都认为火攻可以大败曹军，但是我军之中没有人能施诈降计啊？"

黄盖道："我愿意！"

周瑜摇了摇头，叹了口气道："老将军，曹操非常奸诈，不受些苦，他是不会相信的，老将军都这么大年纪了，我怕将军难以承受啊？"

黄盖道："周都督，我黄盖身经百战，生死都不怕，还怕受苦不成？主公对我十分尊敬，为了主公，我宁愿不要这条老命了！"

周瑜大为感动，二人商议好了如何演这场"戏"。

第二天，周瑜召集文武百官，甘宁手下的蔡中、蔡和也参加了。周瑜说道："曹军几十万，绵延几百里，我们要准备长久之战！"话音刚落，黄盖站起来，说道："周都督，只守城而不攻，这样下去，一旦曹军水师练好，我们必然做了他的俘虏，还不如现在就投降了曹操呢！"

周瑜一听，大怒，说道："我家主公决定出战，谁敢再提投降二字，立即斩首！"

黄盖也不甘示弱，说道："你分明是贪生怕死，顾及妻儿。我黄盖顶天立地，绝不像你一样畏手畏尾！"

周瑜大怒，道："来人，将黄盖推出去斩首示众！"众将官跪倒，给老将军求情，周瑜这才摆了摆手道："看在众人的面子上，我暂且饶你不死，不过死罪饶过，活罪难免，来人啊，给我打一百大板！"

老将军被打得皮开肉绽、鲜血直流，众人都埋怨周瑜太狠了。周瑜心里也十分难过，但为了大败曹操，也只好如此。

阚泽是黄盖的密友，此人能言善辩，而且很有智谋，他早就看出了这是一条苦肉计。他看望黄盖，二人畅谈至深夜，黄盖让好友去曹营送诈降书。

阚泽能说会道，曹操相信了他的话。但曹操生性多疑，又派人去询问蔡中、蔡和二人。甘宁故意让二人送出话去，他二人告诉曹操，黄盖确实与周瑜闹翻了脸，而且黄盖还受了酷刑。

曹操心想：这次可是真的，你周瑜等着瞧吧，我取你项上人头的日子不远了。他便和阚泽商议好接受投降的方式。

曹操对此事深信不疑,他万万没有想到,这是黄盖的苦肉计。也正因为此,曹操赤壁之战大败而逃,险些全军覆没,自己也险些丢了性命。

赤壁之战

曹操中了黄盖的苦肉计,只等着黄盖前来投降。

周瑜听说曹操中了计,心中大喜。没多久,曹操又中了庞统的连环计。庞统,字凤雏,也是一位三国时期的大谋士,与卧龙先生齐名。庞统骗取了曹操的信任,让曹操把大船小船搭配好,然后用铁环连上,曹操觉得此方法很好,这样就克服了北方士兵不习水战的弱点,走到船上,船不再摇晃了,如平地一样。曹操的谋士虽考虑到这种方法怕火攻,但曹操却认为冬天只刮西北风,而东吴在南岸,他们无法利用火攻,所以仍依计而行。

周瑜得知曹操中了庞统的连环计,心中又一喜,但是火攻需要借助东风。为了此事,周瑜急得病倒了,什么药都不见效。诸葛亮前去探望,周瑜道:"先生助我一臂之力,主公前来催战,我也深觉惭愧,出征许多天,还没有战果,不知先生有何妙计?"

诸葛亮道:"我能有什么妙计呢?不过我倒有一副良药,可以医好都督的病。都督得的是心病,万事俱备,只欠东风。"

周瑜大惊,心想:诸葛亮真乃神人也,我心所想,他都一清二楚。但是周瑜心胸狭窄,对诸葛亮的才能很是嫉妒。

诸葛亮接着说道:"都督,我曾遇过一奇人,从他那学会了奇门遁甲,可以呼风唤雨。"其实这一种说法很不科学,诸葛亮并不是真的会呼风唤雨,只是他上知天文、下晓地理,通过观察气象,得知那天必然会刮东风。诸葛亮"借"完东风,便离开了东吴。

这一天夜里,东南大风突然刮起。周瑜大喜,病一下就好了。但他也因此更加忌恨诸葛亮的才能,派人去杀他,但诸葛亮此时已离开了东吴。

再说黄盖，一见大风刮起，喜出忘外，立即登船准备出发。大船上装满了干柴，又浇上了油。外边用黑布蒙着，插上旗帜。黄盖一声令下，10只大船出航，小船随后而行。船到了江心，黄盖扯起风帆，风越刮越猛，大船如离弦的箭一样，飞速地向曹营驶去。

曹操一看见事先约好的青龙旗，还以为黄盖来投降了呢。他率领文武百官来到江边迎接，身后的众将也高呼："黄盖来投降了！"

黄盖一看快到曹营了，下令把10只大船上的干柴点着，随后跳上了小船。大船上的干柴浇上了油，一会儿就变成了火球，再加上大风，更显出了火威。10只大船直冲曹营。曹军的战船都用铁环相连，无法散开，士兵纷纷而逃，相互践踏，死伤无数。一时间，火光冲天，映红了江面和江岸峭壁，曹操水寨早已变成了火海。

而正在这时，周瑜、程普乘大船直杀曹营，左路是韩当、蒋钦各率一支队伍冲杀过来，右路是周泰、陈武两军。三路大军杀得曹军丢盔弃甲，弃舟登岸，纷纷逃窜。

这就是历史上著名的赤壁之战，孙、刘联手大败曹军。从此，曹操逃到黄河以北，三国鼎立之势逐步形成。

败走华容道

诸葛亮神机妙算，知道周瑜心胸狭窄，嫉妒自己的才能，所以借来东风之后，火速离开了东吴。周瑜派人去捉拿诸葛亮，诸葛亮早已被赵子龙接到夏口去了。

诸葛亮安全来到夏口，他立即调兵遣将准备截杀曹操的残兵败将。诸葛亮确实很有军事才能，他对曹操的性格早也了如指掌，因此准确地判断出曹军的撤兵路线。

诸葛亮拿出第一支令箭，对赵云说："子龙（赵云的字），你带3000人马，渡过大江，埋伏在乌林，曹操大败，只能走此路，当他的军队路过此地时，你不用追杀他，只要在中间放火即可，乌林一带树林和芦苇很多，而且现在十分易燃。曹操人马必然会烧死大半。待他们慌乱之际，你们可以突袭，但不要穷追不舍。"

赵云领命而去，诸葛亮又拿出第二支令箭，看了看张飞，说道："张翼德听令！我命你率3000人马渡过大江，埋伏在葫芦谷口。曹操被赵云火攻，他不敢走南彝陵，一定走北彝陵这条路。曹军到葫芦谷口，一定人困马乏，必然会埋锅造饭。你一看见烟起，就在山边放火，曹军一乱，立即出击，不得有误！"

张飞也领命而去，到下边去清点人马。诸葛亮又拿出第三支令箭，说道："糜竺、糜芳、刘封三人听令！你们各带1000人马，驾船过江，围剿曹军，曹军一路奔波，到了这里，已无心恋战，你们三人只须夺取曹军的器械，将这些败兵活捉！"

这三人也下去了，诸葛亮又拿起第四支令箭，说道："刘琦听令！武昌这一关非常重要，曹军到了这里，已经精疲力竭，你埋伏在此，曹军一旦到达，立即出兵，生擒败兵！"

刘琦知道任务很重要，立即下去做准备。诸葛亮又拿起了第五支令箭，在大将中察看，但目光根本不停留在关羽身上。

关羽有些耐不住了，许多员大将都领令而去，军师却不用自己。关羽道："军师，我关羽为何弃而不用呢？我自从随我兄长征战以来，从来没有被弃用过，我不敢说战无不胜，但也身经百战，有些作战经验，不知军师不用我，是何意？"

诸葛亮心想：这一关非常重要，只有派关羽去，才可以截杀曹操，但关羽讲义气，我得先激怒他。于是诸葛亮道："云长啊，我本来有一个重要的关口想让你把守，但我有些顾虑，所以不敢用你！"

关羽道："军师，什么顾虑，快快讲来！"

诸葛亮道："想当年，你被围困城中，曹操待你恩重如山，对你如上宾，而你又很看重情义，曹操兵败，会走华容道，我想让你去把守，但又怕你心慈手软，放过曹操老贼，所以我没让你去！"

关羽道："军师多虑了，曹操当年确实对我有恩，但我已事先声明，我会给他立下战功再走，后来我连斩颜良、文丑两员袁绍大将，又帮他解了白马之围，我已经报答他了，才离开了他。今日我怎么还会放过他呢？"

诸葛亮道："如果你放过他呢？"

关羽道："愿立军令状，按军法处治！"

诸葛亮道："好！笔墨纸砚侍候！"军令状的内容就是：如果关羽

放走曹操，定斩不饶。

诸葛亮又说道："曹操生性多疑，你可以在华容道的小道和高山峡谷的地方，堆积一些柴草，然后点燃，曹操一见烟火必然会走华容道，到时候，你提着他的人头来见我！"

关羽有些不明白，忙问道："军师，曹操也懂得兵法，他见有烟火，一定会知道有埋伏，所以他会走大道的！"

诸葛亮道："别人可能不走华容道，但曹操熟读兵书，善于用兵，他懂得虚虚实实的道理，一看见烟火，他会认为这是虚张声势，他必然会走华容道。"

曹营被黄盖的火船烧毁，军营大乱，幸亏张辽用小船将曹操救出，毛玠带领着几百人马杀出重围。曹操仰天长叹："天不助我也，为什么刮东风？"但曹操不愧为杰出的军事家，他马上镇定下来，对众将士说道："南彝陵不能走，那里有东吴的人马，我们只能走北彝陵！"一声令下，大家向北彝陵走去，但曹操道高一尺，诸葛亮魔高一丈。

曹操带领人马，来到了乌林。一看这里地势险要、杂草丛生，曹操一阵大笑，众位将领不知怎么回事，心想：丞相是不是被打糊涂了，打了败仗，反而还大笑。大将毛玠问道："丞相，您为什么大笑呢？"曹操道："诸葛亮、周瑜二人合起来，还不如老夫我。如果换成我，我一定在此埋伏一支人马！"话音未落，只见杂草和树干全都着了，火光冲天，曹军被烧死无数。正在这时，从路边杀出一支人马，为首的一员大将不是别人，正是赵云，他大喝一声："我乃赵子龙，奉我家军师命令，在此等候多时了，尔等拿命来。"曹操深知赵云的厉害，派了两员大将徐晃、张郃和赵云战在一起，自己带着人马匆匆逃走。赵云所带人马追杀了一阵，也回来了。

天已经亮了，突然下起了雨。那时候天气寒冷，士兵们又困又累又冷，实在走不动了，便在葫芦谷口附近安营扎寨，埋锅做饭，又从附近村民那里抢来了粮食。士兵们脱去了湿衣服用火烤，战马也跑累了，浑身是汗水和雨水，士兵们卸下马鞍子，让它们去吃草了。曹操问将领："此地叫什么？"有认识这地方的士兵道："丞相，这里叫葫芦谷。"曹操大笑道："诸葛亮、周瑜也不过如此，要是我，一定在此埋伏一支人马，这里的地势太险要了，真像个葫芦口，有一夫当关万夫莫开之势！"曹操正和士兵说着，只见山边起火，一支人马拦住了去路，为首一员大将，也使一杆长枪，大喝一声："我乃张飞是也，曹操留下你的人头再走！"说着，张飞带领人马杀了上来。

曹操的人马没有准备，只好仓促应战，两军打在了一起。曹操一看，大势不好，赶紧带着人马逃跑。张飞在后面又是一通追杀。

曹操从张飞手下逃了出来，一看人马损失惨重。正走着，前面忽然出现了两条路。曹操一看小路上起了烟火，而大路静悄悄的，便大笑道："诸葛亮又来迷惑我，兵书上说'虚则实，实则虚'，他是故意在小路上放烟火，使我们不敢走这条路，我们就走这条华容道！"

正说着，一员大将手执大刀拦住了去路，正是关羽。曹操一见关羽，催马上前道："关将军，我大败而归，你看在往日的情面上，放我一条生路吧！"关羽不答应。但曹操一再苦求，关羽便动了恻隐之心，想起往日曹操的恩情，一声令下："让开道路！"曹操这才得以生还。

关羽空手而归，军师大怒，命人将其斩首。刘备立即求情，说道："当初我们三兄弟结拜之时，曾说过'不求同年同月同日生，但求同年同月同日死'，如果军师非要治罪，请将我一并斩首！"诸葛亮只好作罢。

曹操赤壁之战大败而逃，又败走华容道，从此以后，再也不敢轻易南下了。

刘备娶亲

曹操败走华容道，诸葛亮设下了几处伏兵，结果大败曹操，缴获了不少兵器，还收编了许多降兵。诸葛亮乘机四处扩张领土。

诸葛亮派赵云攻打桂阳郡，桂阳郡太守不是对手，献城投降。

张飞奉命攻打武陵，围城数日，武陵不攻自破。

关羽放走曹操，刘备求情，才免一死，这次戴罪出征，英勇异常，一口气平了长沙郡，收降了黄忠、魏延等一大批猛将，立下了赫赫战功。

刘备派人去驻守这些郡，之后带兵回荆州。由于赤壁之战诸葛亮神机妙算，刘备又仁义，所以贤良人士纷纷归附。刘备的声势大增，这可吓坏了东吴的将领。

虽然火烧赤壁，周瑜、黄盖立下汗马功劳，但是孙权十分佩服诸葛亮的才能，黄盖也是如此，只有周瑜嫉妒。他们都知道刘备手下有几员大将，关羽、张飞、赵云这几个人能顶得上几千人马，再加上诸葛亮足智多谋，刘备的势力扶摇直上，长此以往，必然会威胁到东吴。

周瑜对孙权说："主公，刘备四处扩张，野心勃勃，我们要趁他还不是太强大之时，要回荆州，否则他势力强大之时，我们想要回荆州就难了，到时候，我们将悔之晚矣！"

孙权说道："公瑾，荆州如今被刘琦占据，我们也答应了他们，只有刘琦去世，才能收回荆州。"

周瑜道："主公，我听说刘琦如今病重，生命垂危。我们要时刻注意他的情况，一旦刘琦去世，我们即刻收回荆州，以免节外生枝。"

没多久，驻守襄阳的刘琦病死，这个消息可让周瑜高兴坏了。他想：我们马上可以收回荆州了。

周瑜立即把这一消息报告给孙权，孙权派鲁肃前去荆州，以吊丧为名，其实是索要荆州。

到了荆州，鲁肃礼节性地吊丧完毕之后，见了刘备、诸葛亮等人。鲁肃对刘备说道："皇叔，如今刘琦已亡，按照约定，我们应收回荆州，还请皇叔答应。"

刘备一时语塞，不知说什么。诸葛亮道："我家主公还没有攻打下别的城池，你家主公让我们现在归还荆州，我们到哪里去呢？这分明是不合理的要求，我家主公一向诚实守信，一旦我们有了别的城池，立即会将荆州归还你们。"

鲁肃一听。说道："周都督在来之前，再三叮嘱我，无论如何要得到荆州，如果你们不答应，他将率兵前来攻打。"

刘备一听，有些心惊。诸葛亮接着说道："一个小小的周瑜，算得了什么？想当初曹操率百万大军前来，我们都不惧怕，回去告诉周瑜，我们随时奉陪。当然啦，我们都不愿意看到双方再动干戈，那样曹操老贼很可能坐收渔利，我们不如和睦相处，我家主公看在孙将军和你的面子上，不和周瑜计较，我们可以写个文书，签字画押，答应你们如果再攻占了别的城池，立即归还荆州。"鲁肃也没有别的办法，

· 403 ·

只好答应了。

鲁肃回来交差,周瑜一听,气坏了,说道:"那诸葛亮乃是缓兵之计,他根本不会归还荆州的!"

又过了一些日子,周瑜听说刘备的夫人去世了,心想:我们何不利用这个机会夺回荆州呢!想到此,他便去见孙权。

周瑜道:"主公,刘备丧妻,必将续娶。您的小妹,文武双全。我们可以将刘备骗来相亲,然后将他囚禁起来,那时候,诸葛亮为了保住刘备的性命,必然会拿荆州来换。"

孙权点了点头,不过有些顾虑,因为只有这一个妹妹,而且母亲十分疼爱她,但为了夺回荆州,也只好如此了。于是,孙权派吕范去荆州说媒。

吕范见到刘备,说道:"我听说你最近没了夫人,我代表我主公向你表示慰问。我家主公有一个小妹,还没有出嫁,貌若天仙,而且端庄贤惠,不知你是否愿意娶我家主公的小妹为妻,如果你们两家成了亲,曹操就不敢再来侵犯了。但是国太吴夫人舍不得自己的女儿远嫁,所以你要到东吴完婚。完婚之后,你们夫妻二人便可回到荆州。"

刘备知道这里边有圈套,没有立时答应,而是找到诸葛亮。诸葛亮一听,便知道这是周瑜的计策,对刘备说道:"主公,我们将计就计,你就答应他!"

诸葛亮知道此次前去有一定风险,便叫来赵云,对他说:"此次你带500精兵前去东吴,一定要保证主公的安全,我有三个锦囊妙计,你按上面说的去做就行了。"

刚一上岸,赵云便打开了第一个锦囊,上面写着"拜见乔国老"。众人随着刘备去拜见乔国老,士兵们带着许多礼物,而且故意让城中人都知道吕范为媒,刘备要娶孙权的妹妹。乔国老拜见吴国太,吴国太也听说了此事,气得直骂孙权和周瑜,竟敢用自己的女儿来骗刘备。但是事到如今,满城风雨,不招刘备为婿,定会有损女儿的名声,于是吴国太接见了刘备。一看刘备气宇非凡,吴国太就喜欢上了刘备。

周瑜、孙权弄巧成拙,非常气愤。周瑜写信告诉孙权,要让刘备只知饮酒作乐,从而与其他将领产生隔阂。刘备果然中计,乐不思蜀。

赵云到了年底,才想起了锦囊妙计,立刻打开第二条,上面写着:速回荆州。赵云赶忙去见刘备,说道:"主公,曹军50万杀向荆州,荆州告急,请你速回!"

孙权的妹妹孙夫人和刘备二人感情很好。孙夫人知道她哥哥想暗害刘备,便对母亲说:"我哥哥心怀鬼胎,我夫妇二人想回荆州,但不能让哥哥知道。"吴国太点头答应。

赵云带着那500精兵,保护着刘备和孙夫人悄悄离开了。

孙权得知后,大怒,立即下令:"蒋钦、周泰,你们率3000人马将我妹妹和刘备抓来。"程普道:"郡主深受国太宠爱,恐怕没有人敢得罪她啊!"

孙权立即将自己的宝剑交给蒋、周二将,说道:"取了他们的人头,我去向母亲请罪!"

刘备一行人正快马加鞭,突然被徐盛和丁奉二人截住。孙夫人大声喝道:"你们反了不成,难道不认识本郡主不成,我母亲已同意我离开,你们哪个敢过来?"众人一想:主公是孝子,不敢惹母亲生气,既然老夫人发了话,就让他们走吧!

蒋、周二人根本没有追上,刘备等人早已上了诸葛亮安排好的大船。正在这时,周瑜率人乘船赶到。诸葛亮早有安排,刘备弃船登岸,周瑜等人紧追不舍。突然间,关羽、黄忠各率人马大败吴军。

赵云打开第三条锦囊,立刻让士兵高喊:"周郎妙计安天下,赔了夫人又折兵。"周瑜气得昏了过去。

刘备娶到了孙夫人,又大败了吴军,自然也没有归还荆州。

气死周瑜

东吴水军都督周瑜,有勇有谋,自从跟随孙策打天下,南征北战,为东吴的建立立下了汗马功劳。但周瑜心胸狭窄、嫉贤妒能,也因此毁了自己的一生。

自从诸葛亮来到东吴,周瑜的每一步计划都被诸葛亮看透,因此十分嫉妒诸葛亮。自从诸葛亮草船借箭,周瑜便气得想杀了诸葛亮,但由于曹操率军前来攻打东吴,大敌当前,才没有下手杀诸葛亮。

后来周瑜想用火烧毁曹营,因为没有东风而急的病倒了。诸葛亮去看望周瑜，一句话就说中了周瑜的心病，"万事俱备，只欠东风"。周瑜觉得诸葛亮的才能比自己高，更加坚定了除掉诸葛亮的决心。周瑜派人去杀诸葛亮，哪知道诸葛亮早已安全地离开了，周瑜气得险些跌倒在地。

后来周瑜为了将荆州夺回来，将刘备骗去娶亲，诸葛亮给赵云三条锦囊妙计，结果周瑜、孙权是"赔了夫人又折兵"。周瑜因生气加旧伤复发昏死过去，经众人抢救，才醒了过来。大叫道："大耳贼诸葛亮，我绝不罢休！"

孙权得知自己的妹妹和刘备已逃走，而周瑜又被打败，非常气愤。立即任命程普为都督，准备起兵攻打荆州。孙权说："大耳贼刘备欺人太甚，娶了我妹妹，又打了我的士兵，还不还荆州，真是岂有此理，看来不动用武力是不能解决问题啊！"

正在这时，张昭说道："主公，请莫要动怒，那曹操老贼虽败走华容道，但如今又重新整编军队，手下又有几十万大军，虎视眈眈地看着我们江东。一旦我们和刘备闹翻了，他必然会出兵攻打我们。现在他之所以不敢轻易出兵，一是因为赤壁之战，他大伤元气；二是因为我们和刘备联合，他才不敢轻举妄动。如果您一时动怒，伤了两家的和气，曹操若再乘机勾结刘备，那么我们东吴便不安全了。主公先冷静下来，派心腹用反间计，使曹刘互相残杀，我们坐山观虎斗，不论谁取胜，都会大伤元气，我们可以乘机夺回荆州，还可以横扫天下、统一中原。"

孙权本来对张昭无好感，但觉得张昭的话也有道理，便点头答应了。孙权派华歆出使曹营。

华歆对曹操说："丞相，我家主公特派我来推荐刘备为荆州牧，汉上九郡的地方都归刘备所有，希望丞相能答应！"

曹操心想：你孙权想使用反间计，让我和刘备产生矛盾，你却坐山观虎斗，我何不将计就计，让你和刘备相互争斗呢！于是曹操派人重赏了华歆，又将他留在朝廷中重用。接着曹操又传下令：封周瑜为南郡太守，程普为江夏太守。曹操知道周瑜对诸葛亮恨之入骨，对刘备也是如此，他若一上任，必然会起兵攻打刘备。

刘备在荆州得知孙权派人到曹操那里推荐自己为荆州牧，便与诸葛亮议论此事。诸葛亮说："主公，孙权是想让您安心占有荆州，趁您不注意再攻打荆州,而曹操也害怕您拥有荆州,必然与您为敌!"

刘备一听,大惊,忙问道:"军师,我们怎么办呢?"

诸葛亮胸有成竹地答道:"主公莫急,孙权之计早已被曹操识破,所以曹操借刀杀人,任命周瑜为南郡太守,程普为江夏太守。我们不用防备曹操,只要防备周瑜即可!"

果然不出曹操、诸葛亮所料,周瑜刚上任,便上书孙权,命鲁肃前去讨伐荆州。

刘备早已做好了准备。诸葛亮说:"主公,对付鲁肃,不用兵卒,只要您让他感动即可。那鲁肃宽厚仁慈,一定会撤兵的。"

鲁肃前来攻打荆州,刘备来到两军阵前。鲁肃道:"我奉我家主公之命,特来讨回荆州,如若不还,我们将举兵攻城!"

刘备听后,十分痛苦,不禁泪流满面,边哭边说道:"请你回去多多美言几句,再给我几日时间。我只是不忍心攻打西川,西川王乃是刘璋,与我都是汉室骨肉,我不忍心互相残杀,再等一些时日,只要我得了西川,立刻把荆州还给孙将军。"鲁肃确实仁厚,立即撤兵。

周瑜得知鲁肃没有攻城就回来了,十分生气。对鲁肃说道:"你又中了孔明的计策,那刘备对刘表都有吞并之心,何况刘璋呢?他只不过是不想还给我们荆州而已。既然他这么说,我们也可以将计就计,既然他不忍心攻打刘璋,我们替他打,对刘备说打下了西川,我们把西川给他,让他把荆州还给我们。刘备一定以为我们是真的攻打西川呢,到时候,我们乘他不注意,攻打荆州。但是我们的人马路过荆州时,要向刘备索要钱财粮草,刘备必然会前去慰问,到时候找机会杀了他。"

鲁肃也觉得此计可行,便前去荆州,对刘备说:"我家主公想替您打下西川,但是您应给我们一些钱财和粮草,到时候把西川打下来,您再把荆州还给我们。"诸葛亮一听,便知道这是周瑜的小计策。他对鲁肃说:"这样太好了,等你们军队前去攻打西川的时候,我家主公一定前去慰劳!"

周瑜一听鲁肃所述,十分高兴,大笑道:"你诸葛亮也有今日,我一定亲手杀了你!"

诸葛亮早就看穿了周瑜的计策,做好了应敌的准备。

周瑜率5万大军,准备一举消灭刘备,夺回荆州。他派甘宁为先锋，吕蒙为后队，大军浩浩荡荡直奔荆州而来。可一路之上，静悄悄的，前锋已到夏口，还没有人来迎接。周瑜心想：莫非刘备老贼已知我的计策，不会的，要是知道的话，他早就派兵镇守了。又向前行，周瑜从江上来到荆州城下，仍不见刘备前来慰问，正在这时，城墙上有人高喊："周瑜，你跑不了，我家军师早已看穿了你的计谋！"

周瑜一听，大吃一惊，心想：这一下可完了。想攻城，一看城门紧闭，又有赵云率精兵把守。周瑜大叫："诸葛亮！你……你……真是气煞我了，我与你誓不两立！"周瑜知道已经中了诸葛亮的计，立即下令："火速撤兵！"

但已经晚了，诸葛亮布下四路大军，将吴兵团团包围。大刀关羽率5000精兵从江陵杀来；猛张飞也率5000精兵从秭归杀了过来；黄忠从公安率1万精兵杀了过来；魏延从屠陵小路率5万精兵冲杀过来。几万人马喊声、杀声震耳欲聋。士兵们高喊："活捉周瑜！"周瑜气得大叫，箭疮一下子就裂开了，鲜血直流。这时有人报告："刘备、孔明正在军营之中饮酒。"周瑜气得口吐鲜血，仰天长叹道："既生瑜，何生亮！"说罢，他又连吐数口鲜血而死，年仅36岁。

周瑜心胸狭窄，被诸葛亮活活气死。如果周瑜不是年轻气盛，而是虚心学习，不仅不致于因气伤了自己的身体，而且会从诸葛亮那里学会好多东西。俗话说"气煞人"，看来气的确能"杀"人！

为父报仇

庞统，字凤雏，是三国时期著名的谋士，与卧龙齐名，时人称："卧龙、凤雏得其一者必得天下。"

鲁肃得知凤雏先生上知天文，下晓地理，满腹经纶，便想把凤雏推荐给孙权。

一日，鲁肃见到孙权，对孙权说："主公，自从周将军去世，我奉命接替他，深感力不从心。我向您推荐一位旷世奇才，此人性格有些古怪，但足智多谋，有他辅佐主公，必成大业！"

孙权很高兴，他也对庞统早有耳闻，当初赤壁之战，就是庞统的连环计，才使曹操把战船用铁环相连，最终火烧曹营。孙权向来礼贤下士，可一见庞统其貌不扬，而且十分傲慢，有些不满，便问道："不知您的才学能否抵得上周将军？"

庞统一听，心想孙权目中无人，而且明显轻视自己，便答道："无法与周将军相比！"

孙权也不知他说的什么意思，是庞统才学很高，周瑜无法与他相比，还是他的学问比不上周瑜，但见此人如此高傲，也就没有再理睬。鲁肃心想：一旦失去此人，比周公瑾之死损失还大！

庞统知道孙权不会重用自己，无论鲁肃怎么挽留，还是离开了东吴。他听说刘备胸怀大志，而且礼贤下士，曾三顾茅庐请卧龙，对人才十分重视，便来投奔刘备。

刘备不知此人才能有多大，便让他做阳县县令。庞统心想：刘备也是有眼不识泰山，我一定要让他知道我的才能。庞统到了阳县，整日饮酒，从不过问县衙之事。后来庞统手下的人反映到刘备那里，说新来的县令对县衙之事不闻不问，已有100余天，案卷已有三尺高。

刘备一听，心中很不高兴，心想：庞统，你也太不识抬举了。你如果真有才学，我可以重用你，但你得拿出本领来让我看看啊！想当初，我三请孔明先生，孔明先生把天下形势分析得十分透彻，而你见到我却一语不发，我怎么能够知道你有没有才学呢？于是刘备派孙乾去巡视。

庞统早已预料到刘备会派人来巡视，所以他手中批卷，耳中听着陈诉，立即断案。每个案件处理得都十分公正，分毫不差，100多天的案子，不到一天便处理完毕。孙乾一看，大吃一惊，心想：此乃神人也。他立即将此事报告给刘备。刘备一听，十分吃惊，心想：庞统果然有才能，他一定是怪我没有重用他。

刘备亲自到阳县，见到庞统，对他说："凤雏先生，我有怠慢之处，请多多原谅。我想请先生与我回到军营之中，共谋大业！"

庞统见刘备确实是一位明主，知错必改，而且志向很高、礼贤下士，便答应了。刘备封他为副军师中郎将，与孔明共同谋划军事策略。

这个消息传到了曹操那里，可把曹操吓坏了。他虽然恨庞统使自己中了连环计，但他知道此人很不简单。刘备得到此人真是如虎添翼，本来刘备那里就人才济济，如今又得了庞统，早晚会北伐攻打自己。

于是曹操召集群臣，大谋士荀攸说："丞相，刘备野心勃勃，如今又得庞统，我们要趁他没有强大起来，先攻孙权，然后挥师伐荆，消灭刘备。"

曹操道："此话正合我意，但是马腾有几万兵马，一旦我们远征，他若乘虚而入，断了我们的后路，怎么办呢？"

荀攸道："丞相，不必多虑，马腾有勇无谋，我们可以招降马腾为征南将军。马腾也怕我们灭掉他，所以他一定会来京师，到时候我们不费一兵一卒就可以灭掉他，这样就解除了我们的后顾之忧，我们就可以出兵攻打孙、刘了。"

曹操一听，大喜，说道："就依你的计策去办！"他立即派人去招降马腾。

马腾乃一猛士，有勇无谋，不知曹操设计，便亲自率领5000人来投降曹操。哪知道，西凉人马刚一到城下，许褚、徐晃等大将就率领几万人马将其包围，马腾与儿子马休被俘。曹操立即下令：追杀马岱。马岱负责在后接应，刚到半路就听说曹操俘虏了马腾，又前来追杀自己，知道自己不是曹军的对手，便连夜逃跑，准备等待时机，找曹操报仇。

曹操除了后患，决心南征，谋士荀攸说："丞相，我们先攻打孙权，孙权一定会向刘备求救，而刘备正准备攻打西川，没有心思去解救，到时候我们就可以占领江东了！"

曹操亲自带领30万大军直奔江东。

孙权得知曹操率领几十万大军来攻打江东，十分惊慌，便找来鲁肃商议。鲁肃道："主公，曹操已解除了后顾之忧，此次来者不善，单靠我们的实力，很难与他们抗衡，我们可以继续联合刘备，这样，曹军就不敢轻举妄动了！"

孙权道："如今，我们与刘备关系不好，而且他要出兵攻打西川，还会顾及我们吗？"

鲁肃道："刘备虽有野心，但此人忠厚仁义，况且他知道曹操如果灭了江东，一定会继续征伐荆州，我们和他们是唇齿的关系，他不会袖手旁观的！"

鲁肃来到荆州，和刘备说了此事，求刘备共同抵抗曹操老贼。刘备找到军师孔明、副军师庞统商议此事。庞统说："曹军虽直指江东，但如果取胜,一定会攻打我们荆州。我们应该联合孙权共同抗曹。"诸葛亮说:"我们可以不出兵,江南也可以不出兵,只要主公给马超写一封信,让他乘机攻打许昌,曹操就不敢出兵。"马超是马腾的儿子,自从父亲被杀,便下定决心为父亲报仇,只是一直没有机会。

刘备一听,立即给马超写了一封信。马超收到信后,大喜,心想:曹操老贼,我非取了你的颈上人头为父报仇祭灵。

马超立即集合西凉人马,逃跑的马岱也回来了,二人率领人马直奔曹营,半路上,马腾的结拜兄弟韩遂也派兵增援。20万大军,浩浩荡荡,来到长安城。马超将长安城围困了十几天,最后不攻自破。马超休整了一下军队,继续前进。

这一日,西凉人马来到潼关。曹操知道西凉人马为复仇而来,士气正旺,所以派了两员大将曹洪、徐晃带领1万人马火速支援。但是曹军根本无法抵抗西凉人马,没过几日,潼关失守。

曹操早已没有了南下的打算,只好亲自率领大军直奔潼关。西凉人听说曹操来了,都杀红了眼,个个英猛无比,曹军大败。西凉人岂能放过曹军,在马超的带领下,紧追不舍。曹操一看大势不好,立即命于禁、张郃、李通在后堵截。那马超为父报仇心切,几个回合枪挑于禁,没用上20个回合,张郃那么高的武功也败走。李通自知不是对手,但没有办法,只好勉强作战,没过几个回合,被马超挑落马下。

曹操在曹洪、徐晃等人的保护下才逃脱了西凉人马的追杀。

马超为父报仇,虽没有杀了曹操,但也杀死了无数曹兵。马超伐曹,使曹操不敢南下攻打江东了。

反间计大败马超

马超为了给父亲报仇雪恨,率领20万西凉人马大败曹操,连斩曹操数员战将,曹操也险些丢了性命。

曹操逃回营中,重新整编队伍,再次出击,双方展开了激战。两支队伍不分上下,打得难解难分。曹操知道长期这样战下去,自己的力量必然会受到削弱,很可能失去争夺天下的机会。他知道擒贼先擒王，只要捉到了马超，西凉兵就会四处奔逃。于是他派出自己手下最勇猛的大将许褚与马超会战。许褚跟随曹操行军打仗以来，不敢说战无不胜、攻无不克，但也鲜有败绩。一到危急时刻，他便会突发神威。曹操赤壁之战兵败之时就多亏了大将许褚，才得以逃脱。曹操十分爱惜自己的这员大将，平时不让他出战，怕他有个闪失。如今一看马超如此厉害，只好打出这张王牌。

马超前来挑战，许褚穿戴整齐，手拿大刀，杀了出来。二人并不搭话，战在一处，刀来枪往，打了几百回合不分胜负。马超的大枪似银蛇上下翻飞，许褚的大刀呼呼挂风，左砍右杀。二人战罢多时，累得汗水直淌，战马也累得呼呼直喘。马超使出了马家绝枪，直刺许褚心窝。曹操一闭眼，心想：我的爱将，性命难保！哪知道，就在这千钧一发之际，许褚扔下大刀，身子一闪，一把抓住了枪杆。二人在马上较开了劲，许褚不松手，谁也夺不过去，这样足足有3分钟，突然只听一声脆响，枪杆被拗断，两匹战马都后退了好几步。二人稳住了战马，又各拿半截兵器战在一处，仍是不分输赢。两边的士兵都看傻了眼，擂鼓助威的士兵把臂膀都累酸了。曹操也捏了一把汗，唯恐许褚受伤。他一看二人继续打下去，也很难分出胜负，便命令夏侯渊、曹洪上阵换下许褚。哪知马岱、庞德指挥铁骑兵杀了过来，十分英勇，曹军一阵大乱，许褚胳膊上中了一箭，仍和马超厮杀。夏侯渊赶紧上前迎战马超，许褚脱身而逃。夏侯渊打了几十回合，根本不是马超的对手，也虚晃了一招，掉转马头就跑，马超随后紧追不舍，曹操命令弓箭手射箭，才挡住了马超带领的西凉军的进攻。

曹操得知许褚受伤，亲自看望。回到营中，曹操闷闷不乐，既有大将受伤，又损失了大半兵马。谋士荀攸看出了曹操心事，对曹操说："丞相，不必伤心，我们可以派一员大将带领一部分人马渡过大河，到河西安营扎寨。我们从东边攻打他们，前后夹击，那样马超腹背受敌，我们可以将其打败。"

曹操依计而行，命令徐晃带领3万精兵，在深夜悄悄渡过大河，在河西安营扎寨。

第二天又开战，马超前后受敌，有些支持不住，便收兵守寨，不再出战。马超找到韩遂，说道："如今我们前后都有曹军，今日一开战，便败下阵来，我们怎么才能破敌呢？"韩遂道："报仇不在于明日,我们可以长期准备,来日方长,等待战机。"李堪也说道:"主公,我们不如先割地求和,等到我们兵多将广之时,再取老贼的人头不晚。"

马超点头答应,便派杨秋、侯选为使者,到曹营去下书。曹操心想:机会来了,我可以假装答应,然后使用反间计,让马、韩二人相互残杀,之后我再举兵将他们一网打尽。于是曹操对杨秋、侯选二人说道:"我答应你们,明日便撤兵,把河西的地方还给你们。"

杨、侯二人很高兴,回到营中交差。第二天曹操派人搭浮桥,故意慢慢地搭。马超看后,产生了疑心,心想:曹操是不是佯装退兵啊?他找到韩遂,说道:"曹操虽然答应撤兵,但他行动缓慢,好像又不想退兵,我们还要提防他。我对付徐晃,你对付曹操,以防万一。"

第二天,韩遂带领一部分人马,在大寨外边巡营。只见曹操一人骑着马过来,对韩遂说:"韩将军,请过来一叙。"韩遂便骑马过来,二人谈了很长时间,但没有谈及军事之事。

有人将韩遂与曹操会谈之事报告了马超。马超这个人生性多疑,他怀疑韩遂与曹操串通。当天夜里他找到韩遂,对韩遂说:"今天你和曹操谈了什么?"韩遂也没有隐瞒,说道:"随便聊了几句,没谈什么正经事。"马超仍不相信,说道:"明天你去对付徐晃,我去对付曹操!"韩遂也没有多想,便点头答应了。

第二天,马超带领士兵巡营,曹军根本无人过来。

曹操一看马超来巡营,心中大喜,心想:马超已经起了疑心。这时,谋士贾诩说道:"丞相,马超已起疑心,我们可以再施一计,让马超与韩遂闹翻脸。您写一封信给韩遂,故意让马超知道,马超疑心会大增。"曹操立即给韩遂写了一封信,信中所说全是无关紧要的事。

马超得知此事,疑心更大,心想:韩遂真要是串通曹操,我得小心谨慎为妙。

韩遂带领杨秋、马玩、侯选、梁兴、李堪五将出去巡营,马超对韩遂起了疑心,便悄悄跟随。曹操一看此景,立即派曹洪骑马过去。见到韩遂,曹洪说:"就按信中所说去做!"韩遂还没有明白怎么回事,曹洪已经离开了。而身后偷听的马超大怒,举枪便刺,幸亏有五员大将在此,才将马超劝下。

杨秋对韩遂说:"主公,曹操虽一时不能取胜,但统一天下只是时间早晚的事,我们不如投降了曹操,一是可以谋个职位,二是可以避免与马超闹翻脸!"

韩遂道:"我与马腾是结拜兄弟,我怎么会背叛他呢,他这个人太不讲情义了!"

侯选道:"主公,他不仁,我们就不义,如果继续与马超在一起,不但杀不了曹操,还得把命丢了,但不是死在曹操手中,而是死在马超的枪下。"

韩遂下定决心投靠曹操,立即派侯选前去曹营通报此事。曹操得知韩遂要投降,心中大喜,心想:我许多年以来,出征总不放心,唯恐袁绍等人乘虚而入,如今这些人被我消灭,韩遂、马超又对我构成威胁。如果我能收降韩遂,马超的20万大军有一半是韩遂的,马超也就不足为患了,我们里应外合,一定能够大败马超,也就除去了我的后顾之忧。曹操告诉侯选:"回去告诉韩将军,我愿意封他为西凉侯、杨秋为西凉太守,其余人也都有官爵,我们三更之时,放火为信号,到时候,里应外合,活捉马超。"侯选非常高兴地回去了。

但马超早已派人监视着韩遂等人,一看见侯选从曹营回来,立即将他捉住,严刑拷打,侯选不得不说了出来。马超大怒,带着马岱直奔韩遂帐中,韩遂几个人正在等侯选回话,一见马超带领将士前来,知道计划泄露,各拿兵刃。马超气得大叫,骂道:"韩遂,你表面一套,背后一套,你想出卖我,给我拿命来!"韩遂知道解释也没有用,只好迎战马超。马超何等勇猛,一枪挑死梁兴,又回枪刺死马玩。韩遂被其他人保着逃出了军营。曹操一看马超和韩遂已打了起来,立即派兵前来,结果马超大败,带领几十人逃跑了。

曹操使用反间计,大败马超,收复了长安、潼关,不仅消除了后顾之忧,而且威名大振。

仁义得西蜀

西川刘璋不求进取,只知死守自己的地盘,他以为这样就可以躲避战乱。三国时期,诸侯争战此起彼伏,张鲁知道自己的实力与曹操无法相比，和孙权、刘备相比也稍逊一筹，因此他不敢轻易出兵攻打这些地方。他看到西川刘璋软弱无能，心想：我只有灭了他，才能与孙权、刘备相抗衡，我不如先派兵攻打他。

刘璋胆小怕事，听说张鲁要出兵攻打西川，早已吓得六神无主，慌忙召集群臣商议对策。有人主张投降，有人建议请求刘备前来帮忙，刘璋也没有了主意。这时益州别驾张松说道："主公投降张鲁，万万不可。张鲁心胸狭窄，投降于他，他必然会对您下毒手。我觉得曹操挟天下以令诸侯，横扫中原，打败吕布、袁绍、袁术，又大败马超，收降韩遂，虽然赤壁之战，损伤一些战将，但士气早已回升，拥有精兵几十万，大将几千人。张鲁对待曹操毕恭毕敬，从不敢触犯曹操的利益。如果主公多备厚礼，我去许都劝说曹操攻打张鲁，那样张鲁受到威胁，也就无心攻打我们了。"刘璋一听，十分高兴，觉得此计可行，便立即命人准备了许多金银珠宝，让张松带着前去见曹操。

张松为什么要去见曹操呢？他认为曹操实力最强，迟早有一天，会举兵灭掉西川，他想趁此机会，给曹操留下好印象。他还偷偷地画了一张西川的地理形势图，准备献给曹操。他想：曹操如果得到此张地图，一定非常高兴，将来若真的攻打西川，不但不会伤害自己，或许还会给自己一个小官做。

张松很高兴地到了许都，把来意一说，大臣们把东西收下了，把张松安置下来，对他说："丞相最近比较忙，你先住下来，什么时候丞相有时间了，什么时候就接见你！"

张松本以为曹操会非常热情地接见自己，没想到他对自己会如此无礼，心想：西川的地理形势图我不能交给他，如果给了他，他待我也不会客气的。张松为了见到曹操，只好耐着性子等。到了第三天，张松实在等不下去，对士卫说："给曹丞相捎个话，他对我如此无礼，说明他瞧不起弱小的诸侯国，我家主公刘璋兵力远不及丞相，但是丞相为了统一天下，怎能如此傲慢无礼呢？得人心者得天下，丞相照这样下去，将会失去人心啊！"

曹操这才接见了张松。曹操见此人其貌不扬，举止卑鄙庸俗，十分瞧不起张松。张松也看出曹操对自己不屑一顾，但还是耐着性子，对曹操说："丞相，汉中乃肥沃之地，如今张鲁为了扩张势力，想攻打西川，丞相不如派兵乘机攻打张鲁，一定会大获全胜，从而占领汉中,那样就有利于统一中原了!"

曹操一听,就知道了张松的小计谋,说道:"你们是不是想让我出兵讨伐张鲁,从而牵制他的力量,让他没有能力攻打你们啊?"

张松一听,大吃一惊,心想老贼果然很精明,便说道:"丞相果然是一代英豪,神机妙算,我家主公确有此意,不过这也确实给您提供了一个灭掉张鲁的大好机会。丞相请仔细考虑一下,不要错过良机啊!"

曹操道:"此事,我自有主张,不用你来说明!"说完他拂袖而去。张松心想:你曹贼太无礼了吧!真是欺人太甚,听说刘备仁义,我不如去他那里。

张松气呼呼地离开了许昌,向荆州赶来。刚到郢州界口,赵云带领几百人马突然出现,张松吓了一跳。赵云原来是奉诸葛亮之命在此迎接张松,诸葛亮认为张松在曹操那儿受到无礼待遇,必然会来荆州。赵云见到张松,立即下马,说道:"怕是张别驾吧?我奉主公、军师的命令,在此迎接多时了,请到营中一叙。"张松心想:刘备确实仁义,赵云乃一员大将,竟在此迎接。张松随赵云来到营中,见准备了丰盛的酒菜,很是感动。几杯酒下肚后,张松提议改日再喝,先到荆州。赵云立即答应,上马与张松同行。

来到荆州时,赵云一看天色已晚,对张松说:"我们先在馆驿休息一下,明日去见我家主公,不知老先生是否愿意?"

张松赶了几天的路程,十分疲劳,便点头答应。二人直奔馆驿,刚到门口,却看见大将关羽率领几百人在此迎接。张松对关羽十分敬佩,万万没想到关羽会亲自迎接。二人相见,关羽说道:"我奉主公之命,在此迎接先生,请先生好好休息一下!"张松很感动,心想:刘备考虑得太周到了,而且待我如上宾。

第二天,张松觉得已经消除了疲劳,便提出去见刘备。关羽、赵云二人相陪,刚走出馆驿不远,就看见刘备、孔明、庞统等人亲自前来迎接。张松更是感动,心想:曹操老贼三天不见我,而刘备却远远相迎。

一行人回到殿上,刘备立即设宴款待张松,众人轮流为张松敬酒。张松心想,他们是不是知道我的来意呢?我先考验一下他们。于是张松只和刘备谈一些旧事,并不提及西川之事,而刘备仍是天天设宴款待张松，也从不问及西川之事。

张松住了有半个月，想回去了，刘备率领文武百官设宴相送。张松心想：刘备确实是一位仁义之君，我不如投奔他。想到此，他对刘备说："皇叔，我此次前来，别无他事，有一张西川地理形势图想奉上，我家主公不思进取，迟早有一天会被曹操灭掉，皇叔不如尽快起兵攻占西川，到时候我做内应，一定能大获全胜。"

刘备非常感激地接过了地图，命关羽、赵云二人护送张松。

张松回来见到刘璋。刘璋问道："别驾，不知事情进展如何？"张松道："主公，那曹操老贼早有灭西川、夺天下之意，他根本不把您放在眼里，还口出狂言，说灭西川不费吹灰之力！"

刘璋一听，大吃一惊，忙问道："那我们怎么对付张鲁、曹操呢？"

张松道："主公，不必惊慌，有一人可以使张、曹不敢进攻西川，他就是刘备刘玄德，此人手下有大将数百名，能征善战，曹操都有些惧怕，何况张鲁呢？我们只要把皇叔刘备请到西川，曹、张二人就不敢进犯！"

黄权、王累非常反对张松的做法，认为那样是引狼入室，但刘璋心意已决，派法正去迎接刘备进驻西川，而法正早已被张松说服。

法正见到刘备，说明来意，但刘备犹豫不决。庞统看出了刘备的心事，说道："主公，当断不断，必受其乱，益州物产丰富，又有百万人口，足可以成就大业，如今有张松、法正为内应，天赐良机。我们可以先兵后礼，攻下西川，再广施仁德，必会得人心！"刘备听后恍然大悟，立即起兵进驻西川。

可到了西川之后，刘备不忍心下手，庞统劝刘备早做准备；王累劝刘璋要除掉刘备，但二刘却惺惺相惜，谁也没有动手。

后来，张鲁进犯葭萌关，刘璋请刘备去抵抗。刘备带领着自己的人马来到葭萌关。到了那里，刘备广施恩德，不仅没有失去民心，反而得到百姓的拥护。

赵、张智夺幼主

刘备没有费一兵一卒,只写了一封信就使曹操撤了几十万大军,而与马超进行了一场激战。孙权既佩服诸葛亮的才能,又担心刘备的势力大增。孙权对鲁肃说:"刘备既得卧龙又得凤雏,看来真要得天下啊!我当初为什么就没有重用凤雏呢?"鲁肃道:"主公,不必后悔,刘备虽得二人,但我东吴有精兵几十万,而且军心、民心都很齐,一定能得天下!主公,目前就有一个好机会,可以夺取荆州,刘备已带领数员大将和精兵进驻西川抵抗张鲁去了,现在荆州城中只有赵云、张飞二人率领很少的兵士守城,我们可以乘虚而入,一举夺回荆州。"这时顾雍也面见孙权,对孙权说:"主公,如今刘备在西川作战,荆州城空虚,我们千万不要错失良机啊!"

孙权觉得二人的话很有道理,便决定亲自带兵出征。孙权是一位大孝子,每次出征之前,必向母亲辞别,这次也一样。吴国太问他:"儿啊!这次又出兵攻打哪儿啊?"孙权不敢说谎,如实回答道:"我要带兵攻打刘备,夺回荆州。"

吴国太一听,气得显些跌倒。孙权立刻扶住了母亲。吴国太说道:"你真是太贪心了,如今江东的地方都由你掌管,你还不满足,非要夺回荆州,如果你用兵,我的女儿怎么办,我就这一个女儿,你就这一个妹妹,难道你不知道吗?你非要气死我不成吗?"吴国太放声大哭,孙权一见母亲又生气、又伤心,一下傻了眼,赶紧向吴国太赔不是,只好答应母亲不出兵攻打荆州。

孙权回到帐中,闷闷不乐,心想:攻打荆州,母亲肯定不会饶了自己,真把母亲气坏了,我怎么对得起死去的父兄呢,怎么面对江东父老呢?如果不出兵,大好的机会白白错过,机不可失,时不再来,荆州就很难夺回来了。正在孙权左右为难时,张昭求见。张昭对孙权说:"主公,我听说国太不让你出兵攻打荆州,其实国太只是不放心她的女儿,我们可以派人把郡主接回来,再让郡主带上刘备的儿子,就说国太病重,想见她们母子俩。如果她们一来,我们就把阿斗留下,刘备只有这一个儿子，到时候他只能拿荆州来换幼主。这样国太也无话可说了！"

孙权一下子来了精神，说道："好计策！"说完他立即写了一封信，派周善带500精兵，火速去荆州接郡主和阿斗。

周善乃是东吴的一员大将，有勇有谋，他知道如果带士兵前去根本无法进城，那赵云英勇异常，自己根本不是对手。他让所有的士兵都打扮成商人的模样，船舱内暗藏兵器。

周善独自乘一只小船来到荆州城下，其余的船与这只小船保持一定的距离，以免引起别人的注意。周善跳上岸，让守城的士兵报告孙夫人，说吴国太派人来看望。

孙夫人让周善进城，周善将密信交给孙夫人。她打开一看，得知母亲病重，想见她和阿斗。孙夫人很为难，去吧，刘备带兵远征，不走吧，又怕见不到母亲。周善道："郡主，不要再迟疑了，国太病得很厉害，只想见您，如果您要等皇叔回来，恐怕……"孙夫人大哭不止。

哭罢多时，孙夫人擦干了眼泪，收拾了一下行李，怀抱阿斗跟着周善便出了荆州城门。

周善一看孙夫人和阿斗已上了船，立即下令："快开船。"可就在这时，只听赵云大喝一声："别开船！"周善一看是赵云，心中暗暗叫苦。赵云来到船边，周善带着几十个精兵拦住了赵云的去路，大声说道："什么人竟敢如此胆大，拦阻主母的去路？"赵云毫不畏惧，大枪一摆，一枪挑死了两个士兵。周善让士兵抵挡，自己先行离岸登舟，向江中拼命划去。赵云一看周善要跑，催马沿江而追，这时江中有一老渔翁，看见是赵云，立即停下船，让赵云上了船。这只小渔船像离弦的箭一样，直奔大船而去。周善命弓箭手一齐向小船射箭，赵云大枪一抡，弓箭全部落入水中，而赵云丝毫无损。快要接近大船了，赵云大喝一声，然后轻轻一纵，稳如泰山登上大船，吴兵都吓坏了。

这时孙夫人从船舱中走出，说道："原来是赵将军，我母亲病重，来不及通知皇叔！"赵云道："主母，那您为什么带幼主一起去呢？主公一生只有这一个儿子，我当年在长坂坡千军万马之中，历尽千辛万苦才救出幼主，多亏我三哥喝断长坂桥，才保住了幼主的命。今天夫人却想带幼主离去，我恐怕无法向我家主公交待啊？"孙夫人道："我看你敢夺阿斗,你难道不想要命了不成?"赵云一把夺回了阿斗,说道:"臣宁愿死去,也绝不让您带走阿斗!"大船没有停,继续向东吴方向行驶,小船已被甩开了一定的距离。赵云一手抱阿斗,一手拿枪与他们搏斗,而周善却指挥着士兵,拼命划桨。眼着着船已到了江心,赵云心想:如果船一接近东吴,我纵有天大本领,也无法保护幼主的安危,这可怎么办是好啊?

忽然,有几艘大船和几条小船急驶而至。小船船头一员大将,不是别人,正是猛将张飞。张飞巡城之时,没有见到四弟赵云,便问士兵是怎么回事,士兵说赵将军去截幼主去了。张飞立即下令,火速追击!

由于周善的船上人比较多,所以船行驶的速度比较慢,而张飞小船上只有三人,所以没用多长时间,张飞便追上了东吴的大船。赵云一看张飞来了,心中大喜,心想:幼主有救了!

张飞接近大船,大声说道:"嫂嫂,留下侄儿!"

周善一看见张飞又乘船追来了,便停止了指挥,率领精兵到船尾来阻拦张飞。周善确实武艺高强,和张飞打了几十个回合,张飞心中一急,心想:我非杀了你不可!于是,张飞大喝一声,见周善的大刀砍来,也不躲闪,周善稍一迟疑,张飞大枪一下穿透了周善的心窝,当时跌落江中。东吴兵一见周善被杀,早已吓得魂飞魄散。张飞乘机跳上东吴的船,大枪一颤,护住了赵云,东吴的兵士没有人敢上前了。

孙夫人一看张飞杀了周善,心想:回去,我怎么和哥哥交待呢?她怒声问道:"三弟,为何如此无礼?"

张飞道:"嫂嫂,恕小弟无礼,那周善先与我搏斗,我才将他挑入水中。嫂嫂,您私自回家,而俺哥哥正在西川征战,这不也是无礼吗?况且,我只有这一个侄儿,若是有个闪失,我怎对得起我的哥哥啊?"夫人一听,叹了口气道:"我母亲病危,十分想念我,如果二位贤弟不想让我离去,我请你们照顾好阿斗,我宁愿一死了事!"张飞赶忙相劝:"嫂嫂,且慢!"

张飞和赵云商议了一下,决定让夫人回到东吴,而留下阿斗。张飞对夫人说道:"嫂嫂,那您就请吧!不过俺大哥正在征战,希望您早去早归,到时候我们一定会亲自迎接您!"

张飞、赵云带回了阿斗,孙权的计谋又失败了。

庞统献计取涪关

刘备率领人马去守葭萌关,准备和张鲁决一死战。刘备到了那里,严明军纪,下令:不许扰乱百姓,违令者,斩!

刘备在葭萌关广施恩惠,收买人心。刘璋的谋士黄权得知,立即上疏,对刘璋说:"主公,刘备野心勃勃,如今已进驻西川,我们不得不防,应该告诫各关隘太守一定要严防死守,以免刘备兵变。"刘璋道:"我与皇叔刘备乃同宗,而且刘备仁慈宽厚,在我有难之际前来支援。他进驻西川已经不短,但我二人相处很愉快,他也没有兵变之心。"黄权一看刘璋不听自己的劝告,十分焦急,心想:长此以往,西川必被刘备所占。正当黄权焦急之时,遇上了王累,二人一商议,决定带领百官共同上疏。王累道:"主公,我们不怕一万,就怕万一。我们命大将紧守城门,也没有什么损失,这样,即便刘备有兵变之心,也无从下手啊!"

刘璋一看文武百官都这么说,便下令:紧守各关隘。随后他又派白水都督杨怀、高沛二人严守涪关。

庞统得知情况后,便对刘备说:"主公,刘璋对我们已有防备之心,我们也要小心谨慎为妙!"刘备道:"军师,我们不如回到荆州吧,我接到孔明的信,说夫人已回东吴,多亏了赵云和张飞两位贤弟截下了阿斗。探马也来报曹操兴兵准备攻打东吴。二者无论是谁取胜,都会攻打荆州的!"

庞统道:"主公,不必多虑,那孙权想用幼主阿斗换回荆州,但被子龙和翼德截下幼主,看来他还不敢进犯荆州,而且吴国太一向十分疼爱您的夫人,她也不同意孙权攻打荆州。曹操此次前来,虽有大军几十万,但和东吴激战之后,必然会损兵折将,他也没有能力继续围攻荆州,必然会回师许都。利用这一段时间,我们攻占西川,扩张领土,扩大势力范围,到时候就可以与曹贼抗衡了。所以主公万万不可轻易撤军,我们可以利用曹军攻打东吴的机会索取刘璋的粮草和人马。您写一封信,就说曹操攻打孙权,您和孙权是亲戚又是唇齿的关系，您要回师相救，但是缺少粮草和人马，希望能够得到他的支援，给您10万斛粮，4万人马。至于张鲁，一见曹军南下，他只顾自己保命，绝不会来攻打西川。"

刘备听了庞统的一席话，茅塞顿开，说道："听军师一席话，胜读十年书啊！我立即下书给刘璋！"

刘备派人送书给刘璋，自己先行来到涪关。把守涪关的是大将杨怀，他早就对刘备有戒心，便带着使者前来面见刘璋。刘璋看完信，犹豫不决，心想：要是给刘备兵马和粮草，他若攻打我，我可就难以自保了，如果不给，看在同宗情义上，有些说不过去。大将杨怀说："主公，千万不能拨给刘备兵马和粮草，他到葭萌关之后，广收民心，他野心可不小啊！如果他再有充足的粮草和兵马，一定会攻打我们，到时候，我们恐怕难以迎敌啊！"

其他大臣也都反对给刘备人马和粮草，只有张松赞成。张松说："主公，虽然刘备在葭萌关广收人心，到时候刘备一撤兵，还不都是为主公您收买的人心吗？而且刘皇叔素有长者风范，不会背信弃义的。"

刘璋拿不定主意。刘巴说道："主公，刘备一代枭雄，一定要防备他，您不如调拨给他几千老弱残兵，1万斛粮。"刘璋觉得很有道理，便依刘巴所说去做。

刘备得知刘璋所作所为，破口大骂。庞统一看刘备如此生气，心想：我何不激主公一下，让他夺取涪关呢！庞统对刘备说道："主公，刘璋对我们早已失去同宗之情，而您却仍以仁义为重。我们不如挑选精兵，攻打成都，杀了刘璋，西川这地方就都是我们的了。"

刘备一听，连连摇头，说道："这个计策太仓促，我们哪有那么多的兵士攻打成都呢？"

庞统又说道："主公，如果不想攻打成都，那么您可以借口回荆州，那样，杨怀、高沛一定会代表刘璋为您送行，我们找机会杀了二人，就可以占领涪关了！"

刘备给刘璋写了一封信。信中说：曹军火速行军，东吴告急，我必须马上回去支援，来不及辞行，还望见谅。

刘璋收到信后，派涪关将领杨怀、高沛前来送行。二人都恨透了刘备，又见刘璋优柔寡断，对刘备迟迟不下手，便决定借此机会杀了刘备，以绝后患。杨、高二将手藏兵刃，准备刺杀刘备。

庞统料事如神，对刘备说："主公，涪关二将心怀鬼胎，很可能在为您送行之际，乘机行刺于您，您要小心谨慎！"

刘备一听，有些担心，立即身披重铠，腰佩宝剑，又叮嘱黄忠、魏延要小心杨怀、高沛二人。

刘备到了涪关城，有人去报告涪关将领。杨怀、高沛拿着礼物，带着200名士兵为刘备送行。刘备很高兴地接受了二人的礼物，但都是魏延接过来的。二人没有机会下手，但一看刘备没有丝毫准备，心中一阵高兴，心想：别急，一会儿有机会了，我就让你到黄泉之下去报到！

刘备、庞统让杨怀、高沛二将到帐中相谈，二人随着刘备等人来到帐中，那200名士兵被拒之门外。杨、高二人还没有坐下，刘备一拍桌案，大喝一声："给我拿下！"二人还不知道是怎么回事呢，已被刘封、关平按倒在地，五花大绑，想反抗，已经晚了。庞统派人去搜身，果然不出所料，二人的腰间都别着两把匕首。

刘备大怒，说道："你们二人，为什么要行刺于我，我与你们昔日无冤，近日无仇。我不远千里来支援你们，而你们却来害我，真是岂有此理！来人啊，推出去，斩了！"

二人边走边骂，刚骂了没几句，人头已落地。黄忠、魏延将那200名士兵全部抓住，刘备对他们说："我刘备乃讲信义之人，此二人竟敢行刺于我，而你们与此事无关，如果愿意归降我的，我一定不会亏待你们！"

那200名士兵纷纷投降，庞统让这200名士兵带领大军直奔涪关。守城的士兵一看是自家弟兄，便大开城门，刘备率大军占领了涪关，蜀兵投降。

庞统献计，没费一兵一卒，智取涪关，为刘备在西川站稳脚跟立下了汗马功劳。

关羽受印大败曹

曹操手下有一个谋士叫杨修，此人才高八斗、学富五车，但生性喜欢炫耀，时常显示自己的才能。曹操对他这一点很不满意，最后因"鸡肋"事件，一怒之下杀了杨修。

提起"鸡肋"事件，还得从头说起。

曹操率领几十万大军，南下汉中，驻扎在汉水北岸。刘备的军队驻扎在汉水南岸。两军展开了激战，几次交战，各有胜负，两军只好准备长期作战。

曹操怕自己的粮草不足，所以派大将张郃去押运，临行之前，再三叮嘱："粮草事关全营将士的性命，粮草在，士气在，粮草毁，军队不攻自破，不得有半点失误！"张郃深知责任重大，不敢怠慢，派人严加看守。

黄忠手下有人报告：曹操正派张郃将曹军的粮草押运在汉水北山脚下。黄忠得到这条消息，非常高兴，心想：如果烧毁了曹军的粮草，曹操只好败阵而逃。他便到孔明那里去请战。黄忠是一位老将，非常勇猛，但到老了才得到重用。诸葛亮一听，也很高兴，但他知道曹操善于用兵，一定会派大将把守，于是说道："黄将军，既然你想去烧毁曹军粮草，我也不阻拦你，但你要量力而行，曹操一定有重兵把守，能毁掉他的粮草更好，毁不掉也不为过，小心谨慎为妙，我再派赵子龙与你同行。"诸葛亮确实用兵如神。他知道老将黄忠的特点，人老心不老，而且贪战，不到黄河不死心，而赵云则能够稳定阵脚，做什么事都很有尺度。

二人领命而去。一路之上，曹操布下了多员大将。黄忠真可谓老当益壮，与曹操手下的大将夏侯渊战在一处，打得难解难分。可夏侯渊有些轻敌，认为黄忠上了年纪，一不留神，脑袋搬了家。

赵云看一路上曹兵众多，便对老将军黄忠说："老将军，曹操看来一定有重兵把守粮草，我们还是先回到寨中休息一下，另作打算！"

黄忠摇了摇头说道："赵将军，我刚斩了夏侯渊，你且留在寨中，我带几个人去烧毁曹贼的粮草。"

赵云一看劝不了老将军，只好点头答应，并对黄忠说："老将军，一路上要千万小心，烧毁粮草之后立即回来，我们约好明日午时一定要回来，如果不回来，证明您与曹军打了起来，我再去相助。"

天已经大黑了，黄忠心想：趁着天黑渡过大河，正好可以毁掉曹操的粮草。黄忠带领着副将张著等人渡过汉水，一看曹操根本没有防守，心中大悦，又前行了一段，来到北山脚下，一看粮草堆积如山，而且只有几个士兵把守，还都睡了。黄忠等人十分高兴，立即上前，想烧毁粮草，可就在这时，鼓声大震，四面八方、漫山遍野的曹军将黄忠等人围了一个里三层外三层，风雨不透，水泄不通。黄忠大叫一声："上当了！"

为首的两员曹军大将是徐晃和张郃。张郃负责守护粮草，听说黄忠、赵云要来烧毁粮草，知道自己不是赵云的对手，便又让曹操调来大将徐晃。他们布置好了圈套，只等黄忠、赵云到来。

张郃一看只有黄忠一个人，仰天大笑，因为老将黄忠那时名望还不高。张郃道："大胆毛贼，竟敢毁我粮草，拿命来吧！"说着他与黄忠战在了一起。张郃小看黄忠了，老将老而弥坚，十分英勇，张郃真有些抵挡不住。徐晃又前来助阵，副将张著也前来支援。四个人打在了一起，打得不分上下，一直到了天亮，又从天亮打到了中午。老将黄忠有些体力不支，张著也受了伤。

再说赵云一看已到午时，老将军还没有回来，知道出事了，便对副将张翼说："多安排些弓箭手，一定要坚守营寨！"说完，他骑马带枪直奔敌营，远远就看见曹营战成一团。赵云大枪一甩，从曹军中杀了进去。曹军根本不是对手，一下闪开了一条血路。见到老将黄忠、副将张著，赵云大叫一声："快随我来！"再看赵云大枪上下翻飞，舞动起来，呼呼挂风，带领二人杀回了寨中。曹军紧追不舍，到了寨门，无数支弓箭像雨点一样密集，曹军死伤无数，纷纷逃跑。赵云立即下令：追杀曹军！赵云一口气夺取了曹寨，黄忠大喜，立即派人把曹军粮草运走。

曹操得知粮草已丢，又怒又急。一日曹操喝鸡汤，看到碗中有一块鸡肋，正遇上巡营将军询问夜间口令。曹操看着鸡肋，有感而发，随口说了一句"鸡肋"。"鸡肋"传遍军营，众将领不知何意，便问很有学问的杨修。杨修说:"大家回去收拾行装,装备回家吧!丞相已有退兵之意,鸡肋食之无肉、弃之可惜,丞相是把汉中比作鸡肋啊!"众人一听,很有道理,便开始打点行装。曹操得知大怒,命人将杨修斩首。但是大军已毫无斗志,曹操只好撤兵。这就是"鸡肋"事件,杨修被斩,曹军也丧失了斗志。

刘备一看曹军已撤,心中大喜,乘机又占领了房陵、上庸。刘备实力大增,众将拥刘备为王。刘备推辞不掉,于建安二十四年在汉中举行隆重典礼。刘备为汉中王,又立长子刘禅为世子,诸葛亮为军师,许靖为太傅,法正为尚书令,封关羽、张飞、赵云、马超、黄忠为五虎大将。其他有功之臣都有封赏。

那时,关羽正在荆州守城,刘备派费祎为关羽受印。关羽一见费祎,便问道:"汉中王封我什么职位?"费祎道:"二将军您、张飞、赵云、马超、黄忠,你们五人被封为五虎大将,您为大将之首,张飞为左将军,马超为右将军,黄忠为后将军,赵云为翊军将军。"

关羽一听,有些不悦,说道:"我关羽为我家兄长立下汗马功劳,而黄忠无名无望,怎能同封为五虎将军呢?"

费祎一看关羽不受印,便说道:"二将军,昔日萧何、曹参与汉高祖共创大业,立下汗马功劳,而韩信是后来投靠高祖的,可分封之时,韩信地位却高于萧、曹二人,二人却没有不满。二将军与汉中王为结拜兄弟,休戚与共,祸福同当,而如今二将军却为职位高低而不满,实在不应该啊!"一席话,说得关羽十分惭愧,立即下拜受印。

诸葛亮一看曹军已撤,便立即命令关羽围攻樊城,守城的曹仁向曹操求助。曹操派于禁、庞德来助阵,二人在樊城10里处安营扎寨。

那时,雨水不断,而曹营和樊城都在城北低地处。关羽顿生一计,决定水淹曹军。他命人堵住水口,大水暴涨,又连降几日暴雨,然后突然开闸放水,曹营被淹,樊城也被水围困。关羽大悦,立即带领将士,直奔曹营。于禁无路可逃,只好投降。而庞德却誓死不降,与关羽的人马展开了大战。他从士兵手中夺下一条小船想逃走,但周仓手疾眼快,驾着大船直接撞向庞德。庞德落入水中,周仓将庞德活捉。庞德誓死不降,关羽令人将其斩首。

关羽受印,水淹七军,大败曹操,威名大振。曹军一听五虎将军的大名,都闻风而逃。

范缜和《神灭论》

范缜(约公元450—515年),字子真。他的祖先做过大官,到父亲时家道中落。范缜小的时候家里很穷,但他学习非常刻苦。同时,他也在逆境中锻炼出倔强、顽强的性格。

齐梁之际,佛教盛行,统治者对其大力宣扬。梁武帝公开宣称:道有九十六种,唯佛一道,是为正道,其余九十五种,皆为邪道。他宣布佛教为国教。皇帝都这样说了,百姓们就更不用提了,奉佛教如奉圣旨一般。一时之间全国的僧人、尼姑都身价百倍,不仅受人尊敬,而且个个吃得肥头大耳、袈裟光鲜。

一年,天气大旱,庄稼颗粒无收,许多百姓都快饿死了。可是,皇上不仅不派人放粮赈济灾民,反而仍然耗费巨资修筑寺院。许多人就削去头发,男的当了和尚,女的当了尼姑。因为只要是僧尼便可住进宽敞明亮的寺院,吃得饱,喝得足,既然这样谁还肯待在家中等着饿死啊!范缜得知这一情况,便知这不是长久之计。而且他早就反对佛家所说的什么因果轮回报应,对之深恶痛绝。所以他就直奔相府,即竟陵王萧子良府中。

萧子良表面上是个虔诚的佛教信徒,在府中供着大批游手好闲的僧人,并且常常亲自为之捧茶奉果。实际上,他不过以此迷惑百姓,使百姓信仰佛教中的因果报应,安于现状,以维护其统治罢了。

再说范缜来到萧子良府中时,他正装模作样地与一大群僧人谈论佛理。一名僧人说:"……人在前世、今世修行善果,来世便会富贵;反之,则会贫贱……"

范缜一听,未等他说完,便反驳道:"万物自生自灭,哪有什么因果存在?况且人死了,灵魂也便消亡了,更何谈前世、今世之说?"

竟陵王萧子良闻听大怒,心想范缜这不识抬举的小子又来搅局了。但是他知道信佛者,不可轻易动怒,更不可随意处罚人。因此他强压心中怒火,问道:"你不信世上有因果,那这世上贫贱之分又由何而来?"

范缜微微一笑道:"人生就像果树上的花,随风而飘。飘到高贵之处,就是殿下您;飘到厕所里,就是下官范缜。"一番话,说得有理有据,而又比喻形象机智,萧子良哑口无言。范缜见状,便想趁机劝萧子良以国事为重,不要整天沉溺于佛事之中。可萧子良岂肯听他的?最后竟不理睬范缜了。

范缜一气之下,回到家中,发奋著《神灭论》,想以自己之力扭转梁朝尚佛之风。

《神灭论》一开头写道:"神即形也,形即神也。是以形存则神存,形谢则神灭也。"意思就是说形体和精神不能分离,有了形体才有精神存在,形体消失了,精神也就无法存在了。这就是与佛教中"灵魂不死"的观点针锋相对的"形神相即"的观点。

《神灭论》中另一个更为重要的观点就是形"质"神"用"的观点。范缜在书中写道:"形者神之质,神者形之用;是则形称其质,神言其用,形之与神,不得相异也。"为了通俗地说明这个观点,范缜还用刀刃和锋利作比喻。他说,刀的锋利离不开刀刃,没有听说过刀刃不存在而锋利单独存在的。因此哪能说形体死亡而精神单独存在的呢?

范缜每晚伏案奋笔疾书,深入浅出地论述自己的无神论主张。

《神灭论》终于完成了,在当时社会上就引起了很大的轰动,人们争相传抄,许多人不再信佛。这很快就使统治阶级感到了极大的恐惧。为了使人们重新成为虔诚的佛教信徒,更为了使自己能在所谓佛理的掩护下干一些见不得人的事情,统治阶级很快采取了行动。

一天,范缜走在大街上。萧子良手下有名的善辩之士王琰迎面走了过来。他看见范缜,冷笑一声道:"范缜,你这个不孝之子,连自己祖宗的神灵在哪都不知道,枉为人子,还活个什么劲儿?"

范缜一听,也不生气。他知道王琰这是在故意挑衅。自从写了《神灭论》,这种事他碰见得多了。他瞅着得意洋洋、自以为是的王琰说道:"王大人,既然您知道您的祖宗神灵在哪,为什么不追随而去,也好孝敬他们呢?"

王琰听了,脸红一阵,白一阵,用手指着范缜,连说了几个"你",到最后却什么也没说出来,灰溜溜地走了。

其实这都是萧子良暗中指使的。他见硬的不行,便来软的,派王融以利诱之。

当晚，王融来到范缜家中。范缜和他平素也有些来往，所以范缜虽也明白他此来不会有什么好事，但还是以礼相待。二人寒暄了一阵，分宾主落坐。王融环视了一下四周，见范缜家徒四壁，便故作惊讶道："以范兄之才，还屈居此屋，真是可惜呀！"范缜只微微一笑。王融见范缜不搭话，以为说中了他的心事，便附在范缜耳边故作神秘道："范兄，小弟此来可是奉宰相之命前来。萧大人说了，只要你放弃你的那个什么'神灭论'，他保你升任中书郎。到那时，范兄可是光宗耀祖，享不尽的荣华富贵呀！范兄……"

未待王融说完，范缜忽然哈哈大笑。说道："如果我范缜'卖论取官'，此时何至于一个区区的中书郎？恐怕中书令、仆射也不在话下了吧?!"

这一席话，把王融说得无地自容、进退维谷，只好夹着尾巴回宰相府向萧子良复命去了。

萧子良软硬兼施，虽然都失败了，但他并不就此罢休。登上皇帝宝座后，他下诏发动总管全国僧侣的大僧正法玄及王公权贵64人，先后发表反驳《神灭论》的文章75篇，对范缜进行大肆围攻。他自己还亲自下了一道"敕旨"给范缜，即《敕答臣下神灭论》。指出从孔子、老聃、释迦牟尼都主张"神不灭"，范缜的"神灭论"说法违背经义、无法无天！范缜面对这种泰山压顶般的威势，毫不畏惧。他一方面"辩摧众口，日服千人"，另一方面又日夜伏案，写了一篇措辞严厉的《答曹舍人〈难神灭论〉》，尖锐地指出：祭天祭神祭祖先都是统治者借圣人之口来迷信说教人们的一种手段。

范缜的《神灭论》是一部充满战斗精神的唯物主义杰作，是我国哲学史上一颗璀璨的明珠。它不仅在当时的时代产生巨大的震动，对后代也产生了深远的影响。

修订"大明历"的祖冲之

祖冲之（公元429—500年），字文远，范阳县（今河北涞水县）人。

祖冲之从小聪明好学，喜欢搞一些小发明创造。而且祖冲之为人善良，极富同情心。一天，祖冲之去郊外游玩，走到一座小茅草屋旁，隐隐约约听到里面有人在哭。他不禁有些奇怪，就蹑手蹑脚走了进去，看见在昏暗的小屋中，一个老婆婆正在抹眼泪。祖冲之见了心里也难过起来，便问道："老婆婆，你哭什么呀？"

老婆婆听到声音吓了一跳。等到看清眼前站着一个眉清目秀的小男孩时，便叹了一口气道："孩子，你还太小，和你说了也没用。"

祖冲之一听就知道老婆婆一定有什么难处，便将眼睛向四处搜巡，希望能看出点什么。看着看着，他就笑了，对老婆婆说："老婆婆，你别伤心了，我知道你是因为自己年老体衰，舂不动米所以才哭。明天我给你想个不费劲儿的办法，好吗？"

"你怎么知道？"老婆婆惊奇地问道。

"我会猜啊！"祖冲之眨了眨眼，说完就匆匆跑回家去了。其实祖冲之哪是猜出来的，只因为他看到老婆婆身体瘦弱，旁边石槽里又放着半槽未舂完的米，所以才断定她为此事伤心。

老婆婆只当他是小孩子，也没把他说要帮她的话放在心上。不料，几天后祖冲之果然又来了，而且后面还跟了几个壮汉，抬着一个轴上装着许多横木的大水轮。

原来，祖冲之回家后，便想出了一个好办法。他临回家前已在老婆婆的小茅屋前观察了一番，发现屋前有一条水流湍急的小河，他便想给老婆婆制造一个"水推磨"安上。但他年纪小，力气不够。他就先帮村里安了一个。村里人很感激他，便答应再为老婆婆安一个。于是这几个壮汉就和他一起来了。

在祖冲之的指挥下，"水推磨"很快就安好了。它不仅能舂米，还能将粮食磨细，因为在大木轮的轴上还安装着许多齿轮。水一冲动大木轮，既能带动舂米的石杵，也能带动磨面的石磨。老婆婆一见，顿时喜笑颜开。从此十里八村的人都知道了祖冲之是个小发明家，时常找他设计点东西。祖冲之有求必应，先后设计过"指南车""干旱船"。甚至还学习诸葛亮，仿造过"木牛流马"呢！

祖冲之不仅发明过许多东西，在数学方面也很有造诣，其中对圆周率的计算是最为世人所称道的。他是世界数学史上第一个将圆周率精确到小数点后七位的人。但是，祖冲之最感兴趣、取得成就也最高的却还是历法。这也许是受遗传因素和家庭环境的影响吧！

早在青少年时期，祖冲之就对自古以来的天文观测记录和制历方法进行了认真研究，并且通过细致的观察，发现古历有许多不精确的地方。在父亲的鼓励下，他对前人的观测和推算加以订正。历经了千辛万苦，于公元462年终于完成了"大明历"。这一年他只有33岁。

公元462年的一天，在太和殿上，两个人正争得面红耳赤。一个是皇帝的宠臣——戴法兴，另一个就是年轻有为的祖冲之。

"古人制章，万世不易。你胆敢要求改变历法，这不是'诬天背经'吗？"戴法兴怒气冲冲地质问祖冲之。

祖冲之毫不示弱，从容反驳道："事实胜于雄辩，据我考测，祖宗的皇历不够精确，为什么不能改动呢？如日食、月食，并非怪异现象，更不是神仙鬼怪搞的，而是可以科学预测得知的！"

"经你考测？老皇历代代相传，它能有错？你算老几，竟妄言老皇历有错？你莫不是要借此沽名钓誉吧?！"戴法兴对祖冲之冷言相讥。

祖冲之并不生气，微微一笑道："戴大人，既然你相信古人的老皇历，而不相信我的大明历，那我们就让事实来说话，怎么样？"

"好啊。怎么个说法？"戴法兴一口赞成。

"你用你的老皇历，我用我的大明历，咱们来推算一下此后将要发生的四次月食的时间。谁推算对了，就相信谁的，另一个人也不许再反对，怎么样？"祖冲之胸有成竹。

"我还怕你不成，咱们比就比！"戴法兴尽管心虚，还是嘴硬道。

二人请皇上来做见证，便各自回家着手准备去了。祖冲之很快便根据他的大明历推算出最近的一次月食发生的时间。而戴法兴请了许多人，抱着"老皇历"也推算了出来。结果，祖冲之推测的日子果然发生了月食，而戴法兴推算的日子，乾坤朗朗，日月高悬，什么都没有发生。

二人又来到太和殿。这次可是祖冲之开口说了话："戴大人，自元嘉七年（公元430年）至大明三年（公元459年），根据我所制定的历法已成功地推测到四次月食发生的时间。这一次你我二人的比试中，我又推测对了。这如何解释呢？"

"你——"戴法兴一时语塞，但他仍不甘心，蛮横地说道："反正古历不能改,像你这样改来改去,岂不乱了套?推算不对,那是我计算不周,也不能说明古历有错!"

"戴大人,你怎么能自食其言,言而无信呢?"祖冲之强压怒火,质问道。

戴法兴冷笑道:"我这怎么叫言而无信呢?你问问殿上群臣,哪一个愿意改变祖宗历法?如果大家都愿意,我便不说什么了!"

戴法兴是只老狐狸,他知道群臣都慑于自己的威势,定然没有一个会支持祖冲之。祖冲之见状,非常无奈,只得将目光投向皇上刘骏。谁知这皇帝刘骏一点都不懂得历法。他想,错了就错了呗,有什么大不了的。这么多朝代不也用这个错的过来了?又见众大臣也没有一个支持祖冲之的,便说道:"祖爱卿,你演算历法也很累了,我看还是回家歇息去吧!这改换历法的事,明日再谈吧!"

祖冲之一听此言,心中就凉了一半,他还想说什么,但只听内侍喊了一声"退朝",皇帝刘骏竟起身回宫了。祖冲之眼含热泪,一时站在那里,无法挪动脚步。

公元500年,祖冲之带着新历法无法实行的遗憾离开了人世。临终前,他手指放在床头自己辛苦数年才编成的"大明历"对儿子说道:"我死不足惜,只是这大明历竟没得到施行。我死之后,你一定想办法推行下去,不能让天下百姓抱着漏洞百出的老皇历过日子啦!"

公元510年,祖冲之的儿子以及一批有望之士再次向皇帝大力推荐大明历。至此,大明历才被梁朝采纳施行。

祖冲之在数学、发明创造方面都曾有过特殊的贡献。祖冲之在科学上的光辉成就不仅使我们为之感到自豪,而且他的科学精神在今天仍然有借鉴意义。

郦道元和《水经注》

郦道元,约北魏孝文帝延兴二年(公元472年)至孝明帝孝昌三年(公元527年)人,字善长,范阳人(今河北涿州)。他的父亲范阳公郦范官至青州刺史。郦道元曾为官尚书主客郎。父亲死后,袭爵永宁侯依惯例降至永宁伯。

郦道元童年就曾随任职青州的父亲去山东游历。而且他平生好学,历览奇书,是北魏杰出的地理学家、文学家,曾撰《本志》12篇及《七聘》等文,但最为著名的还是巨著《水经注》。

《水经注》是郦道元据我国第一部地理专著《水经》编撰而成。《水经》原文仅1万多字,所载水道不过137条,而郦道元注增至30余万字,援引水道1389条。《水经注》堪称一部地理奇书。从广义上讲,它是一部具有百科全书性质的巨著;从文学方面来说,它又是山水游记散文的先导。《水经注》的成就为世人所瞩目。

郦道元著作《水经注》的写作原则为"耳闻不如亲见"。为此,他在当时南北政局分裂、交通极不方便的情况下,仍亲身在黄河下游流经的山西、河北、河南、山东等地考察多年,充分掌握第一手资料,为时人和后人了解黄河提供了有益的线索。

郦道元对"一石水六斗泥"的黄河情有独钟。一日,他考察河道行至河南陕县境内。见许多船只在黄河的滔滔大水中迂回前行,仿佛在寻找什么,岸边还聚集着许多人在观望。他感到非常好奇。走过去,问一个白发苍苍的老头道:"老人家,这些人不怕水掀翻了船吗?为什么明知那里很危险,还要驾船到那儿去呢?"

老头看了他一眼,叹了口气道:"唉。先生有所不知,这黄河自出了潼关流到这里之后,水浪突然高达数十丈。相传是有皇帝铸了几个金人沉入河底造成的。金人多么吸引人哪!所以许多人拼了性命也要捞那金人。才几天时间,已有数十人命葬河中了!"

郦道元听了,心中不免想道:区区几个金人怎么可能使水浪升高呢?于是仔细观察河道及两岸岩石,最后发现此处河道狭窄,而从两岸岩石的状态来看,这里显然发生过山崩塌方,大块岩石落入黄河,堵塞河道,才造成水势湍急,水浪骤然迭起的奇景。

得知这一结论,他对那个老头儿细说情况,然后自言自语道:"那些人太迷信了,枉自为此葬送性命,真是不值啊!"言罢扬长而去。

老头儿听了他的话将信将疑,便与周围人说了。周围的人一想,他说的有理,便渐渐散去,只有那些嗜金如命的人还在黄河浪涛中苦苦挣扎。

郦道元为著《水经注》几乎走遍了全国，不仅仔细地记述了每条河流的水文情况，而且谈到每条河流流域的其他现象，如地质、地貌、土壤、气候，甚至历史古迹、神话传说等。《水经注》可以说是中华民族珍贵的文化遗产。

郦道元本人不仅是一个卓越的地理学家、文学家，还是一个执法清正之官。20多岁时，他便以自己的才华深得孝文帝元宏的赏识。

公元500—503年，宣武帝也曾任他为冀州镇东府长史。在他任职的三年中，为政严酷，冀州境内的强盗、歹人都纷纷逃到别的州县，以躲避他。宣武帝闻听此事，便派他去蛮夷之地荆州任刺史。在那里他以威猛为政，当地本来蛮横无比的少数民族纷纷表示不再聚众闹事、无事生非，并请求换回前任刺史。后来，宣武帝提升他为御史中尉，权贵们一听，都非常害怕，纷纷收敛平日胡作非为的作风。但有一个人却是不怕死的，他叫丘念。

这丘念在京都也算不得个人物，但是他的靠山却很有来历，那就是孝文帝之子汝南王元悦。这丘念即为汝南王所宠幸之人，二人吃饭睡觉都在一处，形影不离。他听说郦道元升任御史中尉，公开宣称道："小小郦道元，怕他作甚？难道他还敢杀了我吗？"

郦道元早知丘念平日欺男霸女、为非作歹。今日听到这话，更是下定决心，心想："我郦道元誓杀你这罪大恶极的小人！"从此开始暗中收集丘念的罪状。

一日，丘念经过一座小桥。见迎面走来一个十五六岁的女孩，长得真是国色天香、娇艳无比。立刻就动了心思，意欲抢回汝南王府以供玩乐。手下人立刻会意，上去就动手动脚。不料，女孩身后跟着老父，见是丘念等人，吓得魂不附体。他深知丘念平日恶行，女儿落入他手中，不定会被摧残成什么样子。忙跪地叩头，请求丘念放过女儿。丘念一见，眼睛一瞪道："老头儿，别不识抬举，大爷我看上她，是她的造化。她随我到汝南府，好好侍奉爷们玩乐几天，爷们高兴就将她留下，不比待在你那狗窝强过百倍？"

老头儿一听丘念口中说出这等肮脏话，气得浑身乱颤。手指丘念骂道："你，你们这一伙强盗，我，我和你们拼了！"说完一头向丘念撞去。

丘念为人很是歹毒，早从靴子里抽出一把尖刀握在手上，意欲取老头儿性命。今见他一头撞来,便顺势一送,一刀扎在老头儿前胸。可怜老人家惨叫一声,当场毙命。女儿一见爹死了,眼前一黑,昏死过去。丘念一见,嘿嘿一笑,向手下人一挥手,几个人明白他的意思,便要将女儿抢回汝南王府。

正在这时,只听一声怒喝:"住手!"

丘念回头一看,正是郦道元带着几个军丁从身后走来。原来,郦道元在府中听派出的耳目汇报丘念在此行凶,故此匆匆赶来。但是丘念并不惊慌,反而斜睨着郦道元懒洋洋道:"怎么,郦大人有何见教?"

郦道元一见他那泼皮无赖样儿,顿时火往上冲。怒道:"自古以来,杀人偿命,欠债还钱,你杀了人还想走吗?"

"好啊,既然郦大人不让我走,我就不走,大不了和你去官府走一趟呗。小的们,回去告诉汝南王他老人家一声,就说我到郦大人府中喝茶去了。"丘念自恃郦道元不敢把他怎么样,但也怕万一,便以此示意手下人回去向汝南王报信。

郦道元闻听此言,知他心意,只冷笑了两声,也不搭话,让人押着他,又带上已醒转过来的那个女孩,抬上老头儿尸体,回到刑部大堂。

再说汝南王听到家人回来报告说丘念被郦道元抓走,大惊,急得如热锅上的蚂蚁。他深知郦道元的厉害,也埋怨丘念不该惹火上身。但埋怨也晚了,还得设法营救,想来想去,便想到去求临朝当权的母亲灵太后。但是,他还是晚了一步。当他喜滋滋地拿着灵太后的赦免令赶到刑部大堂,见到的只是丘念那颗血淋淋的人头。

原来,郦道元早料到汝南王会有此招,将丘念押回大堂立刻审讯。丘念自恃有汝南王庇护,对所有罪状供认不讳。数罪归一,郦道元当即命斩。丘念此时才傻了眼,他没想到郦道元真敢杀他,而且如此迅速。吓得当场尿了裤子,叩头如捣蒜,求郦道元饶他一命。郦道元冷笑道:"我小小郦道元,今日就是要杀你这无法无天的狂徒!"丘念闻听,眼前一黑,昏死过去。郦道元命人拖出去斩了,将人头放在大堂上,自己回府去了。

汝南王看见丘念人头,痛哭一场,恨恨道:"郦道元,我与你没完!"

不久汝南王元悦就勾结几个王公大臣,怂恿灵太后派郦道元为关右大使,到雍州刺史萧宝夤处。这萧宝夤已有反意,汝南王是想借他之手除掉郦道元。果然，萧宝夤得知郦道元要来，恐怕是朝廷派来图谋自己的，便派部下郭子恢率军将郦道元围困在途中的阴盘驿亭（今陕西临潼县东）。驿亭处高地，郦道元等人坚守此地数日，但一无援兵来救，二无水源解渴，遂被叛军攻破。这位历史奇人就这样遇害身死。

郦道元虽然死了，但他和他的《水经注》却永远为世人所传颂。